D1662066

Kontierungs-Handbuch

Kontierungs-Handbuch

Die Kontierung unter Berücksichtigung
des gesetzlichen Gliederungsschemas
und der DATEV-Kontenrahmen SKR 03
und SKR 04

von

Prof. Dr. H.-Michael Korth
Wirtschaftsprüfer und Steuerberater

– In Zusammenarbeit mit der DATEV e. G. –

4., vollständig überarbeitete und erweiterte Auflage

Verlag C. H. Beck München 2003

Zitierweise: Korth, Kontierungs-HB,
Kapitel, Rz

Verlag C. H. Beck im Internet:
beck.de

ISBN 3406450547

Wilhelmstraße 9, 80801 München
Druck und Satz: Druckerei C. H. Beck Nördlingen
(Adresse wie Verlag)

Gedruckt auf säurefreiem, alterungsbeständigem Papier
(hergestellt aus chlorfrei gebleichtem Zellstoff)

Vorwort zur 4. Auflage

Die 4. Auflage des *Kontierungs-Handbuchs* erscheint nicht mehr in der Reihe des Verlags des Wissenschaftlichen Instituts der Steuerberater und Steuerbevollmächtigten e. V., sondern in der Reihe des Beck-Verlages, die das Bilanzrecht zum Inhalt hat. Dem liegen auch inhaltliche Erweiterungen des Werkes zu Grunde. Während in den Vorauflagen in erster Linie die Kontierung in Abhängigkeit der Jahresabschlussgliederung bzw. des Jahresabschlussausweises behandelt wurde, wird nunmehr auch auf die Bewertung der einzelnen Jahresabschlussposten eingegangen. Dabei folgt die Kommentierung im Bereich der Bilanz- und GuV-Posten dem gesetzlichen Gliederungsschema. Der Inhalt des Anhangs, der in einer Checkliste zusammengefasst ist, wird entsprechend der in der Praxis gängigen Gliederung des Anhangs dargestellt. Formulierungsvorschläge sind dem Musterbericht für den Anhang einer GmbH aus dem DATEV-Programm „Bilanzbericht" zu entnehmen.

Mit zunehmendem Berichtswesen und durch die Übernahme von Buchführungszahlen zu Jahresabschlusskennzahlen kommt dem Ausweis einzelner Geschäftsvorfälle im Jahresabschluss erhöhte Bedeutung zu. Bilanz- bzw. Jahresabschlusskennzahlen können die Vermögens-, Finanz- und Ertragslage nur zutreffend wiedergeben, wenn die bebuchten Konten den sachgerechten Jahresabschlussposten zugewiesen sind. Bei Zweifelsfragen ist es unerläßlich, hierzu die Kontenzuordnungstabellen zu bemühen, die auch dieses Mal wieder in Abhängigkeit der möglichen Bilanzabrufe aufgenommen wurden. Das im Vergleich zur Vorauflage noch umfangreichere Konten-ABC mit Stichwortverzeichnis soll die „Kontensuche" beschleunigen und durch Verweis auf die Kommentierung im Buch die Begründung für den betreffenden Jahresabschlussausweis geben.

Die Änderungen durch das KapCoRiliG und der damit verbundene Ausweis der Beziehungen zu Gesellschaftern sowie das KonTraG wurden ebenso wie die jüngsten steuerlichen Gesetzesänderungen berücksichtigt. Die jüngsten Gesetzesinitiativen zu Änderungen des Handelsrechts geben Anlass zu der Vermutung, dass der Gesetzgeber hier einen ähnlichen Weg wie im sich immer rascher ändernden Steuerrecht einschlagen will. Dies wird für die Anforderungen an die Verarbeitung von Buchführungen und die Erstellung von Jahresabschlüssen nicht ohne Folgen bleiben. Hierbei wünscht der Verfasser allen mit dem Bilanzrecht betrauten Personen die notwendige Kondition, mit den Rechtsentwicklungen Schritt zu halten.

Auch bei der 4. Auflage hat die DATEV e. G., insbesondere die Abteilung „Anwender- und Produktservice Jahresabschluss", vertreten durch Herrn Roland Gensler, Frau Brigitte Eckert, Herrn Bernhard Frauenknecht, Frau Brigitte Seiler-Schmidt, Frau Claudia Traut, Frau Kerstin Schwurack, Herrn Peter Reischl und Frau Ute Auinger das Werk mit zahlreichen Hinweisen insbesondere auf die DATEV-Anwendungen unterstützt.

Der Abdruck der in der Anlage befindlichen Kontenrahmen SKR 03 und SKR 04 in der Fassung ab 2003 erfolgt mit freundlicher Genehmigung der DATEV e. G.

Hannover, im Juli 2003 — Der Verfasser

Vorwort zur 1. Auflage

Infolge der Änderungen durch Artikel 1 des Bilanzrichtlinien-Gesetzes vom 19. Dezember 1985 enthält das HGB weitgehende materielle Buchführungs- und Jahresabschlußvorschriften und ergänzend für alle Kapitalgesellschaften erstmals einheitliche Vorschriften zur Gliederung von Bilanz und GuV. Künftig müssen alle Gesellschaften mit beschränkter Haftung ihren Jahresabschluß unter Beachtung der §§ 266, 275 HGB gliedern und zwar erstmals für nach dem 1. 1. 1987 beginnende Geschäftsjahre.

Sofern die Buchführung über eine elektronische Datenverarbeitungsanlage verarbeitet wird, werden Bilanz und GuV regelmäßig durch einen Bilanzabruf erstellt, der auf der Basis der gespeicherten Buchführungsdaten erfolgt; dies geschieht unabhängig davon, ob die Buchführung auf einer eigenen oder außer Haus auf einer externen EDV-Anlage verarbeitet wird. Die Anzahl der buchführungspflichtigen Kaufleute, die ihre Buchführung außer Haus bei ihrem Steuerberater über die DATEV e. G. verarbeiten lassen, wird auf 1 Million geschätzt. Die von der DATEV angebotenen Kontenrahmen erreichen – über die Steuerberater – einen sehr großen Kreis von buchführungspflichtigen Kaufleuten.

Bei Anwendung der Kontenrahmen in der täglichen Kontierungsarbeit stehen die Steuerberater, ihre Mitarbeiter sowie alle mit der Buchführung befaßten Personen vor dem Problem einer sachgerechten, den gesetzlichen Gliederungsvorschriften entsprechenden Kontierung. Nur die Kenntnis, welches Konto das EDV-Programm in welche Jahresabschlußposition gliedert bzw. steuert, gewährt – neben der Kenntnis des rechtlichen Inhalts der Position – den Ausdruck eines gesetzeskonformen Jahresabschlusses. Das bedeutet, daß die mit Buchführungsarbeiten befaßten Personen sowohl das Gliederungsrecht als auch die EDV-Steuerung beherrschen müssen.

Die Erkenntnis, daß alle mit der Buchführung befaßten Personen das Gliederungsrecht des HGB beherrschen müssen, was uneingeschränkt für Kapitalgesellschaften und mit Einschränkung – über die GoB – auch für die übrigen Kaufleute gilt, gewinnt mehr und mehr an Raum. Der Zusammenhang zwischen Buchführung und Bilanz macht deutlich, daß es bei der Jahresabschlußaufstellung nicht ausreicht, sich beim Bilanzieren allein auf eine EDV-Programmsteuerung zu verlassen.

Hieraus entwickelte sich die Idee, in Zusammenarbeit mit der DATEV e. G. ein Kontierungshandbuch herauszugeben, das – unter Berücksichtigung der bisher einschlägigen Kommentare – zunächst den rechtlichen Inhalt der Jahresabschlußposten und nachfolgend die in den DATEV-Kontenrahmen SKR 03 und SKR 04 angebotenen Konten (Stand Januar 1988) in numerischer Reihenfolge enthält, ohne dadurch eine eigene „Kommentierung" begründen zu wollen. Dieses Vorhaben fand die Unterstützung der DATEV. Ergänzend sind deshalb Hinweise aufgenommen, welche Eingaben für die jeweiligen Bilanzabrufe im DATEV-System zu erfolgen haben, und wie die Konten- und Postenvorgaben im Einzelfall sinnvoll ergänzt werden können. Der im Kontierungshandbuch eingefügte Freiraum soll für individuelle (praxisinterne) „Kontierungsanweisungen" Verwendung finden.

Die Gliederung des Handbuchs folgt – soweit möglich – den Buchstaben und Ziffern des gesetzlichen Gliederungsschemas. Das bringt Gliederungsdurchbrechungen mit sich, hat aber den Vorteil, daß die Postennumerierung im Gliederungsschema mit den Gliederungspunkten des Handbuchs identisch ist. Ergänzende Posteneinfügungen sind dem gesetzlichen Gliederungsschema folgend untergliedert.

Vorwort

Der Verfasser ist der DATEV und ihren Mitarbeitern für die konstruktive Zusammenarbeit und die zahlreichen praktischen – insbesondere EDV-technischen – Hinweise zu großem Dank verpflichtet. Besonderer Dank gebührt Frau Dipl.-Kfm. Irina Köllner, Herrn Dipl.-Betriebswirt Uwe Reipa und Herrn Dipl.-Ökonom Günther Bendorff für die Mitarbeit und kritische Durchsicht. Frl. Edda Bannen für die Erstellung und zahlreichen Verbesserungen des Manuskripts.

Der Abdruck der Kontenrahmen SKR 03 und SKR 04 erfolgt mit freundlicher Genehmigung der DATEV e. G.

Hannover, im April 1988 Der Verfasser

Inhaltsverzeichnis

Inhaltsverzeichnis

Inhaltsverzeichnis

Inhaltsverzeichnis

Abkürzungsverzeichnis

a. A.	anderer Ansicht
Abl.	Amtsblatt
Abr.	Abruf
Abs.	Absatz
Abschn.	Abschnitt
AdV	Aussetzung der Vollziehung
AfA	Absetzung für Abnutzung
AG	Aktiengesellschaft oder Die Aktiengesellschaft (Zeitschrift)
AHK	Anschaffungs- und Herstellungskosten
AIG	Auslandsinvestitionsgesetz
AktG	Aktiengesetz
AktStR	Aktuelles Steuerrecht (Zeitschrift)
allg.	allgemein
AM	Automatische Errechnung der Umsatzsteuer (bei Ktn im DATEV-Kontenrahmen)
Amtl. Begr.	Amtliche Begründung
AO	Abgabenordnung
a. o.	außerordentlich
AR	Aufsichtsrat
Art.	Artikel
AstG	Außensteuergesetz
Aufl.	Auflage
Aufw.	Aufwendungen
AV	Automatische Errechnung der Vorsteuer (bei Ktn im DATEV-Kontenrahmen)
BA	Betriebsausgaben
BB	Betriebs-Berater (Zeitschrift)
Bd.	Band
BFuP	Betriebswirtschaftliche Forschung und Praxis (Zeitschrift)
BDI	Bundesverband der Deutschen Industrie e. V.
Begr.	Begründung
Ber.	Berater
BerlinFG	Berlin-Förderungsgesetz
BetrAVG	Gesetz zur Verbesserung der betrieblichen Altersversorgung (Betriebsrentengesetz)
BFH	Bundesfinanzhof
BGB	Bürgerliches Gesetzbuch
BGBl.	Bundesgesetzblatt
BGH	Bundesgerichtshof
BIBER	DATEV-Programm
Bilanz-VB	Bilanz-Verbundprogramm der DATEV
Bil.-Kom.	Bilanzkommentar
BILOG	Bilanz-Dialogprogramm der DATEV
BiRiLiG	Bilanzrichtlinien-Gesetz
BMF	Bundesministerium der Finanzen
BMJ	Bundesministerium der Justiz
Bp	Betriebsprüfung
BStBl.	Bundessteuerblatt
BSG	Bundessozialgericht
BT-Drucks.	Bundestag-Drucksache
BVeränd.	Bestandsveränderung

Abkürzungsverzeichnis

BWA .... Betriebswirtschaftliche Auswertung der DATEV
bzw. .... beziehungsweise

DB .... Der Betrieb (Zeitschrift)
DBW .... Die Betriebswirtschaft (Zeitschrift)
d. i. .... das ist
d. h. .... das heißt
dies. .... dieselbe(n)
d. s. .... das sind
DMBilG .... D-Markbilanzgesetz
DM-EB .... D-Mark-Eröffnungsbilanz
DStR .... Deutsches Steuerrecht (Zeitschrift)

EB-Wert .... Eröffnungsbilanzwert
ECU .... Europäische Währungseinheit
EDV .... Elektronische Datenverarbeitung
EFG .... Entscheidungen der Finanzgerichte (Zeitschrift)
EG .... Europäische Gemeinschaft(en)
EGAktG .... Einführungsgesetz zum Aktiengesetz
E-HGB .... Entwurf zum Handelsgesetzbuch
EGHGB .... Einführungsgesetz zum Handelsgesetzbuch
Entn. .... Entnahmen
EntwLStG .... Entwicklungslandsteuergesetz
EStDV .... Einkommensteuerdurchführungsverordnung
EStG .... Einkommensteuergesetz
EStR .... Einkommensteuerrichtlinien
EUSt .... Einfuhr-Umsatzsteuer
e. V. .... eingetragener Verein

f. (ff.) .... folgende (fortfolgende) Seiten
FG .... Finanzgericht
FIBU .... Finanzbuchführung
Fifo-Methode .... First-in-first-out-Methode
FS .... Festschrift
FS Budde .... Rechnungslegung im Wandel, Festschrift für Wolfgang Dieter Budde, 1995
FS Claussen .... Festschrift für Carsten Peter Claussen zum 70. Geburtstag, 1997
FS Döllerer .... Handelsrecht und Steuerrecht, Festschrift für Georg Döllerer, 1988
FS Goerdeler .... Bilanz- und Konzernrecht, Festschrift zum 65. Geburtstag von Reinhard Goerdeler, 1987

gem. .... gemäß
GewSt(G) .... Gewerbesteuer(gesetz)
ggf. .... gegebenenfalls
GmbH .... Gesellschaft mit beschränkter Haftung
GmbHG .... Gesetz betreffend die Gesellschaften mit beschränkter Haftung
GmbHR .... GmbHR-Rundschau (Zeitschrift)
GoB .... Grundsätze ordnungsmäßiger Buchführung
GüKG .... Güterkraftverkehrsgesetz
GuV .... Gewinn- und Verlustrechnung
GwG .... Geringwertige Wirtschaftsgüter

HBil .... Handelsbilanz
HdR .... Handbuch der Rechnungslegung
HFA .... Hauptfachausschuß des Instituts der Wirtschaftsprüfer in Deutschland e. V.

Abkürzungsverzeichnis

HGB	Handelsgesetzbuch
h. M.	herrschende Meinung
HrefG	Handelsrechtsreformgesetz
HR	Handelsregister
Hrsg.	Herausgeber
hrsg. (v)	herausgegeben (von)
Hs.	Halbsatz
HV	Hauptversammlung
i. d. R.	in der Regel
i. e.	im einzelnen
IdW	Institut der Wirtschaftsprüfer in Deutschland e. V.
i. S. d.	im Sinne des (r)
i. S. e.	im Sinne einer (s)
i. S. v.	im Sinne von
i.V. m.	in Verbindung mit
I-Zulage	Investitionszulage
JA	Jahresabschluss
JÜ	Jahresüberschuss
KA	Konzernabschluss
KapCoRiliG	Gesetz zur Durchführung der Richtlinien des Rats der Europäischen Union zur Änderung der Bilanz- und Konzernbilanzrichtlinie hinsichtlich ihres Anwendungsbereichs (901/605/EWG), zur Verbesserung der Offenlegung von Jahresabschlüssen und zur Änderung anderer handelsrechtlicher Bestimmungen (Kapitalgesellschaften und Co-Richtlinien-Gesetz) vom 24. 2. 2000, BGBl I 2000, S. 154
KapErhG	Kapitalerhöhungsgesetz
KapG	Kapitalgesellschaft
KapG & Co.	Kapitalgesellschaft & Co. i.d. Rechtsform der GmbH & Co. KG
Kfz-Steuer	Kraftfahrzeugsteuer
KG	Kommanditgesellschaft
KGaA	Kommanditgesellschaft auf Aktien
Kom.	Kommentar
KonTraG	Gesetz zur Kontrolle und Transparenz im Unternehmensbereich
KSt(G)	Körperschaftsteuer(gesetz)
Ktn.	Konten
Kto.	Konto
KU	Keine Errechnung der Umsatzsteuer möglich (bei Ktn im DATEV-Kontenrahmen)
KWG	Kreditwesengesetz
KZ	Kennziffer
lifo	last in first out
Mand.	Mandant(en)
Mio	Million(en)
MPD	Mandanten-Programm-Daten
m. W.	mit Wirkung
n. F.	neue Fassung
Nr.	Nummer(n)
o. a.	oben angegeben
OFD	Oberfinanzdirektion

Abkürzungsverzeichnis

o. g. .... obengenannte(n)
OHG .... Offene Handelsgesellschaft
OLG .... Oberlandesgericht

PersG .... Personengesellschaft
Pos. .... Position, Posten
PSV .... Pensionssicherungsverein
PublG .... Publizitätsgesetz

R .... Richtlinie
RAP .... Rechnungsabgrenzungsposten
RGBl. .... Reichsgesetzblatt
RLV .... Restlaufzeitvermerk

S. .... Seite, Satz (bei Gesetzestexten)
SABI .... Sonderausschuß Bilanzrichtlinien-Gesetz des Instituts der Wirtschaftsprüfer in Deutschland e. V.
Schr. .... Schreiben (des BMF)
SKR .... Spezialkontenrahmen der DATEV
sog. .... sogenannt(e)
St. .... Stellungnahme
StädtebauFG .... Städtebauförderungsgesetz
Stb .... Steuerberater
StBereinG .... Steuerbereinigungsgesetz 1999
StBil .... Steuerbilanz
StEntlG .... Steuerentlastungsgesetz 1999/2000/2002
StReformG .... Steuerreformgesetz 1990
StSenkG .... Gesetz zur Senkung der Steuersätze und zur Reform der Unternehmensbesteuerung
StückAG .... Gesetz über die Zulassung von Stückaktien
StVergAbG............................... Steuervergünstigungsabbaugesetz

TDM .... Tausend DM
TransPuG .... Transparenz- und Publizitätsgesetz
Tz .... Textziffer
TZ .... Teilzahlung

u. ä. .... und ähnliche(s)
UmwStG .... Umwandlungsteuergesetz
UntStFG .... Unternehmenssteuerfortentwicklungsgesetz
UR .... Umsatzsteuer-Rundschau (Zeitschrift)
UStBG .... Umsatzsteuer-Binnenmarktgesetz
USt(G) .... Umsatzsteuer(gesetz)
USt-IdNr. .... Umsatzsteuer-Identifikationsnummer
UStR .... Umsatzsteuerrichtlinien
UStVA .... Umsatzsteuervoranmeldung
u. a. .... unter anderem oder und andere
u. ä. .... und ähnliche(s)
u. U. .... unter Umständen
u. z. .... und zwar

v. .... von(m)
vBP .... vereidigter Buchprüfer
VermG .... Gesetz zur Beseitigung von Hemmnissen bei der Privatisierung von Unternehmen und zur Förderung von Investitionen
vgl. .... vergleiche
v. H. .... von Hundert
VOB/B .... Verdingungsordnung für Bauleistungen

Vorb. .... Vorbemerkung
VVaG .... Versicherungsverein auf Gegenseitigkeit
VZ .... Vorauszahlung

WechselG .... Wechselgesetz
WP .... Wirtschaftsprüfer
WPg .... Die Wirtschaftsprüfung (Zeitschrift)
WPK .... Wirtschaftsprüferkammer

z. B. .... zum Beispiel
ZfbF .... Zeitschrift für betriebswirtschaftliche Forschung
ZfK .... Zeitschrift für das gesamte Kreditwesen
ZGR .... Zeitschrift für Unternehmens- und Gesellschaftsrecht
Ziff. .... Ziffer(n)
ZM .... Zusammenfassende Meldung
ZonenRFG .... Zonenrandförderungsgesetz
zust. .... zustimmend
zvE .... zu versteuerndes Einkommen
zzgl. .... zuzüglich

Literatur- und Rechtsprechungsverzeichnis

Adler/Düring/Schmaltz
Rechnungslegung und Prüfung der Unternehmen, 6. Aufl. ab 1995 (Adler/Düring/Schmaltz)
Rechnungslegung und Prüfung der Unternehmen, Ergänzungsband zur 6. Aufl. 2001 (Adler/Düring/Schmaltz)

Baetge
Bilanzen, 6. Auflage 2002

Bareis
Latente Steuern in bilanzieller Sicht, BB 1985, S. 1235

Barz
Die durch die Aktienrechtsreform 1965 veranlaßten Satzungsänderungen, AG 1966, S. 43

Baumbach/Hueck
GmbHG, Kommentar, bearbeitet von Hueck/Schulze-Osterloh/Zöllner, 17. Aufl. 2000 (Bearbeiter, in Baumbach/Hueck)

Beck'scher Bilanzkommentar
Handels- und Steuerrecht, 5. Aufl. 2003 (Bearbeiter, in Beck Bil-Kom.)

Beck'sches Handbuch der Rechnungslegung
hrsg. von Castan u. a., 1988 (Bearbeiter, in Beck HdR)

Beck'sches Steuerberaterhandbuch 2002/2003
bearbeitet von Pelka u. a., 2002 (Bearbeiter, in Stb-Handbuch 2002/2003)

Biener/Berneke
Bilanzrichtlinien-Gesetz, Textausgabe des Bilanzrichtlinien-Gesetzes vom 19. 12. 1985, 1986 (Biener/Berneke, BiRiLiG)

Bohl
Der Jahresabschluß nach neuem Recht, WPg 1986, S. 29

Bonner Handbuch der Rechnungslegung
hrsg. v. Hofbauer/Kupsch, Loseblatt, (Bearbeiter, in Bonner HdR)

BT-Drucksache 10/317 v. 26. 8. 1983
Gesetzesentwurf der Bundesregierung. Entwurf eines Gesetzes zur Durchführung der Vierten Richtlinie des Rates der Europäischen Gemeinschaften zur Koordinierung des Gesellschaftsrechtes (Bilanzrichtlinien-Gesetz) mit Begründung

BT-Drucksache 10/4268 v. 15. 10. 1985
Beschlußempfehlung und Bericht des Rechtsausschusses (6. Ausschuß) zu dem von der Bundesregierung eingebrachten Entwurf eines Gesetzes zur Durchführung der Vierten Richtlinie des Rates der Europäischen Gemeinschaften zur Koordinierung des Gesellschaftsrechts (Bilanzrichtlinien-Gesetz) – Drucksache 10/317 – Entwurf eines Gesetzes zur Durchführung der Siebenten und Achten Richtlinie des Rates der Europäischen Gemeinschaften zur Koordinierung des Gesellschaftsrechts – Drucksache 10/3440 – mit Begründung

Literaturverzeichnis

BT-Drucksache 13/9573 v. 7. 1. 1998
Gesetzentwurf der Bundesregierung
Entwurf eines Gesetzes über die Zulassung von Stückaktien (Stückaktiengesetz – StückAG)

BT-Drucksache 14/23 v. 9. 11. 1998
Gesetzesentwurf der Fraktion SPD und BÜNDNIS 90/DIE GRÜNEN
Entwurf eines Steuerentlastungsgesetzes 1999/2000/2002

BR-Drucksache 458/99 v 13. 8. 1999
Entwurf eines Gesetzes zur Durchführung der Richtlinie des Rates der Europäischen Union zur Änderung der Bilanz- und der Konzernbilanzrichtlinie hinsichtlich ihres Anwendungsbereichs (90/605/EWG), zur Verbesserung der Offenlegung von Jahresabschlüssen und zur Änderung anderer handelsrechtlicher Bestimmungen (Kapitalgesellschaften- und Co-Richtlinien-Gesetz – KapCoRilLiG)

BT-Drucksache 14/1806 v. 15. 10. 1999
Entwurf eines Gesetzes zur Durchführung der Richtlinie des Rates der Europäischen Union zur Änderung der Bilanz- und der Konzernbilanzrichtlinie hinsichtlich ihres Anwendungsbereichs (90/605/EWG), zur Verbesserung der Offenlegung von Jahresabschlüssen und zur Änderung anderer handelsrechtlicher Bestimmungen (Kapitalgesellschaften- und Co-Richtlinie-Gesetz – KapCoRiLiG)

BT-Drucksache 14/2353 v. 14. 12. 1999
Beschlussempfehlung und Bericht des Rechtsausschusses (6. Ausschuss) zu dem Gesetzesentwurf der Bundesregierung – Drucksache 14/1806 – Entwurf eines Gesetzes zur Durchführung der Richtlinie des Rates der Europäischen Union zur Änderung der Bilanz- und der Konzernbilanzrichtlinie hinsichtlich ihres Anwendungsbereichs (90/605/EWG), zur Verbesserung der Offenlegung von Jahresabschlüssen und zur Änderung anderer handelsrechtlicher Bestimmungen (Kapitalgesellschaften- und Co-Richtlinie-Gesetz – KapCoRiLiG)

BT-Drucksache 12/2683 v. 15. 2. 2000
Entwurf eines Gesetzes zur Senkung der Steuersätze und zur Reform der Unternehmensbesteuerung (Steuersenkungsgesetz – StSenkG)

Budde/Forster
D-Mark-Bilanzgesetz, Kommentar, 1991 (Bearbeiter, in Budde/Forster, DMBilG-Kom.)
D-Mark-Bilanzgesetz, Kommentar, Ergänzungsband, 1991

Bullinger
Der Ausweis von „Steuererträgen" in der Gewinn- und Verlustrechnung von Kapitalgesellschaften nach dem Bilanzrichtlinien-Gesetz, BB 1986, S. 921

Bundesverband der Deutschen Industrie e. V. (Hrsg.)
Industriekontenrahmen IKR, Neufassung 1986 in Anpassung an das Bilanzrichtlinien-Gesetz, 2. Aufl. 1986 (BDI, Industriekontenrahmen)

Busse v. Colbe/Chmielewicz
Das neue Bilanzrichtlinie-Gesetz, DBW 1986, S. 289

Claussen/Korth
Zum Grundsatz der Bewertungsstetigkeit in Handels- und Steuerrecht, DB 1988, S. 927
Altlasten – Ein Umwandlungs- und Bilazierungsproblem, FS Budde, S. 105 (Claussen/Korth, FS Budde)

Clemm
Unternehmerische Rechnungslegung – Aufgaben, Möglichkeiten und Grenzen –, in Bilanz- und Konzernrecht, FS Goerdeler, S. 93

Coenenberg
Gliederungs-, Bewertungs- und Bilanzierungsentscheidungen bei der Anpassung des Einzelabschlusses nach dem Bilanzrichtlinie-Gesetz, DB 1986, S. 1581

Doberenz
Der Inhalt des GuV-Postens „Aufwendungen für bezogene Leistungen", BB 1987, S. 2190

Döbel
Leitfaden für die Erstellung des Anhangs von Kapitalgesellschaften, BB 1987, S. 512

Döllerer
Zur Bilanzierung dinglicher Rechtsverhältnisse, BB 1984, S. 2034

Ehler/Grune/Korth/Wendt
Leitfaden zum Steuerentlastungsgesetz 1999/2000/2002, AktStR 1999, Special, Bd. 2

Emmerich
Fragen der Gestaltung des Jahresabschlusses nach neuem Recht, WPg 1986, S. 698

Federmann
Außerordentliche Erträge und Aufwendungen in der GuV-Rechnung, BB 1987, S. 1071

Förschle/Scheffles
Die Bilanzierung von Zuschüssen, insbesondere für Werkzeugkosten, DB 1993, S. 2393

Forster
Zu Ausweis, Ansatz und Bewertung des Programmvermögens von Rundfunkanstalten, WPg 1988, S. 321

Fülling
Grundsätze ordnungsmäßiger Bilanzierung für Vorräte. Beiträge zu den Grundsätzen ordnungsmäßiger Bilanzierung, Schriften der Schmalenbach-Gesellschaft, Bd. 6, 1976 (GoB für Vorräte)

Geßler/Hefermehl/Eckhardt/Kropff
AktG, Kommentar, Bd. II, Aufl. 1973 (Bearbeiter, in Geßler/Hefermehl)

Glade
Rechnungslegung und Prüfung nach dem Bilanzrichtlinien-Gesetz. Systematische Darstellung und Kommentar (Glade, Rechnungslegung und Prüfung)

Greess
Zu den Auswirkungen der 4. und 7. EG-Richtlinie, Sonderheft 10/1980 der ZfbF 1980 in Sonderheft 2/1980 der ZGR, S. 155–174

Groh
Nutzungseinlagen in Handels- und Steuerrecht, BB 1982, S. 133

Gross/Schruff
Der Jahresabschluß nach neuem Recht, Aufstellung – Prüfung – Offenlegung, 1986

Grune
Vorsteuerausschluss bei Reisekosten, AktStR 2001, S. 129

Grune/Korth/Moritz
UntStFG-StÄnG 2001 – StBVG, AktStR 2002, S. 1

Haller
Probleme bei der Bilanzierung der Rücklagen und des Bilanzergebnisses einer Aktiengesellschaft nach neuem Bilanzrecht, DB 1987, S. 645
Handbuch der Rechnungslegung, hrsg. v. Küting/Weber, 4. Aufl. 1995 (Bearbeiter, in Küting/Weber)
Handbuch der Konzernrechnungslegung, hrsg. von Küting/Weber, 2. Aufl. 1998 (Bearbeiter, im KdKR)

Harms/Küting
Zur Problematik der Ertragsteuerspaltung nach § 271 Absatz 5 Bilanzrichtlinien-Gesetz, BB 1983, S. 1253

Heymann
Handelsgesetzbuch, 2. Aufl. ab 1996 (Bearbeiter, in Heymann HGB-Kom.)

Höfer/Reiners
Rückstellungen für künftige Beiträge an den Pensions-Sicherungs-Verein, DB 1989, S. 589

Hoffmann
Praxisorientierte Einführung in die Rechnungslegungsvorschriften des Regierungsentwurfs zum Bilanzrichtlinie-Gesetz, Beilage 1/1983, BB 1983
Einführung in die Bruttoentwicklung des Anlagevermögens nach dem Bilanzrichtlinien-Gesetz, BB 1986, S. 1398

Husemann
Grundsätze ordnungsmäßiger Buchführung für Anlagegegenstände, Beiträge zu den Grundsätzen ordnungsmäßiger Bilanzierung, Schriften der Schmalenbach-Gesellschaft, Bd. 1, 2. Aufl., 1976 (Husemann, GoB für Anlagegegenstände)

Hüffer
Aktiengesetz Kommentar, 5. Aufl. 2002 (Hüffer, AktG)

IdW
St/HFA 3/1976: Zur Bilanzierung von Beteiligungen an Personenhandelsgesellschaften nach aktienrechtlichen Grundsätzen, WPg 1976, S. 591
St/HFA 1/1984 i. d. F. 1990: Bilanzierungsfragen bei Zuwendungen, dargestellt am Beispiel finanzieller Zuwendungen der öffentlichen Hand, WPg 1984, S. 612
ST/HFA 1/1985 i. d. F. 1990: Zur Behandlung der Umsatzsteuer im Jahresabschluß, WPg 1985, S. 258
St/HFA 1/1986: Zur Bilanzierung von Zero-Bonds, WPg 1986, S. 248
St/HFA 2/1988: Pensionsverpflichtungen im Jahresabschluß, WPg 1988, S. 403
St/HFA 1/1991: Zur Bilanzierung von Anteilen an Personengesellschaften im Jahresabschluss der Kapitalgesellschaft, WPg 1991, S. 334
St/HFA 1/1993: Zur Bilanzierung von Joint Ventures, WPg 1993, S. 441
St/HFA 1/1994: Zur Behandlung von Genussrechten im Jahresabschluss von Kapitalgesellschaften, WPg 1994, S. 419
RS HFA 7: Zur Rechnungslegung bei Personenhandelsgesellschaften, WPg 2002, S. 1259
Zweifelsfragen der Rechnungslegung bei Verschmelzung, WPg 1996, S. 536

Janz/Schülen
Der Anhang als Teil des Jahresabschlusses und Konzernabschlusses, WPg 1986, S. 57

Kölner Kommentar zum Aktiengesetz
hrsg. von Zöllner, Bd. 1, §§ 1–75 AktG, 2. Aufl. 1988; Bd. 4, Rechnungslegung der Aktiengesellschaft, §§ 238–289 HGB, §§ 316–330, 340–340 o HGB; §§ 150, 152, 170–176 AktG, 2. Aufl. 1991; Bd. 5, § 221–240 AktG, 2. Aufl. 1995

Korth
Industriekontenrahmen, Kontierung und Jahresabschlussgliederung, 1990 (Korth Industriekontenrahmen)
Zur Aufwands- und Ertragskompensation, FS Claussen, 1997, S. 639 (Korth FS Claussen)
BMF-Erlass zur Neuregelung des Teilwertabschreibung, AktStR 2000, S. 155
BMF-Erlass zur Neuregelung des Schuldzinsenabzugs, AktStR 2000, S. 327
Phasengleiche Aktivierung von Dividendenforderungen, AktStR 2001, S. 113
Phasengleiche Aktivierung von Dividendenforderungen, AktStR 2001, S. 269
Unternehmenssteuerfortentwicklungsgesetz, AktStR 2001, S. 485

Korth/Kasperzak
Konzernrechnungslegung nach HGB unter Berücksichtigung der Konzernöffnungsklausel und der Bilanzierung nach IAS (Korth/Kasperzak, Konzernrechnungslegung nach HGB)

Kropff
„Verbundene Unternehmen" im Aktiengesetz und im Bilanzrichtlinien-Gesetz, DB 1986, S. 364
Handelsrechtliche Bilanzierungsfragen der Optionsanleihen, ZGR 1987, S. 285

Küffner
Der Anhang zum Jahresabschluß

Küppers
Der Firmenwert in Handels- und Steuerbilanz nach Inkrafttreten des Bilanzrichtlinien-Gesetzes – Rechtsnatur und bilanzpolitische Spielräume, DB 1986, S. 1633

Küting/Haeger/Zündorf
Die Erstellung des Anlagengitters nach künftigem Bilanzrecht. Unter besonderer Berücksichtigung der neu geregelten Erfassung der Zuschreibungen, BB 1985, S. 1948

Kütting/Kessler
Die Problematik der anderen Zuzahlungen gem. § 272 Abs. 2 Nr. 4 HGB, BB 1989, S. 36

Kupsch
Bilanzierung öffentlicher Zuwendungen, Stellungnahme zum Verlautbarungsentwurf des HFA zur Bilanzierung von Zuschüssen, WPg 1984, S. 369

Kußmaul
Betriebswirtschaftliche Überlegungen bei der Ausgabe von Null-Kupon-Anleihen, BB 1987, S. 1562

Langermeier
Latente Steuern in Verlustsituationen, DStR 1992, S. 764

Lauth
Buchhaltungs- und Bilanzierungsprobleme im Gefolge des geplanten Bilanzrichtlinie-Gesetzes, BB 1982, S. 2024

Leffson
Die Grundsätze ordnungsmäßiger Buchführung, 7. Aufl. 1987 (Leffson, GoB)

Literaturverzeichnis

Lutter
Die rechtliche Behandlung von Erlösen aus der Verwertung von Bezugsrechten bei der Ausgabe von Optionsanleihen, DB 1986, S. 1607

Lutter/Hommelhoff
GmbHG, Kommentar, 15. Aufl. 2000 (Lutter/Hommelhoff, GmbHG 15. Aufl.)

Mathiak
Zur Bilanzierung dinglicher Rechtsverhältnisse, in Handels- und Steuerrecht, FS Döllerer, S. 397

Meyer-Landrut u. a.
Gesetz Rechnungslegung zum Einzel- wie zum Konzernabschluß, 1987 (Bearbeiter, in Meyer-Landrut)

Moxter
Bilanzlehre, Bd. II, Einführung in das neue Bilanzrecht, 3. Aufl. 1986 (Moxter, Bilanzlehre II)
Zum Sinn und Zweck des handelsrechtlichen Jahresabschlusses nach neuem Recht, in Bilanz- und Konzernrecht, FS Goerdeler, S. 361

Muscheid
Übergangsvorschriften des Bilanzrichtlinien-Gesetzes für den Einzelabschluß, BB 1986, S. 355

Niehus
Aufwendungen und Erträge aus der „nicht gewöhnlichen Geschäftstätigkeit" der Kapitalgesellschaft: Abgrenzung zum Ausweis der außerordentlichen Posten nach neuem Recht, DB 1986, S. 1293

Oebel
Zuordnungsfragen in der Gewinn- und Verlustrechnung nach Gesamtkostenverfahren, WPg 1988, S. 125

OFDen Düsseldorf, Köln und Münster, BP Kartei
Bilanzierung von Werkzeugen, Formen, Modellen und Vorrichtungen, DB 1982, S. 1787

Orth
Neue Aspekte zum Schütt-aus-hol-zurück-Verfahren, GmbHR 1987, S. 195

Roolf
Zur Bilanzierung von Werkzeugen, WPg 1974, S. 209

Ross/Brachmann/Holsner
Ermittlung des Bauwertes von Gebäuden und des Verkehrswertes von Grundstücken, 28. Aufl.

Russ
Der Anhang als dritter Teil des Jahresabschlusses, Eine Analyse der bisherigen und der zukünftigen Erläuterungsvorschriften für die Aktiengesellschaft, 2. Aufl. 1986 (Russ, Der Anhang)

Rutschmann/Rutschmann
Kontierung nach den DATEV-Kontenrahmen SKR 01, SKR 02, SKR 03 und SKR 04, 10. Aufl. 1988 (Rutschmann/Rutschmann, Kontierung nach den DATEV-Kontenrahmen)

Schmidt
EStG, Einkommensteuergesetz, Kommentar, 21. Aufl. 2002 (Schmidt/Bearbeiter, EStG, 21. Aufl.).

Schäfer
Zuweisungen zu den Rücklagen nach altem und neuem Aktienrecht, ZfK 1966, S. 276

Schildbach
Die neue Generalklausel für den Jahresabschluß von Kapitalgesellschaften – zur Interpretation des Paragraphen 264 Abs. 2 HGB, BFuP 1987, S. 1

Schnapauff
Fragebogen zur Prüfung des Anhangs nach § 264 Abs. 1 S. 1 HGB, WPg 1986, S. 556

Scholz
Kommentar zum GmbH-Gesetz, 6. Aufl. 1983 (Bearbeiter, in Scholz GmbH-Kom.)

Schülen
Die Aufstellung des Anhangs, WPg 1987, S. 223

Schulte
Inhalt und Gliederung des Anhangs, BB 1986, S. 1468

Schulte-Groß
Zur Behandlung erhaltener Investitionszuschüsse im Jahresabschluß, WPg 1971, S. 155

Selchert
Aktienrechtliche Jahresabschlußprüfung, Durchführung und Probleme, 1979
Der Bilanzansatz von Aufwendungen für die Erweiterung des Geschäftsbetriebes, DB 1986, S. 977

Selchert/Karsten
Inhalt und Gliederung des Anhangs, ein Gestaltungsvorschlag, BB 1985, S. 1889

Siegel
Latente Steuern, 4. EG-Richtlinie und Bilanzrichtliniengesetz. Insbesondere eine Replik zu einer Stellungsnahme von Harms/Küting, BB 1985, S. 495
Zur Bilanzierung latenter Steuern nach § 274 HGB, DStR 1986, S. 587

Söffing
Der Geschäfts- oder Firmenwert, FS Döllerer 1988, S. 593 (Söffing, FS Döllerer)

Tjaden
Bilanzierungsfragen bei Zuwendungen der öffentlichen Hand, WPg 1985, S. 33

Veit
Zur Bilanzierung von Organisationsausgaben und Gründungsausgaben nach künftigem Recht, WPg 1984, S. 65

Vollmer
Der Genußschein – ein Instrument für mittelständische Unternehmen zur Eigenkapitalbeschaffung an der Börse, ZGR 1983, S. 1983

von de Loo
Abzinsung von Verbindlichkeiten in der Steuerbilanz und Folgen für die Handelsbilanz, DStR 2000, S. 508

Wagner/Schomacker
Die Abschreibung des Firmenwertes in Handels- und Steuerbilanz nach der Reform des Bilanzrechts, DB 1987, S. 1365

Weber
Grundsätze ordnungsmäßiger Bilanzierung für Beteiligungen, in: Schriften der Schmalbach-Gesellschaft, Beiträge zu den Grundsätzen ordnungsmäßiger Bilanzierung, Bd. 7, 1980 (GoB für Beteiligungen)

Westermann
„Aufwendungen für bezogene Leistungen" und „Sonstige betriebliche Aufwendungen" in der Gesamtkosten-GuV nach dem BiRiLiG, BB 1986, S. 1121

Wollmert
Zur Bilanzierung von Genussrechten, BB 1992, S. 2106

WP-Handbuch 2000
Handbuch für Rechnungslegung, Prüfung und Beratung, hrsg. vom Institut der Wirtschaftsprüfer e.V. in Deutschland, 12. Auflage 2000, Bd. I (WP-Handbuch 2000, Bd. I)

Zeitler
Der Firmenwert und verwandte immaterielle Wirtschaftsgüter in der Bilanz, DStR 1988, S. 303

Ziebe
Der Genußschein als kapitalmarktpolitisches Instrument zur Verbesserung der Eigenkapitalausstattung von Unternehmen, BB 1984, S. 2210

Kapitalbeschaffung durch Genußscheine, BB 1988, S. 225

Zwehl
Zuschüsse im Jahresabschluß, WPg 1970, S. 5

BFH-Urteile, Zivilrechtliche Urteile und BMF-Schreiben

BFH-Urteile:
BFH-Urt. v. 28. 1. 1954 – IV 255/53, BStBl III 1954, S. 109
BFH-Urt. v. 5. 10. 1956 – I 133/56, BStBl III 1954, S. 376
BFH-Urt. v. 16. 12. 1958 – I 286/56, BStBl III 1959, S. 77
BFH-Urt. v. 25. 11. 1965 – IV 299/63, BStBl III 1966, S. 86
BFH-Urt. v. 29. 7. 1966 – IV R 138/66, BStBl III 1966, S. 61
BFH-Urt. v. 5. 10. 1966 – II 2/64, BStBl III 1966, S. 686
BFH-Urt. v. 30. 3. 1967 – IV 64/65, BStBl III 1967, S. 302
BFH-Urt. v. 29. 7. 1967 – VI 302/65, BStBl III 1967, S. 151
BFH-Urt. v. 8. 12. 1967 – IV 80/63, BStBl II 1968, S. 149
BFH-Urt. v. 17. 5. 1968 – VI R 205/67, BStBl II 1968, S. 567
BFH-Urt. v. 17. 5. 1968 – VI R 113/67, BStBl II 1968, S. 566
BFH-Urt. v. 17. 5. 1968 – VI R 227/67, BStBl II 1968, S 567
BFH-Urt. v. 17. 5. 1968 – VI R 232/67, BStBl II 1968, S. 568
BFH-Beschl. v. 3. 2. 1969 – GrS 2/68, BStBl II 1969, S. 291
BFH-Urt. v. 16. 9. 1970 – I R 196/67, BStBl II 1971, S. 175
BFH-Urt. v. 8. 10. 1970 – IV R 125/69, BStBl II 1971, S. 51
BFH-Urt. v. 20. 11. 1970 – VI R 288/68, BStBl II 1971, S. 155
BFH-Urt. v. 21. 1. 1971 – IV R 51/69, BStBl II 1971, S. 304
BFH-Urt. v. 11. 10. 1972 – IV R 102/68, BStBl II 1972, S. 53
BFH-Urt. v. 29. 11. 1972 – I R 178/70, BStBl II 1972, S. 148
BFH-Urt. v. 13. 12. 1972 – I R 7–8/70, BStBl II 1973, S. 217
BFH-Urt. v. 31. 1. 1973 – I R 205/69, BStBl II 1973, S. 305
BFH-Urt. v. 28. 3. 1973 – I R 105/71, BStBl II 1974, S. 2
BFH-Urt. v. 19. 2. 1974 – VIII R 20/73, BStBl II 1975, S. 20
BFH-Urt. v. 5. 3. 1974 – I R 160/72, BStBl II 1974, S. 353
BFH-Urt. v. 7. 3. 1974 – VIII R 30/71, BStBl II 1974, S. 429

BFH-Urt. v. 26. 11. 1974 – VIII R 61–62/73, BStBl II 1975, S. 352
BFH-Urt. v. 19. 2. 1975 – I R 28/73, BStBl II 1975, S. 480
BFH-Urt. v. 20. 2. 1975 – IV R 170/70, BStBl II 1975, S. 531
BFH-Urt. v. 26. 2. 1975 – I R 184/73, BStBl II 1975, S. 443
BFH-Urt. v. 13. 10. 1976 – I R 79/74, BStBl II 1977, S. 540
BFH-Urt. v. 31. 3. 1977 – V R 44/73, BStBl II 1977, S. 648
BFH-Urt. v. 7. 10. 1977 – III R 48/76, BStBl II 1978, S. 186
BFH-Urt. v. 28. 10. 1977 – III R 72/75, BStBl II 1978, S. 115
BFH-Urt. v. 9. 12. 1977 – III R 94/76, BStBl II 1978, S. 322
BFH-Urt. v. 17. 1. 1978 – V III R 31/75, BStBl II 1978, S. 335
BFH-Urt. v. 19. 1. 1978 – IV R 153/72, BStBl II 1978, S. 262
BFH-Urt. v. 30. 11. 1978 – IV R 43/78, BStBl II 1979, S. 281
BFH-Urt. v. 28. 5. 1979 – I R 66/76, BStBl II 1979, S. 624
BFH-Urt. v. 26. 6. 1979 – VIII R 145/78, BStBl II 1979, S. 625
BFH-Urt. v. 26. 7. 1979 – IV R 170/74, BStBl II 1980, S. 176
BFH-Urt. v. 8. 7. 1980 – VII R 176/78, BStBl II 1980, S. 743
BFH-Urt. v. 28. 10. 1980 – VIII R 34/76, BStBl II 1981, S. 161
BFH-Urt. v. 9. 4. 1981 – IV R 24/78, BStBl II 1981, S. 481
BFH-Urt. v. 1. 7. 1981 – I R 148/78, BStBl II 1982, S. 246
BFH-Urt. v. 17. 11. 1981 – VIII R 86/78, BStBl II 1982, S. 344
BFH-Urt. v. 21. 7. 1982 – I R 177/77, BStBl II 1982, S. 758
BFH-Urt. v. 12. 1. 1983 – I R 70/79, BStBl II 1983, S. 223
BFH-Urt. v. 20. 1. 1983 – IV R 168/81, BStBl II 1983, S. 375
BFH-Urt. v. 19. 5. 1983 – IV R 205/79, BStBl II 1983, S. 670
BFH-Urt. v. 7. 10. 1983 – III R 138/80, BStBl II 1984, S. 262
BFH-Urt. v. 12. 7. 1984 – IV R 76/82, BStBl II 1984, S. 713
BFH-Urt. v. 1. 8. 1984 – I R 88/80, BStBl II 1985, S. 44
BFH-Urt. v. 17. 4. 1985 – I R 144/82, BStBl II 1988, S. 126
BFH-Urt. v. 25. 2. 1986 – VIII R 134/80, BStBl II 1986, S. 788
BFH-Urt. v. 18. 3. 1987 – II R 222/84, BStBl II 1987, S. 551
BFH-Urt. v. 2. 4. 1987 – IV R 92/85, BStBl II 1987, S. 621
BFH-Urt. v. 19. 5. 1987 – VIII R 327/83, BStBl II 1987, S. 848
BFH-Urt. v. 21. 5. 1987 – IV R 39/85, BStBl II 1987, S. 628
BFH-Urt. v. 3. 7. 1987 – III R 7/86, BStBl II 1987, S. 728
BFH-Urt. v. 21. 4. 1988 – IV R 47/85, BStBl II 1989, S. 722
BFH-Urt. v. 25. 5. 1988 – I R 10/84, BStBl II 1988, S. 720
BFH-Urt. v. 17. 9. 1988 – III R 225/83, BStBl II 1988, S. 324
BFH-Urt. v. 30. 11. 1988 – II R 237/83, BStBl II 1989, S. 183
BFH-Urt. v. 25. 8. 1989 – III R 17/84, BStBl II 1990, S. 79
BFH-Urt. v. 25. 8. 1989 – III R 125/84, BStBl II 1990, S. 82
BFH-Urt. v. 25. 8. 1989 – III R 95/87, BStBl II 1989, S. 893
BFH-Urt. v. 10. 2. 1990 – III B 90/88, BStBl II 1990, S. 794
BFH-Urt. v. 28. 9. 1990 – III R 77/89, BStBl II 1991, S. 361
BFH-Urt. v. 19. 2. 1991 – VIII R 97/87, BFH/NV 1991, S. 808
BFH-Urt. v. 15. 3. 1991 – III R 57/86, BStBl II 1991, S. 682
BFH-Urt. v. 3. 7. 1991 – X R 163–164/87, BStBl II 1991, S. 802
BFH-Urt. v. 12. 12. 1991 – IV R 28/91, BStBl II 1992, S. 600
BFH-Urt. v. 22. 1. 1992 – X R 23/89, BStBl II 1992, S. 488
BFH-Urt. v. 25. 3. 1992 – I R 69/91, BStBl II 1992, S. 1010
BFH-Urt. v. 26. 3. 1992 – IV R 74/90, BStBl II 1993, S. 96
BFH-Urt. v. 26. 7. 1992 – VI R 82/89, BStBl II 1992, S. 1000
BFH-Urt. v. 2. 10. 1992 – III R 54/91, BStBl II 1993, S. 153
BFH-Urt. v. 2. 12. 1992 – I R 46/91, BStBl II 1993, S. 109
BFH-Urt. v. 10. 12. 1992 – XI R 34/91, BStBl II 1994, S. 158
BFH-Urt. v. 3. 2. 1993 – I R 37/91, BStBl II 1993, S. 441
BFH-Urt. v. 12. 5. 1993 – II R 2/90, BStBl II 1993, S. 587
BFH-Urt. v. 19. 10. 1993 – VIII R 14/92, BStBl II 1993, S. 891
BFH-Urt. v. 24. 2. 1994 – IV R 33/93, BStBl II 1994, S. 590
BFH-Urt. v. 24. 2. 1994 – IV R 18/92, BStBl II 1994, S. 514

BFH-Urt. v. 28. 7. 1994 – III R 47/82, BStBl II 1994, S. 873
BFH-Urt. v. 12. 12. 1994 – I R 98/93, BStBl II 1995, S. 419
BFH-Urt. v. 19. 7. 1995 – I R 56/94, BStBl II 1996, S. 28
BFH-Urt. v. 6. 10. 1995 – III R 101/93, BStBl II 1996, S. 166
BFH-Urt. v. 22. 11. 1995 – I R 37/95, BFH/NV 1996, S. 596
BFH-Urt. v 20. 2. 1997 – III B 98/96, BStBl II 1997, S. 360
BFH-Beschl. v. 23. 6. 1997 – GrS 2/93, BStBl II 1997, S. 735
BFH-Urt. v. 2. 10. 1997 – IV R 82/96, BStBl II 1998, S. 205
BFH-Urt. v. 13. 5. 1998 – VIII R 58/96, BFH/NV 1999, S. 27
BFH-Urt. v. 19. 5. 1998 – I R 36/97, BStBl II 1998, S. 689
BFH-Urt. v. 19. 8. 1998 – XI R 8/96, BStBl II 1999, S. 18
BFH-Urt. v. 19. 8. 1998 – I R 92/95, BStBl II 1999, S. 387
BFH-Urt. v. 27. 8. 1998 – III R 110/95, BStBl II 1998, S. 789
BFH-Urt. v. 29. 4. 1999 – IV R 14/98, BStBl II 1999, S. 681
BFH-Urt. v. 15. 3. 2000 – I R 40/99, BStBl II 2000, S. 504
BFH-Beschl. v. 7. 8. 2000 – GrS 2/99, BStBl II 2000, S. 632
BFH-Urt. v. 31. 10. 2000 – VIII R 85/94, BStBl II 2001, S. 185

Zivilrechtliche Urteile
BAG, Urt. v. 17. 5. 1973 – 3 AZR 381/72, BB 1973, S. 1308
BGH-Urt. v. 29. 11. 1971 – II ZR 121/69, BB 1972, S. 111
BGH-Urt. v. 3. 11. 1975 – II ZR 67/73, DB 1976, S. 38
BGH-Urt. v. 3. 11. 1975 – II ZR 67/73, BB 1976, S. 9
BGH-Urt. v. 26. 11. 1979 – II ZR 104/77, BB 1980, S. 222
BGH-Urt. v. 24. 3. 1980 – II ZR 213/77, DB 1980, S. 1159
BAG, Urt. v. 5. 6. 1984 – 3 AZR 33/84, BB 1984, S. 2067
BGH-Urt. v. 9. 2. 1987 – II ZR 104/86, AG 1987, S. 344
BVerfG, Beschl. v. 16. 2. 1987 – 1 BVR 727/81, DB 1987, S. 1260
BGH-Urt. v. 27. 11. 1989 – II ZR 43/89, BB 1990, S. 164
BGH-Urt. v. 27. 11. 1989 – II ZR 310/88, DB 1990, S. 319
BGH-Urt. v. 25. 3. 1991 – II ZR 169/90, DB 1991, S. 1065
BGH-Urt. v. 28. 11. 1994 – II ZR 77/93, NJW 1995, S. 457
BGH v. 12. 1. 1998 – II ZR 82/93, DB 1998, S. 567

BMF-Schreiben
BMF-Schr. v. 19. 4. 1971 – IV B 2 – S 2170–31/71, BStBl I 1971, S. 264
BMF-Schr. v. 21. 3. 1972 – IV B 2 – S 2170–11/72, BStBl I 1972, S. 188
BMF-Schr. v. 15. 1. 1976 – IV B 2 – S 2133–1/76, BStBl I 1976, S. 66
BMF-Schr. v. 24. 3. 1980 – IV B 2 – S 2170–32/80, BStBl I 1980, S. 188
BMF-Schr. v. 20. 11. 1986 – IV B 2 – S 2172–13/86, BStBl I 1986, S. 532
Erlasse d. obersten Finanzbehörde v. 31. 31 992, BStBl I 1992, S. 342
BMF-Schr. v. 30. 4. 1993 – IV B 4 – S 2252–480/93, BStBl I 1993, S. 343
BMF-Schr. v. 29. 10. 1993 – IV B 2 – S 2172–47/93, BStBl I 1993, S. 898
BMF-Schr. v. 15. 1. 1995 – IV B 2 – S 2172–15/94, BStBl I 1995, S. 14
BMF-Schr. v. 21. 12. 1995 – IV B 7 – S 2742–68/95, BStBl I 1996, S. 50
BMF-Schr. v. 12. 3. 1996 – IV B 2 – S 2172–6/96, BStBl I 1996, S. 372
BMF-Schr. v. 7. 3. 1997 – IV B 7 – S 2742–20/97 BStBl I 1997, S. 637
BMF-Schr. v. 7. 1. 1998 – IV B 2 – S 2176–178/97, DB 1998, S. 597
BMF-Schr. v. 15. 12. 1998 – IV C 6 – S 2741–12/98, BStBl I 1998, S. 1509
BMF-Schr. v. 23. 8. 1999 – IV C 2 – S 2175–25/99, BStBl I 1999, S. 818
BMF-Schr. v. 25. 2. 2000 – IV C 2 – S 217 b – 14/00, BStBl I 2000, S. 372
BMF-Schr. v. 22. 5. 2000 – IV C 2 – S – 2144–60/00, BStBl I 2000, S. 588
BMF-Schr. v. 1. 11. 2000 – IV A 6 – S 2134–9/00, BStBl I 2000, S. 1510
BMF-Schr. v. 15. 12. 2000 – IV D 2 – S 1551–188/00, BStBl I 2000, S. 1532

Teil A. Gesetzestexte
Handelsgesetzbuch (§§ 238–289, 325–335 b HGB)

vom 10. Mai 1897 (RGBl. S. 219)

zuletzt geändert durch Art. 5 Drittes Gewerberechts-ÄndG vom 24. 8. 2002 (BGBl. I S. 3412)

Übersicht

Erster Abschnitt. Vorschriften für alle Kaufleute

Erster Unterabschnitt. Buchführung. Inventar

§ 238 Buchführungspflicht

(1) ① Jeder Kaufmann ist verpflichtet, Bücher zu führen und in diesen seine Handelsgeschäfte und die Lage seines Vermögens nach den Grundsätzen ordnungsmäßiger Buchführung ersichtlich zu machen. ② Die Buchführung muss so beschaffen sein, dass sie einem sachverständigen Dritten innerhalb angemessener Zeit einen Überblick über die Geschäftsvorfälle und über die Lage des Unternehmens vermitteln kann. ③ Die Geschäftsvorfälle müssen sich in ihrer Entstehung und Abwicklung verfolgen lassen.

(2) Der Kaufmann ist verpflichtet, eine mit der Urschrift übereinstimmende Wiedergabe der abgesandten Handelsbriefe (Kopie, Abdruck, Abschrift oder sonstige Wiedergabe des Wortlauts auf einem Schrift-, Bild- oder anderen Datenträger) zurückzubehalten.

§ 239 Führung der Handelsbücher

(1) ① Bei der Führung der Handelsbücher und bei den sonst erforderlichen Aufzeichnungen hat sich der Kaufmann einer lebenden Sprache zu bedienen. ② Werden Abkürzungen, Ziffern, Buchstaben oder Symbole verwendet, muss im Einzelfall deren Bedeutung eindeutig festliegen.

(2) Die Eintragungen in Büchern und die sonst erforderlichen Aufzeichnungen müssen vollständig, richtig, zeitgerecht und geordnet vorgenommen werden.

(3) ① Eine Eintragung oder eine Aufzeichnung darf nicht in einer Weise verändert werden, dass der ursprüngliche Inhalt nicht mehr feststellbar ist. ② Auch solche Veränderungen dürfen nicht vorgenommen werden, deren Beschaffenheit es ungewiss lässt, ob sie ursprünglich oder erst später gemacht worden sind.

(4) ① Die Handelsbücher und die sonst erforderlichen Aufzeichnungen können auch in der geordneten Ablage von Belegen bestehen oder auf Datenträgern geführt werden, soweit diese Formen der Buchführung einschließlich des dabei angewandten Verfahrens den Grundsätzen ordnungsmäßiger Buchführung entsprechen. ② Bei der Führung der Handelsbücher und der sonst erforderlichen Aufzeichnungen auf Datenträgern muss insbesondere sichergestellt sein, dass die Daten während der Dauer der Aufbewahrungsfrist verfügbar sind und jederzeit innerhalb angemessener Frist lesbar gemacht werden können. ③ Absätze 1 bis 3 gelten sinngemäß.

§ 240 Inventar

(1) Jeder Kaufmann hat zu Beginn seines Handelsgewerbes seine Grundstücke, seine Forderungen und Schulden, den Betrag seines baren Geldes sowie seine sonstigen Vermögensgegenstände genau zu verzeichnen und dabei den Wert der einzelnen Vermögensgegenstände und Schulden anzugeben.

(2) ① Er hat demnächst für den Schluss eines jeden Geschäftsjahrs ein solches Inventar aufzustellen. ② Die Dauer des Geschäftsjahres darf zwölf Monate nicht überschreiten. ③ Die Aufstellung des Inventars ist innerhalb der einem ordnungsmäßigen Geschäftsgang entsprechenden Zeit zu bewirken.

(3) ① Vermögensgegenstände des Sachanlagevermögens sowie Roh-, Hilfs- und Betriebsstoffe können, wenn sie regelmäßig ersetzt werden und ihr Gesamtwert für das Unternehmen von nachrangiger Bedeutung ist, mit einer gleichbleibenden Menge und einem gleichbleibenden Wert angesetzt werden, sofern ihr Bestand in seiner Größe, seinem Wert und seiner Zusammensetzung nur geringen Veränderungen unterliegt. ② Jedoch ist in der Regel alle drei Jahre eine körperliche Bestandsaufnahme durchzuführen.

(4) Gleichartige Vermögensgegenstände des Vorratsvermögens sowie andere gleichartige oder annähernd gleichwertige bewegliche Vermögensgegenstände und Schulden können jeweils zu einer Gruppe zusammengefasst und mit dem gewogenen Durchschnittswert angesetzt werden.

§ 241 Inventurvereinfachungsverfahren

(1) ① Bei der Aufstellung des Inventars darf der Bestand der Vermögensgegenstände nach Art, Menge und Wert auch mit Hilfe anerkannter mathematisch-statistischer Methoden auf Grund von Stichproben ermittelt werden. ② Das Verfahren muss den Grundsätzen ordnungsmäßiger Buchführung entsprechen. ③ Der Aussagewert des auf diese Weise aufgestellten Inventars muss dem Aussagewert eines auf Grund einer körperlichen Bestandsaufnahme aufgestellten Inventars gleichkommen.

(2) Bei der Aufstellung des Inventars für den Schluss eines Geschäftsjahrs bedarf es einer körperlichen Bestandsaufnahme der Vermögensgegenstände für diesen Zeitpunkt nicht, soweit durch Anwendung eines den Grundsätzen ordnungsmäßiger Buchführung entsprechenden anderen Verfahrens gesichert ist, dass der Bestand der Vermögensgegenstände nach Art, Menge und Wert auch ohne die körperliche Bestandsaufnahme für diesen Zeitpunkt festgestellt werden kann.

(3) In dem Inventar für den Schluss eines Geschäftsjahrs brauchen Vermögensgegenstände nicht verzeichnet zu werden, wenn

1. der Kaufmann ihren Bestand auf Grund einer körperlichen Bestandsaufnahme oder auf Grund eines nach Absatz 2 zulässigen anderen Verfahrens nach Art, Menge und Wert in einem besonderen Inventar verzeichnet hat, das für einen Tag innerhalb der letzten drei Monate vor oder der ersten beiden Monate nach dem Schluss des Geschäftsjahrs aufgestellt ist, und
2. auf Grund des besonderen Inventars durch Anwendung eines den Grundsätzen ordnungsmäßiger Buchführung entsprechenden Fortschreibungs oder Rückrechnungsverfahrens gesichert ist, dass der am Schluss des Geschäftsjahrs vorhandene Bestand der Vermögensgegenstände für diesen Zeitpunkt ordnungsgemäß bewertet werden kann.

Zweiter Unterabschnitt. Eröffnungsbilanz. Jahresabschluss

Erster Titel. Allgemeine Vorschriften

§ 242 Pflicht zur Aufstellung

(1) ① Der Kaufmann hat zu Beginn seines Handelsgewerbes und für den Schluss eines jeden Geschäftsjahrs einen das Verhältnis seines Vermögens und seiner Schulden darstellenden Abschluss (Eröffnungsbilanz, Bilanz) aufzustellen. ② Auf die Eröffnungsbilanz sind die für den Jahresabschluss geltenden Vorschriften entsprechend anzuwenden, soweit sie sich auf die Bilanz beziehen.

(2) Er hat für den Schluss eines jeden Geschäftsjahrs eine Gegenüberstellung der Aufwendungen und Erträge des Geschäftsjahrs (Gewinn- und Verlustrechnung) aufzustellen.

(3) Die Bilanz und die Gewinn- und Verlustrechnung bilden den Jahresabschluss.

§ 243 Aufstellungsgrundsatz

(1) Der Jahresabschluss ist nach den Grundsätzen ordnungsmäßiger Buchführung aufzustellen.

(2) Er muss klar und übersichtlich sein.

(3) Der Jahresabschluss ist innerhalb der einem ordnungsmäßigen Geschäftsgang entsprechenden Zeit aufzustellen.

§ 244 Sprache. Währungseinheit

Der Jahresabschluss ist in deutscher Sprache und in Euro aufzustellen.

§ 245 Unterzeichnung

① Der Jahresabschluss ist vom Kaufmann unter Angabe des Datums zu unterzeichnen. ② Sind mehrere persönlich haftende Gesellschafter vorhanden, so haben sie alle zu unterzeichnen.

Zweiter Titel. Ansatzvorschriften

§ 246 Vollständigkeit. Verrechnungsverbot

(1) ① Der Jahresabschluss hat sämtliche Vermögensgegenstände, Schulden, Rechnungsabgrenzungsposten, Aufwendungen und Erträge zu enthalten, soweit gesetzlich nichts anderes bestimmt ist. ② Vermögensgegenstände, die unter Eigentumsvorbehalt erworben oder an Dritte für eigene oder fremde Verbindlichkeiten verpfändet oder in anderer Weise als Sicherheit übertragen worden sind, sind in die Bilanz des Sicherungsgebers aufzunehmen. ③ In die Bilanz des Sicherungsnehmers sind sie nur aufzunehmen, wenn es sich um Bareinlagen handelt.

(2) Posten der Aktivseite dürfen nicht mit Posten der Passivseite, Aufwendungen nicht mit Erträgen, Grundstücksrechte nicht mit Grundstückslasten verrechnet werden.

§ 247 Inhalt der Bilanz

(1) In der Bilanz sind das Anlage- und das Umlaufvermögen, das Eigenkapital, die Schulden sowie die Rechnungsabgrenzungsposten gesondert auszuweisen und hinreichend aufzugliedern.

(2) Beim Anlagevermögen sind nur die Gegenstände auszuweisen, die bestimmt sind, dauernd dem Geschäftsbetrieb zu dienen.

(3) ① Passivposten, die für Zwecke der Steuern vom Einkommen und vom Ertrag zulässig sind, dürfen in der Bilanz gebildet werden. ② Sie sind als Sonderposten mit Rücklageanteil auszuweisen und nach Maßgabe des Steuerrechts aufzulösen. ③ Einer Rückstellung bedarf es insoweit nicht.

§ 248 Bilanzierungsverbote

(1) Aufwendungen für die Gründung des Unternehmens und für die Beschaffung des Eigenkapitals dürfen in die Bilanz nicht als Aktivposten aufgenommen werden.

(2) Für immaterielle Vermögensgegenstände des Anlagevermögens, die nicht entgeltlich erworben wurden, darf ein Aktivposten nicht angesetzt werden.

(3) Aufwendungen für den Abschluss von Versicherungsverträgen dürfen nicht aktiviert werden.

§ 249 Rückstellungen

(1) ① Rückstellungen sind für ungewisse Verbindlichkeiten und für drohende Verluste aus schwebenden Geschäften zu bilden. ② Ferner sind Rückstellungen zu bilden für

1. im Geschäftsjahr unterlassene Aufwendungen für Instandhaltung, die im folgenden Geschäftsjahr innerhalb von drei Monaten, oder für Abraumbeseitigung, die im folgenden Geschäftsjahr nachgeholt werden,
2. Gewährleistungen, die ohne rechtliche Verpflichtung erbracht werden.

③ Rückstellungen dürfen für unterlassene Aufwendungen für Instandhaltung auch gebildet werden, wenn die Instandhaltung nach Ablauf der Frist nach Satz 2 Nr. 1 innerhalb des Geschäftsjahrs nachgeholt wird.

(2) Rückstellungen dürfen außerdem für ihrer Eigenart nach genau umschriebene, dem Geschäftsjahr oder einem früheren Geschäftsjahr zuzuordnende Aufwendungen gebildet werden, die am Abschlussstichtag wahrscheinlich oder sicher, aber hinsichtlich ihrer Höhe oder des Zeitpunkts ihres Eintritts unbestimmt sind.

(3) ① Für andere als die in den Absätzen 1 und 2 bezeichneten Zwecke dürfen Rückstellungen nicht gebildet werden. ② Rückstellungen dürfen nur aufgelöst werden, soweit der Grund hierfür entfallen ist.

§ 250 Rechnungsabgrenzungsposten

(1) ① Als Rechnungsabgrenzungsposten sind auf der Aktivseite Ausgaben vor dem Abschlussstichtag auszuweisen, soweit sie Aufwand für eine bestimmte Zeit nach diesem Tag darstellen. ② Ferner dürfen ausgewiesen werden

1. als Aufwand berücksichtigte Zölle und Verbrauchsteuern, soweit sie auf am Abschlussstichtag auszuweisende Vermögensgegenstände des Vorratsvermögens entfallen,
2. als Aufwand berücksichtigte Umsatzsteuer auf am Abschlussstichtag auszuweisende oder von den Vorräten offen abgesetzte Anzahlungen.

(2) Auf der Passivseite sind als Rechnungsabgrenzungsposten Einnahmen vor dem Abschlussstichtag auszuweisen, soweit sie Ertrag für eine bestimmte Zeit nach diesem Tag darstellen.

(3) ① Ist der Rückzahlungsbetrag einer Verbindlichkeit höher als der Ausgabebetrag, so darf der Unterschiedsbetrag in den Rechnungsabgrenzungsposten auf der Aktivseite aufgenommen werden. ② Der Unterschiedsbetrag ist durch planmäßige jährliche Abschreibungen zu tilgen, die auf die gesamte Laufzeit der Verbindlichkeit verteilt werden können.

§ 251 Haftungsverhältnisse

① Unter der Bilanz sind, sofern sie nicht auf der Passivseite auszuweisen sind, Verbindlichkeiten aus der Begebung und Übertragung von Wechseln, aus Bürgschaften, Wechsel- und Scheckbürgschaften und aus Gewährleistungsverträgen sowie Haftungsverhältnisse aus der Bestellung von Sicherheiten für fremde Verbindlichkeiten zu vermerken; sie dürfen in einem Betrag angegeben werden. ② Haftungsverhältnisse sind auch anzugeben, wenn ihnen gleichwertige Rückgriffsforderungen gegenüberstehen.

Dritter Titel. Bewertungsvorschriften

§ 252 Allgemeine Bewertungsgrundsätze

(1) Bei der Bewertung der im Jahresabschluss ausgewiesenen Vermögensgegenstände und Schulden gilt insbesondere folgendes:

1. Die Wertansätze in der Eröffnungsbilanz des Geschäftsjahrs müssen mit denen der Schlussbilanz des vorhergehenden Geschäftsjahrs übereinstimmen.
2. Bei der Bewertung ist von der Fortführung der Unternehmenstätigkeit auszugehen, sofern dem nicht tatsächliche oder rechtliche Gegebenheiten entgegenstehen.
3. Die Vermögensgegenstände und Schulden sind zum Abschlussstichtag einzeln zu bewerten.
4. Es ist vorsichtig zu bewerten, namentlich sind alle vorhersehbaren Risiken und Verluste, die bis zum Abschlussstichtag entstanden sind, zu berücksichtigen, selbst wenn diese erst zwischen dem Abschlussstichtag und dem Tag der Aufstellung des Jahresabschlusses bekanntgeworden sind; Gewinne sind nur zu berücksichtigen, wenn sie am Abschlussstichtag realisiert sind.
5. Aufwendungen und Erträge des Geschäftsjahrs sind unabhängig von den Zeitpunkten der entsprechenden Zahlungen im Jahresabschluss zu berücksichtigen.
6. Die auf den vorhergehenden Jahresabschluss angewandten Bewertungsmethoden sollen beibehalten werden.

(2) Von den Grundsätzen des Absatzes 1 darf nur in begründeten Ausnahmefällen abgewichen werden.

§ 253 Wertansätze der Vermögensgegenstände und Schulden

(1) ① Vermögensgegenstände sind höchstens mit den Anschaffungs- oder Herstellungskosten, vermindert um Abschreibungen nach den Absätzen 2 und 3 anzusetzen. ② Verbindlichkeiten sind zu ihrem Rückzahlungsbetrag, Rentenverpflichtungen, für die eine Gegenleistung nicht mehr zu erwarten ist, zu ihrem Barwert und Rückstellungen nur in Höhe des Betrags anzusetzen, der nach vernünftiger kaufmännischer Beurteilung notwendig ist; Rückstellungen dürfen nur abgezinst werden, soweit die ihnen zugrundeliegenden Verbindlichkeiten einen Zinsanteil enthalten.

(2) ① Bei Vermögensgegenständen des Anlagevermögens, deren Nutzung zeitlich begrenzt ist, sind die Anschaffungs- oder Herstellungskosten um planmäßige Abschreibungen zu vermindern. ② Der Plan muss die Anschaffungs- oder Herstellungskosten auf die Geschäftsjahre verteilen, in denen der Vermögensgegenstand voraussichtlich genutzt werden kann. ③ Ohne Rücksicht darauf, ob ihre Nutzung zeitlich begrenzt ist, können bei Vermögensgegenständen des Anlagevermögens außerplanmäßige Abschreibungen vorgenommen werden, um die Vermögensgegenstände mit dem niedrigeren Wert anzusetzen, der ihnen am Abschlussstichtag beizulegen ist; sie sind vorzunehmen bei einer voraussichtlich dauernden Wertminderung.

(3) ① Bei Vermögensgegenständen des Umlaufvermögens sind Abschreibungen vorzunehmen, um diese mit einem niedrigeren Wert anzusetzen, der sich aus einem Börsen- oder Marktpreis am Abschlussstichtag ergibt. ② Ist ein Börsen- oder Marktpreis nicht festzustellen und übersteigen die Anschaffungs- oder Herstellungskosten den Wert, der den Vermögensgegenständen am Abschlussstichtag beizulegen ist, so ist auf diesen Wert abzuschreiben. ③ Außerdem dürfen Abschreibungen vorgenommen werden, soweit diese nach vernünftiger kaufmännischer Beurteilung notwendig sind, um zu verhindern, dass in der nächsten Zukunft der Wertansatz dieser Vermögensgegenstände auf Grund von Wertschwankungen geändert werden muss.

(4) Abschreibungen sind außerdem im Rahmen vernünftiger kaufmännischer Beurteilung zulässig.

(5) Ein niedrigerer Wertansatz nach Absatz 2 Satz 3, Absatz 3 oder 4 darf beibehalten werden, auch wenn die Gründe dafür nicht mehr bestehen.

§ 254 Steuerrechtliche Abschreibungen

① Abschreibungen können auch vorgenommen werden, um Vermögensgegenstände des Anlage- oder Umlaufvermögens mit dem niedrigeren Wert anzusetzen, der auf einer nur steuerrechtlich zulässigen Abschreibung beruht. ② § 253 Abs. 5 ist entsprechend anzuwenden.

§ 255 Anschaffungs- und Herstellungskosten

(1) ① Anschaffungskosten sind die Aufwendungen, die geleistet werden, um einen Vermögensgegenstand zu erwerben und ihn in einen betriebsbereiten Zustand zu versetzen, soweit sie dem Vermögensgegenstand einzeln zugeordnet werden können. ② Zu den Anschaffungskosten gehören auch die Nebenkosten sowie die nachträglichen Anschaffungskosten. ③ Anschaffungspreisminderungen sind abzusetzen.

(2) ① Herstellungskosten sind die Aufwendungen, die durch den Verbrauch von Gütern und die Inanspruchnahme von Diensten für die Herstellung eines Vermögensgegenstands, seine Erweiterung oder für eine über seinen ursprünglichen Zustand hinausgehende wesentliche Verbesserung entstehen. ② Dazu gehören die Materialkosten, die Fertigungskosten und die Sonderkosten der Fertigung. ③ Bei der Berechnung der Herstellungskosten dürfen auch angemessene Teile der notwendigen Materialgemeinkosten, der notwendigen Fertigungsgemeinkosten und des Wertverzehrs des Anlagevermögens, soweit er durch die Fertigung veranlasst ist, eingerechnet werden. ④ Kosten der allgemeinen Verwaltung sowie Aufwendungen für soziale Einrichtungen des Betriebs, für freiwillige soziale Leistungen und für betriebliche Altersversorgung brauchen nicht eingerechnet zu werden. ⑤ Aufwendungen im Sinne der Sätze 3 und 4 dürfen nur insoweit berücksichtigt werden, als sie auf den Zeitraum der Herstellung entfallen. ⑥ Vertriebskosten dürfen nicht in die Herstellungskosten einbezogen werden.

(3) ① Zinsen für Fremdkapital gehören nicht zu den Herstellungskosten. ② Zinsen für Fremdkapital, das zur Finanzierung der Herstellung eines Vermögensgegenstands verwendet wird, dürfen angesetzt werden, soweit sie auf den Zeitraum der Herstellung entfallen; in diesem Falle gelten sie als Herstellungskosten des Vermögensgegenstands.

(4) ① Als Geschäfts- oder Firmenwert darf der Unterschiedsbetrag angesetzt werden, um den die für die Übernahme eines Unternehmens bewirkte Gegenleistung den Wert der einzelnen Vermögensgegenstände des Unternehmens abzüglich der Schulden im Zeitpunkt der Übernahme übersteigt. ② Der Betrag ist in jedem folgenden Geschäftsjahr zu mindestens einem Viertel durch Abschreibungen zu tilgen. ③ Die Abschreibung des Geschäfts- oder Firmenwerts kann aber auch planmäßig auf die Geschäftsjahre verteilt werden, in denen er voraussichtlich genutzt wird.

§ 256 Bewertungsvereinfachungsverfahren

① Soweit es den Grundsätzen ordnungsmäßiger Buchführung entspricht, kann für den Wertansatz gleichartiger Vermögensgegenstände des Vorratsvermögens unterstellt werden, dass die zuerst oder dass die zuletzt angeschafften oder hergestellten Vermögensgegenstände zuerst oder in einer sonstigen bestimmten Folge verbraucht oder veräußert worden sind. ② § 240 Abs. 3 und 4 ist auch auf den Jahresabschluss anwendbar.

Dritter Unterabschnitt. Aufbewahrung und Vorlage

§ 257 Aufbewahrung von Unterlagen. Aufbewahrungsfristen

(1) Jeder Kaufmann ist verpflichtet, die folgenden Unterlagen geordnet aufzubewahren:

1. Handelsbücher, Inventare, Eröffnungsbilanzen, Jahresabschlüsse, Lageberichte, Konzernabschlüsse, Konzernlageberichte sowie die zu ihrem Verständnis erforderlichen Arbeitsanweisungen und sonstigen Organisationsunterlagen,
2. die empfangenen Handelsbriefe,
3. Wiedergaben der abgesandten Handelsbriefe,
4. Belege für Buchungen in den von ihm nach § 238 Abs. 1 zu führenden Büchern (Buchungsbelege).

(2) Handelsbriefe sind nur Schriftstücke, die ein Handelsgeschäft betreffen.

(3) ① Mit Ausnahme der Eröffnungsbilanzen, Jahresabschlüsse und der Konzernabschlüsse können die in Absatz 1 aufgeführten Unterlagen auch als Wiedergabe auf einem Bildträger oder auf anderen Datenträgern aufbewahrt werden, wenn dies den Grundsätzen ordnungsmäßiger Buchführung entspricht und sichergestellt ist, dass die Wiedergabe oder die Daten

1. mit den empfangenen Handelsbriefen und den Buchungsbelegen bildlich und mit den anderen Unterlagen inhaltlich übereinstimmen, wenn sie lesbar gemacht werden,
2. während der Dauer der Aufbewahrungsfrist verfügbar sind und jederzeit innerhalb angemessener Frist lesbar gemacht werden können.

② Sind Unterlagen auf Grund des § 239 Abs. 4 Satz 1 auf Datenträgern hergestellt worden, können statt des Datenträgers die Daten auch ausgedruckt aufbewahrt werden; die ausgedruckten Unterlagen können auch nach Satz 1 aufbewahrt werden.

(4) Die in Absatz 1 Nr. 1 und 4 aufgeführten Unterlagen sind zehn Jahre, die sonstigen in Absatz 1 aufgeführten Unterlagen sechs Jahre aufzubewahren.

(5) Die Aufbewahrungsfrist beginnt mit dem Schluss des Kalenderjahrs, in dem die letzte Eintragung in das Handelsbuch gemacht, das Inventar aufgestellt, die Eröffnungsbilanz oder der Jahresabschluss festgestellt, der Konzernabschluss aufgestellt, der Handelsbrief empfangen oder abgesandt worden oder der Buchungsbeleg entstanden ist.

§ 258 Vorlegung im Rechtsstreit

(1) Im Laufe eines Rechtsstreits kann das Gericht auf Antrag oder von Amts wegen die Vorlegung der Handelsbücher einer Partei anordnen.

(2) Die Vorschriften der Zivilprozessordnung über die Verpflichtung des Prozessgegners zur Vorlegung von Urkunden bleiben unberührt.

§ 259 Auszug bei Vorlegung im Rechtsstreit

① Werden in einem Rechtsstreit Handelsbücher vorgelegt, so ist von ihrem Inhalt, soweit er den Streitpunkt betrifft, unter Zuziehung der Parteien Einsicht zu nehmen und geeignetenfalls ein Auszug zu fertigen. ② Der übrige Inhalt der Bücher ist dem Gericht insoweit offenzulegen, als es zur Prüfung ihrer ordnungsmäßigen Führung notwendig ist.

§ 260 Vorlegung bei Auseinandersetzungen

Bei Vermögensauseinandersetzungen, insbesondere in Erbschafts-, Gütergemeinschafts- und Gesellschaftsteilungssachen, kann das Gericht die Vorlegung der Handelsbücher zur Kenntnisnahme von ihrem ganzen Inhalt anordnen.

§ 261 Vorlegung von Unterlagen auf Bild- oder Datenträgern

Wer aufzubewahrende Unterlagen nur in der Form einer Wiedergabe auf einem Bildträger oder auf anderen Datenträgern vorlegen kann, ist verpflichtet, auf seine Kosten diejenigen Hilfsmittel zur Verfügung zu stellen, die erforderlich sind, um die Unterlagen lesbar zu machen; soweit erforderlich, hat er die Unterlagen auf seine Kosten auszudrucken oder ohne Hilfsmittel lesbare Reproduktionen beizubringen.

Vierter Unterabschnitt. Landesrecht

§ 262 *(aufgehoben)*

§ 263 Vorbehalt landesrechtlicher Vorschriften

Unberührt bleiben bei Unternehmen ohne eigene Rechtspersönlichkeit einer Gemeinde, eines Gemeindeverbands oder eines Zweckverbands landesrechtliche Vorschriften, die von den Vorschriften dieses Abschnitts abweichen.

Zweiter Abschnitt. Ergänzende Vorschriften für Kapitalgesellschaften (Aktiengesellschaften, Kommanditgesellschaften auf Aktien und Gesellschaften mit beschränkter Haftung) sowie bestimmte Personenhandelsgesellschaften

Erster Unterabschnitt. Jahresabschluss der Kapitalgesellschaft und Lagebericht

Erster Titel. Allgemeine Vorschriften

§ 264 Pflicht zur Aufstellung

(1) ① Die gesetzlichen Vertreter einer Kapitalgesellschaft haben den Jahresabschluss (§ 242) um einen Anhang zu erweitern, der mit der Bilanz und der Gewinn- und Verlustrechnung eine Einheit bildet, sowie einen Lagebericht aufzustellen. ② Der Jahresabschluss und der Lagebericht sind von den gesetzlichen Vertretern in den ersten drei Monaten des Geschäftsjahrs für das vergangene Geschäftsjahr aufzustellen. ③ Kleine Kapitalgesellschaften (§ 267 Abs. 1) brauchen den Lagebericht nicht aufzustellen; sie dürfen den Jahresabschluss auch später aufstellen, wenn dies einem ordnungsgemäßen Geschäftsgang entspricht, jedoch innerhalb der ersten sechs Monate des Geschäftsjahres.

(2) ① Der Jahresabschluss der Kapitalgesellschaft hat unter Beachtung der Grundsätze ordnungsmäßiger Buchführung ein den tatsächlichen Verhältnissen entsprechendes Bild der Vermögens-, Finanz- und Ertragslage der Kapitalgesellschaft zu vermitteln. ② Führen besondere Umstände dazu, dass der Jahresabschluss ein den tatsächlichen Verhältnissen entsprechendes Bild im Sinne des Satzes 1 nicht vermittelt, so sind im Anhang zusätzliche Angaben zu machen.

(3) Eine Kapitalgesellschaft, die Tochterunternehmen eines nach § 290 zur Aufstellung eines Konzernabschlusses verpflichteten Mutterunternehmens ist, braucht die Vorschriften dieses Unterabschnitts und des Dritten und Vierten Unterabschnitts dieses Abschnitts nicht anzuwenden, wenn

1. alle Gesellschafter des Tochterunternehmens der Befreiung für das jeweilige Geschäftsjahr zugestimmt haben und der Beschluss nach § 325 offengelegt worden ist,
2. das Mutterunternehmen zur Verlustübernahme nach § 302 des Aktiengesetzes verpflichtet ist oder eine solche Verpflichtung freiwillig übernommen hat und diese Erklärung nach § 325 offengelegt worden ist,
3. das Tochterunternehmen in den Konzernabschluss nach den Vorschriften dieses Abschnitts einbezogen worden ist,
4. die Befreiung des Tochterunternehmens im Anhang des von dem Mutterunternehmen aufgestellten Konzernabschlusses angegeben wird und
5. die von dem Mutterunternehmen nach den Vorschriften über die Konzernrechnungslegung gemäß § 325 offenzulegenden Unterlagen auch zum Handelsregister des Sitzes der die Befreiung in Anspruch nehmenden Kapitalgesellschaft eingereicht worden sind.

(4) Absatz 3 ist auf Kapitalgesellschaften, die Tochterunternehmen eines nach § 11 des Publizitätsgesetzes zur Aufstellung eines Konzernabschlusses verpflichteten Mutterunternehmens sind, entsprechend anzuwenden, soweit in diesem Konzernabschluss von dem Wahlrecht des § 13 Abs. 3 Satz 1 des Publizitätsgesetzes nicht Gebrauch gemacht worden ist.

§ 264a Anwendung auf bestimmte offene Handelsgesellschaften und Kommanditgesellschaften

(1) Die Vorschriften des Ersten bis Fünften Unterabschnitts des Zweiten Abschnitts sind auch anzuwenden auf offene Handelsgesellschaften und Kommanditgesellschaften, bei denen nicht wenigstens ein persönlich haftender Gesellschafter

1. eine natürliche Person oder

2. eine offene Handelsgesellschaft, Kommanditgesellschaft oder andere Personengesellschaft mit einer natürlichen Person als persönlich haftendem Gesellschafter

ist oder sich die Verbindung von Gesellschaften in dieser Art fortsetzt.

(2) In den Vorschriften dieses Abschnitts gelten als gesetzliche Vertreter einer offenen Handelsgesellschaft und Kommanditgesellschaft nach Absatz 1 die Mitglieder des vertretungsberechtigten Organs der vertretungsberechtigten Gesellschaften.

§ 264b Befreiung von der Pflicht zur Aufstellung eines Jahresabschlusses nach den für Kapitalgesellschaften geltenden Vorschriften

Eine Personenhandelsgesellschaft im Sinne des § 264a Abs. 1 ist von der Verpflichtung befreit, einen Jahresabschluss und einen Lagebericht nach den Vorschriften dieses Abschnitts aufzustellen, prüfen zu lassen und offen zu legen, wenn

1. sie in den Konzernabschluss eines Mutterunternehmens mit Sitz in einem Mitgliedstaat der Europäischen Union oder einem anderen Vertragsstaat des Abkommens über den Europäischen Wirtschaftsraum oder in den Konzernabschluss eines anderen Unternehmens, das persönlich haftender Gesellschafter dieser Personenhandelsgesellschaft ist, einbezogen ist;
2. der Konzernabschluss sowie der Konzernlagebericht im Einklang mit der Richtlinie 83/349/EWG des Rates vom 13. Juni 1983 auf Grund von Artikel 54 Abs. 3 Buchstabe g des Vertrages über den konsolidierten Abschluss (ABl. EG Nr. L 193 S. 1) und der Richtlinie 84/253/EWG des Rates vom 10. April 1984 über die Zulassung der mit der Pflichtprüfung der Rechnungslegungsunterlagen beauftragten Personen (ABl. EG Nr. L 126 S. 20) nach dem für das den Konzernabschluss aufstellende Unternehmen maßgeblichen Recht aufgestellt, von einem zugelassenen Abschlussprüfer geprüft und offen gelegt worden ist;
3. das den Konzernabschluss aufstellende Unternehmen die offen zu legenden Unterlagen in deutscher Sprache auch zum Handelsregister des Sitzes der Personenhandelsgesellschaft eingereicht hat und
4. die Befreiung der Personenhandelsgesellschaft im Anhang des Konzernabschlusses angegeben ist.

§ 264c Besondere Bestimmungen für offene Handelsgesellschaften und Kommanditgesellschaften im Sinne des § 264a

(1) ① Ausleihungen, Forderungen und Verbindlichkeiten gegenüber Gesellschaftern sind in der Regel als solche jeweils gesondert auszuweisen oder im Anhang anzugeben. ② Werden sie unter anderen Posten ausgewiesen, so muss diese Eigenschaft vermerkt werden.

(2) ① § 266 Abs. 3 Buchstabe A ist mit der Maßgabe anzuwenden, dass als Eigenkapital die folgenden Posten gesondert auszuweisen sind:

I. Kapitalanteile

II. Rücklagen

III. Gewinnvortrag/Verlustvortrag

IV. Jahresüberschuss/Jahresfehlbetrag.

② Anstelle des Postens „Gezeichnetes Kapital“ sind die Kapitalanteile der persönlich haftenden Gesellschafter auszuweisen; sie dürfen auch zusammengefasst ausgewiesen werden. ③ Der auf den Kapitalanteil eines persönlich haftenden Gesellschafters für das Geschäftsjahr entfallende Verlust ist von dem Kapitalanteil abzuschreiben. ④ Soweit der Verlust den Kapitalanteil übersteigt, ist er auf der Aktivseite unter der Bezeichnung „Einzahlungsverpflichtungen persönlich haftender Gesellschafter“ unter den Forderungen gesondert auszuweisen, soweit eine Zahlungsverpflichtung besteht. ⑤ Besteht keine Zahlungsverpflichtung, so ist der Betrag als „Nicht durch Vermögenseinlagen gedeckter Verlustanteil persönlich haftender Gesellschafter“ zu bezeichnen und gemäß § 268 Abs. 3 auszuweisen. ⑥ Die Sätze 2 bis 5 sind auf die Einlagen von Kommanditisten entsprechend anzuwenden, wobei diese insgesamt gesondert gegenüber den Kapitalanteilen der persönlich haftenden Gesellschafter auszuweisen sind. ⑦ Eine Forderung darf jedoch nur ausgewiesen werden, soweit eine Einzahlungsverpflichtung besteht; dasselbe gilt, wenn ein Kommanditist Gewinnanteile entnimmt, während sein Kapitalanteil durch Verlust unter den Betrag der geleisteten Einlage herabgemindert ist, oder soweit durch die Entnahme der Kapitalanteil unter den bezeichneten Betrag herabgemindert wird. ⑧ Als Rücklagen sind nur solche Beträge auszuweisen, die auf Grund einer gesellschaftsrechtlichen Vereinbarung gebildet worden sind. ⑨ Im Anhang ist der Betrag der im Handelsregister gemäß § 172 Abs. 1 eingetragenen Einlagen anzugeben, soweit diese nicht geleistet sind.

(3) ① Das sonstige Vermögen der Gesellschafter (Privatvermögen) darf nicht in die Bilanz und die auf das Privatvermögen entfallenden Aufwendungen und Erträge dürfen nicht in die Gewinn- und Verlustrechnung aufgenommen werden. ② In der Gewinn- und Verlustrechnung darf jedoch nach dem Posten „Jahresüberschuss/Jahresfehlbetrag" ein dem Steuersatz der Komplementärgesellschaft entsprechender Steueraufwand der Gesellschafter offen abgesetzt oder hinzugerechnet werden.

(4) ① Anteile an Komplementärgesellschaften sind in der Bilanz auf der Aktivseite unter den Posten A. III. 1 oder A. III. 3 auszuweisen. ② § 272 Abs. 4 ist mit der Maßgabe anzuwenden, dass für diese Anteile in Höhe des aktivierten Betrags nach dem Posten „Eigenkapital" ein Sonderposten unter der Bezeichnung „Ausgleichsposten für aktivierte eigene Anteile" zu bilden ist. ③ §§ 269, 274 Abs. 2 sind mit der Maßgabe anzuwenden, dass nach dem Posten „Eigenkapital" ein Sonderposten in Höhe der aktivierten Bilanzierungshilfen anzusetzen ist.

§ 265 Allgemeine Grundsätze für die Gliederung

(1) ① Die Form der Darstellung, insbesondere die Gliederung der aufeinanderfolgenden Bilanzen und Gewinn- und Verlustrechnungen, ist beizubehalten, soweit nicht in Ausnahmefällen wegen besonderer Umstände Abweichungen erforderlich sind. ② Die Abweichungen sind im Anhang anzugeben und zu begründen.

(2) ① In der Bilanz sowie in der Gewinn- und Verlustrechnung ist zu jedem Posten der entsprechende Betrag des vorhergehenden Geschäftsjahrs anzugeben. ② Sind die Beträge nicht vergleichbar, so ist dies im Anhang anzugeben und zu erläutern. ③ Wird der Vorjahresbetrag angepasst, so ist auch dies im Anhang anzugeben und zu erläutern.

(3) ① Fällt ein Vermögensgegenstand oder eine Schuld unter mehrere Posten der Bilanz, so ist die Mitzugehörigkeit zu anderen Posten bei dem Posten, unter dem der Ausweis erfolgt ist, zu vermerken oder im Anhang anzugeben, wenn dies zur Aufstellung eines klaren und übersichtlichen Jahresabschlusses erforderlich ist. ② Eigene Anteile dürfen unabhängig von ihrer Zweckbestimmung nur unter dem dafür vorgesehenen Posten im Umlaufvermögen ausgewiesen werden.

(4) ① Sind mehrere Geschäftszweige vorhanden und bedingt dies die Gliederung des Jahresabschlusses nach verschiedenen Gliederungsvorschriften, so ist der Jahresabschluss nach der für einen Geschäftszweig vorgeschriebenen Gliederung aufzustellen und nach der für die anderen Geschäftszweige vorgeschriebenen Gliederung zu ergänzen. ② Die Ergänzung ist im Anhang anzugeben und zu begründen.

(5) ① Eine weitere Untergliederung der Posten ist zulässig; dabei ist jedoch die vorgeschriebene Gliederung zu beachten. ② Neue Posten dürfen hinzugefügt werden, wenn ihr Inhalt nicht von einem vorgeschriebenen Posten gedeckt wird.

(6) Gliederung und Bezeichnung der mit arabischen Zahlen versehenen Posten der Bilanz und der Gewinn- und Verlustrechnung sind zu ändern, wenn dies wegen Besonderheiten der Kapitalgesellschaft zur Aufstellung eines klaren und übersichtlichen Jahresabschlusses erforderlich ist.

(7) Die mit arabischen Zahlen versehenen Posten der Bilanz und der Gewinn- und Verlustrechnung können, wenn nicht besondere Formblätter vorgeschrieben sind, zusammengefasst ausgewiesen werden, wenn

1. sie einen Betrag enthalten, der für die Vermittlung eines den tatsächlichen Verhältnissen entsprechenden Bildes im Sinne des § 264 Abs. 2 nicht erheblich ist,
   oder

2. dadurch die Klarheit der Darstellung vergrößert wird; in diesem Falle müssen die zusammengefassten Posten jedoch im Anhang gesondert ausgewiesen werden.

(8) Ein Posten der Bilanz oder der Gewinn- und Verlustrechnung, der keinen Betrag ausweist, braucht nicht aufgeführt zu werden, es sei denn, dass im vorhergehenden Geschäftsjahr unter diesem Posten ein Betrag ausgewiesen wurde.

Zweiter Titel. Bilanz

§ 266 Gliederung der Bilanz

(1) ① Die Bilanz ist in Kontoform aufzustellen. ② Dabei haben große und mittelgroße Kapitalgesellschaften (§ 267 Abs. 3, 2) auf der Aktivseite die in Absatz 2 und auf der Passivseite die in Absatz 3 bezeichneten Posten gesondert und in der vorgeschriebenen Reihenfolge auszuweisen. ③ Kleine Kapitalgesellschaften (§ 267 Abs. 1) brauchen nur eine verkürzte Bilanz aufzustellen, in die nur die in den Absätzen 2 und 3 mit Buchstaben und römischen Zahlen bezeichneten Posten gesondert und in der vorgeschriebenen Reihenfolge aufgenommen werden.

(2) Aktivseite

A. Anlagevermögen:
- I. Immaterielle Vermögensgegenstände:
  1. Konzessionen, gewerbliche Schutzrechte und ähnliche Rechte und Werte sowie Lizenzen an solchen Rechten und Werten;
  2. Geschäfts- oder Firmenwert;
  3. geleistete Anzahlungen;
- II. Sachanlagen:
  1. Grundstücke, grundstücksgleiche Rechte und Bauten einschließlich der Bauten auf fremden Grundstücken;
  2. technische Anlagen und Maschinen;
  3. andere Anlagen, Betriebs- und Geschäftsausstattung;
  4. geleistete Anzahlungen und Anlagen im Bau;
- III. Finanzanlagen:
  1. Anteile an verbundenen Unternehmen;
  2. Ausleihungen an verbundene Unternehmen;
  3. Beteiligungen;
  4. Ausleihungen an Unternehmen, mit denen ein Beteiligungsverhältnis besteht;
  5. Wertpapiere des Anlagevermögens;
  6. sonstige Ausleihungen.

B. Umlaufvermögen:
- I. Vorräte:
  1. Roh-, Hilfs- und Betriebsstoffe;
  2. unfertige Erzeugnisse, unfertige Leistungen;
  3. fertige Erzeugnisse und Waren;
  4. geleistete Anzahlungen;
- II. Forderungen und sonstige Vermögensgegenstände:
  1. Forderungen aus Lieferungen und Leistungen;
  2. Forderungen gegen verbundene Unternehmen;
  3. Forderungen gegen Unternehmen, mit denen ein Beteiligungsverhältnis besteht;
  4. sonstige Vermögensgegenstände;
- III. Wertpapiere:
  1. Anteile an verbundenen Unternehmen;
  2. eigene Anteile;
  3. sonstige Wertpapiere;
- IV. Kassenbestand, Bundesbankguthaben, Guthaben bei Kreditinstituten und Schecks.

C. Rechnungsabgrenzungsposten.

(3) Passivseite

A. Eigenkapital:
 I. Gezeichnetes Kapital;
 II. Kapitalrücklage;
 III. Gewinnrücklagen:
  1. gesetzliche Rücklage;
  2. Rücklage für eigene Anteile;
  3. satzungsmäßige Rücklagen;
  4. andere Gewinnrücklagen;
 IV. Gewinnvortrag/Verlustvortrag;
 V. Jahresüberschuss/Jahresfehlbetrag.

B. Rückstellungen:
 1. Rückstellungen für Pensionen und ähnliche Verpflichtungen;
 2. Steuerrückstellungen;
 3. sonstige Rückstellungen.

C. Verbindlichkeiten:
 1. Anleihen, davon konvertibel;
 2. Verbindlichkeiten gegenüber Kreditinstituten;
 3. erhaltene Anzahlungen auf Bestellungen;
 4. Verbindlichkeiten aus Lieferungen und Leistungen;
 5. Verbindlichkeiten aus der Annahme gezogener Wechsel und der Ausstellung eigener Wechsel;
 6. Verbindlichkeiten gegenüber verbundenen Unternehmen;
 7. Verbindlichkeiten gegenüber Unternehmen, mit denen ein Beteiligungsverhältnis besteht;
 8. sonstige Verbindlichkeiten,
 davon aus Steuern,
 davon im Rahmen der sozialen Sicherheit.

D. Rechnungsabgrenzungsposten.

§ 267 Umschreibung der Größenklassen

(1) Kleine Kapitalgesellschaften sind solche, die mindestens zwei der drei nachstehenden Merkmale nicht überschreiten:

1. 3 438 000 Euro Bilanzsumme nach Abzug eines auf der Aktivseite ausgewiesenen Fehlbetrags (§ 268 Abs. 3).
2. 6 875 000 Euro Umsatzerlöse in den zwölf Monaten vor dem Abschlussstichtag.
3. Im Jahresdurchschnitt fünfzig Arbeitnehmer.

(2) Mittelgroße Kapitalgesellschaften sind solche, die mindestens zwei der drei in Absatz 1 bezeichneten Merkmale überschreiten und jeweils mindestens zwei der drei nachstehenden Merkmale nicht überschreiten:

1. 13 750 000 Euro Bilanzsumme nach Abzug eines auf der Aktivseite ausgewiesenen Fehlbetrags (§ 268 Abs. 3).
2. 27 500 000 Euro Umsatzerlöse in den zwölf Monaten vor dem Abschlussstichtag.
3. Im Jahresdurchschnitt zweihundertfünfzig Arbeitnehmer.

(3) ① Große Kapitalgesellschaften sind solche, die mindestens zwei der drei in Absatz 2 bezeichneten Merkmale überschreiten. ② Eine Kapitalgesellschaft gilt stets als große, wenn sie einen organisierten Markt im Sinne des § 2 Abs. 5 des Wertpapierhandelsgesetzes durch von ihr ausgegebene Wertpapiere im Sinne des § 2 Abs. 1 Satz 1 des Wertpapierhandelsgesetzes in Anspruch nimmt oder die Zulassung zum Handel an einem organisierten Markt beantragt worden ist.

(4) ① Die Rechtsfolgen der Merkmale nach den Absätzen 1 bis 3 Satz 1 treten nur ein, wenn sie an den Abschlussstichtagen von zwei aufeinanderfolgenden Geschäftsjahren über- oder unterschritten werden. ② Im Falle der Umwandlung oder Neugründung treten die Rechtsfolgen schon ein, wenn die Voraussetzungen des Absatzes 1, 2 oder 3 am ersten Abschlussstichtag nach der Umwandlung oder Neugründung vorliegen.

(5) Als durchschnittliche Zahl der Arbeitnehmer gilt der vierte Teil der Summe aus den Zahlen der jeweils am 31. März, 30. Juni, 30. September und 31. Dezember be-

schäftigten Arbeitnehmer einschließlich der im Ausland beschäftigten Arbeitnehmer, jedoch ohne die zu ihrer Berufsausbildung Beschäftigten.

(6) Informations- und Auskunftsrechte der Arbeitnehmervertretungen nach anderen Gesetzen bleiben unberührt.

§ 268 Vorschriften zu einzelnen Posten der Bilanz. Bilanzvermerke

(1) ① Die Bilanz darf auch unter Berücksichtigung der vollständigen oder teilweisen Verwendung des Jahresergebnisses aufgestellt werden. ② Wird die Bilanz unter Berücksichtigung der teilweisen Verwendung des Jahresergebnisses aufgestellt, so tritt an die Stelle der Posten „Jahresüberschuss/Jahresfehlbetrag“ und „Gewinnvortrag/ Verlustvortrag“ der Posten „Bilanzgewinn/Bilanzverlust“; ein vorhandener Gewinn- oder Verlustvortrag ist in den Posten „Bilanzgewinn/Bilanzverlust“ einzubeziehen und in der Bilanz oder im Anhang gesondert anzugeben.

(2) ① In der Bilanz oder im Anhang ist die Entwicklung der einzelnen Posten des Anlagevermögens und des Postens „Aufwendungen für die Ingangsetzung und Erweiterung des Geschäftsbetriebs“ darzustellen. ② Dabei sind, ausgehend von den gesamten Anschaffungs- und Herstellungskosten, die Zugänge, Abgänge, Umbuchungen und Zuschreibungen des Geschäftsjahrs sowie die Abschreibungen in ihrer gesamten Höhe gesondert aufzuführen. ③ Die Abschreibungen des Geschäftsjahrs sind entweder in der Bilanz bei dem betreffenden Posten zu vermerken oder im Anhang in einer der Gliederung des Anlagevermögens entsprechenden Aufgliederung anzugeben.

(3) Ist das Eigenkapital durch Verluste aufgebraucht und ergibt sich ein Überschuss der Passivposten über die Aktivposten, so ist dieser Betrag am Schluss der Bilanz auf der Aktivseite gesondert unter der Bezeichnung „Nicht durch Eigenkapital gedeckter Fehlbetrag“ auszuweisen.

(4) ① Der Betrag der Forderungen mit einer Restlaufzeit von mehr als einem Jahr ist bei jedem gesondert ausgewiesenen Posten zu vermerken. ② Werden unter dem Posten „sonstige Vermögensgegenstände“ Beträge für Vermögensgegenstände ausgewiesen, die erst nach dem Abschlussstichtag rechtlich entstehen, so müssen Beträge, die einen größeren Umfang haben, im Anhang erläutert werden.

(5) ① Der Betrag der Verbindlichkeiten mit einer Restlaufzeit bis zu einem Jahr ist bei jedem gesondert ausgewiesenen Posten zu vermerken. ② Erhaltene Anzahlungen auf Bestellungen sind, soweit Anzahlungen auf Vorräte nicht von dem Posten „Vorräte“ offen abgesetzt werden, unter den Verbindlichkeiten gesondert auszuweisen. ③ Sind unter dem Posten „Verbindlichkeiten“ Beträge für Verbindlichkeiten ausgewiesen, die erst nach dem Abschlussstichtag rechtlich entstehen, so müssen Beträge, die einen größeren Umfang haben, im Anhang erläutert werden.

(6) Ein nach § 250 Abs. 3 in den Rechnungsabgrenzungsposten auf der Aktivseite aufgenommener Unterschiedsbetrag ist in der Bilanz gesondert auszuweisen oder im Anhang anzugeben.

(7) Die in § 251 bezeichneten Haftungsverhältnisse sind jeweils gesondert unter der Bilanz oder im Anhang unter Angabe der gewährten Pfandrechte und sonstigen Sicherheiten anzugeben; bestehen solche Verpflichtungen gegenüber verbundenen Unternehmen, so sind sie gesondert anzugeben.

§ 269 Aufwendungen für die Ingangsetzung und Erweiterung des Geschäftsbetriebs

① Die Aufwendungen für die Ingangsetzung des Geschäftsbetriebs und dessen Erweiterung dürfen, soweit sie nicht bilanzierungsfähig sind, als Bilanzierungshilfe aktiviert werden; der Posten ist in der Bilanz unter der Bezeichnung „Aufwendungen für die Ingangsetzung und Erweiterung des Geschäftsbetriebs“ vor dem Anlagevermögen auszuweisen und im Anhang zu erläutern. ② Werden solche Aufwendungen in der Bilanz ausgewiesen, so dürfen Gewinne nur ausgeschüttet werden, wenn die nach der Ausschüttung verbleibenden jederzeit auflösbaren Gewinnrücklagen zuzüglich eines Gewinnvortrags und abzüglich eines Verlustvortrags dem angesetzten Betrag mindestens entsprechen.

§ 270 Bildung bestimmter Posten

(1) ① Einstellungen in die Kapitalrücklage und deren Auflösung sind bereits bei der Aufstellung der Bilanz vorzunehmen. ② Satz 1 ist auf Einstellungen in den Sonderposten mit Rücklageanteil und dessen Auflösung anzuwenden.

(2) Wird die Bilanz unter Berücksichtigung der vollständigen oder teilweisen Verwendung des Jahresergebnisses aufgestellt, so sind Entnahmen aus Gewinnrücklagen sowie Einstellungen in Gewinnrücklagen, die nach Gesetz, Gesellschaftsvertrag oder Satzung vorzunehmen sind oder auf Grund solcher Vorschriften beschlossen worden sind, bereits bei der Aufstellung der Bilanz zu berücksichtigen.

§ 271 Beteiligungen. Verbundene Unternehmen

(1) ① Beteiligungen sind Anteile an anderen Unternehmen, die bestimmt sind, dem eigenen Geschäftsbetrieb durch Herstellung einer dauernden Verbindung zu jenen Unternehmen zu dienen. ② Dabei ist es unerheblich, ob die Anteile in Wertpapieren verbrieft sind oder nicht. ③ Als Beteiligung gelten im Zweifel Anteile an einer Kapitalgesellschaft, die insgesamt den fünften Teil des Nennkapitals dieser Gesellschaft überschreiten. ④ Auf die Berechnung ist § 16 Abs. 2 und 4 des Aktiengesetzes entsprechend anzuwenden. ⑤ Die Mitgliedschaft in einer eingetragenen Genossenschaft gilt nicht als Beteiligung im Sinne dieses Buches.

(2) Verbundene Unternehmen im Sinne dieses Buches sind solche Unternehmen, die als Mutter- oder Tochterunternehmen (§ 290) in den Konzernabschluss eines Mutterunternehmens nach den Vorschriften über die Vollkonsolidierung einzubeziehen sind, das als oberstes Mutterunternehmen den am weitestgehenden Konzernabschluss nach dem Zweiten Unterabschnitt aufzustellen hat, auch wenn die Aufstellung unterbleibt, oder das einen befreienden Konzernabschluss nach § 291 oder nach einer nach § 292 erlassenen Rechtsverordnung aufstellt oder aufstellen könnte; Tochterunternehmen, die nach § 295 oder § 296 nicht einbezogen werden, sind ebenfalls verbundene Unternehmen.

§ 272 Eigenkapital

(1) ① Gezeichnetes Kapital ist das Kapital, auf das die Haftung der Gesellschafter für die Verbindlichkeiten der Kapitalgesellschaft gegenüber den Gläubigern beschränkt ist. ② Die ausstehenden Einlagen auf das gezeichnete Kapital sind auf der Aktivseite vor dem Anlagevermögen gesondert auszuweisen und entsprechend zu bezeichnen; die davon eingeforderten Einlagen sind zu vermerken. ③ Die nicht eingeforderten ausstehenden Einlagen dürfen auch von dem Posten „Gezeichnetes Kapital" offen abgesetzt werden; in diesem Falle ist der verbleibende Betrag als Posten „Eingefordertes Kapital" in der Hauptspalte der Passivseite auszuweisen und ist außerdem der eingeforderte, aber noch nicht eingezahlte Betrag unter den Forderungen gesondert auszuweisen und entsprechend zu bezeichnen. ④ Der Nennbetrag oder, falls ein solcher nicht vorhanden ist, der rechnerische Wert von nach § 71 Abs. 1 Nr. 6 oder 8 des Aktiengesetzes zur Einziehung erworbenen Aktien ist in der Vorspalte offen von dem Posten „Gezeichnetes Kapital" als Kapitalrückzahlung abzusetzen. ⑤ Ist der Erwerb der Aktien nicht zur Einziehung erfolgt, ist Satz 4 auch anzuwenden, soweit in dem Beschluss über den Rückkauf die spätere Veräußerung von einem Beschluss der Hauptversammlung in entsprechender Anwendung des § 182 Abs. 1 Satz 1 des Aktiengesetzes abhängig gemacht worden ist. ⑥ Wird der Nennbetrag oder der rechnerische Wert von Aktien nach Satz 4 abgesetzt, ist der Unterschiedsbetrag dieser Aktien zwischen ihrem Nennbetrag oder dem rechnerischen Wert und ihrem Kaufpreis mit den anderen Gewinnrücklagen (§ 266 Abs. 3 A.III.4.) zu verrechnen; weitergehende Anschaffungskosten sind als Aufwand des Geschäftsjahres zu berücksichtigen.

(2) Als Kapitalrücklage sind auszuweisen

1. der Betrag, der bei der Ausgabe von Anteilen einschließlich von Bezugsanteilen über den Nennbetrag oder, falls ein Nennbetrag nicht vorhanden ist, über den rechnerischen Wert hinaus erzielt wird;
2. der Betrag, der bei der Ausgabe von Schuldverschreibungen für Wandlungsrechte und Optionsrechte zum Erwerb von Anteilen erzielt wird;

3. der Betrag von Zuzahlungen, die Gesellschafter gegen Gewährung eines Vorzugs für ihre Anteile leisten;
4. der Betrag von anderen Zuzahlungen, die Gesellschafter in das Eigenkapital leisten.

(3) ① Als Gewinnrücklagen dürfen nur Beträge ausgewiesen werden, die im Geschäftsjahr oder in einem früheren Geschäftsjahr aus dem Ergebnis gebildet worden sind. ② Dazu gehören aus dem Ergebnis zu bildende gesetzliche oder auf Gesellschaftsvertrag oder Satzung beruhende Rücklagen und andere Gewinnrücklagen.

(4) ① In eine Rücklage für eigene Anteile ist ein Betrag einzustellen, der dem auf der Aktivseite der Bilanz für die eigenen Anteile anzusetzenden Betrag entspricht. ② Die Rücklage darf nur aufgelöst werden, soweit die eigenen Anteile ausgegeben, veräußert oder eingezogen werden oder soweit nach § 253 Abs. 3 auf der Aktivseite ein niedrigerer Betrag angesetzt wird. ③ Die Rücklage, die bereits bei der Aufstellung der Bilanz vorzunehmen ist, darf aus vorhandenen Gewinnrücklagen gebildet werden, soweit diese frei verfügbar sind. ④ Die Rücklage nach Satz 1 ist auch für Anteile eines herrschenden oder eines mit Mehrheit beteiligten Unternehmens zu bilden.

§ 273 Sonderposten mit Rücklageanteil

① Der Sonderposten mit Rücklageanteil (§ 247 Abs. 3) darf nur insoweit gebildet werden, als das Steuerrecht die Anerkennung des Wertansatzes bei der steuerrechtlichen Gewinnermittlung davon abhängig macht, dass der Sonderposten in der Bilanz gebildet wird. ② Er ist auf der Passivseite vor den Rückstellungen auszuweisen; die Vorschriften, nach denen er gebildet worden ist, sind in der Bilanz oder im Anhang anzugeben.

§ 274 Steuerabgrenzung

(1) ① Ist der dem Geschäftsjahr und früheren Geschäftsjahren zuzurechnende Steueraufwand zu niedrig, weil der nach den steuerrechtlichen Vorschriften zu versteuernde Gewinn niedriger als das handelsrechtliche Ergebnis ist, und gleicht sich der zu niedrige Steueraufwand des Geschäftsjahrs und früherer Geschäftsjahre in späteren Geschäftsjahren voraussichtlich aus, so ist in Höhe der voraussichtlichen Steuerbelastung nachfolgender Geschäftsjahre eine Rückstellung nach § 249 Abs. 1 Satz 1 zu bilden und in der Bilanz oder im Anhang gesondert anzugeben. ② Die Rückstellung ist aufzulösen, sobald die höhere Steuerbelastung eintritt oder mit ihr voraussichtlich nicht mehr zu rechnen ist.

(2) ① Ist der dem Geschäftsjahr und früheren Geschäftsjahren zuzurechnende Steueraufwand zu hoch, weil der nach den steuerrechtlichen Vorschriften zu versteuernde Gewinn höher als das handelsrechtliche Ergebnis ist, und gleicht sich der zu hohe Steueraufwand des Geschäftsjahrs und früherer Geschäftsjahre in späteren Geschäftsjahren voraussichtlich aus, so darf in Höhe der voraussichtlichen Steuerentlastung nachfolgender Geschäftsjahre ein Abgrenzungsposten als Bilanzierungshilfe auf der Aktivseite der Bilanz gebildet werden. ② Dieser Posten ist unter entsprechender Bezeichnung gesondert auszuweisen und im Anhang zu erläutern. ③ Wird ein solcher Posten ausgewiesen, so dürfen Gewinne nur ausgeschüttet werden, wenn die nach der Ausschüttung verbleibenden jederzeit auflösbaren Gewinnrücklagen zuzüglich eines Gewinnvortrags und abzüglich eines Verlustvortrags dem angesetzten Betrag mindestens entsprechen. ④ Der Betrag ist aufzulösen, sobald die Steuerentlastung eintritt oder mit ihr voraussichtlich nicht mehr zu rechnen ist.

§ 274a Größenabhängige Erleichterungen

Kleine Kapitalgesellschaften sind von der Anwendung der folgenden Vorschriften befreit:

1. § 268 Abs. 2 über die Aufstellung eines Anlagengitters,
2. § 268 Abs. 4 Satz 2 über die Pflicht zur Erläuterung bestimmter Forderungen im Anhang,
3. § 268 Abs. 5 Satz 3 über die Erläuterung bestimmter Verbindlichkeiten im Anhang,

4. § 268 Abs. 6 über den Rechnungsabgrenzungsposten nach § 250 Abs. 3,
5. § 269 Satz 1 insoweit, als die Aufwendungen für die Ingangsetzung und Erweiterung des Geschäftsbetriebs im Anhang erläutert werden müssen.

Dritter Titel. Gewinn- und Verlustrechnung

§ 275 Gliederung

(1) ① Die Gewinn- und Verlustrechnung ist in Staffelform nach dem Gesamtkostenverfahren oder dem Umsatzkostenverfahren aufzustellen. ② Dabei sind die in Absatz 2 oder 3 bezeichneten Posten in der angegebenen Reihenfolge gesondert auszuweisen.

(2) Bei Anwendung des Gesamtkostenverfahrens sind auszuweisen:

1. Umsatzerlöse
2. Erhöhung oder Verminderung des Bestands an fertigen und unfertigen Erzeugnissen
3. andere aktivierte Eigenleistungen
4. sonstige betriebliche Erträge
5. Materialaufwand:
   a) Aufwendungen für Roh-, Hilfs- und Betriebsstoffe und für bezogene Waren
   b) Aufwendungen für bezogene Leistungen
6. Personalaufwand:
   a) Löhne und Gehälter
   b) soziale Abgaben und Aufwendungen für Altersversorgung und für Unterstützung,
   davon für Altersversorgung
7. Abschreibungen:
   a) auf immaterielle Vermögensgegenstände des Anlagevermögens und Sachanlagen sowie auf aktivierte Aufwendungen für die Ingangsetzung und Erweiterung des Geschäftsbetriebs
   b) auf Vermögensgegenstände des Umlaufvermögens, soweit diese die in der Kapitalgesellschaft üblichen Abschreibungen überschreiten
8. sonstige betriebliche Aufwendungen
9. Erträge aus Beteiligungen,
   davon aus verbundenen Unternehmen
10. Erträge aus anderen Wertpapieren und Ausleihungen des Finanzanlagevermögens,
    davon aus verbundenen Unternehmen
11. sonstige Zinsen und ähnliche Erträge,
    davon aus verbundenen Unternehmen
12. Abschreibungen auf Finanzanlagen und auf Wertpapiere des Umlaufvermögens
13. Zinsen und ähnliche Aufwendungen,
    davon an verbundene Unternehmen
14. Ergebnis der gewöhnlichen Geschäftstätigkeit
15. außerordentliche Erträge
16. außerordentliche Aufwendungen
17. außerordentliches Ergebnis
18. Steuern vom Einkommen und vom Ertrag
19. sonstige Steuern
20. Jahresüberschuss/Jahresfehlbetrag.

(3) Bei Anwendung des Umsatzkostenverfahrens sind auszuweisen:

1. Umsatzerlöse
2. Herstellungskosten der zur Erzielung der Umsatzerlöse erbrachten Leistungen
3. Bruttoergebnis vom Umsatz
4. Vertriebskosten
5. allgemeine Verwaltungskosten
6. sonstige betriebliche Erträge
7. sonstige betriebliche Aufwendungen

8. Erträge aus Beteiligungen,
davon aus verbundenen Unternehmen
9. Erträge aus anderen Wertpapieren und Ausleihungen des Finanzanlagevermögens,
davon aus verbundenen Unternehmen
10. sonstige Zinsen und ähnliche Erträge,
davon aus verbundenen Unternehmen
11. Abschreibungen auf Finanzanlagen und auf Wertpapiere des Umlaufvermögens
12. Zinsen und ähnliche Aufwendungen,
davon an verbundene Unternehmen
13. Ergebnis der gewöhnlichen Geschäftstätigkeit
14. außerordentliche Erträge
15. außerordentliche Aufwendungen
16. außerordentliches Ergebnis
17. Steuern vom Einkommen und vom Ertrag
18. sonstige Steuern
19. Jahresüberschuss/Jahresfehlbetrag.

(4) Veränderungen der Kapital- und Gewinnrücklagen dürfen in der Gewinn- und Verlustrechnung erst nach dem Posten „Jahresüberschuss/Jahresfehlbetrag" ausgewiesen werden.

§ 276 Größenabhängige Erleichterungen

① Kleine und mittelgroße Kapitalgesellschaften (§ 267 Abs. 1, 2) dürfen die Posten § 275 Abs. 2 Nr. 1 bis 5 oder Abs. 3 Nr. 1 bis 3 und 6 zu einem Posten unter der Bezeichnung „Rohergebnis" zusammenfassen. ② Kleine Kapitalgesellschaften brauchen außerdem die in § 277 Abs. 4 Satz 2 und 3 verlangten Erläuterungen zu den Posten „außerordentliche Erträge" und „außerordentliche Aufwendungen" nicht zu machen.

§ 277 Vorschriften zu einzelnen Posten der Gewinn- und Verlustrechnung

(1) Als Umsatzerlöse sind die Erlöse aus dem Verkauf und der Vermietung oder Verpachtung von für die gewöhnliche Geschäftstätigkeit der Kapitalgesellschaft typischen Erzeugnissen und Waren sowie aus von für die gewöhnliche Geschäftstätigkeit der Kapitalgesellschaft typischen Dienstleistungen nach Abzug von Erlösschmälerungen und der Umsatzsteuer auszuweisen.

(2) Als Bestandsveränderungen sind sowohl Änderungen der Menge als auch solche des Wertes zu berücksichtigen; Abschreibungen jedoch nur, soweit diese die in der Kapitalgesellschaft sonst üblichen Abschreibungen nicht überschreiten.

(3) ① Außerplanmäßige Abschreibungen nach § 253 Abs. 2 Satz 3 sowie Abschreibungen nach § 253 Abs. 3 Satz 3 sind jeweils gesondert auszuweisen oder im Anhang anzugeben. ② Erträge und Aufwendungen aus Verlustübernahme und auf Grund einer Gewinngemeinschaft, eines Gewinnabführungs- oder eines Teilgewinnabführungsvertrags erhaltene oder abgeführte Gewinne sind jeweils gesondert unter entsprechender Bezeichnung auszuweisen.

(4) ① Unter den Posten „außerordentliche Erträge" und „außerordentliche Aufwendungen" sind Erträge und Aufwendungen auszuweisen, die außerhalb der gewöhnlichen Geschäftstätigkeit der Kapitalgesellschaft anfallen. ② Die Posten sind hinsichtlich ihres Betrags und ihrer Art im Anhang zu erläutern, soweit die ausgewiesenen Beträge für die Beurteilung der Ertragslage nicht von untergeordneter Bedeutung sind. ③ Satz 2 gilt auch für Erträge und Aufwendungen, die einem anderen Geschäftsjahr zuzurechnen sind.

§ 278 Steuern

① Die Steuern vom Einkommen und vom Ertrag sind auf der Grundlage des Beschlusses über die Verwendung des Ergebnisses zu berechnen; liegt ein solcher Beschluss im Zeitpunkt der Feststellung des Jahresabschlusses nicht vor, so ist vom Vorschlag über die Verwendung des Ergebnisses auszugehen. ② Weicht der Beschluss über die Verwendung des Ergebnisses vom Vorschlag ab, so braucht der Jahresabschluss nicht geändert zu werden.

Vierter Titel. Bewertungsvorschriften

§ 279 Nichtanwendung von Vorschriften. Abschreibungen

(1) ① § 253 Abs. 4 ist nicht anzuwenden. ② § 253 Abs. 2 Satz 3 darf, wenn es sich nicht um eine voraussichtlich dauernde Wertminderung handelt, nur auf Vermögensgegenstände, die Finanzanlagen sind, angewendet werden.

(2) Abschreibungen nach § 254 dürfen nur insoweit vorgenommen werden, als das Steuerrecht ihre Anerkennung bei der steuerrechtlichen Gewinnermittlung davon abhängig macht, dass sie sich aus der Bilanz ergeben.

§ 280 Wertaufholungsgebot

(1) ① Wird bei einem Vermögensgegenstand eine Abschreibung nach § 253 Abs. 2 Satz 3 oder Abs. 3 oder § 254 Satz 1 vorgenommen und stellt sich in einem späteren Geschäftsjahr heraus, dass die Gründe dafür nicht mehr bestehen, so ist der Betrag dieser Abschreibung im Umfang der Werterhöhung unter Berücksichtigung der Abschreibungen, die inzwischen vorzunehmen gewesen wären, zuzuschreiben. ② § 253 Abs. 5, § 254 Satz 2 sind insoweit nicht anzuwenden.

(2) Von der Zuschreibung nach Absatz 1 kann abgesehen werden, wenn der niedrigere Wertansatz bei der steuerrechtlichen Gewinnermittlung beibehalten werden kann und wenn Voraussetzung für die Beibehaltung ist, dass der niedrigere Wertansatz auch in der Bilanz beibehalten wird.

(3) Im Anhang ist der Betrag der im Geschäftsjahr aus steuerrechtlichen Gründen unterlassenen Zuschreibungen anzugeben und hinreichend zu begründen.

§ 281 Berücksichtigung steuerrechtlicher Vorschriften

(1) ① Die nach § 254 zulässigen Abschreibungen dürfen auch in der Weise vorgenommen werden, dass der Unterschiedsbetrag zwischen der nach § 253 in Verbindung mit § 279 und der nach § 254 zulässigen Bewertung in den Sonderposten mit Rücklageanteil eingestellt wird. ② In der Bilanz oder im Anhang sind die Vorschriften anzugeben, nach denen die Wertberichtigung gebildet worden ist. ③ Unbeschadet steuerrechtlicher Vorschriften über die Auflösung ist die Wertberichtigung insoweit aufzulösen, als die Vermögensgegenstände, für die sie gebildet worden ist, aus dem Vermögen ausscheiden oder die steuerrechtliche Wertberichtigung durch handelsrechtliche Abschreibungen ersetzt wird.

(2) ① Im Anhang ist der Betrag der im Geschäftsjahr allein nach steuerrechtlichen Vorschriften vorgenommenen Abschreibungen, getrennt nach Anlage- und Umlaufvermögen, anzugeben, soweit er sich nicht aus der Bilanz oder der Gewinn- und Verlustrechnung ergibt, und hinreichend zu begründen. ② Erträge aus der Auflösung des Sonderpostens mit Rücklageanteil sind in dem Posten „sonstige betriebliche Erträge“, Einstellungen in den Sonderposten mit Rücklageanteil sind in dem Posten „sonstige betriebliche Aufwendungen“ der Gewinn- und Verlustrechnung gesondert auszuweisen oder im Anhang anzugeben.

§ 282 Abschreibung der Aufwendungen für die Ingangsetzung und Erweiterung des Geschäftsbetriebs

Für die Ingangsetzung und Erweiterung des Geschäftsbetriebs ausgewiesene Beträge sind in jedem folgenden Geschäftsjahr zu mindestens einem Viertel durch Abschreibungen zu tilgen.

§ 283 Wertansatz des Eigenkapitals

Das gezeichnete Kapital ist zum Nennbetrag anzusetzen.

Fünfter Titel. Anhang

§ 284 Erläuterung der Bilanz und der Gewinn- und Verlustrechnung

(1) In den Anhang sind diejenigen Angaben aufzunehmen, die zu den einzelnen Posten der Bilanz oder der Gewinn- und Verlustrechnung vorgeschrieben oder die

im Anhang zu machen sind, weil sie in Ausübung eines Wahlrechts nicht in die Bilanz oder in die Gewinn- und Verlustrechnung aufgenommen wurden.

(2) Im Anhang müssen

1. die auf die Posten der Bilanz und der Gewinn- und Verlustrechnung angewandten Bilanzierungs- und Bewertungsmethoden angegeben werden;
2. die Grundlagen für die Umrechnung in Euro angegeben werden, soweit der Jahresabschluss Posten enthält, denen Beträge zugrunde liegen, die auf fremde Währung lauten oder ursprünglich auf fremde Währung lauteten;
3. Abweichungen von Bilanzierungs- und Bewertungsmethoden angegeben und begründet werden; deren Einfluss auf die Vermögens-, Finanz- und Ertragslage ist gesondert darzustellen;
4. bei Anwendung einer Bewertungsmethode nach § 240 Abs. 4, § 256 Satz 1 die Unterschiedsbeträge pauschal für die jeweilige Gruppe ausgewiesen werden, wenn die Bewertung im Vergleich zu einer Bewertung auf der Grundlage des letzten vor dem Abschlussstichtag bekannten Börsenkurses oder Marktpreises einen erheblichen Unterschied aufweist;
5. Angaben über die Einbeziehung von Zinsen für Fremdkapital in die Herstellungskosten gemacht werden.

§ 285 Sonstige Pflichtangaben

① Ferner sind im Anhang anzugeben:

1. zu den in der Bilanz ausgewiesenen Verbindlichkeiten
   a) der Gesamtbetrag der Verbindlichkeiten mit einer Restlaufzeit von mehr als fünf Jahren,
   b) der Gesamtbetrag der Verbindlichkeiten, die durch Pfandrechte oder ähnliche Rechte gesichert sind, unter Angabe von Art und Form der Sicherheiten;
2. die Aufgliederung der in Nummer 1 verlangten Angaben für jeden Posten der Verbindlichkeiten nach dem vorgeschriebenen Gliederungsschema, sofern sich diese Angaben nicht aus der Bilanz ergeben;
3. der Gesamtbetrag der sonstigen finanziellen Verpflichtungen, die nicht in der Bilanz erscheinen und auch nicht nach § 251 anzugeben sind, sofern diese Angabe für die Beurteilung der Finanzlage von Bedeutung ist; davon sind Verpflichtungen gegenüber verbundenen Unternehmen gesondert anzugeben;
4. die Aufgliederung der Umsatzerlöse nach Tätigkeitsbereichen sowie nach geographisch bestimmten Märkten, soweit sich, unter Berücksichtigung der Organisation des Verkaufs von für die gewöhnliche Geschäftstätigkeit der Kapitalgesellschaft typischen Erzeugnissen und der für die gewöhnliche Geschäftstätigkeit der Kapitalgesellschaft typischen Dienstleistungen, die Tätigkeitsbereiche und geographisch bestimmten Märkte untereinander erheblich unterscheiden;
5. das Ausmaß, in dem das Jahresergebnis dadurch beeinflusst wurde, dass bei Vermögensgegenständen im Geschäftsjahr oder in früheren Geschäftsjahren Abschreibungen nach §§ 254, 280 Abs. 2 auf Grund steuerrechtlicher Vorschriften vorgenommen oder beibehalten wurden oder ein Sonderposten nach § 273 gebildet wurde; ferner das Ausmaß erheblicher künftiger Belastungen, die sich aus einer solchen Bewertung ergeben;
6. in welchem Umfang die Steuern vom Einkommen und vom Ertrag das Ergebnis der gewöhnlichen Geschäftstätigkeit und das außerordentliche Ergebnis belasten;
7. die durchschnittliche Zahl der während des Geschäftsjahrs beschäftigten Arbeitnehmer getrennt nach Gruppen;
8. bei Anwendung des Umsatzkostenverfahrens (§ 275 Abs. 3)
   a) der Materialaufwand des Geschäftsjahrs, gegliedert nach § 275 Abs. 2 Nr. 5,
   b) der Personalaufwand des Geschäftsjahrs, gegliedert nach § 275 Abs. 2 Nr. 6;
9. für die Mitglieder des Geschäftsführungsorgans, eines Aufsichtsrats, eines Beirats oder einer ähnlichen Einrichtung jeweils für jede Personengruppe
   a) die für die Tätigkeit im Geschäftsjahr gewährten Gesamtbezüge (Gehälter, Gewinnbeteiligungen, Bezugsrechte und sonstige aktienbasierte Vergütungen, Aufwandsentschädigungen, Versicherungsentgelte, Provisionen und Nebenleistungen jeder Art). ② In die Gesamtbezüge sind auch Bezüge einzurechnen,

die nicht ausgezahlt, sondern in Ansprüche anderer Art umgewandelt oder zur Erhöhung anderer Ansprüche verwendet werden. ③ Außer den Bezügen für das Geschäftsjahr sind die weiteren Bezüge anzugeben, die im Geschäftsjahr gewährt, bisher aber in keinem Jahresabschluss angegeben worden sind;

b) die Gesamtbezüge (Abfindungen, Ruhegehälter, Hinterbliebenenbezüge und Leistungen verwandter Art) der früheren Mitglieder der bezeichneten Organe und ihrer Hinterbliebenen. ② Buchstabe a Satz 2 und 3 ist entsprechend anzuwenden. ③ Ferner ist der Betrag der für diese Personengruppe gebildeten Rückstellungen für laufende Pensionen und Anwartschaften auf Pensionen und der Betrag der für diese Verpflichtungen nicht gebildeten Rückstellungen anzugeben;

c) die gewährten Vorschüsse und Kredite unter Angabe der Zinssätze, der wesentlichen Bedingungen und der gegebenenfalls im Geschäftsjahr zurückgezahlten Beträge sowie die zugunsten dieser Personen eingegangenen Haftungsverhältnisse;

10. alle Mitglieder des Geschäftsführungsorgans und eines Aufsichtsrats, auch wenn sie im Geschäftsjahr oder später ausgeschieden sind, mit dem Familiennamen und mindestens einem ausgeschriebenen Vornamen, einschließlich des ausgeübten Berufs und bei börsennotierten Gesellschaften auch der Mitgliedschaft in Aufsichtsräten und anderen Kontrollgremien im Sinne des § 125 Abs. 1 Satz 3 des Aktiengesetzes. ② Der Vorsitzende eines Aufsichtsrats, seine Stellvertreter und ein etwaiger Vorsitzender des Geschäftsführungsorgans sind als solche zu bezeichnen;

11. Name und Sitz anderer Unternehmen, von denen die Kapitalgesellschaft oder eine für Rechnung der Kapitalgesellschaft handelnde Person mindestens den fünften Teil der Anteile besitzt; außerdem sind die Höhe des Anteils am Kapital, das Eigenkapital und das Ergebnis des letzten Geschäftsjahrs dieser Unternehmen anzugeben, für das ein Jahresabschluss vorliegt; auf die Berechnung der Anteile ist § 16 Abs. 2 und 4 des Aktiengesetzes entsprechend anzuwenden; ferner sind von börsennotierten Kapitalgesellschaften zusätzlich alle Beteiligungen an großen Kapitalgesellschaften anzugeben, die fünf vom Hundert der Stimmrechte überschreiten;

11a. Name, Sitz und Rechtsform der Unternehmen, deren unbeschränkt haftender Gesellschafter die Kapitalgesellschaft ist;

12. Rückstellungen, die in der Bilanz unter dem Posten „sonstige Rückstellungen" nicht gesondert ausgewiesen werden, sind zu erläutern, wenn sie einen nicht unerheblichen Umfang haben;

13. bei Anwendung des § 255 Abs. 4 Satz 3 die Gründe für die planmäßige Abschreibung des Geschäfts- oder Firmenwerts;

14. Name und Sitz des Mutterunternehmens der Kapitalgesellschaft, das den Konzernabschluss für den größten Kreis von Unternehmen aufstellt, und ihres Mutterunternehmens, das den Konzernabschluss für den kleinsten Kreis von Unternehmen aufstellt, sowie im Falle der Offenlegung der von diesen Mutterunternehmen aufgestellten Konzernabschlüsse der Ort, wo diese erhältlich sind;

15. soweit es sich um den Anhang des Jahresabschlusses einer Personenhandelsgesellschaft im Sinne des § 264 a Abs. 1 handelt, Name und Sitz der Gesellschaften, die persönlich haftende Gesellschafter sind, sowie deren gezeichnetes Kapital;

16. dass die nach § 161 des Aktiengesetzes vorgeschriebene Erklärung abgegeben und den Aktionären zugänglich gemacht worden ist.

§ 286 Unterlassen von Angaben

(1) Die Berichterstattung hat insoweit zu unterbleiben, als es für das Wohl der Bundesrepublik Deutschland oder eines ihrer Länder erforderlich ist.

(2) Die Aufgliederung der Umsatzerlöse nach § 285 Nr. 4 kann unterbleiben, soweit die Aufgliederung nach vernünftiger kaufmännischer Beurteilung geeignet ist, der Kapitalgesellschaft oder einem Unternehmen, von dem die Kapitalgesellschaft mindestens den fünften Teil der Anteile besitzt, einen erheblichen Nachteil zuzufügen.

(3) ① Die Angaben nach § 285 Nr. 11 und 11 a können unterbleiben, soweit sie

1. für die Darstellung der Vermögens-, Finanz- und Ertragslage der Kapitalgesellschaft nach § 264 Abs. 2 von untergeordneter Bedeutung sind oder
2. nach vernünftiger kaufmännischer Beurteilung geeignet sind, der Kapitalgesellschaft oder dem anderen Unternehmen einen erheblichen Nachteil zuzufügen.

② Die Angabe des Eigenkapitals und des Jahresergebnisses kann unterbleiben, wenn das Unternehmen, über das zu berichten ist, seinen Jahresabschluss nicht offenzulegen hat und die berichtende Kapitalgesellschaft weniger als die Hälfte der Anteile besitzt. ③ Satz 1 Nr. 2 findet keine Anwendung, wenn eine Kapitalgesellschaft einen organisierten Markt im Sinne des § 2 Abs. 5 des Wertpapierhandelsgesetzes durch von ihr oder einem ihrer Tochterunternehmen (§ 290 Abs. 1, 2) ausgegebene Wertpapiere im Sinne des § 2 Abs. 1 Satz 1 des Wertpapierhandelsgesetzes in Anspruch nimmt oder wenn die Zulassung solcher Wertpapiere zum Handel an einem organisierten Markt beantragt worden ist. ④ Im Übrigen ist die Anwendung der Ausnahmeregelung nach Satz 1 Nr. 2 im Anhang anzugeben.

(4) Die in § 285 Nr. 9 Buchstabe a und b verlangten Angaben über die Gesamtbezüge der dort bezeichneten Personen können unterbleiben, wenn sich anhand dieser Angaben die Bezüge eines Mitglieds dieser Organe feststellen lassen.

§ 287 Aufstellung des Anteilsbesitzes

① Die in § 285 Nr. 11 und 11 a verlangten Angaben dürfen statt im Anhang auch in einer Aufstellung des Anteilsbesitzes gesondert gemacht werden. ② Die Aufstellung ist Bestandteil des Anhangs. ③ Auf die besondere Aufstellung nach Satz 1 und den Ort ihrer Hinterlegung ist im Anhang hinzuweisen.

§ 288 Größenabhängige Erleichterungen

① Kleine Kapitalgesellschaften im Sinne des § 267 Abs. 1 brauchen die Angaben nach § 284 Abs. 2 Nr. 4, § 285 Nr. 2 bis 8 Buchstabe a, Nr. 9 Buchstabe a und b und Nr. 12 nicht zu machen. ② Mittelgroße Kapitalgesellschaften im Sinne des § 267 Abs. 2 brauchen die Angaben nach § 285 Nr. 4 nicht zu machen.

Sechster Titel. Lagebericht

§ 289

(1) Im Lagebericht sind zumindest der Geschäftsverlauf und die Lage der Kapitalgesellschaft so darzustellen, dass ein den tatsächlichen Verhältnissen entsprechendes Bild vermittelt wird; dabei ist auch auf die Risiken der künftigen Entwicklung einzugehen.

(2) Der Lagebericht soll auch eingehen auf:

1. Vorgänge von besonderer Bedeutung, die nach dem Schluss des Geschäftsjahrs eingetreten sind;
2. die voraussichtliche Entwicklung der Kapitalgesellschaft;
3. den Bereich Forschung und Entwicklung;
4. bestehende Zweigniederlassungen der Gesellschaft.

Vierter Unterabschnitt. Offenlegung (Einreichung zu einem Register, Bekanntmachung im Bundesanzeiger). Veröffentlichung und Vervielfältigung. Prüfung durch das Registergericht

§ 325 Offenlegung

(1) ① Die gesetzlichen Vertreter von Kapitalgesellschaften haben den Jahresabschluss unverzüglich nach seiner Vorlage an die Gesellschafter, jedoch spätestens vor Ablauf des zwölften Monats des dem Abschlussstichtag nachfolgenden Geschäftsjahrs, mit dem Bestätigungsvermerk oder dem Vermerk über dessen Versagung zum Handelsregister des Sitzes der Kapitalgesellschaft einzureichen; gleichzeitig sind der Lage-

bericht, der Bericht des Aufsichtsrats und, soweit sich der Vorschlag für die Verwendung des Ergebnisses und der Beschluss über seine Verwendung aus dem eingereichten Jahresabschluss nicht ergeben, der Vorschlag für die Verwendung des Ergebnisses und der Beschluss über seine Verwendung unter Angabe des Jahresüberschusses oder Jahresfehlbetrags sowie die nach § 161 des Aktiengesetzes vorgeschriebene Erklärung einzureichen; Angaben über die Ergebnisverwendung brauchen von Gesellschaften mit beschränkter Haftung nicht gemacht zu werden, wenn sich anhand dieser Angaben die Gewinnanteile von natürlichen Personen feststellen lassen, die Gesellschafter sind. ② Die gesetzlichen Vertreter haben unverzüglich nach der Einreichung der in Satz 1 bezeichneten Unterlagen im Bundesanzeiger bekanntzumachen, bei welchem Handelsregister und unter welcher Nummer diese Unterlagen eingereicht worden sind. ③ Werden zur Wahrung der Frist nach Satz 1 der Jahresabschluss und der Lagebericht ohne die anderen Unterlagen eingereicht, so sind der Bericht und der Vorschlag nach ihrem Vorliegen, die Beschlüsse nach der Beschlussfassung und der Vermerk nach der Erteilung unverzüglich einzureichen; wird der Jahresabschluss bei nachträglicher Prüfung oder Feststellung geändert, so ist auch die Änderung nach Satz 1 einzureichen.

(2) ① Absatz 1 ist auf große Kapitalgesellschaften (§ 267 Abs. 3) mit der Maßgabe anzuwenden, dass die in Absatz 1 bezeichneten Unterlagen zunächst im Bundesanzeiger bekanntzumachen sind und die Bekanntmachung unter Beifügung der bezeichneten Unterlagen zum Handelsregister des Sitzes der Kapitalgesellschaft einzureichen ist; die Bekanntmachung nach Absatz 1 Satz 2 entfällt. ② Die Aufstellung des Anteilsbesitzes (§ 287) braucht nicht im Bundesanzeiger bekannt gemacht zu werden.

(3) ① Die gesetzlichen Vertreter einer Kapitalgesellschaft, die einen Konzernabschluss aufzustellen hat, haben den Konzernabschluss unverzüglich nach seiner Vorlage an die Gesellschafter, jedoch spätestens vor Ablauf des zwölften Monats des dem Konzernabschlussstichtag nachfolgenden Geschäftsjahrs, mit dem Bestätigungsvermerk oder dem Vermerk über dessen Versagung und den Konzernlagebericht sowie den Bericht des Aufsichtsrats im Bundesanzeiger bekanntzumachen und die Bekanntmachung unter Beifügung der bezeichneten Unterlagen zum Handelsregister des Sitzes der Kapitalgesellschaft einzureichen. ② Ist die Berichterstattung des Aufsichtsrats über Konzernabschluss und Konzernlagebericht in einem nach Absatz 2 Satz 1 erster Halbsatz in Verbindung mit Absatz 1 Satz 1 zweiter Halbsatz offen gelegten Bericht des Aufsichtsrats enthalten, so kann die Bekanntmachung des Berichts nach Satz 1 durch einen Hinweis auf die frühere oder gleichzeitige Bekanntmachung nach Absatz 2 Satz 1 erster Halbsatz ersetzt werden. ③ Die Aufstellung des Anteilsbesitzes (§ 313 Abs. 4) braucht nicht im Bundesanzeiger bekannt gemacht zu werden. ④ Absatz 1 Satz 3 ist entsprechend anzuwenden.

(4) Bei Anwendung der Absätze 2 und 3 ist für die Wahrung der Fristen nach Absatz 1 Satz 1 und Absatz 3 Satz 1 der Zeitpunkt der Einreichung der Unterlagen beim Bundesanzeiger maßgebend.

(5) Auf Gesetz, Gesellschaftsvertrag oder Satzung beruhende Pflichten der Gesellschaft, den Jahresabschluss, Lagebericht, Konzernabschluss oder Konzernlagebericht in anderer Weise bekanntzumachen, einzureichen oder Personen zugänglich zu machen, bleiben unberührt.

§ 325a Zweigniederlassungen von Kapitalgesellschaften mit Sitz im Ausland

(1) ① Bei inländischen Zweigniederlassungen von Kapitalgesellschaften mit Sitz in einem anderen Mitgliedstaat der Europäischen Wirtschaftsgemeinschaft oder Vertragsstaat des Abkommens über den Europäischen Wirtschaftsraum haben die in § 13e Abs. 2 Satz 4 Nr. 3 genannten Personen oder, wenn solche nicht angemeldet sind, die gesetzlichen Vertreter der Gesellschaft die Unterlagen der Rechnungslegung der Hauptniederlassung, die nach dem für die Hauptniederlassung maßgeblichen Recht erstellt, geprüft und offengelegt worden sind, nach den §§ 325, 328, 329 Abs. 1 offenzulegen. ② Die Unterlagen sind zu dem Handelsregister am Sitz der Zweigniederlassung einzureichen; bestehen mehrere inländische Zweigniederlassungen derselben Gesellschaft, brauchen die Unterlagen nur zu demjenigen Handelsre-

gister eingereicht zu werden, zu dem gemäß § 13e Abs. 5 die Satzung oder der Gesellschaftsvertrag eingereicht wurde. ③ Die Unterlagen sind in deutscher Sprache einzureichen. ④ Soweit dies nicht die Amtssprache am Sitz der Hauptniederlassung ist, können die Unterlagen auch in englischer Sprache oder in einer von dem Register der Hauptniederlassung beglaubigten Abschrift eingereicht werden; von der Beglaubigung des Registers ist eine beglaubigte Übersetzung in deutscher Sprache einzureichen. ⑤ § 325 Abs. 2 ist nur anzuwenden, wenn die Merkmale für große Kapitalgesellschaften (§ 267 Abs. 3) von der Zweigniederlassung überschritten werden.

(2) Diese Vorschrift gilt nicht für Zweigniederlassungen, die von Kreditinstituten im Sinne des § 340 oder von Versicherungsunternehmen im Sinne des § 341 errichtet werden.

§ 326 Größenabhängige Erleichterungen für kleine Kapitalgesellschaften bei der Offenlegung

① Auf kleine Kapitalgesellschaften (§ 267 Abs. 1) ist § 325 Abs. 1 mit der Maßgabe anzuwenden, dass die gesetzlichen Vertreter nur die Bilanz und den Anhang einzureichen haben. ② Der Anhang braucht die die Gewinn- und Verlustrechnung betreffenden Angaben nicht zu enthalten.

§ 327 Größenabhängige Erleichterungen für mittelgroße Kapitalgesellschaften bei der Offenlegung

Auf mittelgroße Kapitalgesellschaften (§ 267 Abs. 2) ist § 325 Abs. 1 mit der Maßgabe anzuwenden, dass die gesetzlichen Vertreter

1. die Bilanz nur in der für kleine Kapitalgesellschaften nach § 266 Abs. 1 Satz 3 vorgeschriebenen Form zum Handelsregister einreichen müssen. In der Bilanz oder im Anhang sind jedoch die folgenden Posten des § 266 Abs. 2 und 3 zusätzlich gesondert anzugeben:

   Auf der Aktivseite

   A I 2 Geschäfts- oder Firmenwert;
   A II 1 Grundstücke, grundstücksgleiche Rechte und Bauten einschließlich der Bauten auf fremden Grundstücken;
   A II 2 technische Anlagen und Maschinen;
   A II 3 andere Anlagen, Betriebs- und Geschäftsausstattung;
   A II 4 geleistete Anzahlungen und Anlagen im Bau;
   A III 1 Anteile an verbundenen Unternehmen;
   A III 2 Ausleihungen an verbundene Unternehmen;
   A III 3 Beteiligungen;
   A III 4 Ausleihungen an Unternehmen, mit denen ein Beteiligungsverhältnis besteht;
   B II 2 Forderungen gegen verbundene Unternehmen;
   B II 3 Forderungen gegen Unternehmen, mit denen ein Beteiligungsverhältnis besteht;
   B III 1 Anteile an verbundenen Unternehmen;
   B III 2 eigene Anteile.

   Auf der Passivseite

   C 1 Anleihen,
   davon konvertibel;
   C 2 Verbindlichkeiten gegenüber Kreditinstituten;
   C 6 Verbindlichkeiten gegenüber verbundenen Unternehmen;
   C 7 Verbindlichkeiten gegenüber Unternehmen, mit denen ein Beteiligungsverhältnis besteht;

2. den Anhang ohne die Angaben nach § 285 Nr. 2, 5 und 8 Buchstabe a, Nr. 12 zum Handelsregister einreichen dürfen.

§ 328 Form und Inhalt der Unterlagen bei der Offenlegung, Veröffentlichung und Vervielfältigung

(1) Bei der vollständigen oder teilweisen Offenlegung des Jahresabschlusses und des Konzernabschlusses und bei der Veröffentlichung oder Vervielfältigung in anderer Form auf Grund des Gesellschaftsvertrags oder der Satzung sind die folgenden Vorschriften einzuhalten:

1. ① Der Jahresabschluss und der Konzernabschluss sind so wiederzugeben, dass sie den für ihre Aufstellung maßgeblichen Vorschriften entsprechen, soweit nicht Erleichterungen nach §§ 326, 327 in Anspruch genommen werden; sie haben in diesem Rahmen vollständig und richtig zu sein. ② Das Datum der Feststellung ist anzugeben, sofern der Jahresabschluss festgestellt worden ist. ③ Wurde der Jahresabschluss oder der Konzernabschluss auf Grund gesetzlicher Vorschriften durch einen Abschlussprüfer geprüft, so ist jeweils der vollständige Wortlaut des Bestätigungsvermerks oder des Vermerks über dessen Versagung wiederzugeben; wird der Jahresabschluss wegen der Inanspruchnahme von Erleichterungen nur teilweise offengelegt und bezieht sich der Bestätigungsvermerk auf den vollständigen Jahresabschluss, so ist hierauf hinzuweisen.
2. Werden der Jahresabschluss oder der Konzernabschluss zur Wahrung der gesetzlich vorgeschriebenen Fristen über die Offenlegung vor der Prüfung oder Feststellung, sofern diese gesetzlich vorgeschrieben sind, oder nicht gleichzeitig mit beizufügenden Unterlagen offengelegt, so ist hierauf bei der Offenlegung hinzuweisen.

(2) ① Werden der Jahresabschluss oder der Konzernabschluss in Veröffentlichungen und Vervielfältigungen, die nicht durch Gesetz, Gesellschaftsvertrag oder Satzung vorgeschrieben sind, nicht in der nach Absatz 1 vorgeschriebenen Form wiedergegeben, so ist jeweils in einer Überschrift darauf hinzuweisen, dass es sich nicht um eine der gesetzlichen Form entsprechende Veröffentlichung handelt. ② Ein Bestätigungsvermerk darf nicht beigefügt werden. ③ Ist jedoch auf Grund gesetzlicher Vorschriften eine Prüfung durch einen Abschlussprüfer erfolgt, so ist anzugeben, ob der Abschlussprüfer den in gesetzlicher Form erstellten Jahresabschluss oder den Konzernabschluss bestätigt hat oder ob er die Bestätigung eingeschränkt oder versagt hat. ④ Ferner ist anzugeben, bei welchem Handelsregister und in welcher Nummer des Bundesanzeigers die Offenlegung erfolgt ist oder dass die Offenlegung noch nicht erfolgt ist.

(3) ① Absatz 1 Nr. 1 ist auf den Lagebericht, den Konzernlagebericht, den Vorschlag für die Verwendung des Ergebnisses und den Beschluss über seine Verwendung sowie auf die Aufstellung des Anteilsbesitzes entsprechend anzuwenden. ② Werden die in Satz 1 bezeichneten Unterlagen nicht gleichzeitig mit dem Jahresabschluss oder dem Konzernabschluss offengelegt, so ist bei ihrer nachträglichen Offenlegung jeweils anzugeben, auf welchen Abschluss sie sich beziehen und wo dieser offengelegt worden ist; dies gilt auch für die nachträgliche Offenlegung des Bestätigungsvermerks oder des Vermerks über seine Versagung.

(4) *(aufgehoben)*

§ 329 Prüfungspflicht des Registergerichts

(1) Das Gericht prüft, ob die vollständig oder teilweise zum Handelsregister einzureichenden Unterlagen vollzählig sind und, sofern vorgeschrieben, bekanntgemacht worden sind.

(2) ① Gibt die Prüfung nach Absatz 1 Anlass zu der Annahme, dass von der Größe der Kapitalgesellschaft abhängige Erleichterungen nicht hätten in Anspruch genommen werden dürfen, so kann das Gericht zu seiner Unterrichtung von der Kapitalgesellschaft innerhalb einer angemessenen Frist die Mitteilung der Umsatzerlöse (§ 277 Abs. 1) und der durchschnittlichen Zahl der Arbeitnehmer (§ 267 Abs. 5), in den Fällen des § 325a Abs. 1 Satz 5 zusätzlich die Bilanzsumme der Zweigniederlassung und in den Fällen des § 340l Abs. 2 in Verbindung mit Abs. 4 Satz 1 die Bilanzsumme der Zweigstelle des Kreditinstituts verlangen. ② Unterlässt die Kapitalgesellschaft die fristgemäße Mitteilung, so gelten die Erleichterungen als zu Unrecht in Anspruch genommen.

(3) In den Fällen des § 325 a Abs. 1 Satz 4, § 340 l Abs. 2 Satz 4 kann das Gericht im Einzelfall die Vorlage einer Übersetzung in die deutsche Sprache verlangen.

Fünfter Unterabschnitt. Verordnungsermächtigung für Formblätter und andere Vorschriften

§ 330

(1) ① Das Bundesministerium der Justiz wird ermächtigt, im Einvernehmen mit dem Bundesministerium der Finanzen und dem Bundesministerium für Wirtschaft und Technologie durch Rechtsverordnung, die nicht der Zustimmung des Bundesrates bedarf, für Kapitalgesellschaften Formblätter vorzuschreiben oder andere Vorschriften für die Gliederung des Jahresabschlusses oder des Konzernabschlusses oder den Inhalt des Anhangs, des Konzernanhangs, des Lageberichts oder des Konzernlageberichts zu erlassen, wenn der Geschäftszweig eine von den §§ 266, 275 abweichende Gliederung des Jahresabschlusses oder des Konzernabschlusses oder von den Vorschriften des Ersten Abschnitts und des Ersten und Zweiten Unterabschnitts des Zweiten Abschnitts abweichende Regelungen erfordert. ② Die sich aus den abweichenden Vorschriften ergebenden Anforderungen an die in Satz 1 bezeichneten Unterlagen sollen den Anforderungen gleichwertig sein, die sich für große Kapitalgesellschaften (§ 267 Abs. 3) aus den Vorschriften des Ersten Abschnitts und des Ersten und Zweiten Unterabschnitts des Zweiten Abschnitts sowie den für den Geschäftszweig geltenden Vorschriften ergeben. ③ Über das geltende Recht hinausgehende Anforderungen dürfen nur gestellt werden, soweit sie auf Rechtsakten des Rates der Europäischen Union beruhen.

(2) ① Absatz 1 ist auf Kreditinstitute im Sinne des § 1 Abs. 1 des Gesetzes über das Kreditwesen, soweit sie nach dessen § 2 Abs. 1, 4 oder 5 von der Anwendung nicht ausgenommen sind, und auf Finanzdienstleistungsinstitute im Sinne des § 1 Abs. 1a des Gesetzes über das Kreditwesen, soweit sie nach dessen § 2 Abs. 6 oder 10 von der Anwendung nicht ausgenommen sind, nach Maßgabe der Sätze 3 und 4 ungeachtet ihrer Rechtsform anzuwenden. ② Satz 1 ist auch auf Zweigstellen von Unternehmen mit Sitz in einem Staat anzuwenden, der nicht Mitglied der Europäischen Gemeinschaft und auch nicht Vertragsstaat des Abkommens über den Europäischen Wirtschaftsraum ist, sofern die Zweigstelle nach § 53 Abs. 1 des Gesetzes über das Kreditwesen als Kreditinstitut oder als Finanzinstitut gilt. ③ Die Rechtsverordnung bedarf nicht der Zustimmung des Bundesrates; sie ist im Einvernehmen mit dem Bundesministerium der Finanzen und im Benehmen mit der Deutschen Bundesbank zu erlassen. ④ In die Rechtsverordnung nach Satz 1 können auch nähere Bestimmungen über die Aufstellung des Jahresabschlusses und des Konzernabschlusses im Rahmen der vorgeschriebenen Formblätter für die Gliederung des Jahresabschlusses und des Konzernabschlusses sowie des Zwischen-abschlusses gemäß § 340 a Abs. 3 und des Konzernzwischenabschlusses gemäß § 340 i Abs. 4 aufgenommen werden, soweit dies zur Erfüllung der Aufgaben des Bundesaufsichtsamts für das Kreditwesen oder der Deutschen Bundesbank erforderlich ist, insbesondere um einheitliche Unterlagen zur Beurteilung der von den Kreditinstituten und Finanzdienstleistungsinstituten durchgeführten Bankgeschäfte und erbrachten Finanzdienstleistungen zu erhalten.

(3) ① Absatz 1 ist auf Versicherungsunternehmen nach Maßgabe der Sätze 3 und 4 ungeachtet ihrer Rechtsform anzuwenden. ② Satz 1 ist auch auf Niederlassungen im Geltungsbereich dieses Gesetzes von Versicherungsunternehmen mit Sitz in einem anderen Staat anzuwenden, wenn sie zum Betrieb des Direktversicherungsgeschäfts der Erlaubnis durch die deutsche Versicherungsaufsichtsbehörde bedürfen. ③ Die Rechtsverordnung bedarf der Zustimmung des Bundesrates und ist im Einvernehmen mit dem Bundesministerium der Finanzen zu erlassen. ④ In die Rechtsverordnung nach Satz 1 können auch nähere Bestimmungen über die Aufstellung des Jahresabschlusses und des Konzernabschlusses im Rahmen der vorgeschriebenen Formblätter für die Gliederung des Jahresabschlusses und des Konzernabschlusses sowie Vorschriften über den Ansatz und die Bewertung von versicherungstechnischen Rückstellungen, insbesondere die Näherungsverfahren, aufgenommen werden.

(4) ① In der Rechtsverordnung nach Absatz 1 in Verbindung mit Absatz 3 kann bestimmt werden, dass Versicherungsunternehmen, auf die die Richtlinie 91/674/EWG nach deren Artikel 2 in Verbindung mit Artikel 3 der Richtlinie 73/239/EWG oder in Verbindung mit Artikel 2 Nr. 2 oder 3 oder Artikel 3 der Richtlinie 79/267/EWG nicht anzuwenden ist, von den Regelungen des Zweiten Unterabschnitts des Vierten Abschnitts ganz oder teilweise befreit werden, soweit dies erforderlich ist, um eine im Verhältnis zur Größe der Versicherungsunternehmen unangemessene Belastung zu vermeiden; Absatz 1 Satz 2 ist insoweit nicht anzuwenden. ② In der Rechtsverordnung dürfen diesen Versicherungsunternehmen auch für die Gliederung des Jahresabschlusses und des Konzernabschlusses, für die Erstellung von Anhang und Lagebericht und Konzernanhang und Konzernlagebericht sowie für die Offenlegung ihrer Größe angemessene Vereinfachungen gewährt werden.

(5) Die Absätze 3 und 4 sind auf Pensionsfonds (§ 112 Abs. 1 des Versicherungsaufsichtsgesetzes) entsprechend anzuwenden.

Sechster Unterabschnitt. Straf- und Bußgeldvorschriften. Zwangsgelder

§ 331 Unrichtige Darstellung

Mit Freiheitsstrafe bis zu drei Jahren oder mit Geldstrafe wird bestraft, wer

1. als Mitglied des vertretungsberechtigten Organs oder des Aufsichtsrats einer Kapitalgesellschaft die Verhältnisse der Kapitalgesellschaft in der Eröffnungsbilanz, im Jahresabschluss, im Lagebericht oder im Zwischenabschluss nach § 340a Abs. 3 unrichtig wiedergibt oder verschleiert,
2. als Mitglied des vertretungsberechtigten Organs oder des Aufsichtsrats einer Kapitalgesellschaft die Verhältnisse des Konzerns im Konzernabschluss, im Konzernlagebericht oder im Konzernzwischenabschluss nach § 340i Abs. 4 unrichtig wiedergibt oder verschleiert,
3. als Mitglied des vertretungsberechtigten Organs einer Kapitalgesellschaft zum Zwecke der Befreiung nach den §§ 291, 292a oder einer nach § 292 erlassenen Rechtsverordnung einen Konzernabschluss oder Konzernlagebericht, in dem die Verhältnisse des Konzerns unrichtig wiedergegeben oder verschleiert worden sind, vorsätzlich oder leichtfertig offenlegt oder
4. als Mitglied des vertretungsberechtigten Organs einer Kapitalgesellschaft oder als Mitglied des vertretungsberechtigten Organs oder als vertretungsberechtigter Gesellschafter eines ihrer Tochterunternehmen (§ 290 Abs. 1, 2) in Aufklärungen oder Nachweisen, die nach § 320 einem Abschlussprüfer der Kapitalgesellschaft, eines verbundenen Unternehmens oder des Konzerns zu geben sind, unrichtige Angaben macht oder die Verhältnisse der Kapitalgesellschaft, eines Tochterunternehmens oder des Konzerns unrichtig wiedergibt oder verschleiert.

§ 332 Verletzung der Berichtspflicht

(1) Mit Freiheitsstrafe bis zu drei Jahren oder mit Geldstrafe wird bestraft, wer als Abschlussprüfer oder Gehilfe eines Abschlussprüfers über das Ergebnis der Prüfung eines Jahresabschlusses, eines Lageberichts, eines Konzernabschlusses, eines Konzernlageberichts einer Kapitalgesellschaft oder eines Zwischenabschlusses nach § 340a Abs. 3 oder eines Konzernzwischenabschlusses gemäß § 340i Abs. 4 unrichtig berichtet, im Prüfungsbericht (§ 321) erhebliche Umstände verschweigt oder einen inhaltlich unrichtigen Bestätigungsvermerk (§ 322) erteilt.

(2) Handelt der Täter gegen Entgelt oder in der Absicht, sich oder einen anderen zu bereichern oder einen anderen zu schädigen, so ist die Strafe Freiheitsstrafe bis zu fünf Jahren oder Geldstrafe.

§ 333 Verletzung der Geheimhaltungspflicht

(1) Mit Freiheitsstrafe bis zu einem Jahr oder mit Geldstrafe wird bestraft, wer ein Geheimnis der Kapitalgesellschaft, eines Tochterunternehmens (§ 290 Abs. 1, 2), eines gemeinsam geführten Unternehmens (§ 310) oder eines assoziierten Unternehmens (§ 311), namentlich ein Betriebs- oder Geschäftsgeheimnis, das ihm in seiner

Eigenschaft als Abschlussprüfer oder Gehilfe eines Abschlussprüfers bei Prüfung des Jahresabschlusses oder des Konzernabschlusses bekannt geworden ist, unbefugt offenbart.

(2) ① Handelt der Täter gegen Entgelt oder in der Absicht, sich oder einen anderen zu bereichern oder einen anderen zu schädigen, so ist die Strafe Freiheitsstrafe bis zu zwei Jahren oder Geldstrafe. ② Ebenso wird bestraft, wer ein Geheimnis der in Absatz 1 bezeichneten Art, namentlich ein Betriebs- oder Geschäftsgeheimnis, das ihm unter den Voraussetzungen des Absatzes 1 bekannt geworden ist, unbefugt verwertet.

(3) Die Tat wird nur auf Antrag der Kapitalgesellschaft verfolgt.

§ 334 Bußgeldvorschriften

(1) Ordnungswidrig handelt, wer als Mitglied des vertretungsberechtigten Organs oder des Aufsichtsrats einer Kapitalgesellschaft

1. bei der Aufstellung oder Feststellung des Jahresabschlusses einer Vorschrift
   a) des § 243 Abs. 1 oder 2, der §§ 244, 245, 246, 247, 248, 249 Abs. 1 Satz 1 oder Abs. 3, des § 250 Abs. 1 Satz 1 oder Abs. 2, des § 251 oder des § 264 Abs. 2 über Form oder Inhalt,
   b) des § 253 Abs. 1 Satz 1 in Verbindung mit § 255 Abs. 1 oder 2 Satz 1, 2 oder 6, des § 253 Abs. 1 Satz 2 oder Abs. 2 Satz 1, 2 oder 3, dieser in Verbindung mit § 279 Abs. 1 Satz 2, des § 253 Abs. 3 Satz 1 oder 2, des § 280 Abs. 1, des § 282 oder des § 283 über die Bewertung,
   c) des § 265 Abs. 2, 3, 4 oder 6, der §§ 266, 268 Abs. 2, 3, 4, 5, 6 oder 7, der §§ 272, 273, 274 Abs. 1, des § 275 oder des § 277 über die Gliederung oder
   d) des § 280 Abs. 3, des § 281 Abs. 1 Satz 2 oder 3 oder Abs. 2 Satz 1, des § 284 oder des § 285 über die in der Bilanz oder im Anhang zu machenden Angaben,
2. bei der Aufstellung des Konzernabschlusses einer Vorschrift
   a) des § 294 Abs. 1 über den Konsolidierungskreis,
   b) des § 297 Abs. 2 oder 3 oder des § 298 Abs. 1 in Verbindung mit den §§ 244, 245, 246, 247, 248, 249 Abs. 1 Satz 1 oder Abs. 3, dem § 250 Abs. 1 Satz 1 oder Abs. 2 oder dem § 251 über Inhalt oder Form,
   c) des § 300 über die Konsolidierungsgrundsätze oder das Vollständigkeitsgebot,
   d) des § 308 Abs. 1 Satz 1 in Verbindung mit den in Nummer 1 Buchstabe b bezeichneten Vorschriften oder des § 308 Abs. 2 über die Bewertung,
   e) des § 311 Abs. 1 Satz 1 in Verbindung mit § 312 über die Behandlung assoziierter Unternehmen oder
   f) des § 308 Abs. 1 Satz 3, des § 313 oder des § 314 über die im Anhang zu machenden Angaben,
3. bei der Aufstellung des Lageberichts einer Vorschrift des § 289 Abs. 1 über den Inhalt des Lageberichts,
4. bei der Aufstellung des Konzernlageberichts einer Vorschrift des § 315 Abs. 1 über den Inhalt des Konzernlageberichts,
5. bei der Offenlegung, Veröffentlichung oder Vervielfältigung einer Vorschrift des § 328 über Form oder Inhalt oder
6. einer auf Grund des § 330 Abs. 1 Satz 1 erlassenen Rechtsverordnung, soweit sie für einen bestimmten Tatbestand auf diese Bußgeldvorschrift verweist,

zuwiderhandelt.

(2) Ordnungswidrig handelt auch, wer zu einem Jahresabschluss oder einem Konzernabschluss, der auf Grund gesetzlicher Vorschriften zu prüfen ist, einen Vermerk nach § 322 erteilt, obwohl nach § 319 Abs. 2 er oder nach § 319 Abs. 3 die Wirtschaftsprüfungsgesellschaft oder Buchprüfungsgesellschaft, für die er tätig wird, nicht Abschlussprüfer sein darf.

(3) Die Ordnungswidrigkeit kann mit einer Geldbuße bis zu fünfundzwanzigtausend Euro geahndet werden.

(4) Die Absätze 1 bis 3 sind auf Kreditinstitute im Sinne des § 340 und auf Versicherungsunternehmen im Sinne des § 341 Abs. 1 nicht anzuwenden.

§ 335 Festsetzung von Zwangsgeld

① Mitglieder des vertretungsberechtigten Organs einer Kapitalgesellschaft, die

1. § 242 Abs. 1 und 2, § 264 Abs. 1 über die Pflicht zur Aufstellung eines Jahresabschlusses und eines Lageberichts,
2. § 290 Abs. 1 und 2 über die Pflicht zur Aufstellung eines Konzernabschlusses und eines Konzernlageberichts,
3. § 318 Abs. 1 Satz 4 über die Pflicht zur unverzüglichen Erteilung des Prüfungsauftrags,
4. § 318 Abs. 4 Satz 3 über die Pflicht, den Antrag auf gerichtliche Bestellung des Abschlussprüfers zu stellen oder
5. § 320 über die Pflichten gegenüber dem Abschlussprüfer

nicht befolgen, sind hierzu vom Registergericht durch Festsetzung von Zwangsgeld nach § 140a Abs. 1 des Gesetzes über die Angelegenheiten der freiwilligen Gerichtsbarkeit anzuhalten. ② Das Registergericht schreitet jedoch nur auf Antrag ein; § 14 ist insoweit nicht anzuwenden. ③ Das einzelne Zwangsgeld darf den Betrag von fünftausend Euro nicht übersteigen.

§ 335 a Festsetzung von Ordnungsgeld

① Gegen die Mitglieder des vertretungsberechtigten Organs einer Kapitalgesellschaft, die

1. § 325 über die Pflicht zur Offenlegung des Jahresabschlusses, des Lageberichts, des Konzernabschlusses, des Konzernlageberichts und anderer Unterlagen der Rechnungslegung oder
2. § 325 a über die Pflicht zur Offenlegung der Rechnungslegungsunterlagen der Hauptniederlassung

nicht befolgen, ist wegen des pflichtwidrigen Unterlassens der rechtzeitigen Offenlegung vom Registergericht ein Ordnungsgeld nach § 140a Abs. 2 des Gesetzes über die Angelegenheiten der freiwilligen Gerichtsbarkeit festzusetzen; im Falle der Nummer 2 treten die in § 13e Abs. 2 Satz 4 Nr. 3 genannten Personen, sobald sie angemeldet sind, an die Stelle der Mitglieder des vertretungsberechtigten Organs der Kapitalgesellschaft. ② Einem Verfahren nach Satz 1 steht nicht entgegen, dass eine in § 335 Satz 1 bezeichnete Pflicht noch nicht erfüllt ist. ③ Das Registergericht schreitet jedoch nur auf Antrag ein; § 14 ist insoweit nicht anzuwenden. ④ Das Ordnungsgeld beträgt mindestens zweitausendfünfhundert und höchstens fünfundzwanzigtausend Euro; § 140 a Abs. 2 Satz 4 des Gesetzes über die Angelegenheiten der freiwilligen Gerichtsbarkeit bleibt unberührt.

§ 335 b Anwendung der Straf- und Bußgeldvorschriften sowie der Zwangs- und Ordnungsgeldvorschriften auf bestimmte offene Handelsgesellschaften und Kommanditgesellschaften

Die Strafvorschriften der §§ 331 bis 333, die Bußgeldvorschriften des § 334, die Zwangs- und Ordnungsgeldvorschriften der §§ 335, 335 a gelten auch für offene Handelsgesellschaften und Kommanditgesellschaften im Sinne des § 264 a Abs. 1.

Dritter Abschnitt. Ergänzende Vorschriften für eingetragene Genossenschaften

§ 336 Pflicht zur Aufstellung von Jahresabschluß und Lagebericht.

(1) ① Der Vorstand einer Genossenschaft hat den Jahresabschluss (§ 242) um einen Anhang zu erweitern, der mit der Bilanz und der Gewinn- und Verlustrechnung eine Einheit bildet, sowie einen Lagebericht aufzustellen. ② Der Jahresabschluss und der Lagebericht sind in den ersten fünf Monaten des Geschäftsjahrs für das vergangene Geschäftsjahr aufzustellen.

(2) ① Auf den Jahresabschluss und den Lagebericht sind, soweit in den folgenden Vorschriften nichts anderes bestimmt ist, § 264 Abs. 1 Satz 3 Halbsatz 1, Abs. 2,

§§ 265 bis 289 über den Jahresabschluss und den Lagebericht entsprechend anzuwenden; § 277 Abs. 3 Satz 1, §§ 279, 280, 281 Abs. 2 Satz 1, § 285 Nr. 5, 6 brauchen jedoch nicht angewendet zu werden. ② Sonstige Vorschriften, die durch den Geschäftszweig bedingt sind, bleiben unberührt.

(3) § 330 Abs. 1 über den Erlass von Rechtsverordnungen ist entsprechend anzuwenden.

§ 337 Vorschriften zur Bilanz

(1) ① An Stelle des gezeichneten Kapitals ist der Betrag der Geschäftsguthaben der Genossen auszuweisen. ② Dabei ist der Betrag der Geschäftsguthaben der mit Ablauf des Geschäftsjahrs ausgeschiedenen Genossen gesondert anzugeben. ③ Werden rückständige fällige Einzahlungen auf Geschäftsanteile in der Bilanz als Geschäftsguthaben ausgewiesen, so ist der entsprechende Betrag auf der Aktivseite unter der Bezeichnung „Rückständige fällige Einzahlungen auf Geschäftsanteile" einzustellen. ④ Werden rückständige fällige Einzahlungen nicht als Geschäftsguthaben ausgewiesen, so ist der Betrag bei dem Posten „Geschäftsguthaben" zu vermerken. ⑤ In beiden Fällen ist der Betrag mit dem Nennwert anzusetzen.

(2) An Stelle der Gewinnrücklagen sind die Ergebnisrücklagen auszuweisen und wie folgt aufzugliedern:

1. Gesetzliche Rücklage;
2. andere Ergebnisrücklagen; die Ergebnisrücklage nach § 73 Abs. 3 des Gesetzes betreffend die Erwerbs- und Wirtschaftsgenossenschaften und die Beträge, die aus dieser Ergebnisrücklage an ausgeschiedene Genossen auszuzahlen sind, müssen vermerkt werden.

(3) Bei den Ergebnisrücklagen sind in der Bilanz oder im Anhang gesondert aufzuführen:

Aktiengesetz (§§ 150, 152, 158, 160 AktG)

vom 6. September 1965 (BGBl. I S. 1098)

zuletzt geändert durch Art. 1 Transparenz- und PublizitätsG vom 19. 7. 2002 (BGBl. I S. 2681)

Erster Abschnitt. Jahresabschluss und Lagebericht. Entsprechenserklärung

§§ 148, 149 *(aufgehoben)*

§ 150 Gesetzliche Rücklage. Kapitalrücklage

(1) In der Bilanz des nach den §§ 242, 264 des Handelsgesetzbuchs aufzustellenden Jahresabschlusses ist eine gesetzliche Rücklage zu bilden.

(2) In diese ist der zwanzigste Teil des um einen Verlustvortrag aus dem Vorjahr geminderten Jahresüberschusses einzustellen, bis die gesetzliche Rücklage und die Kapitalrücklagen nach § 272 Abs. 2 Nr. 1 bis 3 des Handelsgesetzbuchs zusammen den zehnten oder den in der Satzung bestimmten höheren Teil des Grundkapitals erreichen.

(3) Übersteigen die gesetzliche Rücklage und die Kapitalrücklagen nach § 272 Abs. 2 Nr. 1 bis 3 des Handelsgesetzbuchs zusammen nicht den zehnten oder den in der Satzung bestimmten höheren Teil des Grundkapitals, so dürfen sie nur verwandt werden

1. zum Ausgleich eines Jahresfehlbetrags, soweit er nicht durch einen Gewinnvortrag aus dem Vorjahr gedeckt ist und nicht durch Auflösung anderer Gewinnrücklagen ausgeglichen werden kann;
2. zum Ausgleich eines Verlustvortrags aus dem Vorjahr, soweit er nicht durch einen Jahresüberschuss gedeckt ist und nicht durch Auflösung anderer Gewinnrücklagen ausgeglichen werden kann.

(4) [1] Übersteigen die gesetzliche Rücklage und die Kapitalrücklagen nach § 272 Abs. 2 Nr. 1 bis 3 des Handelsgesetzbuchs zusammen den zehnten oder den in der Satzung bestimmten höheren Teil des Grundkapitals, so darf der übersteigende Betrag verwandt werden

1. zum Ausgleich eines Jahresfehlbetrags, soweit er nicht durch einen Gewinnvortrag aus dem Vorjahr gedeckt ist;
2. zum Ausgleich eines Verlustvortrags aus dem Vorjahr, soweit er nicht durch einen Jahresüberschuss gedeckt ist;
3. zur Kapitalerhöhung aus Gesellschaftsmitteln nach den §§ 207 bis 220.

[2] Die Verwendung nach den Nummern 1 und 2 ist nicht zulässig, wenn gleichzeitig Gewinnrücklagen zur Gewinnausschüttung aufgelöst werden.

§§ 150a, 151 *(aufgehoben)*

§ 152 Vorschriften zur Bilanz

(1) ① Das Grundkapital ist in der Bilanz als gezeichnetes Kapital auszuweisen. ② Dabei ist der auf jede Aktiengattung entfallende Betrag des Grundkapitals gesondert anzugeben. ③ Bedingtes Kapital ist mit dem Nennbetrag zu vermerken. ④ Bestehen Mehrstimmrechtsaktien, so sind beim gezeichneten Kapital die Gesamtstimmenzahl der Mehrstimmrechtsaktien und die der übrigen Aktien zu vermerken.

(2) Zu dem Posten „Kapitalrücklage“ sind in der Bilanz oder im Anhang gesondert anzugeben

1. der Betrag, der während des Geschäftsjahrs eingestellt wurde;
2. der Betrag, der für das Geschäftsjahr entnommen wird.

(3) Zu den einzelnen Posten der Gewinnrücklagen sind in der Bilanz oder im Anhang jeweils gesondert anzugeben

1. die Beträge, die die Hauptversammlung aus dem Bilanzgewinn des Vorjahrs eingestellt hat;
2. die Beträge, die aus dem Jahresüberschuss des Geschäftsjahrs eingestellt werden;
3. die Beträge, die für das Geschäftsjahr entnommen werden.

§§ 153–157 *(aufgehoben)*

§ 158 Vorschriften zur Gewinn- und Verlustrechnung

(1) ① Die Gewinn- und Verlustrechnung ist nach dem Posten „Jahresüberschuss/Jahresfehlbetrag“ in Fortführung der Numerierung um die folgenden Posten zu ergänzen:

1. Gewinnvortrag/Verlustvortrag aus dem Vorjahr
2. Entnahmen aus der Kapitalrücklage
3. Entnahmen aus Gewinnrücklagen
   a) aus der gesetzlichen Rücklage
   b) aus der Rücklage für eigene Aktien
   c) aus satzungsmäßigen Rücklagen
   d) aus anderen Gewinnrücklagen
4. Einstellungen in Gewinnrücklagen
   a) in die gesetzliche Rücklage
   b) in die Rücklage für eigene Aktien
   c) in satzungsmäßige Rücklagen
   d) in andere Gewinnrücklagen
5. Bilanzgewinn/Bilanzverlust.

② Die Angaben nach Satz 1 können auch im Anhang gemacht werden.

(2) ① Von dem Ertrag aus einem Gewinnabführungs- oder Teilgewinnabführungsvertrag ist ein vertraglich zu leistender Ausgleich für außenstehende Gesellschafter abzusetzen; übersteigt dieser den Ertrag, so ist der übersteigende Betrag unter den Aufwendungen aus Verlustübernahme auszuweisen. ② Andere Beträge dürfen nicht abgesetzt werden.

§ 159 *(aufgehoben)*

§ 160 Vorschriften zum Anhang

(1) ① In jedem Anhang sind auch Angaben zu machen über

1. den Bestand und den Zugang an Aktien, die ein Aktionär für Rechnung der Gesellschaft oder eines abhängigen oder eines im Mehrheitsbesitz der Gesellschaft stehenden Unternehmens oder ein abhängiges oder im Mehrheitsbesitz der Gesellschaft stehendes Unternehmen als Gründer oder Zeichner oder in Ausübung eines bei einer bedingten Kapitalerhöhung eingeräumten Umtausch- oder Bezugsrechts übernommen hat; sind solche Aktien im Geschäftsjahr verwertet worden, so ist auch über die Verwertung unter Angabe des Erlöses und die Verwendung des Erlöses zu berichten;
2. den Bestand an eigenen Aktien der Gesellschaft, die sie, ein abhängiges oder im Mehrheitsbesitz der Gesellschaft stehendes Unternehmen oder ein anderer für Rechnung der Gesellschaft oder eines abhängigen oder eines im Mehrheitsbesitz der Gesellschaft stehenden Unternehmens erworben oder als Pfand genommen hat; dabei sind die Zahl dieser Aktien und der auf sie entfallende Betrag des Grundkapitals sowie deren Anteil am Grundkapital, für erworbene Aktien ferner der Zeitpunkt des Erwerbs und die Gründe für den Erwerb anzugeben. ② Sind solche Aktien im Geschäftsjahr erworben oder veräußert worden, so ist auch über den Erwerb oder die Veräußerung unter Angabe der Zahl dieser Aktien, des auf sie entfallenden Betrags des Grundkapitals, des Anteils am Grundkapital und des Erwerbs- oder Veräußerungspreises, sowie über die Verwendung des Erlöses zu berichten;
3. die Zahl und bei Nennbetragsaktien den Nennbetrag der Aktien jeder Gattung, sofern sich diese Angaben nicht aus der Bilanz ergeben; davon sind Aktien, die bei einer bedingten Kapitalerhöhung oder einem genehmigten Kapital im Geschäftsjahr gezeichnet wurden, jeweils gesondert anzugeben;
4. das genehmigte Kapital;
5. die Zahl der Bezugsrechte gemäß § 192 Abs. 2 Nr. 3, der Wandelschuldverschreibungen und vergleichbaren Wertpapiere unter Angabe der Rechte, die sie verbriefen;
6. Genußrechte, Rechte aus Besserungsscheinen und ähnliche Rechte unter Angabe der Art und Zahl der jeweiligen Rechte sowie der im Geschäftsjahr neu entstandenen Rechte;
7. das Bestehen einer wechselseitigen Beteiligung unter Angabe des Unternehmens;
8. das Bestehen einer Beteiligung, die nach § 20 Abs. 1 oder Abs. 4 dieses Gesetzes oder nach § 21 Abs. 1 oder Abs. 1 a des Wertpapierhandelsgesetzes mitgeteilt worden ist; dabei ist der nach § 20 Abs. 6 dieses Gesetzes oder der nach § 25 Abs. 1 des Wertpapierhandelsgesetzes veröffentlichte Inhalt der Mitteilung anzugeben.

(2) Die Berichterstattung hat insoweit zu unterbleiben, als es für das Wohl der Bundesrepublik Deutschland oder eines ihrer Länder erforderlich ist.

§ 161 Erklärung zum Corporate Governance Kodex

① Vorstand und Aufsichtsrat der börsennotierten Gesellschaft erklären jährlich, dass den vom Bundesministerium der Justiz im amtlichen Teil des elektronischen Bundesanzeigers bekannt gemachten Empfehlungen der „Regierungskommission Deutscher Corporate Governance Kodex“ entsprochen wurde und wird oder welche Empfehlungen nicht angewendet wurden oder werden. ② Die Erklärung ist den Aktionären dauerhaft zugänglich zu machen.

Teil B. Spezialkontenrahmen (SKR)

Die DATEV bietet nachfolgende Kontenrahmen für Finanzbuchführungen an: 1

SKR 01[1]
SKR 02[1]
SKR 03
SKR 04

Die Spezialkontenrahmen SKR 03 und SKR 04 folgen der Jahresabschlussgliederung des HGB. Der SKR 03 ist historisch gewachsen und wurde unter Beibehaltung der Kontengruppen den Vorschriften des HGB angepasst. Demgegenüber sind im SKR 04 die Kontengruppen streng nach dem **Abschlussgliederungsprinzip** des HGB 1985 aufgebaut. Die numerisch aufsteigenden Konten entsprechen dem gesetzlichen Gliederungsschema für Bilanz und GuV, was zu einer größeren Übersichtlichkeit führt. Der **SKR 04** hat demgemäß nachfolgende Grundstruktur: 2

DATEV

3

Bilanz- und GuV-Posten	**Kontenklasse**
Anlagevermögen	0
Umlaufvermögen, aktive RAP	1
Kapital, Sonderposten mit Rücklageanteil	2
Rückstellungen, Verbindlichkeiten, passive RAP	3
Umsatzerlöse, Bestandsveränderungen, andere aktivierte Eigenleistungen, sonstige betriebliche Erträge	4
Materialaufwand, Wareneingang	5
Sonstige betriebliche Aufwendungen[2]	6
Finanzergebnis, außerordentliches Ergebnis, Steuern, Ergebnisverwendung	7
Vortragskonten, Statistische Konten für BWA, Bilanzkennziffern, Haftungsverhältnisse, Ktn. nach dem DMBilG, statistische Ktn. für Kapitalkontenentwicklung	9

Demgegenüber weist der **SKR 03** nachfolgende Grundstruktur auf:

DATEV

4

Bilanz- und GuV-Posten	**Kontenklasse**
Anlagevermögen, Anleihen, Verbindlichkeiten gegenüber Kreditinstituten, Verbindlichkeiten gegenüber verbundenen Unternehmen und Beteiligungsunternehmen, Verbindlichkeiten gegenüber Gesellschaftern, Kapital, Sonderposten mit Rücklageanteil, Rückstellungen, RAP	0
Umlaufvermögen ohne Vorräte, Verbindlichkeiten aus Lieferungen und Leistungen, Schuldwechsel, erhaltene Anzahlungen, Sonstige Verbindlichkeiten	1

[1] Historisch gewachsene Kontenrahmen, die das HGB 1985 nicht berücksichtigen, wobei der SKR 02 ursprünglich für Kapitalgesellschaften geeigneter war.
[2] Vgl. auch *Rutschmann/Rutschmann,* Kontierung nach den DATEV-Kontenrahmen, 10. Auflage, S. 62 ff.

Bilanz- und GuV-Posten	**Kontenklasse**
Finanzergebnis, Steuern, Teile der sonstigen betrieblichen Aufwendungen, Teile der sonstigen betrieblichen Erträge, außerordentliches Ergebnis, Ergebnisverwendung	2
Materialaufwand und -bestand, Wareneingang und -bestand	3
Materialaufwand, sonstige betriebliche Aufwendungen[3]	4
Bestände an fertigen und unfertigen Erzeugnissen	7
Umsatzerlöse, Bestandsveränderungen, aktivierte Eigenleistungen	8
Vortragskonten, Statistische Konten für BWA, Bilanzkennziffern, Haftungsverhältnisse, Ktn. nach dem DMBilG, statistische Ktn. für Kapitalkontenentwicklung	9

5 Die Zusammenstellung zeigt, dass die Kontenzuordnung im SKR 03 weder überschneidungsfrei ist noch einem einheitlichen Zuordnungsprinzip folgt. Außerdem enthält der SKR 04 bei diversen Bilanz- und GuV-Posten mehr Freiräume für individuelle Ktn-Einrichtungen und -Beschriftungen. Hinzu kommt, dass auch der Industrie-Kontenrahmen (IKR) des Bundesverbandes der Deutschen Industrie ebenfalls dem Abschlussgliederungsprinzip folgt.[4] Die IKR unterscheidet sich vom SKR 04 nur unwesentlich, vor allem dadurch, daß das Anlagevermögen in zwei verschiedene Kontenklassen unterteilt ist, die Erträge dadurch mit der Kontenklasse 5 beginnen und die Aufwendungen den Kontenklassen 6 und 7 zugeordnet sind.

6 Wichtig für DATEV-Anwender ist, dass **sowohl der SKR 03 als auch der SKR 04** die selben auf das Gliederungsschema des HGB abgestellten Kontensteuerungen enthalten, also **zu identischen Jahresabschlussgliederungen führen.**

---

[3] Im Sinne v. Posten Nr. 8 der GuV-Gliederung gem. § 275 Abs. 2 HGB.
[4] BDJ (Hrsg.), Industriekostenrahmen; kommentiert v. *Korth,* Industriekostenrahmen.

Teil C. Gliederungs- und Offenlegungsvorschriften

I. Rechnungslegungsvorschriften im HGB

Das 3. Buch des HGB enthält die für alle Kaufleute geltenden Rechnungslegungsvorschriften. Der erste Abschnitt ist mit „Vorschriften für alle Kaufleute" überschrieben. Dabei handelt es sich um nachfolgende Bereiche: 1
- Buchführung und Inventar
- Eröffnungsbilanz und Jahresabschluss, insbesondere Ansatz- und Bewertungsvorschriften
- Aufbewahrungsvorschriften

Der zweite Abschnitt enthält **„Ergänzende Vorschriften für Kapitalgesellschaften".** Die in diesem Abschnitt enthaltenen Gliederungsvorschriften (§ 266 HGB für die Bilanz, § 275 HGB für die GuV) gelten nach dem Gesetzesaufbau also nicht für Einzelkaufleute und Personenhandelsgesellschaften. Für diese Unternehmen ist § 247 HGB maßgebend, der lediglich fordert, dass in der Bilanz das Anlage- und das Umlaufvermögen, das Eigenkapital, die Schulden sowie die Rechnungsabgrenzungsposten gesondert auszuweisen und „hinreichend aufzugliedern" sind. Des Weiteren gilt der Aufstellungsgrundsatz des § 243 Abs. 2 HGB, nach der der Jahresabschluss klar und übersichtlich sein muss. Diese allgemeinen Anforderungen haben dazu geführt, dass das für Kapitalgesellschaften geltende Gliederungsschema für die Bilanz und die GuV auch als allgemein verbindlich für Einzelunternehmen und Personenhandelsgesellschaften angesehen wird, die Gliederungstiefe dabei aber der Größenklassenunterscheidung der Kapitalgesellschaften folgt[1]. Die nachstehenden Ausführungen zu den Gliederungsvorschriften haben deshalb für alle Unternehmen – zumindest was die Anwendung in der Praxis betrifft – Bedeutung. Durch das „Kapitalgesellschaften- und Co-Richtlinie-Gesetz" **(KapCoRiliG)**[2] werden aufgrund des neu eingeführten § 264a HGB alle Personengesellschaften, bei denen nicht wenigstens ein persönlich haftender Gesellschafter eine 2

natürliche Person oder

offene Handelsgesellschaft, Kommanditgesellschaft oder andere Personengesellschaft mit einer natürlichen Person als persönlich haftender Gesellschafter

ist oder sich die Verbindung von Gesellschaften in dieser Art fortsetzt, den Aufstellungs-, Prüfungs- und Offenlegungsvorschriften unterworfen, die auch für Kapitalgesellschaften gelten. Dies gilt für nach dem 31. 12. 1999 beginnende Geschäftsjahre, Art. 48 Abs. 1 S. 1 EGHGB.

Im Ergebnis gelten die Gliederungsvorschriften also – de facto – für alle Kaufleute, die Offenlegungs- und Prüfungsvorschriften dagegen nur für Kapitalgesellschaften sowie Personengesellschaften (z.B. GmbH & Co. KG) i.S.d. § 264a HGB (nachfolgend KapG & Co.). Die Offenlegungs- und Prüfungsvorschriften sind allerdings in Abhängigkeit von der Größenklasse dieser Gesellschaften anzuwenden, § 267 HGB. 3

II. Das Drei-Größenklassen-System

§ 267 HGB definiert **drei unterschiedliche Größenklassen von KapG/KapG & Co.,** u.z. in Abhängigkeit der Merkmale Bilanzsumme, Umsatzerlösen und durchschnittliche Arbeitnehmerzahl. Je nach überschreiten der einzelnen Merkmale erfolgt die Einordnung als kleine, mittelgroße oder große Gesellschaft. Die für kleine und mittelgroße Gesellschaften geltenden Erleichterungen betreffen die Jahresabschlussaufstellung, die Offenlegung und die Prüfungspflicht. Diese Differenzierung gilt nicht für Gesellschaften, deren Aktien oder andere von ihr ausgegebenen Wertpapiere an einer (EG-)Börse amtlich oder im geregelten Markt gehandelt werden oder deren 4

[1] Vgl. auch *Adler/Düring/Schmaltz,* § 247 HGB, Tz 24; *Förschle/Kofahl,* in Beck Bil-Kom. § 247 HGB Tz 5.
[2] BGBl I 2000, S. 154.

Zulassung zum amtlichen Handel oder zum geregelten Markt beantragt ist[3]. Diese Gesellschaften werden als große Gesellschaften behandelt und sind stets prüfungspflichtig.

III. Erleichterungen für kleine Kapitalgesellschaften bzw. Kapitalgesellschaften & Co.

5 Als kleine Gesellschaften gelten gem. § 267 Abs. 1 HGB solche, die mindestens zwei der drei nachstehenden Merkmale *nicht* überschreiten:[4]

Bilanzsumme	3 438 000 €
Umsatzerlöse	6 875 000 €
Arbeitnehmeranzahl	50

6 Die **Zuordnung in eine andere Größenklasse** erfolgt, wenn zwei Größenkriterien an zwei aufeinanderfolgenden Bilanzstichtagen überschritten werden. Auch ein geringfügiges Überschreiten zweier Schwellenwerte genügt für die Einordnung in eine andere Größenklasse. Wird der Schwellenwert genau erreicht, liegt noch kein Überschreiten vor[5]. Die Größenklassenkriterien sind wie folgt definiert:
- Bilanzsumme nach Abzug eines auf der Aktivseite ausgewiesenen Fehlbetrags
- Umsatzerlöse in den letzten zwölf Monaten vor dem Abschlussstichtag
- im Jahresdurchschnitt beschäftigte Arbeitnehmer.

7 Maßgebend ist die **Bilanzsumme** der von der Gesellschaft auf den betreffenden Abschlussstichtag aufgestellten Bilanz, so dass die Ausübung des Bilanzierungs- und Bewertungswahlrechten, soweit sie sich auf die Aktivseite beziehen, deren Höhe beeinflusst[6].

8 Bei Rumpfgeschäftsjahren sind die **Umsatzerlöse** *nicht* auf einen Jahresumsatz hochzurechnen. Für die im Jahresdurchschnitt beschäftigten Arbeitnehmer gelten die Zahlen der Quartalsstichtage ohne die zur Ausbildung Beschäftigten; auch Teilzeitbeschäftigte gelten als Arbeitnehmer i. S. v. § 267 Abs. 1 HGB und sind *nicht* in „Ganzzeitbeschäftigte" umzurechnen[7]. Nicht zu Arbeitnehmern gehören Vorstandsmitglieder und Geschäftsführer, Aufsichtsrats-, Verwaltungsrats- oder Beiratsmitglieder und solche Personen, die nicht aufgrund eines Dienstvertrages, sondern eines Werk- oder Gesellschaftsvertrages beschäftigt sind[8].

9 Die wichtigste Erleichterung für kleine Gesellschaften ist die **Befreiung von der Prüfungspflicht**[9]. Bei den übrigen Erleichterungen ist zwischen der Jahresabschlussaufstellung und der Offenlegung zu unterscheiden.

10 **Erleichterungen** bei der **Jahresabschlussaufstellung** sind:
- die Aufstellungsfrist verlängert sich auf 6 Monate, wenn dies einem ordnungsmäßigen Geschäftsgang entspricht, § 264 Abs. 1 S. 3 HGB
- die Bilanz kann verkürzt aufgestellt werden, § 266 Abs. 1 S. 3 HGB
- die Gewinn- und Verlustrechnung kann verkürzt aufgestellt werden, § 276 S. 1 HGB
- der Anhang kann verkürzt aufgestellt werden, d. h. ohne die Angaben nach § 268 Abs. 2, Abs. 4 S. 2, Abs. 5 S. 3, Abs. 6, § 269 S. 1, § 277 Abs. 4 S. 2 und 3, § 284 Abs. 2 Nr. 4 sowie § 285 Nr. 2, 7, 8 a, 9 a, 9 b, 12 HGB
- Außerdem braucht kein Lagebericht aufgestellt zu werden, § 264 Abs. 1 S. 3 HGB

Erleichterungen bei der **Offenlegung** sind:
- Einreichung der nur verkürzt aufgestellten Bilanz zum Handelsregister
- keine Einreichung einer Gewinn- und Verlustrechnung zum HR, § 326 S. 1 HGB

---

[3] Vgl. § 267 Abs. 3 S. 2 HGB.
[4] Die Werte wurden m. W. für v. 1. 1. 1999 beginnende Geschäftsjahre angepasst.
[5] Vgl. *Budde/Karig,* in Beck Bil-Kom. § 267 HGB Tz 5.
[6] Vgl. *Adler/Düring/Schmaltz,* § 267 HGB, Tz 8; *Budde/Karig,* in Beck Bil-Kom. § 267 HGB Tz 6 verweisen darauf, dass es nicht zulässig ist, zum Zwecke der Ermittlung des Größenmerkmals „Bilanzsumme" eine von der Handelsbilanz abweichende Bilanz aufzustellen, in der ggf. weitere Bewertungswahlrechte ausgeübt werden.
[7] Vgl. *Budde/Karig,* in Beck Bil-Kom. § 267 HGB Tz 12.
[8] Vgl. *Adler/Düring/Schmaltz,* § 267 HGB Tz 13.
[9] Vgl. § 316 Abs. 1 S. 1 HGB.

- Einreichung eines Anhangs ohne die die GuV betreffenden Angaben zum HR, § 326 S. 2 HGB

Wichtig ist, dass die Aufstellungserleichterungen noch im Rahmen der Offenlegung nachgeholt werden können, soweit sie nicht bereits bei der Aufstellung des Jahresabschlusses angewendet wurden. 11

Die **Offenlegung** vollzieht sich in zwei Schritten: 12

1. Einreichung der Bilanz und des (verkürzten) Anhangs zum HR.
2. Bekanntmachung im Bundesanzeiger, bei welchem Amtsgericht und unter welcher Nummer die Unterlagen eingereicht worden sind, sog. Hinterlegungsbekanntmachung.

IV. Erleichterungen für mittelgroße Kapitalgesellschaften bzw. Kapitalgesellschaften & Co.

Mittelgroße Gesellschaften sind gem. § 267 Abs. 2 HGB solche, die mindestens zwei der drei nachstehenden Merkmale **nicht** überschreiten:[10] 13

Bilanzsumme	3 438 000–13 750 000 €
Umsatzerlöse	6 875 000–27 500 000 €
Arbeitnehmeranzahl	51–250

Für die **Größenklassen-Zuordnung** gelten die gleichen Kriterien wie bei den kleinen Gesellschaften. Bilanzpolitisch dürfte lediglich die Bilanzsumme beeinflussbar sein, weshalb der Bilanzpolitik stets dann große Bedeutung zukommt, wenn Umsatzerlöse oder Arbeitnehmerzahl unter den Schwellenwerten der mittelgroßen Gesellschaften liegen und aufgrund bilanzpolitischer Maßnahmen der Schwellenwert bei der Bilanzsumme unterschritten werden kann. 14

Erleichterungen bei der **Jahresabschlussaufstellung** sind: 15

- Aufstellung einer verkürzten GuV, § 276 HGB
- Aufstellung eines leicht verkürzten Anhangs, d. h. ohne die Angabe nach § 285 Nr. 4 HGB; § 288 HGB

Erleichterungen bei der **Offenlegung** sind:

- Einreichung der verkürzten Bilanz wie bei den kleinen Gesellschaften beim HR, mit der Maßgabe, die in § 327 Nr. 1 HGB genannten Posten in der Bilanz oder im Anhang gesondert anzugeben; § 327 Nr. 1 HGB
- Einreichung der nur verkürzt aufgestellten GuV beim HR; § 276 HGB.
- Einreichung eines verkürzt aufgestellten Anhangs, ohne die Angaben nach § 285 Nr. 2, 5, 8 a), § 12 HGB; § 327 Nr. 2 HGB

Die **Offenlegung** erfolgt wie bei den kleinen Gesellschaften durch Einreichung der Unterlagen zum Handelsregister und Bekanntmachung im Bundesanzeiger, bei welchem Amtsgericht und unter welcher Nummer die Unterlagen eingereicht worden sind. 16

Gemeinsam mit der großen hat die mittelgroße Gesellschaft: 17

- die Frist für die Aufstellung des Jahresabschlusses und des Lagebericht beträgt drei Monate nach Ablauf des Geschäftsjahres, § 264 Abs. 1 S. 2 HGB
- die Frist für die Offenlegung endet (einheitlich für alle Gesellschaften) spätestens zwölf Monate nach Ablauf des Geschäftsjahres, § 325 Abs. 1 S. 1 HGB
- es ist ein Lagebericht aufzustellen und zum HR einzureichen, § 325 Abs. 1 S. 1 HGB
- der Bestätigungsvermerk oder der Versagungsvermerk des Abschlussprüfers ist zum HR einzureichen, § 325 Abs. 1 S. 1 HGB
- den Vorschlag über die Verwendung des Ergebnisses und den Beschluss über seine Verwendung unter Angabe des Jahresübschusses oder Jahresfehlbetrags, soweit sich diese nicht aus dem Jahresabschluss ergeben, ist zum HR einzureichen. Von diesen Angaben sind Gesellschaften befreit, wenn sich dadurch die Gewinnanteile natürlicher Personen, die Gesellschafter sind, feststellen lassen, § 325 Abs. 1 S. 1 HGB.

---

[10] Die Werte wurden m. W. für v. 1. 1. 1999 beginnende Geschäftsjahr angepasst.

V. Große Kapitalgesellschaften bzw. Kapitalgesellschaften & Co.

18 Große Gesellschaften sind gem. § 267 Abs. 3 HGB solche, bei denen mindestens zwei der drei nachstehenden Merkmale überschritten sind:[11]

Bilanzsumme	über 13 750 000 €
Umsatzerlöse	über 27 500 000 €
Arbeitnehmeranzahl	über 250

19 Für die Größenklassenzuordnung gelten die gleichen Kriterien wie bei den kleinen und mittelgroßen Gesellschaften.

20 Gesellschaften, deren Aktien oder andere von ihr ausgegebene Wertpapiere (z. B. Schuldverschreibungen, Options- oder Wandelanleihen, Genussscheine oder sonstige an Wertpapierbörsen gehandelte Emissionen) an einer beliebigen Börse eines EU-Landes zum amtlichen Handel oder zum geregelten Markt zugelassen sind oder die die Zulassung zum amtlichen Handel oder zum geregelten Markt beantragt haben, gelten gem. § 267 Abs. 3 HGB stets als groß.

21 Die sog. Hinterlegungsbekanntmachung gilt nur für kleine und mittelgroße Gesellschaften. Große Gesellschaften müssen zunächst die **offenzulegenden Unterlagen im Bundesanzeiger bekannt machen,** und sodann die Unterlagen einschließlich der Bekanntmachung im Bundesanzeiger zum Handelsregister einreichen, § 325 Abs. 2 HGB.

VI. Festsetzung von Zwangs- und Ordnungsgeld

1. Gesetzgeberische Zielsetzung

22 Der EUGH hatte mit Urteil vom 29. September 1998[12] festgestellt, dass die Bundesrepublik Deutschland die Nichtoffenlegung von Bilanzen deutscher Kapitalgesellschaft nicht ausreichend sanktioniert hat. Des Weiteren hatte der EUGH mit Urteil vom 4. 12. 1997[13] in der sog. Daihatsu-Entscheidung klargestellt, dass die Regelung, ein Zwangsgeldverfahren lediglich auf Antrag von Gesellschaftern, Gläubigern oder Arbeitnehmern einleiten zu können, nicht den Anforderungen des Art. 6 der EG-Publizitätsrichtlinie entspricht.

23 Die **Sanktionierung von Publizitätsverstößen** soll künftig durch ein Ordnungsgeldverfahren erfolgen, dass sich nach den Verfahrensbestimmungen des § 140 a FGG richtet. Das Zwangsgeldverfahren beschränkt sich nur noch auf die formelle Erfüllung bestimmter Pflichten, wie die Aufstellung des Jahresabschlusses und eines Lageberichts (Konzernabschluss und Konzernlagebericht) und die mit der Abschlussprüfung zusammenhängenden Pflichten. Durch das KapCoRiLiG wurden die bisher mit einem Zwangsgeld belegten Offenlegungspflichten in § 335 HGB durch ein Ordnungsgeld in § 335 a HGB ersetzt. Im Gegensatz zum Zwangsgeld kann das Ordnungsgeld nicht mehr zurückgenommen werden, wenn die Adressaten ihrer Verpflichtung nachgekommen sind.[14]

24 Sowohl für das Zwangsgeld- als auch das Ordnungsgeldverfahren gilt künftig, dass die Anträge von jedermann gestellt werden können. Das sog. „Jedermann-Verfahren" hat zur Folge, dass jeder an der Aufstellung des Jahres-/Konzernabschlusses oder an der unverzüglichen Erteilung des Prüfungsauftrages Interessierte, aber auch an der Offenlegung von Jahresabschlüssen Interessierte ein Zwangs- oder Ordnungsgeldverfahren durchsetzen kann. Die Zuständigkeit liegt beim Registergericht.

2. Zwangsgeldbewehrte Pflichten

25 Zu den Tätigkeiten, deren Ausführung mit Zwangsgeld erzwungen werden, gehören gem. § 335 S. 1 HGB:

– Aufstellung eines Jahresabschlusses und eines Lageberichts, § 242 Abs. 1 und 2, § 264 Abs. 1 HGB

---

[11] Die Werte wurden m. W. für v. 1. 1. 1999 beginnende Geschäftsjahr angepasst.
[12] C-191/95.
[13] C-97/96, GmbHR 1998, S. 1078.
[14] Vgl. *Hense,* in Beck Bil.-Kom. § 335 a HGB Tz 2.

– Aufstellung eines Konzernabschlusses und eines Konzernlageberichts, § 290 Abs. 1 und 2 HGB
– Unverzügliche Erteilung des Prüfungsauftrags, § 318 Abs. 1 S. 4 HGB
– Antrag auf gerichtliche Bestellung des Abschlussprüfers, § 318 Abs. 4 S. 3 HGB
– Pflichten gegenüber dem Abschlussprüfer, § 320 HGB.

3. Ordnungsgeldverfahren bei Verstoß gegen Offenlegungsvorschriften

Der Gesetzgeber hat der Verurteilung durch den EuGH, dass die nicht Offenlegung von Bilanzen deutscher Kapitalgesellschaften nicht ausreichend sanktioniert ist, durch eine Änderung des § 335 a HGB im Rahmen des KapCoRiliG[15] Rechnung getragen. Für nach dem 31. 12. 1998 beginnende Geschäftsjahre gilt folgende Rechtslage: **26**
– Wegen des pflichtwidrigen Unterlassens der rechtzeitigen Offenlegung (12 Monate nach Geschäftsjahresablauf) kann vom Registergericht ein Ordnungsgeld festgesetzt werden.
– Das Registergericht schreitet weiterhin nur auf Antrag ein. Der Antrag kann jedoch von „jedermann gestellt und nicht mehr zurückgenommen werden", § 140 a Abs. 2 S. 1 i. V. m. Abs. 1 S. 2 FGG.
– Das Ordnungsgeld beträgt mindestens 2500, höchstens 50 000 Euro.
– Das Ordnungsgeld kann 6 Wochen nach der Androhung verhängt werden. Eine danach folgende Offenlegung beseitigt den Ordnungsgeldanspruch nicht, soweit die Sechswochenfrist geringfügig überschritten wird, kann das Registergericht das Ordnungsgeld aber herabsetzen.
– Nach § 335 a S. 2 HGB kann das Ordnungsgeld auch festgesetzt werden, wenn der Jahresabschluss noch nicht aufgestellt worden ist. Die Verfahren können also nicht mit der Begründung ausgesetzt werden, dass die Jahresabschlussarbeiten noch nicht abgeschlossen sind.
– Liegen dem Registergericht keine Anhaltspunkte für die Einstufung als kleine, mittelgroße oder große Gesellschaft vor, ist der Gesellschaft bei Ordnungsgeldandrohung zugleich aufzugeben, im Falle des Einspruchs die Bilanzsumme nach Abzug eines auf der Aktivseite ausgewiesenen Fehlbetrags, die Umsatzerlöse in den letzten 12 Monaten vor dem Abschlussstichtag sowie die durchschnittliche Zahl der Arbeitnehmer anzugeben, § 140 Abs. 3 S. 1 FGG. Unterlässt die Gesellschaft die Angabe, wird für das weitere Verfahren vermutet, dass die Erleichterungen der §§ 326, 327 HGB nicht in Anspruch genommen werden können.

Da das Ordnungsgeldverfahren **von den Registergerichten eingeleitet werden muss,** wenn von irgendjemand ein Antrag gestellt wird, ohne dass es hierzu eine Begründung bedarf, ist u. a. mit diesbezüglichen Anträgen von Auskunftsinformationsdiensten zu rechnen. Das Ordnungsgeld kann man nur dadurch vermeiden, dass die offenlegungspflichtigen Unterlagen innerhalb von 6 Wochen nach Verfahrenseröffnung beim Registergericht vorliegen müssen. Bei dieser Frist ist zu berücksichtigen, dass die Gesellschaften i. d. R. ein Interesse daran haben werden, sämtliche Aufstellungs- und Offenlegungserleichterungen in Anspruch zu nehmen. Dies wird bei kleinen und mittelgroßen Gesellschaften, die (zusätzliche) Aufstellung verkürzter Jahresabschlüsse erforderlich machen. Die nachstehende Übersicht der offenlegungspflichtigen Unterlagen soll die diesbezüglichen Arbeiten erleichtern. **27**

VII. Übersicht offenlegungspflichtiger Unterlagen

1. Kleine Gesellschaften

Bilanz, die nur die mit Buchstaben und römischen Zahlen bezeichneten Posten enthält. Dabei muss die Bilanz nachfolgende Sonderausweise bzw. Vermerke enthalten: **28**
– Vermerk des Gewinn-/Verlustvortrages, sofern im Bilanzgewinn/-verlust zusammengefasst, § 268 Abs. 1 HGB

[15] BR-Drucks. 458/99.

- Ausweis eines nicht durch Eigenkapital gedeckten Fehlbetrages, § 268 Abs. 3 HGB
- Vermerk der Restlaufzeiten bei Forderungen (bezogen auf den Gesamtforderungsausweis), § 268 Abs. 4 S. 1 HGB
- Vermerk der Verbindlichkeiten mit einer Restlaufzeit bis zu 1 Jahr (bezogen auf die Gesamtverbindlichkeiten), § 268 Abs. 5 S. 1 HGB
- Ausweis oder Angabe von Haftungsverhältnissen, § 268 Abs. 7 HGB
- gesonderter Ausweis der Aufwendungen für die Ingangsetzung und Erweiterung des Geschäftsbetriebs, § 269 S. 1 HGB
- ausstehende Einlagen auf das gezeichnete Kapital, § 272 Abs. 1 S. 2 HGB
- Vermerk der eingeforderten Einlagen auf das gezeichnete Kapital, § 272 Abs. 1 S. 3 HGB
- nicht eingeforderte ausstehende Einlagen, § 272 Abs. 1 S. 3 HGB
- gesonderter Ausweis der Sonderposten mit Rücklageanteil, § 273 S. 2 HGB
- gesonderter Ausweis aktiver Steuerabgrenzungsposten, § 274 Abs. 2 S. 2 HGB
- kleine GmbH: gesonderter Ausweis eingeforderter Nachschüsse und der diesbezüglichen Rücklage (auszuweisen unter Kapitalrücklage als „Nachschuss-Kapital")
- kleine AG/KGaA: Angaben zu dem auf jede Aktiengattung entfallenden Betrag des Grundkapitals, den Nennbetrag des bedingten Kapitals, die Gesamtstimmzahl etwaiger Mehrstimmrechtsaktien und die der übrigen Aktien, § 152 Abs. 1 AktG; Betrag der Einstellung und Entnahme in die Kapitalrücklage, § 152 Abs. 2 AktG; Veränderungen der Gewinnrücklagen, § 152 Abs. 3 AktG

29 **Anhang,** ohne die nachfolgenden Angaben (§§ 274a, 288 HGB)
- Anlagengitter, § 268 Abs. 2 HGB
- Erläuterung von antizipativen Forderungen, § 268 Abs. 4 S. 2 HGB
- Erläuterung von antizipativen Verbindlichkeiten, § 268 Abs. 5 S. 3 HGB
- Angabe eines aktivierten Disagios, § 268 Abs. 6 HGB
- Erläuterung der Aufwendungen für die Ingangsetzung und Erweiterung des Geschäftsbetriebes, § 269 Satz 1 HGB
- Erläuterung außerordentlicher Aufwendungen und Erträge, § 277 Abs. 4 S. 2 und 3 HGB
- Angabe des Unterschiedsbetrages bei Bewertungsvereinfachungsverfahren, § 284 Abs. 2 Nr. 4 HGB
- Bei den Verbindlichkeiten ist nur der Gesamtbetrag der Verbindlichkeiten mit einer Restlaufzeit von mehr als 5 Jahren anzugeben und der Gesamtbetrag der Verbindlichkeiten, die durch Pfandrechte oder ähnliche Rechte gesichert sind, unter Angaben von Art und Form der Sicherheiten, § 285 Nr. 2 HGB
- sonstige finanzielle Verpflichtungen, § 285 Nr. 3 HGB
- Aufgliederung der Umsatzerlöse, § 285 Nr. 4 HGB
- Angabe der Ergebnisbeeinflussung durch steuerrechtliche Abschreibungen und die Bildung von Sonderposten mit Rücklageanteil, § 285 Nr. 5 HGB
- Angabe der auf das ordentliche und außerordentliche Ergebnis entfallenden Ertragsteuerbelastung, § 285 Nr. 6 HGB
- Angabe der durchschnittlichen Arbeitnehmerzahl, § 285 Nr. 7 HGB
- ergänzende Angaben bei Anwendung des Umsatzkostenverfahren zum Materialaufwand des Geschäftsjahres, § 285 Nr. 8a) HGB
- Angabe der Organbezüge, § 285 Nr. 9a) HGB
- Angabe der Gesamtbezüge früherer Organmitglieder und ihrer Hinterbliebenen, § 285 Nr. 9b) HGB
- Erläuterung sonstiger Rückstellung, § 285 Nr. 12 HGB

30 Außerdem können **die die GuV betreffenden Angaben entfallen** (§ 326 S. 2 HGB)
- Abweichungen von der Gliederungstetigkeit der GuV, § 265 Abs. 1 S. 2 HGB
- Angabe nicht vergleichbarer oder angepasster Vorjahresbeträge der GuV, § 265 Abs. 2 S. 2 und 3 HGB
- Angabe von Ergänzungen nach anderen Gliederungsnormen, soweit es die GuV betrifft, § 265 Abs. 4 S. 2 HGB
- Angabe von zusammengefassten Posten, soweit es GuV-Posten betrifft, § 265 Abs. 7 Nr. 2 HGB

- Angaben zur Währungsumrechnung, soweit es GuV-Posten betrifft, § 284 Abs. 2 Nr. 2 HGB
- ergänzende Angaben bei Anwendung des Umsatzkostenverfahrens, betreffend den Personalaufwand des Geschäftsjahres, § 285 Nr. 8b HGB
- Bericht des Aufsichtsrats (bei GmbH, sofern ein obligatorischer Aufsichtsrat oder fakultativer Aufsichtsrat i. S. v. § 171 Abs. 2 AktG i. V. m. § 52 GmbHG besteht)
- Vorschlag über die Verwendung des Ergebnisses und den Beschluss über seine Verwendung unter Angabe des Jahresübschusses oder des Jahresfehlbetrags, soweit sich diese nicht aus dem Jahresabschluss ergeben

2. Mittelgroße Gesellschaften

Bilanz, in der nur die mit Buchstaben und römischen Zahlen bezeichneten Posten ausgewiesen sind, jedoch mit der Maßgabe, dass nachfolgende Posten gesondert anzugeben sind: 31
- Geschäfts- oder Firmenwert
- Grundstücke, grundstückgleiche Rechte und Bauten, einschl. der Bauten auf fremden Grundstücken
- technische Anlagen und Maschinen
- andere Anlagen, Betriebs- und Geschäftsausstattung
- geleistete Anzahlungen und Anlagen in Bau
- Anteile an verbundene Unternehmen
- Ausleihungen an verbundene Unternehmen
- Beteiligungen
- Ausleihungen an Unternehmen, mit denen ein Beteiligungsverhältnis besteht
- Forderungen gegenüber verbundene Unternehmen
- Forderungen gegenüber Unternehmen, mit denen ein Beteiligungsverhältnis besteht
- Anteile an verbundene Unternehmen
- eigene Anteile
- Anleihen, davon kompatibel
- Verbindlichkeiten gegenüber Kreditinstituten
- Verbindlichkeiten gegenüber verbundene Unternehmen
- Verbindlichkeiten gegenüber Unternehmen, mit denen ein Beteiligungsverhältnis besteht

Daneben sind – aufgrund von Einzelvorschriften – nachfolgende **Sonderausweise,** wahlweise Angabe im Anhang, vorzunehmen: 32
- Vermerk eines Gewinn-/Verlustvortrages, sofern er in den Bilanzgewinn/-verlust einbezogen ist (wahlweise Angabe im Anhang)
- nicht durch Eigenkapital gedeckter Fehlbetrag
- Vermerk der Restlaufzeit der Forderungen von mehr als 1 Jahr bei jedem gesondert ausgewiesenen Posten
- Vermerk der Verbindlichkeiten mit einer Restlaufzeit bis zu 1 Jahr bei jedem gesondert ausgewiesenen Posten
- Angabe der Haftungsverhältnisse unter der Bilanz (wahlweise im Anhang)
- gesonderter Ausweis der „Aufwendungen für die Ingangsetzung und Erweiterung des Geschäftsbetriebs" (vor dem Anlagevermögen)
- gesonderter Ausweis der ausstehenden Einlagen auf das gezeichnete Kapital und Vermerk der eingeforderten Einlagen
- offenen Absetzen der nicht eingeforderten ausstehenden Einlagen vom „gezeichneten Kapital"
- gesonderter Ausweis der Sonderposten mit Rücklageanteil
- gesonderter Ausweis aktiver latenter Steueransprüche
- GuV mit einem „zusammengefassten Rohergebnis" (Zusammenfassung der Posten Umsatzerlöse, Bestandsveränderungen, aktivierte Eigenleistungen, sonstige betriebliche Erträge und Materialaufwand)

Anhang, ohne die nachfolgenden Angaben (§§ 288, 327 Nr. 2 HGB) 33
- die Verbindlichkeiten mit einer Restlaufzeit von mehr als 5 Jahren und die Verbindlichkeiten, die durch Pfandrechte oder ähnliche Rechte gesichert sind, unter

Angabe von Art und Form der Sicherheiten, sind nur im Gesamtbetrag und nicht für jeden in der Bilanz ausgewiesenen Posten anzugeben
– Angabe der Ergebnisbeeinflussung durch steuerrechtliche Abschreibungen und die Bildung von Sonderposten mit Rücklageanteil
– ergänzende Angaben bei Anwendung des Umsatzkostenverfahren, betreffend den Materialaufwand des Geschäftsjahres
– Erläuterung von nicht gesondert ausgewiesenen sonstigen Rückstellungen

Lagebericht

Bestätigungsvermerk oder Versagungsvermerk

Bericht des Aufsichtsrates (bei GmbH, sofern obligatorischer oder fakultativer Aufsichtsrat i. S. v. § 171 Abs. 2 AktG i. V. m. § 52 GmbHG besteht)

34 **Vorschlag für die Ergebnisverwendung** und Beschluss über seine Verwendung unter Angabe des Jahresübschusses oder des Jahresfehlbetrags, soweit sich diese nicht aus dem Jahresabschluss ergeben (Ausnahme: bei GmbH, wenn sich anhand der Ergebnisverwendung die Gewinnanteile von natürlichen Personen feststellen lassen, die Gesellschafter sind[16]).

3. Große Gesellschaften

35 **Jahresabschluss**, bestehend aus Bilanz, GuV und Anhang

Lagebericht

Bestätigungsvermerk oder Versagungsvermerk

Bericht des Aufsichtsrats (bei GmbH, sofern obligatorischer oder fakultativer Aufsichtsrat i. S. v. § 171 Abs. 2 AktG i. V. m. § 52 GmbHG)

36 **Vorschlag für die Ergebnisverwendung** und Beschluss über die Verwendung unter Angabe des Jahresübschusses oder des Jahresfehlbetrags, soweit sich diese nicht aus dem Jahresabschluss ergeben (Ausnahme: bei GmbH, wenn sich aufgrund dieser Angaben die Gewinnanteile von natürlichen Personen feststellen lassen, die Gesellschafter sind)

VIII. Jahresabschlüsse im DATEV-System

37 Die Ausgabe der Jahresabschlüsse ist sowohl vor Ort über die DATEV-Programme Kanzlei-Rechnungswesen bzw. BILANZ als auch über das DATEV Rechenzentrum möglich. Für die Erstellung der Jahresabschlüsse im DATEV-System sind bereits unterschiedliche Gliederungsschematas standardmäßig eingerichtet. Für jedes Gliederungsschema gibt es Zuordnungstabellen, in denen die Zuordnung jedes Kontos und der Kontenbereiche zu den Bilanz- und GuV-Posten dokumentiert ist.

38 Neben den Jahresabschlüssen können jederzeit mit dem DATEV-System Eröffnungsbilanzen, Zwischenabschlüsse und Monats-/Quartals-Auswertungen ausgegeben werden.

39 **Übersicht über die Zuordnungstabellen**

Gesellschaftsform	Norm	Wert SKR03	Wert SKR04
Einzelunternehmer	HGB Mindestgliederung	S4103	S4104
Einzelunternehmer	HGB erweiterte Gliederung	S5103	S5104
Personenhandelsges. allgemein	HGB erweiterte Gliederung	S5203	S5204
Personenhandelsges. (OHG)	HGB erweiterte Gliederung[17]	S5803	S5804
Personenhandelsges. (KG)	HGB erweiterte Gliederung[17]	S5503	S5504
Personenhandelsges. klein	KapCoRiLiG Mindestgliederung	S7603	S7604
Personenhandelsges. mittelgr., Aufstellung	KapCoRiLiG Mindestgliederung	S7303	S7304

[16] Dies ist regelmäßig dann der Fall, wenn nur eine natürliche Person an der GmbH beteiligt ist; vgl. *Ellrott/Spremann,* in Beck Bil-Kom. § 325 HGB Tz 21.

[17] Gliederung nach der Empfehlung der Bundessteuerberaterkammer vom Juni 1989.

Gesellschaftsform	Norm	Wert SKR03	SKR04
Personenhandelsges. mittelgr., Offenlegung	KapCoRiLiG Mindestgliederung	S7903	S7904
Personenhandelsges. groß	KapCoRiLiG Mindestgliederung	S7003	S7004
Personenhandelsges. erweitert	KapCoRiLiG erweiterte Gliederung	S7503	S7504
Kapitalges. klein	HGB Mindestgliederung	S4603	S4604
Kapitalges. mittelgr., Aufstellung	HGB Mindestgliederung	S4303	S4304
Kapitalges. mittelgr., Offenlegung	HGB Mindestgliederung	S4903	S4904
Kapitalges. groß	HGB Mindestgliederung	S4003	S4004
Kapitalges. erweitert	HGB erweiterte Gliederung	S5003	S5004

Für Jahresabschlüsse mit Bilanz- und GuV-Posten nach dem DMBilG, sind spezielle Zuordnungstabellen erforderlich. 40

Übersicht über die Zuordnungstabellen nach dem DMBilG

Gesellschaftsform	Norm	Wert SKR03	SKR04
Einzelunternehmer	HGB erweiterte Gliederung	S51030000027	S51040000026
Kapitalges. groß	HGB Mindestgliederung	S40030000027	S40040000026
Kapitalges. erweitert	HGB erweiterte Gliederung	S50030000027	S50040000026

1. Jahresabschluss – Einzelunternehmer

Für die Aufbereitung des Jahresabschlusses in den DATEV-Programmen Kanzlei-Rechnungswesen/BILANZ wurde die Zuordnungstabelle „Einzelunternehmen, Mindestgliederung" mit dem Wert S4103 (SKR03) bzw. S4104 (SKR 04) zugrunde gelegt. Zum **Ausgabeumfang** gehören:[18] 41

1. Unverkürzt gem. § 266 HGB gegliederte **Bilanz,** DIN A 3/DIN A 4 quer Format. In der Bilanz sind nur Restlaufzeitvermerke von mehr als 1 Jahr für Forderungen und bis zu 1 Jahr für Verbindlichkeiten enthalten.
2. Erweiterter und im Hinblick auf die gesondert auszuweisenden Posten des Anlagenvermögens vertikal unverkürzt gegliederter **Anlagenspiegel** (12-spaltig), DIN A 3 Format oder Ausgabe eines horizontal verkürzten Anlagenspiegel (7-spaltig) und eines Abschreibungspiegels[19] in Format DIN A 4 quer. Die Ausgabe eines 7-spaltigen Anlagenspiegels auf Basis von Restbuchwerten ist alternativ möglich.
3. Unverkürzt gem. § 275 HGB gegliederte **GuV.**
4. **Kennzahlen** zum Jahresabschluss.
5. Darstellung des Jahresabschlusses in Form von **Grafiken;** Kreisdiagramm (Struktur von Vermögen und Kapital), Halbkreisdiagramm (Erträge und Aufwendungen in der Erfolgsrechung) und Balkendiagramm (Entwicklung von Aufwand und Ertrag mit Vorjahr)[20].

---

[18] Der Ausgabeumfang kann jederzeit eingeschränkt bzw. erweitert werden.
[19] Ausgabe ausschließlich in Kanzlei-Rechnungswesen/BILANZ und nicht im Rechenzentrum möglich.
[20] Im Rechenzentrum können noch zusätzlich die Grafiken „Entwicklung von Betriebsaufwand und -ertrag" von 3 Jahren bzw. von 4 Jahren und die Grafiken „Entwicklung von Aufwand und Ertrag" von 3 Jahren bzw. von 4 Jahren ausgegeben werden.

42 DATEV-Muster JA – Einzelunternehmer

Blatt 1

BILANZ

Karl Friedrich Musterholz
Schreinerei und Ladenbau
Nürnberg

zum

31. Dezember 2001

AKTIVA

	Euro	Geschäftsjahr Euro	Vorjahr Euro
A. Anlagevermögen			
I. Immaterielle Vermögensgegenstände			
1. Geschäfts- oder Firmenwert		10.208,00	12.766,00
II. Sachanlagen			
1. Grundstücke, grundstücksgleiche Rechte und Bauten einschließlich der Bauten auf fremden Grundstücken	284.049,38		290.293,38
2. technische Anlagen und Maschinen	95.346,50		114.481,00
3. andere Anlagen, Betriebs- und Geschäftsausstattung	124.404,51	503.800,39	143.072,51
III. Finanzanlagen			
1. Wertpapiere des Anlagevermögens		40.758,45	20.758,45
B. Umlaufvermögen			
I. Vorräte			
1. Roh-, Hilfs- und Betriebsstoffe	102.002,00		116.903,95
2. unfertige Erzeugnisse, unfertige Leistungen	12.406,00		13.906,92
3. fertige Erzeugnisse und Waren	82.832,80	197.240,80	78.532,40
II. Forderungen und sonstige Vermögensgegenstände			
1. Forderungen aus Lieferungen und Leistungen - davon mit einer Restlaufzeit von mehr als einem Jahr Euro 29.348,00 (Euro 34.800,00)	211.298,48		237.106,11
2. sonstige Vermögensgegenstände	27.856,24	239.154,72	52.579,83
Übertrag		991.162,36	1.080.400,55

PASSIVA

	Euro	Geschäftsjahr Euro	Vorjahr Euro
A. Kapital			
1. Anfangskapital	550.534,87		581.285,93
2. Einlagen	16.128,00		14.416,00
3. Entnahmen	84.321,30-		94.416,00-
4. Jahresüberschuss	204.160,57	686.502,14	131.055,64
B. Rückstellungen			
1. Rückstellungen für Pensionen und ähnliche Verpflichtungen	60.241,86		59.091,86
2. Steuerrückstellungen	20.619,90		0,00
3. sonstige Rückstellungen	40.719,84	121.581,60	31.372,83
C. Verbindlichkeiten			
1. Verbindlichkeiten gegenüber Kreditinstituten - davon mit einer Restlaufzeit bis zu einem Jahr Euro 91.480,27 (Euro 72.172,42)	210.316,88		236.912,26
2. erhaltene Anzahlungen auf Bestellungen - davon mit einer Restlaufzeit bis zu einem Jahr Euro 49.000,00 (Euro 53.000,00)	49.000,00		53.000,00
3. Verbindlichkeiten aus Lieferungen und Leistungen - davon mit einer Restlaufzeit bis zu einem Jahr Euro 173.754,38 (Euro 178.710,41)	173.754,38		178.710,41
4. sonstige Verbindlichkeiten - davon aus Steuern Euro 70.223,76 (Euro 49.487,32) - davon im Rahmen der sozialen Sicherheit Euro 21.209,64 (Euro 20.620,37)	280.905,76	713.977,02	156.041,63
Übertrag		1.522.060,76	1.347.470,56

Blatt 2

BILANZ

Karl Friedrich Musterholz
Schreinerei und Ladenbau
Nürnberg

zum

31. Dezember 2001

AKTIVA	Euro	Geschäftsjahr Euro	Vorjahr Euro	PASSIVA	Euro	Geschäftsjahr Euro	Vorjahr Euro
Übertrag		991.162,36	1.080.400,55	Übertrag		1.522.060,76	1.347.470,56
- davon mit einer Restlaufzeit von mehr als einem Jahr Euro 1.780,00 (Euro 1.630,00)				- davon mit einer Restlaufzeit bis zu einem Jahr Euro 230.905,76 (Euro 156.041,63)			
III. Kassenbestand, Bundesbank-guthaben, Guthaben bei Kreditinstituten und Schecks		524.139,78	259.759,67				
C. Rechnungsabgrenzungsposten		6.758,62	7.310,34				
		1.522.060,76	1.347.470,56			1.522.060,76	1.347.470,56

DATEV-Muster JA – Einzelunternehmer

Blatt 3

ANLAGENSPIEGEL

Karl Friedrich Musterholz
Schreinerei und Ladenbau
Nürnberg

zum

31. Dezember 2001

	Anschaffungs-, Herstellungskosten 01.01.2001	Zugänge	Abgänge	Umbuchungen	Anschaffungs-, Herstellungskosten 31.12.2001	kumulierte Abschreibungen 01.01.2001	Abschreibungen Geschäftsjahr	Abgänge	Umbuchungen	kumulierte Abschreibungen 31.12.2001	Zuschreibungen Geschäftsjahr	Buchwert 31.12.2001
	Euro	Euro	Euro	Euro	Euro	Euro	Euro	Euro	Euro	Euro	Euro	Euro
A. Anlagevermögen												
I. Immaterielle Vermögensgegenstände												
1. Geschäfts- oder Firmenwert	38.346,89	0,00	0,00	0,00	38.346,89	25.580,89	2.558,00	0,00	0,00	28.138,89	0,00	10.208,00
Summe immaterielle Vermögensgegenstände	38.346,89	0,00	0,00	0,00	38.346,89	25.580,89	2.558,00	0,00	0,00	28.138,89	0,00	10.208,00
II. Sachanlagen												
1. Grundstücke, grundstücksgleiche Rechte und Bauten einschließlich der Bauten auf fremden Grundstücken	320.954,79	0,00	0,00	0,00	320.954,79	30.661,41	6.244,00	0,00	0,00	36.905,41	0,00	284.049,38
2. technische Anlagen und Maschinen	522.795,96	16.400,00	11.504,07	0,00	527.691,89	408.314,96	35.534,00	11.503,57	0,00	432.345,39	0,00	95.346,50
3. andere Anlagen, Betriebs- und Geschäftsausstattung	437.078,09	33.759,16	0,00	0,00	470.837,25	294.005,58	52.427,16	0,00	0,00	346.432,74	0,00	124.404,51
Summe Sachanlagen	1.280.828,84	50.159,16	11.504,07	0,00	1.319.483,93	732.981,95	94.205,16	11.503,57	0,00	815.683,54	0,00	503.800,39
III. Finanzanlagen												
1. Wertpapiere des Anlagevermögens	20.758,45	20.000,00	0,00	0,00	40.758,45	0,00	0,00	0,00	0,00	0,00	0,00	40.758,45
Summe Finanzanlagen	20.758,45	20.000,00	0,00	0,00	40.758,45	0,00	0,00	0,00	0,00	0,00	0,00	40.758,45
Summe Anlagevermögen	1.339.934,18	70.159,16	11.504,07	0,00	1.398.589,27	758.562,84	96.763,16	11.503,57	0,00	843.822,43	0,00	554.766,84

DATEV-Muster JA – Einzelunternehmer

Blatt 4

GEWINN- UND VERLUSTRECHNUNG vom 01.01.2001 bis 31.12.2001

Karl Friedrich Musterholz
Schreinerei und Ladenbau
Nürnberg

	Euro	Geschäftsjahr Euro	%	Vorjahr Euro
1. Umsatzerlöse		3.023.760,02	100,00	2.936.391,12
2. Erhöhung des Bestands an fertigen und unfertigen Erzeugnissen		2.799,48	0,09	3.400,00-
3. sonstige betriebliche Erträge		6.509,51	0,22	1.220,45
4. Materialaufwand a) Aufwendungen für Roh-, Hilfs- und Betriebsstoffe und für bezogene Waren		1.251.015,59	41,37	1.262.754,35
5. Personalaufwand a) Löhne und Gehälter	866.950,89			837.600,19
b) soziale Abgaben und Aufwendungen für Altersversorgung und für Unterstützung - davon für Altersversorgung Euro 1.150,00 (Euro 645,00)	142.589,04	1.009.539,93	33,39	138.455,86
6. Abschreibungen a) auf immaterielle Vermögensgegenstände des Anlagevermögens und Sachanlagen sowie auf aktivierte Aufwendungen für die Ingangsetzung und Erweiterung des Geschäftsbetriebs		96.763,16	3,20	132.462,06
7. sonstige betriebliche Aufwendungen		239.626,28	7,92	214.525,06
8. sonstige Zinsen und ähnliche Erträge		3.784,06	0,13	1.900,33
9. Zinsen und ähnliche Aufwendungen		15.653,38	0,52	20.784,15
10. Ergebnis der gewöhnlichen Geschäftstätigkeit		424.254,73	14,03	329.530,23
11. außerordentliche Aufwendungen		42.210,90	1,40	68.671,91
12. außerordentliches Ergebnis		42.210,90-	1,40	68.671,91-
13. Steuern vom Einkommen und vom Ertrag	156.963,90			110.284,32
14. sonstige Steuern	20.919,36	177.883,26	5,88	19.518,36
15. Jahresüberschuss		204.160,57	6,75	131.055,64

2. Jahresabschluss – Einzelunternehmer, Erweiterte Gliederung

43 Für die Aufbereitung des Jahresabschlusses in den DATEV-Programmen Kanzlei-Rechnungswesen/BILANZ wurde die Zuordnungstabelle „Einzelunternehmen, HGB erweitert" mit dem Wert S5103 (SKR03) bzw. S5104 (SKR04) zugrunde gelegt. Für den Jahresabschluss mit Posten nach dem DMBilG wird die Zuordnungstabelle S5 103 0000027 (SKR03) bzw. S5 104 0000026 (SKR04) herangezogen. Zum **Ausgabeumfang** gehören:[21]

1. Unverkürzt gem. § 266 HGB gegliederte **Bilanz,** DIN A 3/DIN A 4 quer Format. Sämtliche Restlaufzeitvermerke sind – freiwillig – in der Bilanz enthalten, die Eventualverbindlichkeiten unter der Bilanz vermerkt.
2. Erweiterter vertikal unverkürzt gegliederter **Anlagenspiegel** (12-spaltig), DIN A 3 Format oder Ausgabe eines horizontal verkürzten Anlagenspiegel (7-spaltig) und eines Abschreibungspiegels[22] in Format DIN A 4 quer. Die Ausgabe eines 7-spaltigen Anlagenspiegels auf Basis von Restbuchwerten ist alternativ möglich.
3. Unverkürzt gem. § 275 HGB gegliederte **GuV,** die bei den Posten „sonstige betriebliche Erträge" und „sonstige betriebliche Aufwendungen" über das gesetzliche Gliederungsschema hinausgehende Postenuntergliederungen enthält. Zwischensumme „Gesamtleistung" (Pos. 1–3) = Basiswert (100%) für Aufwands- und Ertragsrelationen.
4. **Kennzahlen** zum Jahresabschluss.
5. Darstellung des Jahresabschlusses in Form von **Grafiken;** Kreisdiagramm (Struktur von Vermögen und Kapital), Halbkreisdiagramm (Erträge und Aufwendungen in der Erfolgsrechung) und Balkendiagramm (Entwicklung von Aufwand und Ertrag mit Vorjahr)[23].

---

[21] Der Ausgabeumfang kann jederzeit eingeschränkt bzw. erweitert werden.

[22] Ausgabe ausschließlich in Kanzlei-Rechnungswesen/BILANZ und nicht im Rechenzentrum möglich.

[23] Im Rechenzentrum können noch zusätzlich Grafiken „Entwicklung von Betriebsaufwand und -ertrag" von 3 Jahren bzw. von 4 Jahren und die Grafiken „Entwicklung von Aufwand und Ertrag" von 3 Jahren bzw. 4 Jahren ausgegeben werden.

DATEV-Muster JA – Einzelunternehmer, erweiterte Gliederung 44

Blatt 1

BILANZ

Karl Friedrich Musterholz
Schreinerei und Ladenbau
Nürnberg

zum

31. Dezember 2001

AKTIVA

	Euro	Geschäftsjahr Euro	Vorjahr Euro
A. Anlagevermögen			
I. Immaterielle Vermögens-gegenstände			
1. Geschäfts- oder Firmenwert		10.208,00	12.766,00
II. Sachanlagen			
1. Grundstücke, grundstücks-gleiche Rechte und Bauten einschließlich der Bauten auf fremden Grundstücken	284.049,38		290.293,38
2. technische Anlagen und Maschinen	95.346,50		114.481,00
3. andere Anlagen, Betriebs- und Geschäftsausstattung	124.404,51	503.800,39	143.072,51
III. Finanzanlagen			
1. Wertpapiere des Anlagevermögens		40.758,45	20.758,45
B. Umlaufvermögen			
I. Vorräte			
1. Roh-, Hilfs- und Betriebsstoffe	102.002,00		116.903,95
2. unfertige Erzeugnisse, unfertige Leistungen	12.406,00		13.906,92
3. fertige Erzeugnisse und Waren	82.832,80	197.240,80	78.532,40
II. Forderungen und sonstige Vermögensgegenstände			
1. Forderungen aus Lieferungen und Leistungen - davon mit einer Restlaufzeit von mehr als einem Jahr Euro 29.348,00 (Euro 34.800,00)	211.298,48		237.106,11
2. sonstige Vermögensgegenstände	27.856,24	239.154,72	52.579,83
Übertrag		991.162,36	1.080.400,55

PASSIVA

	Euro	Geschäftsjahr Euro	Vorjahr Euro
A. Kapital			
1. Anfangskapital	550.534,87		581.285,93
2. Einlagen	16.128,00		14.416,00
3. Entnahmen	84.321,30-		94.416,00-
4. Gewinn	204.160,57	686.502,14	131.055,64
B. Rückstellungen			
1. Rückstellungen für Pensionen und ähnliche Verpflichtungen	60.241,86		59.091,86
2. Steuerrückstellungen	20.619,90		0,00
3. sonstige Rückstellungen	40.719,84	121.581,60	31.372,83
C. Verbindlichkeiten			
1. Verbindlichkeiten gegenüber Kreditinstituten - davon mit einer Restlaufzeit bis zu einem Jahr Euro 91.480,27 (Euro 72.172,42) - davon mit einer Restlaufzeit von mehr als fünf Jahren Euro 4.090,34 (Euro 15.338,76)	210.316,88		236.912,26
2. erhaltene Anzahlungen auf Bestellungen - davon mit einer Restlaufzeit bis zu einem Jahr Euro 49.000,00 (Euro 53.000,00)	49.000,00		53.000,00
3. Verbindlichkeiten aus Lieferungen und Leistungen - davon mit einer Restlaufzeit bis zu einem Jahr Euro 173.754,38 (Euro 178.710,41)	173.754,38		178.710,41
4. sonstige Verbindlichkeiten - davon aus Steuern Euro 70.223,76 (Euro 49.487,32)	280.905,76	713.977,02	156.041,63
Übertrag		1.522.060,76	1.347.470,56

Blatt 2

BILANZ

Karl Friedrich Musterholz
Schreinerei und Ladenbau
Nürnberg

zum

31. Dezember 2001

AKTIVA

	Euro	Geschäftsjahr Euro	Vorjahr Euro
Übertrag		991.162,36	1.080.400,55
- davon mit einer Restlaufzeit von mehr als einem Jahr Euro 1.780,00 (Euro 1.630,00)			
III. Kassenbestand, Bundesbankguthaben, Guthaben bei Kreditinstituten und Schecks		524.139,78	259.759,67
C. Rechnungsabgrenzungsposten		6.758,62	7.310,34
		1.522.060,76	1.347.470,56

PASSIVA

	Euro	Geschäftsjahr Euro	Vorjahr Euro
Übertrag		1.522.060,76	1.347.470,56
- davon im Rahmen der sozialen Sicherheit Euro 21.209,64 (Euro 20.620,37) - davon mit einer Restlaufzeit bis zu einem Jahr Euro 230.905,76 (Euro 156.041,63) - davon mit einer Restlaufzeit von mehr als fünf Jahren Euro 50.000,00 (Euro 0,00)			
		1.522.060,76	1.347.470,56

- Verbindlichkeiten aus der Begebung und Übertragung von Wechseln, aus Bürgschaften, Wechsel- und Scheckbürgschaften und aus Gewährleistungsverträgen sowie Haftung aus Bestellung von Sicherheiten für fremde Verbindlichkeiten Euro 57.000,00 (Euro 55.000,00)

DATEV-Muster JA – Einzelunternehmer, erweiterte Gliederung

Blatt 3

ANLAGENSPIEGEL

Karl Friedrich Musterholz
Schreinerei und Ladenbau
Nürnberg

zum

31. Dezember 2001

	Anschaffungs-, Herstellungskosten 01.01.2001	Zugänge	Abgänge	Umbuchungen	Anschaffungs-, Herstellungskosten 31.12.2001	kumulierte Abschreibungen 01.01.2001	Abschreibungen Geschäftsjahr	Abgänge	Umbuchungen	kumulierte Abschreibungen 31.12.2001	Zuschreibungen Geschäftsjahr	Buchwert 31.12.2001
	Euro	Euro	Euro	Euro	Euro	Euro	Euro	Euro	Euro	Euro	Euro	Euro
A. Anlagevermögen												
I. Immaterielle Vermögensgegenstände												
1. Geschäfts- oder Firmenwert	38.346,89	0,00	0,00	0,00	38.346,89	25.580,89	2.558,00	0,00	0,00	28.138,89	0,00	10.208,00
Summe immaterielle Vermögensgegenstände	38.346,89	0,00	0,00	0,00	38.346,89	25.580,89	2.558,00	0,00	0,00	28.138,89	0,00	10.208,00
II. Sachanlagen												
1. Grundstücke, grundstücksgleiche Rechte und Bauten einschließlich der Bauten auf fremden Grundstücken	320.954,79	0,00	0,00	0,00	320.954,79	30.661,41	6.244,00	0,00	0,00	36.905,41	0,00	284.049,38
2. technische Anlagen und Maschinen	522.795,96	16.400,00	11.504,07	0,00	527.691,89	408.314,96	35.534,00	11.503,57	0,00	432.345,39	0,00	95.346,50
3. andere Anlagen, Betriebs- und Geschäftsausstattung	437.078,09	33.759,16	0,00	0,00	470.837,25	294.005,58	52.427,16	0,00	0,00	346.432,74	0,00	124.404,51
Summe Sachanlagen	1.280.828,84	50.159,16	11.504,07	0,00	1.319.483,93	732.981,95	94.205,16	11.503,57	0,00	815.683,54	0,00	503.800,39
III. Finanzanlagen												
1. Wertpapiere des Anlagevermögens	20.758,45	20.000,00	0,00	0,00	40.758,45	0,00	0,00	0,00	0,00	0,00	0,00	40.758,45
Summe Finanzanlagen	20.758,45	20.000,00	0,00	0,00	40.758,45	0,00	0,00	0,00	0,00	0,00	0,00	40.758,45
Summe Anlagevermögen	1.339.934,18	70.159,16	11.504,07	0,00	1.398.589,27	758.562,84	96.763,16	11.503,57	0,00	843.822,43	0,00	554.766,84

DATEV-Muster JA – Einzelunternehmer, erweiterte Gliederung

Blatt 4

GEWINN- UND VERLUSTRECHNUNG vom 01.01.2001 bis 31.12.2001

Karl Friedrich Musterholz
Schreinerei und Ladenbau
Nürnberg

	Euro	Geschäftsjahr Euro	%	Vorjahr Euro
1. Umsatzerlöse		3.023.760,02	99,91	2.936.391,12
2. Erhöhung des Bestands an fertigen und unfertigen Erzeugnissen		2.799,48	0,09	3.400,00-
3. Gesamtleistung		3.026.559,50	100,00	2.932.991,12
4. sonstige betriebliche Erträge				
a) ordentliche betriebliche Erträge				
aa) sonstige ordentliche Erträge	6.500,00			1.200,00
b) Erträge aus dem Abgang von Gegenständen des Anlagevermögens und aus Zuschreibungen zu Gegenständen des Anlagevermögens	9,50			20,39
c) sonstige Erträge im Rahmen der gewöhnlichen Geschäftstätigkeit	0,01	6.509,51	0,22	0,06
5. Materialaufwand				
a) Aufwendungen für Roh-, Hilfs- und Betriebsstoffe und für bezogene Waren		1.251.015,59	41,33	1.262.754,35
6. Personalaufwand				
a) Löhne und Gehälter	866.950,89			837.600,19
b) soziale Abgaben und Aufwendungen für Altersversorgung und für Unterstützung	142.589,04	1.009.539,93	33,36	138.455,86
- davon für Altersversorgung Euro 1.150,00 (Euro 645,00)				
7. Abschreibungen				
a) auf immaterielle Vermögensgegenstände des Anlagevermögens und Sachanlagen sowie auf aktivierte Aufwendungen für die Ingangsetzung und Erweiterung des Geschäftsbetriebs		96.763,16	3,20	132.462,06
- davon auf Grund steuerrechtlicher Vorschriften Euro 0,00 (Euro 38.396,00)				
Übertrag		675.750,33		562.939,11

Blatt 5

GEWINN- UND VERLUSTRECHNUNG vom 01.01.2001 bis 31.12.2001

Karl Friedrich Musterholz
Schreinerei und Ladenbau
Nürnberg

	Euro	Geschäftsjahr Euro	%	Vorjahr Euro
Übertrag		675.750,33		562.939,11
8. sonstige betriebliche Aufwendungen				
a) ordentliche betriebliche Aufwendungen				
aa) Raumkosten	55.254,13			57.717,71
ab) Versicherungen, Beiträge und Abgaben	17.425,00			16.835,00
ac) Reparaturen und Instandhaltungen	19.130,55			10.859,57
ad) Fahrzeugkosten	52.687,12			56.933,16
ae) Werbe- und Reisekosten	12.297,50			11.232,36
af) Kosten der Warenabgabe	23.123,76			20.651,08
ag) verschiedene betriebliche Kosten	55.989,79			36.406,66
b) sonstige Aufwendungen im Rahmen der gewöhnlichen Geschäftstätigkeit	3.718,43	239.626,28	7,92	3.889,52
9. sonstige Zinsen und ähnliche Erträge		3.784,06	0,13	1.900,33
10. Zinsen und ähnliche Aufwendungen		15.653,38	0,52	20.784,15
11. Ergebnis der gewöhnlichen Geschäftstätigkeit		424.254,73	14,02	329.530,23
12. außerordentliche Aufwendungen		42.210,90	1,39	68.671,91
13. außerordentliches Ergebnis		42.210,90-	1,39	68.671,91-
14. Steuern vom Einkommen und vom Ertrag	156.963,90			110.284,32
15. sonstige Steuern	20.919,36	177.883,26	5,88	19.518,36
16. Gewinn		204.160,57	6,75	131.055,64

3. Jahresabschluss – Personengesellschaft allgemein

45 Für die Aufbereitung des Jahresabschlussses in den DATEV-Programmen Kanzlei-Rechnungswesen/BILANZ wurde die Zuordnungstabelle „Personengesellschaft, HGB, erweitert" mit dem Wert S5203 (SKR03) bzw. S5204 (SKR04) zugrunde gelegt. Zum **Ausgabeumfang** gehören[24]:

1. Unverkürzt gem. § 266 HGB gegliederte **Bilanz,** das Eigenkapital untergliedert in „Festkapital", „Kapital", „Kommandit-Kapital" und „Gesellschafter-Darlehen", DIN A 3/DIN A 4 quer Format. Sämtliche Restlaufzeitvermerke sind – freiwillig – in der Bilanz enthalten, die Eventualverbindlichkeiten unter der Bilanz vermerkt.
2. Erweiterter, vertikal unverkürzt gegliederter **Anlagenspiegel** (12-spaltig), DIN A 3 Format oder Ausgabe eines horizontal verkürzten Anlagenspiegel (7-spaltig) und eines Abschreibungspiegels[25] im Format DIN A 4 quer. Die Ausgabe eines 7-spaltigen Anlagenspiegels auf Basis von Restbuchwerten ist alternativ möglich.
3. Unverkürzt gem. § 275 HGB gegliederte **GuV,** die bei den Posten „sonstige betriebliche Erträge" und „sonstige betriebliche Aufwendungen" über das gesetzliche Gliederungsschema hinausgehende Postenuntergliederungen enthält. Zwischensumme „Gesamtleistung" (Pos. 1–3) = Basiswert (100%) für Aufwands- und Ertragsrelationen.
4. **Kapitalkontenentwicklung** vom 1. 1. bis 31. 12. des Geschäftsjahres unter Berücksichtigung der Einlagen, Entnahmen und des Ergebnisanteils.
5. Zusammensetzung der **Ergebnisverwendung** unter Berücksichtigung von Tätigkeitsvergütung, Tantieme, Darlehensverzinsung, Gebrauchsüberlassung, Sonstigen Vergütungen sowie des Restergebnisanteils, Ktn. 9500–9799 (SKR 03/SKR 04).
6. **Kennzahlen** zum Jahresabschluss.
7. Darstellung des Jahresabschlusses in Form von **Grafiken;** Kreisdiagramm (Struktur von Vermögen und Kapital), Halbkreisdiagramm (Erträge und Aufwendungen in der Erfolgsrechnung) und Balkendiagramm (Entwicklung von Aufwand und Ertrag mit Vorjahr).[26]

Hier werden die Darlehens-Ktn. der Gesellschafter, Ktn. 0890–0899, 0920–0929 (SKR 03) bzw. Ktn. 2020–2029, 2070–2079 (SKR 04) als Eigenkapital beim Ausweis und der Bilanzanalyse behandelt.[27]

---

[24] Der Ausgabeumfang kann jederzeit eingeschränkt bzw. erweitert werden.

[25] Ausgabe ausschließlich in Kanzlei-Rechnungswesen/BILANZ und nicht im Rechenzentrum möglich.

[26] Im Rechenzentrum können noch zusätzlich die Grafiken „Entwicklung von Betriebsaufwand und -ertrag" von 3 Jahren bzw. von 4 Jahren und die Grafiken „Entwicklung von Aufwand und Ertrag" von 3 Jahren bzw. von 4 Jahren ausgegeben werden.

[27] Vgl. *Selchert,* DB 1986, S. 981; *Biener/Berneke,* BiRiLiG, S. 183. *Adler/Düring/Schmaltz,* § 269 HGB, Tz 15; *Claussen/Korth,* in Kölner Kom. § 269 HGB Tz 10, die von einem unklaren und ausfüllungsbedürftigen, unbestimmten Rechtsbegriff sprechen.

DATEV-Muster JA – Personengesellschaft allgemein 46

Blatt 1

BILANZ

Karl Friedrich Musterholz
BGB-Gesellschaft
Schreinerei und Ladenbau
Nürnberg

zum

31. Dezember 2001

AKTIVA

	Euro	Geschäftsjahr Euro	Vorjahr Euro
A. Anlagevermögen			
I. Immaterielle Vermögensgegenstände			
1. Geschäfts- oder Firmenwert		10.208,00	12.766,00
II. Sachanlagen			
1. Grundstücke, grundstücksgleiche Rechte und Bauten einschließlich der Bauten auf fremden Grundstücken	284.049,38		290.293,38
2. technische Anlagen und Maschinen	95.346,50		114.481,00
3. andere Anlagen, Betriebs- und Geschäftsausstattung	124.404,51	503.800,39	143.072,51
III. Finanzanlagen			
1. Wertpapiere des Anlagevermögens		40.758,45	20.758,45
B. Umlaufvermögen			
I. Vorräte			
1. Roh-, Hilfs- und Betriebsstoffe	102.002,00		116.903,95
2. unfertige Erzeugnisse, unfertige Leistungen	12.406,00		13.906,92
3. fertige Erzeugnisse und Waren	82.832,80	197.240,80	78.532,40
II. Forderungen und sonstige Vermögensgegenstände			
1. Forderungen aus Lieferungen und Leistungen - davon mit einer Restlaufzeit von mehr als einem Jahr Euro 29.348,00 (Euro 34.800,00)	211.298,48		237.106,11
2. sonstige Vermögensgegenstände	27.856,24	239.154,72	52.579,83
Übertrag		991.162,36	1.080.400,55

PASSIVA

	Euro	Geschäftsjahr Euro	Vorjahr Euro
A. Festkapital	160.000,00		160.000,00
B. Kapital	507.002,14	667.002,14	376.034,87
C. Gesellschafter-Darlehen		19.500,00	14.500,00
D. Rückstellungen			
1. Rückstellungen für Pensionen und ähnliche Verpflichtungen	60.241,86		59.091,86
2. Steuerrückstellungen	20.619,90		0,00
3. sonstige Rückstellungen	40.719,84	121.581,60	31.372,83
E. Verbindlichkeiten			
1. Verbindlichkeiten gegenüber Kreditinstituten - davon mit einer Restlaufzeit bis zu einem Jahr Euro 91.480,27 (Euro 72.172,42) - davon mit einer Restlaufzeit von mehr als fünf Jahren Euro 4.090,34 (Euro 15.338,76)	210.316,88		236.912,26
2. erhaltene Anzahlungen auf Bestellungen - davon mit einer Restlaufzeit bis zu einem Jahr Euro 49.000,00 (Euro 53.000,00)	49.000,00		53.000,00
3. Verbindlichkeiten aus Lieferungen und Leistungen - davon mit einer Restlaufzeit bis zu einem Jahr Euro 173.754,38 (Euro 178.710,41)	173.754,38		178.710,41
4. sonstige Verbindlichkeiten - davon aus Steuern Euro 70.223,76 (Euro 49.487,32)	280.905,76	713.977,02	156.041,63
Übertrag		1.522.060,76	1.265.663,86

Blatt 2

BILANZ

Karl Friedrich Musterholz
Schreinerei und Ladenbau
Nürnberg

zum

31. Dezember 2001

AKTIVA	Euro	Geschäftsjahr Euro	Vorjahr Euro	PASSIVA	Euro	Geschäftsjahr Euro	Vorjahr Euro
Übertrag		991.162,36	1.080.400,55	Übertrag		1.522.060,76	1.347.470,56
- davon mit einer Restlaufzeit von mehr als einem Jahr Euro 1.780,00 (Euro 1.630,00)				- davon im Rahmen der sozialen Sicherheit Euro 21.209,64 (Euro 20.620,37)			
III. Kassenbestand, Bundesbank-guthaben, Guthaben bei Kreditinstituten und Schecks		524.139,78	259.759,67	- davon mit einer Restlaufzeit bis zu einem Jahr Euro 230.905,76 (Euro 156.041,63)			
C. Rechnungsabgrenzungsposten		6.758,62	7.310,34	- davon mit einer Restlaufzeit von mehr als fünf Jahren Euro 50.000,00 (Euro 0,00)			
		1.522.060,76	1.347.470,56			1.522.060,76	1.347.470,56
				- Verbindlichkeiten aus der Begebung und Übertragung von Wechseln, aus Bürgschaften, Wechsel- und Scheckbürgschaften und aus Gewährleistungsverträgen sowie Haftung aus Bestellung von Sicherheiten für fremde Verbindlichkeiten Euro 57.000,00 (Euro 55.000,00)			

DATEV-Muster JA – Personengesellschaft allgemein

Blatt 3

ANLAGENSPIEGEL

Karl Friedrich Musterholz
BGB-Gesellschaft
Schreinerei und Ladenbau
Nürnberg

zum

31. Dezember 2001

	Anschaffungs-, Herstellungskosten 01.01.2001 Euro	Zugänge Euro	Abgänge Euro	Umbuchungen Euro	Anschaffungs-, Herstellungskosten 31.12.2001 Euro	kumulierte Abschreibungen 01.01.2001 Euro	Abschreibungen Geschäftsjahr Euro	Abgänge Euro	Umbuchungen Euro	kumulierte Abschreibungen 31.12.2001 Euro	Zuschreibungen Geschäftsjahr Euro	Buchwert 31.12.2001 Euro
A. Anlagevermögen												
I. Immaterielle Vermögensgegenstände												
1. Geschäfts- oder Firmenwert	38.346,89	0,00	0,00	0,00	38.346,89	25.580,89	2.558,00	0,00	0,00	28.138,89	0,00	10.208,00
Summe immaterielle Vermögensgegenstände	38.346,89	0,00	0,00	0,00	38.346,89	25.580,89	2.558,00	0,00	0,00	28.138,89	0,00	10.208,00
II. Sachanlagen												
1. Grundstücke, grundstücksgleiche Rechte und Bauten einschließlich der Bauten auf fremden Grundstücken	320.954,79	0,00	0,00	0,00	320.954,79	30.661,41	6.244,00	0,00	0,00	36.905,41	0,00	284.049,38
2. technische Anlagen und Maschinen	522.795,96	16.400,00	11.504,07	0,00	527.691,89	408.314,96	35.534,00	11.503,57	0,00	432.345,39	0,00	95.346,50
3. andere Anlagen, Betriebs- und Geschäftsausstattung	437.078,09	33.759,16	0,00	0,00	470.837,25	294.005,58	52.427,16	0,00	0,00	346.432,74	0,00	124.404,51
Summe Sachanlagen	1.280.828,84	50.159,16	11.504,07	0,00	1.319.483,93	732.981,95	94.205,16	11.503,57	0,00	815.683,54	0,00	503.800,39
III. Finanzanlagen												
1. Wertpapiere des Anlagevermögens	20.758,45	20.000,00	0,00	0,00	40.758,45	0,00	0,00	0,00	0,00	0,00	0,00	40.758,45
Summe Finanzanlagen	20.758,45	20.000,00	0,00	0,00	40.758,45	0,00	0,00	0,00	0,00	0,00	0,00	40.758,45
Summe Anlagevermögen	1.339.934,18	70.159,16	11.504,07	0,00	1.398.589,27	758.562,84	96.763,16	11.503,57	0,00	843.822,43	0,00	554.766,84

DATEV-Muster JA – Personengesellschaft allgemein

Blatt 4

GEWINN- UND VERLUSTRECHNUNG vom 01.01.2001 bis 31.12.2001

Karl Friedrich Musterholz
BGB-Gesellschaft
Schreinerei und Ladenbau
Nürnberg

	Euro	Geschäftsjahr Euro	%	Vorjahr Euro
1. Umsatzerlöse		3.023.760,02	99,91	2.936.391,12
2. Erhöhung des Bestands an fertigen und unfertigen Erzeugnissen		2.799,48	0,09	3.400,00-
3. Gesamtleistung		3.026.559,50	100,00	2.932.991,12
4. sonstige betriebliche Erträge				
a) ordentliche betriebliche Erträge				
aa) sonstige ordentliche Erträge	6.500,00			1.200,00
b) Erträge aus dem Abgang von Gegenständen des Anlagevermögens und aus Zuschreibungen zu Gegenständen des Anlagevermögens	9,50			20,39
c) sonstige Erträge im Rahmen der gewöhnlichen Geschäftstätigkeit	0,01	6.509,51	0,22	0,06
5. Materialaufwand				
a) Aufwendungen für Roh-, Hilfs- und Betriebsstoffe und für bezogene Waren		1.231.767,19	40,70	1.262.754,35
6. Personalaufwand				
a) Löhne und Gehälter	866.950,89			837.600,19
b) soziale Abgaben und Aufwendungen für Altersversorgung und für Unterstützung	142.589,04	1.009.539,93	33,36	138.455,86
- davon für Altersversorgung Euro 1.150,00 (Euro 645,00)				
7. Abschreibungen				
a) auf immaterielle Vermögensgegenstände des Anlagevermögens und Sachanlagen sowie auf aktivierte Aufwendungen für die Ingangsetzung und Erweiterung des Geschäftsbetriebs		96.763,16	3,20	132.462,06
- davon auf Grund steuerrechtlicher Vorschriften Euro 0,00 (Euro 38.396,00)				
Übertrag		694.998,73		562.939,11

Blatt 5

GEWINN- UND VERLUSTRECHNUNG vom 01.01.2001 bis 31.12.2001

Karl Friedrich Musterholz
BGB-Gesellschaft
Schreinerei und Ladenbau
Nürnberg

	Euro	Geschäftsjahr Euro	%	Vorjahr Euro
Übertrag		694.998,73		562.939,11
8. sonstige betriebliche Aufwendungen				
a) ordentliche betriebliche Aufwendungen				
aa) Raumkosten	55.254,13			57.717,71
ab) Versicherungen, Beiträge und Abgaben	17.425,00			16.835,00
ac) Reparaturen und Instandhaltungen	19.130,55			10.859,57
ad) Fahrzeugkosten	33.438,72			56.933,16
ae) Werbe- und Reisekosten	12.297,50			11.232,36
af) Kosten der Warenabgabe	23.123,76			20.651,08
ag) verschiedene betriebliche Kosten	55.989,79			36.406,66
b) sonstige Aufwendungen im Rahmen der gewöhnlichen Geschäftstätigkeit	3.718,43	220.377,88	7,28	3.889,52
9. sonstige Zinsen und ähnliche Erträge		3.784,06	0,13	1.900,33
10. Zinsen und ähnliche Aufwendungen		15.653,38	0,52	20.784,15
11. Ergebnis der gewöhnlichen Geschäftstätigkeit		462.751,53	15,29	329.530,23
12. außerordentliche Aufwendungen		42.210,90	1,39	68.671,91
13. außerordentliches Ergebnis		42.210,90-	1,39	68.671,91-
14. Steuern vom Einkommen und vom Ertrag	156.963,90			110.284,32
15. sonstige Steuern	20.919,36	177.883,26	5,88	19.518,36
16. Gewinn		242.657,37	8,02	131.055,64

DATEV-Muster JA – Personengesellschaft allgemein

Blatt 6

KAPITALKONTENENTWICKLUNG zum 31. Dezember 2001

Karl Friedrich Musterholz
BGB-Gesellschaft
Schreinerei und Ladenbau
Nürnberg

	Konten Stand 01.01.2001	Einlagen	Entnahmen	Ergebnisanteil	Kapital Stand 31.12.2001	Darlehen Stand 31.12.2001
	Euro	Euro	Euro	Euro	Euro	Euro
Andrea Muster						
Festkapital	60.000,00			0,00	60.000,00	
Variables Kapital	143.962,77	12.400,00	46.365,52-	80.733,64	190.730,89	
Gesellschafter-Darlehen	14.500,00			5.000,00		19.500,00
Joseph Beispiel						
Festkapital	20.000,00			0,00	20.000,00	
Variables Kapital	55.247,96	3.880,00	27.375,92-	84.887,24	116.639,28	
Claudia Beispiel						
Festkapital	20.000,00			0,00	20.000,00	
Variables Kapital	47.358,97	6.600,00	22.877,94-	32.576,24	63.657,27	
Reinhard Beispiel						
Festkapital	60.000,00			0,00	60.000,00	
Variables Kapital	129.465,17	7.176,00	40.126,72-	39.460,25	135.974,70	
S U M M E	550.534,87	30.056,00	136.746,10-	242.657,37	667.002,14	19.500,00

DATEV-Muster JA – Personengesellschaft allgemein

Blatt 7

ERGEBNISVERWENDUNG zum 31. Dezember 2001

Karl Friedrich Musterholz
BGB-Gesellschaft
Schreinerei und Ladenbau
Nürnberg

	Tätigkeits-vergütung	Tantieme	Darlehens-verzinsung	Gebrauchs-überlassung	Sonstige Vergütungen	Restverteilung	Ergebnisanteil gesamt
	Euro	Euro	Euro	Euro	Euro	Euro	Euro
Andrea Muster	48.800,00	8.000,00	840,00	12.355,00	10.094,40	5.644,24	85.733,64
Joseph Beispiel	12.400,00	4.500,00	1.873,00	14.470,00		5.644,24	38.887,24
Claudia Beispiel	12.400,00	4.500,00	1.637,00	6.285,00	2.110,00	5.644,24	32.576,24
Reinhard Beispiel	46.000,00	8.000,00	600,00	14.482,90	10.733,11	5.644,24	85.460,25
S U M M E	119.600,00	25.000,00	4.950,00	47.592,90	22.937,51	22.576,96	242.657,37

4. Jahresabschluss – OHG

47 Für die Aufbereitung des Jahresabschlusses in den DATEV-Programmen Kanzlei-Rechnungswesen/BILANZ wurde die Zuordnungstabelle „Personengesellschaft, HGB (OHG) erweitert" mit dem Wert S5803 (SKR03) bzw. S5804 (SKR04) zugrunde gelegt. Zum Ausgabeumfang gehören:[28]

1. Unverkürzt gem. § 266 HGB gegliederte **Bilanz,** das Eigenkapital (Gesellschafterkapital) untergliedert in „Festkapital" und „bewegliches Kapital", Gesellschafter-Darlehen werden gesondert unter „Forderungen gegen Gesellschafter" bzw. „Verbindlichkeiten gegenüber Gesellschaftern" ausgewiesen, DIN A 3/DIN A 4 quer. Sämtliche Restlaufzeitvermerke sind – freiwillig – in der Bilanz enthalten, die Eventualverbindlichkeiten unter der Bilanz vermerkt.
2. Erweiterter vertikal unverkürzt gegliederter **Anlagenspiegel** (12-spaltig), DIN A 3 Format oder Ausgabe eines horizontal verkürzten Anlagenspiegel (7-spaltig) und eines Abschreibungspiegels[29] in Format DIN A 4 quer. Die Ausgabe eines 7-spaltigen Anlagenspiegels auf Basis von Restbuchwerten ist alternativ möglich.
3. Unverkürzt gem. § 275 HGB gegliederte **GuV,** die bei den Posten „sonstige betriebliche Erträge" und „sonstige betriebliche Aufwendungen" über das gesetzliche Gliederungsschema hinausgehende Postenuntergliederungen enthält. Die Darstellung einer Einstellung in Rücklagen erfolgt in der GuV. Zwischensumme „Gesamtleistung" (Pos. 1 + 3) = Basiswert (100%) für Aufwands- und Ertragsrelationen.
4. **Kapitalkontenentwicklung** vom 1. 1. bis 31. 12. des Geschäftsjahres, unter Berücksichtigung der Entwicklung der Eigenkapital- und Fremdkapitalktn. (Verrechnungskonto mit Fremdkapitalcharakter) der Gesellschafter, untergliedert nach Einlagen/Erhöhung, Entnahmen/Verminderung und des Ergebnisanteils.
5. Zusammensetzung der **Ergebnisverwendung** unter Berücksichtigung von Tätigkeitsvergütung, Tantieme, Darlehensverzinsung, Gebrauchsüberlassung, Sonstige Vergütungen sowie des Restergebnisanteils, Ktn. 9540–9549, 9570–9699 (SKR 03) bzw. 9500–9529, 9540–9549, 9600–9699 (SKR 04).
6. **Kennzahlen** zum Jahresabschluss.
7. Darstellung des Jahresabschlusses in Form von **Grafiken;** Kreisdiagramm (Struktur von Vermögen und Kapital), Halbkreisdiagramm (Erträge und Aufwendungen in der Erfolgsrechnung) und Balkendiagramm (Entwicklung von Aufwand und Ertrag mit Vorjahr)[30].

Diese Bilanzdarstellung ist wegen der Eigenkapitaluntergliederung besonders für die OHG geeignet.[31]

---

[28] Der Ausgabeumfang kann jederzeit eingeschränkt bzw. erweitert werden.

[29] Ausgabe ausschließlich in Kanzlei-Rechnungswesen/BILANZ und nicht im Rechenzentrum möglich.

[30] Im Rechenzentrum können noch zusätzlich die Grafiken „Entwicklung von Betriebsaufwand und -ertrag" von 3 Jahren bzw. von 4 Jahren und die Grafiken „Entwicklung von Aufwand und Ertrag" von 3 Jahren bzw. von 4 Jahren ausgegeben werden.

[31] Zur Eigenkapitalgliederung bei der OHG vgl. D 710.

DATEV-Muster JA – OHG

48

Blatt 1

BILANZ

Karl Friedrich Musterholz OHG
Schreinerei und Ladenbau
Nürnberg

zum

31. Dezember 2001

AKTIVA

	Euro	Geschäftsjahr Euro	Vorjahr Euro
A. Anlagevermögen			
I. Immaterielle Vermögensgegenstände			
1. Geschäfts- oder Firmenwert		10.208,00	12.766,00
II. Sachanlagen			
1. Grundstücke, grundstücksgleiche Rechte und Bauten einschließlich der Bauten auf fremden Grundstücken	284.049,38		290.293,38
2. technische Anlagen und Maschinen	95.346,50		114.481,00
3. andere Anlagen, Betriebs- und Geschäftsausstattung	124.404,51	503.800,39	143.072,51
III. Finanzanlagen			
Wertpapiere des Anlagevermögens		40.758,45	20.758,45
B. Umlaufvermögen			
I. Vorräte			
1. Roh-, Hilfs- und Betriebsstoffe	102.002,00		116.903,95
2. unfertige Erzeugnisse, unfertige Leistungen	12.406,00		13.906,92
3. fertige Erzeugnisse und Waren	82.832,80	197.240,80	78.532,40
II. Forderungen und sonstige Vermögensgegenstände			
1. Forderungen aus Lieferungen und Leistungen - davon mit einer Restlaufzeit von mehr als einem Jahr Euro 29.348,00 (Euro 34.800,00)	211.298,48		237.106,11
2. sonstige Vermögensgegenstände	27.856,24	239.154,72	52.579,83
Übertrag		991.162,36	1.080.400,55

PASSIVA

	Euro	Geschäftsjahr Euro	Vorjahr Euro
A. Eigenkapital			
I. Gesellschafterkapital			
1. Festkapital	160.000,00		160.000,00
2. bewegliches Kapital	482.002,14	642.002,14	348.034,87
B. Rückstellungen			
1. Rückstellungen für Pensionen und ähnliche Verpflichtungen	60.241,86		59.091,86
2. Steuerrückstellungen	20.619,90		0,00
3. sonstige Rückstellungen	40.719,84	121.581,60	31.372,83
C. Verbindlichkeiten			
1. Verbindlichkeiten gegenüber Kreditinstituten - davon mit einer Restlaufzeit bis zu einem Jahr Euro 91.480,27 (Euro 72.172,42) - davon mit einer Restlaufzeit von mehr als fünf Jahren Euro 4.090,34 (Euro 15.338,76)	210.316,88		236.912,26
2. erhaltene Anzahlungen auf Bestellungen - davon mit einer Restlaufzeit bis zu einem Jahr Euro 49.000,00 (Euro 53.000,00)	49.000,00		53.000,00
3. Verbindlichkeiten aus Lieferungen und Leistungen - davon mit einer Restlaufzeit bis zu einem Jahr Euro 173.754,38 (Euro 178.710,41)	173.754,38		178.710,41
4. Verbindlichkeiten gegenüber Gesellschaftern - davon mit einer Restlaufzeit bis zu einem Jahr Euro 44.500,00 (Euro 42.500,00)	44.500,00		42.500,00
Übertrag	477.571,26	763.583,74	1.109.622,23

Blatt 2

BILANZ

Karl Friedrich Musterholz OHG
Schreinerei und Ladenbau
Nürnberg

zum

31. Dezember 2001

AKTIVA	Euro	Geschäftsjahr Euro	Vorjahr Euro	PASSIVA	Euro	Geschäftsjahr Euro	Vorjahr Euro
Übertrag		991.162,36	1.080.400,55	Übertrag	477.571,26	763.583,74	1.109.622,23
- davon mit einer Restlaufzeit von mehr als einem Jahr Euro 1.780,00 (Euro 1.630,00)				5. sonstige Verbindlichkeiten - davon aus Steuern Euro 70.223,76 (Euro 49.487,32) - davon im Rahmen der sozialen Sicherheit Euro 21.209,64 (Euro 20.620,37) - davon mit einer Restlaufzeit bis zu einem Jahr Euro 230.905,76 (Euro 156.041,63) - davon mit einer Restlaufzeit von mehr als fünf Jahren Euro 50.000,00 (Euro 0,00)	280.905,76	758.477,02	156.041,63
III. Kassenbestand, Bundesbankguthaben, Guthaben bei Kreditinstituten und Schecks		524.139,78	177.952,97				
C. Rechnungsabgrenzungsposten		6.758,62	7.310,34				
		1.522.060,76	1.265.663,86			1.522.060,76	1.265.663,86
				- Verbindlichkeiten aus der Begebung und Übertragung von Wechseln, aus Bürgschaften, Wechsel- und Scheckbürgschaften und aus Gewährleistungsverträgen sowie Haftung aus Bestellung von Sicherheiten für fremde Verbindlichkeiten Euro 57.000,00 (Euro 55.000,00)			

DATEV-Muster JA – OHG

Blatt 3

ANLAGENSPIEGEL

Karl Friedrich Musterholz OHG
Schreinerei und Ladenbau
Nürnberg

zum

31. Dezember 2001

	Anschaffungs-, Herstellungskosten 01.01.2001	Zugänge	Abgänge	Umbuchungen	Anschaffungs-, Herstellungskosten 31.12.2001	kumulierte Abschreibungen 01.01.2001	Abschreibungen Geschäftsjahr	Abgänge	Umbuchungen	kumulierte Abschreibungen 31.12.2001	Zuschreibungen Geschäftsjahr	Buchwert 31.12.2001
	Euro	Euro	Euro	Euro	Euro	Euro	Euro	Euro	Euro	Euro	Euro	Euro
A. Anlagevermögen												
I. Immaterielle Vermögensgegenstände												
1. Geschäfts- oder Firmenwert	38.346,89	0,00	0,00	0,00	38.346,89	25.580,89	2.558,00	0,00	0,00	28.138,89	0,00	10.208,00
Summe immaterielle Vermögensgegenstände	38.346,89	0,00	0,00	0,00	38.346,89	25.580,89	2.558,00	0,00	0,00	28.138,89	0,00	10.208,00
II. Sachanlagen												
1. Grundstücke, grundstücksgleiche Rechte und Bauten einschließlich der Bauten auf fremden Grundstücken	320.954,79	0,00	0,00	0,00	320.954,79	30.661,41	6.244,00	0,00	0,00	36.905,41	0,00	284.049,38
2. technische Anlagen und Maschinen	522.795,96	16.400,00	11.504,07	0,00	527.691,89	408.314,96	35.534,00	11.503,57	0,00	432.345,39	0,00	95.346,50
3. andere Anlagen, Betriebs- und Geschäftsausstattung	437.078,09	33.759,16	0,00	0,00	470.837,25	294.005,58	52.427,16	0,00	0,00	346.432,74	0,00	124.404,51
Summe Sachanlagen	1.280.828,84	50.159,16	11.504,07	0,00	1.319.483,93	732.981,95	94.205,16	11.503,57	0,00	815.683,54	0,00	503.800,39
III. Finanzanlagen												
1. Wertpapiere des Anlagevermögens	20.758,45	20.000,00	0,00	0,00	40.758,45	0,00	0,00	0,00	0,00	0,00	0,00	40.758,45
Summe Finanzanlagen	20.758,45	20.000,00	0,00	0,00	40.758,45	0,00	0,00	0,00	0,00	0,00	0,00	40.758,45
Summe Anlagevermögen	1.339.934,18	70.159,16	11.504,07	0,00	1.398.589,27	758.562,84	96.763,16	11.503,57	0,00	843.822,43	0,00	554.766,84

DATEV-Muster JA – OHG

Blatt 4

GEWINN- UND VERLUSTRECHNUNG vom 01.01.2001 bis 31.12.2001

Karl Friedrich Musterholz OHG
Schreinerei und Ladenbau
Nürnberg

	Euro	Geschäftsjahr Euro	%	Vorjahr Euro
1. Umsatzerlöse		3.023.760,02	99,91	2.936.391,12
2. Erhöhung des Bestands an fertigen und unfertigen Erzeugnissen		2.799,48	0,09	3.400,00-
3. Gesamtleistung		3.026.559,50	100,00	2.932.991,12
4. sonstige betriebliche Erträge				
a) ordentliche betriebliche Erträge				
aa) sonstige ordentliche Erträge	6.500,00			1.200,00
b) Erträge aus dem Abgang von Gegenständen des Anlagevermögens und aus Zuschreibungen zu Gegenständen des Anlagevermögens	9,50			20,39
c) sonstige Erträge im Rahmen der gewöhnlichen Geschäftstätigkeit	0,01	6.509,51	0,22	0,06
5. Materialaufwand				
a) Aufwendungen für Roh-, Hilfs- und Betriebsstoffe und für bezogene Waren		1.231.767,19	40,70	1.262.754,35
6. Personalaufwand				
a) Löhne und Gehälter	866.950,89			837.600,19
b) soziale Abgaben und Aufwendungen für Altersversorgung und für Unterstützung	142.589,04	1.009.539,93	33,36	138.455,86
- davon für Altersversorgung Euro 1.150,00 (Euro 645,00)				
7. Abschreibungen				
a) auf immaterielle Vermögensgegenstände des Anlagevermögens und Sachanlagen sowie auf aktivierte Aufwendungen für die Ingangsetzung und Erweiterung des Geschäftsbetriebs		96.763,16	3,20	132.462,06
- davon auf Grund steuerrechtlicher Vorschriften Euro 0,00 (Euro 38.396,00)				
Übertrag		694.998,73		562.939,11

Blatt 5

GEWINN- UND VERLUSTRECHNUNG vom 01.01.2001 bis 31.12.2001

Karl Friedrich Musterholz OHG
Schreinerei und Ladenbau
Nürnberg

	Euro	Geschäftsjahr Euro	%	Vorjahr Euro
Übertrag		694.998,73		562.939,11
8. sonstige betriebliche Aufwendungen				
a) ordentliche betriebliche Aufwendungen				
aa) Raumkosten	55.254,13			57.717,71
ab) Versicherungen, Beiträge und Abgaben	17.425,00			16.835,00
ac) Reparaturen und Instandhaltungen	19.130,55			10.859,57
ad) Fahrzeugkosten	33.438,72			56.933,16
ae) Werbe- und Reisekosten	12.297,50			11.232,36
af) Kosten der Warenabgabe	23.123,76			20.651,08
ag) verschiedene betriebliche Kosten	55.989,79			36.406,66
b) sonstige Aufwendungen im Rahmen der gewöhnlichen Geschäftstätigkeit	3.718,43	220.377,88	7,28	3.889,52
9. sonstige Zinsen und ähnliche Erträge		3.784,06	0,13	1.900,33
10. Zinsen und ähnliche Aufwendungen		15.653,38	0,52	20.784,15
11. Ergebnis der gewöhnlichen Geschäftstätigkeit		462.751,53	15,29	329.530,23
12. außerordentliche Aufwendungen		42.210,90	1,39	68.671,91
13. außerordentliches Ergebnis		42.210,90-	1,39	68.671,91-
14. Steuern vom Einkommen und vom Ertrag	156.963,90			110.284,32
15. sonstige Steuern	20.919,36	177.883,26	5,88	19.518,36
16. Jahresüberschuss		242.657,37	8,02	131.055,64

DATEV-Muster JA – OHG

Blatt 6

KAPITALKONTENENTWICKLUNG zum 31. Dezember 2001

Karl Friedrich Musterholz OHG
Schreinerei und Ladenbau
Nürnberg

	Eigenkapital Konten Stand 01.01.2001	Fremdkapital Konten Stand 01.01.2001	Einlagen/ Erhöhungen	Entnahmen/ Verminderungen	Ergebnisanteil Geschäftsjahr 31.12.2001	Eigenkapital Konten Stand 31.12.2001	Fremdkapital Konten Stand 31.12.2001
	Euro	Euro	Euro	Euro	Euro	Euro	Euro
Andrea Muster							
Festkapital	60.000,00				0,00	60.000,00	
bewegliches Kapitalkonto	143.962,77		12.400,00	46.365,52-	87.615,05	197.612,30	
Verrechnungskonto mit Fremdkapitalcharakter		14.500,00			0,00		14.500,00
Reinhard Beispiel							
Festkapital	60.000,00				0,00	60.000,00	
bewegliches Kapitalkonto	119.465,17		7.176,00	40.126,72-	85.341,67	171.856,12	
Verrechnungskonto mit Fremdkapitalcharakter		10.000,00			2.000,00		12.000,00
Stephan Beispiel							
Festkapital	40.000,00				0,00	40.000,00	
bewegliches Kapitalkonto	84.606,93		10.480,00	50.253,86-	67.700,65	112.533,72	
Verrechnungskonto mit Fremdkapitalcharakter		18.000,00			0,00		18.000,00
S U M M E	508.034,87	42.500,00	30.056,00	136.746,10-	242.657,37	642.002,14	44.500,00

DATEV-Muster JA – OHG

Blatt 7

ERGEBNISVERWENDUNG zum 31. Dezember 2001

Karl Friedrich Musterholz OHG
Schreinerei und Ladenbau
Nürnberg

	Tätigkeits-vergütung	Tantieme	Darlehens-verzinsung	Gebrauchs-überlassung	Sonstige Vergütungen	Restverteilung	Ergebnisanteil gesamt
	Euro	Euro	Euro	Euro	Euro	Euro	Euro
Andrea Muster	48.800,00	8.000,00	840,00	12.355,00	10.094,40	7.525,65	87.615,05
Reinhard Beispiel	46.000,00	8.000,00	600,00	14.482,90	10.733,12	7.525,65	87.341,67
Stephan Beispiel	24.800,00	9.000,00	510,00	20.755,00	5.110,00	7.525,65	67.700,65
S U M M E	119.600,00	25.000,00	1.950,00	47.592,90	25.937,52	22.576,95	242.657,37

5. Jahresabschluss – KG

49 Für die Aufbereitung des Jahresabschlusses in den DATEV-Programmen Kanzlei-Rechnungswesen/BILANZ wurde die Zuordnungstabelle „Personengesellschaft, HGB (KG) erweitert" mit dem Wert S5503 (SKR03) bzw. S5504 (SKR04) zugrunde gelegt. Zum **Ausgabeumfang** gehören:[32]

1. Unverkürzt gem. § 266 HGB gegliederte **Bilanz,** das Eigenkapital untergliedert in „Komplementärkapital" und „Kommanditkapital", die Gesellschafterdarlehen werden gesondert unter „Forderungen gegen Gesellschafter" bzw. unter „Verbindlichkeiten gegenüber Gesellschafter" ausgewiesen, DIN A 3/DIN A 4 quer Format. Sämtliche Restlaufzeitvermerke sind – freiwillig – in der Bilanz enthalten, die Eventualverbindlichkeiten unter der Bilanz vermerkt.
2. Erweiterter vertikal unverkürzt gegliederter **Anlagenspiegel** (12-spaltig), DIN A 3 Format oder Ausgabe eines horizontal verkürzten Anlagenspiegel (7-spaltig) und eines Abschreibungspiegels[33] in Format DIN A 4 quer. Die Ausgabe eines 7-spaltigen Anlagenspiegels auf Basis von Restbuchwerten ist alternativ möglich.
3. Unverkürzt gem. § 275 HGB gegliederte **GuV,** die bei den Posten „sonstige betriebliche Erträge" und „sonstige betriebliche Aufwendungen" über das gesetzliche Gliederungsschema hinausgehende Postenuntergliederungen enthält. Die Darstellung einer Einstellung in Rücklagen erfolgt in der GuV. Zwischensumme „Gesamtleistung" (Pos. 1–3) = Basiswert (100%) für Aufwands- und Ertragsrelationen.
4. **Kapitalkontenentwicklung** vom 1. 1. bis 31. 12. des Geschäftsjahres, unter Berücksichtigung der Entwicklung der Eigenkapital- und Fremdkapitalktn. (Verrechnungskto. mit Fremdkapitalcharakter) der Gesellschafter untergliedert nach Einlagen/Erhöhung, Entnahmen/Verminderung und Ergebnisanteil.
5. Zusammensetzung der **Ergebnisverwendung** unter Berücksichtigung von Tätigkeitsvergütung, Tantieme, Darlehensverzinsung, Gebrauchsüberlassung, Sonstigen Vergütungen sowie des Restergebnisanteils, Ktn. 9500–9549, 9570–9799 (SKR 03) bzw. Ktn. 9500–9529, 9540–9579, 9590–9799 (SKR 04).
6. **Kennzahlen** zum Jahresabschluss.
7. Darstellung des Jahresabschlusses in Form von **Grafiken;** Kreisdiagramm (Struktur von Vermögen und Kapital), Halbkreisdiagramm (Erträge und Aufwendungen in der Erfolgsrechnung) und Balkendiagramm (Entwicklung von Aufwand und Ertrag mit Vorjahr)[34].

Diese Bilanzdarstellung ist besonders für die KG geeignet, weil die Gesellschafter-Darlehen der Kommanditisten gesondert unter den Verbindlichkeiten ausgewiesen werden.[35]

---

[32] Der Ausgabeumfang kann jederzeit eingeschränkt bzw. erweitert werden.

[33] Ausgabe ausschließlich in Kanzlei-Rechnungswesen/BILANZ und nicht im Rechenzentrum möglich.

[34] Im Rechenzentrum können noch zusätzlich die Grafiken „Entwicklung von Betriebsaufwand und -ertrag" von 3 Jahren bzw. von 4 Jahren und die Grafiken „Entwicklung von Aufwand und Ertrag" von 3 Jahren bzw. von 4 Jahren ausgegeben werden.

[35] Zur Eigenkapitalgliederung bei der KG vgl. D 717.

DATEV-Muster JA – KG

50

Blatt 1

BILANZ

Karl Friedrich Musterholz KG
Schreinerei und Ladenbau
Nürnberg

zum

31. Dezember 2001

AKTIVA

	Euro	Geschäftsjahr Euro	Vorjahr Euro
A. Anlagevermögen			
I. Immaterielle Vermögensgegenstände			
1. Geschäfts- oder Firmenwert		10.208,00	12.766,00
II. Sachanlagen			
1. Grundstücke, grundstücksgleiche Rechte und Bauten einschließlich der Bauten auf fremden Grundstücken	284.049,38		290.293,38
2. technische Anlagen und Maschinen	95.346,50		114.481,00
3. andere Anlagen, Betriebs- und Geschäftsausstattung	124.404,51	503.800,39	143.072,51
III. Finanzanlagen			
1. Wertpapiere des Anlagevermögens		40.758,45	20.758,45
B. Umlaufvermögen			
I. Vorräte			
1. Roh-, Hilfs- und Betriebsstoffe	102.002,00		116.903,95
2. unfertige Erzeugnisse, unfertige Leistungen	12.406,00		13.906,92
3. fertige Erzeugnisse und Waren	82.832,80	197.240,80	78.532,40
II. Forderungen und sonstige Vermögensgegenstände			
1. Forderungen aus Lieferungen und Leistungen - davon mit einer Restlaufzeit von mehr als einem Jahr Euro 29.348,00 (Euro 34.800,00)	211.298,48		237.106,11
2. sonstige Vermögensgegenstände	27.856,24	239.154,72	52.579,83
Übertrag		991.162,36	1.080.400,55

PASSIVA

	Euro	Geschäftsjahr Euro	Vorjahr Euro
A. Eigenkapital			
I. Komplementärkapital			
1. Festkapital	60.000,00		60.000,00
2. bewegliches Kapital	195.730,89	255.730,89	143.962,77
II. Kommanditkapital			
1. Haftkapital		100.000,00	100.000,00
B. Rückstellungen			
1. Rückstellungen für Pensionen und ähnliche Verpflichtungen	60.241,86		59.091,86
2. Steuerrückstellungen	20.619,90		0,00
3. sonstige Rückstellungen	40.719,84	121.581,60	31.372,83
C. Verbindlichkeiten			
1. Verbindlichkeiten gegenüber Kreditinstituten - davon mit einer Restlaufzeit bis zu einem Jahr Euro 91.480,27 (Euro 72.172,42) - davon mit einer Restlaufzeit von mehr als fünf Jahren Euro 4.090,34 (Euro 15.338,76)	210.316,88		236.912,26
2. erhaltene Anzahlungen auf Bestellungen - davon mit einer Restlaufzeit bis zu einem Jahr Euro 49.000,00 (Euro 53.000,00)	49.000,00		53.000,00
3. Verbindlichkeiten aus Lieferungen und Leistungen - davon mit einer Restlaufzeit bis zu einem Jahr Euro 173.754,38 (Euro 178.710,41)	173.754,38		178.710,41
4. Verbindlichkeiten gegenüber Gesellschaftern	330.771,25		246.572,10
Übertrag	763.842,51	477.312,49	1.109.622,23

Blatt 2

BILANZ

Karl Friedrich Musterholz KG
Schreinerei und Ladenbau
Nürnberg

zum

31. Dezember 2001

AKTIVA				PASSIVA			
	Euro	Geschäftsjahr Euro	Vorjahr Euro		Euro	Geschäftsjahr Euro	Vorjahr Euro
Übertrag		991.162,36	1.080.400,55	Übertrag	763.842,51	477.312,49	1.109.622,23
- davon mit einer Restlaufzeit von mehr als einem Jahr Euro 1.780,00 (Euro 1.630,00)				- davon mit einer Restlaufzeit bis zu einem Jahr Euro 330.771,25 (Euro 246.572,10)			
III. Kassenbestand, Bundesbankguthaben, Guthaben bei Kreditinstituten und Schecks		524.139,78	177.952,97	5. sonstige Verbindlichkeiten - davon aus Steuern Euro 70.223,76 (Euro 49.487,32)	280.905,76	1.044.748,27	156.041,63
C. Rechnungsabgrenzungsposten		6.758,62	7.310,34	- davon im Rahmen der sozialen Sicherheit Euro 21.209,64 (Euro 20.620,37)			
				- davon mit einer Restlaufzeit bis zu einem Jahr Euro 230.905,76 (Euro 156.041,63)			
				- davon mit einer Restlaufzeit von mehr als fünf Jahren Euro 50.000,00 (Euro 0,00)			
		1.522.060,76	1.265.663,86			1.522.060,76	1.265.663,86

- Verbindlichkeiten aus der Begebung und Übertragung von Wechseln, aus Bürgschaften, Wechsel- und Scheckbürgschaften und aus Gewährleistungsverträgen sowie Haftung aus Bestellung von Sicherheiten für fremde Verbindlichkeiten Euro 57.000,00 (Euro 55.000,00)

DATEV-Muster JA – KG

Blatt 3

ANLAGENSPIEGEL

Karl Friedrich Musterholz KG
Schreinerei und Ladenbau
Nürnberg

zum

31. Dezember 2001

	Anschaffungs-, Herstellungskosten 01.01.2001 Euro	Zugänge Euro	Abgänge Euro	Umbuchungen Euro	Anschaffungs-, Herstellungskosten 31.12.2001 Euro	kumulierte Abschreibungen 01.01.2001 Euro	Abschreibungen Geschäftsjahr Euro	Abgänge Euro	Umbuchungen Euro	kumulierte Abschreibungen 31.12.2001 Euro	Zuschreibungen Geschäftsjahr Euro	Buchwert 31.12.2001 Euro
A. Anlagevermögen												
I. Immaterielle Vermögensgegenstände												
1. Geschäfts- oder Firmenwert	38.346,89	0,00	0,00	0,00	38.346,89	25.580,89	2.558,00	0,00	0,00	28.138,89	0,00	10.208,00
Summe immaterielle Vermögensgegenstände	38.346,89	0,00	0,00	0,00	38.346,89	25.580,89	2.558,00	0,00	0,00	28.138,89	0,00	10.208,00
II. Sachanlagen												
1. Grundstücke, grundstücksgleiche Rechte und Bauten einschließlich der Bauten auf fremden Grundstücken	320.954,79	0,00	0,00	0,00	320.954,79	30.661,41	6.244,00	0,00	0,00	36.905,41	0,00	284.049,38
2. technische Anlagen und Maschinen	522.795,96	16.400,00	11.504,07	0,00	527.691,89	408.314,96	35.534,00	11.503,57	0,00	432.345,39	0,00	95.346,50
3. andere Anlagen, Betriebs- und Geschäftsausstattung	437.078,09	33.759,16	0,00	0,00	470.837,25	294.005,58	52.427,16	0,00	0,00	346.432,74	0,00	124.404,51
Summe Sachanlagen	1.280.828,84	50.159,16	11.504,07	0,00	1.319.483,93	732.981,95	94.205,16	11.503,57	0,00	815.683,54	0,00	503.800,39
III. Finanzanlagen												
1. Wertpapiere des Anlagevermögens	20.758,45	20.000,00	0,00	0,00	40.758,45	0,00	0,00	0,00	0,00	0,00	0,00	40.758,45
Summe Finanzanlagen	20.758,45	20.000,00	0,00	0,00	40.758,45	0,00	0,00	0,00	0,00	0,00	0,00	40.758,45
Summe Anlagevermögen	1.339.934,18	70.159,16	11.504,07	0,00	1.398.589,27	758.562,84	96.763,16	11.503,57	0,00	843.822,43	0,00	554.766,84

DATEV-Muster JA – KG

Blatt 4

GEWINN- UND VERLUSTRECHNUNG vom 01.01.2001 bis 31.12.2001

Karl Friedrich Musterholz KG
Schreinerei und Ladenbau
Nürnberg

	Euro	Geschäftsjahr Euro	%	Vorjahr Euro
1. Umsatzerlöse		3.023.760,02	99,91	2.936.391,12
2. Erhöhung des Bestands an fertigen und unfertigen Erzeugnissen		2.799,48	0,09	3.400,00-
3. Gesamtleistung		3.026.559,50	100,00	2.932.991,12
4. sonstige betriebliche Erträge				
a) ordentliche betriebliche Erträge				
aa) sonstige ordentliche Erträge	6.500,00			1.200,00
b) Erträge aus dem Abgang von Gegenständen des Anlagevermögens und aus Zuschreibungen zu Gegenständen des Anlagevermögens	9,50			20,39
c) sonstige Erträge im Rahmen der gewöhnlichen Geschäftstätigkeit	0,01	6.509,51	0,22	0,06
5. Materialaufwand				
a) Aufwendungen für Roh-, Hilfs- und Betriebsstoffe und für bezogene Waren		1.231.767,19	40,70	1.262.754,35
6. Personalaufwand				
a) Löhne und Gehälter	866.950,89			837.600,19
b) soziale Abgaben und Aufwendungen für Altersversorgung und für Unterstützung	142.589,04	1.009.539,93	33,36	138.455,86
- davon für Altersversorgung Euro 1.150,00 (Euro 645,00)				
7. Abschreibungen				
a) auf immaterielle Vermögensgegenstände des Anlagevermögens und Sachanlagen sowie auf aktivierte Aufwendungen für die Ingangsetzung und Erweiterung des Geschäftsbetriebs		96.763,16	3,20	132.462,06
- davon auf Grund steuerrechtlicher Vorschriften Euro 0,00 (Euro 38.396,00)				
Übertrag		694.998,73		562.939,11

Blatt 5

GEWINN- UND VERLUSTRECHNUNG vom 01.01.2001 bis 31.12.2001

Karl Friedrich Musterholz KG
Schreinerei und Ladenbau
Nürnberg

	Euro	Geschäftsjahr Euro	%	Vorjahr Euro
Übertrag		694.998,73		562.939,11
8. sonstige betriebliche Aufwendungen				
a) ordentliche betriebliche Aufwendungen				
aa) Raumkosten	55.254,13			57.717,71
ab) Versicherungen, Beiträge und Abgaben	17.425,00			16.835,00
ac) Reparaturen und Instandhaltungen	19.130,55			10.859,57
ad) Fahrzeugkosten	33.438,72			56.933,16
ae) Werbe- und Reisekosten	12.297,50			11.232,36
af) Kosten der Warenabgabe	23.123,76			20.651,08
ag) verschiedene betriebliche Kosten	55.989,79			36.406,66
b) sonstige Aufwendungen im Rahmen der gewöhnlichen Geschäftstätigkeit	3.718,43	220.377,88	7,28	3.889,52
9. sonstige Zinsen und ähnliche Erträge		3.784,06	0,13	1.900,33
10. Zinsen und ähnliche Aufwendungen		15.653,38	0,52	20.784,15
11. Ergebnis der gewöhnlichen Geschäftstätigkeit		462.751,53	15,29	329.530,23
12. außerordentliche Aufwendungen		42.210,90	1,39	68.671,91
13. außerordentliches Ergebnis		42.210,90-	1,39	68.671,91-
14. Steuern vom Einkommen und vom Ertrag	156.963,90			110.284,32
15. sonstige Steuern	20.919,36	177.883,26	5,88	19.518,36
16. Jahresüberschuss		242.657,37	8,02	131.055,64

DATEV-Muster JA – KG

Blatt 6

KAPITALKONTENENTWICKLUNG zum 31. Dezember 2001

Karl Friedrich Musterholz KG
Schreinerei und Ladenbau
Nürnberg

	Eigenkapital Konten Stand 01.01.2001	Fremdkapital Konten Stand 01.01.2001	Einlagen/ Erhöhungen	Entnahmen/ Verminderungen	Ergebnisanteil Geschäftsjahr 31.12.2001	Eigenkapital Konten Stand 31.12.2001	Fremdkapital Konten Stand 31.12.2001
	Euro	Euro	Euro	Euro	Euro	Euro	Euro
Andrea Muster							
Festkapital	60.000,00				0,00	60.000,00	
bewegliches Kapitalkonto	143.962,77		12.400,00	46.365,52-	85.733,64	195.730,89	
Verrechnungskonto mit Fremdkapitalcharakter		14.500,00			0,00		14.500,00
Joseph Beispiel							
Haftkapital	20.000,00				0,00	20.000,00	
Verrechnungskonto mit Fremdkapitalcharakter		55.247,96	3.880,00	27.375,92-	38.887,24		70.639,28
Claudia Beispiel							
Haftkapital	20.000,00				0,00	20.000,00	
Verrechnungskonto mit Fremdkapitalcharakter		47.358,97	6.600,00	22.877,94-	32.576,24		63.657,27
Reinhard Beispiel							
Haftkapital	60.000,00				0,00	60.000,00	
Verrechnungskonto mit Fremdkapitalcharakter		129.465,17	7.176,00	40.126,72-	85.460,25		181.974,70
S U M M E	303.962,77	246.572,10	30.056,00	136.746,10-	242.657,37	355.730,89	330.771,25

DATEV-Muster JA – KG

Blatt 7

ERGEBNISVERWENDUNG zum 31. Dezember 2001

Karl Friedrich Musterholz KG
Schreinerei und Ladenbau
Nürnberg

	Tätigkeits-vergütung Euro	Tantieme Euro	Darlehens-verzinsung Euro	Gebrauchs-überlassung Euro	Sonstige Vergütungen Euro	Restverteilung Euro	Ergebnisanteil gesamt Euro
Andrea Muster	48.800,00	8.000,00	840,00	12.355,00	10.094,40	5.644,24	85.733,64
Joseph Beispiel	12.400,00	4.500,00	1.873,00	14.470,00		5.644,24	38.887,24
Claudia Beispiel	12.400,00	4.500,00	1.637,00	6.285,00	2.110,00	5.644,24	32.576,24
Reinhard Beispiel	46.000,00	8.000,00	600,00	14.482,90	10.733,11	5.644,24	85.460,25
S U M M E	119.600,00	25.000,00	4.950,00	47.592,90	22.937,51	22.576,96	242.657,37

6. Jahresabschluss – kleine Personenhandelsgesellschaft, KapCoRiLiG, Mindestgliederung

51 Für die Aufbereitung des Jahresabschlusses in den DATEV-Programmen Kanzlei-Rechnungswesen/BILANZ wurde die Zuordnungstabelle „Personengesellschaft, klein, KapCoRiLiG, Aufst./Offenlegung" mit dem Wert S7603 (SKR03) bzw. S7604 (SKR04) zugrunde gelegt. Zum **Ausgabeumfang** gehören[36]:

1. Verkürzt gegliederte **Bilanz** gem. § 264a HGB i. V. m. § 266 Abs. 1 S. 3 HGB, in der nur die mit Buchstaben und römischen Zahlen bezeichneten Posten gesondert ausgewiesen sind, DIN A 3/DIN A 4 quer Format. Das Eigenkapital untergliedert sich nach § 264c Abs. 2 HGB in „Kapitalanteile persönlich haftender Gesellschafter" und „Kapitalanteile Kommanditisten". „Gesellschafter-Darlehen" können sowohl im Eigenkapital Ktn. 9810–9819, 9840–9849 (SKR03), Ktn. 9810–9819, 9840–9849 (SKR04) als auch im Fremdkapital Ktn. 0890–0899, 0920–0929 (SKR03), Ktn. 2020–2029, 2070–2079 (SKR04) dargestellt werden. In der Bilanz sind nur – für Hauptpositionen zusammengefasst – Restlaufzeitvermerke von mehr als 1 Jahr für Forderungen und bis zu 1 Jahr für Verbindlichkeiten, enthalten. Forderungen an bzw. gegenüber Gesellschafter sind im Anhang anzugeben.
   Ausweis eines negativen Eigenkapitals nach § 268 Abs. 3 HGB auf der Aktivseite unter den Posten „Nicht durch Vermögenseinlagen gedeckter Verlustanteil persönlich haftender Gesellschafter", „Nicht durch Vermögenseinlagen gedeckte Entnahmen persönlich haftender Gesellschafter" Kto 9883 (SKR 93/SKR 04), „Nicht durch Vermögenseinlagen gedeckter Verlustanteil Kommanditisten". bzw. „Nicht durch Vermögenseinlagen gedeckte Entnahmen Kommanditisten" Kto. 9884 (SKR 03/SKR 04). Bei Bestehen einer Zahlungsverpflichtung (§ 264c Abs. 2 HGB) wird das negative Eigenkapital unter „Forderungen und Sonstige Vermögensgegenstände", „– davon Einzahlungsverpflichtungen persönlich haftender Gesellschafter", Ktn. 9860–9869 (SKR03), Ktn. 9860–9869 (SKR04) bzw. „– davon Einzahlungsverpflichtungen Kommanditisten", Ktn. 9870–9879 (SKR03), Ktn. 9870–9879 (SKR04) ausgewiesen.
2. Wahlweise horizontal erweiterter, vertikal verkürzt gegliederter **Anlagenspiegel** (12-spaltig), DIN A 3 Format oder Ausgabe eines horizontal verkürzten Anlagenspiegel (7-spaltig) und eines Abschreibungspiegels[37] in Format DIN A 4 quer. Die Ausgabe eines 7-spaltigen Anlagenspiegels auf Basis von Restbuchwerten ist alternativ möglich.
3. Gem. § 264a HGB i. V. m. § 275 i. V. m. § 276 HGB verkürzt gegliederte **GuV,** in der die ersten fünf Posten zu einem „Rohergebnis" zusammengefasst sind, Fortführung des Jahresüberschusses/-fehlbetrages zum Bilanzgewinn/-verlust.
4. **Kapitalkontenentwicklung** vom 1. 1. bis 31. 12. des Geschäftsjahres, unter Berücksichtigung der Entwicklung der Eigenkapital- und Fremdkapitalktn. (Verrechnungskto. mit Fremdkapitalcharakter) der Gesellschafter untergliedert nach Einlagen/Erhöhung, Entnahmen/Verminderung und Ergebnisanteil. Differenzierte Darstellung der Kapitalanteile der Gesellschafter. Beim Komplementär kann die Entwicklung von „Festkapital", „bewegliches Kapital", „Gesellschafterdarlehen", „Verlust-/Vortragskonten", „Verrechnungskonto für Einzahlungsverpflichtungen", „Einzahlungsverpflichtung", „Ausstehende Einlagen" und „Verrechnungskonto mit Fremdkapitalkonten" gezeigt werden. Beim Kommanditisten ist die Unterscheidung zwischen „Kommandit-Kapital", „Verlust-/Vortragskonto" bzw. „bewegliches Kapital", „Gesellschafterdarlehen", „Verrechnungskonten für Einzahlungsverpflichtungen", „Einzahlungsverpflichtungen", „Ausstehende Einlagen" und „Verrechnungskonto mit Fremdkapitalcharakter" möglich.
5. Zusammensetzung der **Ergebnisverwendung** unter Berücksichtigung von Tätigkeitsvergütung, Tantieme, Darlehensverzinsung, Gebrauchsüberlassung, Sonstigen Vergütungen sowie des Restergebnisanteils, Ktn. 9500–9799 (SKR 03) bzw. Ktn. 9500–9799 (SKR 04).

---

[36] Der Ausgabeumfang kann jederzeit eingeschränkt bzw. erweitert werden.
[37] Ausgabe ausschließlich in Kanzlei-Rechnungswesen/BILANZ und nicht im Rechenzentrum möglich.

6. **Kennzahlen** zum Jahresabschluss.
7. Darstellung des Jahresabschlusses in Form von **Grafiken;** Kreisdiagramm (Struktur von Vermögen und Kapital), Halbkreisdiagramm (Erträge und Aufwendungen in der Erfolgsrechnung) und Balkendiagramm (Entwicklung von Aufwand und Ertrag mit Vorjahr)[38].

Diese Bilanzdarstellung ist für Handelsgesellschaften und Kommanditgesellschaften, auf denen die Vorschriften des § 264a HGB anzuwenden sind, vorgesehen (z.B. GmbH & Co. KG).

---

[38] Im Rechenzentrum können noch zusätzlich die Grafiken „Entwicklung von Betriebsaufwand und -ertrag" von 3 Jahren bzw. 4 Jahren und die Grafiken Entwicklung von Aufwand und Ertrag" von 3 Jahren bzw. 4 Jahren ausgegeben werden.

52 **DATEV-Muster JA – kleine Personenhandelsgesellschaft nach KapCoRiLiG**

Blatt 1

BILANZ

Karl Friedrich Musterholz GmbH & Co. KG
Schreinerei und Ladenbau
Nürnberg

zum

31. Dezember 2001

AKTIVA

	Euro	Geschäftsjahr Euro	Vorjahr Euro
A. Anlagevermögen			
I. Immaterielle Vermögens-gegenstände	10.208,00		12.766,00
II. Sachanlagen	503.800,39		547.846,89
III. Finanzanlagen	40.758,45	554.766,84	20.758,45
B. Umlaufvermögen			
I. Vorräte	197.240,80		209.343,27
II. Forderungen und sonstige Vermögensgegenstände - davon mit einer Restlaufzeit von mehr als einem Jahr Euro 31.128,00 (Euro 36.430,00)	239.154,72		299.685,94
III. Kassenbestand, Bundesbank-guthaben, Guthaben bei Kreditinstituten und Schecks	524.139,78	960.535,30	157.952,97
C. Rechnungsabgrenzungsposten		6.758,62	7.310,34
		1.522.060,76	1.255.663,86

PASSIVA

	Geschäftsjahr Euro	Vorjahr Euro
A. Eigenkapital		
I. Kapitalanteile persönlich haftender Gesellschafter	35.820,00	30.410,00
II. Kapitalanteile Kommanditisten	473.478,19	393.017,94
B. Rückstellungen	121.581,60	90.464,69
C. Verbindlichkeiten - davon mit einer Restlaufzeit bis zu einem Jahr Euro 722.344,36 (Euro 577.031,39)	891.180,97	741.771,23
	1.522.060,76	1.255.663,86

DATEV-Muster JA – kleine Personenhandelsgesellschaft nach KapCoRiLiG

Blatt 2

ANLAGENSPIEGEL

Karl Friedrich Musterholz GmbH & Co. KG
Schreinerei und Ladenbau
Nürnberg

zum

31. Dezember 2001

	Anschaffungs-, Herstellungskosten 01.01.2001	Zugänge	Abgänge	Umbuchungen	Anschaffungs-, Herstellungskosten 31.12.2001	kumulierte Abschreibungen 01.01.2001	Abschreibungen Geschäftsjahr	Abgänge	Umbuchungen	kumulierte Abschreibungen 31.12.2001	Zuschreibungen Geschäftsjahr	Buchwert 31.12.2001
	Euro	Euro	Euro	Euro	Euro	Euro	Euro	Euro	Euro	Euro	Euro	Euro
A. Anlagevermögen												
I. Immaterielle Vermögensgegenstände	38.346,89	0,00	0,00	0,00	38.346,89	25.580,89	2.558,00	0,00	0,00	28.138,89	0,00	10.208,00
II. Sachanlagen	1.280.828,84	50.159,16	11.504,07	0,00	1.319.483,93	732.981,95	94.205,16	11.503,57	0,00	815.683,54	0,00	503.800,39
III. Finanzanlagen	20.758,45	20.000,00	0,00	0,00	40.758,45	0,00	0,00	0,00	0,00	0,00	0,00	40.758,45
Summe Anlagevermögen	1.339.934,18	70.159,16	11.504,07	0,00	1.398.589,27	758.562,84	96.763,16	11.503,57	0,00	843.822,43	0,00	554.766,84

DATEV-Muster JA – kleine Personenhandelsgesellschaft nach KapCoRiLiG

Blatt 3

GEWINN- UND VERLUSTRECHNUNG vom 01.01.2001 bis 31.12.2001

Karl Friedrich Musterholz GmbH & Co. KG
Schreinerei und Ladenbau
Nürnberg

	Euro	Geschäftsjahr Euro	%	Vorjahr Euro
1. Rohergebnis		1.801.301,82	100,00	1.671.457,22
2. Personalaufwand				
a) Löhne und Gehälter	866.950,89			837.600,19
b) soziale Abgaben und Aufwendungen für Altersversorgung und für Unterstützung - davon für Altersversorgung Euro 1.150,00 (Euro 645,00)	142.589,04	1.009.539,93	56,05	138.455,86
3. Abschreibungen a) auf immaterielle Vermögensgegenstände des Anlagevermögens und Sachanlagen sowie auf aktivierte Aufwendungen für die Ingangsetzung und Erweiterung des Geschäftsbetriebs		96.763,16	5,37	132.462,06
4. sonstige betriebliche Aufwendungen		220.377,88	12,23	214.525,06
5. sonstige Zinsen und ähnliche Erträge		3.784,06	0,21	1.900,33
6. Zinsen und ähnliche Aufwendungen		15.653,38	0,87	20.784,15
7. Ergebnis der gewöhnlichen Geschäftstätigkeit		462.751,53	25,69	329.530,23
8. außerordentliche Aufwendungen		42.210,90	2,34	68.671,91
9. außerordentliches Ergebnis		42.210,90-	2,34	68.671,91-
10. Steuern vom Einkommen und vom Ertrag	156.963,90			110.284,32
11. sonstige Steuern	20.919,36	177.883,26	9,88	19.518,36
12. Jahresüberschuss		242.657,37	13,47	131.055,64
13. Einstellungen in Gesellschafterkonten		242.657,37	13,47	131.055,64
14. Bilanzgewinn		0,00	0,00	0,00

DATEV-Muster JA – kleine Personenhandelsgesellschaft nach KapCoRiLiG

Blatt 4

KAPITALKONTENENTWICKLUNG zum 31. Dezember 2001

Karl Friedrich Musterholz GmbH & Co. KG
Schreinerei und Ladenbau
Nürnberg

	Eigenkapital Konten Stand 01.01.2001	Fremdkapital/ Forderungen Konten Stand 01.01.2001	Einlagen/ Erhöhungen	Entnahmen/ Verminderungen	Ergebnisanteil Geschäftsjahr 31.12.2001	Eigenkapital Konten Stand 31.12.2001	Fremdkapital/ Forderungen Konten Stand 31.12.2001
	Euro	Euro	Euro	Euro	Euro	Euro	Euro
Muster GmbH							
Festkapital	25.000,00				0,00	25.000,00	
bewegliches Kapitalkonto	5.410,00				5.410,00	10.820,00	
Joseph Beispiel							
Kommandit-Kapital	45.000,00				0,00	45.000,00	
Verlust-/Vortragskonto							
bewegliches Kapitalkonto	52.222,52				0,00	52.222,52	
Verrechnungskonto mit Fremdkapitalcharakter		69.747,96	11.280,00	50.558,68-	65.661,79		96.131,07
Claudia Beispiel							
Kommandit-Kapital	55.000,00				0,00	55.000,00	
Verlust-/Vortragskonto							
bewegliches Kapitalkonto	66.740,25				0,00	66.740,25	
Verrechnungskonto mit Fremdkapitalcharakter		47.358,97	11.600,00	46.060,70-	59.350,79		72.249,06
Reinhard Beispiel							
Kommandit-Kapital	60.000,00				0,00	60.000,00	
Verlust-/Vortragskonto							
bewegliches Kapitalkonto	99.055,17				80.460,25	179.515,42	
Gesellschafter-Darlehen	15.000,00				0,00	15.000,00	
Verrechnungskonto mit Fremdkapitalcharakter		10.000,00	7.176,00	40.126,72-	31.774,54		8.823,82
S U M M E	423.427,94	127.106,93	30.056,00	136.746,10-	242.657,37	509.298,19	177.203,95

DATEV-Muster JA – kleine Personenhandelsgesellschaft nach KapCoRiLiG

Blatt 5

ERGEBNISVERWENDUNG zum 31. Dezember 2001

Karl Friedrich Musterholz GmbH & Co. KG
Schreinerei und Ladenbau
Nürnberg

	Tätigkeits-vergütung	Tantieme	Darlehens-verzinsung	Gebrauchs-überlassung	Sonstige Vergütungen	Restverteilung	Ergebnisanteil gesamt
	Euro	Euro	Euro	Euro	Euro	Euro	Euro
Muster GmbH			1.250,00		4.160,00		5.410,00
Joseph Beispiel	12.400,00	4.500,00	1.873,00	14.470,00		32.418,79	65.661,79
Claudia Beispiel	12.400,00	4.500,00	1.637,00	6.285,00	2.110,00	32.418,79	59.350,79
Reinhard Beispiel	46.000,00	8.000,00	600,00	14.482,90	10.733,11	32.418,78	112.234,79
S U M M E	70.800,00	17.000,00	5.360,00	35.237,90	17.003,11	97.256,36	242.657,37

7. Jahresabschluss – mittelgroße Personenhandelsgesellschaft, KapCoRiLiG, Mindestgliederung, Aufstellung

Für **Aufstellungszwecke** erfolgt die Aufbereitung des Jahresabschlusses in den DATEV-Programmen Kanzlei-Rechnungswesen/BILANZ mit der Zuordnungstabelle „Personengesellschaft, mittel, KapCoRiLiG, Aufstellung Mindest-" mit dem Wert S7303 (SKR03) bzw. S7304 (SKR04). Zum **Ausgabeumfang** gehören[39]: **53**

1. Unverkürzt gegliederte **Bilanz** gem. § 264a HGB i. V. m. § 266 HGB, DIN A 3/DIN A 4 quer Format. Das Eigenkapital untergliedert sich nach § 264c Abs. 2 HGB in „Kapitalanteile persönlich haftender Gesellschafter" und „Kapitalanteile Kommanditisten". „Gesellschafter-Darlehen" können sowohl im Eigenkapital Ktn. 9810–9819, 9840–9849 (SKR03), Ktn. 9810–9819, 9840–9849 (SKR04) als auch im Fremdkapital Ktn. 0890–0899, 0920–0929 (SKR03), Ktn. 2020–2029, 2070–2079 (SKR04) dargestellt werden. In der Bilanz sind nur Restlaufzeitvermerke von mehr als 1 Jahr für Forderungen und bis zu 1 Jahr für Verbindlichkeiten enthalten. Forderungen an bzw. gegenüber Gesellschafter sind im Anhang anzugeben. Ausweis eines negativen Eigenkapitals nach § 268 Abs. 3 HGB auf der Aktivseite unter den Posten „Nicht durch Vermögenseinlagen gedeckter Verlustanteil persönlich haftender Gesellschafter", „Nicht durch Vermögenseinlagen gedeckte Entnahmen persönlich haftender Gesellschafter" Kto. 9883 (SKR 03/SKR 04), „Nicht durch Vermögenseinlagen gedeckter Verlustanteil Kommanditisten" bzw. „Nicht durch Vermögenseinlagen gedeckte Entnahmen Kommanditisten" Kto. 9884 (SKR 03/SKR 04). Bei Bestehen einer Zahlungsverpflichtung (§ 264c Abs. 2 HGB) wird das negative Eigenkapital unter „Forderungen und Sonstige Vermögensgegenstände", „Einzahlungsverpflichtungen persönlich haftender Gesellschafter", Ktn. 9860–9869 (SKR03), Ktn. 9860–9869 (SKR04) bzw. „Einzahlungsverpflichtungen Kommanditisten", Ktn. 9870–9879 (SKR03), Ktn. 9870–9879 (SKR04) ausgewiesen.
2. Erweiterter und im Hinblick auf die gesondert auszuweisenden Posten des Anlagevermögens vertikal unverkürzt gegliederter **Anlagenspiegel,** DIN A 3 Format oder Ausgabe eines horizontal verkürzten Anlagenspiegel (7-spaltig) und eines Abschreibungsspiegels[40] in Format DIN A 4 quer.
3. Gem. § 264a HGB i. V. m. § 275 i. V. m. § 276 HGB verkürzt gegliederte **GuV,** in der die ersten fünf Posten zu einem „Rohergebnis" zusammengefasst sind, Fortführung des Jahresüberschusses/-fehlbetrages zum Bilanzgewinn/-verlust.
4. **Kapitalkontenentwicklung** vom 1. 1. bis 31. 12. des Geschäftsjahres, unter Berücksichtigung der Entwicklung der Eigenkapital- und Fremdkapitalktn. (Verrechnungskto. mit Fremdkapitalcharakter) der Gesellschafter untergliedert nach Einlagen/Erhöhung, Entnahmen/Verminderung und Ergebnisanteil. Differenzierte Darstellung der Kapitalanteile der Gesellschafter. Beim Komplementär kann die Entwicklung von „Festkapital", „bewegliches Kapital", „Gesellschafterdarlehen", „Verlust-/Vortragskonten", „Verrechnungskonto für Einzahlungsverpflichtungen", „Einzahlungsverpflichtung", „Ausstehende Einlagen" und „Verrechnungskonto mit Fremdkapitalkonten" gezeigt werden. Beim Kommanditisten ist die Unterscheidung zwischen „Kommandit-Kapital", „Verlust-/Vortragskonto" bzw. „bewegliches Kapital", „Gesellschafterdarlehen", „Verrechnungskonten für Einzahlungsverpflichtungen", „Einzahlungsverpflichtungen", „Ausstehende Einlagen" und „Verrechnungskonto mit Fremdkapitalcharakter" möglich.
5. Zusammensetzung der **Ergebnisverwendung** unter Berücksichtigung von Tätigkeitsvergütung, Tantieme, Darlehensverzinsung, Gebrauchsüberlassung, Sonstigen Vergütungen sowie des Restergebnisanteils, Ktn. 9500–9799 (SKR 03) bzw. Ktn. 9500–9799 (SKR 04).
6. **Kennzahlen** zum Jahresabschluss.
7. Darstellung des Jahresabschlusses in Form von **Grafiken;** Kreisdiagramm (Struktur von Vermögen und Kapital), Halbkreisdiagramm (Erträge und Aufwendungen in

---

[39] Ausgabeumfang kann jederzeit eingeschränkt bzw. erweitert werden.
[40] Ausgabe ausschließlich in Kanzlei-Rechnungswesen/BILANZ und nicht im Rechenzentrum möglich.

der Erfolgsrechnung) und Balkendiagramm (Entwicklung von Aufwand und Ertrag mit Vorjahr)[41].

Diese Bilanzdarstellung ist für Handelsgesellschaften und Kommanditgesellschaften, auf denen die Vorschriften des § 264a HGB anzuwenden sind, vorgesehen (z.B. GmbH & Co. KG). Bei der Offenlegung beim Handelsregister braucht z.B. die GuV nicht mit eingereicht zu werden, § 326 S. 1 HGB, so dass für Offenlegungszwecke der Ausgabeumfang eingeschränkt werden kann.

[41] Im Rechenzentrum können noch zusätzlich die Grafiken „Entwicklung von Betriebsaufwand und -ertrag" von 3 Jahren bzw. 4 Jahren und die Grafiken „Entwicklung von Aufwand und Ertrag" von 3 Jahren bzw. 4 Jahren ausgegeben werden.

DATEV-Muster JA – mittelgroße Personenhandelsgesellschaft nach KapCoRiLiG – Aufstellung

54

Blatt 1

BILANZ

Karl Friedrich Musterholz GmbH & Co. KG
Schreinerei und Ladenbau
Nürnberg

zum

31. Dezember 2001

AKTIVA

	Euro	Geschäftsjahr Euro	Vorjahr Euro
A. Anlagevermögen			
I. Immaterielle Vermögens-gegenstände			
1. Geschäfts- oder Firmenwert		10.208,00	12.766,00
II. Sachanlagen			
1. Grundstücke, grundstücks-gleiche Rechte und Bauten einschließlich der Bauten auf fremden Grundstücken	284.049,38		290.293,38
2. technische Anlagen und Maschinen	95.346,50		114.481,00
3. andere Anlagen, Betriebs- und Geschäftsausstattung	124.404,51	503.800,39	143.072,51
III. Finanzanlagen			
1. Wertpapiere des Anlagevermögens		40.758,45	20.758,45
B. Umlaufvermögen			
I. Vorräte			
1. Roh-, Hilfs- und Betriebsstoffe	102.002,00		116.903,95
2. unfertige Erzeugnisse, unfertige Leistungen	12.406,00		13.906,92
3. fertige Erzeugnisse und Waren	82.832,80	197.240,80	78.532,40
II. Forderungen und sonstige Vermögensgegenstände			
1. Forderungen aus Lieferungen und Leistungen - davon mit einer Restlaufzeit von mehr als einem Jahr Euro 29.348,00 (Euro 34.800,00)	211.298,48		237.106,11
2. sonstige Vermögensgegenstände	27.856,24	239.154,72	62.579,83
Übertrag		991.162,36	1.090.400,55

PASSIVA

	Euro	Geschäftsjahr Euro	Vorjahr Euro
A. Eigenkapital			
I. Kapitalanteile persönlich haftender Gesellschafter		35.820,00	30.410,00
II. Kapitalanteile Kommanditisten		473.478,19	393.017,94
B. Rückstellungen			
1. Rückstellungen für Pensionen und ähnliche Verpflichtungen	60.241,86		59.091,86
2. Steuerrückstellungen	20.619,90		0,00
3. sonstige Rückstellungen	40.719,84	121.581,60	31.372,83
C. Verbindlichkeiten			
1. Verbindlichkeiten gegenüber Kreditinstituten - davon mit einer Restlaufzeit bis zu einem Jahr Euro 91.480,27 (Euro 72.172,42)	210.316,88		236.912,26
2. erhaltene Anzahlungen auf Bestellungen - davon mit einer Restlaufzeit bis zu einem Jahr Euro 49.000,00 (Euro 53.000,00)	49.000,00		53.000,00
3. Verbindlichkeiten aus Lieferungen und Leistungen - davon mit einer Restlaufzeit bis zu einem Jahr Euro 173.754,38 (Euro 178.710,41)	173.754,38		178.710,41
4. sonstige Verbindlichkeiten - davon aus Steuern Euro 70.223,76 (Euro 49.487,32) - davon im Rahmen der sozialen Sicherheit Euro 21.209,64 (Euro 20.620,37)	458.109,71	891.180,97	273.148,56
Übertrag		1.522.060,76	1.255.663,86

Blatt 2

BILANZ

Karl Friedrich Musterholz GmbH & Co. KG
Schreinerei und Ladenbau
Nürnberg

zum

31. Dezember 2001

AKTIVA	Euro	Geschäftsjahr Euro	Vorjahr Euro	PASSIVA	Euro	Geschäftsjahr Euro	Vorjahr Euro
Übertrag		991.162,36	1.090.400,55	Übertrag		1.522.060,76	1.255.663,86
- davon mit einer Restlaufzeit von mehr als einem Jahr Euro 1.780,00 (Euro 1.630,00)				- davon mit einer Restlaufzeit bis zu einem Jahr Euro 408.109,71 (Euro 273.148,56)			
III. Kassenbestand, Bundesbankguthaben, Guthaben bei Kreditinstituten und Schecks		524.139,78	157.952,97				
C. Rechnungsabgrenzungsposten		6.758,62	7.310,34				
		1.522.060,76	1.255.663,86			1.522.060,76	1.255.663,86

DATEV-Muster JA – mittelgroße Personenhandelsgesellschaft nach KapCoRiLiG – Aufstellung

Blatt 3

ANLAGENSPIEGEL

Karl Friedrich Musterholz GmbH & Co. KG
Schreinerei und Ladenbau
Nürnberg

zum

31. Dezember 2001

	Anschaffungs-, Herstellungs-kosten 01.01.2001	Zugänge	Abgänge	Umbuchungen	Anschaffungs-, Herstellungs-kosten 31.12.2001	kumulierte Abschreibungen 01.01.2001	Abschreibungen Geschäftsjahr	Abgänge	Umbuchungen	kumulierte Abschreibungen 31.12.2001	Zuschreibungen Geschäftsjahr	Buchwert 31.12.2001
	Euro	Euro	Euro	Euro	Euro	Euro	Euro	Euro	Euro	Euro	Euro	Euro
A. Anlagevermögen												
I. Immaterielle Vermögens-gegenstände												
1. Geschäfts- oder Firmenwert	38.346,89	0,00	0,00	0,00	38.346,89	25.580,89	2.558,00	0,00	0,00	28.138,89	0,00	10.208,00
Summe immaterielle Vermögensgegenstände	38.346,89	0,00	0,00	0,00	38.346,89	25.580,89	2.558,00	0,00	0,00	28.138,89	0,00	10.208,00
II. Sachanlagen												
1. Grundstücke, grundstücks-gleiche Rechte und Bauten einschließlich der Bauten auf fremden Grundstücken	320.954,79	0,00	0,00	0,00	320.954,79	30.661,41	6.244,00	0,00	0,00	36.905,41	0,00	284.049,38
2. technische Anlagen und Maschinen	522.795,96	16.400,00	11.504,07	0,00	527.691,89	408.314,96	35.534,00	11.503,57	0,00	432.345,39	0,00	95.346,50
3. andere Anlagen, Betriebs- und Geschäftsausstattung	437.078,09	33.759,16	0,00	0,00	470.837,25	294.005,58	52.427,16	0,00	0,00	346.432,74	0,00	124.404,51
Summe Sachanlagen	1.280.828,84	50.159,16	11.504,07	0,00	1.319.483,93	732.981,95	94.205,16	11.503,57	0,00	815.683,54	0,00	503.800,39
III. Finanzanlagen												
1. Wertpapiere des Anlagevermögens	20.758,45	20.000,00	0,00	0,00	40.758,45	0,00	0,00	0,00	0,00	0,00	0,00	40.758,45
Summe Finanzanlagen	20.758,45	20.000,00	0,00	0,00	40.758,45	0,00	0,00	0,00	0,00	0,00	0,00	40.758,45
Summe Anlagevermögen	1.339.934,18	70.159,16	11.504,07	0,00	1.398.589,27	758.562,84	96.763,16	11.503,57	0,00	843.822,43	0,00	554.766,84

DATEV-Muster JA – mittelgroße Personenhandelsgesellschaft nach KapCoRiLiG – Aufstellung

Blatt 4

GEWINN- UND VERLUSTRECHNUNG vom 01.01.2001 bis 31.12.2001

Karl Friedrich Musterholz GmbH & Co. KG
Schreinerei und Ladenbau
Nürnberg

	Euro	Geschäftsjahr Euro	%	Vorjahr Euro
1. Rohergebnis		1.801.301,82	100,00	1.671.457,22
2. Personalaufwand				
a) Löhne und Gehälter	866.950,89			837.600,19
b) soziale Abgaben und Aufwendungen für Altersversorgung und für Unterstützung	142.589,04	1.009.539,93	56,05	138.455,86
- davon für Altersversorgung Euro 1.150,00 (Euro 645,00)				
3. Abschreibungen				
a) auf immaterielle Vermögensgegenstände des Anlagevermögens und Sachanlagen sowie auf aktivierte Aufwendungen für die Ingangsetzung und Erweiterung des Geschäftsbetriebs		96.763,16	5,37	132.462,06
4. sonstige betriebliche Aufwendungen		220.377,88	12,23	214.525,06
5. sonstige Zinsen und ähnliche Erträge		3.784,06	0,21	1.900,33
6. Zinsen und ähnliche Aufwendungen		15.653,38	0,87	20.784,15
7. Ergebnis der gewöhnlichen Geschäftstätigkeit		462.751,53	25,69	329.530,23
8. außerordentliche Aufwendungen		42.210,90	2,34	68.671,91
9. außerordentliches Ergebnis		42.210,90-	2,34	68.671,91-
10. Steuern vom Einkommen und vom Ertrag	156.963,90			110.284,32
11. sonstige Steuern	20.919,36	177.883,26	9,88	19.518,36
12. Jahresüberschuss		242.657,37	13,47	131.055,64
13. Einstellungen in Gesellschafterkonten		242.657,37	13,47	131.055,64
14. Bilanzgewinn		0,00	0,00	0,00

DATEV-Muster JA – mittelgroße Personenhandelsgesellschaft nach KapCoRiLiG – Aufstellung

Blatt 5

KAPITALKONTENENTWICKLUNG zum 31. Dezember 2001

Karl Friedrich Musterholz GmbH & Co. KG
Schreinerei und Ladenbau
Nürnberg

	Eigenkapital Konten Stand 01.01.2001	Fremdkapital/ Forderungen Konten Stand 01.01.2001	Einlagen/ Erhöhungen	Entnahmen/ Verminderungen	Ergebnisanteil Geschäftsjahr 31.12.2001	Eigenkapital Konten Stand 31.12.2001	Fremdkapital/ Forderungen Konten Stand 31.12.2001
	Euro	Euro	Euro	Euro	Euro	Euro	Euro
Muster GmbH							
Festkapital	25.000,00				0,00	25.000,00	
bewegliches Kapitalkonto	5.410,00				5.410,00	10.820,00	
Joseph Beispiel							
Kommandit-Kapital	45.000,00				0,00	45.000,00	
Verlust-/Vortragskonto							
bewegliches Kapitalkonto	52.222,52				0,00	52.222,52	
Verrechnungskonto mit Fremdkapitalcharakter		69.747,96	11.280,00	50.558,68-	65.661,79		96.131,07
Claudia Beispiel							
Kommandit-Kapital	55.000,00				0,00	55.000,00	
Verlust-/Vortragskonto							
bewegliches Kapitalkonto	66.740,25				0,00	66.740,25	
Verrechnungskonto mit Fremdkapitalcharakter		47.358,97	11.600,00	46.060,70-	59.350,79		72.249,06
Reinhard Beispiel							
Kommandit-Kapital	60.000,00				0,00	60.000,00	
Verlust-/Vortragskonto							
bewegliches Kapitalkonto	99.055,17				80.460,25	179.515,42	
Gesellschafter-Darlehen	15.000,00				0,00	15.000,00	
Verrechnungskonto mit Fremdkapitalcharakter		10.000,00	7.176,00	40.126,72-	31.774,54		8.823,82
S U M M E	423.427,94	127.106,93	30.056,00	136.746,10-	242.657,37	509.298,19	177.203,95

DATEV-Muster JA – mittelgroße Personenhandelsgesellschaft nach KapCoRiLiG – Aufstellung

Blatt 6

ERGEBNISVERWENDUNG zum 31. Dezember 2001

Karl Friedrich Musterholz GmbH & Co. KG
Schreinerei und Ladenbau
Nürnberg

	Tätigkeits-vergütung	Tantieme	Darlehens-verzinsung	Gebrauchs-überlassung	Sonstige Vergütungen	Restverteilung	Ergebnisanteil gesamt
	Euro	Euro	Euro	Euro	Euro	Euro	Euro
Muster GmbH			1.250,00		4.160,00		5.410,00
Joseph Beispiel	12.400,00	4.500,00	1.873,00	14.470,00		32.418,79	65.661,79
Claudia Beispiel	12.400,00	4.500,00	1.637,00	6.285,00	2.110,00	32.418,79	59.350,79
Reinhard Beispiel	46.000,00	8.000,00	600,00	14.482,90	10.733,11	32.418,78	112.234,79
S U M M E	70.800,00	17.000,00	5.360,00	35.237,90	17.003,11	97.256,36	242.657,37

8. Jahresabschluss – mittelgroße Personenhandelsgesellschaft, KapCoRiLiG, Mindestgliederung, Offenlegung

Für **Offenlegungszwecke** erfolgt die Aufbereitung des Jahresabschlusses in den DATEV-Programmen Kanzlei-Rechnungswesen/BILANZ mit der Zuordnungstabelle „Personengesellschaft, mittel, KapCoRiLiG, Offenlegung Mindest-" mit dem Wert S7903 (SKR03) bzw. S7904 (SKR04). Zum **Ausgabeumfang** gehören[42]: 55

1. Verkürzt gegliederte **Bilanz** gem. § 264a HGB i.V.m. § 266 HGB i.V.m. § 327 Nr. 1 HGB mit der Maßgabe, dass die in § 327 Nr. 1 HGB aufgeführten Bilanzposten gesondert ausgewiesen sind, also nicht in den Anhang aufgenommen werden müssen, DIN A 3/DIN A 4 quer Format. Das Eigenkapital untergliedert sich nach § 264c Abs. 2 HGB in „Kapitalanteile persönlich haftender Gesellschafter" und „Kapitalanteile Kommanditisten". „Gesellschafter-Darlehen" können sowohl im Eigenkapital Ktn. 9810–9819, 9840–9849 (SKR03), Ktn. 9810–9819, 9840–9849 (SKR04) als auch im Fremdkapital Ktn. 0890–0899, 0920–0929 (SKR03), Ktn. 2020–2029, 2070–2079 (SKR04) dargestellt werden. In der Bilanz sind – für die gesondert auszuweisenden Posten – nur Restlaufzeitvermerke von mehr als 1 Jahr für Forderungen und bis zu 1 Jahr für Verbindlichkeiten enthalten. Forderungen an bzw. gegenüber Gesellschafter sind im Anhang anzugeben.
   Ausweis eines negativen Eigenkapitals nach § 268 Abs. 3 HGB auf der Aktivseite unter dem Posten „Nicht durch Vermögenseinlagen gedeckter Verlustanteil persönlich haftender Gesellschafter", „Nicht durch Vermögenseinlagen gedeckte Entnahmen persönlich haftender Gesellschafter" Kto. 9883 (SKR 03/SKR 04), „Nicht durch Vermögenseinlagen gedeckter Verlustanteil Kommanditisten" bzw. „Nicht druch Vermögenseinlagen gedeckte Entnahmen Komanditisten" Kto. 9884 (SKR 03/SKR 04). Bei Bestehen einer Zahlungsverpflichtung (§ 264c Abs. 2 HGB) wird das negative Eigenkapital unter „Forderungen und Sonstige Vermögensgegenstände", „Einzahlungsverpflichtungen persönlich haftender Gesellschafter", Ktn. 9860–9869 (SKR03), Ktn. 9860–9869 (SKR04) bzw. „Einzahlungsverpflichtungen Kommanditisten", Ktn. 9870–9879 (SKR03), Ktn. 9870–9879 (SKR04) ausgewiesen.
2. Erweiterter und im Hinblick auf die gesondert auszuweisenden Posten des Anlagevermögens vertikal unverkürzt gegliederter **Anlagenspiegel,** DIN A 3 Format oder Ausgabe eines horizontal verkürzten Anlagenspiegel (7-spaltig) und eines Abschreibungsspiegels[43] in Format DIN A 4 quer.
3. Gem. § 264a HGB i.V.m. § 275 i.V.m. § 276 HGB verkürzt gegliederte **GuV,** in der die ersten fünf Posten zu einem „Rohergebnis" zusammengefasst sind, Fortführung des Jahresüberschusses/-fehlbetrages zum Bilanzgewinn/-verlust.

Diese Bilanzdarstellung ist für mittelgroße Handelsgesellschaften und Kommanditgesellschaften, auf denen die Vorschriften des § 264a HGB anzuwenden sind, für die Offenlegung vorgesehen (z.B. GmbH & Co. KG). Daher können mit dieser Zuordnungtabelle keine Kapitalkontenentwicklung, Ergebnisverwendung und Grafiken aufbereitet werden. Sollen bei der offenzulegenden Bilanz die in § 327 Nr. 1 HGB aufgeführten Bilanzposten statt in der Bilanz gesondert ausgewiesen im Anhang angegeben werden, ist für die Bilanzaufbereitung die Zuordnungstabelle für kleine Personenhandelsgesellschaft mit dem Wert S7603 (SKR03) bzw. S7604 (SKR04) unter Einschränkung des Ausgabeumfanges zu wählen. 56

[42] Der Ausgabeumfang kann jederzeit eingeschränkt bzw. erweitert werden.
[43] Ausgabe ausschließlich in Kanzlei-Rechnungswesen/BILANZ und nicht im Rechenzentrum möglich.

57 DATEV-Muster JA – mittelgroße Personenhandelsgesellschaft nach KapCoRiLiG – Offenlegung

Blatt 1

BILANZ

Karl Friedrich Musterholz GmbH & Co. KG
Schreinerei und Ladenbau
Nürnberg

zum

31. Dezember 2001

AKTIVA

	Euro	Geschäftsjahr Euro	Vorjahr Euro
A. Anlagevermögen			
I. Immaterielle Vermögensgegenstände			
1. Geschäfts- oder Firmenwert		10.208,00	12.766,00
II. Sachanlagen			
1. Grundstücke, grundstücksgleiche Rechte und Bauten einschließlich der Bauten auf fremden Grundstücken	284.049,38		290.293,38
2. technische Anlagen und Maschinen	95.346,50		114.481,00
3. andere Anlagen, Betriebs- und Geschäftsausstattung	124.404,51	503.800,39	143.072,51
III. Finanzanlagen			
1. übrige Finanzanlagen		40.758,45	20.758,45
B. Umlaufvermögen			
I. Vorräte		197.240,80	209.343,27
II. Forderungen und sonstige Vermögensgegenstände			
1. übrige Forderungen und sonstige Vermögensgegenstände - davon mit einer Restlaufzeit von mehr als einem Jahr Euro 31.128,00 (Euro 36.430,00)		239.154,72	299.685,94
III. Kassenbestand, Bundesbankguthaben, Guthaben bei Kreditinstituten und Schecks		524.139,78	157.952,97
C. Rechnungsabgrenzungsposten		6.758,62	7.310,34
		1.522.060,76	1.255.663,86

PASSIVA

	Euro	Geschäftsjahr Euro	Vorjahr Euro
A. Eigenkapital			
I. Kapitalanteile persönlich haftender Gesellschafter		35.820,00	30.410,00
II. Kapitalanteile Kommanditisten		473.478,19	393.017,94
B. Rückstellungen		121.581,60	90.464,69
C. Verbindlichkeiten			
1. Verbindlichkeiten gegenüber Kreditinstituten - davon mit einer Restlaufzeit bis zu einem Jahr Euro 91.480,27 (Euro 72.172,42)	210.316,88		236.912,26
2. übrige Verbindlichkeiten - davon aus Steuern Euro 70.223,76 (Euro 49.487,32) - davon im Rahmen der sozialen Sicherheit Euro 21.209,64 (Euro 20.620,37) - davon mit einer Restlaufzeit bis zu einem Jahr Euro 630.864,09 (Euro 504.858,97)	680.864,09	891.180,97	504.858,97
		1.522.060,76	1.255.663,86

DATEV-Muster JA – mittelgroße Personenhandelsgesellschaft nach KapCoRiLiG – Offenlegung

Blatt 2

ANLAGENSPIEGEL

Karl Friedrich Musterholz GmbH & Co. KG
Schreinerei und Ladenbau
Nürnberg

zum

31. Dezember 2001

	Anschaffungs-, Herstellungskosten 01.01.2001	Zugänge	Abgänge	Umbuchungen	Anschaffungs-, Herstellungskosten 31.12.2001	kumulierte Abschreibungen 01.01.2001	Abschreibungen Geschäftsjahr	Abgänge	Umbuchungen	kumulierte Abschreibungen 31.12.2001	Zuschreibungen Geschäftsjahr	Buchwert 31.12.2001
	Euro	Euro	Euro	Euro	Euro	Euro	Euro	Euro	Euro	Euro	Euro	Euro
A. Anlagevermögen												
I. Immaterielle Vermögensgegenstände												
1. Geschäfts- oder Firmenwert	38.346,89	0,00	0,00	0,00	38.346,89	25.580,89	2.558,00	0,00	0,00	28.138,89	0,00	10.208,00
Summe immaterielle Vermögensgegenstände	38.346,89	0,00	0,00	0,00	38.346,89	25.580,89	2.558,00	0,00	0,00	28.138,89	0,00	10.208,00
II. Sachanlagen												
1. Grundstücke, grundstücksgleiche Rechte und Bauten einschließlich der Bauten auf fremden Grundstücken	320.954,79	0,00	0,00	0,00	320.954,79	30.661,41	6.244,00	0,00	0,00	36.905,41	0,00	284.049,38
2. technische Anlagen und Maschinen	522.795,96	16.400,00	11.504,07	0,00	527.691,89	408.314,96	35.534,00	11.503,57	0,00	432.345,39	0,00	95.346,50
3. andere Anlagen, Betriebs- und Geschäftsausstattung	437.078,09	33.759,16	0,00	0,00	470.837,25	294.005,58	52.427,16	0,00	0,00	346.432,74	0,00	124.404,51
Summe Sachanlagen	1.280.828,84	50.159,16	11.504,07	0,00	1.319.483,93	732.981,95	94.205,16	11.503,57	0,00	815.683,54	0,00	503.800,39
III. Finanzanlagen												
1. übrige Finanzanlagen	20.758,45	20.000,00	0,00	0,00	40.758,45	0,00	0,00	0,00	0,00	0,00	0,00	40.758,45
Summe Finanzanlagen	20.758,45	20.000,00	0,00	0,00	40.758,45	0,00	0,00	0,00	0,00	0,00	0,00	40.758,45
Summe Anlagevermögen	1.339.934,18	70.159,16	11.504,07	0,00	1.398.589,27	758.562,84	96.763,16	11.503,57	0,00	843.822,43	0,00	554.766,84

DATEV-Muster JA – mittelgroße Personenhandelsgesellschaft nach KapCoRiLiG – Offenlegung

Blatt 3

GEWINN- UND VERLUSTRECHNUNG vom 01.01.2001 bis 31.12.2001

Karl Friedrich Musterholz GmbH & Co. KG
Schreinerei und Ladenbau
Nürnberg

	Euro	Geschäftsjahr Euro	%	Vorjahr Euro
1. Rohergebnis		1.801.301,82	100,00	1.671.457,22
2. Personalaufwand				
a) Löhne und Gehälter	866.950,89			837.600,19
b) soziale Abgaben und Aufwendungen für Altersversorgung und für Unterstützung - davon für Altersversorgung Euro 1.150,00 (Euro 645,00)	142.589,04	1.009.539,93	56,05	138.455,86
3. Abschreibungen				
a) auf immaterielle Vermögensgegenstände des Anlagevermögens und Sachanlagen sowie auf aktivierte Aufwendungen für die Ingangsetzung und Erweiterung des Geschäftsbetriebs		96.763,16	5,37	132.462,06
4. sonstige betriebliche Aufwendungen		220.377,88	12,23	214.525,06
5. sonstige Zinsen und ähnliche Erträge		3.784,06	0,21	1.900,33
6. Zinsen und ähnliche Aufwendungen		15.653,38	0,87	20.784,15
7. Ergebnis der gewöhnlichen Geschäftstätigkeit		462.751,53	25,69	329.530,23
8. außerordentliche Aufwendungen		42.210,90	2,34	68.671,91
9. außerordentliches Ergebnis		42.210,90-	2,34	68.671,91-
10. Steuern vom Einkommen und vom Ertrag	156.963,90			110.284,32
11. sonstige Steuern	20.919,36	177.883,26	9,88	19.518,36
12. Jahresüberschuss		242.657,37	13,47	131.055,64
13. Einstellungen in Gesellschafterkonten		242.657,37	13,47	131.055,64
14. Bilanzgewinn		0,00	0,00	0,00

9. Jahresabschluss – große Personenhandelsgesellschaft, KapCoRiLiG

Bei der großen Personenhandelsgesellschaft ist der Abruf für Aufstellungs- und Offenlegungszwecke identisch, weil es für die Offenlegung keine Gliederungserleichterungen gibt. Für die Aufbereitung des Jahresabschlusses in den DATEV-Programmen Kanzlei-Rechnungswesen/BILANZ wurde die Zuordnungstabelle „Personengesellschaft, groß, KapCoRiLiG, Aufst./Offenlegung" mit dem Wert S7003 (SKR03) bzw. S7004 (SKR04) zugrunde gelegt. Zum **Ausgabeumfang** gehören[44]: 58

1. Unverkürzt gegliederte **Bilanz** gem. § 264a HGB in V.m. § 266 HGB, DIN A 3/DIN A 4 quer Format. Das Eigenkapital untergliedert sich nach § 264c Abs. 2 HGB in „Kapitalanteile persönlich haftender Gesellschafter" und „Kapitalanteile Kommanditisten". „Gesellschafter-Darlehen" können sowohl im Eigenkapital Ktn. 9810–9819, 9840–9849 (SKR03), Ktn. 9810–9819, 9840–9849 (SKR04) als auch im Fremdkapital Ktn. 0890–0899, 0920–0929 (SKR03), Ktn. 2020–2029, 2070–2079 (SKR04) dargestellt werden. In der Bilanz sind nur Restlaufzeitvermerke von mehr als 1 Jahr für Forderungen und bis zu 1 Jahr für Verbindlichkeiten enthalten. Forderungen an bzw. gegenüber Gesellschafter sind im Anhang anzugeben.
   Ausweis eines negativen Eigenkapitals nach § 268 Abs. 3 HGB auf der Aktivseite unter dem Posten „Nicht durch Vermögenseinlagen gedeckter Verlustanteil persönlich haftender Gesellschafter", „Nicht durch Vermögenseinlagen gedeckte Entnahmen persönlich haftender Gesellschafter" Kto. 9883 (SKR 03/SKR 04), „Nicht durch Vermögenseinlagen gedeckter Verlustanteil Kommanditisten" bzw. „Nicht durch Vermögenseinlagen gedeckte Entnahmen Kommanditisten" Kto. 9884 (SKR 03/SKR 04). Bei Bestehen einer Zahlungsverpflichtung (§ 264c Abs. 2 HGB) wird das negative Eigenkapital unter „Forderungen und Sonstige Vermögensgegenstände", „Einzahlungsverpflichtungen persönlich haftender Gesellschafter", Ktn. 9860–9869 (SKR03), Ktn. 9860–9869 (SKR04) bzw. „Einzahlungsverpflichtungen Kommanditisten", Ktn. 9870–9879 (SKR03), Ktn. 9870–9879 (SKR04) ausgewiesen.
2. Erweiterter und im Hinblick auf die gesondert auszuweisenden Posten des Anlagevermögens vertikal unverkürzt gegliederter **Anlagenspiegel,** DIN A 3 Format oder Ausgabe eines horizontal verkürzten Anlagenspiegel (7-spaltig) und eines Abschreibungspiegels[45] in Format DIN A 4 quer.
3. Gem. § 264a HGB i.V.m. § 275 HGB unverkürzt gegliederte **GuV,** Fortführung des Jahresüberschusses/-fehlbetrages zum Bilanzgewinn/-verlust.
4. **Kapitalkontenentwicklung** vom 1. 1. bis 31. 12. des Geschäftsjahres, unter Berücksichtigung der Entwicklung der Eigenkapital- und Fremdkapitalktn. (Verrechnungskto. mit Fremdkapitalcharakter) der Gesellschafter untergliedert nach Einlagen/Erhöhung, Entnahmen/Verminderung und Ergebnisanteil. Differenzierte Darstellung der Kapitalanteile der Gesellschafter. Beim Komplementär kann die Entwicklung von „Festkapital", „bewegliches Kapital", „Gesellschafterdarlehen", „Verlust-/Vortragskonten", „Verrechnungskonto für Einzahlungsverpflichtungen", „Einzahlungsverpflichtung", „Ausstehende Einlagen" und „Verrechnungskonto mit Fremdkapitalkonten" gezeigt werden. Beim Kommanditisten ist die Unterscheidung zwischen „Kommandit-Kapital", „Verlust-/Vortragskonto" bzw. „bewegliches Kapital", „Gesellschafterdarlehen", „Verrechnungskonten für Einzahlungsverpflichtungen", „Einzahlungsverpflichtungen", „Ausstehende Einlagen" und „Verrechnungskonto mit Fremdkapitalcharakter" möglich.
5. Zusammensetzung der **Ergebnisverwendung** unter Berücksichtigung von Tätigkeitsvergütung, Tantieme, Darlehensverzinsung, Gebrauchsüberlassung, Sonstigen Vergütungen sowie des Restergebnisanteils, Ktn. 9500–9799 (SKR 03) bzw. Ktn. 9500–9799 (SKR 04).

---

[44] Der Ausgabeumfang kann jederzeit eingeschränkt bzw. erweitert werden.
[45] Ausgabe ausschließlich in Kanzlei-Rechnungswesen/BILANZ und nicht im Rechenzentrum möglich.

6. **Kennzahlen** zum Jahresabschluss.
7. Darstellung des Jahresabschlusses in Form von **Grafiken;** Kreisdiagramm (Struktur von Vermögen und Kapital), Halbkreisdiagramm (Erträge und Aufwendungen in der Erfolgsrechnung) und Balkendiagramm (Entwicklung von Aufwand und Ertrag mit Vorjahr)[46].

Diese Bilanzdarstellung ist für Handelsgesellschaften und Kommanditgesellschaften, auf denen die Vorschriften des § 264a HGB anzuwenden sind, vorgesehen (z. B. GmbH & Co. KG).

---

[46] Im Rechenzentrum können noch zusätzlich die Grafiken „Entwicklung von Betriebsaufwand und -ertrag" von 3 Jahren bzw. 4 Jahren und die Grafiken von „Aufwand und Ertrag" von 3 Jahren bzw. 4 Jahren ausgegeben werden.

DATEV-Muster JA – große Personenhandelsgesellschaft nach KapCoRiLiG

59

Blatt 1

BILANZ

Karl Friedrich Musterholz GmbH & Co. KG
Schreinerei und Ladenbau
Nürnberg

zum

31. Dezember 2001

AKTIVA

	Euro	Geschäftsjahr Euro	Vorjahr Euro
A. Anlagevermögen			
I. Immaterielle Vermögensgegenstände			
1. Geschäfts- oder Firmenwert		10.208,00	12.766,00
II. Sachanlagen			
1. Grundstücke, grundstücksgleiche Rechte und Bauten einschließlich der Bauten auf fremden Grundstücken	284.049,38		290.293,38
2. technische Anlagen und Maschinen	95.346,50		114.481,00
3. andere Anlagen, Betriebs- und Geschäftsausstattung	124.404,51	503.800,39	143.072,51
III. Finanzanlagen			
1. Wertpapiere des Anlagevermögens		40.758,45	20.758,45
B. Umlaufvermögen			
I. Vorräte			
1. Roh-, Hilfs- und Betriebsstoffe	102.002,00		116.903,95
2. unfertige Erzeugnisse, unfertige Leistungen	12.406,00		13.906,92
3. fertige Erzeugnisse und Waren	82.832,80	197.240,80	78.532,40
II. Forderungen und sonstige Vermögensgegenstände			
1. Forderungen aus Lieferungen und Leistungen - davon mit einer Restlaufzeit von mehr als einem Jahr Euro 29.348,00 (Euro 34.800,00)	211.298,48		237.106,11
2. sonstige Vermögensgegenstände	27.856,24	239.154,72	62.579,83
Übertrag		991.162,36	1.090.400,55

PASSIVA

	Euro	Geschäftsjahr Euro	Vorjahr Euro
A. Eigenkapital			
I. Kapitalanteile persönlich haftender Gesellschafter		35.820,00	30.410,00
II. Kapitalanteile Kommanditisten		473.478,19	393.017,94
B. Rückstellungen			
1. Rückstellungen für Pensionen und ähnliche Verpflichtungen	60.241,86		59.091,86
2. Steuerrückstellungen	20.619,90		0,00
3. sonstige Rückstellungen	40.719,84	121.581,60	31.372,83
C. Verbindlichkeiten			
1. Verbindlichkeiten gegenüber Kreditinstituten - davon mit einer Restlaufzeit bis zu einem Jahr Euro 91.480,27 (Euro 72.172,42)	210.316,88		236.912,26
2. erhaltene Anzahlungen auf Bestellungen - davon mit einer Restlaufzeit bis zu einem Jahr Euro 49.000,00 (Euro 53.000,00)	49.000,00		53.000,00
3. Verbindlichkeiten aus Lieferungen und Leistungen - davon mit einer Restlaufzeit bis zu einem Jahr Euro 173.754,38 (Euro 178.710,41)	173.754,38		178.710,41
4. sonstige Verbindlichkeiten - davon aus Steuern Euro 70.223,76 (Euro 49.487,32) - davon im Rahmen der sozialen Sicherheit Euro 21.209,64 (Euro 20.620,37)	458.109,71	891.180,97	273.148,56
Übertrag		1.522.060,76	1.255.663,86

Blatt 2

BILANZ

Karl Friedrich Musterholz GmbH & Co. KG
Schreinerei und Ladenbau
Nürnberg

zum

31. Dezember 2001

AKTIVA	Euro	Geschäftsjahr Euro	Vorjahr Euro	PASSIVA	Euro	Geschäftsjahr Euro	Vorjahr Euro
Übertrag		991.162,36	1.090.400,55	Übertrag		1.522.060,76	1.255.663,86
- davon mit einer Restlaufzeit von mehr als einem Jahr Euro 1.780,00 (Euro 1.630,00)				- davon mit einer Restlaufzeit bis zu einem Jahr Euro 408.109,71 (Euro 273.148,56)			
III. Kassenbestand, Bundesbankguthaben, Guthaben bei Kreditinstituten und Schecks		524.139,78	157.952,97				
C. Rechnungsabgrenzungsposten		6.758,62	7.310,34				
		1.522.060,76	1.255.663,86			1.522.060,76	1.255.663,86

DATEV-Muster JA – große Personenhandelsgesellschaft nach KapCoRiLiG

Blatt 3

ANLAGENSPIEGEL

Karl Friedrich Musterholz GmbH & Co. KG
Schreinerei und Ladenbau
Nürnberg

zum

31. Dezember 2001

	Anschaffungs-, Herstellungs-kosten 01.01.2001	Zugänge	Abgänge	Umbuchungen	Anschaffungs-, Herstellungs-kosten 31.12.2001	kumulierte Abschreibungen 01.01.2001	Abschreibungen Geschäftsjahr	Abgänge	Umbuchungen	kumulierte Abschreibungen 31.12.2001	Zuschreibungen Geschäftsjahr	Buchwert 31.12.2001
	Euro	Euro	Euro	Euro	Euro	Euro	Euro	Euro	Euro	Euro	Euro	Euro
A. Anlagevermögen												
I. Immaterielle Vermögens-gegenstände												
1. Geschäfts- oder Firmenwert	38.346,89	0,00	0,00	0,00	38.346,89	25.580,89	2.558,00	0,00	0,00	28.138,89	0,00	10.208,00
Summe immaterielle Vermögensgegenstände	38.346,89	0,00	0,00	0,00	38.346,89	25.580,89	2.558,00	0,00	0,00	28.138,89	0,00	10.208,00
II. Sachanlagen												
1. Grundstücke, grundstücks-gleiche Rechte und Bauten einschließlich der Bauten auf fremden Grundstücken	320.954,79	0,00	0,00	0,00	320.954,79	30.661,41	6.244,00	0,00	0,00	36.905,41	0,00	284.049,38
2. technische Anlagen und Maschinen	522.795,96	16.400,00	11.504,07	0,00	527.691,89	408.314,96	35.534,00	11.503,57	0,00	432.345,39	0,00	95.346,50
3. andere Anlagen, Betriebs- und Geschäftsausstattung	437.078,09	33.759,16	0,00	0,00	470.837,25	294.005,58	52.427,16	0,00	0,00	346.432,74	0,00	124.404,51
Summe Sachanlagen	1.280.828,84	50.159,16	11.504,07	0,00	1.319.483,93	732.981,95	94.205,16	11.503,57	0,00	815.683,54	0,00	503.800,39
III. Finanzanlagen												
1. Wertpapiere des Anlagevermögens	20.758,45	20.000,00	0,00	0,00	40.758,45	0,00	0,00	0,00	0,00	0,00	0,00	40.758,45
Summe Finanzanlagen	20.758,45	20.000,00	0,00	0,00	40.758,45	0,00	0,00	0,00	0,00	0,00	0,00	40.758,45
Summe Anlagevermögen	1.339.934,18	70.159,16	11.504,07	0,00	1.398.589,27	758.562,84	96.763,16	11.503,57	0,00	843.822,43	0,00	554.766,84

DATEV-Muster JA – große Personenhandelsgesellschaft nach KapCoRiLiG

Blatt 4

GEWINN- UND VERLUSTRECHNUNG vom 01.01.2001 bis 31.12.2001

Karl Friedrich Musterholz OHG
Schreinerei und Ladenbau
Nürnberg

	Euro	Geschäftsjahr Euro	%	Vorjahr Euro
1. Umsatzerlöse		3.023.760,02	99,91	2.936.391,12
2. Erhöhung des Bestands an fertigen und unfertigen Erzeugnissen		2.799,48	0,09	3.400,00-
3. Gesamtleistung		3.026.559,50	100,00	2.932.991,12
4. sonstige betriebliche Erträge				
a) ordentliche betriebliche Erträge				
aa) sonstige ordentliche Erträge	6.500,00			1.200,00
b) Erträge aus dem Abgang von Gegenständen des Anlagevermögens und aus Zuschreibungen zu Gegenständen des Anlagevermögens	9,50			20,39
c) sonstige Erträge im Rahmen der gewöhnlichen Geschäftstätigkeit	0,01	6.509,51	0,22	0,06
5. Materialaufwand				
a) Aufwendungen für Roh-, Hilfs- und Betriebsstoffe und für bezogene Waren		1.231.767,19	40,70	1.262.754,35
6. Personalaufwand				
a) Löhne und Gehälter	866.950,89			837.600,19
b) soziale Abgaben und Aufwendungen für Altersversorgung und für Unterstützung	142.589,04	1.009.539,93	33,36	138.455,86
- davon für Altersversorgung Euro 1.150,00 (Euro 645,00)				
7. Abschreibungen				
a) auf immaterielle Vermögensgegenstände des Anlagevermögens und Sachanlagen sowie auf aktivierte Aufwendungen für die Ingangsetzung und Erweiterung des Geschäftsbetriebs		96.763,16	3,20	132.462,06
- davon auf Grund steuerrechtlicher Vorschriften Euro 0,00 (Euro 38.396,00)				
Übertrag		694.998,73		562.939,11

Blatt 5

GEWINN- UND VERLUSTRECHNUNG vom 01.01.2001 bis 31.12.2001

Karl Friedrich Musterholz OHG
Schreinerei und Ladenbau
Nürnberg

	Euro	Geschäftsjahr Euro	%	Vorjahr Euro
Übertrag		694.998,73		562.939,11
8. sonstige betriebliche Aufwendungen				
a) ordentliche betriebliche Aufwendungen				
aa) Raumkosten	55.254,13			57.717,71
ab) Versicherungen, Beiträge und Abgaben	17.425,00			16.835,00
ac) Reparaturen und Instandhaltungen	19.130,55			10.859,57
ad) Fahrzeugkosten	33.438,72			56.933,16
ae) Werbe- und Reisekosten	12.297,50			11.232,36
af) Kosten der Warenabgabe	23.123,76			20.651,08
ag) verschiedene betriebliche Kosten	55.989,79			36.406,66
b) sonstige Aufwendungen im Rahmen der gewöhnlichen Geschäftstätigkeit	3.718,43	220.377,88	7,28	3.889,52
9. sonstige Zinsen und ähnliche Erträge		3.784,06	0,13	1.900,33
10. Zinsen und ähnliche Aufwendungen		15.653,38	0,52	20.784,15
11. Ergebnis der gewöhnlichen Geschäftstätigkeit		462.751,53	15,29	329.530,23
12. außerordentliche Aufwendungen		42.210,90	1,39	68.671,91
13. außerordentliches Ergebnis		42.210,90-	1,39	68.671,91-
14. Steuern vom Einkommen und vom Ertrag	156.963,90			110.284,32
15. sonstige Steuern	20.919,36	177.883,26	5,88	19.518,36
16. Jahresüberschuss		242.657,37	8,02	131.055,64

DATEV-Muster JA – große Personenhandelsgesellschaft nach KapCoRiLiG

Blatt 6

KAPITALKONTENENTWICKLUNG zum 31. Dezember 2001

Karl Friedrich Musterholz GmbH & Co. KG
Schreinerei und Ladenbau
Nürnberg

	Eigenkapital Konten Stand 01.01.2001	Fremdkapital/ Forderungen Konten Stand 01.01.2001	Einlagen/ Erhöhungen	Entnahmen/ Verminderungen	Ergebnisanteil Geschäftsjahr 31.12.2001	Eigenkapital Konten Stand 31.12.2001	Fremdkapital/ Forderungen Konten Stand 31.12.2001
	Euro	Euro	Euro	Euro	Euro	Euro	Euro
Muster GmbH							
Festkapital	25.000,00				0,00	25.000,00	
bewegliches Kapitalkonto	5.410,00				5.410,00	10.820,00	
Joseph Beispiel							
Kommandit-Kapital	45.000,00				0,00	45.000,00	
Verlust-/Vortragskonto							
bewegliches Kapitalkonto	52.222,52				0,00	52.222,52	
Verrechnungskonto mit Fremdkapitalcharakter		69.747,96	11.280,00	50.558,68-	65.661,79		96.131,07
Claudia Beispiel							
Kommandit-Kapital	55.000,00				0,00	55.000,00	
Verlust-/Vortragskonto							
bewegliches Kapitalkonto	66.740,25				0,00	66.740,25	
Verrechnungskonto mit Fremdkapitalcharakter		47.358,97	11.600,00	46.060,70-	59.350,79		72.249,06
Reinhard Beispiel							
Kommandit-Kapital	60.000,00				0,00	60.000,00	
Verlust-/Vortragskonto							
bewegliches Kapitalkonto	99.055,17				80.460,25	179.515,42	
Gesellschafter-Darlehen	15.000,00				0,00	15.000,00	
Verrechnungskonto mit Fremdkapitalcharakter		10.000,00	7.176,00	40.126,72-	31.774,54		8.823,82
S U M M E	423.427,94	127.106,93	30.056,00	136.746,10-	242.657,37	509.298,19	177.203,95

DATEV-Muster JA – große Personenhandelsgesellschaft nach KapCoRiLiG

Blatt 7

ERGEBNISVERWENDUNG zum 31. Dezember 2001

Karl Friedrich Musterholz GmbH & Co. KG
Schreinerei und Ladenbau
Nürnberg

	Tätigkeitsvergütung	Tantieme	Darlehensverzinsung	Gebrauchsüberlassung	Sonstige Vergütungen	Restverteilung	Ergebnisanteil gesamt
	Euro	Euro	Euro	Euro	Euro	Euro	Euro
Muster GmbH			1.250,00		4.160,00		5.410,00
Joseph Beispiel	12.400,00	4.500,00	1.873,00	14.470,00		32.418,79	65.661,79
Claudia Beispiel	12.400,00	4.500,00	1.637,00	6.285,00	2.110,00	32.418,79	59.350,79
Reinhard Beispiel	46.000,00	8.000,00	600,00	14.482,90	10.733,11	32.418,78	112.234,79
S U M M E	70.800,00	17.000,00	5.360,00	35.237,90	17.003,11	97.256,36	242.657,37

10. Jahresabschluss – Personenhandelsgesellschaft, KapCoRiLiG, Erweiterte Gliederung

60 Größenklassenunabhängig wird für den **internen Gebrauch** häufig eine erweitert gegliederte Bilanz und GuV benötigt, insbesondere wenn kleine und mittelgroße Gesellschaften im Rahmen der Bilanzaufstellung sämtliche Aufstellungserleicherungen in Anspruch genommen haben. Für die Aufbereitung des Jahresabschlusses in den DATEV-Programmen Kanzlei-Rechnungswesen/BILANZ wurde die Zuordnungstabelle „Personengesellschaft, KapCoRiLiG, Aufstellung, erweitert" mit dem Wert S7503 (SKR03) bzw. S7504 (SKR04) zugrunde gelegt. Zum **Ausgabeumfang** gehören[47]:

1. Erweiterte nach § 264a HGB i.V.m. § 266 HGB gegliederte **Bilanz,** DIN A 3/DIN A 4 quer Format. Das Eigenkapital untergliedert sich nach § 264c Abs. 2 HGB in „Kapitalanteile persönlich haftender Gesellschafter" und „Kapitalanteile Kommanditisten". „Gesellschafter-Darlehen" können sowohl im Eigenkapital Ktn. 9810–9819, 9840–9849 (SKR03), Ktn. 9810–9819, 9840–9849 (SKR04) als auch im Fremdkapital Ktn. 0890–0899, 0920–0922 (SKR03), Ktn. 2020–2029, 2070–2079 (SKR04) dargestellt werden. Sämtliche Restlaufzeitvermerke sind in der Bilanz enthalten, die Eventualverbindlichkeiten unter der Bilanz vermerkt. Die Mitzugehörigkeit von Forderungen und Verbindlichkeiten gegen Gesellschafter ist in einem „davon-Vermerk" angegeben.
   Ausweis eines negativen Eigenkapitals nach § 268 Abs. 3 HGB auf der Aktivseite unter dem Posten „Nicht durch Vermögenseinlagen gedeckter Verlustanteil persönlich haftender Gesellschafter", „Nicht durch Vermögenseinlagen gedeckte Entnahmen persönlich haftender Gesellschafter" Kto. 9883 (SKR 03/SKR 04), „Nicht durch Vermögenseinlagen gedeckter Verlustanteil Kommanditisten" bzw. „Nicht durch Vermögenseinlagen gedeckte Entnahmen Kommanditistinnen" Kto. 9884 (SKR 03/SKR 04). Bei Bestehen einer Zahlungsverpflichtung (§ 264c Abs. 2 HGB) wird das negative Eigenkapital unter „Forderungen und Sonstige Vermögensgegenstände", „Einzahlungsverpflichtungen persönlich haftender Gesellschafter", Ktn. 9860–9869 (SKR03), Ktn. 9860–9869 (SKR04) bzw. „Einzahlungsverpflichtungen Kommanditisten", Ktn. 9870–9879 (SKR03), Ktn. 9870–9879 (SKR04) ausgewiesen.
2. Horizontal erweitert gegliederter **Anlagenspiegel,** DIN A 3 Format oder Ausgabe eines horizontal verkürzten Anlagenspiegel (7-spaltig) und eines Abschreibungsspiegels[48] in Format DIN A 4 quer. Dier Ausgabe eines 7-spaltigen Anlagenspiegels auf Basis von Restbuchwerten ist alternativ möglich.
3. Unverkürzt gem. § 264a HGB i.V.m. § 275 HGB gegliederte **GuV,** in der die Posten „sonstige betriebliche Erträge", „sonstige betriebliche Aufwendungen" weiter untergliedert und die gesondert nach § 277 Abs. 3 HGB in der GuV oder im Anhang anzugebenden Abschreibungen in einem „davon-Vermerk" enthalten sind. Zwischensumme „Gesamtleistung" (Pos. 1–3) = Basiswert (100%) für Aufwands- und Ertragsrelationen, Fortführung des Jahresüberschusses/-fehlbetrages zum Bilanzgewinn/-verlust.
4. **Kapitalkontenentwicklung** vom 1. 1. bis 31. 12. des Geschäftsjahrs, unter Berücksichtigung der Entwicklung der Eigenkapital- und Fremdkapitalktn. (Verrechnungskto. mit Fremdkapitalcharakter) der Gesellschafter untergliedert nach Einlagen/Erhöhung, Entnahmen/Verminderung und Ergebnisanteil. Differenzierte Darstellung der Kapitalanteile der Gesellschafter. Beim Komplementär kann die Entwicklung von „Festkapital", „bewegliches Kapital", „Gesellschafterdarlehen", „Verlust-/Vortragskonten", „Verrechnungskonto für Einzahlungsverpflichtungen", „Einzahlungsverpflichtung", „Ausstehende Einlagen" und „Verrechnungskonto mit Fremdkapitalkonten" gezeigt werden. Beim Kommanditisten ist die Unterscheidung zwischen „Kommandit-Kapital", „Verlust-/Vortragskonto" bzw. „bewegliches Kapital", „Gesellschafterdarlehen", „Verrechnungskonten für Ein-

[47] Der Ausgabeumfang kann jederzeit eingeschränkt bzw. erweitert werden.
[48] Ausgabe ausschließlich in Kanzlei-Rechnungswesen/BILANZ und nicht im Rechenzentrum möglich.

zahlungsverpflichtungen", „Einzahlungsverpflichtungen", „Ausstehende Einlagen" und „Verrechnungskonto mit Fremdkapitalcharakter" möglich.

5. Zusammensetzung der **Ergebnisverwendung** unter Berücksichtigung von Tätigkeitsvergütung, Tantieme, Darlehensverzinsung, Gebrauchsüberlassung, Sonstigen Vergütungen sowie des Restergebnisanteils, Ktn. 9500–9799 (SKR 03) bzw. Ktn. 9500–9799 (SKR 04).
6. **Kennzahlen** zum Jahresabschluss.
7. Darstellung des Jahresabschlusses in Form von **Grafiken;** Kreisdiagramm (Struktur von Vermögen und Kapital), Halbkreisdiagramm (Erträge und Aufwendungen in der Erfolgsrechnung) und Balkendiagramm (Entwicklung von Aufwand und Ertrag mit Vorjahr)[49].

Diese Bilanzdarstellung ist für Handelsgesellschaften und Kommanditgesellschaften, auf denen die Vorschriften des § 264a HGB anzuwenden sind, vorgesehen (z.B. GmbH & Co. KG).

---

[49] Im Rechenzentrum können noch zusätzlich die Grafiken „Betriebsaufwand und -ertrag" von 3 Jahren bzw. von 4 Jahren und die Grafiken „Aufwand und Ertrag" von 3 Jahren bzw. von 4 Jahren ausgegeben werden.

61

DATEV-Muster JA – Personenhandelsgesellschaft nach KapCoRiLiG erweitert

Blatt 1

BILANZ

Karl Friedrich Musterholz GmbH & Co. KG
Schreinerei und Ladenbau
Nürnberg

zum

31. Dezember 2001

AKTIVA

	Euro	Geschäftsjahr Euro	Vorjahr Euro
A. Anlagevermögen			
I. Immaterielle Vermögensgegenstände			
1. Geschäfts- oder Firmenwert		10.208,00	12.766,00
II. Sachanlagen			
1. Grundstücke, grundstücksgleiche Rechte und Bauten einschließlich der Bauten auf fremden Grundstücken	284.049,38		290.293,38
2. technische Anlagen und Maschinen	95.346,50		114.481,00
3. andere Anlagen, Betriebs- und Geschäftsausstattung	124.404,51	503.800,39	143.072,51
III. Finanzanlagen			
1. Wertpapiere des Anlagevermögens		40.758,45	20.758,45
B. Umlaufvermögen			
I. Vorräte			
1. Roh-, Hilfs- und Betriebsstoffe	102.002,00		116.903,95
2. unfertige Erzeugnisse, unfertige Leistungen	12.406,00		13.906,92
3. fertige Erzeugnisse und Waren	82.832,80	197.240,80	78.532,40
II. Forderungen und sonstige Vermögensgegenstände			
1. Forderungen aus Lieferungen und Leistungen - davon mit einer Restlaufzeit von mehr als einem Jahr Euro 29.348,00 (Euro 34.800,00)	211.298,48		237.106,11
2. Forderungen gegen Gesellschafter	0,00		10.000,00
Übertrag	211.298,48	752.007,64	1.037.820,72

PASSIVA

	Euro	Geschäftsjahr Euro	Vorjahr Euro
A. Eigenkapital			
I. Kapitalanteile persönlich haftender Gesellschafter		35.820,00	30.410,00
II. Kapitalanteile Kommanditisten		473.478,19	393.017,94
B. Rückstellungen			
1. Rückstellungen für Pensionen und ähnliche Verpflichtungen	60.241,86		59.091,86
2. Steuerrückstellungen	20.619,90		0,00
3. sonstige Rückstellungen	40.719,84	121.581,60	31.372,83
C. Verbindlichkeiten			
1. Verbindlichkeiten gegenüber Kreditinstituten - davon mit einer Restlaufzeit bis zu einem Jahr Euro 91.480,27 (Euro 72.172,42) - davon mit einer Restlaufzeit von mehr als fünf Jahren Euro 4.090,34 (Euro 15.338,76)	210.316,88		236.912,26
2. erhaltene Anzahlungen auf Bestellungen - davon mit einer Restlaufzeit bis zu einem Jahr Euro 49.000,00 (Euro 53.000,00)	49.000,00		53.000,00
3. Verbindlichkeiten aus Lieferungen und Leistungen - davon mit einer Restlaufzeit bis zu einem Jahr Euro 173.754,38 (Euro 178.710,41)	173.754,38		178.710,41
4. Verbindlichkeiten gegenüber Gesellschaftern - davon mit einer Restlaufzeit bis zu einem Jahr Euro 177.203,95 (Euro 117.106,93)	177.203,95		117.106,93
Übertrag	610.275,21	630.879,79	1.099.622,23

Blatt 2

BILANZ

Karl Friedrich Musterholz GmbH & Co. KG
Schreinerei und Ladenbau
Nürnberg

zum

31. Dezember 2001

AKTIVA

	Euro	Geschäftsjahr Euro	Vorjahr Euro
Übertrag	211.298,48	752.007,64	1.037.820,72
3. sonstige Vermögensgegenstände - davon mit einer Restlaufzeit von mehr als einem Jahr Euro 1.780,00 (Euro 1.630,00)	27.856,24	239.154,72	52.579,83
III. Kassenbestand, Bundesbankguthaben, Guthaben bei Kreditinstituten und Schecks		524.139,78	157.952,97
C. Rechnungsabgrenzungsposten		6.758,62	7.310,34
		1.522.060,76	1.255.663,86

PASSIVA

	Euro	Geschäftsjahr Euro	Vorjahr Euro
Übertrag	610.275,21	630.879,79	1.099.622,23
5. sonstige Verbindlichkeiten - davon aus Steuern Euro 70.223,76 (Euro 49.487,32) - davon im Rahmen der sozialen Sicherheit Euro 21.209,64 (Euro 20.620,37) - davon mit einer Restlaufzeit bis zu einem Jahr Euro 230.905,76 (Euro 156.041,63) - davon mit einer Restlaufzeit von mehr als fünf Jahren Euro 50.000,00 (Euro 0,00)	280.905,76	891.180,97	156.041,63
		1.522.060,76	1.255.663,86

- Verbindlichkeiten aus der Begebung und Übertragung von Wechseln, aus Bürgschaften, Wechsel- und Scheckbürgschaften und aus Gewährleistungsverträgen sowie Haftung aus Bestellung von Sicherheiten für fremde Verbindlichkeiten Euro 57.000,00 (Euro 55.000,00)

DATEV-Muster JA – Personenhandelsgesellschaft nach KapCoRiLiG erweitert

Blatt 3

ANLAGENSPIEGEL

Karl Friedrich Musterholz GmbH & Co. KG
Schreinerei und Ladenbau
Nürnberg

zum

31. Dezember 2001

	Anschaffungs-, Herstellungskosten 01.01.2001	Zugänge	Abgänge	Umbuchungen	Anschaffungs-, Herstellungskosten 31.12.2001	kumulierte Abschreibungen 01.01.2001	Abschreibungen Geschäftsjahr	Abgänge	Umbuchungen	kumulierte Abschreibungen 31.12.2001	Zuschreibungen Geschäftsjahr	Buchwert 31.12.2001
	Euro	Euro	Euro	Euro	Euro	Euro	Euro	Euro	Euro	Euro	Euro	Euro
A. Anlagevermögen												
I. Immaterielle Vermögensgegenstände												
1. Geschäfts- oder Firmenwert	38.346,89	0,00	0,00	0,00	38.346,89	25.580,89	2.558,00	0,00	0,00	28.138,89	0,00	10.208,00
Summe immaterielle Vermögensgegenstände	38.346,89	0,00	0,00	0,00	38.346,89	25.580,89	2.558,00	0,00	0,00	28.138,89	0,00	10.208,00
II. Sachanlagen												
1. Grundstücke, grundstücksgleiche Rechte und Bauten einschließlich der Bauten auf fremden Grundstücken	320.954,79	0,00	0,00	0,00	320.954,79	30.661,41	6.244,00	0,00	0,00	36.905,41	0,00	284.049,38
2. technische Anlagen und Maschinen	522.795,96	16.400,00	11.504,07	0,00	527.691,89	408.314,96	35.534,00	11.503,57	0,00	432.345,39	0,00	95.346,50
3. andere Anlagen, Betriebs- und Geschäftsausstattung	437.078,09	33.759,16	0,00	0,00	470.837,25	294.005,58	52.427,16	0,00	0,00	346.432,74	0,00	124.404,51
Summe Sachanlagen	1.280.828,84	50.159,16	11.504,07	0,00	1.319.483,93	732.981,95	94.205,16	11.503,57	0,00	815.683,54	0,00	503.800,39
III. Finanzanlagen												
1. Wertpapiere des Anlagevermögens	20.758,45	20.000,00	0,00	0,00	40.758,45	0,00	0,00	0,00	0,00	0,00	0,00	40.758,45
Summe Finanzanlagen	20.758,45	20.000,00	0,00	0,00	40.758,45	0,00	0,00	0,00	0,00	0,00	0,00	40.758,45
Summe Anlagevermögen	1.339.934,18	70.159,16	11.504,07	0,00	1.398.589,27	758.562,84	96.763,16	11.503,57	0,00	843.822,43	0,00	554.766,84

DATEV-Muster JA – Personenhandelsgesellschaft nach KapCoRiLiG erweitert

Blatt 4

GEWINN- UND VERLUSTRECHNUNG vom 01.01.2001 bis 31.12.2001

Karl Friedrich Musterholz GmbH & Co. KG
Schreinerei und Ladenbau
Nürnberg

	Euro	Geschäftsjahr Euro	%	Vorjahr Euro
1. Umsatzerlöse		3.023.760,02	99,91	2.936.391,12
2. Erhöhung des Bestands an fertigen und unfertigen Erzeugnissen		2.799,48	0,09	3.400,00-
3. Gesamtleistung		3.026.559,50	100,00	2.932.991,12
4. sonstige betriebliche Erträge				
a) ordentliche betriebliche Erträge				
aa) sonstige ordentliche Erträge	6.500,00			1.200,00
b) Erträge aus dem Abgang von Gegenständen des Anlagevermögens und aus Zuschreibungen zu Gegenständen des Anlagevermögens	9,50			20,39
c) sonstige Erträge im Rahmen der gewöhnlichen Geschäftstätigkeit	0,01	6.509,51	0,22	0,06
5. Materialaufwand				
a) Aufwendungen für Roh-, Hilfs- und Betriebsstoffe und für bezogene Waren		1.231.767,19	40,70	1.262.754,35
6. Personalaufwand				
a) Löhne und Gehälter	866.950,89			837.600,19
b) soziale Abgaben und Aufwendungen für Altersversorgung und für Unterstützung	142.589,04	1.009.539,93	33,36	138.455,86
- davon für Altersversorgung Euro 1.150,00 (Euro 645,00)				
7. Abschreibungen				
a) auf immaterielle Vermögensgegenstände des Anlagevermögens und Sachanlagen sowie auf aktivierte Aufwendungen für die Ingangsetzung und Erweiterung des Geschäftsbetriebs		96.763,16	3,20	132.462,06
- davon auf Grund steuerrechtlicher Vorschriften Euro 0,00 (Euro 38.396,00)				
Übertrag		694.998,73		562.939,11

Blatt 5

GEWINN- UND VERLUSTRECHNUNG vom 01.01.2001 bis 31.12.2001

Karl Friedrich Musterholz GmbH & Co. KG
Schreinerei und Ladenbau
Nürnberg

	Euro	Geschäftsjahr Euro	%	Vorjahr Euro
Übertrag		694.998,73		562.939,11
8. sonstige betriebliche Aufwendungen				
a) ordentliche betriebliche Aufwendungen				
aa) Raumkosten	55.254,13			57.717,71
ab) Versicherungen, Beiträge und Abgaben	17.425,00			16.835,00
ac) Reparaturen und Instandhaltungen	19.130,55			10.859,57
ad) Fahrzeugkosten	33.438,72			56.933,16
ae) Werbe- und Reisekosten	12.297,50			11.232,36
af) Kosten der Warenabgabe	23.123,76			20.651,08
ag) verschiedene betriebliche Kosten	55.989,79			36.406,66
b) sonstige Aufwendungen im Rahmen der gewöhnlichen Geschäftstätigkeit	3.718,43	220.377,88	7,28	3.889,52
9. sonstige Zinsen und ähnliche Erträge		3.784,06	0,13	1.900,33
10. Zinsen und ähnliche Aufwendungen		15.653,38	0,52	20.784,15
11. Ergebnis der gewöhnlichen Geschäftstätigkeit		462.751,53	15,29	329.530,23
12. außerordentliche Aufwendungen		42.210,90	1,39	68.671,91
13. außerordentliches Ergebnis		42.210,90-	1,39	68.671,91-
14. Steuern vom Einkommen und vom Ertrag	156.963,90			110.284,32
15. sonstige Steuern	20.919,36	177.883,26	5,88	19.518,36
16. Jahresüberschuss		242.657,37	8,02	131.055,64
17. Einstellungen in Gesellschafterkonten		242.657,37	8,02	131.055,64
18. Bilanzgewinn		0,00	0,00	0,00

DATEV-Muster JA – Personenhandelsgesellschaft nach KapCoRiLiG erweitert

Blatt 6

KAPITALKONTENENTWICKLUNG zum 31. Dezember 2001

Karl Friedrich Musterholz GmbH & Co. KG
Schreinerei und Ladenbau
Nürnberg

	Eigenkapital Konten Stand 01.01.2001	Fremdkapital/ Forderungen Konten Stand 01.01.2001	Einlagen/ Erhöhungen	Entnahmen/ Verminderungen	Ergebnisanteil Geschäftsjahr 31.12.2001	Eigenkapital Konten Stand 31.12.2001	Fremdkapital/ Forderungen Konten Stand 31.12.2001
	Euro	Euro	Euro	Euro	Euro	Euro	Euro
Muster GmbH							
Festkapital	25.000,00				0,00	25.000,00	
bewegliches Kapitalkonto	5.410,00				5.410,00	10.820,00	
Joseph Beispiel							
Kommandit-Kapital	45.000,00				0,00	45.000,00	
Verlust-/Vortragskonto							
bewegliches Kapitalkonto	52.222,52				0,00	52.222,52	
Verrechnungskonto mit Fremdkapitalcharakter		69.747,96	11.280,00	50.558,68-	65.661,79		96.131,07
Claudia Beispiel							
Kommandit-Kapital	55.000,00				0,00	55.000,00	
Verlust-/Vortragskonto							
bewegliches Kapitalkonto	66.740,25				0,00	66.740,25	
Verrechnungskonto mit Fremdkapitalcharakter		47.358,97	11.600,00	46.060,70-	59.350,79		72.249,06
Reinhard Beispiel							
Kommandit-Kapital	60.000,00				0,00	60.000,00	
Verlust-/Vortragskonto							
bewegliches Kapitalkonto	99.055,17				80.460,25	179.515,42	
Gesellschafter-Darlehen	15.000,00				0,00	15.000,00	
Verrechnungskonto mit Fremdkapitalcharakter		10.000,00	7.176,00	40.126,72-	31.774,54		8.823,82
S U M M E	423.427,94	127.106,93	30.056,00	136.746,10-	242.657,37	509.298,19	177.203,95

DATEV-Muster JA – Personenhandelsgesellschaft nach KapCoRiLiG erweitert

Blatt 7

ERGEBNISVERWENDUNG zum 31. Dezember 2001

Karl Friedrich Musterholz GmbH & Co. KG
Schreinerei und Ladenbau
Nürnberg

	Tätigkeits-vergütung	Tantieme	Darlehens-verzinsung	Gebrauchs-überlassung	Sonstige Vergütungen	Restverteilung	Ergebnisanteil gesamt
	Euro	Euro	Euro	Euro	Euro	Euro	Euro
Muster GmbH			1.250,00		4.160,00		5.410,00
Joseph Beispiel	12.400,00	4.500,00	1.873,00	14.470,00		32.418,79	65.661,79
Claudia Beispiel	12.400,00	4.500,00	1.637,00	6.285,00	2.110,00	32.418,79	59.350,79
Reinhard Beispiel	46.000,00	8.000,00	600,00	14.482,90	10.733,11	32.418,78	112.234,79
S U M M E	70.800,00	17.000,00	5.360,00	35.237,90	17.003,11	97.256,36	242.657,37

11. Jahresabschluss – kleine Kapitalgesellschaft

Für die Aufbereitung des Jahresabschlusses in den DATEV-Programmen Kanzlei-Rechnungswesen/BILANZ wurde die Zuordnungstabelle „Kapitalgesellschaft, klein, HGB, Aufst./Offenlegung, Mindest-" mit dem Wert S4603 (SKR03) bzw. S4604 (SKR04) zugrunde gelegt. 62

Zum **Ausgabeumfang** gehören[50]:

1. Verkürzt gegliederte **Bilanz** gem. § 266 Abs. 1 S. 3 HGB, in der nur die mit Buchstaben und römischen Zahlen bezeichneten Posten gesondert ausgewiesen sind, DIN A 3/DIN A 4 quer Format. In der Bilanz sind nur – für Hauptpositionen zusammengefasst – Restlaufzeitvermerke von mehr als 1 Jahr für Forderungen und bis zu 1 Jahr für Verbindlichkeiten, enthalten. Forderungen an bzw. gegenüber Gesellschafter sind im Anhang anzugeben.
2. Wahlweise horizontal erweiterter, vertikal verkürzt gegliederter **Anlagenspiegel** (12-spaltig), DIN A 3 Format oder Ausgabe eines horizontal verkürzten Anlagenspiegel (7-spaltig) und eines Abschreibungspiegels[51] in Format DIN A 4 quer. Die Ausgabe eines 7-spaltigen Anlagenspiegels auf Basis von Restbuchwerten ist alternativ möglich.
3. Gem. § 275 i. V. m. § 276 HGB verkürzt gegliederte **GuV,** in der die ersten fünf Posten zu einem „Rohergebnis" zusammengefasst sind.
4. **Kennzahlen** zum Jahresabschluss.
5. Darstellung des Jahresabschlusses in Form von **Grafiken;** Kreisdiagramm (Struktur von Vermögen und Kapital), Halbkreisdiagramm (Erträge und Aufwendungen in der Erfolgsrechnung) und Balkendiagramm (Entwicklung von Aufwand und Ertrag mit Vorjahr)[52].

Bei der Offenlegung beim Handelsregister braucht z. B. die GuV nicht mit eingereicht zu werden, § 326 S. 1 HGB, so dass für Offenlegungszwecke der Ausgabeumfang eingeschränkt werden kann.

---

[50] Der Ausgabeumfang kann jederzeit eingeschränkt bzw. erweitert werden.

[51] Ausgabe ausschließlich in Kanzlei-Rechnungswesen/BILANZ und nicht im Rechenzentrum möglich.

[52] Im Rechenzentrum können noch zusätzlich die Grafiken „Entwicklung von Beriebsaufwand und -ertrag" von 3 Jahren bzw. 4 Jahren und die Grafiken „Entwicklung von Aufwand und Ertrag" von 3 Jahren bzw. 4 Jahren ausgegeben werden.

63

DATEV-Muster JA – kleine Kapitalgesellschaft

Blatt 1

BILANZ

Karl Friedrich Musterholz GmbH
Schreinerei und Ladenbau
Nürnberg

zum

31. Dezember 2001

AKTIVA

	Euro	Geschäftsjahr Euro	Vorjahr Euro
A. Anlagevermögen			
I. Immaterielle Vermögensgegenstände	10.208,00		12.766,00
II. Sachanlagen	503.800,39		547.846,89
III. Finanzanlagen	40.758,45	554.766,84	20.758,45
B. Umlaufvermögen			
I. Vorräte	197.240,80		209.343,27
II. Forderungen und sonstige Vermögensgegenstände - davon mit einer Restlaufzeit von mehr als einem Jahr Euro 31.128,00 (Euro 36.430,00)	239.154,72		289.685,94
III. Kassenbestand, Bundesbankguthaben, Guthaben bei Kreditinstituten und Schecks	524.139,78	960.535,30	259.759,67
C. Rechnungsabgrenzungsposten		6.758,62	7.310,34
		1.522.060,76	1.347.470,56

PASSIVA

	Geschäftsjahr Euro	Vorjahr Euro
A. Eigenkapital		
I. Gezeichnetes Kapital	260.000,00	260.000,00
II. Gewinnrücklagen	0,00	81.806,70
III. Bilanzgewinn	426.502,14	290.534,87
B. Rückstellungen	121.581,60	90.464,69
C. Verbindlichkeiten - davon mit einer Restlaufzeit bis zu einem Jahr Euro 545.140,41 (Euro 459.924,46)	713.977,02	624.664,30
	1.522.060,76	1.347.470,56

DATEV-Muster JA – kleine Kapitalgesellschaft

Blatt 2

ANLAGENSPIEGEL

Karl Friedrich Musterholz GmbH
Schreinerei und Ladenbau
Nürnberg

zum

31. Dezember 2001

	Anschaffungs-, Herstellungs-kosten 01.01.2001	Zugänge	Abgänge	Umbuchungen	Anschaffungs-, Herstellungs-kosten 31.12.2001	kumulierte Abschreibungen 01.01.2001	Abschreibungen Geschäftsjahr	Abgänge	Umbuchungen	kumulierte Abschreibungen 31.12.2001	Zuschreibungen Geschäftsjahr	Buchwert 31.12.2001
	Euro	Euro	Euro	Euro	Euro	Euro	Euro	Euro	Euro	Euro	Euro	Euro
A. Anlagevermögen												
I. Immaterielle Vermögens-gegenstände	38.346,89	0,00	0,00	0,00	38.346,89	25.580,89	2.558,00	0,00	0,00	28.138,89	0,00	10.208,00
II. Sachanlagen	1.280.828,84	50.159,16	11.504,07	0,00	1.319.483,93	732.981,95	94.205,16	11.503,57	0,00	815.683,54	0,00	503.800,39
III. Finanzanlagen	20.758,45	20.000,00	0,00	0,00	40.758,45	0,00	0,00	0,00	0,00	0,00	0,00	40.758,45
Summe Anlagevermögen	1.339.934,18	70.159,16	11.504,07	0,00	1.398.589,27	758.562,84	96.763,16	11.503,57	0,00	843.822,43	0,00	554.766,84

DATEV-Muster JA – kleine Kapitalgesellschaft

Blatt 3

GEWINN- UND VERLUSTRECHNUNG vom 01.01.2001 bis 31.12.2001

Karl Friedrich Musterholz GmbH
Schreinerei und Ladenbau
Nürnberg

	Euro	Geschäftsjahr Euro	%	Vorjahr Euro
1. Rohergebnis		1.782.053,42	100,00	1.671.457,22
2. Personalaufwand				
a) Löhne und Gehälter	866.950,89			837.600,19
b) soziale Abgaben und Aufwendungen für Altersversorgung und für Unterstützung - davon für Altersversorgung Euro 1.150,00 (Euro 645,00)	142.589,04	1.009.539,93	56,65	138.455,86
3. Abschreibungen				
a) auf immaterielle Vermögensgegenstände des Anlagevermögens und Sachanlagen sowie auf aktivierte Aufwendungen für die Ingangsetzung und Erweiterung des Geschäftsbetriebs		96.763,16	5,43	132.462,06
4. sonstige betriebliche Aufwendungen		239.626,28	13,45	214.525,06
5. sonstige Zinsen und ähnliche Erträge		3.784,06	0,21	1.900,33
6. Zinsen und ähnliche Aufwendungen		15.653,38	0,88	20.784,15
7. Ergebnis der gewöhnlichen Geschäftstätigkeit		424.254,73	23,81	329.530,23
8. außerordentliche Aufwendungen		42.210,90	2,37	68.671,91
9. außerordentliches Ergebnis		42.210,90-	2,37	68.671,91-
10. Steuern vom Einkommen und vom Ertrag	156.963,90			110.284,32
11. sonstige Steuern	20.919,36	177.883,26	9,98	19.518,36
12. Jahresüberschuss		204.160,57	11,46	131.055,64
13. Gewinnvortrag aus dem Vorjahr		290.534,87	16,30	239.479,23
14. Entnahmen aus Gewinnrücklagen				
a) aus anderen Gewinnrücklagen		81.806,70	4,59	0,00
15. Ausschüttung		150.000,00	8,42	80.000,00
16. Bilanzgewinn		426.502,14	23,93	290.534,87

12. Jahresabschluss – mittelgroße Kapitalgesellschaft, Aufstellung

Für **Aufstellungszwecke** erfolgt die Aufbereitung des Jahresabschlusses in den DATEV-Programmen Kanzlei-Rechnungswesen/BILANZ mit der Zuordnungstabelle „Kapitalgesellschaft, mittelgroß, HGB, Aufstellung, Mindest-" mit dem Wert S4303 (SKR03) bzw. S4304 (SKR04). Zum **Ausgabeumfang** gehören[53]: 64

1. Unverkürzt gegliederte **Bilanz** gem. § 266 HGB, DIN A 3/DIN A 4 quer Format. In der Bilanz sind nur Restlaufzeitvermerke von mehr als 1 Jahr für Forderungen und bis zu 1 Jahr für Verbindlichkeiten enthalten. Forderungen an bzw. gegenüber Gesellschafter sind im Anhang anzugeben.
2. Erweiterter und im Hinblick auf die gesondert auszuweisenden Posten des Anlagevermögens vertikal unverkürzt gegliederter **Anlagenspiegel,** DIN A 3 Format oder Ausgabe eines horizontal verkürzten Anlagenspiegel (7-spaltig) und eines Abschreibungsspiegels[54] in Format DIN A 4 quer.
3. Gem. § 275 i.V.m. § 276 HGB verkürzt gegliederte **GuV,** in der die ersten fünf Posten zu einem „Rohergebnis" zusammengefasst sind.
4. **Kennzahlen** zum Jahresabschluss.
5. Darstellung des Jahresabschlusses in Form von **Grafiken;** Kreisdiagramm (Struktur von Vermögen und Kapital), Halbkreisdiagramm (Erträge und Aufwendungen in der Erfolgsrechnung) und Balkendiagramm (Entwicklung von Aufwand und Ertrag mit Vorjahr)[55].

---

[53] Der Ausgabeumfang kann jederzeit eingeschränkt bzw. erweitert werden.
[54] Ausgabe ausschließlich in Kanzlei-Rechnungswesen/BILANZ und nicht im Rechenzentrum möglich.
[55] Im Rechenzentrum können noch zusätzlich die Grafiken „Entwicklung von Betriebsaufwand und -ertrag" von 3 Jahren bzw. 4 Jahren und die Grafiken „Entwicklung von Aufwand und Ertrag von 3 Jahren bzw. 4 Jahren ausgegeben werden.

65 **DATEV-Muster JA – mittelgroße Kapitalgesellschaft – Aufstellung**

Blatt 1

BILANZ

Karl Friedrich Musterholz GmbH
Schreinerei und Ladenbau
Nürnberg

zum

31. Dezember 2001

AKTIVA

	Euro	Geschäftsjahr Euro	Vorjahr Euro
A. Anlagevermögen			
I. Immaterielle Vermögensgegenstände			
1. Geschäfts- oder Firmenwert		10.208,00	12.766,00
II. Sachanlagen			
1. Grundstücke, grundstücksgleiche Rechte und Bauten einschließlich der Bauten auf fremden Grundstücken	284.049,38		290.293,38
2. technische Anlagen und Maschinen	95.346,50		114.481,00
3. andere Anlagen, Betriebs- und Geschäftsausstattung	124.404,51	503.800,39	143.072,51
III. Finanzanlagen			
1. Wertpapiere des Anlagevermögens		40.758,45	20.758,45
B. Umlaufvermögen			
I. Vorräte			
1. Roh-, Hilfs- und Betriebsstoffe	102.002,00		116.903,95
2. unfertige Erzeugnisse, unfertige Leistungen	12.406,00		13.906,92
3. fertige Erzeugnisse und Waren	82.832,80	197.240,80	78.532,40
II. Forderungen und sonstige Vermögensgegenstände			
1. Forderungen aus Lieferungen und Leistungen - davon mit einer Restlaufzeit von mehr als einem Jahr Euro 29.348,00 (Euro 34.800,00)	211.298,48		237.106,11
2. sonstige Vermögensgegenstände	27.856,24	239.154,72	52.579,83
Übertrag		991.162,36	1.080.400,55

PASSIVA

	Euro	Geschäftsjahr Euro	Vorjahr Euro
A. Eigenkapital			
I. Gezeichnetes Kapital		260.000,00	260.000,00
II. Gewinnrücklagen			
1. andere Gewinnrücklagen		0,00	81.806,70
III. Bilanzgewinn		426.502,14	290.534,87
B. Rückstellungen			
1. Rückstellungen für Pensionen und ähnliche Verpflichtungen	60.241,86		59.091,86
2. Steuerrückstellungen	20.619,90		0,00
3. sonstige Rückstellungen	40.719,84	121.581,60	31.372,83
C. Verbindlichkeiten			
1. Verbindlichkeiten gegenüber Kreditinstituten - davon mit einer Restlaufzeit bis zu einem Jahr Euro 91.480,27 (Euro 72.172,42)	210.316,88		236.912,26
2. erhaltene Anzahlungen auf Bestellungen - davon mit einer Restlaufzeit bis zu einem Jahr Euro 49.000,00 (Euro 53.000,00)	49.000,00		53.000,00
3. Verbindlichkeiten aus Lieferungen und Leistungen - davon mit einer Restlaufzeit bis zu einem Jahr Euro 173.754,38 (Euro 178.710,41)	173.754,38		178.710,41
4. sonstige Verbindlichkeiten - davon aus Steuern Euro 70.223,76 (Euro 49.487,32)	280.905,76	713.977,02	156.041,63
Übertrag		1.522.060,76	1.347.470,56

Blatt 2

BILANZ

Karl Friedrich Musterholz GmbH
Schreinerei und Ladenbau
Nürnberg

zum

31. Dezember 2001

AKTIVA	Euro	Geschäftsjahr Euro	Vorjahr Euro	PASSIVA	Euro	Geschäftsjahr Euro	Vorjahr Euro
Übertrag		991.162,36	1.080.400,55	Übertrag		1.522.060,76	1.347.470,56
- davon mit einer Restlaufzeit von mehr als einem Jahr Euro 1.780,00 (Euro 1.630,00)				- davon im Rahmen der sozialen Sicherheit Euro 21.209,64 (Euro 20.620,37)			
III. Kassenbestand, Bundesbank-guthaben, Guthaben bei Kreditinstituten und Schecks		524.139,78	259.759,67	- davon mit einer Restlaufzeit bis zu einem Jahr Euro 230.905,76 (Euro 156.041,63)			
C. Rechnungsabgrenzungsposten		6.758,62	7.310,34				
		1.522.060,76	1.347.470,56			1.522.060,76	1.347.470,56

DATEV-Muster JA – mittelgroße Kapitalgesellschaft – Aufstellung

Blatt 3

ANLAGENSPIEGEL

Karl Friedrich Musterholz GmbH
Schreinerei und Ladenbau
Nürnberg

zum

31. Dezember 2001

	Anschaffungs-, Herstellungs-kosten 01.01.2001	Zugänge	Abgänge	Umbuchungen	Anschaffungs-, Herstellungs-kosten 31.12.2001	kumulierte Abschreibungen 01.01.2001	Abschreibungen Geschäftsjahr	Abgänge	Umbuchungen	kumulierte Abschreibungen 31.12.2001	Zuschreibungen Geschäftsjahr	Buchwert 31.12.2001
	Euro	Euro	Euro	Euro	Euro	Euro	Euro	Euro	Euro	Euro	Euro	Euro
A. Anlagevermögen												
I. Immaterielle Vermögens-gegenstände												
1. Geschäfts- oder Firmenwert	38.346,89	0,00	0,00	0,00	38.346,89	25.580,89	2.558,00	0,00	0,00	28.138,89	0,00	10.208,00
Summe immaterielle Vermögensgegenstände	38.346,89	0,00	0,00	0,00	38.346,89	25.580,89	2.558,00	0,00	0,00	28.138,89	0,00	10.208,00
II. Sachanlagen												
1. Grundstücke, grundstücks-gleiche Rechte und Bauten einschließlich der Bauten auf fremden Grundstücken	320.954,79	0,00	0,00	0,00	320.954,79	30.661,41	6.244,00	0,00	0,00	36.905,41	0,00	284.049,38
2. technische Anlagen und Maschinen	522.795,96	16.400,00	11.504,07	0,00	527.691,89	408.314,96	35.534,00	11.503,57	0,00	432.345,39	0,00	95.346,50
3. andere Anlagen, Betriebs- und Geschäftsausstattung	437.078,09	33.759,16	0,00	0,00	470.837,25	294.005,58	52.427,16	0,00	0,00	346.432,74	0,00	124.404,51
Summe Sachanlagen	1.280.828,84	50.159,16	11.504,07	0,00	1.319.483,93	732.981,95	94.205,16	11.503,57	0,00	815.683,54	0,00	503.800,39
III. Finanzanlagen												
1. Wertpapiere des Anlagevermögens	20.758,45	20.000,00	0,00	0,00	40.758,45	0,00	0,00	0,00	0,00	0,00	0,00	40.758,45
Summe Finanzanlagen	20.758,45	20.000,00	0,00	0,00	40.758,45	0,00	0,00	0,00	0,00	0,00	0,00	40.758,45
Summe Anlagevermögen	1.339.934,18	70.159,16	11.504,07	0,00	1.398.589,27	758.562,84	96.763,16	11.503,57	0,00	843.822,43	0,00	554.766,84

DATEV-Muster JA – mittelgroße Kapitalgesellschaft – Aufstellung

Blatt 4

GEWINN- UND VERLUSTRECHNUNG vom 01.01.2001 bis 31.12.2001

Karl Friedrich Musterholz GmbH
Schreinerei und Ladenbau
Nürnberg

	Euro	Geschäftsjahr Euro	%	Vorjahr Euro
1. Rohergebnis		1.782.053,42	100,00	1.671.457,22
2. Personalaufwand				
a) Löhne und Gehälter	866.950,89			837.600,19
b) soziale Abgaben und Aufwendungen für Altersversorgung und für Unterstützung	142.589,04	1.009.539,93	56,65	138.455,86
- davon für Altersversorgung Euro 1.150,00 (Euro 645,00)				
3. Abschreibungen				
a) auf immaterielle Vermögensgegenstände des Anlagevermögens und Sachanlagen sowie auf aktivierte Aufwendungen für die Ingangsetzung und Erweiterung des Geschäftsbetriebs		96.763,16	5,43	132.462,06
4. sonstige betriebliche Aufwendungen		239.626,28	13,45	214.525,06
5. sonstige Zinsen und ähnliche Erträge		3.784,06	0,21	1.900,33
6. Zinsen und ähnliche Aufwendungen		15.653,38	0,88	20.784,15
7. Ergebnis der gewöhnlichen Geschäftstätigkeit		424.254,73	23,81	329.530,23
8. außerordentliche Aufwendungen		42.210,90	2,37	68.671,91
9. außerordentliches Ergebnis		42.210,90-	2,37	68.671,91-
10. Steuern vom Einkommen und vom Ertrag	156.963,90			110.284,32
11. sonstige Steuern	20.919,36	177.883,26	9,98	19.518,36
12. Jahresüberschuss		204.160,57	11,46	131.055,64
13. Gewinnvortrag aus dem Vorjahr		290.534,87	16,30	239.479,23
14. Entnahmen aus Gewinnrücklagen				
a) aus anderen Gewinnrücklagen		81.806,70	4,59	0,00
15. Ausschüttung		150.000,00	8,42	80.000,00
16. Bilanzgewinn		426.502,14	23,93	290.534,87

13. Jahresabschluss – mittelgroße Kapitalgesellschaft, Offenlegung

66 Für **Offenlegungszwecke** erfolgt die Aufbereitung des Jahresabschlusses in den DATEV-Programmen Kanzlei-Rechnungswesen/BILANZ mit der Zuordnungstabelle „Kapitalgesellschaft, mittelgroß, HGB, Offenlegung, Mindest-" mit dem Wert S4903 (SKR03) bzw. S4904 (SKR04).

Zum **Ausgabeumfang** gehören[56]:

1. Verkürzt gegliederte **Bilanz** gem. § 266 HGB i.V.m. § 327 Nr. 1 HGB mit der Maßgabe, dass die in § 327 Nr. 1 HGB aufgeführten Bilanzposten gesondert ausgewiesen sind, also nicht in den Anhang aufgenommen werden müssen, DIN A 3/DIN A 4 quer Format. In der Bilanz sind – für die gesondert auszuweisenden Posten – nur Restlaufzeitvermerke von mehr als 1 Jahr für Forderungen und bis zu 1 Jahr für Verbindlichkeiten enthalten. Forderungen an bzw. gegenüber Gesellschafter sind im Anhang anzugeben.
2. Erweiterter und im Hinblick auf die gesondert auszuweisenden Posten des Anlagevermögens vertikal unverkürzt gegliederter **Anlagenspiegel,** DIN A 3 Format oder Ausgabe eines horizontal verkürzten Anlagenspiegel (7-spaltig) und eines Abschreibungsspiegels[57] in Format DIN A 4 quer.
3. Gem. § 275 i.V.m. § 276 HGB verkürzt gegliederte **GuV,** in der die ersten fünf Posten zu einem „Rohergebnis" zusammengefasst sind.
4. **Kennzahlen** zum Jahresabschluss.

---

[56] Der Ausgabeumfang kann jederzeit eingeschränkt bzw. erweitert werden.
[57] Ausgabe ausschließlich in Kanzlei-Rechnungswesen/BILANZ und nicht im Rechenzentrum möglich.

DATEV-Muster JA – mittelgroße Kapitalgesellschaft – Offenlegung 67

Blatt 1

BILANZ

Karl Friedrich Musterholz GmbH
Schreinerei und Ladenbau
Nürnberg

zum

31. Dezember 2001

AKTIVA

	Euro	Geschäftsjahr Euro	Vorjahr Euro
A. Anlagevermögen			
I. Immaterielle Vermögensgegenstände			
1. Geschäfts- oder Firmenwert		10.208,00	12.766,00
II. Sachanlagen			
1. Grundstücke, grundstücksgleiche Rechte und Bauten einschließlich der Bauten auf fremden Grundstücken	284.049,38		290.293,38
2. technische Anlagen und Maschinen	95.346,50		114.481,00
3. andere Anlagen, Betriebs- und Geschäftsausstattung	124.404,51	503.800,39	143.072,51
III. Finanzanlagen			
1. übrige Finanzanlagen		40.758,45	20.758,45
B. Umlaufvermögen			
I. Vorräte		197.240,80	209.343,27
II. Forderungen und sonstige Vermögensgegenstände			
1. übrige Forderungen und sonstige Vermögensgegenstände - davon mit einer Restlaufzeit von mehr als einem Jahr Euro 31.128,00 (Euro 36.430,00)		239.154,72	289.685,94
III. Kassenbestand, Bundesbankguthaben, Guthaben bei Kreditinstituten und Schecks		524.139,78	259.759,67
C. Rechnungsabgrenzungsposten		6.758,62	7.310,34
		1.522.060,76	1.347.470,56

PASSIVA

	Euro	Geschäftsjahr Euro	Vorjahr Euro
A. Eigenkapital			
I. Gezeichnetes Kapital		260.000,00	260.000,00
II. Gewinnrücklagen		0,00	81.806,70
III. Bilanzgewinn		426.502,14	290.534,87
B. Rückstellungen		121.581,60	90.464,69
C. Verbindlichkeiten			
1. Verbindlichkeiten gegenüber Kreditinstituten - davon mit einer Restlaufzeit bis zu einem Jahr Euro 91.480,27 (Euro 72.172,42)	210.316,88		236.912,26
2. übrige Verbindlichkeiten - davon aus Steuern Euro 70.223,76 (Euro 49.487,32) - davon im Rahmen der sozialen Sicherheit Euro 21.209,64 (Euro 20.620,37) - davon mit einer Restlaufzeit bis zu einem Jahr Euro 453.660,14 (Euro 387.752,04)	503.660,14	713.977,02	387.752,04
		1.522.060,76	1.347.470,56

DATEV-Muster JA – mittelgroße Kapitalgesellschaft – Offenlegung

Blatt 2

ANLAGENSPIEGEL

Karl Friedrich Musterholz GmbH
Schreinerei und Ladenbau
Nürnberg

zum

31. Dezember 2001

	Anschaffungs-, Herstellungskosten 01.01.2001	Zugänge	Abgänge	Umbuchungen	Anschaffungs-, Herstellungskosten 31.12.2001	kumulierte Abschreibungen 01.01.2001	Abschreibungen Geschäftsjahr	Abgänge	Umbuchungen	kumulierte Abschreibungen 31.12.2001	Zuschreibungen Geschäftsjahr	Buchwert 31.12.2001
	Euro	Euro	Euro	Euro	Euro	Euro	Euro	Euro	Euro	Euro	Euro	Euro
A. Anlagevermögen												
I. Immaterielle Vermögensgegenstände												
1. Geschäfts- oder Firmenwert	38.346,89	0,00	0,00	0,00	38.346,89	25.580,89	2.558,00	0,00	0,00	28.138,89	0,00	10.208,00
Summe immaterielle Vermögensgegenstände	38.346,89	0,00	0,00	0,00	38.346,89	25.580,89	2.558,00	0,00	0,00	28.138,89	0,00	10.208,00
II. Sachanlagen												
1. Grundstücke, grundstücksgleiche Rechte und Bauten einschließlich der Bauten auf fremden Grundstücken	320.954,79	0,00	0,00	0,00	320.954,79	30.661,41	6.244,00	0,00	0,00	36.905,41	0,00	284.049,38
2. technische Anlagen und Maschinen	522.795,96	16.400,00	11.504,07	0,00	527.691,89	408.314,96	35.534,00	11.503,57	0,00	432.345,39	0,00	95.346,50
3. andere Anlagen, Betriebs- und Geschäftsausstattung	437.078,09	33.759,16	0,00	0,00	470.837,25	294.005,58	52.427,16	0,00	0,00	346.432,74	0,00	124.404,51
Summe Sachanlagen	1.280.828,84	50.159,16	11.504,07	0,00	1.319.483,93	732.981,95	94.205,16	11.503,57	0,00	815.683,54	0,00	503.800,39
III. Finanzanlagen												
1. übrige Finanzanlagen	20.758,45	20.000,00	0,00	0,00	40.758,45	0,00	0,00	0,00	0,00	0,00	0,00	40.758,45
Summe Finanzanlagen	20.758,45	20.000,00	0,00	0,00	40.758,45	0,00	0,00	0,00	0,00	0,00	0,00	40.758,45
Summe Anlagevermögen	1.339.934,18	70.159,16	11.504,07	0,00	1.398.589,27	758.562,84	96.763,16	11.503,57	0,00	843.822,43	0,00	554.766,84

DATEV-Muster JA – mittelgroße Kapitalgesellschaft – Offenlegung

Blatt 3

GEWINN- UND VERLUSTRECHNUNG vom 01.01.2001 bis 31.12.2001

Karl Friedrich Musterholz GmbH
Schreinerei und Ladenbau
Nürnberg

	Euro	Geschäftsjahr Euro	%	Vorjahr Euro
1. Rohergebnis		1.782.053,42	100,00	1.671.457,22
2. Personalaufwand				
a) Löhne und Gehälter	866.950,89			837.600,19
b) soziale Abgaben und Aufwendungen für Altersversorgung und für Unterstützung	142.589,04	1.009.539,93	56,65	138.455,86
- davon für Altersversorgung Euro 1.150,00 (Euro 645,00)				
3. Abschreibungen				
a) auf immaterielle Vermögensgegenstände des Anlagevermögens und Sachanlagen sowie auf aktivierte Aufwendungen für die Ingangsetzung und Erweiterung des Geschäftsbetriebs		96.763,16	5,43	132.462,06
4. sonstige betriebliche Aufwendungen		239.626,28	13,45	214.525,06
5. sonstige Zinsen und ähnliche Erträge		3.784,06	0,21	1.900,33
6. Zinsen und ähnliche Aufwendungen		15.653,38	0,88	20.784,15
7. Ergebnis der gewöhnlichen Geschäftstätigkeit		424.254,73	23,81	329.530,23
8. außerordentliche Aufwendungen		42.210,90	2,37	68.671,91
9. außerordentliches Ergebnis		42.210,90-	2,37	68.671,91-
10. Steuern vom Einkommen und vom Ertrag	156.963,90			110.284,32
11. sonstige Steuern	20.919,36	177.883,26	9,98	19.518,36
12. Jahresüberschuss		204.160,57	11,46	131.055,64
13. Gewinnvortrag aus dem Vorjahr		290.534,87	16,30	239.479,23
14. Entnahmen aus Gewinnrücklagen				
a) aus anderen Gewinnrücklagen		81.806,70	4,59	0,00
15. Ausschüttung		150.000,00	8,42	80.000,00
16. Bilanzgewinn		426.502,14	23,93	290.534,87

68 Sollen bei der offenzulegenden Bilanz die in § 327 Nr. 1 HGB aufgeführten Bilanzposten statt in der Bilanz gesondert ausgewiesen im Anhang angegeben werden, ist für die Bilanzaufbereitung die Zuordnungstabelle für kleine Kapitalgesellschaft mit dem Wert S4603 (SKR03) bzw. S4604 (SKR04) unter Einschränkung des Ausgabeumfanges zu wählen.

14. Jahresabschluss – große Kapitalgesellschaft

69 Bei der großen Kapitalgesellschaft ist der Abruf für Aufstellungs- und Offenlegungszwecke identisch, weil es für die Offenlegung keine Gliederungserleichterungen gibt. Für die Aufbereitung des Jahresabschlusses in den DATEV-Programmen Kanzlei-Rechnungswesen/BILANZ wurde die Zuordnungstabelle „Kapitalgesellschaft, groß, HGB, Aufst./Offenlegung, Mindest-" mit dem Wert S4003 (SKR03) bzw. S4004 (SKR04) zugrunde gelegt.

Für den Jahresabschluss mit Posten nach dem DMBilG wird die Zuordnungstabelle S4 003 0000027 (SKR03) bzw. S4 004 0000026 (SKR04) herangezogen.

70 Zum **Ausgabeumfang** gehören[58]:

1. Unverkürzt gegliederte **Bilanz** gem. § 266 HGB, DIN A 3/DIN A 4 quer Format. In der Bilanz sind nur Restlaufzeitvermerke von mehr als 1 Jahr für Forderungen und bis zu 1 Jahr für Verbindlichkeiten enthalten. Forderungen an bzw. gegenüber Gesellschafter sind im Anhang anzugeben.
2. Erweiterter und im Hinblick auf die gesondert auszuweisenden Posten des Anlagevermögens vertikal unverkürzt gegliederter **Anlagenspiegel,** DIN A 3 Format oder Ausgabe eines horizontal verkürzten Anlagenspiegel (7-spaltig) und eines Abschreibungspiegels[59] in Format DIN A 4 quer.
3. Gem. § 275 HGB unverkürzt gegliederte **GuV.**
4. **Kennzahlen** zum Jahresabschluss.
5. Darstellung des Jahresabschlusses in Form von **Grafiken;** Kreisdiagramm (Struktur von Vermögen und Kapital), Halbkreisdiagramm (Erträge und Aufwendungen in der Erfolgsrechnung) und Balkendiagramm (Entwicklung von Aufwand und Ertrag mit Vorjahr)[60].

---

[58] Der Ausgabeumfang kann jederzeit eingeschränkt bzw. erweitert werden.

[59] Ausgabe ausschließlich in Kanzlei-Rechnungswesen/BILANZ und nicht im Rechenzentrum möglich.

[60] Im Rechenzentrum können noch zusätzlich die Grafiken „Betriebsaufwand und -ertrag" von 3 Jahren bzw. 4 Jahren und die Grafiken „Aufwand und Ertrag" von 3 Jahren bzw. 4 Jahren ausgegeben werden.

DATEV-Muster JA – große Kapitalgesellschaft 71

Blatt 1

BILANZ

Karl Friedrich Musterholz GmbH
Schreinerei und Ladenbau
Nürnberg

zum

31. Dezember 2001

AKTIVA	Euro	Geschäftsjahr Euro	Vorjahr Euro
A. Anlagevermögen			
I. Immaterielle Vermögensgegenstände			
1. Geschäfts- oder Firmenwert		10.208,00	12.766,00
II. Sachanlagen			
1. Grundstücke, grundstücksgleiche Rechte und Bauten einschließlich der Bauten auf fremden Grundstücken	284.049,38		290.293,38
2. technische Anlagen und Maschinen	95.346,50		114.481,00
3. andere Anlagen, Betriebs- und Geschäftsausstattung	124.404,51	503.800,39	143.072,51
III. Finanzanlagen			
1. Wertpapiere des Anlagevermögens		40.758,45	20.758,45
B. Umlaufvermögen			
I. Vorräte			
1. Roh-, Hilfs- und Betriebsstoffe	102.002,00		116.903,95
2. unfertige Erzeugnisse, unfertige Leistungen	12.406,00		13.906,92
3. fertige Erzeugnisse und Waren	82.832,80	197.240,80	78.532,40
II. Forderungen und sonstige Vermögensgegenstände			
1. Forderungen aus Lieferungen und Leistungen - davon mit einer Restlaufzeit von mehr als einem Jahr Euro 29.348,00 (Euro 34.800,00)	211.298,48		237.106,11
2. sonstige Vermögensgegenstände	27.856,24	239.154,72	52.579,83
Übertrag		991.162,36	1.080.400,55

PASSIVA	Euro	Geschäftsjahr Euro	Vorjahr Euro
A. Eigenkapital			
I. Gezeichnetes Kapital		260.000,00	260.000,00
II. Gewinnrücklagen			
1. andere Gewinnrücklagen		0,00	81.806,70
III. Bilanzgewinn		426.502,14	290.534,87
B. Rückstellungen			
1. Rückstellungen für Pensionen und ähnliche Verpflichtungen	60.241,86		59.091,86
2. Steuerrückstellungen	20.619,90		0,00
3. sonstige Rückstellungen	40.719,84	121.581,60	31.372,83
C. Verbindlichkeiten			
1. Verbindlichkeiten gegenüber Kreditinstituten - davon mit einer Restlaufzeit bis zu einem Jahr Euro 91.480,27 (Euro 72.172,42)	210.316,88		236.912,26
2. erhaltene Anzahlungen auf Bestellungen - davon mit einer Restlaufzeit bis zu einem Jahr Euro 49.000,00 (Euro 53.000,00)	49.000,00		53.000,00
3. Verbindlichkeiten aus Lieferungen und Leistungen - davon mit einer Restlaufzeit bis zu einem Jahr Euro 173.754,38 (Euro 178.710,41)	173.754,38		178.710,41
4. sonstige Verbindlichkeiten - davon aus Steuern Euro 70.223,76 (Euro 49.487,32)	280.905,76	713.977,02	156.041,63
Übertrag		1.522.060,76	1.347.470,56

Blatt 2

BILANZ

Karl Friedrich Musterholz GmbH
Schreinerei und Ladenbau
Nürnberg

zum

31. Dezember 2001

AKTIVA	Euro	Geschäftsjahr Euro	Vorjahr Euro	PASSIVA	Euro	Geschäftsjahr Euro	Vorjahr Euro
Übertrag		991.162,36	1.080.400,55	Übertrag		1.522.060,76	1.347.470,56
- davon mit einer Restlaufzeit von mehr als einem Jahr Euro 1.780,00 (Euro 1.630,00)				- davon im Rahmen der sozialen Sicherheit Euro 21.209,64 (Euro 20.620,37) - davon mit einer Restlaufzeit bis zu einem Jahr Euro 230.905,76 (Euro 156.041,63)			
III. Kassenbestand, Bundesbankguthaben, Guthaben bei Kreditinstituten und Schecks		524.139,78	259.759,67				
C. Rechnungsabgrenzungsposten		6.758,62	7.310,34				
		1.522.060,76	1.347.470,56			1.522.060,76	1.347.470,56

DATEV-Muster JA – große Kapitalgesellschaft

Blatt 3

ANLAGENSPIEGEL

Karl Friedrich Musterholz
Schreinerei und Ladenbau
Nürnberg

zum

31. Dezember 2001

	Anschaffungs-, Herstellungskosten 01.01.2001	Zugänge	Abgänge	Umbuchungen	Anschaffungs-, Herstellungskosten 31.12.2001	kumulierte Abschreibungen 01.01.2001	Abschreibungen Geschäftsjahr	Abgänge	Umbuchungen	kumulierte Abschreibungen 31.12.2001	Zuschreibungen Geschäftsjahr	Buchwert 31.12.2001
	Euro	Euro	Euro	Euro	Euro	Euro	Euro	Euro	Euro	Euro	Euro	Euro
A. Anlagevermögen												
I. Immaterielle Vermögensgegenstände												
1. Geschäfts- oder Firmenwert	38.346,89	0,00	0,00	0,00	38.346,89	25.580,89	2.558,00	0,00	0,00	28.138,89	0,00	10.208,00
Summe immaterielle Vermögensgegenstände	38.346,89	0,00	0,00	0,00	38.346,89	25.580,89	2.558,00	0,00	0,00	28.138,89	0,00	10.208,00
II. Sachanlagen												
1. Grundstücke, grundstücksgleiche Rechte und Bauten einschließlich der Bauten auf fremden Grundstücken	320.954,79	0,00	0,00	0,00	320.954,79	30.661,41	6.244,00	0,00	0,00	36.905,41	0,00	284.049,38
2. technische Anlagen und Maschinen	522.795,96	16.400,00	11.504,07	0,00	527.691,89	408.314,96	35.534,00	11.503,57	0,00	432.345,39	0,00	95.346,50
3. andere Anlagen, Betriebs- und Geschäftsausstattung	437.078,09	33.759,16	0,00	0,00	470.837,25	294.005,58	52.427,16	0,00	0,00	346.432,74	0,00	124.404,51
Summe Sachanlagen	1.280.828,84	50.159,16	11.504,07	0,00	1.319.483,93	732.981,95	94.205,16	11.503,57	0,00	815.683,54	0,00	503.800,39
III. Finanzanlagen												
1. Wertpapiere des Anlagevermögens	20.758,45	20.000,00	0,00	0,00	40.758,45	0,00	0,00	0,00	0,00	0,00	0,00	40.758,45
Summe Finanzanlagen	20.758,45	20.000,00	0,00	0,00	40.758,45	0,00	0,00	0,00	0,00	0,00	0,00	40.758,45
Summe Anlagevermögen	1.339.934,18	70.159,16	11.504,07	0,00	1.398.589,27	758.562,84	96.763,16	11.503,57	0,00	843.822,43	0,00	554.766,84

DATEV-Muster JA – große Kapitalgesellschaft

Blatt 4

GEWINN- UND VERLUSTRECHNUNG vom 01.01.2001 bis 31.12.2001

Karl Friedrich Musterholz GmbH
Schreinerei und Ladenbau
Nürnberg

	Euro	Geschäftsjahr Euro	%	Vorjahr Euro
1. Umsatzerlöse		3.023.760,02	100,00	2.936.391,12
2. Erhöhung des Bestands an fertigen und unfertigen Erzeugnissen		2.799,48	0,09	3.400,00-
3. sonstige betriebliche Erträge		6.509,51	0,22	1.220,45
4. Materialaufwand a) Aufwendungen für Roh-, Hilfs- und Betriebsstoffe und für bezogene Waren		1.251.015,59	41,37	1.262.754,35
5. Personalaufwand a) Löhne und Gehälter	866.950,89			837.600,19
b) soziale Abgaben und Aufwendungen für Altersversorgung und für Unterstützung - davon für Altersversorgung Euro 1.150,00 (Euro 645,00)	142.589,04	1.009.539,93	33,39	138.455,86
6. Abschreibungen a) auf immaterielle Vermögensgegenstände des Anlagevermögens und Sachanlagen sowie auf aktivierte Aufwendungen für die Ingangsetzung und Erweiterung des Geschäftsbetriebs		96.763,16	3,20	132.462,06
7. sonstige betriebliche Aufwendungen		239.626,28	7,92	214.525,06
8. sonstige Zinsen und ähnliche Erträge		3.784,06	0,13	1.900,33
9. Zinsen und ähnliche Aufwendungen		15.653,38	0,52	20.784,15
10. Ergebnis der gewöhnlichen Geschäftstätigkeit		424.254,73	14,03	329.530,23
11. außerordentliche Aufwendungen		42.210,90	1,40	68.671,91
12. außerordentliches Ergebnis		42.210,90-	1,40	68.671,91-
13. Steuern vom Einkommen und vom Ertrag	156.963,90			110.284,32
14. sonstige Steuern	20.919,36	177.883,26	5,88	19.518,36
Übertrag		204.160,57		131.055,64

Blatt 5

GEWINN- UND VERLUSTRECHNUNG vom 01.01.2001 bis 31.12.2001

Karl Friedrich Musterholz GmbH
Schreinerei und Ladenbau
Nürnberg

	Euro	Geschäftsjahr Euro	%	Vorjahr Euro
Übertrag		204.160,57		131.055,64
15. Jahresüberschuss		204.160,57	6,75	131.055,64
16. Gewinnvortrag aus dem Vorjahr		290.534,87	9,61	239.479,23
17. Entnahmen aus Gewinnrücklagen				
a) aus anderen Gewinnrücklagen		81.806,70	2,71	0,00
18. Ausschüttung		150.000,00	4,96	80.000,00
19. Bilanzgewinn		426.502,14	14,11	290.534,87

15. Jahresabschluss – Kapitalgesellschaft, Erweiterte Gliederung

72 Größenklassenunabhängig wird für den **internen Gebrauch** häufig eine erweitert gegliederte Bilanz und GuV benötigt, insbesondere wenn kleine und mittelgroße Gesellschaften im Rahmen der Bilanzaufstellung sämtliche Aufstellungserleichterungen in Anspruch genommen haben. Denn für die **Rechenschaftslegung der Geschäftsführer** oder zur **Vorlage bei Kreditinstituten** wird eine GuV, die die ersten fünf Posten zu einem „Rohergebnis" zusammengefasst ausweist, keine hinreichenden Informationen liefern.

73 Für die Aufbereitung eines solchen detailliert gegliederten Jahresabschlusses wurde in den DATEV-Programmen Kanzlei-Rechnungswesen/BILANZ die Zuordnungstabelle „Kapitalgesellschaft, HGB, erweitert" mit dem Wert S5003 (SKR03) bzw. S5004 (SKR04) zugrunde gelegt. Für den Jahresabschluss mit Posten nach dem DMBilG wird die Zuordnungstabelle S5 003 0000027 (SKR 03) bzw. S5 004 0000026 (SKR04) herangezogen.

Zum **Ausgabeumfang** gehören[61]:

74
1. Erweiterte nach § 266 HGB gegliederte **Bilanz,** DIN A 3/DIN A 4 quer Format. Sämtliche Restlaufzeitvermerke sind in der Bilanz enthalten, die Eventualverbindlichkeiten unter der Bilanz vermerkt. Die Mitzugehörigkeit von Forderungen und Verbindlichkeiten gegen Gesellschafter ist in einem „davon-Vermerk" angegeben.
2. Horizontal erweitert gegliederter **Anlagenspiegel,** DIN A 3 Format oder Ausgabe eines horizontal verkürzten Anlagenspiegel (7-spaltig) und eines Abschreibungsspiegels[62] in Format DIN A 4 quer. Die Ausgabe eines 7-spaltigen Anlagenspiegels auf Basis von Restbuchwerten ist alternativ möglich.
3. Unverkürzte gem. § 275 HGB gegliederte **GuV,** in der die Posten „Sonstige betriebliche Erträge", „sonstige betriebliche Aufwendungen" weiter untergliedert und die gesondert nach § 277 Abs. 3 HGB in der GuV oder im Anhang anzugebenden Abschreibungen in einem „davon-Vermerk" enthalten sind. Zwischensumme „Gesamtleistung" (Pos. 1–3) = Basiswert (100%) für Aufwands- und Ertragsrelationen.
4. **Kennzahlen** zum Jahresabschluss.
5. Darstellung des Jahresabschlusses in Form von **Grafiken;** Kreisdiagramm (Struktur von Vermögen und Kapital), Halbkreisdiagramm (Erträge und Aufwendungen in der Erfolgsrechnung) und Balkendiagramm (Entwicklung von Aufwand und Ertrag mit Vorjahr)[63].

---

[61] Der Ausgabeumfang kann jederzeit eingeschränkt bzw. erweitert werden.

[62] Ausgabe ausschließlich in Kanzlei-Rechnungswesen/BILANZ und nicht im Rechenzentrum möglich.

[63] Im Rechenzentrum können noch zusätzlich die Grafiken „Entwicklung von Betriebsaufwand und -ertrag" von 3 Jahren bzw. 4 Jahren und die Grafiken „Entwicklung von Aufwand und Ertrag" von 3 Jahren bzw. 4 Jahren ausgegeben werden.

DATEV-Muster JA – Kapitalgesellschaft erweitert 75

Blatt 1

BILANZ

Karl Friedrich Musterholz GmbH
Schreinerei und Ladenbau
Nürnberg

zum

31. Dezember 2001

AKTIVA

	Euro	Geschäftsjahr Euro	Vorjahr Euro
A. Anlagevermögen			
I. Immaterielle Vermögensgegenstände			
1. Geschäfts- oder Firmenwert		10.208,00	12.766,00
II. Sachanlagen			
1. Grundstücke, grundstücksgleiche Rechte und Bauten einschließlich der Bauten auf fremden Grundstücken	284.049,38		290.293,38
2. technische Anlagen und Maschinen	95.346,50		114.481,00
3. andere Anlagen, Betriebs- und Geschäftsausstattung	124.404,51	503.800,39	143.072,51
III. Finanzanlagen			
1. Wertpapiere des Anlagevermögens		40.758,45	20.758,45
B. Umlaufvermögen			
I. Vorräte			
1. Roh-, Hilfs- und Betriebsstoffe	102.002,00		116.903,95
2. unfertige Erzeugnisse, unfertige Leistungen	12.406,00		13.906,92
3. fertige Erzeugnisse und Waren	82.832,80	197.240,80	78.532,40
II. Forderungen und sonstige Vermögensgegenstände			
1. Forderungen aus Lieferungen und Leistungen - davon mit einer Restlaufzeit von mehr als einem Jahr Euro 29.348,00 (Euro 34.800,00)	211.298,48		237.106,11
2. sonstige Vermögensgegenstände	27.856,24	239.154,72	52.579,83
Übertrag		991.162,36	1.080.400,55

PASSIVA

	Euro	Geschäftsjahr Euro	Vorjahr Euro
A. Eigenkapital			
I. Gezeichnetes Kapital		260.000,00	260.000,00
II. Gewinnrücklagen			
1. andere Gewinnrücklagen		0,00	81.806,70
III. Bilanzgewinn - davon Gewinnvortrag Euro 290.534,87 (Euro 239.479,23)		426.502,14	290.534,87
B. Rückstellungen			
1. Rückstellungen für Pensionen und ähnliche Verpflichtungen	60.241,86		59.091,86
2. Steuerrückstellungen	20.619,90		0,00
3. sonstige Rückstellungen	40.719,84	121.581,60	31.372,83
C. Verbindlichkeiten			
1. Verbindlichkeiten gegenüber Kreditinstituten - davon mit einer Restlaufzeit bis zu einem Jahr Euro 91.480,27 (Euro 72.172,42) - davon mit einer Restlaufzeit von mehr als fünf Jahren Euro 4.090,34 (Euro 15.338,76)	210.316,88		236.912,26
2. erhaltene Anzahlungen auf Bestellungen - davon mit einer Restlaufzeit bis zu einem Jahr Euro 49.000,00 (Euro 53.000,00)	49.000,00		53.000,00
3. Verbindlichkeiten aus Lieferungen und Leistungen - davon mit einer Restlaufzeit bis zu einem Jahr Euro 173.754,38 (Euro 178.710,41)	173.754,38		178.710,41
Übertrag	433.071,26	808.083,74	1.191.428,93

Blatt 2

BILANZ

Karl Friedrich Musterholz GmbH
Schreinerei und Ladenbau
Nürnberg

zum

31. Dezember 2001

AKTIVA	Euro	Geschäftsjahr Euro	Vorjahr Euro	PASSIVA	Euro	Geschäftsjahr Euro	Vorjahr Euro
Übertrag		991.162,36	1.080.400,55	Übertrag	433.071,26	808.083,74	1.191.428,93
- davon gegen Gesellschafter Euro 2.890,00 (Euro 3.420,00) - davon mit einer Restlaufzeit von mehr als einem Jahr Euro 1.780,00 (Euro 1.630,00)				4. sonstige Verbindlichkeiten - davon gegenüber Gesellschaftern Euro 150.000,00 (Euro 80.000,00) - davon aus Steuern Euro 70.223,76 (Euro 49.487,32) - davon im Rahmen der sozialen Sicherheit Euro 21.209,64 (Euro 20.620,37) - davon mit einer Restlaufzeit bis zu einem Jahr Euro 230.905,76 (Euro 156.041,63) - davon mit einer Restlaufzeit von mehr als fünf Jahren Euro 50.000,00 (Euro 0,00)	280.905,76	713.977,02	156.041,63
III. Kassenbestand, Bundesbankguthaben, Guthaben bei Kreditinstituten und Schecks		524.139,78	259.759,67				
C. Rechnungsabgrenzungsposten		6.758,62	7.310,34				
		1.522.060,76	1.347.470,56			1.522.060,76	1.347.470,56

Verbindlichkeiten aus der Begebung und Übertragung von Wechseln Euro 15.000,00 (Euro 18.000,00)
Verbindlichkeiten aus Gewährleistungsverträgen Euro 40.000,00 (Euro 37.000,00)

DATEV-Muster JA – Kapitalgesellschaft erweitert

Blatt 3

ANLAGENSPIEGEL

Karl Friedrich Musterholz GmbH
Schreinerei und Ladenbau
Nürnberg

zum

31. Dezember 2001

	Anschaffungs-, Herstellungskosten 01.01.2001	Zugänge	Abgänge	Umbuchungen	Anschaffungs-, Herstellungskosten 31.12.2001	kumulierte Abschreibungen 01.01.2001	Abschreibungen Geschäftsjahr	Abgänge	Umbuchungen	kumulierte Abschreibungen 31.12.2001	Zuschreibungen Geschäftsjahr	Buchwert 31.12.2001
	Euro	Euro	Euro	Euro	Euro	Euro	Euro	Euro	Euro	Euro	Euro	Euro
A. Anlagevermögen												
I. Immaterielle Vermögensgegenstände												
1. Geschäfts- oder Firmenwert	38.346,89	0,00	0,00	0,00	38.346,89	25.580,89	2.558,00	0,00	0,00	28.138,89	0,00	10.208,00
Summe immaterielle Vermögensgegenstände	38.346,89	0,00	0,00	0,00	38.346,89	25.580,89	2.558,00	0,00	0,00	28.138,89	0,00	10.208,00
II. Sachanlagen												
1. Grundstücke, grundstücksgleiche Rechte und Bauten einschließlich der Bauten auf fremden Grundstücken	320.954,79	0,00	0,00	0,00	320.954,79	30.661,41	6.244,00	0,00	0,00	36.905,41	0,00	284.049,38
2. technische Anlagen und Maschinen	522.795,96	16.400,00	11.504,07	0,00	527.691,89	408.314,96	35.534,00	11.503,57	0,00	432.345,39	0,00	95.346,50
3. andere Anlagen, Betriebs- und Geschäftsausstattung	437.078,09	33.759,16	0,00	0,00	470.837,25	294.005,58	52.427,16	0,00	0,00	346.432,74	0,00	124.404,51
Summe Sachanlagen	1.280.828,84	50.159,16	11.504,07	0,00	1.319.483,93	732.981,95	94.205,16	11.503,57	0,00	815.683,54	0,00	503.800,39
III. Finanzanlagen												
1. Wertpapiere des Anlagevermögens	20.758,45	20.000,00	0,00	0,00	40.758,45	0,00	0,00	0,00	0,00	0,00	0,00	40.758,45
Summe Finanzanlagen	20.758,45	20.000,00	0,00	0,00	40.758,45	0,00	0,00	0,00	0,00	0,00	0,00	40.758,45
Summe Anlagevermögen	1.339.934,18	70.159,16	11.504,07	0,00	1.398.589,27	758.562,84	96.763,16	11.503,57	0,00	843.822,43	0,00	554.766,84

DATEV-Muster JA – Kapitalgesellschaft erweitert

Blatt 4

GEWINN- UND VERLUSTRECHNUNG vom 01.01.2001 bis 31.12.2001

Karl Friedrich Musterholz GmbH
Schreinerei und Ladenbau
Nürnberg

	Euro	Geschäftsjahr Euro	%	Vorjahr Euro
1. Umsatzerlöse		3.023.760,02	99,91	2.936.391,12
2. Erhöhung des Bestands an fertigen und unfertigen Erzeugnissen		2.799,48	0,09	3.400,00-
3. Gesamtleistung		3.026.559,50	100,00	2.932.991,12
4. sonstige betriebliche Erträge				
a) ordentliche betriebliche Erträge				
aa) sonstige ordentliche Erträge	6.500,00			1.200,00
b) Erträge aus dem Abgang von Gegenständen des Anlagevermögens und aus Zuschreibungen zu Gegenständen des Anlagevermögens	9,50			20,39
c) sonstige Erträge im Rahmen der gewöhnlichen Geschäftstätigkeit	0,01	6.509,51	0,22	0,06
5. Materialaufwand				
a) Aufwendungen für Roh-, Hilfs- und Betriebsstoffe und für bezogene Waren		1.251.015,59	41,33	1.262.754,35
6. Personalaufwand				
a) Löhne und Gehälter	866.950,89			837.600,19
b) soziale Abgaben und Aufwendungen für Altersversorgung und für Unterstützung	142.589,04	1.009.539,93	33,36	138.455,86
- davon für Altersversorgung Euro 1.150,00 (Euro 645,00)				
7. Abschreibungen				
a) auf immaterielle Vermögensgegenstände des Anlagevermögens und Sachanlagen sowie auf aktivierte Aufwendungen für die Ingangsetzung und Erweiterung des Geschäftsbetriebs		96.763,16	3,20	132.462,06
- davon auf Grund steuerrechtlicher Vorschriften Euro 0,00 (Euro 38.396,00)				
Übertrag		675.750,33		562.939,11

Blatt 5

GEWINN- UND VERLUSTRECHNUNG vom 01.01.2001 bis 31.12.2001

Karl Friedrich Musterholz GmbH
Schreinerei und Ladenbau
Nürnberg

	Euro	Geschäftsjahr Euro	%	Vorjahr Euro
Übertrag		675.750,33		562.939,11
8. sonstige betriebliche Aufwendungen				
a) ordentliche betriebliche Aufwendungen				
aa) Raumkosten	55.254,13			57.717,71
ab) Versicherungen, Beiträge und Abgaben	17.425,00			16.835,00
ac) Reparaturen und Instandhaltungen	19.130,55			10.859,57
ad) Fahrzeugkosten	52.687,12			56.933,16
ae) Werbe- und Reisekosten	12.297,50			11.232,36
af) Kosten der Warenabgabe	23.123,76			20.651,08
ag) verschiedene betriebliche Kosten	55.989,79			36.406,66
b) sonstige Aufwendungen im Rahmen der gewöhnlichen Geschäftstätigkeit	3.718,43	239.626,28	7,92	3.889,52
9. sonstige Zinsen und ähnliche Erträge		3.784,06	0,13	1.900,33
10. Zinsen und ähnliche Aufwendungen		15.653,38	0,52	20.784,15
11. Ergebnis der gewöhnlichen Geschäftstätigkeit		424.254,73	14,02	329.530,23
12. außerordentliche Aufwendungen		42.210,90	1,39	68.671,91
13. außerordentliches Ergebnis		42.210,90-	1,39	68.671,91-
14. Steuern vom Einkommen und vom Ertrag	156.963,90			110.284,32
15. sonstige Steuern	20.919,36	177.883,26	5,88	19.518,36
16. Jahresüberschuss		204.160,57	6,75	131.055,64
17. Gewinnvortrag aus dem Vorjahr		290.534,87	9,60	239.479,23
18. Entnahmen aus Gewinnrücklagen				
a) aus anderen Gewinnrücklagen		81.806,70	2,70	0,00
19. Ausschüttung		150.000,00	4,96	80.000,00
20. Bilanzgewinn		426.502,14	14,09	290.534,87

16. Parallele Erstellung von Handels- und Steuerbilanz

76 Das Einkommensteuergesetz wurde durch Artikel 1 des Steuerentlastungsgesetzes 1999/2000/2002 in umfangreichen Teilen geändert. An wichtigen Stellen wurde der Maßgeblichkeitsgrundsatz und auch die umgekehrte Maßgeblichkeit durchbrochen, z.B. bei der Abzinsung von Verbindlichkeiten (§ 6 Abs. 1 Nr. 3 EStG). Auf Grund dieser Änderungen kommt es immer häufiger zu unterschiedlichen Wertansätzen zwischen Handels- und Steuerbilanz.

77 Neben den zwingenden Abweichungen auf Grund des Steuerentlastungsgesetzes 1999/2000/2002 gibt es eine Reihe weiterer Unterschiede zwischen Handels- und Steuerbilanz. So sind zum Beispiel Aufwendungen für Ingangsetzung und Erweiterung des Geschäftsbetriebs in der Handelsbilanz anzusetzen, in der Steuerbilanz dagegen nicht.

78 Nach § 60 EStDV besteht zwar keine zwingende Notwendigkeit zur getrennten Erstellung einer Handels – und einer Steuerbilanz. Bilanzansätze oder Beträge, die den steuerlichen Vorschriften nicht entsprechen, sind durch Zusätze oder Anmerkungen anzupassen. Der Steuerpflichtige kann aber auch eine Steuerbilanz erstellen.

79 In der Praxis wird es zunehmend schwieriger die steuerlichen Abweichungen außerbilanziell hinzuzurechnen und über die Jahre hinweg zu pflegen. Erreichen die außerbilanziellen Zurechnungen einen größeren Umfang, empfiehlt es sich eine Handels- und eine Steuerbilanz zu erstellen.

80 Mit den DATEV-Programmen Kanzlei-Rechnungswesen/BILANZ kann direkt am PC aus einem Datenbestand eine Handelsbilanz und zusätzlich eine Steuerbilanz erstellt werden. Nach Eröffnung des steuerlichen Bereiches können Buchungen mit dem Typ „Steuerbilanzbuchungen“ erfasst werden, die sich ausschließlich in dem steuerlichen Jahresabschluss niederschlagen.

81 Setzt man das DATEV-Programm ANLAG zur Bearbeitung und Pflege des Anlagevermögens ein, können handels- und steuerrechtliche Abschreibungen ermittelt und programmgestützt in den handels- und steuerrechtlichen Jahresabschlusss einfließen, der über Kanzlei-Rechnungswesen/BILANZ erstellt werden.

82 In Kanzlei-Rechnungswesen/BILANZ kann man die handels- und steuerrechtlichen Werte bequem von Jahr zu Jahr fortführen.

83 Zur Abrundung eines qualifizierten Jahresabschlusses unterstützt das DATEV-Programm Bilanzbericht die Abschlusserstellung bei der Bearbeitung eines Erstellungsberichtes, in dem wahlweise handelsrechtliche oder steuerrechtliche Auswertungen aus Kanzlei-Rechnungswesen/BILANZ und ANLAG gesteuert und erläutern werden können.

17. Jahresabschlussgrafiken

84 Damit der Jahresabschluss bei Besprechungen etc. plastisch präsentiert werden kann, bietet das DATEV-System auch Grafiken an. In Kanzlei-Rechnungswesen/BILANZ haben Sie die Wahl zwischen der Ausgabe in 2D/3D, Vollfarbe/Schattierung und Farb- bzw. Schwarz-Weiss-Druck.

85 Für die nachfolgenden Muster wurde die Zuordnungstabelle für eine Bilanzgliederung für „Kapitalgesellschaft, erweiterte Gliederung“ mit dem Wert S5003 (SKR03) bzw. S5004 (SKR04) zugrunde gelegt.

DATEV-Muster – Grafik – Kreisdiagramm

86

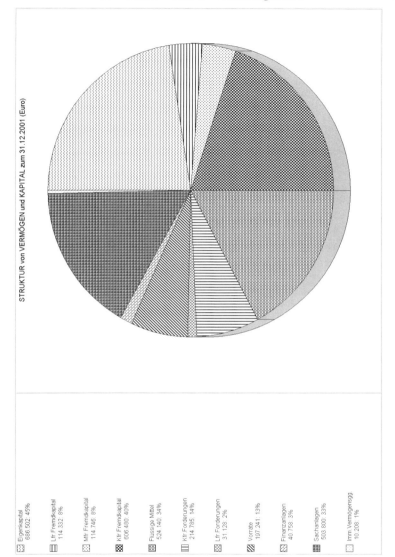

Musterholz GmbH

STRUKTUR von VERMÖGEN und KAPITAL zum 31.12.2001 (Euro)

Eigenkapital 686.502: 45%
Lfr.Fremdkapital 114.332: 8%
Mfr.Fremdkapital 114.746: 8%
Kfr.Fremdkapital 606.480: 40%
Flüssige Mittel 524.140: 34%
Kfr.Forderungen 214.785: 14%
Lfr.Forderungen 31.128: 2%
Vorräte 197.241: 13%
Finanzanlagen 40.758: 3%
Sachanlagen 503.800: 33%
Imm.Vermögensgg. 10.208: 1%

87 **DATEV-Muster – Grafik – Halbkreisdiagramm**

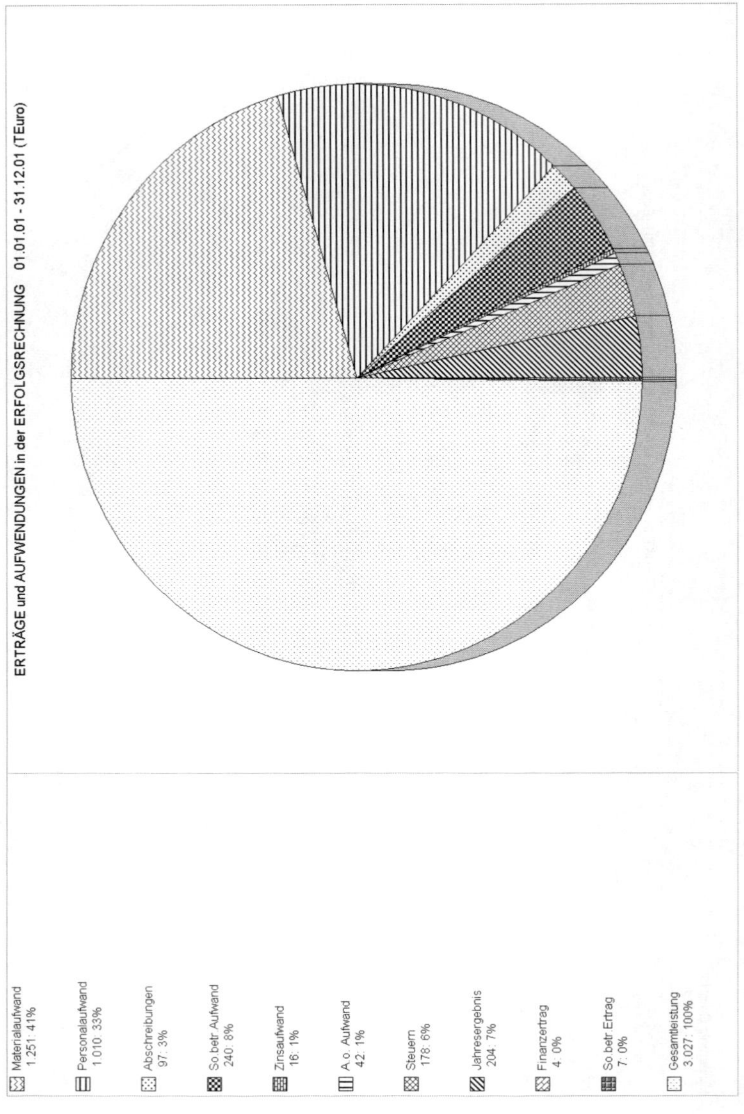

DATEV-Muster – Grafik – Balkendiagramm über 2 Jahre 88

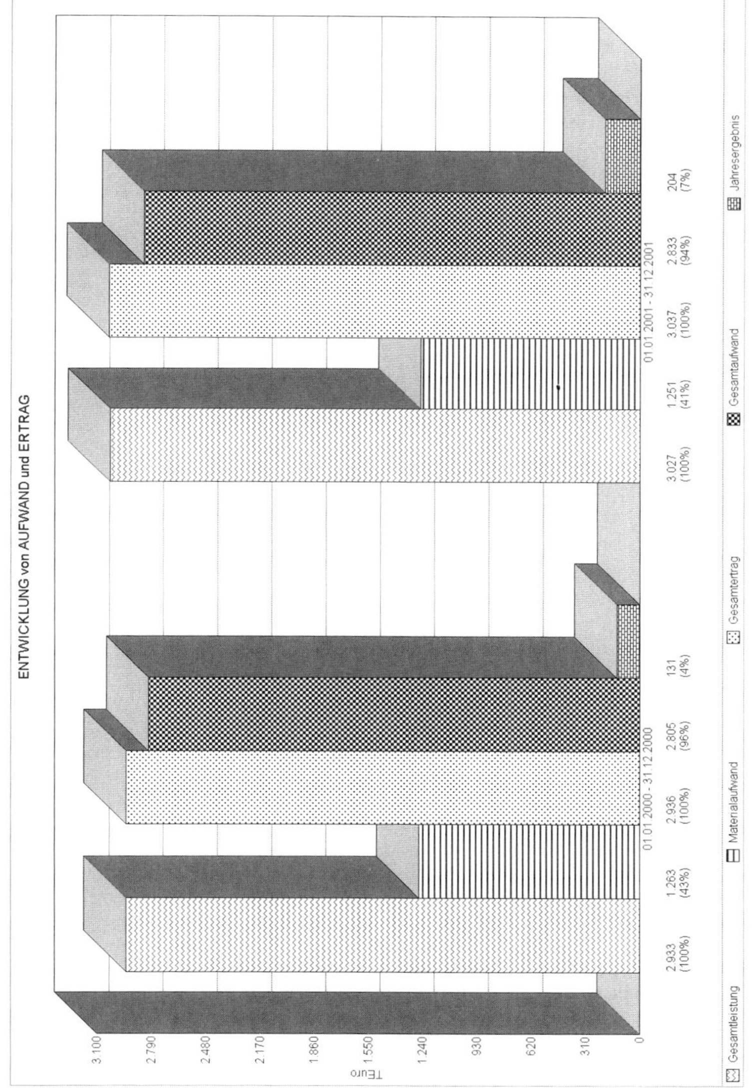

IX. Allgemeine Gliederungsvorschriften für Bilanz und GuV

89 § 266 HGB für die Bilanz und § 275 HGB für die GuV schreiben die Form vor, in der die einzelnen Posten in der Bilanz und GuV zu zeigen sind. Dabei orientiert sich das gesetzliche Gliederungsschema an verschiedenen Gliederungsprinzipien. Die Bilanzgliederung differenziert nach:[64]

- **Ablaufkriterien,** davon ausgehend, dass das Anlagevermögen als Grundlage des Produktivprozesses vor dem Umlaufvermögen, das die wieder zu veräußernden und sich umschlagenden kurzfristigen Verbrauchsgüter enthält, auszuweisen ist;
- **Liquiditätskriterien,** weil die Vermögensgegenstände nach dem Grad der Liquidisierbarkeit gegliedert werden, also langfristig gebundenes Vermögen vor kurzfristig gebundenem Vermögen gezeigt wird;
- **Finanzierungsquellen,** weil auf der Passivseite das Kapital nach der Mittelherkunft, als Eigen- oder Fremdkapital gegliedert wird;
- **Rechtsverhältnissen,** weil ergänzend nach Rechtsbeziehungen zu verbundenen und Beteiligungsunternehmen gegliedert wird;
- **Nach Unternehmensverpflichtungen,** weil Anteile, Ausleihungen, Forderungen und Verbindlichkeiten an bzw. gegenüber verbundene Unternehmen sowie Beteiligungen und Forderungen und Verbindlichkeiten gegenüber Unternehmen, mit denen ein Beteiligungsverhältnis besteht, gesondert auszuweisen sind.

90 Daneben sind die – übergreifend für den gesamten Jahresabschluss – geltenden GoB anzuwenden, insbesondere also die GoB der Klarheit, Richtigkeit, Willkürfreiheit und Stetigkeit.

91 Diese übergreifenden Normen der Rechnungslegung werden ergänzt durch die allgemeinen Gliederungsgrundsätze des § 265 HGB, der zwar nur für KapG/KapG & Co. gilt, analog aber von allen bilanzierenden Kaufleute anzuwenden sein dürfte. Es sind dies:

1. Gliederungsstetigkeit

92 Nach der **Gliederungsstetigkeit** sind Gliederung von Bilanz und GuV in aufeinanderfolgenden Geschäftsjahren beizubehalten, § 265 Abs. 1 HGB. Die Gliederungsstetigkeit ist ein formaler Grundsatz, der seine materielle Ausprägung, die Bewertungsstetigkeit, in § 252 Abs. 1 Nr. 6 HGB hat. Die **formale Stetigkeit schließt ein** (1) gleiche Gliederung in aufeinanderfolgenden Jahresabschlüssen sowie (2) gleiche Inhalte der einzelnen Jahresabschlussposten[65]. Der Grundsatz erstreckt sich auch auf die Gliederung des Anhangs[66] und hat auch für den Lagebericht Bedeutung[67].

93 Die Gliederungsstetigkeit ist zu durchbrechen, wenn wegen „besonderer Umstände" Abweichungen erforderlich sind. Es müssen sachliche Gründe für eine Gliederungs- oder Ausweisänderung sprechen, die im laufenden Geschäftsjahr und voraussichtlich auch in der Zukunft vorliegen; auch wenn eine falsche oder unzutreffende durch eine richtige oder zutreffendere Jahresabschlussgliederung ersetzt wird[68]. **Besondere Umstände** liegen stets vor, wenn sich die grundlegenden wirtschaftlichen Verhältnisse geändert haben, z.B. Änderungen in der Produktions- oder Absatzstruktur, bei einem Wechsel vom Gesamt- zum Umsatzkostenverfahren, bei zunehmender bzw. abnehmender Bedeutung einzelner Posten oder der Anpassung an konzerneinheitlich ausgeübte Ausweiswahlrechte[69].

94 Abweichungen von der Darstellungsstetigkeit sind im **Anhang** anzugeben und zu begründen, § 265 Abs. 1 S. 2 HGB. Verbale Ausführungen genügen, jedoch muss die Begründung die Ursache und Notwendigkeit der Durchbrechung erkennen lassen[70].

---

[64] Vgl. *Adler/Düring/Schmaltz,* § 266 HGB Tz 7 ff.
[65] Vgl. *Leffson,* GoB, S. 433; *Claussen/Korth,* in Kölner Kom. § 265 HGB Tz 5.
[66] Vgl. *Emmerich,* WPg 1986, S. 699; *Adler/Düring/Schmaltz,* § 265 HGB Tz 7, nach *Hense/Geißler,* in Beck Bil-Kom. § 265 HGB Tz 2, gilt dies nur für die Strukturierung, nicht aber für die Einzeldarstellung.
[67] Vgl. *Adler/Düring/Schmaltz,* § 265 HGB Tz 7.
[68] Vgl. *Weber,* in Küting/Weber, § 265 HGB Tz 11; *Hense/Geißler,* in Beck Bil-Kom. § 265 HGB Tz 3.
[69] Vgl. *Adler/Düring/Schmaltz,* § 265 HGB Tz 20; WP-Handbuch 2000, Bd. I, F 60.
[70] Vgl. *Weber,* in Küting/Weber, § 265 HGB Tz 15.

2. Angabe der Vorjahresbeträge

Zu jedem Jahresabschlussposten sind die **Vorjahresbeträge** anzugeben, § 265 Abs. 2 HGB. Vorjahreszahlen sind lediglich zu Jahresabschlussposten, nicht dagegen zu „davon-Vermerken" anzugeben[71]. Soweit es sich bei den „davon-Vermerken" um vorgeschriebene Untergliederungen von Einzelposten handelt, sind jedoch nach h. M. Vorjahresbeträge anzugeben[72]. In der Regel wird es genügen, auf- oder abgerundete Vorjahresbeträge anzugeben[73]. 95

Sofern Vorjahresbeträge mit den Beträgen des abgelaufenen Geschäftsjahres nicht vergleichbar sind, fordert § 265 Abs. 2 S. 2 HGB die nicht vergleichbaren Beträge im **Anhang** anzugeben und zu erläutern. Grundsätzlich besteht das Wahlrecht, die Vorjahresbeträge anzupassen oder nicht. Die Angabe der Vorjahresbeträge wird nach dem Gesetzeswortlaut lediglich für die Bilanz und die GuV, nicht jedoch für den Anhang gefordert. Sofern jedoch wahlweise Beträge im Anhang angegeben statt in der Bilanz ausgewiesen werden, sind auch hier – um eine Informationsgleichwertigkeit zu erreichen – die Vorjahresbeträge anzugeben[74]. Für andere Angaben im Anhang besteht keine Verpflichtung Vorjahresbeträge anzugeben. 96

3. Mitzugehörigkeitsvermerke

Vermögensgegenstände oder Schulden, die unter mehrere Bilanzposten fallen, sind hinsichtlich ihrer **Mitzugehörigkeit zu einem anderen Bilanzposten** dort zu vermerken, wo sie ausgewiesen sind oder im **Anhang** anzugeben. Derartige Gliederungsprobleme können bei Unternehmen mit mehrstufigen Produktionsprozessen auftreten, wenn die Erzeugnisse teilweise zum Verkauf, teilweise zur Weiterverarbeitung bestimmt sind. Sofern die Mitzugehörigkeit zu einem anderen Bilanzposten von untergeordneter Bedeutung ist, kann nach dem Grundsatz der „materiality" eine Angabe entfallen[75]. 97

Ausleihungen, Forderungen und Verbindlichkeiten gegenüber Gesellschaftern einer GmbH sind nach § 42 Abs. 3 GmbHG i. d. R. als solche jeweils gesondert auszuweisen oder im Anhang anzugeben. Werden sie unter einem anderen Posten ausgewiesen, ist die Mitzugehörigkeit ebenfalls zu vermerken. „Eingeforderte Nachschüsse" sind bei der GmbH dagegen gesondert unter den Forderungen auszuweisen, wenn mit ihrer Zahlung gerechnet werden kann, § 42 Abs. 2 Satz 2 GmbHG. Hier lässt das GmbHG keinen Ausweis unter einen anderen Posten zu. 98

4. Gliederung bei mehreren Geschäftszweigen

Bei Unternehmen, die den Jahresabschluss **nach verschiedenen Gliederungsvorschriften** zu **gliedern** haben, ist er nach der für einen Geschäftszweig vorgeschriebenen Gliederung aufzustellen und nach der für den anderen Geschäftszweig vorgeschriebenen Gliederung zu ergänzen, § 265 Abs. 4 HGB. Dies kann der Fall sein, wenn Kreditinstitute Bank- und Handelsgeschäfte betreiben, also zum einen unter die Formblattvorschriften für Kreditinstitute fallen, zum anderen gem. §§ 266, 275 HGB gliedern müssen.[76] Bestimmend für die Wahl der Grund-Gliederung ist der Geschäftszweig, durch den das unternehmerische Geschehen am stärksten geprägt wird[77]. Die gewählte Gliederung ist so zu ergänzen, dass sie den Anforderungen des 99

[71] Vgl. *Adler/Düring/Schmaltz,* § 265 HGB Tz 23; *Hense/Geißler,* in Beck Bil.-Kom. § 265 HGB Tz 5; a. A. WP-Handbuch 2000, Bd. I F 61.

[72] Vgl. WP-Handbuch 2000, Bd. I, F 61; *Adler/Düring/Schmaltz,* § 265 HGB Tz 26.

[73] Vgl. WP-Handbuch 2000, Bd. I, F 62; *Weber,* in Küting/Weber § 265 HGB Tz 18; *Claussen/Korth,* in Kölner Kom. § 265 HGB Tz 10.

[74] Vgl. *Adler/Düring/Schmaltz,* § 265 HGB Tz 28; *Castan,* in Beck HdR B 141 Tz 55; a. A. *Weber,* in Küting/Weber § 265 HGB Tz 26.

[75] Vgl. *Adler/Düring/Schmaltz,* § 265 HGB Tz 40.

[76] Bankenspezifische Lösungen in Form von Bilanzschemata/Zuordnungstabellen auf Basis SKR04 und SKR03, z. B. Verordnung über die Rechnungslegung der Kreditinstitute (RechKredV) sind auf Anfrage bei DATEV erhältlich.

[77] Nicht jedoch diejenige Gliederung, die die detaillierteren Gliederungsvorschriften enthält, *Claussen/Korth,* in Kölner Kom. § 265 HGB, Tz 17.

anderen Geschäftszweiges entspricht; die Ergänzung ist im **Anhang** anzugeben und zu begründen.

5. Untergliederung und Hinzufügung von Jahresabschlussposten

100 Eine weitere **Untergliederung der Jahresabschlussposten** innerhalb der vorgeschriebenen Gliederung ist zulässig, ebenso das Hinzufügen neuer Posten, wenn ihr Inhalt nicht von einem der bereits vorgeschriebenen Posten gedeckt wird, § 265 Abs. 5 HGB. „Untergliedern" bedeutet, dass im Gliederungsschema vorgesehene Jahresabschlussposten in ihre Bestandteile aufgegliedert ausgewiesen werden. Decken im Gliederungsschema vorgesehene Posten den auszuweisenden Sachverhalt inhaltlich nicht ab, dürfen **neue Posten eingefügt** werden, z. B. für den Ausweis von Genossenschaftsanteilen, Rückdeckungsansprüche aus Lebensversicherungen, GmbH-Anteilen oder Genussscheinkapital[78].

101 Nachfolgende nicht im Gliederungsschema enthaltene Posten sind aufgrund div. Einzelvorschriften zwingend vorzunehmen:

- Eigene Anteile, § 265 Abs. 3 Satz 2 HGB
- Vermerk des Gewinn-/Verlustvortrages, sofern im Bilanzgewinn/-verlust enthalten, § 268 Abs. 1 HGB (Alternativ: Angaben im Anhang)
- Ausstehende Einlagen auf das gezeichnete Kapital, § 272 Abs. 1 Satz 2 HGB
- Aufwendungen für die Ingangsetzung und Erweiterung des Geschäftsbetriebs, § 269 Satz 1 HGB
- Latente Steueransprüche, § 274 Abs. 2 Satz 2 HGB
- Latente Steuerverpflichtungen, § 274 Abs. 1 Satz 1 HGB (Alternativ: Angaben im Anhang)
- Nicht durch Eigenkapital gedeckter Fehlbetrag, § 268 Abs. 3 HGB
- Sonderposten mit Rücklageanteil, § 273 Satz 2 HGB
- Außerplanmäßige Abschreibungen auf Anlagevermögen sowie das Umlaufvermögen zur Verhinderung zukünftiger Wertschwankungen, § 277 Abs. 3 Satz 1 HGB (Alternativ: Angabe im Anhang)
- Erträge und Aufwendungen aus Verlustübernahme und aufgrund einer Gewinngemeinschaft, eines Gewinnabführungs- oder eines Teilgewinnabführungsvertrags erhaltene oder abgeführte Gewinne, § 277 Abs. 3 Satz 2 HGB

Daneben bestehen rechtsformspezifische Sonderausweise für:

- von GmbH-Gesellschaftern eingeforderte Nachschüsse und für den entsprechenden Ausweis einer Rücklage, § 42 Abs. 2 GmbHG
- Ausleihungen, Forderungen und Verbindlichkeiten gegenüber GmbH-Gesellschaftern, § 44 Abs. 3 GmbHG (wahlweise auch im Anhang)
- Kapitalanteile persönlich haftender Gesellschafter einer KGaA, § 286 Abs. 2 Satz 1 AktG
- Einzahlungsverpflichtung persönlich haftender Gesellschafter einer KGaA, § 286 Abs. 2 Satz 3 AktG
- nicht durch Vermögenseinlage gedeckter Verlustanteil persönlich haftender Gesellschafter einer KGaA, § 286 Abs. 2 Satz 3 AktG
- Überleitungsrechnung vom Jahresüberschuss/Jahresfehlbetrag zum Bilanzgewinn/Bilanzverlust bei einer AG oder KGaA, § 158 Abs. 1 AktG (wahlweise auch im Anhang).

6. Abweichende Postengliederung und Postenbezeichnung

102 Die **Gliederung und Bezeichnung** von Jahresabschlussposten **ist zu ändern,** wenn dies infolge von Besonderheiten zur Aufstellung eines klareren und übersichtlicheren Jahresabschlusses erforderlich ist, § 265 Abs. 6 HGB. Sofern diese Voraussetzungen gegeben sind, hat die Anpassung der Postenbezeichnung aus dem GoB der Klarheit zu erfolgen, z. B. „Biervorräte" statt Halb- und Fertigerzeugnisse[79]. Die

---

[78] Vgl. *Adler/Düring/Schmaltz,* § 265 HGB Tz 66; *Claussen/Korth,* in Kölner Kom. § 265 HGB Tz 18; zum Ausweis des Programmvermögens von Rundfunkanstalten *Forster,* WPg 1988, S. 321 ff., zu den Sonderposten nach dem DMBilG, *Budde/Forster,* DMBilG-Kom. § 5 DMBilG, Tz 37.

[79] Vgl. *Adler/Düring/Schmaltz,* § 265 HGB Tz 71; *Hense/Geißler,* in Beck Bil-Kom. § 265 HGB Tz 16; WP-Handbuch 2000, Bd. I, F 71.

neugewählte Postenbezeichnung muss zu einem besseren Einblick in die Vermögens-, Finanz- und Ertragslage führen. Auch in einer Postenbezeichnung enthaltene aber im Posteninhalt fehlende Bestandteile sollten entfallen[80]. Dabei ist der Inhalt des Vorjahresbetrages zu berücksichtigen.

7. Zusammenfassung von Jahresabschlussposten

Einzelne **Jahresabschlussposten** können **1. zusammengefasst ausgewiesen werden,** wenn sie einen Betrag enthalten, der für die Vermittlung der tatsächlichen Vermögens-, Finanz- und Ertragslage unerheblich ist, § 265 Abs. 7 Nr. 1 HGB. Die Zusammenfassung ist für solche Jahresabschlussposten unzulässig, die zwingend gesondert auszuweisen sind[81]. Dies gilt für folgende Posten: 103

- Eigene Anteile, § 265 Abs. 3 Satz 2 HGB
- Vermerk des Gewinn-/Verlustvortrages, sofern im Bilanzgewinn/Bilanzverlust enthalten, § 268 Abs. 1 HGB
- nicht durch Eigenkapital gedeckter Fehlbetrag, § 268 Abs. 3 HGB
- Aufwendungen für die Ingangsetzung und Erweiterung des Geschäftsbetriebes, § 269 Satz 1 HGB
- Ausstehende Einlagen auf das gezeichnete Kapital, § 272 Abs. 1 Satz 2 HGB
- Vermerk der eingeforderten Einlagen auf das gezeichnete Kapital, § 272 Abs. 1 Satz 3 HGB
- Sonderposten mit Rücklageanteil, § 273 Satz 2 HGB
- Latente Steueransprüche, § 274 Abs. 2 Satz 2 HGB
- Latente Steuerverpflichtungen, § 274 Abs. 1 Satz 1 HGB (Alternativ: Angabe im Anhang)

Für die **GuV** kommt die Zusammenfassung von mit Kleinbuchstaben versehenen Untergliederungen für folgende Posten infrage[82]: 104

- Materialaufwand, § 275 Abs. 2 Nr. 5 HGB
- Personalaufwand, § 275 Abs. 2 Nr. 6 HGB
- Abschreibungen, § 275 Abs. 2 Nr. 7 HGB

Stets gesondert anzugeben sind:

- Außerplanmäßige Abschreibungen auf Anlagevermögen sowie das Umlaufvermögen zur Verhinderung zukünftiger Wertschwankungen, § 277 Abs. 3 Satz 1 HGB (Alternativ: Angabe im Anhang)
- Erträge und Aufwendungen aus Plusübernahme und aufgrund einer Gewinngemeinschaft, eines Gewinnabführungs- oder Teilgewinnabführungsvertrag erhaltene oder abgeführte Gewinne, § 277 Abs. 3 Satz 2 HGB.

Jahresabschlussposten können 2. zusammengefasst werden, wenn dadurch die Darstellungsklarheit vergrößert wird; in diesem Fall müssen sie jedoch im Anhang gesondert ausgewiesen werden, § 265 Abs. 7 Nr. 2 HGB. Die Vorschrift ist eng auszulegen, denn Bilanz und GuV müssen durch die Zusammenfassung klarer sein als ohne Zusammenfassung. Bilanzposten mit römischen Zahlen dürfen unter keinem Aspekt zusammengefasst werden. Das durch die Postenzusammenfassung verbundene Informationsdefizit wird dadurch ausgeglichen, dass die zusammengefassten Posten im **Anhang** gesondert auszuweisen sind. 105

8. Leerposten

Leerposten brauchen im Jahresabschluss nicht aufgeführt zu werden, es sei denn, dass in vorhergehenden Geschäftsjahren unter diesen Posten ein Betrag ausgewiesen wurde, § 265 Abs. 8 HGB. Leerposten können also nur entfallen, wenn sie an zwei aufeinanderfolgenden Bilanzstichtagen „inhaltsleer" sind, weil die Vorjahresbeträge gem. § 265 Abs. 2 S. 1 HGB – zwingend – anzugeben sind. Die vom Gesetz vorgesehene **Postennumerierung ist kein Bestandteil der Postenbezeichnung,** so dass bei entfallenden Jahresabschlussposten eine fortlaufende Numerierung vorzu- 106

[80] Vgl. *Castan,* in Beck HdR, B 141 Tz 79; *Adler/Düring/Schmaltz,* § 265 HGB Tz 73; *Hense/Geißler,* in Beck Bil-Kom. § 265 HGB Tz 16.
[81] Vgl. WP-Handbuch 2000, Bd. I, F 74.
[82] Vgl. *Coenenberg,* DB 1986, S. 1581, *Adler/Düring/Schmaltz,* § 265 HGB Tz 90.

nehmen ist[83]. § 265 Abs. 8 HGB spricht nur von Posten der Bilanz und GuV, nicht jedoch von „davon-Vermerken", so dass unklar ist, ob auch hier ein „Leervermerk" zu erfolgen hat. Da schon für Bilanz- und GuV-Posten Leervermerke entfallen können, „davon-Vermerke" sich auf diese Posten beziehen, ist auch bei „davon-Vermerk" keine Fehlanzeige vorzunehmen[84].

9. Anpassung der Postenbezeichnung im DATEV-System

107 Insbesondere der **Anpassung der Postenbezeichnungen** wird im Schrifttum, dem GoB der Klarheit folgend, große Bedeutung beigemessen. Typische Anwendungsfälle sind im Vorratsvermögen zu finden, beispielsweise bei Bauunternehmen, wo unfertige Bauleistungen regelmäßig als „in Ausführung befindliche Bauaufträge" bezeichnet werden. Gleiches gilt bei Dienstleistungsunternehmen, bei denen der Posten regelmäßig „in Arbeit befindliche Aufträge" heißt. Derartige gesonderte Posten sind im DATEV-System vorgesehen, u. z. wenn nachfolgende Konten angesprochen werden:

SKR 03: Konten 7090–94 „In Ausführung befindliche Bauaufträge"
Konten 7095–99 „In Arbeit befindliche Aufträge"
SKR 04: Konten 1090–94 „In Ausführung befindliche Bauaufträge"
Konten 1095–99 „In Arbeit befindliche Aufträge"

108 Gleiches gilt für einen **Verschmelzungsmehrwert,** der gesondert ausgewiesen wird, wenn das Kto 0040 (SKR 03) bzw. das Kto 0160 (SKR 04) angesprochen wird.

109 Andere Anwendungsfälle der Anpassung der Postenbezeichnung sind aus Gründen der Klarheit in den Fällen denkbar, in denen die vom Gesetz vorgesehene Postenbezeichnung den tatsächlichen Inhalt nicht deckt, wie bei „fertige Erzeugnisse und Waren", den „liquiden Mitteln", insbesondere aber auch bei den Posten der GuV. In diesen Fällen ist eine Änderung der Postenbezeichnung im DATEV-System jederzeit möglich.

110 Darüber hinaus sind vom Gesetzgeber keine weiteren Abweichungen von den beiden im Gesetz vorgeschriebenen Gliederungsmöglichkeiten für die GuV, dem Gesamt- und dem Umsatzkostenverfahren, zugelassen.

---

[83] Vgl. *Claussen/Korth,* in Kölner Kom. § 265 HGB, Tz 21.

[84] Vgl. *Adler/Düring/Schmaltz,* § 265 HGB Tz 92; *Claussen/Korth,* in Kölner Kom. § 265 HGB Tz 25; *Hense/Geißler,* in Beck Bil-Kom. § 265 HGB Tz 18; bei den einzelnen Vermerken differenzierend *Weber,* in Küting/Weber § 265 HGB Tz 100.

Teil D. Bilanzgliederung und Posteninhalte

I. Die einzelnen Posten der Aktivseite

Sonderposten 1: Ausstehende Einlagen auf das gezeichnete Kapital

Der gesonderte Ausweis der ausstehenden Einlagen auf das gezeichnete Kapital der Kapitalgesellschaft ergibt sich nicht aus § 266 Abs. 2 HGB, sondern aus § 272 Abs. 1 S. 2 HGB. Diese Regelung gilt für Personenhandelsgesellschaften, bei denen nicht wenigstens ein persönlich haftender Gesellschafter eine natürliche Person ist (Kapitalgesellschaft & Co. i. S. v. § 264a Abs. 1 HGB), entsprechend.[1] **1**

Die Gliederung der Bilanz beginnt stets mit der Hauptposition „A", also erfolgt die Einfügung eines solchen Postens unter „A"; das Anlagevermögen ist dann unter „B." zu zeigen. Hier auszuweisen ist der **Differenzbetrag zwischen** dem **Nennwert des gezeichneten Kapitals** und den **darauf bislang geleisteten Einzahlungen.** Von den ausstehenden sind die eingeforderten Einlagen gesondert zu vermerken. Alternativ dürfen die nicht eingeforderten ausstehenden Einlagen nunmehr auch von dem Posten „Gezeichnetes Kapital" gem. § 272 Abs. 1 S. 3 HGB offen abgesetzt werden, was zu einem Nettoausweis – in Höhe des eingezahlten Kapitals – auf der Passivseite führt. **2**

§ 272 Abs. 1 HGB ordnet die ausstehenden Einlagen nicht dem Anlagevermögen zu, so dass dieser Posten nicht in die horizontale Anlagenentwicklung (Anlagenspiegel) gem. § 268 Abs. 2 HGB einzubeziehen ist. Wirtschaftlich betrachtet stellen die ausstehenden Einlagen einen Korrektposten zum gezeichneten Kapital bzw. zu den Kapitalanteilen dar. Soweit sie jedoch eingefordert sind, handelt es sich (rechtlich) um Forderungen an die Gesellschafter, die das Kapital gezeichnet haben[2]. Deshalb gelten die allgemeinen Bewertungsvorschriften für Forderungen, d. h. die ausstehenden Einlagen sind i. d. R. zum Nominalwert auszuweisen, Einzelrisiken sind bei mangelnder Bonität des Schuldners durch Wertberichtigungen zu berücksichtigen[3]. **3**

Bei der **AG** darf bei **Bareinlagen** die Anmeldung zur Handelsregistereintragung erst erfolgen, wenn auf jede Aktie der eingeforderte Betrag, d. s. mindestens 25% des Nennbetrags sowie ein ggf. festgesetztes Agio eingezahlt ist, §§ 36 Abs. 2, 36a Abs. 1, 188 Abs. 2 AktG[4]. **Sacheinlagen** müssen dagegen stets in voller Höhe geleistet werden, § 36a Abs. 2 AktG. Nicht voll eingezahlte Aktien müssen gem. § 10 Abs. 2 AktG Namensaktien sein, der Aktieninhaber also im Aktienbuch der Gesellschaft eingetragen sein, § 67 Abs. 1 AktG. Kommen Aktionäre ihren Einzahlungsverpflichtungen nicht nach, können die bereits geleisteten Einzahlungen für verlustig erklärt werden, § 64 Abs. 3 AktG. Ist von dem im Aktienbuch eingetragenen Aktionär keine Zahlung zu erlangen, haftet jeder im Aktienbuch eingetragene Vormann für Beträge, die innerhalb von 2 Jahren nach Eintragung der Übertragung der Aktie im Aktienbuch eingefordert werden, § 65 Abs. 1 und 2 AktG. Ist auch von den Vormännern keine Zahlung zu erlangen, hat die AG die Aktien unverzüglich zum amtlichen Börsenkurs durch Einschaltung eines Kursmaklers zu verkaufen, ggf. öffentlich zu versteigern, § 65 Abs. 3 AktG. **4**

Auch bei der **GmbH** sind die **Bareinlagen** vor Eintragung in das Handelsregister in Höhe von 25% einzuzahlen, § 7 Abs. 2 S. 1 GmbHG. **Sacheinlagen** sind stets in voller Höhe vor Eintragung in das HR zu bewirken, § 7 Abs. 3 GmbHG. Die Einforderung der ausstehenden Einlagen kann sich aus dem Gesellschaftsvertrag oder aufgrund eines Einforderungsbeschlusses durch die Gesellschafter ergeben, § 46 Nr. 2 **5**

---

[1] Vgl. *Förschle/Hoffmann,* in Beck Bil-Kom. § 264a HGB Tz 10 ff.

[2] Vgl. *Förschle/Hoffmann,* in Beck Bil-Kom. § 272 HGB Tz 14; WP-Handbuch 2000, Bd. I, F Tz 135; *Adler/Düring/Schmaltz,* § 272 HGB Tz 58.

[3] Vgl. *Claussen/Korth,* in Kölner Kom. § 272 HGB Tz 26; *Adler/Düring/Schmaltz,* § 272 HGB Tz 66.

[4] Vgl. *Kraft,* in Kölner Kom. § 36a AktG Tz 5.

GmbHG. Kommt der Gesellschafter seiner Zahlungsverpflichtung nicht nach, kann die Gesellschaft ihn unter Androhung des Ausschlusses auffordern, innerhalb einer Nachfrist von wenigstens 1 Monat seiner Zahlungsverpflichtung nachzukommen, § 21 Abs. 1 GmbHG. Bei Fristverstreichung kann die GmbH den Gesellschaftsanteil einschließlich der bis dahin geleisteten Teilzahlungen für verlustig erklären, § 21 Abs. 2 GmbHG. Die Haftung des ausgeschlossenen Gesellschafters für nicht geleistete Beträge bleibt weiterhin bestehen, § 21 Abs. 3 GmbHG. Ebenso haften alle Rechtsvorgänger des Ausgeschlossenen, § 22 Abs. 1 GmbHG. Sofern auch von den etwaigen Rechtsvorgängern keine Zahlung zu erlangen ist, kann der Anteil im Wege der öffentlichen Versteigerung veräußert werden, bei Zustimmung des ausgeschlossenen Gesellschafters auch durch freihändigen Verkauf des Gesellschaftsanteils, § 23 GmbHG. Wird die Stammeinlage durch die Versteigerung oder den Verkauf nicht gedeckt, haben alle übrigen Gesellschafter den Fehlbetrag im Verhältnis ihrer Geschäftsanteile aufzubringen (kollektive Deckungspflicht), § 24 GmbHG.

6 Für die **Kapitalgesellschaft & Co.** (KapG & Co.) stellt § 264c Abs. 2 HGB klar, dass anstelle des Postens „Gezeichnetes Kapital" die Kapitalanteile der persönlich haftenden Gesellschafter auszuweisen sind[5]. Die Vorschrift regelt lediglich, wie ein den Kapitalanteil übersteigender Verlust auszuweisen ist, soweit eine Zahlungsverpflichtung des persönlich haftenden Gesellschafters besteht, nicht aber, wie gesellschaftsvertraglich vereinbarte ausstehende Einlagen des persönlich haftenden Gesellschafters auszuweisen sind.

7 Nach h. M. ist bei der OHG und der KG – soweit es die Komplementäre betrifft – die **bedungene** Einlage im „Kapitalanteil" auszuweisen und, soweit sie noch nicht eingezahlt ist, als gesonderter Posten „Ausstehende Einlagen" vor dem Anlagevermögen auszuweisen[6]. Der Betrag der davon bereits eingeforderten Einlage ist zu vermerken. Bestehen sowohl für Komplementäre als auch für Kommanditisten ausstehende Einlagen, sind diese unter der entsprechenden Bezeichnung getrennt von einander auszuweisen.[7]

8 **Zu den ausstehenden Einlagen** gehören nur die bei Gründung oder einer Kapitalerhöhung übernommenen Einzahlungsverpflichtungen, also **keine Ansprüche auf Nebenleistungen oder Zuzahlungen**[8], die keine „Einlagen auf das gezeichnete Kapital" darstellen. Bei der AG/KGaA stellt sich das Ausweisproblem nicht, weil ein Ausgabe-Agio vor Anmeldung der Gründung oder Kapitalerhöhung zur Eintragung in das Handelsregister in voller Höhe, u. z. auch auf die noch nicht eingeforderten Einlagen zu leisten ist, §§ 36 Abs. 2, 36a Abs. 1, 188 Abs. 2 S. 1 AktG. Im GmbHG fehlt es an einer dem § 36a Abs. 1 AktG entsprechenden Bestimmung, so dass Voraussetzung für die Anmeldung und damit auch die Eintragung der Gründung einer GmbH bzw. einer Kapitalerhöhung nicht die volle Leistung des Ausgabe-Agios erforderlich ist. Insoweit können bei der GmbH Ausgabe-Agien ausstehen, die jedoch keine „ausstehende Einlage auf das gezeichnete Kapital" i. S. v. § 272 Abs. 1 S. 2 HGB sind und demgemäß unter „Sonstige Vermögensgegenstände" ggf. unter einem Sonderposten auszuweisen sind[9]. Führen Entnahmen durch Gesellschafter einer Personengesellschaft dazu, dass der Kapitalanteil unter die bedungene Einlage absinkt, entsteht eine Forderung an den Gesellschafter, soweit es sich um eine unzulässige Entnahme handelt. Handelt es sich dagegen um eine zulässige Entnahme und soll durch diese Entnahme die bedungene Einlage nicht herabgesetzt werden, ist der entsprechende Betrag als „ausstehende Einlagen" auszuweisen.[10]

9 § 272 Abs. 1 S. 2 und 3 HGB sehen ein **Wahlrecht für den Ausweis der ausstehenden Einlagen** vor:

---

[5] Zum Ausweis des Eigenkapitals bei der OHG/KG vgl. D 710, 717.

[6] Vgl. *Förschle/Hoffmann,* in Beck Bil-Kom. § 264c HGB Tz 20.

[7] Vgl. WP-Handbuch 2000, Bd. I, F 141; *Förschle/Hoffmann,* in Beck Bil-Kom. § 264c HGB Tz 31.

[8] Vgl. *Claussen/Korth,* in Kölner Kom. § 266 HGB Tz 11; *Adler/Düring/Schmaltz,* § 272 HGB Tz 107; *Förschle/Hoffmann,* in Beck Bil-Kom. § 272 HGB Tz 12; zu Nebenleistungsverpflichtungen vgl. *Lutter,* in Kölner Kom. § 55 AktG Tz 2ff; *Lutter/Hommelhoff,* GmbHG, 15. Aufl., § 3 Tz 32ff.

[9] Vgl. *Adler/Düring/Schmaltz,* § 272 HGB Tz 107, mit dem Verweis, dass der Ausweis unter dem Posten „Forderungen gegenüber verbundene Unternehmen", „Forderungen gegenüber Unternehmen, mit denen ein Beteiligungsverhältnis besteht" vorrang hat, wenn die diesbezüglichen Unternehmen Schuldner der ausstehenden Agio-Beträge sind.

[10] Vgl. *Förschle/Hoffmann,* in Beck Bil-Kom. § 264c HGB Tz 24, 36.

(1) Die ausstehenden Einlagen auf das gezeichnete Kapital werden auf der Aktiv-Seite unter der entsprechenden Bezeichnung gesondert ausgewiesen, dann sind die davon eingeforderten Einlagen zu vermerken.

(2) Die nicht eingeforderten ausstehenden Einlagen werden vom Posten „gezeichnetes Kapital" offen abgesetzt, dann sind die eingeforderten, aber noch nicht eingezahlten Einlagen, auf der Aktivseite unter den Forderungen gesondert auszuweisen. Da bei der KapG & Co. der Kapitalanteil auch Gewinn- und Verlustanteile umfassen kann, wird empfohlen, den Posten „Kapitalanteil abzüglich nicht eingeforderter bedungener Einlage" zu bezeichnen[11].

Sofern die Ktn 0801–0819 (SKR 03) bzw. die Ktn 0001–0049 (SKR 04) angesprochen werden, erfolgt der Ausweis der ausstehenden Einlagen aktivisch, wie im nachfolgenden Beispiel: **10**

AKTIVA				PASSIVA
A. Ausstehende Einlagen			B. Eigenkapital	
auf das gezeichnete Kapital		12 500	I. Gezeichnetes Kapital	25 000
– davon eingefordert	6500		II. Kapitalrücklage	
B. Anlagevermögen				

Für den Vermerk „davon eingefordert" sind die Ktn 0810–0819 (SKR 03) bzw. die Ktn 0040–0079 (SKR 04) vorgesehen, sofern sämtliche ausstehenden Einlagen aktivisch ausgewiesen werden sollen. **11**

Sollen die ausstehenden Einlagen offen vom gezeichneten Kapital abgesetzt werden, was im Hinblick auf eine Bilanzsummenverkürzung bilanzpolitische Bedeutung hat, sind die Ktn 0820–0829 (SKR 03) bzw. die Ktn 2910–2919 (SKR 04) für die **„Nicht eingeforderten ausstehenden Einlagen"** und die Ktn 0830–0838 (SKR 03) bzw. das Konto 1298 (SKR 04) für die **„Eingeforderten ausstehenden Einlagen"** anzusprechen, weil bei einem offenen Absetzen auf der Passivseite die „eingeforderten, noch ausstehenden Kapitaleinlagen" gem. § 272 Abs. 1 S. 3 HGB gesondert unter den Forderungen auszuweisen sind[12]. Dies führt zu nachfolgendem Bilanzbild: **12**

AKTIVA				PASSIVA
B. Umlaufvermögen		A. Eigenkapital		
II. Forderungen und sonstige Vermögensgegenstände		I. Gezeichnetes Kapital	50 000	
		nicht eingeforderte		
4. Eingefordertes noch nicht		ausstehende Einlagen	12 500	
eingezahltes Kapital	12 500	Eingefordertes Kapital		37 500

Standardkonten im DATEV-System **13**

SKR 03		SKR 04	
0801–09	**Ausstehende Einlagen auf das gezeichnete Kapital,** nicht eingefordert (Aktivausweis)	0001	Ausstehende Einlagen auf das gezeichnete Kapital, nicht eingefordert (Aktivausweis)
0810–19	Ausstehende Einlagen auf das gezeichnete Kapital, eingefordert (Aktivausweis)	0040	Ausstehende Einlagen auf das gezeichnete Kapital, eingefordert (Aktivausweis)
0820–29	Ausstehende Einlagen auf das gezeichnete Kapital, nicht eingefordert (Passivausweis, von gezeichnetem Kapital offen abgesetzt; eingeforderte ausstehende Einlagen s. Konten 0830–0838), Ausstehende Einlagen auf das Kommanditkapital	0050–59	Ausstehende Einlagen auf das Kommandit-Kapital, nicht eingefordert
		0060–69	Ausstehende Einlagen auf das Komplementär-Kapital, eingefordert
		0070–79	Ausstehende Einlagen auf das Komplementär-Kapital, nicht eingefordert
		0080–89	Ausstehende Einlagen auf das Kommandit-Kapital, eingefordert

[11] Vgl. *Förschle/Hoffmann,* in Beck Bil-Kom. § 264 c HGB Tz 20.

[12] Bei Personenhandelsgesellschaften werden die ausstehenden Einlagen auf das Kommanditkapital stets aktivisch ausgewiesen; hierfür gibt es gesonderte Zuordnungstabellen.

14 *Buchungsbeispiele:*

Ausstehende Einlage bei aktivischem Ausweis

SKR 03

EB-Wert gezeichnetes Kapital

Soll	Haben	Gegen-Kto.	Beleg-Datum	Konto
50 000		800	01 01	9000

ausstehende Einlage auf gezeichnetes Kapital

Soll	Haben	Gegen-Kto.	Beleg-Datum	Konto
	25 000	801	01 01	9000

von der ausstehenden Einlage eingefordert

Soll	Haben	Gegen-Kto.	Beleg-Datum	Konto
12 500		801	01 01	0810

SKR 04

EB-Wert gezeichnetes Kapital

Soll	Haben	Gegen-Kto.	Beleg-Datum	Konto
50 000		2900	01 01	9000

ausstehende Einlage auf gezeichnetes Kapital

Soll	Haben	Gegen-Kto.	Beleg-Datum	Konto
	25 000	1	01 01	9000

von der ausstehenden Einlage eingefordert

Soll	Haben	Gegen-Kto.	Beleg-Datum	Konto
12 500		1	01 01	0810

Sonderposten 2: Ausstehende Einlagen gem. § 26 Abs. 3 DMBilG

15 Nach § 26 Abs. 2 DMBilG mussten Unternehmen im Beitrittsgebiet, die aufgrund ihrer Rechtsform ein **gezeichnetes Kapital** zu bilden hatten, dieses zum 1. 7. 1990 **neu festsetzen.** Betroffen hiervon waren Aktiengesellschaften und Gesellschaften mit beschränkter Haftung, die durch das Treuhandgesetz umgewandelt wurden. Dabei durfte das gesetzlich vorgeschriebene Mindestkapital (§ 5 Abs. 1 GmbHG, § 7 AktG) nicht unterschritten werden. Reichte das in der DMBilG ermittelte Eigenkapital zur Bildung des gezeichneten Kapitals nicht aus, war der Fehlbetrag als „Ausstehende Einlage" auf der Aktivseite vor dem Anlagevermögen gesondert auszuweisen, § 26 Abs. 3 DMBilG. Soweit die Mindesteinzahlung nicht vollständig bewirkt war, galt der Fehlbetrag als eingefordert, § 26 Abs. 3 S. 3 DMBilG.

Sonderposten 3: Aufwendungen für die Ingangsetzung und Erweiterung des Geschäftsbetriebs

16 § 269 HGB erlaubt die Aktivierung von Aufwendungen für die Ingangsetzung des Geschäftsbetriebs und dessen Erweiterung, was eine – nur Kapitalgesellschaften, Kapitalgesellschaften & Co, dem PublG unterworfene Unternehmen, eingetragenen Genossenschaften, Kreditinstituten und Versicherungsunternehmen eingeräumte – **„Bilanzierungshilfe"** ist[13]. Wird dieses Wahlrecht in Anspruch genommen, hat der Ausweis gesondert vor dem Anlagevermögen zu erfolgen – wenn er als erster Bilanzposten erscheint unter der Hauptposition „A.". Der Posten ist im Anhang zu erläutern, § 269 S. 1 HGB.

[13] Vgl. *Adler/Düring/Schmaltz,* § 269 HGB Tz 1.

17 Im Gegensatz zu „Ausstehende Einlagen auf das gezeichnete Kapital" ist dieser Posten in den **Anlagenspiegel einzubeziehen,** § 268 Abs. 2 S. 1 HGB. Im Anlagenspiegel sind die gesamten aktivierten Aufwendungen als Zugänge, sowie die Abschreibungen in ihrer gesamten Höhe gesondert aufzuführen. Abgänge, Umbuchungen und Zuschreibungen dürften nicht in Betracht kommen. Die Postenbezeichnung sollte aus Gründen der Ausweisklarheit dem tatsächlichen Inhalt angepasst werden[14]. **Gründungskosten** dürfen nicht aktiviert werden.

18 Solange Ingangsetzungs- und Erweiterungsaufwendungen aktiviert sind, dürfen Gewinne nur ausgeschüttet werden, wenn nach der Ausschüttung Gewinnrücklagen oder ein Bilanzgewinn in Höhe der aktivierten Ingangsetzungs- und Erweiterungsaufwendungen verbleibt, sog. **Ausschüttungssperre,** § 269 S. 2 HGB.

19 Zweck der Bilanzierungshilfe ist die Verhinderung eines **Verlust- oder Überschuldungsausweises.** Allerdings ist die Bilanzierungshilfe nicht dazu geeignet, den vom Gesetz vorgesehene insolvenzrechtlichen Ablauf außer Kraft zu setzen. Denn für Fragen der Überschuldung und einer damit zusammenhängenden Konkursantragspflicht kann nicht auf die unter der „going-concern-Prämisse" aufgestellte Jahresabschlussbilanz zurückgegriffen werden. Es ist vielmehr eine eigenständige Überschuldungsbilanz aufzustellen, in der Ingangsetzungs- und Erweiterungsaufwendungen nicht eingestellt werden dürfen, weil sie keinen Vermögenscharakter haben[15].

20 **Ingangsetzungsaufwendungen** sind solche, die während der Anlaufphase des Betriebs durch den erstmaligen Aufbau der Innen- und/oder Außenorganisation bzw. durch die Vorbereitung der Gesellschaft zur Leistungserbringung entstanden sind[16], z. B.

- Kosten der Beschaffung von Arbeitskräften
- Marktstudien, Organisationsgutachten
- Einführungsreklame
- Kosten des Aufbaus einer Vertriebsorganisation, inkl. Personalschulung

Ähnlich abzugrenzen sind **Erweiterungsaufwendungen;** es muss sich um Aufwendungen zur Organisations- oder Betriebserweiterung handeln, z. B. durch[17]

- Wahl neuer Standorte
- Aufnahme eines neuen Geschäftszweiges oder Übernahme anderer Unternehmen
- Aufnahme neuer, bisher im Produktionsprogramm nicht enthaltender Produkte oder Produktgruppen

21 **Teilaktivierungen** sind zulässig, weil die Aktivierung der Ingangsetzungs- und Erweiterungsaufwendungen in das freie Ermessen des Bilanzierenden gestellt ist[18].

22 Erträge aus der Aktivierung von Ingangsetzungs- und Erweiterungsaufwendungen sind – beim Gesamtkostenverfahren – in der GuV unter **„Andere aktivierte Eigenleistungen"** zu zeigen. Beim Umsatzkostenverfahren erfolgt eine direkte Aktivierung durch Kürzung der entsprechenden Aufwandsposten oder ein unveränderter Ausweis der Aufwendungen und Einstellung des Ertrages in die „Sonstigen betrieblichen Erträge"[19] – Das Aktivierungswahlrecht kann nur im Geschäftsjahr der Entstehung in Anspruch genommen werden, eine **Nachholung** in den Folgejahren ist unzulässig[20].

23 Die aktivierten Ingangsetzungs- und Erweiterungsaufwendungen sind in jedem (der Aktivierung) folgenden Geschäftsjahr zu mindestens einem Viertel durch **Abschreibungen** zu tilgen, § 282 HGB. Höhere Abschreibungen als $^1/_4$ des aktivierten Betrages sind zulässig. Insoweit ist auch kein Abschreibungsplan erforderlich. Geringere Abschreibungen als $^1/_4$ des aktivierten Betrages sind dagegen unzulässig, mit

---

[14] Vgl. WP-Handbuch 2000, Bd. I, F 142; *Adler/Düring/Schmaltz,* § 269 HGB Tz 8.

[15] Vgl. *Claussen/Korth,* in Kölner Kom. § 269 HGB Tz 18; *Adler/Düring/Schmaltz,* § 269 HGB Tz 16; *Veit,* in Küting/Weber § 269 HGB Tz 20; *Veit,* WPg 1984, S. 67.

[16] Vgl. *Hense/Lawall,* in Beck Bil-Kom. § 269 HGB Tz 2; *Claussen/Korth,* in Kölner Kom. § 269 HGB Tz 7.

[17] Vgl. *Selchert,* DB 1986, S. 981; *Biener/Berneke,* BiRiLiG, S. 183; *Adler/Düring/Schmaltz,* § 269 HGB Tz 15; *Claussen/Korth,* in Köner Kom. § 269 HGB Tz 10, die von einem unklaren und ausfüllungsbedürftigen unbestimmten Rechtsbegriff sprechen; nach *Hense/Lawall,* in Beck Bil.-Kom. § 269 HGB Tz 5 ist der Begriff „Erweiterung des Geschäftsbetriebs" eng auszulegen.

[18] Vgl. *Claussen/Korth,* in Kölner Kom. § 269 HGB Tz 6; WP-Handbuch 2000, Bd. I, F 143; *Hense/Lawall,* in Beck Bil-Kom. § 269 HGB Tz 7.

[19] Nach *Adler/Düring/Schmaltz,* § 269 HGB Tz 19, ist der erstgenannte Ausweisform vorzuziehen.

[20] Vgl. WP-Handbuch 2000, Bd. I, F 143; *Hense/Lawall,* in Beck Bil-Kom. § 269 HGB Tz 7.

Ausnahme eines niedrigeren Restbetrages im letzten Jahr der Abschreibung[21]. Die Abschreibung ist in jedem der Aktivierung folgenden Geschäftsjahr vorzunehmen. Nach dem Gesetzeswortlaut ist also eine Abschreibung im Jahr der Erstaktivierung nicht erforderlich[22]. Mit der Formulierung „in jedem folgenden Geschäftsjahr" wird sichergestellt, dass eine Aufwandsverteilung bereits in dem ersten und nicht erst in späteren Geschäftsjahren nach der Aktivierung zu erfolgen hat.

24 Die verrechneten Abschreibungsbeträge sind in der GuV nach dem Gesamtkostenverfahren unter Pos. 7 a) gem. § 275 Abs. 2 HGB auszuweisen. Bei Fehlmaßnahmen ist eine außerplanmäßige Abschreibung notwendig[23]. Für Aufwendungen zur Gründung und Beschaffung des Eigenkapitals besteht gem. § 248 Abs. 1 HGB ein Aktivierungsverbot.

25 **Steuerrechtlich** ist die Aktivierung von Ingangsetzungs- und Erweiterungsaufwendungen unzulässig, weil kein Wirtschaftsgut vorliegt[24]. Aus diesem Grund sind in der Handelsbilanz verrechnete Abschreibungen keine Betriebsausgaben.

26 Die Aufwendungen müssen folgende Kriterien erfüllen: Sie dürfen nicht regelmäßig wiederkehren; sie müssen aktivierungsfähig i. S. v. § 269 HGB, jedoch kein Anlagevermögen sein; künftige Erträge müssen die aktivierten Beträge voraussichtlich decken[25]; die Aufwendungen dürfen sich nicht in einem Geschäfts- oder Firmenwert niederschlagen.

Hinweis

27 KapG & Co. müssen bei Inanspruchnahme der Bilanzierungshilfe nach dem Posten „Eigenkapital" einen Sonderposten in Höhe der aktivierten Bilanzierungshilfe ansetzen, § 264 c Abs. 4 S. 3 HGB.

28 **Standardkonten im DATEV-System**

SKR 03	SKR 04
0001 Aufwendungen für die Ingangsetzung und Erweiterung des Geschäftsbetriebs	0095 Aufwendungen für die Ingangsetzung und Erweiterung des Geschäftsbetriebs

Sonderposten 4: Aufwendungen für die Ingangsetzung und Erweiterung des Geschäftsbetriebs gem. § 31 Abs. 1 S. 2 DMBilG

29 Unternehmen, die nicht Geldinstitute oder Außenhandelsbetriebe sind, waren nach § 31 DMBilG weitere Bilanzierungshilfen eingeräumt[26]. Da auch diese Ingangsetzungs- und Erweiterungsaufwendungen in jedem folgendem Geschäftsjahr mit **mindestens 25% abzuschreiben** waren, ist der Posten zwischenzeitlich ohne Bedeutung.

30 **Standardkonten im DATEV-System**

SKR 03	SKR 04
9413 Aufwendungen für die Ingangsetzung und Erweiterung des Geschäftsbetriebs gemäß § 31 Abs. 1 Nr. 2 DMBilG	9413 Aufwendungen für die Ingangsetzung und Erweiterung des Geschäftsbetriebes gemäß § 31 Abs. 1 Nr. 2 DMBilG

---

[21] Vgl. *Clausen/Korth,* in Kölner Kom. § 282 HGB Tz 3; *Adler/Düring/Schmaltz,* § 269 HGB Tz 19.

[22] Vgl. *Adler/Düring/Schmaltz,* § 282 HGB Tz 5; *Biener/Berneke,* BiRiLiG, S. 245; *Hense/Lawall,* in Beck Bil-Kom. § 282 HGB Tz 2.

[23] Vgl. *Adler/Düring/Schmaltz,* § 282 HGB Tz 15; WP-Handbuch 2000, Bd. I, F 143.

[24] Vgl. BFH v. 28. 1. 1954, BStBl III 1954, S. 109; BT-Drucks. 10/317, S. 80.

[25] Vgl. WP-Handbuch 2000, Bd. I, F 143; a. A. *Hense/Lawall,* in Beck Bil.-Kom. § 269 HGB Tz 8.

[26] So konnten in der DM-EB zur Bildung einer „vorläufigen Gewinnrücklage" nachfolgende Aktivierungen vorgenommen werden: 1. **Nicht entgeltlich erworbene immaterielle Vermögensgegenstände des Anlagevermögens,** in Höhe des Betrages, den ein Käufer voraussichtlich beim Erwerb des ganzen Unternehmens bei Unternehmensfortführung bezahlen würde; dabei durfte auch ein originärer Geschäfts- oder Firmenwert berücksichtigt werden (Kto 9415 SKR 03/SKR 04, innerhalb der immateriellen Vermögensgegenstände gesondert ausgewiesen). 2. **Aufwendungen für die Ingangsetzung und Erweiterung des Geschäftsbetriebs** nach § 269 S. 1 HGB, für nach dem 1. 3. 1990 ergriffene Maßnahmen zur Herstellung der Wettbewerbsfähigkeit des Unternehmens (Kto 9413 SKR 03/SKR 04). 3. **Zuschüsse, Beihilfen und andere Vermögensvorteile,** wenn der Investitionsauftrag bis zum Ablauf der Aufstellungsfrist erteilt war (Kto 9433 SKR 03/SKR 04, innerhalb der Forderungen gesondert ausgewiesen).

Sonderposten 5: Aufwendungen für die Währungsumstellung auf den Euro

31 Gemäß § 244 HGB ist der Jahresabschluss (spätestens) ab dem 1. Januar 2001 in Euro aufzustellen. Die Aufstellung einer Eröffnungsbilanz in Euro ist nicht erforderlich. Es empfiehlt sich aber, auf Basis der Schlussbilanzwerte des Vorjahres eine Umrechnung je Bilanzposten auf Euro vorzunehmen.

32 Eine Neubewertung der Bilanzposten ist damit nicht verbunden. Im Zusammenhang mit der Euro-Einführung entstehende Umrechnungsverluste infolge der unwiderruflich festen Euro-Umrechnungskurse sind bereits vor dem 31. 12. 1998 realisiert. Art. 44 EGHGB erlaubt jedoch Kapitalgesellschaften/KapG & Co. die Aktivierung von mit der Währungsumstellung verbundenen Aufwendungen, soweit es sich um selbstgeschaffene immaterielle Vermögensgegenstände des Anlagevermögens handelt. Es handelt sich um eine **Bilanzierungshilfe** für ansonsten nicht aktivierungsfähige Vermögensgegenstände (§ 248 Abs. 2 HGB). **Steuerrechtlich besteht ein Aktivierungsverbot,** weil kein Wirtschaftsgut vorliegt. Die Bilanzierungshilfe eröffnet die Möglichkeit, die Euro-Umstellungsaufwendungen auf mehrere Geschäftsjahre zu verteilen. Nach Art. 44 EGHGB ist die Bilanzierungshilfe als „Aufwendungen für die Währungsumstellung auf den Euro" vor dem Anlagevermögen auszuweisen.

33 In erster Linie fallen darunter selbst erstellte Software, die von entgeltlicher erworbener und aktivierungspflichtiger Software abzugrenzen ist. Zur selbst erstellten Software gehören auch Fälle, in denen Programm von externen Beratern auf Basis eines Dienstleistungsvertrags entwickelt wird oder ein Software-Unternehmen aufgrund eines Werkvertrages tätig wird, die Projektleitung jedoch beim anwendenden Unternehmen liegt.

34 Die als Bilanzierungshilfe ausgewiesenen Beträge sind in jedem folgenden Geschäftsjahr **zu mindestens einem Viertel durch Abschreibung zu tilgen,** Art. 44 Abs. 1 S. 3 EGHGB. Dies entspricht der Abschreibungssystematik für „Aufwendungen für die Ingangsetzung und Erweiterung des Geschäftsbetriebs". Eine Abschreibung im Jahr der Aktivierung ist nicht gesetzlich vorgeschrieben, dürfte aber zulässig sein, weil dies im Ergebnis einer Teilaktivierung entspricht, die ebenfalls für zulässig erachtet wird[27]. Da eine bestimmte Abschreibungsmethode gesetzlich nicht vorgeschrieben ist, dürfte jede Verteilung als zulässig angesehen werden, bei der mindestens eine Abschreibungsquote von 25% verrechnet wird. Kapitalgesellschaften und KapG & Co. müssen den Posten **im Anhang erläutern.** Das bedeutet, das Angaben über die Art der aktivierten Aufwendungen sowie über die Methode der Abschreibungsverrechnung gemacht werden müssen.

Hinweis

35 KapG & Co. müssen bei Inanspruchnahme der Bilanzierungshilfe nach dem Posten „Eigenkapital" einen Sonderposten in Höhe der aktivierten Bilanzierungshilfe ansetzen, § 264c Abs. 4 S. 3 HGB.

Standardkonten im DATEV-System 36

SKR 03	SKR 04
0002 **Aufwendungen für die Währungsumstellung auf den Euro**	0096 Aufwendungen für die Währungsumstellung auf den Euro

A. Anlagevermögen

I. Ausweis

37 § 247 Abs. 2 HGB enthält die Definition, dass im **Anlagevermögen** nur Gegenstände auszuweisen sind, die bestimmt sind, **dauernd dem Geschäftsbetrieb zu dienen.** Die Unterscheidung zwischen Anlage- und Umlaufvermögen ist in zweierlei Hinsicht bedeutend:

1. Für die Bewertung, weil Umlaufvermögen keiner Wertminderung durch Nutzung unterliegt und im Übrigen unterschiedliche Bewertungsnormen für das Anlage- und Umlaufvermögen gelten.
2. Für die Bilanzanalyse im Hinblick auf die Vermögensbindung.

---

[27] Vgl. *Förschle/Tischbierek,* in Beck Bil.-Kom., 4. Aufl., Art. 44 EGHGB Tz 23.

38 Maßgebend ist die **Zweckbestimmung zum Bilanzstichtag,** die sich einerseits aus der Art des Vermögensgegenstandes selbst ergibt, in Einzelfällen aber vom Zweckbestimmungswillen des Bilanzierenden abhängt[28].

39 Die Zweckbestimmung am Bilanzstichtag hat eine **subjektive und eine objektive Komponente,** denn zum Verkauf bestimmte Vorräte sind stets und unabhängig von der Verweilzeit im Umlaufvermögen auszuweisen, weil sie ohne genutzt zu werden aus dem Vermögensbestand wieder ausscheiden[29]. Derartige Vermögensgegenstände sind also bereits aufgrund ihrer Vermögensart objektiv dem Umlaufvermögen zuzuordnen[30]. Bei anderen Vermögensgegenständen, bei denen sich die Zuordnung zum Umlaufvermögen nicht bereits aufgrund der Vermögensart ergibt, wie z. B. bei Wertpapieren, ist der Zweckbestimmungswille des Bilanzierenden maßgebend, also subjektive Merkmale für den Bilanzausweis bestimmend.

40 Der Begriff **dauernd** ist nicht im Sinne eines absoluten Zeitbegriffs, sondern als längere Verweilzeit im Unternehmen zu interpretieren, die Anhaltspunkt für das Vorliegen einer Daueranlage sein kann.[31] Andererseits gehört unabhängig von der Verweildauer im Betrieb ein Vermögensgegenstand zum Anlagevermögen, wenn er in Folge der betrieblichen Nutzung einer Abnutzung unterliegt, z. B. Vorführ- und Mietwagen, die zwar eine kürzere Verweildauer von 1 Jahr haben, aber durch die Nutzung und der damit verbundenen Abnutzung anlagevermögensbestimmt sind[32].

41 Dabei ist auf die Verhältnisse am Bilanzstichtag abzustellen, und zwar sowohl für Gliederungs- als auch für Bewertungsfragen[33]. **Ändert sich die Zweckbestimmung** von einem Bilanzstichtag zum anderen, weil z. B. eine Maschine aus dem Warenbestand entnommen und für die eigene Produktion eingesetzt wird, **hat eine Umgliederung zu erfolgen**[34]. Eine Umgliederung in das Umlaufvermögen ist dagegen nicht erforderlich, solange der Vermögensgegenstand noch betrieblich genutzt wird und eine Veräußerung lediglich in naher Zukunft geplant oder zu erwarten ist[35].

42 Mit der Definition des Anlagevermögens in § 247 Abs. 2 HGB ist gleichzeitig das Umlaufvermögen inhaltlich abgegrenzt.

43 § 268 Abs. 2 HGB schreibt die horizontale Gliederung des Anlagevermögens vor, u. z. wahlweise in der Bilanz oder im Anhang[36]. Kleine Kapitalgesellschaften/KapG & Co. sind von der Aufstellung eines Anlagegitters befreit, § 274 a Nr. 1 HGB. Vertikal ist das Anlagevermögen gem. § 266 Abs. 2 HGB zu gliedern in:

I. Immaterielle Vermögensgegenstände
II. Sachanlagen
III. Finanzanlagen

II. Bewertung

1. Anschaffungs- und Herstellungskosten

44 § 253 Abs. 1 S. 1 HGB bestimmt für Vermögensgegenstände, und damit für das Anlage- wie für das Umlaufvermögen gleichermaßen, dass diese höchstens mit den Anschaffungs- oder Herstellungskosten anzusetzen sind. Anschaffungskosten bilden den Zugangswert beim derivativen Erwerb eines Vermögensgegenstandes, also beim Erwerb von einem Dritten, Herstellungskosten den Zugangswert bei einem originären Erwerb. Sie sind gleichzeitig Bewertungsobergrenze.

---

[28] Vgl. *Claussen/Korth,* in Kölner Kom. § 266 HGB Tz 13.
[29] Vgl. *Korth,* Industriekontenrahmen, S. 56; BFH v. 29. 11. 1972, BStBl II 1972, S. 148.
[30] Objektiv-sachliche Komponente mit *Reinhard,* in Küting/Weber § 247 HGB Tz 21; *Ellrott/Schmidt-Wendt,* in Beck Bil-Kom. § 247 HGB Tz 352.
[31] Vgl. *Ellrott/Schmidt-Wendt,* in Beck Bil-Kom. § 247 HGB Tz 353.
[32] BFH v. 17. 11. 1981, BStBl II 1982, S. 344; ebenso Musterhäuser eines Fertighausherstellers, BFH v. 31. 3. 1977, BStBl II 1977, S. 648.
[33] Vgl. BT-Drucks. 10/4268, S. 98.
[34] Vgl. *Ellrott/Schmidt-Wendt,* in Beck Bil-Kom. § 247 HGB Tz 360; *Korth,* Industriekontenrahmen, S. 56.
[35] Vgl. *Ellrott/Schmidt-Wendt,* in Beck Bil-Kom. § 247 HGB Tz 361; *Claussen/Korth,* in Kölner Kom. § 266 HGB Tz 13; nach BFH v. 26. 11. 1974, BStBl II 1975, S. 352 ist eine Umgliederung ins Umlaufvermögen bereits erforderlich, wenn der Vermögensgegenstand „seinem bisherigen Wirkungskreis entzogen wird", um ihn „zum Verkauf herzurichten und auszustellen oder einem Händler zu übergeben".
[36] Vgl. hierzu D 280.

Anschaffungskosten sind in § 255 Abs. 1 HGB definiert. Es sind Aufwendungen, die geleistet werden, um einen Vermögensgegenstand zu erwerben und in einen betriebsbereiten Zustand zu versetzen. Voraussetzung ist, dass sie dem Vermögensgegenstand einzeln zugeordnet werden können. Anschaffungszeitpunkt ist die Überführung aus fremder in eigene Verfügungsgewalt. Maßgebend ist die wirtschaftliche Verfügungsmacht[37]. Nach **Erlangung der wirtschaftlichen Verfügungsmacht** können noch insoweit Aufwendungen anfallen, als der erworbene Gegenstand in einen betriebsbereiten Zustand zu versetzen ist (Kosten für Fundamente, Aufstellen und Montage einer Maschine). 45

Die hierfür anfallenden Kosten sind **Anschaffungsnebenkosten.** Sie können extern oder innerbetrieblich anfallen. Soweit sie innerbetrieblich anfallen, dürfen nur die bei der Montage angefallenen Einzelkosten als Anschaffungsnebenkosten aktiviert werden[38]. Zu weiteren extern anfallenden Nebenkosten gehören die Kosten der Anlieferung, wie Frachten, Rollgelder, Transportversicherung, Speditionskosten, Wiegegelder, Anfuhr- und Abladekosten, Steuern und öffentliche Abgaben, wie Eingangszölle, Notarkosten, Grunderwerbsteuer und die Kosten des Einkaufs, wie Provisionen, Courtage, Maklergebühren, u. ä.[39] **Fremdkapitalzinsen** sind nur insoweit als Anschaffungsnebenkosten aktivierbar, als die Kredite dazu dienen, die Herstellung zu beschaffender Anlagegegenstände mit einer längeren Bauzeit zu finanzieren[40]. Für die Aktivierung von Fremdkapitalzinsen besteht ein Wahlrecht, § 255 Abs. 3 HGB. 46

Vom Anschaffungspreis sind **Anschaffungspreisminderungen** abzuziehen, wie in Anspruch genommene Skonti, Rabatte, zurückgewährte Entgelte und Nachlässe aller Art. § 255 Abs. 1 S. 3 HGB spricht nur von Anschaffungspreisminderungen, die von den Anschaffungskosten abzusetzen sind. Dies gilt entsprechend für nachträgliche Kaufpreisänderungen[41]. Insoweit liegt z. B. auch eine Anschaffungskostenminderung vor, wenn im Wege eines Schadenersatzes aus fehlerhafter Beratung angefallene Grunderwerbsteuer ersetzt wird, weil der zu Anschaffungskosten führende Rechtsgrund nicht durch den Schadenersatzanspruch berührt wird[42]. Umgekehrt erhöhen nachträgliche Preiserhöhungen die Anschaffungskosten, z. B. Nachzahlungen aufgrund eines Urteils oder Schiedsspruchs. 47

Soweit Vermögensgegenstände selbst hergestellt werden, sind sie zu **Herstellungskosten** i. S. v. § 255 Abs. 2 HGB zu aktivieren. Die Herstellung kann z. B. bei Gebäuden aber auch ohne eigene Produktionsfaktoren durch fremde Unternehmen erfolgen, sog. Fremdherstellung. Maßgebend für die Abgrenzung zwischen Anschaffung und Herstellung ist das wirtschaftliche Risiko, dass der Hersteller trägt. Liegt es bei einem herzustellenden Gebäude beim Eigentümer, ist er Bauherr, andernfalls Erwerber. Da der typische Anwendungsfall der Herstellung im eigenen Unternehmen die Produktion der zum Verkauf bestimmten Erzeugnisse ist, ist der Begriff der Herstellungskosten beim Vorratsvermögen erläutert[43]. 48

2. Abschreibungen

a) Planmäßige Abschreibungen

aa) Allgemeines

Nach § 253 Abs. 2 S. 1 HGB sind bei Vermögensgegenständen des Anlagevermögens, deren **Nutzung zeitlich begrenzt ist, die Anschaffungs- oder Herstellungskosten um planmäßige Abschreibungen zu vermindern.** Die zeitliche Begrenzung der Nutzung ergibt sich aus der Eigenart der Vermögensgegenstände[44]. Auch immaterielle Vermögensgegenstände können abnutzbar sein, u. z. auch dann, 49

[37] Vgl. *Ellrott/Schmidt-Wendt,* in Beck Bil.-Kom. § 255 HGB Tz 30; *Hofbauer,* in Bonner HdR § 255 HGB Tz 4; *Adler/Düring/Schmaltz,* § 255 HGB Tz 10.
[38] Vgl. *Ellrott/Schmidt-Wendt,* in Beck Bil.-Kom. § 255 HGB Tz 73.
[39] Vgl. *Adler/Düring/Schmaltz,* § 255 HGB Tz 22; WP-Handbuch 2000, Bd. I, E 237.
[40] Vgl. *Adler/Düring/Schmaltz,* § 255 HGB Tz 35 ff.; WP-Handbuch 2000, Bd. I, E 238.
[41] Vgl. *Ellrott/Schmidt-Wendt,* in Beck Bil.-Kom. § 255 HGB Tz 60.
[42] Vgl. BFH v. 26. 3. 1993, BStBl II 1993, S. 96.
[43] Vgl. D 439.
[44] Vgl. *Adler/Düring/Schmaltz,* § 253 HGB Tz 355.

wenn sie unbefristet oder unwiderruflich begründet sind, aber ein Ende ihrer Verwertbarkeit anzunehmen ist[45].

50 **„Planmäßig" bedeutet,** dass die Anschaffungs- oder Herstellungskosten nach einem im voraus festgelegten Plan auf die Jahre zu verteilen sind, in denen der Vermögensgegenstand voraussichtlich genutzt werden kann. Nach dem Grundsatz der Einzelbewertung ist ein solcher Abschreibungsplan für jeden einzelnen Vermögensgegenstand zu erstellen.

51 Die **Abschreibung beginnt** handels- und steuerrechtlich grundsätzlich **mit** der **Lieferung bzw. Fertigstellung** des abnutzbaren Vermögensgegenstandes. Die Fertigstellung ist erfolgt, wenn das Anlagengut bestimmungsgemäß genutzt werden kann. Anschaffungszeitpunkt ist die Verschaffung der wirtschaftlichen Verfügungsmacht. Bei immaterielle Vermögensgegenständen ist der Zeitpunkt der Überlassung maßgebend. **Bei beweglichen Wirtschaftsgütern** kann aus Vereinfachungsgründen die Abschreibung bei Zugängen im 1. Halbjahr eines Geschäftsjahres in Höhe einer vollen Abschreibungsrate, bei Zugängen im 2. Halbjahr des Geschäftsjahres mit einer halben Abschreibungsrate angesetzt werden. Diese sog. **„Halbjahresregel"** gilt auch für die Steuerbilanz, R 44 Abs. 2 S. 3 EStR 2001.[46] Von diesen Ausnahmefällen abgesehen, sind die Abschreibung pro rata temporis, also zeitanteilig anzusetzen.

bb) Lineare Abschreibung

52 Bei der linearen Abschreibung werden die **Anschaffungs-/Herstellungskosten** in jeweils **gleichen Beträgen über die Nutzungsdauer verteilt.** Sofern mit hinreichender Sicherheit am Ende der Nutzungsdauer ein Veräußerungserlös zu erwarten ist (Schrottwert abzgl. Abbruch- oder Veräußerungskosten), ist dieser zu berücksichtigen[47]. Er ist dann vorweg von den Anschaffungs-/Herstellungskosten abzusetzen.

cc) Degressive Abschreibung

53 Bei der degressiven Abschreibungsmethode werden zu Beginn höhere Abschreibungsbeträge verrechnet als gegen Ende der Nutzungsdauer. Dabei sinken die Abschreibungsbeträge von Jahr zu Jahr. Insoweit berücksichtigt die degressive Abschreibungsmethode das Risiko wirtschaftlicher Entwertung im Laufe der Nutzungsdauer stärker als die lineare Abschreibungsmethode.

54 Bei der **geometrisch-degressiven** Abschreibungsmethode werden die Abschreibungen mit einem gleichbleibenden Prozentsatz vom jeweiligen Restbuchwert errechnet. Dies hat zur Folge, dass stets ein Restwert verbleibt. Aus diesem Grund besteht die Möglichkeit, gegen Ende der Abschreibungsperiode auf die lineare Abschreibung über zu gehen, u. z. in dem Jahr, in dem die gleichmäßige Verteilung des Restbuchwerts auf die restliche Nutzungsdauer höhere Abschreibungsbeträge ergibt, als die Fortführung der geometrisch-degressiven Abschreibung. Dies ist auch steuerrechtlich zulässig, § 7 Abs. 3 EStG 1997. Im Übrigen begrenzt § 7 Abs. 2 S. 2 EStG 1997 den Abschreibungssatz auf 20%, höchstens das 2-fache der linearen AfA-Beträge[48]. Bei Anwendung dieser Methode sind Absetzungen für außergewöhnliche technische oder wirtschaftliche Abnutzung nach § 7 Abs. 2 S. 4 EStG 1997 nicht zulässig. Außerdem ist die geometrisch-degressive Abschreibung steuerrechtlich nur bei beweglichen Wirtschaftsgütern zulässig. Für Gebäude können allerdings fallende v. H.-Sätze nach § 7 Abs. 5 EStG 1997 angesetzt werden, soweit es sich um Neubauten handelt[49].

55 Bei der **arithmetisch-degressiven** Abschreibungsmethode werden die jährlichen Normalabschreibungen mit Hilfe eines Degressionsbetrages ermittelt. Der Degressionsbetrag ist die Division der Abschreibungssumme durch die Anzahl der aufsummierten Nutzungsjahre. Die jährlichen Abschreibungen ergeben sich, in dem man den Degressionsbetrag mit den in umgekehrter Reihenfolge angeordneten Jahreszif-

---

[45] Vgl. *Berger/M. Ring,* in Beck Bil-Kom. § 253 HGB Tz 213; in diesem Fall erfolgt die Abschreibung streng zeitanteilig.

[46] Die geplante Abschaffung dieser Vereinfachungsregel im Entwurf des StVerAbG ist nicht Gesetz geworden.

[47] Vgl. WP-Handbuch 2000, Bd. I, E 275; *Adler/Düring/Schmaltz,* § 253 HGB Tz 415.

[48] Für bis zum 1. 1. 2000 angeschaffte oder hergestellte Wirtschaftsgüter gilt eine Begrenzung auf 30%, höchstens jedoch das 3-fache der linearen AfA-Beträge, § 52 Abs. 21 a) S. 2 EStG 1997.

[49] Im Fall der Anschaffung gilt das nur, wenn der Hersteller weder AfA in fallenden v. H.-Sätzen noch erhöhte Absetzungen oder Sonderabschreibungen in Anspruch genommen hat; vgl. dazu D 139.

fern der Nutzung multipliziert. Der Abschreibungsbetrag verringert sich jährlich um den gleichen Betrag[50]. In diesem Fall ist der Restbuchwert am Ende der Nutzungsdauer „null“. Da die arithmetisch-degressive Abschreibungsmethode steuerrechtlich nicht zulässig ist, hat sie in der Praxis nur geringe Bedeutung.

dd) Progressive Abschreibung

Bei der progressive Abschreibung werden die Abschreibungsbeträge ebenso ermittelt wie bei der degressiven Abschreibung. Die **Verrechnung erfolgt** aber in zeitlich umgekehrter Reihenfolge, also **progressiv ansteigend.** Wirtschaftlich vertretbar ist diese Abschreibungsmethode nur bei einer langsam ansteigenden Nutzung, z. B. bei Großkraftwerken oder Rechenzentren, deren Kapazität zunächst nicht ausgelastet ist. Es verbleibt aber das Risiko der wirtschaftlichen Überalterung. Auch die progressive Abschreibung wird steuerrechtlich nicht anerkannt. 56

ee) Leistungsabschreibung

Die Leistungsabschreibung ist steuerrechtlich **nur bei beweglichen Wirtschaftsgütern** zulässig, bei denen sie wirtschaftlich begründet ist, § 7 Abs. 1 S. 5 EStG 1997. In diesem Fall können die jährlichen Abschreibungsbeträge aufgrund der konkreten Leistungsabgabe verrechnet werden. Dies bietet sich insbesondere bei schwankendem Wertverzehr aufgrund einer unterschiedlichen Beanspruchung in einzelnen Nutzungsjahren an. An die Stelle der geschätzten Nutzungsdauer tritt dann die voraussichtliche Gesamtleistung, die sich z. B. in einer bestimmten Stück-, Kilometerzahl oder sonstigen Leistungseinheit ausdrücken lässt. Dieser Gesamtleistung werden die Anschaffungs-/Herstellungskosten gegenübergestellt und der Aufwand pro Leistungseinheit ermittelt. Der Abschreibungsbetrag eines Jahres errechnet sich aus den jährlich in Anspruch genommenen Leistungseinheiten, die nachweisbar sein müssen. Das Verfahren ist üblich in der Automobil- und Reifenindustrie für Testfahrzeuge sowie bei Handelsvertretern mit hoher Jahres-Kilometer-Leistung[51]. 57

ff) Änderung des Abschreibungsplans

Plan- und/oder Methodenänderungen sind zwingend geboten, wenn sich der **ursprüngliche Plan als fehlerhaft herausstellt.** Dies kann eine Fehleinschätzung der Nutzungsdauer sein, aber auch eine Fehlvorstellung über den Entwertungsverlauf. Die Berichtigung erfolgt grundsätzlich in der Weise, dass der Restbuchwert nach dem neuen Abschreibungsplan auf die Restnutzungsdauer verteilt wird. Falls in der Vergangenheit zu geringe Abschreibungen aufgrund einer zu langen Nutzungsdauer oder einer dem tatsächlichen Nutzungsverlauf nicht entsprechenden Abschreibungsmethode vorgenommen wurden, ist eine außerplanmäßige Abschreibung zu prüfen. Es ist unzulässig, die Minderung des Restbuchwertes auf Basis der Berechnung vorzunehmen, wie sich der Restbuchwert bei Anwendung der kürzeren Nutzungsdauer ergeben hätte[52]. 58

b) Außerplanmäßige Abschreibungen

Sowohl abnutzbare als auch nicht abnutzbare Vermögensgegenstände sind zum Bilanzstichtag statt zu Anschaffungs- oder Herstellungskosten zum **niedrigeren beizulegen Wert** anzusetzen, soweit dieser unter den Anschaffungs-/Herstellungskosten, ggf. vermindert um Abschreibungen der Vorjahre, liegt. Nach § 253 Abs. 2 S. 3 HGB besteht ein Abwertungswahlrecht, wenn die Wertminderung nur vorübergehender Natur ist, eine **Abwertungspflicht, wenn es sich um eine voraussichtlich dauernde Wertminderung handelt,** sog. „gemildertes Niederstwertprinzip“. Für Kapitalgesellschaften ist das „gemilderte Niederstwertprinzip“ dahingehend modifiziert, dass eine außerplanmäßige Abschreibung im Falle einer vorübergehender Wertminderung nur bei Finanzanlagen in Betracht kommt, § 279 Abs. 1 S. 2 HGB. 59

Für den niedrigen beizulegenden Wert ist i. d. R. der **Wiederbeschaffungswert** maßgebend, bei abnutzbaren Vermögensgegenständen der Wiederbeschaffungszeit- 60

[50] Vgl. *Claussen/Korth,* in Kölner Kom. § 253 HGB Tz 56.
[51] Vgl. *Berger/M. Ring,* in Beck Bil-Kom. § 253 HGB Tz 245.
[52] Vgl. *Adler/Düring/Schmaltz,* § 253 HGB Tz 424.

wert. Ist ein Wiederbeschaffungszeitwert nicht ermittelbar, ist der **Reproduktionswert** wertbestimmend. Soweit **Börsen oder Marktpreise** vorhanden sind, sind diese maßgebend[53].

61 Der **Wiederbeschaffungswert orientiert sich** beim Anlagevermögen i. d. R. **am Beschaffungsmarkt.** Einzelveräußerungspreise kommen nur in Betracht kommen, wenn das Anlagevermögen zur alsbaldigen Veräußerung bestimmt ist. Ertragswerte können zum Ansatz kommen, wenn keine Wiederbeschaffungswerte vorliegen und dem Vermögensgegenstand ein abgrenzbarer Ertrag zugeordnet werden kann, z. B. bei Beteiligungen, immateriellen Vermögensgegenständen, aber auch Gebäuden.

62 Bei **vermieteten Gebäuden** kann wegen schlechter Vermietbarkeit oder nachhaltig niedrigen Mieterträgen eine außerplanmäßige Abschreibung auch bei einen über dem Buchwert liegenden Substanzwert vorzunehmen sein, der sich am Ertragswertverfahren orientiert, weil dies am ehesten dem Wiederbeschaffungswert entspricht[54]. Dies kommt – bei nicht erzielbaren Kostenmieten – primär bei neu hergestellten Gebäuden in Betracht.

c) Geringwertige Wirtschaftsgüter

63 Zu aktivieren, jedoch im Jahr der Anschaffung in voller Höhe abschreibbar, sind die sog. **geringwertigen Wirtschaftsgüter,** § 6 Abs. 2 EStG 1997[55], u. z. unabhängig davon, welchem Posten des Sachanlagevermögens sie zuzuordnen sind. Es handelt sich um ein steuerrechtliches Abschreibungswahlrecht, das nach § 254 HGB, bei Kapitalgesellschaften/KapG & Co. i. V. m. § 279 Abs. 2 HGB, auch für die Handelsbilanz gilt[56].

64 Voraussetzung ist, dass die Wirtschaftsgüter zu einer selbstständigen Nutzung fähig sind und die Anschaffungs- oder Herstellungskosten vermindert um einen darin enthaltenen Vorsteuerbetrag für das einzelne Wirtschaftsgut 410 EUR nicht übersteigen. Für die Frage, ob die Grenze von 410 EUR überschritten ist oder nicht, spielt es keine Rolle, ob der Vorsteuerbetrag umsatzsteuerrechtlich abziehbar ist oder nicht, R 86 Abs. 4 EStR 1999. Skonti und Rabatte mindern die Anschaffungskosten.[57]

65 Bei der Beurteilung der **selbstständigen Nutzungsfähigkeit** kommt es darauf an, ob das Wirtschaftsgut nach seiner betrieblichen Zweckbestimmung nur zusammen mit anderen Wirtschaftsgütern des Anlagevermögens genutzt werden kann und die in dem Nutzungszusammenhang eingefügten Wirtschaftsgüter technisch aufeinander abgestimmt sind. Eine Typisierung, z. B. ein einheitliches Büromöbelprogramm, bedeutet noch keine technische Abgestimmtheit.[58] Typischerweise nicht selbstständig nutzbar sind z. B. Regalteile[59], Computerzubehör und maschinengebundene Werkzeuge.[60]

R 40 Abs. 5 EStR 2001

66 *Bei der Beurteilung der Frage, ob die Anschaffungs- oder Herstellungskosten für das einzelne Wirtschaftsgut 410 Euro nicht übersteigen, ist,*

1. *wenn von den Anschaffungs- oder Herstellungskosten des Wirtschaftsguts ein Betrag nach § 6b oder § 6c EStG abgesetzt worden ist, von den nach § 6b Abs. 6 EStG maßgebenden*
2. *wenn das Wirtschaftsgut mit einem erfolgsneutral behandelten Zuschuss aus öffentlichen oder privaten Mitteln nach R 34 angeschafft oder hergestellt worden ist, von den um den Zuschuss gekürzten*

---

[53] Vgl. *Adler/Düring/Schmaltz,* § 253 HGB Tz 459.

[54] Vgl. *Ross/Brachmann/Holsner,* Ermittlung des Bauwertes von Gebäuden und des Verkehrswertes von Grundstücken, 28. Aufl.

[55] Zur Behandlung im „Anlagengitter" vgl. D 267.

[56] Vgl. *Claussen/Korth,* DB 1988, S. 927; *Claussen/Korth* in Kölner Kom. § 266 HGB Tz 31; eine vereinfachende handelsrechtliche Abschreibungsmethode nach WP-Handbuch 2000, Bd. I, F 578, *Adler/Düring/Schmaltz,* § 284 HGB Tz 76.

[57] Vgl. WP-Handbuch 2000, Bd. I, E 314.

[58] Vgl. BFH-Urt. v. 27. 8. 1998, BStBl II 1998, S. 789, betr. I-Zulage.

[59] BFH-Urt. v. 26. 7. 1979, BStBl II 1980, S. 176.

[60] BFH-Urt. v. 6. 10. 1995, BStBl II 1996, S. 166; vgl. ferner *Schmidt/Glanegger,* EStG, 21. Aufl. § 6 Tz 462.

3. und wenn von den Anschaffungs- oder Herstellungskosten des Wirtschaftsguts ein Betrag nach R 35 abgesetzt worden ist, von den um diesen Betrag gekürzten Anschaffungs- oder Herstellungskosten auszugehen.

d) Sofort abzugsfähiger Aufwand

Vermögensgegenstände, deren **Anschaffungskosten nicht mehr als 60 EUR** betragen, werden wegen ihrer Geringfügigkeit im Jahr der Anschaffung als sofort abzugsfähiger Aufwand behandelt. Dem folgt das Steuerrecht für den Betriebsausgabenabzug, **R 40 Abs. 2 EStR 2001:** 67

Die Angaben nach § 6 Abs. 2 S. 4 EStG sind aus der Buchführung ersichtlich, wenn sie sich aus einem besonderen Konto für geringwertige Wirtschaftsgüter oder aus dem Bestandsverzeichnis nach R 31 EStR ergeben. Sie sind nicht erforderlich für geringwertige Wirtschaftsgüter, deren Anschaffungs- oder Herstellungskosten, vermindert um einen darin enthaltenen Vorsteuerbetrag (§ 9b Abs. 1 EStG), nicht mehr als 60 EURO betragen haben.

4. Steuerrechtliche Besonderheiten

a) Maßgeblichkeit der Handels- für die Steuerbilanz

Nach § 5 Abs. 1 S. 1 EStG 1997 sind Gewerbetreibende, die aufgrund gesetzlicher Vorschriften Bücher führen und Abschlüsse aufstellen müssen – oder die dies freiwillig machen –, verpflichtet, die handelsrechtlichen Bilanzierungs- und Bewertungsgrundsätze auch bei der steuerrechtlichen Gewinnermittlung anzuwenden. Dieser Grundsatz der Maßgeblichkeit der Handels- für die Steuerbilanz wird jedoch durch zahlreiche steuerrechtliche Sondervorschriften durchbrochen, sog. **Bewertungsvorbehalt.** Steuerrechtliche Bewertungsvorbehalte beziehen sich sowohl auf Bilanzierungsge- und –verbote als auch auf Einschränkungen bei der Bemessung planmäßiger oder außerplanmäßiger Abschreibungen. 68

b) Einschränkungen bei planmäßigen Abschreibungen

Die Absetzung für Abnutzung (AfA) bemisst sich nach der betriebsgewöhnlichen Nutzungsdauer eines Wirtschaftsguts, die die FinVerw in sog. **amtlichen AfA-Tabellen** für eine große Anzahl von Wirtschaftsgütern pauschaliert festgelegt hat.[61] Daneben gelten folgende Einschränkungen: 69

- Die betriebsgewöhnliche Nutzungsdauer eine Geschäfts- oder Firmenwerts wird normiert mit 15 Jahren angesetzt, § 7 Abs. 1 S. 3 EStG 1997.
- Bei Wirtschaftsgütern, die nach einer Verwendung zur Erzielung von Einkünften in ein Betriebsvermögen eingelegt worden sind, mindern sich die Anschaffungs- oder Herstellungskosten um die bis zum Zeitpunkt der Einlage vorgenommenen Abschreibungen, § 7 Abs. 1 S. 4 EStG 1997.
- Die degressive Abschreibung ist nur bei beweglichen Wirtschaftsgütern des Anlagevermögens zulässig und auf das 2-fache der linearen AfA und max. 20% der Anschaffungs- oder Herstellungskosten begrenzt, § 7 Abs. 2 S. 2 EStG 1997[62].
- Bei Gebäuden ist neben der linearen AfA eine degressive AfA nur in bestimmten fallenden v. H.-Sätzen zulässig, die je nach Bauantrag oder Abschluss des Kaufvertrages und der Nutzung in § 7 Abs. 5 EStG geregelt sind[63].

c) Einschränkungen bei außerplanmäßigen Abschreibungen

Außerplanmäßige Abschreibungen sind nach § 6 Abs. 1 Nr. 1 S. 2 EStG nur zulässig, wenn der **„Teilwert"** aufgrund einer voraussichtlich dauernden Wertminderungen niedriger als die Anschaffungs- oder Herstellungskosten, ggf. vermindert um planmäßige Abschreibungen, ist. **Teilwert ist der Betrag,** den ein Erwerber des ganzen Betriebs im Rahmen des Gesamtkaufpreises für das einzelne Wirtschaftsgut 70

---

[61] Für allgemein verwendbare Anlagegüter wurden die betriebsgewöhnlichen Nutzungsdauern zuletzt durch das BMF-Schr. v. 15. 12. 2000, BStBl I 2000, S. 1532 angepasst.

[62] Für bis zum 1. 1. 2000 angeschaffte oder hergestellte Wirschaftsgüter gilt eine Begrenzung auf 30%, höchstens jedoch das 3-fache der linearen AfA-Beträge, § 52 Abs. 21 a) S. 2 EStG 1997.

[63] Vgl. D 138.

ansetzen würde, § 6 Abs. 1 Nr. 1 S. 3 EStG 1997. Dabei ist (fiktiv) davon auszugehen, dass der Erwerber den Betrieb fortführt. Der Teilwert für das einzelne Wirtschaftsgut ist im Sinne einer Einzelbewertung zu ermitteln, so dass er sich nicht durch Aufteilung des sich nach dem Ertragswertverfahren ergebenen Unternehmenswertes auf das einzelne Wirtschaftsgut ermittelt werden kann[64].

71 Für die Ermittlung des niedrigeren Teilwerts gelten – von der Rechtsprechung entwickelte – sog. **Teilwertvermutungen**[65]. Diese besagen

- Im Zeitpunkt des Erwerbs bzw. der Fertigstellung eines Wirtschaftsguts decken die Anschaffungs-/Herstellungskosten sich mit dem Teilwert, sofern nicht eine Fehlmaßnahme vorliegt[66].
- Bei nicht abnutzbaren Wirtschaftsgütern des Anlagevermögens gilt die Teilwertvermutung auch zu späteren Bewertungsstichtagen[67].
- Bei abnutzbaren Wirtschaftsgütern des Anlagevermögens entspricht der Teilwert den um die AfA verminderten Anschaffungs-/Herstellungskosten[68]. Nur soweit die Wiederbeschaffungskosten gesunken sind, sind diese als Teilwert anzusetzen.
- Bei Wirtschaftsgütern des Umlaufvermögens wird vermutet, dass der Teilwert den Wiederbeschaffungskosten am Bilanzstichtag entspricht, sofern nicht mit niedrigeren Verkaufserlösen zu rechnen ist.

72 Durch das StEntlG 1999/2000/2002[69] wurde § 6 Abs. 1 Nr. 1 und 2 EStG 1997 mit Wirkung für nach dem 31. 12. 1998 endende Wirtschaftsjahre dahingehend geändert, dass der Ansatz des niedrigeren Teilwerts nur zulässig ist, wenn es sich um eine **voraussichtlich dauernde Wertminderung** handelt. Außerdem wurde das Wertbeibehaltungswahlrecht aufgehoben. Es besteht nunmehr ein striktes **Wertaufholungsgebot.** Zu nachfolgenden Bilanzstichtagen ist jede in Vorjahren vorgenommene Teilwertabschreibung erneut auf ihre Berechtigung hin zu prüfen und nachzuweisen, § 6 Abs. 1 Nr. 1 S. 4 EStG 1997. Kann der Nachweis nicht erbracht werden, hat eine Zuschreibung auf den höheren Wert zu erfolgen, sog. Wertaufholung. Die Zuschreibung ist jedoch begrenzt auf die ursprünglichen Anschaffungs-/Herstellungskosten.

73 Unter einer voraussichtlich dauernden Wertminderung versteht die FinVerw ein voraussichtlich nachhaltiges Absinken des Wertes des Wirtschaftsgutes unter den maßgeblichen Buchwert[70]. Die Wertminderung ist nach Ansicht der FinVerw voraussichtlich nachhaltig, wenn damit aufgrund objektiver Anzeichen am Bilanzstichtag ernsthaft zu rechnen ist. Für die Nachhaltigkeit müssen mehr Gründe dafür als dagegen sprechen. Diese Voraussetzungen sollen erfüllt sein, „wenn der Wert des Wirtschaftsguts die **Bewertungsobergrenze während eines erheblichen Teils der voraussichtlichen Verweildauer** im Unternehmen nicht erreichen wird."

74 Dies entspricht im Wesentlichen der handelsrechtlichen Auslegung des Begriffs „voraussichtlich dauernde Wertminderung"[71]. Allerdings ist handelsrechtlich aufgrund des Vorsichtsprinzips von einem Abschreibungsgebot auszugehen, wenn keine eindeutigen Anhaltspunkte für eine nur vorübergehende Wertminderung bestehen. Wegen der umgekehrten Feststellungslast werden sich insoweit Abweichungen zwischen dem Wertansatz in der Handels- und der Steuerbilanz ergeben. **Bei besonderen Anlässen, wie Katastrophen oder technischer Veralterung,** ist – handels- wie steuerrechtlich – regelmäßig eine dauernde Wertminderung anzunehmen.

Hinweis

75 Die Voraussetzung „voraussichtlich dauernde Wertminderung" gilt nicht für Absetzungen für außergewöhnliche technische oder wirtschaftliche Abnutzung gem. § 7 Abs. 1 S. 6 EStG 1997, sog. AfaA.[72] Allerdings ist auch in diesen Fällen bei Wegfall des Abwertungsgrundes in späteren Geschäftsjahren eine Wertaufholung vorzunehmen.

---

[64] Vgl. BFH-Urt. v. 12. 5. 1993, BStBl II 1993, S. 587.

[65] Vgl. *Schmidt/Glanegger,* EStG, 21. Aufl., § 6 Tz 229 ff.

[66] BFH-Urt. v. 13. 10. 1976, BStBl II 1977, S. 540; verneinend BFH-Urt. v. 17. 1. 1978, BStBl II 1978, S. 335, wegen übergroßer und aufwendiger Bauweise.

[67] BFH-Urt. v. 21. 7. 1982, BStBl II 1982, S. 758.

[68] Nach BFH-Urt. v. 30. 11. 1988, BStBl II 1989, S. 183, gilt das uneingeschränkt nur bei linearer AfA.

[69] BStBl I 1999, S. 394.

[70] Vgl. BMF-Schr. v. 25. 2. 2000, BStBl I 2000, S. 372, vgl. dazu *Korth,* AktStR 2000, S. 155.

[71] Vgl. *Adler/Düring/Schmaltz,* § 253 HGB Tz 437.

[72] Vgl. *Korth,* AktStR 2000, S. 155, 170.

Zusätzliche Erkenntnisse sind bis zum Zeitpunkt der Aufstellung der Handelsbilanz zu berücksichtigen. Ist keine Handelsbilanz aufzustellen, gilt der Aufstellungszeitpunkt der Steuerbilanz. 76

Durch Wegfall des Wertbeibehaltungswahlrechts ergibt sich **ein für jeden Bilanzstichtag zu prüfendes Wertaufholungsgebot,** das bisher handelsrechtlich bereits für die KapG obligatorisch war, durch das steuerrechtliche Wertbeibehaltungswahlrecht infolge der umgekehrten Maßgeblichkeit jedoch keine praktische Bedeutung hatte. **Zu vergleichen ist der Wert vor Teilwertabschreibung mit dem jeweiligen Bilanzstichtagswert.** Unerheblich ist, ob die konkreten Gründe für die vorherige Teilwertabschreibung weggefallen sind. Es genügt, wenn der Bilanzstichtagswert nach vorangegangener Teilwertabschreibung über dem Buchwert liegt. Bewertungsobergrenze bleiben jedoch die Anschaffungs-/Herstellungskosten. 77

Die **Wertobergrenze** (historische Anschaffungs-/Herstellungskosten) ist **vom Stpfl. nachzuweisen.** Kann der Nachweis nicht erbracht werden, gilt der Buchwert als Wertobergrenze, der in der ältesten noch vorhandenen Bilanz als Anfangswert des betreffenden Wirtschaftsguts ausgewiesen ist[73]. 78

A.I. Immaterielle Vermögensgegenstände

Die hier auszuweisenden Vermögensgegenstände müssen 79

1. die Kriterien des Anlagevermögens erfüllen und
2. immateriell, d. h. nicht körperlich sein.

Hier auszuweisen sind auch der Geschäfts- oder Firmenwert sowie auf immaterielle Vermögensgegenstände geleistete Anzahlungen. 80

Für entgeltlich erworbene immaterielle Vermögensgegenstände besteht **Aktivierungspflicht**[74], wenn sie einen immateriellen wirtschaftlichen Wert darstellen, der selbstständig verkehrsfähig ist und gegen Entgelt erworben wurde. Eine Ausnahme gilt für einen entgeltlich erworbenen Geschäfts- oder Firmenwert, für den § 255 Abs. 4 S. 1 HGB ausdrücklich ein Aktivierungswahlrecht einräumt. Dem steht ein steuerrechtliches Aktivierungsgebot gegenüber. Selbst hergestellte oder unentgeltlich erworbene immaterielle Wirtschaftsgüter des Anlagevermögens dürfen nicht aktiviert werden, § 248 Abs. 2 HGB. 81

A.I.1. Konzessionen, gewerbliche Schutzrechte und ähnliche Rechte und Werte sowie Lizenzen an solchen Rechten und Werten

1. Ausweis

Unter diesem Posten sind auszuweisen[75]: 82

Konzessionen
- Energieversorgungsrechte, Wegerechte, Wassernutzungsrechte, Fischereirechte, Schankkonzessionen
- Mineralgewinnungsrechte, Bergbaurechte
- Mühlen- und Fährgerechtigkeiten
- Verkehrskonzessionen

Gewerbliche Schutzrechte, Patente, Lizenzen
- Gebrauchs- und Geschmacksmuster
- Urheberrechte, Verlagsrechte
- Warenzeichen, Markenrechte

Ähnliche Rechte
- Brenn- und Braurechte
- Lieferrechte
- Nutzungsrechte, Belegungsrechte

---

[73] Vgl. BMF-Schr. v. 25. 2. 2000, BStBl I 2000, S. 372, Tz 35.

[74] Vgl. BT-Drucks. 10/317, S. 80; WP-Handbuch 2000, Bd. I, E 58; – Umkehrschluß aus § 248 Abs. 2 HGB, wonach für immaterielle Vermögensgegenstände des Anlagevermögens, die nicht entgeltlich erworben wurden, ein Vermögensposten nicht angesetzt werden darf; *Claussen/Korth,* in Kölner Kom. § 266 HGB Tz 16.

[75] Vgl. *Adler/Düring/Schmaltz,* § 266 HGB Tz 28; *Hoyos/Schmidt-Wendt,* in Beck Bil.-Kom. § 247 HGB Tz 375, § 266 HGB Tz 60; *Clausen/Korth,* in Kölner Kom. § 266 HGB Tz 18 ff., *Matschke,* in Bonner HdR § 266 HGB Tz 28 ff.

– Syndikatsrechte
– Vertriebsrechte
– Wettbewerbsverbote

Ähnliche Werte

– Archive
– EDV-Software
– Erfindungen
– Film- und Tonaufzeichnungen
– Geheimverfahren
– Know-How
– Kundenstamm
– Rezepturen

Lizenzen an solchen Rechten und Werten

– Lizenzverträge an obigen Rechten und Werten

2. Inhalt und Bewertung einzelner immaterieller Vermögensgegenstände

83 **Konzessionen** sind regelmäßig behördliche Genehmigungen i. S. v. Gewerbeberechtigungen, sei es, um ein Gewerbe auszuüben oder eine öffentliche Sache zu nutzen. Sie müssen entgeltlich erworben sein; auch angefallene Nebenkosten sind zu aktivieren. Bei Rechten, die mit einem Grundstückseigentum verbunden sind, kann ein Ausweis unter den Sachanlagen in Betracht kommen[76].

84 **Güterverkehrsgenehmigungen** sind nach BMF[77] sog. firmenwertähnliche Wirtschaftsgüter und deshalb nicht abnutzbar, weil der Erwerber der Genehmigung nach der Verfahrensübung der Genehmigungsbehörden mit einer Verlängerung oder Erneuerung der Genehmigung rechnen kann, solange der Betrieb besteht. AfA sind deshalb nicht zulässig[78]. Mit Rücksicht auf die Freigabe seit 1998 hat jedoch die FinVerw unter dem Gesichtspunkt der Teilwertabschreibung ab 1992 beginnend eine Teilwertabschreibung von $^1/_7$ p. a. pauschaliert zugelassen[79]. Eine AfA wird unverändert nicht zugelassen.[80]

85 **Patente** geben Rechtsschutz vor unberechtigter Nutzung einer Erfindung durch Fremde. Die Aktivierung setzt entgeltlichen Erwerb voraus. Patentgebühren und Bearbeitungskosten sind Anschaffungsnebenkosten. Anders jährlich anfallende Gebühren und Kosten zur Aufrechterhaltung des Patentrechtsschutzes[81]. Rechtskosten der Eintragung für selbstentwickelte Patente dürfen nicht aktiviert werden.

86 Der Schutz von **Gebrauchs-** und **Geschmacksmustern** erstreckt sich auf nicht patentfähige Erfindungen. Das können wesentliche Verbesserungen oder Neuerungen von Maschinen sein, aber auch Neugestaltungen von Gebrauchsgegenständen, die einen technischen Fortschritt darstellen. Es gelten die gleichen Grundsätze wie für Patente.

87 Der **Warenzeichenschutz** soll den Rechtsinhaber vor nachgebildeten Schrift- und Bildzeichen der Wettbewerber schützen. Er erstreckt sich regelmäßig auf Markenartikel[82].

88 **Urheberrechte** schützen das „geistige Eigentum" an Werken der Literatur, der Wissenschaft und Kunst. Das **Verlagsrecht** sichert das Recht zur Vervielfältigung und Verbreitung eines Werkes der Literatur oder der Tonkunst. Auch Verlagsrechte wurden als ein vom Geschäfts- oder Firmenwert abzugrenzendes immaterielles Einzelwirtschaftsgut angesehen, dass bis zur Einführung der 15-jährigen betriebsgewöhnlichen Nutzungsdauer des Geschäfts- oder Firmenwerts nicht abschreibbar war. Seit das Abschreibungsverbot für den Geschäfts- oder Firmenwert entfallen ist, § 7 Abs. 1 S. 3 EStG 1986, können auch Verlagswerte wie ein Geschäfts- oder Firmenwert in 15 Jahren abgeschrieben werden[83].

---

[76] Vgl. *Claussen/Korth,* in Kölner Kom. § 266 HGB Tz 19.
[77] BMF-Schr. v. 20. 11. 1986, BStBl I 1986, S. 532.
[78] BMF-Schr. v. 20. 11. 1986, BStBl I 1986, S. 532.
[79] BMF-Schr. v. 1. 3. 1996, BStBl I 1996, S. 372.
[80] Vgl. *Schmidt/Glanegger,* EStG, 21. Aufl., § 6 Tz 298.
[81] Vgl. *Husemann,* GoB für Anlagengegenstände. S. 258.
[82] Vgl. *Claussen/Korth,* in Kölner Kom. § 266 HGB Tz 21.
[83] BMF-Schr. v. 20. 11. 1986, BStBl I 1986, S. 532.

Entgeltlich erworbene **Lizenzen** sind ebenfalls hier auszuweisen. Laufende Lizenzgebühren sind dagegen zeitabhängig im jeweiligen Geschäftsjahr als Aufwand zu erfassen und im Übrigen als schwebendes Geschäft noch nicht zu bilanzieren. Lizenzverträge kommen für Patente und andere gewerbliche Schutzrechte, ungeschützte Erfindungen und Rezepte sowie für die Benutzung von Warenzeichen Firmennamen etc. in Betracht[84]. 89

Entgeltlich erworbene **Rezepturen, Erfindungen, Geheimverfahren, Know-How** und **Kundenstamm** sind ebenfalls aktivierungspflichtig. Hierzu gehören auch Kundenkarteien und Adressenmaterial[85]. **EDV-Software** gehört seit dem BFH-Urt. vom 3. 7. 1987 zu den immateriellen Wirtschaftsgütern. Dies gilt nicht für „Trivialprogramme", die als bewegliche Wirtschaftsgüter gelten und EDV-Software, deren Anschaffungskosten 410 EUR nicht übersteigen. Sie können als geringwertige Wirtschaftsgüter sofort abgeschrieben werden, R 31a Abs. 1 EStR 2001[86]. Mit der Hardware festverdrahtete Software, sog. Fixware, gilt als unselbstständiger Teil der Hardware. Gleiches gilt für das sog. Bundling, bei dem die Software nur zusammen mit einer bestimmten Hardware ohne Aufteilbarkeit des Entgelts zur Verfügung gestellt wird[87]. Gegen die Selbstständigkeit spricht nicht, dass die Programme ohne eine entsprechende Hardware nicht nutzbar sind und umgekehrt. 90

Die Postenbezeichnung sollte aus Gründen der Ausweisklarheit dem jeweiligen Posteninhalt angepasst werden[88]. 91

Für **verlorene Zuschüsse** besteht handelsrechtlich ein Aktivierungsverbot, weil kein selbständig veräußerbarer und selbständig bewertbarer Vermögensgegenstand vorliegt; steuerrechtlich sind sie unter den in R 31a Abs. 2 S. 4 EStR 2001 genannten Bedingungen – gem. nachstehender Anlage – unter dieser Position zu aktivieren. 92

3. Steuerrechtliche Besonderheiten

Die steuerrechtlichen Besonderheiten sind in **R 31a EStR 2001** zusammengefasst: 93

Allgemeines

(1) Als immaterielle (unkörperliche) Wirtschaftsgüter kommen in Betracht: Rechte, rechtsähnliche Werte und sonstige Vorteile. Trivialprogramme sind abnutzbare bewegliche und selbständig nutzbare Wirtschaftsgüter. Computerprogramme, deren Anschaffungskosten nicht mehr als 410 Euro betragen, sind stets als Trivialprogramme zu behandeln. Keine immateriellen Wirtschaftsgüter sind die nicht selbständig bewertbaren geschäftswertbildenden Faktoren.

Entgeltlicher Erwerb

(2) Für immaterielle Wirtschaftsgüter des Anlagevermögens ist ein Aktivposten nur anzusetzen, wenn sie entgeltlich erworben (§ 5 Abs. 2 EStG) oder in das Betriebsvermögen eingelegt (R 14 Abs. 1 EStR) wurden. Ein immaterielles Wirtschaftsgut ist entgeltlich erworben worden, wenn es durch einen Hoheitsakt oder ein Rechtsgeschäft gegen Hingabe einer bestimmten Gegenleistung übergegangen oder eingeräumt worden ist. Es ist nicht erforderlich, dass das Wirtschaftsgut bereits vor Abschluss des Rechtsgeschäfts bestanden hat; es kann auch erst durch den Abschluss des Rechtsgeschäfts entstehen, z. B. bei entgeltlich erworbenen Belieferungsrechten. Ein entgeltlicher Erwerb eines immateriellen Wirtschaftsguts liegt auch bei der Hingabe eines sog. verlorenen Zuschusses vor, wenn der Zuschussgeber von dem Zuschussempfänger eine bestimmte Gegenleistung erhält oder eine solche nach den Umständen zu erwarten ist oder wenn der Zuschussgeber durch die Zuschusshingabe einen besonderen Vorteil erlangt, der nur für ihn wirksam ist.

Kein Aktivierungsverbot

(3) Das Aktivierungsverbot des § 5 Abs. 2 EStG wird nicht wirksam, wenn ein beim Rechtsvorgänger aktiviertes immaterielles Wirtschaftsgut des Anlagevermögens im Rahmen der

---

[84] Vgl. *Reinhard,* in Küting/Weber § 247 HGB Tz 35.

[85] Vgl. BFH-Urt. v. 16. 9. 1970, BStBl II 1971, S. 175; *Reinhard,* in Küting/Weber § 247 HGB Tz 36, der auf Überschneidungen mit dem Geschäfts- oder Firmenwert verweist.

[86] Der BFH begründet dies damit, dass bei EDV-Software der geistige Gehalt des Programms im Vordergrund steht, der Datenträger vom Materialwert her unbedeutend ist und dem Anwender i. d. R. nur ein befristetes Nutzungsrecht eingeräumt ist; BFH-Urt. v. 3. 7. 1987, BStBl II 1987 S. 728.

[87] BFH-Urt. v. 16. 2. 1990, BStBl II 1990, S. 794; BFH-Urt. v. 28. 7. 1994, BStBl II 1994, S. 873.

[88] Vgl. WP-Handbuch 2000, Bd. I, F 146; *Adler/Düring/Schmaltz,* § 266 HGB Tz 28.

unentgeltlichen Übertragung eines Betriebs, Teilbetriebs oder Mitunternehmeranteils auf einen anderen übergeht (Geschäftswert/Praxiswert). In diesem Fall hat der Erwerber dieses immaterielle Wirtschaftsgut mit dem Betrag zu aktivieren, mit dem es beim Rechtsvorgänger aktiviert war (§ 6 Abs. 3 EStG). Das Aktivierungsverbot findet auch dann keine Anwendung, wenn ein immaterielles Wirtschaftsgut des Anlagevermögens eingelegt wird. Legt ein Steuerpflichtiger ein immaterielles Wirtschaftsgut des Anlagevermögens in seinen Betrieb ein, so ist es mit dem nach § 6 Abs. 1 Nr. 5 EStG maßgebenden Wert zu aktivieren. Ein immaterielles Wirtschaftsgut des Anlagevermögens, das aus betrieblichem Anlass aus einem Betrieb unentgeltlich in den Betrieb eines anderen Steuerpflichtigen übertragen worden ist, ist bei dem Erwerber nach § 6 Abs. 4 EStG mit dem gemeinen Wert anzusetzen.

94 **Standardkonten im DATEV-System**

SKR 03		SKR 04	
0010	Konzessionen, gewerbliche Schutzrechte und ähnliche Rechte und Werte sowie Lizenzen an solchen Rechten und Werten	0100	Konzessionen, gewerbliche Schutzrechte und ähnliche Rechte und Werte sowie Lizenzen an solchen Rechten und Werten
0015	Konzessionen	0110	Konzessionen
0020	Gewerbliche Schutzrechte	0120	Gewerbliche Schutzrechte
0025	Ähnliche Rechte und Werte	0130	Ähnliche Rechte und Werte
0027	EDV-Software	0135	EDV-Software
0030	Lizenzen an gewerblichen Schutzrechten und ähnlichen Rechten und Werten	0140	Lizenzen an gewerblichen Schutzrechten und ähnlichen Rechten und Werten

Sonderposten 6: Nicht entgeltlich erworbene immaterielle Vermögensgegenstände gem. § 31 Abs. 1 Nr. 1 DMBilG

95 Zur Bildung einer vorläufigen Gewinnrücklage waren Unternehmen im Beitrittsgebiet, die nicht Geldinstitute oder Außenhandelsbetriebe waren, die in § 31 Abs. 1 DMBilG aufgeführten Bilanzierungshilfen eingeräumt, u. z. nach Abs. 1 Nr. 1 DMBilG die **Aktivierung von nicht entgeltlich erworbenen immateriellen Vermögensgegenständen des Anlagevermögens.**

96 Da diese entgeltlich erworbenen immateriellen Vermögensgegenstände in den **Folgejahren planmäßig abzuschreiben** waren, dürfte der Posten zwischenzeitlich ohne Bedeutung sein.

97 **Standardkonten im DATEV-System**

SKR 03		SKR 04	
9415	Nichtentgeltlich erworbene immaterielle Vermögensgegenstände gemäß § 31 Abs. 1 Nr. 1 DMBilG	9415	Nichtentgeltlich erworbene immaterielle Vermögensgegenstände gemäß § 31 Abs. 1 Nr. 1 DMBilG

A.I.2. Geschäfts- oder Firmenwert

1. Geschäfts- oder Firmenwert

a) Posteninhalt

98 Für einen entgeltlich erworbenen **Geschäfts- oder Firmenwert,** sog. derivativer Firmenwert, räumt § 255 Abs. 4 HGB ein Aktivierungswahlrecht ein. Als Geschäfts- oder Firmenwert darf **der Unterschiedsbetrag** angesetzt werden, um den die für die Übernahme eines Unternehmens bewirkte Gegenleistung den Wert der einzelnen Vermögensgegenstände des Unternehmens abzüglich der Schulden im Zeitpunkt der Übernahme übersteigt. Der Ansatz eines selbstgeschaffenen (originären) Geschäfts- oder Firmenwerts ist dagegen verboten.

aa) Übernahme eines Unternehmens

99 Bei der Übernahme eines Unternehmens muss es sich um ein am Wirtschaftsverkehr teilnehmendes, selbständiges Gebilde handeln, das für sich einen Geschäfts- oder Firmenwert haben kann, also um ein **Einzelunternehmen** oder eine **Personenhandelsgesellschaft.**

Auch der **Erwerb von Unternehmensteilen** fällt darunter, wenn die einzelnen Betriebsteile für sich allein als Unternehmen geführt werden können, unabhängig von ihrer rechtlichen Selbständigkeit[89]. 100

Wird eine Personenhandelsgesellschaft dagegen nicht in ihrer Gesamtheit erworben, ist der Anteilserwerb als Beteiligung zu aktivieren, denn es handelt sich um den Eintritt in eine Personenhandelsgesellschaft, nicht aber deren Übernahme. Auch der Anteilserwerb von Kapitalgesellschaften führt zu Anschaffungskosten der Beteiligung[90]. 101

bb) Über dem Wert der einzelnen Vermögensgegenstände und der übernommenen Schulden liegende Gegenleistung

Gegenleistung ist der vereinbarte Kaufpreis, zuzüglich Nebenkosten, abzüglich Kaufpreisminderungen. Zu **Vermögensgegenständen** gehören alle erworbenen Sachen und Rechte, soweit sie aktivierbar sind, also auch im übernommenen Unternehmen selbst geschaffene immaterielle Vermögensgegenstände[91]. Auch übernommene RAP zählen zu den „übernommenen Vermögensgegenständen", nicht dagegen Bilanzierungshilfen i. S. v. §§ 269, 274 Abs. 2 HGB, Art. 44 EGHGB. Die Bewertung der übernommenen Vermögensgegenstände hat unabhängig von den bisherigen Buchwerten zu Zeitwerten – bezogen auf den Übernahmezeitpunkt – zu erfolgen[92]. Für die Wertansätze gilt das **Vorsichtsprinzip.** 102

b) Bewertung

Der aktivierte **Geschäfts- oder Firmenwert ist in vier Jahren,** beginnend mit dem der Anschaffung folgenden Geschäftsjahr gleichmäßig gem. § 255 Abs. 4 S. 2 HGB **abzuschreiben.** Die Abschreibungsdauer kann sich auch – entsprechend der tatsächlichen Nutzungsdauer – auf einen längeren Zeitraum erstrecken. Diese Möglichkeit eröffnet § 255 Abs. 4 S. 3 HGB. Ursächlich dafür ist die in § 7 Abs. 1 S. 3 EStG 1997 festgeschriebene (steuerrechtlich normierte) Nutzungsdauer von 15 Jahren. Dennoch ist für die Festlegung des Abschreibungszeitraums in der Handelsbilanz nicht ohne weiteres von der steuerlichen Nutzungsdauerfiktion, sondern von der tatsächlichen – gesondert zu schätzenden – Nutzungsdauer auszugehen, die ggf. kürzer als 15 Jahre ist[93]. 103

c) Steuerrecht

Steuerrechtlich besteht bei einem entgeltlichen Erwerb **Aktivierungspflicht.** Weicht der normierte steuerrechtliche Abschreibungszeitraum vom handelsrechtlichen Abschreibungszeitraum ab, ist die Aktivierung eines latenten Steueranspruchs gem. § 274 Abs. 2 HGB zu prüfen. 104

Die **betriebsgewöhnliche Nutzungsdauer** des Geschäfts- oder Firmenwerts eines Gewerbebetriebs – oder eines Betriebs der Land- und Forstwirtschaft – ist steuerrechtlich nach § 7 Abs. 1 S. 3 EStG 1997 **auf einen Zeitraum von 15 Jahren festgeschrieben.** Die FinVerw[94] erkennt auch dann keine kürzere Nutzungsdauer an, wenn im Einzelfall Erkenntnisse dafür vorliegen, dass die tatsächliche Nutzungsdauer kürzer als 15 Jahre sein wird, beispielsweise bei personenbezogenen Betrieben, bei denen der Unternehmenswert so eng mit der Person des Betriebsinhabers verbunden ist, dass nach dessen Ausscheiden mit einer kürzeren Nutzungsdauer des erworbenen Geschäfts- oder Firmenwerts zu rechnen ist. 105

Die Möglichkeit eines niedrigeren Teilwertansatzes bleibt davon unberührt. Allerdings ist eine **Teilwertabschreibung** nur in den engen von der Rechtsprechung 106

[89] Vgl. *Knop/Küting,* in Küting/Weber § 255 HGB Tz 448; *Ellrott/Schmidt-Wendt,* § 247 HGB Tz 420.

[90] Vgl. *Adler/Düring/Schmaltz,* § 255 HGB Tz 260 f.; *Claussen/Korth,* in Kölner Kom. § 255 HGB Tz 105.

[91] Vgl. *Knop/Küting,* in Küting/Weber § 255 HGB Tz 453; *Ellrott/Schmidt-Wendt,* in Beck Bil-Kom. § 255 HGB Tz 512.

[92] Vgl. *Adler/Düring/Schmaltz,* § 255 HGB Tz 269; *Claussen/Korth,* in Kölner Kom. § 255 HGB Tz 105.

[93] Vgl. *Knop/Küting,* in Küting/Weber § 255 HGB Tz 481; *Ellrott/Schmidt-Wendt,* in Beck Bil-Kom. § 255 HGB Tz 523, 525; WP-Handbuch 2000, Bd. I, E 361; *Adler/Düring/Schmaltz,* halten im Regelfall auch 15 Jahre für vertretbar, § 255 HGB Tz 283; a. A. unter Hinweis auf die Undurchführbarkeit der Schätzung der Nutzungsdauer, *Küppers,* DB 1986, S. 1637.

[94] BMF-Schr. v. 20. 11. 1996, BStBl I 1996, S. 532.

gesetzten Voraussetzungen zulässig, wenn der Geschäfts- oder Firmenwert in seiner Gesamtheit (einschl. der inzwischen angewachsenen originären Bestandteile) unter den aktivierten Betrag gesunken ist[95].

107 Kein Geschäfts- oder Firmenwert i. S. d. § 6 Abs. 1 Nr. 2, § 7 Abs. 1 S. 3 EStG ist der entgeltlich erworbene **Wert einer Freiberuflerpraxis,** der auf dem persönlichen Vertrauensverhältnis des Praxisinhabers zu seinen Mandanten beruht und sich naturgemäß mit dessen Ausscheiden schnell verflüchtigt. Der Praxiswert ist deshalb innerhalb einer Nutzungsdauer zwischen 3 und 5 Jahren abzuschreiben[96].

108 Für den sog. **Sozietätspraxiswert** gilt nach der BFH-Rechtsprechung die doppelte Nutzungsdauer, so dass der Abschreibungszeitraum zwischen 6–10 Jahre beträgt. Dem folgt die FinVerw[97]:

Der anlässlich der Gründung einer Sozietät aufgedeckte Praxiswert stellt ebenso wie der Wert einer erworbenen Einzelpraxis ein abnutzbares immaterielles Wirtschaftsgut dar. § 7 Abs. 1 S. 3 EStG ist jedoch auf die Bemessung der AfA für den (Einzel- oder Sozietäts-) Praxiswert nicht anzuwenden. Wegen der Beteiligung und der weiteren Mitwirkung des bisherigen Praxisinhabers (Sozius) ist vielmehr davon auszugehen, dass die betriebsgewöhnliche Nutzungsdauer des anlässlich der Gründung einer Sozietät aufgedeckten Praxiswerts doppelt so lang ist wie die Nutzungsdauer des Werts einer erworbenen Einzelpraxis. Die betriebsgewöhnliche Nutzungsdauer ist nach den Umständen des einzelnen Falles sachgerecht zu schätzen. Dabei ist es nicht zu beanstanden, wenn für den anlässlich der Gründung einer Sozietät aufgedeckten Praxiswert eine betriebsgewöhnliche Nutzungsdauer von sechs bis zehn Jahren und für den Wert einer erworbnen Einzelpraxis eine betriebsgewöhnliche Nutzungsdauer von drei bis fünf Jahren angenommen wird.

Die Grundsätze dieses Schreibens gelten entsprechend für den Erwerb eines Praxiswerts durch eine Wirtschaftsprüfer- oder Steuerberater-GmbH. Sie sind in nach offenen Fällen ab dem Veranlagungszeitraum 1993, auf Antrag auch ab einem früheren Veranlagungszeitraum, anzuwenden; eine ggf. aufgestellte Bilanz ist zu berichtigen. Aufgrund der Änderung der höchstrichterlichen Rechtsprechung können die Anschaffungskosten des Praxiswerts, vermindert um die bisher abgezogenen AfA, d. h. der Restbuchwert, auf die restliche Nutzungsdauer verteilt werden. Wird der Gewinn nach den §§ 4 Abs. 1, 5 EStG ermittelt, kann der Restbuchwert auch auf den niedrigeren Teilwert abgeschrieben und dieser auf die restliche Nutzungsdauer verteilt werden.

2. Verschmelzungsmehrwert

109 Nach § 348 Abs. 2 S. 2 AktG a. F. war auch ein sog. **Verschmelzungsmehrwert** als Geschäfts- oder Firmenwert auszuweisen. Das neue Recht kennt einen derartigen Verschmelzungsmehrwert nicht. Sofern es im Rahmen von § 24 UmwG zu einer Aufstockung der übernommenen Buchwerte und ggf. zur Aktivierung eines verbleibenden Geschäfts- oder Firmenwertes kommt, handelt es sich um einen unmittelbaren Anwendungsfall von § 255 Abs. 4 S. 1 HGB. Dann besteht die Gegenleistung für die Übernahme des Unternehmens im Buchwert der untergehenden und/oder in den neu auszugebenden Gesellschaftsrechten[98].

110 Sofern Verschmelzungsmehrwerte nach altem Recht aktiviert sind, empfiehlt sich ein Ausweis nach dem Posten „Geschäfts- oder Firmenwert"[99], so vorgesehen im DATEV-System.

---

[95] M. E. ist diese von der FinVerw (BMF-Schr. v. 20. 11. 1986, BStBl I 1986, S. 532) vertretene Auffassung nicht haltbar, weil ein entgeltlich erworbener Geschäfts- oder Firmenwert als ein Einzelwirtschaftsgut angesehen wird, und daneben für einen originären, selbstgeschaffenen Firmenwert ein Aktivierungsverbot besteht; ebenso *Ellrott/Schmidt-Wendt,* in Beck Bil.-Kom. § 255 HGB Tz 526; *Söffing,* FS Döllerer, S. 612; *Wagner/Schomacker,* DB 1987, S. 1369; *Zeitler,* DStR 1988, S. 304, 305; a. A. und für die sog. Einheitstheorie *Schmidt/Glanegger,* EStG, 21. Aufl., § 6 Tz 243.

[96] Vgl. BFH v. 24. 2. 1994, BStBl II 1994, S. 590, zur Nutzungsdauer der Sozietätspraxiswertes.

[97] BMF v. 15. 1. 1995, BStBl I 1995, S. 14.

[98] Vgl. *Berger/Schmidt-Wendt,* in Beck Bil-Kom. § 266 HGB Tz 62; IDW, St/HFA-Entw., Zweifelsfragen der Rechnungslegung bei Verschmelzung, WPg 1996, S. 536; *Adler/Düring/Schmaltz,* § 266 HGB Tz 30.

[99] Nach *Berger/Schmidt-Wendt,* in Beck Bil-Kom., 4. Aufl., § 266 HGB Tz 62 ist auch ein nach altem Recht gebildeter Mehrwert als „Geschäfts- oder Firmenwert" auszuweisen; a. A. *Adler/Düring/Schmaltz,* § 266 HGB Tz 30.

Standardkonten im DATEV-System 111

SKR 03	SKR 04
0035 Geschäfts- oder Firmenwert	0150 Geschäfts- oder Firmenwert
0040 Verschmelzungsmehrwert	0160 Verschmelzungsmehrwert

A.I.3. Geleistete Anzahlungen

Unter diesem Posten sind Anzahlungen auszuweisen, die **Vorleistungen auf ein schwebendes Geschäft** sind, das den Erwerb eines immateriellen Anlagegegenstandes zum Inhalt hat[100]. Voraussetzung ist, dass eine Zahlung geleistet wurde. Fällige noch nicht abgeflossene Anzahlungen sind der Bilanz nicht zu entnehmen; sie sind, wenn materiell bedeutend, als „sonstige finanzielle Verpflichtungen" im Anhang zu vermerken, § 285 Nr. 3 HGB. 112

Geleistete Anzahlungen sind innerhalb des Anlagenspiegels umzubuchen, wenn der immaterielle Vermögensgegenstand in das Vermögen der Gesellschaft übergegangen ist. Vorauszahlungen für laufende Lizenzgebühren sind keine Anzahlungen auf immaterielle Anlagegegenstände, sondern unter den aktiven Rechnungsabgrenzungsposten auszuweisen[101], soweit sie für einen **bestimmten Zeitraum** gezahlt werden; sonst sind sie unter „Sonstige Vermögensgegenstände" auszuweisen. 113

Standardkonten im DATEV-System 114

SKR 03	SKR 04
0039 Anzahlungen auf immaterielle Vermögensgegenstände	0170 Geleistete Anzahlungen auf immaterielle Vermögensgegenstände

A.II. Sachanlagen

Beim Sachanlagevermögen sind alle **materiellen Vermögensgegenstände** des Anlagevermögens auszuweisen. Dies können sein: 115

Nicht abnutzbares Sachanlagevermögen
- Grund und Boden

Abnutzbares Sachanlagevermögen
- Grundstücke mit Substanzverzehr, z.B. Kiesvorkommen
- Gebäude und sonstige Bauten
- Maschinen und maschinelle Anlagen
- Betriebsausstattung
- Geschäftsausstattung
- Büroeinrichtung
- Kraftfahrzeuge

Ferner sind unter Sachanlagen auszuweisen:
- **Geleistete Anzahlungen auf Sachanlagen**
- **Im Bau befindliche Sachanlagen**

A.II.1 Grundstücke, grundstücksgleiche Rechte und Bauten einschließlich der Bauten auf fremden Grundstücken

1. Ausweis

Der zivilrechtliche Begriff **Grundstück** umfasst den Grund und Boden einschließlich darauf stehender Gebäude. Handels- und steuerrechtlich werden Grund und Boden, grundstücksgleiche Rechte und Gebäude als gesonderte Vermögensgegenstände bzw. Wirtschaftsgüter behandelt. Dazu gehören auch Einrichtungen, die wirtschaftlich als Teil des Gebäudes anzusehen sind (unselbständige Gebäudeteile)[102], z.B. Heizungs- und Beleuchtungsanlagen, Lüftungs- und Sprinkleranlagen, Zulei- 116

---

[100] Vgl. WP-Handbuch 2000, Bd. I, E 422; bei Anzahlungen auf den Kaufpreis für die Übernahme eines Unternehmens wird eine Aufteilung der Anzahlungen zunächst auf die zu übernehmenden Sach-, Finanzlagen und das Umlaufvermögen vorgeschlagen; sofern keine Anhaltspunkte für eine Aufteilung vorliegen, ist von einer quotalen Zuordnung auszugehen, *Adler/Düring/Schmaltz,* § 266 HGB Tz 31.

[101] Vgl. *Berger/Gutike,* in Beck Bil-Kom. § 266 HGB Tz 64.

[102] Vgl. WP-Handbuch 2000, Bd. I, F 151; *Adler/Düring/Schmaltz,* § 266 HGB Tz 47.

tungen, Rolltreppen, Fahrstühle. Sie sind einheitlich unter diesem Posten auszuweisen, unabhängig von der Grundstücks- und Vermögensart.

117 Unter diesem Posten sind auszuweisen[103]:

Grundstücke
- unbebaute (Rasengrundstücke, Brach- und Ödland, Grubengelände, Wälder, Seen, Wiesen, Äcker
- bebaute (Geschäfts-, Fabrik-, Wohn- und andere Bauten)

Grundstücksgleiche Rechte
- Dauerwohnrecht
- Erbbaurecht

Bauten
- Bei Handelsbetrieben auch Ausstellungsräume und Lagerhallen
- Fabrikbauten (Lagergebäude, Fabrikationshallen, Reparaturwerkstätten)
- Geschäftsbauten (Verwaltungs- und Wirtschaftsgebäude, Bürohäuser)
- Wohnbauten und damit zusammenhängende Bauanlagen

Grundstückseinrichtungen
- Brücken
- Einfriedungen
- Flussregulierungen, Kais
- Garagen
- Kanalanlagen
- Kühltürme
- Parkplätze
- Schachtanlagen, ggf. gesonderter Ausweis
- Straßen
- Streckenbauten unter Tage, ggf. gesonderter Ausweis
- Tunnelanlagen
- Wasserbauten

unselbständige Gebäudebestandteile
- Beleuchtungsanlagen, -einrichtungen
- Fahrstühle
- Heizungsanlagen
- Installationen
- Lüftungsanlagen
- Rolltreppen
- Sprinkleranlagen

118 Zu den **Grundstücken** gehören auch solche, auf denen Pächter oder Erbbauberechtigte Gebäude errichtet haben.[104]

119 **Grundstücksgleiche Rechte** sind an dieser Stelle auszuweisen, wenn die Bestellung des Erbbaurechts aufgrund der Zahlung eines Einmalbetrages erfolgt, das Erbbaurecht also von einem Dritten gegen Entgelt erworben wird[105]. Hierzu zählen auch Bergwerksgerechtigkeiten und ähnliche Abbaugerechtigkeiten[106].

120 Das Gesetz schreibt keinen gesonderter Ausweis abnutzbarer Gebäude, Bauten und grundstücksgleicher Rechte auf der einen und nicht abnutzbaren Grund und Boden auf der anderen Seite vor. Bei Vorliegen von Besonderheiten, z. B. bei Bauten unter Tage, Schachtanlagen, betrieblich ausgebeuteten Grundstücken, wie Steinbrüche, Kohlenfelder u.ä. kann dies aus Gründen der Ausweisklarheit aber angezeigt sein[107].

121 **Bauten auf fremden Grundstücken** sind Wohn-, Geschäfts-, Fabrik- und andere Bauten. Mietereinbauten sind hier auszuweisen, wenn sie der Nutzung des Gebäudes näher als einer anderen Nutzung stehen, unabhängig von der zivilrecht-

---

[103] Vgl. *Adler/Düring/Schmaltz,* § 266 HGB Tz 37 ff.; *Claussen/Korth,* in Kölner Kom., 266 HGB, Tz 32 ff., WP-Handbuch 2000, Bd. I, F 149 ff.; *Ellrott/Schmidt-Wendt,* in Beck Bil.-Kom. § 247 HGB Tz 450 ff.

[104] Vgl. WP-Handbuch 2000, Bd. I, F 154.

[105] Vgl. *Döllerer,* BB 1984, S. 2039; *Groh,* BB 1982, S. 135, WP-Handbuch 2000, Bd. I, F 152, a. A. *Mathiak,* FS Döllerer, S. 405.

[106] Vgl. WP-Handbuch 2000, Bd. I, F 155.

[107] Nach *Adler/Düring/Schmaltz,* § 266 HGB Tz 40, sollten Sie gesondert ausgewiesen oder im Anhang vermerkt werden.

lichen Einordnung. Steuerrechtlich sind sie als materielles Wirtschaftsgut zu aktivieren.[108]

2. Betriebsvorrichtungen

Selbständige Gebäudebestandsteile, die nicht in einem einheitlichen Nutzungs- und Funktionszusammenhang mit Gebäuden stehen, sind nicht hier, sondern unter „technische Anlagen“ oder „Betriebs- und Geschäftsausstattung“ auszuweisen, auch wenn sie durch feste Verbindung zivilrechtlich wesentlicher Bestandteil des Grundstücks sind[109]. Es handelt sich dabei um **Betriebsvorrichtungen**[110], die in erster Linie der Ausübung des Geschäftsbetriebes dienen, wie z. B. Maschinenfundamente, Hochregallager (einschl. der räumlichen Umschließung) sowie die Ausstattung der Eingangshallen von Banken und Sparkassen. Maßgebend ist auch hier die wirtschaftliche Betrachtungsweise. Dabei ist auf die Verhältnisse im Aktivierungszeitpunkt abzustellen[111]. 122

3. Immobilienleasing und wirtschaftliches Eigentum

Bei **Leasingverträgen** über unbewegliche Vermögensgegenstände richtet sich die Bilanzierung nach dem **wirtschaftlichen Eigentum.** Die handelsrechtliche Bilanzierung folgt der steuerrechtlichen Einordnung[112], basierend auf dem sog. Leasing-Erlass[113]. 123

a) Grund und Boden

Grund und Boden ist i. d. R. beim Leasing-Geber zu bilanzieren. 124

Wurde eine **Kaufoption** vereinbart, gelten die Zurechnungsregeln von Gebäuden, d. h. die Bilanzierung erfolgt beim Leasing-Geber, wenn der für den Fall der Ausübung des Optionsrechts vorgesehene Gesamtkaufpreis nicht niedriger ist, als der Buchwert – bei Gebäuden nach Abzug linearer AfA-Beträge – oder der niedrigere gemeine Wert des Grundstücks im Zeitpunkt der Veräußerung.

b) Gebäude

Bei Gebäuden richtet sich die Zurechnung nach dem Anteil der festen Grundmietzeit an der betriebsgewöhnlichen Nutzungsdauer, bei Erbbaurechtsverträgen ggf. nach dem kürzeren Erbbaurechtszeitraum. 125

Übersicht[114]

Grund und Boden 126

Grundsatz Bilanzierung grundsätzlich beim **Leasing-Geber**
Ausnahme Bilanzierung beim **Leasing-Nehmer,** wenn – auch aufstehendes Gebäude Gegenstand des Leasing-Vertrags ist, – das Gebäude dem Leasing-Nehmer zugerechnet wird und – für Grund und Boden eine Kaufoption vereinbart ist.

---

[108] Vgl. BFH-Urt. v. 26. 2. 1975, BStBl. II 1975, S. 443; *Adler/Düring/Schmaltz,* § 266 HGB Tz 35.

[109] Vgl. *Ellrott/Schmidt-Wendt,* in Beck Bil-Kom. § 247 HGB Tz 461; R 13 Abs. 3 S. 1 EStR 2001 i. V. m. R 42 Abs. 3 EStR 2001; *Knop,* in Küting/Weber § 266 HGB Tz 25; WP-Handbuch 2000, Bd. I, F 156.

[110] Vgl. *Claussen/Korth,* in Kölner Kom. § 266 HGB Tz 36; *Adler/Düring/Schmaltz,* § 266 HGB Tz 33, *Matschke,* in Bonner HdR § 266 HGB Tz 44; WP-Handbuch 2000, Bd. I, F 151; i. e. gleichlautende Erlasse der obersten Finanzbehörde der Länder v. 31. 3. 1992, BStBl I 1992, S. 342.

[111] Vgl. *Husemann,* GoB für Anlagegegenstände, S. 76 ff.

[112] Vgl. WP-Handbuch 2000, Bd. I, E 25.

[113] Vgl. BMF-Schr. v. 21. 3. 1972, BStBl I 1972, S. 188.

[114] Vgl. *Lück,* in Stb-Handbuch 1994, S. 227.

Gebäude

Verhältnis von Grundmietzeit zur Nutzungsdauer	Besonderheiten/Gestaltung	Zurechnung (Bilanzierung) beim
Grundmietzeit beträgt mindestens 40 v. H. und höchstens 90 v. H. der Nutzungsdauer des Leasing-Objekts	a) ohne Vereinbarung eines Optionsrechts	Leasing-Geber
	b) bei Kaufoption ist der Gesamtkaufpreis mindestens so hoch wie der Gebäuderestwert nach linearer AfA + Buchwert oder niedrigerem gemeinen Wert des Grund und Bodens	Leasing-Geber
	c) bei Mietverlängerungsoption mit Anschlussmiete von mehr als 75 v. H. der Miete für ein vergleichbares Grundstück	Leasing-Geber
In allen anderen Fällen		Leasing-Nehmer

127 Für die **Bewertung** gilt[115]:

1. Wird das Leasing-Objekt dem **Leasing-Geber zugerechnet:**
   - Der Leasing-Geber hat den Leasing-Gegenstand mit seinen Anschaffungs- oder Herstellungskosten zu aktivieren.
   - Anschaffungsnebenkosten, die im Zusammenhang mit dem Leasing-Vertrag anfallen, gehören nicht zu den Anschaffungskosten[116].
   - Abschreibungen beim Leasing-Geber bemessen sich nach der betriebsgewöhnlichen Nutzungsdauer und nicht nach der Grundmietzeit.
   - Leasing-Raten sind beim Leasing-Geber Betriebseinnahmen, beim Leasing-Nehmer Betriebsausgaben.
2. Wird das Leasing-Objekt dem **Leasing-Nehmer zugerechnet:**
   - Der Leasing-Nehmer hat den Leasing-Gegenstand zu aktivieren und entsprechend der betriebsgewöhnlichen Nutzungsdauer abzuschreiben.
   - Die Höhe der zu aktivierenden Anschaffungskosten bemisst sich nach der Höhe der Anschaffungs- und Herstellungskosten, die der Berechnung der Leasing-Raten zugrunde gelegt worden sind.
   - Der Leasing-Geber aktiviert in Höhe der den Leasing-Raten zugrunde gelegten Anschaffungs- oder Herstellungskosten eine Kaufpreisforderung an den Leasing-Nehmer.
   - Der Leasing-Nehmer weist in gleicher Höhe eine Verbindlichkeit aus.
   - Die laufenden Leasing-Raten des Leasing-Nehmers bestehen aus einem Zins- und Kostenanteil sowie einem Tilgungsanteil. Bei der Aufteilung ist zu berücksichtigen, dass sich bei fortschreitender Tilgung der Zinsanteil erhöht und der Tilgungsanteil entsprechend verringert.

4. Bewertung

a) Grund und Boden

128 Der **zivilrechtliche Begriff „Grundstück"** umfasst Grund und Boden und Gebäude. Handels- und steuerrechtlich handelt es um zwei Vermögensgegenstände/Wirtschaftsgüter, u. z. um nicht abnutzbaren Grund und Boden und um ein abnutzbares Gebäude. Insoweit kommen bei **Grund und Boden keine planmäßi-**

[115] Vgl. *Lück,* in Stb-Handbuch 1994, S. 227.
[116] BMF-Schr. v. 5. 5. 1970, BStBl I 1970, S. 952, 1052.

gen Abschreibungen in Betracht. Eine Ausnahme gilt für Grundstücke, die planmäßig ausgebeutet werden, z. B. Steinbrüche, Tongruben und Bergbaugrundstücke, bei denen jedoch die Anschaffungskosten auf dem Grund und Boden und die auszubeutenden Bodenschätze aufzuteilen sind[117]. Das aufgeteilte Wirtschaftsgut „Bodenschatz" ist dann planmäßig abzuschreiben. **Außerplanmäßige Abschreibungen** sind auch bei Grund und Boden nach § 253 Abs. 2 S. 3 HGB vorzunehmen. Gründe hierfür können technischer Art (Veränderung der Bodenbeschaffenheit) oder wirtschaftlicher Art (öffentlich-rechtliche oder privatrechtliche Baubeschränkungen, gesunkene Grundstückspreise) sein.

Steuerrechtlich gilt der Bewertungsvorbehalt des § 6 Abs. 1 Nr. 2 EStG i. d. F. des StEntlG 1999/2000/2002[118]. Danach ist eine Teilwertabschreibung nur zulässig, wenn es sich um eine voraussichtlich dauernde Wertminderung handelt. **129**

Beispiel[119]

Der Stpfl. ist Eigentümer eines mit Altlasten verseuchten Grundstücks. Die ursprünglichen Anschaffungskosten des Grund und Bodens betragen 200 000 EUR. Zum Bilanzstichtag ermittelt ein Gutachter den Wert des Grundstücks aufgrund der festgestellten Altlast mit nur noch 10 000 EUR. Aus umweltrechtlichen Gründen ist der Stpfl. grundsätzlich verpflichtet, die Altlast zu beseitigen. Mangels akuter Umweltgefährdung wird die zuständige Behörde die Schadensbeseitigung jedoch erst fordern, wenn der Stpfl. die derzeitige Nutzung des Grundstücks ändert. Die Bildung einer Rückstellung ist aus diesem Grund nicht zulässig. **130**

Lösung

Eine Teilwertabschreibung i. H. v. 190 000 EUR auf den vom Gutachter ermittelten Wert ist zulässig. Zwar ist der Stpfl. grundsätzlich verpflichtet, die Altlast zu beseitigen. Allerdings ist vor dem Hintergrund einer evtl. Nutzungsänderung des Grundstücks nicht zu erwarten, dass der Stpfl. in absehbarer Zeit behördlich zur Beseitigung des Schadens aufgefordert wird. Aus der Sicht am Bilanzstichtag ist daher von einer voraussichtlich dauernden Wertminderung des Grundstücks auszugehen. Wird die Altlast später beseitigt und erhöht sich dementsprechend der Wert des Grundstücks, ist eine Zuschreibung bis höchstens zu den ursprünglichen Anschaffungskosten vorzunehmen. **131**

b) Grundstücksgleiche Rechte

Grundstücksgleiche Rechte sind selbständige Vermögensgegenstände/Wirtschaftsgüter. Soweit ihre Nutzungsdauer begrenzt ist, sind sie planmäßig abzuschreiben. Die Abschreibung kann wahlweise in gleichen Beträgen auf die Nutzungsdauer verteilt oder nach dem jeweiligen Grad der Ausbeutung in Form einer Leistungsabschreibung vorgenommen werden (§ 7 Abs. 1 S. 5 EStG 1997). Außerplanmäßige Abschreibungen sind nach den allgemeinen Regeln vorzunehmen. **132**

c) Bauten, Gebäude

aa) Planmäßige Abschreibungen

Bauten sind zivilrechtlich Grundstückbestandteile, handels- und steuerrechtlich selbständige Vermögensgegenstände/Wirtschaftgüter. Sie sind planmäßig (einschl. der unselbständigen Gebäudebestandteile) abzuschreiben, R 15 Abs. 5 EStR 1999. Jedes Gebäude ist getrennt zu bewerten, was schwierig sein kann, wenn die Bauten miteinander verbunden sind. **133**

Wird ein Gebäude teils eigenbetrieblich, teils fremdbetrieblich, teils zu eigenen Wohnzwecken, teils zur Wohnungsvermietung genutzt, ist jeder der vier unterschiedlich genutzten Gebäudeteile ein besonderes selbständiges Wirtschaftsgut, § 7 Abs. 5 a EStG 1977.[120] **134**

---

[117] BFH-Urt. v. 28. 5. 1979, BStBl II 1979, S. 624.
[118] Vgl. *Korth,* AktStR 2000, S. 155, 163; zum Gesamtkomplex vgl. D 72.
[119] Vgl. BMF-Schr. v. 25. 2. 2000, BStBl I 2000, S. 372 Tz 12.
[120] Vgl. dazu *Schmidt/Drenseck,* EStG, 21. Aufl., § 7 Tz 170.

135 Eine Ausnahme vom Grundsatz der einheitlichen Abschreibung eines Gebäudes gilt für folgende Bestandteile[121]:
- Technische Anlagen
- Scheinbestandteile
- Im wirtschaftlichen Eigentum eines anderen als des Gebäudeeigentümers stehende Baulichkeiten, z. B. Mietereinbauten[122]

136 Die steuerrechtliche **Mindestabschreibung** beträgt 2%, § 7 Abs. 4 EStG 1997. Die dabei unterstellte Nutzungsdauer von 50 Jahren gilt grundsätzlich auch für die handelsrechtliche Abschreibung[123]. Ist die tatsächliche Nutzungsdauer kürzer, kann sie sowohl handels- als auch steuerrechtlich für die Bemessungsgrundlage zugrunde gelegt werden, § 7 Abs. 4 S. 2 EStG 1997.[124]

137 In den Grenzen des § 7 Abs. 5 EStG 1997 kann auch eine degressive Gebäude-AfA in Höhe der dort aufgeführten fallenden von Hundertsätzen angesetzt werden. Andere Methoden oder Abschreibungssätze sind steuerrechtlich unzulässig, R 44 Abs. 6 S. 1 EStR 2001. Dies gilt nicht für sonstige selbständige Gebäudebestandteile, für die unterschiedliche AfA-Methoden und AfA-Sätze zulässig sind, R 44 Abs. 6 S. 2 EStR 2001.

138 **Übersicht** über die degressiven Absetzungen für Gebäude nach § 7 Abs. 5 EStG[125]:

	Zeitlicher Geltungsbereich	Begünstigte Objekte	Begünstigte Maßnahmen	AfA-Sätze	Gesetzliche Vorschriften
1.	Fertigstellung nach dem 9. 10. 1962 und vor dem 1. 1. 1965 und Bauantrag nach dem 9. 10. 1962	Gebäude und Eigentumswhg, die zu mehr als 66²/₃% Wohnzwecken dienen und nicht nach § 7 b oder § 4 EStG begünstigt sind			§ 7 Abs. 5 S. 2 EStG 1965
2.	Fertigstellung nach dem 31. 12. 1964 und vor dem 1. 9. 1977 und Bauantrag nach dem 9. 5. 1973	Gebäude und Eigentumswhg. jeder Art, soweit nicht infolge der Beschränkungen unter Nr. 3 ausgeschlossen	Herstellung	12 x 3,5% 20 x 2,0% 18 x 1,0%	§ 7 Abs. 5 S. 1 EStG 1965, § 7 Abs. 5 S. 1 EStG 1974/75, § 52 Abs. 8 S. 2 EStG 1977
3.	Fertigstellung vor dem 1. 2. 1972 und Bauantrag nach dem 5. 7. 1970 und vor dem 1. 2. 1971	wie Nr. 2, soweit die Gebäude und Eigentumswhg. nicht zum AV gehören oder soweit sie zu mehr als 66²/₃% Wohnzwecken dienen			§ 1 Abs. 3 der 2. KonjVO
4.	Fertigstellung vor dem 1. 9. 1977 und Bauantrag nach dem 8. 5. 1973	Gebäude und Eigentumswhg., deren Nutzfläche zu mehr als 66²/₃% mit Mitteln des sozialen Wohnungsbaus gefördert worden sind	Herstellung	12 x 3,5% 20 x 2,0% 18 x 1,0%	§ 7 Abs. 5 S. 1 EStG 1974/75, § 52 Abs. 8 S. 2 EStG 1977
5.	Fertigstellung nach dem 31. 8. 1977 und vor dem 1. 1. 1979	Gebäude, selbstständige Gebäudeteile, Eigentumswhg. und Räume im Teileigentum			§ 7 Abs. 5 EStG 1977, § 52 Abs. 8 S. 1 EStG 1977, § 52 Abs. 8 S. 11979

[121] Vgl. *Berger/M. Ring,* in Beck Bil-Kom. § 253 HGB Tz 334.
[122] Vgl. dazu BMF-Schr. v. 15. 1. 1976, BStBl I 1976, S. 66.
[123] Vgl. *Berger/M. Ring,* in Beck Bil-Kom. § 253 HGB Tz 340.
[124] Steuerrechtlich ist die kürzere Nutzungsdauer glaubhaft zu machen; nicht zeitgemäßer Wohnungsstandard oder drohende Unwirtschaftlichkeit rechtfertigen für sich alleine nicht, eine kürze Nutzungsdauer zu Grunde zu legen, *Schmidt/Drenseck,* EStG, 21. Aufl., § 7 Tz 150.
[125] Anlage a zu R 44 EStR 1999.

	Zeitlicher Geltungsbereich	Begünstigte Objekte	Begünstigte Maßnahmen	AfA-Sätze	Gesetzliche Vorschriften
6.	Fertigstellung nach dem 31. 12. 1978 und vor dem 1. 1. 1983	wie zu 5., soweit im Inland	Herstellung sowie Anschaffung, wenn Erwerb spätestens	12 x 3,5% 20 x 2,0% 18 x 1,0%	§ 7 Abs. 5 EStG 1979/81, § 52 Abs. 8 S. 3 EStG 1981/85
7.	Fertigstellung nach dem 31. 12. 1978 und a) Bauantrag und Herstellungsbeginn bzw. Abschluss des obligatorischen Vertrags vor dem 30. 7. 1981 b) Bauantrag oder Herstellungsbeginn bzw. Abschluss des obligatorischen Vertrags nach dem 29. 7. 1981 (soweit nicht Nr. 8) und Bauantrag bzw. Abschluss des obligatorischen Vertrags vor dem 1. 1. 1995	wie zu 5., soweit im Ausland	im Jahr der Fertigstellung	8 x 5,0% 6 x 2,5% 36 x 1,25%	§ 7 Abs. 5 EStG 1979/81, § 52 Abs. 8 S. 3 EStG 1981/83, § 7 Abs. 5 EStG 1981/83, § 52 Abs. 8 Sätze 1 und 2 EStG 1981/85, § 7 Abs. 5 Nr. 2 EStG 1987, § 52 Abs. 8 S. 2 EStG 1987, § 7 Abs. 5 S. 1 Nr. 2 EStG 1990, § 52 Abs. 11 S. 3 EStG 1990, § 7 Abs. 5 S. 1 Nr. 2 EStG 1993
8.	Bauantrag nach dem 31. 3. 1985 und Bauantrag bzw. Abschluss des obligatorischen Vertrags vor dem 1. 1. 1994	wie zu 7., soweit sie zu einem BV gehören und nicht Wohnzwecken dienen		4 x 10,0% 3 x 5,0% 18 x 2,5%	§ 7 Abs. 5 Nr. 1 EStG 1987, § 52 Abs. 8 S. 1 EStG 1987, § 7 Abs. 5 S. 1 Nr. 1 EStG 1990, § 52 Abs. 11 S. 2 EStG 1990, § 7 Abs. 5 S. 1 Nr. 1 EStG 1993
9.	Bauantrag oder Anschaffung und Abschluss des obligatorischen Vertrags nach dem 28. 2. 1989 und vor dem 1. 1. 1996	wie zu 7., soweit sie nicht Wohnzwecken dienen		4 x 7,0% 6 x 5,0% 6 x 2,0% 24 x 1,25%	§ 7 Abs. 5 S. 2 EStG 1990, § 52 Abs. 11 S. 1 EStG 1990
10.	Bauantrag oder Abschluss des obligatorischen Vertrags nach dem 31. 12. 1995	wie zu 9.		8 x 5,0% 6 x 2,5% 36 x 1,25%	§ 7 Abs. 5 S. 1 Nr. 3 EStG

bb) Absetzung für außergewöhnliche technische Abnutzung

Nach dem Gesetzeswortlaut sind bei Gebäuden Absetzungen für außergewöhnliche technische oder wirtschaftliche Abnutzung (AfaA) nur zulässig, soweit die AfA nach § 7 Abs. 4 EStG 1997 (linear) bemessen wurde. R 44 Abs. 13 S. 2 EStR 2001 lässt die AfaA auch in den Fällen zu, in denen die AfA nach § 7 Abs. 5 EStG 1997 vorgenommen wurde. 139

Voraussetzung für eine AfaA ist, dass die wirtschaftliche Nutzbarkeit eines Wirtschaftsgut durch außergewöhnliche Umstände gesunken ist[126]. Eine bloße Wertminderung, ohne dass dadurch die betriebsgewöhnliche Nutzungsdauer beeinflusst wird, rechtfertigt keine AfaA. Dies unterscheidet sie von der Teilwertabschrei- 140

[126] BFH-Urt. v. 8. 7. 1980, BStBl II 1980, S. 743.

bung[127]. Es muss also ein über den Rahmen des Üblichen hinausgehender Abnutzungseffekt vorliegen, der eine Nutzungsbeeinträchtigung zur Folge hat, wie z. B. die Zerstörung oder Beschädigung eines Wirtschaftsguts. Aber auch die Beeinträchtigung der wirtschaftlichen Nutzungsfähigkeit, weil z. B. das Wirtschaftsgut oder mit ihm hergestellte Produkte durch neue Erfindungen oder einen Modewechsel überholt sind, rechtfertigen eine AfaA.

cc) Teilwertabschreibung

141 Bei einer Teilwertabschreibung ist § 6 Abs. 1 Nr. 1 EStG i. d. F. des StEntlG 1999/2000/2002 zu beachten. Danach ist eine **Teilwertabschreibung nur zulässig,** wenn es sich um eine **voraussichtlich dauernde Wertminderung handelt.** Diese nimmt die FinVerw an, wenn der Wert zum Bilanzstichtag mindestens für die halbe Restnutzungsdauer unter dem maßgeblichen Buchwert liegt[128]. Dabei ist die Restnutzungsdauer nach § 7 Abs. 4 bzw. Abs. 5 EStG zu bestimmen.

Beispiel

142 Die Herstellungskosten eines Gebäude betragen 500 000 EUR. Bei einer Nutzungsdauer von 50 Jahren beträgt die jährlich Abschreibung 10 000 EUR. Im Jahr 02 beträgt der Teilwert, der sich nach dem Ertragswertverfahren wegen niedriger Mieterträge berechnet, 400 000 EUR. Das Gebäude hat eine Restnutzungsdauer von 48 Jahren. Nach der halben Restnutzungsdauer (24 Jahren) liegt der planmäßige Restbuchwert bei 240 000 EUR, also über dem festgestellten Teilwert. Eine Teilwertabschreibung ist steuerrechtlich nicht zulässig.

143 **Standardkonten im DATEV-System**

SKR 03		SKR 04	
0050	Grundstücke, grundstücksgleiche Rechte und Bauten einschließlich der Bauten auf fremden Grundstücken	0200	Grundstücke, grundstücksgleiche Rechte und Bauten einschließlich der Bauten auf fremden Grundstücken
0060	Grundstücke und grundstücksgleiche Rechte ohne Bauten	0210	Grundstücke und grundstücksgleiche Rechte ohne Bauten
0065	Unbebaute Grundstücke	0215	Unbebaute Grundstücke
0070	Grundstücksgleiche Rechte (Erbbaurecht, Dauerwohnrecht)	0220	Grundstücksgleiche Rechte (Erbbaurecht, Dauerwohnrecht)
0075	Grundstücke mit Substanzverzehr	0225	Grundstücke mit Substanzverzehr
0080	Bauten auf eigenen Grundstücken und grundstücksgleichen Rechten	0230	Bauten auf eigenen Grundstücken und grundstücksgleichen Rechten
0085	Grundstückswerte eigener bebauter Grundstücke	0235	Grundstückswerte eigener bebauter Grundstücke
0090	Geschäftsbauten	0240	Geschäftsbauten
0100	Fabrikbauten	0250	Fabrikbauten
0110	Garagen	0260	Andere Bauten
0111	Außenanlagen	0270	Garagen
0112	Hof- und Wegebefestigungen	0280	Außenanlagen für Geschäfts-, Fabrik- und andere Bauten
0113	Einrichtungen für Geschäfts- und Fabrikbauten	0285	Hof- und Wegebefestigungen
0115	Andere Bauten	0290	Einrichtungen für Geschäfts-, Fabrik- und andere Bauten
0140	Wohnbauten	0300	Wohnbauten
0145	Garagen	0305	Garagen
0146	Außenanlagen	0310	Außenanlagen
0147	Hof- und Wegebefestigungen	0315	Hof- und Wegebefestigungen
0148	Einrichtungen für Wohnbauten	0320	Einrichtungen für Wohnbauten
0160	Bauten auf fremden Grundstücken	0330	Bauten auf fremden Grundstücken
0165	Geschäftsbauten	0340	Geschäftsbauten
0170	Fabrikbauten	0350	Fabrikbauten
0175	Garagen	0360	Wohnbauten
0176	Außenanlagen	0370	Andere Bauten
0177	Hof- und Wegebefestigungen	0380	Garagen
0178	Einrichtungen für Geschäfts- und Fabrikbauten	0390	Außenanlagen
0179	Andere Bauten	0395	Hof- und Wegebefestigungen
0190	Wohnbauten	0398	Einrichtungen für Geschäfts-, Fabrik-, Wohn- und andere Bauten

[127] Vgl. *Schmidt/Drenseck,* EStG, 21. Aufl., § 7 Tz 123.
[128] Vgl. BMF-Schr. v. 25. 2. 2000, BStBl I 2000, S. 372 Tz 3.

SKR 03	SKR 04
0191 Garagen	
0192 Außenanlagen	
0193 Hof- und Wegebefestigungen	
0194 Einrichtungen für Wohnbauten	

Sonderposten 7: Nutzungsrechte gem. § 9 Abs. 3 S. 2 DMBilG

Abweichend vom Verbot der Aktivierung unentgeltlich erworbener immaterieller Vermögensgegenstände durfte gem. § 9 Abs. 3 DMBilG ein unentgeltlich eingeräumtes Nutzungsrecht am Grund und Boden aktiviert werden, wenn der Grund und Boden wie Anlagevermögen genutzt wurde, das Nutzungsrecht eine Laufzeit von mindestens 10 Jahren hatte und für diesen Zeitraum unentziehbar eingeräumt war. Unter diesen Voraussetzungen durfte das Nutzungsrecht in der DMEB mit dem Barwert der üblichen Nutzungsentschädigung angesetzt werden. Das Nutzungsrecht war im Sachanlagevermögen unter „Grundstücke, grundstücksgleiche Rechte und Bauten einschließlich der Bauten auf fremden Grundstücken" auszuweisen und in den Folgejahren nach Maßgabe der allgemeinen Bewertungsvorschriften gem. § 253 Abs. 2 HGB abzuschreiben[129]. **144**

Im DATEV-System werden Nutzungsrechte gem. § 9 Abs. 3 DMBilG gesondert ausgewiesen, wenn das Konto 9416 (SKR 03/SKR 04) bebucht wird. **145**

Standardkonten im DATEV-System **146**

SKR 03	SKR 04
9416 Nutzungsrechte gemäß. § 9 Abs. 3 S. 2 DMBilG	9416 Nutzungsrechte gemäß. § 9 Abs. 3 S. 2 DMBilG

A.II.2. Technische Anlagen und Maschinen

1. Ausweis

Zu diesem Posten gehören **Anlagen und Maschinen,** die der Produktion dienen, sowie **Betriebsvorrichtungen**[130]: **147**

- Anlagen für Arbeitssicherheit und Umweltschutz
- Anlagen der chemischen Industrie
- Arbeitsbühnen
- Arbeitsmaschinen incl. Fundamente, Stützmauern
- Bahnanlagen
- Bagger
- EDV-Anlagen, insbesondere zur Auftragsbearbeitung und Fertigung
- Förderbänder
- Gasometer
- Gießereien
- Hebebühnen
- Hochöfen
- Kohlebunker
- Kokereien
- Krafterzeugungs- und -verteilungsanlagen, Umspannwerke
- Krane
- Kühltürme, Kühlaggregate
- Lagerbehälter
- Lastenaufzüge
- LKW-Auffahrten
- Produktionsüberwachungsanlagen und dem Produktionsbereich dienende technische Anlagen
- Prüfmaschinen und Prüfeinrichtungen
- Raffinerieanlagen

---

[129] Vgl. *Forster/Kämpfer,* in Budde/Forster DMBilG-Kom. § 9 DMBilG Tz 51.

[130] Vgl. *Ellrott/Schmidt-Wendt,* in Beck Bil-Kom. § 247 HGB Tz 480 ff.; *Reinhard,* in Küting/Weber § 247 HGB Tz 46 f.; WP-Handbuch, 2000, Bd. I, F 156; *Claussen/Korth,* in Kölner Kom. § 266 HGB Tz 37 ff.

– Reserveteile und Reservemaschinen für technische Anlagen und Maschinen[131]
– Rohrleitungen
– Silos
– Tanks
– Tankstellenzufahrten und -überdachungen
– Verpackungsanlagen und -maschinen
– Wasserwerksanlagen
– Werkzeugmaschinen aller Art

148 Unerheblich ist, ob die Vermögensgegenstände zivilrechtlich Bestandteil oder Zubehör von Grundstücken bzw. Gebäuden sind. Mit Maschinen nicht festverbundene Vorrichtungen sind einheitlich mit diesen auszuweisen, wenn sie für die Betätigung eben dieser Maschine erforderlich sind. Gleiches gilt für die Erstausstattung an Werkzeugen sowie typengebundene Werkzeuge, die gleichfalls hier auszuweisen sind[132].

2. Leasing und wirtschaftliches Eigentum

149 Maßgebend ist das **wirtschaftliche Eigentum,** nicht der zivilrechtliche Eigentumsübergang, der bei Eigentumsvorbehalt und geleasten Vermögensgegenständen noch nicht erfolgt ist[133]. Bei kurzfristig kündbaren (typischen) Mietverhältnissen verbleibt das wirtschaftliche Eigentum regelmäßig beim Leasing-Geber[134]. Hingegen ist der Leasing-Gegenstand dem Leasing-Nehmer zuzurechnen, wenn

– er speziell auf die Verhältnisse des Leasing-Nehmers zugeschnitten ist und nach Ablauf der Grundmietzeit nur noch bei diesem sinnvoll genutzt werden kann,
– die betriebsgewöhnliche Nutzungsdauer des Leasing-Gegenstandes und die Grundmietzeit sich annähernd decken,
– die Verlängerungsmiete bzw. der Anschlusskaufpreis dem Marktpreis zum Ende der Grundmietzeit entspricht,
– die betriebsgewöhnliche Nutzungsdauer zwar erheblich länger ist als die Grundmietzeit, dem Leasing-Nehmer aber ein Recht auf Mietverlängerung oder Kauf (Option) zusteht, bei dessen Ausübung er nur einen geringen Mietzins oder Kaufpreis zu bezahlen hat.[135]

150 Diesen steuerrechtlichen Grundsätzen folgt die handelsrechtliche Bilanzierung basierend auf dem sog. **Leasing-Erlass:**[136] Danach richtet sich bei beweglichen Wirtschaftsgütern die Zurechnung (Bilanzierung) nach dem Verhältnis von **Grundmietzeit zur betriebsgewöhnlichen Nutzungsdauer** des Leasing-Gegenstandes. Dabei wird unterschieden:

– Grundmietzeit ist kleiner als 40% oder größer als 90% der betriebsgewöhnlichen Nutzungsdauer
– Grundmietzeit liegt zwischen 40% und 90% der betriebsgewöhnlichen Nutzungsdauer

---

[131] Dies gilt uneingeschränkt für typengebundene Werkzeuge und Ersatzteile; i. ü. verweisen *Claussen/Korth,* in Kölner Kom. § 266 HGB Tz 41 darauf, dass allgemein verwendbare Ersatzteile und Reparaturmaterialien als unbenutzt bevorratetes Vermögen noch kein Anlagevermögen sind; einschränkend *Adler/Düring/Schmaltz,* § 266 HGB Tz 50, die dem nur dann folgen wollen, wenn aufgrund fehlender endgültiger Zweckbestimmung eine Zuordnung weder zum Anlage- noch zum Umlaufvermögen möglich ist; ähnlich WP-Handbuch 2000, Bd. I, F 158.

[132] Vgl. *Adler/Düring/Schmaltz,* § 266 HGB Tz 53; *Glade,* Rechnungslegung und Prüfung, § 266 HGB Tz 158 ff.

[133] Vgl. *Claussen/Korth,* in Kölner Kom. § 266 HGB Tz 38; *Adler/Düring/Schmaltz,* § 266 HGB Tz 46.

[134] Vgl. *Schmidt/Weber-Grellet,* EStG, 21. Aufl., § 5 Tz 725.

[135] Vgl. *Schmidt/Weber-Grellet,* EStG, 21. Aufl., § 5 Tz 725.

[136] BMF-Schr. v. 19. 4. 1971, BStBl I 1971, S. 264.

Übersicht[137] 151

Verhältnis von Grundmietzeit und Nutzungsdauer	Besonderheiten	Zurechnung (Bilanzierung) beim
Grundmietzeit beträgt mehr als 90 v. H. der Nutzungsdauer	Annahme des wirtschaftlichen Eigentums, weil sich unkündbare Mietzeit und Nutzungsdauer des Wirtschaftsguts nahezu decken.	Leasing-Nehmer
Grundmietzeit beträgt weniger als 40 v. H. der Nutzungsdauer	Es wird allgemein davon ausgegangen, dass ein Ratenkauf vorliegt, wenn das Wirtschaftsgut innerhalb einer kurzen Grundmietzeit voll amortisiert wird; die Vereinbarung eines Optionsrechts ist ohne Bedeutung.	Leasing-Nehmer
Grundmietzeit beträgt mindestens 40 v. H. und höchstens 90 v. H. der Nutzungsdauer	a) Ohne Vereinbarung eines Optionsrechts bei Ende der Grundmietzeit.	Leasing-Geber
Grundmietzeit beträgt mindestens 40 v. H. und höchstens 90 v. H. der Nutzungsdauer	b) Bei Kaufoption zum Zeitwert (Restbuchwert nach linearer AfA oder niedrigerer gemeiner Wert) bzw. bei Mietverlängerungsoption mit üblicher Miete (mindestens Wertverzehr bei linearer AfA auf Restbuchwert oder niedrigerem gemeinen Wert).	Leasing-Geber
	c) Bei Kaufoption mit Preis unter Restbuchwert nach linearer AfA oder niedrigerem gemeinen Wert bzw. bei Mietverlängerungsoption unter üblicher Miete (unter Wertverzehr bei linearer AfA auf Restbuchwert oder niedrigerem gemeinen Wert).	Leasing-Nehmer

Besonderheiten gelten bei sog. **Spezial-Leasing-Verträgen,** d. s. solche, bei denen das Wirtschaftsgut auf die speziellen Bedürfnisse des Leasing-Nehmers zugeschnitten ist. In diesen Fällen erfolgt die Zurechnung regelmäßig zum Leasing-Nehmer, u. z. unabhängig von der Grundmietzeit, der betriebsgewöhnlichen Nutzungsdauer und etwaigen Optionsklauseln. Allerdings handelt es sich dabei um eine Vermutung, die in Abhängigkeit von der von den Parteien gewählten Vertragsgestaltung und deren tatsächlicher Durchführung widerlegt werden kann. 152

[137] Entnommen *Lück,* in Stb-Handbuch 1994, S. 220.

153 **Übersicht**[138]

Voraussetzungen	**Zurechnung (Bilanzierung) beim**
– Wirtschaftsgüter müssen auf die speziellen betrieblichen Verhältnisse des Leasing-Nehmers zugeschnitten sein – eine wirtschaftlich sinnvolle anderweitige Nutzung oder Verwertung ist nicht möglich	Leasing-Nehmer, ohne Rücksicht auf das Verhältnis von Grundmietzeit und Nutzungsdauer und auf Optionsklauseln

3. Bewertung

a) Degressive AfA, Betriebsvorrichtungen

154 Die Bewertung von Maschinen und technische Anlagen, die handels- und steuerrechtlich zu den beweglichen Vermögensgegenständen/Wirtschaftsgütern gehören, erfolgt nach einheitlichen Grundsätzen[139]. Nur **bewegliche Wirtschaftsgüter,** zu denen auch Betriebsvorrichtungen[140] gehören, **können degressiv abgeschrieben werden,** § 7 Abs. 2 S. 1 EStG 1997. Dabei erfolgt die Abgrenzung zu Gebäude- oder Grundstücksbestandteilen nach der Funktion einer Anlage, also nach wirtschaftlichen Kriterien. Die handelsrechtliche Zuordnung orientiert sich an der steuerlichen Rechtsprechung zur Abgrenzung von Betriebsvorrichtungen gegenüber unselbständigen Gebäudebestandteilen[141]. Als **Betriebsvorrichtung** werden angesehen:
- ungewöhnlich starke Hofbefestigungen
- Teststrecke oder Rollbahn[142]
- Klimaanlage in einer Tabakfabrik und in einem Möbellager[143]
- Fahrstuhl und Fahrstuhlschacht für einen Lastenaufzug[144]
- vollautomatisches Hochregallager[145]
- Schaufensteranlage in einem Möbel- und Dekorationsgeschäft in eigenen Räumen[146]
- Siloanlagen[147]

155 Nicht ausreichend für die Qualifikation als Betriebsvorrichtung ist, dass die Anlage zu einem gewerblichen Betrieb gehört oder dass sie für die Ausübung des Gewerbebetrieb nützlich, notwendig oder vorgeschrieben ist, sie im Übrigen aber ihrem Wesen nach in einem Nutzungs- und Funktionszusammenhang mit dem Gebäude steht, wie z.B. eine Sprinkleranlage in einem Warenhaus[148], Rolltreppen in Kaufhäusern[149] oder Be- und Entlüftungsanlagen in Möbelhäusern[150].

156 Steuerrechtlich begrenzt § 7 Abs. 2 S. 2 EStG 1997 die **degressive AfA** auf höchstens das 2-fache der linearen AfA und 20% der Anschaffungs-/Herstellungskosten[151].

b) Sonder-AfA für kleine und mittlere Betriebe

157 Für neue bewegliche Wirtschaftsgüter räumt § 7g Abs. 1 EStG 1997 kleinen und mittleren Betrieben eine Sonderabschreibung im Jahr der Anschaffung oder den fol-

---

[138] Entnommen *Lück,* in Stb-Handbuch 1994, S. 226.
[139] Zu den Abschreibungsmethoden vgl. D 49 ff.
[140] Zum Begriff Betriebsvorrichtung vgl. auch D 122.
[141] Vgl. *Berger/M. Ring,* in Beck Bil-Kom. § 253 HGB Tz 352; gleichlautende Erlasse der obersten Finanzbehörden der Länder v. 31. 3. 1992, BStBl I 1992, S. 342.
[142] BFH-Urt. v. 19. 2. 1974, BStBl II 1975, S. 20; danach ist eine für Lastwagen befahrbare Bodenbefestigung nur dann eine Betriebsvorrichtung, wenn sie für den Grundeigentümer ohne den konkreten Betrieb keinen Wert hätte.
[143] BFH-Urt. v. 17. 5. 1968, BStBl II 1968, S. 567.
[144] BFH-Urt. v. 7. 10. 1977, BStBl II 1978, S. 186.
[145] BFH-Urt. v. 18. 3. 1987, BStBl II 1987, S. 551.
[146] BFH-Urt. v. 20. 2. 1975, BStBl II 1975, S. 531.
[147] BFH-Urt. v. 25. 8. 1989, BStBl II 1990, S. 79.
[148] BFH-Urt. v. 7. 10. 1983, BStBl II 1984, S. 262.
[149] BFH-Urt. v. 12. 1. 1983, BStBl II 1983, S. 223.
[150] BFH-Urt. v. 7. 3. 1974, BStBl II 1974, S. 429.
[151] Für bis zum 1. 1. 2000 angeschaffte oder hergestellte Wirschaftsgüter gilt eine Begrenzung auf 30%, höchstens jedoch das 3-fache der linearen AfA-Beträge, § 52 Abs. 21 a) S. 2 EStG 1997.

genden vier Jahren neben der normalen (linearen oder degressiven) AfA in Höhe von 20% ein. Voraussetzung ist (§ 7g Abs. 2 EStG 1997):

Die Sonderabschreibungen nach Absatz 1 können nur in Anspruch genommen werden, wenn

1. a) das Betriebsvermögen des Gewerbebetriebs oder des der selbständigen Arbeit dienenden Betriebs, zu dessen Anlagevermögen das Wirtschaftsgut gehört, zum Schluss des der Anschaffung oder Herstellung des Wirtschaftsguts vorangehenden Wirtschaftsjahrs nicht mehr als 204 517 EUR beträgt; diese Voraussetzung gilt bei Betrieben, die den Gewinn nach § 4 Abs. 3 ermitteln, als erfüllt;

b) der Einheitswert des Betriebs der Land- und Forstwirtschaft, zu dessen Anlagevermögen das Wirtschaftsgut gehört, im Zeitpunkt der Anschaffung oder Herstellung des Wirtschaftsguts nicht mehr als 122 710 EUR beträgt;

2. das Wirtschaftsgut

a) mindestens ein Jahr nach seiner Anschaffung oder Herstellung in einer inländischen Betriebsstätte dieses Betriebs verbleibt und

b) im Jahr der Inanspruchnahme von Sonderabschreibungen im Betrieb des Steuerpflichtigen ausschließlich oder fast ausschließlich betrieblich genutzt wird und

3. für die Anschaffung oder Herstellung eine Rücklage nach den Absätzen 3 bis 7 gebildet worden ist.

Hinweis

Die Voraussetzung nach Nr. 3, wonach eine Sonderabschreibung nach § 7g Abs. 1 EStG nur möglich ist, wenn für die Anschaffung/Herstellung eine Rücklage nach § 7g Abs. 3–7 gebildet worden ist, gilt für alle Wirtschaftsgüter, die nach dem 31. 12. 2000 angeschafft oder hergestellt worden sind, § 52 Abs. 23 i. d. F. des StEntlG 1999.[152] **158**

c) Außerplanmäßige Abschreibungen

Außerplanmäßige Abschreibungen sind vorzunehmen, um den Vermögensgegenstand mit dem niedrigen Wert anzusetzen, der ihm Abschlussstichtag beizulegen ist. Eine Verpflichtung zum Ansatz des niedrigeren beizulegenden Wert gilt für das Anlagevermögen nur insoweit, wie es sich um eine dauernde Wertminderung handelt. Steuerrechtlich darf ein niedriger Teilwert nur angesetzt werden, wenn es sich um eine voraussichtlich dauernde Wertminderung handelt, § 6 Abs. 1 Nr. 1 EStG i. d. F. des StEntlG 1999/2000/2002. Die FinVerw[153] geht von einer **voraussichtlich dauernden Wertminderung** aus, wenn der Wert des jeweiligen Wirtschaftsguts zum Bilanzstichtag mindestens für die halbe Restnutzungsdauer unter dem maßgeblichen Buchwert liegt. Die Restnutzungsdauer ist nach den amtlichen AfA-Tabellen zu bestimmen. **159**

Beispiel[154] **160**

Der Stpfl. hat eine Maschine zu Anschaffungskosten von 100 000 EUR erworben. Die Nutzungsdauer beträgt 10 Jahre, die jährliche AfA beträgt 10 000 EUR. Im Jahr 02 beträgt der Teilwert nur noch 30 000 EUR bei einer Restnutzungsdauer von 8 Jahren.

Lösung

Eine Teilwertabschreibung auf 30 000 DM ist zulässig. Die Minderung ist voraussichtlich von Dauer, da der Wert des Wirtschaftsguts zum Bilanzstichtag bei planmäßiger Abschreibung erst nach 5 Jahren, d. h. erst nach mehr als der Hälfte der Restnutzungsdauer, erreicht wird.

Standardkonten im DATEV-System **161**

SKR 03	SKR 04
0200 Technische Anlagen und Maschinen	0400 Technische Anlagen und Maschinen
0210 Maschinen	0420 Technische Anlagen

[152] *Schmidt/Drenseck,* EStG, 21. Aufl., § 7g Tz 13 verweisen darauf, dass hierdurch nicht etwa die Sonder-AfA nur noch Existenzgründern eröffnet wird, sondern allen Stpfl. offen steht, die die diesbezüglichen Voraussetzungen erfüllen.

[153] BMF-Schr. v. 25. 2. 2000, BStBl I 2000, S. 372, Tz 3.

[154] Vgl. BMF-Schr. v. 25. 2. 2000, BStBl I 2000, S. 372, Tz 7.

SKR 03	SKR 04
0220 Maschinengebundene Werkzeuge	0440 Maschinen
0240 Maschinelle Anlagen	0460 Maschinengebundene Werkzeuge
0260 Transportanlagen u. ä.	0470 Betriebsvorrichtungen
0280 Betriebsvorrichtungen	

A.II.3. Andere Anlagen, Betriebs- und Geschäftsausstattung

1. Ausweis

162 Hier sind alle Sachanlagen auszuweisen, soweit sie nicht zu einem vorhergehenden Posten des Sachanlagevermögens gehören.

163 Als Abgrenzungskriterium gilt für **„Andere Anlagen"** im Zweifel die Verwaltungsbezogenheit, für „technische Anlagen" dagegen die Produktionsbezogenheit.[155] Hier sind auszuweisen[156]:
- Betriebsausstattung, wie Werkzeuge, Modelle, Vorrichtungen
- Büroeinrichtung
- EDV-Anlagen des Verwaltungsbereichs
- Geschäftsausstattung, wie Ladeneinrichtungen, Verkaufstheken
- kleinere technische Anlagen wie Personal-Computer, Speicherschreibmaschinen, Telefonanlagen, Telefax
- Lagereinrichtungen, wie Regale, Schränke etc., auch Geräte zur computergesteuerten Lagerhaltung
- Muster, Formen, soweit nicht maschinengebunden
- Mietereinbauten, vorübergehende Einbauten
- Prüf- und Messgeräte
- Reserveteile für Betriebs- und Geschäftsausstattung
- Rohrpostanlagen
- Schalterhalleneinrichtungen von Kreditinstituten
- Schalungs- und Gerüstteile, wenn sie sich wirtschaftlich und technisch nicht schnell verbrauchen
- Schaufensteranlagen
- Transportbehälter
- Transportmittel, wie Kraftfahrzeuge, Gabelstapler, Langgutwagen, Elektrokarren, Rollbahnen, Drahtseilbahnen, Lokomotiven
- Werkstatteinrichtungen
- Werkzeuge, u. z. eigene und kundengebundene[157]

2. Besonderheiten bei Werkzeugen, Formen, Modellen und Vorrichtungen

164 **Bei der Bilanzierung von Werkzeugen, Formen, Modellen und Vorrichtungen** kann entsprechend der BP-Kartei der OFDen Düsseldorf, Köln und Münster wie folgt verfahren werden:[158]

165 **Für die Abgrenzung Anlage- und Umlaufvermögen gilt:**
Werkzeuge, Formen, Modelle und Vorrichtungen gehören zum Anlagevermögen, wenn sie langfristig genutzt werden, i. d. R. also zur Ausführung mehrerer Aufträge oder ohne Bezug auf eine bestimmte Auftragserteilung angeschafft oder hergestellt worden sind. Soweit Maschinenwerkzeuge in technischem Zusammenhang mit Werkzeugmaschinen stehen, gehören sie nur zum Anlagevermögen, wenn es sich um die Erstausstattung handelt. Sie sind dann einheitlich mit den Werkzeugmaschinen zu aktivieren. Auch kundengebundene Formen sind Anlagevermögen, wenn sie dazu bestimmt sind, in einem mehrjährigen Zeitraum der Durchführung verschiedener Aufträge zu dienen. Werkzeuge, Formen, Modelle und Vorrichtungen, die zum Verkauf bestimmt sind, gehören zum Umlaufvermögen. Dazu gehören auch solche

---

[155] Vgl. *Claussen/Korth,* in Kölner Kom. § 266 HGB Tz 39; weitgehend, alle nicht unmittelbar der Produktion dienende Anlagen einbeziehend, *Adler/Düring/Schmaltz,* § 266 HGB Tz 56.

[156] Vgl. *Reinhard,* in Küting/Weber § 247 HGB Tz 50 ff.; *Ellrott/Schmidt-Wendt,* in Beck Bil-Kom. § 247 HGB Tz 500; *Adler/Düring/Schmaltz,* § 266 HGB Tz 55; *Matschke,* in Bonner HdR § 266 HGB Tz 48; *Claussen/Korth,* in Kölner Kom. § 266 HGB Tz 39 ff.

[157] Vgl. *Adler/Düring/Schmaltz,* § 266 HGB Tz 51 f.

[158] Abgedruckt DB 1982, S. 1787.

Betriebsmittel, die unmittelbar durch die Fertigung eines bestimmten Liefergegenstandes veranlasst sind und für die Abwicklung eines bestimmten Auftrags verwendet werden, also auftragsgebundene Betriebsmittel.

Für die Bilanzierung und Bewertung gilt:

Im **Anlagevermögen** auszuweisende Werkzeuge, Modelle und Vorrichtungen 166
gehören i. d. R. zur Betriebs- und Geschäftsausstattung. Betriebsmaterial ist **Umlaufvermögen** und unter den Roh-, Hilfs- und Betriebsstoffen auszuweisen. Geringwertige Handwerkzeuge können i. d. R. als geringwertige Wirtschaftsgüter gem. § 6 Abs. 2 EStG 1997 im Jahr der Anschaffung sofort abgeschrieben werden. Soweit Maschinenwerkzeuge, Formen, Modelle und Vorrichtungen aufgrund der obigen Kriterien nicht dem Umlaufvermögen zuzurechnen sind, handelt es sich um Anlagevermögen. Darunter fallen Formen und Werkzeuge mit einer betriebsgewöhnlichen Nutzungsdauer von weniger als 1 Jahr, wie Kleinwerkzeuge, Bohrer, Fräser u. ä., aber auch solche mit einer Nutzungsdauer von mehr als 1 Jahr, wie Zieh- und Presswerkzeuge, Gesenke u. ä. Bei Kleinwerkzeugen handelt es sich i. d. R. um kurzlebige Wirtschaftsgüter. Sofern andere Maschinenwerkzeuge einer selbständigen Nutzung nicht fähig sind, also eine sofortige Absetzung nach § 6 Abs. 2 EStG 1997 nicht möglich ist, müssen sie aktiviert werden, und zwar entweder mit den halben Anschaffungskosten der in der zweiten Jahreshälfte angeschafften Werkzeuge im Anlagevermögen oder Erfassung der gesamt angeschafften Vorräte im Umlaufvermögen (Magazinbestand) und Ansatz eines Festwertes in Höhe von 40–50% der Anschaffungskosten für die im Betrieb befindlichen in Benutzung genommenen Werkzeuge im Anlagevermögen.

Sofern dies in Einzelfällen den tatsächlichen Verhältnissen nicht gerecht wird, kann 167
abweichend eine Wertermittlung und Festwertaktivierung wie folgt vorgenommen werden:

Bei Einzelanschaffungskosten
bis zu 50 EUR = 0–25% des Neuwertes der Werkzeuge
bei Einzelanschaffungskosten
zwischen 50–200 EUR = 5–35% des Neuwertes der Werkzeuge
bei Einzelanschaffungskosten
über 200 EUR = 0–50% des Neuwertes der Werkzeuge[159]

Bei **Formen und Werkzeugen** mit einer **Nutzungsdauer von mehr als** 168
einem Jahr ist wie folgt zu differenzieren:

(1) Eigene Formen 169

Selbsterstellte eigene Formen oder angeschaffte Formen sind mit den Herstellungs- oder Anschaffungskosten zu aktivieren und entsprechend der betriebsgewöhnlichen Nutzungsdauer abzuschreiben. Die ermittelten AfA-Beträge gehören zu den Herstellungskosten der mit diesen Formen produzierten Artikel.

(2) Kundengebundene Formen 170

Kundengebundene Formen liegen vor, wenn Formen nur für die Ausführung der Aufträge eines bestimmten Kunden verwendet werden dürfen und dieser Kunde mit den Kaufpreisen die Kosten der Formen abdeckt. Sofern für diese Kosten Vorschüsse seitens des Kunden geleistet werden, erfolgt die Verrechnung der Vorschüsse meistens mit 5 v. H. der Warenlieferungen. Die Formen sind mit ihren Anschaffungs- oder Herstellungskosten zu aktivieren und entsprechend der betriebsgewöhnlichen Nutzungsdauer abzuschreiben. Der erhaltene Vorschuss ist zu passivieren und mit den Gutschriften bei den Warenlieferungen solange erfolgsneutral zu verrechnen, bis die Kundenanzahlung aufgebraucht ist. Die Abschreibungen auf die Formen stehen mit den Verpflichtungen aufgrund der Anzahlungen in keinem Zusammenhang, sind also nicht mit der Abwicklung der Aufträge zu koppeln. Die AfA kann auch dann abgesetzt werden, wenn mit der Herstellung der Waren am Bilanzstichtag noch nicht begonnen worden ist.

(3) Fremde Formen 171

Sofern bei wertvollen Formen vereinbart wird, dass die Formen an den Besteller der Waren verkauft werden, wird dieser Eigentümer und hat die in Rechnung ge-

[159] Vgl. *Roolf,* WPg 1974, S. 209 ff.

stellten Anschaffungs- oder Herstellungskosten nach allgemeinen Bilanzierungsgrundsätzen zu behandeln. Die Zahlungen sind Kaufpreis für die Formen. Sofern sich der Hersteller verpflichtet, bei späteren Lieferungen Preisabschläge wegen der Nutzung der ihm nicht gehörenden Formen zu gewähren, darf er für diese Verpflichtung im Jahre des Verkaufs der Formen keine Rückstellung bilden.[160]

172 **(4) Vorrichtungen**

Vorrichtungen sind technische Bauteile, die bei automatisierten Herstellungsverfahren erforderlich sind. Mit Vorrichtungen werden gleichmäßige Bewegungsabläufe bewältigt. Die bilanzsteuerrechtliche Behandlung hängt davon ab, ob Vorrichtungen selbständige Teile oder Anbauteile zu Maschinen sind. Auch wenn sie nicht unmittelbar mit der Maschine verbunden sind, können sie als Bestandteil für einen funktionellen Ablauf unbedingt erforderlich sein.

2. Bewertung

a) Allgemeines

173 Es gelten die gleichen Grundsätze wie für sonstige bewegliche Vermögensgegenstände/Wirtschaftsgüter, u. z. sowohl für die planmäßige als auch für die außerplanmäßige Abschreibung[161].

174 Eine Besonderheit gilt für Vermögensgegenstände von geringem Wert, sog. **GwG,** die primär zur Betriebs- und Geschäftsausstattung gehören. Diese können, gleichgültig ob neu oder gebraucht, im Jahr der Anschaffung in voller Höhe abgeschrieben werden. Dies gilt sowohl handels- als auch steuerrechtlich, wobei Voraussetzung für die steuerrechtliche Anerkennung ist, dass die Anschaffungs-/Herstellungskosten 410 EUR nicht übersteigen[162]. Nach § 6 Abs. 2 S. 2 EStG 1997 müssen sie einer selbständigen Nutzung fähig sein[163]. Dies ist nicht der Fall, wenn sie nach ihrer betrieblichen Zweckbestimmung nur zusammen mit anderen Wirtschaftsgütern des Anlagevermögens genutzt werden können und die in den Nutzungszusammenhang eingefügten Wirtschaftsgüter technisch aufeinander abgestimmt sind. So ist z. B. bei genormten Stahlregalteilen, die auf Dauer zu einem Stahlregal zusammengesetzt sind, nur hinsichtlich des Regals oder der Vorrichtung nicht aber bezogen auf jedes Regalsegment Selbstständigkeit gegeben.

175 H 40 zu R 40 EStR 1999 nennt nachfolgende **Beispiele für selbstständig nutzungsfähige Wirtschaftsgüter.**

- Autotelefon, mobiles[164]
- Bestecke in Gaststätten, Hotels, Kantinen[165]
- Bibliothek eines Rechtsanwalts[166]
- Bücher einer Leih- oder Fachbücherei[167]
- Einrichtungsgegenstände in Läden, Werkstätten, Büros, Hotels, Gaststätten u. ä. – auch als Erstausstattung und in einheitlichem Stil[168]
- Fässer/Flaschen[169]
- Formteile[170]
- Grundausstattung einer Kfz-Werkstatt mit Spezialwerkzeugen[171]
- Instrumentarium eines Arztes, auch als Grundausstattung[172]
- Kisten[173]

---

[160] BFH-Urt. v. 31. 1. 1973, BStBl 1973 II, S. 305.
[161] Vgl. D 49 ff.
[162] Vgl. D 63 ff.
[163] BFH-Urt. v. 28. 9. 1990, BStBl II 1991, S. 361; bei Herstellung eines neuen Wirtschaftsgutes unter Verwendung gebrauchter Altteile ist darauf abzustellen, ob die Altteile bedeutungs- und wertmäßig von untergeordneter Bedeutung sind.
[164] BFH-Urt.v. 20. 2. 1997, BetBl II 1997, S. 360.
[165] H 40 E 40 EStR 1997.
[166] BFH-Urt. v. 17. 5. 1968, BStBl II 1968, S. 566.
[167] BFH-Urt. v. 8. 12. 1967, BStBl II 1968, S. 149.
[168] BFH-Urt. v. 29. 7. 1966, BStBl III 1967, S. 61.
[169] BFH-Urt. v. 1. 7. 1981, BStBl II 1982, S. 246.
[170] BFH-Urt. v. 30. 3. 1967, BStBl III 1967, S. 302.
[171] BFH-Urt. v. 17. 5. 1968, BStBl II 1968, S. 571.
[172] BFH-Urt. v. 17. 5. 1968, BStBl II 1968, S. 566.
[173] BFH-Urt. v. 1. 7. 1981, BStBl II 1982, S. 246.

- Lampen als selbständige Wirtschaftsgüter (Steh-, Tisch- und Hängelampen)[174]
- Leergut[175]
- Legehennen in eiererzeugenden Betrieben
- Möbel in Hotels und Gaststätten, auch als Erstausstattung[176]
- Müllbehälter eines Müllabfuhrunternehmens, auch Systemmüllbehälter
- Musterbücher und -kollektionen im Tapeten- und Buchhandel[177]
- Paletten zum Transport und zur Lagerung von Waren[178]
- Regale, die aus genormten Stahlregalteilen zusammengesetzt und nach ihrer betrieblichen Zweckbestimmung in der Regel auf Dauer in dieser Zusammensetzung genutzt werden, sind nur in ihrer Gesamtheit selbständig nutzungsfähig[179]
- Ruhebänke als Werbeträger
- Schallplatten
- Spinnkannen einer Weberei[180]
- Straßenleuchten[181]
- Tonbandkassetten
- Trivialprogramme[182]
- Videokassetten
- Wäsche in Hotels[183]

Beispiele für **nicht selbstständig nutzungsfähige Wirtschaftsgüter**

- Beleuchtungsanlage als Lichtband zur Beleuchtung in Fabrikräumen und Werkhallen[184] oder zur Beleuchtung einzelner Stockwerke eines Wohnhauses[185]
- Bestuhlung in Kinos und Theatern[186] (aber Betriebsvorrichtung)
- Bohrer in Verbindung mit Werkzeugmaschinen **(Maschinenwerkzeuge)**
- Drehstähle in Verbindung mit Werkzeugmaschinen **(Maschinenwerkzeuge)**
- Elektromotor zum Einzelantrieb einer Maschine, einer Drehbank oder eines Webstuhls[187]
- Ersatzteile für Maschinen usw.[188]
- Fräser in Verbindung mit Werkzeugmaschinen **(Maschinenwerkzeuge)**
- Gerüst- und Schalungsteile sowie Schalungstafeln, die genormt und technisch aufeinander abgestimmt sind[189]
- Kühlkanäle[190]
- Leuchtstoffröhren **(Beleuchtungsanlage)**
- Lichtbänder **(Beleuchtungsanlage)**
- Lithographien[191]
- Maschinenwerkzeuge und -verschleißteile[192]
- Pflanzen von Dauerkulturen[193], z.B. Rebstöcke
- Regalteile, die mit anderen Regalteilen zusammengesetzt sind[194]
- Sägeblätter in Diamantsägen und -gattern[195] **(Maschinenwerkzeuge)**
- Stanzwerkzeuge in Verbindung mit Werkzeugmaschinen **(Maschinenwerkzeuge)**

---

[174] BFH-Urt. v. 17. 5. 1968, BStBl II 1968, S. 567.
[175] BFH-Urt. v. 1. 7. 1981, BStBl II 1982, S. 246.
[176] BFH-Urt. v. 17. 5. 1968, BStBl II 1968, S. 566.
[177] BFH-Urt. v. 25. 11. 1965, BStBl III 1966, S. 86.
[178] BFH-Urt. v. 25. 8. 1989, BStBl II 1990, S. 82.
[179] BFH-Urt. v. 26. 7. 1979, BStBl II 1980, S. 176.
[180] BFH-Urt. v. 9. 12. 1977, BStBl II 1978, S. 322.
[181] BFH-Urt. v. 28. 3. 1973, BStBl II 1974, S. 2.
[182] R 31 a Abs. 1, S. 2 EStR 2001; vgl. dazu D 90.
[183] BFH-Urt. v. 17. 5. 1968, BStBl II 1968, S. 566.
[184] BFH-Urt. v. 5. 10. 1956, BStBl III 1956, S. 376.
[185] BFH-Urt. v. 5. 3. 1974, BStBl II 1974, S. 353.
[186] BFH-Urt. v. 5. 10. 1966, BStBl III 1966, S. 686.
[187] BFH-Urt. v. 16. 12. 1958, BStBl III 1959, S. 77.
[188] BFH-Urt. v. 17. 5. 1968, BStBl II 1968, S. 568.
[189] BFH-Urt. v. 29. 7. 1966, BStBl III 1967, S. 151.
[190] BFH-Urt. v. 17. 4. 1985, BStBl II 1988, S. 126.
[191] BFH-Urt. v. 15. 3. 1991, BStBl II 1991, S. 682.
[192] BFH-Urt. v. 6. 10. 1995, BStBl II 1996, S. 166.
[193] BFH-Urt. v. 30. 11. 1978, BStBl II 1979, S. 281.
[194] BFH-Urt. v. 20. 11. 1970, BStBl II 1971, S. 155; ob GwG vorliegen, ist vom Wert der in einem Wirtschaftsjahr insgesamt angeschafften Regalteile abhängig.
[195] BFH-Urt. v. 19. 10. 1972, BStBl II 1973, S. 53.

– Spezialbeleuchtungsanlagen in einem Schaufenster[196]
– Webstuhlmotor **(Elektromotor)**
– Werkzeuge **(Maschinenwerkzeuge)**

b) Festwert

176 Auch für die Bewertung der „Betriebs- und Geschäftsausstattung" gilt § 240 Abs. 3 HGB, der den Ansatz eines **Festwertes** ermöglicht, z. B. für Hotelgeschirr und -bettwäsche, Laboreinrichtungsgegenstände, Gerüst- und Schalungsteile. Die Festwertgüter werden im Jahr des erstmaligen Zugangs regelmäßig mit der Hälfte der Anschaffungskosten aktiviert[197]. Voraussetzung ist, dass die Vermögensgegenstände regelmäßig ersetzt werden, ihr Gesamtwert für das Unternehmen von nachrangiger Bedeutung und der Bestand in seiner Größe, seinem Wert und seiner Zusammensetzung nur geringen Veränderungen unterliegt. Geringe Wertänderungen beziehen sich auf die der Bewertung zugrunde liegenden Preisansätze[198].

177 Auch Anlagegüter mit erheblich unterschiedlichen Nutzungsdauern können nicht zu einem Festwert zusammengefasst werden[199]. Die Stetigkeit in der Zusammensetzung des Bestandes bedingt weniger eine körperliche Gleichartigkeit als vielmehr eine Funktionsgleichheit[200]. Nach § 240 Abs. 3 S. 2 HGB ist in aller Regel alle drei Jahre eine **körperliche Bestandsaufnahme** durchzuführen. Ein längerer Zeitraum als drei Jahre ist nur gerechtfertigt, wenn anhand geeigneter Schlüsselgrößen zuverlässig auf die Entwicklung des Bestandes geschlossen werden kann[201].

c) Nutzungsdauer für PKW

178 Nach der Rechtsprechung des BFH[202] ist bei einem PKW im Regelfall von einer Nutzungsdauer von 8 Jahren auszugehen. Die FinVerw geht für PKW nach den AfA-Tabellen 2000 von einer regelmäßigen 6-jährigen Nutzungsdauer aus[203]. Bei Anschaffung eines gebrauchten PKW ist die Restnutzungsdauer zu schätzen.

179 **Standardkonten im DATEV-System**

SKR 03		SKR 04	
0300	**Andere Anlagen, Betriebs- und Geschäftsausstattung**	**0500**	**Andere Anlagen, Betriebs- und Geschäftsausstattung**
0310	Andere Anlagen	0510	Andere Anlagen
0320	Pkw	0520	Pkw
0350	Lkw	0540	Lkw
0380	Sonstige Transportmittel	0560	Sonstige Transportmittel
0400	Betriebsausstattung	0620	Werkzeuge
0410	Geschäftsausstattung	0640	Ladeneinrichtung
0420	Büroeinrichtung	0650	Büroeinrichtung
0430	Ladeneinrichtung	0660	Gerüst- und Schalungsmaterial
0440	Werkzeuge	0670	Geringwertige Wirtschaftsgüter bis DM 800,–
0450	Einbauten	0680	Einbauten in fremde Grundstücke
0460	Gerüst- und Schalungsmaterial	0690	Sonstige Betriebs- und Geschäftsausstattung
0480	Geringwertige Wirtschaftsgüter bis DM 800,–		
490	Sonstige Betriebs- und Geschäftsausstattung		

A.II.4. Geleistete Anzahlungen und Anlagen im Bau

180 „Geleistete Anzahlungen" und „Anlagen im Bau" werden in einem Posten zusammengefasst ausgewiesen.

---

[196] BFH-Urt. v. 5. 3. 1974, BStBl II 1974, S. 353.
[197] Vgl. *Husemann,* GoB für Anlagegegenstände, S. 237; *Lorson,* in Küting/Weber § 268 HGB Tz 149 ist für einen Abschlag von 40–60% von den Anschaffungskosten mit Verweis auf Selchert, Aktienrechtliche Jahresabschlußprüfung, S. 185; für Anhaltewert v. 40–50%; *Hense/Philipps,* in Beck Bil-Kom. § 240 HGB Tz 100; zur Behandlung im Anlagenspiegel vgl. D 278.
[198] Vgl. *Budde/Kunz,* in Beck Bil-Kom. § 240 HGB Tz 90.
[199] Vgl. *Adler/Düring/Schmaltz,* § 240 HGB Tz 86; *Knopp,* in Küting/Weber § 240 HGB Tz 62.
[200] Vgl. *Adler/Düring/Schmaltz,* § 240 HGB Tz 89.
[201] Vgl. *Hense/Philipps,* in Beck Bil-Kom. § 240 HGB Tz 93.
[202] BFH-Urt. v. 26. 7. 1991, BStBl II 1992, S. 1000.
[203] BMF-Schr. v. 15. 12. 2000, BStBl I 2000, S. 1532; dies gilt für nach dem 31. 12. 2000 angeschaffte PKW.

1. Anzahlungen

Die **Anzahlungen** müssen für zukünftige Sachanlageinvestitionen geleistet sein, und zwar im Sinne von Vorleistungen auf das schwebende Geschäft „Anlageinvestitionen".[204] An- bzw. Vorauszahlungen auf Mietverpflichtungen gehören nicht zu Anzahlungen auf Anlagen, sondern zu den aktiven Rechnungsabgrenzungsposten, weil es sich um Zahlungen für eine zeitraumbezogene Gegenleistung handelt.[205] **181**

2. Anlagen im Bau

Begonnene, aber noch nicht abgeschlossene Sachanlageinvestitionen, sind **„Anlagen im Bau"**. Die Höhe der zu aktivierenden Beträge richtet sich nach den bereits angefallenen Anschaffungs- und Herstellungskosten, gleichgültig ob es sich um Fremd- oder Eigenleistungen handelt.[206] Ausweisbestimmend ist, ob die Baumaßnahmen nach Fertigstellung dem Sachanlagevermögen zuzuordnen sind. Bis zur Fertigstellung fallen planmäßige Abschreibungen nicht an. Nach Fertigstellung ist das Bauvorhaben auf eine der drei vorhergehenden Bilanzposten umzugliedern. **182**

3. Rückzahlungsanspruch bei Nichterfüllung

Wird das die Anzahlung begründende Liefer- oder Leistungsgeschäft von der Gegenseite nicht erfüllt, ist ein evtl. **Rückzahlungsanspruch** unter Pos. B.II.4. „Sonstige Vermögensgegenstände" umzugliedern.[207] **183**

Standardkonten im DATEV-System **184**

SKR 03

0079 Anzahlungen auf Grundstücke und grundstücksgleiche Rechte ohne Bauten
0120 Geschäfts-, Fabrik- und andere Bauten im Bau
0129 Anzahlungen auf Geschäfts-, Fabrik- und andere Bauten auf eigenen Grundstücken und grundstücksgleichen Rechten
0150 Wohnbauten im Bau
0159 Anzahlungen auf Wohnbauten auf eigenen Grundstücken und grundstücksgleichen Rechten
0180 Geschäfts-, Fabrik- und andere Bauten im Bau
0189 Anzahlungen auf Geschäfts-, Fabrik- und andere Bauten auf fremden Grundstücken
0195 Wohnbauten im Bau
0199 Anzahlungen auf Wohnbauten auf fremden Grundstücken
0290 Technische Anlagen und Maschinen im Bau
0299 Anzahlungen auf technische Anlagen und Maschinen
0498 Andere Anlagen, Betriebs- und Geschäftsausstattung im Bau
0499 Anzahlungen auf andere Anlagen, Betriebs- und Geschäftsausstattung

SKR 04

0700 Geleistete Anzahlungen und Anlagen im Bau
0705 Anzahlungen auf Grundstücke und grundstücksgleiche Rechte ohne Bauten
0710 Geschäfts-, Fabrik- und andere Bauten im Bau auf eigenen Grundstücken
0720 Anzahlungen auf Geschäfts-, Fabrik- und andere Bauten auf eigenen Grundstücken und grundstücksgleichen Rechten
0725 Wohnbauten im Bau
0735 Anzahlungen auf Wohnbauten auf eigenen Grundstücken und grundstücksgleichen Rechten
0740 Geschäfts-, Fabrik- und andere Bauten im Bau auf fremden Grundstücken
0750 Anzahlungen auf Geschäfts-, Fabrik- und andere Bauten auf fremden Grundstücken
0755 Wohnbauten im Bau
0765 Anzahlungen auf Wohnbauten auf fremden Grundstücken
0770 Technische Anlagen und Maschinen im Bau
0780 Anzahlungen auf technische Anlagen und Maschinen
0785 Andere Anlagen, Betriebs- und Geschäftsausstattung im Bau
0795 Anzahlungen auf andere Anlagen, Betriebs- und Geschäftsausstattung

A.III. Finanzanlagen

1. Ausweis

Das Gliederungsschema unterteilt die Finanzanlagen in nachfolgende Posten: **185**

[204] Vgl. *Adler/Düring/Schmaltz,* § 266 HGB Tz 59; *Claussen/Korth,* in Kölner Kom. § 266 HGB Tz 42.
[205] Vgl. *Ellrott/Schmidt-Wendt,* in Beck Bil-Kom. § 247 HGB Tz 549; *Korth,* Industriekontenrahmen, S. 77.
[206] Vgl. *Biener/Berneke,* BiRiLiG, S. 146.
[207] Vgl. *Adler/Düring/Schmaltz,* § 266 HGB Tz 61.

1. Anteile an verbundenen Unternehmen
2. Ausleihungen an verbundene Unternehmen
3. Beteiligungen
4. Ausleihungen an Unternehmen, mit denen ein Beteiligungsverhältnis besteht
5. Wertpapiere des Anlagevermögens
6. Sonstige Ausleihungen

186 Die **Zuordnung zum Finanzanlagevermögen** setzt voraus, dass die für das Anlagevermögen maßgebenden Kriterien des § 247 Abs. 2 HGB erfüllt sind, die Finanzanlagen also dazu bestimmt sind, dauernd dem Geschäftsbetrieb zu dienen. Da sich die dauernde Nutzung nicht schon aus der Beschaffenheit der Finanzanlagen ergibt, kommt dem **Zweckbestimmungswillen** des Bilanzierenden große Bedeutung zu, soweit sich nicht auf Grund anderer objektiver Kriterien, wie z. B. Veräußerungsabsichten oder eine fehlende kurzfristige Veräußerungsmöglichkeiten etwas anderes ergibt.[208]

2. Bewertung

a) Handelsrecht

187 Nach § 253 Abs. 2 S. 3 HGB können außerplanmäßige Abschreibungen auf den niedrigeren beizulegenden Wert vorgenommen werden. Bei einer voraussichtlich dauernden Wertminderung besteht Abwertungspflicht. Eine **dauernde Wertminderung** liegt vor, wenn der Buchwert während eines erheblichen Teils der voraussichtlichen Verweildauer nicht mehr erreicht wird. Allerdings gilt handelsrechtlich auf Grund des Vorsichtsprinzips ein **Abschreibungsgebot,** wenn keine eindeutigen Anhaltspunkte für eine nur vorübergehende Wertminderung bestehen[209]. Der Bezug auf die Wertverhältnisse am Abschlussstichtag bedeutet, dass nach diesem Zeitpunkt liegende wertbeeinflussende Umstände außer Betracht bleiben. Dies gilt nicht für sog. **wertaufhellende Umstände,** die eine bereits zum Bewertungsstichtag eingetretene Wertminderung erst offensichtlich machen[210].

b) Steuerrecht

188 Nach § 6 Abs. 1 Nr. 2 S. 2 EStG i. d. F. des StEntlG 1999/2000/2002 kann **bei einer voraussichtlich dauernden Wertminderung** auch bei Finanzanlagen **der niedrigere Teilwert angesetzt werden.** § 6 Abs. 1 Nr. 1 S. 3 EStG i. d. F. des StEntlG 1999/2000/2002 definiert den Teilwert als den Betrag, den der Erwerber des ganzen Betriebs i. R. d. Gesamtkaufpreises für das einzelne Wirtschaftsgut ansetzen würde. Dabei ist (fiktiv) davon auszugehen, dass der Erwerber den Betrieb fortführt[211]. Auch für das Finanzanlagevermögen gelten die sog. **Teilwertvermutungen,** die von der Rechtsprechung zur Vereinfachung der Teilwertschätzung aufgestellt wurden, R 35 a EStR 2001. Das bedeutet:
- Im Zeitpunkt des Erwerbs decken sich die Anschaffungskosten mit dem Teilwert, sofern nicht eine Fehlmaßnahme vorliegt[212].
- Beim Finanzanlagevermögen gilt die Teilwertvermutung auch zu späteren Bewertungsstichtagen[213].

189 Die **Teilwertvermutung kann widerlegt werden,** wenn anhand konkreter Tatsachen und Umstände dargelegt und nachgewiesen wird, dass die Anschaffung von Anfang an eine Fehlmaßnahme war, oder dass zwischen dem Zeitpunkt der Anschaffung und dem maßgeblichen Bilanzstichtag Umstände eingetreten sind, die die Anschaffung nachträglich zu einer Fehlmaßnahme werden lassen, R 35 a S. 4 EStR 2001.

---

[208] Vgl. *Reinhard,* in Küting/Weber § 247 HGB Tz 63.
[209] Vgl. *Adler/Düring/Schmaltz,* § 253 HGB Tz 476; *Berger/M. Ring,* in Beck Bil-Kom. § 253 HGB Tz 296.
[210] Vgl. *Berger/M. Ring,* in Beck Bil.-Kom. § 253 HGB Tz 294.
[211] Vgl. zum Teilwertbegriff D 70.
[212] Vgl. BFH-Urt. v. 13. 10. 1976, BStBl II 1977, S. 540, betr. geschmacksorientierte Produkte mit hohen Fertigungskosten.
[213] Vgl. BFH-Urt. v. 21. 7. 1982, BStBl II 1982, S. 758.

Daneben wird nach § 6 Abs. 1 Nr. 1 S. 4 EStG i. d. F. des StEntlG 1999/2000/2002 dem Stpfl. die Darlegungs- und Feststellungslast für eine voraussichtlich dauernde Wertminderung auferlegt. Diese Nachweispflicht gilt auch für jeden niedriger Teilwertansatz zu nachfolgenden Bilanzstichtagen. Insoweit **gilt steuerrechtlich ein striktes Wertaufholungsgebot**[214]. 190

Soweit die Wertpapiere in Anteilen an Kapitalgesellschaften (Körperschaften) bestehen, ist bei Kapitalgesellschaften § 8 b Abs. 2 i. V.m Abs. 3 EStG zu beachten, d. h. Gewinnminderungen sind bei der Gewinnermittlung nicht zu berücksichtigen. Bei Personengesellschaften und Einzelkaufleuten ist § 3 c Abs. 2 EStG zu beachten, d. h. Betriebsvermögensminderungen dürfen bei der Ermittlung der Einkünfte nur zur Hälfte abgezogen werden. § 3 c Abs. 2 EStG ist erstmals auf Aufwendungen anzuwenden, die mit Erträgen im wirtschaftlichen Zusammenhang stehen, auf die § 3 Nr. 40 EStG erstmals anzuwenden ist. Soweit das Wirtschaftsjahr dem Kalenderjahr entspricht also ab dem VZ 2002. 191

A.III.1. Anteile an verbundenen Unternehmen

1. Verbundene Unternehmen

Im HGB sind verbundene Unternehmen in § 271 Abs. 2 HGB definiert. Während das AktG im Bereich der verbundenen Unternehmen fünf Unternehmenstypen unterscheidet, kennt das HGB nur einen Unternehmenstyp. Bei verbundenen Unternehmen i. S. d. HGB müssen nachfolgende zwei Bedingungen erfüllt sein[215]: 192

1. Es muss ein **Mutter-Tochter-Verhältnis** i. S. d. § 290 HGB vorliegen.
2. Das **MU oder TU** muss nach den Vorschriften über die Vollkonsolidierung **in den Konzernabschluss** eines MU **einzubeziehen sein,** § 271 Abs. 2 HGB, auch wenn die Aufstellung unterbleibt oder das MU einen befreienden Konzernabschluss nach § 291 HGB oder nach einer nach § 292 HGB erlassenen Rechtsverordnung aufstellt oder aufstellen könnte.

2. Mutter-Tochter-Verhältnis

Ein Mutter-Tochter-Verhältnis ist in nachfolgenden Fällen anzunehmen[216]: 193

(1) Unter den Tatbestandsvoraussetzungen des § 290 Abs. 1 HGB:
   - ein MU übt eine **einheitliche Leitung** über mindestens ein TU tatsächlich aus
   - das MU muss eine **Beteiligung** i. S. d. § 271 Abs. 1 HGB an dem oder den **TU besitzen**
   - das MU muss eine **Kapitalgesellschaft** mit Sitz im Inland sein

(2) In den Fällen des § 290 Abs. 2 Nr. 1 HGB, wenn einer inländischen Kapitalgesellschaft die **Mehrheit der Stimmrechte** an einem anderen Unternehmen zusteht.

(3) In den Fällen des § 290 Abs. 2 Nr. 2 HGB, wenn einer inländischen Kapitalgesellschaft bei einem anderen Unternehmen das Recht zusteht, die **Mehrheit der Mitglieder des Verwaltungs-, Leitungs- oder Aufsichtsorgans zu bestellen** oder abzuberufen und sie gleichzeitig Gesellschafter ist.

(4) In den Fällen des § 290 Abs. 2 Nr. 3 HGB, wenn einer inländischen Kapitalgesellschaft bei einem anderen Unternehmen das Recht zusteht, einen **beherrschenden Einfluss** aufgrund eines Beherrschungsvertrags oder einer Satzungsbestimmung **auszuüben.**

In den Fällen des § 290 Abs. 2 HGB, d. s. die Fälle (2)–(4), liegt ein Mutter-Tochter-Verhältnis unwiderlegbar vor, auch wenn die einheitliche Leitung tatsächlich nicht ausgeübt wird, sog. **Control-Verhältnisse**[217]. 194

---

[214] Geändert durch das StEntlG 1999/2000/2002; vgl. auch *Korth,* AktStR 2000, S. 160.
[215] Zum Gesamtkomplex vgl. *Korth/Kasperzak,* Konzernrechnungslegung nach HGB, S. 16 f.
[216] Vgl. *Küting,* in HdKR II. Kapitel Tz 791–794; WP-Handbuch 2000, Bd. I, M 16 ff.
[217] Vgl. *Busse v. Colbe/Cmielewicz,* DBW 1986, S. 328; *Adler/Düring/Schmaltz,* § 290 HGB, Tz 10; *Küting,* in HdKR II. Kapitel Tz 795; WP-Handbuch 2000, Bd. I, M 35.

3. Einbeziehung in einen Konzernabschluss

195 Der zweiten Bedingung – Einbeziehung in einen Konzernabschluss – sind nachfolgende Fälle gleichzusetzen:

(1) Die Aufstellung eines Konzernabschlusses oder die Einbeziehung einzelner Unternehmen in den Konzernabschluss wird gesetzwidrig unterlassen.
(2) Ein TU wird aufgrund eines Einbeziehungswahlrechts gem. § 296 HGB oder eines Einbeziehungsverbots gem. § 295 HGB nicht in den Konzernabschluss einbezogen.
(3) Das MU ist eine Nicht-Kapitalgesellschaft, wird aber ihrerseits in einen Konzernabschluss einbezogen oder könnte in einen befreienden Konzernabschluss einbezogen werden.

196 Strittig ist, ob die Verbundbedingung – Einbeziehung in einen Konzernabschluss – auch dann erfüllt ist, wenn aufgrund der größenabhängigen Befreiungen gem. § 293 Abs. 1 HGB eine Konzernrechnungslegungspflicht nicht gegeben ist. Nach dem Gesetzeswortlaut besteht keine Einbeziehungspflicht[218]. Gewichtige Gründe sprechen aber dafür, **§ 271 Abs. 2 HGB extensiv auszulegen,** so dass auch bei einem Entlassen aus der Konzernrechnungslegungspflicht wegen größenabhängiger Befreiungen die Verbundbedingung erfüllt wäre[219], ebenso wenn die Konzernspitze den Sitz im Ausland hat und das TU eine inländische Kapitalgesellschaft ist, die nicht gleichzeitig ein MU ist, also keinen Teilkonzernabschluss aufstellen müsste[220].

197 Die **Verbundbedingung ist nicht gegeben** bei Gemeinschaftsunternehmen, bei assoziierten Unternehmen oder bei fehlender Unternehmereigenschaft bei dem MU oder TU[221].

198 Für den Ausweis von Anteilen an verbundenen Unternehmen unter diesem Posten gelten die allgemeinen Unterscheidungsmerkmale zwischen Anlage- und Umlaufvermögen, d.h. die Anteile müssen dazu bestimmt sein, dem Geschäftsbetrieb durch Herstellung einer dauernden Verbindung zu dienen, § 271 Abs. 1 HGB.

199 Nur ordentliche Gesellschaftsrechte an Aktiengesellschaften oder GmbH können Anteile an verbundenen Unternehmen sein. **Anteile an** Personenhandelsgesellschaften wie **OHG und KG sind** grundsätzlich Beteiligungen[222]; auf die Höhe der Beteiligung kommt es nicht an.

4. Anteile an Komplementärgesellschaften

200 Anteile an Komplementärgesellschaften sind ebenfalls im Finanzanlagevermögen auszuweisen, soweit die Verbundbedingung erfüllt ist unter „Anteile an verbundenen Unternehmen", ansonsten unter „Beteiligungen", § 264c Abs. 4 S. 1 HGB. Zwar ist nach dem Gesetzeswortlaut kein gesonderter Ausweis erforderlich, dies ergibt sich jedoch aus der Gesetzesbegründung.[223] Dem kann auch durch eine Postenuntergliederung, einem „Davon-Vermerk" oder durch eine entsprechende Erläuterung im Anhang Rechnung getragen werden.[224]

201 Für die KapG & Co. kann sich eine **Pflicht zur Aufstellung des Konzernabschlusses sowohl** nach § 290 Abs. 1 als auch nach Abs. 2 Nr. 2 HGB ergeben. So kann eine Komplementärgesellschaft, die nur die Geschäftsführung der KG ausübt, als Formkaufmann eine rechtlich selbständiges Unternehmen und dem zufolge Mutterunternehmen i.S.v. § 290 HGB sein.[225] Häufig wird eine Beteiligung nach § 271 Abs. 1 HGB und eine einheitliche Leitung der KG durch die Komplementärgesell-

---

[218] Für diese enge Interpretation *Berger/Gutike,* in Beck Bil-Kom. § 271 HGB Tz 46; *Küting,* in HdKR II. Kapitel Tz 785, der allerdings von einer Regelungslücke spricht.

[219] Der extensiven Interpretation neigen zu *Kropff,* DB 1986, S. 366; *Adler/Düring/Schmaltz,* § 271 HGB, Tz 42, 57; Matschke, in Bonner HdR, § 271 HGB, Tz 35; *Claussen/Korth,* in Kölner Kom. § 271 HGB Tz 19; WP-Handbuch 2000, Bd. I, T 13.

[220] So schon *Claussen/Korth,* in Kölner Kom. § 271 HGB Tz 19; zwischenzeitlich auch WP-Handbuch 2000, Bd. I, T 13, T 481.

[221] Vgl. *Küting,* in HdKR II. Kapitel Tz 782, 783, 788.

[222] Vgl. BT-Drucks. 10/4268, S. 106; WP-Handbuch 2000, Bd. I, F 171.

[223] Vgl. BT-Drucks. 14/1806, S. 21.

[224] Vgl. WP-Handbuch 2000, Bd. I, F 167; *Förschle/Hoffmann,* in Beck Bil-Kom. § 264c HGB Tz 80.

[225] Vgl. *Adler/Düring/Schmaltz,* § 290 HGB Tz 132; WP-Handbuch 2000, Bd. I, M 29; ablehnend *Berger/Lütticke,* in Beck Bil-Kom. § 290 HGB Tz. 57.

schaft gegeben sein.[226] Eine Verpflichtung zur Aufstellung eines Konzernabschlusses kann aber auch auf Grund des **Organbestellungsrechts** (§ 290 Abs. 2 Nr. 2 HGB) gegeben sein. Dabei ist das Vorliegen einer Beteiligung unbeachtlich, ob also eine kapitalmäßige Beteiligung der Komplementärgesellschaft an der KapG & Co. gegeben ist oder nicht.[227] Die Rechtsfolge kommt aber nur zum Tragen, wenn die Komplementärgesellschaft die Mehrheit der Mitglieder des Leitungsorgans der KapG & Co. bestellen kann. Dies ist aber nicht zwangsläufig, wie im Fall der Einheitsgesellschaft, bei der die KapG & Co. die Anteile an der Komplementärgesellschaft hält.[228] Genau genommen werden die Geschäftsführer auch nicht von der Komplementärgesellschaft, sondern von deren Gesellschaftern bestellt.[229]

Standardkonten im DATEV-System 202

SKR 03	SKR 04
0500 Anteile an verbundenen Unternehmen (Anlagevermögen)	0800 Anteile an verbundenen Unternehmen

A.III.2. Ausleihungen an verbundene Unternehmen

„Ausleihungen“ sind Forderungen besonderer Art, weil sie **aus Geld- und Finanzgeschäften resultieren,** also durch Geldhingabe begründet werden, an die bestimmte Konditionen wie Verzinsung und Rückzahlung geknüpft sind[230]. Ansprüche aus Liefer- und Leistungsgeschäften sind daher keine Ausleihungen, es sei denn, sie werden in Darlehen umgewandelt, sog. Novation.[231] 203

Hier auszuweisende Ausleihungen an verbundene Unternehmen müssen außerdem als **dauerhafte Anlage** bestimmt sein, was regelmäßig eine Laufzeit von mehr als einem Jahr bedingt[232]. Die Gesamtlaufzeit kann eine Orientierung für die Zuordnung zu den Finanzanlagen sein[233]. 204

Aus den Ausleihungen resultierende Zinsansprüche sind unter „Sonstige Vermögensgegenstände“ ausweisen. Erhöhen die ausstehenden Zinsen vertragsgemäß den Ausleihungsbetrag, sind sie als Zugang zu den Finanzanlagen zu zeigen[234]. 205

Ausleihungen an GmbH-Gesellschafter sind nach § 42 Abs. 3 GmbHG grundsätzlich gesondert auszuweisen oder im Anhang anzugeben. Handelt es sich bei den GmbH-Gesellschaftern um verbundene Unternehmen und erfolgt ein Ausweis unter dem Posten „Ausleihungen an verbundene Unternehmen“, ist die Mitzugehörigkeit als „Ausleihung an GmbH-Gesellschafter“ im Anhang zu vermerken.[235] Entsprechendes gilt für Ausleihungen einer KapG & Co. an Ihre Gesellschafter, § 264 c Abs. 1 HGB. 206

Standardkonten im DATEV-System 207

SKR 03	SKR 04
0505 Ausleihungen an verbundene Unternehmen	0810 Ausleihungen an verbundene Unternehmen

A.III.3. Beteiligungen

1. Beteiligungsbegriff

Beteiligungen sind gesellschaftsrechtliche **Anteile an Kapital- und Personengesellschaften** sowie **gesellschaftsähnliche Kapitalanteile,** wie atypisch stille 208

[226] Vgl. *Adler/Düring/Schmaltz,* § 290 HGB Tz 133 ff.
[227] Vgl. *Adler/Düring/Schmaltz,* § 290 HGB Tz 122; WP-Handbuch 2000, Bd. I, M 29.
[228] Vgl. *Adler/Düring/Schmaltz,* § 290 HGB Tz 119 f; WP-Handbuch 2000, Bd. I, M 29.
[229] Vgl. *Berger/Lütticke,* in Beck Bil-Kom. § 290 HGB Tz. 57.
[230] Vgl. *Scheffler,* in Beck HdR B 213 Tz 165; *Claussen/Korth,* in Kölner Kom. § 266 HGB Tz 49.
[231] Vgl. *Glade,* Rechnungslegung und Prüfung, § 266 HGB Tz 229; *Dusemond/Knop,* in Küting/Weber § 266 HGB Tz 57; WP-Handbuch 2000, Bd. I, F 168.
[232] Vgl. *Adler/Düring/Schmaltz,* § 266 HGB Tz 76; bei einer Laufzeit unter vier Jahren allein auf die subjektive Absicht des Kaufmanns abstellend *Ellrott/Schmidt-Wendt,* in Beck Bil-Kom. § 247 HGB Tz 357; *Claussen/Korth,* in Kölner Kom. § 266 HGB Tz 49; WP-Handbuch 2000, Bd. I, F 168.
[233] Vgl. *Adler/Düring/Schmaltz,* § 266 HGB Tz 76; nach WP-Handbuch 2000, Bd. I, F 168 wird eine Gesamtlaufzeit von einem Jahr als ausreichend angesehen.
[234] Vgl. *Adler/Düring/Schmaltz,* § 266 HGB Tz 77 a.
[235] Vgl. WP-Handbuch 2000, Bd. I, F 168.

Beteiligungen. Sie müssen dazu bestimmt sein, „dem eigenen Geschäftsbetrieb durch die Herstellung einer dauernden Verbindung zu jenen Unternehmen zu dienen", § 271 Abs. 1 S. 1 HGB. Beteiligungen müssen nicht in Wertpapieren verbrieft sein, § 271 Abs. 1 S. 2 HGB. Bedingung ist jedoch, dass die **„Anteile an anderen Unternehmen"** bestehen. Unternehmen sind im HGB nicht definiert. §§ 1, 2 HGB definieren dagegen Handelsgewerbe. Unternehmen i. S. d. § 271 Abs. 1 S. 1 HGB dürften aber nicht nur Gewerbebetriebe, sondern darüber hinaus alle Wirtschaftseinheiten sein, die eine nach außen erkennbare, selbständig erwerbswirtschaftliche Tätigkeit ausüben.[236] Vermögensverwaltende Tätigkeiten fallen nicht unter den Unternehmensbegriff. Auch Bruchteilsgemeinschaften treten nach außen nicht als einheitliche Organisation in Erscheinung.[237]

209 Anteile an Unternehmen sind Mitgliedschaftsrechte, die Vermögensrechte (Anspruch auf Teilnahme am Gewinn, Liquidationserlös und das Bezugsrecht) und Verwaltungsrechte (Mitsprache-, Kontroll- und Informationsrechte) umfassen. Hierdurch unterscheiden sie sich von Forderungen, denen ein schuldrechtliches Verhältnis zu Grunde liegt[238]. **Zu Beteiligungen gehören** also stets und zunächst **Anteile an Kapitalgesellschaften,** wie an einer AG, KGaA oder GmbH und sonstigen juristischen Personen sowie **Anteile an Personenhandelsgesellschaften,** also an einer OHG oder KG.[239] Da typisch stille Beteiligungen – im Gegensatz zu atypisch stillen Beteiligungen – und Genussrechte i. d. R. keine mitgliedschaftsrechtliche Stellung vermitteln, sondern dem Grundtyp eines schuldrechtlichen Verhältnisses entsprechen, gehören sie nicht zu den Beteiligungen[240]. Gleiches gilt für partiarische Darlehen.

2. Anteile an Komplementärgesellschaften

210 Anteile an Komplementärgesellschaften sind unter „Anteile an verbundenen Unternehmen" oder „Beteiligungen" auszuweisen, § 264 c Abs. 4 S. 1 HGB. Soweit eine Konzernverbindung nicht gegeben ist,[241] hat der Ausweis unter „Beteiligungen" zu erfolgen. Nach dem Gesetzeswortlaut ist ein gesonderter Ausweis nicht erforderlich, jedoch ist dies der Gesetzesbegründung zu entnehmen.[242] Der Ausweis kann durch eine Postenuntergliederung, einen „davon-Vermerk" oder durch eine Erläuterung des Postens im Anhang erfolgen.[243] In Höhe der aktivierten Beteiligung muss nach dem Posten „Eigenkapital" ein Sonderposten mit der Bezeichnung „Ausgleichsposten für aktivierte eigene Anteile" gebildet werden, § 264 c Abs. 4 S. 2 HGB.[244]

3. Genossenschaftsanteile, Joint-Venture

211 Nach § 271 Abs. 1 S. 5 HGB ist die Mitgliedschaft an einer eingetragenen **Genossenschaft** keine Beteiligung. Für den Ausweis einer Mitgliedschaft an einem Joint-Venture kommt es auf die rechtliche Ausgestaltung an. Soweit das **Joint-Venture** als Kapitalgesellschaft oder Personengesellschaft ausgestaltet ist, ist der Anteilsbegriff erfüllt[245]. Wird das Joint-Venture in der Rechtsform einer GbR betrieben, ist die Unternehmereigenschaft davon abhängig, ob erwerbswirtschaftliche oder vermögenswirtschaftliche Interessen im Vordergrund stehen. Der Ausweis hat unter Beteiligungen zu erfolgen, wenn das Vermögen gesamthanderisch gebunden ist und erwerbswirtschaftliche Interessen verfolgt werden.

212 Ansprüche aus Betriebs-, Vertriebs-, Gewinn- und ähnlichen Gemeinschaften, sowie aus Betriebspacht- und Betriebsüberlassungsverträgen sind keine Beteiligun-

---

[236] Vgl. WP-Handbuch 2000, Bd. I, F 170; *Berger/Gutike,* in Beck Bil-Kom. § 271 HGB Tz 11.
[237] Vgl. *Berger/Gutike,* in Beck Bil-Kom. § 271 HGB Tz 12.
[238] Vgl. *Claussen/Korth,* in Kölner Kom. § 271 HGB Tz 3.
[239] Vgl. *Korth,* Industriekontenrahmen, S. 80.
[240] Vgl. *Glade,* Rechnungslegung und Prüfung, § 271 HGB Tz 18; *Biener/Berneke,* BilRiliG, S. 185; *Bieg,* in Küting/Weber, § 271 HGB Tz 10; *Adler/Düring/Schmaltz,* § 271 HGB Tz 7.
[241] Vgl. D 201.
[242] Vgl. BT-Drucks. 14/1806, S. 21.
[243] Vgl. *Förschle/Hoffmann,* in Beck Bil-Kom. § 264 c HGB Rz 80; WP-Handbuch 2000, Bd. I, F 167.
[244] Vgl. dazu D 845.
[245] Vgl. *Berger/Gutike,* in Beck Bil-Kom. § 271 HGB Tz 12; IdW, St/HFA 1/1993, WPg 1993, S 442; WP-Handbuch 2000, Bd. I, F 171.

gen. Soweit Ansprüche daraus am Bilanzstichtag realisiert sind, sind sie unter „Sonstige Vermögensgegenstände“ auszuweisen[246].

4. Dauernde Verbindung

Die Anteile müssen dazu bestimmt sein, eine **„dauernde Verbindung“** zu dem Beteiligungsunternehmen herzustellen. Dabei reicht allein die Daueranlageabsicht für das Qualifikationsmerkmal „dauernde Verbindung“ nicht aus. Es müssen weitere qualitative Voraussetzungen hinzutreten, aus denen sich ergibt, dass die Gesellschaft mit dem Anteilserwerb mehr als die Absicht verfolgt, eine Kapitalanlage gegen angemessene Verzinsung zu erwerben. Solche **Merkmale** können sein:[247] **213**
– Personelle Verflechtungen
– Interdependente Produktionsprogramme
– Gemeinsame Nutzung von Vertriebswegen
– Erschließung neuer Märkte
– Langfristige Liefer- und Abnahmeverträge
– Gemeinsame Forschung und Entwicklung
– Risikostreuung durch Diversifizierung
– Faktische oder auf Gesellschaftsvertrag beruhende Mitsprachemöglichkeiten

5. Beteiligungsvermutung

Nach § 271 Abs. 1 S. 3 HGB gelten als Beteiligung im Zweifel Anteile an einer Kapitalgesellschaft, deren Nennbeträge insgesamt 20% des Nennkapitals überschreiten, sog. **Beteiligungsvermutung.** Die Beteiligungsvermutung ist grundsätzlich widerlegbar, weil die Herstellung einer dauernden Verbindung mit dem Beteiligungsunternehmen ausweisbestimmend ist[248]. Allerdings sind an die Widerlegung der Beteiligungsvermutung hohe Anforderungen zu stellen[249]; die bloße Erklärung der Gesellschaft, keine Beteiligungsabsicht zu haben, genügt nicht. Demgemäß müsste bei einer Beteiligung an einer AG glaubhaft vorgetragen werden, dass es sich um eine reine Kapitalanlage ohne jede sonstige geschäftliche Verbindung handelt. Umgekehrt wird bei einem **Anteilsbesitz an einer GmbH** wegen der engen Personenbezogenheit regelmäßig das Vorliegen einer Beteiligung zu bejahen sein[250]. Auch bei Anteilen **an Personenhandelsgesellschaften** ist regelmäßig von einer Beteiligung auszugehen[251]. **214**

Für die **Berechnung der Anteile** ist auf § 16 Abs. 2 und 4 AktG zurückzugreifen[252]. Maßgebend ist das Gesamt-Nennkapital, von dem eigene Anteile abzusetzen sind. Dagegen sind Anteile, die einem Unternehmen gehören, das ein abhängiges ist oder das die Anteile für Rechnung des Unternehmens oder des abhängigen Unternehmens hält in die Berechnung einzubeziehen. **215**

6. Zugangszeitpunkt

Bei Begründung des Anteilsrechts erscheint die Beteiligung als Zugang. Als **Zugangszeitpunkt** kommen in Betracht: **216**
1. Zeitpunkt, zu dem der Gesellschaftsvertrag abgeschlossen wird
2. Zeitpunkt, in dem die vertraglich vereinbarten Einzahlungen geleistet werden
3. Eintragung ins Handelsregister[253]

---

[246] Vgl. *Adler/Düring/Schmaltz,* § 266 HGB Tz 81.
[247] Vgl. *Adler/Düring/Schmaltz,* § 271 HGB Tz 19.
[248] Vgl. *Claussen/Korth* in Kölner Kom. § 271 HGB Tz 10.
[249] Vgl. BGH v. 9. 2. 1987, AG 1987, S. 344.
[250] Vgl. *Adler/Düring/Schmaltz,* § 271 HGB Tz 22, WP-Handbuch 2000, Bd. I, F 171.
[251] Vgl. BT-Drucks. 10/4268, S. 106; *Biener/Berneke,* BiRiLiG, S. 186; *Claussen/Korth,* in Kölner Kom. § 271 HGB Tz 11; einschränkend im Hinblick auf Publikums-KG, WP-Handbuch 2000, Bd. I, F 171; ebenso im Hinblick auf Anteile an einem geschlossenen Immobilienfonds *Berger/Gutike,* in Beck Bil-Kom. § 271 HGB Tz 21; vgl. auch D 286.
[252] Vgl. *Adler/Düring/Schmaltz,* § 271 HGB Tz 30.
[253] Vgl. *Weber,* GoB für Beteiligungen, S. 66ff.

217 Bei Anteilen an Kapital- oder Personenhandelsgesellschaften wird i. d. R. der Zeitpunkt zu wählen sein, in dem die vertraglich vereinbarten Einzahlungen geleistet werden, weil dies der erste – durch die Zahlung bewirkte – buchungspflichtige Geschäftsvorfall ist[254].

7. Anhang

218 Der Ausweis unter „Anteile an verbundenen Unternehmen" geht dem Ausweis unter „Beteiligungen" vor[255]. Gem. § 285 Nr. 11 HGB sind bei einem **Anteilsbesitz von mindestens 20%** im Anhang ergänzende Angaben zu machen.

219 Es empfiehlt sich, für jede Beteiligung ein gesondertes Konto mit einer die Beteiligung kennzeichnenden Beschriftung einzurichten, also die im DATEV-System vorgegebenen Ktn-Bezeichnungen anzupassen und ggf. zu erweitern.

8. Bewertung

220 Beteiligungen sind zu Anschaffungskosten zu bilanzieren und ggf. **auf den niedrigeren beizulegenden Wert abzuschreiben.** Dabei ist zu unterscheiden zwischen Beteiligungen, die langfristig bestehen bleiben, und solchen, mit deren alsbaldigen Abgang zu rechnen ist.

221 Ist mit einem alsbaldigen Abgang der Beteiligung zu rechnen (Verkauf, Konkurs, Liquidation), kommt eine Abwertung nur in Betracht, wenn der Veräußerungswert unter dem Buchwert liegt. Der Börsenkurs kann Anhaltspunkte für die Schätzung des Veräußerungswertes liefern[256]. Bestehen Liquidationsabsichten, tritt an die Stelle des Veräußerungswerts der Liquidationswert.

222 Werden Beteiligungen langfristig gehalten ist der Wert maßgebend, den die Beteiligung für das Unternehmen hat. Nur wenn negative Ergebnisse zu erwarten sind, kommt eine außerplanmäßige Abschreibung in Betracht[257]. Dazu gehören nicht nur die unmittelbar mit der Beteiligung im Zusammenhang stehenden künftigen Aufwendungen und Erträge, sondern mittelbare Ergebnisauswirkungen[258]. Umgekehrt können sich positive Ergebnisauswirkungen dadurch ergeben, dass das Beteiligungsunternehmen Hilfsfunktion für das Mutterunternehmen erfüllt und somit zu Aufwendungsentlastungen beiträgt. Bei derartig positiven Kombinationseffekten kann i. d. R. unterstellt werden, dass der beizulegende Wert mindestens den Anschaffungskosten entspricht[259].

223 Steuerrechtlich gelten die sog. **Teilwertvermutungen**[260]. Für die steuerrechtliche Anerkennung einer Teilwertabschreibung muss die Teilwertvermutung anhand konkreter Tatsachen und Umstände widerlegt werden. Außerdem muss es sich um eine voraussichtlich dauernde Wertminderung handeln[261].

224 Soweit die Wertpapiere in Anteilen an Kapitalgesellschaften (Körperschaften) bestehen, ist bei Kapitalgesellschaften § 8b Abs. 2 i. V. m. Abs. 3 EStG zu beachten, d. h. Gewinnminderungen sind bei der Gewinnermittlung nicht zu berücksichtigen. Bei Personengesellschaften und Einzelkaufleuten gilt § 3c Abs. 2 EStG, d. h. Betriebsvermögensminderungen dürfen bei Ermittlung der Einkünfte nur zur Hälfte abgezogen werden. § 3c Abs. 2 EStG ist erstmals auf Aufwendungen anzuwenden, die mit Erträgen im wirtschaftlichen Zusammenhang stehen, auf die § 3 Nr. 40 EStG erstmals anzuwenden ist, soweit das Wirtschaftsjahr dem Kalenderjahr entspricht also ab dem VZ 2002.

---

[254] Vgl. *Claussen/Korth,* in Kölner Kom. § 266 HGB Tz 55, die darauf verweisen, dass die Kapitalgesellschaft in diesem Zeitpunkt mangels Eintragung im Handelsregister rechtlich noch nicht existent ist, ein solcher Ausweis aber bei wirtschaftlicher Betrachtungsweise gerechtfertigt ist; a. A. *Glade,* Rechnungslegung und Prüfung, § 253 HGB Tz 395; zum Ausweis im Anlagegitter vgl. D 283, 286.

[255] Vgl. WP-Handbuch 2000, Bd. I, F 172.

[256] Vgl. *Berger/Gutike,* in Beck Bil.-Kom. § 253 HGB Tz 401.

[257] Vgl. *Berger/Gutike,* in Beck Bil.-Kom. § 253 HGB Tz 402.

[258] Vgl. *Adler/Düring/Schmaltz,* § 253 HGB Tz 465; *Scheffler,* in Beck HdR B 213 Tz 137.

[259] Vgl. *Adler/Düring/Schmaltz,* § 253 HGB Tz 465.

[260] Vgl. D 71; zu den Besonderheiten bei der Bewertung von Anteilen an Personengesellschaften vgl. D 288.

[261] Vgl. dazu D 72.

Standardkonten im DATEV-System 225

SKR 03	SKR 04
0510 Beteiligungen	**0820 Beteiligungen**
0513 Typisch stille Beteiligungen	0829 Beteiligung einer GmbH & Co KG an einer Komplementär GmbH
0516 Atypisch stille Beteiligungen	0830 Typisch stille Beteiligungen
0517 Andere Beteiligungen an Kapitalgesellschaften	0840 Atypisch stille Beteiligungen
0518 Andere Beteiligungen an Personengesellschaften	0850 Andere Beteiligungen an Kapitalgesellschaften
0519 Beteiligung einer GmbH & Co.KG an einer Komplementär GmbH	0860 Andere Beteiligungen an Personengesellschaften

A.III.4. Ausleihungen an Unternehmen, mit denen ein Beteiligungsverhältnis besteht

Ausleihungen unter diesem Posten können sowohl an Unternehmen bestehen, an denen die Gesellschaft beteiligt ist, als auch an Unternehmen, die an der bilanzie-ren den Gesellschaft beteiligt sind[262]. Ob ein Beteiligungsverhältnis vorliegt bestimmt sich nach § 271 Abs. 1 HGB. Sofern es sich um verbundenen Unternehmen handelt, hat der Ausweis unter „Ausleihungen an verbundene Unternehmen" vorrang[263]. 226

Ausweisvoraussetzung ist, dass es sich um eine Forderung aus einem Geld- bzw. Finanzgeschäft mit einer Laufzeit von mehr als einem Jahr handelt.[264] 227

Ausleihungen, Forderungen und Verbindlichkeiten gegenüber Gesellschaftern sind bei der **KapG & Co.** gesondert auszuweisen oder im Anhang anzugegeben, § 264 c Abs. 1 HGB. Dies entspricht inhaltlich der Regelung des § 42 Abs. 3 GmbHG (gesonderter Ausweis von Ansprüchen und Verbindlichkeiten gegenüber Gesellschaftern der GmbH) und bezweckt, die Verhältnisse zwischen der KapG & Co. und ihren Gesellschaftern transparent zu machen. Die Verpflichtung zum gesonderten Ausweis besteht auch dann, wenn die Komplementärgesellschaft nicht am Kapital und Ergebnis der KapG & Co. beteiligt ist.[265] Statt eines gesonderten Ausweises besteht die Möglichkeit eines „davon-Vermerks" oder die Kenntlichmachung im Anhang. Die gesonderte Ausweispflicht besteht auch für die kleine KapG & Co. 228

Aus Ausleihungen resultierende Zinsansprüche sind unter „Sonstige Vermögensgegenstände" auszuweisen, wenn sie nicht vertraglich dazu bestimmt sind, den Ausleihungsbetrag zu erhöhen[266]. 229

Standardkonten im DATEV-System 230

SKR 03	SKR 04
0520 Ausleihungen an Unternehmen, mit denen ein Beteiligungsverhältnis besteht	0880 Ausleihungen an Unternehmen, mit denen ein Beteiligungsverhältnis besteht

A.III.5. Wertpapiere des Anlagevermögens

1. Ausweis

Wertpapiere des Anlagevermögens sind hier auszuweisen, sofern kein Ausweis unter „Beteiligungen" oder „Anteile an verbundenen Unternehmen" Vorrang hat. Wertpapiere sind **Anlagevermögen,** wenn sie mehrere Geschäftsjahre oder bis zur Einlösung im Bestand gehalten werden sollen. Im Jahr des Zugangs richtet sich die **Zuordnung nach dem Zweckbestimmungswillen** der Geschäftsführung. Eine Änderung der Zweckbestimmung zieht eine Umgliederung nach sich. 231

---

[262] Vgl. *Kropff,* DB 1986, S. 364 ff.; WP-Handbuch 2000, Bd. I, F 174; *Adler/Düring/Schmaltz,* § 266 HGB Tz 82.
[263] Vgl. *Berger/Gutike,* in Beck Bil-Kom. § 266 HGB Tz 79.
[264] Vgl. *Claussen/Korth,* in Kölner Kom. § 266 HGB Tz 59; zur Definition „Ausleihung" vgl. D 243.
[265] Vgl. *Förschle/Hoffmann,* in Beck Bil-Kom. § 264 c HGB Tz 5.
[266] Vgl. *Adler/Düring/Schmaltz,* § 266 HGB Tz 87, 77 a.

232 Hiernach sind folgende Wertpapiere auszuweisen[267]:

Festverzinsliche Wertpapiere
– Schuldverschreibungen, ohne Gewinnschuldverschreibungen
– Industrie-, Bankobligationen, Kommunalobligationen, ohne Gewinnobligationen
– Pfandrechte, Pfandbriefe
– öffentliche Anleihen
– Bundesschatzbriefe, trotz fehlender Wertpapiereigenschaft
– Optionsscheine
– Zero-Bonds
– Schatzwechsel
– unverzinsliche Schatzanweisungen
– Schuldbuchforderungen

Gewinnberechtigte Wertpapiere
– Aktien bei fehlender Beteiligungsabsicht
– Genussrechte in Form von Inhaber- oder Orderpapieren[268]
– Anteile an offenen Immobilienfonds, soweit sie nicht selbst Beteiligung sind
– Investmentzertifikate
– Gewinnobligationen, -schuldverschreibungen

233 **GmbH-Anteile sind regelmäßig „Beteiligungen".**[269] Dividendenansprüche oder Zinsforderungen sind im Umlaufvermögen als „sonstige Vermögensgegenstände" auszuweisen. Schuldscheindarlehen sind unter „Sonstige Ausleihungen" auszuweisen[270].

234 Eigene Anteile sind nicht hier, sondern (zwingend) gesondert unter Pos. B.III.2., also im Umlaufvermögen, auszuweisen.

2. Genossenschaftsanteile

235 **Genossenschaftsanteile** gelten gem. § 271 Abs. 1 S. 5 HGB nicht als Beteiligung. Im Schrifttum werden nachfolgende Ausweisalternativen als zulässig erachtet:

1. Wertpapiere des Anlagevermögens[271]
2. Sonstige Ausleihungen[272]
3. Gesonderter Posten[273]

236 Im DATEV-Kontenrahmen werden Genossenschaftsanteile gesondert ausgewiesen, wenn die Ktn. 0570 (SKR 03) bzw 0980 (SKR 04) bebucht werden, was sich stets anbietet, wenn der **Genossenschaftsanteil** für die Beurteilung der Vermögenslage von Bedeutung ist[274].

3. Bewertung

a) Handelsrecht

237 Bei Wertpapieren des Anlagevermögens entspricht der beizulegende Wert i. d. R. den Börsenkurs[275]. Liegt kein Börsenkurs vor, gelten bei Anteilen an Unternehmen die Bewertungsgrundsätze für Beteiligungen[276].

---

[267] Vgl. WP-Handbuch 2000, Bd. I, F 174; *Glade,* Rechnungslegung und Prüfung, § 266 HGB Tz 245; *Berger/Gutike,* in Beck Bil-Kom. § 266 HGB Tz 80; *Adler/Düring/Schmaltz,* § 266 HGB Tz 84; *Dusemond/Knop,* in Küting/Weber § 266 HGB Tz 52.

[268] Vgl. IdW, St/HFA 1/1994, WPg 1994, S. 419; WP-Handbuch 2000, Bd. I, F 174; zum Genussscheinkapital vgl. D 783.

[269] Vgl. D 209.

[270] Vgl. *Adler/Düring/Schmaltz,* § 266 HGB Tz 85.

[271] Ergänzt um einen auf den erweiterten Postenumfang hinweisenden Zusatz *Bieg,* in Küting/Weber § 271 HGB Tz 65; *Claussen/Korth,* in Kölner Kom. § 266 HGB Tz 63.

[272] Für einen Ausweis an dieser Stelle unter Anpassung der Postenbezeichnung. WP-Handbuch 2000, Bd. I, F 181; *Adler/Düring/Schmaltz,* § 266 HGB Tz 81; *Berger/Gutike,* in Beck Bil-Kom. § 266 HGB Tz 81.

[273] Auch für zulässig erachtend *Adler/Düring/Schmaltz,* § 266 HGB Tz 81; ebenso *Berger/Gutike,* in Beck Bil-Kom. § 266 HGB Tz 81; WP-Handbuch 2000, Bd. I, F 181.

[274] Vgl. C 91 und den dortigen Verweis auf § 265 Abs. 5 HGB sowie D 253.

[275] Zum Begriff beizulegender Wert vgl. D 59.

[276] Vgl. D 220.

b) Steuerrecht

Steuerrechtlich ist eine Teilwertabschreibung nur zulässig, wenn es sich um eine voraussichtlich dauernde Wertminderung handelt, § 6 Abs. 1 S. 1 Nr. 2 EStG 1997. Bei Wertpapieren des Anlagevermögens sollen börsenbedingte Kursschwankungen grundsätzlich eine nur vorübergehende Wertminderung darstellen[277]. Danach ist insbesondere bei festverzinslichen Wertpapieren eine Abschreibung unter den Rückzahlungsbetrag unzulässig. 238

Beispiel[278] 239

Der Stpfl. hat festverzinsliche Wertpapiere mit einer Restlaufzeit von 4 Jahren, die dazu bestimmt sind, dauernd dem Geschäftsbetrieb zu dienen, zum Wert von 102% erworben. Die Papiere werden bei Fälligkeit zu 100% eingelöst. Aufgrund einer nachhaltigen Änderung des Zinsniveaus unterschreitet der Börsenkurs den Einlösebetrag zum Bilanzstichtag auf Dauer und beträgt zum Bilanzstichtag nur noch 98%.

Lösung

Eine Teilwertabschreibung ist nur auf 100% zulässig, weil die Papiere bei Fälligkeit zum Nennwert eingelöst werden. Der niedrigere Börsenkurs am Bilanzstichtag ist nicht von Dauer.

Abwertungen aufgrund gesunkener Aktienkurse sind nur bei Wertminderungen aus besonderem Anlass (Zahlungsschwierigkeiten, drohendes Insolvenzverfahren) zulässig. 240

Soweit die Wertpapiere in Anteilen an Kapitalgesellschaften (Körperschaften) bestehen, ist bei Kapitalgesellschaften § 8b Abs. 2 i.V.m. Abs. 3 EStG zu beachten, d.h. Gewinnminderungen sind bei der Gewinnermittlung nicht zu berücksichtigen. Bei Personengesellschaften und Einzelkaufleuten gilt § 3c Abs. 2 EStG, d.h. Betriebsvermögensminderungen dürfen bei Ermittlung der Einkünfte nur zur Hälfte abgezogen werden. § 3c Abs. 2 EStG ist erstmals auf Aufwendungen anzuwenden, die mit Erträgen im wirtschaftlichen Zusammenhang stehen, auf die § 3 Nr. 40 EStG erstmals anzuwenden ist, soweit das Wirtschaftsjahr dem Kalenderjahr entspricht also ab dem VZ 2002. 241

Standardkonten im DATEV-System 242

SKR 03	SKR 04
0525 Wertpapiere des Anlagevermögens	**0900 Wertpapiere des Anlagevermögens**
0530 Wertpapiere mit Gewinnbeteiligungsansprüchen	0910 Wertpapiere mit Gewinnbeteiligungsansprüchen
0535 Festverzinsliche Wertpapiere	0920 Festverzinsliche Wertpapiere

A.III.6. Sonstige Ausleihungen

1. Posteninhalt

Hierher gehören alle Ausleihungen, soweit sie nicht an „verbundene Unternehmen" oder an „Unternehmen, mit denen ein Beteiligungsverhältnis besteht" erfolgt sind. Ausleihungen sind Forderungen, denen **Geld- oder Finanzgeschäfte zugrunde liegen.** Liefer- und Leistungsforderungen sind, auch wenn sie langfristige Laufzeiten haben, stets im Umlaufvermögen auszuweisen[279]. Die Ausleihung muss regelmäßig eine **Laufzeit von mehr als einem Jahr** haben, um im Anlagevermögen ausgewiesen zu werden[280]. Auch **partiarische Darlehen, stille Beteiligungen, Genussrechte und Joint-Venture,** denen die Unternehmenseigenschaft fehlt, sind hier auszuweisen[281]. Ebenfalls Mietvorauszahlungen und längerfristig zeitanteilig zu verrechnende Baukostenzuschüsse[282]. 243

---

[277] BMF-Schr. v. 25. 2. 2000, BStBl I 2000, S. 372.

[278] BMF-Schr. v. 25. 2. 2000, BStBl I 2000, S. 372 Rz 16.

[279] Vgl. *Adler/Düring/Schmaltz,* § 266 HGB Tz 122; WP-Handbuch 2000, Bd. I, F 179.

[280] Allein darauf abstellend, dass die Ausleihung am Abschlußstichtag dazu bestimmt ist, dauernd dem Geschäftsbetrieb zu dienen, *Dusemond/Knop,* in Küting/Weber § 266 HGB Tz 57; ähnlich *Ellrott/Schmidt-Wendt,* in Beck Bil-Kom. § 247 HGB Tz 357; WP-Handbuch 2000, Bd. I, F 176.

[281] Vgl. *Dusemond/Knop,* in Küting/Weber § 266 HGB Tz 54; *Adler/Düring/Schmaltz,* § 266 HGB Tz 91; *Berger/Gutike,* in Beck Bil-Kom. § 266 HGB Tz 82.

[282] Vgl. *Adler/Düring/Schmaltz,* § 266 HGB Tz 90; *Berger/Gutike,* in Beck Bil-Kom. § 266 HGB Tz 82; für einen Ausweis unter RAP *Dusemond/Knop,* in Küting/Weber § 266 HGB Tz 60.

244 Gem. § 42 Abs. 3 GmbHG sind **Ausleihungen, Forderungen und Verbindlichkeiten gegenüber Gesellschaftern** i. d. R. als solche gesondert auszuweisen oder im Anhang anzugeben. Gleiches gilt für Ausleihung an Gesellschafter einer KapG & Co., § 264c Abs. 1 S. 1 HGB. Da Ausleihungen, Forderungen und Verbindlichkeiten an Gesellschafter im DATEV-System in der Bilanz nicht gesondert ausgewiesen werden, sind sie im Anhang anzugeben.

245 Für **„Ausleihungen an nahestehende Personen"** werden im DATEV-Kontenrahmen gesonderte Konten angeboten, weil die Konditionen derartiger Darlehen einer gesonderten ertragsteuerlichen Angemessenheitsprüfung unterliegen. Dem entsprechend sollten auch Ausleihungen an nahestehende Gesellschaften auf gesonderten Konten geführt werden.

246 Auch **Genossenschaftsanteile,** die gem. § 271 Abs. 1 S. 5 HGB nicht zu Beteiligungen gehören, können hier ausgewiesen werden, sofern nicht ein gesonderter Ausweis vorzuziehen ist, Kto. 0570 (SKR 03) bzw. Kto. 0980 (SKR 04)[283].

247 **Rückdeckungsansprüche aus Lebensversicherungen** sind zwar keine Ausleihungen im engeren Sinne, gehören infolge der zeitlichen Bindungsdauer aber eher zum Anlage- als zum Umlaufvermögen, so dass ein Ausweis unter einem gesonderten Posten oder die Anpassung der Postenbezeichnung sinnvoll ist[284]. Im DATEV-Kontenrahmen ist ein gesonderter Ausweis vorgesehen, Kto. 0595 (SKR 03) bzw. Kto. 0990 (SKR 04)[285].

248 Anzahlungen auf spätere Leistungen sind keine Finanzgeschäfte und unter „sonstige Vermögensgegenstände" auszuweisen[286].

2. Anhang

249 Zu „Sonstige Ausleihungen" gehören auch alle Kredite an Mitglieder der **Geschäftsführung,** des **Aufsichtsrats** oder **ähnlicher Organe,** die die Anlagevermögensmerkmale erfüllen, regelmäßig also, wenn sie eine Laufzeit von mehr als einem Jahr haben. Bei Kapitalgesellschaften bzw. Kapitalgesellschaften & Co. sind im Anhang gem. § 285 Nr. 9c) HGB für Ausleihungen an diesen Kreditnehmerkreis weitere Angaben vorgeschrieben, nämlich die Zinssätze, die wesentlichen Bedingungen des Kredits, und die ggf. im Geschäftsjahr zurückgezahlten Beträge.

3. Bewertung

250 **Unverzinsliche Ausleihungen,** z. B. Wohnungsbaudarlehen, Arbeitnehmerdarlehen, Problemkredite, für die nicht der vereinbarte Zinsdienst geleistet wird, sind mit dem abgezinsten Barwert anzusetzen[287].

251 **Standardkonten im DATEV-System**

SKR 03	SKR 04
0540 Sonstige Ausleihungen	**0930 Sonstige Ausleihungen**
0550 Darlehen	0940 Darlehen
0580 Ausleihungen an Gesellschafter	0960 Ausleihungen an Gesellschafter
0590 Ausleihungen an nahestehende Personen	0970 Ausleihungen an nahestehende Personen

Sonderposten 7: Genossenschaftsanteile

252 Genossenschaftsanteile gelten gem. § 271 Abs. 1 S. 5 HGB nicht als Beteiligung. Die gesetzliche Ausklammerung von Genossenschaftsanteilen aus dem Kreis der Be-

---

[283] Vgl. WP-Handbuch 2000, Bd. I, F 181; *Adler/Düring/Schmaltz,* § 266 HGB Tz 81; *Berger/Gutike,* in Beck Bil-Kom. § 266 HGB Tz 81; ablehnend *Bieg,* in Küting/Weber § 271 HGB Tz 65; vgl. D 252.

[284] Vgl. *Adler/Düring/Schmaltz,* § 266 HGB Tz 93; WP-Handbuch 2000, Bd. I, F 182.

[285] Vgl. C 91 und dem dortigen Verweis auf § 265 Abs. 5 HGB sowie D 252; ebenso WP-Handbuch 2000, Bd. I, F 182.

[286] Vgl. *Adler/Düring/Schmaltz,* § 266 HGB Tz 94; nach WP-Handbuch 2000, Bd. I, F 181 können Anzahlungen auf Finanzanlagen auch im Anschluss an „Sonstige Ausleihungen" ausgewiesen werden.

[287] Vgl. WP-Handbuch 2000, Bd. I, F 182 i. V. m. E 425.

teiligungen wurde damit begründet, dass ansonsten normale Kreditaufnahmen bei Kreditgenossenschaften als „Verbindlichkeiten gegenüber Unternehmen, mit denen ein Beteiligungsverhältnis besteht" auszuweisen wären[288]. Der Gesetzgeber hat allerdings keine Positiv-Abgrenzung vorgenommen, sondern offen gelassen, unter welchem Posten Genossenschaftsanteile auszuweisen sind.

Zweifelsfrei **begründen Genossenschaftsanteile Mitgliedschaftsrechte** an der Genossenschaft. Ein gesonderter Ausweis ist vom Gesetz nicht vorgesehen, dürfte aber zulässig[289], soweit der Genossenschaftsanteil für die Beurteilung der Vermögenslage von Bedeutung ist, sogar geboten sein. Im DATEV-System erfolgt ein gesonderter Ausweis, wenn die nachfolgenden Konten bebucht werden: 253

Standardkonten im DATEV-System 254

SKR 03	SKR 04
0570 Genossenschaftsanteile zum langfristigen Verbleib	0980 Genossenschaftsanteile zum langfristigen Verbleib

Sonderposten 8: Rückdeckungsansprüche aus Lebensversicherungen

Ein entsprechender Posten ist im Gliederungsschema des HGB nicht vorgesehen. Da Rückdeckungsansprüche aus Lebensversicherungen begrifflich nicht unter den Posten „Sonstige Ausleihungen" passen, wegen der **Langfristigkeit der Ansprüche** jedoch ein **Ausweis im Anlagevermögen** geboten erscheint, wird es im Schrifttum als zulässig erachtet, hierfür einen gesonderten Posten im Anlagevermögen zu bilden[290]. 255

Im DATEV-System erfolgt ein gesonderter Ausweis, wenn die nachfolgenden Konten bebucht werden: 256

Standardkonten im DATEV-System 257

SKR 03	SKR 04
0595 Rückdeckungsansprüche aus Lebensversicherungen zum langfristigen Verbleib	0990 Rückdeckungsansprüche aus Lebensversicherungen zum langfristigen Verbleib

Exkurs: Die horizontale Anlagenentwicklung (Anlagenspiegel)

1. Bruttodarstellung und DATEV-Jahresabschlüsse

Gemäß § 268 Abs. 2 HGB müssen alle mittelgroßen und großen Kapitalgesellschaften und KapG & Co.[291] in der Bilanz oder im Anhang die Entwicklung der einzelnen Posten des Anlagevermögens – unter Einbeziehung der Ingangsetzungs- und Erweiterungsaufwendungen – „darstellen", sog. **„Anlagengitter"** oder **„Anlagenspiegel".** In der Praxis dürfte sich eine Aufnahme des Anlagengitters in den Anhang durchgesetzt haben. **Kleine Gesellschaften sind nach § 274 a Nr. 1 HGB davon befreit.** 258

Die „Darstellung" hat in der Weise zu erfolgen, dass ausgehend von den ursprünglichen (historischen) Anschaffungs- oder Herstellungskosten zu zeigen ist, welche Restbuchwerte sich unter Berücksichtigung der Zu- und Abgänge, der Umbuchungen und Zuschreibungen des Geschäftsjahres sowie den insgesamt bisher verrechneten (kumulierten) Abschreibungen am Jahresende ergeben. 259

---

[288] Vgl. BT-Drucks. 10/4268, S. 106.

[289] Vgl. auch C 92 mit Verweis auf § 265 Abs. 5 HGB.

[290] Vgl. *Claussen/Korth,* in Kölner Kom. § 266 HGB Tz 66, Tz 107; *Adler/Düring/Schmaltz,* § 266 HGB Tz 93; WP-Handbuch 2000, Bd. I, F 182; ferner C 91 und dem dortigen Verweis auf § 265 Abs. 5 HGB; a. A. *Ellrott/St. Ring,* in Beck Bil-Kom. § 247 HGB Tz 124.

[291] KapG & Co. dürfen bei der erstmaligen Anwendungen des § 268 Abs. 2 HGB auch die Buchwerte aus dem Jahresabschluss des vorgehenden Geschäftsjahres ansetzen, wenn die Feststellung der ursprünglichen Anschaffungs- oder Herstellungskosten nicht ohne unverhältnismäßig hohe Kosten oder Verzögerung möglich ist, Art. 48 Abs. 5 EGHGB; die Inanspruchnahme der Übergangserleichterung ist im Anhang anzugeben. Sie ist ausgeschlossen sofern die Anschaffungs- oder Herstellungskosten aus Gründen des Steuerrechts ermittelt werden müssen.

260 Anlagegegenstände sind also – mit ihren historischen Anschaffungs- oder Herstellungskosten abzüglich der bisher insgesamt verrechneten Abschreibungen – im Anlagengitter zu zeigen, bis sie aus dem Vermögensbestand ausscheiden und als Abgang auszuweisen sind, sog. **„direkte Bruttomethode“**[292]. Ergänzend zu den vorgenannten Spalten sind die Abschreibungen des Geschäftsjahres anzugeben, und zwar entweder in der Bilanz bei den betreffenden Posten oder im Anhang, § 268 Abs. 2 S. 3 HGB.

261 Zwischen dem Ausweis im DATEV-Anlagenspiegel und den Konten der Finanzbuchführung bestehen nachfolgende buchungstechnische Zusammenhänge:

Buchungen in der Finanzbuchführung	Ausweis im Anlagenspiegel
Anlagenkonto an EB-Konto	EB-Wert Geschäftsjahr
Anlagenkonto an beliebiges Konto	Zugang Geschäftsjahr
beliebiges Konto an Anlagenkonto	Abgang Geschäftsjahr
Buchungen in der Finanzbuchführung	Ausweis im Anlagenspiegel
Anlangenkonto an Anlagenkonto	Umbuchung Geschäftsjahr
Abschreibung an Anlagenkonto	Abschreibung Geschäftsjahr
Anlagenkonto an Zuschreibung	Zuschreibung Geschäftsjahr

262 Im DATEV-System sind folgende Ausgabemöglichkeiten gegeben:

Horizontal erweitert gegliederter **Anlagenspiegel,** DIN A 3 Format[293] oder Ausgabe eines horizontal verkürzten Anlagenspiegel (7-spaltig)[294] und eines Abschreibungsspiegels in Format DIN A 4 quer. Die Ausgabe eines 7-spaltigen Anlagenspiegels auf Basis von Restbuchwerten ist alternativ möglich.

263 Der Vorteil der erstgenannten Darstellung liegt im Ausweis der Abschreibungen, die ausgehend von den kumulierten Abschreibungen zum Vorjahresbilanzstichtag, zuzüglich der Abschreibungen des Geschäftsjahrs, abzüglich der durch Abgänge zu eliminierenden Abschreibungen zu den kumulierten Abschreibungen am Ende des Geschäftsjahres führen; dadurch wird die rechnerische Entwicklung der kumulierten Abschreibungen gewährleistet.

264 Es bleibt unbenommen, die Anlagenentwicklung in den Anhang aufzunehmen.

---

[292] Vgl. *Claussen/Korth,* in Kölner Kom. § 268 HGB Tz 10 mit dem Verweis, dass diese Methode den angelsächsischen Bilanzierungsgepflogenheiten entspricht; zu den Darstellungsformen in der Praxis vgl. *Korth,* Industriekontenrahmen, S. 87 f.

[293] Brutto-Anlagenspiegel, Format DIN A 3 (DATEV-Standard), abgedruckt unter C 61.

[294] Anlagespiegel, Format DIN A4 quer, abgedruckt unter C 42.

BILANZ

Karl Friedrich Musterholz GmbH
Schreinerei und Ladenbau
Datenbestand für Musterauswertungen
Nürnberg

zum

31. Dezember 2001

AKTIVA

	Anschaffungs-, Herstellungskosten 01.01.2001 Euro	Zugänge Euro	Abgänge Euro	kumulierte Abschreibungen 31.12.2001 Euro	Geschäftsjahr: Buchwert 31.12.2001 Euro	Vorjahr Euro
A. Anlagevermögen						
I. Immaterielle Vermögensgegenstände						
1. Geschäfts- oder Firmenwert	38.346,89	0,00	0,00	25.580,89	12.766,00	12.766,00
Summe immaterielle Vermögensgegenstände	38.346,89	0,00	0,00	25.580,89	12.766,00	12.766,00
II. Sachanlagen						
1. Grundstücke, grundstücksgleiche Rechte und Bauten einschließlich der Bauten auf fremden Grundstücken	320.954,79	0,00	0,00	30.661,41	290.293,38	290.293,38
2. technische Anlagen und Maschinen	522.795,96	16.400,00	11.504,07	396.810,89	130.881,00	114.481,00
3. andere Anlagen, Betriebs- und Geschäftsausstattung	437.078,09	33.759,16	0,00	294.005,58	176.831,67	143.072,51
Summe Sachanlagen	1.280.828,84	50.159,16	11.504,07	721.477,88	598.006,05	547.846,89
III. Finanzanlagen						
1. Wertpapiere des Anlagevermögens	20.758,45	20.000,00	0,00	0,00	40.758,45	20.758,45
Summe Finanzanlagen	20.758,45	20.000,00	0,00	0,00	40.758,45	20.758,45
Summe Anlagevermögen	1.339.934,18	70.159,16	11.504,07	747.058,77	651.530,50	581.371,34
B. Umlaufvermögen						
I. Vorräte						
1. Roh-, Hilfs- und Betriebsstoffe				116.903,95		116.903,95
Übertrag				116.903,95	651.530,50	698.275,29

PASSIVA

	Euro	Geschäftsjahr Euro	Vorjahr Euro
A. Eigenkapital			
I. Gezeichnetes Kapital		255.645,94	255.645,94
II. Gewinnrücklagen			
1. andere Gewinnrücklagen		0,00	81.806,70
III. Bilanzgewinn - davon Gewinnvortrag Euro 290.534,87 (Euro 239.479,23)		453.918,66	290.534,87
B. Rückstellungen			
1. Rückstellungen für Pensionen und ähnliche Verpflichtungen	59.091,86		59.091,86
2. sonstige Rückstellungen	12.111,75	71.203,61	31.372,83
C. Verbindlichkeiten			
1. Verbindlichkeiten gegenüber Kreditinstituten - davon mit einer Restlaufzeit bis zu einem Jahr Euro 46.449,81 (Euro 72.172,42) - davon mit einer Restlaufzeit von mehr als fünf Jahren Euro 0,00 (Euro 15.338,76)	210.316,88		236.912,26
2. erhaltene Anzahlungen auf Bestellungen - davon mit einer Restlaufzeit bis zu einem Jahr Euro 49.000,00 (Euro 53.000,00)	49.000,00		53.000,00
3. Verbindlichkeiten aus Lieferungen und Leistungen - davon mit einer Restlaufzeit bis zu einem Jahr Euro 173.754,38 (Euro 178.710,41)	173.754,38		178.710,41
4. sonstige Verbindlichkeiten - davon gegenüber Gesellschaftern Euro 150.000,00 (Euro 80.000,00)	259.709,36	692.780,62	150.991,63
Übertrag		1.473.548,83	1.338.066,50

BILANZ

Karl Friedrich Musterholz GmbH
Schreinerei und Ladenbau
Datenbestand für Musterauswertungen
Nürnberg

zum

31. Dezember 2001

AKTIVA — PASSIVA

AKTIVA	Euro	Geschäftsjahr Euro	Vorjahr Euro	PASSIVA	Euro	Geschäftsjahr Euro	Vorjahr Euro
Übertrag	116.903,95	651.530,50	698.275,29	Übertrag		1.473.548,83	1.338.066,50
2. unfertige Erzeugnisse, unfertige Leistungen	13.906,92		13.906,92	- davon aus Steuern Euro 54.883,34			
3. fertige Erzeugnisse und Waren	78.532,40	209.343,27	78.532,40	(Euro 49.487,32)			
				- davon im Rahmen der			
II. Forderungen und sonstige Vermögensgegenstände				sozialen Sicherheit Euro 21.209,64 (Euro 20.620,37)			
1. Forderungen aus Lieferungen und Leistungen	211.298,48		237.106,11	- davon mit einer Restlaufzeit bis zu einem Jahr			
2. sonstige Vermögensgegenstände	2.478,18	213.776,66	43.175,77	Euro 209.709,36 (Euro 150.991,63)			
III. Kassenbestand, Bundesbankguthaben, Guthaben bei Kreditinstituten und Schecks		524.139,78	259.759,67	- davon mit einer Restlaufzeit von mehr als fünf Jahren Euro 50.000,00 (Euro 0,00)			
C. Rechnungsabgrenzungsposten		6.758,62	7.310,34	Sonstige Passiva		132.000,00	0,00
		1.605.548,83	1.338.066,50			1.605.548,83	1.338.066,50

2. Die Bestandteile (Spalten) des Anlagengitters

a) Gesamte Anschaffungs- und Herstellungskosten

In der **1. Spalte** sind die **gesamten historischen Anschaffungs- und Herstellungskosten** der am Schluss des vorangegangenen Geschäftsjahres noch im Bestand gehaltenen Anlagegegenstände auszuweisen[295]. Dadurch sind die gesamten Investitionen der Vergangenheit ersichtlich, soweit die Vermögensgegenstände noch nicht körperlich ausgeschieden sind bzw. immaterielles Anlagevermögen noch nicht planmäßig abgeschrieben ist. – Bei Umwandlungs- oder Einbringungsvorgängen bestimmen sich die Anschaffungskosten nach den Einbringungswerten bei der übernehmenden Gesellschaft[296]. 265

b) Zugänge

Zugänge sind mengenmäßige Erhöhungen des Anlagevermögens, regelmäßig also Investitionen in immaterielles Anlagevermögen, Sach- oder Finanzanlagen, aber auch die erstmalige Aktivierung von „Aufwendungen für die Ingangsetzung und Erweiterung des Geschäftsbetriebs"[297]. Eine Kürzung um die auf das Geschäftsjahr entfallenden Abschreibungen ist nicht statthaft[298]. Der Zugangszeitpunkt bestimmt sich nach dem Erlangen der tatsächlichen Verfügungsmacht, nicht nach dem Zeitpunkt des Rechnungseingangs[299]. 266

Auch die im Geschäftsjahr angeschafften **geringwertigen Wirtschaftsgüter** (GwG)[300] sind im Jahr des Zugangs in Höhe der Anschaffungskosten aufzuführen. Offen ist, wann sie als „Abgang" zu zeigen sind. Hierfür bieten sich die nachfolgenden Möglichkeiten an: 267

- Der Abgang erfolgt im Jahr des Zugangs[301]
- Der Abgang erfolgt in dem der Anschaffung folgenden Geschäftsjahr[302]
- Der Abgangszeitpunkt bestimmt sich nach dem durchschnittlichen Ausscheiden geringwertiger Wirtschaftsgüter[303].

Im DATEV-System erfolgt der Abgangs-Ausweis in dem Jahr, in dem der AHK-Wert der GwG als Abgang erfaßt wird[304]. Bei Anschaffungen bis zu 60 EUR ist aus Vereinfachungsgründen von einer Aktivierung abzusehen[305]. 268

c) Abgänge

Abgänge sind mengenmäßige Verringerungen des Anlagevermögens, sei es durch Verkauf, Verschrottung oder Vernichtung. Da infolge der Bruttodarstellung die Vermögensgegenstände mit ihren historischen Anschaffungs- und Herstellungskosten im Anlagengitter enthalten sind, müssen die Abgänge in Höhe der historischen Anschaffungs- und Herstellungskosten erfolgen[306]. 269

---

[295] *Adler/Düring/Schmaltz,* § 268 HGB Tz 47 stellen auf zu Beginn des Geschäftsjahres vorhandene Anlagegegenstände ab, meinen aber wohl dasselbe, denn Veränderungen zwischen den Bilanzstichtagen würden dem Grundsatz der Bilanzidentität entgegen stehen, § 252 Abs. 1 Nr. 1 HGB.

[296] Vgl. *Adler/Düring/Schmaltz,* § 268 HGB Tz 48.

[297] Vgl. *Adler/Düring/Schmaltz,* § 268 HGB Tz 50; *Claussen/Korth,* in Kölner Kom. § 268 HGB Tz 13; *Korth,* Industriekontenrahmen, S. 89.

[298] Vgl. WP-Handbuch 2000, Bd. I, F 91.

[299] Vgl. *Adler/Düring/Schmaltz,* § 268 HGB Tz 50; *Claussen/Korth,* in Kölner Kom. § 268 HGB Tz 13; *Lorson,* in Küting/Weber § 268 HGB Tz 73; *Berger/Schmidt-Wendt,* in Beck Bil-Kom. § 268 HGB Tz 22.

[300] Vgl. dazu D 63.

[301] BT-Drucks. 10/4268, S. 105; *Adler/Düring/Schmaltz,* § 268 HGB Tz 77; WP-Handbuch 2000, Bd. I, F 91; *Lauth,* BB 1982, S. 2024; *Lorson,* in Küting/Weber § 268 HGB Tz 143.

[302] Vgl. *Claussen/Korth,* in Kölner Kom. § 268 HGB, Tz 26.

[303] Vgl. *Hoffmann,* BB 1986, S. 1402; ebenso, soweit es aus sachlichen Gründen geboten ist, *Berger/Schmidt-Wendt,* in Beck Bil-Kom. § 268 HGB Tz 54; *Biener/Berneke,* BiRiLiG, S. 174; *Adler/Düring/Schmaltz,* § 268 HGB Tz 77 halten diese Vorgehensweise für möglich, sehen hierin jedoch keinen Vereinfachungseffekt.

[304] Vgl. D 261.

[305] Vgl. *Adler/Düring/Schmaltz,* § 253 HGB Tz 412; WP-Handbuch 2000, Bd. I, F 91; *Berger/Schmidt-Wendt,* in Beck Bil-Kom. § 268 HGB Tz 34; ebenso die steuerliche Regelung in R 31 Abs. 3 EStR 2001.

[306] Vgl. *Claussen/Korth,* in Kölner Kom. § 268 HGB Tz 16; WP-Handbuch 2000, Bd. I, F 94; zum Abgangszeitpunkt der Ingangsetzungs- und Erweiterungsaufwendungen, der immateriellen Vermögensgegenstände und der Festwertgüter vgl. D 275.–280.

d) Umbuchungen

270 **Umbuchungen sind** weder Mengen- noch Wertänderungen, sondern **Ausweisänderungen** infolge von Umgliederungen im Anlagevermögen[307]. Der häufigste Anwendungsfall ist die Umgliederung von dem Posten „geleistete Anzahlungen" und „Anlagen im Bau" auf den sachzugehörigen Posten des Sachanlagevermögens[308]. Durch ein entsprechendes Vorzeichen sollte kenntlich gemacht werden, ob es sich um einen Umbuchungsabgang oder einen Umbuchungszugang handelt. Die Umbuchung hat jeweils in Höhe der ungekürzten Anschaffungs- oder Herstellungkosten zu erfolgen[309]. Wurden auf umzugliedernde Vermögensgegenstände bereits Abschreibungen vorgenommen, sind die in der Abschreibungsspalte aufgeführten kumulierten Abschreibungen ebenfalls umzugliedern[310].

e) Zuschreibungen

271 **Zuschreibungen sind werterhöhende Änderungen** im Anlagevermögen infolge zu hoch vorgenommener Abschreibungen in Vorjahren, sei es als Folge des Wertaufholungsgebotes oder als Ergebnis einer steuerlichen Außenprüfung. Derartige Reaktivierungen unterscheiden sich von Nachaktivierungen dadurch, dass bei letzteren der Vermögensgegenstand – oder der nachzuaktivierende Betrag – noch nicht im Anlagevermögen enthalten war, während bei der Reaktivierung eine vormals vorgenommene Abschreibung korrigiert wird: Deshalb sind Reaktivierungen als Zuschreibung, Nachaktivierungen als Zugang zu zeigen[311].

f) Abschreibungen

272 Unter **Abschreibungen sind alle wertmäßigen Verminderungen** des Anlagevermögens sowie der Ingangsetzungs- und Erweiterungsaufwendungen auszuweisen, u. z. in ihrer gesamten Höhe, also kumuliert (aufgelaufen) seit ihrer Zugehörigkeit zum Anlagevermögen. Neben den kumulierten Abschreibungen sind die **Abschreibungen des Geschäftsjahrs** in einer gesonderten Spalte in der Bilanz oder im Anhang zu zeigen. Der Ausweis hat unabhängig von der Abschreibungsursache zu erfolgen, ob es sich also um eine planmäßige, außerplanmäßige oder um eine nur steuerrechtlich zulässige Abschreibung handelt, soweit diese aktivisch abgesetzt und nicht als Wertberichtigung unter „Sonderposten mit Rücklageanteil" gem. § 281 Abs. 1 S. 1 HGB ausgewiesen wird[312]. Der im Anlagengitter ausgewiesene Vorjahresbetrag erhöht sich deshalb jährlich um die im laufenden Geschäftsjahr vorgenommenen Abschreibungen.

273 Die kumulierten Abschreibungen werden – auch bei voll abgeschriebenen Vermögensgegenständen – bis zum Zeitpunkt des Ausscheidens im Anlagengitter fortgeführt. Bei voll abgeschriebenen Vermögensgegenständen stehen den historischen Anschaffungs- und Herstellungskosten die kumulierten Abschreibungen in gleicher Höhe gegenüber, so dass ein Restbuchwert oder ein Erinnerungsposten nicht mehr erforderlich ist[313].

274 Die ebenfalls – in der Bilanz oder im Anhang – auszuweisenden **Abschreibungen des Geschäftsjahres** müssen nicht mit den (rechnerisch zugegangenen) Abschreibungen im Anlagengitter identisch sein. Als Abschreibungen des Geschäftsjahres werden sämtliche in der GuV erfassten Abschreibungen ausgewiesen, also auch (zeit-

---

[307] Vgl. *Adler/Düring/Schmaltz,* § 268 HGB Tz 59; WP-Handbuch 2000, Bd. I, F 95; *Korth,* Industriekontenrahmen, S. 90.

[308] Vgl. *Claussen/Korth,* in Kölner Kom. § 268 HGB Tz 18.

[309] Vgl. *Küting/Haeger/Zündorf,* BB 1985, S. 1951; *Lorson,* in Küting/Weber § 268 HGB Tz 92.

[310] Vgl. *Claussen/Korth,* in Kölner Kom. § 268 HGB Tz 19, *Adler/Düring/Schmaltz,* § 268 HGB Tz 59.

[311] Vgl. *Claussen/Korth,* in Kölner Kom. § 268 HGB Tz 20; *Korth,* Industriekontenrahmen, S. 94; *Matschke,* in Bonner HdR § 268 HGB Tz 35; *Biener/Berneke,* BiRiLiG, S. 172; a. A. in Bezug auf Nachaktivierungen *Adler/Düring/Schmaltz,* § 268 HGB Tz 55; *Berger/Schmidt-Wendt,* in Beck Bil-Kom. § 268 HGB Tz 45, die den Nettowert nach zwischenzeitlich vorgenommener AfA „zuschreiben" wollen.

[312] Vgl. *Claussen/Korth,* in Kölner Kom. § 268 HGB Tz 23; *Adler/Düring/Schmaltz,* § 268 HGB Tz 64; *Berger/Gutike,* in Beck Bil-Kom. § 268 HGB Tz 55.

[313] Vgl. *Claussen/Korth,* in Kölner Kom. § 268 HGB Tz 23; *Harrmann,* in Küting/Weber § 268 HGB Tz 109.

anteilige) auf Abgänge entfallende Abschreibungen sowie sämtliche im Geschäftsjahr zugegangenen und voll abgeschriebenen geringwertigen Wirtschaftsgüter[314]. Soweit Abschreibungen auf Abgänge entfallen, fehlen diese in der Spalte „kumulierte Abschreibungen". Gleiches gilt für geringwertige Wirtschaftsgüter, wenn sie im Jahr des Zugangs als Abgang gezeigt werden[315].

3. Besonderheiten bei einzelnen Bilanzposten

a) Aufwendungen für die Ingangsetzung und Erweiterung des Geschäftsbetriebes

Ingangsetzungs- und Erweiterungsaufwendungen sind **im Jahr der Aktivierung als Zugang zu zeigen.** Da das Bilanzhilfewahlrecht in nachfolgenden Geschäftsjahren nicht nachgeholt werden kann und wohl auch keine Wertaufholungen in Betracht kommt, sind Zuschreibungen ausgeschlossen[316]. Die nach § 282 HGB vorzunehmenden Abschreibungen sind in der Spalte „Kumulierte Abschreibungen" auszuweisen. Nach Vornahme der letzten planmäßigen Abschreibungsrate oder einer außerplanmäßigen Abschreibung auf den verbleibenden Restbuchwert hat sich der Zweck der Bilanzierungshilfe erledigt. Der aktivierte Gesamtbetrag ist als **Abgang** aus dem Anlagengitter zu eliminieren[317]. Entsprechendes gilt für „Aufwendungen für die Währungsumstellung auf den Euro" gem. Art. 44 EGHGB. 275

b) Immaterielle Vermögensgegenstände

Als Zugangszeitpunkt kommt der Beginn der Verwertungs- und Nutzungsmöglichkeit in Betracht, also die Erlangung der tatsächlichen Verfügungsgewalt[318]. Soweit die Nutzungsmöglichkeit nur in Verbindung mit körperlichen Gegenständen möglich ist, wie bei Ton- und Filmbeiträgen, EDV-Software, den Räumlichkeiten bei Nutzungsrechten, richtet sich der Zugangszeitpunkt nach der Übergabe des körperlichen Gegenstandes[319]. 276

Der **Abgangszeitpunkt** bestimmt sich zunächst und primär nach dem vertraglichen Ende der Nutzungsberechtigung[320]. Sofern kein rechtlich fixierter Abgangszeitpunkt vorliegt, ist von der Fiktion auszugehen, dass nach Vornahme der letzten planmäßigen Abschreibung der immaterielle Vermögensgegenstand aus dem Anlagenbestand ausscheidet[321]. 277

c) Festwertgüter

Vermögensgegenstände des Sachanlagevermögens – aber auch Roh-, Hilfs- und Betriebsstoffe – dürfen gem. § 240 Abs. 3 HGB mit einem **Festwert** angesetzt werden, wenn 278
1. sie regelmäßig ersetzt werden,
2. ihr Gesamtwert für das Unternehmen von nachrangiger Bedeutung ist,

---

[314] Vgl. *Claussen/Korth,* in Kölner Kom. § 268 HGB Tz 25; *Lorson,* in Küting/Weber § 268 HGB Tz 110 ff.

[315] Nur wenn man die Abschreibungen des Geschäftsjahres als Teilmengen der kumulierten Abschreibungen am Geschäftsjahresende definiert, sog. stichtagsbezogene Betrachtung, kommt man zu einer Identität zwischen den Abschreibungen des Geschäftsjahres und den kumulierten Abschreibungen; diese Methode wird von *Berger/Schmidt-Wendt,* in Beck Bil-Kom. § 268 HGB Tz 16 für zulässig erachtet, von der h. M. jedoch abgelehnt; *Adler/Düring/Schmaltz,* § 268 HGB Tz 68, lehnen dies mit der Begründung ab, dass die Abschreibungen des Geschäftsjahres dann lediglich noch die Qualität eines „davon-Vermerks" hätten, was dem Wortlaut von § 268 Abs. 2 S. 3 HGB nicht zu entnehmen ist.

[316] Vgl. *Adler/Düring/Schmaltz,* § 268 HGB Tz 70.

[317] Vgl. *Berger/Schmidt-Wendt,* in Beck Bil-Kom. § 268 HGB Tz 21; *Adler/Düring/Schmaltz,* § 268 HGB, Tz 71.

[318] Vgl. *Adler/Düring/Schmaltz,* § 268 HGB Tz 73; *Lorson,* in Küting/Weber § 268 HGB Tz 131; *Berger/Schmidt-Wendt,* in Beck Bil-Kom. § 268 HGB Tz 22, die daneben stark auf die wirtschaftliche Berechtigung abstellen.

[319] Vgl. *Berger/Schmidt-Wendt,* in Beck Bil-Kom. § 268 HGB Tz 22; *Lorson,* in Küting/Weber, § 268 HGB Tz 132.

[320] Vgl. *Adler/Düring/Schmaltz,* § 268 HGB Tz 75.

[321] Soweit nach Vollabschreibung nachweislich eine weitere Nutzung im Unternehmen oder eine Veräußerbarkeit gegeben ist, soll kein Abgang gezeigt nach *Adler/Düring/Schmaltz,* § 268 HGB Tz 75; *Berger/Schmidt-Wendt,* in Beck Bil-Kom., § 268 HGB Tz 27; *Lorson,* in Küting/Weber, § 268 HGB Tz 133.

3. der Bestand in Größe, Wert und Zusammensetzung nur geringen Veränderungen unterliegt.

279 Alle drei Jahre hat eine körperliche Bestandsaufnahme zu erfolgen, § 240 Abs. 3 S. 2 HGB. Zusammengefaßt gilt für **Mehr- und Minderstände:**[322]

1. Mehrbestände von mehr als 10% führen zu einer Festwerterhöhung
2. Bei Mehrbeständen von weniger als 10% kann der Festwert beibehalten werden
3. Jeder Minderbestand führt handelsrechtlich (steuerrechtliches Wahlrecht) zu einer Festwertherabsetzung

280 Die **erstmalige Aktivierung** der Festwertgüter ist als Zugang zu zeigen, und zwar unter Berücksichtigung der durchschnittlichen Wertminderung, vereinfachend in Höhe der Hälfte der tatsächlichen Anschaffungskosten[323]. Nachfolgende **Ersatzbeschaffungen** sind sofort abzugsfähiger Aufwand, berühren also erfolgswirksam die GuV und nicht das Anlagengitter[324]. Festwertanpassungen können infolge von Mengen- oder Wertänderungen erforderlich sein. Mengenerhöhungen oder -verminderungen führen im „Anlagengitter" zu Zugängen bzw. Abgängen, Wertminderungen zu Abschreibungen, Werterhöhungen zu Zuschreibungen[325]. Soweit Werterhöhungen vormals vorgenommene Abschreibungen korrigieren, handelt es sich um Zuschreibungen. Über die ursprünglichen Anschaffungskosten hinausgehende Preissteigerungen dürfen nicht berücksichtigt werden[326]. Bei Neuzugängen sind hingegen die aktuellen Preise wertbestimmend.

d) Geleistete Anzahlungen und Anlagen im Bau

281 Alle **im Geschäftsjahr geleisteten Anzahlungen** – sei es auf immaterielle Vermögensgegenstände oder auf Sachanlagen – sind, soweit sie zum Bilanzstichtag noch nicht mit Investitionszugängen zu verrechnen sind, als Zugang zu zeigen. Erfolgt die Investition, ist die Anzahlung sachzugehörig im Anlagevermögen umzugliedern und als Umbuchung zu kennzeichnen. Werden Anzahlungen zurückerstattet, sind sie als Abgang zu zeigen.

282 Soweit **Sachanlagen im Bau befindlich** sind, der Herstellungsvorgang zum Bilanzstichtag also noch nicht abgeschlossen ist, sind sie unter Pos. A.II.3. auszuweisen. Zugangzeitpunkt ist der Baubeginn. Nach Baubeendigung sind sie umzugliedern und als Umbuchung zu kennzeichnen. Ein Ausweis als Abgang kann in Betracht kommen, wenn sich im Nachhinein herausstellt, dass es sich um nicht aktivierungsfähige Ausgaben handelt[327].

e) Beteiligungen an Kapitalgesellschaften

283 Beteiligungen an Kapitalgesellschaften sind im **Zeitpunkt der Leistung der Kapitalanlage als Zugang zu zeigen.** Erfolgt die Zahlung nach Abschluss des Kaufvertrages und erstreckt sich dieser Zeitraum über den Bilanzstichtag hinaus, kann der Zugangszeitpunkt vor Kaufpreiszahlung liegen, soweit die Gesellschafts- und Gewinnbezugsrechte mit Abschluss des Kaufvertrages übergegangen sind.

284 Nicht geleistete, noch ausstehende Kapitaleinlagen finden keinen Niederschlag im Anlagenspiegel, sind jedoch als „Sonstige finanzielle Verpflichtungen" i. S. v. § 285 Nr. 3 HGB im Anhang zu vermerken[328]. Bei **Kapitalerhöhungen gegen Einlagen** erhöhen sich die nominellen Kapitalanteile um anfallende Anschaffungsneben-

---

[322] Vgl. *Hense/Philipps,* in Beck Bil-Kom. § 240 HGB Tz 105 ff; WP-Handbuch 2000, Bd. I, E 351; steuerrechtlich gilt R 31 Abs. 4 EStR 2001; i. e. D 176.

[323] Vgl. OFDen Düsseldorf, Köln und Münster, DB 1982, S. 1787; *Roolf,* WPg 1974, S. 209 ff; *Korth,* Industriekontenrahmen, S. 91; ähnlich, aber ohne prozentuale Grenze *Adler/Düring/Schmaltz,* § 268 HGB Tz 78; a. A. *Nordmeier,* in Beck HdR B 212 Tz 108.

[324] Vgl. *Adler/Düring/Schmaltz,* § 268 HGB Tz 78.

[325] Vgl. *Claussen/Korth,* in Kölner Kom. § 268 HGB Tz 28; *Lorson,* in Küting/Weber § 268 HGB Tz 114, der bei nicht eindeutiger Trennung der Ursachen dem Ausweis, der nach der überwiegenden Ursache vorzunehmen ist, den Vorzug geben will.

[326] Vgl. *Hense/Philipps,* in Beck Bil-Kom. § 240 HGB Tz 107; *Korth,* Industriekontenrahmen, S. 92.

[327] Vgl. *Adler/Düring/Schmaltz,* § 268 HGB Tz 80; *Korth,* Industriekontenrahmen, S. 92.

[328] Vgl. *Adler/Düring/Schmaltz,* § 285 HGB Tz 58; WP-Handbuch 2000, Bd. I, F 636.

kosten, z. B. hinzuerworbene Bezugsrechte[329]. Erfolgt dagegen eine **Kapitalerhöhung aus Gesellschaftsmitteln** sind die ausgegebenen Gratisanteile mangels Anschaffungskosten nicht als Zugang zu zeigen, finden also keinen Niedergang im Anlagenspiegel[330].

Hinweis

Anteile an Komplementärgesellschaften sind gesondert unter Pos. A.III.1 oder A.III.3 auszuweisen, § 264 c Abs. 4 S. 1 HGB, und somit auch gesondert im Anlagengitter zu zeigen.[331] 285

f) Beteiligungen an Personengesellschaften

Mitgliedschaftsrechte an Personenhandelsgesellschaften gehören regelmäßig – ohne Rücksicht auf die Höhe der Beteiligung– **zu den Beteiligungen** i. S. v. § 271 Abs. 1 S. 1 HGB[332]. Sie können in Ausnahmefällen auch Anlagevermögen sein, ohne den Beteiligungsbegriff zu erfüllen[333]. Die Höhe der Beteiligung richtet sich zunächst nach der geleisteten Einlage zuzüglich etwaiger eingeforderter Beträge. Die Aktivierung einer darüber hinausgehenden höheren bedungenen Einlage ist möglich, in diesem Fall ist jedoch die Resteinzahlungsverpflichtung zu passivieren[334]. Resteinzahlungsverpflichtungen für noch nicht eingeforderte bedungene Einlagen sind – soweit nicht passiviert – im Anhang als „Sonstige finanzielle Verpflichtungen" i. S. v. § 285 Nr. 3 HGB anzugeben. Gleiches gilt für das Bestehen einer unbeschränkten persönlichen Haftung, also bei einer Komplementärstellung ohne Kapitaleinlage[335]. 286

Gewinnanteile sind als Zugang zu zeigen, wenn sie zur Auffüllung ausstehender Einlagen verwendet werden[336] oder zur Rücklagenbildung bei der Personengesellschaft dienen. Werden dagegen Gewinnanteile zum **Ausgleich früherer Verluste** verwendet, sind sie als **Zuschreibung** auszuweisen[337]. 287

Bei Verlusten und Ergebnisverschlechterungen sind bei der Personenhandelsgesellschaft im Hinblick auf den Beteiligungsansatz die allgemeinen Abwertungsregeln des § 253 Abs. 2 HGB i. V. m. § 279 Abs. 1 HGB anzuwenden, d. h. bei einer nur **kurzfristigen Wertminderung** darf der niedrigere Wertansatz angesetzt werden, bei einer voraussichtlich **dauernden Wertminderung** ist eine Abschreibung zwingend[338]. Im Ergebnis sind also auf die Kapitalgesellschaft (Beteiligungsgesellschaft) entfallende Verlustanteile bei der Personenhandelsgesellschaft durch Abschreibungen zu berücksichtigen, wenn es sich um eine voraussichtlich dauernde Wertminderung handelt[339]. Verluste, die bei der Personenhandelsgesellschaft durch Vornahme allein **steuerrechtlicher Abschreibungen** eingetreten sind, führen dagegen i. d. R. nicht zu einer Abschreibung (Abwertung) des Beteiligungsansatzes, weil die keinen Einfluss auf den inneren Wert der Beteiligung hat. Im Übrigen beschränkt sich die Abschreibung auf den Beteiligungsbuchwert. Bei den Beteiligungsbuchwert übersteigenden steuerrechtlichen Verlustzuweisungen ist die Abgrenzung passiver latenter Steuerverpflichtungen zu prüfen[340]. 288

---

329 Vgl. *Adler/Düring/Schmaltz,* § 268 HGB Tz 81; *Berger/Gutike,* in Beck Bil-Kom. § 268 HGB Tz 62.
330 Vgl. *Adler/Düring/Schmaltz,* § 268 HGB Tz 82; *Berger/Gutike,* in Beck Bil-Kom. § 268 HGB Tz 61.
331 Vgl. dazu D 210.
332 Vgl. D 209.
333 Vgl. *Adler/Düring/Schmaltz,* § 271 HGB Tz 17; *Hoyos/Gutike,* in Beck Bil-Kom. § 271 HGB Tz 21.
334 Vgl. IDW, St/HFA 1/1991, WPg 1991, S. 334.
335 Vgl. IDW, St/HFA 1/1991, WPg 1991, S. 334; *Ellrott,* in Beck Bil-Kom. § 285 HGB Tz 62.
336 Vgl. *Korth,* Industriekontenrahmen, S. 93; IDW, St/HFA 1/1991, WPg 1991, S. 335; *Adler/Düring/Schmaltz,* § 268 HGB Tz 83; *Berger/Gutike,* in Beck Bil-Kom. § 268 HGB Tz 63.
337 Ebenso *Adler/Düring/Schmaltz,* § 268 HGB Tz 83; *Hoyos/Gutike,* in Beck Bil-Kom. § 268 HGB Tz 63, die auch den Verlustausgleich als Zugang zeigen wollen; das IDW, St/HFA 3/1976, WPg 1976, S. 592 bezeichnete dies noch als „Spiegelbildmethode in einer eingeschränkten Form"; IDW, St/HFA 1/1991, WPg 1991, S. 335 will einen Gewinnanteil, soweit er zur Wiederauffüllung von Verlusten durch den Kommanditisten dessen Verfügungsgewalt entzogen ist, als nicht bilanzierungsfähigen Anspruch behandeln, andererseits aber Zuschreibungen zum Beteiligungswert wegen des Fortfalls der Gründe für eine außerplanmäßige Abschreibung als Zuschreibung zeigen, was im Ergebnis wohl der hier vertretenen Meinung entspricht.
338 Vgl. IDW, St/HFA 1/1991, WPg 1991, S. 335.
339 So schon *Korth,* Industriekontenrahmen, S. 93.
340 Sofern nicht § 15 a EStG weiteren Verlustzuweisungen entgegensteht.

289 Der dem Gesellschafter zustehende Gewinnanteil an einer Personenhandelsgesellschaft ist unter „Forderungen gegen Unternehmen, mit denen ein Beteiligungsverhältnis besteht" auszuweisen, soweit über den Gewinnanteil verfügt werden kann. Die Verfügungsberechtigung ist regelmäßig am Abschlussstichtag der Personengesellschaft entstanden, soweit dem nicht gesetzliche oder gesellschaftsvertragliche Beschränkungen entgegenstehen[341].

g) Ausleihungen, Zerobonds

290 Ausleihungen sind in Höhe des Auszahlungsbetrages als Zugang zu zeigen, spätere Tilgungen als Abgang[342]. Bei **zinslosen oder niedrig verzinslichen Ausleihungen,** die zum Barwert anzusetzen sind, ist ein Zugangsausweis nach der Brutto- oder Nettomethode möglich:

(1) **Bruttomethode**
Bei der Bruttomethode wird der Auszahlungsbetrag als Zugang gezeigt, die nachfolgende Abzinsung als Abschreibung. Dem liegt die Auffassung zugrunde, dass der Auszahlungsbetrag den Anschaffungskosten der Ausleihung entspricht[343] und die nachfolgende Abzinsung ein Bewertungsvorgang ist[344]. Die Abwertung ist unter „Abschreibungen auf Finanzanlagen" in der GuV auszuweisen, die nachfolgenden Aufzinsungen korrigieren diese Abwertung und sind als Zuschreibungen zu zeigen[345].

(2) **Nettomethode**
Bei der Nettomethode wird der Zugang in Höhe des abgezinsten Auszahlungsbetrages gezeigt und der Differenzbetrag unter „Sonstige betriebliche Aufwendungen" ausgewiesen[346]. Demgemäß sind die nachfolgenden Aufzinsungen unter Zugänge und in der GuV unter „Sonstige betriebliche Erträge" auszuweisen. Der Ab- und Aufzinsungsvorgang findet in diesem Fall also in der GuV keinen Niederschlag im „Finanzergebnis".

291 **Zerobonds oder Null-Kupon-Anleihen** sind festverzinsliche Wertpapiere, für die keine periodisch wiederkehrenden Zinszahlungen geleistet werden, sondern der Zins im späteren (höheren) Rückzahlungsbetrag am Ende der Laufzeit abgegolten wird[347]. Demgemäß hat der Zugang zum Emissions-, ggf. zum höheren Ausgabebetrag zu erfolgen. Die zeitanteilig zu vereinnahmenden Zinsen sind in den nachfolgenden Jahren jeweils als Zugang zu zeigen und als nachträgliche Anschaffungskosten des festverzinslichen Wertpapiers zu interpretieren[348].

h) Anschaffungs- und Herstellungskostenänderungen

292 Im Hinblick auf den Ausweis von nachträglichen Änderungen der Anschaffungs- und Herstellungskosten im Anlagenspiegel ist – abhängig von den zugrundeliegenden Ursachen – folgende Differenzierung hilfreich[349]:

(1) **Wertmäßige nachträgliche Erhöhungen** der Anschaffungs- oder Herstellungskosten
(2) **Mengenmäßige Vermehrungen** bereits im Anlagenspiegel enthaltener Vermögensgegenstände

---

[341] IDW, St/HFA 1/1991, WPg 1991, S. 335 will den Zeitpunkt der Beschlussfassung durch die Gesellschafter als maßgebenden Realisationszeitpunkt fixieren, was nur gelten kann, wenn eine derartige Beschlussfassung nach dem Gesellschaftsvertrag vorgesehen ist; demgemäß soll bei einem Mehrheitsgesellschafter der Gewinnanteil unter entsprechender Anwendung des BGH-Urt. v. 3. 11. 1975, BB 1976, S. 9, vereinnahmt werden.
[342] Vgl. *Karrenbauer,* in Küting/Weber § 253 HGB Tz 42; *Korth,* Industriekontenrahmen, S. 93.
[343] Vgl. *Lorson,* in Küting/Weber § 268 HGB Tz 163; *Claussen/Korth,* in Kölner Kom. § 268 HGB Tz 29; *Berger/Gutike,* in Beck Bil-Kom. § 268 HGB Tz 64.
[344] Vgl. *Korth,* Industriekontenrahmen, S. 93.
[345] Vgl. *Berger/Gutike,* in Beck Bil-Kom. § 268 HGB Tz 64; *Lorson,* in Küting/Weber § 268 HGB Tz 163; *Adler/Düring/Schmaltz,* § 268 HGB Tz 84.
[346] Vgl. *Adler/Düring/Schmaltz,* § 268 HGB Tz 84; *Scheffler,* in Beck HdR B 213 Tz 176.
[347] Vgl. IDW, St/HFA 1/1986, WPg 1986, S. 248 f; *Ellrott/Schmidt-Wendt,* in Beck Bil-Kom. § 255 HGB Tz 311.
[348] Vgl. *Claussen/Korth,* in Kölner Kom. § 268 HGB Tz 29; *Adler/Düring/Schmaltz,* § 268 HGB Tz 83; *Berger/Gutike,* in Beck Bil-Kom. § 268 HGB Tz 64; zur weiteren Unterscheidung zwischen Erst- und Zweiterwerber *Lorson,* in Küting/Weber § 268 HGB Tz 169 ff; zur Ermittlung der Zuschreibungsbeträge *Kußmaul,* BB 1987, S. 1566 ff.
[349] Vgl. *Korth,* Industriekontenrahmen, S. 94.

(3) **Nachaktivierungen** von im Anlagevermögen noch nicht enthaltenen Vermögensgegenständen, regelmäßig infolge einer steuerlichen Außenprüfung
(4) **Wertmäßige nachträgliche Kürzungen** der Anschaffungs- oder Herstellungskosten
(5) **Mengenmäßige Verminderungen** bereits im Anlagenspiegel enthaltener Vermögensgegenstände

Zu (1) Wertmäßige nachträgliche Erhöhungen 293

Wertmäßig nachträgliche Erhöhungen der Anschaffungs- und Herstellungskosten können durch nachträglich anfallende Nebenkosten oder Kaufpreiskorrekturen entstehen. Sie sind, weil Teil des Investitionsvorgangs, als **Zugang** zu zeigen[350], also erfolgsneutral.

Zu (2) Mengenmäßige Vermehrungen 294

Mengenmäßige Vermehrungen bereits im Anlagevermögen enthaltener Vermögensgegenstände sind stets als **Zugang** zu zeigen, weil nur durch diesen Ausweis die mengenmäßige Ausdehnung des Anlagevermögens im Anlagenspiegel richtig wiedergegeben wird, wie z. B. Anbauten, Erweiterungen von Maschinen, Aufrüstungen von EDV-Anlagen u. ä.[351]. Es handelt sich um einen erfolgsneutralen Vorgang.

Zu (3) Nachaktivierungen 295

Bei Nachaktivierungen von im Anlagevermögen noch nicht enthaltenen Vermögensgegenständen handelt es sich i. d. R. um erfolgswirksame Vorgänge. Sie sind als **Zugang** zu zeigen, wenn und soweit der Vermögensgegenstand noch nicht im Anlagevermögen enthalten war, weil nur so die Investitionstätigkeit – wenn auch nachträglich – richtig dargestellt wird[352]. Anders, wenn die Nachaktivierung erforderlich ist, weil eine vormals zu hoch vorgenommene Abschreibung korrigiert wird. In diesem Fall handelt es sich um eine **Zuschreibung,** denn der Vermögensgegenstand wurde bei seiner Ersteinbuchung bereits als Zugang gezeigt. In der GuV sollten derartige Nachaktivierungen soweit sie erfolgswirksam sind unter „Sonstige betriebliche Erträge" ausgewiesen werden[353]. Zugänge von Bedeutung sollten durch Fußnoten kenntlich gemacht oder im Anhang erläutert werden[354].

Zu (4) Wertmäßige nachträgliche Kürzungen 296

Wertmäßige nachträgliche Kürzungen der Anschaffungs- oder Herstellungskosten sind – soweit sie in späteren Geschäftsjahren anfallen – als erfolgsneutrale Vorgänge in der **Abgangsspalte** zu zeigen, wie z. B. nachträgliche Preisnachlässe, Kürzungen infolge von Mängeln u. ä.[355]

Zu (5) Mengenmäßige Verminderungen 297

Mengenmäßige Verminderungen bereits im Anlagenspiegel enthaltener Vermögensgegenstände entsprechen der Definition **„Abgang",** sind also erfolgsneutral und ausschließlich in der Abgangsspalte zu zeigen, wie die Rückgabe von Maschinenteilen, Einheiten einer EDV-Anlage oder der Abriss von Gebäudeteilen.

i) Zuschüsse, Zulagen, Subventionen

Zuschüsse, Zulagen und sonstige Subventionen sind bilanziell und im Hinblick auf die Ermittlung der Anschaffungskosten wie folgt zu behandeln: 298

(1) **Zweckgebundene Zuschüsse** 299

Die Behandlung der Zuschüsse und Zulagen richtet sich grundsätzlich danach, ob sie investitionsgebunden sind oder nicht. **Investitionsgebundene Zuschüsse und Zulagen** können erfolgsneutral durch Kürzung der Anschaffungs- oder Herstellungskosten vereinnahmt werden, mindern also die Höhe der in der Zu-

[350] Da es sich um einen erfolgsneutralen Vorgang handelt, wäre ein Ausweis als Zuschreibung irreführend; ebenso, *Adler/Düring/Schmaltz,* § 268 HGB Tz 52; *Lorson,* in Küting/Weber § 268 HGB Tz 78.

[351] Vgl. *Matschke,* in Bonner HdR § 268 HGB Tz 34; *Adler/Düring/Schmaltz,* § 268 HGB Tz 54; *Lorson,* in Küting/Weber § 268 HGB Tz 78.

[352] Vgl. *Matschke,* in Bonner HdR § 268 HGB Tz 35; *Adler/Düring/Schmaltz,* § 268 HGB Tz 55.

[353] *Adler/Düring/Schmaltz,* § 268 HGB Tz 55, wollen ebenso bei Nachaktivierungen von in früheren Jahren angefallenen Anschaffungs- oder Herstellungskosten verfahren, die seinerseits nicht als Zugang ausgewiesen wurden, weil insoweit ein früherer zu hoch ausgewiesener Aufwand korrigiert wird; a. A. *Lorson,* in Küting/Weber, § 268 HGB Tz 81.

[354] Vgl. *Adler/Düring/Schmaltz,* § 268 HGB Tz 55.

[355] Vgl. *Adler/Düring/Schmaltz,* § 268 HGB Tz 58; *Korth,* Industriekontenrahmen, S. 95.

gangsspalte auszuweisenden Anschaffungskosten[356]. **Allgemein gewährte Zuschüsse und Zulagen,** die nicht an Investitionsvorhaben gebunden sind, sind dagegen regelmäßig erfolgswirksam in der GuV auszuweisen.

300 (2) **Steuerrechtliche Behandlung**

Steuerrechtlich besteht grundsätzlich ein **Wahlrecht,** Zuschüsse im Jahr des Zuflusses als Betriebseinnahme erfolgswirksam oder erfolgsneutral durch Minderung der Anschaffungs- oder Herstellungskosten zu behandeln[357]. Dabei sind Zuwendungen der öffentlichen Hand als betrieblich veranlasste Vermögensmehrungen grundsätzlich steuerpflichtig[358], wenn nicht besondere Vorschriften die Befreiung von der Steuerpflicht vorsehen. Eine solche Steuerfreiheit besteht – auf Grund ausdrücklicher gesetzlicher Regelung – nur bei Investitionszulagen, die nicht zu den Einkünften i. S. d. EStG gehören und die steuerlichen Anschaffungs- oder Herstellungskosten nicht mindern dürfen, § 19 InvZulG 1999. In diesen Fällen wird auch handelsrechtlich eine sofortige erfolgswirksame Vereinnahmung der Zulagen als zulässig erachtet[359].

301 (3) **Bedingt rückzahlbare Zuwendungen**

Werden Zuwendungen unter einer **aufschiebenden Bedingung** in der Weise gewährt, dass die Rückzahlungsverpflichtung erst bei Eintritt eines bestimmten Ereignisses entfällt, ist die Zuwendung bis zum Eintritt des Ereignisses als Verbindlichkeit zu passivieren und erst danach erfolgswirksam zu vereinnahmen[360]. Ebenso ist zu verfahren, wenn die Zuwendungen unter **zeitlichen Verbleibensvoraussetzungen** gewährt werden, im Zeitpunkt des Zuflusses der Zuwendung jedoch fraglich ist, ob die Verbleibensvoraussetzungen erfüllt werden[361]. Ein verlorener Baukostenzuschuss des Mieters stellt ein Entgelt für die Nutzungsüberlassung dar und ist demgemäß auf die Laufzeit des Mietvertrages zu verteilen[362]. Formkostenzuschüsse von Kunden im Zusammenhang mit der Herstellung von speziell für den Kunden gefertigten Werkteilen sind Zuschüsse mit Gegenleistungscharakter[363]. Bei einer Tilgung nach Maßgabe späterer Lieferungen, ist beim Empfänger eine Amortisationsverpflichtung zu passivieren[364].

302 (4) **Ertragszuschüsse**

Ertragszuschüsse oder Zuschüsse zur Senkung der laufenden Betriebskosten sind periodengerecht, d. h. zeitanteilig erfolgswirksam zu vereinnahmen[365].

Soweit Zuschüsse und Zulagen erfolgswirksam vereinnahmt werden, sind die

Ertragsgegenktn:	SKR 03	SKR 04
Investitionszuschüsse (steuerpflichtig)	2743	4975
Investitionszulagen (steuerfrei)	2744	4980

[356] Bei investitionsgebundenen Zuschüsse und Zulagen generell für Anschaffungskostenminderung; *Tjaden,* WPg 1985, S. 35; *Adler/Düring/Schmaltz,* § 255 HGB Tz 69; gegen Anschaffungskostenminderung *Husemann,* GoB für Anlagegegenstände, S. 10; *Zwehl,* WPg 1970, S. 5; *Schulte-Groß,* WPg 1971, S. 55; *Kupsch,* WPg 1984, S. 369 ff.; *Schulze-Osterloh,* in Baumbach-Hueck § 42 GmbHG Tz 279; generell für Wahlrecht *Ellrott/Schmidt-Wendt,* in Beck Bil-Kom. § 255 HGB Tz 117, mit Berichtspflicht im Anhang.

[357] Vgl. BFH v. 22. 1. 1992, BStBl II 1992, S. 488; BFH v. 19. 7. 1995, BStBl II 1996, S. 28, die die Auffassung der Finanzverwaltung bestätigen, R 34 Abs. 2 EStR 2001, was *Adler/Düring/Schmaltz,* § 255 HGB Tz 69, kritisieren.

[358] Vgl. BFH v. 17. 9. 1987, BStBl II 1988, S. 324.

[359] Vgl. IDW, St/HFA 1/1984, WPg 1984, S. 612; *Knop/Küting,* in Küting/Weber § 255 HGB Tz 61; *Ellroth/Schmidt-Wendt,* in Beck Bil-Kom. § 255 HGB Tz 115; *Jung,* in Heymann HGB-Kom. § 255 HGB Tz 25; ebenso im Ergebnis *Claussen/Korth,* in Kölner Kom. § 255 HGB Tz 22; *Adler/Düring/Schmaltz,* § 255 HGB Tz 57 verweisen auf die Möglichkeit, statt einer Anschaffungskostenminderung in Höhe des Zuschusses auf der Passivseite einen „Sonderposten für Investitionszuschüsse zum Anlagevermögen" einzustellen – mit Verweis auf § 265 Abs. 5 S. 2 HGB – und diesen entsprechend der Abschreibungsverrechnung aufzulösen.

[360] Vgl. IDW, St/HFA 1/1984, WPg 1984, S. 614; *Knop/Küting,* in Küting/Weber § 255 HGB Tz 63.

[361] Vgl. *Knop,* in Küting/Weber § 266 HGB Tz 64; *Adler/Düring/Schmaltz,* § 255 HGB Tz 74; *Korth,* Industriekontenrahmen, S. 96.

[362] Nach BFH v. 28. 10. 1980, BStBl II 1981, S. 161, mindern derartige Zuschüsse nicht die Gebäudeherstellungskosten.

[363] Vgl. *Förschle/Scheffels,* DB 1993, S. 2395.

[364] Vgl. *Ellrott/Schmidt-Wendt,* in Beck Bil-Kom. § 255 HGB Tz 119.

[365] Vgl. *Adler/Düring/Schmaltz,* § 255 HGB Tz 70, 76.

j) Übertragung steuerfreier Rücklagen

303 Die Übertragung einer steuerfreien Rücklage (R 35 EStR 2001, § 6b EStG 1997) mindert nicht direkt die handelsrechtlichen Anschaffungskosten, sondern ist im Wege einer Abschreibung zu berücksichtigen, die in den Folgejahren unter den kumulierten Abschreibungen einzustellen ist[366].

B. Umlaufvermögen

1. Ausweis

400 Der Begriff „Umlaufvermögen" ist im Gesetz nicht definiert. Die Begriffsbestimmung ergibt sich im Umkehrschluss aus § 247 Abs. 2 HGB[367]. Demgemäß gehören zum Umlaufvermögen alle Vermögensgegenstände, die nicht dauernd dem Geschäftsbetrieb zu dienen bestimmt und keine Rechnungsabgrenzungsposten sind.

401 Das Gesetz unterteilt das Umlaufvermögen in vier Vermögensgruppen:

I. Vorräte
II. Forderungen und sonstige Vermögensgegenstände
III. Wertpapiere
IV. Kassenbestand, Bundesbankguthaben[368], Guthaben bei Kreditinstituten und Schecks

402 Kleine Kapitalgesellschaften/KapG & Co. brauchen gem. § 266 Abs. 1 S. 3 HGB diese mit römischen Zahlen bezeichneten Posten nicht weiter zu untergliedern. Mittelgroße und große Kapitalgesellschaften/KapG & Co. müssen – mit Ausnahme der liquiden Mittel – diese Posten gem. § 266 Abs. 2 HGB untergliedern.

2. Bewertung

a) Handelsrecht

403 Nach § 253 Abs. 3 S. 1 HGB sind Vermögensgegenstände des Umlaufvermögens statt mit den Anschaffungs- oder Herstellungskosten mit einem „niedrigeren Wert anzusetzen", der sich aus dem Börsen- oder Marktpreis am Abschlussstichtag ergibt. Soweit kein Börsen- oder Marktpreis ermittelbar bzw. vorhanden ist, ist statt der Anschaffungs- oder Herstellungskosten der den Vermögensgegenständen „niedrigere beizulegende Wert" anzusetzen, § 253 Abs. 3 S. 2 HGB. Liegen der „Börsen- oder Marktpreis" oder der „beizulegende Wert" unter den Anschaffungs- oder Herstellungskosten, besteht eine **Abwertungspflicht.**

404 Daneben eröffnet § 253 Abs. 3 S. 3 HGB ein **Abwertungswahlrecht,** um Abwertungen aufgrund künftiger Wertschwankungen zu vermeiden, sog. **erweitertes Niederstwertprinzip.** Danach können – wahlweise und nur in der Handelsbilanz – zukünftig zu erwartende Wertminderungen infolge von Preisrückgängen oder anderen Markteinflüssen abweichend vom Stichtagsprinzip vorweggenommen werden. Das Gesetz spricht von Wertschwankungen in der nächsten Zukunft, die nach h. M. einen Zeitraum von zwei Jahren umfasst[369].

405 Nach § 253 Abs. 5 HGB darf ein einmal angesetzter niedrigerer Börsen- oder Marktpreis, „beizulegender Wert" oder ein niedrigerer Wert aufgrund künftiger Wertschwankungen beibehalten werden, auch wenn die Gründe dafür nicht mehr bestehen. Für Kapitalgesellschaften/KapG & Co. besteht nach § 280 Abs. 1 HGB ein Wertaufholungsgebot, sofern nicht der niedrigere Wertansatz auch in der Steuerbi-

---

[366] Vgl. *Adler/Düring/Schmaltz,* § 268 HGB Tz 50, 65.

[367] Vgl. *Ellrott/St. Ring,* in Beck Bil-Kom. § 247 HGB Tz 51; *Matschke,* in Bonner HdR § 247 HGB Tz 76; zur Abgrenzung vgl. D 37.

[368] Die Postenbezeichnung wurde durch das KapCoRiLiG insoweit neugefasst, als der Begriff Postgiroguthaben entfallen ist, weil der Status der „Postbank" sich nicht mehr von anderen Kreditinstituten unterscheidet.

[369] Vgl. *Ellrott/St. Ring,* in Beck Bil-Kom. § 253 HGB Tz 620; *Adler/Düring/Schmaltz,* § 253 HGB Tz 558; WP-Handbuch 2000, Bd. I, E 332.

lanz beibehalten werden darf und hierfür Voraussetzung ist, dass das Wahlrecht auch in der Handelsbilanz genutzt wird.

b) Steuerrecht

406 Steuerrechtlich besteht für die Bewertung des Umlaufvermögens ein **„Bewertungsvorbehalt“** gem. § 6 Abs. 1 Nr. 2 EStG 1997. Danach sind die Wirtschaftsgüter des Umlaufvermögens mit den (steuerlichen) Anschaffungs- oder Herstellungskosten anzusetzen. Nach § 6 Abs. 1 Nr. 2 S. 2 EStG 1997 darf der niedrigere Teilwert angesetzt werden, sofern es sich um **eine voraussichtlich dauernde Wertminderung** handelt. Das Kriterium „voraussichtlich dauernde Wertminderung“ gilt als erfüllt, wenn die Wertminderung bis zum Zeitpunkt der Aufstellung der Bilanz oder einem vorangegangenen Verkaufs- oder Verbrauchszeitpunkt anhält[370]. Danach liegt keine dauernde Wertminderung vor, wenn sich der Wert bis zum Zeitpunkt der Bilanzaufstellung wieder erholt hat.

407 Der **niedrigere Teilwert** ist vom Steuerpflichtigen **nachzuweisen.** Das gilt nach § 6 Abs. 1 Nr. 1 S. 4 EStG 1997 für jeden der Abwertung nachfolgenden Bilanzstichtag, was einem **Wertaufholungsgebot** gleichkommt. Wurde also im Jahr 01 ein niedrigerer Teilwert angesetzt, muss dieser im Jahr 02 erneut nachgewiesen werden. Ansonsten ist auf den höheren Werte, höchstens jedoch bis zu den Anschaffungs- oder Herstellungskosten, eine Zuschreibung vorzunehmen[371].

408 Nach § 5 Abs. 1 EStG 1997 ist bei bilanzierenden Steuerpflichtigen auch steuerlich das Betriebsvermögen anzusetzen, dass nach den handelsrechtlichen Grundsätzen ordnungsmäßiger Buchführung auszuweisen ist. Da für das handelsrechtlich Niederstwertprinzip eine Abwertungspflicht besteht, wirkt sich dieses in der Steuerbilanz auch insoweit aus, wie der niedrigere Teilwert mit dem niedrigeren handelsrechtlichen Zeitwert übereinstimmt. Liegt der Teilwert unter dem handelsrechtlichen Zeitwert, darf dieser auch in der Handelsbilanz nach § 254 HGB angesetzt werden. Wird das Wahlrecht in der Handelsbilanz nicht ausgeübt, kann der niedrigere Teilwert wegen des Maßgeblichkeitsgrundsatzes auch nicht in der Steuerbilanz angesetzt werden.

B.I. Vorräte

1. Ausweis

409 **Das Vorratsvermögen** ist von mittelgroßen und großen Kapitalgesellschaften bzw. Kapitalgesellschaften & Co. zu gliedern in:

1. Roh-, Hilfs- und Betriebsstoffe
2. Unfertige Erzeugnisse, unfertige Leistungen
3. Fertige Erzeugnisse und Waren
4. Geleistete Anzahlungen

410 Unter „Vorräte“ sind Vermögensgegenstände auszuweisen, die zum Verkauf bestimmt sind und/oder nach Be- oder Verarbeitung veräußert werden sollen[372]. Die Gliederung der Vorräte folgt dem für das gesamte Bilanzschema geltenden Grundsatz der Liquidisierbarkeit, denn „Fertige Erzeugnisse“ und „Handelswaren“ sind i. d. R. schneller zu veräußern als „Unfertige Erzeugnisse“ und „Rohstoffe“[373].

2. Bewertung

a) Überblick

411 Vorräte sind – entsprechend der oben dargestellten Grundsätze – mit den Anschaffungs-[374] oder Herstellungskosten[375], soweit ein niedrigerer Wert zum Bilanz-

---

[370] BMF-Schr. v. 25. 2. 2000, BStBl I 2000, S. 372, 374.

[371] Die Wertaufholung wurde durch das StEntlG 1999/2000/2002 eingeführt und gilt erstmals für nach dem 31. 12. 1998 endende Wirtschaftsjahre, § 52 Abs. 16 EStG 1997.

[372] Vgl. *Reinhard,* in Küting/Weber § 247 HGB Tz 82.

[373] Vgl. *Claussen/Korth,* in Kölner Kom. § 266 HGB Tz 72 mit der Einschränkung, dass dies nur mit branchenbedingten Differenzierungen und unter der Annahme einer Unternehmensfortführung gilt; ähnlich *Adler/Düring/Schmaltz,* § 266 HGB Tz 8; nach *Reinhard,* in Küting/Weber § 247 HGB Tz 83 entspricht die Gliederung der Vorräte dem betrieblichen Fertigungsprozess.

[374] Zu Anschaffungskosten vgl. D 45.

[375] Zu Herstellungskosten vgl. D 439.

stichtag vorliegt, nach dem **Niederstwertprinzip** mit dem „niedrigen Börsen- oder Marktpreis oder dem niedrigen beizulegenden Wert" bzw. steuerrechtlich mit dem „niedrigeren Teilwert" anzusetzen. Gem. § 252 Abs. 1 Nr. 3 HGB gilt für die Wertermittlung der **Grundsatz der Einzelbewertung.**

Daneben sind – als Ausnahme der Einzelbewertung – nachfolgende **Bewertungsverfahren** zulässig:
- Gruppenbewertung, § 240 Abs. 4 HGB, R 36 Abs. 4 EStR 2001
- Durchschnittsbewertung, R 36 Abs. 3 S. 3 EStR 2001
- Festwertansatz, § 240 Abs 3 HGB
- Last-in-First-out-Bewertung, § 256 HGB, § 6 Abs. 1 Nr. 2a EStG 1997, R 36a EStR 2001.

b) Einzelbewertung

Nach § 252 Abs. 1 Nr. 3 HGB sind die im Jahresabschluss ausgewiesenen Vermögensgegenstände zum Abschlussstichtag einzeln zu bewerten. Der Grundsatz der Einzelbewertung gilt nach § 6 Abs. 1 EStG 1997 auch für die Steuerbilanz. Die sog. vereinfachenden Bewertungsverfahren sind insoweit Spezialregelungen zum Grundsatz der Einzelbewertung. 412

Unabhängig davon, welche Verfahren angewendet werden, gilt das **Niederstwertprinzip,** das seinen gesetzlichen Niederschlag in § 252 Abs. 1 Nr. 4 HGB gefunden und für das Vorratsvermögen in § 253 Abs. 3 HGB konkretisiert ist. 413

Die dort erwähnten niedrigeren handelsrechtlichen Zeitwerte – aber auch die niedrigeren steuerrechtlichen Teilwerte – können sowohl vom Beschaffungs- als auch vom Absatzmarkt her ermittelt werden. Hierzu haben sich – bezogen auf das Umlaufvermögen – folgende Grundsätze herausgebildet[376]: 414
- **Roh-, Hilfs- und Betriebsstoffe:**
  Ableitung des Zeitwertes vom Beschaffungsmarkt
- Unfertige **und Fertige Erzeugnisse**[377]**:**
  Ableitung des Zeitwertes vom Absatzmarkt
- **Handelswaren:**
  Ableitung des Zeitwertes vom Beschaffungs- und/oder Absatzmarkt
- **Wertpapiere:**
  Ableitung des Zeitwertes i. d. R. vom Beschaffungsmarkt, in selten Fällen vom Absatzmarkt.

Wertmaßstab sind sowohl bei niedrigeren beizulegenden Wert als auch bei niedrigeren steuerlichen Teilwerten: 415
- **Bei Bewertung vom Beschaffungsmarkt her:**
  die Wiederbeschaffungskosten (Wiederbeschaffungspreise zzgl. Wiederbeschaffungsnebenkosten) bzw. die Wiederherstellungskosten
- **Bei Bewertung vom Absatzmarkt her:**
  die voraussichtlichen Verkaufserlöse unter Berücksichtigung noch anfallender Veräußerungskosten.

Solange Vorräte sich noch im Bestand des Unternehmens befinden, sind sie zu Anschaffungs- oder Herstellungskosten zu bewerten, soweit nicht der handelsrechtliche Zeitwert bzw. steuerrechtliche Teilwert darunter liegt. Erst mit **Verkauf der Vorräte erfolgt die Gewinnrealisation,** d. h. der Anspruch aus dem Verkauf ist als Forderung auszuweisen, die wertmäßig losgelöst von den Anschaffungs- oder Herstellungskosten entsteht[378]. 416

c) Gruppenbewertung

Nach § 240 Abs. 4 HGB können **gleichartige Vermögensgegenstände des Vorratsvermögens** jeweils zu einer Gruppe zusammengefasst und mit dem gewogenen Durchschnittswert angesetzt werden. Nach h. M. wird die Gleichartigkeit 417

---

[376] Vgl. *Adler/Düring/Schmaltz,* § 253 HGB Tz 448; *Döring,* in Küting/Weber § 253 HGB, Tz 166; *Ellrott/St. Ring,* in Beck Bil-Kom. § 253 HGB Tz 516.

[377] In Ausnahmefällen kann der niedrigere beizulegende Wert bei unfertigen und fertigen Erzeugnissen vom Beschaffungsmarkt abgeleitet werden, soweit auch ein Fremdbezug möglich ist.

[378] Vgl. *Fülling,* GoB für Vorräte, S. 6.

durch die Merkmale Zugehörigkeit zur gleichen Warengattung oder Gleichheit in der Verwendbarkeit oder Funktion bestimmt[379]. Außerdem dürfen keine wesentlichen Qualitätsunterschiede bestehen[380].

418 Die Gruppenbewertung muss zum **gewogenen Durchschnittswert** erfolgen. Bei dem sog. einfachen gewogenen Durchschnitt wird die Summe der mit den Mengen multiplizierten Preisen des Anfangsbestandes und der mit den tatsächlichen Preisen bewerteten Zugängen während des Geschäftsjahres (oder einer anderen Zeitperiode) durch die Summe der Menge von Anfangsbestand und Zugang des Zeitraums dividiert. Bei der verfeinerten Durchschnittsbewertung wird durch Fortschreibung der Mengen und Werte sowie lfd. mengenmäßiger und bewerteter Verbrauchsermittlung der jeweils neue Durchschnittspreis ermittelt[381].

419 Die **Gruppenbewertung** ist auch **steuerrechtlich anerkannt,** u. z. mit nachfolgenden in R 36 Abs. 4 EStR 2001 zusammengefassten Regelungen:

Zur Erleichterung der Inventur und der Bewertung können gleichartige Wirtschaftsgüter des Vorratsvermögens jeweils zu einer Gruppe zusammengefasst und mit dem gewogenen Durchschnittswert angesetzt werden. Die Gruppenbildung und Gruppenbewertung darf nicht gegen die Grundsätze ordnungsmäßiger Buchführung verstoßen. Gleichartige Wirtschaftsgüter brauchen für die Zusammenfassung zu einer Gruppe (>R 36a Abs. 3 EStR 1999) nicht gleichwertig zu sein. Es muss jedoch für sie ein Durchschnittswert bekannt sein. Das ist der Fall, wenn bei der Bewertung der gleichartigen Wirtschaftsgüter ein ohne weiteres feststellbarer, nach den Erfahrungen der betreffenden Branche sachgemäßer Durchschnittswert verwendet wird. Macht der Steuerpflichtige glaubhaft, dass in seinem Betrieb in der Regel die zuletzt beschafften Wirtschaftsgüter zuerst verbraucht oder veräußert werden – das kann sich z. B. aus der Art der Lagerung ergeben –, so kann diese Tatsache bei der Ermittlung der Anschaffungs- oder Herstellungskosten berücksichtigt werden. Zur Bewertung nach unterstelltem Verbrauchsfolgeverfahren >R 36a EStR.

d) Festwertansatz

420 Roh-, Hilfs- und Betriebsstoffe können, wenn sie regelmäßig ersetzt werden und ihr Gesamtwert für das Unternehmen von nachrangiger Bedeutung sind, mit einer gleichbleibenden Menge und einem gleichbleibenden Wert angesetzt werden, § 240 Abs. 3 S. 1 HGB. Vorraussetzung ist, dass ihr Bestand in seiner Größe, seinem Wert und seiner Zusammensetzung nur geringen Veränderungen unterliegt. In der Regel ist alle drei Jahre eine körperliche Bestandsaufnahme durchzuführen, § 240 Abs. 3 S. 2 HGB. Werden bei Bestandsaufnahmen Mengenänderungen der festbewerteten Bestände festgestellt, kann eine Anpassung des Festwertes notwendig sein. Entscheidend sind Ausmaß und Richtung der Bestandsveränderung.

421 Bei Mehrmengen ist in Anlehnung an R 31 Abs. 4 S. 2 EStR 2001 bei Abweichungstoleranzen bis zu 10% eine Beibehaltung des Festwertes möglich. Bei darüber hinausgehenden Mehrmengen ist der Bestand anzupassen. Bei Mindermengen ist in der Handelsbilanz grundsätzlich eine Anpassung vorzunehmen[382]. In der Steuerbilanz „kann" bei jedem Minderbetrag der niedrigere Wert – ohne prozentuale Begrenzung – angesetzt werden, R 31 Abs. 4 S. 4 EStR 2001.

e) Lifo-Bewertung

422 Soweit es den Grundsätzen ordnungsmäßiger Buchführung entspricht, kann nach § 256 HGB für den Wertansatz gleichartigen Vorratsvermögens unterstellt werden, dass die zuerst oder dass die zuletzt angeschafften oder hergestellten Vermögensgegenstände zuerst oder einer sonstigen bestimmten Folge verbraucht oder veräußert worden sind. Die sog. **Verbrauchsfolgeverfahren** dienen der Bewertungsvereinfachung, können also eine Inventur nicht ersetzen. Neben den in § 256 HGB ausdrücklich erwähnten Lifo- und Fifo-Verfahren sind handelsrechtlich auch andere Verbrauchsfolgeverfahren zulässig (z. B. Highest-in-First-out)[383].

---

379 Vgl. *Adler/Düring/Schmaltz,* § 240 HGB Tz 120.
380 *Hense/Philipps,* in Beck Bil-Kom. § 240 HGB Tz 136.
381 Vgl. zu beiden Methoden *Hense/Philipps,* in Beck Bil-Kom. § 240 HGB Tz 139.
382 Vgl. WP-Handbuch 2000, Bd. I, E 351.
383 Vgl. im Einzelnen *Förschle/Kropp,* in Beck Bil-Kom. § 256 HGB Tz 55.

Das **Steuerrecht** lässt in § 6 Abs. 1 Nr. 2a) EStG 1997 lediglich das Lifo-Verfahren zu. Dabei ist der Vorratsbestand am Schluss des Wirtschaftsjahres, das der erstmaligen Anwendung vorangeht, mit seinem Bilanzansatz als erster Zugang des neuen Wirtschaftsjahres zu erfassen. Nach § 6 Abs. 1 Nr. 2a) S. 3 EStG 1997 kann von der Verbrauchs- oder Veräußerungsfolge in den folgenden Wirtschaftsjahren nur mit Zustimmung des Finanzamts abgewichen werden. 423

B.I.1. Roh-, Hilfs-, und Betriebsstoffe

1. Ausweis

Als **Rohstoffe** sind Grundstoffe, Materialien oder Produkte auszuweisen, die in das zu fertigende Erzeugnis direkt eingehen, bei der Produktion also nicht verbraucht werden, und bezogen auf das zu fertigende Erzeugnis nicht von untergeordneter Bedeutung sind, d. h. regelmäßig als Hauptbestandteil in das Fertigerzeugnis eingehen[384]. In Betracht kommen nicht nur unbearbeitete Rohstoffe, wie Erz, Öl, Baumwolle, sondern auch von Dritten verarbeitete Rohstoffe oder erzeugte Produkte, z. B. Einbauteile wie Reifen, Pumpen, Batterien, Ventile, Elektromotoren. Entscheidend ist, dass es sich um fremdbezogene und von der bilanzierenden Gesellschaft noch nicht be- oder verarbeitete Materialien oder Produkte handelt[385]. 424

Als **Hilfsstoffe** sind Materialien oder Produkte auszuweisen, die zwar in das zu fertigende Erzeugnis direkt eingehen, bei der Produktion also nicht verbraucht werden, aber bezogen auf das zu fertigende Erzeugnis von untergeordneter Bedeutung sind, wie fremdbezogene Lacke, Nägel, Kabel, Farb- und Konservierungsstoffe, Garne, Leime, Schrauben, Beschläge, Schlösser[386]. Die Einordnung richtet sich nach dem Wert der Materialien und Produkte. Auch Bestände von später in den Herstellungskosten enthaltenen Verpackungsmaterialien, wie Verpackungen bei Nahrungs- und Genussmitteln, also bei Zigaretten, Schokolade und Getränkedosen sind hier auszuweisen[387]. 425

Im Gegensatz dazu werden **Betriebsstoffe** bei der Produktion mittelbar oder unmittelbar benötigt und verbraucht, wie fremdbezogene Treibstoffe, Brennstoffe, Energien, Reinigungs-, Schmiermittel, Reparaturmaterial, technisches und chemisches Kleinmaterial, Verbandsstoffe und Arzneimittel[388]. Zu den Betriebsstoffen gehören auch Werbematerialien, Bestände der Werkskantinen und -kioske, Verpackungsmaterialien, soweit sie nicht zum Verkauf bestimmt sind[389]. 426

Die Unterscheidung ist lediglich für die Kontierung und Kostenrechnung, nicht aber für den Bilanzausweis von Bedeutung. 427

2. Bewertung

a) Handelsrecht

Roh-, Hilfs- und Betriebsstoffe sind grundsätzlich zu Anschaffungskosten (inkl. Anschaffungsnebenkosten) anzusetzen. Zum Bilanzstichtag ist zu prüfen, ob eine Abwertung nach dem Niederstwertprinzip bzw. auf den niedrigeren Teilwert vorzunehmen ist. Für die Ermittlung des handelsrechtlichen niedrigen Börsen- oder Marktpreises bzw. des niedrigen beizulegenden Wertes und des steuerrechtlichen niedrigeren Teilwertes gelten die Wiederbeschaffungskosten auf dem Beschaffungsmarkt. 428

---

[384] Vgl. *Biener/Berneke,* BiRiLiG, S. 147; *Knop,* in Küting/Weber § 266 HGB Tz 68; *Claussen/Korth,* in Kölner Kom. § 266 HGB Tz 75.

[385] Vgl. *Fülling,* GoB für Vorräte, S. 39.

[386] Vgl. *Adler/Düring/Schmaltz,* § 266 HGB Tz 104; *Claussen/Korth,* in Kölner Kom. § 266 HGB Tz 76.

[387] Vgl. *Biener/Berneke,* BiRiLiG, S. 147; *Claussen/Korth,* in Kölner Kom. § 266 HGB Tz 76.

[388] *Ellrott/Bartels-Hetzler,* in Beck Bil-Kom. § 266 HGB Tz 91; *Adler/Düring/Schmaltz,* § 266 HGB Tz 105.

[389] Vgl. *Adler/Düring/Schmaltz,* § 266 HGB Tz 105; *Ellrott/Bartels-Hetzler,* in Beck Bil-Kom. § 266 HGB Tz 91 zählen Verpackungsmaterialien zu den Hilfs- und Betriebsstoffen.

b) Steuerrecht

aa) Dauernde Wertminderung

429 Steuerrechtlich gilt für nach dem 31. 12. 1998 endende Wirtschaftsjahre, dass es sich **bei dem niedrigeren steuerlichen Teilwert um eine voraussichtlich dauernde Wertminderung handeln muss,** § 6 Abs. 1 Nr. 2 S. 2 EStG 1997. Da das Handelsrecht für das Umlaufvermögen eine Abwertungspflicht auch bei vorübergehender Wertminderung vorsieht, handelt es sich insoweit um einen **steuerrechtlichen Bewertungsvorbehalt,** der bei vorübergehenden Wertminderungen eine Abwertung in der Steuerbilanz verbietet. Allerdings ist das Kriterium „voraussichtlich dauernde Wertminderung" stets erfüllt, wenn die Wertminderung bis zum Zeitpunkt der Aufstellung der Bilanz oder dem vorangegangenen Verkaufs- oder Verbrauchszeitpunkt anhält[390].

bb) Teilwert

430 Die Teilwertermittlung bestimmt sich nach den Wiederbeschaffungskosten, u. z. auch dann, wenn mit einem entsprechenden Rückgang der Verkaufspreise nicht gerechnet zu werden braucht, R 36 Abs. 2 EStR 1999. Bei absatzorientierter (verlustfreier) Bewertung ist als niedrigerer Teilwert der Betrag anzusetzen, „der von den voraussichtlich erzielbaren Veräußerungserlös nach Abzug des durchschnittlichen Unternehmergewinns und des nach dem Bilanzstichtag noch anfallenden betriebswirtschaftlichen Aufwands verbleibt", R 36 Abs. 2 S. 3 EStR 1999. Dabei kann der Teilwert vereinfacht in der Weise ermittelt werden, dass der Veräußerungserlös um den durchschnittlichen Rohgewinnaufschlag gekürzt wird, sog. **retrograde Methode.**

431 Unter Hinweis auf die BFH-Rechtsprechung[391] will die FinVerw eine Teilwertabschreibung nach der retrograden Methode nicht anerkennen, wenn es sich – zumindest bei einem rentabel geführten Betrieb – bei Verlustprodukten um Artikel handelt, bei denen die Kalkulation nicht kostendeckender Verkaufspreise branchenüblich ist[392].

cc) Gängigkeitsabschläge

432 Abwertungen können auch aufgrund einer beschränkten Verwertbarkeit von Vorräten erforderlich sein, sog. **Gängigkeitsabschläge.** Dadurch sollen Qualitätsminderungen infolge der Lagerung (Rost, Qualitätsmüdigkeit) sowie der beschränkten technischen Verwertbarkeit Rechnung getragen werden. Derartige Gängigkeitsabschläge werden auch bei der Ermittlung der steuerlichen Teilwerte anerkannt, sofern im Zusammenhang mit der Lagerdauer eine Wertminderung verbunden ist[393]. Künftige Lagerkosten sowie etwaige Zinsverluste dürfen dagegen bei der steuerlichen Teilwertermittlung nicht berücksichtigt werden, weil sie (zeitabhängig) erst in der Zukunft anfallen[394].

dd) Wertaufholungsgebot

433 Durch das im Rahmen des StEntlG 1999/2000/2002 weggefallene Wertbeibehaltungswahlrecht ergibt sich ein für jeden Bilanzstichtag zu prüfendes **Wertaufholungsgebot,** § 6 Abs. 1 Nr. 2 S. 3 EStG 1997. Dabei ist der Wert vor Teilwertabschreibung mit dem jeweiligen Bilanzstichtagwert zu vergleichen. Unerheblich ist, ob die konkreten Gründe für die vorherige Teilwertabschreibung entfallen sind. Es

---

[390] Vgl. BMF-Schr. v. 25. 2. 2000, BStBl I 2000, S. 372, 374.

[391] BFH-Urt. v. 29. 4. 1999, BStBl II 1999, S. 681; vgl. auch *Bolz,* AktStR 1999, S. 634.

[392] Der BFH hatte dies damit begründet, dass der gedachte Erwerber gezwungen sei, diese Produkte anzubieten wie der Veräußerer, BFH v. 29. 4. 1999, BStBl II 1999, S 634; dies widerspricht m. E. dem Grundsatz der Einzelbewertung und der Rechtsprechung des BFH, nach dem der Teilwert nicht durch Aufteilung des nach einem Ertragswertverfahren ermittelten Unternehmenswertes auf die einzelnen Wirtschaftsgüter bestimmt werden kann, so BFH v. 12. 5. 1993, BStBl II 1993, S. 587 bezogen auf die Anteile an einer Kapitalgesellschaft.

[393] Vgl. *Ellrott/St. Ring,* in Beck Bil-Kom. § 253 HGB Tz 555.

[394] Nach BFH-Urt. v. 24. 2. 1994, BStBl II 1994, S. 514, sind im Kfz-Handel pauschale Teilwertabschläge auf Kfz-Ersatzteile allein aufgrund der Lagerdauer unzulässig, solange die Waren zu den ursprünglichen oder gar erhöhten Preisen verkauft werden; anders BFH-Urt. v. 13. 10. 1976, BStBl II 1977, S. 540 zu geschmacksorientierten Produkten, die trotz längerer Lagerdauer nicht absetzbar sind.

genügt, wenn der Bilanzstichtagwert nach vorangegangener Teilwertabschreibung über dem Buchwert liegt[395]. **Bewertungsobergrenze** bleiben die Anschaffungs-/Herstellungskosten. Die Wertobergrenze ist vom Steuerpflichtigen nachzuweisen. Kann der Nachweis nicht erbracht werden, gilt der Buchwert als Bewertungsobergrenze, der in der ältesten noch vorhandenen Bilanz als Anfangswert ausgewiesen ist[396].

Standardkonten im DATEV-System 434

SKR 03	SKR 04
3970–79 Bestand Roh-, Hilfs- und Betriebsstoffe	1000–39 Roh-, Hilfs- und Betriebsstoffe (Bestand)

Aufwandsgegenktn:	SKR 03	SKR 04
	3000–3099	5000–5899
	3200–3969	
	3990–4099	

Buchungsbeispiel: 435
Erhöhung der Roh-, Hilfs- und Betriebsstoffbestände

SKR 03

Soll	Haben	Gegen-Kto.	Beleg-Datum	Konto
	11 000,00	3970	31 12	3960

SKR 04

Soll	Haben	Gegen-Kto.	Beleg-Datum	Konto
	11 000,00	1000	31 12	5880

B.I.2. Unfertige Erzeugnisse, unfertige Leistungen

1. Ausweis

Zu den **„unfertigen Erzeugnissen"** gehören alle Produkte, für die nach Be- oder Verarbeitung Einzel- oder Gemeinkosten angefallen sind und bei denen der Produktionsprozeß noch nicht beendet ist, die Voraussetzungen für einen Ausweis unter den fertigen Erzeugnissen also noch nicht gegeben sind[397]. Hierzu gehören auch Erzeugnisse, die erst nach weiterer Lagerung verkaufsfähig sind, wie Käse, Whisky, Cognac, Wein[398]. Wieder verwendbare Abfallstoffe sind hier ebenfalls auszuweisen[399]. 436

Unfertigen Erzeugnissen sind – ausweisrechtlich – gleichgestellt **„unfertige Leistungen"**, d. s. am Bilanzstichtag noch nicht abgeschlossene Dienstleitungen[400]. Bis zur Leistungsbeendigung kommt ein Ausweis unter „Forderungen aus Lieferungen und Leistungen" nicht in Betracht, weil das Realisationsprinzip den Ausweis nicht realisierter Gewinne verbietet[401]. 437

Bei **Dienstleistungsunternehmen** heißt der Bilanzposten **„In Arbeit befindliche Aufträge"**, Ktn. 7095–7099 (SKR 03) bzw. Ktn. 1095–1099 (SKR 04). Es handelt sich um noch nicht beendete, mit Einzel- oder Gemeinkosten belastete 438

---

395 Vgl. *Korth,* AktStR 2000, S. 155, 169.
396 Vgl. BMF-Schr. v. 25. 2. 2000, BStBl I 2000, S. 372, 375.
397 Vgl. *Adler/Düring/Schmaltz,* § 266 HGB Tz 106.
398 Vgl. *Knop,* in Küting/Weber § 266 HGB Tz 73; *Claussen/Korth,* in Kölner Kom. § 266 HGB Tz 79; *Ellrott/Bartels-Hetzler,* in Beck Bil-Kom. § 266 HGB Tz 93; *Adler/Düring/Schmaltz,* § 266 HGB Tz 107.
399 Vgl. *Adler/Düring/Schmaltz,* § 266 HGB Tz 108.
400 Vgl. *Adler/Düring/Schmaltz,* § 266 HGB Tz 109; *Ellrott/Bartels-Hetzler,* in Beck Bil-Kom. § 266 HGB Tz 102.
401 Vgl. *Biener/Berneke,* BiRiLiG, S. 148; *Ellrott/St. Ring,* in Beck Bil-Kom. § 247 HGB Tz 80; *Adler/Düring/Schmaltz,* § 266 HGB Tz 109.

Dienstleistungen[402]. Auch unfertige Bauten bei Bauunternehmen gehören zu den unfertigen Erzeugnissen, unabhängig davon, ob die Bauten auf eigenen oder auf fremden Grund und Boden errichtet werden[403]. Bauunternehmen wählen für den Ausweis ihrer unfertigen Leistungen i. d. R. die klarere Postenbezeichnung **„In Ausführung befindliche Bauaufträge“.** Buchungen auf den Ktn. 7090–7094 und 7095–7099 (SKR 03) bzw. den Ktn. 1090–1094 und 1095–1099 (SKR 04) bewirken eine entsprechende Postenbezeichnung beim Bilanzausdruck[404].

2. Bewertung

a) Herstellungskosten

439 „Unfertige Erzeugnisse“ und „unfertige Leistungen“ sind zu Herstellungskosten zu aktivieren. Dazu gehören nach § 255 Abs. 2 S. 2 HGB die Materialkosten, die Fertigungskosten und die Sonderkosten der Fertigung i. S. v. **Einzelkosten.** Daneben dürfen nach § 255 Abs. 2 S. 3 HGB angemessene Teile der notwendigen Materialgemeinkosten, die notwendigen Fertigungsgemeinkosten und der Wertverzehr des Anlagevermögens, soweit er durch die Fertigung veranlasst ist, i. S. v. **Gemeinkosten** einbezogen werden. Für Verwaltungskosten sowie Aufwendungen für soziale Einrichtungen des Betriebes, für freiwillige soziale Leistungen und für betriebliche Altersversorgung besteht ein Einbeziehungswahlrecht. Vertriebskosten dürfen in die Herstellungskosten nicht einbezogen werden, § 255 Abs. 2 S. 6 HGB.

440 Die **steuerlichen Herstellungskosten** sind mit den handelrechtlichen Herstellungskosten nur insoweit deckungsgleich, wie es sich um die Material- und Fertigungseinzelkosten handelt. Bei der Einbeziehung der notwendigen Material-, Fertigungsgemeinkosten und den durch die Fertigung veranlassten Abschreibungen besteht handelsrechtlich ein Wahlrecht, **steuerrechtlich ein Aktivierungsgebot.** Die übrigen handelsrechtlichen Einbeziehungswahlrechte (Kosten der allgemeinen Verwaltung, der betrieblichen Altersversorgung und für freiwillige Sozialleistungen) schlagen auch steuerrechtlich durch, R 33 Abs. 4 EStR 2001.

aa) Materialeinzelkosten

441 Materialeinzelkosten sind die unmittelbar **dem herzustellenden Erzeugnis zurechenbaren Rohstoffe** oder fremdbezogenen Teile. Hilfs- und Betriebsstoffe gehören dagegen zu den Gemeinkosten. Das eingesetzte Material ist mit Anschaffungskosten (einschl. Anschaffungsnebenkosten, abzgl. Anschaffungskostenminderungen) zu bewerten. In Vorjahren abgewertete Vorjahresbestände gehen zum Buchwert in die Herstellungskosten ein, sofern zwischenzeitlich keine Wertaufholung stattgefunden hat.

bb) Fertigungseinzelkosten

442 Zu den den Herstellungskosten unmittelbar zuzurechnenden Fertigungseinzelkosten gehören in erster Linie die **Fertigungslöhne,** die zu Vollkosten einzubeziehen sind, d. h. einschl. Sonderzulagen, Leistungs- und Abschlussprämien, gesetzliche Sozialabgaben, Lohnfortzahlung im Krankheitsfall[405]. Freiwillige Sozialabgaben, Ergebnisbeteiligungen und Aufwendungen für die betriebliche Altersversorgung gehören dagegen nicht zu den Fertigungseinzelkosten.

cc) Sonderkosten der Fertigung

443 Zu den Sonderkosten der Fertigung gehören:
- Sondereinzelkosten der Fertigung
- Entwicklungs-, Versuchs- und Konstruktionskosten

---

[402] Vgl. *Claussen/Korth,* in Kölner Kom. § 266 HGB Tz 80.

[403] Vgl. *Adler/Düring/Schmaltz,* § 266 HGB Tz 109; *Ellrott/St. Ring,* in Beck Bil-Kom. § 247 HGB Tz 65.

[404] Gleiches gilt für eine sachgerechte Bezeichnung in der GuV für „Erhöhung“ bzw. „Verminderung des Bestands in Ausführung befindliche Bauaufträge“, was durch eine Buchung auf Kto 8975 (SKR 03) bzw. Kto 4816 (SKR 04) bewirkt wird; ebenso für „Erhöhung“ bzw. „Verminderung des Bestands in Arbeit befindliche Aufträge“, was durch eine Buchung auf Kto 8977 (SKR 03) bzw. Kto 4818 (SKR 04) bewirkt wird, vgl. auch E 17.

[405] Vgl. *Ellrott/Schmidt-Wendt,* in Beck Bil-Kom. § 255 HGB Tz 351.

444 Sonderkosten der Fertigung umfassen den Produkten direkt zurechenbare Aufwendungen für Sonderwerkzeuge, Modelle, Schablonen, Lizenzgebühren. Häufig werden sich diese Aufwendungen nur nach Kostenverteilungsgrundsätzen zuordnen lassen, so dass es sich um Gemeinkosten handelt[406]. Dann besteht handelsrechtlich ein Einbeziehungswahlrecht, steuerrechtlich ein Einbeziehungsgebot.

445 Zu den Entwicklungs-, Versuchs- und Konstruktionskosten gehören die im Rahmen eines Auftrags anfallenden direkt zurechenbaren auftragsbebundenen Kosten[407].

446 Kosten der Grundlagenforschung dürfen nicht aktiviert werden, weil sie noch in keinem konkreten Zusammenhang mit einem bestimmten zu bewertenden Produkt stehen.

dd) Wertverzehr des Anlagevermögens

447 In die Herstellungskosten dürfen handelsrechtlich auch angemessene Teile des Wertverzehrs des Anlagevermögens, soweit er durch die Fertigung veranlasst ist, einbezogen werden. Die Einbeziehung ist auf den Zeitraum beschränkt, auf den die Herstellung entfällt. Zum Wertverzehr des Anlagevermögens gehören **planmäßige Abschreibungen**[408] nach § 253 Abs. 2 S. 1 HGB. Für die Ermittlung der steuerlichen Herstellungskosten sind Absetzungen für Abnutzungen nach § 7 Abs. 1 (lineare AfA) oder Abs. 2 (degressive AfA) EStG 1997 zu berücksichtigen.

448 Außerplanmäßige Abschreibungen sind nicht in die Herstellungskosten einzubeziehen, gleiches gilt für steuerliche Sonderabschreibungen und erhöhte steuerliche Absetzungen[409].

449 Steuerrechtlich sind grundsätzlich die Abschreibungen anzusetzen, die in der Steuerbilanz als AfA berücksichtigt wurden. Nach R 33 Abs. 3 S. 2 EStR 2001 können jedoch anstelle der verrechneten degressiven AfA (§ 7 Abs. 2 EStG 1997) auch lineare AfA-Beträge angesetzt werden. Dieses Verfahren ist dann auch in den Folgejahren beizubehalten[410].

ee) Verwaltungskosten

450 Für die allgemeinen Verwaltungskosten besteht (handels- und steuerrechtlich) ein **Einbeziehungswahlrecht.** Verwaltungskosten der Fertigung rechnen zu den Fertigungsgemeinkosten.

451 Zu den Aufwendungen der allgemeinen Verwaltung gehören nach R 33 Abs. 4 S. 2 EStR 2001 Aufwendungen der Geschäftsleitung, Kosten des Einkaufs und des Wareneingangs, das Personalbüro, das Rechnungswesen, Feuerwehr und Werkschutz.

452 Es gilt das **Prinzip der Angemessenheit und Notwendigkeit.** Der Grundsatz der Angemessenheit bedeutet, dass nur auf den Fertigungszeitraum entfallende Gemeinkosten einzubeziehen sind und außerordentliche oder neutrale Aufwendungen auszusondern sind. Ebenso sind unangemessene hohe Kosten, die z. B. aufgrund einer Unterbeschäftigung entstehen, auszusondern[411]. Der Grundsatz der Notwendigkeit bezieht sich auf die Art der Aufwendungen, u. z. soweit sie dem Fertigungsprozess notwendigerweise zugerechnet werden müssen[412].

ff) Aufwendungen für soziale Einrichtungen, freiwillige soziale Leistungen und betriebliche Altersversorgung

453 Zu den **Aufwendungen für soziale Einrichtungen** gehören Aufwendungen für Kantinen und Freizeitgestaltung, R 33 Abs. 4 S. 3 EStR 2001. Als **freiwillige soziale Leistungen** gelten Aufwendungen für Jubiläumsgeschenke, Weihnachtszuwendungen, Wohnungsbeihilfen und andere freiwillige Beihilfen. Die Aufwendun-

---

[406] Vgl. auch *Adler/Düring/Schmaltz,* § 255 HGB Tz 149, 150; *Knop,* in Küting/Weber § 255 HGB Tz 180; *Ellrott/Schmidt-Wendt,* in Beck Bil-Kom. § 255 HGB Tz 424.

[407] Vgl. *Adler/Düring/Schmaltz,* § 255 HGB Tz 151.

[408] Vgl. dazu D 49.

[409] Vgl. *Adler/Düring/Schmaltz,* § 255 HGB Tz 191; *Knop/Küting,* in Küting/Weber § 255 HGB Tz 283.

[410] Vgl. *Ellrott/Schmidt-Wendt,* in Beck Bil-Kom. § 255 HGB Tz 429.

[411] Vgl. *Adler/Düring/Schmaltz,* § 255 HGB Tz 158; *Knop/Küting,* in Küting/Weber § 255 HGB Tz 254.

[412] Nach h. M. bedeutet „notwendig" keine zusätzliche Einschränkung, sondern eine Beschreibung des Angemessenheitsprinzips; vgl. *Ellrott/Schmidt-Wendt,* in Beck Bil-Kom. § 255 HGB Tz 438; *Adler/Düring/Schmaltz,* § 255 HGB Tz 160.

gen für die betriebliche Altersversorgung umfassen Direktversicherungen, Zuwendungen an Pensions- und Unterstützungskassen und Zuweisungen zu den Pensionsrückstellungen, R 33 Abs. 4 S. 5 EStR 2001.

gg) Aktivierungsverbot für Vertriebskosten

454 Nach § 255 Abs. 2 S. 6 HGB **dürfen Vertriebskosten nicht** in die Herstellungskosten **einbezogen werden.** Dazu gehören alle dem Vertriebsbereich zuzurechnenden Kosten:[413]

- Fertigungsend- und Vertriebsläger
- Vertriebsabteilungen einschl. Verkaufsbüro
- Werbeaufwand, Reklamematerial
- Aufwendungen für Ausstellungen und Messen
- Verkäuferschulungen, Reisekosten des Verkaufs
- Verpackungsmaterialien, Ausgangsfrachten, Transportversicherung
- Verkaufsprovisionen
- Umsatzabhängige Lizenzgebühren
- Unternehmensexterne Abnahmekosten, z. B. TÜV-Gebühren.

b) Niederstwertprinzip

aa) Handelsrecht

455 Bei unfertigen Erzeugnissen und unfertigen Leistungen (auch halbfertige Arbeiten oder halbfertige Bauten) ist statt der Herstellungskosten **ein etwaiger niedrigerer beizulegender Wert** anzusetzen. Es handelt sich dabei um Wiederherstellungskosten (fiktive Reproduktionskosten). Dazu gehören alle Aufwendungen die anfallen würden, um das Produkt oder die unfertige Leistung bis zum Erreichen des korrespondierenden Fertigungsgrades wieder – bei geänderten Kostenverhältnissen – herzustellen. Die Ermittlung kann nach der progressiven oder der retrograden Methode erfolgen.

456 Bei der **progressiven Methode** werden die Herstellungskosten aufgrund der am Bewertungsstichtag vorliegenden Kostenverhältnisse ermittelt. Soweit Erzeugnisse auch kostengünstiger von Dritten bezogen werden können, darf dies nicht berücksichtigt werden; auch eine kostengünstigere Produktion aufgrund vorgenommener Rationalisierungsmaßnahmen soll außer Betracht bleiben[414]. Bei der stichtagsbezogenen Ermittlung der Wiederherstellungskosten müssen sowohl Kostensteigerungen als auch Kostenminderungen berücksichtigt werden.

457 Nach der **retrograden Methode** ergeben sich die Wiederherstellungskosten aus dem erwarteten Verkaufserlös abzgl. aller Erlösschmälerungen (Skonti, Rabatte), Vertriebskosten sowie der noch anfallenden Herstellungskosten[415], sog. **„verlustfreie Bewertung".** Kalkulatorische Kosten sind nicht anzusetzen. Fremdkapitalzinsen brauchen nicht angesetzt zu werden.

bb) Steuerrecht

458 Auch **steuerrechtlich** ist die **„verlustfreie Bewertung" zulässig.** Es handelt sich dabei um die Ableitung des niedrigen Teilwertes bei nicht ausreichenden oder gesunkenen Verkaufserlösen. Nach R 36 Abs. 2 S. 3 EStR 2001 setzt dies voraus, dass die voraussichtlichen Verkaufserlöse die Selbstkosten und einen durchschnittlichen Unternehmergewinn nicht mehr decken. Dabei sind den Gesamtherstellungskosten die erwarteten Nettoverkaufserlöse abzgl. Gewinnaufschlag (i. S. e. durchschnittlichen Unternehmergewinns) gegenüber zustellen[416]. Aus dem Differenzbetrag

---

[413] Vgl. *Ellrott/Schmidt-Wendt,* in Beck Bil-Kom. § 255 HGB Tz 443.

[414] Vgl. *Ellrott/St. Ring,* in Beck Bil-Kom. § 253 HGB Tz 544.

[415] *Ellrott/St. Ring,* in Beck Bil-Kom. § 253 HGB Tz 545, wollen die retrograde Methode nur bei der Bewertung unfertiger Erzeugnisse zulassen; bei der Ermittlung der noch anfallenden Herstellungskosten ist streitig, ob nur Einzelkosten oder auch angemessene Teile der Gemeinkosten einzubeziehen sind; *Adler/Düring/Schmaltz,* § 253 HGB Tz 528, wollen nur variable Gemeinkosten einbeziehen; *Ellrott/St. Ring,* in Beck Bil-Kom. § 253 HGB Tz 546, ermitteln die Wiederherstellungskosten i. S. v. Vollkosten und beziehen auch Bestandteile ein, für deren Ansatz in der Steuerbilanz ein Wahlrecht besteht, wie Sozialleistungen, Aufwendungen für Altersversorgung, Verwaltungsgemeinkosten.

[416] Vgl. *Schmidt/Glanegger,* EStG, 21. Aufl., § 6 Tz 250, Stichwort: „Eigenerzeugnisse".

ergibt sich die Höhe der Teilwertabschreibung. Maßgeblich sind die am Bilanzstichtag voraussichtlich erzielbaren Verkaufserlöse.

Standardkonten im DATEV-System 459

SKR 03		SKR 04	
7000	**Unfertige Erzeugnisse, unfertige Leistungen (Bestand)**	**1040–49**	**Unfertige Erzeugnisse, unfertige Leistungen (Bestand)**
7050	Unfertige Erzeugnisse (Bestand)	1050–79	Unfertige Erzeugnisse
7080	Unfertige Leistungen (Bestand)	1080–89	Unfertige Leistungen
7090	In Ausführung befindliche Bauaufträge	1090–94	In Ausführung befindliche Bauaufträge
7095	In Arbeit befindliche Aufträge	1095–99	In Arbeit befindliche Aufträge

Buchungsbeispiel: 460
Verminderung des Bestandes an unfertigen Erzeugnissen

SKR 03

Soll	Haben	Gegen-Kto.	Beleg-Datum	Konto
17 000,00		7000	31 12	8960

SKR 04

Soll	Haben	Gegen-Kto.	Beleg-Datum	Konto
17 000,00		1040	31 12	4810

B.I.3. Fertige Erzeugnisse und Waren

1. Ausweis

„Fertige Erzeugnisse" sind von der Gesellschaft produzierte verkaufsfähige, d.h. versandfähige Endprodukte[417]. Der Begriff „Endprodukt" ist in Abhängigkeit des Produktionsprozesses des bilanzierenden Unternehmens abzugrenzen. 461

Zusammen mit den selbstproduzierten „fertigen Erzeugnissen" sind fremdbezogene und ohne wesentliche Bearbeitung weiterzuveräußernde Handelsprodukte als **„Waren"** auszuweisen. Dazu gehören auch Ersatzteile für eigene Erzeugnisse, z.B. in Maschinen eingebaute Elektromotoren, oder zum Verkauf bestimmte wiederverwendbare Abfallstoffe[418]. Sofern diese Bestände nicht getrennt gelagert werden, sind sie entsprechend ihrer tatsächlichen oder wahrscheinlichen späteren Verwendung den „Rohstoffen" oder „Waren" zuzuordnen[419]. 462

Leihemballagen sind nicht hier, sondern als Anlagevermögen auszuweisen, weil sie nicht zum Verkauf bestimmt sind[420]. Gleiches gilt für Vorführwagen der Kfz-Händler[421]. Ebenso Ausstellungsgegenstände und Musterkollektionen. Auch Formen und Modelle, die nicht auftragsgebunden sind, gehören zum Anlagevermögen[422]. 463

Bestellte, aber noch nicht ausgelieferte Erzeugnisse und Waren gehören ebenso wie gekaufte, aber noch nicht am Lager befindliche Handelswaren zum Vorratsvermögen. Im ersten Fall darf noch keine Forderung aus Lieferung und Leistung aktiviert sein, im zweiten Fall ist die Kaufpreisverpflichtung zu passivieren, wenn der Gefahrenübergang auf die Gesellschaft übergegangen ist.[423] 464

---

[417] Vgl. *Ellrott/Bartels-Hetzler,* in Beck Bil-Kom. § 266 HGB Tz 104.
[418] Vgl. *Adler/Düring/Schmaltz,* § 266 HGB Tz 112; *Ellrott/Bartels-Hetzler,* in Beck Bil-Kom. § 266 HGB Tz 104.
[419] Vgl. *Fülling,* GoB für Vorräte, S. 37 *Adler/Düring/Schmaltz,* § 266 HGB Tz 100.
[420] Vgl. WP-Handbuch 2000, Bd. I, F 186, das Leihemballagen der Betriebs- und Geschäftsausstattung zuordnet; ebenso *Adler/Düring/Schmaltz,* § 266 HGB Tz 115.
[421] Vgl. BFH-Urt. v. 17. 11. 1981, BStBl II 1982, S. 344; BFH-Urt. v. 31. 3. 1977, BStBl II 1977, S. 684.
[422] Vgl. BFH-Urt. v. 8. 10. 1970, BStBl II 1971, S. 51; BFH-Urt. v. 21. 1. 1971, BStBl II 1971, S. 304; BFH-Urt. v. 28. 10. 1977, BStBl. II 1978, S. 115 betr. Reproduktionen und Lithographien einer Druckerei.
[423] Vgl. *Reinhard,* in Küting/Weber § 247 HGB Tz 84.

465 Unter **Eigentumsvorbehalt** gelieferte Vermögensgegenstände sind ebenfalls unter den Vorräten auszuweisen, solange keine Eigentumsgeltendmachung droht[424]. Ebenso ist in Kommission gegebenes Vorratsvermögen weiter beim Kommissionsgeber ausweisen; anders in **Kommission genommene** fertige Erzeugnisse und Waren, die nicht zum Vorratsvermögen des „Kommissionärs“ gehören[425].

466 Das Gliederungsschema enthält keinen Posten „Fertige Leistungen“. **Fertig erbrachte Dienstleistungen** sind grundsätzlich Forderungen, selbst wenn die Abrechnung oder Abnahme noch aussteht[426]. Nur wenn ernsthafte Zweifel an der Abnahme bestehen, z.B. bei Bauvorhaben, verbietet das Realisationsprinzip einen Forderungsausweis. In diesen Fällen ist aber von einer noch nicht beendeten Dienstleistung auszugehen, so dass ein Ausweis unter Pos. B.I.2. „Unfertige Leistungen“ in Betracht kommt[427]. Geringfügige und regelmäßig anfallende Nachbesserungen sind ggf. als Rückstellung zu passivieren.

467 Im SKR 03 werden für die **Bestände an Handelswaren** die Ktn 3980–3989 sowie das Kto 7140 angeboten. Die Handelswarenbestände in zwei verschiedenen Kontengruppen zu zeigen entspricht dem Wunsch der Anwender, von denen die Handelsunternehmen die Bestände überwiegend in die Kontenklasse 3 gliedern, die Produktionsunternehmen Handelswarenbestände in die Kontenklasse 7. Für den Bilanzausweis ist die Kontenwahl unerheblich. Beide Kontengruppen sind unter dem Posten „Fertige Erzeugnisse und Waren“ zusammengefasst.

2. Bewertung

a) Anschaffungs- und Herstellungskosten

468 **Fertige Erzeugnisse** sind zu Herstellungskosten zu bewerten; es gelten die gleichen Grundsätze wie für unfertige Erzeugnisse[428].

469 **Waren** sind zu Anschaffungskosten zu bewerten; für die Bewertung gelten die gleichen Grundsätze wir für das Anlagevermögen[429].

b) Niederstwertprinzip

470 **Fertige Erzeugnisse** sind mit dem beizulegenden Wert anzusetzen, sofern dieser niedriger ist als die Herstellungskosten. Bei dem niedrigeren beizulegenden Wert handelt es sich um Wiederherstellungskosten (fiktive Reproduktionskosten), die i.d.R. nach retrograden Methode zu ermitteln sind. Es gelten insoweit die gleichen Grundsätze wie bei den unfertigen Erzeugnissen[430].

471 **Waren** sind sowohl vom Beschaffungs- als auch vom Absatzmarkt zu bewerten. Soweit die Bewertung vom Beschaffungsmarkt her erfolgt, entspricht sie dem Bewertungsverfahren der Roh-, Hilfs- und Betriebsstoffe. Soweit die Bewertung von der Absatzmarktseite her erfolgt, ist der Verkaufspreis mit den Anschaffungskosten zzgl. eines Gewinnaufschlages zu vergleichen oder umgekehrt vom Verkaufspreis ein Abschlag in Höhe des Rohgewinnsatzes vorzunehmen. Der Aufschlag oder der Abschlag kann aus dem Jahresabschluss ermittelt werden, R 36 Abs. 2 S. 5 EStR 1999. Der Rohgewinnaufschlag stellt die Differenz zwischen den Erlösen und dem Wareneinsatz bezogen auf den Wareneinsatz dar[431].

472 Bei der Ermittlung der Teilwertabschreibung ist auch der **durchschnittliche Unternehmergewinn** zu berücksichtigen. Dieser ist bei der retrograden Berechnung den Selbstkosten hinzuzurechnen oder im Rohgewinnaufschlag mit anzusetzen, R 36 Abs. 2 S. 5 EStR 2001.

473 Handelrechtlich sind bei der Bewertung vom Absatzmarkt her die voraussichtlichen Erlöse um noch anfallende Aufwendungen (Erlösschmälerungen, Verpa-

---

[424] Vgl. WP-Handbuch 2000, Bd. I, F 185; *Reinhard,* in Küting/Weber § 247 HGB Tz 84.

[425] Vgl. *Adler/Düring/Schmaltz,* § 266 HGB Tz 117.

[426] Vgl. *Adler/Düring/Schmaltz,* § 266 HGB Tz 118; *Schäfer,* GoB für Forderungen, S. 28; *Ellrott/Bartels-Hetzler,* in Beck Bil-Kom. § 266 HGB Tz 107; a. A. *Knop,* in Küting/Weber § 266 HGB Tz 71.

[427] Für Erweiterung der Postenbezeichnung. *Matschke,* in Bonner HdR § 266 HGB Tz 92; für Einfügung eines neuen Postens *Adler/Düring/Schmaltz,* § 266 HGB Tz 118.

[428] Vgl. D 439.

[429] Vgl. D 45.

[430] Vgl. D 455.

[431] Vgl. *Ellrott/St. Ring,* in Beck Bil-Kom. § 253 HGB Tz 550.

ckungskosten, Ausgangsfrachten, Vertriebskosten) sowie noch anfallende Verwaltungs- und Fremdkapitalkosten zu kürzen und den Anschaffungskosten gegenüberzustellen[432]. Ein durchschnittlicher Unternehmergewinn bleibt unberücksichtigt.

Standardkonten im DATEV-System 474

SKR 03		SKR 04	
3980–89	Bestand Waren	**1100–09**	**Fertige Erzeugnisse und Waren (Bestand)**
7100	**Fertige Erzeugnisse und Waren (Bestand)**	**1110–39**	**Fertige Erzeugnisse (Bestand)**
7110	Fertige Erzeugnisse (Bestand)	**1140–79**	**Waren (Bestand)**
7140	Waren (Bestand)		

B.I.4. Geleistete Anzahlungen

Hierher gehören nur **Anzahlungen** auf künftige **Lieferungen von Vorräten.** 475
Andere Anzahlungen sind entweder unter „geleistete Anzahlungen" im Anlagevermögen auszuweisen, oder unter „sonstige Vermögensgegenstände", wie Anzahlungen auf Dienstleistungen für Reparaturaufträge, Rechts- und Gerichtskostenvorschüsse, Reisekostenvorschüsse u. ä.[433], soweit es sich nicht um Forderungen gegenüber verbundene Unternehmen oder Forderungen gegenüber Unternehmen, mit denen Beteiligungsverhältnis besteht, handelt. Auch **Anzahlungen auf Dienstleistungen,** die mit dem Produktionsprozess im Zusammenhang stehen, sind hier auszuweisen, regelmäßig also Anzahlungen auf Subunternehmerleistungen im Sinne der Inhaltsumschreibung von Pos. Nr. 5 b) der GuV[434].

Anzahlungen haben Forderungscharakter; die Aktivierung setzt einen **Zahlungs-** 476
vorgang voraus. Soweit Anzahlungen der USt unterliegen, § 13 Abs. 1 Nr. 1 a S. 4 und Nr. 1 b UStG, und die Vorsteuer abzugsfähig ist, § 15 Abs. 1 UstG, erfolgt ein „Nettoausweis" der Anzahlungen, d. h. ohne Umsatzsteuer[435]. Mit Lieferung der bestellten Vorräte – exakt im Zeitpunkt des Gefahrenübergangs – sind die Anzahlungen mit den „Verbindlichkeiten aus Lieferungen und Leistungen" zu verrechnen.

Standardkonten im DATEV-System 477

SKR 03		SKR 04	
1510	**Geleistete Anzahlungen auf Vorräte**	**1180**	**Geleistete Anzahlungen auf Vorräte**
AV 1511	Geleistete Anzahlungen 7% Vorsteuer	AV 1181	Geleistete Anzahlungen 7% Vorsteuer
R 1512–15		R 1182–83	
AV 1516	Geleistete Anzahlungen 15% Vorsteuer	AV 1184	Geleistete Anzahlungen 16% Vorsteuer
AV 1517	Geleistete Anzahlungen 16% Vorsteuer	AV 1185	Geleistete Anzahlungen 15% Vorsteuer
R 1518		R 1186	

Sonderposten 9: Erhaltene Anzahlungen auf Bestellungen

Gem. § 268 Abs. 5 S. 2 HGB können erhaltene Anzahlungen auf Bestellungen 478
offen von den Vorräten abgesetzt werden. Andernfalls sind sie als „Erhaltene Anzahlungen auf Bestellungen" auf der Passivseite gesondert auszuweisen. Das Wahlrecht der offenen Absetzung von dem Posten „Vorräte" führt zu einer Bilanzverkürzung, was im Hinblick auf die Offenlegung und Prüfung wegen der Größenklassenzuordnung bilanzpolitisch von Bedeutung ist. Werden erhaltene Anzahlungen auf Bestellungen offen von den Vorräten abgesetzt, erfolgt beim Bilanzausdruck im DATEV-System keine Zusammenfassung der Position „Vorräte". In diesem Fall sind die Ktn 1722–1730 (SKR 03) bzw. die Ktn 1190–1199 (SKR 04) zu benutzen.

---

[432] Vgl. *Adler/Düring/Schmaltz,* § 253 HGB Tz 526; WP-Handbuch 2000, Bd. I, E 330.
[433] Vgl. *Ellrott/Bartels-Hetzler,* in Beck Bil-Kom. § 266 HGB Tz 110.
[434] Zum Inhalt vgl. E 61; ebenso *Adler/Düring/Schmaltz,* § 266 HGB Tz 119.
[435] Vgl. WP-Handbuch 2000, Bd. I, E 422; allerdings wird auch ein Bruttoausweis für zulässig erachtet, *Adler/Düring/Schmaltz,* § 266 HGB Tz 225; in diesem Fall werden die erhaltenen Anzahlungen einschl. der darauf entfallenden USt ausgewiesen, die abzuführende USt wird unter den aktiven RAP ausgewiesen.

479 Wird von dem Wahlrecht der offenen Absetzung von den Vorräten Gebrauch gemacht, kann der – ansonsten auf der Passivseite auszuweisende – Restlaufzeitvermerk **entfallen, weil im Vorratsvermögen keine Restlaufzeiten zu vermerken sind.** Eine solche Angabe hat an dieser Stelle auch keinen Sinn, denn bei einem offenen Absetzen besteht für die erhaltene Anzahlung keine Rückzahlungsfälligkeit, sondern sie erlischt durch Verrechnung[436].

480 Ein **offenes aktivisches Absetzen** sollte nur gewählt werden, wenn zum Bilanzstichtag Vorräte ausgewiesen werden, auf die Anzahlungen geleistet wurden, was aus dem Wortlaut des § 268 Abs. 5 S. 2 HGB abgeleitet werden kann, der ein offenes Absetzen zulässt, soweit „Anzahlungen auf Vorräte" geleistet wurden[437]. Nach h. M. wird eine offene Absetzung aller erhaltenen Anzahlungen als zulässig erachtet[438]. Der Abzug darf jedoch nur vorgenommen werden, soweit dadurch kein „negatives" Vorratsvermögen ausgewiesen wird[439].

481 **Standardkonten im DATEV-System**

SKR 03	SKR 04
1722 Erhaltene Anzahlungen (von Vorräten offen abgesetzt)	1190 Erhaltene Anzahlungen auf Bestellungen (von Vorräten offen abgesetzt)

B.II. Forderungen und sonstige Vermögensgegenstände

1. Gliederung

482 Unter dieser „Position" werden Forderungen aller Art und sonstige Vermögensgegenstände zusammengefasst und von mittelgroßen und großen Kapitalgesellschaften/KapG & Co. wie folgt untergliedert:[440]

1. Forderungen aus Lieferungen und Leistungen
2. Forderungen gegen verbundene Unternehmen
3. Forderungen gegen Unternehmen, mit denen ein Beteiligungsverhältnis besteht
4. Sonstige Vermögensgegenstände

2. Nicht im Gliederungsschema enthaltene Sonderposten

483 § 266 Abs. 2 HGB enthält nicht sämtliche unter dieser Position auszuweisende Bilanzposten. Die Verpflichtung zum gesonderten Ausweis ergibt sich überwiegend nicht aus dem HGB, sondern auch aus dem GmbHG, dem AktG und dem DMBilG. Es sind dies:

- Forderungen gegen verbundene Unternehmen aus Ausgleichsverbindlichkeiten, § 25 DMBilG[441]
- Eingeforderte, noch ausstehende Kapitaleinlagen, § 272 Abs. 1 S. 3 HGB[442]
- Eingeforderte Nachschüsse, § 42 Abs. 2 GmbHG[443]
- Eingeforderte Einlagen gem. § 26 Abs. 3 der DMBilG[444]
- Forderungen gegen Gesellschafter, § 42 Abs. 3 GmbHG[445]
- Einzahlungsverpflichtungen persönlich haftender Gesellschafter, § 286 Abs. 2 AktG[446]

---

[436] A. A. *Adler/Düring/Schmaltz*, § 285 HGB Tz 8.

[437] Demzufolge gehen *Dusemond/Knop*, in Küting/Weber § 266 HGB Tz 67, von einem Verbot der offenen Absetzung aus, solange keine zuordenbaren Vermögensgegenstände in den Vorräten enthalten sind; *Adler/Düring/Schmaltz*, § 266 Tz 99, halten dies für betriebswirtschaftlich sinnvoll.

[438] Vgl. *Biener/Berneke*, BiRiLiG, S. 147; WP-Handbuch 2000, Bd. I, F 189; *Adler/Düring/Schmaltz*, § 266 HGB Tz 99.

[439] Vgl. WP-Handbuch 2000, Bd. I, F 189; *Adler/Düring/Schmaltz*, § 266 HGB Tz 99.

[440] Kleine Gesellschaften i. S. v. § 267 HGB brauchen nur eine verkürzte Bilanz aufzustellen, in der nur die mit Buchstaben mit römischen Zahlen bezeichneten Posten auszuweisen sind, § 266 Abs. 1 S. 3 HGB; vgl. C 28.

[441] Vgl. D 530, Sonderposten 10.

[442] Vgl. D 537, Sonderposten 11.

[443] Vgl. D 540, Sonderposten 12.

[444] Vgl. D 543, Sonderposten 13.

[445] Vgl. D 545, Sonderposten 14.

[446] Vgl. D 549, Sonderposten 15.

– Ausgleichsforderungen, § 24 DMBilG[447]
– Vermögensvorteile gem. § 31 Abs. 1 Nr. 3 DMBilG[448]

Die o. a. Sonderposten sind regelmäßig zwischen dem Posten B.II.3. und B.II.4. – in nicht festgelegter Reihenfolge – einzufügen.[449] 484

3. Restlaufzeitvermerke

Gem. § 268 Abs. 4 S. 1 HGB ist der Betrag der Forderungen mit einer **Restlaufzeit von mehr als einem Jahr** bei jedem gesondert ausgewiesenen Posten zu vermerken. Das Gesetz spricht von Forderungen, ohne diesen Begriff zu definieren. Forderungen im wirtschaftlichen Sinne werden nicht nur im Umlauf-, sondern auch im Anlagevermögen ausgewiesen, wie Ausleihungen des Anlagevermögens. Dennoch sind nach h. M. Restlaufzeiten nur im Umlaufvermögen zu vermerken sind, weil im Anlagevermögen ausgewiesene Forderungen bzw. Ausleihungen regelmäßig eine Laufzeit von mehr als einem Jahr haben, ein Restlaufzeitvermerk mithin im Anlagevermögen keinen Sinn ergibt[450]. 485

Zu vermerken ist die **Restlaufzeit am Bilanzstichtag,** das ist die tatsächliche, nicht die ursprünglich vertraglich vereinbarte Restlaufzeit[451]. Soweit keine Restlaufzeit vertraglich vereinbart ist, ist sie unter Beachtung des Vorsichtsprinzips zu schätzen[452]. Bei Ratenzahlungsvereinbarungen sind die innerhalb des nächsten Geschäftsjahres fällig werdenden Raten in den Vermerk nicht einzubeziehen, weil für diese Teilbeträge eine Restlaufzeit von weniger als einem Jahr besteht[453]. 486

Restlaufzeitvermerke sind auch bei den nach dem GmbHG, dem AktG und dem DMBilG einzufügenden Sonderposten vorzunehmen[454]. 487

4. Handelswechsel und Wertberichtigungen

§ 266 Abs. 2 HGB enthält keinen Posten „Wechsel". Ein gesonderter Posten wäre bei Vorliegen von Besonderheiten möglich, wenn durch diesen Ausweis die Jahresabschlussgliederung klarer und übersichtlicher wird, § 265 Abs. 6 HGB. I. d. R. sind **Handelswechsel** unter Forderungen aus Lieferungen und Leistungen, **Finanzierungswechsel** unter „Sonstige Wertpapiere" auszuweisen[455]. 488

Wertberichtigungen – mit Ausnahme der nur steuerrechtlich zulässigen Abschreibungen – dürfen von Kapitalgesellschaften nicht passivisch ausgewiesen werden. Demgemäß sind **Einzel- und Pauschalwertberichtigungen zu Forderungen** aktivisch vom Forderungsbestand abzusetzen und somit der Bilanz nicht mehr zu entnehmen. 489

5. Factoring

Beim Factoring erwirbt der Factor die Forderung. Soweit er auch das Ausfallrisiko übernimmt, handelt es sich um ein sog. **echtes Factoring,** soweit das Ausfallrisiko beim abtretenden Unternehmen verbleibt, handelt es sich um das sog. **unechte Factoring**[456]. Beim echten Factoring scheidet die verkaufte Forderung aus dem Vermögensbestand aus und der dafür erzielte Geldbetrag ist unter den liquiden Mitteln auszuweisen. Beim unechten Factoring verbleibt das Ausfallrisiko beim abtretenden Unternehmen. Trotzdem wird nach h. M. auch hier ein Forderungsabgang angenommen. Dann ist allerdings das verbleibende Ausfallrisiko unter der Bilanz zu 490

---

[447] Vgl. D 551, Sonderposten 16.
[448] Vgl. D 553, Sonderposten 17.
[449] Vgl. WP-Handbuch 2000, Bd. I, F 198 ff.
[450] Vgl. *Adler/Düring/Schmaltz,* § 268 HGB Tz 96; *Claussen/Korth,* in Kölner Kom., § 268 HGB Tz 33; *Matschke,* in Bonner HdR § 268 HGB Tz 72 ff.; *Knop,* in Küting/Weber § 268 HGB Tz 198.
[451] Vgl. *Korth,* Industriekontenrahmen, S. 104.
[452] Nach *Adler/Düring/Schmaltz,* § 268 HGB Tz 101, soll die Restlaufzeit eher zu lang als zu kurz geschätzt werden, was als Ausdruck des Vorsichtsprinzips zu interpretieren ist.
[453] Vgl. WP-Handbuch 2000, Bd. I, F 194; *Claussen/Korth,* in Kölner Kom. § 268 HGB Tz 34; *Adler/Düring/Schmaltz,* § 268 HGB Tz 101.
[454] Vgl. *Ellrott,* in Beck Bil-Kom. § 268 HGB Tz 91.
[455] Vgl. *Ellrott/Bartel-Hetzler,* in Beck Bil-Kom. § 266 HGB Tz 115.
[456] Vgl. *Adler/Düring/Schmaltz,* § 266 HGB Tz 123; *Matschke,* in Bonner HdR § 266 HGB Tz 101; *Ellrott/St. Ring,* in Beck Bil-Kom. § 247 HGB Tz 112, 113.

vermerken.[457] Es wird allerdings auch die Auffassung vertreten, dass bei nicht offengelegter Abtretung die Forderung bis zur Tilgung auszuweisen und gleichzeitig eine Verbindlichkeit gegenüber dem Factor zu passivieren ist.[458]

6. Forderungen an Gesellschafter

491 Innerhalb der Forderungen sind im DATEV-System für „Forderungen an Gesellschafter" jeweils gesondert Konten unter „Forderungen aus Lieferungen und Leistungen", „Forderungen gegen verbundene Unternehmen" bzw. „Sonstige Vermögensgegenstände" vorgegeben. Da nach § 42 Abs. 3 GmbHG Forderungen an Gesellschafter gesondert auszuweisen oder im Anhang anzugeben sind, muss im DATEV-System eine Angabe (Mitzugehörigkeitsvermerk) der unter dem jeweiligen Posten ausgewiesenen Forderungen an Gesellschafter erfolgen. Beim „erweiterten Bilanzabruf Kapitalgesellschaft" werden die Forderungen an Gesellschafter unter dem jeweiligen Posten in einem „davon-Vermerk" ausgewiesen. Gleiches gilt für Forderungen an Gesellschafter einer KapG & Co. die gem. § 264 c Abs. 1 S. 1 HGB gesondert auszuweisen oder im Anhang anzugeben sind.

B.II.1. Forderungen aus Lieferungen und Leistungen

1. Ausweis

a) Posteninhalt

500 Hier sind alle aus dem laufenden Liefer- und Leistungsverkehr resultierenden Ansprüche auf Geldzahlungen auszuweisen. Voraussetzung ist, dass die vertraglich vereinbarte Lieferung oder Leistung – ggf. Teillieferung oder Teilleistung[459] – erfolgt bzw. erbracht ist.

501 Rechtsgrund für die Aktivierung ist die einseitige Vertragserfüllung durch den Auftragnehmer, der die Gegenleistung vom Auftraggeber (den vertraglich vereinbarten Kaufpreis) beansprucht. Die **Lieferforderung** ist erst entstanden, wenn die Lieferung erbracht, die **Gefahr** also **übergegangen ist,** oder in Sonderfällen andere für die Realisation maßgebende Kriterien erfüllt sind. Eine **Dienstleistungsforderung** ist realisiert, wenn die Vertragsdienstleistung erbracht bzw. beendet ist[460].

502 Als **Liefer- und Leistungsforderungen** sind nur Ansprüche auszuweisen, die aus eigenen bereits erfüllten Umsatzgeschäften resultieren, d. h. der Posten **korrespondiert mit dem GuV-Posten Nr. 1 „Umsatzerlöse"**[461]. Forderungen, die nicht aus eigenen unternehmerischen Aktivitäten resultieren, dürfen somit nicht als Forderungen aus Lieferungen und Leistungen ausgewiesen werden. Hierzu zählen z. B. Forderungen, die aus dem Verkauf von Anlagevermögen resultieren oder Forderungen aus „einseitigen Vermögenszugängen", wie Subventionen, Investitionszulagen, Steuerrückerstattungen, die realisiert sind, wenn Rechtsgrund und Höhe feststehen[462]. Derartige Forderungen stehen in keinem originären Zusammenhang mit dem Unternehmensgegenstand und sind unter „Sonstige Vermögensgegenstände" auszuweisen[463].

503 Forderungen aus Lieferungen und Leistungen sind bei längerer Laufzeit in das Finanzanlagevermögen Pos. A.III.6 „Sonstige Anleihungen" umzugliedern[464], wenn z. B. durch vertragliche Neugestaltung – im Wege einer **Novation** – die Forderung durch Zins- und Tilgungsvereinbarungen einen kreditgeschäftlichen Charakter er-

---

[457] Vgl. *Ellrott/St. Ring,* in Beck Bil-Kom. § 247 HGB Tz 113; *Adler/Düring/Schmaltz,* § 266 HGB Tz 123; WP-Handbuch 2000, Bd. I, E 45.

[458] Vgl. dazu *Adler/Düring/Schmaltz,* § 266 HGB Tz 123.

[459] Es reicht nicht aus, dass die Teilleistung selbstständig abrechenbar ist; vielmehr muss vertraglich ein Anspruch auf Vergütung der Teilleistung bestehen, der die abrechenbare Teilleistung abdeckt und nicht nur ein Abschlag oder ein Vorschuss ist.

[460] Zur Abgrenzung unfertiger und fertiger Leistungen vgl. D 466.

[461] Vgl. *Adler/Düring/Schmaltz,* § 266 HGB Tz 120; *Dusemond/Knop,* in Küting/Weber § 266 HGB Tz 83; *Matschke,* in Bonner HdR § 266 HGB Tz 83.

[462] Vgl. *Leffson,* GoB, S. 269.

[463] Vgl. *Adler/Düring/Schmaltz,* § 266 HGB Tz 120; *Dusemond/Knop,* in Küting/Weber § 266 HGB Tz 83.

[464] Vgl. *Ellrott/St. Ring,* in Beck Bil-Kom. § 247 HGB Tz 76; *Dusemond/Knop,* in Küting/Weber § 266 HGB Tz 84.

hält. Durch die Einräumung eines längeren branchenüblichen Zahlungsziels oder durch Stundung verliert die Liefer- und Leistungsforderung nicht ihren ursprünglichen Charakter und ist weiterhin unter Pos. B.II.1 auszuweisen[465].

b) Restlaufzeitvermerk

Der Zeitraum bis zum Fälligkeitstag der Forderung ist die Restlaufzeit. Der Betrag der Liefer- und Leistungsforderungen mit einer **Restlaufzeit von mehr als einem Jahr** ist gem. § 268 Abs. 4 HGB gesondert zu vermerken. Maßgeblich ist im Zweifel die tatsächliche und nicht die ursprünglich **vertraglich vereinbarte Restlaufzeit.** Ggf. ist die Laufzeit unter Beachtung des Vorsichtsprinzips zu schätzen. Bei Ratenzahlungen sind die innerhalb eines Jahres fälligen Raten in den Vermerk nicht einzubeziehen[466]. **504**

c) Besitzwechsel

Das Gliederungsschema enthält keinen Posten „Wechsel". **Besitzwechsel** sind unter „Forderungen aus Lieferungen und Leistungen" auszuweisen, sofern es sich um Handelswechsel handelt[467]. **Finanzierungswechsel** gehören dagegen unter Pos. B.III.3. „Sonstige Wertpapiere". Nicht zu bilanzieren sind Kautions- oder Sicherungswechsel. **505**

Bei Besitzwechseln von „verbundenen Unternehmen" und „Unternehmen mit denen ein Beteiligungsverhältnis besteht" hat der Ausweis unter Pos. B.II.2 bzw. B.II.3 Vorrang. **506**

2. Bewertung der Forderungen

a) Forderungshöhe

Maßgebend für die Forderungshöhe ist der **vereinbarte Kaufpreis,** der als Anschaffungskosten i. S. v. §§ 253, 255 HGB gilt. Vertraglich vereinbarte Rabatte und Preisnachlässe mindern die Forderungshöhe[468]. Dies gilt nicht, soweit Rabatte und Nachlässe unter einer aufschiebenden Bedingung, beispielsweise des Erreichens eines bestimmten GesamtumS.es stehen. In diesen Fällen hat die Passivierung der voraussichtlichen Rabatt- bzw. Bonusgutschrift als Rückstellung zu erfolgen[469]. Aus Werkverträgen resultierende Gewährleistungsrisiken sind durch Rückstellungen zu berücksichtigen, beeinflussen also die Forderungshöhe nicht[470]. **507**

Bei einem Verkauf auf Probe (§§ 495, 496 BGB) ist solange noch keine Forderung entstanden, bis sich der Käufer vertraglich mit dem Kauf einverstanden erklärt hat oder bis im Fall des § 496 S. 2 BGB die Frist noch nicht abgelaufen ist[471]. Bei Lieferungen mit Rückgaberecht wird es als zulässig angesehen, die Forderungen bereits zum Nennbetrag auszuweisen, wenn in Höhe des Unterschieds zwischen dem Nennbetrag und dem zu aktivierenden Betrag (zzgl. Rücknahmekosten und evtl. Wertminderung wegen Beschädigung) eine Rückstellung gebildet wird.[472] **508**

b) Auslandsforderungen

Für **Forderungen in ausländischer Währung,** deren Wert sich zwischen Forderungseinbuchung und Zahlungseingang ändert, ist bei gesunkenem Kurs der geschuldeten Währung **zum Bilanzstichtag** eine Abwertung zwingend. Ausnahmen hiervon sind bei Kurssicherungsgeschäften gegeben. Bei steigenden Kursen der ge- **509**

---

[465] Vgl. *Adler/Düring/Schmaltz,* § 266 HGB Tz 122; *Ellrott/St. Ring,* in Beck Bil-Kom. § 247 HGB Tz 76.
[466] Vgl. WP-Handbuch 2000, Bd. I, F 194; zu den Restlaufzeitvermerken im Forderungskontokorrent bei DATEV vgl. D 515.
[467] Vgl. *Adler/Düring/Schmaltz,* § 266 HGB Tz 126.
[468] Vgl. WP-Handbuch 2000, Bd. I, F 191; *Ellrott/St. Ring,* in Beck Bil-Kom. § 247 HGB Tz 75.
[469] Vgl. *Karrenbauer,* in Küting/Weber § 253 HGB Tz 61.
[470] Gleiches gilt für das Risiko der Preisprüfung bei Aufträgen der öffentlichen Hand, BFH-Urt. v. 25. 2. 1986, BStBl II 1986, S. 788.
[471] Vgl. *Ellrott/St. Ring,* in Beck Bil-Kom. § 247 HGB Tz 94.
[472] Vgl. *Adler/Düring/Schmaltz,* § 255 HGB Tz 28; WP-Handbuch 2000, Bd. I, E 426, mit dem Hinweis, dass bei wesentlichen Beträgen ein Vermerk „davon EURO ... mit Rückgaberecht" erfolgen sollte.

schuldeten Währung steht das Realisationsprinzip einer Höherbewertung der Forderung entgegen. Realisationszeitpunkt ist dann der Zahlungseingang.

c) Forderungswertberichtigung

510 Im übrigen gilt für die Bewertung von Forderungen § 253 Abs. 3 HGB, also das strenge **Niederstwertprinzip.** Danach ist die Forderung abzuschreiben bzw. wertzuberichtigen, wenn sich aus den allgemeinen Umständen ergibt, dass der Forderungseingang zweifelhaft ist. Für diese sog. **Einzelwertberichtigungen** ist unerheblich, ob sich die Zweifelhaftigkeit aus der Person des Schuldners, der Eigenschaft der Forderung oder aus anderen Umständen ergibt[473]. Nach dem Wertaufhellungsprinzip sind die zwischen dem Bilanzstichtag und der Aufstellung des Jahresabschlusses erlangten Erkenntnisse über den Wert der Forderung zu berücksichtigen.

511 Neben Einzelwertberichtigungen ist das in den Forderungen latent enthaltene pauschale Ausfallrisiko durch eine **Pauschalwertberichtigung** zu berücksichtigen, die den noch nicht bekannten, jedoch mit einer gewissen Wahrscheinlichkeit auftretenden Risiken Rechnung tragen soll[474]. Bestehende Sicherheiten wie Bürgschaften, Garantien, Forderungsausfallversicherungen oder die Möglichkeit der Aufrechnung mit Verbindlichkeiten sind bei der Bewertung zu berücksichtigen[475].

512 Einzel- und Pauschalwertberichtigungen sind aktivisch von dem Forderungsbestand abzusetzen. Risiken, die bereits durch eine Einzelwertberichtigung berücksichtigt sind, dürfen nicht nochmals im Rahmen einer Pauschalwertberichtigung berücksichtigt werden, so dass Bemessungsgrundlage für die Pauschalwertberichtigung die nicht einzelwertberichtigten Forderungen – ohne USt – sind[476].

d) Unverzinsliche und niedrig verzinsliche Forderungen

513 Un- und unterverzinsliche Forderungen sind mit dem Barwert anzusetzen. Die Abzinsung erfolgt auf Basis des landesüblichen Zinsfusses für festverzinsliche Wertpapiere mit entsprechender Restlaufzeit[477]. Bei einer Restlaufzeit von weniger als einem Jahr kann in der Regel auf eine Abzinsung verzichtet werden[478].

514 **Standardkonten im DATEV-System**

SKR 03		SKR 04	
0996	Pauschalwertberichtigung auf Forderungen mit einer Restlaufzeit bis zu 1 Jahr	S 1200	Forderungen aus Lieferungen und Leistungen
0997	Pauschalwertberichtigung auf Forderungen mit einer Restlaufzeit von mehr als 1 Jahr	R 1201–06	Forderungen aus Lieferungen und Leistungen
0998	Einzelwertberichtigungen auf Forderungen mit einer Restlaufzeit bis zu 1 Jahr	F 1210–19	Forderungen aus Lieferungen und Leistungen ohne Kontokorrent
0999	Einzelwertberichtigungen auf Forderungen mit einer Restlaufzeit von mehr als 1 Jahr	F 1220	Forderungen nach § 11 Abs. 1 S. 2 EstG für § 4/3 EstG
F 1300	Wechsel aus Lieferungen und Leistungen	F 1221	Forderungen aus Lieferungen und Leistungen ohne Kontokorrent – Restlaufzeit bis 1 Jahr
F 1301	– Restlaufzeit bis 1 Jahr	F 1225	– Restlaufzeit größer 1 Jahr
F 1302	– Restlaufzeit größer 1 Jahr	F 1230	Wechsel aus Lieferungen und Leistungen
F 1305	Wechsel aus Lieferungen und Leistungen, bundesbankfähig	F 1231	– Restlaufzeit bis 1 Jahr
S 1400	**Forderungen aus Lieferungen und Leistungen**	F 1232	– Restlaufzeit größer 1 Jahr
		F 1235	Wechsel aus Lieferungen und Leistungen, bundesbankfähig
		F 1240	Zweifelhafte Forderungen
		F 1241	– Restlaufzeit bis 1 Jahr

---

[473] Vgl. *Ellrott/St. Ring,* in Beck Bil-Kom. § 253 HGB Tz 570, *Adler/Düring/Schmaltz,* § 253 HGB Tz 533.
[474] Vgl. *Karrenbauer,* in Küting/Weber § 253 HGB Tz 62; *Adler/Düring/Schmaltz,* § 253 HGB Tz 533, wollen Forderungen mit gleichartigen Risiken in Gruppen zusammenfassen, z. B. bestimmte Abnehmer in Abhängigkeit der Mahnstufe oder in Abhängigkeit von den Länderrisiken bei Fremdwährungsforderungen.
[475] Vgl. *Adler/Düring/Schmaltz,* § 253 HGB Tz 534.
[476] Vgl. *Ellrott/St. Ring,* in Beck Bil-Kom. § 253 HGB Tz 579.
[477] Vgl. *Adler/Düring/Schmaltz,* § 253 HGB Tz 532.
[478] Vgl. *Ellrott/St. Ring,* in Beck Bil-Kom. § 253 HGB Tz 592.

SKR 03

R 1401–06	Forderungen aus Lieferungen und Leistungen
F 1410–49	Forderungen aus Lieferungen und Leistungen ohne Kontokorrent
F 1450	Forderungen nach § 11 Abs. 1 S. 2 EStG für § 4/3 EStG
F 1451	Forderungen aus Lieferungen und Leistungen ohne Kontokorrent – Restlaufzeit bis 1 Jahr
F 1455	– Restlaufzeit größer 1 Jahr
F 1460	Zweifelhafte Forderungen
F 1461	– Restlaufzeit bis 1 Jahr
F 1465	– Restlaufzeit größer 1 Jahr
F 1490	Forderungen aus Lieferungen und Leistungen gegen Gesellschafter
F 1491	– Restlaufzeit bis 1 Jahr
F 1495	– Restlaufzeit größer 1 Jahr
1498	Gegenkonto zu sonstigen Vermögensgegenständen bei Buchungen über Debitorenkonto
1499	Gegenkonto 1451–1498 bei Aufteilung Debitorenkonto

SKR 04

F 1245	– Restlaufzeit größer 1 Jahr
1246	Einzelwertberichtigungen zu Forderungen mit einer Restlaufzeit bis zu 1 Jahr
1247	Einzelwertberichtigungen zu Forderungen mit einer Restlaufzeit von mehr als 1 Jahr
1248	Pauschalwertberichtigung zu Forderungen mit einer Restlaufzeit bis zu 1 Jahr
1249	Pauschalwertberichtigung zu Forderungen mit einer Restlaufzeit von mehr als 1 Jahr
F 1250	Forderungen aus Lieferungen und Leistungen gegen Gesellschafter
F 1251	– Restlaufzeit bis 1 Jahr
F 1255	– Restlaufzeit größer 1 Jahr
1258	Gegenkonto zu sonstigen Vermögensgegenständen bei Buchungen über Debitorenkonto
1259	Gegenkonto 1221–1229, 1250–1258, 1270–1279, 1290–1297 bei Aufteilung Debitorenkonto

Im Kontenplan aufgeführte Konten ohne Restlaufzeitvermerk werden generell den Forderungen bis zu einem Jahr – im Hinblick auf den Restlaufzeitvermerk – zugeordnet. Das bedeutet, dass die im Forderungskontokorrent geführten Debitoren – ohne Umbuchung – nicht mit einer Restlaufzeit von mehr als einem Jahr vermerkt werden. Sollen aus dem Kontokorrent-Bereich für die Restlaufzeitvermerke solche Forderungen umgebucht werden, ist das Kto 1499 (SKR 03) und das Kto 1259 (SKR 04) als Gegenkonto anzusprechen. Der richtige Ausweis der Restlaufzeitvermerke setzt also eine Umbuchung der Forderungen, die auf Konten mit einer Restlaufzeit bis zu einem Jahr enthalten sind, auf solche Konten, die eine Restlaufzeit von mehr als einem Jahr beinhalten, voraus. Der Gesamtsaldo einer Forderung – mit Ausnahme des Debitorenbereichs – ist dann nicht mehr dem einzelnen Konto zu entnehmen. **515**

Buchungsbeispiele *Restlaufzeitvermerke:* **516**
Gesamtforderung aus Lieferung und Leistung = 116 000,00 EUR

SKR 03

mehr als 1 Jahr

Soll	Haben	Gegen-Kto.	Beleg-Datum	Konto
58 000,00		1499	31 12	1450

bis zu 1 Jahr

Soll	Haben	Gegen-Kto.	Beleg-Datum	Konto
58 000,00		1499	31 12	1451

SKR 04

mehr als 1 Jahr

Soll	Haben	Gegen-Kto.	Beleg-Datum	Konto
58 000,00		1259	31 12	1225

bis zu 1 Jahr

Soll	Haben	Gegen-Kto.	Beleg-Datum	Konto
58 000,00		1259	31 12	1221

B.II.2. Forderungen gegen verbundene Unternehmen

1. Ausweis

517 Unternehmen sind miteinander verbunden, wenn sie in einem Konzernabschluss, nach den Vorschriften für die Vollkonsolidierung (§ 271 Abs. 2 HGB i. V. m. § 290 HGB) einzubeziehen sind, sei es als Mutter- oder Tochterunternehmen, also auch bezogen auf die bilanzierende Gesellschaft, sog. Schwesterunternehmen.[479] Darüber hinaus gehören zum Kreis der verbundenen Unternehmen auch diejenigen Tochterunternehmen, die nach §§ 295, 296 HGB nicht in den Konzernabschluss einbezogen werden dürfen bzw. nicht einbezogen werden müssen.

518 **Alle Forderungen gegen verbundene Unternehmen** – mit Ausnahme von längerfristigen „Ausleihungen" an verbundene Unternehmen, die zum Finanzanlagevermögen gehören – sind unter diesem Posten auszuweisen[480]. Der Ausweis unter diesem Posten hat somit grundsätzlich Vorrang. Erfolgt ausnahmsweise der Ausweis unter einem anderen Posten (z. B. längerfristige Ausleihungen an verbundene Unternehmen unter Finanzanlagen) so ist die Mitzugehörigkeit zu vermerken oder im Anhang anzugeben (§ 265 Abs. 2 HGB). Entscheidend bei der Zuordnung ist der Status zum Abschlussstichtag nicht zum Zeitpunkt der Forderungsentstehung[481]. Im Einzelnen sind zu nennen:

– Forderungen aus Lieferungen und Leistungen, einschließlich Besitzwechsel
– Geleistete Anzahlungen an verbundene Unternehmen
– Sonstige Forderungen, d. s. kurzfristige Finanzverkehrsforderungen, Darlehen
– Forderungen aus Unternehmens-, Gewinnabführungsverträgen, Verlustübernahmen
– Forderungen aus Dividenden- und Gewinnansprüchen
– Sonstige Forderungen aus Kostenerstattungen, wie Konzernumlagen u. ä.

519 Forderungen gegenüber Gesellschaftern einer KapG & Co. sind nach § 264 c Abs. 1 S. 1 HGB gesondert auszuweisen oder im Anhang anzugeben. Insoweit ist durch ein „davon-Vermerk" kenntlich zu machen, welche Beträge Gesellschafter betreffen, die als verbundenes Unternehmen zu qualifizieren sind.[482]

2. Dividendenforderung

a) Handelsrechtlicher Aktivierungszeitpunkt

520 Die **Aktivierung von Gewinnansprüchen** an verbundene Unternehmen ist grundsätzlich nur zulässig, wenn der **Rechtsanspruch** auf diese Gewinne vor dem Bilanzstichtag entstanden ist, also z. B. durch einen Gewinnverwendungsbeschluss des Tochterunternehmen. Nach der Rechtsprechung des BGH[483] besteht für den Dividendenanspruch bei der Obergesellschaft unter folgenden Voraussetzungen eine Aktivierungspflicht:

(1) Das Mutterunternehmen ist zu 100% beteiligt. Bei einer Mehrheitsbeteiligung ist ebenfalls von einer Bilanzierungspflicht auszugehen, wenn das herrschende Mutterunternehmen allein in der Lage ist, den Gewinnverwendungsbeschluss durchzusetzen.
(2) Das Tochterunternehmen ist abhängiges Konzernunternehmen.
(3) Die Gesellschafterversammlung des Tochterunternehmens hat über die Feststellung des Jahresabschlusses und die Gewinnverwendung beschlossen, bevor die Prüfung des Jahresabschlusses des Mutterunternehmens beendet ist.
(4) Mutter- und Tochterunternehmen haben ein übereinstimmendes Geschäftsjahr.

521 Bei den nachfolgenden, weniger engen Voraussetzungen besteht ein **Aktivierungswahlrecht**[484]:

---

[479] Vgl. *Ellrott/Bartels-Hetzler,* in Beck Bil-Kom. § 266 HGB Tz 118.
[480] Vgl. WP-Handbuch 2000, Bd. I F 195; *Adler/Düring/Schmaltz,* § 266 HGB Tz 124, 129.
[481] Vgl. *Dusemond/Knop,* in Küting/Weber § 266 HGB Tz 85; *Adler/Düring/Schmaltz,* § 266 HGB Tz 129.
[482] Vgl. *Förschle/Hoffmann,* in Beck Bil-Kom. § 264 c HGB Tz 9.
[483] BGH-Urt. v. 12. 1. 1998, DB 1998, S. 567.
[484] Vgl. BGH-Urt. v. 3. 11. 1975, DB 1976, S. 38.

(1) Der Gesellschafter muss die Kapitalgesellschaft beherrschen und das Beherrschungsverhältnis muss während des gesamten Wirtschaftsjahres der Kapitalgesellschaft bestanden haben.
(2) Das Geschäftsjahr der Tochtergesellschaft darf nicht nach dem Bilanzstichtag der Muttergesellschaft enden, weil sonst der Gewinn u. U. noch nicht erwirtschaftet ist.
(3) Der Jahresabschluss der Tochtergesellschaft muss den zur Disposition stehenden Gewinn in einem festgestellten Jahresabschluss ausweisen, und zwar bevor der Jahresabschluss der Muttergesellschaft festgestellt ist.
(4) Die Gewinnausschüttung muss tatsächlich gesichert erscheinen, und zwar entweder durch einen entsprechenden Gewinnverwendungsvorschlag oder langjährige Übung, die es als sicher erscheinen lässt, dass ein entsprechender Gewinnverwendungsbeschluss gefasst wird.

b) Steuerrechtlicher Aktivierungszeitpunkt

Handelsrechtliche Aktivierungswahlrechte führen steuerrechtlich zu **Aktivierungsgeboten**[485], so dass – bis zum Beschluss des großen Senats des BFH v. 7. 8. 2000[486] – steuerrechtlich ein Aktivierungsgebot bestand, von dem nur in Ausnahmefällen abgewichen werden durfte, wenn z. B. nach der Satzung des Tochterunternehmens der Gewinn grundsätzlich nicht ausgeschüttet wurde und diese Satzungsbestimmung auch in der Vergangenheit befolgt wurde[487]. **522**

Nunmehr ist der BFH von der jahrelang propagierten phasengleichen Aktivierung von Dividendenansprüchen abgewichen, weil die Dividendenforderung als Wirtschaftsgut noch nicht mit Ablauf des Bilanzstichtages der Tochtergesellschaft entstanden ist. Insoweit komme die Aktivierung einer Dividendenforderung vor Fassung eines Gewinnverwendungsbeschlusses grundsätzlich nicht in Betracht. Das gelte auch dann, wenn der Gesellschafter zu 100% an der Kapitalgesellschaft beteiligt ist. Denn auch einem Alleingesellschafter dürfe nicht das Recht abgesprochenen werden, erst nach dem Bilanzstichtag abschließend über eine künftig zu beschließende Gewinnverwendung zu entscheiden. **523**

Hinweis

Die FinVerw.[488] will während der Fortgeltung des Anrechnungsverfahrens nicht beanstanden, wenn die bisherigen Grundsätze der phasengleichen Aktivierung von Dividendenansprüchen weiterhin angewendet werden. **524**

Die Grundsätze der phasengleichen Dividendenaktivierung gelten auch in Fällen der Betriebsaufspaltung, wenn also die Muttergesellschaft ein Einzelunternehmen oder eine Personengesellschaft und die Betriebsgesellschaft eine Kapitalgesellschaft ist.[489] **525**

c) Dividendenhöhe

Bei Kapitalgesellschaften war – unter der Herrschaft des Anrechnungsverfahrens – der zu aktivierende Dividendenanspruch in Höhe der **Bruttodividende** auszuweisen, beinhaltete also die anrechenbare KSt und die einzubehaltende Kapitalertragsteuer[490]. Bei Personengesellschaften durfte die anzurechnende KSt auf Gewinnausschüttungen von Kapitalgesellschaften nicht aktiviert werden, weil es sich um ein Anrechnungsguthaben des Gesellschafters und nicht der Gesellschaft handelte. Dementsprechend war der Brutto- oder der Netto-„Beteiligungsertrag" in der GuV unter Pos. 9 „Erträge aus Beteiligungen" auszuweisen. **526**

Nach **Abschaffung des Anrechnungsverfahrens**[491] hat die von der Kapitalgesellschaft entrichtete Körperschaftsteuer keinen Einfluss mehr auf den Dividendenanspruch. Soweit die Wertpapiere in Anteilen an Kapitalgesellschaften (Körperschaften) **527**

---

[485] Vgl. BFH-Urt. v. 3. 2. 1969, BStBl II 1969, S. 291; *Schmidt/Weber-Grellet,* EStG, 21. Aufl., § 5 Tz 30 f.
[486] BFH-Urt. v. 7. 8. 2000, BStBl II 2000, S. 632; vgl. dazu *Korth,* AktStR 2001, S. 113.
[487] Vgl. BFH-Urt. v. 19. 2. 1991, BFH/NV 1991, S. 808.
[488] BMF-Schr. v. 1. 11. 2000, BStBl I 2000, S. 1510.
[489] Vgl. BFH-Urt. v. 31. 10. 2000, BStBl II 2001, S. 185; vgl. dazu *Korth,* AktStR 2001, S. 269.
[490] Vgl. *Claussen/Korth,* in Kölner Kom. § 266 HGB Tz 104; *Dusemond/Knop,* in Küting/Weber § 266 HGB Tz 86; *Adler/Düring/Schmaltz,* § 275 HGB Tz 146.
[491] Vgl. dazu E 168.

bestehen, ist bei Kapitalgesellschaften § 8b Abs. 2 i.V.m Abs. 3 KStG zu beachten, d.h. Gewinnminderungen sind bei der Gewinnermittlung nicht zu berücksichtigen. Bei Personengesellschaften und Einzelkaufleuten gilt § 3c Abs. 2 EStG, d.h. Betriebsvermögensminderungen dürfen bei Ermittlung der Einkünfte nur zur Hälfte abgezogen werden. § 3c Abs. 2 EStG ist erstmals auf Aufwendungen anzuwenden, die mit Erträgen im wirtschaftlichen Zusammenhang stehen, auf die § 3 Nr. 40 EStG erstmals anzuwenden ist, soweit das Wirtschaftsjahr dem Kalenderjahr entspricht, also ab dem VZ 2002.

3. Restlaufzeitvermerk

528 Der Betrag der „Forderungen gegen verbundene Unternehmen" mit einer Restlaufzeit von mehr als einem Jahr ist zu vermerken.

529 **Standardkonten im DATEV-System**

SKR 03

1310	Besitzwechsel gegen verbundene Unternehmen
1311	– Restlaufzeit bis 1 Jahr
1312	– Restlaufzeit größer 1 Jahr
1315	Besitzwechsel gegen verbundene Unternehmen, bundesbankfähig
F 1470	Forderungen aus Lieferungen und Leistungen gegen verbundene Unternehmen
F 1471	– Restlaufzeit bis 1 Jahr
F 1475	– Restlaufzeit größer 1 Jahr
1478	Wertberichtigung auf Forderungen mit einer Restlaufzeit bis zu 1 Jahr gegen verbundene Unternehmen
1479	Wertberichtigung auf Forderungen mit einer Restlaufzeit von mehr als 1 Jahr gegen verbundene Unternehmen
1594	**Forderungen gegen verbundene Unternehmen**
1595	– Restlaufzeit bis 1 Jahr
1596	– Restlaufzeit größer 1 Jahr

SKR 04

1260	**Forderungen gegen verbundene Unternehmen**
1261	– Restlaufzeit bis 1 Jahr
1265	– Restlaufzeit größer 1 Jahr
1266	Besitzwechsel gegen verbundene Unternehmen
1267	– Restlaufzeit bis 1 Jahr
1268	– Restlaufzeit größer 1 Jahr
1269	Besitzwechsel gegen verbundene Unternehmen, bundesbankfähig
F 1270	Forderungen aus Lieferungen und Leistungen gegen verbundene Unternehmen
F 1271	– Restlaufzeit bis 1 Jahr
F 1275	– Restlaufzeit größer 1 Jahr
1276	Wertberichtigungen zu Forderungen mit einer Restlaufzeit bis zu 1 Jahr gegen verbundene Unternehmen
1277	Wertberichtigungen zu Forderungen mit einer Restlaufzeit von mehr als 1 Jahr gegen verbundene Unternehmen

Sonderposten 10: Forderungen gegen verbundene Unternehmen aus Ausgleichsverbindlichkeiten gem. § 25 DMBilG

530 Ehemalige volkseigene Betriebe hatten unter den Voraussetzungen von § 25 Abs. 1 DMBilG eine verzinsliche Ausgleichsverbindlichkeit zu passivieren[492]. Gläubiger der Verbindlichkeit war diejenige Person, der die Beteiligung zustand, also regelmäßig das Mutterunternehmen (Treuhandanstalt). Dieses Mutterunternehmen hatte in Höhe der passivierten Ausgleichsverbindlichkeit beim Tochterunternehmen auf der Aktivseite der DMEB eine entsprechende Forderung einzustellen, § 25 Abs. 4 S. 1 DMBilG. Der Posten dürfte kaum noch praktische Bedeutung haben.

531 **Standardkonten im DATEV-System**

SKR 03

9420	**Forderungen gegen verbundene Unternehmen aus Ausgleichsverbindlichkeiten gemäß § 25 DMBilG**
9421	– Restlaufzeit bis 1 Jahr
9422	– Restlaufzeit größer 1 Jahr

SKR 04

9420	Forderungen gegen verbundene Unternehmen aus Ausgleichsverbindlichkeiten gemäß § 25 DMBilG
9421	– Restlaufzeit bis 1 Jahr
9422	– Restlaufzeit größer 1 Jahr

[492] Sofern sich bei Aufstellung der DMEB ein höheres Eigenkapital ergab, als es dem für das Sachanlagevermögen auszuweisenden Betrag, vermindert um den übergegangenen Grund und Boden, entsprach, war in Höhe des übersteigenden Betrages eine Ausgleichsverbindlichkeit zu passivieren, § 25 Abs. 1 S. 1 DMBilG; *Müller,* in Budde/Forster DMBilG-Kom. § 25 DMBilG.

B.II.3. Forderungen gegen Unternehmen, mit denen ein Beteiligungsverhältnis besteht

Forderungen gegen Unternehmen, mit denen ein Beteiligungsverhältnis besteht, liegen vor, wenn der Forderungsinhaber bzw. der Schuldner „Beteiligungen" an diesen Unternehmen i. S. v. § 271 Abs. 1 HGB hält[493]. Der Posten bezieht sich somit auf beide Seiten eines Beteiligungsverhältnisses. Es darf sich also nicht um Forderungen gegen ein verbundenes Unternehmen i. S. v. § 271 Abs. 2 HGB handeln; diese sind unter Pos. B.II.2. „Forderungen gegen verbundene Unternehmen" auszuweisen[494]. **532**

Die Systematik wie der Katalog der hier auszuweisenden Forderungen entspricht dem der „Forderungen gegen verbundene Unternehmen". **Dividendenansprüche** an Beteiligungsunternehmen sind zu aktivieren, wenn ein Gewinnverwendungsbeschluss vorliegt, d. h. der Rechtsanspruch entstanden ist. Es gelten die Grundsätze für verbundene Unternehmen[495]. **Erträge aus Anteilen an Personenhandelsgesellschaften** sind grundsätzlich im Jahr der Gewinnentstehung als Forderung zu aktivieren, u. z. unabhängig von Gewinnausschüttungs- oder Thesaurierungsabsichten[496]. Es gilt – wenngleich mit erheblichen Einschränkungen – die sog. Spiegelbildmethode[497]. **533**

Bei der GmbH sind Forderungen an Gesellschafter gesondert auszuweisen oder im Anhang anzugeben, § 42 Abs. 3 GmbHG. Gleiches gilt für Forderungen an Gesellschafter einer KapG & Co., die ebenfalls gesondert auszuweisen oder im Anhang anzugeben sind, § 264 c Abs. 1 S. 1 HGB. **534**

Die Vermerkpflicht für Forderungen mit einer Restlaufzeit von mehr als einem Jahr ergibt sich für diesen Posten gleichermaßen aus § 268 Abs. 4 S. 1 HGB. **535**

Standardkonten im DATEV-System **536**

SKR 03

1320	Besitzwechsel gegen Unternehmen, mit denen ein Beteiligungsverhältnis besteht
1321	– Restlaufzeit bis 1 Jahr
1322	– Restlaufzeit größer 1 Jahr
1325	Besitzwechsel gegen Unternehmen, mit denen ein Beteiligungsverhältnis besteht, bundesbankfähig
F 1480	Forderungen aus Lieferungen und Leistungen gegen Unternehmen, mit denen ein Beteiligungsverhältnis besteht
F 1481	– Restlaufzeit bis 1 Jahr
F 1485	– Restlaufzeit größer 1 Jahr
1488	Wertberichtigung auf Forderungen mit einer Restlaufzeit bis zu 1 Jahr gegen Unternehmen, mit denen ein Beteiligungsverhältnis besteht
1489	Wertberichtigung auf Forderungen mit einer Restlaufzeit von mehr als 1 Jahr gegen Unternehmen, mit denen ein Beteiligungsverhältnis besteht
1597	**Forderungen gegen Unternehmen, mit denen ein Beteiligungsverhältnis besteht**
1598	– Restlaufzeit bis 1 Jahr
1599	– Restlaufzeit größer 1 Jahr

SKR 04

1280	Forderungen gegen Unternehmen, mit denen ein Beteiligungsverhältnis besteht
1281	– Restlaufzeit bis 1 Jahr
1285	– Restlaufzeit größer 1 Jahr
1286	Besitzwechsel gegen Unternehmen, mit denen ein Beteiligungsverhältnis besteht
1287	– Restlaufzeit bis 1 Jahr
1288	– Restlaufzeit größer 1 Jahr
1289	Besitzwechsel gegen Unternehmen, mit denen ein Beteiligungsverhältnis besteht, bundesbankfähig
F 1290	**Forderungen aus Lieferungen und Leistungen gegen Unternehmen, mit denen ein Beteiligungsverhältnis besteht**
F 1291	– Restlaufzeit bis 1 Jahr
F 1295	– Restlaufzeit größer 1 Jahr
1296	Wertberichtigungen zu Forderungen mit einer Restlaufzeit bis zu 1 Jahr gegen Unternehmen, mit denen ein Beteiligungsverhältnis besteht
1297	Wertberichtigungen zu Forderungen mit einer Restlaufzeit von mehr als 1 Jahr gegen Unternehmen, mit denen ein Beteiligungsverhältnis besteht

---

[493] Zum Beteiligungsbegriff vgl. D 208.
[494] Vgl. WP-Handbuch 2000, Bd. I, F 195; *Claussen/Korth,* in Kölner Kom. § 266 HGB Tz 105.
[495] Vgl. D 192.
[496] Vgl. *Adler/Düring/Schmaltz,* § 275 HGB Tz 151.
[497] Zu den Besonderheiten bei der Darstellung im Anlagenspiegel vgl. D 286.

Sonderposten 11: Eingeforderte, noch ausstehende Kapitaleinlagen

537 Gesondert unter den Forderungen sind die **eingeforderten,** aber **noch nicht eingezahlten ausstehenden Einlagen** auszuweisen, sofern von der Möglichkeit nach § 272 Abs. 1 S. 3 HGB Gebrauch gemacht wird, die **nicht eingeforderten ausstehenden Einlagen** auf der Passivseite offen vom „Gezeichneten Kapital" abzusetzen[498]. An welcher Stelle der Bilanzgliederung die eingeforderten, noch ausstehenden Kapitaleinlagen auszuweisen sind, lässt das Gesetz offen. Der Ausweis vor dem Posten „Sonstige Vermögensgegenstände" entspricht der h.M[499].

538 **Standardkonten im DATEV-System**

SKR 03		SKR 04	
0830–38	Ausstehende Einlagen auf das gezeichnete Kapital, eingefordert (Forderungen, nicht eingeforderte ausstehende Einlagen s. Konten 0820–0829)	**1298**	**Ausstehende Einlagen auf das gezeichnete Kapital, eingefordert (Forderungen, nicht eingeforderte ausstehende Einlagen s. Konto 2910)**

539 ***Buchungsbeispiele:***
Ausstehende Einlage bei passivischem Ausweis

SKR 03

EB-Wert gezeichnetes Kapital

Soll	Haben	Gegen-Kto.	Beleg-Datum	Konto
25 000		800	01 01	9000

ausstehende Einlage auf gezeichnetes Kapital

Soll	Haben	Gegen-Kto.	Beleg-Datum	Konto
12 500		820	01 01	0830

eingeforderte, nicht eingezahlte ausstehende Einlage

Soll	Haben	Gegen-Kto.	Beleg-Datum	Konto
12 500		820	01 01	0830

SKR 04

EB-Wert gezeichnetes Kapital

Soll	Haben	Gegen-Kto.	Beleg-Datum	Konto
25 000		2900	01 01	9000

ausstehende Einlage auf gezeichnetes Kapital

Soll	Haben	Gegen-Kto.	Beleg-Datum	Konto
	12 500	2910	01 01	9000

eingeforderte, nicht eingezahlte ausstehende Einlage

Soll	Haben	Gegen-Kto.	Beleg-Datum	Konto
12 500		2910	01 01	1298

Sonderposten 12: Eingeforderte Nachschüsse

540 Der Posten ist im Gliederungsschema des § 266 HGB explizit nicht enthalten. Gem. § 42 Abs. 2 S. 2 GmbHG ist das Recht zur **Einziehung von Nachschüssen** der Gesellschafter in der Bilanz zu aktivieren, wenn die Einziehung bereits beschlos-

---

[498] Vgl. WP-Handbuch 2000, Bd. I, F 198; beim Bilanzausdruck folgt die Postennummerierung fortlaufend der Bilanzpostenreihenfolge.
[499] Vgl. WP-Handbuch 2000, Bd. I, F 198.

sen ist, § 26 Abs. 1 GmbHG, und den Gesellschaftern kein Recht zusteht, sich von der Zahlung der Nachschüsse dadurch zu befreien, dass sie ihren Gesellschaftsanteil der Gesellschaft zur Befriedigung aus demselben zur Verfügung stellen, § 27 Abs. 1 S. 1 GmbHG[500]. Der eingeforderte „Nachschuss-Betrag" sollte unter den Forderungen an dieser Stelle als „Eingeforderte Nachschüsse" ausgewiesen werden[501]. In gleicher Höhe ist eine **„Kapitalrücklage"** auf der Passivseite zu dotieren, § 42 Abs. 2 S. 3 GmbHG[502].

Die Vermerkpflicht für Forderungen mit einer Restlaufzeit von mehr als 1 Jahr ergibt sich für diesen Posten gleichermaßen aus § 268 Abs. 4 S. 1 HGB. **541**

Standardkonten im DATEV-System **542**

SKR 03	SKR 04
0839 Eingeforderte Nachschüsse (Forderungen, Gegenkonto 0845)	**1299 Eingeforderte Nachschüsse (Gegenkonto 2929)**

Sonderposten 13: Eingeforderte Einlagen gem. § 26 Abs. 3 DMBilG

Kapitalgesellschaften hatten im Zusammenhang mit der Aufstellung der DMEB „Gezeichnetes Kapital" zu bilden und dieses neu festzusetzen. Sofern das nach § 26 Abs. 1 DMBilG ermittelte Eigenkapital nicht zur Bildung des gesetzlichen Mindestkapitals ausreichte, war der Fehlbetrag als ausstehende Einlage auf der Aktivseite vor dem Anlagevermögen gesondert auszuweisen, § 26 Abs. 3 S. 1 DMBilG[503]. Reichte das vorhandene Kapital auch nicht aus, um die für die Rechtsform **vorgeschriebene Mindesteinzahlung** zu bewirken, galt der Fehlbetrag **als eingefordert** und war demgemäß im Umlaufvermögen gesondert auszuweisen. Damit war die Einzahlungsforderung in Höhe der Differenz zwischen dem tatsächlichen Eigenkapital und dem für die jeweilige Rechtsform geltenden Mindesteinzahlungsbetrag als fällig gestellt[504]. **543**

Standardkonten im DATEV-System **544**

SKR 03	SKR 04
9426 Eingeforderte Einlagen gemäß § 26 Abs. 3 DMBilG	9426 Eingeforderte Einlagen gemäß § 26 Abs. 3 DMBilG

Sonderposten 14: Forderungen an Gesellschafter

Der Posten ergibt sich nicht aus dem HGB, sondern aus § 42 Abs. 3 GmbHG. **545** Danach sind **Ausleihungen, Forderungen und Verbindlichkeiten gegenüber verbundenen Unternehmen** i. d. R. als solche gesondert auszuweisen oder im Anhang anzugeben. Gesellschafter sind eine oder mehrere natürliche oder juristische Personen, die bei Gründung der Gesellschaft mindestens eine Stammeinlage übernommen haben und diese am jeweiligen Bilanzstichtag noch innehaben[505]. Dazu gehören auch Gesellschafter, die zu einem späteren Zeitpunkt einen Geschäftsanteil oder eine Mitberechtigung an einem Geschäftsanteil übernommen haben.

Handelt es sich bei dem Gesellschafter um ein verbundenes Unternehmen und **546** erfolgt der Ausweis unter „Forderungen gegen verbundene Unternehmen" hat ein entsprechender „davon-Vermerk" zu erfolgen.[506]

Die gleichen Grundsätze gelten für Forderungen an Gesellschafter einer KapG & **547** Co., die gem. § 264c Abs. 1 S. 1 HGB gesondert auszuweisen oder im Anhang anzugeben sind.[507]

---

[500] Vgl. dazu *Bohl,* in Küting/Weber § 42 GmbHG Tz 28.
[501] Vgl. WP-Handbuch 2000, Bd. I, F 203; beim Bilanzausdruck folgt die Postennummerierung fortlaufend der Bilanzpostenreihenfolge.
[502] Vgl. D 815.
[503] Vgl. D 15.
[504] Vgl. *Bordt,* in Budde/Forster DMBilG-Kom. § 26 DMBilG.
[505] Vgl. *Bohl,* in Küting/Weber § 42 GmbHG Tz 49.
[506] Nach *Ellrott/Bartels-Hetzler,* in Beck Bil-Kom. § 266 HGB Tz 126, hat der Ausweis unter „Forderungen an Gesellschafter" Vorrang, was sich aus der Formulierung in § 42 Abs. 3 GmbHG („sind i. d. R. als solche jeweils gesondert auszuweisen") ergibt.
[507] Vgl. *Förschle/Hoffmann,* in Beck Bil-Kom. § 264 c HGB Tz 10.

548 Der Gesetzgeber hat das Wahlrecht eingeräumt, die Forderungen gesondert auszuweisen oder im Anhang zu vermerken, unter welchem Posten Forderungen an Gesellschafter enthalten sind, sog. **Mitzugehörigkeitsvermerk.** Im DATEV-System sind unter dem Posten „Forderungen aus Lieferungen und Leistungen" und „Sonstige Vermögensgegenstände" gesonderte Konten für Forderungen gegen Gesellschafter enthalten. Ein gesonderter Ausweis erfolgt im DATEV-System generell nicht, so dass bei Kapitalgesellschaften im Anhang ein entsprechender Mitzugehörigkeitsvermerk zu erfolgen hat. Lediglich beim erweiterten -Jahresabschluss Kapitalgesellschaft sowie KapG & Co erfolgt bei dem jeweiligen Bilanzposten ein „davon-Vermerk".

Sonderposten 15: Einzahlungsverpflichtungen persönlich haftender Gesellschafter

549 Übersteigt bei einer **KGaA** der auf den Kapitalanteil eines persönlich haftenden Gesellschafters entfallende Verlust dessen Kapitalanteil und besteht insoweit eine Zahlungsverpflichtung des Gesellschafters, ist der übersteigende Betrag unter den Forderungen gesondert als „Einzahlungsverpflichtungen persönlich haftender Gesellschafter" auszuweisen, § 286 Abs. 2 S. 3 AktG[508]. Ein gesonderter Posten ist im DATEV-System nicht vorgesehen.

550 Ein entsprechender Sonderposten ist nunmehr auch für **KapG & Co.** vorgeschrieben. Soweit der auf den persönlich haftenden Gesellschafter entfallenden Verlust seinen Kapitalanteil übersteigt, „ist er auf der Aktivseite unter der Bezeichnung „Einzahlungsverpflichtung persönlich haftender Gesellschafter" unter den Forderungen gesondert auszuweisen, soweit eine Zahlungsverpflichtung besteht, § 264c Abs. 2 S. 4 HGB. Besteht keine Zahlungsverpflichtung, ist der den Kapitalanteil übersteigende Verlust als „Nicht durchVermögenseinlagen gedeckter Verlustanteil persönlich haftender Gesellschafter" zu bezeichnen und gesondert auszuweisen. Die Voraussetzung, „soweit eine Zahlungsverpflichtung besteht", ist nur erfüllt, wenn der Verlust auf Grund gesonderter gesellschaftsvertraglicher Regeln zu einer Zahlungsverpflichtung führt, nicht jedoch schon deshalb, weil der Gesellschafter für Schulden der Gesellschaft persönlich haftet.[509]

Sonderposten 16: Einzahlungsverpflichtungen von Kommanditisten

551 Die vorstehende Grundsätze für persönlich haftende Gesellschafter gelten für **Kommanditisten einer KapG & Co.** entsprechend, § 264c Abs. 2 S. 6 HGB. Das bedeutet, dass ein auf einen Kommanditisten entfallender Verlust, der seinen Kapitalanteil übersteigt, gesondert unter den Forderungen auszuweisen ist, soweit eine Zahlungsverpflichtung besteht. Eine derartige Zahlungsverpflichtung bedarf wohl ebenfalls einer gesonderten gesellschaftsvertraglichen Regelung. Ansonsten sind Verluste, die auf Kommanditisten entfallen und deren Kapitalanteile negativ werden lassen, als „Nicht durch Vermögenseinlagen gedeckte Verlustanteile von Kommanditisten" auszuweisen.

552 Werden die Kapitalanteile durch Entnahmen negativ und handelt es sich um gesellschaftsvertraglich zulässige Entnahmen, sind diese unter der Bezeichnung „Nicht durch Vermögenseinlagen gedeckte Entnahmen von Kommanditisten" gesondert auszuweisen.[510]

Sonderposten 17: Ausgleichsforderungen gem. § 24 DMBilG

553 Ehemalige volkseigene Betriebe im Beitrittsgebiet hatten nach § 24 Abs. 1 DMBilG eine verzinsliche Forderung gegen das Unternehmen, dem die Anteilsrechte gehörten, wenn ansonsten bei der Aufstellung der DMEB ein nicht durch Eigenkapital gedeckter Fehlbetrag entstanden wäre und dieser auch nicht unter Ausnutzung der höchstmöglichen Bewertungsmöglichkeiten zu vermeiden gewesen wäre, § 24 Abs. 2 S. 1 DMBilG. Bei wesentlichen Änderungen der Eröffnungsbilanzwerte nach § 36 DMBilG sind die Ausgleichsforderungen grundsätzlich zu berichtigen.

---

[508] Vgl. WP-Handbuch 2000, Bd. I, F 199.

[509] Vgl. *Förschle/Hoffmann,* in Beck Bil-Kom. § 264 c HGB Tz 43.

[510] Vgl. *Förschle/Hoffmann,* in Beck Bil-Kom. § 264 c HGB Tz 52.

Standardkonten im DATEV-System 554

SKR 03	SKR 04
9427 **Ausgleichsforderungen gemäß § 24 DMBilG**	9427 **Ausgleichsforderungen gemäß § 24 DMBilG**
9428 – Restlaufzeit bis 1 Jahr	9428 – Restlaufzeit bis 1 Jahr
9429 – Restlaufzeit größer 1 Jahr	9429 – Restlaufzeit größer 1 Jahr

Sonderposten 18: Vermögensvorteile gem. § 31 Abs. 1 Nr. 3 DMBilG

Zu den in § 31 Abs. 1 DMBilG eingeräumten **Bilanzierungshilfen** für Unternehmen im Beitrittsgebiet gehörte das Wahlrecht Zuschüsse, Beihilfen und andere Vermögensvorteile zu aktivieren, die ohne Rückzahlungsverpflichtung von Dritten für Investitionen gewährt wurden, § 31 Abs. 1 Nr. 3 DMBilG. Der Posten dürfte infolge Zeitablaufs keine Bedeutung mehr haben. 555

Standardkonten im DATEV-System 556

SKR 03	SKR 04
9433 Vermögensvorteile gemäß § 31 Abs. 1 Nr. 3 DMBilG	9433 Vermögensvorteile gemäß § 31 Abs. 1 Nr. 3 DMBilG

B.II.4. Sonstige Vermögensgegenstände

1. Ausweis

a) Posteninhalt

Als „Sonstige Vermögensgegenstände" sind Forderungen auszuweisen, **die nicht schon einem anderen Forderungsposten zuzuordnen sind**[511]. Dazu gehören: 557

- kurzfristige Forderungen, soweit es sich nicht um solche an verbundene Unternehmen, Beteiligungsunternehmen oder um Ausleihungen handelt
- Kautionen und sonstige Sicherheitsleistungen
- Bezahlte Vorsteuer
- Steuererstattungsansprüche, Rückforderungen an Sozialversicherungsträger
- Forderungen aus Investitionszulagen und -zuschüssen
- Forderungen aus Versicherungserstattungen und sonstige Schadensersatzansprüche
- Vorschüsse und kurzfristige Forderungen an Mitarbeiter, Geschäftsführer, Vorstands- und Aufsichtsratsmitglieder, Mitglieder des Beirats einer GmbH
- Mietforderungen
- Zinsforderungen, einschließlich Stückzinsen
- Dividendenforderungen an Unternehmen, die keine verbundenen oder Beteiligungsunternehmen sind
- Anzahlungen, soweit sie nicht auf Anlage- oder Vorratsvermögen geleistet wurden
- Sonstige Kostenvorschüsse
- Forderungen aus Bürgschafts-, Garantieübernahmen und Treuhandverhältnissen
- Genossenschaftsanteile[512]
- Rückdeckungsansprüche aus Lebensversicherungen sollten wegen der Dauerhaftigkeit dieser Ansprüche im Anlagevermögen unter „Ausleihungen" – bei Anpassung der Postenbezeichnung – oder als gesonderter Posten ausgewiesen werden, Kto 0595 (SKR 03) bzw. Kto. 0990 (SKR 04)[513]. Ein Ausweis unter „Sonstige Vermögensgegenstände" wird aber auch für zulässig erachtet[514].

---

[511] Vgl. *Dusemond/Knop,* in Küting/Weber § 266 HGB Tz 87; WP-Handbuch 2000, Bd. I, F 204; *Adler/Düring/Schmaltz,* § 266 HGB Tz 134; *Claussen/Korth,* in Kölner Kom. § 266 HGB Tz 106–109.

[512] Für Bilanzierung unter „sonstige Vermögensgegenstände" bei fehlender Daueranlageabsicht, WP-Handbuch 2000, Bd. I, F 204; Kto 1352 (SKR 03) bzw. Kto 1395 (SKR 04) im DATEV-System.

[513] Vgl. *Adler/Düring/Schmaltz,* § 266 HGB Tz 93; *Claussen/Korth,* in Kölner Kom. § 266 HGB Tz 107; vgl. auch S. 138; ähnlich WP-Handbuch 2000, Bd. I, F 204.

[514] Vgl. WP-Handbuch 2000, Bd. I, F 204; *Claussen/Korth,* in Kölner Kom. § 266 HGB Tz 107.

- GmbH-Anteile, soweit keine Beteiligungsabsicht besteht und keine eigenen Anteile vorliegen, die unter Pos. B.III.2. auszuweisen sind[515].
- Forderungen aus Kostenverauslagungen und sog. durchlaufende Posten
- Darlehen, soweit nicht Finanzanlagevermögen
- außer Betrieb gesetzte und zur Veräußerung oder Verschrottung bestimmte ehemalige Gegenstände des Sachanlagevermögens.

b) Forderungen, die erst nach dem Bilanzstichtag rechtlich entstehen

558 Werden unter „Sonstige Vermögensgegenstände" Beträge ausgewiesen, die **erst nach dem Abschlussstichtag rechtlich entstehen,** müssen sie von KapG/KapG & Co. im Anhang erläutert werden, sofern sie einen größeren Umfang haben, § 268 Abs. 4 S. 2 HGB[516]. Bei der Erläuterungspflicht, ist auf die Wesentlichkeit der betreffenden Beträge im Hinblick auf die Vermögens-, Finanz- und Ertragslage abzustellen. Es handelt sich dabei um Ansprüche, die zwar zivilrechtlich nicht zu den Forderungen gehören, jedoch bei wirtschaftlicher Betrachtungsweise Forderungscharakter haben und deshalb hier auszuweisen sind.

559 In Betracht kommen beispielsweise Mieterträge, die dem abgelaufenen Geschäftsjahr wirtschaftlich zuzuordnen sind, jedoch erst im neuen Geschäftsjahr fällig werden[517]. Gleiches gilt für Bonusansprüche, die zwar dem Grunde nach vertraglich für das alte Geschäftsjahr vereinbart sind, jedoch erst nach Abrechnung der Umsätze des abgelaufenen Geschäftsjahres errechnet und fällig werden[518]. Ähnlich zu beurteilen sind Rückdeckungsansprüche aus Lebensversicherungen, die rechtlich noch keine Forderung darstellen. Auch Steuererstattungsansprüche, die mit Ablauf des Geschäftsjahres dem Grunde nach entstanden sind, für deren rechtliches Entstehen jedoch die Abgabe der rechtswirksam unterschriebenen Steuererklärung erforderlich ist, wie z. B. bei Investitionszulagen, gehören hierzu[519]. Sämtlichen Forderungen ist gemein, dass sie unter Berücksichtigung der GoB bilanzierungsfähig und der abgelaufenen Periode zuzuordnen sind, jedoch am Bilanzstichtag rechtlich noch nicht entstanden und/oder fällig sind.

c) Vorschüsse und Kredite an Geschäftsführer

560 Zu „Sonstige Vermögensgegenstände" gehören auch Vorschüsse und Kredite an Mitglieder der Geschäftsführung und des Aufsichtsrats. Diese **Organkredite** sind zwar in der Bilanz nicht gesondert auszuweisen, aber im Anhang für jede Personengruppe mit Konditionen anzugeben, § 285 Nr. 9 c HGB.

d) Geldtransit

561 Der DATEV-Kontenrahmen ordnet das **Geldtransitkonto,** Kto 1360 (SKR 03) und 1460 (SKR 04), dem Posten „Sonstige Vermögensgegenstände" zu. Grundsätzlich sind Geldtransitktn. zum Bilanzstichtag aufzulösen, d. h. Überhänge zwischen Kassenbeständen und Bankguthaben bzw. zwischen verschiedenen Bankkonten sind unter Berücksichtigung der zeitlichen Buchungsunterschiede den einzelnen Ktn zuzuordnen. Insoweit bestehen keine Bedenken, Geldtransitkonten individuell innerhalb der Pos. B.IV. „Liquide Mittel" einzurichten, was das DATEV-System ohne Probleme zulässt. Da sämtliche liquiden Mittel unter der Pos. „Schecks, Kassenbestand, Bundesbank- und Postbankguthaben, Guthaben bei Kreditinstituten" ausgewiesen werden, haben bei dieser Handhabung Überhänge auf Geldtransitktn keine gliederungsrechtlichen Konsequenzen. Sofern eine eindeutige Zuordnung der Geldtransitkonten nicht möglich ist, ist ein Ausweis unter Pos. B.II.4. „Sonstige Vermögensgegenstände" vorzuziehen.

---

[515] Vgl. *Dusemond/Knop,* in Küting/Weber § 266 HGB Tz 87; *Ellrott/Bartels-Hetzler,* in Beck Bil-Kom. § 266 HGB Tz 128; für einen Ausweis unter „Sonstige Wertpapiere" im Umlaufvermögen *Bieg,* in Küting/Weber § 271 HGB Tz 69; Kto 1348 (SKR 03) bzw. 1510 (SKR 04) im DATEV-System.

[516] Vgl. auch F 181.

[517] Vgl. *Claussen/Korth,* in Kölner Kom. § 268 HGB Tz 37.

[518] Vgl. *Knop,* in Küting/Weber § 268 HGB Tz 203 ff.; *Matschke,* in Bonner HdR § 268 HGB Tz 81; *Ellrott,* in Beck Bil-Kom. § 268 HGB Tz 95, nennt Umsatzprämien ohne Rechtsanspruch „faktische Forderungen".

[519] Vgl. *Adler/Düring/Schmaltz,* § 268 HGB Tz 106.

e) Restlaufzeitvermerk

Auch die in diesem Posten enthaltenen Forderungen mit einer Restlaufzeit von mehr als einem Jahr sind gesondert zu vermerken, § 268 Abs. 4 S. 1 HGB. 562

2. Bewertung

Soweit sonstige Vermögensgegenstände Forderungscharakter haben, richtet sich die Bewertung nach den allgemeinen, für Forderungen geltenden Bewertungsgrundsätzen.[520] Forderungen sind zum Nominalwert anzusetzen, zweifelhafte Forderungen mit ihrem wahrscheinlichen Wert, uneinbringliche Forderungen sind abzuschreiben, § 253 Abs. 2 S. 3 und Abs. 3 S. 2 HGB. Unverzinsliche oder niedrigverzinsliche Forderungen sind mit dem Barwert anzusetzen, soweit nicht wegen Geringfügigkeit oder kurzer Laufzeiten – i. d. R. bei einer Laufzeit bis zu 1 Jahr – auf eine Abzinsung verzichtet werden kann[521]. 563

Steuererstattungsansprüche, Umsatzboni und Schadenersatzansprüche sind bereits dann zu aktivieren, wenn sie wirtschaftlich dem abgelaufenen Geschäftsjahr zuzuordnen sind und, z. B. bei UmS.prämien, aufgrund langjähriger Übung gezahlt werden, auch wenn noch kein Rechtsanspruch besteht.[522] Sie sind gem. § 268 Abs. 4 S. 2 HGB im Anhang zu erläutern. 564

Standardkonten im DATEV-System 565

SKR 03

1350	GmbH-Anteile zum kurzfristigen Verbleib
1352	Genossenschaftsanteile zum kurzfristigen Verbleib
1355	Ansprüche aus Rückdeckungsversicherungen
F 1360	Geldtransit
F 1370	Verrechnungskonto für Gewinnermittlung § 4/3 EStG, ergebniswirksam
F 1371	Verrechnungskonto für Gewinnermittlung § 4/3 EStG, nicht ergebniswirksam
F 1380	Überleitungskonto Kostenstelle
F 1390	Verrechnungskonto Ist-Versteuerung
1500	**Sonstige Vermögensgegenstände**
1501	– Restlaufzeit bis 1 Jahr
1502	– Restlaufzeit größer 1 Jahr
1503	Forderungen gegen Vorstandsmitglieder und Geschäftsführer – Restlaufzeit bis 1 Jahr
1504	Forderungen gegen Vorstandsmitglieder und Geschäftsführer – Restlaufzeit größer 1 Jahr
1505	Forderungen gegen Aufsichtsrats- und Beiratsmitglieder – Restlaufzeit bis 1 Jahr
1506	Forderungen gegen Aufsichtsrats- und Beiratsmitglieder – Restlaufzeit größer 1 Jahr
1507	Forderungen gegen Gesellschafter – Restlaufzeit bis 1 Jahr
1508	Forderungen gegen Gesellschafter – Restlaufzeit größer 1 Jahr
1521	Agenturwarenabrechnung
1525	Kautionen
1526	– Restlaufzeit bis 1 Jahr
1527	– Restlaufzeit größer 1 Jahr
1530	Forderungen gegen Personal
1531	– Restlaufzeit bis 1 Jahr
1537	– Restlaufzeit größer 1 Jahr

SKR 04

1300	Sonstige Vermögensgegenstände
1301	– Restlaufzeit bis 1 Jahr
1305	– Restlaufzeit größer 1 Jahr
1310	Forderungen gegen Vorstandsmitglieder und Geschäftsführer
1311	– Restlaufzeit bis 1 Jahr
1315	– Restlaufzeit größer 1 Jahr
1320	Forderungen gegen Aufsichtsrats- und Beirats-Mitglieder
1321	– Restlaufzeit bis 1 Jahr
1325	– Restlaufzeit größer 1 Jahr
1330	Forderungen gegen Gesellschafter
1331	– Restlaufzeit bis 1 Jahr
1335	– Restlaufzeit größer 1 Jahr
1340	Forderungen gegen Personal
1341	– Restlaufzeit bis 1 Jahr
1345	– Restlaufzeit größer 1 Jahr
1350	Kautionen
1351	– Restlaufzeit bis 1 Jahr
1355	– Restlaufzeit größer 1 Jahr
1360	Darlehen
1361	– Restlaufzeit bis 1 Jahr
1365	– Restlaufzeit größer 1 Jahr
1370	Durchlaufende Posten
1374	Fremdgeld
1375	Agenturwarenabrechnung
1378	Ansprüche aus Rückdeckungsversicherungen
1390	GmbH-Anteile zum kurzfristigen Verbleib
1395	Genossenschaftsanteile zum kurzfristigen Verbleib
F 1396	Nachträglich abziehbare Vorsteuer, § 15 a UStG, bewegliche Wirtschaftsgüter
F 1597	Zurückzuzahlende Vorsteuer, § 15 a UStG, bewegliche Wirtschaftsgü-ter
F 1398	Nachträglich abziehbare Vorsteuer, § 15 a UStG, unbewegliche Wirtschaftsgüter

[520] Vgl. D 507, 510.
[521] Vgl. WP-Handbuch 2000, Bd. I, E 425.
[522] Vgl. WP-Handbuch 2000, Bd. I, E 437.

SKR 03

1540 Steuerüberzahlungen
1542 Steuererstattungsansprüche gegenüber anderen EG-Ländern
F 1543 Forderungen an das Finanzamt aus abgeführtem Bauabzugsbetrag
1545 Umsatzsteuerforderungen
1547 Forderungen aus entrichteten Verbrauchsteuern
1548 Vorsteuer im Folgejahr abziehbar
1549 Körperschaftsteuerrückforderung
1550 Darlehen
1551 – Restlaufzeit bis 1 Jahr
1555 – Restlaufzeit größer 1 Jahr
F 1556 Nachträglich abziehbare Vorsteuer, § 15 a UStG, bewegliche Wirtschaftsgüter
F 1557 Zurückzuzahlende Vorsteuer, § 15 a UStG, bewegliche Wirtschaftsgüter
F 1558 Nachträglich abziehbare Vorsteuer, § 15 a UStG, unbewegliche Wirtschaftsgüter
F 1559 Zurückzuzahlende Vorsteuer, § 15 a UStG, unbewegliche Wirtschaftsgüter
S 1560 Aufzuteilende Vorsteuer
S 1561 Aufzuteilende Vorsteuer 7%
S 1562 Aufzuteilende Vorsteuer aus innergemeinschaftlichem Erwerb
R 1563–64
S 1565 Aufzuteilende Vorsteuer 16%
R 1566
S 1567 Aufzuteilende Vorsteuer nach § 13 b UStG
S 1568 Aufzuteilende Vorsteuer nach § 13 b UStG 16%
R 1569
S 1570 Abziehbare Vorsteuer
S 1571 Abziehbare Vorsteuer 7%
S 1572 Abziehbare Vorsteuer aus innergemeinschaftlichem Erwerb
S 1573 Abziehbare Vorsteuer aus innergemeinschaftlichem Erwerb 16%
R 1574
S 1575 Abziehbare Vorsteuer 16%
S 1576 Abziehbare Vorsteuer 15%
F 1577 Vorsteuer nach allgemeinen Durchschnittsätzen UStVA Kz. 63
S 1578 Abziehbare Vorsteuer nach § 13 b UStG
S 1579 Abziehbare Vorsteuer nach § 13 b UStG 16%
1580 Gegenkonto Vorsteuer § 4/3 EStG
1581 Auflösung Vorsteuer aus Vorjahr § 4/3 EStG
R 1583
S 1584 Abziehbare Vorsteuer aus innergemeinschaftlichem Erwerb von Neufahrzeugen von Lieferanten ohne Umsatzsteuer-Identifikationsnummer
R 1586 Kürzung BerlinFG
F 1588 Bezahlte EinfuhrumS.steuer
R 1589
1590 Durchlaufende Posten
1592 Fremdgeld
1792 Sonstige Verrechnungskonten (Interimskonten)
1793 Verrechnungskonto geleistete Anzahlungen bei Buchung über Kreditoren-Konto

SKR 04

F 1399 Zurückzuzahlende Vorsteuer, § 15 a UStG, unbewegliche Wirtschaftsgüter
S 1400 Abziehbare Vorsteuer
S 1401 Abziehbare Vorsteuer 7%
S 1402 Abziehbare Vorsteuer aus innergemeinschaftlichem Erwerb
S 1403 Abziehbare Vorsteuer aus innergemeinschaftlichem Erwerb 16%
R 1404
S 1405 Abziehbare Vorsteuer 16%
S 1406 Abziehbare Vorsteuer 15%
F 1407 Vorsteuer nach allgemeinen Durchschnittsätzen UStVA Kz. 63
S 1408 Abziehbare Vorsteuer nach § 13 b UStG
S 1409 Abziehbare Vorsteuer nach § 13 b UStG 16%
S 1410 Aufzuteilende Vorsteuer
S 1411 Aufzuteilende Vorsteuer 7%
S 1412 Aufzuteilende Vorsteuer aus innergemeinschaftlichem Erwerb
R 1413–14
S 1415 Aufzuteilende Vorsteuer 16%
R 1416
S 1417 Aufzuteilende Vorsteuer nach § 13 b UStG
S 1418 Aufzuteilende Vorsteuer nach § 13 b UStG 16%
R 1419
1420 Umsatzsteuerforderungen
1421 Umsatzsteuerforderungen laufendes Jahr
1422 Umsatzsteuerforderungen Vorjahr
1425 Umsatzsteuerforderungen frühere Jahre
1427 Forderungen aus entrichteten Verbrauchsteuern
R 1430–31
S 1432 Abziehbare Vorsteuer aus innergemeinschaftlichem Erwerb von Neufahrzeugen von Lieferanten ohne Umsatzsteuer-Identifikationsnummer
F 1433 Bezahlte Einfuhrumsatzsteuer
1434 Vorsteuer im Folgejahr abziehbar
1435 Steuerüberzahlungen
R 1436
1440 Steuererstattungsanspruch gegenüber anderen EG-Ländern
1450 Körperschaftsteuerrückforderung
F 1456 Forderungen an das Finanzamt aus abgeführtem Bauabzugsbetrag
F 1460 Geldtransit
F 1480 Gegenkonto Vorsteuer § 4/3 EStG
F 1481 Auflösung Vorsteuer aus Vorjahr § 4/3 EStG
F 1485 Verrechnungskonto Gewinnermittlung § 4/3 EStG, ergebniswirksam
F 1486 Verrechnungskonto Gewinnermittlung § 4/3 EStG, nicht ergebniswirksam
F 1490 Verrechnungskonto Ist-Versteuerung
F 1495 Verrechnungskonto erhaltene Anzahlungen bei Buchung über Debitorenkonto
F 1498 Überleitungskonto Kostenstellen
3620 Gewinnverfügungskonto stille Gesellschafter
3630 Sonstige Verrechnungskonten (Interimskonto)

SKR 03	SKR 04
	3695 Verrechnungskonto geleistete Anzahlungen bei Buchung über Kreditoren-Konto

(einstweilen frei) 566

B.III. Wertpapiere

1. Ausweis

Die Position „Wertpapiere" im Umlaufvermögen ist wie folgt untergliedert: 567

1. Anteile an verbundenen Unternehmen
2. eigene Anteile
3. sonstige Wertpapiere

Als Wertpapiere des Umlaufvermögens sind die **jederzeit verfügbaren Wertpapiere** auszuweisen[523]. Sie dürfen nicht dazu bestimmt sein, dem eigenen Geschäftsbetrieb durch Herstellung einer dauernden Verbindung zu einem anderen Unternehmen zu dienen, denn dies sind „Beteiligungen" i. S. v. § 271 Abs. 1 S. 1 HGB. Eine Beteiligung ist also zwangsläufig dem Anlagevermögen zuzuordnen. 568

Grundsätzlich ist für die Zuordnung zum Um- bzw. Anlagevermögen der **Zweckbestimmungswille zum Bilanzstichtag** maßgebend, weil die Vermögensart „Wertpapier" allein keine Differenzierung zulässt. Ausweisbestimmend ist also die Absicht der Bilanzierenden, die Wertpapiere nicht auf Dauer, sondern ggf. nur als Liquiditätsreserve behalten zu wollen[524]. Die Unterscheidung ist wegen der unterschiedlichen Bewertungsvorschriften von Bedeutung, weil für das Umlaufvermögen das strenge Niederstwertprinzip zu beachten ist. Zur Position B.III. „Wertpapiere" gehören Aktien, festverzinsliche Wertpapiere, sonstige börsengängige Wertpapiere, kurzfristig gehaltene Anteile an verbundenen Unternehmen sowie eigene Anteile. 569

Bis zum Abschlussstichtag aufgelaufene Stückzinsen aus festverzinslichen Wertpapieren sind unter „Sonstige Vermögensgegenstände" auszuweisen. 570

2. Bewertung

a) Handelsrecht

Ausgangsgröße der Bewertung sind die Anschaffungskosten einschl. etwaiger Nebenkosten. Bei einem Ausweis im Umlaufvermögen gilt das strenge **Niederstwertprinzip,** d. h. jedwede Wertminderung am Bilanzstichtag muss in Form einer Abwertung berücksichtigt werden. Vergleichswert ist der Börsenkurs zum Bilanzstichtag, der um die Anschaffungsnebenkosten erhöht werden kann, wenn keine Veräußerung geplant ist.[525] Bei Kurssteigerungen gelten die Anschaffungskosten als Wertobergrenze. 571

Zero-Bonds sind in Höhe der Anschaffungskosten zzgl. der zeitanteiligen Zinsforderung auszuweisen[526]. 572

b) Steuerrecht

Steuerrechtlich ist eine Abwertung gem. § 6 Abs. 1 Nr. 2 EStG 1997 nur zulässig, wenn der Teilwert aufgrund einer voraussichtlich dauernden Wertminderung niedriger als der Buchwert ist. Das Kriterium **„voraussichtlich dauernde Wertminderung"** ist im Umlaufvermögen stets erfüllt, wenn die Wertminderung bis zum Zeitpunkt der Aufstellung der Bilanz oder dem vorangegangenen Verkaufszeitpunkt anhält[527]. 573

---

[523] Vgl. *Claussen/Korth,* in Kölner Kom. § 266 HGB Tz 110.

[524] Eine dauernde Verbindung wird bei einer geplanten Verweildauer von mehr als 1 Jahr angenommen; zur Abgrenzung zwischen Anlage- und Umlaufvermögen vgl. D 37.

[525] Vgl. *Ellrott/St. Ring,* in Beck Bil-Kom. § 253 HGB Tz 610.

[526] Vgl. BMF-Schr. v. 30. 4. 1993, BStBl I 1993, S. 343; *Ellrott/Schmidt-Wendt,* in Beck Bil-Kom. § 255 HGB Tz 311.

[527] Vgl. BMF-Schr. v. 25. 2. 2000, BStBl I 2000, S. 372, 374.

Beispiel

574 Der Steuerpflichtige hält festverzinsliche Wertpapiere, die bei Fälligkeit zu 100% eingelöst werden, aufgrund einer Änderung des Zinsniveaus beträgt der Börsenkurs am Bilanzstichtag nur noch 98% gegenüber dem Nennwert. Bis zum Zeitpunkt der Bilanzaufstellung hat sich der Börsenkurs auf 98,5% erholt.

Lösung

Grundsätzlich ist eine Teilwertabschreibung zum Bilanzstichtag zulässig. Allerdings sind die zusätzlichen Erkenntnisse bis zur Bilanzaufstellung zu berücksichtigen. Danach können die Wertpapiere mit einem Kurs von 98,5% des Nennwerts angesetzt werden.

575 Durch den Wegfall des Wertbeibehaltungswahlrechts ergibt sich ein für jeden Bilanzstichtag zu prüfendes **Wertaufholungsgebot.** Bewertungsobergrenze bleiben die ursprünglichen Anschaffungs-/Herstellungskosten.

B.III.1. Anteile an verbundenen Unternehmen

576 Anteile an verbundenen Unternehmen[528] sind hier auszuweisen, soweit sie nicht zum Finanzanlagevermögen gehören. Die Zuordnung hängt von der Zweckbestimmung der Anteile ab. Maßgebend ist der Zweckbestimmungswille der Geschäftsführung, mit diesen Anteilen **keine dauernde Verbindung** zum Konsolidierungskreis gehörenden Unternehmen herstellen zu wollen. Dies ist der Fall, wenn der Erwerb zur kurzfristigen Kurspflege einer Tochtergesellschaft oder zum Zwecke kurzfristiger Verwertungen, z. B. zur Vorbereitung von Verschmelzungen, erfolgt[529]. Außer in diesen **Ausnahmefällen** werden Anteile an verbundenen Unternehmen regelmäßig länger gehalten, was zu einem Ausweis unter den Finanzanlagen führt.

577 **Standardkonten im DATEV-System**

SKR 03	SKR 04
1340 Anteile an verbundenen Unternehmen (Umlaufvermögen)	**1500 Anteile an verbundenen Unternehmen (Umlaufvermögen)**
1344 Anteile an herrschender oder mit Mehrheit beteiligter Gesellschaft	**1504 Anteile an herrschender oder mit Mehrheit beteiligter Gesellschaft**

B.III.2. Eigene Anteile

1. Ausweis

578 Die **Verpflichtung, eigene Anteile gesondert** an dieser Stelle des Umlaufvermögens **auszuweisen,** ergibt sich sowohl aus dem Gliederungsschema des § 266 Abs. 2 HGB als auch aus § 265 Abs. 3 S. 2 HGB. Der Ausweis an dieser Stelle ist also unabdingbar[530], d. h. auf den Zweckbestimmungswillen wird hier nicht abgestellt. Dies auch deshalb, weil der Erwerb eigener Anteile engen Vorschriften unterliegt. Zu „eigenen Anteilen" gehören außer Aktien auch Anteile an einer GmbH, obwohl die Positionsbezeichnung „Wertpapiere" lautet und GmbH-Anteile nicht verbrieft sind[531]. Nicht hier auszuweisen sind unerlaubterweise durch Dritte für Rechnung der Gesellschaft erworbene eigene Anteile[532].

2. Erwerb eigener GmbH-Anteile

579 Eigene Anteile dürfen von der **GmbH** nur erworben werden, wenn die Erwerbsvoraussetzungen des § 33 GmbHG vorliegen, d. h. die Einlagen vollständig geleistet sind und der Erwerb aus dem über das Stammkapital hinausgehenden Vermö-

---

[528] Zu verbundenen Unternehmen vgl. D 193.

[529] Vgl. *Dusemond/Knop,* in Küting/Weber § 266 HGB Tz 91; *Ellrott/Bartels-Hetzler,* in Beck Bil-Kom. § 266 HGB Tz 135.

[530] Vgl. *Claussen/Korth,* in Kölner Kom. § 266 HGB Tz 112; *Dusemond/Knop,* in Küting/Weber § 266 HGB Tz 93; *Ellrott/Bartels-Hetzler,* in Beck Bil-Kom § 266 HGB Tz 138.

[531] H. M. *Adler/Düring/Schmaltz,* § 266 HGB Tz 139; *Matschke,* in Bonner HdR § 266 Tz 114.

[532] Vgl. *Adler/Düring/Schmaltz,* § 266 HGB Tz 140.

gen geschieht. § 33 Abs. 1 GmbHG setzt die Bedingung, dass auf die zu erwerbenden Anteile die Einlage vollständig geleistet ist. Bei einem Verstoß gegen das **Erwerbsverbot nach Abs. 1** ist sowohl der schuldrechtliche Vertrag als auch das Verfügungsgeschäft nichtig, d. h. der Veräußerer bleibt Inhaber des Geschäftsanteils, das Entgelt ist der Gesellschaft gem. §§ 812 ff. BGB zurückzugewähren. Der Anspruch auf Entgeltrückgewähr, ggf. auch Schadenersatzansprüche gegen den Geschäftsführer, sind unter Pos. B.II.4. „Sonstige Vermögensgegenstände" auszuweisen[533].

Gem. § 33 Abs. 2 GmbHG dürfen voll eingezahlte Anteile nur erworben werden, **580**
wenn das Entgelt aus freiem, über das Stammkapital hinaus vorhandenen Vermögen gezahlt werden kann, also in gleicher Höhe frei verfügbare Rücklagen oder ein Bilanzgewinn vorhanden sind. Ein Verstoß gegen das **Erwerbsverbot gem. Abs. 2** führt lediglich zur Nichtigkeit des schuldrechtlichen Geschäfts, das Verfügungsgeschäft bleibt dagegen wirksam. Die Nichtigkeit des Schuldvertrages gibt der Gesellschaft ein Leistungsverweigerungsrecht, d. h. das Entgelt und die Geschäftsanteile sind gem. §§ 812 ff. BGB zurückzugewähren[534]. Solange die Kaufpreisrückgewähr nicht erfolgt ist, sind nach § 33 Abs. 2 GmbHG verbotswidrig erworbene Anteile an dieser Stelle auszuweisen.

3. Erwerb eigener Aktien

Eigene Anteile dürfen von der **AG** nur erworben werden, wenn eine der **Erwerbsbedingungen des § 71 Abs. 1 AktG** vorliegt und diese Aktien 10% des **581**
Grundkapitals nicht übersteigen[535]. Daneben ist der Erwerb eigener Anteile nach § 71 Abs. 2 AktG nur zulässig, wenn die AG die nach § 272 Abs. 4 HGB vorgeschriebene Rücklage für eigene Anteile bilden kann, ohne das Grundkapital oder eine nach Gesetz oder S.ung zu bildende Rücklage zu mindern, die nicht zur Zahlung an die Aktionäre verwendet werden darf. Außerdem müssen die zu erwerbenden Aktien voll eingezahlt sein[536]. Erwirbt die AG außerhalb des vom Gesetz gesteckten Rahmens unzulässigerweise eigene Anteile, bleibt der Ausweis unter diesem Posten davon unberührt, weil das dingliche Rechtsgeschäft in der Regel wirksam bleibt[537]. Ist auch das dingliche Rechtsgeschäft nichtig, sind entweder das wirtschaftliche Eigentum – an dieser Stelle – oder der Anspruch auf Kaufpreisrückgewähr – unter „Sonstige Vermögensgegenstände" – zu aktivieren[538].

4. Bewertung

Auch eigene Anteile unterliegen dem Niederstwertprinzip. Soweit für eigene Ak- **582**
tien oder bei GmbH-Anteilen kein Börsenkurs besteht bestimmt sich der niedrigere beizulegende Stichtagswert nach dem inneren Wert der Anteile. So kann eine Bewertung unter den Anschaffungskosten z. B. erforderlich sein, wenn eigene Aktien den Arbeitnehmern mit Kursabschlag angeboten werden sollen.[539]

5. Rücklage für eigene Anteile

Soweit auf der Aktivseite der Bilanz eigene Anteile ausgewiesen werden, ist **583**
gem. § 272 Abs. 4 HGB eine Rücklage für eigene Anteile zu passivieren, in der der Betrag einzustellen ist, der den aktivierten (eigenen) Anteilen entspricht[540]. Die nach § 272 Abs. 4 HGB zu bildende „Rücklage für eigene Anteile" ist keine Veranlas-

---

[533] Vgl. *Dusemond/Knop,* in Küting/Weber § 266 HGB Tz 94; *Ellrott/Bartels-Hetzler,* in Beck Bil-Kom. § 266 HGB Tz 139; *Adler/Düring/Schmaltz,* § 266 HGB Tz 140.

[534] Vgl. *Ellrott/Bartels-Hetzler,* in Beck Bil-Kom. § 266 HGB Tz 139.

[535] Vgl. *Lutter,* in Kölner Kom. § 71 AktG Tz 52 ff.

[536] Vgl. *Lutter,* in Kölner Kom. § 71 AktG Tz 32.

[537] Vgl. *Lutter,* in Kölner Kom. § 71 AktG Tz 76; *Dusemond/Knop,* in Küting/Weber § 266 HGB Tz 94.

[538] Vgl. *Lutter,* in Kölner Kom. § 71 AktG Tz 79; *Claussen/Korth,* in Kölner Kom. § 266 HGB Tz 114; *Matschke,* in Bonner HdR § 266 HGB Tz 115.

[539] Vgl. WP-Handbuch 2000, Bd. I, F 209; Besonderheiten bestehen bei eigenen Anteilen, die zur Einziehung bestimmt sind; zur steuerrechtlichen Behandlung vgl. BMF-Schr. v. 2. 12. 1998, BStBl I 1998, S. 1509.

[540] Vgl. D 839.

sung, von einer Abwertung abzusehen[541]. Soweit eigene Anteile abgewertet werden, kann die Rücklage entsprechend aufgelöst werden, bei Wertaufholungen ist sie wieder aufzufüllen[542]. Im Übrigen kann die Rücklage nur aufgelöst werden, wenn eigene Anteile veräußert, eingezogen oder als Aktien an Belegschaftsmitglieder ausgegeben werden.

584 **Standardkonten im DATEV-System**

SKR 03	SKR 04
1345 Eigene Anteile	**1505 Eigene Anteile**

B.III.3. Sonstige Wertpapiere

585 Dies ist ein Auffangposten für **alle Wertpapiere, die nicht** schon **an anderer Stelle** der Bilanz **auszuweisen sind.** Abgetrennte Zins- und Dividendenscheine können hier oder unter „Sonstige Vermögensgegenstände" ausgewiesen werden[543].

586 § 266 HGB enthält weder einen Posten „Wechsel", noch wird die freiwillige Aufnahme eines solchen Postens in das Bilanzgliederungsschema zu gelassen[544]. Wechsel, denen Liefer- oder Leistungsforderungen zugrundeliegen, sind unter den Forderungen aus Lieferungen und Leistungen auszuweisen[545]. Finanzierungswechsel, Schatzwechsel der Bundesbank, der Länder und Bundesbahn sind dagegen – bei fehlender Daueranlageabsicht – an dieser Stelle zu zeigen[546]. Nach der Einführung des Euro und der damit verbundenen fehlenden Refinanzierungsmöglichkeit haben Finanzierungswechsel kaum noch praktische Bedeutung.

587 Im Schrifttum wird es auch als zulässig angesehen, kurzfristig veräußerbare Anteilsrechte, für die keine Dauerbesitzabsicht besteht, wie GmbH- und Genossenschaftsanteile, hier auszuweisen[547], insbesondere wenn sie im Anlagevermögen unter „Wertpapiere des Anlagevermögens" ausgewiesen waren[548].

588 **Standardkonten im DATEV-System**

SKR 03	SKR 04
1327 Finanzwechsel	**1510 Sonstige Wertpapiere**
1329 Andere Wertpapiere mit unwesentlichen Wertschwankungen im Sinne Textziffer 18 DRS 2	1520 Finanzwechsel
1348 Sonstige Wertpapiere	1525 Andere Wertpapiere mit unwesentlichen Wertschwankungen im Sinne Textziffer 18 DRS 2
1349 Wertpapieranlagen im Rahmen der kurzfristigen Finanzdisposition	1530 Wertpapieranlagen im Rahmen der kurzfristigen Finanzdisposition

B.IV. Kassenbestand, Bundesbankguthaben, Guthaben bei Kreditinstituten und Schecks

1. Posteninhalt

589 Die in der Postenbezeichnung aufgeführten liquiden Mittel sind **zusammengefasst** an dieser Stelle **auszuweisen.** Kommt einzelnen Vermögensgegenständen eine besondere Bedeutung für die Liquiditätslage zu, ist eine **weitergehende Aufglie-**

---

[541] Vgl. *Ellrott/St. Ring,* in Beck Bil-Kom. § 253 HGB Tz 612.
[542] Vgl. *Förschle/Kofahl,* in Beck Bil-Kom. § 272 HGB Tz 125.
[543] Vgl. *Adler/Düring/Schmaltz,* § 266 HGB Tz 145; WP-Handbuch 2000, Bd. I, F 210; *Ellrott/Bartels-Hetzler,* in Beck Bil-Kom. § 266 HGB Tz 145.
[544] Vgl. *Dusemond/Knop,* in Küting/Weber § 266 HGB Tz 96.
[545] Vgl. D 488.
[546] Vgl. *Adler/Düring/Schmaltz,* § 266 HGB Tz 144; WP-Handbuch 2000, Bd. I, F 211; *Ellrott/Bartels-Hetzler,* in Beck Bil-Kom. § 266 HGB Tz 143.
[547] Zust. *Bieg,* in Küting/Weber § 271 HGB Tz 69; a. A. *Dusemond/Knop,* in Küting/Weber § 266 HGB Tz 97; für Ausweis von Genossenschaftsanteilen unter „Sonstige Vermögensgegenstände" *Ellrott/Bartels-Hetzler,* in Beck Bil-Kom. § 266 HGB Tz 129.
[548] Zum Ausweis im Anlagevermögen vgl. D 211, 235, 246; im Ergebnis ähnlich *Adler/Düring/Schmaltz,* § 266 HGB Tz 143.

derung zulässig[549]. Die Postenbezeichnung sollte dem tatsächlichen Inhalt angepasst werden. Im Einzelnen[550]:

- **Kassenbestand** – Bestände der Haupt- und Nebenkassen in in- und ausländischer Währung; Wertmarken, d. s. Briefmarken, Gebührenmarken, Wechselsteuermarken, Wertmarken für Frankiermaschinen; nicht hierzu gehören Goldmünzen, Goldbarren u. ä., die unter Pos. B.II.4. „Sonstige Vermögensgegenstände" auszuweisen sind, denn es handelt sich nicht um gesetzliche Zahlungsmittel. Gleiches gilt für in der Kasse befindliche Quittungen über Reisekosten- und Gehaltsvorschüsse, die ebenfalls nicht zum Kassenbestand gehören, sondern unter „Sonstige Vermögensgegenstände" auszuweisen sind[551].
- **Bundesbankguthaben** – alle Guthaben bei der Bundesbank und deren Außenstellen, d. s. die Landeszentralbanken.
- **Guthaben bei Kreditinstituten** – alle Guthaben bei in- und ausländischen Kreditinstituten, die begrifflich durch § 1 KWG bestimmt sind, d. s. auch Sparkassen, Postbankguthaben sowie Guthaben bei Bausparkassen (§ 1 BSG)[552]. Dies können sein:
  - Kontokorrentguthaben
  - Festgeldguthaben
  - Sparbuchguthaben
- **Schecks** – alle im Bestand befindlichen, also noch nicht eingereichten Schecks; auch vordatierte Schecks erfüllen die Scheckmerkmale (gem. Art. 28 Abs. 2 ScheckG); eingereichte, aber noch nicht gutgeschriebene Schecks sind – wegen zeitlicher Buchungsunterschiede – den Guthaben bei Kreditinstituten zuzuordnen.

2. Kreditlinien

Zugesagte und zum Bilanzstichtag **nicht in Anspruch genommene Kredite** 590
sind bilanzrechtlich schwebende Geschäfte, die keinen Niederschlag in der Buchführung finden[553]. Gesperrte Guthaben, z. B. bei ausländischen Banken, oder Guthaben bei notleidenden Kreditinstituten sind nicht hier, sondern unter „Sonstige Vermögensgegenstände" auszuweisen[554].

3. Saldieren

Guthaben und Verbindlichkeiten gegenüber ein und demselben Kreditinstitut 591
dürfen nur bei **gleicher Fälligkeit** und **rechtlicher Identität der Institute saldiert** werden[555]. Bei ausländischen Tochtergesellschaften deutscher Kreditinstitute ist die rechtliche Identität regelmäßig nicht gegeben. In diesen Ausnahmefällen der Saldierung sind für einen richtigen Bilanzausweis im DATEV-System die Salden der Guthaben und Verbindlichkeiten auf einem Konto buchungstechnisch zusammenzufassen.

Auf diesen Ktn enthaltene Habensalden – mit Ausnahme der Kassen- und 592
Scheckktn. – werden im DATEV-System unter Verbindlichkeiten gegenüber Kreditinstituten ausgewiesen. Für die Restlaufzeitvermerke werden diese Bankverbindlichkeiten den Verbindlichkeiten mit einer **Restlaufzeit bis zu einem Jahr** zugeordnet.

---

549 Vgl. § 265 Abs. 5 HGB.

550 Vgl. WP-Handbuch 2000, Bd. I, F 212; *Dusemond/Knop,* in Küting/Weber § 266 HGB Tz 99 ff.; *Adler/Düring/Schmaltz,* § 266 HGB Tz 147 ff.; *Ellrott/Bartels-Hetzler,* in Beck Bil-Kom. § 266 HGB Tz 150 ff.

551 Ähnlich *Adler/Düring/Schmaltz,* § 266 HGB Tz 148.

552 Vgl. *Adler/Düring/Schmaltz,* § 266 HGB Tz 152; *Claussen/Korth,* in Kölner Kom. § 266 HGB Tz 123; WP-Handbuch 1996, Bd. I F 130; a. A. für Guthaben bei Bausparkassen *Dusemond/Knop,* in Küting/Weber § 266 HGB Tz 101; *Ellrott/Bartels-Hetzler,* in Beck Bil-Kom. § 266 HGB Tz 156; zur Änderung der Postbezeichnung vgl. D 401.

553 Vgl. *Dusemond/Knop,* in Küting/Weber § 266 HGB Tz 102; *Adler/Düring/Schmaltz,* § 266 HGB Tz 152.

554 Vgl. *Ellrott/Bartels-Hetzler,* in Beck Bil-Kom. § 266 HGB Tz 155; *Adler/Düring/Schmaltz,* § 266 HGB Tz 152; *Dusemond/Knop,* in Küting/Weber § 266 HGB Tz 102.

555 Vgl. *Ellrott/Bartels-Hetzler,* in Beck Bil-Kom. § 266 HGB Tz 157; *Adler/Düring/Schmaltz,* § 266 HGB Tz 153; WP-Handbuch 2000, Bd. I, F 214.

593 **Standardkonten im DATEV-System**

SKR 03	SKR 04
F 1000 Kasse	**F 1550 Schecks**
F 1010 Nebenkasse 1	**F 1600 Kasse**
F 1020 Nebenkasse 2	F 1610 Nebenkasse 1
F 1100 Postbank	F 1620 Nebenkasse 2
F 1110 Postbank 1	**F 1700 Postbank**
F 1120 Postbank 2	F 1710 Postbank 1
F 1130 Postbank 3	F 1720 Postbank 2
F 1190 LZB-Guthaben	F 1730 Postbank 3
F 1195 Bundesbankguthaben	F 1780 LZB-Guthaben
F 1200 Bank	F 1790 Bundesbankguthaben
F 1210 Bank 1	**F 1800 Bank**
F 1220 Bank 2	F 1810 Bank 1
F 1230 Bank 3	F 1820 Bank 2
F 1240 Bank 4	F 1830 Bank 3
F 1250 Bank 5	F 1840 Bank 4
F 1330 Schecks	F 1850 Bank 5

C. Rechnungsabgrenzungsposten

594 **1. Übersicht der aktiven RAP**

	§ 250 HGB	Rechtsqualität
Aktive RAP (transitorische Posten) Ausgabe im alten Geschäftsjahr, Aufwand im neuen Geschäftsjahr	Abs. 1 S. 1	Pflicht
Zölle und Verbrauchsteuern, soweit sie auf am Abschlussstichtag aktivierte Vorräte entfallen	Abs. 1 S. 2 Nr. 1	Wahlrecht
Umsatzsteuer auf erhaltene Anzahlungen	Abs. 1 S. 2 Nr. 2	Wahlrecht
Disagio bei Verbindlichkeitenaufnahme	Abs. 3	Wahlrecht

2. Aktive RAP mit transitorischem Charakter

a) Transitorische und antizipative Posten

595 Posten, die der Periodenabgrenzung dienen, sind zu differenzieren in:
1. Transitorische Posten
2. Antizipative Posten

596 Nur **transitorische Posten** sind unter den RAP auszuweisen; antizipative Posten sind unter „Sonstige Forderungen" bzw. „Sonstige Verbindlichkeiten" auszuweisen. Transitorische und antizipative RAP unterscheiden sich inhaltlich wie folgt:

Transitorische Posten
– Ausgabe oder Einnahme vor dem Bilanzstichtag, Aufwand oder Ertrag nach dem Bilanzstichtag

Antizipative Posten
– Aufwand oder Ertrag vor dem Bilanzstichtag, Ausgabe oder Einnahme nach dem Bilanzstichtag

b) Kein Vermögensgegenstand

597 RAP dienen der **Periodenabgrenzung.** Dies wird dadurch erreicht, dass im alten Geschäftsjahr abgewickelte Zahlungsvorgänge wirtschaftlich dem Geschäftsjahr zugeordnet werden, auf das sie – im Sinne einer periodengerechten Verteilung von Auf-

wand bzw. Ertrag – entfallen. Sie haben deshalb nicht den Charakter eines Vermögensgegenstandes[556]. Dies ergibt sich auch aus dem Wortlaut von § 246 Abs. 1 HGB, der die RAP neben den Vermögensgegenständen und Schulden erwähnt. Gleiches gilt für das Steuerrecht.[557]

c) Ausgabe vor dem Bilanzstichtag

Die Ausgabe muss vor oder am Bilanzstichtag liegen. Zu Ausgaben gehören zunächst alle Zahlungsvorgänge, aber auch die Einbuchung von Verbindlichkeiten, die bei vertragsmäßiger Abwicklung des Geschäfts durch vor dem Bilanzstichtag liegende Zahlungsvorgänge erloschen wären[558]. War also die Miete am 01. Dezember vertragsgemäß für 3 Monate im voraus zu zahlen, wird der Zahlung die Einstellung einer Verbindlichkeit – es handelt sich um eine zivilrechtliche Verpflichtung – im alten Geschäftsjahr gleichgestellt. **598**

d) Aufwand für eine bestimmte Zeit nach dem Bilanzstichtag

Die Aufwendungen müssen sich auf einen **bestimmten zukünftigen Zeitraum** beziehen, der kalendermäßig festgelegt oder zumindest berechenbar ist. Der Zeitraum kann sich über mehrere Geschäftsjahre erstrecken[559]. Nach der h. M. ist der Begriff „bestimmte Zeit" eng auszulegen, d. h. Anfang und Ende des Zeitraums müssen bestimmbar sein. Eine ohne Anhaltspunkte vorliegende Schätzung ist unzureichend[560]. **599**

e) Wesentlichkeit

Grundsätzlich besteht für transitorische Posten **Bilanzierungspflicht.** In Ausnahmefällen kann bei geringfügigen Posten, bei denen ein NichtanS. den Einblick in die Vermögens-, Finanz- und Ertragslage nicht beeinträchtigt, aus Vereinfachungsgründen auf die Bilanzierung verzichtet werden, sofern es sich um regelmäßig wiederkehrende Vorgänge handelt (z. B. Kfz-Steuern)[561]. **600**

f) Inhalt

Als **aktive Rechnungsabgrenzungsposten** kommen im einzelnen in Betracht[562]: **601**
- Bereitstellungszinsen, soweit die Bereitstellungszeit über den Bilanzstichtag hinausgeht
- Avalprovisionen, soweit sie für Avale des neuen Geschäftsjahres gezahlt wurden
- Bürgschaftsgebühren einschließlich einmaliger Bearbeitungskosten
- Honorarvorauszahlungen für Arbeiten, die für einen bestimmten Zeitraum nach dem Abschlussstichtag zu leisten sind
- Kraftfahrzeugsteuer
- Leasingkosten, soweit sie auf Leasinggebühren nach dem Bilanzstichtag entfallen; dies gilt auch für einmalige Leasingvorauszahlungen, die auf die Laufzeit des Leasingvertrages zu verteilen sind
- Lizenzgebühren, soweit sie für eine bestimmte Zeit vorausgezahlt sind
- Mietzuschüsse, soweit sie mit Mietzahlungen innerhalb eines bestimmten Zeitraums zu verrechnen sind
- Mietvorauszahlungen

---

[556] Vgl. *Berger/Bartels-Hetzler,* in Beck Bil-Kom. § 250 HGB Tz 14; *Claussen/Korth,* in Kölner Kom. § 250 HGB Tz 3.

[557] Nach BFH v. 9. 4. 1981, BStBl II 1981, S. 481, gehören zum Umlaufvermögen alle Wg, die weder Anlagevermögen noch RAP; so stimmt § 250 Abs. 1 S. 1 HGB nahezu wörtlich mit § 5 Abs. 5 S. 1 Nr. 1 EStG 1997 überein.

[558] Vgl. *Trützschler,* in Küting/Weber § 250 HGB Tz 35; *Adler/Düring/Schmaltz,* § 250 HGB Tz 25; WP-Handbuch 2000, Bd. I, E 194.

[559] Vgl. WP-Handbuch 2000, Bd. I, E 195; *Berger/Bartels-Hetzler,* in Beck Bil-Kom. § 250 HGB Tz 21.

[560] Vgl. WP-Handbuch 2000, Bd. I, E 195.

[561] Vgl. WP-Handbuch 2000, Bd. I, E 197; *Claussen/Korth,* in Kölner Kom. § 250 HGB Tz 12.

[562] Vgl. auch *Adler/Düring/Schmaltz,* § 250 HGB Tz 53; WP-Handbuch 2000, Bd. I, E 196.

– Versicherungsprämien
– Verwaltungsgebühren
– Vorausgezahlte Zinsen
– Vorausgezahlte Zuschüsse für ein bestimmtes Verhalten innerhalb einer festgelegten Zeit

602 Keine aktiven Rechnungsabgrenzungsposten sind Ausgleichszahlungen an ausgeschiedene Handelsvertreter, Forschungs- und Entwicklungskosten, Aufwendungen für Kataloge eines Versandhauses, Redaktions- und Lektoratskosten eines Verlages und Reklamekosten[563].

3. Zölle und Verbrauchsteuern

603 Als **Aufwand berücksichtigte Zölle und Verbrauchsteuern** dürfen unter RAP ausgewiesen werden, sofern sie auf am Abschlussstichtag auszuweisende Vorräte entfallen. Diesem handelsrechtlichen Wahlrecht steht das steuerliche Aktivierungsgebot des § 5 Abs. 5 S. 2 Nr. 1 EStG 1997 gegenüber. Die Vorschrift soll eine Einheitlichkeit von Handels- und Steuerbilanz ermöglichen[564]. **Anwendungsfälle** sind Biersteuer, Branntweinabgaben, Kaffee- und Teesteuer, Mineralölsteuer, Tabaksteuer u. a. Die Voraussetzung „als Aufwand berücksichtigte" Zölle und Verbrauchsteuern bedeutet, dass die Abgabeschuld bis zum Abschlussstichtag entstanden sein muss. Die Vorräte müssen am Abschlussstichtag in der Bilanz ausgewiesen sein[565].

604 Da jedoch derartige Zölle und Verbrauchsteuern nicht als Aufwand, sondern in der Regel als Anschaffungs- oder Herstellungskostenbestandteile unter den Vorräten zu aktivieren sind, entfällt i. d. R. sowohl handels- als auch steuerrechtlich ein Ausweis unter RAP[566].

4. Umsatzsteuer auf erhaltene Anzahlungen

605 Als **Aufwand berücksichtigte USt** auf am Abschlussstichtag auszuweisende oder von den Vorräten offen abgesetzte Anzahlungen dürfen gleichfalls als RAP ausgewiesen werden. Auch diesem Wahlrecht steht das steuerrechtliche Aktivierungsgebot des § 5 Abs. 5 S. 2 Nr. 2 EStG 1997 gegenüber. Es muss sich um bezahlte, verrechnete oder geschuldete UmS.steuer auf erhaltene Anzahlungen handeln. Die Vorschrift hat für die Praxis geringe Bedeutung, denn es entspricht dem Charakter der UmS.steuer, sie erfolgsneutral zu behandeln[567]. Für den Fall der erhaltenen Anzahlungen stellt sich die Frage eines Abgrenzungspostens nur, wenn die erhaltenen Anzahlungen brutto, d. h. einschließlich Umsatzsteuer ausgewiesen sind, weil jetzt die zu passivierende USt-Verbindlichkeit gegenüber dem Finanzamt zu einem Aufwand führt. Nach überwiegender Meinung sollte die erhaltene Anzahlungen netto, d. h. ohne UmS.steuer ausgewiesen werden (Buchung: per Bank an Anzahlung und USt-Verbindlichkeit Finanzamt), zumindest so lange, wie nicht mit Rückzahlung wegen Nichterfüllung zu rechnen ist[568].

---

[563] Vgl. *Adler/Düring/Schmaltz,* § 250 HGB Tz 54.

[564] Vgl. BT-Drucks. 10/317, S. 82; *Claussen/Korth,* in Kölner Kom § 250 HGB Tz 13.

[565] Vgl. *Berger/Bartels-Hetzler,* in Beck Bil-Kom § 250 HGB Tz 40; *Trützschler,* in Küting/Weber § 250 HGB Tz 65.

[566] Vgl. *Berger/Bartels-Hetzler,* in Beck Bil-Kom. § 250 HGB Tz 37; *Kupsch,* in Bonner HdR § 250 HGB Tz 16; *Claussen/Korth,* in Kölner Kom. § 250 HGB Tz 14; *Trützschler,* in Küting/Weber § 250 HGB Tz 66.

[567] Vgl. IDW, St/HFA 1/1985, WPg 1985, S. 258; das steuerrechtliche Aktivierungsgebot resultiert aus einer Reaktion des Gesetzgebers auf BFH-Urt. v. 26. 6. 1979, BStBl 1979 II, S. 625; danach war der Empfänger einer Anzahlung verpflichtet, für die Anzahlung einen Passivposten einschließlich der darin enthaltenen USt zu bilden; außerdem bestand nach BFH eine zu passivierende Abführungspflicht gegenüber dem Finanzamt, ohne daß eine entsprechende Aktivierung der USt in Betracht kam; im Ergebnis kam der BFH damit zu einem ergebniswirksamen Bruttoausweis; Folge war zunächst der Nichtanwendungserlaß, BMF-Schr. v. 24. 3. 1980, BStBl 1980 I, S. 188 und nachfolgend die Aktivierungspflicht des § 5 Abs. 5 S. 2 EStG; diese Regelung fand – als Wahlrecht – durch das BiRiLiG Eingang in das HGB.

[568] Vgl. IDW, St/HFA 1/1985, WPg 1985, S 258, *Adler/Düring/Schmaltz,* § 250 HGB Tz 77.

5. Disagio

a) Aktivierung

§ 250 Abs. 3 HGB erlaubt den **Unterschiedsbetrag zwischen dem Rückzahlungsbetrag und dem Ausgabebetrag** von Verbindlichkeiten als RAP anzusetzen. Es besteht also ein Aktivierungswahlrecht. Dem steht das steuerrechtliche Aktivierungsgebot gegenüber[569]. Das handelsrechtliche Wahlrecht kann nur im Jahr der Darlehenshingabe in Anspruch genommen werden. Auch eine Teilaktivierung ist möglich, nicht jedoch eine Nachholung in späteren Geschäftsjahren[570]. **606**

b) Ausweis

Bei Kapitalgesellschaften/KapG & Co. ist das **Disagio** gesondert unter den RAP auszuweisen oder im Anhang anzugeben, § 268 Abs. 6 HGB. Mangels Forderungscharakter entfällt eine Vermerkpflicht zu Restlaufzeiten. **607**

In den Jahresabschlußauswertungen wird das Disagio unter den Rechnungsabgrenzungsposten **nicht** gesondert ausgewiesen und ist deshalb im Anhang anzugeben[571]. Beim erweiterten Bilanzabruf Kapitalgesellschaft bzw. KapG & Co. wird das Disagio unter den Rechnungsabgrenzungsposten in einem „davon-Vermerk" ausgewiesen[572].

c) Abschreibung

Das aktivierte Disagio ist durch **„planmäßige" jährliche Abschreibungen** zu tilgen. Die Abschreibungsbeträge können, müssen aber nicht auf die Laufzeit des Darlehens verteilt werden. Da in dem Disagio eine zusätzliche Vergütung für die Kapitalüberlassung gesehen wird, ist der Zinsfestschreibungszeitraum maßgebend[573]. Spätestens mit Kreditrückzahlung muss der Unterschiedsbetrag getilgt sein. Der Gesetzeswortlaut stellt auf die „Laufzeit der Verbindlichkeit" ab[574]. Die Abschreibung auf einen vorzeitigen Kündigungstermin wird nur dann als zulässig erachtet, wenn der Darlehensnehmer von der Kündigung Gebrauch zu machen beabsichtigt[575]. Außerplanmäßige Abschreibungen können in Betracht kommen, wenn die Verbindlichkeit vorzeitig zurückgezahlt wird oder sich das Zinsniveau erheblich ermäßigt hat[576]. Strittig ist die Vornahme freiwilliger außerplanmäßiger Abschreibungen[577]. **608**

Standardkonten im DATEV-System **609**

SKR 03		SKR 04	
0980	**Aktive Rechnungsabgrenzung**	**1900**	**Aktive Rechnungsabgrenzung**
0984	Als Aufwand berücksichtigte Zölle und Verbrauchsteuern auf Vorräte	1920	Als Aufwand berücksichtigte Zölle und Verbrauchsteuern auf Vorräte
0985	Als Aufwand berücksichtigte Umsatzsteuer auf Anzahlungen	1930	Als Aufwand berücksichtigte Umsatzsteuer auf Anzahlungen
0986	Damnum/Disagio	1940	Damnum/Disagio

---

569 Nach BFH-Urt. v. 19. 1. 1978, BStBl II 1978, S. 262, gilt dies auch für Verwaltungs-, Bankgebühren und Bürgschaftsentgelte; BFH v. 21. 4. 1988, BStBl II 1989, S. 722.

570 Vgl. *Adler/Düring/Schmaltz,* § 250 HGB Tz 85.

571 Vgl. C 63.

572 Vgl. C 74.

573 BFH-Urt. v. 21. 4. 1988, BStBl II 1989, S. 722.

574 Dem folgt nahezu das gesamte Schrifttum, z. B. *Adler/Düring/Schmaltz,* § 250 HGB Tz 90; *Claussen/Korth,* in Kölner Kom. § 250 HGB Tz 22, weisen darauf hin, daß ein kürzerer Abschreibungszeitraum als die Kreditlaufzeit geboten ist, wenn die Zinsbindungszeit kürzer als die Kreditlaufzeit ist, was sich aus dem Sinn von RAP ergebe, die Aufwendungen auf den Zeitraum zu verteilen, zu dem sie im Sinne einer periodengerechten Erfolgsermittlung gehören, denn der niedrigere Auszahlungsbetrag schlägt sich in einem niedrigeren Zins während der Zinsbindungszeit nieder.

575 Vgl. *Adler/Düring/Schmaltz,* § 250 HGB Tz 95.

576 Vgl. WP-Handbuch 2000, Bd. I, E 201; *Trützschler,* in Küting/Weber § 250 HGB Tz 85; *Adler/Düring/Schmaltz,* § 250 HGB Tz 98; ebenso BFH v. 12. 7. 1984, BStBl 1984 II, S. 713.

577 Zweifel an der Zulässigkeit haben *Berger/Bartels-Hetzler,* in Beck Bil-Kom. § 250 HGB Tz 76; *Adler/Düring/Schmaltz* § 250 HGB Tz 99 halten sie für zu lässig; ebenso WP-Handbuch 2000, Bd. I, E 201.

Sonderposten 19: Abgrenzung latenter Steuern

1. Sinn der Regelung

610 § 274 HGB regelt die Abgrenzung latenter Steueransprüche und -verpflichtungen im Einzelabschluss[578]. Die Steuerabgrenzung ist für die Aktiv- und Passivseite unterschiedlich geregelt, und zwar:
- Passivierung latenter **Steuerverpflichtungen in Abs. 1**
- Aktivierung latenter **Steueransprüche in Abs. 2**

611 Durch die Abgrenzung latenter Steuern sollen Unterschiede zwischen handelsrechtlicher Ergebnisermittlung und steuerrechtlicher Einkommensermittlung in der Weise beseitigt werden, dass in jeder Periode ein **dem Handelsbilanzergebnis entsprechender Steueraufwand** ausgewiesen wird[579]. Im Ergebnis wird also durch die Berücksichtigung latenter Steuern in der GuV nur die Steuerbelastung ausgewiesen, die auch dem handelsrechtlich ermittelten Ergebnis entspricht. Dies gilt grundsätzlich nur für Kapitalgesellschaften. Bei KapG & Co. beschränkt sich die Steuerabgrenzung auf die Gewerbesteuer. Für Unternehmen, die unter das PublG entfallen, bestimmt § 5 Abs. 1 S. 2 PublG eine sinngemäße Anwendung der Vorschriften[580].

2. Differenzausgleich in späteren Geschäftsjahren

612 Nach § 274 HGB sind zu niedrige bzw. zu hohe Steueraufwendungen nur abzugrenzen, soweit sie sich in späteren Geschäftsjahren voraussichtlich wieder ausgleichen. Deshalb ist bei Differenzen zwischen dem handelsrechtlichen Ergebnis und dem zu versteuernden Einkommen wie folgt zu unterscheiden[581]:
- **zeitlich begrenzte Differenzen** (temporary differences)
  Zeitlich begrenzte Differenzen ergeben sich durch die unterschiedliche Erfassung von Aufwendungen und Erträgen nach Handels- und Steuerrecht. Wird z.B. ein Geschäfts- oder Firmenwert in der Handelsbilanz in fünf Jahren abgeschrieben, steuerrechtlich aber in fünfzehn Jahren, dann stehen den zunächst höheren handelsrechtlichen Abschreibungen niedrigere steuerrechtliche AfA-Beträge gegenüber. In späteren Jahren – wenn der Firmenwert handelsrechtlich voll abgeschrieben ist – führen die Abschreibungen steuerrechtlich zu Betriebsausgaben, ohne dass noch ein Aufwand in der Handelsbilanz zu verrechnen ist. Umgekehrt liegt bei aktivierten Forschungs- und Entwicklungsaufwendungen im Jahr der Aktivierung in der Handelsbilanz kein Aufwand vor, gleichwohl eine steuerrechtliche Betriebsausgabe, der in den nachfolgenden Geschäftsjahren bei Abschreibung der aktivierten Ingangsetzungsaufwendungen ein handelsrechtlicher Aufwand gegenübersteht.
- **zeitlich unbegrenzte Differenzen** (permanent differences)
  Andere Abweichungen zwischen der handelsrechtlichen Ergebnisermittlung und dem zu versteuernden Einkommen gleichen sich dagegen in späteren Geschäftsjahren nicht aus, wie z.B. nicht abzugsfähige Betriebsausgaben und steuerfreie Investitionszulagen.

613 Die Abgrenzung latenter Steuern kommt nur bei zeitlich begrenzten Differenzen (temporäre Ergebnisdifferenzen) in Betracht, denn permanenten Ergebnisdifferenzen stehen keine Steueransprüche oder -verpflichtungen gegenüber[582]. Das gilt auch, wenn der Ausgleich ungewiß ist, es sich also um quasi zeitlich unbegrenzte Differenzen handelt[583].

---

[578] Die Regelung ist auf Art. 43 Abs. 1 Nr. 11 der 4. EG-Richtlinie zurückzuführen, die allerdings ein Wahlrecht im Hinblick auf die Abgrenzung in der Bilanz oder die Berichterstattung im Anhang enthält.

[579] Vgl. *Baumann,* in Küting/Weber § 274 HGB Tz 4; nach *Adler/Düring/Schmaltz,* § 274 HGB Tz 11, entspricht diese Vorgehensweise der dynamischen Bilanzauffassung.

[580] Vgl. *Adler/Düring/Schmaltz,* § 274 HGB Tz 7; die ertragsteuerliche Abgrenzung beschränkt sich bei Personengesellschaften jedoch auf die Gewerbesteuer.

[581] Vgl. *Adler/Düring/Schmaltz,* § 274 HGB Tz 16.

[582] Vgl. *Adler/Düring/Schmaltz,* § 274 HGB Tz 16; *Claussen/Korth,* in Kölner Kom. § 274 HGB Tz 12.

[583] Vgl. *Harms/Küting,* DB 1985, S. 94; quasi permanent differences mit *Adler/Düring/Schmaltz,* § 274 HGB Tz 16; *Berger/Fischer,* in Beck Bil-Kom. § 274 HGB Tz 9, 63, wollen unter Hinweis auf internationale Rechnungslegungsstandards entgegen der h. M. und der in der 4. Aufl. vertretenen Auffassung quasi-permanente Differenzen in die Steuerabgrenzung einbeziehen.

Für die Differenzrechnung sind zwei Größen maßgebend: 614
(1) der Jahresüberschuß vor Ertragsteuern und ertragsteuerlich nicht abzugsfähigen Betriebsausgaben, abzüglich steuerfreier Einnahmen (JÜ vor Ertragsteuern)
(2) das zu versteuernde Einkommen (zvE)

Die Differenzierung zwischen latenten Steueransprüchen und -verpflichtungen läßt sich wie folgt darstellen[584]: 615

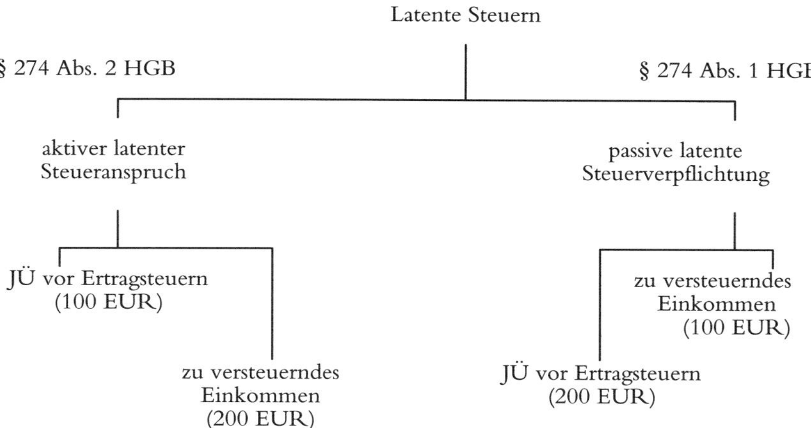

Je nachdem in welche Richtung sich die Abweichung bewegt entsteht – temporäre Ergebnisdifferenzen vorausgesetzt – eine latente Steuerverpflichtung oder ein latenter Steueranspruch. Beide Arten von Steuerabgrenzung werden sachzusammenhängend an dieser Stelle behandelt. 616

3. Aktive und passive Steuerabgrenzungen

a) Latente Steueransprüche, Abs. 2

Ist der JÜ vor KSt/GewSt niedriger als das zvE und gleicht sich der im Vergleich zum zvE zu hohe Steueraufwand in späteren Geschäftsjahren voraussichtlich aus, so **darf ein Abgrenzungsposten als Bilanzierungshilfe auf der Aktivseite nach Abs. 2** gebildet werden. Dieser ist auf der Aktivseite gesondert auszuweisen und bei Kapitalgesellschaften (ggf. auch bei KapG & Co.) im Anhang zu erläutern. 617

b) Latente Steuerverpflichtungen, Abs. 1

Ist der JÜ vor KSt/GewSt höher als das zvE und gleicht sich der im Vergleich zum Handelsbilanzergebnis zu niedrige Steueraufwand in späteren Jahren voraussichtlich aus, so besteht die **Pflicht zur Bildung einer Rückstellung für latente Steuerverpflichtungen nach Abs. 1.** Die Rückstellung ist entweder in der Bilanz gesondert auszuweisen oder bei Kapitalgesellschaften (ggf. auch bei KapG & Co.) im Anhang anzugeben. 618

c) Anwendungsfälle

Latenter Steueransprüche[585]	**Latente Steuerverpflichtungen**[586]	619
1. Höhere als nach Steuerrecht zulässige Abschreibungen in der HB	1. Aktivierung der Aufwendungen für Ingangsetzung und Erweiterung des Geschäftsbetriebs bzw. der Aufwendungen	

[584] Vgl. *Korth,* Industriekontenrahmen, S. 124.
[585] Vgl. *Baumann,* in Küting/Weber § 274 HGB Tz 15; *Berger/Fischer,* in Beck Bil-Kom. § 274 HGB Tz 41; *Adler/Düring/Schmaltz,* § 274 HGB Tz 43 f.; *Claussen/Korth,* in Kölner Kom. § 274 HGB Tz 20.
[586] Vgl. *Baumann,* in Küting/Weber § 274 HGB Tz 16; *Berger/Fischer,* in Beck Bil-Kom. § 274 HGB Tz 21; *Adler/Düring/Schmaltz,* § 274 HGB Tz 37 f; *Claussen/Korth,* in Kölner Kom. § 274 HGB Tz 16 ff.

Latenter Steueransprüche[587]	Latente Steuerverpflichtungen[588]
	für die Währungsumstellung auf den Euro in der HB[589]
2. Höhere Abzinsungen von Ausleihungen/Forderungen als nach Steuerrecht zulässig.	2. Niedrigere Gebäudeabschreibungen in der HB als die steuerrechtlich normierte Gebäude-AfA
3. Nicht Aktivierung eines Dividendenanspruchs bei Vorliegen eines Beherrschungsverhältnisses	3. AnS. von Fremdkapitalzinsen, für die die engen steuerlichen Voraussetzungen (unmittelbarer wirtschaftlicher Zusammenhang mit der Herstellung) nicht vorliegen.
4. Niedrigere als nach Steuerrecht zulässige Bemessung der Herstellungskosten in der HB	4. Steuerliche Verlustzuweisung aus der Beteiligung an einer Personengesellschaft, die nicht zu einer Abschreibung in der HB geführt hat[590]
5. Keine Aktivierung eines entgeltlich erworbenen Geschäfts- oder Firmenwerts in der HB	5. Bewertung nach der Fifo-Methode in der HB, nach der Durchschnittsmethode in der Steuerbilanz[591]
6. Höhere Abschreibungen eines Geschäfts- oder Firmenwerts in der HB im Vergleich zur steuerrechtlich normierten Abschreibung	
7. Keine Aktivierung eines Disagios in der HB	
8. Passivierung von Aufwandsrückstellungen nach § 249 Abs. 2 HGB und für unterlassene Instandhaltungen, die innerhalb von 4–12 Monaten innerhalb des nachfolgenden Geschäftsjahres nachgeholt werden oder von Rückstellungen, z. B. für drohende Verluste aus schwebenden Geschäften, für die steuerrechtlich ein Passivierungsverbot besteht.	
9. Höhere Pensionsrückstellungen in der HB als nach § 6a EStG zulässig, z. B. wegen eines niedrigeren Zinssatzes oder einer Nachholung für Altzusagen	

4. Gesamtdifferenzermittlung

620 Temporäre Ergebnisdifferenzen resultieren aus einzelnen Geschäftsvorfällen, die für sich betrachtet jeweils zu einem aktiven oder passiven Steuerabgrenzungsposten führen können. Dabei stellt sich die Frage, ob die künftigen potentiellen Entlastungen mit den künftigen potentiellen Verpflichtungen **saldiert werden können oder müssen.** Im Schrifttum wird die Auffassung vertreten, dass sich aus der Art der Berechnung des Postens zwangsläufig ergebe, dass steuerliche Mehr- und Minderaufwendungen zu saldieren sind, d. h. nur ein aktiver oder passiver Abgrenzungsposten in Höhe des Spitzenbetrages auszuweisen ist[592]. Eine Ausnahme vom Saldierungsgebot soll nur gegeben sein, wenn der höhere Steueraufwand zeitlich früher anfällt als

[587] Vgl. *Baumann,* in Küting/Weber § 274 HGB Tz 15; *Berger/Fischer,* in Beck Bil-Kom. § 274 HGB Tz 41; *Adler/Düring/Schmaltz,* § 274 HGB Tz 43f.; *Claussen/Korth,* in Kölner Kom. § 274 HGB Tz 20.

[588] Vgl. *Baumann,* in Küting/Weber § 274 HGB Tz 16; *Berger/Fischer,* in Beck Bil-Kom. § 274 HGB Tz 21; *Adler/Düring/Schmaltz,* § 274 HGB Tz 37f.; *Claussen/Korth,* in Kölner Kom. § 274 HGB Tz 16ff.

[589] Vgl. *Berger/Fischer,* in Beck Bil-Kom. § 274 HGB Tz 29; *Adler/Düring/Schmaltz,* § 274 HGB Tz 38; a. A. *Siegel,* BB 1985, S. 499; *Siegel,* DStR 1986, S. 589.

[590] Vgl. *Lauth,* BB 1982, S. 2024.

[591] Vgl. *Berger/Fischer,* in Beck Bil-Kom. § 274 HGB Tz 29; *Adler/Düring/Schmaltz,* § 274 HGB Tz 37.

[592] Vgl. WP-Handbuch 2000, Bd. I, F 219; *Berger/Fischer,* in Beck Bil-Kom., § 274 HGB Tz 10.

der latente Steueranspruch[593]. Andererseits ist zu berücksichtigen, dass für die Passivierung latenter Steuerverpflichtungen eine Bilanzierungspflicht, für die Aktivierung latenter Steueransprüche lediglich ein Aktivierungswahlrecht in Form einer Bilanzierungshilfe besteht. Als zulässig wird deshalb auch erachtet, den Saldo der voraussichtlichen Steuerbe- und -entlastungen nicht in einem Betrag auszuweisen, sondern eine freiwillige Untergliederung unter Bezug auf § 265 Abs. 5 HGB vorzunehmen[594].

5. Steuerberechnung

Bei der Berechnung der Steuerabgrenzung ist im wesentlichen zwischen zwei Methoden zu unterscheiden; der deferred method und der asset and liability method. 621

Die **deferred method (Abgrenzungsmethode)** stellt auf den zutreffenden Erfolgsausweis ab, basiert also auf der dynamischen Betrachtungsweise[595]. Aus diesem Grund ist bei der Berechnung der latenten Steuern mit den aktuellen, am jeweiligen Bilanzstichtag gültigen Steuersätzen zu rechnen. 622

Im Gegensatz dazu stellt die **asset and liability method (Verbindlichkeitsmethode)** auf den zutreffenden Vermögensausweis ab, folgt also der statischen Bilanzauffassung[596]. Latente Steuerverpflichtungen bzw. latente Steueransprüche sind nach dieser Auffassung der Höhe nach nur richtig aktiviert oder passiviert, wenn die Steuern unter Anwendung der künftigen Steuersätze errechnet werden. Allerdings kommt das Stichtagsprinzip insoweit zum Tragen, als zukünftige Steuersätze nur anzusetzen sind, wenn die entsprechende Steuergesetzänderung am Bilanzstichtag bereits beschlossen und bekannt ist[597]. Bei Steuersatzänderungen für in der Vergangenheit berechnete latente Steuern hat eine entsprechende Korrektur zu erfolgen. Insoweit haben durch den Übergang zum einheitlichen KSt-Satz von 25% ab dem VZ 2001 Anpassungen zu erfolgen. 623

6. Steuerabgrenzung in Verlustjahren

Soweit temporäre Ergebnisdifferenzen in Verlustjahren entstehen und sich diese Differenzen auch in Verlustjahren wieder ausgleichen, können keine latenten Steueransprüche oder -verpflichtungen entstehen[598]. **Neue Verluste** können sich in doppelter Weise auswirken: 624

(1) die erwartete Steuerentlastung entfällt
(2) mit der erwarteten Steuerbelastung ist nicht mehr zu rechnen

In beiden Fällen sind die aktivierten oder passivierten Steuern aufzulösen, weil eine Steuerbe- oder -entlastung nicht mehr eintritt, § 274 Abs. 1 S. 2 und Abs. 2 S. 4 HGB[599]. 625

Verlustvorträge führen zu keiner Steuerabgrenzung, weil ihnen keine Ergebnisdifferenz zwischen Handels- und Steuerbilanz zugrunde liegt. Im Übrigen hat die Steuerabgrenzung auch bei einem Verlustrücktrag zu erfolgen, wenn also aufgrund eines Rücktrags ein Steuererstattungsanspruch zu aktivieren ist, der sich in künftigen Gewinnjahren umkehrt; denn auch ein Steuerertrag kann bei verrechnungsorientierter Betrachtung ein zu hoher Steueraufwand sein[600]. 626

---

[593] Vgl. WP-Handbuch 2000, Bd. I, F 219.
[594] Vgl. *Adler/Düring/Schmaltz,* § 274 HGB Tz 22; im Ergebnis wohl auch *Berger/Fischer,* in Beck Bil-Kom. § 274 HGB Tz 11.
[595] Vgl. *Baumann,* in Küting/Weber § 274 HGB Tz 25; *Berger/Fischer,* in Beck Bil-Kom. § 274 HGB Tz 60.
[596] Vgl. *Baumann,* in Küting/Weber § 274 HGB Tz 26; *Berger/Fischer,* in Beck Bil-Kom. § 274 HGB Tz 60.
[597] Vgl. *Baumann,* in Küting/Weber § 274 HGB Tz 26; *Adler/Düring/Schmaltz,* § 274 HGB Tz 14.
[598] Vgl. *Adler/Düring/Schmaltz,* § 274 HGB Tz 26.
[599] Vgl. *Claussen/Korth,* in Kölner Kom. § 274 HGB Tz 15; *Adler/Düring/Schmaltz,* § 274 HGB Tz 26 ff.
[600] Vgl. *Baumann,* in Küting/Weber, § 274 HGB Tz 39; *Berger/Fischer,* in Beck Bil-Kom., § 274 HGB Tz 66; a. A. *Langermeier,* DStR 1992, S. 769, der allerdings eine Nachholung der Steuerabgrenzung für notwendig erachtet, wenn wieder ein Gewinn entsteht.

7. Ausschüttungssperre

627 Soweit latente Steueransprüche aktiviert werden, greift gem. § 274 Abs. 2 S. 3 HGB eine **Ausschüttungssperre,** d. h. Gewinne dürfen nur ausgeschüttet werden, wenn die nach der Ausschüttung verbleibenden, jederzeit auflösbaren Gewinnrücklagen zuzüglich eines Gewinnvortrages und abzüglich eines Verlustvortrages dem aktivierten Betrag mindestens entsprechen. Die Ausschüttungssperre für latente Steueransprüche gleicht der nach § 269 HGB zu bildenden Ausschüttungssperre, denn bei beiden Aktivierungen handelt es sich um eine „Bilanzierungshilfe".

8. Bilanzausweis

628 Die Abgrenzung für latente Steuern ist gem. § 274 Abs. 2 S. 2 HGB in der Bilanz gesondert auszuweisen. Daneben ist der Posten im Anhang zu erläutern. Im DATEV-System erfolgt regelmäßig ein gesonderter Ausweis „Abgrenzung aktiver latenter Steuern" vor oder nach den RAP.[601]

Für in unterschiedlichen Jahren aktivierte latente Steueransprüche sollten gesonderte Konten eingerichtet werden. Zur Dokumentation und Ermittlung der temporären Abweichungen wird im Schrifttum ein sog. „Differenzenspiegel" vorgeschlagen, der Steuerbelastungen und -entlastungen im Zeitablauf erkennbar machen soll[602].

629 **Standardkonten im DATEV-System**

SKR 03	SKR 04
0983 Abgrenzung aktive latente Steuern	**1950 Aktive latente Steuern**

Sonderposten 20: Kapitalentwertungskonto gem. § 26 Abs. 4 und § 28 DMBilG

630 § 28 Abs. 1 DMBilG erlaubte die Neufestsetzung der Kapitalverhältnisse privater Unternehmen in der Weise durchzuführen, dass das in der Schlussbilanz in Mark der DDR ausgewiesene „Gezeichnete Kapital" mit dem gleichen Betrag in DM in die Eröffnungsbilanz übernommen wurde und, soweit nicht genügend Vermögen in Höhe des neuen „Gezeichneten Kapitals" vorhanden war, der übersteigende Betrag als Kapitalentwertungskonto auf der Aktivseite der DMEB eingestellt wurde. Da **das Kapitalentwertungskonto innerhalb von fünf Geschäftsjahren** nach dem Stichtag der DMEB **auszugleichen** war (§ 28 Abs. 2 S. 4 DMBilG), dürfte es zwischenzeitlich keine Bedeutung mehr haben. Nach § 30 Abs. 1 DMBilG ist bei einer nicht fristgemäßen Tilgung das für Kapitalmaßnahmen zuständige Organ der Gesellschaft – i. d. R. die Gesellschafterversammlung – verpflichtet, ein nicht getilgtes Kapitalentwertungskonto aufzulösen, insbesondere durch Ermäßigung des gezeichneten Kapitals[603].

631 **Standardkonten im DATEV-System**

SKR 03	SKR 04
9434 Kapitalentwertungskonto	**9434 Kapitalentwertungskonto**
9435 Kapitalentwertungskonto gemäß § 28 Abs. 1 DMBilG	9435 Kapitalentwertungskonto gemäß § 28 Abs. 1 DMBilG
9436 Kapitalentwertungskonto gemäß § 26 Abs. 4 DMBilG	9436 Kapitalentwertungskonto gemäß § 26 Abs. 4 DMBilG

632 ***Buchungsbeispiel***

Jahresüberschuß 10 000 Euro
Tilgung aus künftigen Jahresüberschüssen

1. Kapitalgesellschaft:
   Auflösung Kapitalentwertungskonto
   an Kapitalentwertungskonto nach § 28 Abs. 1 DMBilG

---

601 Vgl. *Adler/Düring/Schmaltz,* § 274 HGB Tz 50; für einen gesonderten Ausweis nach den RAP WP-Handbuch 2000, Bd. I, F 216.

602 Vgl. *Adler/Düring/Schmaltz,* § 274 HGB Tz 45.

603 Bei Verstoß gegen diese Bestimmung drohte nach § 57 Abs. 3 DMBilG die Auflösung der Kapitalgesellschaft mit Ablauf des 31. 12. 1997.

2. Einzelfirma
   Kapital
   an Kapitalentwertungskonto nach § 26 Abs. 4 DMBilG

SKR 03

	Soll	Haben	Gegen-Kto.	Beleg-Datum	Konto
1.	10 000,00		9435	31 12	9480
2.	10 000,00		9436	31 12	0870

SKR 04

	Soll	Haben	Gegen-Kto.	Beleg-Datum	Konto
1.	10 000,00		9435	31 12	9480
2.	10 000,00		9436	31 12	2000

Sonderposten 21: Sonderverlustkonto aus Rückstellungsbildung § 17 Abs. 4 DMBilG

In der DMEB waren erstmals Rückstellungen gem. § 249 HGB zu bilden. § 17 Abs. 4 DMBilG erlaubte, für nach § 249 Abs. 1 S. 1 HGB gebildete Rückstellungen auf die Aktivseite ein **Sonderverlustkonto aus Rückstellungsbildung** auszuweisen, soweit die Rückstellung der Höhe nach nicht durch eine Ausgleichsforderung nach § 24 Abs. 1 S. 1 DMBilG ausgeglichen wurde. Das Sonderverlustkonto hat **Bilanzhilfecharakter**[604]. Nach § 17 Abs. 4 S. 2 DMBilG ist das Sonderverlustkonto in den Folgejahren jeweils in Höhe der Ausgaben, die mit der Erfüllung der passivierten Verpflichtungen verbunden, ergebniswirksam abzuschreiben. Insoweit dürfte das Sonderverlustkonto kaum noch praktische Bedeutung haben. 633

Standardkonten im DATEV-System 635

SKR 03

9438 Sonderverlustkonto aus Rückstellungsbildung gemäß § 17 Abs. 4 DMBilG

SKR 04

9438 Sonderverlustkonto aus Rückstellungsbildung gemäß § 17 Abs. 4 DMBilG

Sonderposten 22: Beteiligungsentwertungskonto gem. § 24 Abs. 5 DMBilG

§ 24 Abs. 1 DMBilG räumte ehemaligen volkseigenen Betrieben die Möglichkeit ein, statt eines nicht durch Eigenkapital gedeckten Fehlbetrages eine Ausgleichsforderung gegen das Unternehmen einzustellen, dem die Anteilsrechte unentgeltlich übertragen worden waren, i. d. R. war das die Treuhandanstalt. Die Ausgleichsforderung führte beim Mutterunternehmen in gleicher Höhe zu einer Verbindlichkeit, und damit zu einer Verschlechterung der Vermögenslage. Aus diesem Grund wurde den Mutterunternehmen gem. § 24 Abs. 5 DMBilG erlaubt, in Höhe der zu passivierenden Verbindlichkeit auf der Aktivseite ein **Beteiligungsentwertungskonto** einzustellen, wodurch die eingestellte Verbindlichkeit neutralisiert wurde[605]. Nach § 24 Abs. 5 S. 2 DMBilG ist das Beteiligungsentwertungskonto in den Folgejahren jeweils in Höhe der geleisteten Tilgungen ergebniswirksam abzuschreiben. Insoweit dürfte das Beteiligungsentwertungskonto kaum noch praktische Bedeutung haben. 636

Standardkonten im DATEV-System 638

SKR 03

9440 Beteiligungsentwertungskonto gemäß § 24 Abs. 5 DMBilG

SKR 04

9440 Beteiligungsentwertungskonto gemäß § 24 Abs. 5 DMBilG

---

[604] Vgl. *Budde/Kropp,* in Budde/Forster DMBilG-Kom. § 17 DMBilG.
[605] Vgl. *Müller,* in Budde/Forster DMBilG-Kom. § 24 DMBilG.

D. Nicht durch Eigenkapital gedeckter Fehlbetrag

639 Diese im Bilanzgliederungsschema nicht enthaltene Position ist gem. § 268 Abs. 3 HGB am Schluss der Aktivseite aufzunehmen. Grundsätzlich kürzt ein „Jahresfehlbetrag" bzw. „Bilanzverlust" das Eigenkapital auf der Passivseite. Erst wenn das gezeichnete Kapital, die Kapitalrücklage, Gewinnrücklagen und etwaige Gewinnvorträge durch Verluste aufgezehrt sind und sich ein Überschuss der Passiv- über die Aktivposten ergibt, ist dieser Betrag am Schluss der Bilanz auf der Aktivseite gesondert als „Nicht durch Eigenkapital gedeckter Fehlbetrag" auszuweisen. Aus der Bezeichnung ergibt sich, dass nur der die passivischen Eigenkapitalbeträge übersteigende Betrag hier auszuweisen ist. Die Entwicklung, die ausgehend vom „Gezeichneten Kapital" zum negativen Eigenkapital geführt hat, ist in der Bilanz in einer Vorspalte auf der Passivseite zu zeigen.[606]

640 Der Ausweis signalisiert eine **buchmäßige Kapitalunterdeckung.**[607] Gem. § 64 GmbHG sind die Geschäftsführer verpflichtet, bei Überschuldung die Eröffnung des Insolvenzverfahrens zu beantragen. Gleiches gilt für die AG gem. § 92 Abs. 2 AktG. Der Begriff Überschuldung ist in § 19 Abs. 2 InsO definiert: „Überschuldung liegt vor, wenn das Vermögens des Schuldners die bestehenden Verbindlichkeiten nicht mehr deckt". Bei der Bewertung des Vermögens ist von der Fortführung des Unternehmens auszugehen, wenn diese nach den Umständen überwiegend wahrscheinlich ist, § 19 Abs. 2 S. 2 InsO. Für die Frage der Wertansätze in der Überschuldungsbilanz kommen also zwei Möglichkeiten in Betracht:

(1) Die Bewertung der Aktiva erfolgt unter der Annahme der Unternehmensfortführung (going concern) oder
(2) die Bewertung der Aktiva erfolgt unter einer Annahme der Liquidation (Zerschlagung des Unternehmens).[608]

641 In beiden Fällen sind die Ansätze in der handelsrechtlichen Jahresabschlussbilanz neu zu bewerten. Bei Zerschlagungswerten sind die Einzelveräußerungspreise anzusetzen, bei Annahme der Fortführungsprognose können auch höhere Werte (unter Auflösung stiller Reserven) bzw. unentgeltlich erworbene immaterielle Vermögensgegenstände auf der Aktivseite angesetzt werden.[609]

642 Der Ausweis erfolgt im DATEV-System automatisch, soweit ein Bilanzverlust das „Gezeichnete Kapital" sowie die „Kapital-" und „Gewinnrücklagen" übersteigt. Ein gesonderter Ausweis ist auch bei der kleinen Kapitalgesellschaft erforderlich.[610]

Sonderposten 23: Nicht durch Vermögenseinlagen gedeckter Verlustanteil persönlich haftender Gesellschafter

1. Kommanditgesellschaft auf Aktien

643 Kommanditgesellschaft auf Aktien haben nach § 286 Abs. 2 S. 3 AktG einen Posten „Nicht durch Vermögenseinlagen gedeckter Verlustanteil persönlich haftender Gesellschafter" auszuweisen, wenn der Verlust den Kapitalanteil übersteigt und keine Zahlungsverpflichtung der Gesellschafter besteht. Entfallen die Verlustanteile auf mehrere persönlich haftende Gesellschafter der KGaA dürfen diese Posten zusammengefasst werden. Bei positiven und negativen Kapitalkonten mehrerer persönlich haftender Gesellschafter ist eine Saldierung dagegen unzulässig.[611]

---

[606] Zur Darstellung der Entwicklung auf der Passivseite vgl. Beispiele bei *Adler/Düring/Schmaltz,* § 268 HGB Tz 28; nach WP-Handbuch 2000, Bd. I, F 307, ist der Betrag, der zum negativen Eigenkapital geführt hat, betragsmäßig nur soweit auszuweisen, als er die übrigen Posten des Eigenkapitals nicht übersteigt.

[607] Vgl. *Ellrott/Krämer,* in Beck Bil-Kom. § 268 HGB Tz 76; *Adler/Düring/Schmaltz,* § 268 HGB Tz 86.

[608] Vgl. *Lutter/Hommelhoff,* GmbHG, 15. Aufl., § 64 Tz 9, die darauf hinweisen, dass bei einer Zerschlagungsbilanz i. d. R. niedrigere Werte als bei einer Fortführungsprognose zum Ansatz kommen.

[609] Vgl. im Einzelnen *Lutter/Hommelhoff,* GmbHG, 15. Aufl., § 64 Tz 15 ff.

[610] Vgl. *Adler/Düring/Schmaltz,* § 268 HGB Tz 90.

[611] Vgl. *Ellrott/Krämer,* in Beck Bil-Kom. § 268 HGB Tz 84.

2. Kommanditgesellschaften i. S. d. § 264 a HGB

Entsprechendes gilt nach § 264 c Abs. 2 HGB für KapG & Co. betreffend einen auf den persönlich haftenden Gesellschafter entfallenden Verlustanteil. Nach § 264 c Abs. 2 S. 4 HGB ist der auf den persönlich haftenden Gesellschafter entfallende Verlust unter der Bezeichnung **„Einzahlungsverpflichtung persönlich haftender Gesellschafter"** unter den Forderungen gesondert auszuweisen, **soweit eine Zahlungsverpflichtung besteht. Besteht** dagegen **keine Zahlungsverpflichtung,** ist der Betrag als „Nicht durch Vermögenseinlagen gedeckter Verlustanteil persönlich haftender Gesellschafter" zu bezeichnen und gesondert auszuweisen, § 264 c Abs. 2 S. 5 HGB. Eine Zahlungsverpflichtung dürfte nur bei entsprechenden gesellschaftsvertraglichen Regelungen bestehen und nicht bereits deshalb, weil der Gesellschafter für die Schulden der KapG & Co. persönlich haftet.[612] Insoweit wird bei Verlusten, die den Kapitalanteil des persönlich haftenden Gesellschafters übersteigen, i. d. R. der Posten **„Nicht durch Vermögenseinlagen gedeckter Verlustanteil persönlich haftender Gesellschafter"** in Betracht kommen. 644

Hinweis

Wird der Kapitalanteil des persönlich haftenden Gesellschafters durch gesellschaftsrechtlich zulässig Entnahmen negativ, ist dieser ebenfalls als letzter Posten auf der Aktivseite gesondert auszuweisen unter der Bezeichnung **„Nicht durch Vermögenseinlagen gedeckte Entnahmen persönlich haftender Gesellschafter".**[613] 645

Sonderposten 24: Nicht durch Vermögenseinlagen gedeckter Verlustanteil von Kommanditisten

Für Kommanditisten einer KapG & Co. gelten die Ausführungen für den persönlich haftenden Gesellschafter entsprechend. Auch insoweit ist ein Verlust, der den Kapitalanteil übersteigt, als „Nicht durch Vermögenseinlagen gedeckter Verlustanteil des Kommanditisten" auszuweisen, wenn keine Zahlungsverpflichtung besteht, § 264 c Abs. 2 S. 6, 7 HGB. Negative Kapitalanteile verschiedener Kommanditisten können zusammengefasst werden. Das Saldieren von positiven Kapitalanteilen anderer Kommanditisten und/oder dem persönlich haftenden Gesellschafter ist dagegen unzulässig.[614] 646

Hinweis

Soweit Kapitalanteile von Kommanditisten auf Grund gesellschaftsrechtlich zulässiger Entnahmen negativ werden, ist dieser Betrag als letzter Posten auf der Aktivseite gesondert unter der Bezeichnung **„Nicht durch Vermögenseinlagen gedeckte Entnahmen von Kommanditisten"** auszuweisen.[615] 647

Für **Personengesellschaften, die nicht unter § 264 a HGB fallen,** ist eine analoge Handhabung empfehlenswert[616]. Das bedeutet, dass „negative" Eigenkapitalanteile zunächst von den „positiven" Kapitalkonten offen auf der Passivseite abzusetzen sind, Ergibt sich ein Überschuss der „negativen Kapitalkonten" über die „positiven Kapitalkonten" ist dieser auf der Aktivseite gesondert auszuweisen, u. z. als **„Nicht durch Eigenkapital gedeckter Fehlbetrag der Gesellschafter".**[617] Dabei ist zwischen unbeschränkt und beschränkt haftenden Gesellschaftern, also zwischen Komplementären und Kommanditisten ausweisrechtlich zu differenzieren und die Postenbezeichnung entsprechend anzupassen[618]. 648

---

[612] Vgl. *Förschle/Hoffmann,* in Beck Bil-Kom. § 264 c HGB Tz 43.

[613] Vgl. *Förschle/Hoffmann,* in Beck Bil-Kom. § 264 c HGB Tz 26.

[614] Vgl. *Adler/Düring/Schmaltz* (ErgBd), § 264 c HGB Tz 22; *Förschle/Hoffmann,* in Beck Bil-Kom. § 264 c HGB Tz 52.

[615] Vgl. WP-Handbuch 2000, Bd. I, F 225; *Förschle/Hoffmann,* in Beck Bil-Kom. § 264 c HGB Tz 52.

[616] So schon in der Vorauflage vertreten.

[617] Vgl. *Adler/Düring/Schmaltz,* § 247 HGB Tz 67; *Förschle/Kofahl,* in Beck Bil-Kom. § 247 HGB Tz 150, sehen es als naheliegend an sich beim Ausweis des Eigenkapitals an den Regeln der KapG & Co zu orientieren.

[618] Vgl. *Adler/Düring/Schmaltz,* § 247 HGB Tz 68; vgl. D 718.

II. Die einzelnen Posten der Passivseite

A. Eigenkapital

700 Zum Eigenkapital der Kapitalgesellschaft gehört das gezeichnete Kapital, das sind das **Stammkapital bei der GmbH** und das **Grundkapital bei der AG,** die offenen Rücklagen in ihrer Ausgestaltung als **Kapital- und Gewinnrücklagen, Gewinnvorträge,** ggf. gemindert durch Verlustvorträge oder einen Bilanzverlust, und schließlich gehören der Bilanz nicht entnehmbare, aber dem Eigenkapital zuzuordnende stille Reserven dazu.

701 Das bilanzielle **Eigenkapital** ist gem. § 266 Abs. 3 HGB **von Kapitalgesellschaften wie folgt zu gliedern:**

A. **Eigenkapital**
- I. **Gezeichnetes Kapital**
- II. **Kapitalrücklage**
- III. **Gewinnrücklagen**
  1. gesetzliche Rücklage
  2. Rücklage für eigene Anteile
  3. satzungsmäßige Rücklagen
  4. andere Gewinnrücklagen
- IV. **Gewinnvortrag/Verlustvortrag**
- V. **Jahresüberschuss/Jahresfehlbetrag**
  alternativ zu IV. und V:[619]
- VI. **Bilanzgewinn/Bilanzverlust**

702 Für KapG & Co. gilt § 266 Abs. 3 HGB mit der Maßgabe, dass als Eigenkapital die folgenden Posten auszuweisen sind, § 264a Abs. 2 S. 1 HGB:

I. Kapitalanteile
II. Rücklagen
III. Gewinnvortrag/Verlustvortrag
IV. Jahresüberschuss/Jahresfehlbetrag

703 Die Eigenkapitalgliederung der KapG & Co. unterscheidet sich von der der Kapitalgesellschaft also lediglich insoweit, als der Posten „I. Gezeichnetes Kapital" durch „I. Kapitalanteile" ersetzt wird.[620]

A.I.1. Eigenkapital bei Einzelkaufleuten und Personenhandelsgesellschaften

1. Eigenkapital bei Einzelkaufleuten

704 Das Eigenkapital bei Einzelkaufleuten bestimmt sich nach dem **betrieblichen Reinvermögen.** Rechnerisch handelt es sich um den Unterschied zwischen den (zu Buchwerten) aktivierten Vermögensgegenständen und aktiven RAP zu den passivierten Rückstellungen, Verbindlichkeiten, Sonderposten mit Rücklageanteil und passiven RAP.[621] Es ist das dem Unternehmen vom Einzelkaufmann zur Verfügung gestellte Kapital, sei es durch Einlagen oder nicht entnommene Gewinne. Eine § 266 Abs. 3 HGB entsprechende Gliederungsvorschrift für das Eigenkapital von Einzelkaufleuten enthält das HGB nicht.

705 Da sich der Kaufmann sich selbst gegenüber nicht verpflichten kann, kann es ihm gegenüber auch keine Forderungen oder Verbindlichkeiten geben[622].

706 Die Entwicklung des Eigenkapitals von einem Bilanzstichtag zum anderen wird häufig innerhalb der Position Eigenkapital wie folgt gezeigt:

Stand 1. 1.
zuzüglich Einlagen (Bar- und Sacheinlagen)
abzüglich Entnahmen (Bar-, Sach- und Nutzungsentnahmen)

---

619 Vgl. § 268 Abs. 1 S. 2 HGB.
620 Vgl. dazu D 736.
621 Vgl. *Förschle/Hoffmann,* in Beck Bil-Kom. § 247 HGB Tz 150.
622 Vgl. *Reinhard,* in Küting/Weber § 247 HGB Tz 100; *Adler/Düring/Schmaltz,* § 247 HGB Tz 74; *Förschle/Hoffmann,* in Beck Bil-Kom. § 247 HGB Tz 155.

zuzüglich Gewinn
abzüglich Verlust
Stand 31. 12.

Wird das Eigenkapital negativ, sei es durch Entnahmen oder durch Verluste, ist es auf der Aktivseite gesondert nach den RAP als „Nicht durch Vermögenseinlagen gedeckte Verluste/Entnahmen des Geschäftsinhabers“ auszuweisen[623]. 707

Im Handelsregister eingetragene Kaufleute können die Bezeichnung „eingetragener Kaufmann“ bzw. „eingetragene Kauffrau“ oder eine diesbezüglich Abkürzung („eK.“, „eKfm.“ oder „eKfr.“) führen, § 19 HGB.[624] 708

Wer **Kaufmann ist bestimmt sich nach § 1 Abs. 1 HGB:** 709

„Kaufmann im Sinne dieses Gesetzbuches ist, wer ein Handelsgewerbe betreibt“. Voraussetzung ist, dass es sich nicht um einen „Minderkaufmann“ handelt, dessen Unternehmen einen nach Art oder Umfang nach kaufmännischer Weise eingerichteten Geschäftsbetrieb nicht erfordert, § 1 Abs. 2 HGB.

2. Eigenkapital in der Bilanz der OHG

Die OHG ist eine **Personenhandelsgesellschaft,** deren Zweck auf den Betrieb eines Handelsgewerbes unter gemeinschaftlicher Firma gerichtet ist, § 105 Abs. 1 HGB. Sie läßt sich als der Zusammenschluss von zwei oder mehreren Einzelkaufleuten umschreiben, die Gesellschafter der OHG werden. Bei keinem der Gesellschafter ist die Haftung gegenüber den Gesellschaftsgläubigern beschränkt. Alle Gesellschafter sind gem. § 114 Abs. 1 HGB zur Führung der Geschäfte berechtigt und verpflichtet und aufgrund von § 115 Abs. 1 HGB berechtigt, allein zu handeln, sofern nicht ein anderer geschäftsführender Gesellschafter dem widerspricht. Bei Gesamtvertretungsbefugnis bedarf jedes Geschäft der Zustimmung aller geschäftsführender Gesellschafter, § 115 Abs. 2 HGB. 710

Der den Gesellschaftern zukommende Gewinnanteil wird dem jeweiligen Kapitalkonto zugeschrieben, der auf die Gesellschafter entfallende Verlustanteil und die während des Geschäftsjahres auf den Kapital- bzw. den Gewinnanteil entnommenen Geldbeträge werden vom Kapitalkonto abgesetzt, § 120 Abs. 2 HGB. Sofern der Gesellschaftsvertrag **Festeinlagen** der Gesellschafter vorsieht, ist zwischen den sog. festen Kapitalkonten und den sog. variablen Kapitalkonten zu unterscheiden. Festkapitalien sollten durch entsprechende Bezeichnung innerhalb des Eigenkapitals kenntlich gemacht werden[625]. Soweit Pflichteinlagen noch nicht eingezahlt oder erbracht sind, aber im Eigenkapital ausgewiesen werden, sind die ausstehenden Pflichteinlagen auf der Aktivseite als solche auszuweisen oder auf der Passivseite offen von den Kapitalanteilen abzusetzen.[626] Dabei sind nicht eingeforderte Pflichteinlagen kenntlich zu machen[627]. 711

Unter den sog. **variablen Kapitalkonten** werden stehengelassene Gewinne sowie der Saldo der Einlagen und Entnahmen ausgewiesen. Verluste sind von den Kapitalanteilen der Gesellschafter abzuschreiben, § 120 Abs. 2 HGB. Soweit durch Verluste ein „negatives Kapitalkonto“ des Gesellschafters entsteht, begründet dies keine Forderung gegen den Gesellschafter, § 105 Abs. 2 HGB i. V. m. § 707 BGB.[628] 712

Entnahmen des Gesellschafters sind zu Lasten seines Kapitalanteils – i. d. R. zunächst vom variablen Kapital, so dann vom Festkapital – abzuschreiben. Wird durch Entnahmen der Kapitalanteil negativ, ist er auf der Aktivseite als „Nicht durch Vermögenseinlagen gedeckte Entnahmen der Gesellschafter“ auszuweisen.[629] Da bei der OHG kein Entnahmeverbot besteht, entsteht bei gesellschaftsrechtlich zulässigen Entnahmen keine Ansprüche der Gesellschaft an den entnehmenden Gesellschafter.[630] Die persönliche Haftung des Gesellschafters gegenüber Gläubigern der Gesell- 713

[623] Vgl. *Förschle/Hoffmann,* in Beck Bil-Kom. § 247 HGB Tz 155; *Adler/Düring/Schmaltz,* § 247 HGB Tz 75.
[624] Geändert durch HrefG v. 22. 6. 1998, BGBl I 1998, S. 1474.
[625] Vgl. *Adler/Düring/Schmaltz,* § 247 HGB Tz 61.
[626] Vgl. IDW RS HFA 7, WPg 2002, S. 1295.
[627] Vgl. *Förschle/Hoffmann,* in Beck Bil-Kom. § 264 c HGB Tz 20.
[628] Vgl. IDW RS HFA 7, WPg 2002, S. 1259.
[629] So *Förschle/Hoffmann,* in Beck Bil-Kom. § 247 HGB Tz 153.
[630] Vgl. IDW RS HFA 7, WPg 2002, S. 1259.

schaft begründet keine Forderung der OHG an ihn. Handelt es sich um eine gesellschaftsrechtlich unzulässige Entnahme, entsteht eine Forderung der OHG an den Gesellschafter.

714 Aus Gründen der Klarheit sollten „Nicht durch Vermögenseinlagen gedeckte Verlustanteile" und „Nicht durch Vermögenseinlagen gedeckte Entnahmen der Gesellschafter" getrennt ausgewiesen werden. Ein zusammengefasster Ausweis wird allerdings auch für zulässig erachtet.[631] Eine Saldierung negativer Kapitalkonten einzelner Gesellschafter mit positiven Kapitalanteilen anderer Gesellschafter ist dagegen unzulässig.[632]

715 **Darlehen der Gesellschafter** unterliegen gesonderten Darlehensvereinbarungen, berühren nicht den Kapitalanteil und haben keinen Einfluss auf den Gewinnanteil. Sie sind kein Eigenkapital[633].

716 Gliederung der Bilanz für eine OHG im DATEV-System (Auszug)

	Euro	Geschäftsjahr Euro	Vorjahr Euro
A. Eigenkapital			
I. Gesellschafterkapital			
1. Festkapital	160 000,00		160 000,00
2. bewegliches Kapital	482 002,14	642 002,14	348 034,87
II. Rücklagen			
1. vertragsmäßige Rücklagen	10 000,00		10 000,00
2. andere Rücklagen	20 000,00	30 000,00	20 000,00
C. Verbindlichkeiten			
4. Verbindlichkeiten gegenüber Gesellschaftern	44 500,00		42 500,00
– davon mit einer Restlaufzeit bis zu einem Jahr Euro 44 500,00 (Euro 42 500,00)			

3. Eigenkapital in der Bilanz der KG

717 Auch die KG ist eine **Personenhandelsgesellschaft,** deren Zweck auf den Betrieb eines Handelsgewerbes unter gemeinschaftlicher Firma gerichtet ist. Anders als bei der OHG ist jedoch bei der KG bei einem oder einigen von den Gesellschaftern die Haftung gegenüber den Gesellschaftsgläubigern auf den Betrag ihrer haftenden Vermögenseinlage beschränkt, während bei einem oder bei anderen Gesellschaftern eine Beschränkung der Haftung nicht stattfindet, § 161 Abs. 1 HGB. Gesellschafter, bei denen die Haftung auf den Betrag der Vermögenseinlage beschränkt ist, sind die **Kommanditisten.** Gesellschafter, bei denen die Haftung nicht auf den Betrag der Vermögenseinlage beschränkt ist, sind die **Komplementäre,** im Sprachgebrauch auch die persönlich haftenden Gesellschafter. Die Kommanditisten sind von der Führung der Geschäfte ausgeschlossen, § 164 HGB. Sie sind jedoch berechtigt, die abschriftliche Mitteilung des Jahresabschlusses zu verlangen und dessen Richtigkeit unter Einsicht der Bücher und Papiere zu prüfen, § 166 Abs. 1 HGB.

718 Der Differenzierung nach Gesellschaften, die nur in Höhe ihrer Vermögenseinlage und solchen, die unbeschränkt haften, folgt die Eigenkapitalgliederung bei der KG. Demgemäß ist zwischen dem Komplementär- und dem Kommandit-Kapital zu unterscheiden. Für den Ausweis des **Komplementär-Kapitals** gelten die Ausführungen zu den Gesellschaftern der OHG, d. h. dem Kapitalanteil werden die Einlagen und Gewinnanteile zugeschrieben, anteilige Verluste und die Entnahmen werden abgeschrieben und es ist ggf. zwischen dem Festkapital und dem variablen Komplementär-Kapital zu differenzieren[634].

[631] Vgl. IDW RS HFA 7, WPg 2002, S. 1259; a. A. *Förschle/Hoffmann,* in Beck Bil-Kom. § 264 c HGB Tz 26.
[632] Vgl. IDW RS HFA 7, WPg 2002, S. 1259.
[633] Vgl. *Korth,* Industriekontenrahmen, S. 129; *Adler/Düring/Schmaltz,* § 247 HGB Tz 60; IDW RS HFA 7, WPg 2002, S. 1259.
[634] Vgl. *Förschle/Hoffmann,* in Beck Bil-Kom. § 264 c HGB Tz. 40.

Unter dem Posten Kommandit-Kapital ist die **bedungene Einlage (Pflichteinlage)** regelmäßig gesondert auszuweisen[635]. Die Pflichteinlage bestimmt sich nach dem Gesellschaftsvertrag. Haftsumme ist gem. § 171 Abs. 1 HGB der Betrag, bis zu dessen Höhe der Kommanditist den Gesellschaftsgläubigern gegenüber haftet. Diese Haftsumme ist bei der KapG & Co. gem § 264c Abs. 2 S. 9 HGB im Anhang zu vermerken, was möglicherweise einen entsprechenden Bilanzvermerk bei der KG erforderlich macht.[636] Ausstehende Pflichteinlagen sind auf der Aktivseite der Bilanz als „Ausstehende Einlagen der Kommanditisten" gesondert auszuweisen oder auf der Passivseite offen von den Kapitalanteilen abzusetzen.[637] Einzahlungsverpflichtungen von Komplementären sind von denen der Kommanditisten zu trennen.[638] 719

Von dem bedungenen Kommandit-Kapital ist das **variable Kommandit-Kapital** zu unterscheiden, das regelmäßig nicht entnommene Gewinnbestandteile i. S. v. Gewinnvorträgen enthält, für die der Kommanditist ein Entnahmerecht hat. Gegen diese Gewinnvortragskonten können die auf den Kommanditisten entfallenden Verlustanteile verrechnet werden. Soweit Verlustanteile das variable Kommandit-Kapital übersteigen ist auch eine Verrechnung mit dem bedungenen Kapital möglich, wobei ein offenes Absetzen von dem bedungenen Kommandit-Kapital zu empfehlen ist[639]. Übersteigen die Verlustvortragskonten auch das bedungene Kommandit-Kapital, ist der übersteigende Betrag als „Nicht durch Eigenkapital gedeckter Fehlbetrag der Kommanditisten" aktivisch als letzter Posten der Bilanz auszuweisen.[640] 720

Da der Kommanditist an dem Verlust der KG nach § 167 Abs. 3 HGB nur bis zum Betrag seines Kapitalanteils und seiner evtl. rückständigen Einlage teilnimmt, darüber hinausgehende negative Kapitalanteile aus späteren Gewinnanteilen wieder auszugleichen sind, sind diese Verlustvorträge fortzuschreiben und mit nachfolgenden zukünftigen Gewinnanteilen so lange zu verrechnen, bis das bedungene Kommandit-Kapital wieder aufgefüllt ist. Bis zur Auffüllung besteht gem. § 169 Abs. 1 HGB eine **Entnahmesperre** für den Kommanditisten. Werden trotzdem Entnahmen getätigt oder sinkt der Kapitalanteil durch Entnahmen unter die bedungene Einlage ab, sind die entnommenen Beträge als „Nicht durch Vermögenseinlagen gedeckte Entnahmen der Kommanditisten" auszuweisen, soweit es sich um gesellschaftsrechtlich zulässige Entnahmen handelt. Bei gesellschaftsrechtlich unzulässigen Entnahmen entsteht eine Forderung der KG an den Gesellschafter.[641] 721

Eine Saldierung negativer Kapitalkonten einzelner Kommanditisten mit positiven Kapitalkonten anderer Kommanditisten ist unzulässig.[642] 722

Wie bei der OHG sind von den Gesellschaftern gegebene **Darlehen** gesondert von den übrigen Forderungen und Verbindlichkeiten der Gesellschaft auszuweisen oder durch einen Vermerk kenntlich zu machen, denn als Eigenkapital dürfen nur solche Beträge ausgewiesen werden, gegen die künftige Verluste– auch mit Wirkung gegen den Gesellschaftsgläubiger – verrechnet werden können[643]. 723

Neben dem Komplementär- und Kommandit-Kapital – differenziert nach dem Festkapital und dem variablen Kapital – ist ein gesonderter Ausweis von Gewinnrücklagen möglich, sofern diese nach dem Gesellschaftsvertrag vorgesehen sind und die Dotierung durch die Gesellschafter beschlossen wird. Eine Aufteilung in Kapital- und Gewinnrücklagen ist nicht erforderlich.[644] 724

---

[635] Vgl. *Korth,* Industriekontenrahmen, S. 130; WP-Handbuch 2000, Bd I, F 140; *Adler/Düring/Schmaltz,* (ErgBd) § 264c HGB Tz 16.
[636] Vgl. *Förschle/Hoffmann,* in Beck Bil-Kom. § 264c HGB Tz 60.
[637] Vgl. IDW RS HFA 7, WPg 2002, S. 1259, 1262.
[638] Vgl. *Förschle/Hoffmann,* in Beck Bil-Kom. § 264c HGB Tz 31; WP-Handbuch 2000, Bd I, F 141.
[639] Vgl. *Korth,* Industriekontenrahmen, S. 130; *Adler/Düring/Schmaltz,* § 247 HGB Tz 68.
[640] Vgl. IDW RS HFA 7, WPg 2002, S. 1259, 1262.
[641] Vgl. *Förschle/Hoffmann,* in Beck Bil-Kom. § 264c HGB Tz 36.
[642] Vgl. IDW RS HFA 7, WPg 2002, S. 1259, 1262.
[643] Vgl. *Adler/Düring/Schmaltz,* § 247 HGB Tz 60; IDW RS HFA 7, WPg 2001, S. 1397; *Förschle/Hoffmann,* in Beck Bil-Kom. § 247 HGB Tz 160.
[644] Vgl. IDW RS HFA 7, WPg 2002, S. 1259, 1262.

725 Gliederung der Bilanz für eine KG im DATEV-System (Auszug)

	Euro	Geschäftsjahr Euro	Vorjahr Euro
A. Eigenkapital			
I. Komplementärkapital			
1. Festkapital	60 000,00		60 000,00
2. bewegliches Kapital	195 730,89	255 730,89	143 962,77
II. Kommanditkapital			
1. Haftkapital		100 000,00	100 000,00
III. Rücklagen			
1. vertragsmäßige Rücklagen	10 000,00		10 000,00
2. andere Rücklagen	20 000,00	30 000,00	20 000,00
C. Verbindlichkeiten			
4. Verbindlichkeiten gegenüber Gesellschaftern	330 771,25		246 572,10
– davon mit einer Restlaufzeit bis zu einem Jahr Euro 330 771,25 (Euro 246 572,10)			

4. Personengesellschaften ohne natürliche Personen als persönlich haftender Gesellschafter (Kapitalgesellschaft & Co.)

726 Nach § 264 a HGB sind die für Kapitalgesellschaften geltenden Vorschriften auch auf OHG und KG anzuwenden, bei denen nicht wenigstens ein persönlich haftender Gesellschafter, eine
- natürliche Person oder
- OHG, KG oder andere Personengesellschaft mit einer natürlichen Personen als persönlich haftenden Gesellschafter

ist oder sich die Verbindung von Gesellschaften in dieser Art fortsetzt[645].

727 § 264 c Abs. 2 HGB bestimmt für Personengesellschaften i. S. d. § 264 a HGB, wie das Eigenkapital auszuweisen ist. Danach sind gesondert auszuweisen:

I. Kapitalanteile
II. Rücklagen
III. Gewinnvortrag/Verlustvortrag
IV. Jahresüberschuss/Jahresfehlbetrag

728 Nach § 264 c Abs. 2 S. 2 HGB sind anstelle des Postens „Gezeichnetes Kapital" die Kapitalanteile der persönlich haftenden Gesellschafter auszuweisen. Gleiches gilt gem. § 264 c Abs. 2 S. 6 HGB für die Einlagen von Kommanditisten. Verschiedene Kapitalanteile der persönlich haftenden Gesellschafter einerseits und der Kommanditisten andererseits können jeweils zu einem Posten mit entsprechender Bezeichnung zusammengefasst werden.[646]

729 Für den **Kapitalanteil des persönlich haftenden Gesellschafters** gelten dieselben Ausweisregeln wie für den persönlich haftenden Gesellschafter der KG. Der auf ihn entfallende Verlust ist von seinem Kapitalanteil abzuschreiben. Übersteigt der Verlust den Kapitalanteil, ist er auf der Aktivseite unter der Bezeichnung „Einzahlungsverpflichtung persönlich haftender Gesellschafter" unter den Forderungen gesondert auszuweisen, soweit eine Zahlungsverpflichtung besteht, § 264 c Abs. 2 S. 3 HGB. Die Frage, ob Verluste zu einer Forderung an den persönlich haftenden Gesellschafter führen, ist nicht davon abhängig, dass er für einen etwaigen Verlust gegenüber den Gläubigern persönlich haftet, sondern nach den gesellschaftsvertraglichen Vereinbarungen zu beurteilen. Besteht danach keine Zahlungsverpflichtung, ist der den Kapitalanteil übersteigende Verlust als „Nicht durch Vermögenseinlagen gedeckter Verlustanteil persönlich haftender Gesellschafter" zu bezeichnen und gem. § 268 Abs. 3 HGB gesondert als letzter Posten der Aktivseite auszuweisen.

---

[645] Zu den für die KapG & Co. geltenden Regelungen vgl. C 2.
[646] Vgl. IDW RS HFA 7, WPg 2002, S. 1259, 1262.

Hinweis 730
Insoweit kann es in der Bilanz nicht zum Ausweis eines Jahresfehlbetrages oder eines Verlustvortrages kommen.

Für die **beschränkt haftenden Gesellschafter** gelten die Ausweisregeln wie für die Kommanditisten der KG. Kapitalanteile, „Nicht durch Vermögenseinlagen gedeckte Verlustanteile" oder „Nicht durch Vermögenseinlagen gedeckte Entnahmen" können zusammengefasst ausgewiesen werden. Eine Saldierung negativer Kapitalkonten einzelner Kommanditisten mit positiven Kapitalkonten mit anderer Kommanditisten ist jedoch unzulässig. Im Übrigen gilt – wie bei den persönlich haftenden Gesellschaftern –, dass eine Forderung nur ausgewiesen werden darf, soweit eine Einzahlungsverpflichtung besteht. 731

Während für die Kommanditgesellschaft offen ist, ob die **Haftsumme** nach § 171 Abs. 1 HGB zu vermerken ist, wenn sie von der Pflichteinlage abweicht, gilt für die KapG & Co., dass die gem. § 172 Abs. 1 HGB eingetragenen Einlagen im Anhang anzugeben sind, soweit sie nicht geleistet sind, § 264c HGB Abs. 2 S. 9 HGB. 732

Als **Rücklagen** sind nur solche Beträgen auszuweisen, die aufgrund einer gesellschaftsrechtlichen Vereinbarung (Gesellschaftsvertrag oder Gesellschafterbeschluss) gebildet worden sind. Eine Aufteilung in Kapital- und Gewinnrücklagen ist nicht erforderlich.[647] 733

Bei der vorgehend dargestellten Zuweisung von Verlusten kann es nicht zum Ausweis eines Jahresfehlbetrages oder eines Verlustvortrages kommen.[648] Gleiches gilt für den Ausweis eines Jahresüberschusses bzw. eines Gewinnvortrages, weil Jahresüberschüsse i. d. R. den Kapitalanteilen der Gesellschafter gutgeschrieben werden. Da insoweit die Verwendung des Jahresergebnisses aus der Bilanz nicht ersichtlich ist, wird eine Fortführung der Gewinn- und Verlustrechnung oder eine entsprechende Darstellung im Anhang wie folgt vorgeschlagen:[649] 734

Jahresüberschuss/Jahresfehlbetrag
–/+ Gutschrift/Belastung auf Rücklagenkonten
–/+ Gutschrift/Belastung auf Kapitalkonten
–/+ Gutschrift/Belastung auf Verbindlichkeitenkonten
Ergebnis nach Verwendungsrechnung/Bilanzgewinn

Nur soweit Jahresüberschüsse weder den Rücklage-, den Kapital- noch den Verbindlichkeitskonten gutgeschrieben werden, kann ein Bilanzgewinn verbleiben. 735

Gliederung der Bilanz für eine GmbH & Co KG[650] im DATEV-System (Auszug) 736

	Euro	Geschäftsjahr Euro	Vorjahr Euro
A. Eigenkapital			
I. Kapitalanteile persönlich haftender Gesellschafter		35 820,00	30 410,00
II. Kapitalanteile Kommanditisten		473 478,19	393 017,94
III. Rücklagen		50 000,00	50 000,00
C. Verbindlichkeiten			
4. Verbindlichkeiten gegenüber Gesellschaftern	177 203,95		117 106,93
– davon mit einer Restlaufzeit bis zu einem Jahr Euro 177 203,95 (Euro 117 106,93)			

[647] Vgl. IDW RS HFA 7, WPg 2002, S. 1259, 1262.
[648] Vgl. IDW RS HFA 7, WPg 2002, S. 1259, 1262.
[649] Vgl. IDW RS HFA 7, WPg 2002, S. 1259, 1262.
[650] Vgl. zum Ausgabeumfang der Bilanz der großen PersG nach KapCoRiLiG vgl. C 58.

737 Standardkonten im DATEV-System

SKR 03

Kapital Personenhandelsges.
Vollhafter/Einzelunternehmer

0870–79 Festkapital
0880–89 Variables Kapital
0890–99 Gesellschafter-Darlehen

Teilhafter

0900–09 Kommandit-Kapital
0910–19 Verlustausgleichskonto
0920–29 Gesellschafter-Darlehen

Privat Vollhafter/Einzelunternehmer

1800–09 Privatentnahmen allgemein
1810–19 Privatsteuern
1820–29 Sonderausgaben beschränkt abzugsfähig
1830–39 Sonderausgaben unbeschränkt abzugsfähig
1840–49 Zuwendungen, Spenden
1850–59 Außergewöhnliche Belastungen
1860–69 Grundstücksaufwand
1870–79 Grundstücksertrag
1880–89 Unentgeltliche Wertabgaben
1890–99 Privateinlagen

Privat Teilhafter

1900–09 Privatentnahmen allgemein
1910–19 Privatsteuern
1920–29 Sonderausgaben beschränkt abzugsfähig
1930–39 Sonderausgaben unbeschränkt abzugsfähig
1940–49 Zuwendungen, Spenden
1950–59 Außergewöhnliche Belastungen
1960–69 Grundstücksaufwand
1970–79 Grundstücksertrag
1980–89 Unentgeltliche Wertabgaben
1990–99 Privateinlagen

Kapital Personenhandelsgesellschaft Vollhafter

9810–19 Gesellschafter Darlehen
9820–29 Verlust-/Vortragskonto
9830–39 Verrechnungskonto für Einzahlungsverpflichtungen

Kapital Personenhandelsgesellschaft Teilhafter

9840–49 Gesellschafterdarlehen
9850–59 Verrechungskonto für Einzahlungsverpflichtungen

Einzahlungsverpflichtungen im Bereich der Forderungen

9860–69 Einzahlungsverpflichtungen persönlich haftender Gesellschafter
9870–79 Einzahlungsverpflichtungen Kommanditisten

Ausgleichsposten für aktivierte eigene Anteile und Bilanzierungshilfen

9880 Ausgleichsposten für aktivierte eigene Anteile
9882 Ausgleichsposten für aktivierte Bilanzierungshilfen

SKR 04

Kapital
Vollhafter/Einzelunternehmer

2000–09 Festkapital
2010–19 Variables Kapital
2020–29 Gesellschafter-Darlehen
2030–49 (zur freien Verfügung)

Kapital Teilhafter

2050–59 Kommandit-Kapital
2060–69 Verlustausgleichskonto
2070–79 Gesellschafter-Darlehen
2080–99 (zur freien Verfügung)

Privat Vollhafter/Einzelunternehmer

2100–29 Privatentnahmen allgemein
2130–49 Unentgeltliche Wertabgaben
2150–79 Privatsteuern
2180–99 Privateinlagen
2200–29 Sonderausgaben beschränkt abzugsfähig
2230–49 Sonderausgaben unbeschränkt abzugsfähig
2250–79 Zuwendungen, Spenden
2280–99 Außergewöhnliche Belastungen
2300–49 Grundstücksaufwand
2350–99 Grundstücksertrag

Privat Teilhafter

2500–29 Privatentnahmen allgemein
2530–49 Unentgeltliche Wertabgaben
2550–79 Privatsteuern
2580–99 Privateinlagen
2600–29 Sonderausgaben beschränkt abzugsfähig
2630–49 Sonderausgaben unbeschränkt abzugsfähig
2650–79 Zuwendungen, Spenden
2680–99 Außergewöhnliche Belastungen
2700–49 Grundstücksaufwand
2750–99 Grundstücksertrag

Kapital Personenhandelsgesellschaft Vollhafter

9810–19 Gesellschafter Darlehen
9820–29 Verlust-/Vortragskonto
9830–39 Verrechnungskonto für Einzahlungsverpflichtungen

Kapital Personenhandelsgesellschaft Teilhafter

9840–49 Gesellschafterdarlehen
9850–59 Verrechungskonto für Einzahlungsverpflichtungen

Einzahlungsverpflichtungen im Bereich der Forderungen

9860–69 Einzahlungsverpflichtungen persönlich haftender Gesellschafter
9870–79 Einzahlungsverpflichtungen Kommanditisten

Ausgleichsposten für aktivierte eigene Anteile und Bilanzierungshilfen

9880 Ausgleichsposten für aktivierte eigene Anteile
9882 Ausgleichsposten für aktivierte Bilanzierungshilfen

	SKR 03		SKR 04
	Kapital Personenhandelsges. Vollhafter/Einzelunternehmer		**Kapital Vollhafter/Einzelunternehmer**
	Steueraufwand der Gesellschafter		**Steueraufwand der Gesellschafter**
9887	Steueraufwand der Gesellschafter	9887	Steueraufwand der Gesellschafter
9889	Gegenkonto zu 9887	9889	Gegenkonto zu 9887
9890	Statistisches Konto für passive Lohnveredelung	9890	Statistisches Konto für passive Lohnveredelung
9899	Gegenkonto zu 9890	9899	Gegenkonto zu 9890

A.I.2. Gezeichnetes Kapital

1. Inhaltsabgrenzung

Das **nominelle** Haftkapital, das ist das Kapital, auf das die Haftung der Gesellschafter für die Verbindlichkeiten der Kapitalgesellschaft gegenüber den Gläubigern beschränkt ist, ist als „Gezeichnetes Kapital" auszuweisen. Bei der GmbH ist es das Stammkapital, bei der AG das Grundkapital, das gemäß § 42 Abs. 1 GmbHG bzw. § 152 Abs. 1 AktG (ergänzende Vorschrift zu § 272 Abs. 1 HGB) als „Gezeichnetes Kapital" auszuweisen ist. Der Ansatz erfolgt gem. § 283 HGB zum Nennbetrag. – Zur Feststellung der Höhe der geleisteten Kapitaleinzahlungen ist das „Gezeichnete Kapital" um die ausstehenden Einlagen zu kürzen. 738

a) Stammkapital der GmbH

Bei der **GmbH** beträgt das **Stammkapital** gem. § 5 Abs. 1 GmbHG mindestens DM 50000, bei Neugründungen ab 2002 EUR 25000. Für Gesellschaften, die vor dem 1. 1. 1999 in das HR eingetragen bzw. vor dem 1. 1. 1999 zur Eintragung angemeldet und bis zum 31. 12. 2001 eingetragen worden sind, sog. Alt-Gesellschaften, besteht keine Verpflichtung zur Umstellung des Grundkapitals auf den Euro. Erst wenn eine Alt-Gesellschaft eine Änderung des Stammkapitals beabsichtigt, darf diese Änderung nur in das HR eingetragen werden, wenn zugleich das Stammkapital auf Euro umgestellt und die in Euro berechneten Nennbeträge der Geschäftsanteile auf einen durch 10 teilbaren Betrag (mind. 50 EUR) gestellt werden, § 86 Abs. 1 S. 4 GmbHG. Für die Umstellung des Stammkapitals genügt die einfache Mehrheit. 739

Soweit nicht Sacheinlagen vereinbart sind, sind auf jede Stammeinlage mindestens 25 v.H. einzuzahlen. Außerdem muss das eingezahlte Stammkapital insgesamt – einschließlich der zu leistenden Sacheinlagen – mindestens DM 25000/EUR 12500 betragen. Der Mindestnennbetrag der einzelnen Stammeinlage beträgt DM 500/EUR 100, § 5 Abs. 1 GmbHG. 740

Hinweis

Für Mindestbetrag und Teilbarkeit von Kapital, Einlagen und Geschäftsanteile sowie für den Umfang des Stimmrechts bleiben bis zu einer Umstellung des Kapitels auf Euro die vor Einführung des Euro gültigen Beträge maßgeblich, § 86 Abs. 1 S. 2 GmbHG. 741

b) Grundkapital der AG

Die Höhe des **Grundkapitals der AG** ist in Aktien zerlegt, § 1 Abs. 1 AktG. Der Gesamtnennbetrag sowie der Nennbetrag der einzelnen Aktien muss auf Deutsche Mark oder Euro lauten, § 6 AktG. Der Mindestnennbetrag des Grundkapitals beträgt EUR 50000, der Mindestnennbetrag der Aktie EUR 1, § 8 Abs. 1 S. 1 AktG. 742

Hinweis

Seit April 1998[651] sind nennwertlose Stück-Aktien anstelle von Nennbetrags-Aktien zulässig. In diesem Fall sind alle Stück-Aktien am Grundkapital im gleichen Umfang beteiligt. Der Anteil am Grundkapital bestimmt sich nicht nach dem Verhältnis der Aktien-Nennbeträge, sondern nach der Zahl der Stück-Aktien am 743

[651] Stück AG v. 25. 3. 1998, BGBl I, S. 590.

Grundkapital.[652] Gesellschaften, die vor dem 1. 1. 1999 in das HR eingetragen bzw. vor dem 1. 1. 1999 zur Eintragung angemeldet und bis zum 31. 12. 2001 eingetragen worden sind, sind nicht verpflichtet das Grundkapital und die Nennbeträge der Aktien auf Euro umzustellen, sog. Alt-Gesellschaften[653]. Eine Änderung des Grundkapitals wird jedoch erst in das HR eingetragen, wenn zugleich der Aktiennennbeträge und das Grundkapital auf Euro umgestellt werden. Für eine Kapitalerhöhung oder Kapitalherabsetzung bei der AG, soweit sie anläßlich der Umstellung des gezeichneten Kapitals und der Aktien-Nennbeträge auf Euro notwendig ist, genügt abweichend die einfache Mehrheit des in der HV vertretenen Grundkapitals, § 4 EGAktG.

Hinweis

744 Der Nennbetrag eines noch nicht umgestellten gezeichneten Kapitals in DM muss in einer Vorspalte zum gezeichneten Kapital ausgewiesen oder im Anhang vermerkt werden, Art. 42 Abs. 3 S. 1 EGHGB.

745 Des Mindestnennbetrag des Grundkapitals kann nur durch einen Kapitalerhöhungsbeschluss gemäß § 182 AktG heraufgesetzt, nicht aber vermindert werden. Nur, wenn das „Gezeichnete Kapital" höher als der Mindestbetrag ist, kann es nach den Vorschriften der §§ 222 ff. AktG herabgesetzt werden.

2. Kapitalersetzende Darlehen

746 Nach § 272 Abs. 1 HGB ist die **Haftung der Gesellschafter** auf das „Gezeichnete Kapital" beschränkt. Ausnahmen hiervon sind sog. **eigenkapitalersetzende Gesellschafterdarlehen,** die nach Rechtsprechung und Gesetz unter verschiedenen Voraussetzungen vorliegen können:[654]

a) Rechtsprechung

747 Nach der Rechtsprechung werden Gesellschafterdarlehen wie Eigenkapital behandelt – gesellschaftsrechtliche Lösung –, wenn ein Gesellschafter der Gesellschaft ein Darlehen in einem Zeitpunkt gegeben hat, in dem die Gesellschaft von dritter Seite **keinen Kredit zu marktüblichen Bedingungen erhalten hätte** und deshalb ohne das Darlehen hätte liquidiert werden müssen[655]. Ebenso behandelt der BGH ein Darlehen, das zwar noch unter wirtschaftlich gesunden Verhältnissen gewährt wird, vom Gesellschafter jedoch bei Eintritt der Kreditunwürdigkeit stehen gelassen wird, obgleich er erkennen konnte und musste, dass das Darlehen nunmehr als Kapitalgrundlage unentbehrlich ist[656]. Des Weiteren hat die Rechtsprechung Gesellschafterdarlehen als Eigenkapital behandelt, wenn die Rückzahlung des Darlehens dazu führt, dass das Vermögen der Gesellschaft unter den Nennbetrag des Nominalkapitals sinkt oder dass eine schon bestehende Überschuldung vergrößert wird.

b) GmbH und Kapitalgesellschaft & Co.

748 Durch die Gesetzesnovellierung 1980 wurden die **Gedanken** der obigen Rechtsprechung für die **GmbH** und die **Kapitalgesellschaft & Co** in leicht modifizierter Form in den §§ 32a, 32b GmbHG bzw. §§ 129a, 172a HGB **gesetzlich verankert.** Diese gesetzlichen Vorschriften entfalten allerdings erst im Konkurs- oder Vergleichsverfahren rechtliche Wirkung, d.h. die Rückzahlung eines kapitalersetzenden Darlehens ist im Insolvenzfall ausgeschlossen, bereits ausgezahlte Beträge können zurückgefordert werden. Die Gesetzesregelung unterscheidet sich von der Recht-

---

[652] BT-Drucks. 13/9573, S. 12.

[653] Von 1999 bis Ende 2001 neu eingetragene Aktiengesellschaften durften zwar noch DM-Aktien ausgeben, für sie waren aber die Euro-Mindestbeträge und der Ende 1998 festgelegte EUR/DM-Kurs maßgebend; vgl. *Förschle/Kofahl,* in Beck Bil-Kom., 4. Aufl., § 272 HGB Tz 5.

[654] Vgl. *Claussen/Korth,* in Kölner Kom. § 272 HGB Tz 17; *Ellrott/M. Ring,* in Beck Bil-Kom. § 247 HGB Tz 231, § 266 HGB Tz 255.

[655] Vgl. BGH-Urt. v. 24. 3. 1980, DB 1980, S. 1159; BGH-Urt. v. 27. 11. 1989, BB 1990, S. 164; BGH-Urt. v. 28. 11. 1994, NJW 1995, S. 457.

[656] BGH-Urt. v. 29. 11. 1971, BB 1972, S. 111; BGH-Urt. v. 26. 11. 1979, BB 1980, S. 222; BGH-Urt. v. 24. 3. 1980, DB 1980, S. 1159.

sprechung ferner dadurch, dass die Gleichstellung von Darlehen mit Eigenkapital dann erfolgt, wenn die Gesellschafter der GmbH als „ordentliche Kaufleute" der Gesellschaft Eigenkapital statt Darlehen zugeführt hätten, § 32a Abs. 1 GmbHG. Dabei wird, anders als in der Rechtsprechung, nicht vorausgesetzt, dass durch die Rückzahlung das Stammkapital gefährdet oder eine bereits bestehende Überschuldung vergrößert wird.

Durch das KapAEG und das KonTrAG wurde § 32a GmbHG in zwei wichtigen Punkten geändert: **749**
- Nach § 32a Abs. 3 Satz 2 GmbHG gelten die Eigenkapitalersatzregeln nicht für den nicht geschäftsführenden Gesellschafter, der mit nicht mehr als 10% am Stammkapital beteiligt ist.
- Nach § 32a Abs. 3 Satz 3 GmbHG fallen solche Darlehensgeber nicht unter das Kapitalersatzrecht, die in der Krise der Gesellschaft Geschäftsanteile zum Zweck der Krisenüberwindung erworben haben; dies gilt sowohl für bereits bestehende wie für neu gewährte Kredite.

c) AG

Während die gesetzliche Regelung nur bestimmte Gesellschafter-Darlehen bei einer GmbH und einer Kapitalgesellschaft & Co erfasst, hat die Rechtsprechung kapitalersetzende Darlehen unter bestimmten Voraussetzungen auch bei der AG für möglich erachtet. In dem Rechtsstreit zwischen dem Konkursverwalter der Beton- und Montierbau AG und der Westdeutschen Landesbank hatte der BGH über die Frage zu entscheiden, ob die **Rechtsprechungsgrundsätze** zum kapitalersetzenden Darlehen **auch auf die AG anzuwenden sind**[657]. Der BGH bejahte die Frage für den Fall, dass der Gläubiger an der AG „unternehmerisch" beteiligt ist. Davon ist regelmäßig bei einem Aktienbesitz von mehr als 25% auszugehen. Bei einer darunter liegenden, aber nicht unbeträchtlichen Beteiligung kann ein Gesellschafter-Darlehen als haftendes Eigenkapital einzustufen sein, wenn die Beteiligung in Verbindung mit weiteren Umständen dem Gläubiger Einfluss auf die Unternehmensleitung sichert und er ein entsprechendes unternehmerisches Interesse erkennen lässt. **750**

Mangels einer für die AG geltenden gesetzlichen Vorschrift, werden kapitalersetzende Darlehen bei dieser Rechtsform höchst selten und vor allem im vorhinein nur schwer bestimmbar sein, weil vor allem die „Umstände", die dem Gläubiger einen Einfluss auf die Unternehmensleitung sichern, ex ante kaum definiert werden können. Aus diesen Gründen werden für die AG – aber auch für die GmbH – der Ausweis von kapitalersetzenden Darlehen als Eigenkapital abgelehnt"[658]. **751**

d) Ausweis

Eigenkapitalersetzende Darlehen sind als Verbindlichkeit zu bilanzieren[659]. Sie brauchen auch nicht gesondert gekennzeichnet werden[660], sind aber gem. § 42 Abs. 3 GmbHG als Verbindlichkeiten gegenüber Gesellschaftern gesondert auszuweisen oder im Anhang anzugeben (Mitzugehörigkeitsvermerk). Sofern eigenkapitalersetzende Darlehen unzulässigerweise an den Gesellschafter zurückgezahlt werden, ist ein Erstattungsanspruch zu aktivieren, möglicherweise auch ein Haftungsanspruch an den Geschäftsführer[661]. **752**

3. Ausweis zum Nennbetrag

Gemäß § 283 HGB ist das „Gezeichnete Kapital" zum Nennbetrag anzusetzen. Der **Mindestnennbetrag** beträgt gem. § 7 AktG 100 000 DM/50 000 Euro bzw. **753**

---

[657] BGH-Urt. v. 26. 3. 1994, ZIP 1994, S. 572.

[658] Vgl. WP-Handbuch 2000, Bd. I, F 328; *Adler/Düring/Schmaltz,* § 272 HGB Tz 12.

[659] H. M. BGH-Urt. v. 6. 12. 1993, ZIP 1994, S. 295 ff.; BGH-Urt. v. 15. 2. 1996, DB 1996, S. 1032; WP-Handbuch 2000, Bd. I, F 328; *Adler/Düring/Schmaltz,* § 246 HGB Tz 93; *Ellrott/M. Ring,* in Beck Bil-Kom. § 266 HGB Tz 255; *Claussen/Korth,* in Kölner Kom. § 272 HGB Tz 8.

[660] A. A. *Küting,* in Küting/Weber § 272 HGB Tz. 26, der aber das Darlehen als eigenkapitalersetzend kennzeichnen will; gegen eine solche Kennzeichnung, weil irreführend, *Claussen/Korth,* in Kölner Kom. § 272 HGB Tz 8; im Ergebnis ebenso *Ellrott/M. Ring,* in Beck Bil-Kom. § 266 HGB Tz 255.

[661] Vgl. WP-Handbuch 2000, Bd. I, F 328.

§ 5 Abs. 1 GmbHG 50 000 DM/25 000 Euro. Der Nennbetrag des „Gezeichneten Kapitals" ist in die Satzung bzw. den Gesellschaftsvertrag aufzunehmen und in das Handelsregister einzutragen, § 39 Abs. 1 AktG bzw. § 10 Nr. 1 GmbHG. Der Nennbetrag kann nur durch Satzungs-/Gesellschaftsvertragsänderung im Wege einer Kapitalerhöhung oder -herabsetzung geändert werden. Kapitalveränderungen bedürfen zu ihrer Wirksamkeit der Eintragung in das Handelsregister.

754 Alternative Wertansätze zum Nennwert gibt es nicht. Dennoch ist § 283 im HGB unter „Bewertungsvorschriften" aufgenommen. Damit wird klargestellt, dass das „Gezeichnete Kapital" nicht durch Verluste oder durch ausstehende Einlagen gemindert werden kann[662]. Bilanzverluste reduzieren durch offenes Absetzen vom „Gezeichneten Kapital" lediglich die Bilanzposition „A. Eigenkapital".

755 Ab dem 1. 1. 2002 ist das **gezeichnete Kapital in Euro auszudrücken.**[663] § 283 HGB, der bestimmt, dass das gezeichnete Kapital zum Nennbetrag anzusetzen ist – worunter der im Handelsregister eingetragene Betrag zu verstehen ist – wird durch Art. 42 Abs. 3 Satz 1 EGHGB für die Fälle außer Kraft gesetzt, in denen das im Handelsregister eingetragene Kapital in DM eingetragen ist, der Jahresabschluss aber in Euro aufgestellt wird und umgekehrt. In diesem Fall ist die anders lautende Währung des im Handelsregister eingetragenen Grund-/Stammkapitals in einer Vorspalte oder im Anhang anzugeben.

4. „Gezeichnetes Kapital" im Gründungsstadium

756 Der Gesetzgeber hat offengelassen, von welchem Zeitpunkt an „Gezeichnetes Kapital" im Gründungsstadium auszuweisen ist. AG und GmbH sind **Gesellschaften mit eigener Rechtspersönlichkeit,** die ihre Rechtskraft erst mit der Eintragung in das Handelsregister erlangen, § 11 Abs. 1 GmbHG bzw. § 41 Abs. 1 S. 1 AktG (konstitutive Wirkung der Handelsregistereintragung). Das spricht dafür, dass vor Eintragung in das Handelsregister „Gezeichnetes Kapital" nicht entstanden ist, weil bis zu diesem Zeitpunkt die Haftung der Gesellschafter bzw. der für die Gesellschaft Handelnden für die Verbindlichkeiten der Kapitalgesellschaft gegenüber den Gläubigern nicht beschränkt ist. Spätestens zum Zeitpunkt der Handelsregistereintragung ist das „Gezeichnete Kapital" auszuweisen[664].

757 Buchungspflichtige Vorgänge fallen jedoch mehrheitlich schon vor Eintragung in das Handelsregister an. Wird die Eröffnungsbilanz aus Praktikabilitätsgründen vor Eintragung in das Handelsregister aufgestellt, empfiehlt sich, das eingezahlte Grundkapital als **„noch nicht im Handelsregister eingetragenes ‚Gezeichnetes Kapital'"** auszuweisen oder auf den Zeitpunkt der – späteren – Handelsregistereintragung hinzuweisen. Ähnliches wird in der Literatur für geleistete Zahlungen auf eine beschlossene, aber noch nicht eingetragene Kapitalerhöhung vorgeschlagen[665].

5. Veränderungen des „Gezeichneten Kapitals"

758 Das gezeichnete Kapital kann sich aufgrund von **Kapitalerhöhungen, Kapitalherabsetzungen** oder **Verschmelzungen** verändern.

a) Kapitalerhöhungen

759 Bei Kapitalerhöhungen sind nachfolgende Formen zu unterscheiden[666]:

---

[662] Vgl. *Adler/Düring/Schmaltz,* § 283 HGB Tz 7 f; zum Ausweis ausstehender Einlagen vgl. D 10.
[663] Vgl. dazu D 739.
[664] Vgl. *Adler/Düring/Schmaltz,* § 272 HGB Tz 13.
[665] Vgl. *Adler/Düring/Schmaltz,* § 272 HGB Tz 14 halten einen Ausweis als „Gezeichnetes Kapital" – ohne weiteren Hinweis – für zulässig.
[666] Vgl. *Lutter,* in Kölner Kom. Vorb. § 182 AktG Tz 15 ff.

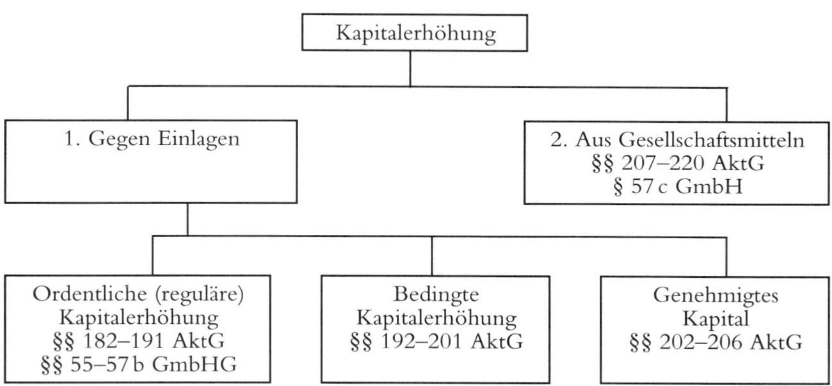

Zu 1. Kapitalerhöhung gegen Einlagen

aa) Ordentliche (reguläre) Kapitalerhöhung

Bei der ordentlichen Kapitalerhöhung wird das gezeichnete Kapital bei der **AG** durch die **Ausgabe neuer Aktien** erhöht. Die Aktienausgabe erfolgt gegen Bar- oder Sacheinlagen der Aktionäre, wodurch der AG Vermögen gegen Gewährung von Gesellschaftsrechten zufließt. Erst mit der Eintragung der Durchführung der Erhöhung gilt das gezeichnete Kapital als erhöht, § 189 AktG. Vom Zeitpunkt der Eintragung im Handelsregister an, ist das erhöhte gezeichnete Kapital in der Bilanz der AG auszuweisen[667]. Vor diesem Zeitpunkt geleistete Einlagen sind nach dem Eigenkapital und vor den Rückstellungen gesondert als „Zur Durchführung der beschlossenen Kapitalerhöhung geleistete Einlagen" auszuweisen[668]. 760

Bei der **GmbH** ist die Kapitalerhöhung gegen Einlagen in §§ 55–57b GmbHG geregelt. Wie bei der AG wird sie erst mit Eintragung in das Handelsregister wirksam, § 54 Abs. 3 GmbHG, so dass auch erst von diesem Zeitpunkt an das erhöhte „Gezeichnete Kapital" in der Bilanz der GmbH auszuweisen ist. 761

bb) Bedingte Kapitalerhöhung

Eine bedingte Kapitalerhöhung ist nur bei der AG möglich, dem GmbHG ist dieses Rechtsinstitut fremd. 762

Sie ist möglich, wenn die HV eine Erhöhung des gezeichneten Kapitals zu folgenden – in § 192 Abs. 2 AktG aufgezählten – Zwecken beschließt: 763

- Gewährung von Umtausch- oder Bezugsrechten an Gläubiger von **Wandelschuldverschreibungen**
- Vorbereitung von **Unternehmenszusammenschlüssen**
- Gewährung von **Bezugsrechten an Arbeitnehmer** und Mitglieder der Geschäftsführung der Gesellschaft oder eines verbundenen Unternehmens im Wege des Zustimmungs- oder Ermächtigungsbeschlusses

Mit der **Beschlussfassung** zur bedingten Kapitalerhöhung ist der **Nennbetrag** des bedingten Kapitals gemäß § 152 Abs. 1 AktG in der Bilanz **zu vermerken.** Mit Ausgabe der Bezugsaktien, die erst nach der Eintragung des Beschlusses über die bedingte Kapitalerhöhung im Handelsregister erfolgen kann, § 197 AktG, gilt das gezeichnete Kapital als erhöht, § 200 AktG. Die Eintragung der Ausgabe der Bezugsaktien ist also nicht Voraussetzung für das rechtliche Entstehen der Aktien. Deshalb ist **mit Ausgabe** der Bezugsaktien **das gezeichnete Kapital** um diesen Betrag **erhöht** auszuweisen[669]. In gleicher Höhe ist der Vermerk des bedingten Kapitals in der Bilanz zu kürzen. 764

---

[667] Vgl. *Claussen/Korth,* in Kölner Kom. § 272 HGB Tz 13; *Küting,* in Küting/Weber § 272 HGB Tz 16; *Adler/Düring/Schmaltz,* § 272 HGB Tz 17; WP-Handbuch 2000, Bd. I, F 236.

[668] Vgl. *Förschle/Hoffmann,* in Beck Bil.-Kom. § 272 HGB Tz 20; *Adler/Düring/Schmaltz,* § 272 HGB Tz 19.

[669] Vgl. *Adler/Düring/Schmaltz,* § 272 HGB Tz 24; WP-Handbuch 2000, Bd. I, F 236.

cc) Genehmigtes Kapital

765 Die Satzung kann den Vorstand für höchstens 5 Jahre ermächtigen, das Grundkapital bis zu einem bestimmten Nennbetrag – **genehmigtes Kapital** – durch **Ausgabe neuer Aktien gegen Einlagen** zu erhöhen, § 202 Abs. 1 AktG. Eine solche Genehmigung zur Kapitalerhöhung hat noch keinen Einfluss auf das gezeichnete Kapital[670]. Das genehmigte Kapital ist lediglich im Anhang gemäß § 160 Abs. 1 Nr. 4 AktG anzugeben. Für die Ausgabe der neuen Aktien gelten die Vorschriften über die ordentliche Kapitalerhöhung (§ 203 AktG), d. h. das gezeichnete Kapital ist mit Eintragung der Kapitalerhöhung im Handelsregister erhöht auszuweisen[671]. – Im GmbHG ist ein genehmigtes Kapital nicht vorgesehen.

Zu 2. Kapitalerhöhung aus Gesellschaftsmitteln

766 Die Kapitalerhöhung aus Gesellschaftsmitteln ist für die **AG** und **KGaA** in §§ 207–220 AktG und für die **GmbH** in § 57 c GmbHG geregelt. Die Kapitalerhöhung wird mit Eintragung des Beschlusses über die Erhöhung in das Handelsregister wirksam, § 211 Abs. 1 AktG, § 57 c Abs. 3 i. V. m. § 54 Abs. 3 GmbHG. Bilanzmäßig erfolgt die Kapitalerhöhung durch Umgliederung von Kapital- und Gewinnrücklagen in das Grund- bzw. Stammkapital, wobei die Umgliederung bei der AG in einer horizontalen Gliederung gesondert zu zeigen ist, § 152 Abs. 2, 3 AktG. Aufgrund dieser lediglich buchmäßigen Umgliederung fließt der Gesellschaft kein neues Kapital zu, nicht gewinnberechtigtes Eigenkapital wird lediglich in gewinnberechtigtes „Gezeichnetes Kapital" umgewandelt.

767 **Umwandlungsfähig** sind Kapital- und Gewinnrücklagen, die in der letzten Jahresbilanz – und wenn dem Beschluss eine andere Bilanz zugrunde gelegt wird, auch in dieser Bilanz – unter „Kapitalrücklage" oder „Gewinnrücklagen" oder im letzten Beschluss über die Verwendung des Jahresergebnisses oder des Bilanzgewinns als Zuführung zu diesen Rücklagen ausgewiesen sind, § 208 AktG, § 57 d Abs. 1 GmbHG. Bei der AG und KGaA können die Kapitalrücklage und die gesetzliche Rücklage nur soweit in Grundkapital umgewandelt werden, wie sie zusammen den zehnten Teil oder den in der Satzung bestimmten höheren Teil des bisherigen Grundkapitals übersteigen, § 208 Abs. 1 S. 2 AktG. Da es bei der GmbH keine gesetzliche Rücklage gibt, kann hier die Kapitalrücklage ohne Einschränkung in Stammkapital umgewandelt werden[672].

768 Kapital- und Gewinnrücklagen sind nur umwandelbar, soweit nicht in der zugrundegelegten Bilanz ein Verlust einschl. eines Verlustvortrages ausgewiesen wird, § 208 Abs. 2 Satz 1 AktG, § 57 d Abs. 2 GmbHG. Die der Beschlussfassung zugrundegelegte Bilanz kann eine Jahresbilanz oder eine Zwischenbilanz sein. Der Stichtag der zugrundegelegten Bilanz darf höchstens 8 Monate vor Anmeldung des Beschlusses zur Eintragung in das Handelsregister liegen. Die zugrundegelegte Bilanz muss mit einem uneingeschränkten Bestätigungsvermerk versehen und festgestellt sein, § 209 Abs. 1 AktG, § 57 f Abs. 2 GmbHG[673].

769 Da mit Eintragung des Beschlusses über die Erhöhung des Grundkapitals das Grundkapital als erhöht gilt, ist dieser Zeitpunkt auch für den Bilanzausweis maßgebend, also sind das erhöhte „Gezeichneten Kapital" und die Veränderung der Rücklagen auszuweisen[674].

b) Kapitalherabsetzungen

770 Bei einer Herabsetzung des „Gezeichneten Kapitals" sind nachfolgende Maßnahmen zu unterscheiden:

---

[670] Vgl. *Adler/Düring/Schmaltz*, § 272 HGB Tz 20.

[671] Vgl. *Claussen/Korth*, in Kölner Kom. § 272 HGB Tz 15; WP-Handbuch 2000, Bd. I, F 236.

[672] Vgl. *Förschle/Hoffmann*, in Beck Bil-Kom. § 272 HGB Tz 22.

[673] Vgl. WP-Handbuch 2000, Bd. I, F 239; *Förschle/Hoffmann*, in Beck Bil-Kom. § 272 HGB Tz 24; zur Prüfungsberechtigung bei der GmbH vgl. § 57 f Abs. 3 S. 3 GmbHG.

[674] Vgl. *Adler/Düring/Schmaltz*, § 272 HGB Tz 34; *Küting*, in Küting/Weber § 272 HGB Tz 19; WP-Handbuch 2000, Bd. I, F 237.

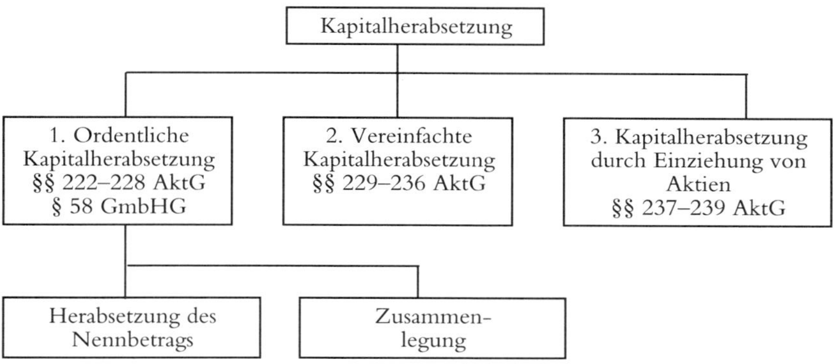

Zu 1. Ordentliche Kapitalherabsetzung

Für die **AG** ist die ordentliche Kapitalherabsetzung in §§ 222–228 AktG geregelt. **771**
Die Vorschriften eröffnen zwei Möglichkeiten:
- Kapitalherabsetzung durch Herabsetzung des Nennbetrages der Aktien, § 222 Abs. 4 Satz 1 AktG
- Kapitalherabsetzung durch Zusammenlegung der Aktien, § 222 Abs. 4 Satz 2 AktG

In beiden Fällen erfolgt die Kapitalherabsetzung durch **Kapitalrückzahlung** an **772**
die Aktionäre. Die Kapitalherabsetzung durch Zusammenlegung von Aktien ist nur zulässig, soweit andernfalls der Mindestnennbetrag der Aktien unterschritten werden würde. Mit der **Eintragung des Beschlusses** über die Herabsetzung des Grundkapitals – nicht erst mit der Eintragung der Durchführung der Herabsetzung – ist das Grundkapital herabgesetzt, § 224 AktG. Von diesem Zeitpunkt an ist auch in der Bilanz das niedrigere gezeichnete Kapital auszuweisen[675].

Nach § 222 Abs. 1 AktG kann die Herabsetzung des Grundkapitals nur mit einer **773**
Mehrheit mit ¾ des bei der Beschlussfassung vertretenen Grundkapitals beschlossen werden[676]. Abweichend hiervon kann bei der Umstellung auf Euro eine Kapitalherabsetzung und eine Neueinteilung der Aktiennennbeträge auch mit einfacher Mehrheit der in der HV vertretenen Stimmen beschlossen werden, wenn mindestens die Hälfte des Grundkapitals vertreten ist, § 4 Abs. 2 Satz 1 EGAktG.

Für die **GmbH** ist die ordentliche Kapitalherabsetzung in § 58 GmbHG geregelt. **774**
Es handelt sich um eine auf die Änderung des Stammkapitals gerichtete Satzungsänderung. Zweck der Kapitalherabsetzung kann die Beseitigung einer sog. Unterbilanz sein, aber auch der Erlass ausstehender Einlageverpflichtungen, die Rückzahlung von Teilen des Stammkapitals oder die Heilung verdeckter Sacheinlagen.[677] In beiden Fällen darf der verbleibende Betrag der Stammeinlagen nicht unter die in § 5 Abs. 1 und 3 GmbHG genannten Beträge (25 000 EUR, mind 100 EUR je Stammeinlage eines Gesellschafters und teilbar durch 50 EUR) unterschreiten.

Eine Besonderheit – im Gegensatz zur AG – ist das sog. **Sperrjahr.** Danach kann **775**
der Herabsetzungsbeschluss erst nach Ablauf eines Jahres seit der dritten Aufforderung an die Gläubiger, sich bei GmbH zu melden und ggf. Sicherheiten zu fordern, in den öffentlichen Blättern zur Eintragung ins Handelsregister angemeldet werden, § 58 Abs. 1 Nr. 3 GmbHG. Sofern sich Gläubiger gemeldet haben und der Herabsetzung nicht zustimmen, ist ihnen Befriedigung oder Sicherheitsleistung zu gewähren, § 58 Abs. 1 Nr. 2 GmbHG. Mit Eintragung in das Handelsregister wird die Herabsetzung wirksam. Von diesem Zeitpunkt an ist in der Bilanz das herabgesetzte Stammkapital als „Gezeichnetes Kapital" auszuweisen[678]. Soweit vor der Eintragung der Kapitalherabsetzung Stammkapital an die Gesellschafter zurückge-

---

[675] Vgl. *Adler/Düring/Schmaltz,* § 272 HGB Tz 38; *Claussen/Korth,* in Kölner Kom. § 272 HGB Tz 18.
[676] Die Satzung kann eine größere Kapitalmehrheit oder weiter Erfordernisse bestimmen, § 222 Abs. 1 S. 2 AktG.
[677] Vgl. *Lutter/Hommelhoff,* GmbHG, 15. Aufl. § 58 Tz 1.
[678] Vgl. *Adler/Düring/Schmaltz,* § 272 HGB Tz 39; *Küting,* in Küting/Weber § 272 HGB Tz 26.

zahlt wurde, sind die zurückgezahlten Beträge als „Forderungen an Gesellschafter" zu aktivieren[679].

776 Wird im **Zusammenhang mit der Umstellung auf den Euro das Stammkapital herabgesetzt,** entfällt eine Sicherstellung der Gläubiger, wenn zugleich eine Erhöhung des Stammkapitals gegen Bareinlagen beschlossen und diese in voller Höhe vor der Anmeldung zum Handelsregister geleistet werden, § 86 Abs. 3 Satz 3 GmbHG.

Zu 2. Vereinfachte Kapitalherabsetzung

777 Dient die Herabsetzung des Grundkapitals/Stammkapitals dem Ausgleich von Wertminderungen, der Abdeckung sonstiger Verluste oder der Einstellung von Beträgen in die Kapitalrücklage, soweit diese zusammen mit der gesetzlichen Rücklage nicht 10 % des Grundkapitals/Stammkapitals übersteigen, kann die **Kapitalherabsetzung in vereinfachter Form** vorgenommen werden, § 229 AktG, § 58a GmbHG. Die vereinfachte Kapitalherabsetzung führt nicht zu einer Rückzahlung des Kapitals an die Aktionäre/Gesellschafter, sondern lediglich zu einer Umbuchung vom gezeichneten Kapital in die Kapitalrücklage oder den Bilanzverlust. Im Fall der vereinfachten Kapitalherabsetzung ist es sowohl bei der AG (§ 229 Abs. 3 i.V.m. § 228 AktG) als auch bei der GmbH (§ 58 Abs. 4 GmbHG) zulässig, den gesetzlichen Mindestnennbetrag des Kapitals zu unterschreiten, wenn der Mindestbetrag durch eine gleichzeitig beschlossene Kapitalerhöhung wieder erreicht oder überschritten wird. Auch die vereinfachte Kapitalherabsetzung wird erst mit der Eintragung des Beschlusses über die Herabsetzung des Kapitals im Handelsregister wirksam, § 224 AktG, § 54 GmbHG.

778 Die Besonderheit der vereinfachten Kapitalherabsetzung ergibt sich aus der zeitlichen Rückbeziehung. Danach dürfen im JA für das letzte, vor der Beschlussfassung über die Kapitalherabsetzung abgelaufene Geschäftsjahr, das Gezeichnete Kapital sowie die Kapital- und Gewinnrücklagen in der Höhe ausgewiesen werden, wie sie sich nach der Kapitalherabsetzung ergeben. In diesem Fall muss bei der AG die HV über die Feststellung des JA beschließen, § 234 Abs. 2 AktG.

779 Der Herabsetzungsbeschluss und der Beschluss über die Feststellung des Jahresabschlusses sollen gleichzeitig gefasst werden. Die Beschlüsse sind nichtig, wenn der Kapitalherabsetzungsbeschluss nicht innerhalb von drei Monaten nach der Beschlussfassung in das HR eingetragen worden ist und keine Fristhemmung vorliegt, § 234 Abs. 3 AktG. Der Ertrag aus der Kapitalherabsetzung ist in der GuV gesondert auszuweisen[680].

780 Neben der vereinfachten, mit bilanzieller Rückwirkung möglichen Kapitalherabsetzung kann **gleichzeitig eine Kapitalerhöhung** mit ebenfalls bilanzieller Rückwirkung beschlossen werden, § 235 Abs. 1 AktG, § 58f Abs. 1 GmbHG. Für die Kapitalerhöhung dürfen allerdings keine Sacheinlagen festgesetzt sein. Die mit der vereinfachten Kapitalherabsetzung verbundene Kapitalerhöhung kann ebenfalls rückwirkend beim Gezeichneten Kapital des abgelaufenen Geschäftsjahres bilanzielle Berücksichtigung finden[681]. Da die Bareinlage noch nicht geleistet ist, muss der auf die Kapitalerhöhung zu leistende Betrag als „Ausstehende, noch nicht eingeforderte Einlagen" ausgewiesen werden[682].

Zu 3. Kapitalherabsetzung durch Einziehung von Aktien

781 Die **Einziehung der Aktien** erfolgt entweder zwangsweise oder durch den Erwerb eigener Anteile. Für die AG sind nach § 238 AktG sind zwei Fälle zu unterscheiden:

- Erfolgt die Kapitalherabsetzung durch **HV-Beschluss,** wird sie mit Eintragung des Beschlusses oder, wenn die Einziehung nachfolgt, mit der Einziehung selbst wirksam.

---

[679] Vgl. *Küting,* in Küting/Weber § 272 HGB Tz 26; *Adler/Düring/Schmaltz,* § 272 HGB Tz 39.
[680] Vgl. E 210.
[681] Vgl. *Förschle/Hoffmann,* in Beck Bil-Kom. § 272 HGB Tz 34.
[682] Vgl. *Adler/Düring/Schmaltz,* § 272 HGB Tz 42.

– Handelt es sich um eine durch die **Satzung** angeordnete Zwangseinziehung, gilt das Gezeichnete Kapital mit der Zwangseinziehung als herabgesetzt[683].

Im GmbHG ist die Kapitalherabsetzung durch Einziehung von Anteilen nicht geregelt. § 34 GmbHG regelt die Zwangseinziehung von Stammanteilen. Im Gegensatz zur AG ist mit der Zwangseinziehung von Stammanteilen keine Verringerung des Gezeichneten Kapitals verbunden, soweit nicht gleichzeitig eine Kapitalerhöhung vorgenommen wird.[684] Nur wenn sich an die Einziehung eine Kapitalherabsetzung anschließt, kommen die oben dargestellten Grundsätze des § 58 GmbHG zum Tragen. In diesem Fall mindert sich das Nominal-Kapital um den Nennbetrag der eigenen Anteile und die Rücklage für eigene Anteile ist entsprechend aufzulösen. **782**

6. Genussscheinkapital

Genussscheine können je nach Ausgestaltung Eigen- oder Fremdkapitalcharakter haben, weil es eine über § 221 AktG hinausgehende gesetzliche Normierung nicht gibt. In der Regel handelt es sich bei Genussrechten um **Gläubigerrechte** verbriefende Wertpapiere, die in diesen Fällen bei den Verbindlichkeiten unter „Anleihen" zu passivieren sind[685]. Genussrechte können Eigenkapitalcharakter haben, wenn folgende Kriterien gleichzeitig erfüllt sind[686]: **783**

(1) Ein Rückzahlungsanspruch des Genussrechtsinhabers kann im Insolvenz- oder Liquidationsfall erst nach Befriedigung aller anderen Gläubiger geltend gemacht werden.
(2) Die Vergütung für die Kapitalüberlassung ist erfolgsabhängig, d. h. sie muss unter der Bedingung stehen, dass sie nur aus freiverfügbaren Bilanzgewinn erfolgt.
(3) Das Genussrechtskapital muss am Verlust bis zur vollen Höhe teilnehmen.
(4) Das Genussrechtskapital wird für einen längerfristigen Zeitraum überlassen, währenddessen die Rückzahlung ausgeschlossen.

In diesen Fällen bietet sich ein Ausweis nach dem Posten „Gezeichnetes Kapital" an[687]. **784**

Standardkonten im DATEV-System **785**

SKR 03		SKR 04	
0800	**Gezeichnetes Kapital**	**2900**	**Gezeichnetes Kapital**
0820–29	Ausstehende Einlagen auf das gezeichnete Kapital, nicht eingefordert (Passivausweis, von gezeichnetem Kapital offen abgesetzt; eingeforderte ausstehende Einlagen s. Konten 0830–0838), Ausstehende Einlagen auf das Kommanditkapital	2910	Ausstehende Einlagen auf das gezeichnete Kapital, nicht eingefordert (Passivausweis, von gezeichnetem Kapital offen abgesetzt; eingeforderte ausstehende Einlagen s. Konto 1298)

A.II. Kapitalrücklage

1. Allgemeines

Der Posten **„Kapitalrücklage"** ist im Bilanzgliederungsschema des § 266 Abs. 3 HGB nicht weiter untergliedert. Hierunter auszuweisen ist bei der AG die „gesetzliche Rücklage", die in § 150 AktG gesondert geregelt ist. Im übrigen gehören in die „Kapitalrücklage" alle Zuzahlungen der Gesellschafter, die nicht das Stamm- oder Grundkapital erhöhen. Eigenerwirtschaftete Mittel gehören nicht in die Kapitalrücklage. Da Art. 9 der 4. Richtlinie einen gesonderten Ausweis des Postens „Agio" vorsieht, wird § 272 Abs. 2 HGB auch als Ausweisvorschrift interpretiert[688]. Dieser **786**

---

[683] Vgl. *Adler/Düring/Schmaltz,* § 272 HGB Tz 43.
[684] Vgl. *Lutter/Hommelhoff,* GmbHG, 15. Aufl., § 34 Tz 2.
[685] Vgl. *Ellrott/M. Ring,* in Beck Bil-Kom. § 266 HGB Tz 216; WP-Handbuch 2000, Bd. I, F 333.
[686] Vgl. IDW, St/HFA, WPg 1994, S. 419; *Ellrott/M. Ring,* in Beck Bil-Kom. § 247 HGB Tz 228; *Claussen/Korth,* in Kölner Kom. § 266 HGB Tz 140.
[687] Vgl. WP-Handbuch 2000, Bd. I, F 259, das auch einen Ausweis nach den „Gewinnrücklagen" oder als letzten Posten des Eigenkapitals zulässt; ebenso *Claussen/Korth,* in Kölner Kom. § 266 HGB Tz 140.
[688] Vgl. WP-Handbuch 2000, Bd. I, F 263 mit dem Hinweis, dass § 150 AktG von „Kapitalrücklage" im Plural spricht; wie hier *Adler/Düring/Schmaltz,* § 272 HGB Tz 85 f; *Claussen/Korth,* in Kölner Kom. § 266

Zielsetzung folgend sind gemäß § 272 Abs. 2 HGB unter der Kapitalrücklage gesondert auszuweisen[689]:

(1) Das **Aufgeld** bei der Ausgabe **von Anteilen** (Aktien)
(2) Das **Aufgeld** bei der Ausgabe **von Wandelschuldverschreibungen** und **von Optionsrechten**
(3) **Zuzahlungen** von Aktionären oder Gesellschaftern gegen **Gewährung eines Vorteils** für ihre Aktien
(4) Andere **Zuzahlungen,** die Aktionäre oder Gesellschafter freiwillig in das Eigenkapital leisten

787 Die **Einstellung** der oben aufgeführten Beträge in die Kapitalrücklage **ist zwingend.** Sie kann durch Satzungs- oder Gesellschaftsvertragsbestimmung nicht ausgeschlossen werden. Die Kapitalrücklage dient dem **Gläubigerschutz,** weil durch sie das Eigenkapital gestärkt wird, ohne dass der Gesetzgeber eine bestimmte Höhe der Kapitalrücklage zwingend vorgeschrieben hat. Dagegen ist die Dotierung der gesetzlichen Rücklage bei der AG, die je nach Zuführungsquelle unter der „Kapitalrücklage" oder den „Gewinnrücklagen" auszuweisen ist, der Höhe nach bestimmt. Ähnliches gilt für die GmbH[690] im Hinblick auf eingeforderte Nachschüsse, die in die Kapitalrücklage einzustellen sind, § 42 Abs. 2 Satz 3 GmbHG.

788 Während die Höhe der Kapitalrücklage – von Ausnahmen abgesehen – also frei bestimmbar ist, sind **Zuführungen** und **Entnahmen** bei der **AG** gesetzlich abschließend geregelt, ohne Freiräume der Gestaltung offen zu lassen[691]. Nur in den in § 150 AktG genannten Fällen darf die Kapitalrücklage aufgelöst, in keinem Fall aber zur Ausschüttung an Aktionäre verwendet werden.

789 Mit Ausnahme der Rücklage für eingeforderte Nachschüsse unterliegt die Auflösung der Kapitalrücklage bei der GmbH keiner gesetzlichen Beschränkung. Die Auflösung kann aber durch gesellschaftsvertragliche Regelungen eingeschränkt werden[692].

790 Werden die Vorschriften zur Einstellung von Beträgen in oder die Vorschriften über die Entnahme von Beträgen aus Kapital- und Gewinnrücklagen verletzt, führt dies gemäß § 256 Abs. 1 Nr. 4 AktG zur **Nichtigkeit** des JA. Die Nichtigkeit kann nicht mehr geltend gemacht werden, wenn seit Bekanntmachung des JA im Bundesanzeiger sechs Monate verstrichen sind. Wird die Kapitalrücklagendotierung als eine Vorschrift interpretiert, die ausschließlich oder überwiegend dem Schutz der Gläubiger dient, verlängert sich die Frist auf 3 Jahre, § 256 Abs. 6 AktG[693].

791 Die Kapitalrücklage ist **Eigenkapital.** Sie hat **Gläubigerschutz-** und **Verlustauffangfunktion.** Die einzelnen Fälle der Verlustabdeckung durch die Kapitalrücklage regelt § 150 AktG[694].

792 Die **Einstellungen** in die Kapitalrücklage **erfolgen ergebnisneutral,** ohne die GuV zu berühren; dies ergibt sich auch aus der in § 158 Abs. 1 AktG fortgeführten Gliederung der GuV, die einen Posten „Einstellung in die Kapitalrücklage" nicht enthält[695].

793 Einstellungen in die Kapitalrücklage und deren Auflösung sind bereits bei der Bilanzaufstellung vorzunehmen, § 270 Abs. 1 HGB, nicht erst bei der Bilanzfeststellung, weil sie keine Ergebnisverteilung sind.

794 Für die **KapG & Co.** sieht das Gliederungsschema in § 264c Abs. 2 S. 1 HGB nur den Ausweis von „Rücklagen" vor, ohne zwischen Kapital- und Gewinnrücklagen zu differenzieren.[696] Soweit bei der KapG & Co. „Rücklagen" ausgewiesen werden, dürfte es sich stets um Gewinnrücklagen i. S. v. unverteilten Gewinnen han-

---

HGB Tz 138; a. A. *Küting,* in Küting/Weber § 277 HGB Tz 55; *Matschke,* in Bonner HdR § 272 HGB Tz 33; *Glade,* Rechnungslegung und Prüfung, § 266 HGB Tz 592.

[689] Vgl. *Korth,* Industriekontenrahmen, S. 132f. mit Verweis auf das Einblicksgebot in die Finanzlage.

[690] Vgl. BT-Drucks. 10/4268, S. 130; WP-Handbuch 2000, Bd. I, F 269 empfiehlt einen Ausweis mit der Bezeichnung „Nachschusskapital".

[691] Vgl. *Claussen/Korth,* in Kölner Kom. § 272 HGB Tz 30.

[692] Vgl. *Adler/Düring/Schmaltz,* § 272 HGB Tz 79.

[693] Vgl. *Claussen/Korth,* in Kölner Kom. § 272 HGB Tz 31.

[694] Vgl. D 835.

[695] Vgl. *Förschle/Kofahl,* in Beck Bil-Kom. § 272 HGB Tz 69; *Adler/Düring/Schmaltz,* § 272 HGB Tz 81.

[696] Vgl. dazu D 727.

deln, weil von den Gesellschaftern eingezahlte Beträge i. d. R. den jeweiligen Kapitalkonten zugeschrieben werden.[697]

2. Die einzelnen Bestandteile der Kapitalrücklage

a) Agio bei der Ausgabe von Anteilen, § 272 Abs. 2 Nr. 1 HGB

Als Kapitalrücklage ist auszuweisen: 795

(1) Der Betrag, der bei der **Ausgabe von Anteilen** einschließlich von Bezugsanteilen über den Nennbetrag hinaus erzielt wird

Das **Agio** ist der Betrag, den Aktionäre oder Gesellschafter bei der Ausgabe über 796 den Nennwert der Aktie oder der Stammanteile hinaus zahlen.

Das zu leistende Agio muss als solches „vereinbart" sein[698]. **Bezugsanteile** sind Bezugsaktien i. S. v. § 192 Abs. 1 AktG, bei denen es gemäß § 199 Abs. 2 AktG zu Zuzahlungen des Umtauschberechtigten kommen kann. Aktien- und Bezugsaktienagien sind zwingend in die Kapitalrücklage einzustellen. Freiwillige, nicht durch ein Aufgeld bedingte Zahlungen der Anteilseigner sind gemäß § 272 Abs. 2 Nr. 4 HGB ebenfalls in die Kapitalrücklage einzustellen. Für diese gilt jedoch nicht die Verwendungsbeschränkungen des § 150 Abs. 3 und 4 AktG.

Die Kapitalrücklage ist in Höhe des bei der Anteilsausgabe zugeflossenen Kapital- 797 mehrbetrags zu dotieren, der nicht um Ausgabekosten gekürzt werden darf, was für AG und GmbHG gleichermaßen gilt[699]. Die Ausgabe- und Emissionskosten sind aufgrund des ausdrücklichen Bilanzierungsverbots des § 248 Abs. 1 HGB als sofort abzugsfähige Aufwendungen zu behandeln. Dies gilt auch für den steuerrechtlichen Betriebsausgabenabzug.

Bei **Sacheinlagen** (§§ 27 Abs. 1, 183 Abs. 1 AktG, §§ 5 Abs. 4, 56 Abs. 1 798 GmbHG) kann es zu Einstellungen in die Kapitalrücklage kommen, wenn das eingebrachte Vermögen mit einem Betrag angesetzt und bewertet wird, der höher ist als der dafür gewährte Nennwert der Anteile[700].

Die Einstellung des Agios in die Kapitalrücklage hat unabhängig von der Höhe der 799 Kapitalrücklage und der (bei der AG) unter den Gewinnrücklagen ausgewiesenen gesetzlichen Rücklage zu erfolgen.

b) Agio bei der Ausgabe von Schuldverschreibungen, § 272 Abs. 2 Nr. 2 HGB

Als Kapitalrücklage ist ferner auszuweisen: 800

(2) Der Betrag, der bei der **Ausgabe von Schuldverschreibungen** für Wandlungsrechte und Optionsrechte zum Erwerb von Anteilen erzielt wird

Wandelschuldverschreibungen treten in unterschiedlichen Erscheinungsformen 801 auf[701]:

- Wandelanleihen, bei denen den Inhabern der Schuldverschreibungen das Recht eingeräumt wird, diese in Aktien umzutauschen. Mit dem Umtausch geht das Gläubigerrecht und wird durch ein Mitgliedschaftsrecht ersetzt.
- Optionsanleihen (sog. unechte Wandelschuldverschreibungen), bei denen neben den Schuldverschreibungen gesonderte Optionsscheine bestehen, die das Recht einräumen, innerhalb einer bestimmten Frist Aktien zu einem festgelegten Bezugskurs (Optionspreis) zu beziehen. Nach Optionsausübung bleibt das Schuldverhältnis bestehen und es wird ein zusätzliches Gesellschaftsverhältnis begründet.

Für die Einräumung der mitgliedschaftlichen Rechtsposition wird bei Begründung ein zusätzlichen Entgeld für die Anwartschaft entrichtet. Damit entstehen zwei verschieden Wertpapiere, der Optionsschein und die Schuldverschreibung.

---

[697] Vgl. dazu WP-Handbuch 2000, Bd. I, F 273; vgl. dazu auch D 729, 731.

[698] Vgl. *Adler/Düring/Schmalz,* § 272 HGB Tz 91.

[699] Vgl. *Adler/Düring/Schmaltz,* § 272 HGB Tz 93; *Förschle/Hoffmann,* in Beck Bil-Kom. § 272 HGB Tz 60; WP-Handbuch 2000, Bd. I, F 170.

[700] Vgl. *Adler/Düring/Schmaltz,* § 272 HGB Tz 95; bei freiwilligen über das vereinbarte Agio hinausgehenden Zuzahlungen handelt es sich um ein sog. „stilles Aufgeld", das unter „Anderen Zuzahlungen in das Eigenkapital", § 272 Abs. 2 Nr. 4 HGB, auszuweisen ist; WP-Handbuch 2000, Bd. I, F 265.

[701] Vgl. *Adler/Düring/Schmaltz,* § 272 HGB Tz 108.

Möglich ist auch ein „Null-Coupon-Optionsanleihe“, bei der keine laufenden Zinszahlungen vereinbart werden, sondern der Rückzahlungsbetrag über dem Darlehensbetrag liegt.

802 Das bei der Ausgabe der Schuldverschreibung erzielte Aufgeld ist in die Kapitalrücklage einzustellen. Auf die spätere Inanspruchnahme der Wandlungs- oder Optionsrechte kommt es nicht an. Die einmal gebildete Kapitalrücklage unterliegt den Restriktionen des § 150 Abs. 3 und 4 AktG und darf auch nicht aufgelöst werden, wenn später von dem Umtausch- oder Optionsrecht kein Gebrauch gemacht wird.

803 § 272 Abs. 2 Nr. 2 HGB stellt nicht mehr allein auf den Rückzahlungsbetrag ab, sondern verlangt, jegliches in Verbindung mit der Hingabe von Wandlungs- und Optionsrechten erzielte Agio der Kapitalrücklage zuzuweisen. Damit werden auch die Fälle abgedeckt, bei denen es sich nicht um „Über-Pari-Schuldverschreibungen“ handelt, sondern um unterverzinsliche Schuldverschreibungen, die zu pari emittiert werden[702]. Dann ist in der unter dem Kapitalmarktzins liegenden Kapitalverzinsung das für die Wandlung aufgewendete Agio zu sehen[703], sog verdecktes Aufgeld; liegt der aus der Unterverzinslichkeit resultierende Vorteil nicht von vornherein fest, ist der der Kapitalrücklage zuzuführende Betrag zu schätzen[704]. – Der Rückzahlungsbetrag der Wandelschuldverschreibung ist unter „Anleihen“ zu passivieren und stellt Fremdkapital dar.

c) Zuzahlungen gegen Gewährung eines Vorzugs, § 272 Abs. 2 Nr. 3 HGB

804 Als Kapitalrücklage ist des weiteren auszuweisen:

(3) Der **Betrag von Zuzahlungen,** die Gesellschafter **gegen Gewährung eines Vorzugs** für ihre Anteile leisten

805 Sofern Gesellschafter oder Aktionäre Zuzahlungen zur Erlangung gesellschaftsrechtlicher Vorzugsrechte leisten, ist der Zuzahlungsbetrag nach § 272 Abs. 2 Nr. 3 HGB in die Kapitalrücklage einzustellen. Umgekehrt sind Zuzahlungen, für die keine Vorzugsrechte gewährt werden, entweder nach § 272 Abs. 2 Nr. 4 HGB in die Kapitalrücklage einzustellen oder als Ertrag zu vereinnahmen[705]. Die Zuzahlungen sind unverzüglich nach Zahlung oder Erbringung der Sacheinlage in die Kapitalrücklage einzustellen. Mit der Zuzahlung muss ein **kausaler Zusammenhang** einer Vorzugsgewährung verbunden sein[706]. Die Vorzugsgewährung kann vielfältiger Art sein; erfasst werden nicht nur gesellschaftsrechtliche Vorzüge gemäß § 11 AktG, z. B. Bevorzugung bei der Liquidation der Gesellschaft oder erhöhtes Stimmrecht, sondern es kann sich auch um andere Vorteile handeln, wie dem Recht der Benutzung der Einrichtungen der Gesellschaft. Der Vorteil kann auch darin bestehen, dass diese Aktien nicht zusammengelegt werden können[707].

d) Andere Zuzahlungen in das Eigenkapital, § 272 Abs. 2 Nr. 4 HGB

806 Als Kapitalrücklage ist ferner auszuweisen:

(4) Der Betrag von **anderen Zuzahlungen,** die Gesellschafter in das Eigenkapital leisten

807 Hierunter fallen grundsätzlich alle **freiwilligen Leistungen,** die Gesellschafter ohne Gewährung von Vorzügen seitens der Gesellschaft leisten, wie Bar- oder Sachleistungen, Erlass von Forderungen u. ä.[708] Unwesentlich ist, ob die Zahlung durch die Satzung vorgeschrieben wird oder aus sonstigen rechtlichen Gründen erfolgt[709].

---

[702] Vgl. *Kroppff,* ZGR 1987, S. 302 ff.

[703] Vgl. *Biener/Berneke,* BiRiLiG, S. 195 f.; WP-Handbuch 2000, Bd. I, F 266; *Lutter,* DB 1986, S. 1608 ff.

[704] Vgl. *Adler/Düring/Schmaltz,* § 272 HGB Tz 121; *Claussen/Korth,* in Kölner Kom. § 272 HGB Tz 37; WP-Handbuch 2000, Bd. I, F 266 empfiehlt die sog. Marktpreis- oder die sog. Residualmethode; a. A. *Matschke,* in Bonner HdR § 272 HGB Tz 25; einschränkend *Förschle/Hoffmann,* in Beck Bil-Kom. § 272 HGB Tz 62, die verlangen, dass der Betrag „erzielt“, d. h. der Gesellschaft zugeflossen sein muss.

[705] Vgl. *Adler/Düring/Schmaltz,* § 272 HGB Tz 130.

[706] Vgl. *Claussen/Korth,* in Kölner Kom. § 272 HGB Tz 41.

[707] Vgl. *Adler/Düring/Schmaltz,* § 272 HGB Tz 130; *Biener/Berneke,* BiRiLiG, S. 196.

[708] Vgl. *Förschle/Hoffmann,* in Beck Bil-Kom. § 272 HGB Tz 67.

[709] Vgl. BT-Drucks. 10/4268, S. 107.

Die Voraussetzungen, dass die Leistung „in das Eigenkapital zu erbringen ist", bedeutet, dass es sich um eine gewollte Einlage handeln muss, „so dass verdeckte Einlagen oder auch verlorene Zuschüsse nicht ohne weiteres erfasst werden[710]", wenn nicht ein in diese Richtung zielender Wille des leistenden Gesellschafter erkennbar ist[711]. Der Unterschied zu Beträgen der Kapitalrücklage der § 272 Abs. 2 Nr. 1.–3. HGB besteht – zumindest bei der AG – darin, dass Beträge der Kapitalrücklage nach Abs. 2 Nr. 4. nicht den Verwendungsbeschränkungen des § 150 Abs. 3 und 4 AktG unterliegen, also frei verwendet werden können, sei es für Gewinnausschüttungen, für eine Kapitalerhöhung aus Gesellschaftsmitteln oder zur Verlustabdeckung[712]. Weitergehend wird im Schrifttum daraus auch geschlossen, dass zu den Rücklagen nach Abs. 2 Nr. 4 auch Beträge gehören, die im sog. „Schütt-aus-hol-zurück"-Verfahren an die Gesellschaft zurückfließen, ohne dass eine formelle Kapitalerhöhung vorgenommen wird[713]. Deshalb dürfte es bei solchen **freiwilligen Zuschüssen** der Gesellschafter, insbesondere wenn sie zum Ausgleich von Jahresfehlbeträgen oder Bilanzverlusten verwendet werden sollen, weiterhin möglich sein, statt einer ergebnisneutralen direkten Rücklagenzuführung, **derartige Beträge** über die **GuV als außerordentliche Erträge zu erfassen** und gegen einen Jahresfehlbetrag oder Bilanzverlust aufzurechnen[714]. 808

e) Sonderzuweisungen zur Kapitalrücklage

Im Rahmen des bedingten Kapitals bei der **vereinfachten Kapitalherabsetzung** und der **Kapitalherabsetzung durch Einziehung von Aktien** sieht das AktG, bei Nachschüssen von GmbH-Gesellschaftern das GmbHG weitere Sonderzuweisungen zur Kapitalrücklage vor, u. z.: 809

(1) Ergibt sich im Zusammenhang mit einer Kapitalerhöhung aus Gesellschaftsmitteln bei bestehendem **bedingten Kapital** ein Unterschiedsbetrag zwischen dem Nennbetrag der Bezugsaktien und dem (niedrigeren) Ausgabebetrag der für den Bezug insgesamt hinzugebenden Schuldverschreibungen, ist nach § 218 Abs. 2 AktG die Bildung einer „Sonderrücklage" vorgeschrieben. Diese Rücklage stellt keinen Unterfall der Kapitalrücklage nach § 272 Abs. 2 Nr. 2 HGB dar, ist ihrem Charakter nach vielmehr innerhalb der Kapitalrücklagen gesondert auszuweisen[715]. 810

(2) Das **Grundkapital der AG** darf in vereinfachter Form unter den Voraussetzungen des § 229 Abs. 2 AktG **herabgesetzt** werden, um Wertminderungen auszugleichen, sonstige Verluste zu decken oder **Beträge in die Kapitalrücklage einzustellen** 811

(3) **Ergibt sich im folgenden Geschäftsjahr nach der Kapitalherabsetzung,** dass Wertminderungen und sonstige Verluste in der angenommenen Höhe nicht eingetreten sind, so ist der Unterschiedsbetrag in die **Kapitalrücklage** gemäß § 232 AktG einzustellen 812

(4) Bei der **Kapitalherabsetzung durch Einziehung von Aktien** gem. § 237 Abs. 3 AktG brauchen die Vorschriften über die ordentliche Kapitalherabsetzung nicht befolgt zu werden, wenn Aktien, auf die der Nennbetrag oder der höhere Ausgabebetrag voll geleistet ist 813
   1. der Gesellschaft unentgeltlich zur Verfügung gestellt werden oder
   2. zu Lasten des Bilanzgewinns oder einer anderen Gewinnrücklage, soweit sie zu diesem Zweck verwandt werden können, eingezogen werden

(5) In diesen Fällen ist der Betrag in die **Kapitalrücklage** einzustellen, der dem Gesamtnennbetrag der eingezogenen Aktien gleichkommt, § 237 Abs. 5 AktG 814

---

[710] Vgl. BT-Drucks. 10/4268, S. 107.

[711] Vgl. WP-Handbuch 2000, Bd. I, F 268; *Adler/Düring/Schmaltz,* § 272 HGB Tz 136; *Adler/Düring/Schmaltz,* § 272 HGB Tz 120.

[712] Vgl. WP-Handbuch 2000, Bd. I, F 270.

[713] So *Adler/Düring/Schmaltz,* § 272 HGB Tz 132; *Förschle/Kofahl,* in Beck Bil-Kom. § 272 HGB Tz 67; *Orth,* GmbHR 1987, S. 198 f.; *Küting/Kessler,* BB 1989, S. 36.

[714] Vgl. *Förschle/Hoffmann,* in Beck Bil-Kom. § 272 HGB Tz 67; *Adler/Düring/Schmaltz,* § 272 HGB Tz 137, stellen auf die Zwecksetzung des Zuschusses ab; ähnlich fordert *Küting,* in Küting/Weber § 272 HGB Tz 94 eine ausdrückliche Willenserklärung des leistenden Gesellschafters.

[715] Vgl. *Adler/Düring/Schmaltz,* § 272 HGB Tz 88.

815 (6) Für die **GmbH** ist eine gesonderte **Kapitalrücklage** in § 42 Abs. 2 GmbHG geregelt, und zwar **bei statutarisch vorgesehener Nachschusspflicht.** Danach kommt bei einer in der Satzung vorgesehenen Nachschusspflicht die Aktivierung einer Nachschussforderung in Betracht, wenn die Einforderung des Nachschusses vor dem Bilanzstichtag beschlossen wurde und die zum Nachschuss verpflichteten Gesellschafter sich von der Nachschusspflicht nicht befreien können, indem sie ihren Geschäftsanteil der Gesellschaft zur Befriedigung aus demselben überlassen, § 27 Abs. 1 S. 1 GmbHG. In gleicher Höhe des eingeforderten Nachschusses ist ein entsprechender Betrag auf der Passivseite unter dem Posten „Kapitalrücklage" auszuweisen, § 42 Abs. 2 S. 3 GmbHG. Aktivierter Nachschussanspruch und Kapitalrücklage müssen sich der Höhe nach entsprechen. Für diese Kapitalrücklage wird die **Bezeichnung „Nachschusskapital"** empfohlen[716]. Werden im DATEV-System das Kto 0845 (SKR 03) bzw. Kto 2929 (SKR 04) angesprochen, erfolgt unter den Kapitalrücklagen der Vermerk **„davon eingefordertes Nachschusskapital".**[717] Das Nachschusskapital ist zunächst und primär zur Deckung eines Verlustes am Stammkapital bestimmt. Es kann auch als umwandlungsfähige Rücklage in Verbindung mit einer Kapitalerhöhung aus Gesellschaftsmitteln verwendet werden. Soweit eingezahlte Nachschüsse nicht zur Deckung eines Verlustes am Stammkapital notwendig sind, können sie an die Gesellschafter zurückgezahlt werden, § 30 Abs. 2 S. 1 GmbHG.

816 **Standardkonten im DATEV-System**

SKR 03		SKR 04	
0840	**Kapitalrücklage**	**2920**	**Kapitalrücklage**
0841	Kapitalrücklage durch Ausgabe von Anteilen über Nennbetrag	2925	Kapitalrücklage durch Ausgabe von Anteilen über Nennbetrag
0842	Kapitalrücklage durch Ausgabe von Schuldverschreibungen für Wandlungsrechte und Optionsrechte zum Erwerb von Anteilen	2926	Kapitalrücklage durch Ausgabe von Schuldverschreibungen für Wandlungsrechte und Optionsrechte zum Erwerb von Anteilen
0843	Kapitalrücklage durch Zuzahlungen gegen Gewährung eines Vorzugs für Anteile	2927	Kapitalrücklage durch Zuzahlungen gegen Gewährung eines Vorzugs für Anteile
0844	Kapitalrücklage durch andere Zuzahlungen in das Eigenkapital	2928	Andere Zuzahlungen in das Eigenkapital
0845	Eingefordertes Nachschußkapital (Gegenkonto 0839)	2929	Eingefordertes Nachschußkapital (Gegenkonto 1299)

A.III. Gewinnrücklagen

1. Allgemeines

817 Betriebswirtschaftlich sind **Kapitalrücklagen** der **Außenfinanzierung** zuzuordnen, weil sie durch Zahlungen der Gesellschafter erbracht werden, **Gewinnrücklagen,** die aus thesaurierten Gewinnen entstammen, der **Eigenfinanzierung.**

818 Allerdings spricht § 272 Abs. 3 S. 1 HGB von Beträgen, die „aus dem Ergebnis gebildet worden sind", was nicht mit „Jahresüberschuss" bzw. „Gewinn" gleichzusetzen ist[718]. Zu „Ergebnisüberschüssen" gehören nicht nur der Jahresüberschuss, sondern auch aus dem Ergebnis gebildete gesetzliche oder auf Gesellschaftsvertrag/Satzung beruhende Rücklagen und andere Gewinnrücklagen. Nur die „Rücklage für eigene Anteile" ist, soweit Jahresüberschuss und frei verfügbare Rücklagen nicht ausreichen, gegebenenfalls zu Lasten eines Bilanzverlustes zu bilden[719].

819 Wird die Bilanz unter Berücksichtigung der vollständigen oder teilweisen Verwendung des Jahresergebnisses aufgestellt, sind die nach Gesetz, Gesellschaftsvertrag oder Satzung vorzunehmenden Gewinnrücklagenveränderungen bereits bei der Bilanzaufstellung zu berücksichtigen, § 270 Abs. 2 HGB.

---

[716] Vgl. WP-Handbuch 2000, Bd. I, F 269; *Förschle/Hoffmann,* in Beck Bil-Kom. § 272 HGB Tz 75.

[717] Folgend *Adler/Düring/Schmaltz,* § 272 HGB Tz 89, die auch einen „davon-Vermerk" für zulässig erachten; zur Aktivierung der Nachschussforderung vgl. D 540.

[718] Vgl. WP-Handbuch 2000, Bd. I, F 274.

[719] Vgl. *Claussen/Korth,* in Kölner Kom. § 272 HGB Tz 63; *Adler/Düring/Schmaltz,* § 272 HGB Tz 184; *Heymann,* in Beck HdR B 231; WP-Handbuch 2000, Bd. I, F 274.

Gewinnrücklagen sind nach § 266 Abs. 3 HGB wie folgt auszuweisen: 820

1. Gesetzliche Rücklage
2. Rücklage für eigene Anteile
3. Satzungsmäßige Rücklagen
4. Andere Gewinnrücklagen

Kleine Kapitalgesellschaften können die Gewinnrücklagen zusammengefasst ausweisen, § 266 Abs. 1 Satz 3 HGB. Aktiengesellschaften haben ergänzend § 152 Abs. 3 AktG zu beachten, wonach in der Bilanz oder im Anhang zu den einzelnen Posten der Gewinnrücklagen gesondert anzugeben: 821

1. die Beträge, die die HV aus dem Bilanzergebnis des Vorjahres eingestellt hat;
2. die Beträge, die aus dem Jahresüberschuss des Geschäftsjahres eingestellt werden;
3. die Beträge, die für das Geschäftsjahr entnommen werden.

Die **Dotierung der gesetzlichen Rücklage** bestimmt sich nach § 150 Abs. 1 AktG. Die Verpflichtung zur Bildung einer **Rücklage für eigene Anteile** ergibt sich aus § 272 Abs. 4 HGB. Die Bildung **satzungsmäßiger Rücklagen** kann sich – muss sich aber nicht – als Verpflichtung aus der Satzung der AG bzw dem Gesellschaftsvertrag der GmbH ergeben. 822

Die Bildung von **anderen Gewinnrücklagen** bestimmt sich nach Satzung oder Gesellschaftsvertrag. Gemäß § 58 Abs. 1 und 2 AktG ist sie bei der AG in die Disposition von Vorstand und AR und/oder der HV gestellt. Daneben gestattet § 58 Abs. 2a AktG Vorstand und AR bzw. § 29 Abs. 4 GmbHG den Gesellschaftern die Bildung von **Wertaufholungsrücklagen** bzw. Rücklagen in Höhe des **Eigenkapitalanteils nur steuerrechtlich zulässiger Rücklagen.** Der Betrag beider Rücklagen ist entweder in der Bilanz gesondert auszuweisen oder im Anhang anzugeben. 823

Zu den Gewinnrücklagen gehören auch Sonderrücklagen nach § 7 Abs. 6 Satz 2, § 17 Abs. 4 Satz 3 und § 24 Abs. 5 Satz 3 DMBilG sowie die vorläufige Gewinnrücklage nach § 31 Abs. 1 Satz 2 DMBilG. Schließlich sind die im Rahmen der Kapitalneufestsetzung nach § 27 Abs. 2 DMBilG gebildeten Rücklagen unter den Gewinnrücklagen auszuweisen. 824

Für **KapG & Co.** sieht § 264c Abs. 2 S. 1 HGB lediglich den Ausweis von Rücklagen vor, ohne zwischen Kapital- und Gewinnrücklagen zu unterscheiden. Da bei Personengesellschaften unter den Rücklagen stets nur unverteilte Gewinne ausgewiesen werden können, handelt es sich hierbei um Gewinnrücklagen. Von Gesellschaftern eingezahlte Beträge, die den Charakter einer Kapitalrücklage haben könnten, sind deren Kapitalanteilen zuzuschreiben.[720] Voraussetzung für den Ausweis als Rücklage ist, dass es sich um zusätzliches Eigenkapital handelt, das zur Verrechnung mit künftigen Verlusten zur Verfügung steht und im Falle eines Konkurses der Gesellschaft nicht als Konkursforderung geltend gemacht werden kann bzw. bei einer Liquidation erst nach Befriedigung aller Gesellschaftsgläubiger auszugleichen ist.[721] 825

2. Die Gewinnrücklagen im einzelnen

a) Gesetzliche Rücklage, § 150 AktG

aa) Zweck der „Gesetzlichen Rücklage"

Der Begriff „Gesetzliche Rücklage" ist im Gliederungsschema des § 266 Abs. 3 HGB unter Pos. A.III.2. enthalten und außerdem Bestandteil der Überschrift zu § 150 AktG. Da die Bildung der „Gesetzlichen Rücklage" ausschließlich in § 150 AktG geregelt ist, ist sie nur für die AG einschlägig. Die Überschrift zu § 150 AktG „Gesetzliche Rücklage. Kapitalrücklage" macht deutlich, dass durch die „Gesetzliche Rücklage" sowohl Bestandteil der Gewinnrücklagen, als auch der Kapitalrücklagen sein kann. Die Rücklage dient dem **Gläubigerschutz** und ist ein für die AG zwingender Gesetzesbefehl der nicht durch Satzungsbestimmungen abbedungen werden 826

[720] Vgl. WP-Handbuch 2000, Bd. I, F 273.
[721] Vgl. *Adler/Düring/Schmaltz,* § 247 HGB Tz 60.

kann, § 23 Abs. 5 AktG.[722]. Es handelt sich um eine die Bilanzgliederung ergänzende rechtsformspezifische Gesetzesnorm, die § 266 Abs. 3 und § 272 Abs. 2 HGB inhaltlich ausfüllt.

827 Für die Bemessung der **Zuführung zur gesetzlichen Rücklage** und **deren Verwendung** fasst § 150 AktG die Kapitalrücklage und die gesetzliche Rücklage als Teil der Gewinnrücklagen zusammen, klammert bei der Kapitalrücklage die freiwilligen Zuzahlungen der Aktionäre aus.

828 Beide Teile der „Gesetzlichen Rücklage" – also die Kapitalrücklagen Nr. 1–3 (das ist die beschränkt verwendbare Kapitalrücklage) und die Gewinnrücklage Nr. 1 – werden hier als **„Gesetzlicher Reservefonds"** bezeichnet[723]. Die Zuführungen zur „Gesetzlichen Rücklage" orientieren sich also an der von außen zugeführten beschränkt verwendbaren Kapitalrücklage (Nr. 1–3) und der aus dem Ergebnis dotierten „Gesetzlichen Rücklage" als Teil der Gewinnrücklage.

bb) Einstellungen in die „Gesetzliche Rücklage"

829 **Einstellungen** in die Kapitalrücklage sind gemäß § 270 Abs. 1 HGB zwingend bereits bei der **Bilanzaufstellung** vorzunehmen, denn dies ist keine Maßnahme der Gewinnverteilung. Gleiches gilt für die gesetzliche Rücklage gemäß § 150 AktG als Bestandteil der Gewinnrücklagen, weil es für diese Einstellungen keine Dispositionsfreiräume gibt[724]. Die Höhe der Mindestzuführungsbeträge bestimmt § 150 Abs. 2 AktG. Dabei wird differenziert zwischen:

1. Mindesthöhe des gesetzlichen Reservefonds, d. s. die gesetzliche Rücklage und die Kapitalrücklage nach Nr. 1–3 – absolute Grenze
2. Mindesthöhe der vorzunehmenden Rücklagenzuführung – relative Grenze

830 Nur solange die absolute Mindesthöhe nicht erreicht ist, muss eine Rücklagendotierung erfolgen. Die **absolute Mindesthöhe beträgt 10% des Grundkapitals,** das ist der in der Satzung festgelegte Nennbetrag des Grundkapitals. Allerdings kann die Satzung einen höheren absoluten Betrag als 10% des Grundkapitals bestimmen, was sich aus dem Wortlaut von § 150 Abs. 2 AktG ergibt. Dort wird von einem höheren „Teil des Grundkapitals" gesprochen, woraus geschlossen wird, dass der satzungsmäßige höhere Teil insgesamt nicht größer als das Grundkapital sein darf[725]. Aus diesem Grund führt ein über das Grundkapital hinaus dotierter „Gesetzlicher Reservefonds" zur Nichtigkeit des Jahresabschlusses, § 256 Abs. 1 Nr. 4 AktG[726].

831 Sofern die absolute Mindesthöhe (oder der in der Satzung bestimmte höhere Teil des Grundkapitals) nicht erreicht ist, wird die „Gesetzliche Rücklage" aus dem Jahresüberschuss dotiert, nach dem dieser um einen etwaig vorhandenen Verlustvortrag gemindert worden ist. Der danach verbleibende Betrag ergibt die Bemessungsgrundlage für die Zuführung aus dem Jahresüberschuss. Hiervon sind 5% in die „Gesetzliche Rücklage" einzustellen. Die 5%-Grenze kann weder durch Satzungsbestimmungen noch durch HV-Beschluss erhöht oder gekürzt werden[727].

Beispiel:

Jahresüberschuss	100
abzüglich Verlustvortrag	– 20
Bemessungsgrundlage	80

5% der Bemessungsgrundlage = 4

832 Ein Gewinnvortrag bleibt bei der Berechnung der Zuführung nach § 150 Abs. 2 AktG außer Ansatz. An den Gewinn anknüpfende **Vorstands- und Aufsichtsratstantiemen** sind im JA bereits als Verbindlichkeiten bzw. als Rückstellungen zu

---

722 Das Konto 0699 (SKR 03) bzw. 3249 (SKR 04) kann als Gegenkonto für Bilanzvermerke statistisch eingesetzt werden.

723 In Anlehnung an *Adler/Düring/Schmaltz,* § 150 AktG Tz 16.

724 Vgl. *Claussen/Korth,* in Kölner Kom. § 150 AktG Tz 8; *Adler/Düring/Schmaltz,* § 150 AktG Tz. 16.

725 H. M. *Adler/Düring/Schmaltz,* § 150 AktG Tz 31; *Claussen/Korth,* in Kölner Kom., § 150 AktG Tz 11; *Reiß,* in Bonner HdR § 150 AktG Tz 22; *Weber,* in Küting/Weber §§ 58, 150 AktG Tz 4; a. A. *Barz,* AG 1966, S. 43; *Schäfer,* ZfK 1966, S. 278.

726 Vgl. OLG Düsseldorf, AG 1968, S. 22; *Adler/Düring/Schmaltz,* § 150 AktG Tz 32; *Claussen/Korth,* in Kölner Kom. § 150 AktG Tz 11.

727 Vgl. *Claussen/Korth,* in Kölner Kom. § 150 AktG Tz 10.

berücksichtigen, haben also den Jahresüberschuss gemindert und sind Bestandteil der Ergebnisermittlung[728].

Bei **Gewinn- und Teilgewinnabführungsverträgen** mindert der abzuführende Gewinn den Jahresüberschuss oder lässt einen solchen überhaupt nicht entstehen, so dass nach der Regelung des § 150 Abs. 2 AktG kein in die gesetzliche Rücklage einzustellender Betrag übrig bleiben würde. Im Interesse des Gläubigerschutzes bestehen Sondernormen bei Bestehen eines Gewinnabführungsvertrages, § 291 Abs. 1 Hs 2 AktG, eines Teilgewinnabführungsvertrages, § 292 Abs. 1 Nr. 2 AktG sowie eines Beherrschungsvertrages, § 291 Abs. 1 Hs 1 AktG. Das Gesetz verlangt hier eine gleichmäßige Rücklagendotierung innerhalb der ersten fünf Jahre unter Außerachtlassung der aufgrund des Gewinnabführungsvertrages abzuführenden Beträge, § 300 Nr. 1 AktG, mindestens jedoch in Höhe des Betrages, der ohne Gewinnabführungsvertrag maßgebend wäre, § 300 Nr. 2 AktG[729]. 833

Bereits aus der Errechnung der Gewinnrücklagenzuweisung ergibt sich, dass es sich hierbei um **Ergebnisverwendung** handelt, die allerdings, rechtlich zwingend vorgeschrieben, von dem den JA aufstellenden Vorstand vorzunehmen ist[730]. Einstellungen in die gesetzliche Rücklage sind gemäß § 158 Abs. 1 AktG in einer Erweiterung der GuV zu zeigen oder im Anhang anzugeben. 834

cc) Entnahmen aus der „Gesetzlichen Rücklage"

Die **Rücklagenverwendung** unterliegt Beschränkungen, die aus dem Zweck der Rücklage, die als letzte Reserve der Gesellschaft angesehen wird, abgeleitet sind. Der Gläubigerschutz- und Verlustauffangfunktion wird der gesetzliche Reservefonds nur gerecht, wenn die Verwendung auf die im Gesetz genannten Fälle beschränkt bleibt. 835

§ 150 AktG unterscheidet in Abs. 3 und 4 zwei Fälle:

1. Gesetzlicher Reservefonds **übersteigt 10%** der gesetzlichen oder in der Satzung festgelegten Mindestgrenze, § 150 Abs. 4 AktG. Dann dürfen die Rücklagen verwendet werden:
   - Zum Ausgleich eines Jahresfehlbetrags, soweit er nicht durch einen Gewinnvortrag aus dem Vorjahr gedeckt ist, § 150 Abs. 4 Nr. 1 AktG
   - Zum Ausgleich eines Verlustvortrags aus dem Vorjahr, soweit er nicht durch einen Jahresüberschuss gedeckt ist, § 150 Abs. 4 Nr. 2 AktG
   - Zur Kapitalerhöhung aus Gesellschaftsmitteln, § 150 Abs. 4 Nr. 3 AktG
2. Gesetzlicher Reservefonds **übersteigt nicht 10%** des Grundkapitals oder den in der Satzung bestimmten höheren Teil des Grundkapitals, § 150 Abs. 3 AktG. Dann dürfen die Rücklagen nur verwendet werden:
   - Zum Ausgleich eines Jahresfehlbetrags, soweit er nicht durch einen Gewinnvortrag aus dem Vorjahr gedeckt ist, § 150 Abs. 3 Nr. 1 AktG
   - Zum Ausgleich eines Verlustvortrags aus dem Vorjahr, soweit er nicht durch einen Jahresüberschuss gedeckt ist, § 150 Abs. 3 Nr. 2 AktG

Voraussetzung ist, dass zuvor sämtliche Gewinnrücklagen aufgelöst wurden, mit Ausnahme der Rücklage für eigene Anteile[731]. 836

Unerheblich ist, wodurch ein **Jahresfehlbetrag entstanden** ist, ob z. B. außerplanmäßige Abschreibungen oder andere Maßnahmen ursächlich waren. Die Verwendung zur Abdeckung eines Verlustvortrags bedingt, dass zunächst ein möglicher Jahresüberschuss zum Ausgleich verwendet wurde. 837

Standardkonten im DATEV-System 838

SKR 03		SKR 04	
0846	**Gesetzliche Rücklage**	2930	**Gesetzliche Rücklage**
0848	Gesetzliche Rücklage 0% Vorbelastung (steuerliches Einlagekonto)	2932	Gesetzliche Rücklage 0% Vorbelastung (steuerliches Einlagekonto)
0849	Gesetzliche Rücklage 0% Vorbelastung (EK02)	2933	Gesetzliche Rücklage 0% Vorbelastung (EK02)

[728] Vgl. WP-Handbuch 2000, Bd. I, F 279.

[729] Zur Dotierung bei Beherrschungsverträgen ohne Gewinnabführung vgl. § 300 Nr. 3 AktG.

[730] Vgl. *Claussen/Korth,* in Kölner Kom. § 150 AktG Tz 6, 12; *Adler/Düring/Schmaltz,* § 150 AktG Tz 42.

[731] Vgl. WP-Handbuch 2000, Bd. I, F 282; *Claussen/Korth,* in Kölner Kom. § 150 AktG Tz 20; *Adler/Düring/Schmaltz,* § 150 AktG Tz 57, verweisen darauf, dass auch das Vorhandensein stiller Reserven die Inanspruchnahme des gesetzlichen Reservefonds nicht ausschließt.

b) Rücklage für eigene Anteile

839 § 272 Abs. 4 HGB schreibt einheitlich für alle Kapitalgesellschaften die Bildung einer **Rücklage für eigene Anteile** vor. Für die KapG & Co. gilt dies entsprechend, soweit Anteile an der Komplementär-Gesellschaft erworben werden, sog. Rückbeteiligungen, § 264 c Abs. 4 S. 2 HGB.

840 Die Rücklage hat die Funktion einer **Ausschüttungssperre:** Sie soll sicherstellen, dass durch den Erwerb eigener Anteile keine Rückzahlung des Stamm- bzw. Grundkapitals erfolgt bzw. durch den Erwerb von Anteilen an der Komplementär-GmbH die aufzubringende Kapitalausstattung durch eine Einlage der Personengesellschaft erbracht wird.[732]

841 Die Voraussetzungen, unter denen eigene Anteile erworben werden dürfen, regelt § 71 AktG bzw. § 33 GmbH[733]. Für **die KapG & Co. bestehen keine besonderen Erwerbsvoraussetzungen.** § 266 Abs. 2 HGB schreibt – bei der KapG & Co. i. V. m. § 264 c Abs. 4 S. 1 HGB – für erworbene eigene Anteile zwingend einen gesonderten Ausweis auf der Aktivseite vor, selbst wenn der Erwerb entgegen gesetzlicher Vorschriften erfolgte. Die Höhe der Rücklage für eigene Anteile richtet sich nach der Höhe des aktivierten Betrags für die Anteile. Aktivposten und Rücklage müssen sich stets entsprechen.

842 Die Bildung der Rücklage für eigene Anteile ergibt sich **zwingend** aus § 272 Abs. 4 HGB, ist also bereits bei der Jahresabschlussaufstellung vorzunehmen[734]. Die Rücklage ist auch für Aktien eines herrschenden oder mit Mehrheit beteiligten Unternehmens zu bilden, § 272 Abs. 4 S. 4 HGB. Dem GoB der Klarheit entspricht es, in diesem Fall eine Anpassung der Postenbezeichnung oder eine Klarstellung im Anhang vorzunehmen[735].

843 Die Rücklage kann entweder aus dem **laufenden Ergebnis** gebildet oder unter Verwendung vorhandener **frei verfügbarer Rücklagen** gebildet werden. Reichen Bilanzgewinn und vorhandene frei verfügbare Rücklagen für die Bildung nicht aus, ist trotzdem der gemäß § 272 Abs. 4 HGB erforderliche Betrag, ggf. zu Lasten eines Bilanzverlustes, zu passivieren[736]. Bei in Pfand genommenen eigenen Anteilen entfällt eine Rücklagenbildung, weil Pfandrechte kein Vermögensgegenstand, also nicht aktivierungsfähig sind.

844 Die Rücklage für eigene Anteile ist voll oder teilweise aufzulösen, sobald sich der korrespondierende Aktivwert durch Ausgabe, Veräußerung, Einziehung oder Abschreibung vermindert hat[737]. Die **Rücklagenauflösung ist zwingend,** wenngleich der Wortlaut „darf nur aufgelöst werden" dem entgegen zu stehen scheint; dies ergibt unter Würdigung von § 264 Abs. 2 HGB und der Nichtigkeitsbestimmung in § 256 Abs. 1 Nr. 4 AktG[738].

845 **Erwirbt eine KapG & Co. Anteile an der Komplementär-GmbH,** sind diese gesondert unter „Anteile an verbundenen Unternehmen" oder unter „Beteiligungen" im Anlagevermögen auszuweisen. In Höhe der aktivierten Beteiligung muss die KapG & Co. nach den Posten „Eigenkapital" einen Sonderposten unter der Bezeichnung „Ausgleichsposten für aktivierte eigene Anteile" bilden, § 264 c Abs. 4 S. 2 HGB. Hinsichtlich Bildung und Auflösung des Sonderpostens wird auf die Regelung in § 272 Abs. 4 HGB verwiesen. Danach ist der Sonderposten bereits bei Aufstellung der Bilanz zu bilden. Bei Kapitalgesellschaften dürfen für die Bildung die frei verfügbaren (Gewinn-) Rücklagen, der Ergebnisvortrag und der Jahresüberschuss verwendet werden. Da bei der KapG & Co. jedoch nur Kapitalanteile bestehen, kann der Sonderposten auch zu Lasten der Kapitalanteile gebildet werden.[739] Offen ist, zu Lasten wessen Kapitalanteils der Sonderposten zu dotieren ist. Da die Vor-

---

[732] BT-Drucks. 14/1806, S. 21.

[733] Vgl. D 579 ff.

[734] Vgl. WP-Handbuch 2000, Bd. I, F 288; *Matschke,* in Bonner HdR § 272 HGB Tz 49; *Adler/Düring/Schmaltz,* § 272 HGB Tz 184.

[735] Vgl. *Claussen/Korth,* in Kölner Kom. § 272 HGB Tz 62; WP-Handbuch 2000, Bd. I, F 286; *Förschle/Hoffmann,* in Beck Bil-Kom. § 272 HGB Tz 121.

[736] Vgl. *Claussen/Korth,* Kölner Kom. § 272 HGB Tz 63; WP-Handbuch 2000, Bd. I, F 288.

[737] Vgl. *Claussen/Korth,* in Kölner Kom. § 272 HGB Tz 64; WP-Handbuch 2000, Bd. I, F 289.

[738] Vgl. WP-Handbuch 2000, Bd. I, F 289.

[739] Vgl. *Förschle/Hoffmann,* in Beck Bil-Kom. § 264 c HGB Tz 82; WP-Handbuch 2000, Bd. I, F 310.

schrift der Korrektur des Rückflusses der Mittel, die die Komplementär-GmbH geleistet hat, dient, erscheint es sachgerecht, die Bildung des Ausgleichspostens unmittelbar zu Lasten des Kapitalanteils der Komplementär-Gesellschaft vorzunehmen.[740]

Der Sonderposten ist entsprechend aufzulösen, wenn die Anteile an der Komplementär-Gesellschaft veräußert werden. Die Auflösungen hat zu Gunsten der Kapitalanteile zu erfolgen, zu deren Lasten er gebildet wurde. Das gilt auch, wenn die Anteile abgeschrieben werden müssen.[741] 846

Standardkonten im DATEV-System

SKR 03	SKR 04	
0850 Rücklage für eigene Anteile	**2940 Rücklage für eigene Anteile**	847

c) Satzungsmäßige Rücklagen

Sowohl bei der GmbH als auch bei der AG können die **Satzung** bzw. der **Gesellschaftsvertrag** die **Bildung weiterer Gewinnrücklagen** vorsehen. Die Rücklagen können zweckgebunden oder zweckfrei sein. Eine Zweckbindung liegt vor, wenn die Rücklage nur für den in der Satzung festgelegten Zweck verwendet werden darf. In Betracht kommen:[742] 848

- Substanzerhaltungsrücklage
- Werkerneuerungsrücklage
- Rücklage für Werbefeldzüge
- Rücklage zur Vorbereitung einer Kapitalerhöhung aus Gesellschaftsmitteln
- Bauerneuerungsrücklage
- Rücklage für Rationalisierungsarbeiten
- Rücklage für Währungsrisiken

Für die Bilanzgliederung ist die Zweckbestimmung ohne Bedeutung. Für die Einordnung als satzungsmäßige Rücklage ist allein die bindende Verpflichtung zur Rücklagenbildung maßgebend, unabhängig davon, wie die Organzuständigkeit oder die Rücklagenverwendung geregelt ist[743]. Soweit die Satzung oder der Gesellschaftsvertrag lediglich eine Ermächtigung zur Bildung solcher Rücklagen enthält, sog. **„Ermessensrücklagen"**, hat der Ausweis nicht unter „Satzungsmäßige Rücklagen", sondern unter „Andere Gewinnrücklagen" zu erfolgen[744]. 849

Nach § 23 Abs. 5 S. 2 AktG kann die HV in der Satzung die Bildung von **Rücklagen aus erwirtschafteten Gewinnen** vorsehen. Eine Grenze für diese Satzungsautonomie setzt § 58 Abs. 1 AktG, der bei Feststellung des JA durch die HV die Zuweisung zu satzungsbestimmten Gewinnrücklagen auf die Hälfte des Jahresüberschusses begrenzt. 850

Bei der GmbH schränkt § 29 Abs. 1 S. 1 GmbHG den Anspruch auf Ausschüttung des Bilanzgewinns insoweit ein, wie gesellschaftsvertragliche Regelungen die Beträge von der Verteilung unter die Gesellschafter ausschließen. Dies ist der Fall der satzungsmäßigen Rücklagen, die zwingend bereits bei Jahresabschlussaufstellung zu bilden sind[745]. Darüber hinausgehende Gewinnrücklagendotierungen auf freiwilliger Basis sind möglich, jedoch unter „Andere Gewinnrücklagen" auszuweisen. 851

Die Rücklagenauflösung erfolgt bei Eintritt der Zweckbestimmung oder – soweit keine Zweckbindung vorliegt – durch Beschlussfassung[746]. 852

---

[740] Vgl. WP-Handbuch 2000, Bd. I, F 310; *Förschle/Hoffmann,* in Beck Bil-Kom. § 264 c HGB Tz 87; nach der dort vertretenen Auffassung ist ein Sonderposten nicht erforderlich, wenn die Komplementär-Gesellschaft keine Einlage geleistet hat und auch nicht am Ergebnis der KapG & Co. beteiligt ist; ähnlich WP-Handbuch 2000, Bd. I, F 311.

[741] Vgl. *Förschle/Hoffmann,* in Beck Bil-Kom. § 264 c HGB Tz 89.

[742] Vgl. *Küting,* in Küting/Weber § 272 HGB Tz 136; vgl. *Förschle/Hoffmann,* in Beck Bil-Kom. § 272 HGB Tz 96.

[743] Vgl. *Adler/Düring/Schmaltz,* § 272 HGB Tz 151; *Matschke,* in Bonner HdR § 272 HGB Tz 41; *Förschle/Hoffmann,* in Beck Bil-Kom. § 272 HGB Tz 95.

[744] Vgl. *Adler/Düring/Schmaltz,* § 272 HGB Tz 159; *Claussen/Korth,* in Kölner Kom. § 272 HGB Tz 51, mit Verweis auf die Gewinnrücklagendotierung gem. § 58 Abs. 1 AktG; ebenso WP-Handbuch 2000, Bd. I, F 292.

[745] Vgl. *Küting,* in Küting/Weber § 272 HGB Tz 140.

[746] Ähnlich *Bohl,* in Küting/Weber § 42 GmbHG Tz 39.

Standardkonten im DATEV-System

	SKR 03	SKR 04
853	**0851 Satzungsmäßige Rücklagen**	**2950 Satzungsmäßige Rücklagen**
	0853 Satzungsmäßige Rücklagen 0% Vorbelastung (steuerliches Einlagekonto)	2952 Satzungsmäßige Rücklagen 0% Vorbelastung (steuerliches Einlagekonto)
	0854 Satzungsmäßige Rücklagen 0% Vorbelastung (EK02)	2953 Satzungsmäßige Rücklagen 0% Vorbelastung (EK02)

Sonderposten 1: Vorläufige Gewinnrücklage gem. § 31 Abs. 1 DMBilG

854 Gem. § 31 Abs. 1 DMBilG war es erlaubt, nicht entgeltlich erworbene immaterielle Vermögensgegenstände des Anlagevermögens, Aufwendungen für Ingangsetzung und Erweiterung des Geschäftsbetriebs, Zuschüsse, Beihilfen und andere Vermögensvorteile, die ohne Rückzahlungsverpflichtung von Dritten für Investitionen gewährt wurden, zu aktivieren. In gleicher Höhe war bis zur Tilgung dieser Aktivposten eine **„Vorläufige Gewinnrücklage"** zu passivieren. Die vorläufige Gewinnrücklage ist zu korrigieren[747], wenn und soweit die Aktivposten nach § 36 DMBilG herabzusetzen sind. Da die Aktivierungen planmäßig abzuschreiben bzw. erfolgsneutral umzubuchen waren, hat der Posten zwischenzeitlich keine Bedeutung mehr. Die „Vorläufige Gewinnrücklage" war innerhalb der Gewinnrücklagen oder nach den Gewinnrücklagen auszuweisen.[748]

Standardkonten im DATEV-System

	SKR 03	SKR 04
855	9445 Vorläufige Gewinnrücklage gemäß § 31 Abs. 1 DMBilG	9445 Vorläufige Gewinnrücklage gemäß § 31 Abs. 1 DMBilG

Sonderposten 2: Sonderrücklage gem. § 7 Abs. 6 DMBilG

856 Nach § 7 Abs. 6 S. 2 DMBilG war in Höhe des aktivierten Anspruchs nach dem Vermögensgesetz eine Sonderrücklage zu bilden. Die Sonderrücklage darf bis zur Erfüllung der zugrundeliegenden Forderung nur zum Ausgleich von Verlusten verwendet, aber auch zur Bildung von gezeichnetem Kapital herangezogen werden. Damit sollten Ausschüttungen von Vermögensmehrungen aufgrund des VermG an die Gesellschafter des berechtigten Unternehmens solange verhindert werden, wie die Erfüllung der Rückübertragungsansprüche nicht entgültig gesichert ist[749]. Je nach Verlauf des Rückübertragungsverfahrens sind die Forderung und die Sonderrücklage gem. § 36 DMBilG zu berichtigen.[750]

Standardkonten im DATEV-System

	SKR 03	SKR 04
857	9446 Sonderrücklage gemäß § 7 Abs. 6 Satz 2 DMBilG	9446 Sonderrücklage gemäß § 7 Abs. 6 Satz 2 DMBilG

Sonderposten 3: Sonderrücklage gem. § 17 Abs. 4 DMBilG

858 Gem. § 17 Abs. 4 DMBilG konnte in Höhe der gem. § 249 Abs. 1 S. 1 HGB passivierten Rückstellungen auf der Aktivseite ein **„Sonderverlustkonto aus Rückstellungsbildung"** ausgewiesen werden, soweit die Rückstellungen nicht durch eine Ausgleichsforderung ausgeglichen wurden[751]. Das Sonderverlustkonto führte – als Bilanzierungshilfe – zu einer höheren Bilanzsumme und damit zu einem höheren Eigenkapital. In Höhe dieses Mehrbetrages war bei der AG eine „Gesetzliche Rücklage", bei der GmbH eine „Sonderrücklage" einzustellen, die nur zum Ausgleich von

---

[747] Vgl. *Förschle/Kofahl,* in Beck Bil-Kom., 4. Aufl., § 272 HGB Tz 151.
[748] Vgl. *Forster/Rürup,* in Budde/Forster, DMBilG-Kom. § 31 DMBilG Tz 39; *Adler/Düring/Schmaltz,* § 272 HGB Tz 177.
[749] Vgl. *Forster/Gelhausen,* in Budde/Forster DMBilG-Kom. Ergänzungs-Band § 7 DMBilG Tz 22.
[750] Vgl. *Förschle/Kofahl,* in Beck Bil-Kom., 4. Aufl., § 272 HGB Tz 171.
[751] Vgl. auch D 633.

Verlusten verwendet werden durfte[752]. Soweit das Sonderverlustkonto aufgelöst ist, ist die Rücklage (seit Juli 1994) frei verfügbar[753].

Standardkonten im DATEV-System

SKR 03	SKR 04	
9447 Sonderrücklage gemäß § 17 Abs. 4 Satz 3 DMBilG	9447 Sonderrücklage gemäß § 17 Abs. 4 Satz 3 DMBilG	859

Sonderposten 4: Sonderrücklage gem. § 24 Abs. 5 DMBilG

Gem. § 24 Abs. 1 DMBilG konnten ehemalige volkseigene Betriebe statt eines nicht durch Eigenkapital gedeckten Fehlbetrages eine Ausgleichsforderung gegen das Unternehmen aktivieren, dem die Anteilsrechte unentgeltlich übertragen worden waren. Dementsprechend hatte das Mutterunternehmen, als Schuldner der Ausgleichsforderung, in Höhe der passivierten Verbindlichkeit einen Ausgleichsposten auf der Aktivseite ihrer DMEB als „Beteiligungsentwertungskonto" einzustellen[754]. Soweit diese Aktivierung zur Einstellung einer Rücklage führte, war sie innerhalb der Gewinnrücklagen auszuweisen. Sie durfte nur zum Ausgleich von Verlusten verwendet werden, § 24 Abs. 5 S. 3 DMBilG. Seit Juli 1994 ist die Sonderrücklage frei verfügbar, soweit ein entsprechender Betrag des Beteiligungsentwertungskontos durch Tilgung oder Berichtigung der Ausgleichsforderung aufgelöst wurde und keine Verluste mehr ausgeglichen werden müssen, § 24 Abs. 5 S. 3 DMBilG 1994. 860

Standardkonten im DATEV-System

SKR 03	SKR 04	
9448 Sonderrücklage gemäß § 24 Abs. 5 Satz 3 DMBilG	9448 Sonderrücklage gemäß § 24 Abs. 5 Satz 3 DMBilG	861

Sonderposten 5: Sonderrücklage gem. § 27 Abs. 2 DMBilG

Gem. § 27 Abs. 2 S. 2 DMBilG konnte das „Gezeichnete Kapital" mit einem höheren Betrag festgesetzt werden, wenn sich bei Aufstellung der DMEB nach Abzug einer Rücklage nach § 31 DMBilG ein höheres Eigenkapital als im Gesetz, der Satzung oder im Gesellschaftsvertrag vorgesehen ergab. Sofern das vorhandene Eigenkapital nicht in voller Höhe für das „Gezeichnete Kapital" verwendet wurde, war der übersteigende Betrag bei einer AG der „Gesetzlichen Rücklage", bei einer GmbH einer „Sonderrücklage" zuzuweisen, die nur zum Ausgleich von Verlusten verwendet werden durfte. 862

Seit Juli 1994 dürfen die gesetzliche Rücklage oder die Sonderrücklage auch zur Kapitalerhöhung aus Gesellschaftsmitteln verwendet werden. Die Sonderrücklage darf aufgelöst oder in freie Kapitalrücklagen umgegliedert werden, falls sie nicht zur Deckung des gesamten im letzten Jahresabschluss ausgewiesenen Anlagevermögens benötigt wird, § 27 Abs. 2 S. 4 DMBilG 1994. Der Auflösungsbetrag ist entweder erfolgsneutral in der Bilanz umzugliedern oder gem. § 158 AktG als „Entnahmen aus Gewinnrücklagen" in der GuV-Fortführungsgliederung zu zeigen[755]. Bei der AG ist die Rücklagenveränderung in der Bilanz oder im Anhang darzustellen, § 152 AktG. Werden auch andere Sonderrücklagen nach dem DMBilG aufgelöst, ist eine Zusammenfassung der Auflösungsbeträge zulässig[756]. 863

Standardkonten im DATEV-System

SKR 03	SKR 04	
9449 Sonderrücklage gemäß § 27 Abs. 2 Satz 3 DMBilG	9449 Sonderrücklage gemäß § 27 Abs. 2 Satz 3 DMBilG	864

---

[752] Vgl. *Adler/Düring/Schmaltz,* § 272 HGB Tz 173.
[753] Vgl. *Förschle/Kofahl,* in Beck Bil-Kom., 4. Aufl., § 272 HGB Tz 161.
[754] Vgl. zur Ausgleichsforderung D 553, zum Beteiligungsentwertungskonto D 636.
[755] Vgl. *Förschle/Kofahl,* in Beck Bil-Kom., 4. Aufl., § 272 HGB Tz 154.
[756] Vgl. *Förschle/Kofahl,* in Beck Bil-Kom., 4. Aufl., § 272 HGB Tz 154.

d) Andere Gewinnrücklagen

aa) Allgemeines

867 Unter „Andere Gewinnrücklagen" sind alle bei der Aufstellung der Bilanz oder im Rahmen der Gewinnverteilung gebildeten Gewinnrücklagen auszuweisen, soweit sie nicht zu den anderen unter A.III auszuweisenden Gewinnrücklagen gehören. Es darf sich also nicht um gesetzliche Rücklagen, einer Rücklage für eigene Anteile oder satzungsmäßige Rücklagen handeln. Die sog. „freien Gewinnrücklagen" können auf Grund einer Ermächtigung in der Satzung oder auf Grund HV-Beschlusses vorgenommen werden. Sie können sich aber auch unmittelbar aus einem Gewinnverwendungsbeschluss der HV oder der Gesellschafterversammlung ergeben. Außerdem gehören zu den „Anderen Gewinnrücklagen" die sog. Wertaufholungsrücklagen (§ 58 Abs. 2a AktG bzw. § 29 Abs. 4 GmbHG) sowie die Rücklagen für Eigenkapitalanteile von nur bei der steuerrechtlichen Gewinnermittlung gebildeten Passivposten.

bb) „Freie Rücklagen"

868 Für die sog. **„Freien Rücklagen"** sind **bei der AG** sind nachfolgende Fälle zu unterscheiden:

(1) Die **HV** stellt den JA fest; in diesem Fall kann die Satzung bestimmen, dass Beträge aus dem Jahresüberschuss in andere Gewinnrücklagen einzustellen sind. § 58 Abs. 1 AktG begrenzt jedoch die Höhe der Einstellungen auf die Hälfte des Jahresüberschusses

(2) Stellen **Vorstand und AR** den JA fest, können diese einen Teil des Jahresüberschusses, höchstens jedoch die Hälfte in andere Gewinnrücklagen einstellen; § 58 Abs. 2 S. 1 AktG

(3) Die **Satzung** kann Vorstand und AR darüber hinaus ermächtigen, einen größeren Teil als die Hälfte des Jahresüberschusses in andere Gewinnrücklagen einzustellen, jedoch nur soweit die anderen Gewinnrücklagen die Hälfte des Grundkapitals nicht übersteigen oder nach Einstellung übersteigen würden; § 58 Abs. 2 S. 2 AktG

(4) Schließlich kann die **HV im Beschluss über die Verwendung des Bilanzgewinns** weitere Beträge in andere Gewinnrücklagen einstellen; § 58 Abs. 3 AktG

869 Bei allen Rücklagenzuweisungen ist der Jahresüberschuss vorweg um die in die gesetzliche Rücklage einzustellenden Beträge sowie um einen Verlustvortrag zu kürzen, § 58 Abs. 1 S. 3, Abs. 2 S. 4 AktG. Erst aus dem dann verbleibenden Betrag ist die Hälfte, § 58 Abs. 1 S. 3, Abs. 2 S. 1 AktG, bzw. ein größerer oder kleinerer Teil, § 58 Abs. 2 S. 2 AktG, zu errechnen.[757] Dotierungen der „Rücklage für eigene Anteile" sind davon nicht betroffen.

870 Im **GmbH-Recht** ergibt sich die Kompetenz zur Rücklagenbildung aus § 29 Abs. 1 GmbHG, soweit es sich um eine gesellschaftsvertragliche Ermächtigung handelt, und aus § 29 Abs. 2 GmbHG, soweit es sich um einen Gesellschafterbeschluss zur Gewinnrücklagendotierung handelt. Soweit das Gesetz oder der Gesellschaftsvertrag nichts anderes vorschreiben, haben die Gesellschafter grundsätzlich Anspruch auf den Jahresüberschuss zuzüglich eines Gewinnvortrags und abzüglich eines Verlustvortrags. Der Jahresabschluss kann bereits unter Berücksichtigung der Ergebnisverwendung aufgestellt werden, § 29 Abs. 1 S. 2 GmbHG i.V.m. § 270 Abs. 2 HGB. In diesem Fall haben die Gesellschafter Anspruch auf den Bilanzgewinn. Soweit dieser nicht durch Beschluss zur Ausschüttung gelangt, kann er in „Andere Gewinnrücklagen" eingestellt werden.

871 Sofern die **Rücklagendotierung bei der AG im Rahmen der Gewinnverwendung** durch die HV erfolgt, führt dies gemäß § 174 Abs. 3 AktG nicht zu einer Änderung des festgestellten Abschlusses, mit der Folge, dass diese Beträge erst in der Bilanz des nachfolgenden Geschäftsjahres als „Andere Gewinnrücklagen" ausgewiesen werden. Bei der **GmbH** können die Gesellschafter über den Jahresüberschuss zuzüglich eines Gewinnvortrags nur insoweit eine Ausschüttung beschließen, wie sich

---

[757] Vgl. WP-Handbuch 2000, Bd. I, F 297.

durch den Beschluss kein zusätzlicher Aufwand infolge der abweichenden Ergebnisverwendung ergibt, § 29 Abs. 1 S. 1 GmbHG. Dieser zusätzliche Aufwand betraf unter der Herrschaft des körperschaftsteuerlichen Anrechnungsverfahrens die Körperschaftsteuer. Mit Abschaffung des körperschaftsteuerlichen Anrechnungsverfahrens und Einführung eines einheitlichen definitiven Körperschaftsteuersatzes von 25% hat die Beschränkung – bezogen auf eine zusätzliche Körperschaftsteuer – keine Bedeutung mehr.

Bei KapG & Co. sind Gewinnrücklagen nicht vorgesehen. Sie können aber nach dem Gesellschaftsvertrag zu bilden sein oder auf Grund eines Gesellschafterbeschlusses gebildet werden.[758] In diesem Fall sind sie gem. § 264c Abs. 2 S. 1 HGB unter A.II „Rücklagen“ auszuweisen. In Betracht kommen lediglich aus dem Gewinn dotierte Rücklagen, weil Zuzahlungen der Gesellschafter unmittelbar den entsprechenden Kapitalanteilen zuzuschreiben sind. Derartige Rücklagen dürfen nur ausgewiesen werden, wenn es sich um zusätzliches Eigenkapital handelt, dass zur Verrechnung von künftigen Verlusten zur Verfügung steht und im Falle eines Konkurses der Gesellschaft nicht als Konkursforderung geltend gemacht werden kann bzw. bei einer Liquidation erst nach Befriedigung aller Gesellschaftsgläubiger auszugleichen ist.[759] **872**

cc) Wertaufholungsrücklagen

Das Bilanzgliederungsschema des § 266 HGB sieht diesen Posten nicht vor. Rechtsgrundlage ist § 29 Abs. 4 GmbH bzw. § 58 Abs. 2a AktG. Danach können bei der GmbH die Geschäftsführer mit Zustimmung des AR oder der Gesellschafter, bei der AG Vorstand und AR den **Eigenkapitalanteil von Wertaufholungen** bei Vermögensgegenständen des Anlage- und Umlaufvermögens in Gewinnrücklagen einstellen. Diese Möglichkeit der Rücklagenzuweisung ist eine Folge des Wertaufholungsgebots gem. § 280 Abs. 1 HGB, die auf Grund der steuerrechtlich zwingenden Wertaufholung gem. § 6 Abs. 1 Nr. 1 S. 4 EStG[760] an Bedeutung gewonnen hat. Das steuerliche Wertaufholungsgebot gilt nach § 6 Abs. 1 Nr. 2 S. 2 EStG sowohl für Wirtschaftsgüter des nicht abnutzbaren Anlage- als auch des Umlaufvermögens. **873**

Hinweis

Da bei der GmbH die Rücklage der Zustimmung der Gesellschafter bedarf, durch Gesellschafterbeschluss aber auch andere „Freie Rücklagen“ dotiert werden können, hat die Wertaufholungsrücklage bei der GmbH nur eine geringe Bedeutung. **874**

Die Rücklage ist in der Bilanz gesondert unter dem Posten „Andere Gewinnrücklagen“ auszuweisen, andernfalls im Anhang anzugeben, § 58 Abs. 2a S. 2 AktG, § 29 Abs. 4 S. 2 GmbHG. **875**

Durch die Bildung einer **Wertaufholungsrücklage** werden die nach Steuer verbleibenden **Ergebniserhöhungen neutralisiert** und stehen nicht für Gewinnausschüttungen zur Verfügung. **876**

Die Rücklage ist nur in Höhe des Eigenkapitalanteils der Wertaufholungen zu dotieren. Es ist also von der Wertaufholung die **Steuerbelastung abzuziehen** und nur der Rest dieser Rücklage zuzuweisen. Die Steuerlast sollte individuell und nicht pauschal ermittelt werden[761]. **877**

Für die **Rücklagenauflösung** gibt es keine Gesetzesregelung. Der erste Regierungsentwurf enthielt in § 264 Abs. 1 EGHGB die Verpflichtung, die Rücklage in Höhe der auf den Vermögensgegenstand vorzunehmenden neuerlichen Abschreibungen sowie beim Abgang des Vermögensgegenstandes aufzulösen. Die Auflösung erscheint zumindest bei der AG sachgerecht, weil ansonsten Vorstand und AR eine erweiterte Möglichkeit der Rücklagendotierung hätten, als vom Gesetzgeber durch § 58 Abs. 1 und 2 AktG zugestanden[762]. **878**

---

[758] Vgl. WP-Handbuch 2000, Bd. I, F 303.

[759] Vgl. *Adler/Düring/Schmaltz,* § 247 HGB Tz 60; WP-Handbuch 2000, Bd. I, F 303.

[760] In der Fassung des StEntlG 1999/2000/2002; vgl. D 72, 407.

[761] So bereits zur Rechtslage vor Rechtsänderung durch das StEntlG 1999/2000/2002 *Hense/Taetzner,* in Beck Bil-Kom. § 280 HGB Tz 40.

[762] Vgl. *Claussen/Korth,* in Kölner Kom. § 272 HGB Tz 57; anders die h. M. *Adler/Düring/Schmaltz,* § 272 HGB Tz 158; *Haller,* DB 1987, S. 650; WP-Handbuch 2000, Bd. I, F 299; *Förschle/Hoffmann,* in Beck Bil-Kom. § 272 HGB Tz 108.

879 Der Eigenkapitalanteil von Wertaufholungen wird im DATEV-System unter „Andere Gewinnrücklagen" ausgewiesen. Es erfolgt ein „davon-Vermerk", wenn die Ktn 0856 (SKR 03) bzw. 2962 (SKR 04) bebucht werden.

dd) Eigenkapitalanteile nur steuerrechtlich zulässiger Rücklagen

880 Auch dieser Rücklagenposten ist im gesetzlichen Bilanzgliederungsschema des § 266 HGB nicht vorgesehen[763]. Die Rücklagenbildung ergibt sich für die GmbH aus § 29 Abs. 4 GmbHG und für die AG aus § 58 Abs. 2a AktG. Da steuerfreie Rücklagen, die auch ohne Bildung in der Handelsbilanz steuerrechtlich anerkannt werden nach Änderung des § 5 Abs. 1 Satz 2 EStG einerseits und dem Wegfall der Preissteigerungsrücklage anderseits, praktisch keine Bedeutung mehr haben[764], kann auf weiter Ausführungen verzichtet werden.

881 Der Eigenkapitalanteil nur steuerrechtlich zulässiger Rücklagen wird im DATEV-System unter „Andere Gewinnrücklagen" ausgewiesen.Es erfolgt ein „davon-Vermerk", wenn die Ktn 0857 (SKR 03) bzw. 2963–2964 (SKR 04) bebucht werden.

Standardkonten im DATEV-System

882

SKR 03	SKR 04
0855 Andere Gewinnrücklagen	**2960 Andere Gewinnrücklagen**
0856 Eigenkapitalanteil von Wertaufholungen	2962 Eigenkapitalanteil von Wertaufholungen
0858 Andere Gewinnrücklagen 0% Vorbelastung (steuerliches Einlagekonto)	2966 Andere Gewinnrücklagen 0% Vorbelastung (steuerliches Einlagekonto)
0859 Andere Gewinnrücklagen 0% Vorbelastung (EK02)	2967 Andere Gewinnrücklagen 0% Vorbelastung (EK02)

Buchungsbeispiele:

883 *Einstellung in Gewinnrücklagen*

SKR 03

Soll	Haben	Berichtigung	USt	Gegen-Kto. K	Gegen-Kto. Nr.	Beleg-Datum	Konto K	Konto Nr.
20 000 00					855	31 12		2499

SKR04

Soll	Haben	Berichtigung	USt	Gegen-Kto. K	Gegen-Kto. Nr.	Beleg-Datum	Konto K	Konto Nr.
20 000 00					2960	31 12		7780

A. IV. Gewinnvortrag/Verlustvortrag

884 Gewinn- bzw. Verlustvorträge sind im Eigenkapital der Kapitalgesellschaft auszuweisen. Werden das gezeichnete Kapital, Kapital- und Gewinnrücklagen durch Verlustvorträge oder Jahresfehlbeträge aufgezehrt, muss auf der Passivseite die **Entwicklung** gezeigt werden, die ausgehend vom ursprünglichen gezeichneten Kapital zum **„negativen Eigenkapital"** geführt hat[765]; im DATEV-System sind nachfolgende Darstellungen enthalten:

[763] Die Bildung dieser Rücklage war zwar im ersten Regierungsentwurf des § 248 Abs. 4 EGHGB vorgesehen, wurde aber später fallengelassen; BT-Drucksache 10/4268, S. 107.

[764] Es verbleibt nur noch die Rücklage nach § 3 des Gesetzes über steuerliche Maßnahmen bei der Stilllegung von Steinkohlebergwerken, BStBl I 1967, S. 204; in diesem Fall darf aber in der Handelsbilanz ein entsprechender Passivposten gebildet werden, *Berger/Gutike,* in Beck Bil-Kom. § 247 HGB Tz 601.

[765] Vgl. WP-Handbuch 2000, Bd. I, F 306; *Adler/Düring/Schmalz,* § 268 HGB Tz 28; *Claussen/Korth,* in Kölner Kom. § 266 HGB Tz 141.

		Geschäftsjahr	Vorjahr
(1)	I. Gezeichnetes Kapital	260 000,00	260 000,00
	II. Gewinnrücklagen		
	1. andere Gewinnrücklagen	20 000,00	81 806,70
	III. Bilanzverlust	834 497,86	290 534,87
	davon Gewinnvortrag 290 534,87		
	nicht gedeckter Fehlbetrag	563 497,86	0,00
	Buchmäßiges Eigenkapital	0,00	632 341,57
(2)	I. Gezeichnetes Kapital	260 000,00	
	II. Gewinnrücklagen		
	1. andere Gewinnrücklagen	20 000,00	
	III. Gewinnvortrag	290 534,87	
	IV. Jahresfehlbetrag	843 497,86	
		–	
	nicht gedeckter Fehlbetrag	563 497,86	
	buchmäßiges Eigenkapital	0,00	

Der das Eigenkapital übersteigende Betrag ist auf der Aktivseite als „Nicht durch Eigenkapital gedeckter Fehlbetrag" auszuweisen[766]. **885**

Ein **Gewinnvortrag** entsteht, wenn und soweit ein Jahresüberschuss des Vorjahres oder der Vorjahre nicht ausgeschüttet und nicht in Gewinnrücklagen eingestellt, sondern vorgetragen wurde. Der Bilanzverlust des Vorjahres ist **Verlustvortrag** im neuen Geschäftsjahr[767]. Jahresüberschüsse sind zwingend zunächst gegen einen Verlustvortrag zu verrechnen. Gewinnausschüttungen können also erst vorgenommen werden, wenn Verlustvorträge ausgeglichen sind. Demgemäß ist ein Gewinn- oder Verlustvortrag im neuen Geschäftsjahr in die **GuV-Fortführungsgliederung** umzubuchen, vgl. Buchungsbeispiele. Das bedingt, dass ein Bilanzgewinn oder -verlust – auszuweisen bei JA-Aufstellung unter vollständiger oder teilweiser Ergebnisverwendung gem. § 268 Abs. 1 S. 2 HGB – im neuen Geschäftsjahr auf den Ktn Gewinnvortrag, Kto 0860 (SKR 03) und 2970 (SKR 04), bzw. den Ktn Verlustvortrag, Kto 0868 (SKR 03) und 2978 (SKR 04) vorgetragen wird. **886**

Der Gewinn- oder Verlustvortrag ändert sich nicht durch einen **körperschaftsteuerlichen Verlustrücktrag** gem. § 8 Abs. 4 KStG i. V. m. § 10 d EStG. Ein sich aus dem Verlustrücktrag ergebender Körperschaftsteuer-Erstattungsanspruch ist in der Bilanz des Verlustjahres unter „Sonstige Vermögensgegenstände" zu aktivieren[768]. **887**

Für die Gewinnvorträge werden Ktn entsprechend den steuerrechtlichen Eigenkapitalkategorien im DATEV-System vorgegeben, also ein Bezug zur Feststellung des verwendbaren Eigenkapitals gem. § 47 KStG hergestellt. Die Aufteilung ist jedoch nicht zwingend. **888**

Standardkonten im DATEV-System

SKR 03	SKR 04	
0860 Gewinnvortrag vor Verwendung	2970 Gewinnvortrag vor Verwendung	**889**
0864 Gewinnvortrag 0% Vorbelastung (steuerliches Einlagenkonto)	2974 Gewinnvortrag 0% Vorbelastung (steuerliches einlagekonto)	
0866 Gewinnvortrag 0% Vorbelastung (EK02)	2976 Gewinnvortrag 0% Vorbelastung (EK02)	
0868 Verlustvortrag vor Verwendung	2978 Verlustvortrag vor Verwendung	
	2979 Vortrag auf neue Rechnung (Bilanz)	

[766] Gefordert wird im Schrifttum auch, den Bilanzverlust, der durch Eigenkapital gedeckt ist, von der Bezeichnung her anzupassen als „Bilanzverlust, soweit durch Eigenkapital gedeckt", WP-Handbuch 2000, Bd. I, F 306; *Adler/Düring/Schmaltz*, § 268 HGB Tz 28.

[767] Vgl. *Ellrott/Krämer*, in Beck Bil-Kom. § 266 HGB Tz 181; *Claussen/Korth*, in Kölner Kom. § 266 HGB Tz 142.

[768] § 10 d EStG wurde durch das StEntlG 1999/2000/2002 geändert. Ab dem VZ 1999 wurde der Verlustrücktrag auf 1 Jahr und einen Betrag von 2 Mio.DM begrenzt. Ab dem VZ 2001 betrug die Begrenzung 1 Mio.DM, § 52 Abs. 25 Satz 2 EStG, ab 2002 beträgt sie 511 500 EUR.

Buchungsbeispiele:

890 *GuV-Fortführungsgliederung*

SKR03

Vortrag des Gewinnvortrags

Soll	Haben	Berichtigung	USt	K	Gegen-Kto. Nr.	Beleg-Datum	K	Konto Nr.
	120 000 00				9 0 0 0	01 01		8 6 0

vor Ausschüttung aus Gewinnvortrag

Soll	Haben	Berichtigung	USt	K	Gegen-Kto. Nr.	Beleg-Datum	K	Konto Nr.
20 000 00					1 2 0 0	31 12		8 6 0

Übernahme des Gewinnvortrags aus dem Vorjahr in die GuV-Fortführungsgliederung

Soll	Haben	Berichtigung	USt	K	Gegen-Kto. Nr.	Beleg-Datum	K	Konto Nr.
100 000 00					2 8 6 0	31 12		8 6 0

SKR04

Vortrag des Gewinnvortrags

Soll	Haben	Berichtigung	USt	K	Gegen-Kto. Nr.	Beleg-Datum	K	Konto Nr.
	120 000 00				9 0 0 0	01 01		2 9 7 0

vor Ausschüttung aus Gewinnvortrag

Soll	Haben	Berichtigung	USt	K	Gegen-Kto. Nr.	Beleg-Datum	K	Konto Nr.
20 000 00					1 8 0 0	31 12		2 9 7 0

Übernahme des Gewinnvortrags aus dem Vorjahr in die GuV-Fortführungsgliederung

Soll	Haben	Berichtigung	USt	K	Gegen-Kto. Nr.	Beleg-Datum	K	Konto Nr.
100 000 00					7 7 0 0	31 12		2 9 7 0

A.V. Jahresüberschuss/Jahresfehlbetrag

891 Jahresüberschuss oder Jahresfehlbetrag ist das im abgelaufenen Geschäftsjahr erwirtschaftete Ergebnis, die **Saldogröße aller Aufwendungen und Erträge der GuV** gem. § 275 HGB; einer weiteren Definition bedarf es nicht[769].

892 Für die **AG** ist eine Überleitung vom Jahresüberschuss/Jahresfehlbetrag zum Bilanzgewinn/Bilanzverlust gem. § 158 AktG vorgeschrieben, die auch für die **GmbH** sinnvoll ist und im DATEV-System Anwendung finden sollte, weil nur dann die Entwicklung der Kapital- und Gewinnrücklagen, aber auch ein an die Stelle von Gewinnvortrag und Jahresüberschuss tretender Bilanzgewinn richtig i. S. v. § 268 Abs. 1 S. 2 HGB ausgewiesen wird.

893 Für die **KapG & Co.** ist eine derartige Gewinnverwendungsgliederung nicht vorgeschrieben. Nach § 120 Abs. 2 HGB für die OHG, §§ 161 Abs. 2, 167 HGB für die KG, gibt es für jeden Gesellschafter nur einen – in seiner Höhe variablen –

[769] Vgl. BT-Drucksache 10/4268, S. 107.

Kapitalanteil, auf denen die Einlagen und Entnahmen sowie die Gewinn- und Verlustanteile zu buchen sind. In der Praxis werden diese Regelungen häufig in der Weise abbedungen, dass statt dessen neben einem festen Kapitalanteil weitere variable Kapitalkonten sowie Privat- und Darlehenskonten geführt werden, auf denen Gewinn- und Verlustanteile sowie Entnahmen verrechnet werden. Soweit ein Gewinn- oder Verlustanteil dem Kapitalanteil gutgeschrieben wird, kann ein Jahresüberschuss/Jahresfehlbetrag ebenso wenig wie Bilanzgewinn/Bilanzverlust auf der Passivseite ausgewiesen werden. Werden Verlustanteile jedoch auf gesonderten Verlustvortragskonten erfasst, sind auf die Gesellschafter entfallende Jahresfehlbeträge denkbar.

Da die Verwendung des Jahresergebnisses bei der **KapG & Co.** aus der Bilanz 894
nicht ersichtlich ist, wird vorgeschlagen[770] in Fortführung der Gewinn- und Verlustrechnung oder im Anhang die **Verwendung des Jahresergebnisses wie folgt darzustellen:**

Jahresüberschuss/Jahresfehlbetrag
–/+ Gutschrift/Belastung auf Rücklagenkonten
–/+ Gutschrift/Belastung auf Kapitalkonten
–/+ Gutschrift/Belastung auf Verbindlichkeitenkonten
Ergebnis nach Verwendungsrechnung/Bilanzgewinn

Hinweis

Enthält der Gesellschaftsvertrag eine von § 120 ff HGB abweichende Regelung, ist 895
der Ausweis von Jahresüberschüssen z. B. möglich, wenn der Gesellschaftsvertrag bestimmt, dass über die Verwendung eines Jahresüberschusses ein Gesellschafterbeschluss zu fassen ist, und für diese Beschlussfassung mehrere Alternativen (Ausschüttung, Zuweisung zu den Kapitalanteilen, Zuweisung zu einer Rücklage oder Vortrag auf neue Rechnung) bestehen.[771] Sofern Entnahmen getätigt wurden, die aus dem Jahresergebnis wieder aufzufüllen sind, wäre statt des Jahresüberschusses ein entsprechend verminderter Bilanzgewinn auszuweisen, über den dann nur noch Beschluss zu fassen wäre.

A.IV./V. Bilanzgewinn/Bilanzverlust

1. Ausweis bei teilweiser Ergebnisverwendung

Nach § 268 Abs. 1 S. 1 HGB tritt an die Stelle der Posten „Jahresüberschuss/ 896
Jahresfehlbetrag" und „Gewinnvortrag/Verlustvortrag" der Posten „Bilanzgewinn/Bilanzverlust", wenn die Bilanz **unter teilweiser Verwendung des Jahresergebnisses** aufgestellt wird. In diesem Fall ist ein vorhandener Gewinn- oder Verlustvortrag in den Posten „Bilanzgewinn/Bilanzverlust" einzubeziehen und in der Bilanz oder im Anhang gesondert anzugeben.

2. Ergebnisverwendungen

Das Gesetz lässt offen, was unter **„Ergebnisverwendung"** zu verstehen ist. Aus- 897
gehend vom Gesetzesaufbau von § 158 Abs. 1 AktG können unter Ergebnisverwendung alle Vorgänge interpretiert werden, die vom Jahresüberschuss zum Bilanzgewinn – genauer vom Jahresergebnis zum Bilanzgewinn/Bilanzverlust – führen[772]. Nach diesem Verständnis fallen folgende Vorgänge unter die teilweise bzw. vollständige Verwendung des Jahresergebnisses:

– Einstellungen in Gewinnrücklagen
– Entnahmen aus Kapital- und Gewinnrücklagen
– Vortrag von Jahresüberschüssen/Bilanzgewinn auf neue Rechnung

---

[770] Vgl. IdW ERS HFA 7, WPg 2002, S. 1259.
[771] Vgl. *Förschle/Hoffmann,* in Beck Bil-Kom. § 264 c HGB Tz 41.
[772] Vgl. *Adler/Düring/Schmaltz,* § 268 HGB Tz 15; zwar sind Entnahmen aus der Kapitalrücklage oder den Gewinnrücklagen begrifflich nur schwer einer Ergebnisverwendung gleichzusetzen, gleichwohl wirken sich diese Vorgänge nicht im „Jahresüberschuss/-fehlbetrag", sondern im „Bilanzgewinn/-verlust" aus, so dass die Rechtsfolge aus § 268 Abs. 1 S. 2 HGB, nämlich die Zusammenfassung zu einem Posten „Bilanzgewinn/Bilanzverlust", ebenso wie bei Ergebnisverwendung eintritt, worauf *Claussen/Korth,* in Kölner Kom. § 268 HGB Tz 5 hinweisen.

898 Demgemäß lassen sich nachfolgende Begriffsabgrenzungen vornehmen:

Ergebnisermittlung

– Alle Maßnahmen der zur JA-Aufstellung verpflichtten Organe, die den **Jahresüberschuss/-fehlbetrag** beeinflussen

Ergebnisverwendung

– Alle Maßnahmen, die unter Verwendung des Jahresergebnisses **Rücklagendotierungen** und **-entnahmen** beinhalten

Ergebnis-(Gewinn-)Verteilung

– Alle **Gewinnausschüttungsmaßnahmen** an Gesellschafter oder Aktionäre

899 Darüber hinaus unterscheidet § 268 Abs. 1 HGB zwischen teilweiser und vollständiger Ergebnisverwendung. Als **teilweise Ergebnisverwendung** wird angesehen, wenn gesetzliche, satzungsmäßige oder gesellschaftsvertragliche Verpflichtungen zur Dotierung von Gewinnrücklagen bestehen, auch bei satzungsmäßigen oder gesellschaftsvertraglichen Ermächtigungen, wenn diese in Anspruch genommen werden, sofern dadurch nicht das gesamte Gewinnausschüttungspotential der Beschlussfassung der Haupt- bzw. Gesellschafterversammlung entzogen wird[773]. Gleiches gilt für entsprechende Verpflichtungen zur Auflösung von Gewinn- und Kapitalrücklagen, ebenso für diesbezügliche in Anspruch genommene Ermächtigungen.

900 Bei der **GmbH** kommen primär gesellschaftsvertragliche Regelungen in Betracht, die von den Geschäftsführern bei der JA-Aufstellung zu berücksichtigen sind[774]. Auch die Bildung einer „Rücklage für eigene Anteile“ ist teilweise Ergebnisverwendung, und zwar unabhängig davon, ob die Zuführung aus dem Jahresergebnis oder frei verfügbaren Rücklagen erfolgt[775]; ebenso die Bildung von Rücklagen in Höhe des Eigenkapitalanteils von Wertaufholungen bei Vermögensgegenständen des Anlage- und Umlaufvermögens, sog. „Wertaufholungsrücklage“ gem. § 29 Abs. 4 GmbHG[776].

901 Bei der **AG** liegt eine teilweise Ergebnisverwendung vor, wenn der Vorstand gem. § 58 Abs. 2 AktG Beträge aus dem Jahresüberschuss in Gewinnrücklagen einstellt oder die „Gesetzliche Rücklage“ gem. § 150 Abs. 1 und 2 AktG zu dotieren hat[777].

902 Eine JA-Aufstellung unter **vollständiger Ergebnisverwendung** ist gegeben, wenn die Ergebnisverwendung weder zu einem verbleibenden Bilanzgewinn oder -verlust führt, wie z.B. bei Ergebnisübernahmeverträgen, beim Ausgleich eines Jahresfehlbetrages durch Rücklagenauflösung oder bei der Berücksichtigng von Vorzugsdividenden, wenn nach deren Ausschüttung keine weiteren Dividenden gezahlt werden können[778]. Bei der GmbH besteht die Möglichkeit, bereits vor Aufstellung und Feststellung des Jahresabschlusses über die Gewinnverwendung zu beschließen. Liegt ein derartiger Gewinnverwendungsbeschluss vor, der eine bindende Regelung für das endgültige Jahresergebnis enthält, gilt auch in diesem Fall das gesamte Jahresergebnis als verwendet[779]. Dem gleichzusetzen ist, wenn ein Jahresüberschuss zum Ausgleich eines Verlustvortrags verwendet wird oder ein Jahresfehlbetrag einen vorhandenen Verlustvortrag erhöht, weil in diesen Fällen keine Ergebnisverwendung mehr möglich ist[780].

3. Vorabausschüttungen

903 Bei der **AG** sind **Abschlagzahlungen auf den Bilanzgewinn** zulässig, wenn ein vorläufiger Abschluss einen Jahresüberschuss ergibt. Es darf jedoch höchstens die Hälfte des Betrages gezahlt werden, der von dem Jahresüberschuss nach Abzug der Beträge verbleibt, die nach Gesetz oder Satzung in die Gewinnrücklagen ein-

---

[773] Vgl. *Adler/Düring/Schmaltz,* § 268 HGB Tz 18.

[774] Vgl. *Lutter/Hommelhoff,* GmbHG, 15. Aufl., § 29 Tz 8, mit dem Verweis, dass insoweit das Weisungsrecht der Gesellschafter nach § 37 GmbHG eingeschränkt ist.

[775] Vgl. *Adler/Düring/Schmaltz,* § 268 HGB Tz 22; *Korth,* Industriekontenrahmen, S. 145; a. A. *Matschke,* in Bonner HdR § 268 HGB Tz 6.

[776] Vgl. D 873.

[777] Vgl. *Adler/Düring/Schmaltz,* § 268 HGB Tz 18; *Claussen/Korth,* in Kölner Kom., § 268 HGB, Tz 5.

[778] Vgl. *Adler/Düring/Schmaltz,* § 268 HGB Tz 31; *Ellrott/Krämer,* in Beck Bil-Kom., § 268 HGB Tz 8.

[779] Vgl. *Adler/Düring/Schmaltz,* § 268 HGB Tz 31; *Ellrott/Krämer,* in Beck Bil-Kom., § 268 HGB Tz 8.

[780] So *Claussen/Korth,* in Kölner Kom. § 268 HGB Tz 6; *Korth,* Industriekontenrahmen, S. 146; a. A. *Adler/Düring/Schmaltz,* § 268 HGB Tz 27.

zustellen sind, § 59 Abs. 2 Satz 2 AktG. Außerdem darf der Abschlag nicht die Hälfte des vorjährigen Bilanzgewinns übersteigen. Da ein solcher Abschlag erst nach Ablauf des Geschäftsjahres auf dem voraussichtlichen Bilanzgewinn gezahlt werden darf, wirkt sich die Dividende noch nicht im Jahresabschluss des abgelaufenen Geschäftsjahres aus, so dass auch keine Verwendung des Jahresergebnisses vorliegt[781].

Bei der **GmbH** können **Vorabausschüttungen** aufgrund Beschlussfassung der Gesellschafter vorgenommen werden. Voraussetzung ist, dass der Gewinn für das laufende Geschäftsjahr bei gewissenhafter Prüfung wahrscheinlich ist.[782] In diesem Fall ist die Vorabausschüttung bis zum Abschlussstichtag bereits abgeflossen, so dass eine Gewinnverwendung stattgefunden hat und die Bilanz unter Berücksichtigung dieser Gewinnverwendung aufzustellen ist. 904

Vom „Jahresüberschuss" ist der entsprechende Betrag abzusetzen und als Vorab-Ausschüttung kenntlich zu machen[783], Ktn 2870 (SKR 03) bzw. 7790 (SKR 04). 905

4. Ausweis im DATEV-System

Im DATEV-System erfolgt der Ausweis gem. § 158 Abs. 1 AktG, wenn in der GuV der „Jahresüberschuss/Jahresfehlbetrag" in einer Überleitungsrechnung ergänzt wird, indem der auf den Ktn 0860–0868 (SKR 03) bzw. den Ktn 2970–2978 (SKR 04) enthaltene „Gewinnvortrag" bzw. „Verlustvortrag" auf die Ktn 2860–2868 (SKR 03) bzw. die Ktn. 7700–7720 (SKR 04), die die GuV ergänzen, umgebucht wird. Die gleiche Funktion tritt ein, wenn die Ktn „Entnahmen aus Kapitalrücklagen", „Entnahmen aus Gewinnrücklagen" und „Einstellungen in Gewinnrücklagen" angesprochen werden. Es sind dies die nachfolgenden **Gegenktn:** 906

Standardkonten im DATEV-System

SKR 03

2495 Einstellungen in die Kapitalrücklage nach den Vorschriften über die vereinfachte Kapitalherabsetzung
2496 Einstellungen in die gesetzliche Rücklage
2497 Einstellungen in satzungsmäßige Rücklagen
2498 Einstellungen in die Rücklage für eigene Anteile
2499 Einstellungen in andere Gewinnrücklagen
2745 Erträge aus Kapitalherabsetzung
2795 Entnahmen aus der Kapitalrücklage
2796 Entnahmen aus der gesetzlichen Rücklage
2797 Entnahmen aus satzungsmäßigen Rücklagen
2798 Entnahmen aus der Rücklage für eigene Anteile
2799 Entnahmen aus anderen Gewinnrücklagen
2869 Vortrag auf neue Rechnung (GuV)
2870 Vorabausschüttung
9480 Auflösung Kapitalentwertungskonto gemäß § 28 Abs. 2 Satz 4 DMBilG
9481 Entnahmen aus vorläufigen Gewinnrücklagen gemäß § 31 Abs. 6 DMBilG
9482 Entnahmen aus Sonderrücklagen
Entnahmen aus Gewinnrücklagen

SKR 04

7730 Entnahmen aus der Kapitalrücklage
Entnahmen aus Gewinnrücklagen
7735 Entnahmen aus der gesetzlichen Rücklage
7740 Entnahmen aus der Rücklage für eigene Anteile
7745 Entnahmen aus satzungsmäßigen Rücklagen
7750 Entnahmen aus anderen Gewinnrücklagen
7755 Erträge aus Kapitalherabsetzung
7760 Einstellungen in die Kapitalrücklage nach den Vorschriften über die vereinfachte Kapitalherabsetzung
Einstellungen in Gewinnrücklagen
7765 Einstellungen in die gesetzliche Rücklage
7770 Einstellungen in die Rücklage für eigene Anteile
7775 Einstellungen in satzungsmäßige Rücklagen
7780 Einstellungen in andere Gewinnrücklagen
7790 Vorabausschüttung
7795 Vortrag auf neue Rechnung (GuV)
9480 Auflösung Kapitalentwertungskonto gemäß § 28 Abs. 2 Satz 4 DMBilG
9481 Entnahmen aus vorläufigen Gewinnrücklagen gemäß § 31 Abs. 6 DMBilG
9482 Entnahme aus Sonderrücklagen

---

[781] Vgl. *Adler/Düring/Schmaltz,* § 268 HGB Tz 24; *Lutter,* in Kölner Kom., § 59 AktG Tz 12; *Ellrott/Krämer,* in Beck Bil-Kom., § 268 HGB Tz 7.
[782] Vgl. *Lutter/Hommelhoff,* GmbHG, 15. Aufl., § 29 Tz 45.
[783] Vgl. *Korth,* Industriekontenrahmen, S. 146.

907 **Sonderposten 6: Nachrangiges Kapital gem. § 16 Abs. 3 S. 2 DMBilG**

908 Gem. § 16 Abs. 3 DMBilG brauchten Verbindlichkeiten in die DMEB nicht aufgenommen zu werden, wenn aufgrund einer schriftlichen Erklärung des Gläubigers die Zahlung nur aus einem künftigen Jahresüberschuss verlangt werden konnte und der Gläubiger im Falle der Auflösung, Zahlungsunfähigkeit oder Überschuldung mit seiner Forderung im Rang hinter die anderen Gläubiger zurücktrat. Der Gesamtbetrag dieser Verbindlichkeiten war im Anhang unter den „Sonstigen Verpflichtungen" gesondert anzugeben, soweit er nicht aufgrund einer Vereinbarung mit dem Unternehmen als „Nachrangiges Kapital" ausgewiesen wurde. Ein Ausweis als „Nachrangiges Kapital" – in der Regel nach den Gewinnrücklagen[784] – kam also nur auf Grund einer Vereinbarung zwischen Gläubiger und Unternehmen in Betracht. Insoweit wurde die aus künftigen Jahresüberschüssen zu tilgende Verbindlichkeit wie eine Einlage behandelt, die im Verhältnis zu den übrigen Gläubigern die Funktion von Haftkapital übernahm[785].

Standardkonten im DATEV-System

	SKR 03	SKR 04
910	9451 Nachrangiges Kapital gemäß § 16 Abs. 3 Satz 2 DMBilG	9451 Nachrangiges Kapital gemäß § 16 Abs. 3 Satz 2 DMBilG

Sonderposten 7: Sonderposten für aktivierte Bilanzierungshilfen, § 264 c Abs. 4 S. 3 HGB

911 Nehmen **KapG & Co.** Bilanzierungshilfen gem. § 269 HGB (Aktivierung von Aufwendungen für die Ingangsetzung oder Erweiterung des Geschäftsbetriebes) oder § 274 Abs. 2 HGB (Aktivierung aktiver latenter Steuern) in Anspruch, müssen sie in Höhe der aktivierten Bilanzierungshilfen einen Sonderposten nach dem Eigenkapital unter der Bezeichnung **„Sonderposten wegen angesetzter Bilanzierungshilfen" bilden,** § 264 c Abs. 4 S. 3 HGB. Dadurch sollen die Möglichkeiten der Gesellschafter, Entnahmen zu tätigen, auf den Betrag begrenzt werden, der sich ohne Inanspruchnahme der Bilanzierungshilfen ergeben hätte.[786] Die Regelung entspricht der Ausschüttungssperre bei Kapitalgesellschaften, § 269 S. 2, § 274 Abs. 2 S. 3 HGB.

912 Die Aktivierung einer Bilanzierungshilfe ist zunächst erfolgswirksam. Ein ggf. auszuweisender Verlust wird vermieden, ein ggf. auszuweisender Gewinn erhöht sich. Eine erfolgswirksame Dotierung des Sonderpostens würde dieses Ergebnis wieder neutralisieren. Insoweit ist der Sonderposten erfolgsneutral zu Lasten der Kapitalanteile der Gesellschafter zu bilden und entsprechend der Abschreibungen der Ingangsetzungs- oder Erweiterungskosten oder der Auflösung der aktivierten latenten Steuern auch wieder zu Gunsten der Kapitalanteile der Gesellschafter aufzulösen.[787] Bildung und Auflösung des Sonderpostens erfolgen also ohne die GuV zu berühren.[788]

Hinweis

913 Für persönlich haftende Gesellschafter hat diese Regelung lediglich Auswirkungen im Innenverhältnis, weil sie im Außenverhältnis in ihren Entnahmemöglichkeiten keinen Beschränkungen unterliegen. Für beschränkt haftende Gesellschafter hat sie auch im Außenverhältnis Bedeutung, weil die Bildung des Sonderpostens die Möglichkeit beschränkt, Entnahmen ohne Wiederauflebung der persönlichen Haftung zu tätigen, soweit diese auf Beträge entfallen, die ohne den Ansatz der Bilanzierungshilfe nicht entnehmbar wären.[789]

---

[784] Nach WP-Handbuch 1996, Bd. I, F 208 erscheint eine Einordnung nach den Gewinnrücklagen sinnvoll.
[785] Amtl. Begr. zu § 16 DMBilG.
[786] Vgl. BT-Drucks. 14/1806, S. 21 f; *Förschle/Hoffmann,* in Beck Bil-Kom. § 264 c HGB Tz 96.
[787] Vgl. *Förschle/Hoffmann,* in Beck Bil-Kom. § 264 c HGB Tz 98.
[788] BT-Drucks. 14/2353, S. 46; WP-Handbuch 2000, Bd. I, F 314.
[789] Vgl. *Förschle/Hoffmann,* in Beck Bil-Kom. § 264 c HGB Tz 96.

Sonderposten 8: Sonderposten aus der Währungsumstellung auf den EURO, Art. 43 Abs. 1 S. 2 und 3 EGHGB

Nach Art. 43 Abs. 1 S. 2 EGHGB durften Erträge, die sich im ersten Jahresabschluss nach der Einführung des Euros aus der Umrechnung von Ausleihungen, Forderungen und Verbindlichkeiten in der nationalen Währung der Mitgliedstaaten der EU mit den festgelegten Umrechnungskurs gegenüber den bisherigen Bilanzansätzen ergeben haben, in einen Sonderposten eingestellt werden. Dieser war nach dem Eigenkapital als „Sonderposten aus der Währungsumstellung auf den EURO" auszuweisen. 914

Der **Sonderposten ist aufzulösen,** sobald die Ausleihungen, Forderungen und Verbindlichkeiten, für die er gebildet worden ist, aus dem Vermögen der Gesellschaft ausscheiden, d.h. bezahlt oder endgültig ausgebucht werden. Die Auflösung hat jedoch spätestens am 31. 12. 2003 zu erfolgen, Art. 43 Abs. 1 S. 3 EGHGB. 915

Es handelt sich um ein Passiverungswahlrecht für alle Kaufleute. Für Kapitalgesellschaften/KapG & Co. besteht gem. § 284 Abs. 2 Nr. 1 HGB eine Angabepflicht im Anhang zum Sonderposten aus der Währungsumstellung auf den EURO. Die Angabe muss erkennen lassen, ob und in welcher Form von dem Wahlrecht Gebrauch gemacht wurde.[790] 916

Sonderposten 9: Sonderposten mit Rücklageanteil

Die **Verpflichtung** „Sonderposten mit Rücklageanteil" gesondert auszuweisen, ergibt sich **für alle Kaufleute** aus § 247 Abs. 3 HGB. Der Ausweis ist gem. § 273 S. 2 HGB zwischen dem Eigenkapital und den Rückstellungen vorgeschrieben. Dies entspricht dem Mischcharakter der Sonderposten mit Rücklageanteil, die sich aus Eigenmitteln und aus nicht fälligen Steuerverpflichtungen zusammensetzen, sog. **„unversteuerte Rücklagen"** oder „steuerfreie Rücklagen"[791]. 919

1. Unversteuerte Rücklagen

Kapitalgesellschaften/KapG & Co. dürfen Sonderposten mit Rücklageanteil nur bilden, wenn das Steuerrecht die Anerkennung des Wertansatzes bei der steuerrechtlichen Gewinnermittlung davon abhängig macht, dass der Sonderposten in der Handelsbilanz gebildet wird, sog. **„strenge" umgekehrte Maßgeblichkeit**[792], § 273 S. 1 HGB. Die diesbezügliche generelle Bedingung enthält – vorbehaltlich abweichender Sonderregelungen[793] – § 5 Abs. 1 S. 2 EStG. Zu den steuerlichen Rücklagen, deren Bildung in der Handelsbilanz Voraussetzung für die steuerrechtliche Anerkennung ist – und die daher auch von Kapitalgesellschaften/KapG & Co. gebildet werden können – gehören insbesondere: 920

a) Rücklage gem. § 6 b EStG

aa) Übertragungsmöglichkeiten

Bei der **Veräußerung bestimmter Anlagegüter können die dabei realisierten stillen Reserven**[794] **auf Reinvestitionsobjekte übertragen werden.** Um dies zu ermöglichen, kann nach § 6b Abs. 3 EStG eine zeitlich befristete Rücklage gebildet werden. Begünstigt ist die Veräußerung von Grund und Boden, die Veräußerung von Aufwuchs auf Grund und Boden mit dem dazugehörigen Grund und Boden, wenn der Aufwuchs zu einem land- und forstwirtschaftlichen Betriebsvermögen gehört, und die Veräußerung von Gebäuden. 921

---

[790] Vgl. dazu D 31.

[791] Der Begriff „Steuerfreie Rücklagen" ist missverständlich, weil die hier ausgewiesenen Beträge nicht endgültig von der Besteuerung freigestellt sind.

[792] Zum Begriff „strenge" umgekehrte Maßgeblichkeit *Claussen/Korth,* DB 1988, S. 926.

[793] Die einzige Rücklage, die eine solche Sonderregelung enthält, ist die Rücklage nach § 3 des Gesetzes über steuerliche Maßnahmen bei der Stillegung von Steinkohlebergwerken, BStBl. I 1967, S. 204.

[794] § 6b Abs. 1 S. 1 EStG spricht von einem „bei der Veräußerung entstandenen Gewinn". Das ist der Betrag, um den der Veräußerungspreis nach Abzug der Veräußerungskosten den Buchwert übersteigt, § 6b Abs. 2 EStG.

bb) Grund und Boden, Aufwuchs, Gebäude

922 Die Rücklage kann von den Anschaffungs- oder Herstellungskosten von Grund und Boden – soweit der Gewinn bei der Veräußerung von Grund und Boden entstanden ist – von Aufwuchs auf Grund und Boden – soweit der Gewinn bei der Veräußerung von Aufwuchs auf Grund und Boden oder der Veräußerung von Grund und Boden entstanden ist – oder bei Gebäuden – soweit der Gewinn bei der Veräußerung von Gebäuden, der Veräußerung von Grund und Boden oder der Veräußerung von Aufwuchs auf Grund und Boden entstanden ist – abgezogen werden, die in den folgenden 4 Wirtschaftsjahren angeschafft oder hergestellt worden sind. Die Frist von 4 Jahren verlängert sich bei neu hergestellten Gebäuden auf 6 Jahre, wenn mit ihrer Herstellung vor dem Schluss des 4. auf die Bildung der Rücklage folgende Wirtschaftsjahres begonnen worden ist. In Höhe des abgezogenen Betrages ist die Rücklage gewinnerhöhend aufzulösen. Bei Auflösung nicht übertragender Rücklagen ist der steuerliche Gewinn des betreffenden Wirtschaftsjahres für jedes volle Wirtschaftsjahr, in welchem die Rücklage bestanden hat, um 6% des Auflösungsbetrages zu erhöhen, § 6b Abs. 7 EStG.

cc) Anteile an Kapitalgesellschaften

923 Durch das Gesetz zur Fortentwicklung des Unternehmenssteuerrechts (UntStFG) wurde die Übertragungsmöglichkeit auf **Veräußerungsgewinne von Anteilen an Kapitalgesellschaften** bis zu einem Betrag von 500 000 EUR erweitert. Körperschaften, die entsprechende Veräußerungsgewinne steuerfrei vereinnahmen können, sind davon nicht betroffen. Die Übertragung kann im Wirtschaftsjahr der Veräußerung oder den zwei folgenden Wirtschaftsjahren auf die Anschaffungskosten auf neu angeschafften Anteilen an Kapitalgesellschaften oder abnutzbaren beweglichen Wirtschaftsgütern oder in den folgenden vier Wirtschaftsjahren auf die Anschaffungskosten von neu angeschafften Gebäuden vorgenommen werden. Wird der Veräußerungsgewinn im Jahr der Veräußerung auf Gebäude oder abnutzbare bewegliche Wirtschaftsgüter übertragen, ist lediglich der hälftige Veräußerungsgewinn zu übertragen, weil die andere Hälfte gem. § 3 Nr. 40 S. 1a und b EStG steuerbefreit ist. Wird der Gewinn dagegen auf neu angeschaffte Anteile an Kapitalgesellschaften übertragen, mindern sich die Anschaffungskosten der neu erworbenen Anteile in Höhe des vollen Übertragungsgewinns.

924 Bei Bildung einer Rücklage ist der volle Veräußerungsgewinn in die Rücklage einzustellen und erst im Zeitpunkt der späteren Übertragung zu entscheiden, ob die Rücklage in voller Höhe oder nur hälftig zu übertragen ist.

b) Rücklage für Ersatzbeschaffung, R 35 EStR

925 **Scheidet ein Wirtschaftsgut infolge höherer Gewalt** (z.B. Brand, Diebstahl) oder infolge zur Vermeidung eines behördlichen Eingriffs (z.B. drohende Enteignung, Inanspruchnahme für Verteidigungszwecke) **gegen Entschädigung aus dem Betriebsvermögen aus** oder wird es beschädigt, erlaubt R 35 EStR 2001 eine Übertragung der dabei realisierten stillen Reserven auf ein im selben Wirtschaftsjahr angeschafftes oder hergestelltes Ersatzwirtschaftsgut. Soweit die Ersatzbeschaffung im selben Wirtschaftsjahr nicht vorgenommen wird, aber ernstlich geplant ist, kann nach R 35 Abs. 4 EStR 2001 eine steuerfreie Rücklage für Ersatzbeschaffung in Höhe des Unterschieds zwischen dem Buchwert des ausgeschiedenen Wirtschaftsgut und der Entschädigung (bzw. dem Entschädigungsanspruch) gebildet werden.

926 Die in der Handelsbilanz auszuweisende Rücklage für Ersatzbeschaffung ist in der Weise auf das Ersatzwirtschaftsgut zu übertragen, das von den Anschaffungs- oder Herstellungskosten des Ersatzwirtschaftsgutes ein Abzug bis zur Höhe der Rücklage vorgenommen und die Rücklage in gleicher Höhe aufgelöst wird, R 35 Abs. 4 S. 6 EStR 2001. Soweit das Ersatzwirtschaftsgut am Schluss des 1., bei Grundstücken und Gebäuden am Schluss des 2. Wirtschaftsjahres nach Rücklagenbildung noch nicht angeschafft oder hergestellt ist, ist die Ersatzbeschaffungsrücklage gewinnerhöhend aufzulösen, R 35 Abs. 4 S. 3 und 4 EStR 2001. Die Auflösungsfristen können im Einzelfall angemessen verlängert werden, wenn glaubhaft gemacht wird, dass die Ersatzbeschaffung weiterhin ernsthaft geplant und zu erwarten ist, aus besonderen Gründen aber noch nicht durchgeführt werden konnte, R 35 Abs. 4 S. 5 EStR 2001.

c) Ansparabschreibung, § 7 g Abs. 3 EStG

Nach § 7g Abs. 3 EStG kann für die künftige Anschaffung oder Herstellung eines Wirtschaftsgutes eine den Gewinn mindernde Rücklage gebildet werden, sog. **Ansparabschreibung.** Begünstigt sind neue bewegliche Wirtschaftsgüter des Anlagevermögens, die mindestens 1 Jahr nach Anschaffung oder Herstellung in einer inländischen Betriebsstätte verbleiben und im Jahr der Inanspruchnahme der Sonderabschreibung ausschließlich oder fast ausschließlich betrieblich genutzt werden. Die Sonderabschreibung soll kleine und mittlere Betriebe fördern und kann deshalb nur in Anspruch genommen werden, wenn das Betriebsvermögen des Gewerbebetriebs oder des der selbständigen Arbeit dienenden Betriebs nicht mehr als 204 571 EUR beträgt (bei Betrieben der Land- und Forstwirtschaft 122 710 EUR). Bei Betrieben, die den Gewinn nach § 4 Abs. 3 EStG (Einnahmen-Überschuss-Rechnung) ermitteln, gilt diese Voraussetzung als erfüllt. 927

Die **Rücklagenhöhe** darf **40% der Anschaffungs- oder Herstellungskosten** des begünstigten Wirtschaftsgutes nicht übersteigen. Außerdem dürfen die insgesamt gebildeten Rücklagen je Betrieb des Steuerpflichtigen den Betrag von 154 000 EUR nicht übersteigen. Mit Beginn der Abschreibung des begünstigten Wirtschaftsgutes ist die hierfür gebildete Rücklage gewinnerhöhend aufzulösen, spätestens jedoch am Ende des 2. Wirtschaftsjahres nach ihrer Bildung, § 7g Abs. 4 EStG. Wurde die Rücklage nicht wegen der Übertragung auf ein anderes Wirtschaftsgut, sondern zeitbedingt aufgelöst, ist der Gewinn des Wirtschaftsjahres, in dem die Rücklage aufgelöst wird, für jedes volle Wirtschaftsjahr, in dem die Rücklage bestanden hat, um 6% des aufgelösten Rücklagebetrages zu erhöhen, § 7g Abs. 5 EStG. 928

Bei **Existenzgründern** erhöht sich das zulässige Gesamtvolumen der Ansparabschreibung auf 307 000 EUR, § 7g Abs. 7 S. 1 Nr. 2 EStG. Hier beträgt die Auflösungsfrist 5 Jahre. Eine Verzinsung der aufzulösenden Beträge ist nicht vorgesehen. 929

Hinweis

Sonderabschreibungen nach § 7g Abs. 1 EStG in Höhe von 20% der Anschaffungs- oder Herstellungskosten können nur noch in Anspruch genommen werden, wenn eine Rücklage nach § 7g Abs. 3 EStG gebildet wurde. 930

d) Weitere Anwendungsfälle

- § 6d EStG 931
  Euroumrechnungsrücklage
- § 52 Abs. 16 EStG
  Gewinnmindernde Rücklage durch Bewertungsänderungen durch StEntlG 1999/2000/2002
- § 6 Abs. 1 UmwStG
  Gewinnmindernde Rücklage bei Gewinnerhöhungen durch Forderungs- und Verbindlichkeitenvereinigung im Rahmen eines Formwechsels

Gem. §§ 273 S. 2, 281 Abs. 1 S. 2 HGB sind in der Bilanz oder im Anhang die Steuerrechtsnorm, aufgrund derer die Bildung erfolgte, anzugeben. 932

2. Wertberichtigungen

Nach § 254 HGB können Abschreibungen auch vorgenommen werden, um Vermögensgegenstände des Anlage- oder Umlaufvermögens mit dem niedrigeren Wert anzusetzen, der auf einer nur steuerrechtlich zulässigen Abschreibung beruht. Kapitalgesellschaften/KapG & Co. dürfen derartige steuerrechtliche Abschreibungen gem. § 279 Abs. 2 HGB nur vornehmen, wenn ihre Anerkennung bei der steuerrechtlichen Gewinnermittlung davon abhängt, dass sie sich aus der Handelsbilanz ergeben. Diese allein auf steuerrechtlichen Vorschriften beruhenden Abschreibungen dürfen gem. § 281 Abs. 1 HGB auch in der Weise vorgenommen werden, dass der Unterschiedsbetrag zwischen der handelsrechtlichen „Normalabschreibung" und der erhöhten steuerrechtlichen Abschreibung bzw. steuerrechtlichen Sonderabschreibung 933 in Sonderposten mit Rücklageanteil eingestellt wird, was § 281 Abs. 1 S. 2 HGB mit dem Begriff **„Wertberichtigungen"** umschreibt. Die steuerrechtliche Abschreibungsnorm ist ebenso wie bei den übrigen „Sonderposten mit Rücklageanteil" in der Bilanz zu nennen oder im Anhang anzugeben.

934 Der Unterschiedsbetrag ergibt sich aus der Gegenüberstellung der handelsrechtlich zulässigen Werte und der steuerrechtlich möglichen niedrigeren Wertansätze. Er entspricht somit den steuerrechtlich zulässigen Abschreibungen, soweit diese die nach §§ 253, 279 HGB handelsrechtlich zulässigen Abschreibungen übersteigen. Soweit die steuerrechtlich zulässigen Abschreibungen betragsmäßig mit den handelsrechtlich zulässigen Abschreibungen deckungsgleich sind, kommt die Vorschrift nicht zur Anwendung. Zu nachfolgenden Bilanzstichtagen ist der Sonderposten dem jeweils in gleicher Weise neu zu ermittelnden Unterschiedsbetrag anzupassen[795]. Auflösungen sind insoweit vorzunehmen, wie sich der Unterschiedsbetrag gegenüber dem Vorjahr verringert hat.

935 Niedrigere steuerliche Wertansätze ergeben sich entweder als Abzüge von den Anschaffungs- oder Herstellungskosten, also auch soweit die vorstehend erläuterten unversteuerten Rücklagen übertragen werden, aber auch aufgrund besonderer steuerrechtlicher erhöhter Absetzungen, Sonderabschreibungen und Bewertungsfreiheiten. Hierfür kommen in Betracht[796]:

Vorschrift	Art
I. Sonderabschreibungen	
§ 7f EStG 1997	Abnutzbare Wg des AV privater Krankenhäuser
§ 7g EStG 1997	Bewegliche Wg des AV kleiner und mittlerer Betriebe
§ 81 EStDV 1997	Abnutzbare Wg des AV im Kohlen- und Erzbergbau
§ 82f EStDV 1997	Handelsschiffe, Seefischereischiffe sowie Luftfahrzeuge
§ 3 ZonRFG	Sonderabschreibung bei Investitionen in den neuen Bundesländern
II. Erhöhte Absetzungen	
§ 7d EStG 1997	Anlagen für den Umweltschutz
§ 7h EStG	erhöhte Absetzungen bei Gebäuden in Sanierungsgebieten und städtebaulichen Entwicklungsbereichen
§ 7i EStG	erhöhte Absetzung bei Baudenkmalen
§ 82a EStDV 1997	Energiesparmaßnahmen
§ 82g EStDV 1997	Baumaßnahmen i. S. d. Bundesbaugesetzes und des Städtebauförderungsgesetzes
§ 82i EStDV 1997	Baudenkmäler
§ 14 BerlinFG	Anlagegüter in Berliner Betriebsstätten (zum Anwendungszeitraum vgl. Art. 4 Nr. 26c StÄndG 1991, BGBl. I S. 1322/1330)
§ 7 Schutzbaugesetz	Schutzräume
III. Bewertungsabschläge	
§ 6b EStG 1997	Übertrag von Veräußerungsgewinnen
Abschn. 35 EStR 2001	Übertragung von aufgedeckten Reserven bei Ersatzbeschaffung
Abschn. 34 EStR 2001	Übertragung von Investitionszuschüssen
§ 7c EStG 1997	Baumaßnahmen an (bestehenden) Gebäuden zur Schaffung neuer Mietwohnungen
§ 6 Abs. 2 EStG 1997	Sofortabschreibung nicht geringwertiger Wirtschaftsgüter

[795] Vgl. *Ellrott/Gutike,* in Beck Bil-Kom. § 281 HGB Tz 3.
[796] Vgl. *Haeger/Küting,* in Küting/Weber § 254 HGB Tz 38.

Bei „Sonderposten mit Rücklageanteil" ist – bei unversteuerten Rücklagen und Wertberichtigungen gleichermaßen – die Vorschrift, nach denen der Posten gebildet worden ist, in der Bilanz oder im Anhang anzugeben. Mehrere Sonderposten dürfen unter aufzählender Benennung der zugrundeliegenden steuerrechtlichen Bestimmungen zusammengefasst ausgewiesen werden[797]. Dies gilt nicht für die Euroumrechnungsrücklage, die nach Art. 43 S. 2 EGHGB als gesonderter Posten unter der Bezeichnung „Sonderposten aus der Währungsumstellung auf den Euro" auszuweisen ist. 936

Die gängigen Vorschriften sind in den Ktn-Beschriftungen im SKR 03 und SKR 04 enthalten. 937

Standardkonten im DATEV-System

SKR 03		SKR 04	
0930	Sonderposten mit Rücklageanteil **steuerfreie Rücklagen**	2980	Sonderposten mit Rücklageanteil steuerfreie Rücklagen
0931	Sonderposten mit Rücklageanteil nach § 6 b EStG	2981	Sonderposten mit Rücklageanteil nach § 6 b EStG
0932	Sonderposten mit Rücklageanteil nach Abschnitt 35 EStR	2982	Sonderposten mit Rücklageanteil nach Abschnitt 35 EStR
0933	Sonderposten mit Rücklageanteil nach § 6 d EStG	2983	Sonderposten mit Rücklageanteil nach § 6 d EStG
0934	Sonderposten mit Rücklageanteil nach § 1 EntwLStG	2984	Sonderposten mit Rücklageanteil nach § 1 EntwLStG
0935	Sonderposten aus der Währungsumstellung auf den Euro	2985	Sonderposten aus der Währungsumstellung auf den Euro
0936	Sonderposten mit Rücklageanteil nach § 7 d EStG	2986	Sonderposten mit Rücklageanteil nach § 7 d EStG
0937	Sonderposten mit Rücklageanteil nach § 79 EStDV	2987	Sonderposten mit Rücklageanteil nach § 79 EStDV
0938	Sonderposten mit Rücklageanteil nach § 80 EStDV	2988	Sonderposten mit Rücklageanteil nach § 80 EStDV
0939	Sonderposten mit Rücklageanteil nach § 52 Abs. 16 EStG	2989	Sonderposten mit Rücklageanteil nach § 52 Abs. 16 EStG
0940	Sonderposten mit Rücklageanteil, Sonderabschreibungen	2990	Sonderposten mit Rücklageanteil, Sonderabschreibungen
0941	Sonderposten mit Rücklageanteil nach § 82 a EStDV	2991	Sonderposten mit Rücklageanteil nach § 82 a EStDV
0942	Sonderposten mit Rücklageanteil nach § 82 d EStDV	2992	Sonderposten mit Rücklageanteil nach § 82 d EStDV
0943	Sonderposten mit Rücklageanteil nach § 82 e EStDV	2993	Sonderposten mit Rücklageanteil nach § 82 e EStDV
0944	Sonderposten mit Rücklageanteil nach § 14 BerlinFG	2994	Sonderposten mit Rücklageanteil nach § 14 BerlinFG
0945	Sonderposten mit Rücklagenanteil für Förderung nach § 3 Zonen-RFG/§ 4–6 FördergebietsG	2995	Sonderposten mit Rücklageanteil für Förderung nach § 3 ZonenRFG/§ 4–6 FördergebietsG
0946	Sonderposten mit Rücklageanteil nach § 4 d EStG	2996	Sonderposten mit Rücklageanteil nach § 4 d EStG
0947	Sonderposten mit Rücklageanteil nach § 7 g Abs. 1 EStG	2997	Sonderposten mit Rücklageanteil nach § 7 g Abs. 1 EStG
0948	Sonderposten mit Rücklageanteil nach § 7 g Abs. 3 u. 7 EStG	2998	Sonderposten mit Rücklageanteil nach § 7 g Abs. 3 u. 7 EStG
0949	Sonderposten für Zuschüsse und Zulagen	2999	Sonderposten für Zuschüsse und Zulagen

B. Rückstellungen

Das Rückstellungsrecht ist für alle Kaufleute in § 249 HGB geregelt. Es wird für Pensionsrückstellungen durch Art. 28 EGHGB und – soweit es Kapitalgesellschaften/KapG & Co. betrifft – durch § 274 Abs. 1 HGB (Rückstellung für latente Steuerverpflichtungen) ergänzt. Daneben müssen Kapitalgesellschaften/KapG & Co. im Anhang Rückstellungen, die in der Bilanz unter dem Posten „Sonstige Rückstellungen" nicht gesondert ausgewiesen sind, erläutern, wenn sie einen nicht unerheblichen Umfang haben, § 285 Nr. 12 HGB. 950

---

[797] Vgl. *Adler/Düring/Schmaltz*, § 273 HGB Tz 20.

951 Vom Verpflichtungscharakter kann zwischen **Verbindlichkeits- und Aufwandsrückstellungen** unterschieden werden. Zu den **Verbindlichkeitsrückstellungen gehören** die Rückstellungen für ungewisse Verbindlichkeiten und die Rückstellungen für drohende Verluste aus schwebenden Geschäften, sog. **Drohverlustrückstellungen.** Für Verbindlichkeitsrückstellungen besteht eine Passivierungspflicht[798], für Aufwandsrückstellungen ein Passivierungswahlrecht.

952 Zu den **Rückstellungen nach § 249 HGB** gehören:

1. Rückstellungen für ungewisse Verbindlichkeiten
2. Rückstellungen für drohende Verluste aus schwebenden Geschäften
3. Rückstellungen für im Geschäftsjahr unterlassene Aufwendungen für Instandhaltung, die im folgenden Jahr innerhalb von 3 Monaten, oder für Abraumbeseitigung, die im folgenden Geschäftsjahr nachgeholt werden
4. Gewährleistungen, die ohne rechtliche Verpflichtung erbracht werden
5. Rückstellungen für im Geschäftsjahr unterlassene Aufwendungen für Instandhaltung, die innerhalb des folgenden Geschäftsjahres nachgeholt werden
6. Rückstellungen für ihrer Eigenart nach genau umschriebene, dem Geschäftsjahr oder einem früheren Geschäftsjahr zuzuordnende Aufwendungen, die am Abschlußstichtag wahrscheinlich oder sicher sind, jedoch unbestimmt hinsichtlich Höhe und Zeitpunkt

953 Nicht **gesondert erwähnt sind** in § 249 HGB **Pensionsrückstellungen,** die zu den Rückstellungen für ungewisse Verbindlichkeiten gehören. Allerdings enthält Art. 28 EGHGB ergänzende Bestimmungen zum Passivierungswahlrecht bzw. zur Passivierungspflicht von Pensionsrückstellungen.

954 Andere Rückstellungen als die vorstehenden dürfen nicht gebildet werden[799].

955 „Rückstellungen" müssen von der mittelgroßen und großen Kapitalgesellschaft/KapG & Co. wie folgt **gegliedert** werden:

1. Rückstellungen für Pensionen und ähnliche Verpflichtungen
2. Steuerrückstellungen
3. Rückstellungen für latente Steuern[800]
4. Sonstige Rückstellungen

B.1. Rückstellungen für Pensionen und ähnliche Verpflichtungen

1. Handelsrecht

956 Pensionsrückstellungen werden in § 249 HGB nicht erwähnt. Verpflichtungen aus Pensionszusagen gehören zu den Rückstellungen für ungewisse Verbindlichkeiten. Art. 28 Abs. 1 EGHGB erwähnt **laufende Pensionen,** d. s. Pensionszahlungen aufgrund eingetretener Versorgungsfälle, und **Pensionsanwartschaften,** d. s. Verpflichtungen aufgrund noch nicht eingetretener Versorgungsfälle. Des weiteren erwähnt Art. 28 Abs. 1 EGHGB „eine mittelbare Verpflichtung aus einer Zusage für eine laufende Pension oder eine Anwartschaft auf eine Pension" sowie „eine ähnliche unmittelbare oder mittelbare Verpflichtung".

957 Pensionsverpflichtungen gehören zwar zu den Rückstellungen für ungewisse Verbindlichkeiten, dennoch besteht für sie kein generelles Passivierungsgebot, sondern Art. 28 EGHGB differenziert wie folgt:

a) Unmittelbare Pensionsverpflichtungen	
Altzusagen (Rechtsanspruch wurde vor dem 1. 1. 1987 erworben)	Passivierungswahlrecht
Neuzusagen (Rechtsanspruch wurde nach dem 31. 12. 1986 erworben)	Passivierungspflicht
b) Mittelbare Pensionsverpflichtungen	Passivierungswahlrecht
c) Pensionsähnliche Verpflichtungen	Passivierungswahlrecht

[798] Eine Ausnahme gilt für Pensionsverpflichtungen, bei denen der Rechtsanspruch vor dem 1. 1. 1987 erworben wurde.
[799] Vgl. WP-Handbuch 2000, Bd. I, E 82; *Claussen/Korth,* in Kölner Kom § 249 HGB Tz 4.
[800] Gesondert auszuweisen gem. § 274 Abs. 1 HGB. Im Bilanzausdruck sind die Posten durchzunummerieren.

a) Unmittelbare Pensionsverpflichtungen

958 Unmittelbare Pensionsverpflichtungen liegen vor, wenn sich das Unternehmen dem **Pensionsberechtigten gegenüber direkt verpflichtet** hat, Pensionszahlungen nach Eintritt des Versorgungsfalles zu erbringen, andere Unternehmen, wie Lebensversicherungen oder Pensionskassen, also nicht eingeschaltet sind[801]. Unmittelbare Pensionsverpflichtungen können durch Einzel- oder Kollektivvereinbarung, z. B. Betriebsvereinbarung oder Tarifvertrag, begründet werden. Die **Versorgungsleistung** muß **verbindlich in Aussicht gestellt** sein. Unverbindliche Zusagen oder Zusagen in Abhängigkeit von einem ungewissen Ereignis, das vom Arbeitgeber bestimmt werden kann, begründen keine Rückstellungspflicht[802].

959 Passivierungspflicht besteht nur für solche Pensionsansprüche, die nach dem 1. 1. 1987 erworben wurden, und zwar durch Neuzusagen. Erhöhungen für vor dem 1. 1. 1987 gegebene Zusagen fallen unter das Passivierungswahlrecht der Altzusagen[803]. Allerdings besteht – anders als im Steuerrecht – kein Nachholverbot, so dass vor dem 1. 1. 1987 unterlassene Rückstellungspassivierungen nachgeholt werden können. In der Steuerbilanz sind die speziellen steuerrechtlichen Vorschriften zur Passivierung von Pensionsrückstellungen (§ 6a EStG 1997) zu beachten. Für die Auflösung einmal gebildeter Rückstellungen hat die Unterscheidung zwischen Alt- und Neuzusagen keine Bedeutung. Einmal gebildete Pensionsrückstellungen dürfen nur aufgelöst werden, wenn der Verpflichtungsgrund entfallen ist.

b) Mittelbare Pensionsverpflichtungen

960 Eine mittelbare Pensionsverpflichtung liegt vor, wenn sich das Unternehmen nicht direkt gegenüber dem Pensionsberechtigten verpflichtet hat, sondern die Pensionsleistungen durch **Einschaltung eines selbständigen Versorgungsträgers** erbracht werden, dem vom Unternehmen die hierfür benötigten Mittel zugeführt werden[804]. Als selbständige Versorgungsträger kommen in Betracht[805]:
- ein Lebensversicherungsunternehmen als Träger einer Direktversicherung, § 1 Abs. 2 BetrAVG
- eine Pensionskasse in der Rechtsform eines VVaG, § 1 Abs. 3 BetrAVG
- eine Unterstützungskasse in der Rechtsform eines eingetragenen Vereins, einer GmbH oder einer Stiftung, § 1 Abs. 4 BetrAVG

961 Für mittelbare Pensionsverpflichtungen besteht generell ein Wahlrecht, Art. 28 Abs. 1 S. 2 EGHGB. Es wird also nicht zwischen Alt- und Neuzusagen differenziert. Allerdings kommt eine Passivierung nur soweit in Betracht, wie die Verpflichtungen durch die Mittel des selbständigen Versorgungsträgers nicht gedeckt sind, das Unternehmen also für den Differenzbetrag eintreten muss. Die Unterdeckung – die in aller Regel nur bei Unterstützungskassen entstehen kann – ergibt sich aus der Differenz zwischen dem Wert der Pensionsverpflichtungen und den Mitteln des Versorgungsträgers[806]. Dies gilt unbeschadet davon, dass der Pensionsberechtigte, sofern das Vermögen der Unterstützungskasse zur Abdeckung der Pensionszusage nicht ausreicht, einen unmittelbaren Anspruch an das Unternehmen erwirbt, sog. **Subsidiär-Haftung,** denn Verpflichtungen aus Subsidiär-Haftung haben lediglich den Charakter von mittelbaren Pensionsverpflichtungen[807]. Der Übergang von einer mittelbaren in eine unmittelbare Zusage gilt als Neuzusage, sofern sie sich nicht nur Ausfluss der Subsidiär-Haftung ist.[808]

---

[801] Vgl. *Höfer,* in Küting/Weber § 249 HGB Tz 358.

[802] Vgl. *Ellrott/Rhiel,* in Beck Bil.-Kom. § 249 HGB Tz 158; *Claussen/Korth,* in Kölner Kom. § 249 HGB Tz 48.

[803] Zur rechtsgeschichtlichen Entwicklung von Art. 28 Abs. 1 EGHGB vgl. *Claussen/Korth,* in Kölner Kom. § 249 HGB Tz 42f.

[804] Die Verpflichtung des Arbeitgebers, eine mit seiner Zustimmung errichtete Unterstützungskasse zu dotieren, ergibt sich aus der Rechtsprechung, BAG, Urt. v. 17. 5. 1973, BB 1973, S. 1308; BAG, Urt. v. 5. 6. 1984, BB 1984, S. 2067; BVerfG, Urt. v. 16. 2. 1987, DB 1987, S. 1260.

[805] Vgl. *Höfer,* in Küting/Weber, § 249 HGB Tz 399ff.

[806] Vgl. *Höfer,* in Küting/Weber, § 249 HGB Tz 400f., der den Wert einer Unterstützungskassenverpflichtung mindestens in Höhe des Teilwerts gem. § 6a Abs. 3 EStG ansetzen will.

[807] Vgl. IdW, St/HFA 2/1988, WPg 1988, S. 403.

[808] Vgl. IdW, St/HFA 2/1988, WPg 1988, S. 403.

962 **Kapitalgesellschaften/KapG & Co.** müssen **Unterdeckungen** von mittelbaren Pensionsverpflichtungen im **Anhang angeben,** Art. 28 Abs. 2 EGHGB.[809]

c) Pensionsähnliche Verpflichtungen

963 Für **„ähnliche mittelbare oder mittelbare Verpflichtungen"** besteht gem. Art. 28 Abs. 1 S. 2 EGHGB keine Passivierungspflicht, wobei das Gesetz offen lässt, was unter pensionsähnlichen Verpflichtungen zu verstehen ist. Negativ abgegrenzt darf es sich dabei nicht um unmittelbare oder mittelbare Pensionsverpflichtungen handeln. Bei der Verpflichtung muss aber der Versorgungscharakter im Hinblick auf Alter, Invalidität oder Todesfall – also pensionsähnlich – im Vordergrund stehen[810]. Somit scheiden Abfindungen, Jubiläumsgelder und Treueprämien sowie Beiträge an den Pensionssicherungsverein als Anwendungsfälle aus.

964 Für noch nicht abgeführte Beiträge an den Pensionssicherungsverein (PSV) ist eine Rückstellung zu bilden, deren Höhe sich nach den Kosten des PSV für bereits eingetretene Insolvenzfälle richtet[811]. Auch Verpflichtungen aus der Insolvenzversicherung gehören nicht zu den „ähnlichen Verpflichtungen"[812]. Insoweit ist nicht geklärt, welche Verpflichtungen pensionsähnlich sind[813].

965 Werden pensionsähnliche Verpflichtungen nicht passiviert, müssen **Kapitalgesellschaften/KapG & Co.** einen sich aus der **Unterdeckung** ergebenden Fehlbetrag im **Anhang angeben,** Art. 28 Abs. 2 EGHGB. Für die Berechnung kann § 6a Abs. 3 EStG 1997 angewendet werden[814].

2. Steuerrecht

a) Steuerrechtliche Einschränkungen gem. § 6a EStG

966 Soweit für Pensionsrückstellungen eine Passivierungspflicht besteht – unmittelbare Pensionsverpflichtungen für die der Rechtsanspruch nach 31. 12. 1986 erworben wurde – sind sie wegen des Maßgeblichkeitsprinzips auch steuerrechtlich passivierungspflichtig.[815] Allerdings darf eine Pensionsrückstellung steuerrechtlich nur gebildet werden, wenn die Einschränkungen des § 6a EStG 1997 beachtet werden. Es sind dies:

- Der **Pensionsberechtigte muss einen Rechtsanspruch** auf einmalige oder laufende Pensionsleistungen **haben.** Dieser kann sich aus einem Einzelvertrag, einer Gesamtzusage (Pensionsordnung), einer Betriebsvereinbarung oder einem Tarifvertrag ergeben, R 41 Abs. 2 S. 1 EStR 2001. Die Frage der Rechtsverbindlichkeit ist nach arbeitsrechtlichen Grundsätzen zu beurteilen. Insoweit muss der Berechtigte einen Anspruch auf Leistung haben, der von Rechtswegen mittels Klage und Zwangsvollstreckung durchsetzbar ist.[816] Zuständig für die Erteilung der Zusage sind die nach dem Gesellschaftsrecht zuständigen Organe, bei der GmbH ist dies die Gesellschafterversammlung.[817]

---

[809] Vgl. WP-Handbuch 2000, Bd. I, E 156.

[810] Vgl. *Adler/Düring/Schmaltz,* § 249 HGB Tz 115f.

[811] Vgl. *Höfer/Reiners,* DB 1988, S. 589.

[812] Vgl. *Ellrott/Rhiel,* in Beck Bil-Kom., § 249 HGB Tz 163.

[813] Nach *Ellrott/Rhiel,* in Beck Bil-Kom., § 249 HGB Tz 268, lassen sich keine Beispiele für ähnliche Verpflichtungen finden; auch *Adler/Düring/Schmaltz,* § 249 HGB Tz 115, sehen „die Funktion des Art. 28 Abs. 1 Satz 2 EGHGB … derzeit darauf (beschränkt), als Auffangvorschrift für mögliche künftige Verpflichtungsformen zu dienen"; nach *Claussen/Korth,* in Kölner Kom, § 249 HGB Tz 55, kommen als pensionsähnliche Verpflichtungen Leistungen an Vorruheständler, Übergangsgelder, Jubiläumszahlungen an Pensionäre und sog. Überbrückungsgelder in Betracht; WP-Handbuch 2000, Bd. I, E 161 zählt dazu Versorgungsleistungen mit Bezug zu Leib und Leben der Berechtigten, die jedoch nicht als Pensionsverpflichtung anzusehen sind.

[814] Vgl. IdW, St/HFA 2/1988, WPg 1998, S. 404, die sich für eine einheitliche Bewertung aller Arten von Pensionsverpflichtungen und „ähnlichen Verpflichtungen" aussprechen.

[815] Vgl. *Schmidt/Seeger,* EStG, 21. Aufl., § 6a Tz 4; nach BFH-Urt. v. 19. 8. 1998, BStBl II 1999, S. 387 gilt der vom GrS aufgestellte Grundsatz, wonach ein handelsrechtliches Passivierungswahlrecht steuerlich zum Passivierungsverbot führt, BFH-Beschl. v. 3. 2. 1969, BStBl II 1969, 291, im Anwendungsbereich des § 6 EStG nicht.

[816] *Schmidt/Seeger,* EStG, 21. Aufl., § 6a Tz 7.

[817] Vgl. BGH-Urt. v. 25. 3. 1991, DB 1991, S. 1065; die FinVerw hatte zur Nachholung der Genehmigung durch die Gesellschafterversammlung eine Frist bis zum 31. 12. 1996 gesetzt, BMF-Schr. v. 21. 12. 1995, BStBl I 1996, S. 50.

– Die **Pensionszusage** darf keine Pensionsleistungen in Abhängigkeit von künftigen gewinnabhängigen Bezügen vorsehen und **keinen Vorbehalt enthalten,** dass die Pensionsanwartschaft oder die Pensionsleistung gemindert oder entzogen werden kann, sog. schädlicher Vorbehalt. Ein schädlicher Vorbehalt liegt vor, wenn die Pensionszusage Formulierungen enthält wie „freiwillig und ohne Rechtsanspruch", „jederzeitiger Widerruf vorbehalten", „ein Rechtsanspruch auf die Leistung besteht nicht", „die Leistungen sind unverbindlich" oder ähnliche Formulierungen, R 41 Abs. 3 S. 2 EStR 2001. Ein unschädlicher Vorbehalt liegt dagegen vor, wenn es sich die Firma vorbehält, „die Leistungen zu kürzen oder einzustellen, wenn die bei Erteilung der Pensionszusage maßgebenden Verhältnisse sich nachhaltig so wesentlich geändert haben, dass der Firma die Aufrechterhaltung der zugesagten Leistungen auch unter objektiver Beachtung der Belange des Pensionsberechtigten nicht mehr zugemutet werden", R 41 Abs. 4 S. 3 EStR 2001.
– Die **Pensionszusage muss schriftlich erteilt sein** und eindeutige Angaben zu Art, Form, Voraussetzungen und Höhe der in Aussicht gestellten künftigen Leistungen enthalten. Die Schriftform muss am Bilanzstichtag vorliegen. Bei Gesamtzusagen ist eine schriftliche Bekanntmachung in geeigneter Form nachzuweisen, z. B. durch ein Protokoll über den Aushang im Betrieb, R 41 Abs. 7 S. 2 EStR 2001. Für Pensionsverpflichtungen, die auf betrieblicher Übung oder auf dem Grundsatz der Gleichbehandlung beruhen, kann wegen der fehlenden Schriftform keine Rückstellung gebildet werden, u. z. auch dann nicht, wenn arbeitsrechtlich eine unverfallbare Anwartschaft besteht, es sei denn, dem Arbeitnehmer ist beim Ausscheiden eine schriftliche Auskunft nach § 2 Abs. 6 BetrAVG erteilt worden, R 41 Abs. 7 S. 4 EStR 2001.

Pensionsrückstellungen für Anwartschaften dürfen erstmals für das Jahr gebildet werden, in dem die Pensionszusage erteilt wird, frühestens jedoch für das Wirtschaftsjahr, bis zu dessen Mitte der Pensionsberechtigte das 28. Lebensjahr vollendet hat, § 6a Abs. 2 Nr. 1 EStG 1997.[818] **967**

Pensionsverpflichtungen dürfen höchstens mit dem **Teilwert** angesetzt werden, § 6a Abs. 3 S. 1 EStG 1997. Als Teilwert einer Pensionsanwartschaft gilt vor Beendigung des Dienstverhältnisses eines Pensionsberechtigten der Barwert der künftigen Pensionsleistungen am Schluss des Wirtschaftsjahres abzgl. des sich auf den selben Zeitpunkt ergebenen Barwerts betragsmäßig gleichbleibender Jahresbeträge bis zum vorgesehenen Eintritt des Versorgungsfalles. Die Jahresbeträge sind so zu bemessen, dass ihr Barwert zu Beginn des Dienstverhältnisses gleich dem Barwert der Pensionsverpflichtung zum gleichen Zeitpunkt ist.[819] Dabei ist als Beginn des Dienstverhältnisses grundsätzlich der tatsächliche Dienstantritt im Rahmen des bestehenden Dienstverhältnisses anzusehen.[820] **968**

Bei Berechnung des Teilwertes sind ein **Rechnungszinsfuß von 6%** und die anerkannten Regeln der Versicherungsmathematik anzuwenden, § 6a Abs. 3 S. 3 EStG 1997. **969**

Eine Pensionsrückstellung darf nach § 6a Abs. 4 EStG in einem Wirtschaftsjahr höchstens in dem Unterschied zwischen dem Teilwert der Pensionsverpflichtung am Schluss des Wirtschaftsjahres und am Schluss des vorangegangenen Wirtschaftsjahres erhöht werden. Auf Grund des Grundsatzes der Maßgeblichkeit darf die Pensionsrückstellung in der Steuerbilanz den zulässigen Ansatz in der Handelsbilanz nicht überschreiten. Überschreitet die steuerliche Zuführung in einem Wirtschaftsjahr die in der Handelsbilanz vorgenommene Zuführung, ist sie nur zu berücksichtigen, soweit in der Steuerbilanz keine höhere Rückstellung ausgewiesen wird, als die in der Handelsbilanz berücksichtigte Rückstellung, R 41 Abs. 20 S. 3 EStR 2001. Ist in der Handelsbilanz für eine Pensionsverpflichtung zulässiger Weise eine Rückstellung gebildet worden, die niedriger als der Teilwert nach § 6a EStG ist, darf der in der Steuerbilanz fehlende Differenzbetrag erst bei Beendigung des Dienstverhältnisses **970**

[818] Bis zum 31. 12. 2000 war die Altersgrenze die Vollendung des 28. Lebensjahres; bei Pensionsverpflichtungen gegenüber Berechtigten, denen vor dem 1. 1. 2001 erstmals eine Pensionszusage erteilt wurde, ist für die Teilwertermittlung ein Mindestalter von 30 Jahren maßgebend, R 41 Abs. 11 S. 3 EStR 2001.
[819] Vgl. WP-Handbuch 2000, Bd. I, E 168.
[820] BFH-Urt. v. 25. 5. 1988, BStBl II 1988, S. 720.

oder dem Eintritt des Versorgungsfalls nachgeholt werden, R 41 Abs. 20 S. 4 EStR 2001.

b) Besonderheiten bei Gesellschafter-Geschäftsführern

971 Bei Gesellschafter-Geschäftsführern gelten folgende weitergehende Einschränkungen:

- Bei beherrschenden Gesellschafter-Geschäftsführern wird die **Pensionszusage nur als ernsthaft angesehen,** wenn die Zusage auf einem Ruhestandsalter von 65 Jahren basiert, R 41 Abs. 9 EStR 2001[821], Für anerkannt schwerbehinderte Menschen kann eine vertragliche Altersgrenze von mind. 60 Jahre zu Grunde gelegt werden.
- Die **Pensionszusage muss erdienbar sein,** das bedeutet, dass der Zeitraum zwischen dem Zeitraum der Zusage und dem vorgesehenen Eintritt des Versorgungsfalls wenigstens 10 Jahre beträgt.[822] Für nicht beherrschende Gesellschafter-Geschäftsführer gilt, dass diese mind. 12 Jahre vor dem vorgesehenen Zeitpunkt der Pensionierung im Betrieb tätig gewesen sein müssen und die Pensionszusage mind. 3 Jahre vor diesem Zeitpunkt erteilt worden ist.[823]
- Die **Pensionszusage muss finanzierbar ist,** d.h. bei einem unmittelbar nach dem Bilanzstichtag eintretenden Versorgungsfall der Barwert der künftigen Pensionsleistung am Ende des Wirtschaftsjahres auch nach Berücksichtigung einer Rückdeckungsversicherung nicht zu einer Überschuldung in der Bilanz führen wird, R 32 Abs. 1 S. 9 KStR
- Die **Pensionszusage muss angemessen sein,** d.h. in einem angemessenen Verhältnis zu den letzten Aktivbezügen steht.[824] Danach darf die zugesagte Pension 75 % der angemessenen Gesamtbezüge am Bilanzstichtag nicht übersteigen.[825]

B.2. Steuerrückstellungen

972 Zu den „Steuerrückstellungen" gehören **Rückstellungen für alle Steuerarten,** soweit sie der Höhe und/oder dem Grunde nach nicht feststehen, also ungewiss sind[826]. Ungewissheit besteht bis zur Festsetzung der Steuer[827]. Nach Steuerfestsetzung hat ggf. eine Umgliederung in „Sonstige Verbindlichkeiten" zu erfolgen. Möglich ist die Trennung in einen „ungewissen Steueranteil" und einen „gewissen Steueranteil", der unter Verbindlichkeiten auszuweisen ist.

973 Der Posten umfasst alle Rückstellungen für Steuerschulden der Gesellschaft, wie KSt, GewSt, aber auch Nachzahlungen aufgrund einer steuerlichen Außenprüfung[828].

974 Da bei der Umsatzsteuer die Steueranmeldung einer Festsetzung unter dem Vorbehalt gleichsteht, § 186 AO, ist eine verbleibende USt-Schuld unter „Sonstige Verbindlichkeiten" auszuweisen. Gleiches gilt für nicht laufend veranlagte Steuern, wenn kein Zweifel über Grund und Höhe der Steuerschuld bestehen, z.B. Grunderwerbsteuer.

975 Nicht hier auszuweisen sind Rückstellungen für nicht abschätzbare allgemeine Steuerrisiken, die unter „sonstige Rückstellungen" auszuweisen sind.[829] Anders wenn sich die Risiken im Laufe einer Betriebsprüfung konkretisieren.

---

[821] Ob diese Altersgrenze im Hinblick auf die allg. gültige gesetzl. Pensionsgrenze noch haltbar ist, hinterfragen *Schmidt/Seeger,* EStG, 21. Aufl., § 6a Tz 18.

[822] BFH-Urt. v. 12. 12. 1994, BStBl II 1995, S. 419.

[823] BFH-Urt. v. 15. 3. 2000, BStBl II 2000, S. 504; die Erdienbarkeit kann nicht durch nachträgliches Hinausschieben des vertraglichen Pensionsalters herbeigeführt werden, BFH-Urt. v. 19. 5. 1998, BStBl II 1998, S. 689, der nur bei Rspr.-Änderung ein Hinausschieben für unschädlich hält; nach der Übergangsregelung durch BMF-Schr. v. 7. 3. 1997, BStBl I 1997, S. 637 ist die Erdienbarkeitsgrenze ab dem 10. 7. 1997 anzuwenden; vor diesem Stichtag getroffene Vereinbarungen sind nach der bisherigen Verwaltungspraxis der einzelnen Länder (regelmäßig 7 Jahre) zu beurteilen.

[824] Vgl. BFH-Urt. v. 17. 5. 1995, BFH/NV 1996, S. 596; BMF-Schr. v. 7. 1. 1998, DB 1998, S. 597.

[825] Vgl. BFH-Urt. v. 22. 11. 1995, BStBl II 1996, S. 204, zur Höhe einer Direktversicherung der Arbeitgeber-Ehegatten.

[826] Vgl. *Dusemond/Knop,* in Küting/Weber § 266 HGB Tz 136, die die aperiodisch anfallenden Steuern hier nur ausweisen wollen, wenn die genaue Steuerschuld nicht feststeht.

[827] Vgl. *Ellrott/Krämer,* in Beck Bil-Kom, § 266 HGB Tz 201.

[828] Vgl. *Ellrott/Krämer,* in Beck Bil-Kom, § 266 HGB Tz 201; *Adler/Düring/Schmaltz,* § 266 HGB Tz 201; a. A. WP-Handbuch 2000, Bd. I, F 322.

[829] Vgl. WP-Handbuch 2000, Bd. I, F 322.

Sonderposten 9: Rückstellungen für latente Steuerverpflichtungen

Die nach § 274 Abs. 1 HGB zu passivierende „latente Steuerverpflichtung" ist entweder unter **„Steuerrückstellungen" auszuweisen,** dann ist der Betrag der darin enthaltenen latenten Steuerverpflichtung in einem „davon-Vermerk" **oder im Anhang anzugeben,** oder die latente Steuerverpflichtung ist in der Bilanz unter den Rückstellungen gesondert auszuweisen, dann sollte der Posten vor oder nach den Steuerrückstellungen aufgenommen werden[830]. 976

Die Rückstellung ist dann **zu bilden,** wenn (1) das nach steuerrechtlichen Vorschriften zu versteuernde Einkommen des Geschäftsjahres niedriger als das handelsrechtliche Ergebnis (vor KSt bzw. GewSt) ist, und (2) der darauf zurückzuführende niedrigere Steueraufwand voraussichtlich in späteren Geschäftsjahren durch einen entsprechend höheren Steueraufwand ausgeglichen wird, es sich also um **temporäre Ergebnisdifferenzen** handelt[831]. Es handelt sich also um Fälle, in denen trotz des Maßgeblichkeitsprinzips bzw. der umgekehrten Maßgeblichkeit das Handelsbilanzergebnis dem Steuerbilanzergebnis zeitlich vorgelagert ist. Dies kann sich sowohl auf Vorgänge auf der Passiv- als auch auf der Aktivseite beziehen. Die ausgewiesenen Ertragsteuern erscheinen dann im Verhältnis zum Handelsbilanzergebnis zu niedrig, so dass die in späteren Geschäftsjahren anfallenden Steuern bereits als Rückstellung zu berücksichtigen sind. 977

Dies kommt in folgenden Fällen in Betracht[832]: 978

- Keine in der HB gebildete Rücklage nach dem Gesetz über steuerliche Maßnahmen bei der Stillegung von Steinkohlebergwerken
- In der HB aktivierte Ingangsetzungs- und Erweiterungsaufwendungen[833] oder Aufwendungen im Rahmen der Währungsumstellung auf den Euro
- In der HB niedrigere Gebäudeabschreibungen als nach Steuerrecht
- Nur steuerrechtlich zu berücksichtigende Verlustzuweisungen aus der Beteiligung an einer Personenhandelsgesellschaft
- Bewertung nach der Fifo-Methode gem. § 256 S. 1 HGB in der Handelsbilanz bei steigenden Preisen, nach der Durchschnittsmethode in der Steuerbilanz

Die **Rückstellung ist aufzulösen,** sobald die höhere Steuerbelastung eintritt oder mit ihr voraussichtlich nicht mehr zu rechnen ist[834]. 979

B.3. Sonstige Rückstellungen

Hierunter fallen alle Rückstellungen für ungewisse Verbindlichkeiten und für drohende Verluste aus schwebenden Geschäften, die nicht unter den vorherigen Posten gesondert auszuweisen sind. Dazu gehören weiterhin Rückstellungen für unterlassene Instandhaltung und Abraumbeseitigung, für Gewährleistungen, die ohne rechtliche Verpflichtung erbracht werden und die sog. Aufwandsrückstellungen. 980

1. Ungewisse Verbindlichkeiten

Die **Ungewissheit der Verbindlichkeit** kann dem Grunde nach, der Höhe nach oder dem Grund und der Höhe nach bestehen[835]. Die Verpflichtung muss einem Dritten gegenüber bestehen, und der Kaufmann muss sich ihr aus rechtlichen oder wirtschaftlichen Gründen nicht entziehen können, auch wenn der Verpflichtung zunächst Einwendungen und Einreden entgegenstehen[836]. 981

Dazu gehören auch **öffentlich-rechtliche Verpflichtungen,** wenn diese hinreichend konkretisiert sind und an ihre Verletzung Sanktionen geknüpft sind. Dabei 982

---

[830] Vgl. *Adler/Düring/Schmaltz,* § 266 HGB Tz 197; *Ellrott/Krämer,* in Beck Bil-Kom. § 266 HGB Tz 202; WP-Handbuch 2000, Bd. I, F 323.

[831] Vgl. *Adler/Düring/Schmaltz,* § 274 HGB Tz 16; i. e. vgl. D 612.

[832] Vgl. *Baumann,* in Küting/Weber § 274 HGB Tz 16; *Berger/Fischer,* in Beck Bil-Kom. § 274 HGB Tz 21 ff.; WP-Handbuch 2000, Bd. I, F 323.

[833] A. A. *Siegel,* BB 1985, S. 499; *Bareis,* BB 1985, S. 1236; *Schneeloch,* BB 1985, S. 499; wie hier *Berger/Fischer,* in Beck Bil-Kom, § 274 HGB Tz 29.

[834] Vgl. § 274 Abs. 1 Satz 2 HGB.

[835] Vgl. *Mayer-Wegelin,* in Küting/Weber § 249 HGB Tz 49; *Berger/M. Ring,* in Beck Bil-Kom, § 249 HGB Tz 24.

[836] Vgl. *Claussen/Korth,* in Kölner Kom. § 249 HGB Tz 6; *Mayer-Wegelin,* in Küting/Weber § 249 HGB Tz 35.

kann sich die öffentlichrechtliche Verpflichtung unmittelbar aus dem Gesetz ergeben oder auf einen besonderen Verwaltungsakt beruhen[837].

983 Ferner muss die Verpflichtung am Bilanzstichtag bestanden haben, also ein **Erfüllungsrückstand** vorliegen[838]. Dieser ist gegeben, wenn die Verpflichtung im abgelaufenen Geschäftsjahr rechtlich wirksam entstanden oder wirtschaftlich verursacht worden ist, sog. **faktische Verpflichtungen**[839]. Fallen diese Zeitpunkte auseinander, ist bilanzrechtlich der frühere Zeitpunkt entscheidend. Eine dem Grunde nach ungewisse Verbindlichkeit soll nach ständiger Rechtsprechung wirtschaftlich verursacht sein, wenn „die wirtschaftlich wesentlichen Tatbestandsmerkmale für das Entstehen der Verbindlichkeit bereits am Bilanzstichtag erfüllt sind und das rechtliche Entstehen der Verbindlichkeit nur noch von wirtschaftlich unwesentlichen Tatbestandsmerkmalen abhängt"[840].

984 Für künftige Ausgaben, die im Zeitpunkt ihres Anfalls als Anschaffungs- oder Herstellungskosten zu aktivieren sind, dürfen grundsätzlich keine Rückstellungen gebildet werden[841]. Der Grund ist darin zusehen, dass Rückstellungen in der Vergangenheit eingetretener Vermögensminderungen erfassen sollen, Ausgaben die der Anschaffung oder Herstellung eines Vermögensgegenstandes dienen, dagegen Ausdruck erfolgsneutraler Vermögensumschichtungen sind.

985 **Zu Rückstellungen für ungewisse Verbindlichkeiten** – für die Passivierungspflicht besteht – gehören[842]:

- Abbruchkosten aufgrund vertraglicher Verpflichtungen[843]
- Abraumbeseitigung aufgrund öffentlich-rechtlicher Verpflichtung[844]
- Beseitigung umweltbelastender Abfälle nach dem Abfallbeseitigungsgesetz
- Bergschäden (bei Bergbauunternehmen)
- Berufsgenossenschaftsbeiträge
- Boni
- Buchführungsarbeiten, soweit sie das abgelaufene Geschäftsjahr betreffen
- Dekontaminationskosten aufgrund öffentlich-rechtlicher Verpflichtung
- Erneuerungsverpflichtungen kraft Vertrag oder Gesetz
- Gewährleistungen aufgrund gesetzlicher Bestimmungen, Vertrag oder Kulanz
- Gratifikationen
- Jahresabschluss- und Prüfungskosten, incl. Erstellen sowie Veröffentlichung des Geschäftsberichts, sofern hierzu eine gesetzliche oder vertragliche Verpflichtung besteht; Erstellen der betrieblichen Steuererklärungen
- Jubiläumszuwendungen (Einschränkung durch § 5 Abs. 4 EStG 1997)
- Lizenzgebühren
- Patent- und Markenzeichenverletzungen (Einschränkung durch § 5 Abs. 3 EStG 1997)
- Produkthaftungen
- Provisionen
- Prozesskosten
- Rabatte
- Rekultivierungen, für die eine öffentlich-rechtliche oder vertragliche Verpflichtung besteht
- Schadensersatzleistungen
- Sozialplanverpflichtungen[845]
- Tantiemen

---

[837] BFH-Urt. v. 25. 8. 1989, BStBl II 1989, S. 893.
[838] Vgl. *Mayer-Wegelin,* in Küting/Weber § 249 HGB Tz 38.
[839] Vgl. *Berger/M. Ring,* in Beck Bil-Kom. § 249 HGB Tz 31.
[840] BFH-Urt. v. 13. 5. 1998, BFH/NV 1999, S. 27.
[841] BFH-Urt. v. 19. 8. 1998, BStBl II 1999, S. 18, betr. einen „Fettabscheider".
[842] Vgl. *Berger/M. Ring,* in Beck Bil-Kom. § 249 HGB Tz 100; WP-Handbuch 2000, Bd. I, E 99 ff.
[843] BFH-Urt. v. 19. 2. 1975, BStBl II 1975, S. 480, betr. Rekultivierungskosten.
[844] BFH-Urt. v. 19. 5. 1983, BStBl II 1983, S. 670.
[845] Für Aufwendungen im Rahmen eines Sozialplans können Rückstellungen gebildet werden, wenn der Betriebsrat vor dem Bilanzstichtag über die geplante Betriebsänderung unterrichtet ist oder die Unterrichtung des Betriebsrates zwischen Bilanzstichtag und Aufstellung oder Feststellung des Jahresabschlusses erfolgt oder vor dem Bilanzstichtag ein entsprechender Beschluss gefasst wurde, vgl. *Schmidt/Weber-Grellet,* EStG, 21. Aufl., § 5 Tz 550, Stichwort: Sozialplan; R 31 c Abs. 6 EStR 2001.

- Urlaubsverpflichtungen (nicht genommener Urlaub)
- Weihnachtsgratifikationen für das abgelaufene Geschäftsjahr, soweit die Zahlung auf Tarifvertrag, Betriebsvereinbarung, Einzelvertrag oder mehrmaliger vorbehaltloser Zahlung beruht.
- Vertragsstrafen
- versicherungstechnische Rückstellungen
- drohende Inanspruchnahme aus Wechselobligo
- Bürgschaften, aufgrund derer eine Inanspruchnahme droht
- Wiederherstellungsverpflichtungen

2. Verluste aus schwebenden Geschäften

§ 249 Abs. 1 Satz 1 HGB enthält die Verpflichtung, Rückstellung für drohende Verluste aus schwebenden Geschäften zu bilden. Diese sog. **Drohverlustrückstellungen** sind Ausdruck des Imparitätsprinzips. Voraussetzung ist, dass ein „schwebendes Geschäft" vorliegt. 986

Bei **schwebenden Geschäften** handelt es sich um (zweiseitige) vertragliche Verpflichtungen, die von beiden Seiten noch nicht erfüllt sind. Der Schwebezustand beginnt mit Vertragsabschluß und endet mit Erfüllung durch den zur Lieferung oder Leistung Verpflichteten[846]. Dabei sind Vertragsverhältnisse zu unterscheiden, die auf eine einmalige Lieferung oder Leistung oder auf ein Dauerschuldverhältnis gerichtet sind, wie Miet-, Pacht-, Lizenz- und Arbeitsverträge. Die Bildung einer Drohverlustrückstellung setzt voraus, dass die im Normalfall anzunehmende Gleichwertigkeit zwischen Leistung und Gegenleistung nicht mehr besteht, also ein Verpflichtungsüberhang in der Weise vorliegt, dass die eigene Leistungsverpflichtung höher ist als der Wert der Gegenleistung. Dabei ist nicht allein auf die vertraglichen Haupt- und Nebenleistungsverpflichtungen abzustellen. Zu berücksichtigen sind auch Vorteile, die „nach dem Inhalt des Vertrages oder nach den Vorstellungen beider Vertragspartner (subjektive Geschäftsgrundlage) eine Gegenleistung für die vereinbarte Sachleistung darstellen (wirtschaftliches Synallagma)"[847]. 987

Ab Wirtschaftsjahren, die nach dem 31. Dezember 1996 enden, ist die **Bildung von Rückstellungen für drohende Verluste aus schwebenden Geschäften steuerrechtlich nicht mehr zulässig** (§ 5 Abs. 4a EStG 1997). Rückstellungen aus zurückliegenden Wirtschaftsjahren sind in den folgenden sechs Wirtschaftsjahren – im ersten mit mindestens 25%, in den folgenden fünf mit mindestens 15% – gewinnerhöhend aufzulösen. Handelsrechtlich besteht jedoch weiterhin eine Passivierungspflicht. 988

Zu Rückstellungen für drohende Verluste aus schwebenden Geschäften – 989
für die Passivierungspflicht besteht – gehören[848]:

- Einkaufs- und Verkaufsverträgen bei sinkenden Preisen
- Termingeschäfte[849], Swapgeschäfte[850]

---

[846] Vgl. *Berger/M. Ring*, in Beck Bil-Kom. § 249 HGB Tz 53.

[847] BFH-Beschl. v. 23. 6. 1997, BStBl II 1997, S. 735, betr. die Vermietung einer Arztpraxis durch einen Apotheker zu einer verbilligten Miete; kritisch dazu *Korth*, FS Claussen, S. 639, 656.

[848] Vgl. *Mayer-Wegelin*, in Küting/Weber § 249 HGB Tz 216 ff; WP-Handbuch 2000, Bd. I, E 99 ff.; *Berger/M. Ring*, in Beck Bil-Kom. § 249 HGB Tz 52, 100; *Adler/Düring/Schmaltz*, § 249 HGB Tz 151 ff.

[849] Bei Devisentermingeschäften werden Devisen zu einem bestimmten Stichtag zu einem festen Kurs ge- oder verkauft. Bis zum Kauf oder Verkauf handelt es sich um ein schwebendes Geschäft, für das eine Drohverlustrückstellung zu bilden ist, wenn sich aus der Differenz zwischen dem vereinbarten Terminkurs und dem Terminkurs auf Basis des Kurses am Bilanzstichtag ein Verlust droht, *Adler/Düring/Schmaltz*, § 249 HGB Tz 161. Dies gilt nur, wenn für das Devisentermingeschäft kein Deckungsgeschäft vorliegt, sog. offene Positionen. Sind dagegen Deckungsgeschäfte abgeschlossen, sog. geschlossene Positionen, ist das Devisentermin- und das Deckungsgeschäft als eine Bewertungseinheit aufzufassen, so dass die Ansprüche und Verpflichtungen aus beiden schwebenden Geschäften zu saldieren sind.

[850] Unter „Swapgeschäfte" werden bestimmte Formen individuell abgewickelter Tauschgeschäfte verstanden, die als schuldrechtliche Verträge mit Dauerrechtscharakter zu qualifizieren sind, *Adler/Düring/Schmaltz*, § 249 HGB Tz 164. Bei einem Zins-Swap tauschen die Vertragspartner Zinszahlungen, die nach einem festen Kapitalbetrag bemessen werden, ohne dass jedoch die Kapitalbeträge getauscht werden. Bei einem Währungs-Swap tauschen die Vertragspartner deckungsgleiche Kapitalbeträge in unterschiedlichen Währungen einschl. der zugehörigen Zinsverpflichtungen. Eine Drohverlustrückstellung kommt in Betracht, wenn sich die Marktbedingungen geändert haben und sich durch die Gegenüberstellung der eigenen bzw. der erhaltenen

– Mietverträgen, Leasingverträgen
– Darlehensverträge
– Lizenzverträge
– Dienstleistungsverträge
Drohverlustrückstellungen aus Arbeitsverhältnissen, z. B. Ausbildungskosten[851], Gehaltsfortzahlungen für freigestellte Mitarbeiter oder sonstige Sozialverpflichtungen[852] werden steuerrechtlich nicht anerkannt.

3. Aufwandsrückstellungen

990 Bei Aufwandsrückstellungen fehlt eine Außenverpflichtung. Aufwandsrückstellungen berücksichtigen unternehmensintern bedingten Aufwand aufgrund von innerbetrieblichen Notwendigkeiten[853]. Aktivierungspflichtiger Erhaltungs-/Herstellungsaufwand ist nicht rückstellungsfähig[854]. Die Aufwendungen müssen wahrscheinlich, genau umschrieben und dem abgelaufenen oder einem früheren Geschäftsjahr zuzuordnen sein. Als **Aufwandsrückstellungen** kommen in Betracht[855]:

991 1. **Mit steuerrechtlicher Anerkennung,** weil handelsrechtliche Passivierungspflicht:
   – Unterlassene Instandhaltungen, die im folgenden Geschäftsjahr innerhalb von 3 Monaten nachgeholt werden[856]
   – unterlassene Abraumbeseitigung, die im folgenden Geschäftsjahr nachgeholt wird[857]
   – Kulanzgewährleistungen[858]

992 2. **Ohne steuerrechtliche Anerkennung,** weil es sich um handelsrechtliches Passivierungswahlrecht handelt, dürfen Rückstellungen gebildet werden, die ihrer Art nach genau umschrieben, dem Geschäftsjahr oder einem früheren Geschäftsjahr zuzuordnen sind, und die am Abschlussstichtag wahrscheinlich oder sicher, aber

---

Leistung im Vergleich zu den Marktbedingungen ein negativer Gesamtbetrag ergibt. Wurde das Swapgeschäft zur Sicherung von Preisrisiken abgeschlossen, steht es mit dem Grundgeschäft im wirtschaftlichen Zusammenhang und ist mit diesem als Bewertungseinheit aufzufassen; vgl. *Berger/M. Ring,* in Beck Bil-Kom., § 249 HGB Tz 100, Stichwort Swapgeschäfte.

[851] Soweit Unternehmen über den eigenen Bedarf hinaus ausbilden, steht den Ausbildungskosten nur der Wert der Arbeitsleistung der Auszubildenden gegenüber. Der BFH hat mit Urt. v. 3. 2. 1993, BStBl II 1993, S. 441, jedoch der Bildung einer Drohverlustrückstellung die steuerrechtliche Anerkennung versagt, weil die betreffenden Ausbildungskosten nicht mit dem Wert der Arbeitsleistung der Auszubildenden, sondern mit dem Wert eines wirtschaftlichen Vorteils „Sicherung oder Erhöhung des Ansehens des Unternehmens" zu vergleichen sind, was sehr weit hergeholt ist, vgl. *Korth,* FS Claussen, S. 639, 655. Durch das generelle steuerliche Rückstellungsverbot ab 1997 hat diese Begründung keine steuerrechtliche Bedeutung mehr.

[852] Zu Aufwendungen im Rahmen des § 5 Mutterschutzgesetz, vgl. *Berger/M. Ring,* in Beck Bil-Kom. § 249 HGB Tz 100, Stichwort Mutterschutz.

[853] Vgl. *Adler/Düring/Schmaltz,* § 249 HGB Tz 188.

[854] Vgl. *Adler/Düring/Schmaltz,* § 249 HGB Tz 175.

[855] Vgl. *Mayer-Wegelin,* in Küting/Weber § 249 HGB Tz 251; WP-Handbuch 2000, Bd. I, E 178; *Berger/M. Ring,* in Beck Bil-Kom. § 249 HGB Tz 101 ff.

[856] Voraussetzungen sind: 1. Der Aufwand muss unterlassen sein, d. h. die Instandhaltungsmaßnahme muss aus betrieblichen Gründen schon vor dem Bilanzstichtag notwendig gewesen sein. Es genügt nicht, wenn die Instandhaltung nur zum weiteren Gebrauch der Anlagen erforderlich war. 2. Der Aufwand muss im abgelaufenen Geschäftsjahr unterlassen sein, d. h. für in Vorjahren unterlassene Instandhaltungen darf keine Rückstellung gebildet werden. 3. Die Aufwendungen müssen innerhalb von 3 Monaten nach dem Bilanzstichtag nachgeholt werden, d. h. in diesem Zeitraum abgeschlossen sein, *Adler/Düring/Schmaltz,* § 249 HGB Tz 178. Die Arbeiten können durch Eigenleistungen erbracht oder von Fremden ausgeführt werden. Alle drei Voraussetzungen müssen kumulativ erfüllt sein.

[857] Bei einer Rechtspflicht (schuldrechtlich oder öffentlich-rechtlich) zur Abraumbeseitigung handelt es sich um eine Verbindlichkeitsrückstellung. Zu den Aufwandsrückstellungen gehören nur Abraumbeseitigungsmaßnahmen, die ohne rechtliche Verpflichtung erbracht werden. Nach dem Gesetzeswortlaut kann die Rückstellung nur für im abgelaufenen Geschäftsjahr unterlassene Aufwendungen, nicht aber für in den Vorjahren unterlassene Abraumbeseitigung gebildet werden. Der Nachholzeitraum besteht für das dem Abschlussstichtag nachfolgende Geschäftsjahr.

[858] Es handelt sich um sog. faktische Verpflichtungen. Das Gesetz bezeichnet dies als Gewährleistungen, die ohne rechtliche Verpflichtung erbracht werden. Voraussetzung ist 1. das Mängel an eigenen Lieferungen oder Leistungen behoben werden und 2., dass es sich um Mängel handelt, die dem Lieferenden oder Leistenden angelastet werden und nicht etwa auf natürlichem Verschleiß oder unsachgemäße Behandlung zurück zuführen sind, BFH-Urt. v. 10. 12. 1992, BStBl II 1994, S 158. Da es sich um freiwillige Leistungen handeln muss, kommen nur Gewährleistungen in Betracht, die nach Ablauf der vereinbarten oder gesetzten Garantiefrist oder über das vertraglich oder gesetzliche erforderliche Maß hinaus erbracht werden müssen, *Berger/M. Ring,* in Beck Bil-Kom, § 249 HGB Tz 113. Reine Gefälligkeitsarbeiten, die lediglich der Kundenpflege und -werbung dienen, sind nicht rückstellungsfähig. Hier mangelt es an der wirtschaftlichen Verursachung im abgelaufenen Geschäftsjahr.

hinsichtlich ihrer Höhe oder des Zeitpunkt ihres Eintritts unbestimmt sind. Die Forderung nach einer **Aufwandsumschreibung** soll sicherstellen, dass Aufwandsrückstellungen für konkrete, nach Art und Höhe nachvollziehbare Zukunftsausgaben gebildet werden. Die Zuordenbarkeit künftiger Ausgaben zu einem abgelaufenen oder einem früheren Geschäftsjahr soll sicherstellen, dass die Aufwendungen einen Bezug zu bereits realisierten Erträgen aufweisen. Der Ausgabenanfall muss in der Weise wahrscheinlich sein, dass sich der Kaufmann der betreffenden Maßnahme nicht entziehen kann, wenn er sein Unternehmen in der bisherigen Form fortführen will. Als sicher oder wahrscheinlich sind danach alle regelmäßig anfallenden Erhaltungsaufwendungen, die durch Wartungs- oder Inspektionspläne vorgegeben sind, z. B. Sicherheitsinspektionen bei Fluggeräten[859]. Eine **Wahrscheinlichkeit der Ausgabe** liegt nicht vor, wenn der Gegenstand vor Durchführung der entsprechenden Maßnahmen veräußert oder verschrottet werden soll. Auch wenn bereits Verträge mit fremden Dritten abgeschlossen sind, dürfte das dem Merkmal der Aufwandsunsicherheit nicht entgegenstehen[860]. Im Einzelnen kommen in Betracht:

- Abbruchkosten
- Abfindungen und Entlassungsentschädigungen
- Abraumbeseitigung, sofern Nachholung erst nach Ablauf des folgenden Geschäftsjahres erfolgt
- Anpassungsmaßnahmen im Rahmen des Umweltschutzes
- Enttrümmerungskosten
- Erfolgsprämien
- Gebäude-Renovierung
- Generalüberholung, z. B. von Flugzeugen, Schiffen, Hochöfen
- Großreparaturen (maschinelle Anlagen, Kraftwerke usw.)
- Instandhaltung, sofern unterlassen und Nachholung erst nach Ablauf von 3 Monaten des folgenden Geschäftsjahrs erfolgt
- Rechnungserstellung nach § 14 VOB/B durch Bauunternehmen
- Sozialleistungen.

Nach h. M. können Aufwandsrückstellungen nicht für aufgeschobene Forschungs- und Entwicklungsvorhaben, für künftige Werbemaßnahmen oder erwartete höhere Wiederbeschaffungskosten von Vermögensgegenständen des Anlage- oder Umlaufvermögens gebildet werden[861]. 993

4. Steuerrechtliche Einschränkungen

a) Allgemeines 994

Soweit in der Handelsbilanz ein Passivierungsgebot besteht, schlägt dies auf die Steuerbilanz über den Maßgeblichkeitsgrundsatz durch. Zu **Abweichungen von der Handelsbilanz** kommt es

- bei einem handelsrechtlichen Passivierungswahlrecht, das zu einem steuerlichen Passivierungsverbot führt, wie z. B. für im abgelaufenen Geschäftsjahr unterlassene Instandhaltungsaufwendungen, die nicht innerhalb von drei Monaten, sondern bis zum Ende des nachfolgenden Geschäftsjahres nachgeholt werden.
- bei speziellen steuerlichen Passivierungseinschränkungen bzw. -verboten.

b) Steuerrechtliche Passivierungseinschränkungen

aa) Verpflichtung gegenüber einem Dritten 995

Eine ungewisse Verbindlichkeit setzt eine Verpflichtung gegenüber einem **fremden Dritten** (Gläubiger) voraus, der aber nicht persönlich bekannt sein muss. Die Verpflichtung muss nicht einklagbar sein. Es genügt, wenn sich ihr der Kaufmann nicht entziehen kann und will, sog. faktischer Leistungszwang.[862] Dabei kann es sich auch um eine **öffentlich-rechtliche Verpflichtung** handeln. Voraussetzung nach

---

[859] Vgl. *Berger/M. Ring,* in Beck Bil-Kom. § 249 HGB Tz 320.
[860] Vgl. *Berger/M. Ring,* in Beck Bil-Kom. § 249 HGB Tz 308.
[861] Vgl. *Adler/Düring/Schmaltz,* § 249 HGB Tz 249, 251.
[862] Vgl. *Schmidt/Weber-Grellet,* EStG, 21. Aufl., § 5 Tz 362.

der BFH-Rspr.[863] ist eine „hinreichende Konkretisierung" dieser Verpflichtung. Dazu ist es erforderlich, dass eine behördliche Verfügung ergangen ist oder, sofern diese nicht vorliegt, eine gesetzlichen Regelung besteht, die sowohl ein inhaltlich bestimmtes Handeln, als auch ein Handeln innerhalb eines bestimmten voraussehbaren Zeitraums vorschreibt[864]. Danach genügt eine gesetzliche Entsorgungspflicht allein nicht.

bb) Wahrscheinlichkeit des Bestehens der Verbindlichkeit und der Inanspruchnahme

996 Das Bestehen einer Verbindlichkeit und ihre Verwirklichung muss wahrscheinlich sein[865]. Für das Bestehen der Verpflichtung müssen mehr Gründe dafür als dagegen sprechen[866]. Die bloße Möglichkeit einer Verbindlichkeit genügt nicht. Außerdem soll der Gläubiger seinen Anspruch kennen[867]. So ist z. B. eine Schadensersatzpflicht aus strafbarer Handlung erst nach Aufdeckung der Tat passivierbar[868].

cc) Wirtschaftliche Verursachung

997 Steuerrechtlich werden Rückstellungen nur anerkannt, wenn und soweit die ungewisse **Verbindlichkeit dem abgelaufenen Wirtschaftsjahr zuzuordnen ist.** Dabei orientiert sich die Rspr. in erster Linie am Realisations-, am Vorsichtsprinzip und am Prinzip der wirtschaftlichen Betrachtungsweise. Unterschieden wird zwischen realisierten Aufwendungen und künftigen Aufwendungen sowie deren Bezug zu realisierten Erträgen und künftigen Erträgen[869]. Realisierte Aufwendungen sind stets wirtschaftlich verursacht, künftige Aufwendungen hingegen nur, wenn sie mit realisierten Erträgen der Vergangenheit im Zusammenhang stehen. Um einen realisierten Aufwand handelt es sich, wenn dieser bereits im abgelaufenen Jahr geleistet werden musste und damit zu einer Belastung des Betriebs im abgelaufenen Geschäftsjahr geführt hat, z. B. Kaufpreisverpflichtung nach Erhalt der Sache, Schadensersatzverpflichtung. Künftiger Aufwand darf dagegen nur erfasst werden, soweit er mit Erträgen der Vergangenheit im Zusammenhang steht, d. h. durch sie alimentiert ist. Insoweit dürfen Aufwendungen, die getätigt werden müssen, um die Betriebsbereitschaft in Zukunft zu erhalten, nicht zurückgestellt werden[870].

c) Steuerrechtliche Passivierungsverbote

aa) Allgemeines

998 Sowohl § 5 Abs. 3, 4, 4a und 4b EStG 1997 als auch § 6 Abs. 1 Nr. 3a EStG 1997 enthalten einschränkende Passivierungsvoraussetzungen bzw. Passivierungsverbote.

bb) Rückstellung wegen Verletzung fremder Schutzrechte, § 5 Abs. 3 EStG

999 Nach § 5 Abs. 3 EStG 1997 dürfen Rückstellungen wegen Verletzung fremder Patent-, Urheber- oder ähnlicher Schutzrechte erst gebildet werden, wenn
- der Rechtsinhaber Ansprüche wegen der Rechtsverletzung geltend gemacht hat oder
- mit einer Inanspruchnahme der Rechtsverletzung ernsthaft zu rechnen ist.

---

[863] BFH-Urt. v. 25. 3. 1992, BStBl II 1992, S. 1010, betr. Rückstellung für Jahresabschlusskosten.
[864] BFH-Urt. v. 25. 8. 1989, BStBl II 1989, S. 893.
[865] Vgl. BFH-Urt. v. 22. 1. 1992, BStBl II 1992, S. 488, BFH-Urt. v. 2. 10. 1992, BStBl II 1993, S. 153.
[866] BFH-Urt. v. 1. 8. 1984, BStBl II 1985, S. 44.
[867] BFH-Urt. v. 19. 10. 1993, BStBl II 1993, S. 891, betr. Umweltschäden; kritisch dazu *Claussen/Korth*, FS Budde, S. 105, 118.
[868] BFH-Urt. v. 3. 7. 1991, BStBl II 1991, S. 802; BFH-Urt. v. 2. 10. 1992, BStBl II 1993, S. 153.
[869] Zur sog. Ertragsalimentation vgl. *Claussen/Korth*, FS Budde, S. 105, 112.
[870] Demgemäß wurde die wirtschaftliche Verursachung abgelehnt für Erfolgsprämien gegenüber Arbeitnehmern, BFH-Urt. v. 19. 10. 1993, BStBl II 1993, S. 109; für Ausgleichsansprüche gegenüber Handelsvertretern, BFH-Urt. v. 20. 1. 1983, BStBl II 1983, S. 375; für einen Aufwand zur Überholung eines Hubschraubers, BFH-Urt. v. 19. 5. 1987, BStBl II 1987, S. 848; für Aufwendungen eines Flusskraftwerks zum Uferschutz und zur Entschlammung, BFH-Urt. v. 12. 12. 1991, BStBl II 1992, S. 600; für Nachbetreuungsleistungen, BFH-Urt. v. 10. 12. 1992, BStBl II 1994, S. 158 in der der BFH eine Rückstellungsverpflichtung verneinte; anders BFH-Urt. v. 5. 6. 2002, BFH/NV 2002, S. 1434 zu Nachbetreuungsleistungen eines Hörgeräte-Akustikers; für Verpflichtungen nach dem Mutterschutzgesetz, u. z. selbst dann nicht, wenn eine Mitteilung über den Eintritt der Schwangerschaft vorliegt, BFH-Urt. v. 2. 10. 1997, BStBl II 1998, S. 205; für die Verpflichtung zum Einbau eines Fettabscheiders, BFH-Urt. v. 19. 8. 1998, BStBl II 1999, S. 18.

Auch wenn Ansprüche geltend gemacht sind, muss dies noch nicht zu einer Rückstellungsbildung berechtigen, sondern es müssen die allgemeinen Grundsätze der Wahrscheinlichkeit der Inanspruchnahme gegeben sein. Umgekehrt ist es nicht erforderlich, dass die Schutzrechtsverletzung feststeht, sie muss aber wahrscheinlich sein. Ansprüche wegen der Rechtsverletzung sind geltend gemacht, sobald der Rechtsinhaber mündlich oder schriftlich mindestens eine Unterlassung verlangt. 1000

Sind noch keine Ansprüche geltend gemacht, muss mit einer Inanspruchnahme ernsthaft zu rechnen sein. Das bedeutet, dass sowohl eine Wahrscheinlichkeit für die Verbindlichkeit bestehen muss, als auch dafür, dass der Kaufmann leisten muss. In diesem Fall gilt die Sonderregelung nach § 5 Abs. 3 S. 2 EStG 1997, wonach die Rückstellung bis spätestens in der Bilanz des 3. auf ihre erstmalige Bildung folgende Wirtschaftsjahres gewinnerhöhend aufzulösen ist, wenn Ansprüche nicht geltend gemacht worden sind. 1001

Beispiel[871]

Erstmalige Patentverletzung in 2001. Rückstellungsbildung zum 31. 12. 2001. Wenn bis zur Aufstellung der Bilanz zum 31. 12. 2004 keine Ansprüche geltend gemacht worden sind, ist die Rückstellung aufzulösen.[872] 1002

cc) Dienstjubiläumsverpflichtung, § 5 Abs. 4 EStG

Rückstellungen für die Verpflichtung zu einer Zuwendung anlässlich eines Dienstjubiläums dürfen nur unter folgenden Voraussetzungen gebildet werden: 1003
- das Dienstverhältnis hat mindestens 10 Jahre bestanden
- das Dienstjubiläum setzt das Bestehen eines Dienstverhältnisses von mindestens 15 Jahren voraus
- die Zusage ist schriftlich erteilt worden, rechtsverbindlich, unwiderruflich und vorbehaltlos.

Dies gilt auch, wenn für Dienstjubiläen in der Handelsbilanz eine Passivierungspflicht besteht[873].

dd) Verbot der Bildung von Drohverlustrückstellungen, § 5 Abs. 4 a EStG

Nach § 5 Abs. 4a EStG 1997[874] dürfen Rückstellungen für drohende Verluste aus schwebenden Geschäften in der Steuerbilanz nicht gebildet werden. Das Verbot bezieht sich auf Einzelrückstellungen und Rückstellungen aus Dauerschuldverhältnissen[875]. Erfasst werden nur Rückstellungen für drohende Verluste aus schwebenden Geschäften, die abweichend vom Realisationsprinzip aus Gründen der Vorsicht Verluste antizipieren. Bereits realisierte Aufwendungen, denen ein Erfüllungsrückstand zugrunde liegt[876], werden von dem Passivierungsverbot nicht erfasst, wie z. B. Pachterneuerungs oder Urlaubsverpflichtungen, die als Verbindlichkeitsrückstellung einzuordnen sind; z. B. auch die Pflicht zur Erneuerung unbrauchbar gewordener Pachtgegenstände, R 31 c Abs. 9 EStR 2001. 1004

ee) Zukünftige Anschaffungs- oder Herstellungskosten, § 5 Abs. 4 b S. 1 EStG

Rückstellungen für Aufwendungen, die Anschaffungs- oder Herstellungskosten für ein Wirtschaftsgut sind, dürfen nach § 5 Abs. 4b EStG 1997 nicht gebildet werden. Die Vorschrift ist durch StEntlG 1999/2000/2002 eingefügt worden. Die Gesetzesbegründung liefert keine Hinweise für die Veranlassung, denn die Vorschrift entspricht handelsrechtlichen Grundsätzen[877]. 1005

---

[871] Vgl. *Schmidt/Weber-Grellet,* EStG, 21. Aufl., § 5 Tz 392.

[872] Vgl. auch R 31 c Abs. 7 EStR 2001.

[873] Der Begriff „dürfen" in § 5 Abs. 4 EStG statuiert kein Wahlrecht, sondern macht die Rückstellungsbildung von steuerlichen Sonderbedingungen abhängig, BMF-Schr. v. 29. 10. 1993, BStBl I 1993, S. 898.

[874] In der Fassung des Gesetzes zur Fortsetzung der Unternehmenssteuerreform v. 29. 10. 1997, BGBl I 1997, S. 2590.

[875] Vgl. *Schmidt/Weber-Grellet,* EStG, 21. Aufl., § 5 Tz 450.

[876] Erfüllungsrückstand i. S. d. Nichterfüllung einer Schuld, die im abgelaufenen Wirtschaftsjahr hätte erfüllt werden müssen.

[877] Vgl. *Berger/M. Ring,* in Beck Bil-Kom., § 249 HGB Tz 100, Stichwort: Anschaffungs- und Herstellungskosten, die darauf verweisen, dass handelsrechtlich eine Rückstellung in Betracht kommen kann, wenn die Anschaffungs- oder Herstellungskosten eines Vermögensgegenstandes dessen Zeitwert überschreiten. Möglicherweise wäre in solchen Fällen der Differenzbetrag zwischen Herstellungskosten und Zeitwert zu passivieren, was wiederum eine nach § 5 Abs. 4 a EStG nicht zugelassene Drohverlustrückstellung wäre.

ff) Schadlose Verwertung radioaktiver Reststoffe, § 5 Abs. 4b S. 2 EStG

1006 Kernkraftwerksbetreiber schließen häufig mit Dritten Verträge über die Wiederaufbereitung abgebrannter und die Fertigung neuer Brennelemente. Dies stellt eine schadlose Verwertung der entstehenden radioaktiven Reststoffe als kombinierten Entsorgungs-/Herstellungsvorgang dar, der zu einem Verlustgeschäft führt, weil die Herstellungskosten der auf diese Weise wiedergewonnenen Energieträger deutlich über dem Marktpreis eines äquivalenten neuen Uranelements liegen[878]. Für diese Fälle schließt § 5 Abs. 4b S. 2 EStG 1997 die Bildung einer Rückstellung aus. Das Rückstellungsverbot greift unabhängig davon, ob der zur schadlosen Verwertung Verpflichtete, dem insoweit Aufwendungen entstehen, die angeschafften oder hergestellten Wirtschaftsgüter selbst im Reaktor einsetzt, um die Verpflichtung zu erfüllen, oder sie an einen Dritten abgibt, in dessen Reaktor sie eingesetzt werden.

gg) Erfahrungen der Vergangenheit, § 6 Abs. 1 Nr. 3a Buchst. a) EStG

1007 Nach § 6 Abs. 1 Nr. 3a a) EStG 1997 ist bei Rückstellungen für gleichartige Verpflichtungen aufgrund der Erfahrungen in der Vergangenheit zu berücksichtigen, dass die Inanspruchnahme häufig nur zu einem Teil der tatsächlichen Verpflichtung erfolgt. Die Vorschrift wurde durch das StEntlG 1999/2000/2002 in das Gesetz eingefügt. Sie soll sicherstellen, dass die Erfahrung der Vergangenheit, wie z.B. eine nur teilweise Inanspruchnahme, entsprechend zu berücksichtigen ist. Der Höhe nach gewisse, nur dem Grunde nach ungewisse Verbindlichkeiten sind prozentual in Höhe des wahrscheinlichen Bestehens, ggf. aber auch in voller Höhe auszuweisen.

hh) Rückstellungen für Sachleistungsverpflichtungen, § 6 Abs. 1 Nr. 3a Buchst. b) EStG

1008 Ist die Rückstellung auf eine Sachleistungsverpflichtung gerichtet, z.B. bei Reparaturen, sind die vom Umfang der Leistung abhängigen Einzelkosten sowie angemessene Teile der notwendigen Gemeinkosten anzusetzen. Die Vorschrift wurde ebenfalls durch StEntlG 1999/2000/2002 in das Gesetz eingefügt[879]. Bis zur Gesetzesänderung waren nach h.M. die Vollkosten anzusetzen. Die Neuregelung reduziert den Ansatz der Höhe nach auf die einkommensteuerliche Untergrenze der Herstellungskosten[880]. Kalkulatorische Kosten dürfen generell nicht angesetzt werden.

ii) Saldierung mit künftigen Vorteilen, § 6 Abs. 1 Nr. 3a Buchst. c) EStG

1009 Nach der ebenfalls durch das StEntlG 1999/2000/2002 eingefügten Vorschrift mindern die mit der Erfüllung der Rückstellung voraussichtlich verbundenen künftigen Vorteile die Höhe der Inanspruchnahme. So ist z.B. bei Rekultivierungsverpflichtungen gegen zu rechnen, wenn mit Dritten Verträge über das Abkippen von Verfüllmaterial abgeschlossen wurden und sich hierdurch der Rekultivierungsaufwand mindert.[881] Die Gegenrechnung darf jedoch nur dann vorgenommen werden, wenn nicht nur eine vage Möglichkeit künftiger wirtschaftlicher Vorteile besteht. Auch künftig entstehende Zinsansprüche dürfen nur dann als Vorteile angesetzt werden, wenn die Verzinsung sicher ist[882].

jj) Ansammlungsrückstellungen, § 6 Abs. 1 Nr. 3a Buchst. d) EStG

1010 Rückstellungen für Verpflichtungen für deren Entstehen der laufende Betrieb ursächlich ist, die also sukzessive über mehrere Wirtschaftsjahre entstehen, sind zeitanteilig in gleichen Raten anzusammeln. So sind z.B. bei einer Verpflichtung, eine betrieblich genutztes Gebäude nach 10 Jahren abzureißen, die Abbruchkosten auf den 10-Jahres-Zeitraum zu verteilen, R 38 EStR 2001. Davon zu unterscheiden sind Verpflichtungen zur Rekultivierung eines Grundstücks, auf den über einen Zeitraum von 10 Jahren Kies abgebaut werden kann. Hier richtet sich die Höhe der Rekulti-

[878] Vgl. *Ehlers/Grune/Korth/Wendt,* AktStR 1999 Special, Bd. 2, S. 43.
[879] Zunächst war eine Beschränkung auf variable Kosten vorgesehen, BT-Drucks. 14/23, S. 240.
[880] Vgl. *Schmidt/Glanegger,* EStG, 21. Aufl., § 6 Rz 405.
[881] Vgl. BT-Drucks. 14/23, S. 240.
[882] Vgl. *Ehlers/Grune/Wendt/Korth,* AktStR 1999 Special Bd. 2, S. 57.

vierungsverpflichtung nach dem vorgenommenen Abbauumfang. Das gleiche gilt für Rückstellungen für die Verpflichtung, ein Kernkraftwerk stillzulegen. Soweit der Stillegungszeitpunkt nicht feststeht, wird ein Zeitraum von 25 Jahren pauschaliert für die Ansammlung angesetzt. Das bedeutet aber nicht, dass die Rückstellung spätestens nach 25 Jahren aufzulösen ist.[883]

kk) Rückstellungsabzinsung, § 6 Abs. 1 Nr. 3 a Buchst. e) EStG

Nach der ebenfalls durch das StEntlG eingefügten Vorschrift sind Rückstellungen **1011**
für Verpflichtungen mit einem Zinssatz von 5,5% abzuzinsen, soweit deren Laufzeit am Bilanzstichtag noch mindestens 1 Jahr beträgt. Steht die Laufzeit nicht fest oder bestehen Verlängerungsoptionen, ist sie zu schätzen.[884] Bei Sachleistungsverpflichtungen ist für die Abzinsung der Zeitraum bis zum Beginn der Erfüllung maßgebend.

Für die Verpflichtung, ein Kernkraftwerk stillzulegen, ist der Zeitraum von der **1012**
erstmaligen Nutzung bis zu dem Zeitpunkt, in dem mit der Stillegung begonnen werden muss, maßgebend. Hilfsweise ist der Zeitraum von 25 Jahren seit der erstmaligen Nutzung anzusetzen. Die Vorschrift ist nicht anzuwenden, soweit bei Erfüllungsverpflichtungen Zinsen mit abzugelten sind.

5. Nicht fällige USt

Die Ktn „Umsatzsteuer nicht fällig", Ktn 1760–1766 (SKR 03) und 3810–3816 **1013**
(SKR 04) beinhalten durch USt-Ist-Versteuerung noch nicht fällige USt, die im DATEV-System unter Steuerrückstellungen ausgewiesen wird, weil die aus dem Forderungsbestand resultierende Verpflichtung im abgelaufenen Geschäftsjahr wirtschaftlich entstanden ist.

Standardkonten im DATEV-System **1014**

SKR 03		SKR 04	
0950	**Rückstellungen für Pensionen und ähnliche Verpflichtungen**	**3000**	**Rückstellungen für Pensionen und ähnliche Verpflichtungen**
0955	**Steuerrückstellungen**	3010	Pensionsrückstellungen
0957	Gewerbesteuerrückstellung	3015	Rückstellungen für pensionsähnliche Verpflichtungen
0963	Körperschaftsteuerrückstellung	**3020**	**Steuerrückstellungen**
0969	Rückstellung für latente Steuern	3030	Gewerbesteuerrückstellung
0970	**Sonstige Rückstellungen**	3040	Körperschaftsteuerrückstellung
0971	Rückstellungen für unterlassene Aufwendungen für Instandhaltung, Nachholung in den ersten drei Monaten	3050	Vermögensteuerrückstellung
0972	Rückstellungen für unterlassene Aufwendungen für Instandhaltung, Nachholung innerhalb des 4. bis 12. Monats	3060	Rückstellung für latente Steuern
0973	Rückstellungen für Abraum- und Abfallbeseitigung	**3070**	**Sonstige Rückstellungen**
0974	Rückstellungen für Gewährleistungen (Gegenkonto 4790)	3075	Rückstellungen für unterlassene Aufwendungen für Instandhaltung, Nachholung in den ersten drei Monaten
0976	Rückstellungen für drohende Verluste aus schwebenden Geschäften	3080	Rückstellungen für unterlassene Aufwendungen für Instandhaltung, Nachholung innerhalb des 4. bis 12. Monats
0977	Rückstellungen für Abschluß- und Prüfungskosten	3085	Rückstellungen für Abraum- und Abfallbeseitigung
0978	Aufwandsrückstellungen gemäß § 249 Abs. 2 HGB	3090	Rückstellungen für Gewährleistungen (Gegenkonto 6790)
0979	Rückstellungen für Umweltschutz	3092	Rückstellungen für drohende Verluste aus schwebenden Geschäften
S 1760	Umsatzsteuer nicht fällig	3095	Rückstellungen für Abschluß- und Prüfungskosten
S 1761	Umsatzsteuer nicht fällig 7%	3098	Aufwandsrückstellungen gemäß § 249 Abs. 2 HGB
S 1762	Umsatzsteuer nicht fällig aus im Inland steuerpflichtigen EG-Lieferungen	3099	Rückstellungen für Umweltschutz
S 1763	Umsatzsteuer nicht fällig aus im Inland steuerpflichtigen EG-Lieferungen 16%	S 3810	Umsatzsteuer nicht fällig
R 1764		S 3811	Umsatzsteuer nicht fällig 7%
S 1765	Umsatzsteuer nicht fällig 16%	S 3812	Umsatzsteuer nicht fällig aus im Inland steuerpflichtigen EG-Lieferungen
S 1766	Umsatzsteuer nicht fällig 15%	S 3813	Umsatzsteuer nicht fällig aus im Inland steuerpflichtigen EG-Lieferungen 16%

[883] Vgl. *Schmidt/Glanegger,* EStG, 21. Aufl., § 6 Rz 407.
[884] Vgl. *Schmidt/Glanegger,* EStG, 21. Aufl., § 6 Rz 408.

SKR 03	SKR 04
	R 3814
	S 3815 Umsatzsteuer nicht fällig 16%
	S 3816 Umsatzsteuer nicht fällig 15%

C. Verbindlichkeiten

1. Verbindlichkeitscharakter

1020 Unter „Verbindlichkeiten" sind alle dem Grunde und der Höhe nach **feststehende Verpflichtungen** der Gesellschaft auszuweisen. Eine Unterteilung in kurz- und langfristige Verbindlichkeiten wird nicht gefordert, stattdessen bestehen Vermerkpflichten zu den Restlaufzeiten.

2. Ausweis

a) Bilanzgliederung

1021 Mittelgroße und große Kapitalgesellschaften/KapG & Co. müssen Verbindlichkeiten gem. § 266 HGB wie folgt – mit Ausnahme der Restlaufzeitvermerke – gliedern:

1. **Anleihen**
   davon konvertibel
2. **Verbindlichkeiten gegenüber Kreditinstituten**
3. **Erhaltene Anzahlungen auf Bestellungen**
4. **Verbindlichkeiten aus Lieferungen und Leistungen**
5. **Verbindlichkeiten aus der Annahme gezogener Wechsel und der Ausstellung eigener Wechsel**
6. **Verbindlichkeiten gegenüber verbundenen Unternehmen**
7. **Verbindlichkeiten gegenüber Unternehmen, mit denen ein Beteiligungsverhältnis besteht**
8. **Sonstige Verbindlichkeiten**
   davon aus Steuern
   davon im Rahmen der sozialen Sicherheit.

b) Restlaufzeitvermerke und Verbindlichkeitenspiegel

1022 Bei jedem gesondert ausgewiesenen Posten ist der Betrag der Verbindlichkeiten mit einer **Restlaufzeit bis zu 1 Jahr** gem. § 268 Abs. 5 S. 1 HGB zu vermerken. Daneben sind im Anhang gem. § 285 Nr. 1 HGB der Gesamtbetrag der Verbindlichkeiten mit einer **Restlaufzeit von mehr als 5 Jahren** anzugeben, sowie der Gesamtbetrag der Verbindlichkeiten, die durch Grundpfandrechte oder ähnliche Rechte gesichert sind, unter Angabe von Art und Form der Sicherheiten. Die große und mittelgroße Kapitalgesellschaft müssen diese Angaben im Anhang detailliert entsprechend der Bilanzgliederung vornehmen, was § 285 Nr. 2 HGB bestimmt.

1023 Im DATEV-System erfolgt der Vermerk mit einer Restlaufzeit bis zu 1 Jahr, wenn die dafür vorgesehenen und so bezeichneten Ktn angesprochen werden. Gleiches gilt für den Ausweis von solchen Ktn, die keine „Restlaufzeit-Beschriftung" enthalten. Auch hier werden alle Beträge, die diese Ktn enthalten, in den Restlaufzeitvermerk beim „Mindestgliederungsschema" aufgenommen, weil eine alternative Angabe im Anhang für diese Restlaufzeiten im Gesetz nicht vorgesehen ist, § 268 Abs. 5 S. 1 HGB.

1024 Die im Verbindlichkeiten-Kontokorrent geführten **Kreditoren** fließen ohne Umbuchung generell in den Restlaufzeitvermerk bis zu 1 Jahr ein. Sollen Kreditoren nicht in diesen Vermerk einbezogen werden, ist das Kto 1659 (SKR 03) bzw. das Kto 3349 (SKR 04) als Gegenkonto anzusprechen.

1025 Das bedeutet für die praktische Kontierungsarbeit, dass für Verbindlichkeiten die einzelnen Salden auf bis zu drei Ktn aufzuteilen sind, nämlich auf ein Kto mit einer Restlaufzeit bis zu 1 Jahr, auf ein Kto mit einer Restlaufzeit von 1–5 Jahren und auf ein Kto mit einer Restlaufzeit von mehr als 5 Jahren. Dies wird bei Verbindlichkeiten gegenüber Kreditinstituten, insbesondere bei Teilzahlungsverträgen und Annuitätendarlehen, eher zur Unübersichtlichkeit denn zur Klarheit der Buchführung führen, weil die „Banksalden" den einzelnen Ktn nicht mehr zu entnehmen sind.

Darüber hinaus tragen eine Vielzahl von „davon-Vermerken" in der Bilanz nicht zur Bilanzklarheit bei. Deshalb wird im Schrifttum – unter Verweis auf § 265 Abs. 7 Nr. 2 HGB – vorgeschlagen, in der Bilanz lediglich die Verbindlichkeiten und den Gesamtbetrag der Restlaufzeiten zu vermerken, die Einzelposten und die zugehörigen Vermerke dagegen im Anhang zu nennen[885]. Diese Ausweishandhabung ist im DATEV-System nicht vorgesehen. 1026

Da zu den Verbindlichkeiten neben den Restlaufzeiten weitere Angaben, nämlich die dafür gegebenen Sicherheiten zu liefern sind[886], bietet sich an, sämtliche Restlaufzeitvermerke einschließlich der Angaben zu den dafür gegebenen Sicherheiten in den Anhang zu verlagern, und in einem sog. **„Verbindlichkeitenspiegel"** bzw. „Verbindlichkeitengitter" zusammenzufassen, was zwar dem Wortlaut von § 268 Abs. 5 S. 1 HGB entgegensteht, der Übersichtlichkeit der Bilanz jedoch förderlich sein dürfte. Ein solcher „Verbindlichkeitenspiegel" könnte wie folgt aussehen[887]: 1027

Art Höhe	mit einer Restlaufzeit von			Sicherheit
der Verbindlichkeit	bis zu 1 Jahr	bis zu 5 Jahren	mehr als 5 Jahren	Art Höhe

Bei dieser Vorgehensweise erübrigen sich Restlaufzeitvermerke in der Bilanz. Allerdings sollte die Informationsverlagerung in den Anhang einheitlich für alle Bilanzposten ausgeübt werden. 1028

Für die Kontierungspraxis im DATEV-System bietet sich – dem obigen Vorschlag folgend – folgende Vorgehensweise an: Bei den Posten „Anleihen", „Erhaltene Anzahlungen auf Bestellungen", „Verbindlichkeiten aus der Annahme gezogener Wechsel und der Ausstellung eigener Wechsel", „Verbindlichkeiten gegenüber verbundenen Unternehmen", und „Verbindlichkeiten gegenüber Unternehmen mit denen ein Beteiligungsverhältnis besteht" sind die Ktn mit einer Restlaufzeit von 1–5 Jahren zu bebuchen und mit einer individuellen Kontenbeschriftung ohne Restlaufzeitangaben zu betexten. 1029

Sämtliche Restlaufzeiten sind dann bei der Jahresabschlußaufstellung zu ermitteln und im Anhang anzugeben; in der Bilanz erscheinen keine „davon-Vermerke". 1030

Bei „Verbindlichkeiten gegenüber Kreditinstituten" erfolgt generell kein Restlaufzeitvermerk, wenn die Ktn 0690–0698 (SKR 03) bzw. die Ktn 3210–3248 (SKR 04) angesprochen werden[888]. 1031

Bei „Sonstige Verbindlichkeiten" erfolgt generell kein Restlaufzeitvermerk, wenn die Ktn 0790–0798 (SKR 03) bzw. die Ktn 3570–3598 (SKR 04) angesprochen werden[889]. Die Restlaufzeitvermerke bei den übrigen Verbindlichkeiten sind davon unberührt. 1032

c) Verbindlichkeiten, die erst nach dem Bilanzstichtag rechtlich entstehen

Wie bei den Forderungen sind gem. § 268 Abs. 5 S. 3 HGB diejenigen unter den **Verbindlichkeiten** ausgewiesenen Beträge, **die erst nach dem Abschlussstichtag rechtlich entstehen,** im Anhang zu erläutern. 1033

Verbindlichkeiten, die unter einer aufschiebenden Bedingung stehen, sind bilanzrechtlich solange keine Verbindlichkeit, bis die Bedingung eingetreten ist; gleiches gilt für Besserungsscheine aus Sanierungen, obgleich sie schuldrechtliche Verpflichtungen sein können. Im Schrifttum wird deshalb die Vorschrift als eine Leerformel 1034

---

[885] Vgl. WP-Handbuch 2000, Bd. I, F 331; *Claussen/Korth,* in Kölner Kom. § 268 HGB Tz 40: *Knop,* in Küting/Weber § 268 HGB Tz 210.

[886] Vgl. § 285 Nr. 1 b) HGB.

[887] Vgl. *Knop,* in Küting/Weber § 268 HGB Tz 211; ähnlich *Adler/Düring/Schmaltz,* § 285 HGB Tz 26 f.

[888] Das Konto 0699 (SKR 03) bzw. 3249 (SKR 04) kann als Gegenkonto für Bilanzvermerke statistisch eingesetzt werden.

[889] Das Konto 0799 (SKR 03) bzw. 3599 (SKR 04) kann als Gegenkonto für Bilanzvermerke statistisch genutzt werden.

angesehen, für die sich nur sehr schwer Beispiele finden lassen[890]. In Betracht kommen faktische Verbindlichkeiten, z.B. auf Grund nicht vertraglich zu übernehmender Verluste oder nicht einklagbarer Leistungsverpflichtungen[891].

d) Verbindlichkeiten gegenüber Gesellschaftern

1035 Gem. § 42 Abs. 3 GmbHG sind **Verbindlichkeiten gegenüber Gesellschaftern** i.d.R. als solche gesondert auszuweisen oder im Anhang anzugeben. Sofern sie nicht gesondert ausgewiesen werden, ist ihre Mitzugehörigkeit zu den anderen Posten im Anhang zu vermerken.[892]

1036 Eine ähnliche Regelung enthält § 264c Abs. 1 HGB für die **KapG & Co.** Danach sind Verbindlichkeiten gegenüber Gesellschaftern als solche gesondert auszuweisen oder im Anhang anzugeben. Auch hier gilt, dass ein Mitzugehörigkeitsvermerk vorzunehmen ist, wenn und soweit sie nicht gesondert ausgewiesen oder im Anhang angegeben werden. Der gesonderte Ausweis ist sowohl für Verbindlichkeiten gegenüber persönlich haftende Gesellschafter als auch gegenüber haftungsbeschränkten Gesellschaftern (Kommanditisten) erforderlich.[893] Die Verpflichtung zum gesonderten Ausweis besteht auch dann, wenn der Gesellschafter (i.d.R. die Komplementär-GmbH) nicht am Kapital und am Ergebnis der KapG & Co. beteiligt ist.

1037 Bei den DATEV–Jahresabschlüssen erfolgt die Zuordnung regelmäßig zu den einzelnen Arten der Verbindlichkeiten. Demgemäß hat im Anhang die Angabe zu erfolgen, unter welchen Posten Verbindlichkeiten gegenüber Gesellschaftern enthalten sind[894]. Beim „erweiterten -Jahresabschluss Kapitalgesellschaft" werden die Verbindlichkeiten gegenüber Gesellschaftern in einem „davon-Vermerk" bei den einzelnen Arten der Verbindlichkeiten gezeigt[895].

3. Bewertung

a) Ansatz zum Rückzahlungsbetrag

1038 Nach § 253 Abs. 2 S. 2 HGB sind Verbindlichkeiten – mit Ausnahme der Rentenverpflichtungen – mit ihrem Rückzahlungsbetrag anzusetzen. Ein Rückzahlungsbetrag kommt i.d.R. nur bei Verbindlichkeiten in Betracht, die aus Geld- und Finanzgeschäften resultieren[896]. Ansonsten entspricht der Rückzahlungsbetrag dem Betrag, zu dem die Verbindlichkeit eingegangen wurde (Nennwert der Geldleistungsverpflichtung). In diesen Fällen ist der Begriff „Erfüllungsbetrag" zutreffender als Rückzahlungsbetrag. Erfüllungsbetrag ist der Betrag, den der Schuldner zur Erfüllung einer Verpflichtung aufbringen muss[897].

1039 Ein **über dem Ausgabebetrag liegender Rückzahlungsbetrag** kann sich aus einem Auszahlungsdisagio oder einem Rückzahlungsagio ergeben. Der Unterschiedsbetrag (Disagio) darf gem. § 250 Abs. 3 HGB als Rechnungsabgrenzungsposten aktiviert werden. Steuerrechtlich besteht Aktivierungspflicht[898].

1040 Der **Teilwert** einer Verbindlichkeit ist der Mehrbetrag, den der Erwerber des gesamten Betriebs zahlen würde, wenn die Verbindlichkeit nicht bestünde oder wenn sie vom Verkäufer nicht zu übernehmen wäre[899]. Bei Darlehensverbindlichkeiten kann sich ein über dem Nennwert liegender Teilwert ergeben, wenn eine besonders hoch verzinsliche Verbindlichkeit eingegangen wurde und das allgemeine Zinsniveau gesunken ist. Da für den niedrigeren Teilwertansatz auf der Aktivseite Voraussetzung ist, dass es sich um eine voraussichtlich dauernde Wertminderung handelt, § 6 Abs. 1 Nr. 3 EStG i.d.F. des StEntlG 1999/2000/2002, gilt dies für den höheren Teilwertansatz von Verbindlichkeiten entsprechend. Das bedeutet, dass ein höherer

---

[890] Vgl. *Adler/Düring/Schmaltz,* § 268 HGB Tz 118.
[891] Vgl. *Berger/M. Ring,* in Beck Bil-Kom. § 268 HGB Tz 108.
[892] Vgl. *Adler/Düring/Schmaltz,* § 266 HGB Tz 214.
[893] Vgl. *Förschle/Hoffmann,* in Beck Bil-Kom. § 264c HGB Tz 5.
[894] Zum Ausgabeumfang vgl. C 62, C 64, C 70.
[895] Vgl. C 74.
[896] Vgl. *Adler/Düring/Schmaltz,* § 253 HGB Tz 72.
[897] Vgl. *Berger/M. Ring,* in Beck Bil-Kom. § 253 HGB Tz 51.
[898] Vgl. BFH-Urt. v. 19. 1. 1978, BStBl II 1978, S. 262; vgl. auch D 606.
[899] Vgl. BFH-Urt. v. 13. 12. 1972, BStBl II 1973, S. 217.

Teilwert nur anzusetzen ist, wenn eine dauerhafte Überverzinslichkeit des Darlehens vorliegt[900].

Der Ansatz eines niedrigeren Teilwerts der Verbindlichkeit verstößt gegen den Ausweis nicht realisierter Gewinne.[901] **1041**

b) Steuerrechtliches Abzinsungsgebot

Steuerrechtlich besteht dagegen bei unverzinslichen Verbindlichkeiten seit dem 1. 1. 1999 das Gebot, diese mit 5,5% abzuzinsen, soweit sie eine Laufzeit von mehr als 12 Monaten haben[902], § 6 Abs. 1 Nr. 3 EStG i. d. F. des StEntlG 1999/2000/2002[903]. Nach dem Gesetzeswortlaut gilt das für Geld- und Sachleistungsverbindlichkeiten. Eine Ausnahme vom Abzinsungsgebot besteht nur bei Anzahlungen oder Vorausleistungen. **1042**

c) Fremdwährungsverbindlichkeiten

Auch Fremdwährungsverbindlichkeiten sind grundsätzlich zu ihrem Rückzahlungsbetrag anzusetzen. Bei der **Erstverbuchung** erfolgt die Umrechnung regelmäßig mit dem Briefkurs (Ankaufskurs für die ausländische Währung) am Zugangstag[904]. Sinkt der Kurs der Fremdwährungsverbindlichkeit, ergibt sich also gegenüber der ursprünglich passivierten Verbindlichkeit eine niedrigere Schuld, bleibt die unberücksichtigt, weil insoweit ein nicht realisierter Kursgewinn entstanden ist, der ist im Zeitpunkt der Zahlung zu erfassen ist. Steigt dagegen der Kurs der Fremdwährungsverbindlichkeit muss, dem Imparitätsprinzip folgend, die höhere Verbindlichkeit passiviert werden. Steuerrechtlich muss es sich dagegen um eine dauerhafte Kurssteigerung handeln[905]. **1043**

Grundsätzlich sind Vermögensgegenstände und Schulden einzeln zu bewerten, § 255 Abs. 1 Nr. 3 HGB. Das „strenge" **Einzelbewertungsprinzip** kann bei Fremdwährungsverbindlichkeiten insoweit relativiert werden, als ein unrealisierter Kursverlust nicht zu einer Aufwertung der Verbindlichkeit führt, wenn er durch einen Kursgewinn bei einer Fremdwährungsforderung neutralisiert wird. Dies ist der Fall, wenn sog. „geschlossene Positionen" vorliegen, bei denen sich Kursgewinne und -verluste ausgleichen. Voraussetzung ist, dass es sich um Positionen gleicher Währung und annähernd gleicher Laufzeit handelt[906]. Soweit die Verbindlichkeit und der deckungsfähige Anspruch nicht betragsgleich sind, sind die Währungsverluste nur in Höhe des Schuldüberhangs nach dem Imparitätsprinzip zu berücksichtigen[907]. **1044**

C.1. Anleihen, davon konvertibel

Anleihen sind langfristige Verbindlichkeiten, die unter Inanspruchnahme des Kapitalmarktes aufgenommen worden sind, also **Schuldverschreibungen** und **Wandelschuldverschreibungen.** Dazu gehören auch **Gewinnschuldverschreibungen** und **Genussscheine,** soweit sie unter den gleichen Voraussetzungen wie Schuldverschreibungen ausgegeben werden[908]. **1045**

Wandel- und Gewinnschuldverschreibungen sind unter dem Posten „Anleihen" auszuweisen, obgleich den Gläubigern ein Umtausch- oder Bezugsrecht eingeräumt **1046**

---

[900] Vgl. *Schmidt/Glanegger,* EStG, 21. Aufl., § 6 Tz 401.

[901] Vgl. WP-Handbuch 2000, Bd. I, E 440.

[902] Vgl. *Schmidt/Glanegger,* EStG, 21. Aufl., § 6 Tz 402, verweisen darauf, dass sich damit die StBil von der HBil abkoppelt; nach dem Gesetzeswortlaut kommt eine Abzinsung nur bei unverzinslichen Verbindlichkeiten in Betracht, bei nahezu unverzinslichen Verbindlichkeiten kann jedoch § 42 AO in Betracht kommen, BMF-Schr. v. 23. 8. 1999, BStBl I 1999, S. 818; a. A. von de Loo, DStR 2000, S. 508.

[903] Zur Erstellung von separaten Steuerbilanzen im DATEV-System vgl C 60.

[904] Vgl. *Berger/M. Ring,* in Beck Bil-Kom. § 253 HGB Tz 70; *Schmidt/Glanegger,* EStG, 21. Aufl., § 6 Tz 391.

[905] Vgl. *Schmidt/Glanegger,* EStG, 21. Aufl., § 6 Tz 391.

[906] Vgl. WP-Handbuch 2000, Bd. I, E 440.

[907] Vgl. *Claussen/Korth,* in Kölner-Kom. § 266 HGB Tz 177; *Berger/M. Ring,* in Beck Bil-Kom. § 253 HGB Tz 77.

[908] Vgl. *Adler/Düring/Schmaltz,* § 266 HGB Tz 218 ff.; *Claussen/Korth,* in Kölner Kom. § 266 HGB Tz 160; *Ellrott/M. Ring,* in Beck Bil-Kom. § 266 HGB Tz 216 plädieren für einen gesonderten Posten mit der Bezeichnung „Genußscheinkapital" unter den Verbindlichkeiten, u. z. alternativ zur Untergliederung beim Posten „Anleihen".

wird, also Eigenkapitalelemente in diesen Finanzierungsmitteln enthalten sind. Keine „Anleihen" sind Schuldscheindarlehen, die unter „Verbindlichkeiten gegenüber Kreditinstituten" oder „Sonstige Verbindlichkeiten" auszuweisen sind.[909]

1047 Ist der Rückzahlungsbetrag einer Anleihe höher als der Ausgabebetrag, darf der Unterschiedsbetrag, sog. **Disagio,** gem. § 250 Abs. 3 HGB als RAP aktiviert werden. Steuerrechtlich besteht dagegen Aktivierungspflicht.[910]

1048 Neben der Vermerkpflicht für Anleihen mit einer **Restlaufzeit bis zu einem Jahr** sind konvertible Schuldverschreibungen, d. s. Wandelschuldverschreibungen, Optionsanleihen u. ä. gesondert zu vermerken[911]. Aktiengesellschaften müssen nach § 160 Abs. 5 Nr. 5 AktG zusätzliche Angaben in den Anhang aufnehmen.[912]

1049 Bei den DATEV–Jahresabschlüssen werden mit einer Restlaufzeit bis zu einem Jahr alle Beträge vermerkt, die auf Ktn mit der entsprechenden Bezeichnung einschließlich der Ktn 0600, 0615 (SKR 03) bzw. 3100, 3120 (SKR 04) enthalten[913] sind. Beim „erweiterten -Jahresabschluss Kapitalgesellschaft" sind auch die Restlaufzeiten von mehr als 5 Jahren in der Bilanz vermerkt[914].

Standardkonten im DATEV-System

	SKR 03	SKR 04
1050	**0600 Anleihen** nicht konvertibel	**3100 Anleihen nicht konvertibel**
	0601 – Restlaufzeit bis 1 Jahr	3101 – Restlaufzeit bis 1 Jahr
	0605 – Restlaufzeit 1 bis 5 Jahre	3105 – Restlaufzeit 1 bis 5 Jahre
	0610 – Restlaufzeit größer 5 Jahre	3110 – Restlaufzeit größer 5 Jahre
	0615 Anleihen konvertibel	3120 Anleihen konvertibel
	0616 – Restlaufzeit bis 1 Jahr	3121 – Restlaufzeit bis 1 Jahr
	0620 – Restlaufzeit 1 bis 5 Jahre	3125 – Restlaufzeit 1 bis 5 Jahre
	0625 – Restlaufzeit größer 5 Jahre	3130 – Restlaufzeit größer 5 Jahre

C.2. Verbindlichkeiten gegenüber Kreditinstituten

1051 Zum Posten „Verbindlichkeiten gegenüber Kreditinstituten" gehören alle gegenüber inländischen **Banken, Sparkassen und sonstigen Kreditinstituten** sowie den vergleichbaren ausländischen Instituten bestehenden **lang-, mittel- und kurzfristigen Kredite.** Auch Verbindlichkeiten gegenüber **Bausparkassen** gehören dazu[915].

1052 Die Verbindlichkeiten sind grundsätzlich mit dem Nennbetrag anzusetzen[916]. Die Höhe der Verbindlichkeit richtet somit sich nach der zum Bilanzstichtag valutierenden und regelmäßig vom Kreditinstitut bestätigten Kreditinanspruchnahme. Noch nicht geleistete Zinsen sind in den Verbindlichkeitsbetrag einzubeziehen[917].

1053 Auch bei diesem Posten sind die **Restlaufzeiten bis zu 1 Jahr** zu vermerken, § 268 Abs. 5 HGB. Entscheidend ist die vertraglich vereinbarte Fälligkeit, d. h. auch sich ständig revolvierende Kontokorrent-Kredite fallen unter die Angabepflicht. Daneben müssen im Anhang weitere Restlaufzeitvermerke und Angaben zu den gegebenen Sicherheiten geliefert werden, § 285 Nr. 1 a) und b), Nr. 2 HGB. Beim „erweiterten –Jahresabschluss Kapitalgesellschaft" sind auch die Restlaufzeiten von mehr als 5 Jahren in der Bilanz vermerkt.

1054 Werden die Verbindlichkeiten gegenüber Kreditinstituten auf den Ktn 0690–0698 (SKR 03) bzw. 3210–3248 (SKR 04) eingebucht, erfolgt kein Restlaufzeitvermerk in der Bilanz. Soll ein „davon-Vermerk" erfolgen, kann eine Umbuchung auf die Konten mit Fristigkeitsvermerk über das Gegenkonto 0699 (SKR 03) bzw. 3249 (SKR 04) erfolgen. Dieses Verfahren hat den Vorteil, dass den Ktn 0690–0698 bzw. 3210–3248 die Restverbindlichkeit zu entnehmen ist und ohne weitere Nebenrechnungen ins Folgejahr vorgetragen werden kann. Im sog. „Konten-Nachweis", der

---

[909] Vgl. *Adler/Düring/Schmaltz,* § 266 HGB Tz 220; WP-Handbuch 2000, Bd. I, F 333.
[910] Vgl. D 606.
[911] Vgl. *Adler/Düring/Schmaltz,* § 266 HGB Tz 221; WP-Handbuch 2000, Bd. I, F 333.
[912] Vgl. F 375.
[913] Vgl. D 1029.
[914] Vgl. D 74.
[915] Vgl. WP-Handbuch 2000, Bd. I, F 335; *Ellrott/M. Ring,* in Beck Bil-Kom. § 266 HGB Tz 221.
[916] Vgl. *Adler/Düring/Schmaltz,* § 253 HGB Tz 154.
[917] Vgl. *Adler/Düring/Schmaltz,* § 266 HGB Tz 222; *Ellrott/M. Ring,* in Beck Bil-Kom. § 266 HGB Tz 221.

häufig als Erläuterung zum JA gegeben wird, dürften derartige Umbuchungen die Übersichtlichkeit jedoch beeinträchtigen.

Standardkonten im DATEV-System

SKR 03		SKR 04		
0630	**Verbindlichkeiten gegenüber Kreditinstituten**	**3150**	**Verbindlichkeiten gegenüber Kreditinstituten**	1055
0631	– Restlaufzeit bis 1 Jahr	3151	– Restlaufzeit bis 1 Jahr	
0640	– Restlaufzeit 1 bis 5 Jahre	3160	– Restlaufzeit 1 bis 5 Jahre	
0650	– Restlaufzeit größer 5 Jahre	3170	– Restlaufzeit größer 5 Jahre	
0660	Verbindlichkeiten gegenüber Kreditinstituten aus TZ-Verträgen	3180	Verbindlichkeiten gegenüber Kreditinstituten aus TZ-Verträgen	
0661	– Restlaufzeit bis 1 Jahr	3181	– Restlaufzeit bis 1 Jahr	
0670	– Restlaufzeit 1 bis 5 Jahre	3190	– Restlaufzeit 1 bis 5 Jahre	
0680	– Restlaufzeit größer 5 Jahre	3200	– Restlaufzeit größer 5 Jahre	
0690–98	(frei, in Bilanz kein Restlaufzeitvermerk)	3210–48	(frei, in Bilanz kein Restlaufzeitvermerk)	
0699	Gegenkonto 0630–0689 bei Aufteilung der Konten 0690–0698	3249	Gegenkonto 3150–3209 bei Aufteilung der Konten 3210–3248	

Buchungsbeispiele:	SKR 03	SKR 04	
Ktn-Bereich ohne Restlaufzeitvermerk (RLV)			1056
Ausdruck erfolgt ohne RLV	1200 an 0690	1800 an 3210	
Sofern RLV erwünscht:			
RLV bis 1 Jahr	0699 an 0631	3249 an 3151	
RLV 1 bis 5 Jahre	0699 an 0640	3249 an 3160	
RLV über 5 Jahre	0699 an 0650	3249 an 3170	

C.3. Erhaltene Anzahlungen auf Bestellungen

1. Posteninhalt

„Erhaltene Anzahlungen" sind **Geldleistungen von Auftraggebern** auf noch zu erbringende Lieferungen und Leistungen aufgrund eines abgeschlossenen Vertrages oder eines bindenden Vertragsangebots, d. h. Vorleistungen im Rahmen eines schwebenden Geschäftes[918]. Betriebswirtschaftlich haben Anzahlungen **Sicherungsfunktion** im Hinblick auf den später fällig werdenden Geldeingang, sowie **Vorfinanzierungsfunktion** im Hinblick auf die zu fertigenden Produkte oder die zu erbringende Leistung. Bis zur Lieferung oder Leistungserfüllung bleiben es Verbindlichkeiten, die als „Erhaltene Anzahlungen auf Bestellungen" gesondert auszuweisen sind. 1057

Soweit noch kein Vertrag abgeschlossen wurde oder kein bindendes Vertragsangebot vorliegt, handelt es sich noch nicht um ein schwebendes Geschäft. In diesem Fall hat der Ausweis unter „Sonstige Verbindlichkeiten" zu erfolgen. Aus dem Zusatz „auf Bestellungen" ergibt sich, dass hier nur Anzahlungen auszuweisen sind, die sich auf Umsatzerlöse beziehen[919]. Soweit diese Voraussetzung nicht erfüllt ist, sind Anzahlungen unter den „Sonstigen Verbindlichkeiten" auszuweisen[920]. 1058

2. Buchungszeitpunkt

Erhaltene Anzahlungen sind bei **Zahlungseingang** zu buchen. Fällige noch nicht zugeflossene Anzahlungen finden keinen Niederschlag in Buchführung und Jahresabschluss[921]. Anzahlungen erlöschen durch Rückzahlung oder Leistungserfüllung. 1059

Anzahlungen sind gem. § 13 Abs. 1 Nr. 1 a) UStG bei der Vereinnahmung der USt zu unterwerfen, d. h. der Anzahlungsempfänger muss die im Anzahlungsbetrag enthaltene USt in dem für die Vereinnahmung maßgebenden Voranmeldungszeitraum abführen. Dem Charakter der USt entsprechend können „Erhaltene Anzahlungen" netto, d. h. ohne USt ausgewiesen werden[922]. Bei einem Bruttoausweis, der 1060

---

[918] Vgl. *Ellrott/M. Ring,* in Beck Bil-Kom. § 266 HGB Tz 223.
[919] Vgl. *Adler/Düring/Schmaltz,* § 266 HGB Tz 223.
[920] Vgl. *Ellrott/M. Ring,* in Beck Bil-Kom. § 266 HGB Tz 224.
[921] Vgl. *Claussen/Korth,* in Kölner Kom. § 266 HGB Tz 169.
[922] Vgl. *Ellrott/M. Ring,* in Beck Bil-Kom. § 266 HGB Tz 226.

auch zulässig ist[923], sind die erhaltenen Anzahlungen brutto, d. h. einschließlich der USt auszuweisen und die abzuführende USt unter den RAP zu aktivieren. Diesem Ausweis ist der Vorzug zu geben, wenn mit einer Rückgängigmachung des Geschäftes zu rechnen ist[924]. Allerdings sollte bei einer Rückzahlungsverpflichtung die erhaltene Anzahlung unter „Sonstige Verbindlichkeiten" ausgewiesen werden.

3. Saldierungsverbot

1061 § 246 Abs. 2 HGB verbietet eine Verrechnung der „Erhaltenen Anzahlungen" mit noch nicht erbrachten Lieferungen oder Leistungen. Möglich ist gem. § 268 Abs. 5 S. 2 HGB, „Erhaltene Anzahlungen auf Vorräte" offen ist von der Position „Vorräte" abzusetzen, was kein Saldieren i. S. v. § 246 Abs. 2 HGB ist.

4. Restlaufzeitvermerk

1062 Auch für erhaltene Anzahlungen mit einer **Restlaufzeit bis zu 1 Jahr** gilt die Vermerkpflicht gem. § 268 Abs. 5 HGB. Da bei Anzahlungen die Restlaufzeit von der Leistungserfüllung abhängt, ist diese ggf. zu schätzen. Wird von dem Wahlrecht der offenen Absetzung von den Vorräten Gebrauch gemacht, entfällt dieser Vermerk.[925]

Standardkonten im DATEV-System

1063

SKR 03		SKR 04	
1710	**Erhaltene Anzahlungen (Verbindlichkeiten)**	**3250**	**Erhaltene Anzahlungen auf Bestellungen**
AM 1711	Erhaltene, versteuerte Anzahlungen 7% USt (Verbindlichkeiten)	AM 3260	Erhaltene Anzahlungen 7% USt
		R 3261–64	
R 1712–15		AM 3270	Erhaltene Anzahlungen 16% USt
AM 1716	Erhaltene, versteuerte Anzahlungen 15% USt (Verbindlichkeiten)	AM 3271	Erhaltene Anzahlungen 15% USt
		R 3272–74	
AM 1717	Erhaltene, versteuerte Anzahlungen 16% USt (Verbindlichkeiten)	3280	Erhaltene Anzahlungen – Restlaufzeit bis 1 Jahr
R 1718		3284	– Restlaufzeit 1 bis 5 Jahre
1719	Erhaltene Anzahlungen – Restlaufzeit bis 1 Jahr	3285	– Restlaufzeit größer 5 Jahre
1720	– Restlaufzeit 1 bis 5 Jahre		
1721	– Restlaufzeit größer 5 Jahre		

C.4. Verbindlichkeiten aus Lieferungen und Leistungen

1. Verbindlichkeitscharakter, Verbindlichkeitseinbuchung

1064 „Verbindlichkeiten aus Lieferungen und Leistungen sind **Verpflichtungen bzw. Schulden aus** erfüllten Umsatzgeschäften, bei denen die Gegenleistung (Zahlung) noch zu erbringen ist[926]. Rechtsgrundlage können **Kauf- und Werkverträge, Dienstleistungsverträge, Miet- und Pachtverträge** und ähnlichen Verträge sein. Die Verbindlichkeiten müssen aus solchen Lieferungen oder Leistungen resultieren, die von der Aufwandserfassung den Umsatzerlösen gegenüberzustellen sind, also zur Erfüllung des eigentlichen Unternehmenszweckes gehören, auch z. B. Mietaufwendungen, wenn die gegenüberzustellenden Mieterlöse dem Unternehmensgegenstand entsprechen[927].

1065 Demgemäß sind Verbindlichkeiten, die mit dem eigentlichen Unternehmenszweck nicht im Zusammenhang stehen, wie Schadensersatz, Darlehens- und allgemeine Kostenverbindlichkeiten, nicht hier, sondern unter „Sonstige Verbindlichkeiten" auszuweisen. Gleiches gilt für Überzahlungen von Kunden, sog. **kreditorische Debitoren.** „Anzahlungen auf Bestellungen" von Kunden sind unter dem dafür

---

[923] Vgl. *Adler/Düring/Schmaltz,* § 266 HGB Tz 224; *Ellrott/M. Ring,* in Beck Bil-Kom. § 266 HGB Tz 226; einschränkend *Knop,* in Küting/Weber § 268 HGB Tz 216.
[924] Vgl. *Ellrott/M. Ring,* in Beck Bil-Kom. § 266 HGB Tz 226.
[925] Vgl. *Claussen/Korth,* in Kölner Kom. § 268 HGB Tz 42; a. A. *Adler/Düring/Schmaltz,* § 285 HGB Tz 8; weitere Einzelheiten vgl. D 478.
[926] Vgl. *Ellrott/M. Ring,* in Beck Bil-Kom. § 266 HGB Tz 228.
[927] A. A. WP-Handbuch 2000, Bd. I, F 337.

vorgesehenen gesonderten Posten auszuweisen. Aufgrund einer zivilrechtlichen Vereinbarung gestundete Liefer- und Leistungsverbindlichkeiten sind ebenfalls unter „Sonstige Verbindlichkeiten" auszuweisen[928].

Der **Zeitpunkt der Passivierung** ist von der Lieferung oder dem Zeitpunkt der Leistungsbeendigung abhängig. Bei der Lieferung ist die **Verfügungsmacht** maßgebend, die nicht dem zivilrechtlichen Eigentumsübergang entsprechen muss[929]. Der Lieferungsempfänger hat die Verfügungsmacht, wenn die zu liefernden Vermögensgegenstände ihm wirtschaftlich zuzurechnen sind. Dies gilt auch für die steuerrechtliche Abgrenzung[930]. Der Zeitpunkt der Rechnungserteilung ist dagegen unmaßgeblich[931]. Bei **unterwegs befindlicher Ware** ist der Gefahrenübergang, bei **Dauerschuldverhältnissen** die vereinbarte Fälligkeit für die Passivierung der Verbindlichkeit maßgebend. 1066

2. Erlöschen, Saldierungsverbot

Verbindlichkeiten **erlöschen durch Erfüllung,** also regelmäßig durch **Zahlung.** 1067
Daneben erlöschen Verbindlichkeiten durch **Aufrechnung oder Erlass.** Bei zivilrechtlicher Aufrechnungslage können Verbindlichkeiten und Forderungen ausnahmsweise saldiert werden. Ansonsten gilt das Saldierungsverbot des § 246 Abs. 2 HGB, d.h. Forderungen an Lieferanten, z.B. Gutschriften, dürfen nicht mit Verbindlichkeiten aus Lieferungen und Leistungen gegenüber anderen Lieferanten saldiert werden[932]; demgemäß sind sog. **debitorische Kreditoren** unter „Sonstige Vermögensgegenstände" auszuweisen.

3. Skonti

Lieferantenrechnungen sind grundsätzlich mit dem Rechnungsbetrag einzubu- 1068
chen. **Skontokürzungen** sind im Zeitpunkt der Zahlung erfolgswirksam als Skontoertrag zu erfassen, der die Anschaffungskosten der bezogenen Güter nachträglich mindert[933].

4. Restlaufzeitvermerke

Liefer- und Leistungsverbindlichkeiten mit einer **Restlaufzeit bis zu 1 Jahr** sind 1069
gem. § 268 Abs. 5 S. 1 HGB zu vermerken.

Im Kontenplan angegebene Ktn ohne Restlaufzeitvermerke werden generell den 1070
Verbindlichkeiten mit einer Restlaufzeit bis zu 1 Jahr zugeordnet. Dies gilt auch für das Verbindlichkeitskontokorrent. Sollen aus dem Kontokorrentbereich Verbindlichkeiten, die eine Restlaufzeit von mehr als 1 Jahr oder mehr als 5 Jahren haben – was selten vorkommen wird – umgebucht werden, ist das Kto 1659 (SKR 03) bzw. das Kto 3349 (SKR 04) als Gegenkto anzusprechen.

Standardkonten im DATEV-System

SKR 03		SKR 04		
S 1600	**Verbindlichkeiten aus Lieferungen und Leistungen**	**S 3300**	**Verbindlichkeiten aus Lieferungen und Leistungen**	1071
R 1601–03	Verbindlichkeiten aus Lieferungen und Leistungen	R 3301–03	Verbindlichkeiten aus Lieferungen und Leistungen	
F 1610–23	Verbindlichkeiten aus Lieferungen und Leistungen ohne Kontokorrent	F 3310–33	Verbindlichkeiten aus Lieferungen und Leistungen ohne Kontokorrent	

[928] Vgl. *Dusemond/Knop,* in Küting/Weber § 266 HGB Tz 153; *Claussen/Korth,* in Kölner Kom. § 266 HGB Tz 173.

[929] Vgl. *Claussen/Korth,* in Kölner Kom. § 266 HGB Tz 174.

[930] Steuerrechtlich muss es sich um eine notwendige Betriebsschuld handeln, d.h. der auslösende Vorgang muss einen tatsächlichen oder wirtschaftlichen Zusammenhang mit dem Betrieb aufweisen, BFH-Urt. v. 2. 4. 1987, BStBl II 1987, S. 621, betr. die Darlehensaufnahme zur Ablösung einer Pflichtteilsverbindlichkeit; ebenso BFH-Urt. v. 21. 5. 1987, BStBl II 1987, S. 628.

[931] Vgl. *Ellrott/M. Ring,* in Beck Bil-Kom. § 266 HGB Tz 231.

[932] Vgl. *Ellrott/M. Ring,* in Beck Bil-Kom. § 266 HGB Tz 229.

[933] Vgl. *Ellrott/M. Ring,* in Beck Bil-Kom. § 253 HGB Tz 99; nach *Adler/Düring/Schmaltz,* § 253 HGB Tz 159 kann die Verbindlichkeit auch zum Nettobetrag eingebucht werden, wenn bei Einbuchung feststeht, dass unter Skontoabzug gezahlt wird.

SKR 03		SKR 04	
F 1624	Verbindlichkeiten aus Lieferungen und Leistungen für Investitionen für § 4/3 EStG	F 3334	Verbindlichkeiten aus Lieferungen und Leistungen für Investitionen für § 4/3 EStG
F 1625	Verbindlichkeiten aus Lieferungen und Leistungen ohne Kontokorrent – Restlaufzeit bis 1 Jahr	F 3335	Verbindlichkeiten aus Lieferungen und Leistungen ohne Kontokorrent – Restlaufzeit bis 1 Jahr
F 1626	– Restlaufzeit 1 bis 5 Jahre	F 3337	– Restlaufzeit 1 bis 5 Jahre
F 1628	– Restlaufzeit größer 5 Jahre	F 3338	– Restlaufzeit größer 5 Jahre
F 1650	Verbindlichkeiten aus Lieferungen und Leistungen gegenüber Gesellschaftern	F 3340	Verbindlichkeiten aus Lieferungen und Leistungen gegenüber Gesellschaftern
F 1651	– Restlaufzeit bis 1 Jahr	F 3341	– Restlaufzeit bis 1 Jahr
F 1655	– Restlaufzeit 1 bis 5 Jahre	F 3345	– Restlaufzeit 1 bis 5 Jahre
F 1658	– Restlaufzeit größer 5 Jahre	F 3348	– Restlaufzeit größer 5 Jahre

C.5. Verbindlichkeiten aus der Annahme gezogener Wechsel und der Ausstellung eigener Wechsel

1072 Auszuweisen sind hier sämtliche **akzeptierte Schuldwechsel,** sowie auch **eigene Wechsel (Solawechsel).** Wechsel sind Wertpapiere, die ein Zahlungsversprechen enthalten. Durch die Wechselhingabe erlischt die ursprüngliche Verbindlichkeit gem. § 364 Abs. 2 BGB nicht. Die Wechselverbindlichkeit tritt zivilrechtlich neben die ursprüngliche Verbindlichkeit. Bilanziell ist jedoch statt der Liefer- und Leistungsschuld die Wechselschuld auszuweisen[934].

1073 In Abhängigkeit des der Wechselhingabe zugrundeliegenden Geschäfts wird zwischen Handels- und Finanzwechsel unterschieden. Für den Bilanzausweis spielt die Unterscheidung keine Rolle. Sog. Kautions-, Sicherungs- und Depotwechsel, die das Unternehmen bei Dritten hinterlegt hat, sind nicht hier auszuweisen[935], sondern bei den Eventualverbindlichkeiten zu vermerken, soweit ein Risiko über die passivierte Verbindlichkeit hinaus besteht[936]. Gleiches gilt für die Haftung als Wechselaussteller, Art. 9 WechselG, als Indossant, Art. 15 Abs. 1 WechselG oder Wechselbürge, Art. 32 Abs. 1 WechselG; sofern Inanspruchnahme hieraus droht ist diese als Rückstellung zu passivieren.

1074 Wechselverbindlichkeiten sind in Höhe der Wechselsumme zu passivieren. Bei einer längeren Laufzeit kann ein Abgrenzung des Diskontbetrages nach § 250 Abs. 3 HGB in Betracht kommen. Soweit Zinsen zusätzlich zur Wechselsumme gezahlt werden, sind vorausbezahlte Zinsen nach § 250 Abs. 1 S. 1 aktivisch abzugrenzen, noch nicht gezahlte, aber auf das laufende Geschäftsjahr entfallende Zinsen zu passivieren.[937]

1075 Eine Vermerkpflicht für **Restlaufzeiten bis zu 1 Jahr** besteht auch hier, d.h. regelmäßig sind die gesamten Wechselverbindlichkeiten vermerkpflichtig[938].

Standardkonten im DATEV-System

1076

SKR 03		SKR 04	
F 1660	**Schuldwechsel**	**F 3350**	**Verbindlichkeiten aus der Annahme gezogener Wechsel und aus der Ausstellung eigener Wechsel**
F 1661	– Restlaufzeit bis 1 Jahr	F 3351	– Restlaufzeit bis 1 Jahr
F 1680	– Restlaufzeit 1 bis 5 Jahre	F 3380	– Restlaufzeit 1 bis 5 Jahre
F 1690	– Restlaufzeit größer 5 Jahre	F 3390	– Restlaufzeit größer 5 Jahre

[934] Vgl. *Dusemond/Knop,* in Küting/Weber § 266 HGB Tz 155; *Ellrott/M. Ring,* in Beck Bil-Kom. § 266 HGB Tz 240.
[935] Vgl. *Adler/Düring/Schmaltz,* § 266 HGB Tz 230.
[936] Vgl. *Dusemond/Knop,* in Küting/Weber § 266 HGB Tz 157; anders Gefälligkeitswechsel, weil auch hierdurch eine Verbindlichkeit begründet wird, WP-Handbuch 2000, Bd. I, F 338; *Claussen/Korth,* in Kölner Kom. § 266 HGB Tz 181.
[937] Vgl. *Adler/Düring/Schmaltz,* § 253 HGB Tz 160; WP-Handbuch 2000, Bd. I, F 340.
[938] Vgl. dazu D 1022.

C.6. Verbindlichkeiten gegenüber verbundenen Unternehmen

In den Posten sind sämtliche gegenüber verbundenen Unternehmen bestehende Verbindlichkeiten aufzunehmen[939]. Eine weitergehende sachbezogene Untergliederung wird vom Gesetz nicht verlangt, so daß in diesem Posten zusammenzufassen sind: **1077**
- erhaltene Anzahlungen auf Bestellungen
- Verbindlichkeiten aus Lieferungen und Leistungen
- Wechselverbindlichkeiten
- sonstige Verbindlichkeiten, einschließlich aller kurz-, mittel- und langfristigen Darlehen verbundener Unternehmen

Auch hier sind Verbindlichkeiten mit einer **Restlaufzeit bis zu 1 Jahr** gesondert zu vermerken[940]. **1078**

Standardkonten im DATEV-System

1079

SKR 03		SKR 04	
0700	**Verbindlichkeiten gegenüber verbundenen Unternehmen**	**3400**	**Verbindlichkeiten gegenüber verbundenen Unternehmen**
0701	– Restlaufzeit bis 1 Jahr	3401	– Restlaufzeit bis 1 Jahr
0705	– Restlaufzeit 1 bis 5 Jahre	3405	– Restlaufzeit 1 bis 5 Jahre
0710	– Restlaufzeit größer 5 Jahre	3410	– Restlaufzeit größer 5 Jahre
F 1630	Verbindlichkeiten aus Lieferungen und Leistungen gegenüber verbundenen Unternehmen	F 3420	Verbindlichkeiten aus Lieferungen und Leistungen gegenüber verbundenen Unternehmen
F 1631	– Restlaufzeit bis 1 Jahr	F 3421	– Restlaufzeit bis 1 Jahr
F 1635	– Restlaufzeit 1 bis 5 Jahre	F 3425	– Restlaufzeit 1 bis 5 Jahre
F 1638	– Restlaufzeit größer 5 Jahre	F 3430	– Restlaufzeit größer 5 Jahre

Sonderposten 10: Verbindlichkeiten gegenüber verbundenen Unternehmen aus Ausgleichsforderungen gem. § 24 DMBilG

Sofern ehemalige volkseigene Betriebe bei der Aufstellung der DMEB einen nicht durch Eigenkapital gedeckten Fehlbetrag hätten ausweisen müssen, konnten sie gem. § 24 Abs. 1 DMBilG gegen das Unternehmen, dem die Anteilsrechte unentgeltlich zwecks Privatisierung oder Reorganisation übertragen worden waren, eine Ausgleichsforderung in Höhe des Fehlbetrages bilden[941]. In gleicher Höhe hatte das Mutterunternehmen eine Verbindlichkeit einzubuchen. Die Einstellung der Verbindlichkeit wurde ergebnismäßig durch die Aktivierung eines Beteiligungsentwertungskontos neutralisiert[942]. **1080**

Standardkonten im DATEV-System

1081

SKR 03		SKR 04	
9457	**Verbindlichkeiten gegenüber verbundenen Unternehmen aus Ausgleichsforderungen gemäß § 24 DMBilG**	**9457**	**Verbindlichkeiten gegenüber verbundenen Unternehmen aus Ausgleichsforderungen gemäß § 24 DMBilG**
9458	– Restlaufzeit bis 1 Jahr	9458	– Restlaufzeit bis 1 Jahr
9459	– Restlaufzeit 1 bis 5 Jahre	9459	– Restlaufzeit 1 bis 5 Jahre
9460	– Restlaufzeit größer 5 Jahre	9460	– Restlaufzeit größer 5 Jahre

Sonderposten 11: Verbindlichkeiten gegenüber verbundenen Unternehmen gem. § 26 DMBilG

Bei Kapitalgesellschaften im Beitrittsgebiet war in der DMEB das „Gezeichnete Kapital" zumindest in der Höhe des gesetzlich vorgeschriebenen Mindestkapitals neu festzusetzen. Sofern dabei das Eigenkapital nicht ausreichte um das gezeichnete Kapital zu bilden, war der Fehlbetrag als ausstehende Einlage auf der Aktivseite vor dem **1082**

---

[939] Vgl. *Adler/Düring/Schmaltz,* § 266 HGB Tz 233; der Ausweis unter diesem Posten hat Vorrang vor dem Ausweis unter einem anderen Posten; zur Abgrenzung „verbundene Unternehmen" vgl. D 194.
[940] Vgl. dazu D 1022.
[941] Vgl. D 636.
[942] Vgl. *Müller,* in Budde/Forster DMBilG-Kom. § 24 DMBilG Tz 51.

Anlagevermögen gesondert auszuweisen. Reichte das vorhandene Eigenkapital nicht aus, die gesetzlich vorgesehene Mindesteinzahlung zu bewirken, galt der Fehlbetrag als eingefordert, § 26 Abs. 3 S. 3 DMBilG. Dies führte beim Anteilseigener dazu, daß die Verpflichtung zu passivieren war. Der Posten dürfte kaum noch Bedeutung haben.

Standardkonten im DATEV-System

	SKR 03		SKR 04	
1083	9462	**Verbindlichkeiten gegenüber verbundenen Unternehmen gemäß § 26 des DMBilG**	**9462**	**Verbindlichkeiten gegenüber verbundenen Unternehmen gemäß § 26 des DMBilG**
	9463	– Restlaufzeit bis 1 Jahr	9463	– Restlaufzeit bis 1 Jahr
	9464	– Restlaufzeit 1 bis 5 Jahre	9464	– Restlaufzeit 1 bis 5 Jahre
	9465	– Restlaufzeit größer 5 Jahre	9465	– Restlaufzeit größer 5 Jahre

C.7. Verbindlichkeiten gegenüber Unternehmen, mit denen ein Beteiligungsverhältnis besteht

1084 Die hier auszuweisenden Verbindlichkeiten bestehen gegenüber „Beteiligungsunternehmen". Es darf sich also nicht um Verbindlichkeiten gegenüber verbundenen Unternehmen handeln, die unter Pos. C.6. auszuweisen sind. Im Übrigen entspricht der Katalog der hier auszuweisenden Verbindlichkeiten dem des Pos. C.6., was auch für den Vermerk der **Restlaufzeit bis zu 1 Jahr** gilt.

Standardkonten im DATEV-System

	SKR 03		SKR 04	
1085	**0715**	**Verbindlichkeiten gegenüber Unternehmen, mit denen ein Beteiligungsverhältnis besteht**	**3450**	**Verbindlichkeiten gegenüber Unternehmen, mit denen ein Beteiligungsverhältnis besteht**
	0716	– Restlaufzeit bis 1 Jahr	3451	– Restlaufzeit bis 1 Jahr
	0720	– Restlaufzeit 1 bis 5 Jahre	3455	– Restlaufzeit 1 bis 5 Jahre
	0725	– Restlaufzeit größer 5 Jahre	3460	– Restlaufzeit größer 5 Jahre
	F 1640	Verbindlichkeiten aus Lieferungen und Leistungen gegenüber Unternehmen, mit denen ein Beteiligungsverhältnis besteht	F 3470	Verbindlichkeiten aus Lieferungen und Leistungen gegenüber Unternehmen, mit denen ein Beteiligungsverhältnis besteht
	F 1641	– Restlaufzeit bis 1 Jahr	F 3471	– Restlaufzeit bis 1 Jahr
	F 1645	– Restlaufzeit 1 bis 5 Jahre	F 3475	– Restlaufzeit 1 bis 5 Jahre
	F 1648	– Restlaufzeit größer 5 Jahre	F 3480	– Restlaufzeit größer 5 Jahre

Sonderposten 12: Ausgleichsverbindlichkeiten gem. § 25 Abs. 1 DMBilG

1086 Ehemalige volkseigene Betriebe in den neuen Bundesländern hatten unter den Voraussetzungen von § 25 Abs. 1 DMBilG eine verzinsliche Ausgleichsverbindlichkeit gegenüber Ihrem Anteilseigner zu passivieren. Der Posten dürfte zwischenzeitlich kaum noch Bedeutung haben.

Standardkonten im DATEV-System

	SKR 03		SKR 04	
1087	9467	**Ausgleichsverbindlichkeiten gemäß § 25 Abs. 1 DMBilG**	**9467**	**Ausgleichsverbindlichkeiten gemäß § 25 Abs. 1 DMBilG**
	9468	– Restlaufzeit bis 1 Jahr	9468	– Restlaufzeit bis 1 Jahr
	9469	– Restlaufzeit 1 bis 5 Jahre	9469	– Restlaufzeit 1 bis 5 Jahre
	9470	– Restlaufzeit größer 5 Jahre	9470	– Restlaufzeit größer 5 Jahre

C.8. Sonstige Verbindlichkeiten

1. Posteninhalt

1088 Unter diesem Posten werden **alle nicht an anderer Stelle** der Passivseite **auszuweisende Verbindlichkeiten** zusammengefaßt. Im einzelnen gehören dazu[943]:

[943] Vgl. *Adler/Düring/Schmaltz,* § 266 HGB Tz 235; *Berger/M. Ring,* in Beck Bil-Kom. § 266 HGB Tz 246; *Claussen/Korth,* in Kölner Kom. § 266 HGB Tz 184.

- Darlehen aller Art, soweit es sich nicht um Anleihen oder Verbindlichkeiten gegenüber Kreditinstituten handelt, unabhängig von ihrer Fristigkeit, also z.B. Hypotheken-, Grund- und Rentenschulden sowie Schuldscheindarlehen, Darlehen stiller Gesellschafter, partiarische Darlehen
- abzuführende und der Höhe nach feststehende Steuern, wie Lohn- und Kirchensteuer, Umsatzsteuer, Kapitalertragsteuer, Kfz-Steuer und festgesetzte Steuernachzahlungen aufgrund einer steuerlichen Außenprüfung
- Löhne, Gehälter, Tantiemen, Sozialabgaben, Reisekostenerstattungen, Auslagenersatz
- Versicherungsprämien, Beiträge
- Anzahlungen, soweit sie keine Bestellungen betreffen, Vorauszahlungen, Kautionen
- antizipative Zinsen, Mieten
- Verpflichtungen aus beschlossenen, aber noch nicht abgeflossenen Dividendenausschüttungen
- Provisionen, Lizenzen, Beiträge, Pachten, Mieten, erhaltene Kautionen
- Überzahlungen von Kunden (kreditorische Debitoren)
- sonstige Kostenverbindlichkeiten, die nicht den normalen Liefer- und Leistungsverkehr betreffen
- Aufsichtsrats-, Beiratsvergütungen
- Gesellschaftsrechtliche Einlageverpflichtungen, soweit eingefordert
- Einlagen stiller Gesellschafter, soweit sie Fremdkapital darstellen

2. Abgrenzung Verbindlichkeit und Rückstellung

Die Abgrenzung zwischen „Sonstige Verbindlichkeiten" und „Rückstellungen" ist **1089** im Grenzbereich fließend. Verbindlichkeiten, die der Höhe nach ungewiss sind, sei es, dass sie ganz oder teilweise bestritten werden oder ihre Bemessungsgrundlagen noch nicht feststehen, sind unter „Rückstellungen" auszuweisen. Regelmäßig werden auch Körperschaft- und Gewerbesteuerverbindlichkeiten unter den Rückstellungen ausgewiesen, obwohl sich deren Höhe exakt berechnen lässt.[944] Gleiches gilt für Tantiemen, Beiträge zur Berufsgenossenschaft und die Schwerbehindertenausgleichsabgabe.

3. Bilanzvermerke

a) Restlaufzeiten

Vermerkpflichtige Verbindlichkeiten sind solche mit einer **Restlaufzeit bis zu** **1090** **1 Jahr,** bei diesem Posten ergänzend auch Steuerverbindlichkeiten und Verbindlichkeiten im Rahmen der sozialen Sicherheit.

Werden die sonstigen Verbindlichkeiten auf den Konten 0790–0798 (SKR 03) **1091** bzw. 3570–3598 (SKR 04) eingebucht, erfolgt kein Restlaufzeitvermerk in der Bilanz. Soll ein „davon-Vermerk" erfolgen, kann eine Umbuchung auf die Konten mit Fristigkeitsvermerk über das Gegenkonto 0799 (SKR 03) bzw. 3599 (SKR 04) erfolgen. Dieses Verfahren hat den Vorteil, dass auf den Konten 0790–0798 bzw. 3570–3598 die jeweils volle Restverbindlichkeit entnommen werden kann.

b) Steuerverbindlichkeiten

Zu den **Steuerverbindlichkeiten** gehören Lohn- und Kirchensteuer, Umsatz- **1092** steuer, Kapitalverkehrsteuer, Kfz-Steuer, Kapitalertragsteuer, Zölle – soweit hier ausgewiesen – Körperschaft- und Gewerbesteuer sowie Steuernachzahlungen aufgrund einer steuerlichen Außenprüfung.

c) Verbindlichkeiten im Rahmen der sozialen Sicherheit

Verbindlichkeiten **im Rahmen der sozialen Sicherheit** sind abzuführende **1093** Beiträge zur Invaliden-, Renten-, Kranken- und Arbeitslosenversicherung und an

---

[944] Vgl. *Claussen/Korth,* in Kölner Kom. § 266 HGB Tz 185.

andere Zusatzkassen, zur Berufsgenossenschaft und Knappschaft sowie zur Insolvenzversicherung, Verbindlichkeiten aus Zusagen im Rahmen der betrieblichen Altersversorgung, wie beispielsweise Renten an gewerbliche Arbeitnehmer, Angestelltenpensionen mit oder ohne Rechtsanspruch, Verpflichtungen gegenüber betrieblichen Sozialeinrichtungen wie Unterstützungs- und Pensionskassen, Stiftungen, Verbindlichkeiten aufgrund von Vereinbarungen über vermögenswirksame Leistungen, einbehaltene Beiträge für Gewerkschaften, Berufsverbände und ähnliche Institutionen, wie Verbindlichkeiten zu Unterstützungszwecken, z.B. aus der Übernahme von Arzt-, Kur- oder Krankenhauskosten[945]. Verpflichtungen aus Sozialplänen sind dagegen regelmäßig unter den Rückstellungen auszuweisen.

1094 Im DATEV-System fallen unter den Vermerk **„davon aus Steuern"** der Saldo der Umsatzsteuerverbindlichkeit, sowie die Konten Verbindlichkeiten aus Betriebssteuern und -abgaben, Verbindlichkeiten aus Lohn- und Kirchensteuer; unter dem Vermerk **„davon im Rahmen der sozialen Sicherheit"** wird im DATEV-System das bezeichnete Konto ausgewiesen, d.h. sämtliche darunter fallende Verbindlichkeiten müssen auf diesen dafür vorgesehenen Konten, d.s. 1742–1745 (SKR 03) und 3740–3759 (SKR 04) zusammengefasst werden. Der „davon-Vermerk" erfolgt bei sämtlichen – Jahresabschlüssen[946].

4. Verbindlichkeiten gegenüber Gesellschaftern

1095 Gem. § 42 Abs. 3 GmbHG sind die **Verbindlichkeiten gegenüber Gesellschaftern** bei der **GmbH** gesondert auszuweisen oder im Anhang anzugeben.

1096 Eine ähnliche Regelung enthält § 264c Abs. 1 HGB für die **KapG & Co.** Danach sind Verbindlichkeiten gegenüber Gesellschaftern als solche gesondert auszuweisen oder im Anhang anzugeben. Auch hier gilt, dass ein Mitzugehörigkeitsvermerk vorzunehmen ist, wenn und soweit sie nicht gesondert ausgewiesen oder im Anhang angegeben werden. Der gesonderte Ausweis ist sowohl für Verbindlichkeiten gegenüber persönlich haftende Gesellschafter als auch gegenüber haftungsbeschränkten Gesellschaftern (Kommanditisten) erforderlich.[947] Die Verpflichtung zum gesonderten Ausweis besteht auch dann, wenn der Gesellschafter (i.d.R. die Komplementär-GmbH) nicht am Kapital und am Ergebnis der KapG & Co. beteiligt ist.

1097 Bei den DATEV-Jahresabschlüssen ist die Zugehörigkeit der Verbindlichkeiten zu diesem Posten regelmäßig im Anhang zu vermerken[948]. Nur beim „erweiterten – Jahresabschluss Kapitalgesellschaft" werden diese Verbindlichkeiten in einem „davon-Vermerk" ausgewiesen[949].

Standardkonten im DATEV-System

	SKR 03			SKR 04
1098	**0730**	**Verbindlichkeiten gegenüber Gesellschaftern**	F 1495	Verrechnungskonto erhaltene Anzahlungen bei Buchung über Debitorenkonto
	0731	– Restlaufzeit bis 1 Jahr		
	0740	– Restlaufzeit 1 bis 5 Jahre	**3500**	**Sonstige Verbindlichkeiten**
	0750	– Restlaufzeit größer 5 Jahre	3501	– Restlaufzeit bis 1 Jahr
	0755	Verbindlichkeiten gegenüber Gesellschaftern für offene Ausschüttungen	3504	– Restlaufzeit 1 bis 5 Jahre
			3507	– Restlaufzeit größer 5 Jahre
			3509	Sonstige Verbindlichkeiten z.B. nach § 11 Abs. 2 Satz 2 EStG für § 4/3 EStG
	0760	Darlehen typisch stiller Gesellschafter		
	0761	– Restlaufzeit bis 1 Jahr	3510	Verbindlichkeiten gegenüber Gesellschaftern
	0764	– Restlaufzeit 1 bis 5 Jahre		
	0767	– Restlaufzeit größer 5 Jahre	3511	– Restlaufzeit bis 1 Jahr
	0770	Darlehen atypisch stiller Gesellschafter	3514	– Restlaufzeit 1 bis 5 Jahre
			3517	– Restlaufzeit größer 5 Jahre

945 Vgl. *Berger/M. Ring,* in Beck Bil-Kom. § 266 Tz 252; *Adler/Düring/Schmaltz,* § 266 HGB Tz 336.
946 Vgl. Zuordnungstabellen unter C 39.
947 Vgl. *Förschle/Hoffmann,* in Beck Bil-Kom. § 264c HGB Tz 5.
948 Zum Ausgabenumfang vgl. C 62, C 64, C 70.
949 Vgl. D 606.

SKR 03		SKR 04	
0771	– Restlaufzeit bis 1 Jahr	3519	Verbindlichkeiten gegenüber Gesellschaftern für offene Ausschüttungen
0774	– Restlaufzeit 1 bis 5 Jahre	3520	Darlehen typisch stiller Gesellschafter
0777	– Restlaufzeit größer 5 Jahre	3521	– Restlaufzeit bis 1 Jahr
0780	Partiarische Darlehen	3524	– Restlaufzeit 1 bis 5 Jahre
0781	– Restlaufzeit bis 1 Jahr	3527	– Restlaufzeit größer 5 Jahre
0784	– Restlaufzeit 1 bis 5 Jahre	3530	Darlehen atypisch stiller Gesellschafter
0787	– Restlaufzeit größer 5 Jahre	3531	– Restlaufzeit bis 1 Jahr
0790–98	(frei, in Bilanz kein Restlaufzeitvermerk)	3534	– Restlaufzeit 1 bis 5 Jahre
0799	Gegenkonto 0730–0789 bei Aufteilung der Konten 0790–0798	3537	– Restlaufzeit größer 5 Jahre
1593	Verrechnungskonto erhaltene Anzahlungen bei Buchung über Debitorenkonto	3540	Partiarische Darlehen
1700	**Sonstige Verbindlichkeiten**	3541	– Restlaufzeit bis 1 Jahr
1701	– Restlaufzeit bis 1 Jahr	3544	– Restlaufzeit 1 bis 5 Jahre
1702	– Restlaufzeit 1 bis 5 Jahre	3547	– Restlaufzeit größer 5 Jahre
1703	– Restlaufzeit größer 5 Jahre	3550	Erhaltene Kautionen
1704	Sonstige Verbindlichkeiten z. B. nach § 11 Abs. 2 Satz 2 EStG für § 4/3 EStG	3551	– Restlaufzeit bis 1 Jahr
1705	Darlehen	3554	– Restlaufzeit 1 bis 5 Jahre
1706	– Restlaufzeit bis 1 Jahr	3557	– Restlaufzeit größer 5 Jahre
1707	– Restlaufzeit 1 bis 5 Jahre	3560	Darlehen
1708	– Restlaufzeit größer 5 Jahre	3561	– Restlaufzeit bis 1 Jahr
1709	Gewinnverfügungskonto stiller Gesellschafter	3564	– Restlaufzeit 1 bis 5 Jahre
1730	Kreditkartenabrechung	3567	– Restlaufzeit größer 5 Jahre
1731	Agenturwarenabrechnung	3570–98	(frei, in Bilanz kein Restlaufzeitvermerk)
1732	Erhaltene Kautionen	3599	Gegenkonto 3500–3569 bei Aufteilung der Konten 3570-3598
1733	– Restlaufzeit bis 1 Jahr	3600	Agenturwarenabrechnungen
1734	– Restlaufzeit 1 bis 5 Jahre	3610	Kreditkartenabrechung
1735	– Restlaufzeit größer 5 Jahre	3620	Gewinnverfügungskonto stille Gesellschafter
1736	Verbindlichkeiten aus Betriebssteuern und Abgaben	3630	Sonstige Verrechnungskonten (Interimskonto)
1737	– Restlaufzeit bis 1 Jahr	3700	Verbindlichkeiten aus Betriebssteuern und -abgaben
1738	– Restlaufzeit 1 bis 5 Jahre	3701	– Restlaufzeit bis 1 Jahr
1739	– Restlaufzeit größer 5 Jahre	3710	– Restlaufzeit 1 bis 5 Jahre
1740	Verbindlichkeiten aus Lohn und Gehalt	3715	– Restlaufzeit größer 5 Jahre
1741	Verbindlichkeiten aus Lohn- und Kirchensteuer	3720	Verbindlichkeiten aus Lohn und Gehalt
1742	Verbindlichkeiten im Rahmen der sozialen Sicherheit	3725	Verbindlichkeiten für Einbehaltungen von Arbeitnehmern
1743	– Restlaufzeit bis 1 Jahr	3726	Verbindlichkeiten an das Finanzamt aus abzuführendem Bauabzugsbetrag
1744	– Restlaufzeit 1 bis 5 Jahre	3730	Verbindlichkeiten aus Lohn- und Kirchensteuer
1745	– Restlaufzeit größer 5 Jahre	3740	Verbindlichkeiten im Rahmen der sozialen Sicherheit
1746	Verbindlichkeiten aus Einbehaltungen (KapESt)	3741	– Restlaufzeit bis 1 Jahr
1747	Verbindlichkeiten für Verbrauchsteuern	3750	– Restlaufzeit 1 bis 5 Jahre
1748	Verbindlichkeiten für Einbehaltungen von Arbeitnehmern	3755	– Restlaufzeit größer 5 Jahre
1749	Verbindlichkeiten an das Finanzamt aus abzuführendem Bauabzugsbetrag	3760	Verbindlichkeiten aus Einbehaltungen (KapESt)
1750	Verbindlichkeiten aus Vermögensbildung	3761	Verbindlichkeiten für Verbrauchsteuern
1751	– Restlaufzeit bis 1 Jahr	3770	Verbindlichkeiten aus Vermögensbildung
1752	– Restlaufzeit 1 bis 5 Jahre	3771	– Restlaufzeit bis 1 Jahr
1753	– Restlaufzeit größer 5 Jahre	3780	– Restlaufzeit 1 bis 5 Jahre
1754	Steuerzahlungen an andere EG-Länder	3785	– Restlaufzeit größer 5 Jahre
1755	**Lohn- und Gehaltsverrechnung**	**3790**	**Lohn- u. Gehaltsverrechnungskonto**
F 1758	USt-Abzugsverfahren oder Umsatzsteuer nach § 13b UStG, 16% Umsatzsteuer	S 3800	Umsatzsteuer
		S 3801	Umsatzsteuer 7%
		S 3802	Umsatzsteuer aus innergemeinschaftlichem Erwerb

SKR 03

R 1759	
S 1767	Umsatzsteuer aus im anderen EG-Land steuerpflichtigen Lieferungen
S 1768	Umsatzsteuer aus im anderen EG-Land steuerpflichtigen sonstigen Leistungen/Werklieferungen
R 1769	
S 1770	Umsatzsteuer
S 1771	Umsatzsteuer 7%
S 1772	Umsatzsteuer aus innergemeinschaftlichem Erwerb
S 1773	Umsatzsteuer aus innergemeinschaftlichem Erwerb 16%
R 1774	
S 1775	Umsatzsteuer 16%
R 1776	
S 1777	Umsatzsteuer aus im Inland steuerpflichtigen EG-Lieferungen
R 1778	
S 1779	Umsatzsteuer aus innergemeinschaftlichem Erwerb ohne Vorsteuerabzug
1780	Umsatzsteuer-Vorauszahlungen
F 1781	Umsatzsteuer-Vorauszahlung 1/11
F 1782	Nachsteuer UStVA Kz. 65
F 1783	In Rechnung unberechtigt Ausgewiesene und geschuldete Steuerbeträge, UStVA Kz. 69
S 1784	Umsatzsteuer aus innergemeinschaftlichem Erwerb von Neufahrzeugen von Lieferanten ohne Umsatzsteuer-Identifikationsnummer
1785	Umsatzsteuer nach § 13 b UStG
1786	Umsatzsteuer nach § 13 UStG 16%
R 1787	
1788	Einfuhrumsatzsteuer aufgeschoben bis
1789	Umsatzsteuer laufendes Jahr
1790	Umsatzsteuer Vorjahr
1791	Umsatzsteuer frühere Jahre
1792	Sonstige Verrechnungskonten (Interimskonten)

SKR 04

S 3803	Umsatzsteuer aus innergemeinschaftlichem Erwerb 16%
R 3804	
S 3805	Umsatzsteuer 16%
R 3806	
S 3807	Umsatzsteuer aus im Inland steuerpflichtigen EG-Lieferungen
R 3808	
S 3809	Umsatzsteuer aus innergemeinschaftlichem Erwerb ohne Vorsteuerabzug
S 3817	Umsatzsteuer aus im anderen EG-Land steuerpflichtigen Lieferungen
S 3818	Umsatzsteuer aus im anderen EG-Land steuerpflichtigen sonstigen Leistungen/Werklieferungen
R 3819	
3820	Umsatzsteuervorauszahlungen
F 3830	Umsatzsteuervorauszahlungen 1/11
R 3831	
F 3832	Nachsteuer UStVA Kz. 65
F 3833	USt-Abzugsverfahren oder Umsatzsteuer nach § 13 b UStG, 16% Umsatzsteuer
S 3834	Umsatzsteuer aus innergemeinschaftlichem Erwerb von Neufahrzeugen von Lieferanten ohne Umsatzsteuer-Identifikationsnummer
3835	Umsatzsteuer nach § 13 b UStG
3836	Umsatzsteuer nach § 13 UStG 16%
R 3837–3839	
3840	Umsatzsteuer laufendes Jahr
3841	Umsatzsteuer Vorjahr
3845	Umsatzsteuer frühere Jahre
3850	Einfuhrumsatzsteuer aufgeschoben bis ...
F 3851	In Rechnung unberechtigt ausgewiesene und geschuldete Steuerbeträge, UStVA Kz. 69

Buchungsbeispiele:

1099

Ktn-Bereich ohne Restlaufzeitvermerk (RLV)	SKR 03	SKR 04
Ausdruck erfolgt ohne RLV	Aufw. an 0790–98	Aufw. an 3570–98
Sofern RLV erwünscht:		
RLV bis 1 Jahr	0799 an 0731	3599 an 3501
RLV 1 bis 5 Jahre	0799 an 0740	3599 an 3504
RLV über 5 Jahre	0799 an 0750	3599 an 3507

D. Rechnungsabgrenzungsposten

1100 Passive Rechnungsabgrenzungsposten sind gem. § 250 Abs. 2 HGB **Einnahmen vor dem Abschlussstichtag,** soweit sie Ertrag für eine **bestimmte Zeit** nach diesem Tag darstellen[950]. Dadurch wird verhindert, dass auf nachfolgende Geschäftsjahre entfallende Einnahmen im Jahr des Zuflusses bereits als Erträge erfasst werden.

[950] Zur Auslegung des Begriffs „bestimmte Zeit" vgl. *Trützschler,* in Küting/Weber § 250 HGB Tz 41 ff; WP-Handbuch 2000, Bd. I, E 195; ferner Ausführungen unter D 599.

Auszuweisen sind also nur **transitorische Posten**[951]. Antizipative Posten gehören zu „Sonstige Verbindlichkeiten“. Grundsätzlich besteht eine Bilanzierungspflicht. Bei regelmäßig wiederkehrenden bedeutungslosen Beträgen kann jedoch unter dem Aspekt der „Wesentlichkeit“ auf eine Bilanzierung verzichtet werden.[952] Demgemäß sind hier auszuweisen:
- eingegangene Mietvorauszahlungen
- im voraus vereinnahmte Zinsen, Pachten, Erbbauzinsen
- zeitabhängige Lizenzzahlungen
- Entgelt für ein zeitlich befristetes Wettbewerbsverbot
- Mietsonderstellungen aus Leasingverträgen, die auf die Mietzeit zu verteilen sind

Auch für passive Rechnungsabgrenzungsposten gilt das **Verbot der Saldierung** 1101
mit aktiven Rechnungsabgrenzungsposten, § 246 Abs. 2 HGB.

Standardkonten im DATEV-System

SKR 03	SKR 04	
0990 Passive Rechnungs-Abgrenzung	**3900 Passive Rechnungs-Abgrenzung**	1102

Sonderposten 13: Wertberichtigungen bei Nicht-Kapitalgesellschaften

Wertberichtigungen – zum Anlage- und Umlaufvermögen – dürfen bei Kapital- 1103
gesellschaften/KapG & Co. nicht passivisch ausgewiesen werden, sondern müssen als Abschreibungen aktivisch abgesetzt werden. Für Nicht-Kapitalgesellschaften enthält das HGB hierzu keine Regelung.

Die im DATEV-System aufgeführten Wertberichtigungskonten haben die Funk- 1104
tion **unterjährige kalkulatorische Abschreibungen** im Laufe des Geschäftsjahres aufzunehmen, um eine die Abschreibungen enthaltende betriebswirtschaftliche Auswertung zu bekommen. Zum Jahresende sind die Konten aufzulösen, damit sie im Jahresabschluss keinen Niederschlag finden. Werden im Laufe des Geschäftsjahres nicht die kalkulatorischen Abschreibungskonten 4993 (SKR 03) und 6976 (SKR 04) angesprochen, sondern die bilanziellen Abschreibungskonten 4820–4869 (SKR 03) bzw. 6200–6269 (SKR 04), sind bei Kapitalgesellschaften die passivisch geführten Wertberichtigungen am Jahresende auf die aktivisch geführten Bestände umzubuchen, damit diese um die Abschreibungen direkt gemindert ausgewiesen werden. Dies ist für Nicht-Kapitalgesellschaften gleichermaßen aus den o.g. Gründen zu empfehlen.

Standardkonten im DATEV-System

SKR 03	SKR 04	
0992 Wertberichtigungen (zur unterjährigen Kostenverrechnung für BWA)	3950 Wertberichtigungen (zur unterjährigen Kostenverrechnung für BWA)	1105

Bilanzvermerke: Eventualverbindlichkeiten

Unter der Bilanz sind die Haftungsverhältnisse entsprechend § 251 HGB in einem 1106
Betrag auszuweisen. Kapitalgesellschaften/KapG & Co. müssen gem. § 268 Abs. 7 HGB die einzelnen Haftungsverhältnisse der Höhe nach gesondert ausweisen. Die Aufzählung ist abschließend, d.h. der Vermerk anderer Haftungsverhältnisse ist ausgeschlossen. Zu den vermerkpflichtigen Haftungsverhältnissen gehören[953]:

Verbindlichkeiten aus der Begebung und Übertragung von Wechseln
- Das sind die Wechselsummen für sämtliche ausgestellten oder indossierten Wechsel-Verbindlichkeiten für die noch eine Haftung besteht, sei es als Aussteller oder Indossant

---

[951] Zur Unterscheidung transitorische/antizipative Posten vgl. D 595.

[952] Vgl. *Berger/Bartels-Hetzler,* in Beck Bil-Kom § 250 HGB Tz 28; WP-Handbuch 2000, Bd. I, E 197; a. A. *Claussen/Korth,* in Kölner Kom § 266 HGB Tz 188 mit Verweis auf das Verbot des Ausweises nicht realisierter Gewinne.

[953] Vgl. dazu *Fey,* in Küting/Weber § 251 HGB Tz 6 ff.; WP-Handbuch 2000, Bd. I, E 62; *Claussen/Korth,* in Kölner Kom. § 251 HGB Tz 8 ff.

Verbindlichkeiten aus Bürgschaften, Wechsel- und Scheckbürgschaften
– Hierzu gehören Bürgschaften aller Art, auch Rückbürgschaften, Ausfallbürgschaften sowie Kreditaufträge; die Höhe bestimmt sich nach der Hauptschuld am Abschlussstichtag[954]
Verbindlichkeiten aus Gewährleistungsverträgen
– Hierunter fallen Gewährleistungen für eigene und fremde Leistungen. Es sind allerdings nur über das übliche Maß hinausgehende Garantiezusagen vermerkpflichtig. Normale Liefer- und Leistungshaftungen sind unter den Rückstellungen auszuweisen. Als Gewährleistungen für fremde Leistungen kommen bürgschaftsähnliche Verhältnisse in Betracht, wie kumulative Schuldübernahme, Freistellungsverpflichtungen, Patronatserklärungen
Haftungsverhältnisse aus der Bestellung von Sicherheiten für fremde Verbindlichkeiten
– Hierzu gehören für fremde Verbindlichkeiten bestellte Grundpfandrechte, Sicherungsübereignungen oder Verpfändungen beweglicher Sachen und Rechte

1107 Die Angaben dürfen statt unter der Bilanz auch im Anhang gemacht werden. Gem. § 268 Abs. 7 HGB müssen **Kapitalgesellschaften/KapG & Co.** bei den einzelnen Haftungsverhältnissen ergänzend die hierfür gewährten Pfandrechte oder sonstigen Sicherheiten angeben. Haftungsverhältnisse gegenüber verbundenen Unternehmen sind bei der jeweiligen Verpflichtung gesondert zu vermerken.

1108 Mit den Verbindlichkeiten aus Gewährleistungsverträgen auszuweisende „sonstige Haftungsverhältnisse" sind zumindest bei mittelgroßen und großen Kapitalgesellschaften/KapG & Co. gem. § 285 Nr. 3 HGB im Anhang zu erläutern[955].

1109 Die vorstehend aufgeführten Haftungsverhältnisse sind grundsätzlich vollständig zu vermerken. Der Grundsatz der Vollständigkeit erfährt insofern eine Einschränkung, als Betriebs- und branchenübliche Haftungsverhältnisse nicht angegeben werden müssen. Dazu gehören[956]:

- gesetzliche Haftungen (z. B. aus Fahrzeughaltung oder dem Besitz von Grundstücken)
- gesetzliche Pfandrechte (z. B. Vermieter-, Verpächter-, Spediteurpfandrechte)
- Eigentumsvorbehalte
- Haftung aus Treuhandgeschäften
- Haftungen auf Grund steuerrechtlicher Vorschriften

1110 Im DATEV-System sind für die Haftungsverhältnisse „statistische Konten" vorgesehen. Bei Nicht-Kapitalgesellschaften werden die Haftungsverhältnisse in einer Summe unter der Bilanz ausgewiesen[957]. Bei Kapitalgesellschaften erfolgt kein Ausweis unter der Bilanz und die Haftungsverhältnisse sind – unter Beachtung von § 268 Abs. 7 HGB – in den Anhang aufzunehmen, eine Ausnahme ist der „erweiterte – Jahresabschluss Kapitalgesellschaft"[958].

Standardkonten im DATEV-System

1111

SKR 03		SKR 04	
9270	Gegenkonto zu 9271–9278 (Sollbuchung)	9270	Gegenkonto zu 9271–9278 (Sollbuchung)
9271	Verbindlichkeiten aus der Begebung und Übertragung von Wechseln	9271	Verbindlichkeiten aus der Begebung und Übertragung von Wechseln
9272	Verbindlichkeiten aus der Begebung und Übertragung von Wechseln gegenüber verbundenen Unternehmen	9272	Verbindlichkeiten aus der Begebung und Übertragung von Wechseln gegenüber verbundenen Unternehmen
9273	Verbindlichkeiten aus Bürgschaften, Wechsel- und Scheckbürgschaften	9273	Verbindlichkeiten aus Bürgschaften, Wechsel- und Scheckbürgschaften
9274	Verbindlichkeiten aus Bürgschaften, Wechsel- und Scheckbürgschaften gegenüber verbundenen Unternehmen	9274	Verbindlichkeiten aus Bürgschaften, Wechsel- und Scheckbürgschaften gegenüber verbundenen Unternehmen

954 Vgl. *Ellrott,* in Beck Bil-Kom. § 251 HGB Tz 23.
955 BT-Drucks. 10/4268, S. 99.
956 Vgl. *Adler/Düring/Schmaltz,* § 251 HGB Tz 7; *Ellrott,* in Beck Bil-Kom. § 251 HGB Tz 5.
957 Vgl. z. B. C 44.
958 Vgl. C 74.

SKR 03

9275 Verbindlichkeiten aus Gewährleistungsverträgen
9276 Verbindlichkeiten aus Gewährleistungsverträgen gegenüber verbundenen Unternehmen
9277 Haftung aus der Bestellung von Sicherheiten für fremde Verbindlichkeiten
9278 Haftung aus der Bestellung von Sicherheiten für fremde Verbindlichkeiten gegenüber verbundenen Unternehmen

SKR 04

9275 Verbindlichkeiten aus Gewährleistungsverträgen
9276 Verbindlichkeiten aus Gewährleistungsverträgen gegenüber verbundenen Unternehmen
9277 Haftung aus der Bestellung von Sicherheiten für fremde Verbindlichkeiten
9278 Haftung aus der Bestellung von Sicherheiten für fremde Verbindlichkeiten gegenüber verbundenen Unternehmen

Teil E. GuV-Gliederung und Posteninhalte nach dem Gesamtkostenverfahren

1. Umsatzerlöse

Die Umsatzerlöse als erster Posten der GuV sind nicht nur eine wichtige Kennzahl bei der Bilanzanalyse, sondern bei KapG/KapG & Co. (nachfolgend Gesellschaften) eine für die Einteilung der Größenklassen maßgebende Größe, § 267 HGB. 1

Der Gesetzgeber hat in § 277 Abs. 1 HGB bestimmt, was unter „Umsatzerlöse" auszuweisen ist. Es sind dies die Erlöse aus dem Verkauf und der Vermietung oder Verpachtung der für die gewöhnliche Geschäftstätigkeit der Gesellschaft typischen Erzeugnisse, Waren und Dienstleistungen. Der Begriff **„gewöhnliche Geschäftstätigkeit"** grenzt den Inhalt des Postens Umsatzerlöse zwar verbal klar ab, für das einzelne Unternehmen ist die gewöhnliche Geschäftstätigkeit jedoch individuell zu bestimmen. Dies sind grundsätzlich alle Veräußerungen von Vorratsvermögen. Dazu gehören nicht nur die Erlöse aus der Veräußerung von Hauptprodukten, sondern auch die von Zwischen- und Nebenprodukten sowie aus branchenüblichen Verkäufen von nicht mehr benötigten Roh-, Hilfs- und Betriebsstoffen, aus dem Verkauf von Schrott, Abfallprodukten, Kuppelprodukten und Zwischenerzeugnissen[1]. 2

Der Posten umfasst also vom Inhalt her **alle Leistungen der Gesellschaft, die zum üblichen Liefer- oder Leistungsangebot** gehören, mit dem die Gesellschaft am Markt als Wettbewerber auftritt und somit nicht nur gelegentlich seinen Marktpartnern anbietet[2]. Der Umfang richtet sich nicht allein nach dem in der Satzung oder im Gesellschaftsvertrag mehr oder weniger weit gefassten Unternehmensgegenstand, sondern ergibt sich aus dem unternehmerischen Ziel, also den tatsächlichen wirtschaftlichen Verhältnissen[3]. Demgemäß ist der **Posteninhalt branchenunterschiedlich** zu bestimmen. 3

Umsatzerlöse können sein[4]: 4

bei Produktions- und Handelsunternehmen
- selbst produzierte Erzeugnisse
- Zwischen-, Kuppel-, Spalt- und Abfallprodukte
- Handelswaren
- Nicht mehr benötigte Roh-, Hilfs- und Betriebsstoffe

bei Miet- und Pachtunternehmen
- Mieten, Pachten
- Leasingerlöse

bei Dienstleistungsunternehmen
- Erlöse aus der Inanspruchnahme der für das Unternehmen typischen Dienstleistungen (allerdings mit branchenspezifischen Gliederungsvorschriften für Banken, Versicherungen und Finanzdienstleister), bei Speditionen auch weiterberechnete Fremdleistungen[5]
- Patent-, Lizenz- und Know-How-Gebühren
- Vermittlungs- und Provisionserlöse

Auch unentgeltlicher Wertverzehr i. S. v. § 3 UStG (früher als Eigenverbrauch bezeichnet) oben genannter Lieferungen und Leistungen gehören dazu. 5

---

[1] Vgl WP-Handbuch 2000, Bd. I, F 388; *Claussen/Korth,* in Kölner Kom. §§ 275–277 HGB, 158 AktG Tz 20; einschränkend *Förschle,* in Beck Bil-Kom. § 275 HGB Tz 54 für nicht mehr benötigte Roh-, Hilfs- und Betriebsstoffe; *Sigle,* in Küting/Weber § 277 HGB Tz 52; ordnet auch Verkäufe von geringwertigen Wirtschaftsgütern und von im Festwert geführten Gegenständen des Anlagevermögens den Umsatzerlösen zu, hiermit tritt das Unternehmen jedoch regelmäßig nicht am Markt als Wettbewerber auf.

[2] Vgl. *Förschle,* in Beck Bil-Kom. § 275 Tz 49.

[3] Vgl. *Claussen/Korth,* in Kölner Kom. §§ 275–277 HGB, 158 AktG Tz 19; *Adler/Düring/Schmaltz,* § 277 HGB Tz 6.

[4] Vgl. *Sigle,* in Küting/Weber § 277 HGB Tz 46 ff; *Förschle,* in Beck Bil-Kom. § 275 HGB Tz 50; WP-Handbuch 2000, Bd. I, F 388; *Adler/Düring/Schmaltz,* § 277 HGB Tz 7 ff.

[5] Vgl. *Adler/Düring/Schmaltz,* § 277 HGB Tz 17.

6 **Nicht als Umsatzerlöse,** sondern unter „sonstige betriebliche Erträge" **auszuweisen** sind:

1. Erlöse aus dem Verkauf geringwertiger Wirtschaftsgüter oder von im Festwert geführten Gegenständen des Anlagevermögens.
2. Erlöse aus Kantinenverkäufen, Werksküchen und Erholungsheimen, soweit das Unternehmen mit diesen Verkäufen am Markt nicht als Wettbewerber auftritt, wie beispielsweise Catering-Unternehmen[6].
3. Mieteinnahmen aus Werkswohnungen, sofern es sich nicht um Umsatzerlöse von Wohnungsunternehmen handelt.
4. Versicherungsentschädigungen, soweit es sich nicht um Entschädigungen für bereits verkaufte Erzeugnisse und Handelswaren handelt, die dann an die Stelle der Umsatzerlöse treten[7].
5. Kostenerstattungen von Arbeitnehmern, Tochter-, Schwester- und Konzernunternehmen, weil auch diese Erlöse nicht Ausfluss des normalen Liefer- oder Leistungsangebots sind, es sei denn, es handelt sich um Holdinggesellschaften.

7 Sog. durchlaufende Posten oder Auslagenersatz sind keine Aufwendungen oder Erträge und deshalb nicht in der GuV auszuweisen[8].

8 Von den Umsatzerlösen sind **Erlösschmälerungen** – soweit den ausgewiesenen Umsätzen zuzuordnen – **und die Umsatzsteuer abzusetzen,** § 277 Abs. 1 HGB. Verbrauchsteuern, wie die Mineralölsteuer, Tabaksteuer, Biersteuer, Sektsteuer, sind wegen des Saldierungsverbots nach § 246 Abs. 2 HGB nicht von den Umsatzerlösen abzusetzen[9]. Auch ein offenes Absetzen der Verbrauchsteuern von den Umsatzerlösen ist unzulässig, mit Ausnahme der Mineralölsteuer, bei der diese Vorgehensweise als GoB angesehen wird[10].

9 Zu den **Erlösschmälerungen** gehören[11]:

- Skonti
- Rabatte
- Boni
- Treueprämien
- Preisnachlässe, Umsatzvergütungen und zurückgewährte Entgelte[12]
- Rücklieferungen
- Gutschriften aufgrund von Mängelrügen
- Gutschriften für Preisdifferenzen
- Fracht- und Verpackungskosten
- Konventionalstrafen nur, soweit es sich um versteckte Preisnachlässe handelt[13]

10 § 276 HGB erlaubt kleinen und mittelgroßen Gesellschaften bei der GuV-Aufstellung die GuV-Posten Nr. 1–5 zu einem Posten **„Rohergebnis"** zusammenzufassen. Diese Erleichterung wird im DATEV-System in Anspruch genommen[14].

Standardkonten im DATEV-System

11

	SKR 03		SKR 04
8000–99	(Zur freien Verfügung)	4000–99	Umsatzerlöse (Zur freien Verfügung)
AM 8100	Steuerfreie Umsätze § 4 Nr. 8 ff UStG		

[6] Vgl. *Förschle,* in Beck Bil-Kom. § 275 HGB Tz 54.

[7] Vgl. *Adler/Düring/Schmaltz,* § 277 HGB Tz 19.

[8] Vgl. *Adler/Düring/Schmaltz,* § 277 HGB Tz 17; ebenso soweit sie nicht betriebstypisch sind *Förschle,* in Beck Bil-Kom. § 275 HGB Tz 53

[9] Vgl. WP-Handbuch 2000, Bd. I, F 391.

[10] Vgl. *Adler/Düring/Schmaltz,* § 275 HGB Tz 204; WP-Handbuch 2000, Bd. I, F 391; *Förschle,* in Beck Bil-Kom. § 275 HGB Tz 66, hält dies mit Verweis auf Art. 28 der 4. EG-Richtlinie auch für für andere Verbrauchsteuern zulässig.

[11] Vgl. WP-Handbuch 2000, Bd. I, F 393; *Förschle,* in Beck Bil-Kom. § 275 Tz 62 ff.

[12] Grundsätzlich können Preisnachlässe und zurückgewährte Entgelte nur insoweit von den Umsatzerlösen abgesetzt werden, als die diesbezüglichen Erlöse darin enthalten sind; nach WP-Handbuch 2000, Bd. I, F 393, bestehen aber keine Bedenken, bei unzureichender Rückstellungsbildung auch das Vorjahr betreffende Erlösschmälerungen abzusetzen, wenn in jedem Geschäftsjahr in der gleichen Weise verfahren wird und es sich nicht um außergewöhnliche oder einmalige Umsatzkorrekturen handelt.

[13] Vgl. *Adler/Düring/Schmaltz,* § 277 HGB Tz 36.

[14] Vgl. C 10 und C 15; DATEV-Muster C 52, C 54, C 63 und C 65.

SKR 03

AM 8110	Sonstige steuerfreie Umsätze Inland
AM 8120	Steuerfreie Umsätze § 4 Nr. 1 a UStG
AM 8125	Steuerfreie innergemeinschaftliche Lieferungen § 4 Nr. 1 b UStG
R 8128	
AM 8130	Lieferungen des ersten Abnehmers bei innergemeinschaftlichen Dreiecksgeschäften § 25 b Abs. 2 UStG
AM 8135	Steuerfreie innergemeinschaftliche Lieferungen von Neufahrzeugen an Abnehmer ohne Umsatzsteuer-Identifikationsnummer
AM 8140	Steuerfreie Umsätze Offshore usw.
AM 8150	Sonstige steuerfreie Umsätze (z. B. § 4 Nr. 2–7 UStG)
R 8190	
R 8192–93	
R 8195	
AM 8196	Erlöse aus Geldspielautomaten 16% USt
R 8197–98	
8200	Erlöse
AM 8300–09	Erlöse 7% USt
AM 8310–14	Erlöse aus im Inland steuerpflichtigen EG-Lieferungen 7% USt
AM 8315–19	Erlöse aus im Inland steuerpflichtigen EG-Lieferungen 16% USt
8320–29	Erlöse aus im anderen EG-Land steuerpflichtigen Lieferungen (3)
R 8330–37	
AM 8338	Erlöse aus im Drittland steuerbaren Leistungen; im Inland nicht steuerbare Umsätze
AM 8339	Erlöse aus im anderen EG-Land steuerbaren Leistungen, im Inland nicht steuerbare Umsätze
R 8340–49	
AM 8400–09	Erlöse 16% USt
R 8410–49	
8500	Provisionserlöse
AM 8504	Provisionserlöse, steuerfrei (§ 4 Nr. 8 ff. UStG)
AM 8505	Provisionserlöse, steuerfrei (§ 4 Nr. 5 UStG)
AM 8506	Provisionserlöse 7% USt
R 8507	
AM 8508	Provisionserlöse 16% USt
R 8509	
8520	Erlöse Abfallverwertung
8540	Erlöse Leergut
8700	Erlösschmälerungen
AM 8705	Erlösschmälerungen aus steuerfreien Umsätzen § 4 Nr. 1 a UStG
AM 8710–11	Erlösschmälerungen 7% USt
R 8712–19	
AM 8720–21	Erlösschmälerungen 16% USt
R 8722	
AM 8723	Erlösschmälerungen 15% USt
AM 8724	Erlösschmälerungen aus steuerfreien innergemeinschaftlichen Lieferungen

SKR 04

AM 4100	Steuerfreie Umsätze § 4 Nr. 8 ff UStG
AM 4110	Sonstige steuerfreie Umsätze Inland
AM 4120	Steuerfreie Umsätze § 4 Nr. 1 a UStG
AM 4125	Steuerfreie innergemeinschaftliche Lieferungen § 4 Nr. 1 b UStG
AM 4130	Lieferungen des ersten Abnehmers bei innergemeinschaftlichen Dreiecksgeschäften § 25 b Abs. 2 UStG
AM 4135	Steuerfreie innergemeinschaftliche Lieferungen von Neufahrzeugen an Abnehmer ohne Umsatzsteuer-Identifikationsnummer
R 4138	
AM 4140	Steuerfreie Umsätze Offshore etc.
AM 4150	Sonstige umsatzsteuerfreie Umsätze (z. B. § 4 Nr. 2–7 UStG)
R 4180	
R 4182–83	
R 4185	
AM 4186	Erlöse aus Geldspielautomaten 16% USt
R 4187–88	
4200	Erlöse
AM 4300–09	Erlöse 7% USt
AM 4310–14	Erlöse aus im Inland steuerpflichtigen EG-Lieferungen 7% USt
AM 4315–19	Erlöse aus im Inland steuerpflichtigen EG-Lieferungen 16% USt
4320–29	Erlöse aus im anderen EG-Land steuerpflichtigen Lieferungen (3)
R 4330–37	
AM 8338	Erlöse aus im Drittland steuerbaren Leistungen; im Inland nicht steuerbare Umsätze
AM 4339	Erlöse aus im anderen EG-Land steuerbaren Leistungen, im Inland nicht steuerbare Umsätze
R 4340–49	
AM 4400–09	Erlöse 16% USt
R 4410–49	
4500	Provisionserlöse
AM 4504	Provisionserlöse steuerfrei (§ 4 Nr. 8 ff. UStG)
AM 4505	Provisionserlöse steuerfrei (§ 4 Nr. 5 UStG)
AM 4506	Provisionserlöse 7% USt
R 4507	
AM 4508	Provisionserlöse 16% USt
R 4509	
4510	Erlöse Abfallverwertung
4520	Erlöse Leergut
4600	Unentgeltliche Wertabgaben
4605	Entnahme von Gegenständen ohne USt
R 4608–09	
AM 4610–16	Entnahme durch den Unternehmer für Zwecke außerhalb des Unternehmens (Waren) 7% USt

SKR 03

AM 8725	Erlösschmälerungen aus im Inland steuerpflichtigen EG-Lieferungen 7% USt
AM 8726	Erlösschmälerungen aus im Inland steuerpflichtigen EG-Lieferungen 16% USt
8727	Erlösschmälerungen aus im anderen EG-Land steuerpflichtigen Lieferungen (3)
R 8728	
AM 8729	Erlösschmälerungen aus im Inland steuerpflichtigen EG-Lieferungen 15% USt
S 8730	Gewährte Skonti
S/AM 8731	Gewährte Skonti 7% USt
R 8732–34	
S/AM 8735	Gewährte Skonti 16% USt
S/AM 8736	Gewährte Skonti 15% USt
R 8737–38	
8740	Gewährte Boni
AM 8750–51	Gewährte Boni 7% USt
R 8752–59	
AM 8760–61	Gewährte Boni 16% USt
R 8762–63	
AM 8764–65	Gewährte Boni 15% USt
R 8766–69	
8770	Gewährte Rabatte
AM 8780–81	Gewährte Rabatte 7% USt
R 8782–89	
AM 8790–91	Gewährte Rabatte 16% USt
R 8792–93	
AM 8794–95	Gewährte Rabatte 15% USt
R 8796–99	
8900	Unentgeltliche Wertabgaben
8905	Entnahme von Gegenständen ohne USt
R 8908–09	
AM 8910–13	Entnahme durch den Unternehmer für Zwecke außerhalb des Unternehmens (Waren) 16% USt
R 8914	
AM 8915–17	Entnahme durch den Unternehmer für Zwecke außerhalb des Unternehmens (Waren) 7% USt
R 8918	
8919	Entnahme durch den Unternehmer für Zwecke außerhalb des Unternehmens (Waren) ohne USt
AM 8940–43	Unentgeltliche Zuwendung von Waren 16% USt
R 8944	
AM 8945–47	Unentgeltliche Zuwendung von Waren 7% USt
R 8948	
8949	Unentgeltliche Zuwendung von Waren ohne USt
8950	Nicht steuerbare Umsätze
8955	Umsatzsteuervergütungen

SKR 04

R 4617–18	
4619	Entnahme durch den Unternehmer für Zwecke außerhalb des Unternehmens (Waren) ohne USt
AM 4620–26	Entnahme durch den Unternehmer für Zwecke außerhalb des Unternehmens (Waren) 16% USt
R 4627–29	
AM 4670–76	Unentgeltliche Zuwendungen von Waren 7% USt
R 4677–78	
4679	Unentgeltliche Zuwendung von Waren ohne USt
AM 4680-84	Unentgeltliche Zuwendung von Waren 16% USt
R 4685	
4690	Nicht steuerbare Umsätze
4695	Umsatzsteuervergütung
4700	Erlösschmälerungen
AM 4705	Erlösschmälerungen aus steuerfreien Umsätzen § 4 Nr. 1 a UStG
AM 4710–11	Erlösschmälerungen 7% USt
R 4712–19	
AM 4720–21	Erlösschmälerungen 16% USt
R 4722	
AM 4723	Erlösschmälerungen 15% USt
AM 4724	Erlösschmälerungen aus steuerfreien innergemeinschaftlichen Lieferungen
AM 4725	Erlösschmälerungen aus im Inland steuerpflichtigen EG-Lieferungen 7% USt
AM 4726	Erlösschmälerungen aus im Inland steuerpflichtigen EG-Lieferungen 16% USt
4727	Erlösschmälerungen aus im anderen EG-Land steuerpflichtigen Lieferungen (3)
R 4728	
AM 4729	Erlösschmälerungen aus im Inland steuerpflichtigen EG-Lieferungen 15% USt
S 4730	Gewährte Skonti
S/AM 4731	Gewährte Skonti 7% USt
R 4732–34	
S/AM 4735	Gewährte Skonti 16% USt
S/AM 4736	Gewährte Skonti 15% USt
R 4737–38	
4740	Gewährte Boni
AM 4750–51	Gewährte Boni 7% USt
R 4752–59	
AM 4760–61	Gewährte Boni 16% USt
R 4762–63	
AM 4764–65	Gewährte Boni 15% USt
R 4766–69	
4770	Gewährte Rabatte
AM 4780–81	Gewährte Rabatte 7% USt
R 4782–89	
AM 4790–91	Gewährte Rabatte 16% USt
AM 4794–95	Gewährte Rabatte 15% USt
R 4796–99	

2. Erhöhung oder Verminderung des Bestands an fertigen und unfertigen Erzeugnissen

12 Bestandsveränderungen sind beim Gesamtkostenverfahren notwendigerweise nach den Umsatzerlösen zu zeigen, weil in der nach Kostenarten gegliederten GuV sämtliche Aufwendungen des abgelaufenen Geschäftsjahrs – auch die der auf Lager gefer-

tigten Produkte – ausgewiesen werden und durch einen entsprechenden Ertragsposten – in Höhe der Bestandserhöhung – zu korrigieren sind. Umgekehrt sind die Aufwendungen in Höhe des Abbaus der Vorjahresbestände durch einen Aufwandsposten – in Höhe der Bestandsverminderung – zu erhöhen.

Der Inhalt des Postens Bestandsveränderungen ist in § 277 Abs. 2 HGB umschrieben. Danach sind als Bestandsveränderungen sowohl **Mengen- als auch Wertänderungen** bei den fertigen und unfertigen Erzeugnissen zu erfassen[15]. Wertänderungen dürfen hier nur noch erfasst werden, soweit sie die sonst üblichen Abschreibungen nicht überschreiten. **Unübliche Abschreibungen** sind unter Posten Nr. 7b) „Abschreibungen auf Vermögensgegenstände des Umlaufvermögens, soweit diese die in der Kapitalgesellschaft üblichen Abschreibungen überschreiten" auszuweisen. Die Trennung der „üblichen" von den „unüblichen" Abschreibungen soll den Bilanzleser darauf aufmerksam machen, dass eine überdurchschnittliche Minderung der Bestände nicht durch einen „Bestandsabbau", sondern durch „unübliche Abschreibungen" erfolgt ist. Unübliche Abschreibungen liegen dann vor, wenn von bisherigen Abschreibungsmethoden mit der Folge wesentlicher höherer Abschreibungsbeträge abgewichen wird oder ungewöhnliche, seltene Abschreibungen vorliegen[16]. **13**

Die **Postenbezeichnung** gem. § 275 Abs. 2 Nr. 2 HGB ist bei Produktions- und Fertigungsunternehmen zutreffend, bei **Dienstleistungs- und Bauunternehmen anzupassen,** was § 265 Abs. 6 HGB entspricht. Zweckmäßige Bezeichnungen sind „Erhöhung" bzw. „Verminderung des Bestands an in Ausführung befindliche Bauaufträge" oder „an in Arbeit befindliche Aufträge"[17]; dies erfolgt im DATEV-System durch Buchen auf dem Kto 8975 für Bauaufträge und auf dem Kto 8977 für Dienstleistungen (SKR 03) bzw. den Ktn 4816 für Bauaufträge und 4818 für Dienstleistungen (SKR 04). Bei Unternehmen, die sowohl im Produktions- als auch im Dienstleistungsbereich tätig sind, ist die Postenbezeichnung ggf. zu erweitern[18]. **14**

Es entspricht dem GoB der Klarheit in die Postenbezeichnung die dahinterstehende Veränderung „Erhöhung" oder „Verminderung" aufzunehmen; dies geschieht im DATEV-System dadurch, dass bei im Soll geführten Konten allein der Begriff „Verminderung" bei im Haben geführten Konten allein der Begriff „Erhöhung" Verwendung findet. Im Übrigen sind Bestandsveränderungen an fertigen und unfertigen Erzeugnissen zusammengefasst auszuweisen. Eine Trennung nach fertigen und unfertigen Erzeugnissen ist selbst bei gegenläufiger Entwicklung beider Bestände nicht erforderlich[19]. **15**

Der Posten wird bei kleinen und mittelgroßen Gesellschaften im „Rohergebnis" zusammengefasst[20], § 276 S. 1 HGB. **16**

Standardkonten im DATEV-System

	SKR 03		SKR 04	**17**
8960	Bestandsveränderungen – unfertige Erzeugnisse	4800	Bestandsveränderungen – fertige Erzeugnisse	
8970	Bestandsveränderungen – unfertige Leistungen	4810	Bestandsveränderungen – unfertige Erzeugnisse	
8975	Bestandsveränderungen – in Ausführung befindliche Bauaufträge	4815	Bestandsveränderungen – unfertige Leistungen	

[15] Vgl. *Adler/Düring/Schmaltz,* § 275 HGB Tz 54; *Claussen/Korth,* in Kölner Kom. §§ 275–277 HGB, 158 AktG Tz 26.

[16] H. M. *Borchert,* in Küting-Weber § 275 HGB Tz 68; *Claussen/Korth,* in Kölner-Kom. §§ 275–277 HGB, 158 AktG Tz 68, *Lachnet,* in Bonner HDR § 275 HGB Tz 114 f.; *Adler/Düring/Schmaltz,* § 275 HGB Tz 132; WP-Handbuch 2000, Bd. I, F 396, mit dem Hinweis, dass steuerrechtliche Abschreibungen nach § 254 HGB auch dann zu den sonst üblichen Abschreibungen gehören, wenn sie regelmäßig vorkommen.

[17] Vgl. *Adler/Düring/Schmaltz,* § 275 HGB Tz 57.

[18] Vgl. *Claussen/Korth,* in Kölner Kom. §§ 275–277 HGB, 158 AktG Tz 31; eine Zusammenfassung für zulässig halten *Adler/Düring/Schmaltz,* § 275 HGB Tz 57. Im DATEV-System kann dies über Anlage eines individuellen- bzw. Kanzlei-Bilanzschemas dargestellt werden.

[19] Vgl. *Förschle,* in Beck Bil-Kom. § 275 HGB Tz 78.

[20] Vgl. C 10 und C 15; DATEV-Muster C 52, C 54, C 63 und C 65.

SKR 03		SKR 04	
8977	Bestandsveränderungen – in Arbeit befindliche Aufträge	4816	Bestandsveränderungen – in Ausführung befindliche Bauaufträge
8980	Bestandsveränderungen – fertige Erzeugnisse	4818	Bestandsveränderungen – in Arbeit befindliche Aufträge

18

Bestandsgegenktn	SKR 03	SKR 04
Unfertige Erzeugnisse	7050	1050–1079
Unfertige Leistungen	7080	1080–1089
In Ausführung befindl. Bauaufträge	7090	1090–1094
In Arbeit befindl. Aufträge	7095	1095–1099
Fertige Erzeugnisse	7110	1100–1139

3. Andere aktivierte Eigenleistungen

19 Hier sind die **von dem Unternehmen erbrachten aktivierten Eigenleistungen** zu zeigen[21]:
- selbst hergestellte Maschinen und Werkzeuge
- selbst errichtete Gebäude
- vom Unternehmen selbst ausgeführte Um- oder Ausbauten
- aktivierungspflichtige selbst ausgeführte Großreparaturen
- aktivierte Aufwendungen für die Ingangsetzung und Erweiterung des Geschäftsbetriebs

20 Die Einfügung der aktivierten Eigenleistungen in das Gliederungsschema als Erfolgsposten ist erforderlich, weil in der nach Kostenarten gegliederten GuV des Gesamtkostenverfahrens sämtliche Aufwendungen des abgelaufenen Geschäftsjahrs in voller Höhe enthalten sind. Es handelt sich also um keinen echten Ertragsposten, sondern lediglich um einen **Ertrags-Korrektur-Posten,** der die ansonsten zu hoch ausgewiesenen Aufwendungen der GuV korrigiert[22].

21 Der Posten wird bei kleinen und mittelgroßen Gesellschaften im „Rohergebnis" zusammengefasst[23], § 276 S. 1 HGB.

22 Die **Eigenleistungen umfassen** eigenes Material und eigenen Lohnaufwand. Zugelieferte Materialien und Fremdleistungen können nach der Nettomethode direkt als Anlagenzugänge oder nach der Bruttomethode, zunächst als Aufwand und sodann als aktivierte Eigenleistungen erfasst werden. Der **Nettomethode** wird in der Literatur der Vorrang gegeben[24]. – Nicht hier auszuweisen sind selbsterzeugte Roh-, Hilfs- und Betriebsstoffe[25].

Standardkonten im DATEV-System

	SKR 03		SKR 04	
23	8990	Andere aktivierte Eigenleistungen	4820	Andere aktivierte Eigenleistungen

4. Sonstige betriebliche Erträge

a) Posteninhalt

24 Der Posten „Sonstige betriebliche Erträge" ist ein **Sammelposten** für alle Erträge aus der gewöhnlichen Geschäftstätigkeit der Gesellschaft, die nicht Umsatzerlöse,

[21] Vgl. *Borchert,* in Küting/Weber § 275 HGB Tz 34; WP-Handbuch 2000, Bd. I, F 399.

[22] Vgl. *Adler/Düring/Schmaltz,* § 275 HGB Tz 59.

[23] Vgl. C 10 und C 15; DATEV-Muster C 52, C 54, C 63 und C 65.

[24] Vgl. *Claussen/Korth,* in Kölner Kom. §§ 275–277 HGB, 158 AktG Tz 34; *Borchert,* in Küting/Weber § 275 HGB Tz 36; wenn den Eigenleistungen nur eine untergeordnete Bedeutung zukommt *Adler/Düring/Schmaltz,* § 275 HGB Tz 63; *Förschle,* in Beck Bil-Kom. § 275 HGB Tz 81, weil ein falsches Bild von der Eigenleistung der Gesellschaft gegeben wird, wenn die Zulieferungen keiner eigenen Bearbeitung unterlagen.

[25] Vgl. WP-Handbuch 2000, Bd. I, F 399; *Claussen/Korth,* in Kölner Kom. §§ 275–277 HGB, 158 AktG Tz 35; *Adler/Düring/Schmaltz,* § 275 HGB Tz 66, soweit die Bestände unter Roh-, Hilfs- und Betriebsstoffen ausgewiesen werden.

Bestandsveränderungen, andere aktivierte Eigenleistungen, Finanzerträge oder außerordentliche Erträge sind.[26]:

Im Einzelnen sind dies[27]: 25

- Erlöse aus der gewöhnlichen Geschäftstätigkeit, die nicht zum typischen Liefer- und Leistungsangebot gehören, das können sein – in Abhängigkeit vom Unternehmensgegenstand – Miet- und Pachteinnahmen, Patent- und Lizenzgebühren, Personalverkäufe, Kantinenerlöse, Mieteinnahmen aus Werkswohnungen, u. ä.
- Erlöse aus Anlagenverkäufen, soweit sie zu Buchgewinnen geführt haben
- Erträge aus der Herabsetzung der Pauschalwertberichtigung und von Einzelwertberichtigungen zu Forderungen
- Erträge aus der Auflösung von Rückstellungen
- Erträge im Sinne von Buchgewinnen aus dem Verkauf von Wertpapieren, Bezugsrechten oder der Einlösung von Wertpapieren des Umlaufvermögens oder anderen Gegenständen des Umlaufvermögens
- Zahlungseingänge auf in früheren Jahren abgeschriebene bzw. ausgebuchte Forderungen
- überhöhte und nicht rückerstattete Zahlungen von Kunden
- Kursgewinne aus Währungsgeschäften
- Erträge aus Kostenerstattungen und Gutschriften für frühere Geschäftsjahre
- Erträge aus Versicherungsentschädigungen und Schadensersatzansprüchen
- Erträge aus Zulagen und Zuschüssen
- Erträge aus Zuschreibungen zum Anlagevermögen und sonstigen Zuschreibungen aufgrund von Wertaufholungen i. S. v. § 280 Abs. 1 HGB
- Erträge aus Sozialeinrichtungen
- Erträge aus der Heraufsetzung von Festwerten, soweit nicht für Festwerte von Roh-, Hilfs- und Betriebsstoffe ein Ausweis unter dem Posten Nr. 5 a) in Betracht kommt
- Gestionsgebühren (Verwaltungskostenerstattungen) von Tochtergesellschaften
- Erträge aus Ausgleichsansprüchen nach § 311 Abs. 2 AktG
- Ausbuchungen verjährter Verbindlichkeiten
- Erträge aus der Auflösung von Sonderposten mit Rücklageanteil
- Dividenden von Genossenschaften[28]
- Erträge aus privater Kfz-Nutzung, privater Telefonnutzung u. ä., i. S. v. Eigenverbrauchstatbeständen

b) Sonderposten mit Rücklageanteil

„Erträge aus der Auflösung von Sonderposten mit Rücklageanteil“ sind innerhalb des Postens „Sonstige betriebliche Erträge“ **gesondert** in einer Vorspalte **auszuweisen oder im Anhang anzugeben.** Im DATEV-System werden für Kapitalgesellschaften die Erträge aus der Auflösung von Sonderposten mit Rücklageanteil nur bei der „erweiterten Bilanzgliederung“ vermerkt und sind bei Anwendung einer Mindestgliederung deshalb im Regelfall im Anhang anzugeben. 26

Veränderungen der Sonderposten mit Rücklageanteil sind stets brutto zu zeigen, d. h. eine Saldierung mit Einstellungen im gleichen Geschäftsjahr oder eine direkte Übertragung sind unzulässig[29]. Die **Rücklagenübertragung** erfolgt über die GuV durch Vornahme einer außerplanmäßigen Abschreibung auf der einen und der Auflösung des Sonderpostens mit Rücklagenanteil auf der anderen Seite. Anders, wenn die steuerrechtliche Abschreibung passivisch unter „Sonderposten mit Rücklageanteil“ ausgewiesen wird, was § 281 Abs. 1 Satz 1 HGB eröffnet. Ob es in diesem Fall – z. B. bei Übertragung einer Rücklage gem. § 6 b EStG – keiner Auflösung bedarf, so dass auch ein Ausweis unter diesem Posten entfällt, ist strittig[30]. Anfallende Ertragsteuern sind unter Nr. 18 auszuweisen[31]. 27

---

[26] Vgl. *Adler/Düring/Schmaltz,* § 275 HGB Tz 69; *Claussen/Korth,* in Kölner Kom. §§ 275–277 HGB, 158 AktG Tz 38.

[27] Vgl. *Förschle,* in Beck Bil-Kom. § 275 HGB Tz 91; *Borchert,* in Küting/Weber § 275 HGB Tz 39; WP-Handbuch 2000, Bd. I, F 401; *Adler/Düring/Schmaltz,* § 275 HGB Tz 71.

[28] Vgl. *Förschle,* in Beck Bil-Kom. § 275 HGB Tz 91.

[29] Vgl. WP-Handbuch 2000, Bd. I, F 403; *Borchert,* in Küting/Weber § 275 HGB Tz 47.

[30] Bejahend WP-Handbuch 2000, Bd. I, F 404; dagegen spricht der Wortlaut von § 6 b Abs. 3 Satz 4 EStG 1997: „Die Rücklage ist in Höhe des abgezogenen Betrages gewinnerhöhend aufzulösen.“

[31] Vgl. WP-Handbuch 2000, Bd. I, F 403.

c) Private Kfz-Nutzung

28 Soweit ein betriebliches Kfz privat genutzt wird, ist für jeden Kalendermonat der Nutzungswert mit 1% des inländischen Listenpreises im Zeitpunkt der Erstzulassung zuzüglich der Kosten für Sonderausstattungen einschl. der USt anzusetzen, § 6 Abs. 1 Nr. 4 S. 2 EStG 1997. Ein davon abweichender (niedrigerer) Nutzungswertansatz ist nur zulässig, wenn die für das Kfz insgesamt entstehenden Aufwendungen durch Belege und das Verhältnis der privaten zu den übrigen Fahrten durch ein ordnungsgemäßes Fahrtenbuch nachgewiesen werden, § 6 Abs. 1 Nr. 4 S. 3 EStG 1997.

29 Die Anwendung dieser Regelungen setzt voraus, dass ein Kfz zum Betriebsvermögen gehört, d. h. für zu mehr als 50% für betrieblich veranlasste Fahrten genutzt wird. Die Regelung gilt auch für gemietete oder geleaste Kraftfahrzeuge. Die bloße Behauptung, das Kfz werde nicht für Privatfahrten genutzt oder Privatfahrten würden ausschließlich mit anderen Fahrzeugen durchgeführt, reicht nicht aus, um von der Anwendung der Vorschrift absehen zu können.[32]

30 Gehören mehrere Kraftfahrzeuge zum Betriebsvermögen, so ist der pauschale Nutzungswert grundsätzlich für jedes Fahrzeug anzusetzen, das vom Unternehmer oder von zu seiner Privatsphäre gehörenden Personen für Privatfahrten genutzt wird. Kann glaubhaft gemacht werden, dass die betrieblichen Kraftfahrzeuge nicht durch Personen genutzt werden, die zur Privatsphäre des Steuerpflichtigen gehören, ist der Nutzungswert für das Fahrzeug anzusetzen, dass den höchsten Listenpreis hat.

Beispiel 1[33]

Zum Betriebsvermögen des alleinstehenden Unternehmers B gehören drei Limousinen, die von B auch zu Privatfahrten genutzt werden. B hat glaubhaft gemacht, dass keine der zu seiner Privatsphäre gehörenden Personen eines dieser Fahrzeuge nutzt. Die private Nutzungsentnahme ist monatlich mit 1% des höchsten Listenpreises anzusetzen.

Beispiel 2

Zum Betriebsvermögen des Unternehmers C gehören fünf Pkw, die von C, seiner Ehefrau und dem erwachsenen Sohn auch zu Privatfahrten genutzt werden. Es befindet sich kein weiteres Fahrzeug im Privatvermögen. Die private Nutzungsentnahme nach § 6 Abs. 1 Nr. 4 S. 2 EStG 1997 ist für drei Kraftfahrzeuge anzusetzen, u. z. mit jeweils 1% der drei höchsten Listenpreise.

Beispiel 3

Zum Betriebsvermögen des Unternehmers D gehören fünf Pkw, die von D, seiner Lebensgefährtin und den beiden erwachsenen Söhnen auch zu Privatfahrten genutzt werden. Zusätzlich befindet sich ein Kraftfahrzeug im Privatvermögen, das hauptsächlich von einem der Söhne gefahren wird. In diesem Fall ist die private Nutzungsentnahme nach § 6 Abs. 1 Nr. 4 S. 2 EStG 1997 grundsätzlich für vier Kraftfahrzeuge anzusetzen, u. z. mit jeweils 1% der vier höchsten Listenpreise.

31 Die Wahl zwischen der Besteuerung nach der 1%-Regelung oder der tatsächlich angefallenen Kosten wird durch Einreichen der Steuererklärung beim Finanzamt getroffen. Die Methodenwahl muss für das jeweilige Wirtschaftsjahr einheitlich getroffen werden. Im Falle des Fahrzeugswechsels ist auch während eines Wirtschaftsjahrs der Übergang zu einer anderen Ermittlungsmethode zulässig.[34]

32 Für Fahrten zwischen Wohnung und Arbeitsstätte enthält § 4 Abs. 5 Nr. 6 EStG[35] 1997 eine Sonderregelung: Diese sind als Betriebsausgaben nicht abzugsfähig in Höhe des positiven Unterschiedsbetrags zwischen 0,03% des inländischen Listenpreises für jeden Entfernungskilometer und der sich nach § 9 Abs. 1 Nr. 4 S. 2 EStG 1997 ergebenden Entfernungspauschale.

---

[32] BMF-Schr. v. 4. 8. 1999, BStBl I 1999, S. 727

[33] Vgl. BMF-Schr. v. 4. 8. 1999, BStBl I 1999, S. 727.

[34] BMF-Schr. v. 4. 8. 1999, BStBl I 1999, S. 727.

[35] I. d. F. des Gesetzes zur Einführung einer Entfernungspauschale v. 21. 12. 2000, BGBl I 2000, S. 1918.

Beispiel 4
Der Listenpreis beträgt 45 000 €, die Entfernung zwischen Wohnung und Arbeitsstätte 10 km.

45 000 € x 0,03% x 10 km x 12 Monate	=tab	1620 €
– 220 Arbeitstage x 10 km x 0,40 €	=tab	880 €
		740 €

Sofern die Vorsteuerabzugsbeschränkung zum Tragen kommt (für nach dem 31. 3. 1999 angeschaffte oder geleaste Fahrzeuge), ist hierauf keine USt zu erheben.

d) Buchgewinne bei Anlagenabgängen

Im DATEV-System werden für **Buchgewinne aus Anlagenabgängen** zwei Alternativen angeboten: 33

1. Bruttomethode
Die Erlöse aus Anlagenverkäufen werden auf einem Kto mit automatischer Umsatzsteuerfunktion erfasst, den Ktn. 8820–8828 (SKR 03) bzw. das Kto. 4845 (SKR 04), dem die Restbuchwerte der Anlagenabgänge Kto. 2315–2318 (SKR 03) bzw. Kto. 4855 (SKR 04) gegenübergestellt werden. Auf diese Weise wird der Buchgewinn (saldiert) unter „Sonstige betriebliche Erträge" ausgewiesen.

2. Nettomethode
Hier werden die Erträge aus dem Abgang von Gegenständen des Anlagevermögens netto auf dem Erlöskonto erfasst, Kto. 2720 (SKR 03) bzw. Kto. 4900 (SKR 04).

Die Bruttomethode hat den (buchhalterischen) Vorteil, dass die Umsatzsteuerbemessungsgrundlage gesondert auf einem Konto ausgewiesen ist. 34

Soweit Buchgewinne aus Verkäufen außerhalb des Sachanlagevermögens anfallen, kommen (bei der Bruttomethode) nachfolgende Ktn. in Betracht: 35

	SKR 03	**SKR 04**
Immaterielle Vermögensgegenstände		
Erlöse	8837	4850
Restbuchwerte	2316	4856
Finanzanlagen		
Erlöse	8838	4851
Restbuchwerte	2317	4857

Hinweis
Bei der Veräußerung von Anteilen an KapG gilt ab dem 1. 1. 2002 36
– das Halbeinkünfteverfahren, soweit Veräußerer ein Einzelunternehmer/eine PersG ist, § 3 Nr. 40 a) EStG i. d. F. des StSenkG[36]; insoweit sind die diesbezüglichen Betriebsausgaben nur zur Hälfte abzugsfähig, § 3 c Abs. 5 EStG i. d. F. des StSenkG;
– eine Steuerfreistellung, soweit Veräußerer eine KapG ist, § 8 b Abs. 2 KStG i. d. F. des StSenkG;[37] insoweit sind die damit zu unmittelbarem Zusammenhang stehenden Betriebsausgaben nicht abzugsfähig, § 3 c Abs. 1 EStG i. d. F. des StSenkG.

e) Buchgewinne bei Wertpapierverkäufen des Umlaufvermögens

Auf dem Kto. 2725 (SKR 03) bzw. dem Kto. 4905 (SKR 04) sind primär Erträge aus dem Verkauf von Wertpapieren des Umlaufvermögens zu erfassen, sofern kein Ausweis im Finanzergebnis vorzuziehen ist. In Betracht kommen können auch Erträge aus dem Verkauf von unter „Sonstige Vermögensgegenstände" ausgewiesenem Vermögen, wie Goldmünzen oder Goldbestände. 37

Erträge aus dem Verkauf von Wertpapieren könnten – einer strengen Erfolgsspaltung folgend – dem Finanzergebnis zuzuordnen sein[38]. Dem steht die herrschende Meinung entgegen, weil eine diesen Inhalt abdeckende Postenbezeichnung im Finanzergebnis fehlt[39]. Soll der Ausweis solcher Erträge im Finanzergebnis erfol- 38

---

[36] Eingefügt durch Gesetz v. 23. 10. 2000, BGBl I 2000, S. 1433; vgl. auch E 113.
[37] Eingefügt durch Gesetz v. 23. 10. 2000, BGBl I 2000, S. 1433; vgl. auch E 118.
[38] Zust. *Biener/Berneke,* BiRiLiG, S. 210; *Adler/Düring/Schmaltz,* § 275 HGB Tz 82.
[39] Vgl. *Borchert,* in Küting/Weber § 275 HGB Tz 48; WP-Handbuch 2000, Bd. I, F 401; *Förschle,* in Beck Bil-Kom. § 275 HGB Tz 91.

gen, sind die Posten Nr. 10 bzw. Nr. 11 der GuV-Gliederung von der Bezeichnung her anzupassen.

f) Zuschreibungen

39 Zuschreibungen sind wertmäßige Erhöhungen von mengenmäßig unveränderten Vermögensgegenständen. Sie sind unter „Sonstige betriebliche Erträge" auszuweisen. Nachfolgende Standard-Ktn. stehen zur Verfügung:

	SKR 03	SKR 04
Erträge aus Zuschreibungen des Sachanlagevermögens	2710	4910
Erträge aus Zuschreibungen des immateriellen Anlagevermögens	2711	4911
Erträge aus Zuschreibungen des Finanzanlagevermögens	2712	4912
Erträge aus Zuschreibungen des Umlaufvermögens außer Vorräten	2715	4915

40 Bei den **Zuschreibungen** ist zu unterscheiden zwischen Zuschreibungen aufgrund einer steuerlichen Außenprüfung und Zuschreibungen aufgrund von Wertaufholungen (Aufhebung früherer Abschreibungen)[40].

aa) Anpassung an Außenprüfung

41 **Zuschreibungen aufgrund einer steuerlichen Außenprüfung** erfolgen zur Anpassung der Handels- an die Steuerbilanz. Die Abweichungen sind i. d. R. darauf zurückzuführen, dass planmäßige oder außerplanmäßige Abschreibungen im Rahmen einer Betriebsprüfung zum Teil oder insgesamt nicht anerkannt werden. Um hier einen Gleichklang zwischen den Steuerbilanzwerten und den Wertansätzen in der Handelsbilanz herzustellen, werden die Handelsbilanzansätze auf die Steuerbilanzwerte angehoben, u. z. im Wege einer Zuschreibung. Zeitlich erfolgt dieser Vorgang nach Abschluss der Außenprüfung, also außerhalb des Betriebsprüfungszeitraums. Die Zuschreibungen in der Handelsbilanz haben sich im zu versteuernden Einkommen bereits in den Vorjahren (Betriebsprüfungzeitraum) ausgewirkt und dürfen im Zuschreibungsjahr das zu versteuernde Einkommen nicht erhöhen.

bb) Wertaufholungen

42 Darüber hinaus können Zuschreibungen vorgenommen werden, weil der Grund oder die Gründe für vormals vorgenommene außerplanmäßige Abschreibungen im Nachhinein entfallen sind. Für derartige Zuschreibungen besteht für Nicht-Kapitalgesellschaften/KapG & Co ein Zuschreibungswahlrecht gem. § 253 Abs. 5 HGB, sog. **Beibehaltungswahlrecht.** Für KapG/KapG & Co. schreibt § 280 Abs. 1 HGB vor, dass bei Wegfall der Gründe für eine außerplanmäßige Abschreibung eine Wertaufholung im Umfang der zwischenzeitlich eingetretenen Werterhöhung vorzunehmen ist.

43 Von dem Wertaufholungsgebot kann nach § 280 Abs. 2 HGB nur abgesehen werden, „wenn der niedrigere Wertansatz bei steuerrechtlichen Gewinnermittlung beibehalten werden kann und wenn Voraussetzung für die Beibehaltung ist, dass der niedrigere Wertansatz auch in der Bilanz beibehalten wird." Voraussetzung für eine Wertbeibehaltung in der HBil ist also ein steuerrechtliches Wertbeibehaltungswahlrecht. Diese Voraussetzung war bis zum 31. 12. 1998 gegeben. Durch das StEntlG 1999/2000/2002 wurde das bisherige steuerrechtliche Beibehaltungswahlrecht durch ein Wertaufholungsgebot ersetzt. Nach § 6 Abs. 1 Nr. 1 Satz 4 und Nr. 2 Satz 3 EStG i. d. F. des StEntlG 1999/2000/2002 darf der **niedrigere Teilwert** nur angesetzt werden, wenn er **bezogen auf den jeweiligen Bilanzstichtag nachgewiesen wird.** Ergibt sich in späteren Perioden ein höherer Teilwert, ist dieser anzusetzen, wobei die Anschaffungs-/Herstellungskosten nicht überschritten werden dürfen[41]. Insoweit geht die Wertbeibehaltungsmöglichkeit nach § 280 Abs. 2 HGB

[40] Vgl. *Berger/Schmidt-Wendt,* in Beck Bil-Kom. § 268 HGB Tz 45.
[41] Vgl. im Einzelnen D 72.

ins Leere, weil die diesbezügliche Anwendungsvoraussetzung (Wahlrecht zur Beibehaltung des niedrigeren Wertansatzes für Zwecke der steuerlichen Gewinnermittlung) nicht mehr besteht[42]. Damit hat auch das Wertbeibehaltungswahlrecht für Nicht-Kapitalgesellschaften – wegen der notwendigen Zuschreibung in der StBil – kaum noch praktische Bedeutung[43].

Hinweis 44
Nach Abschaffung des körperschaftsteuerlichen Anrechnungsverfahren gilt auch für Teilwertzuschreibungen bei Einzelunternehmen/PersG das Halbeinkünfteverfahren, bei Kapitalgesellschaften eine Steuerfreistellung. Das gilt allerdings nur, soweit die Teilwertabschreibung nicht nach altem Recht zu einer vollen und noch nicht ebenso korrigierten Gewinnminderung geführt hat[44].

Im DATEV-System sind für Erträge aus Zuschreibungen zum Anlagevermögen die Ktn. 2710 (SKR 03) bzw. 4910 (SKR 04) vorgesehen. Erträge aus Zuschreibungen des Umlaufvermögens (außer Vorräte) sind dagegen auf den Ktn. 2715 (SKR 03) bzw. 4915 (SKR 04) zu erfassen. Dabei müssen Zuschreibungen zum Anlagevermögen stets auf dem dafür vorgesehenen Konto erfolgen, weil nur so die Zuschreibung im Anlagenspiegel in der Zuschreibungsspalte gezeigt wird, was durch eine „Anlagenspiegelfunktion" im DATEV-System erfolgt. 45

g) Investitionszulagen/Investitionszuschüsse

Der DATEV-Kontenrahmen trennt kontenmäßig zwischen „Investitionszulagen (steuerfrei)", Kto 2744 (SKR 03) bzw. 4980 (SKR 04) und „Investitionszuschüssen (steuerpflichtig)", Kto 2743 (SKR 03) bzw. 4975 (SKR 04)[45]. 46

h) Zusammenfassung zum Rohergebnis

Der Posten „Sonstige betriebliche Erträge" wird bei kleinen und mittelgroßen Gesellschaften im Posten „Rohergebnis" zusammengefasst[46], § 276 S. 1 HGB. 47

i) Ausweis bei Einzelunternehmen/Personen-/Kapitalgesellschaften

Bei der „erweiterten Bilanzgliederung" für Einzelunternehmen/Personenhandels-/ und Kapitalgesellschaften ist der Posten im DATEV-System wie folgt untergliedert[47]: 48

4. sonstige betriebliche Erträge
ordentliche betriebliche Erträge
Grundstückserträge
unentgeltliche Wertabgaben (außer Entnahmen von Waren) und Erbringung sonstiger Leistungen und Zuwendungen von Gegenständen (Nur bei Einzelunternehmen und Personenhandelsgesellschaft)
sonstige ordentliche Erträge
Erträge aus dem Abgang von Gegenständen des Anlagevermögens und aus Zuschreibungen zu Gegenständen des Anlagevermögens
Erträge aus der Herabsetzung der Pauschwertberichtigung zu Forderungen
Erträge aus der Auflösung von Rückstellungen
Erträge aus der Auflösung von Sonderposten mit Rücklageanteil
sonstige Erträge im Rahmen der gewöhnlichen Geschäftstätigkeit

Standardkonten im DATEV-System

49

	SKR 03		SKR 04
2315	Anlagenabgänge Sachanlagen (Restbuchwert bei Buchgewinn)	AM 4630–36	Verwendung von Gegenständen für Zwecke außerhalb des Unternehmens 7% USt

[42] Vgl. *Henge/Taetzner,* in Beck Bil-Kom. § 280 HGB Tz 25; WP-Handbuch 2000, Bd. I, F 82.
[43] Zur Dotierung einer Wertaufholungsrücklage vgl. D 873.
[44] Vgl. *Schmidt/Heinicke,* EStG, 21. Aufl., § 3, Stichwort: Halbeinkünfteverfahren.
[45] Zur generellen bilanziellen Behandlung vgl. D 62, D 320.
[46] Vgl. C 10 und C 15; DATEV-Muster C 52, C 54, C 63 und C 65.
[47] Vgl. C 44, C 61, C 75.

SKR 03

2316 Anlagenabgänge immaterielle Vermögensgegenstände (Restbuchwert bei Buchgewinn)
2317 Anlagenabgänge Finanzanlagen (Restbuchwert bei Buchgewinn)
2318 Anlagenabgänge Finanzanlagen 100%/50% steuerfrei (inländische Kap.Ges.) (Restbuchwert bei Buchgewinn)
2510 Betriebsfremde Erträge (soweit nicht außerordentlich)
2520 Periodenfremde Erträge (soweit nicht außerordentlich)
2660 Erträge aus Kursdifferenzen
2666 Erträge aus Bewertung Finanzmittelfonds
2700 Sonstige Erträge
2705 Sonstige Erträge betrieblich und regelmäßig
2707 Sonstige Erträge betriebsfremd und regelmäßig
2709 Sonstige Erträge unregelmäßig
2710 Erträge aus Zuschreibungen des Sachanlagevermögens
2711 Erträge aus Zuschreibungen des immateriellen Anlagevermögens
2712 Erträge aus Zuschreibungen des Finanzanlagevermögens
2713 Erträge aus Zuschreibungen des Finanzanlagevermögens 100%/50% steuerfrei (inländische Kap.Ges.)
2714 Erträge aus Zuschreibungen des anderen Anlagevermögens 100%/50% steuerfrei (inländische Kap.Ges.)
2715 Erträge aus Zuschreibungen des Umlaufvermögens
2716 Erträge aus Zuschreibungen des Umlaufvermögens 100%/50% steuerfrei (inländische Kap.Ges.)
2720 Erträge aus dem Abgang von Gegenständen des Anlagevermögens
2723 Erträge aus der Veräußerung von Anteilen an Kapitalgesellschaften 100%/50% steuerfrei (inländische Kap.Ges.)
2725 Erträge aus dem Abgang von Gegenständen des Umlaufvermögens (außer Vorräten)
2730 Erträge aus Herabsetzung der Pauschalwertberichtigung zu Forderungen
2731 Erträge aus Herabsetzung der Einzelwertberichtigung zu Forderungen
2732 Erträge aus abgeschriebenen Forderungen
2734 Erträge aus der steuerlich niedrigeren Bewertung von Verbindlichkeiten
2735 Erträge aus der Auflösung von Rückstellungen
2736 Erträge aus der steuerlich niedrigeren Bewertung von Rückstellungen
2737 Erträge aus der Auflösung von Sonderposten mit Rücklageanteil (aus der Währungsumstellung auf den Euro)

SKR 04

R 4637–38
4639 Verwendung von Gegenständen für Zwecke außerhalb des Unternehmens ohne USt
AM 4640–46 Verwendung von Gegenständen für Zwecke außerhalb des Unternehmens 16% USt
R 4647–49
AM 4650–56 Unentgeltliche Erbringung einer sonstigen Leistung 7% USt
R 4657–58
4659 Unentgeltliche Erbringung einer sonstigen Leistung ohne USt
AM 4660–66 Unentgeltliche Erbringung einer sonstigen Leistung 16% USt
R 4667–69
AM 4686–87 Unentgeltliche Zuwendung von Gegenständen 16% USt
R 4688
4689 Unentgeltliche Zuwendung von Gegenständen ohne USt
4830 Sonstige betriebliche Erträge
4835 Sonstige Erträge betrieblich und regelmäßig
4837 Sonstige Erträge betriebsfremd und regelmäßig
4839 Sonstige Erträge unregelmäßig
4840 Erträge aus Kursdifferenzen
4843 Erträge aus Bewertung Finanzmittelfonds
AM 4844 Erlöse aus Verkäufen Sachanlagevermögen steuerfrei § 4 Nr. 1 a UStG (bei Buchgewinn)
AM 4845 Erlöse aus Verkäufen Sachanlagevermögen 16% USt (bei Buchgewinn)
R 4846–47
AM 4848 Erlöse aus Verkäufen Sachanlagevermögen steuerfrei § 4 Nr. 1 b UStG (bei Buchgewinn)
4849 Erlöse aus Verkäufen Sachanlagevermögen (bei Buchgewinn)
4850 Erlöse aus Verkäufen immaterieller Vermögensgegenstände (bei Buchgewinn)
4851 Erlöse aus Verkäufen Finanzanlagen (bei Buchgewinn)
4852 Erlöse aus Verkäufen Finanzanlagen 100%/50% steuerfrei (inländische Kap.Ges.) (bei Buchgewinn)
4855 Anlagenabgänge Sachanlagen (Restbuchwert bei Buchgewinn)
4856 Anlagenabgänge immaterielle Vermögensgegenstände (Restbuchwert bei Buchgewinn)
4857 Anlagenabgänge Finanzanlagen (Restbuchwert bei Buchgewinn)
4858 Anlagenabgänge Finanzanlagen 100%/50% steuerfrei (inländische Kap.Ges.) (Restbuchwert bei Buchgewinn)

SKR 03

2738 Erträge aus der Auflösung von Sonderposten mit Rücklageanteil nach § 52 Abs. 16 EStG
2739 Erträge aus der Auflösung von Sonderposten mit Rücklageanteil (Ansparabschreibung)
2740 Erträge aus der Auflösung von Sonderposten mit Rücklageanteil (steuerfreie Rücklagen)
2741 Erträge aus der Auflösung von Sonderposten mit Rücklageanteil (Sonderabschreibungen)
2742 Versicherungsentschädigungen
2743 Investitionszuschüsse (steuerpflichtig)
2744 Investitionszulagen (steuerfrei)
2750 Grundstückserträge
2990 Aufwendungen/Erträge aus Umrechnungsdifferenzen
8590 Verrechnete sonstige Sachbezüge (keine Waren)
AM 8591 Sachbezüge 7% USt (Waren)
R 8594
AM 8595 Sachbezüge 16% USt (Waren)
R 8596–97
8600 Sonstige Erlöse betrieblich und regelmäßig
8610 Verrechnete sonstige Sachbezüge
AM 8611 Verrechnete sonstige Sachbezüge 16% USt (z. B. Kfz-Gestellung)
R 8612–13
8614 Verrechnete sonstige Sachbezüge ohne Umsatzsteuer
AM 8625–29 Sonstige Erlöse betrieblich und regelmäßig, steuerfrei
AM 8630–34 Sonstige Erlöse betrieblich und regelmäßig 7% USt
R 8635–39
AM 8640–44 Sonstige Erlöse betrieblich und regelmäßig 16% USt
R 8645–49
AM 8820–26 Erlöse aus Anlagenverkäufen 16% USt (bei Buchgewinn)
AM 8827 Erlöse aus Verkäufen Sachanlagevermögen steuerfrei § 4 Nr. 1 a UStG (bei Buchgewinn)
AM 8828 Erlöse aus Verkäufen Sachanlagevermögen steuerfrei § 4 Nr. 1 b UStG (bei Buchgewinn)
8829 Erlöse aus Anlagenverkäufen (bei Buchgewinn)
R 8830–36
8837 Erlöse aus Verkäufen immaterieller Vermögensgegenstände (bei Buchgewinn)
8838 Erlöse aus Verkäufen Finanzanlagen (bei Buchgewinn)
8839 Erlöse aus Verkäufen Finanzanlagen 100%/50% steuerfrei (inländische Kap.Ges.) (bei Buchgewinn)
4860 Grundstückserträge
4900 Erträge aus dem Abgang von Gegenständen des Anlagevermögens
4901 Erträge aus der Veräußerung von Anteilen an Kapitalgesellschaften 100%/50% steuerfrei (inländische Kap.Ges.)

SKR 04

4905 Erträge aus dem Abgang von Gegenständen des Umlaufvermögens außer Vorräten
4910 Erträge aus Zuschreibungen des Sachanlagevermögens
4911 Erträge aus Zuschreibungen des immateriellen Anlagevermögens
4912 Erträge aus Zuschreibungen des Finanzanlagevermögens
4913 Erträge aus Zuschreibungen des Finanzanlagevermögens 100%/50% steuerfrei (inländische Kap.Ges.)
4914 Erträge aus Zuschreibungen des anderen Anlagevermögens 100%/50% steuerfrei (inländische Kap.Ges.)
4915 Erträge aus Zuschreibungen des Umlaufvermögens außer Vorräten
4916 Erträge aus Zuschreibungen des Finanzanlagevermögens 100%/50% steuerfrei (inländische Kap.Ges.)
4920 Erträge aus der Herabsetzung der Pauschalwertberichtigung zu Forderungen
4923 Erträge aus der Herabsetzung der Einzelwertberichtigung zu Forderungen
4925 Erträge aus abgeschriebenen Forderungen
4930 Erträge aus der Auflösung von Rückstellungen
4932 Erträge aus der steuerlich niedrigeren Bewertung von Rückstellungen
4933 Erträge aus der steuerlich niedrigeren Bewertung von Verbindlichkeiten
4935 Erträge aus der Auflösung von Sonderposten mit Rücklageanteil (steuerfreie Rücklagen)
4936 Erträge aus der Auflösung von Sonderposten mit Rücklageanteil (Ansparabschreibungen)
4937 Erträge aus der Auflösung von Sonderposten mit Rücklageanteil (Sonderabschreibungen)
4938 Erträge aus der Auflösung von Sonderposten mit Rücklageanteil (aus der Währungsumstellung auf den Euro)
4939 Erträge aus der Auflösung von Sonderposten mit Rücklageanteil nach § 52 Abs. 16 EStG
4940 Verrechnete sonstige Sachbezüge (keine Waren)
AM 4941 Sachbezüge 7% USt (Waren)
R 4942–44
AM 4945 Sachbezüge 16% USt (Waren)
AM 8920–22 Verwendung von Gegenständen für Zwecke außerhalb des Unternehmens 16% USt

SKR 03		SKR 04	
R 8923		4946	Verrechnete sonstige Sachbezüge
8924	Verwendung von Gegenständen für Zwecke außerhalb des Unternehmens ohne USt	AM 4947	Verrechnete sonstige Sachbezüge 16% USt (z. B. Kfz-Gestellung)
AM 8925–27	Unentgeltliche Erbringung einer sonstigen Leistung 16% USt	R 4948	
R 8928		4949	Verrechnete sonstige Sachbezüge ohne Umsatzsteuer
8929	Unentgeltliche Erbringung einer sonstigen Leistung ohne USt	4960	Periodenfremde Erträge (soweit nicht außerordentlich)
AM 8930–31	Verwendung von Gegenständen für Zwecke außerhalb des Unternehmens 7% USt	4970	Versicherungsentschädigungen
		4975	Investitionszuschüsse (steuerpflichtig)
AM 8932–33	Unentgeltliche Erbringung einer sonstigen Leistung 7% USt	4980	Investitionszulagen (steuerfrei)
R 8938		7990	Aufwendungen/Erträge aus Umrechnungsdifferenzen
8939	Unentgeltliche Zuwendung von Gegenständen ohne USt		
R 8934			
AM 8935–37	Unentgeltliche Zuwendung von Gegenständen 16% USt		

5. Materialaufwand

a) Aufwendungen für Roh-, Hilfs- und Betriebsstoffe und für bezogene Waren

aa) Materialverbrauch

50 Hier sind alle in der abgelaufenen Periode verbrauchten oder verkauften **Roh-, Hilfs- und Betriebsstoffe bei Produktionsunternehmen** sowie **fremdbezogene Handelswaren bei Handelsunternehmen** auszuweisen, ohne dass eine Trennung von Fertigungsmaterial und Handelswaren verlangt wird. Beim Verbrauch von Vorjahresbeständen muss der hier ausgewiesene Aufwand nicht den Einstandskosten entsprechen, wenn zum Vorjahresstichtag Abwertungen aufgrund gesunkener Beschaffungspreise oder sonstiger Wertminderungen vorzunehmen waren.

51 Am Jahresende sind in jedem Fall die **Bestandskonten den in der Inventur aufgenommenen Beständen anzupassen,** etwaige Inventurdifferenzen sind wie Materialverbräuche/-zugänge zu erfassen.

52 Zu den Roh-, Hilfs- und Betriebsstoffen gehören der gesamte Materialverbrauch und die Materialbestandsänderungen, i.e.[48]:

- Fertigungsmaterialien
- Brenn-, Heizungsstoffe und sonstige Energieverbräuche
- Reinigungs-, Reparatur- und Baumaterialien
- Kleinwerkzeuge
- Formen
- Werksgeräte
- Modelle
- Reserveteile
- Verpackungsmaterial, soweit nicht den Vertriebskosten zuzurechnen
- Einkäufe für als Festwert geführtes Sachanlage- oder Vorratsvermögen und Festwertanpassungen[49]

53 Erhaltene Skonti, Boni, Rabatte und Nachlässe mindern den Materialaufwand. Gleiches gilt auch für **Festwertanpassungen,** u. z. sowohl bei Festwerten für Roh-, Hilfs- und Betriebsstoffe als auch für Festwertgüter des Sachanlagevermögens[50]. Festwertminderungen können mit den hier auszuweisenden Aufwendungen saldiert werden[51].

---

[48] Vgl. WP-Handbuch 2000, Bd. I, F 406; *Adler/Düring/Schmaltz,* § 275 HGB Tz 85.

[49] Bei Festwertanpassung des Sachanlagevermögens ist auch einen Ausweis unter Pos. Nr. 8 „Sonstige betriebliche Aufwendungen" möglich, WP-Handbuch 2000, Bd. I, F 407; *Förschle,* in Beck Bil-Kom. § 275 HGB Tz 119; wie hier *Claussen/Korth,* in Kölner Kom. §§ 275–277 HGB, 158 AktG Tz 45.

[50] Vgl. zur Differenzierung von Festwertanpassungen D 300.

[51] Vgl. WP-Handbuch 2000, Bd. I, F 407; *Adler/Düring/Schmaltz,* § 275 HGB Tz 86; *Förschle,* in Beck Bil-Kom. § 275 HGB Tz 119.

54 Empfehlenswert ist die gesonderte Einrichtung eines Kontos für Eingangsfrachten, die zu den Anschaffungsnebenkosten gehören (Kto. 3800 SKR 03 bzw. Kto. 5800 SKR 04) und deshalb buchhalterisch gesondert erfasst werden sollten.

bb) Abwertungen

55 Außerdem sind hier **„übliche Abwertungen"** auf im Bestand befindliche Materialien und Handelswaren auszuweisen. **Maßstab** für die Frage der **„Üblichkeit"** sind die in Vorjahren vorgenommenen Abschreibungen aufgrund von Inventurdifferenzen und Wertminderungen, die ihre Ursache in Schwund, Qualitätsverlusten, gesunkenen Beschaffungs- oder Verkaufspreisen, mangelnder Gängigkeit oder geänderter Modeauffassung haben können[52].

56 **„Unübliche" Mengendifferenzen** aufgrund von Diebstahl, Brand oder ähnlicher Zerstörung[53] sowie **„unübliche" Wertänderungen** aufgrund eines außergewöhnlichen Preisverfalls oder einer „unüblichen" Unverkäuflichkeit modischer Artikel, führen dagegen zu einem Ausweis unter Posten Nr. 7 b)[54]. Ebenso Abschreibungen, die mit Sanierungsmaßnahmen oder dem Übergang auf geänderte Bewertungsmethoden im Zusammenhang stehen[55].

cc) BWA-Schlüsselung

57 Beim Materialaufwand ist im DATEV-System vorab eine Entscheidung darüber zu treffen, welche der vorgegebenen Konten in der BWA im Materialaufwand enthalten sein sollen. Je nach Schlüsselung, Schlüssel KG 3 bzw. KG 4 (SKR 03) oder Schlüssel K 50 bzw. K 51 (SKR 04) erscheinen die nachfolgend aufgeführten Konten als **Materialaufwand in der BWA:**

SKR 03

KG 3	**KG 3**
Konten:[56]	Konten:
3000–3969	4000–4099
	3100–3199

SKR 04

K 51	**K 50**
Konten:[57]	Konten:
5100–5859	5000–5099
5880–5999	5900–5999

58 Bei der oben dargestellten Schlüsselung erscheinen sämtliche Wareneinkäufe in der BWA im Materialaufwand. Soll nur der tatsächliche Verbrauch gezeigt werden bieten sich deshalb nachfolgende Vorgehensweise an (Nur bei BWA-Form 01: DATEV-BWA):

SKR 03

Schlüsselung KG 4: Erfassen der Wareneinkäufe auf den Konten 3000 ff.
Buchung der tatsächlichen Materialverbräuche auf dem Kto

---

[52] Vgl. *Borchert,* in Küting/Weber § 275 HGB Tz 51; *Förschle,* in Beck Bil-Kom. § 275 HGB Tz 120; auch regelmäßig vorgenommene steuerrechtliche Abschreibungen gelten als „übliche" Abschreibungen, WP-Handbuch 2000, Bd. I, F 396; einschränkend darauf abstellend, ob infolge der Abweichung von bisherigen Abschreibungsmethoden wesentlich höhere Abschreibungen anfallen oder ob es sich um ungewöhnliche, seltene Abschreibungen handelt *Adler/Düring/Schmaltz,* § 275 HGB Tz 132 ff.

[53] Vgl. WP-Handbuch 2000, Bd. I, F 408; *Claussen/Korth,* in Kölner Kom. §§ 275–277, 158 AktG Tz 44; *Adler/Düring/Schmaltz,* § 275 HGB Tz 90.

[54] Soweit nicht außerordentlich und unter Posten Nr. 16 auszuweisen; nach *Adler/Düring/Schmaltz,* § 275 HGB Tz 92 sind Differenzen auf Grund von Brand und Diebstahl unter Pos. Nr. 8 oder Pos. Nr. 16 auszuweisen.

[55] Vgl. WP-Handbuch 2000, Bd. I, F 396; *Adler/Düring/Schmaltz,* § 275 HGB Tz 135.

[56] In der BWA werden auch im Materialaufwand ausgewiesen die Ktn 8591–8599, Sachbezüge, die Ktn 8900–8919, Entnahme von Gegenständen, die Ktn 8940–8949, Unentgeltliche Zuwendungen von Waren.

[57] In der BWA werden auch im Materialaufwand ausgewiesen die Ktn 4600–4629, Entnahme von Gegenständen, die Ktn 4941–4945, Sachbezüge, sowie die Ktn 4670–4685, Unentgeltliche Zuwendungen von Waren.

4000 ff, die Gegenbuchung erfolgt auf verrechnete Stoffkosten, Ktn 3990–3999

SKR 04

Schlüsselung K 50: Erfassen der Wareneinkäufe auf den Ktn 5100 ff. Buchung der tatsächlichen Materialverbräuche auf den Ktn 5000 ff, die Gegenbuchung erfolgt auf verrechnete Stoffkosten, Ktn 5860–5879.

dd) Zusammenfassung zum Rohergebnis

59 Der Posten wird bei der kleinen und mittelgroßen Gesellschaften im Posten „Rohergebnis" zusammengefasst, § 267 S. 1 HGB.

Standardkonten im DATEV-System

60

	SKR 03
3000	Roh-, Hilfs- und Betriebsstoffe
3090	Energiestoffe (Fertigung)
3200	**Wareneingang**
AV 3300–09	Wareneingang 7% Vorsteuer
R 3310–49	
AV 3400–09	Wareneingang 16% Vorsteuer
R 3410–19	
AV 3420–24	Innergemeinschaftlicher Erwerb 7% Vorsteuer und 7% Umsatzsteuer
AV 3425–29	Innergemeinschaftlicher Erwerb 16% Vorsteuer und 16% Umsatzsteuer
AV 3430	Innergemeinschaftlicher Erwerb ohne Vorsteuerabzug 7% Umsatzsteuer
R 3431–34	
AV 3435	Innergemeinschaftlicher Erwerb ohne Vorsteuer und 16% Umsatzsteuer
R 3436–39	
AV 3440	Innergemeinschaftlicher Erwerb von Neufahrzeugen von Lieferanten ohne Umsatzsteuer-Identifikationsnummer 16% Vorsteuer und 16% Umsatzsteuer
R 3441–49	
AV 3500–04	Wareneingang 5% Vorsteuer
AV 3505–09	Wareneingang 6% Vorsteuer
R 3510–29	
AV 3530–34	Wareneingang 9% Vorsteuer
AV 3535–39	Wareneingang 10% Vorsteuer
AV 3540–49	Wareneingang 9% Vorsteuer (8)
AV 3550	Steuerfreier innergemeinschaftlicher Erwerb
R 3551–59	
3600–09	Nicht abziehbare Vorsteuer
3610–19	Nicht abziehbare Vorsteuer 7%
3650–59	Nicht abziehbare Vorsteuer 16%
R 3660–69	
3700	Nachlässe
AV 3710–11	Nachlässe 7% Vorsteuer
R 3712–19	
AV 3720–21	Nachlässe 16% Vorsteuer
R 3722	
AV 3723	Nachlässe 15% Vorsteuer
5000–99	Aufwendungen für Roh-, Hilfs- und Betriebsstoffe und für bezogene Waren

	SKR 04
5100	Einkauf von Roh-, Hilfs- und Betriebsstoffen
5190	Energiestoffe (Fertigung)
5200	Wareneingang
AV 5300–09	Wareneingang 7% Vorsteuer
R 5310–49	
AV 5400–09	Wareneingang 16% Vorsteuer
R 5410–19	
AV 5420–24	Innergemeinschaftlicher Erwerb 7% Vorsteuer und 7% Umsatzsteuer
AV 5425–29	Innergemeinschaftlicher Erwerb 16% Vorsteuer und 16% Umsatzsteuer
AV 5430	Innergemeinschaftlicher Erwerb ohne Vorsteuerabzug 7% Umsatzsteuer
R 5431–34	
AV 5435	Innergemeinschaftlicher Erwerb ohne Vorsteuerabzug 16% Umsatzsteuer
R 5436–39	
AV 5440	Innergemeinschaftlicher Erwerb von Neufahrzeugen von Lieferanten ohne Umsatzsteuer-Identifikationsnummer 16% Vorsteuer und 16% Umsatzsteuer
R 5441–49	
AV 5500–04	Wareneingang 5% Vorsteuer
AV 5505–09	Wareneingang 6% Vorsteuer
R 5510–29	
AV 5530–34	Wareneingang 9% Vorsteuer
AV 5535–39	Wareneingang 10% Vorsteuer
AV 5540–49	Wareneingang 9% Vorsteuer (8)
AV 5550	Steuerfreier innergemeinschaftlicher Erwerb
R 5551–59	
5600–09	Nicht abziehbare Vorsteuer
5610–19	Nicht abziehbare Vorsteuer 7%
5650–59	Nicht abziehbare Vorsteuer 16%
R 5660–69	
5700	Nachlässe
AV 5710–11	Nachlässe 7% Vorsteuer
AV 3724	Nachlässe aus innergemeinschaftlichem Erwerb 7% Vorsteuer und 7% Umsatzsteuer
AV 3725	Nachlässe aus innergemeinschaftlichem Erwerb 16% Vorsteuer und 16% Umsatzsteuer

SKR 03

R 3726	
AV 3727	Nachlässe aus innergemeinschaftlichem Erwerb 15% Vorsteuer und 15% Umsatzsteuer
R 3728–29	
S 3730	Erhaltene Skonti
S/AV 3731	Erhaltene Skonti 7% Vorsteuer
R 3732–34	
S/AV 3735	Erhaltene Skonti 16% Vorsteuer
S/AV 3736	Erhaltene Skonti 15% Vorsteuer
R 3737–38	
3740	Erhaltene Boni
AV 3750–51	Erhaltene Boni 7% Vorsteuer
R 3752–59	
AV 3760–61	Erhaltene Boni 16% Vorsteuer
R 3762–63	
AV 3764–65	Erhaltene Boni 15% Vorsteuer
R 3766–69	
3770	Erhaltene Rabatte
AV 3780–81	Erhaltene Rabatte 7% Vorsteuer
R 3782–89	
AV 3790–91	Erhaltene Rabatte 16% Vorsteuer
R 3792–93	
AV 3794–95	Erhaltene Rabatte 15% Vorsteuer
R 3796–99	
3800	Bezugsnebenkosten
3830	Leergut
3850	Zölle und Einfuhrabgaben
3960–69	Bestandsveränderungen Roh-, Hilfs- und Betriebsstoffe sowie bezogene Waren
3990–99	Verrechnete Stoffkosten (Gegenkonto zu 4000–99)
4000–99	Material- und Stoffverbrauch
R 5712–19	
AV 5720–21	Nachlässe 16% Vorsteuer
R 5722	
AV 5723	Nachlässe 15% Vorsteuer

SKR 04

AV 5724	Nachlässe aus innergemeinschaftlichem Erwerb 7% Vorsteuer und 7% Umsatzsteuer
AV 5725	Nachlässe aus innergemeinschaftlichem Erwerb 16% Vorsteuer und 16% Umsatzsteuer
R 5726	
AV 5727	Nachlässe aus innergemeinschaftlichem Erwerb 15% Vorsteuer und 15% Umsatzsteuer
R 5728–29	
S 5730	Erhaltene Skonti
S/AV 5731	Erhaltene Skonti 7% Vorsteuer
R 5732–34	
S/AV 5735	Erhaltene Skonti 16% Vorsteuer
S/AV 5736	Erhaltene Skonti 15% Vorsteuer
R 5737–38	
5740	Erhaltene Boni
AV 5750–51	Erhaltene Boni 7% Vorsteuer
R 5752–59	
AV 5760–61	Erhaltene Boni 16% Vorsteuer
R 5762–63	
AV 5764–65	Erhaltene Boni 15% Vorsteuer
R 5766–69	
5770	Erhaltene Rabatte
AV 5780–81	Erhaltene Rabatte 7% Vorsteuer
R 5782–89	
AV 5790–91	Erhaltene Rabatte 16% Vorsteuer
R 5792–93	
AV 5794–95	Erhaltene Rabatte 15% Vorsteuer
R 5796–99	
5800	Bezugsnebenkosten
5820	Leergut
5840	Zölle und Einfuhrabgaben
5860	Verrechnete Stoffkosten (Gegenkonto 5000–99)
5880	Bestandsveränderungen Roh-, Hilfs- und Betriebsstoffe/Waren

b) Aufwendungen für bezogene Leistungen

Als Materialaufwand sind auch Aufwendungen für bezogene Leistungen auszuweisen. Dazu gehören nicht sämtliche Aufwendungen für Fremdleistungen, sondern lediglich solche, die betriebswirtschaftlich dem Materialaufwand gleichgestellt oder zuzuordnen sind[58]. Dies sind im einzelnen die **Aufwendungen für durchgeführte Lohnbe- und -verarbeitung** von Materialien und unfertigen Erzeugnissen. In Betracht kommen[59]: 61

- Fräs- und Stanzarbeiten
- das Umschmelzen von Metallen
- Lackierarbeiten
- Härten von Fertigungsteilen
- Gummierung von Laufrädern
- an Subunternehmer vergebene Montagearbeiten
- Entgraten von Pressteilen
- Fremdleistungen für Forschungs- und Entwicklungsabteilungen[60]

Dagegen sind Fremdreparaturen nicht hier, sondern unter Posten Nr. 8 „Sonstige betriebliche Aufwendungen" auszuweisen, weil sie regelmäßig nicht dem Material- 62

---

[58] Vgl. WP-Handbuch 2000, Bd. I, F 409; ähnlich *Adler/Düring/Schmaltz,* § 275 HGB Tz 93 ff; *Borchert,* in Küting/Weber § 275 HGB Tz 50,53; a. A. *Westermann,* BB 1986, S. 1121; *Oebel,* WPg 1988, S. 125 ff.; *Doberenz,* BB 1987, S. 2190 ff.

[59] Vgl. WP-Handbuch 2000, Bd. I, F 411; *Förschle,* in Beck Bil-Kom. § 275 HGB Tz 122; *Adler/Düring/Schmaltz,* § 275 HGB Tz 94; *Claussen/Korth,* in Kölner Kom. §§ 275–277 HGB, 158 AktG Tz 47.

[60] Vgl. *Adler/Düring/Schmaltz,* § 275 HGB Tz 95; *Förschle,* in Beck Bil-Kom. § 275 HGB Tz 123.

aufwand gleichzusetzen bzw. zuzuordnen sind[61]. Ebenfalls nicht in den Materialaufwand einzubeziehen sind Fremdleistungen für den Verwaltungs- und Vertriebsbereich[62], z. B. für betriebswirtschaftliche Beratungen, wie
- Rechts- und Beratungskosten
- Werbekosten
- Sachverständigenhonorare

63 Der Posten wird bei kleinen und mittelgroßen Gesellschaften im Posten „Rohergebnis" zusammengefasst, § 276 S. 1 HGB.

Standardkonten im DATEV-System

	SKR 03	SKR 04
64	**3100 Fremdleistungen**	**5900 Fremdleistungen**

6. Personalaufwand

a) Löhne und Gehälter

65 Als Löhne und Gehälter sind alle **Leistungen an Arbeitnehmer auszuweisen, einschließlich der gewährten Sach- und Nebenleistungen und unabhängig davon, in welcher Form und unter welcher Bezeichnung sie geleistet wurden**[63]. Dazu gehören auch Nachzahlungen für Vorjahre, soweit hierfür keine Rückstellungen gebildet wurden[64].

66 Es handelt sich um Löhne und Gehälter i. S. v. Bruttobezügen und alle sonstigen Vergütungen an:
- Arbeiter
- Angestellte
- Auszubildende
- Teilzeitbeschäftigte
- Geschäftsführer, Vorstandsmitglieder
- Tätigkeitsvergütungen der persönlich haftenden Gesellschafter einer KG[65]

67 Vom Umfang her gehören hierher einschließlich der für diese Zwecke gebildeten Rückstellungen[66]:
- Grundlöhne und -gehälter, Bruttobezüge ohne Arbeitgeberanteil
- Entgelte für Überstunden
- Zulagen und Zuschläge aller Art
- Urlaubs- und Feiertagsbezüge
- Gefahrenzulagen
- Weihnachtsgeld
- Erfolgsprämien
- Hausstandsgeld
- Deputate
- Jubiläumsgeld
- Dienstalterszulagen
- Lohnfortzahlung im Krankheitsfall
- Zahlungen aufgrund des Vermögensbildungsgesetzes
- Aufwands- und Trennungsentschädigungen
- Leistungen aus Vorruhestandsregelungen
- Provisionen an Mitarbeiter
- Gratifikationen
- Tantiemen

---

[61] Nur wenn der Materialanteil den Lohnanteil übersteigt nach *Adler/Düring/Schmaltz,* § 275 HGB Tz 96; *Förschle,* in Beck Bil-Kom. § 275 HGB Tz 123.

[62] Vgl. *Adler/Düring/Schmaltz,* § 275 HGB Tz 95.

[63] Vgl. *Adler/Düring/Schmaltz,* § 275 HGB Tz 100, 102; WP-Handbuch 2000, Bd. I, F 412; *Förschle,* in Beck Bil-Kom. § 275 HGB Tz 125.

[64] Vgl. WP-Handbuch 2000, Bd. I, F 412.

[65] Vgl. *Adler/Düring/Schmaltz,* § 275 HGB Tz 103; *Claussen/Korth,* Kölner Kom. §§ 275–277 HGB, § 158 AktG Tz 54.

[66] Vgl. *Borchert,* in Küting/Weber Tz 56; WP-Handbuch 2000, Bd. I, F 412; *Adler/Düring/Schmaltz,* § 275 HGB Tz 103 ff; *Förschle,* in Beck Bil-Kom. § 275 HGB Tz 127; *Biener/Berneke,* BiRiLiG, S. 212.

– Erfolgs- und Gewinnbeteiligungen[67]
– Vergütungen für Erfindungen oder Verbesserungsvorschläge
– Nachtarbeits- und Spätdienstzulagen
– Abfindungen an ausscheidende Mitarbeiter, Leistungen auf Grund eines Sozialplans
– kostenlose Überlassung von Dienstwohnungen
– private Firmen-PKW-Nutzung
– verbilligte oder unentgeltliche Überlassung von Waren der Gesellschaft
– übernommene Versicherungsprämien und Lohnsteuern, einschließlich pauschalierter Lohnsteuer

Die Abgrenzung der Sachbezüge folgt regelmäßig der steuerrechtlichen Abgren- **68**
zung von **lohnsteuerpflichtigen geldwerten Vorteilen** und steuerrechtlich unbeachtlichen **Aufmerksamkeiten**[68]. Auch Zinsvergünstigungen für zinslos oder besonders zinsgünstig gewährte Kredite gehören dazu. Eine Zinsersparnis ist regelmäßig anzunehmen, wenn der Zinssatz für das Darlehen 6% unterschreitet[69].

Indirekt verursachte Aufwendungen, die den Mitarbeitern nicht direkt zufließen, **69**
wie Kosten für Betriebsveranstaltungen, Aus- und Fortbildungsveranstaltungen sowie Reisekosten- und Auslagenerstattungen an Arbeitnehmer gehören nicht hierher, sondern unter Pos. Nr. 8[70]. Löhne und Gehälter für Fremdarbeitskräfte, sog. Personalleasing, sind unter Pos. Nr. 5b oder Nr. 8 auszuweisen, auch wenn die Entgelte von der Gesellschaft errechnet und ausgezahlt werden[71]. Auch Aufsichtsratsbezüge sind unter Pos. Nr. 8 auszuweisen, weil die Mitglieder des AR in keinem Anstellungsverhältnis zur Gesellschaft stehen[72]. Eingliederungsbeihilfen können mit dem Lohn- und Gehaltsaufwand verrechnet werden, weil es sich um Gehaltsanteile handelt, die von fremden Dritten getragen werden.

Soweit dem Arbeitnehmer Fahrtkostenzuschüsse zusätzlich zum Arbeitslohn ge- **70**
währt werden, ist die darauf entrichtete pauschalierte LSt ebenfalls hier auszuweisen. Im DATEV-Kontenrahmen ist dafür ein gesondertes Kto. vorgesehen (Kto. 4149 SKR 03/Kto. 6069 SKR 04).

Standardkonten im DATEV-System

SKR 03

4100	Löhne und Gehälter
4110	Löhne
4120	Gehälter
4124	Geschäftsführergehälter der GmbH-Gesellschafter
4125	Ehegattengehalt
4126	Tantiemen
4127	Geschäftsführergehälter
4128	Vergütungen an angestellte Mitunternehmer § 15 EStG
4145	Freiwillige soziale Aufwendungen, lohnsteuerpflichtig
4149	Pauschale Steuer auf sonstige Bezüge (z. B. Fahrtkostenzuschüsse)
4150	Krankengeldzuschüsse

SKR 04

6000	**Löhne und Gehälter**	**71**
6010	Löhne	
6020	Gehälter	
6024	Geschäftsführergehälter der GmbH-Gesellschafter	
6026	Tantiemen	
6027	Geschäftsführergehälter	
6028	Vergütungen an angestellte Mitunternehmer § 15 EStG	
6030	Aushilfslöhne	
6040	Pauschale Steuer für Aushilfen	
6045	Bedienungsgelder	
6050	Ehegattengehalt	
6060	Freiwillige soziale Aufwendungen, lohnsteuerpflichtig	

---

[67] Gewinnbeteiligungen von Vorstandsmitgliedern einer AG werden, weil sie von der Höhe der Gewinnausschüttung abhängen, in den Gewinnverteilungsvorschlag (§ 170 Abs. 2 AktG) aufgenommen; insoweit entfällt ein Ausweis unter Pos. 6a).

[68] Vgl. R 31 LStR 1996.

[69] Zu den Aufmerksamkeiten gehören Sachzuwendungen bis zu einem Wert von EUR 40, wie Blumen, Genußmittel u. ä., die dem Arbeitnehmer oder seinen Angehörigen aus Anlass eines persönlichen Ereignisses zugewendet werden, R 73 Abs. 1 LStR 2001; Getränke und Genussmittel, die der Arbeitgeber dem Arbeitnehmer zum Verzehr im Betrieb unentgeltlich oder teilentgeltlich überläßt, gehören nicht zum stpfl. Arbeitslohn; ebenso Speisen, die der Arbeitgeber dem Arbeitnehmer anläßlich und während eines außergewöhnlichen Arbeitseinsatzes überlässt, wenn der Wert EUR 40 nicht überschreitet, R 73 Abs. 2 LStR 2001.

[70] Vgl. *Förschle,* in Beck Bil-Kom. § 275 HGB Tz 131; *Claussen/Korth,* in Kölner Kom. §§ 275–277 HGB, 158 AktG Tz 56; WP-Handbuch 2000, Bd. I, F 414.

[71] Vgl. *Borchert,* in Küting/Weber § 255 Tz 55; WP-Handbuch 2000, Bd. I, F 414.

[72] WP-Handbuch 2000, Bd. I, F 417; *Förschle,* in Beck Bil-Kom. § 275 Tz 130.

SKR 03		SKR 04	
4170	Vermögenswirksame Leistungen	6069	Pauschale Steuer auf sonstige Bezüge (z. B. Fahrtkostenzuschüsse)
4175	Fahrtkostenerstattung – Wohnung/Arbeitsstätte	6070	Krankengeldzuschüsse
4180	Bedienungsgelder	6080	Vermögenswirksame Leistungen
4190	Aushilfslöhne	6090	Fahrkostenerstattung – Wohnung/Arbeitsstätte
4199	Pauschale Steuer für Aushilfen		

b) Soziale Abgaben und Aufwendungen für Altersversorgung und für Unterstützung, davon für Altersversorgung

aa) Soziale Abgaben

72 Soziale Abgaben und Aufwendungen für Altersversorgung und Unterstützung können zusammengefasst unter Pos. Nr. 6b) ausgewiesen werden. Zu den sozialen Abgaben zählen lediglich die gesetzlichen Pflichtabgaben, soweit sie von der Gesellschaft zu tragen sind (Arbeitgeberanteile), i.e.:[73]

- Arbeitgeberanteile zur Sozialversicherung, d.s. die Beiträge zur Rentenversicherung der Angestellten und Arbeiter, zur Kranken-, Arbeitslosen- und Invaliditätsversicherung sowie zur Knappschaft
- Berufsgenossenschaftsbeiträge
- Umlagen für Konkursausfallgeld
- Insolvenzversicherungsbeiträge

73 Die Schwerbeschädigtenausgleichsabgabe ist unter „Sonstige betriebliche Aufwendungen" auszuweisen[74].

bb) Aufwendungen für Altersversorgung und für Unterstützung, davon für Altersversorgung

74 Zu den **Aufwendungen für Altersversorgung** gehören[75]:

- laufende Pensionszahlungen
- Zuführungen zu Pensionsrückstellungen
- Zahlungen oder Zuweisungen an Pensions- und Unterstützungskassen
- Versicherungsprämien für künftige Altersversorgung der Mitarbeiter inkl. Direktversicherungsprämien
- Beiträge an den Pensionssicherungsverein

75 **Zuführungen zu Pensionsrückstellungen** können nach h.M. insgesamt unter Pos. Nr. 6b ausgewiesen werden, obwohl die Aufwendungen auch Zinsbestandteile enthalten. Insoweit kann der Zinsanteil der Zuführung zu den Pensionsrückstellungen auch unter Pos. Nr. 13 („Zinsen und ähnliche Aufwendungen") ausgewiesen werden[76].

76 **Prämien für Rückdeckungsversicherungen** sind nicht hier, sondern unter „Sonstige betriebliche Aufwendungen" auszuweisen[77]. Aufwendungen für Altersversorgung sind von den übrigen hier auszuweisenden Unterstützungsaufwendungen abzugrenzen, weil erstgenannte vermerkpflichtig sind.

77 Bei den nicht vermerkpflichtigen **Aufwendungen für Unterstützung** handelt es sich um[78]:

- Zuweisungen an Sozialkassen und Unterstützungseinrichtungen, soweit sie nicht der Altersversorgung dienen
- Hausbrandzuschüsse
- freiwillige Zahlungen an tätige oder im Ruhestand lebende Arbeitnehmer und deren Hinterbliebene

---

[73] Vgl. WP-Handbuch 2000, Bd. I, F 418; *Borchert,* in Küting/Weber § 275 HGB Tz 59; *Adler/Düring/Schmaltz,* § 275 HGB Tz 116.

[74] Vgl. *Adler/Düring/Schmaltz,* § 275 HGB Tz 116; *Claussen/Korth,* in Kölner Kom. § 275–277 AktG, § 158 AktG Tz 57; WP-Handbuch 2000, Bd. I, F 419.

[75] Vgl. WP-Handbuch 2000, Bd. I, F 420; *Schöning,* in Beck HdR, B 333 Tz 30; *Adler/Düring/Schmaltz,* § 275 HGB Tz 119; *Förschle,* in Beck Bil-Kom. § 275 HGB Tz 135; soweit Direktversicherungsprämien aus Lohn- und Gehaltsumwandlungen beglichen werden, ist ein Ausweis unter Pos. 6 a) vorzuziehen.

[76] Vgl. *Adler/Düring/Schmaltz,* § 275 HGB Tz 121; *Borchert,* in Küting/Weber § 275 HGB Tz 59; *Claussen/Korth,* in Kölner Kom. §§ 275–277 HGB, § 158 AktG Tz 58; *Förschle,* in Beck Bil-Kom. § 275 HGB Tz 183; WP-Handbuch 2000, Bd. I, F 420.

[77] Vgl. *Adler/Düring/Schmaltz,* § 275 HGB Tz 119, *Förschle,* in Beck Bil-Kom. § 275 HGB Tz 135.

[78] Vgl. WP-Handbuch 2000, Bd. I, F 423; *Förschle,* in Beck Bil-Kom. § 275 HGB Tz 136; *Adler/Düring/Schmaltz,* § 275 HGB Tz 122.

- Geburts- und Heiratsbeihilfen
- Beihilfen zu Arzt-, Kur- oder Krankenhauskosten
- Aufwendungen für verunglückte Arbeitnehmer
- Notstandsbeihilfen an Arbeitnehmer
- Erholungsbeihilfen und Familienfürsorgezahlungen
- Deputate an Pensionäre oder deren Hinterbliebene

Zuwendungen oder **Spenden an betriebsfremde Personen** oder Wohlfahrtseinrichtungen sind nicht hier, sondern unter „Sonstige betriebliche Aufwendungen" auszuweisen[79]. 78

Die Aufwendungen für soziale Abgaben und für Altersversorgung und Unterstützung sind im DATEV-System in einer Kontengruppe zusammengefasst. Gem. § 275 Abs. 2 Nr. 6b) HGB sind die auf die Altersversorgung entfallenden Beträge zu vermerken („davon-Vermerk"). Demgemäss werden die auf den Ktn 4160–4168 (SKR 03) bzw. auf den Ktn 6140–6159 (SKR 04) erfassten Beträge als „davon für Altersversorgung" unter der Pos. Nr. 6b) in allen DATEV-Darstellungsformen vermerkt. 79

Auf dem Kto 4140 (SKR 03) bzw. dem Kto 6130 (SKR 04) können freiwillige soziale Abgaben erfasst und unter diesem Posten ausgewiesen werden, sofern nicht ein Ausweis von sog. **„Personalnebenkosten"** unter „sonstige betriebliche Aufwendungen" vorzuziehen ist[80]. 80

Standardkonten im DATEV-System

81

SKR 03		SKR 04	
4130	Gesetzliche soziale Aufwendungen	**6100**	**Soziale Abgaben und Aufwendungen für Altersversorgung und für Unterstützung**
4137	Gesetzliche soziale Aufwendungen für Mitunternehmer § 15 EstG	6110	Gesetzliche soziale Aufwendungen
4138	Beiträge zur Berufsgenossenschaft	6118	Gesetzliche soziale Aufwendungen für Mitunternehmer § 15 EStG
4140	Freiwillige soziale Aufwendungen, lohnsteuerfrei	6120	Beiträge zur Berufsgenossenschaft
4160	Versorgungskassen	6130	Freiwillige soziale Aufwendungen, lohnsteuerfrei
4165	Aufwendungen für Altersversorgung	6140	Aufwendungen für Altersversorgung
4167	Pauschale Steuer auf sonstige Bezüge (z. B. Direktversicherungen)	6147	Pauschale Steuer auf sonstige Bezüge (z. B. Direktversicherung)
4168	Aufwendungen für Altersversorgung für Mitunternehmer § 15 EStG	6148	Aufwendungen für Altersversorgung für Mitunternehmer § 15 EStG
4169	Aufwendungen für Unterstützung	6150	Versorgungskassen
		6160	Aufwendungen für Unterstützung
		6170	Sonstige soziale Abgaben

7. Abschreibungen

a) Abschreibungen auf immaterielle Vermögensgegenstände des Anlagevermögens und Sachanlagen sowie auf aktivierte Aufwendungen für die Ingangsetzung und Erweiterung des Geschäftsbetriebs

Der Posten enthält sämtliche **planmäßigen und außerplanmäßigen Abschreibungen sowie steuerrechtliche Sonderabschreibungen** auf das immaterielle Anlage-, das Sachanlagevermögen, die aktivierten Ingangsetzungs- und Erweiterungsaufwendungen und aktivierte Aufwendungen aus der Währungsumstellung[81]. 82

---

[79] Vgl. *Förschle,* in Beck Bil-Kom. § 275 HGB Tz 136; WP-Handbuch 2000, Bd. I, F 423.

[80] Vertretbar scheint es auch, unter „Soziale Abgaben und Aufwendungen für Altersorgung und Unterstützung" generell sonstige vertraglich zu leistende oder freiwillige soziale Aufwendungen auszuweisen; *Biener/Berneke,* BiRiLiG, S. 212; *Borchert,* in Küting/Weber § 275 HGB Tz 59; *Claussen/Korth,* in Kölner Kom. §§ 275–277 HGB, 158 AktG Tz 60; a. A. WP-Handbuch 2000, Bd. I, F 423; *Förschle,* in Beck Bil-Kom. § 275 HGB Tz 136; *Adler/Düring/Schmaltz,* § 275 HGB Tz 123 a mit Verweis auf die engere Postenbezeichnung. Der hier vertretenen Auffassung folgend könnten hier auch ausgewiesen werden: Aufwendungen für Fort- und Ausbildungskosten, Aufwendungen für Weihnachts- und sonstige Betriebsfeiern, Kosten für betriebliche Erholungsheime und Sportstätten und sonstige freiwillige soziale Aufwendungen, die noch als primärer Personalaufwand zu betrachten sind. Eine solche Auslegung wäre durch den Postenoberbegriff „Personalaufwand" gedeckt. Möglich und vertretbar ist auch, diese Aufwendungen unter „Sonstige betriebliche Aufwendungen" als „Personalnebenkosten" auszuweisen.

[81] Vgl. dazu D 31.

Er korrespondiert mit den in der Bilanz gesondert auszuweisenden oder im Anhang anzugebenden Abschreibungen des Geschäftsjahrs, sofern steuerrechtliche Sonderabschreibungen nicht passivisch ausgewiesen oder Abschreibungen unter Pos. Nr. 16 („Außerordentliche Aufwendungen") ausgewiesen werden.[82]

83 § 277 Abs. 3 S. 1 HGB verlangt für KapG/KapG & Co., dass außerplanmäßige Abschreibungen in der GuV gesondert auszuweisen oder im Anhang anzugeben sind. Die hier auszuweisenden Abschreibungen dürfen nicht mit vorzunehmenden Zuschreibungen aufgrund einer Wertaufholung oder einer Anpassung an ein steuerliches Betriebsprüfungsergebnis saldiert werden[83].

84 Im DATEV-System werden unterschiedliche Konten, sowohl nach Art der Vermögensgegenstände als auch nach Art der Abschreibungen angeboten. Ursache der getrennten kontenmäßigen Erfassung sind u. a. die im Anhang zu liefernden Angaben, die so den Ktn direkt entnommen werden können:

1. Gem. § 281 Abs. 2 S. 1 HGB sind, getrennt für das Anlage- und Umlaufvermögen, die **Abschreibungen,** die allein **aufgrund steuerrechtlicher Vorschriften** vorgenommen wurden, **im Anhang anzugeben,** sofern sich diese nicht aus der GuV ergeben.
2. Gem. § 277 Abs. 3 S. 1 HGB sind außerdem – sofern nicht in der GuV gesondert ausgewiesen – im Anhang anzugeben:
   a) außerplanmäßige Abschreibungen auf Vermögensgegenstände des **Anlagevermögens,** um sie mit dem niedrigeren Wert anzusetzen, der ihnen am Abschlussstichtag beizulegen ist (§ 253 Abs. 2 S. 3 HGB).
   b) außerplanmäßige Abschreibungen auf Vermögensgegenstände des **Umlaufvermögens,** soweit diese nach vernünftiger kaufmännischer Beurteilung notwendig sind, um zu verhindern, dass in der nächsten Zukunft der Wertansatz dieser Vermögensgegenstände aufgrund von Wertschwankungen geändert werden muss (§ 253 Abs. 3 S. 3 HGB).

85 Im DATEV-System sind diese Angaben generell im Anhang zu liefern. Nur bei der „erweiterten Bilanzgliederung" für die PersG und KapG erfolgt der Vermerk bei Posten Nr. 7 a)

1. für steuerrechtliche Abschreibungen, wenn die Ktn 4850–4854 (SKR 03) bzw. die Ktn 6240–6249 (SKR 04) angesprochen werden
2. für außerplanmäßige Abschreibungen auf das Anlagevermögen, wenn die Ktn 4826–4829, 4840–4849 und 4865–4869 (SKR 03) bzw. die Ktn 6210–6219, 6230–6239 und 6266–6267 (SKR 04) angesprochen werden[84]

86 Auf den Ktn 4815 (SKR 03) bzw. 6250 (SKR 04) können **Leasingraten** erfasst werden, wenn der Leasingnehmer als wirtschaftlicher Eigentümer der geleasten Gegenstände anzusehen ist. Die „Leasingzahlungen" enthalten Zinsanteile und Kaufpreisraten, die zum Jahresende aufzuteilen und gegen die passivierte Kaufpreisverbindlichkeit auf der einen und als Zinsaufwand auf der anderen Seite zu buchen sind. Die auf die aktivierten Leasinggegenstände entfallenden Abschreibungen sind dann den jeweiligen Ktn sachzugehörig zuzuordnen. Diese Handhabung entstammt der Überlegung, dass bei dem sog. „Kaufleasing" die Leasingraten in etwa den später zu verrechnenden Abschreibungen entsprechen, und bei diesem Verfahren im Laufe des Geschäftsjahres die später zu buchenden Abschreibungen pro rata temporis in der BWA erfasst werden. Möglich ist auch, die Leasingraten gegen die passivierte Kaufpreisverbindlichkeit zu buchen und im Laufe des Jahres die ratierlich zu verrechnenden Abschreibungen auf dem sachzugehörigen Abschreibungskonto zu erfassen.

---

[82] Vgl. *Borchert,* in Küting/Weber § 275 HGB Tz 64; *Claussen/Korth,* in Kölner Kom. §§ 275–277 HGB, § 158 AktG Tz 63; WP-Handbuch 2000, Bd. I, F 425; *Adler/Düring/Schmaltz,* § 275 HGB Tz 124 f.

[83] Vgl. *Adler/Düring/Schmaltz,* § 275 HGB Tz 127; *Borchert,* in Küting/Weber § 275 HGB Tz 65.

[84] Vgl. C 60 und C 74.

Standardkonten im DATEV-System

SKR 03

4815 Kaufleasing
4820 Abschreibungen auf Aufwendungen für die Ingangsetzung und Erweiterung des Geschäftsbetriebs
4821 Abschreibungen auf Aufwendungen für die Währungsumstellung auf den Euro
4822 Abschreibungen auf immaterielle Vermögensgegenstände
4824 Abschreibungen auf den Geschäfts- oder Firmenwert
4826 Außerplanmäßige Abschreibungen auf immaterielle Vermögensgegenstände
4830 Abschreibungen auf Sachanlagen
4840 Außerplanmäßige Abschreibungen auf Sachanlagen
4850 Abschreibungen auf Sachanlagen aufgrund steuerlicher Sondervorschriften
4855 Sofortabschreibung geringwertiger Wirtschaftsgüter
4860 Abschreibungen auf aktivierte, geringwertige Wirtschaftsgüter
4865 Außerplanmäßige Abschreibungen auf aktivierte, geringwertige Wirtschaftsgüter

SKR 04

6200 Abschreibungen auf immaterielle Vermögensgegenstände 87
6205 Abschreibungen auf den Geschäfts- oder Firmenwert
6210 Außerplanmäßige Abschreibungen auf immaterielle Vermögensgegenstände
6220 Abschreibungen auf Sachanlagen
6230 Außerplanmäßige Abschreibungen auf Sachanlagen
6240 Abschreibungen auf Sachanlagen aufgrund steuerlicher Sondervorschriften
6250 Kaufleasing
6260 Sofortabschreibungen geringwertiger Wirtschaftsgüter
6262 Abschreibungen auf aktivierte, geringwertige Wirtschaftsgüter
6266 Außerplanmäßige Abschreibungen auf aktivierte, geringwertige Wirtschaftsgüter
6268 Abschreibungen auf Aufwendungen für die Ingangsetzung und Erweiterung des Geschäftsbetriebs
6269 Abschreibungen auf Aufwendungen für die Währungsumstellung auf den Euro

b) Abschreibungen auf Vermögensgegenstände des Umlaufvermögens, soweit diese die in der Kapitalgesellschaft üblichen Abschreibungen überschreiten

Hier auszuweisen sind Abschreibungen auf das Umlaufvermögen, soweit sie für 88
die Kapitalgesellschaft „unüblich" sind, ohne dass der Gesetzgeber bestimmt hat, welche Abschreibungen „unüblich" bzw. „üblich" sind. Zu den Vermögensgegenständen des Umlaufvermögens gehören:

1. Vorräte
2. Forderungen und sonstige Vermögensgegenstände
3. Wertpapiere
4. liquide Mittel

Abschreibungen auf Wertpapiere des Umlaufvermögens sind nach h. M. 89
nicht hier, sondern unter Posten Nr. 12 „Abschreibungen auf Finanzanlagen und auf Wertpapiere des Umlaufvermögens" auszuweisen, weil der Ausweis von Wertminderungen des Finanzumlaufvermögens im Finanzergebnis Vorrang vor dem Ausweis an dieser Stelle hat[85]. Verluste aus dem Verkauf von Wertpapieren des Umlaufvermögens sind unter Pos. Nr. 8 („Sonstige betriebliche Aufwendungen") auszuweisen.

Die Frage der „Üblichkeit" bzw. „Unüblichkeit" lässt sich zum einen nach der Art 90
zum anderen nach der Höhe der Abschreibung bestimmen. Eine materiell ungewöhnliche Höhe kann bei 10–20% über den sonst vorzunehmenden Abschreibungsbeträgen angenommen werden[86]. Dies gilt auch für Differenzen aufgrund geänderter Bewertungsmethoden[87].

Als ungewöhnliche, selten vorkommende **Abschreibungsursachen** sind denkbar: 91
– beim **Vorratsvermögen** Wertminderungen aufgrund eines außergewöhnlichen Preisverfalls auf den Beschaffungsmärkten, wesentliche Abwertungen aufgrund verlustfreier Bewertung;

[85] Vgl. *Adler/Düring/Schmaltz,* § 275 HGB Tz 169; *Claussen/Korth,* in Kölner Kom. § 275–277 HGB, § 158 AktG Rz 67, 94; *Förschle,* in Beck Bil-Kom. § 275 HGB Tz 201; *Lachnet,* in Bonner HdR § 275 HGB Rz 113, 196; WP-Handbuch 2000, Bd. I, F 429; a. A. *Borchert,* in Küting/Weber § 275 HGB Rz 82.

[86] Vgl. *Claussen/Korth,* in Kölner Kom. §§ 275–277 HGB, 158 AktG Tz 68; für 20–25% *Borchert,* in Küting/Weber § 275 HGB Tz 69; ähnlich *Adler/Düring/Schmaltz,* § 275 HGB Tz 132 ff, die darauf abstellen, ob durch einen Methodenwechsel wesentlich höhere Abschreibungen anfallen oder es sich um ungewöhnliche, seltene Abschreibungen handelt und Bedenken bei einer prozentualen Begriffsbestimmung haben, sondern auf eine „wesentliche Überschreitung" der sonst üblichen Abschreibungen abstellen.

[87] Vgl. WP-Handbuch 2000, Bd. I, F 396; *Adler/Düring/Schmaltz,* § 275 HGB Tz 135.

– bei **Forderungen** ungewöhnlich hohe Forderungsausfälle und Abschreibungen aufgrund von Kursverlusten;
– bei **liquiden Mitteln** Abschreibungen aufgrund von Kursverlusten bei in ausländischer Währung geführten Guthaben bei Kreditinstituten.

92 Nur der über das „übliche" Maß hinausgehende Betrag ist hier auszuweisen[88]. Unübliche Abschreibungen können auch als außergewöhnliche Aufwendungen unter Pos. Nr. 16 auszuweisen sein, wenn sie im Zusammenhang mit einem Ereignis anfallen, dass außerhalb der gewöhnlichen Geschäftstätigkeit liegt, z. B. Verluste aus dem Verkauf eines Teilbetriebs, aus Sanierungen, Produktionsaufgaben, durch Brand, Enteignung, Katastrophen u. ä.[89]

93 Steuerrechtliche Abschreibungen gehören, wenn sie regelmäßig vorgenommen werden, zu den „üblichen Abschreibungen"[90].

94 Die Ausführungen zu den alternativen Angabeverpflichtungen in der GuV oder im Anhang im DATEV-System gelten für den Posten Nr. 7 b) analog. Im DATEV-System sind die vom Gesetz geforderten Angaben, also die nach steuerrechtlichen Vorschriften vorgenommenen Abschreibungen und die außerplanmäßigen Abschreibungen, um zu verhindern, dass in der Zukunft Wertansätze aufgrund von Wertschwankungen beim Umlaufvermögen geändert werden müssen, regelmäßig im Anhang zu liefern.

95 Bei der „erweiterten Bilanzgliederung" für die PersG und KapG erfolgt ein Vermerk „davon aufgrund steuerrechtlicher Vorschriften", wenn die Ktn 4882–4884 (SKR 03) bzw. die Ktn 6272–6274 (SKR 04) angesprochen werden, ein Vermerk „davon Abschreibungen zur Vermeidung zukünftiger Wertschwankungen nach § 253 Abs. 3 S. 3 HGB", wenn die Ktn 4890–4899 (SKR 03) bzw. die Ktn 6275–6279 (SKR 04) angesprochen werden[91].

Standardkonten im DATEV-System

96

SKR 03		SKR 04	
2430	Forderungsverluste, unüblich hoch	6270	Abschreibungen auf Vermögensgegenstände des Umlaufvermögens (soweit unüblich hoch)
4880	Abschreibungen auf Umlaufvermögen ohne Wertpapiere (soweit unübliche Höhe)	6272	Abschreibungen auf Umlaufvermögen, steuerrechtlich bedingt (soweit unüblich hoch)
4882	Abschreibungen auf Umlaufvermögen, steuerrechtlich bedingt (soweit unübliche Höhe)	6275	Vorwegnahme künftiger Wertschwankungen im Umlaufvermögen (soweit unüblich hoch)
4890	Vorwegnahme künftiger Wertschwankungen im Umlaufvermögen (soweit unübliche Höhe)	6280	Forderungsverluste (soweit unüblich hoch)
		AM 6281	Forderungsverluste 7% USt (soweit unüblich hoch)
		R 6282–84	
		AM 6285	Forderungsverluste 16% USt (soweit unüblich hoch)
		R 6286	
		AM 6287	Forderungsverluste 15% USt (soweit unüblich hoch)
		R 6288	

8. Sonstige betriebliche Aufwendungen

a) Posteninhalt

97 Hier sind **alle Aufwendungen aus der gewöhnlichen Geschäftstätigkeit** auszuweisen, die keinem anderen Aufwandsposten der Nr. 5–7, dem Finanzauf-

[88] Vgl. *Biener/Berneke,* BiRiLiG, S. 213; *Adler/Düring/Schmaltz,* § 275 HGB Tz 131.

[89] Vgl. *Förschle,* in Beck Bil-Kom. § 275 HGB Tz 150; *Adler/Düring/Schmaltz,* § 275 HGB Tz 163 und WP-Handbuch 2000, Bd. I, F 396, wollen derartige Abschreibungsfälle auch unter Pos. Nr. 7 b ausweisen, weil die Postenbezeichnung bereits außergewöhnlichen Aufwand zum Ausdruck bringt.

[90] Vgl. WP-Handbuch 2000, Bd. I, F 396; zu den Einschränkungen steuerrechtlicher Teilwertabschreibungen ab dem 1. 1. 1999 vgl. D 72.

[91] Vgl. C 60 und C 74.

wand oder dem außerordentlichen Aufwand zuzuordnen sind. Dies sind im Einzelnen[92]:

- AR-Vergütungen
- Ausbildungskosten
- Ausgangsfrachten
- Beiträge und Gebühren
- Bewirtungs-, Werbe-, Repräsentationskosten
- Buchführungs- und EDV-Kosten
- Bürgschaftsentgelte
- Bürobedarf
- Druckkosten
- Einstellung in Pauschalwertberichtigungen zu Forderungen
- Einstellungen in Sonderposten mit Rücklageanteil
- Erbbauzinsen, Grundstücksaufwendungen, Instandhaltungen
- Erholungs- und Sportanlagen, soweit nicht als freiwillige soziale Aufwendungen dem Personalaufwand zugeordnet
- Fachliteratur
- Forderungsabschreibungen, soweit sie nicht die üblichen Abschreibungen überschreiten
- Gründungskosten
- Hausverwaltungskosten
- HV-Kosten
- Jahresabschlusskosten (Aufstellung, Prüfung)
- Kantinenzuschüsse
- Kfz-Kosten ohne Kfz-Steuer
- Konzernumlagen u. ä. Kostenbelastungen
- Konzessionsabgaben
- Kosten des Aufsichtsrats und der Gesellschafter-/Hauptversammlung
- Kosten der Jahresabschlussveröffentlichung
- Kostenerstattung an Arbeitnehmer
- Kosten für Fremdpersonal, soweit nicht dem Materialaufwand gleichzustellen
- Kursverluste aus Devisentermingeschäften und der Umrechnung von Fremdwährungen
- Leasingkosten
- Lizenzgebühren
- Mieten und Mietnebenkosten, auch auf den Verwaltungsbereich entfallende Energiekosten, Reinigung
- Nebenkosten des Geldverkehrs
- Pachten
- Rechtsschutzkosten
- Rechts- und Beratungskosten
- Reisekosten
- Rückdeckungsversicherungsbeiträge[93], soweit nicht als Rückdeckungskapital zu aktivieren
- Rückstellungszuführungen für Wechsel- und Scheckobligo, für Garantien, für sog. Aufwandsrückstellungen nach § 249 Abs. 2 HGB
- Schwerbeschädigtenausgleichsabgabe
- Spenden, soweit nicht außerordentlich, Geschenke
- Telefon und Porti
- Telex-, Telefax, Telekopierkosten
- Verluste aus Anlageabgängen
- Verluste aus Schadensfällen, soweit nicht außerordentlich
- Versicherungen

---

[92] Vgl. *Förschle,* in Beck Bil-Kom. § 275 HGB Tz 155 ff; *Borchert,* in Küting/Weber § 275 HGB Tz 76; WP-Handbuch 2000, Bd. I, F 431; *Biener/Berneke,* BiRiLiG, S. 213; *Adler/Düring/Schmaltz,* § 275 HGB Tz 141.

[93] *Adler/Düring/Schmaltz,* § 275 HGB Tz 119; *Förschle,* in Beck Bil-Kom. § 275 HGB Tz 135; gegen die Beiträge können Erträge aus der Erhöhung des Deckungskapitals verrechnet werden oder unter „sonstige betriebliche Erträge" ausgewiesen werden.

– Vertriebskosten
– Zuschüsse zu Kantinen

b) Nicht abziehbare Vorsteuern

98 Im DATEV-System sind unter „sonstige betriebliche Aufwendungen" auch „nicht anrechenbare Vorsteuern" enthalten. **Vorsteuern,** die i. S. d. UStG nicht abzugsfähig sind, sind bei aktivierten Vermögensgegenständen Anschaffungskosten, bei Aufwendungen Kostenbestandteile und – sofern die Nicht-Abziehbarkeit feststeht – einheitlich mit den diesbezüglichen Anschaffungskosten bzw. Aufwendungen zu erfassen.

99 Dies ist nicht möglich, wenn Vorsteuerbeträge erst im Nachhinein in Relation der steuerpflichtigen und der steuerfreien und/oder nicht steuerbaren Umsätze aufzuteilen sind. In diesen Fällen sind die nicht anrechenbaren Vorsteuern unter den Posten auszuweisen, unter denen die sachzugehörigen Aufwendungen ausgewiesen sind, häufig also unter „sonstige betriebliche Aufwendungen". Nur wenn eine Aufteilung auf die einzelnen GuV-Posten nicht mehr möglich ist, empfiehlt sich ein Ausweis unter „sonstige Steuern"[94]. Dies kann jedoch nur für den o. a. Ausnahmefall gelten, weil nicht abzugsfähige Vorsteuerbeträge stets Anschaffungskosten oder Kostenbestandteil sind, für die die Gesellschaft nicht Steuerschuldner ist.

100 Nach § 15 Abs. 1 a) UStG i. d. F. des StSenkG sind **Vorsteuerbeträge nicht abziehbar,** die auf
– Nichtabziehbare Betriebsausgaben,
– Reisekosten des Unternehmers und seines Personals, soweit es sich um Verpflegungskosten, Übernachtungskosten oder Fahrtkosten für Fahrzeuge des Personals handelt, oder
– Umzugskosten für einen Wohnungswechsel

entfallen.

Hinweis:

101 Zwischenzeitlich hat der BFH den Vorsteuerabzugsausschluss für Gemeinschaftswidrig erklärt.[95] Die FinVerw[96] hat darauf reagiert und gewährt den Vorsteuerabzug, wenn der Unternehmer als Empfänger der Übernachtungsleistung anzusehen ist und die Rechnung auf den Namen des Unternehmers ausgestellt ist.

102 Nur **zu 50% abziehbar sind Vorsteuerbeträge,** die auf die Anschaffung oder Herstellung, die Einfuhr, den innergemeinschaftlichen Erwerb, die Miete oder den Betrieb von Kraftfahrzeugen entfallen, soweit diese auch für unternehmensfremde Zwecke genutzt werden, § 15 Abs. 1 b) UStG i. d. F. des StSenkG. Dies gilt allerdings nur für Fahrzeuge, die nach dem 31. 3. 1999 angeschafft oder angemietet wurden. Soweit die Vorsteuerabzugsbeschränkung greift, entfällt die (umsatzsteuerliche) Besteuerung der privaten Kfz-Nutzung nach § 3 Abs. 9 a) S. 2 UStG i. d. F. des StSenkG.

Hinweis

103 Der BFH[97] hat erhebliche Zweifel, ob die nachträglich durch den Rat der EU erteilte Ermächtigung, den Vorsteuerabzug zu beschränken, rückwirkend auf den 1. 4. 1999 erteilt werden durfte und ein Vorabentscheidungsersuchen eingeleitet.

c) Buchverluste bei Anlagenabgängen

104 Das Verfahren für die Erfassung von Buchverlusten bei **Anlageabgängen** entspricht dem bei Buchgewinnen, d. h. es werden die beiden Verfahren der Brutto- und Nettomethode angeboten[98].

---

[94] Vgl. *Claussen/Korth,* in Kölner Kom. §§ 275–277 HGB, 158 AktG Tz 125.
[95] BFH-Urt. v. 23. 11. 2000, BStBl II 2001, S. 266; vgl. dazu *Grune,* AktStR 2001, S. 129.
[96] BMF-Schr. v. 28. 3. 2001, BStBl I 2001, S. 251.
[97] BFH-Beschl. v. 30. 11. 2000, DStR 2001, S. 126.
[98] Vgl. E 33.

Hinweis

Bei der Veräußerung von Anteilen an Kapitalgesellschaften gilt ab dem 1. 1. 2002 105
- das Halbeinkünfteverfahren, soweit Anteilseigner ein Einzelunternehmen/eine PersG ist, § 3 Nr. 40 a) EStG i. d. F. des StSenkG[99]; insoweit sind die diesbezüglichen Betriebsausgaben nur zur Hälfte abzugsfähig, § 3 c Abs. 2 EStG i. d. F. des StSenkG;
- eine Steuerfreistellung, soweit Anteilseigner eine Kapitalgesellschaft ist; § 8 b Abs. 2 KStG 1999[100]; insoweit sind die damit in unmittelbarem Zusammenhang stehenden Betriebsausgaben nicht abzugsfähig, § 3 c Abs. 1 EStG i. d. F. des StSenkG.

d) Buchverluste bei Wertpapierverkäufen des Umlaufvermögens

Zu den „sonstigen betrieblichen Aufwendungen" gehören auch Verluste aus dem 106 Abgang von Gegenständen des Umlaufvermögens, Kto. 2325 (SKR 03) bzw. Kto 6905 (SKR 04), worunter auch Verluste aus dem Verkauf von Wertpapieren des Umlaufvermögens fallen[101]. Dies deshalb, weil im Finanzergebnis keine entsprechende Postenbezeichnung vorgegeben ist[102].

e) Einstellungen in Sonderposten mit Rücklageanteil

Gem. § 281 Abs. 2 Satz 2 HGB sind **Einstellungen in Sonderposten mit** 107 **Rücklageanteil** in dem Posten „sonstige betriebliche Aufwendungen" in der GuV gesondert auszuweisen (Umgliederung oder „davon-Vermerk") oder im Anhang anzugeben. Im DATEV-System hat diese Angabe regelmäßig im Anhang zu erfolgen. Bei der „erweiterten Bilanzgliederung" für PersG und KapG werden die Einstellungen gesondert als „Einstellungen in Sonderposten mit Rücklageanteil" ausgewiesen, wenn die Ktn 2340–2347 (SKR 03) bzw. die Ktn 6925–6929 (SKR 04) angesprochen werden[103].

g) Ausweis bei Einzelunternehmen/Personen-/Kapitalgesellschaften

Bei der „erweiterten Bilanzgliederung" für Einzelunternehmen, Personenhandels- 108 und Kapitalgesellschaften ist der Posten im DATEV-System wie folgt untergliedert:[104]

8. Sonstige betriebliche Aufwendungen

a) ordentliche betriebliche Aufwendungen
   - Raumkosten
   - Grundstücksaufwendungen
   - Versicherungen, Beiträge und Abgaben
   - Reparaturen und Instandhaltungen
   - Fahrzeugkosten
   - Werbe- und Reisekosten
   - Kosten der Warenabgabe
   - verschiedene betriebliche Kosten

b) Verluste aus dem Abgang von Gegenständen des Anlagevermögens

c) Verluste aus Wertminderungen oder aus dem Abgang von Gegenständen des Umlaufvermögens und Einstellung in die Pauschalwertberichtigung zu Forderungen

---

[99] Eingefügt durch Gesetz v. 20. 12. 2000, BStBl I 2000, S. 1433; vgl. auch E 99.

[100] Eingefügt durch Gesetz v. 20. 12. 2000, BStBl I 2000, S. 1433; vgl. auch E 103.

[101] Vgl. *Förschle,* in Beck Bil-Kom. § 275 HGB Tz 159; WP-Handbuch 2000, Bd. I, F 431; *Adler/Düring/Schmaltz,* § 275 HGB Tz 73.

[102] Möglich und vertretbar ist, Buchverluste aus dem Verkauf von Wertpapieren im Finanzergebnis zu zeigen, so *Biener/Berneke,* BiRiLiG, S. 213; ebenso *Claussen/Korth,* in Kölner Kom. §§ 275–277 HGB, 158 AktG Tz 95; Bedenken dagegen *Adler/Düring/Schmaltz,* § 275 HGB Tz 128. In diesem Fall wäre der Posten, unter dem diese Verluste ausgewiesen werden, von der Bezeichnung her anzupassen. Zu prüfen ist, ob zuvor nicht eine Abschreibung auf die zu niedrigeren Werten verkauften Wertpapiere vorzunehmen gewesen wäre, die dann ohne Postenanpassung unter Pos. Nr. 12 „Abschreibungen auf Finanzanlagen und auf Wertpapiere des Umlaufvermögens" auszuweisen wäre, vgl. *Borchert,* in Küting/Weber § 275 HGB Tz 72; ähnlich *Adler/Düring/Schmaltz,* § 275 HGB Tz 128.

[103] Vgl. C 60, C 74.

[104] Vgl. C 44, C 61 und C 75.

d) Einstellungen in Sonderposten mit Rücklageanteil
e) Sonstige Aufwendungen im Rahmen der gewöhnlichen Geschäftstätigkeit.

Hinweis:

109 Empfehlenswert ist, nachfolgende Konten ergänzend einzufügen:

- Bewirtungen im Büro (unter Reise- und Bewirtungskosten)
- Parkgebühren und Taxi (unter Reise- und Bewirtungskosten)
- Büroeinrichtung unter EUR 60
- bei Kfz-Kosten gesonderte Konten für Fahrzeuge, die auch zur Privatnutzung zur Verfügung stehen, um ggf. den exakten Privatanteil ermitteln zu können

Standardkonten im DATEV-System

110

SKR 03		SKR 04	
2010	Betriebsfremde Aufwendungen (soweit nicht außerordentlich)	6300	Sonstige betriebliche Aufwendungen
2020	Periodenfremde Aufwendungen (soweit nicht außerordentlich)	6303	Fremdleistungen
2150	Aufwendungen aus Kursdifferenzen	6304	Sonstige Aufwendungen betrieblich und regelmäßig
2166	Aufwendungen aus Bewertung Finanzmittelfonds	6305	Raumkosten
2170	Nicht abziehbare Vorsteuer	6310	Miete
2171	Nicht abziehbare Vorsteuer 7%	6313	Gewerbesteuerlich zu berücksichtigende Miete § 8 GewStG
2175	Nicht abziehbare Vorsteuer 16%	6314	Vergütungen an Mitunternehmer für die mietweise Überlassung ihrer Wirtschaftsgüter § 15 EStG
R 2176		6315	Pacht
2300	**Sonstige Aufwendungen**	6318	Gewerbesteuerlich zu berücksichtigende Pacht § 8 GewStG
2307	Sonstige Aufwendungen betriebsfremd und regelmäßig	6319	Vergütungen an Mitunternehmer für die pachtweise Überlassung ihrer Wirtschaftsgüter § 15 EStG
2309	Sonstige Aufwendungen unregelmäßig	6320	Heizung
2310	Anlagenabgänge Sachanlagen (Restbuchwert bei Buchverlust)	6325	Gas, Strom, Wasser
2311	Anlagenabgänge immaterielle Vermögensgegenstände (Restbuchwert bei Buchverlust)	6330	Reinigung
2312	Anlagenabgänge Finanzanlagen (Restbuchwert bei Buchverlust)	6335	Instandhaltung betrieblicher Räume
2313	Anlagenabgänge Finanzanlagen 100%/50% nicht abzugsfähig, (inländische Kap.Ges.) (Restbuchwert bei Buchverlust)	6340	Abgaben für betrieblich genutzten Grundbesitz
2320	Verluste aus dem Abgang von Gegenständen des Anlagevermögens	6345	Sonstige Raumkosten
2323	Verluste aus der Veräußerung von Anteilen an Kapitalgesellschaften 100%/50% nicht abzugsfähig (inländische Kap.-Ges.)	6350	Sonstige Grundstücksaufwendungen
2325	Verluste aus dem Abgang von Gegenständen des Umlaufvermögens (außer Vorräten)	6390	Zuwendungen, Spenden, steuerlich nicht abziehbar
2340	Einstellungen in Sonderposten mit Rücklageanteil (steuerfreie Rücklagen)	6391	Zuwendungen, Spenden für wissenschaftliche und kulturelle Zwecke
2341	Einstellungen in Sonderposten mit Rücklageanteil (Ansparabschreibungen)	6392	Zuwendungen, Spenden für mildtätige Zwecke
2345	Einstellungen in Sonderposten mit Rücklageanteil (Sonderabschreibungen)	6393	Zuwendungen, Spenden für kirchliche, religiöse und gemeinnützige Zwecke
2346	Einstellungen in Sonderposten mit Rücklageanteil (§ 52 Abs. 16 EStG)	6394	Zuwendungen, Spenden an politische Parteien
2348	Aufwendungen aus der Zuschreibung von steuerlich niedriger bewerteten Verbindlichkeiten	6395	Zuwendungen, Spenden an Stiftungen für gemeinnützige Zwecke i. S. d. § 52 Abs. 2 Nr. 1–3 AO
		6396	Zuwendungen, Spenden an Stiftungen für gemeinnützige Zwecke i. S. d. § 52 Abs. 2 Nr. 4 AO
		6397	Zuwendungen, Spenden an Stiftungen für kirchliche, religiöse und gemeinnützige Zwecke
		6398	Zuwendungen, Spenden an Stiftungen für wissenschaftliche, mildtätige, kulturelle Zwecke

SKR 03

2349 Aufwendungen aus der Zuschreibung von steuerlich niedriger bewerteten Rückstellungen
2350 Grundstücksaufwendungen
2380 Zuwendungen, Spenden, steuerlich nicht abziehbar
2381 Zuwendungen, Spenden für wissenschaftliche und kulturelle Zwecke
2382 Zuwendungen, Spenden für mildtätige Zwecke
2383 Zuwendungen, Spenden für kirchliche, religiöse und gemeinnützige Zwecke
2384 Zuwendungen, Spenden an politische Parteien
2385 Nicht abziehbare Hälfte der Aufsichtsratsvergütungen
2386 Abziehbare Aufsichtsratvergütungen
2387 Zuwendungen, Spenden an Stiftungen für gemeinnützige Zwecke i. S. d. § 52 Abs. 2 Nr. 1–3 AO
2388 Zuwendungen, Spenden an Stiftungen für gemeinnützige Zwecke i. S. d. § 52 Abs. 2 Nr. 4 AO
2389 Zuwendungen, Spenden an Stiftungen für kirchliche, religiöse und gemeinnützige Zwecke
2390 Zuwendungen, Spenden an Stiftungen für wissenschaftliche, mildtätige, kulturelle Zwecke
2400 Forderungsverluste (übliche Höhe)
AM 2401 Forderungsverluste 7% USt (übliche Höhe)
AM 2402 Forderungsverluste aus steuerfreien EG-Lieferungen (übliche Höhe)
AM 2403 Forderungsverluste aus im Inland steuerpflichtigen EG-Lieferungen 7% USt (übliche Höhe)
AM 2404 Forderungsverluste aus im Inland steuerpflichtigen EG-Lieferungen 16% USt (übliche Höhe)
AM 2405 Forderungsverluste 16% USt (übliche Höhe)
R 2406
AM 2407 Forderungsverluste 15% USt (übliche Höhe)
R 2408
AM 2409 Forderungsverluste aus im Inland steuerpflichtigen EG-Lieferungen 15% USt (übliche Höhe)
2450 Einstellungen in die Pauschalwertberichtigung zu Forderungen
2451 Einstellung in die Einzelwertberichtigung zu Forderungen
2890 Verrechneter kalkulatorischer Unternehmerlohn
2891 Verrechnete kalkulatorische Miete und Pacht

SKR 04

6400 Versicherungen
6410 Nettoprämie für Rückdeckung künftiger Versorgungsleistungen
6420 Beiträge
6430 Sonstige Abgaben
6436 Steuerlich abzugsfähige Verspätungszuschläge und Zwangsgelder
6437 Steuerlich nicht abzugsfähige Verspätungszuschläge und Zwangsgelder
6440 Ausgleichsabgabe im Sinne des Schwerbehindertengesetzes
6450 Reparaturen und Instandhaltung von Bauten
6460 Reparaturen und Instandhaltung von technischen Anlagen und Maschinen
6470 Reparaturen und Instandhaltung von Betriebs- und Geschäftsausstattung
6485 Reparaturen und Instandhaltung von anderen Anlagen
6490 Sonstige Reparaturen und Instandhaltung
6495 Wartungskosten für Hard und Software
6498 Mietleasing
6499 Gewerbesteuerlich zu berücksichtigendes Mietleasing § 8 GewStG
6500 Fahrzeugkosten
6520 Kfz-Versicherungen
6530 Laufende Kfz-Betriebskosten
6540 Kfz-Reparaturen
6550 Garagenmiete
6560 Fremdfahrzeuge
6570 Sonstige Kfz-Kosten
6600 Werbekosten
6610 Geschenke bis 40 Euro
6620 Geschenke über 40 Euro
6625 Geschenke ausschließlich betrieblich genutzt
6630 Repräsentationskosten
6640 Bewirtungskosten
6643 Aufmerksamkeiten
6644 Nicht abzugsfähige Bewirtungskosten
6645 Nicht abzugsfähige Betriebsausgaben
6650 Reisekosten Arbeitnehmer
6660 Reisekosten Arbeitnehmer Übernachtungsaufwand
6663 Reisekosten Arbeitnehmer mit Vorsteuerabzug (für öffentliche Verkehrsmittel)
6664 Reisekosten Arbeitnehmer Verpflegungsmehraufwand
R 6665
6668 Kilometergelderstattung Arbeitnehmer
6670 Reisekosten Unternehmer
6673 Reisekosten Unternehmer mit Vorsteuerabzug (für öffentliche Verkehrsmittel)
6674 Reisekosten Unternehmer Verpflegungsmehraufwand
6680 Reisekosten Unternehmer Übernachtungsaufwand

SKR 03

2892 Verrechnete kalkulatorische Zinsen
2893 Verrechnete kalkulatorische Abschreibungen
2894 Verrechnete kalkulatorische Wagnisse
2895 Verrechneter kalkulatorischer Lohn für unentgeltliche Mitarbeiter
R 2900–01
R 2907
R 2912–14
R 2917
R 2920–31
R 2950–53
R 2960–63
2990 Aufwendungen/Erträge aus Umrechnungsdifferenzen
4139 Ausgleichsabgabe im Sinne des Schwerbehindertengesetzes
4200 Raumkosten
4210 Miete
4218 Gewerbesteuerlich zu berücksichtigende Miete § 8 GewStG
4219 Vergütungen an Mitunternehmer für die mietweise Überlassung ihrer Wirtschaftsgüter § 15 EStG
4220 Pacht
4228 Gewerbesteuerlich zu berücksichtigende Pacht § 8 GewStG
4229 Vergütungen an Mitunternehmer für die pachtweise Überlassung ihrer Wirtschaftsgüter § 15 EStG
4230 Heizung
4240 Gas, Strom, Wasser
4250 Reinigung
4260 Instandhaltung betrieblicher Räume
4270 Abgaben für betrieblich genutzten Grundbesitz
4280 Sonstige Raumkosten
4300 Nicht abziehbare Vorsteuer
4301 Nicht abziehbare Vorsteuer 7%
4305 Nicht abziehbare Vorsteuer 16%
R 4306
4360 Versicherungen
4370 Nettoprämie für Rückdeckung künftiger Versorgungsleistungen
4380 Beiträge
4390 Sonstige Abgaben
4396 Steuerlich abzugsfähige Verspätungszuschläge und Zwangsgelder
4397 Steuerlich nicht abzugsfähige Verspätungszuschläge und Zwangsgelder
4400–99 (zur freien Verfügung)
4500 Fahrzeugkosten
4520 Kfz-Versicherungen
4530 Laufende Kfz-Betriebskosten
4540 Kfz-Reparaturen
4550 Garagenmieten
4570 Fremdfahrzeuge
4580 Sonstige Kfz-Kosten
4600 Werbe- und Reisekosten

SKR 04

R 6685–86
6688 Kilometergelderstattung Unternehmer
R 6690
6700 Kosten der Warenabgabe
6710 Verpackungsmaterial
6740 Ausgangsfrachten
6760 Transportversicherungen
6770 Verkaufsprovisionen
6780 Fremdarbeiten
6790 Aufwand für Gewährleistung
6800 Porto
6805 Telefon
6810 Telefax
6815 Bürobedarf
6820 Zeitschriften, Bücher
6821 Fortbildungskosten
6822 Freiwillige Sozialleistungen
6823 Vergütungen an freiberufliche Mitunternehmer § 15 EStG
6824 Haftungsvergütung an Mitunternehmer § 15 EStG
6825 Rechts- und Beratungskosten
6827 Abschluss- und Prüfungskosten
6830 Buchführungskosten
6835 Mieten für Einrichtungen
6839 Gewerbesteuerlich zu berücksichtigende Miete für Einrichtungen § 8 GewStG
6840 Mietleasing
6844 Gewerbesteuerlich zu berücksichtigendes Mietleasing § 8 GewStG
6845 Werkzeuge und Kleingeräte
6850 Sonstiger Betriebsbedarf
6855 Nebenkosten des Geldverkehrs
6856 Aufwendungen aus Anteilen an Kapitalgesellschaften 100%/50% nicht abzugsfähig (inländische Kap.Ges.)
6857 Aufwendungen aus der Veräußerung von Anteilen an Kapitalgesellschaften 100%/50% nicht abzugsfähig (inländische Kap.Ges.)
6859 Aufwendungen für Abraum und Abfallbeseitigung
6860 Nicht abziehbare Vorsteuer
6865 Nicht abziehbare Vorsteuer 7%
6870 Nicht abziehbare Vorsteuer 16%
R 6871
6875 Nicht abziehbare Hälfte der Aufsichtsratsvergütungen
6876 Abziehbare Aufsichtsratsvergütungen
6880 Aufwendungen aus Kursdifferenzen
6883 Aufwendungen aus Bewertung Finanzmittelfonds
AM 6884 Erlöse aus Verkäufen Sachanlagevermögen steuerfrei § 4 Nr. 1 a UStG (bei Buchverlust)
AM 6885 Erlöse aus Sachanlagenverkäufen 16% USt (bei Buchverlust)
R 6886–87
AM 6888 Erlöse aus Verkäufen Sachanlagevermögen steuerfrei § 4 Nr. 1 b UStG (bei Buchverlust)
6889 Erlöse aus Sachanlagenverkäufen (bei Buchverlust)

SKR 03

4610 Werbekosten
4630 Geschenke bis 40 Euro
4635 Geschenke über 40 Euro
4638 Geschenke ausschließlich betrieblich genutzt
4640 Repräsentationskosten
4650 Bewirtungskosten
4653 Aufmerksamkeiten
4654 Nicht abzugsfähige Bewirtungskosten
4655 Nicht abzugsfähige Betriebsausgaben
4660 Reisekosten Arbeitnehmer
4663 Reisekosten Arbeitnehmer mit Vorsteuerabzug (für öffentliche Verkehrsmittel)
4664 Reisekosten Arbeitnehmer Verpflegungsmehraufwand
4666 Reisekosten Arbeitnehmer Übernachtungsaufwand
R 4667
4668 Kilometergelderstattung Arbeitnehmer
4670 Reisekosten Unternehmer
4673 Reisekosten Unternehmer mit Vorsteuerabzug (für öffentliche Verkehrsmittel)
4674 Reisekosten Unternehmer Verpflegungsmehraufwand
R 4675
4676 Reisekosten Unternehmer Übernachtungsaufwand
R 4677
4678 Kilometergelderstattung Unternehmer
R 4685
4700 Kosten der Warenabgabe
4710 Verpackungsmaterial
4730 Ausgangsfrachten
4750 Transportversicherungen
4760 Verkaufsprovisionen
4780 Fremdarbeiten
4790 Aufwand für Gewährleistungen
4800 Reparaturen und Instandhaltungen von technischen Anlagen und Maschinen
4805 Reparaturen und Instandhaltungen von anderen Anlagen und Betriebs- und Geschäftsausstattung
4806 Wartungskosten für Hard- und Software
4809 Sonstige Reparaturen und Instandhaltungen
4810 Mietleasing
4814 Gewerbesteuerlich zu berücksichtigendes Mietleasing § 8 GewStG
4885 Vorwegnahme künftiger Wertschwankungen im Umlaufvermögen außer Vorräte und Wertpapiere des Umlaufvermögens
4886 Abschreibungen auf Umlaufvermögen außer Vorräte und Wertpapiere des Umlaufvermögens (soweit übliche Höhe)
4887 Abschreibungen auf Umlaufvermögen, steuerrechtlich bedingt (soweit übliche Höhe)

SKR 04

6890 Erlöse aus Verkäufen immaterieller Vermögensgegenstände (bei Buchverlust)
6891 Erlöse aus Verkäufen Finanzanlagen (bei Buchverlust)
6892 Erlöse aus Verkäufen Finanzanlagen 100%/50% nicht abzugsfähig (inländische Kap.Ges.) (bei Buchverlust)
6895 Anlagenabgänge Sachanlagen (Restbuchwert bei Buchverlust)
6896 Anlagenabgänge immaterielle Vermögensgegenstände (Restbuchwert bei Buchverlust)
6897 Anlagenabgänge Finanzanlagen (Restbuchwert bei Buchverlust)
6898 Anlagenabgänge Finanzanlagen 100%/50% nicht abzugsfähig (inländische Kap.Ges.) (Restbuchwert bei Buchverlust)
6900 Verluste aus dem Abgang von Gegenständen des Anlagevermögens
6903 Verluste aus der Veräußerung von Anteilen an Kapitalgesellschaften 100%/50% nicht abzugsfähig (inländische Kap.Ges.)
6905 Verluste aus dem Abgang von Gegenständen des Umlaufvermögens außer Vorräten
6910 Abschreibungen auf Umlaufvermögen außer Vorräten und Wertpapieren des UV (übliche Höhe)
6912 Abschreibungen auf Umlaufvermögen außer Vorräten und Wertpapieren des UV, steuerrechtlich bedingt (übliche Höhe)
6915 Vorwegnahme künftiger Wertschwankungen im Umlaufvermögen außer Vorräten und Wertpapieren
6917 Auwendungen aus der Zuschreibung von steuerlich niedriger bewerteten Rückstellungen
6920 Einstellung in die Pauschalwertberichtigung zu Forderungen
6923 Einstellung in die Einzelwertberichtigung zu Forderungen
6925 Einstellungen in Sonderposten mit Rücklageanteil (steuerfreie Rücklagen)
6926 Einstellungen in Sonderposten mit Rücklageanteil (Ansparabschreibungen)
6927 Einstellungen in Sonderposten mit Rücklageanteil (Sonderabschreibungen)
6929 Einstellungen in Sonderposten mit Rücklageanteil (§ 52 Abs. 16 EStG)
6930 Forderungsverluste (übliche Höhe)
AM 6931 Forderungsverluste 7% USt (übliche Höhe)
AM 6932 Forderungsverluste aus steuerfreien EG-Lieferungen (übliche Höhe)

SKR 03

Konto	Bezeichnung
4900	Sonstige betriebliche Aufwendungen
4905	Sonstige Aufwendungen betrieblich und regelmäßig
4909	Fremdleistungen
4910	Porto
4920	Telefon
4925	Telefax
4930	Bürobedarf
4940	Zeitschriften, Bücher
4945	Fortbildungskosten
4946	Freiwillige Sozialleistungen
4948	Vergütungen an freiberufliche Mitunternehmer § 15 EStG
4949	Haftungsvergütung an Mitunternehmer § 15 EStG
4950	Rechts- und Beratungskosten
4955	Buchführungskosten
4957	Abschluss- und Prüfungskosten
4960	Mieten für Einrichtungen
4965	Mietleasing
4966	Gewerbesteuerlich zu berücksichtigendes Mietleasing § 8 GewStG
4968	Gewerbesteuerlich zu berücksichtigende Miete für Einrichtungen § 8 GewStG
4969	Aufwendungen für Abraum- und Abfallbeseitigung
4970	Nebenkosten des Geldverkehrs
4975	Aufwendungen aus Anteilen an Kapitalgesellschaften 100%/50% nicht abzugsfähig (inländische Kap.Ges.)
4976	Aufwendungen aus der Veräußerung von Anteilen an Kapitalgesellschaften 100%/50% nicht abzugsfähig (inländische Kap.Ges.)
4980	Betriebsbedarf
4985	Werkzeuge und Kleingeräte
	Kalkulatorische Kosten
4990	Kalkulatorischer Unternehmerlohn
4991	Kalkulatorische Miete und Pacht
4992	Kalkulatorische Zinsen
4993	Kalkulatorische Abschreibungen
4994	Kalkulatorische Wagnisse
4995	Kalkulatorischer Lohn für unentgeltliche Mitarbeiter
	Kosten bei Anwendung des Umsatzkostenverfahrens
4996	Herstellungskosten
4997	Verwaltungskosten
4998	Vertriebskosten
4999	Gegenkonto 4996–4998
8800	Erlöse aus Anlagenverkäufen
AM 8801–06	Erlöse aus Anlagenverkäufen 16% USt (bei Buchverlust)
AM 8807	Erlöse aus Verkäufen Sachanlagevermögen steuerfrei § 4 Nr. 1 a UStG (bei Buchverlust)
AM 8808	Erlöse aus Verkäufen Sachanlagevermögen steuerfrei § 4 Nr. 1 b UStG (bei Buchverlust)
AM 8809	Erlöse aus Verkäufen Sachanlagevermögen 16% USt (bei Buchverlust)

SKR 04

Konto	Bezeichnung
AM 6933	Forderungsverluste aus im Inland steuerpflichtigen EG-Lieferungen 7% USt (übliche Höhe)
AM 6934	Forderungsverluste aus im Inland steuerpflichtigen EG-Lieferungen 16% USt (übliche Höhe)
AM 6935	Forderungsverluste 16% USt (übliche Höhe)
R 6936	
AM 6937	Forderungsverluste 15% USt (übliche Höhe)
R 6938	
AM 6939	Forderungsverluste aus im Inland steuerpflichtigen EG-Lieferungen 15% USt (übliche Höhe)
6960	Periodenfremde Aufwendungen soweit nicht außerordentlich
6967	Sonstige Aufwendungen betriebsfremd und regelmäßig
6969	Sonstige Aufwendungen unregelmäßig
	Kalkulatorische Kosten
6970	Kalkulatorischer Unternehmerlohn
6972	Kalkulatorische Miete/Pacht
6974	Kalkulatorische Zinsen
6976	Kalkulatorische Abschreibungen
6978	Kalkulatorische Wagnisse
6979	Kalkulatorischer Lohn für unentgeltliche Mitarbeiter
6980	Verrechneter kalkulatorischer Unternehmerlohn
6982	Verrechnete kalkulatorische Miete/Pacht
6984	Verrechnete kalkulatorische Zinsen
6986	Verrechnete kalkulatorische Abschreibungen
6988	Verrechnete kalkulatorische Wagnisse
6989	Verrechneter kalkulatorischer Lohn für unentgeltliche Mitarbeiter
	Kosten bei Anwendung des Umsatzkostenverfahrens
6990	Herstellungskosten
6992	Verwaltungskosten
6994	Vertriebskosten
6999	Gegenkonto 6990–6998
R 7900	
R 7910–13	
R 7915	
R 7920–23	
R 7930–33	
R 7940–43	
R 7945	
R 7950	
R 7955	
R 7960	
R 7965	
R 7970	
R 7975	
R 7980	
R 7985	
7990	Aufwendungen/Erträge aus Umrechnungsdifferenzen

	SKR 03	SKR 04
R 8810–16		
8817	Erlöse aus Verkäufen immaterieller Vermögensgegenstände (bei Buchverlust)	
8818	Erlöse aus Verkäufen Finanzanlagen (bei Buchverlust)	
8819	Erlöse aus Verkäufen Finanzanlagen 100%/50% nicht abzugsfähig (inländische Kap.Ges.) (bei Buchverlust)	

9. Erträge aus Beteiligungen, davon aus verbundenen Unternehmen

a) Posteninhalt

Der Ausweis von Beteiligungserträgen setzt voraus, dass in der Bilanz Beteiligungen i. S. v. § 271 Abs. 1 S. 1 HGB ausgewiesen sind. Soweit diese Erträge von verbundenen Unternehmen stammen, sind sie in einem Vermerkposten anzugeben. Erträge aufgrund einer Gewinngemeinschaft, eines Gewinnabführungsvertrags oder eines Teilgewinnabführungsvertrags sind gesondert auszuweisen, § 277 Abs. 2 S. 3 HGB[105]. Zu den **Erträgen aus Beteiligungen gehören:**[106] 111

- Dividenden von Kapitalgesellschaften
- Gewinnanteile an Personenhandelsgesellschaften
- Gewinnanteile an stillen Gesellschaften
- Zinsen auf beteiligungsähnliche Darlehen, sofern sie in der Bilanz als Beteiligung ausgewiesen sind

b) Bruttoausweis

Die **Beteiligungserträge sind** in der GuV **brutto,** d. h. einschließlich der einbehaltenen Kapitalertragsteuer und – bis zum Wegfall des körperschaftsteuerlichen Anrechnungsverfahrens – auch der anrechenbaren Körperschaftsteuer auszuweisen.[107] Korrespondierend ist die anrechnungsfähige einbehaltene Kapitalertragsteuer als Steueraufwand unter Pos. Nr. 18 auszuweisen.[108] 112

c) Halbeinkünfteverfahren, Dividendenfreistellung

Für Dividenden von Kapitalgesellschaften gilt seit dem 1. 1. 2002 in Folge der Abschaffung des körperschaftsteuerlichen Anrechnungsverfahrens bei Einzelunternehmen/Personengesellschaften das **Halbeinkünfteverfahren,** bei Kapitalgesellschaften eine **Dividendenfreistellung.** 113

aa) Halbeinkünfteverfahren

Mit Abschaffung des körperschaftsteuerrechtlichen Anrechnungsverfahrens wurde auf der Ebene von natürlichen Personen (Einzelunternehmen/Personenhandelsgesellschaften) das sog. **Halbeinkünfteverfahren** eingeführt. Dies bewirkt, dass Gewinnausschüttungen von Kapitalgesellschaften nur noch zur Hälfte zu versteuern sind, § 3 Nr. 40 d) EStG. Dadurch soll – bezogen auf den Gesellschafter der KapG – insgesamt eine durchschnittliche, pauschal ermittelte Gesamtbesteuerung ähnlich wie bei einem Einzelunternehmen/Personengesellschaft erreicht werden. 114

Das **Halbeinkünfteverfahren gilt für alle natürlichen Personen** (Einzelunternehmen) und Personengesellschaften bzw. deren Gesellschafter. Auch mittelbare Beteiligungsbeträge sind anteilig steuerfrei. 115

Die Neuregelung gilt bei einem in 2001 endenden Wirtschaftsjahr ab 2002, bei einem abweichenden in 2002 endenden Wirtschaftsjahr ab 2003, § 34 Abs. 1, 116

---

[105] Vgl. E 140.
[106] Vgl. WP-Handbuch 2000, Bd. I, F 434; *Scheffler,* in Beck HdR, B 336 Tz 21; *Adler/Düring/Schmaltz,* § 275 HGB Tz 145 ff.
[107] Vgl. *Borchert,* in Küting/Weber § 275 HGB Tz 78; *Förschle,* in Beck Bil-Kom. § 275 HGB Tz 178; WP-Handbuch 2000, Bd. I, F 435.
[108] Zum Zeitpunkt der Vereinnahmung vgl. D 520, 522.

Abs. 1 a, Abs. 10 a S. 1 Nr. 1 KStG i. d. F. des StSenkG[109], für sonstige Gewinnausschüttungen (vGa, Vorabausschüttung) bereits ein Jahr früher, § 34 Abs. 10 a S. 1 Nr. 2 KStG i. d. F. des StSenkG.

117 Soweit die Erträge auf dem Kto. 2615 (SKR 03) bzw. Kto. 7005 (SKR 04) gebucht werden, werden die Erträge an der Schnittstelle zur GewSt im DATEV-System zu 50% als steuerfrei und die Aufwendungen zu 50% als nicht abziehbar behandelt.

bb) Dividendenfreistellung

118 Für **Gewinnausschüttungen** einer Körperschaft **an eine andere Körperschaft gilt eine allgemeine Dividendenfreistellung,** § 8 b Abs. 1 KStG i. d. F. des StSenkG. Dadurch soll vermieden werden, dass Gewinne, die bei einer Körperschaft bereits der definitiven KSt von 25% unterlegen haben, bei weiterer Ausschüttung an eine andere Körperschaft noch einmal mit KSt belastet werden. Solange Gewinne die Ebene der KapG nicht verlassen, bleibt es bei einer (einmaligen) KSt-Belastung von insgesamt 25%.

119 **Ausländische und inländische Dividenden werden grundsätzlich gleichgestellt,** um den EG-rechtlichen Anforderungen Rechnung zu tragen. Da das Halbeinkünfteverfahren gedanklich eine 25%ige KSt-Vorbelastung voraussetzt, erfolgt bei niedrig vorbelasteten ausländischen Gewinnen i. S. d. § 8 Abs. 3 AStG eine Hinzurechnungsbesteuerung nach dem AStG.

120 Für die Zuordnung der **Aufwendungen, die mit Dividenden aus Beteiligungen an einer ausländischen Körperschaft zusammenhängen,** bleibt es bei der pauschalen Regelung des § 8 b Abs. 7 KStG a. F. (§ 8 b Abs. 5 KStG i. d. F. des StSenkG). Danach gelten 5% der Einnahmen als nichtabziehbare BA, ohne dass es auf die Höhe der tatsächlichen BA ankommt.

121 Soweit die Erträge auf dem Kto. 2615 (SKR 03) bzw. Kto. 7005 (SKR 04) gebucht werden, werden die Erträge an der Schnittstelle zu KSt zu 100% steuerfrei und die Aufwendungen zu 100% als nicht abziehbar behandelt.

Hinweis

122 Nach § 3 c Abs. 1 EStG 1997 dürfen Ausgaben, soweit sie mit steuerfreien Einnahmen in unmittelbarem wirtschaftlichen Zusammenhang stehen, nicht als BA abgezogen werden.[110] Insoweit sind z. B. für den Anteilserwerb aufgewendete Zinsen bis zur Höhe der steuerfrei vereinnahmten Dividenden nicht abzugsfähig.

123 Die Regelungen schlagen über § 7 GewStG auch auf den Gewerbeertrag durch.[111]

d) Verbundene Unternehmen

124 Sofern Beteiligungserträge auf das Kto 2616 und 2619 (SKR 03) bzw. das Kto 7006 und 7009 (SKR 04) gebucht werden, erfolgt in der GuV der Vermerk „davon aus verbundenen Unternehmen". Das gilt für sämtliche GuV-Darstellungsformen im DATEV-System.

Standardkonten im DATEV-System

125

SKR 03		SKR 04	
2600	**Erträge aus Beteiligungen**	7000	Erträge aus Beteiligungen
2615	Laufende Erträge aus Anteilen an Kapitalgesellschaften (Beteiligung 100%/50% steuerfrei (inländische Kap.Ges.)	7005	Laufende Erträge aus Anteilen an Kapitalgesellschaften (Beteiligung) 100%/50% steuerfrei
2616	Laufende Erträge aus Anteilen an Kapitalgesellschaften (verbundene Unternehmen) 100%/50% steuerfrei (inländische Kap.Ges.)	7006	Laufende Erträge aus Anteilen an Kapitalgesellschaften (verbundene Unternehmen) 100%/50% steuerfrei
2617	Gewinne aus Anteilen an nicht steuerbefreiten inländischen Kapitalgesellschaften § 9 Nr. 2 a GewStG	7007	Gewinne aus Anteilen an nicht steuerbefreiten inländischen Kapitalgesellschaften § 9 Nr. 2 a GewStG

[109] BGBl I 2000, S. 1433.

[110] Ein mittelbarer wirtschaftlicher Zusammenhang steht der Abzugsfähigkeit nicht entgegen, *Schmidt/Heinicke,* EStG, 21. Aufl., § 3 Tz 4; zum geplanten Wegfall des Abzugsverbots vgl. *Korth,* AktStR 2001, 502; *Grune/Korth/Moritz,* AktStR 2002, 11.

[111] Vgl. BT-Drucks. 14/2683 v. 15. 2. 2000, S. 124.

SKR 03		SKR 04	
2618	Gewinnanteile aus Mitunternehmerschaften § 9 GewStG	7008	Gewinnanteile aus Mitunternehmerschaften § 9 GewStG
2619	Erträge aus Beteiligungen an verbundenen Unternehmen	7009	Erträge aus Beteiligungen an verbundenen Unternehmen

10. Erträge aus anderen Wertpapieren und Ausleihungen des Finanzanlagevermögens, davon aus verbundenen Unternehmen

Der Posteninhalt knüpft an das Bilanzgliederungsschema an, d. h. es muss sich um Erträge aus Vermögensgegenständen des Finanzanlagevermögens handeln, die keine „Beteiligungserträge" sind;[112] diese gehören zu Posten Nr. 9 „Erträge aus Beteiligungen". Auch Erträge aus GmbH-Anteilen, die weder zu Anteilen an verbundenen Unternehmen noch zu Beteiligungen gehören,[113] sind hier auszuweisen, soweit sie zum Anlagevermögen gehören. Gleiches gilt für innerhalb des Finanzanlagevermögens bilanzierte Genussrechte.[114] Bezugsrechtserlöse sind dagegen unter Pos. Nr. 4 („Sonstige betriebliche Erträge") auszuweisen.[115] 126

Auszuweisen sind hier sämtliche **Zins-, Dividenden- und ähnliche Erträge aus Ausleihungen und Wertpapieren des Anlagevermögens,** sowie im Einzelfall aus Anteilen an verbundenen Unternehmen. Letztere sind als Vermerkposten anzugeben.[116] Der Ertragsausweis folgt dem **Bruttoprinzip,** d. h. einschließlich einbehaltener Kapitalertrag- und – bis zum Wegfall des körperschaftsteuerlichen Anrechnungsverfahrens – auch der anrechenbaren Körperschaftsteuer, soweit es sich um Dividenden aus Anteilen an KapG handelt. Zum Halbeinkünfteverfahren und zur Dividendenfreistellung gelten die Ausführungen zu den „Erträgen aus Beteiligungen".[117] 127

Buchgewinne aus dem Verkauf von Wertpapieren sind unter Posten Nr. 4 „Sonstige betriebliche Erträge" auszuweisen;[118] sofern ein Ausweis an dieser Stelle erfolgt, ist die Postenbezeichnung entsprechend anzupassen. 128

Auch **Aufzinsungen von** im Finanzanlagevermögen ausgewiesenen **Ausleihungen,** die wegen Un- oder Niedrigverzinslichkeit abgezinst ausgewiesen werden, können hier ausgewiesen werden,[119] wenngleich im Schrifttum ein Ausweis unter diesem Posten oder unter Posten Nr. 4 „Sonstige betriebliche Erträge" für zulässig erachtet wird.[120] Zuschreibungen zu den Anschaffungskosten bei Zero-Bonds sind dagegen hier auszuweisen.[121] 129

Damit Erträge aus Wertpapieren und Ausleihungen des Finanzanlagevermögens von verbundenen Unternehmen in einem „davon-Vermerk" erscheinen, sind im DATEV-System die Ktn 2626, 2649 (SKR 03) bzw. die Ktn 7015–7099 (SKR 04) anzusprechen. Dies gilt für sämtliche GuV-Darstellungsformen im DATEV-System. 130

Standardkonten im DATEV-System

SKR 03		SKR 04		
2620	**Erträge aus anderen Wertpapieren und Ausleihungen des Finanzanlagevermögens**	7010	Erträge aus anderen Wertpapieren und Ausleihungen des Finanzanlagevermögens	131

---

[112] Vgl. WP-Handbuch 2000, Bd. I, F 447.
[113] Vgl. *Adler/Düring/Schmaltz,* § 275 HGB Tz 154.
[114] Vgl. WP-Handbuch 2000, Bd. I, F 447.
[115] Vgl. *Adler/Düring/Schmaltz,* § 275 HGB Tz 155; *Förschle,* in Beck Bil-Kom. § 275 HGB Tz 187.
[116] Vgl. *Förschle,* in Beck Bil-Kom. § 275 HGB Tz 185; *Borchert,* in Küting/Weber § 275 HGB Tz 80; *Adler/Düring/Schmaltz,* § 275 HGB Tz 154.
[117] Vgl. dazu E 114.
[118] Vgl. *Förschle,* in Beck Bil-Kom. § 275 HGB Tz 187; ob dieser Ausweis auch uneingeschränkt für Erträge aus Zuschreibungen aufgrund des Wertaufholungsgebotes gilt, wie WP-Handbuch 2000, Bd. I, F 401, *Borchert,* in Küting/Weber § 275 HGB Tz 48; *Adler/Düring/Schmaltz,* § 275 HGB Tz 155 u. a. meinen, wird angezweifelt von *Claussen/Korth,* in Kölner Kom. §§ 275–277 HGB, 158 AktG Tz 90, u. z. mit der Begründung, dass sich vorher vorgenommene Wertminderungen im „Finanzergebnis niedergeschlagen haben, so dass die nachfolgende Wertkorrektur in Form der Wertaufholung auch im „Finanzergebnis" zu zeigen ist.
[119] Vgl. *Claussen/Korth,* in Kölner Kom. §§ 275–277 HGB, § 158 AktG Tz 90; *Adler/Düring/Schmaltz,* § 275 HGB Tz 155; WP-Handbuch 2000, Bd. I, F 447.
[120] Vgl. *Förschle,* in Beck Bil-Kom. § 275 HGB Tz 187; *Borchert,* in Küting/Weber § 275 HGB Tz 80.
[121] Vgl. *Borchert,* in Küting/Weber § 375 HGB Tz 80; WP-Handbuch 2000, Bd. I, F 447; *Förschle,* in Beck Bil-Kom. § 275 HGB Tz 187.

SKR 03		SKR 04	
2625	Laufende Erträge aus Anteilen an Kapitalgesellschaften (Finanzanlagevermögen) 100% 50% (inländische Kap.Ges.)	7014	Laufende Erträge aus Anteilen an Kapitalgesellschaften (Finanzanlagevermögen) 100% 50% (steuerfrei)
2626	Laufende Erträge aus Anteilen an Kapitalgesellschaften (verbundene Unternehmen) 100% 50% (inländische Kap.Ges.)	7015	Laufende Erträge aus Anteilen an Kapitalgesellschaften (verbundene Unternehmen) 100% 50%
2649	Erträge aus anderen Wertpapieren und Ausleihungen des Finanzanlagevermögens aus verbundenen Unternehmen	7019	Erträge aus anderen Wertpapieren und Ausleihungen des Finanzanlagevermögens aus verbundenen Unternehmen

11. Sonstige Zinsen und ähnliche Erträge, davon aus verbundenen Unternehmen

132 Es handelt sich um einen Sammelposten, der **Zinsen und ähnliche Erträge,** insbesondere **aus Forderungen und Wertpapieren** zusammenfasst. Dazu gehören im Einzelnen:[122]

- Zinsen auf Forderungen an Kunden, Lieferanten, Mitarbeiter und sonstige Personen, soweit es sich nicht um Ausleihungen handelt
- Zinsen und Dividenden auf Wertpapiere des Umlaufvermögens einschließlich der dort ausgewiesenen Anteile an verbundenen Unternehmen sowie der steuerlichen Anrechnungsbeträge
- Erträge aus Aufzinsungen von Forderungen und Darlehen des Umlaufvermögens
- Zinsen auf Bankguthaben, Termingelder und anderen Einlagen bei Kreditinstituten
- Weiterberechnete Diskont- und Verzugszinsen
- Zinserträge auf Steuerguthaben gem. § 233 a AO

133 Als **„ähnliche Erträge“** sind Kreditprovisionen, Agien, Bürgschaftsprovisionen, Erträge für Kreditgarantien und Teilzahlungszuschläge anzusehen. Nicht hierher gehören vereinnahmte Kreditbearbeitungsgebühren, Spesen, Mahnkosten u. ä.[123] Zinszuschüsse der öffentlichen Hand sind unter Pos. Nr. 4 („Sonstige betriebliche Erträge“) auszuweisen.[124]

134 Zinserträge dürfen nicht mit Zinsaufwendungen saldiert werden,[125] § 246 Abs. 2 HGB; lediglich wenn es sich um sog. **durchlaufende Posten** handelt, können Zinsaufwendungen mit Zinserträgen verrechnet werden, wenn z. B. Kredite zu denselben Konditionen von Mutter- an Tochtergesellschaften oder zwischen verbundenen Unternehmen weitergeleitet werden.[126]

135 Der bei dem Posten Nr. 11 zu liefernde Vermerk „davon aus verbundenen Unternehmen“ erscheint im DATEV-System, wenn die Ktn 2656, 2659, 2679, 2689–2699 und 8660–8699 (SKR 03) bzw. die Ktn 7104 ,7109, 7119, 7129, 7139–7189 (SKR 04) angesprochen werden. Dies gilt für sämtliche GuV-Darstellungsformen im DATEV-System.

Standardkonten im DATEV-System

136

SKR 03		SKR 04	
2650	**Sonstige Zinsen und ähnliche Erträge**	7100	Sonstige Zinsen und ähnliche Erträge
2655	Laufende Erträge aus Anteilen an Kapitalgesellschaften (Umlaufvermögen) 100%/50% steuerfrei	7103	Laufende Erträge aus Anteilen an Kapitalgesellschaften (Umlaufvermögen) 100%/50% steuerfrei
2656	Laufende Erträge aus Anteilen an Kapitalgesellschaften (verbundene Unternehmen) 100%/50% steuerfrei (inländische Kap.Ges.)	7104	Laufende Erträge aus Anteilen an Kapitalgesellschaften (verbundene Unternehmen) 100%/50% steuerfrei (inländische Kap.Ges.)

[122] Vgl. *Borchert,* in Küting/Weber § 275 HGB Tz 81; WP-Handbuch 2000, Bd. I, F 456; *Förschle,* in Beck Bil-Kom. § 275 HGB Tz 191; *Adler/Düring/Schmaltz,* § 275 HGB Tz 157.

[123] Vgl. WP-Handbuch 2000, Bd. I, F 453; *Biener/Berneke,* BiRiLiG, S. 214; *Adler/Düring/Schmaltz,* § 275 HGB Tz 158.

[124] Vgl. *Förschle,* in Beck Bil-Kom. § 275 HGB Tz 194; *Adler/Düring/Schmaltz,* § 275 HGB Tz 158, ggf. auch Pos. Nr. 15.

[125] Das gilt auch für Soll- und Habenzinsen für dasselbe Bankkonto.

[126] Vgl. *Claussen/Korth,* §§ 275–277 HGB, § 158 AktG Tz 93; *Borchert,* in Küting/Weber § 275 HGB Tz 81; einschränkend *Adler/Düring/Schmaltz,* § 275 HGB Tz 160, wenn sich die Gesellschaft dem Kreditgeber gegenüber zur Zahlung verpflichtet hat.

SKR 03		SKR 04	
2657	Zinserträge § 233 a AO betriebliche Steuern	7105	Zinserträge § 233 a AO betriebliche Steuern
2658	Zinserträge § 233 a AO Körperschaftsteuer/Vermögensteuer	7106	Zinserträge § 233 a AO Körperschaftsteuer/Vermögensteuer
2659	Sonstige Zinsen und ähnliche Erträge aus verbundenen Unternehmen	7109	Sonstige Zinsen und ähnliche Erträge aus verbundenen Unternehmen
2670	Diskonterträge	7110	Sonstige Zinserträge
2679	Diskonterträge aus verbundenen Unternehmen	7119	Sonstige Zinserträge aus verbundenen Unternehmen
2680	Zinsähnliche Erträge	7120	Zinsähnliche Erträge
2689	Zinsähnliche Erträge aus verbundenen Unternehmen	7129	Zinsähnliche Erträge aus verbundenen Unternehmen
8650	Erlöse Zinsen und Diskontspesen	7130	Diskonterträge
8660	Erlöse Zinsen und Diskontspesen aus verbundenen Unternehmen	7139	Diskonterträge aus verbundenen Unternehmen

11 a) Aufgrund einer Gewinngemeinschaft, eines Gewinn- oder Teilgewinnabführungsvertrags erhaltene Gewinne

a) GuV-Ausweis und Posteninhalt

Der Posten ist im gesetzlichen Gliederungsschema des § 275 Abs. 2 HGB nicht enthalten. Seine Einfügung ergibt sich aus § 277 Abs. 3 S. 2 HGB und der Überlegung, dass derartige Gewinne den Erträgen des Finanzanlagevermögens sehr nahe stehen und nach diesen im Ergebnis der gewöhnlichen Geschäftstätigkeit ausgewiesen werden sollten.[127] Trotz der örtlich anderen Plazierung im DATEV-Kontenrahmen erfolgt der Ausweis im DATEV-System an dieser Stelle der GuV. Im GuV-Ausdruck folgt die Numerierung der Reihenfolge der vorhergehenden Posten, also ggf. unter Nr. 11. **140**

Es handelt sich dabei um Erträge aus:[128] **141**
- Gewinngemeinschaften, auch Interessengemeinschaftsverträgen
- Gewinnabführungsverträgen
- Teilgewinnabführungsverträgen

Erträge auf Grund einer Gewinngemeinschaft, eines Gewinn- oder Teilgewinnabführungsvertrags dürfen nicht mit diesbezüglichen Aufwendungen aus Verlustübernahme verrechnet werden.[129] Allerdings ist ein gesonderter Ausweis von Erträgen aus Gewinngemeinschaften und Erträge aus Gewinnabführungs- bzw. Teilgewinnabführungsverträgen nicht erforderlich. Erträge aus mehreren Vertragsarten gleicher Art können also zusammengefasst ausgewiesen werden.[130] **142**

b) Gewinnabführungsverträge

Durch einen **Gewinnabführungsvertrag** verpflichtet sich eine Gesellschaft (Organgesellschaft) zur Abführung ihres Gewinns an eine Obergesellschaft (MU). Das MU ist andererseits verpflichtet, Verluste der Organgesellschaft auszugleichen. Soweit das Tochterunternehmen (TU) an das MU auf Grund eines derartigen Vertrages Gewinne abführt, hat der Ausweis an dieser Stelle zu erfolgen. Soweit bei dem TU Verluste von dem MU übernommen werden, handelt es sich um „Erträge aus Verlustübernahme", die unter Pos. Nr. 19 a) auszuweisen sind.[131] **143**

Für die **Anerkennung eines steuerrechtlichen Organschaftsverhältnisses** muss neben dem Abschluss eines Gewinnabführungsvertrages der Organträger an der Organgesellschaft von Beginn des Wirtschaftsjahres an ununterbrochen in einem solchen Maße beteiligt sein, dass ihm die Mehrheit der Stimmrechte aus den Anteilen **144**

---

[127] Für Ausweis nach Pos. Nr. 9 WP-Handbuch 2000, Bd. I, F 441; *Förschle,* in Beck Bil-Kom. § 277 HGB Tz 19; *Sigle/Isele,* in Küting/Weber § 277 HGB Tz 109 schlagen den Ausweis vor Pos. Nr. 9 vor.

[128] Vgl. *Adler/Düring/Schmaltz,* § 277 HGB Tz 54 ff.; *Claussen/Korth,* in Kölner Kom. §§ 275–277 HGB, § 158 AktG Tz 84.

[129] Vgl. *Claussen/Korth,* in Kölner Kom. §§ 275–277, § 158 AktG Tz 88; *Adler/Düring/Schmaltz,* § 277 Tz 66.

[130] Vgl. *Förschle,* in Beck Bil-Kom. § 277 HGB Tz 14, 19; WP-Handbuch 2000, Bd. I, F 443.

[131] Vgl. *Förschle,* in Beck Bil-Kom. § 277 HGB Tz 23; *Adler/Düring/Schmaltz,* § 277 HGB Tz 65; *Lachnet/Ammann,* in Bonner HdR § 277 HGB Tz 27; vgl. E 199.

an der Organgesellschaft zusteht, sog. **finanzielle Eingliederung,** § 14 Nr. 1 und 2 KStG i. d. F. des StSenkG.

Hinweis

145 Die wirtschaftliche und organisatorische Eingliederung ist ab dem VZ 2001 nicht mehr erforderlich, § 34 Abs. 1 KStG i. d. F. des StSenkG, bei einem vom Kalenderjahr abweichenden und in 2001 endenden Wirtschaftsjahr ab 2002.

146 Außerdem ist eine Vertragsmindestdauer von 5 Jahren erforderlich, § 14 Nr. 3 KStG i. d. F. des StSenkG. Für den gesonderten Ausweis der diesbezüglichen Aufwendungen und Erträge ist die Vertragsdauer ohne Bedeutung.[132]

Hinweis

147 Durch das UntStFG wurden die Voraussetzungen für eine gewerbesteuerliche Organschaft (bis dato die finanzielle, wirtschaftliche und organisatorische Eingliederung) dem KStG angepasst, § 2 Abs. 2 S. 2, § 36 Abs. 2 S. 1 GewStG i. d. F. des UntStFG.[133] Die Neuregelung gilt bereits ab dem VZ 2001.

e) Teilgewinnabführungsverträge

148 Beschränkt sich die Abführungsverpflichtung nur auf einen Teil des Gewinns handelt es sich um einen **Teilgewinnabführungsvertrag.** Soweit bei stillen Beteiligungen i. S. v. §§ 230 f. HGB eine gewinnabhängige Vergütung vereinbart ist (atypisch stille Beteiligung), handelt es sich um einen Teilgewinnabführungsvertrag, so dass diesbezügliche Erträge ebenfalls unter diesem Posten auszuweisen sind.[134] Ist lediglich eine feste jährliche Vergütung vereinbart (typisch stille Beteiligung), die wirtschaftlich einem Zins entspricht, hat der Ausweis unter Pos. Nr. 11 „Zinserträge" zu erfolgen.[135]

Standardkonten im DATEV-System

	SKR 03		SKR 04	
149	2792	Erhaltene Gewinne aufgrund einer Gewinngemeinschaft	7192	Erhaltene Gewinne aufgrund einer Gewinngemeinschaft
	2794	Erhaltene Gewinne aufgrund eines Gewinn- oder Teilgewinnabführungsvertrags	7194	Erhaltene Gewinne aufgrund eines Gewinn- oder Teilgewinnabführungsvertrags

12. Abschreibungen auf Finanzanlagen und auf Wertpapiere des Umlaufvermögens

a) Posteninhalt

150 Sämtliche Abschreibungen auf das Finanzanlagevermögen und auf Wertpapiere des Umlaufvermögens sind hier auszuweisen. Strittig ist, ob dies auch für „unübliche" Mehrabschreibungen gilt oder ob diese unter Pos. Nr. 7 b) auszuweisen sind. Mehrheitlich wird auch für „unübliche" Abschreibungen ein Ausweis unter Pos. Nr. 12 bejaht.[136]

151 Beim Finanzanlagevermögen wird es sich i. d. R. um **außerplanmäßige Abschreibungen auf Beteiligungen, Wertpapiere des Anlagevermögens** oder **Ausleihungen** handeln. Abschreibungen auf Wertpapiere sind regelmäßig aufgrund gesunkener Stichtagskurse vorzunehmen.

152 Die Abschreibungen entfallen auf nachfolgende Bilanzposten:[137]
– Anteile an verbundene Unternehmen
– Ausleihungen an verbundene Unternehmen

---

[132] Vgl. *Adler/Düring/Schmaltz,* § 277 HGB Tz 59; *Claussen/Korth,* in Kölner Kom. §§ 275–277 HGB, § 158 AktG Tz 86.
[133] Vgl. *Grune/Korth/Moritz,* AktStR 2002, 13.
[134] Vgl. *Förschle,* in Beck Bil-Kom. § 277 Tz 23.
[135] Vgl. *Förschle,* in Beck Bil-Kom. § 275 HGB Tz 207.
[136] Für Pos. Nr. 7 b) *Borchert,* in Küting/Weber § 275 HGB Tz 82; für Pos. Nr. 12 *Biener/Berneke,* BiRiLiG, S. 213; WP-Handbuch 2000, Bd. I, F 454; *Förschle,* in Beck Bil-Kom. § 275 HGB Tz 201; *Adler/Düring/Schmaltz,* § 275 Tz 169; *Claussen/Korth,* in Kölner Kom. §§ 275–277 HGB, § 158 AktG Tz 94 verweisen darauf, dass dies dem Prinzip der Erfolgsspaltung entspricht.
[137] Vgl. *Adler/Düring/Schmaltz,* § 275 HGB Tz 167.

- Beteiligungen
- Ausleihungen an Unternehmen, mit denen ein Beteiligungsverhältnis besteht
- Wertpapiere
- Sonstige Ausleihungen
- Eigene Anteile
- Aus welchem Anlass die Abschreibungen erfolgen ist für den Ausweis unter Pos. Nr. 12 ohne Bedeutung.

Hinweis

Soweit es sich um Anteile an KapG handelt, gilt ab dem 1. 1. 2002: 153

- das Halbeinkünfteverfahren, soweit Anteilseigner ein Einzelunternehmen/Personenhandelsgesellschaft ist, § 30 Nr. 40a) EStG 1997 i.d.F. des StSenkG; insoweit sind die damit im Zusammenhang stehenden Betriebsausgaben nur zur Hälfte abzugsfähig, § 3c Abs. 2 EStG i.d.F. des StSenkG (Ktn. 4871/4873, 4876 SKR 03/ Ktn. 7204, 7250, 7255 SKR 04)
- eine Steuerfreistellung, soweit Anteilseigner eine Kapitalgesellschaft ist, § 8b Abs. 2 KStG i.d.F. des StSenkG, insoweit sind die damit in unmittelbaren Zusammenhang stehenden Betriebsausgaben nicht abzugsfähig, § 3c Abs. 1 EStG; für Vorab-Gewinnausschüttungen und verdeckte Gewinnauschüttungen gilt dies bereits ab dem VZ 2001.

b) Anhangsangaben

Neben dem zusammengefassten Ausweis unter Pos. Nr. 12 sind nach § 277 Abs. 3 S. 1 HGB jeweils in einer Summe gesondert auszugeben oder im Anhang anzugeben:[138] 154

1. Außerplanmäßige Abschreibungen auf das **Finanzanlagevermögen** auf den niedrigeren beizulegenden Wert, § 253 Abs. 2 S. 3 HGB
2. Abschreibungen auf das **Finanzumlaufvermögen** zur Verhinderung von Abschreibungen aufgrund künftiger Wertänderungen, § 253 Abs. 3 S. 3 HGB

Ferner ist im Anhang der Betrag der im Geschäftsjahr allein nach steuerrechtlichen Vorschriften vorgenommenen Abschreibungen getrennt nach Anlage- und Umlaufvermögen anzugeben, soweit er sich nicht aus der GuV ergibt, § 281 Abs. 2 S. 1 HGB. 155

Beim DATEV-System sind die wahlweise in der GuV oder im Anhang zu liefernden Angaben in der Regel in den Anhang aufzunehmen. Wird eine erweiterte Zuordnungstabelle z.B. mit Wert S5003 verwendet, werden beim Pos. Nr. 12 nachfolgende Vermerke gegeben: 156

1. „davon auf Grund steuerrechtlicher Vorschriften", Ktn 4874 (SKR 03) bzw. die Ktn 7250–7259 (SKR 04)
2. „davon außerplanmäßige Abschreibungen nach § 253 Abs. 2 S. 3 HGB", Ktn 4870 (SKR 03) bzw. Ktn 7200 (SKR 04)
3. „davon Abschreibungen zur Vermeidung zukünftiger Wertschwankungen nach § 253 Abs. 3 S. 3 HGB", Ktn 4879 (SKR 03) bzw. Ktn 7260–7299 (SKR 04)

Standardkonten im DATEV-System

157

	SKR 03		SKR 04
4870	Abschreibungen auf Finanzanlagen	7200	Abschreibungen auf Finanzanlagen
4871	Abschreibungen auf Finanzanlagen 100%/50% nicht abzugsfähig	7204	Abschreibungen auf Finanzanlagen 100%/50% nicht abzugsfähig
4872	Abschreibungen aufgrund von Verlustanteilen an Mitunternehmerschaften § 8 GewStG	7208	Abschreibungen aufgrund von Verlustanteilen an Mitunternehmerschaften § 8 GewStG
4873	Abschreibungen auf Finanzanlagen aufgrund steuerlicher Sondervorschriften 100%/50% nicht abzugsfähig	7210	Abschreibungen auf Wertpapiere des Umlaufvermögens
4874	Abschreibungen auf Finanzanlagen aufgrund steuerlicher Sondervorschriften	7214	Abschreibungen auf Wertpapiere des Umlaufvermögens 100%/50% nicht abzugsfähig

[138] Vgl. F 270.

SKR 03		SKR 04	
4875	Abschreibungen auf Wertpapiere des Umlaufvermögens	7250	Abschreibungen auf Finanzanlagen aufgrund steuerlicher Sondervorschriften
4876	Abschreibungen auf Wertpapiere des Umlaufvermögens 100%/50% nicht abzugsfähig	7255	Abschreibungen auf Finanzanlagen aufgrund steuerlicher Sondervorschriften 100%/50% nicht abzugsfähig
4879	Vorwegnahme künftiger Wertschwankungen bei Wertpapieren des Umlaufvermögens	7260	Vorwegnahme künftiger Wertschwankungen bei Wertpapieren des Umlaufvermögens

13. Zinsen und ähnliche Aufwendungen, davon an verbundene Unternehmen

158 Der Posten enthält alle Aufwendungen, die für aufgenommenes Fremdkapital zu entrichten sind. Die **Aufwandsrealisation ist zeitabhängig** abzugrenzen. Zu den hier auszuweisenden Aufwendungen gehören im Einzelnen:[139]

- Zinsen für Bankkredite, Hypothekendarlehen, Schuldverschreibungen, sonstige Darlehen, Lieferantenkredite, Verzugszinsen
- Abschreibungen auf ein aktiviertes Agio, Disagio oder Damnum, unabhängig von einer Sofortabschreibung oder Aufwandsverteilung über die Darlehenslaufzeit
- Kreditprovisionen, Überziehungsprovisionen, Bürgschafts- und Avalprovisionen, Kreditbereitstellungsgebühren
- Zinsen auf Steuerschulden und Stundungszinsen gem. §§ 233a und 234 AO
- Zinsanteil bei Zuführungen zu Pensionsrückstellungen[140]

159 Nicht hier, sondern unter Pos. Nr. 8 „Sonstige betriebliche Aufwendungen" auszuweisen sind **Nebenkosten des Geldverkehrs.** Dazu gehören Umsatzprovisionen, Bankspesen und Kreditüberwachungskosten.[141] Auch Vermittlungsprovisionen für die Beschaffung von Krediten haben keinen Zinscharakter und sind nicht hier auszuweisen. Vergütungen für typisch stille Beteiligungen, die wirtschaftlich einem Zins entsprechen sind ebenfalls unter Pos. Nr. 13 auszuweisen.[142] Gleiches gilt für Vergütungen für die Überlassung von Genussscheinkapital ohne Eigenkapitalcharakter.[143]

160 Bei dem Leasingnehmer zuzurechnenden Leasinggegenständen, sind die in den Leasingraten enthaltenen Zinsanteilen ebenfalls unter Pos. Nr. 13 auszuweisen.[144]

161 Der bei Posten Nr. 13 aufzunehmende Vermerk „davon an verbundene Unternehmen" erfolgt im DATEV-System, wenn die Ktn 2109, 2119, 2129, 2139, 2149 (SKR 03) bzw. die Ktn 7309, 7319, 7329, 7339, 7349–7389 (SKR 04) angesprochen werden. Dies gilt für sämtliche GuV-Darstellungsformen im DATEV-System.

Hinweis

162 Durch das StBereinG 1999 gilt rückwirkend ab 1999 § 4 Abs. 4a EStG mit der Maßgabe, dass bei Einzelunternehmen und Personenhandelsgesellschaften Schuldzinsen nicht abziehbar sind, wenn Überentnahmen getätigt wurden. Der Begriff „Überentnahmen" greift auf die Tatbestandsmerkmale „Gewinn", „Entnahmen" und „Einlagen" zurück. Ausgangspunkt ist der Jahresgewinn ohne Zurechnung von Entnahmen und Kürzung von Einlagen. Soweit die Summe von Gewinn und Einlagen die Entnahmen übersteigen, wird der betriebliche Schuldzinsenabzug begrenzt. Überentnahmen vorangegangener Jahre bzw. Unterentnahmen werden in die Berechnung einbezogen. Aus der sich daraus ergebenden Bemessungsgrundlage errechnen sich die nichtabziehbaren Schuldzinsen in Höhe von 6%, unabhängig vom tatsächlichen Zinssatz.[145] Dem so ermittelten Betrag sind die tatsächlich gezahlten

---

[139] Vgl. *Borchert,* in Küting/Weber § 275 HGB Tz 84; *Förschle,* in Beck Bil-Kom. § 275 HGB Tz 206; *Adler/Düring/Schmaltz,* § 275 HGB Tz 174; WP-Handbuch 2000, Bd. I, F 459; *Förschle,* in Beck Bil-Kom. § 275 HGB Tz 138.

[140] *Adler/Düring/Schmaltz,* § 275 HGB Tz 172, begründen den unter diesen Posten auch zulässigen Ausweis damit, dass der Zinsanteil der Zuführungen zu den Pensionsrückstellungen zwischen 40–50% liegt.

[141] Vgl. *Adler/Düring/Schmaltz,* § 275 HGB Tz 175.

[142] Vgl. *Claussen/Korth,* in Kölner Kom. §§ 275–277 HGB, § 158 AktG Tz 99; WP-Handbuch 2000, Bd. I, F 460; *Förschle,* in Beck Bil-Kom. § 275 HGB Tz 207; a. A. *Adler/Düring/Schmaltz,* § 275 HGB Tz 174.

[143] Vgl. WP-Handbuch 2000, Bd. I, F 459; *Förschle,* in Beck Bil-Kom. § 275 HGB Tz 205; *Wollmert,* BB 1992, S. 2106.

[144] Vgl. *Claussen/Korth,* in Kölner Kom. §§ 275–277 HGB, § 158 AktG Tz 102; *Förschle,* in Beck Bil-Kom. § 275 HGB Tz 208.

[145] Vgl. *Schmidt/Heinicke,* EStG, 21. Aufl., § 4 Tz 525.

Zinsen (ohne Zinsen für Investitionsdarlehen), vermindert um einen Betrag von EUR 2050 gegenüber zustellen. Der jeweils höhere Betrag führt zur Hinzurechnung.

Beispiel[146]

A hat sein Unternehmen am 1. 6. 2002 mit einer Einlage von 30 000 eröffnet. Er erwirtschaftet in 2002 einen Verlust von 30 000. Entnahmen tätigte er i. H. v. 40 000. Betrieblich veranlasste Schludzinsen – ohne Berücksichtigung von Zinsen für Investitonsdarlehen – fielen i. H. v. 8000 an. 163

Berechnung der Überentnahmen:

Einlage	30 000
Entnahmen	–40 000
Entnahmeüberschuss	10 000
Verlust	20 000
Überentnahme	10 000

Berechnung des Hinzurechnungsbetrages:

10 000 x 6%	600

Berechnung des Höchstbetrages:

Tatsächlich angefallene Zinsen	8000
./. Kürzungsbetrag	2050
	5950

Da der Hinzurechnungsbetrag den Höchstbetrag nicht übersteigt, ist er i. H. v. 600 dem Gewinn hinzuzurechnen. 164

Die Regelung gilt ab dem 1. 1. 1999, ohne dass Einlagen/Entnahmen bzw. Gewinne/Verluste aus Vorjahren berücksichtigt werden. Insoweit führen Überentnahmen aus der Vergangenheit, die z. B. aus einem Zwei-Konten-Modell herrühren, nicht zu einer Begrenzung des Schuldzinsenabzugs.[147] Dies ist in § 52 Abs. 11 EStG i. d. F. des StSenkG klargestellt. Andererseits bleiben auch Unterentnahmen früherer Jahre unberücksichtigt, so dass positive Kapitalkonten nicht steuerunschädlich entnommen werden können. 165

Standardkonten im DATEV-System

166

SKR 03		SKR 04	
2100	**Zinsen und ähnliche Aufwendungen**	7300	Zinsen und ähnliche Aufwendungen
2103	Steuerlich abzugsfähige, andere Nebenleistungen zu Steuern	7303	Steuerlich abzugsfähige, andere Nebenleistungen zu Steuern
2104	Steuerlich nicht abzugsfähige, andere Nebenleistungen zu Steuern	7304	Steuerlich nicht abzugsfähige, andere Nebenleistungen zu Steuern
2107	Zinsaufwendungen § 233 a AO betriebliche Steuern	7305	Zinsaufwendungen § 233 a AO betriebliche Steuern
2108	Zinsaufwendungen § 233 a bis § 237 AO Personensteuern	7306	Zinsaufwendungen § 233 a bis § 237 AO Personensteuern
2109	Zinsaufwendungen an verbundene Unternehmen	7309	Zinsen und ähnliche Aufwendungen an verbundene Unternehmen
2110	Zinsaufwendungen für kurzfristige Verbindlichkeiten	7310	Zinsaufwendungen für kurzfristige Verbindlichkeiten
2114	Nicht abzugsfähige Schuldzinsen gemäß § 4 Abs. 4 a EStG (Hinzurechnungsbetrag)	7314	Nicht abzugsfähige Schuldzinsen gemäß § 4 Abs. 4 a EStG (Hinzurechnungsbetrag)
2115	Zinsen und ähnliche Aufwendungen 100%/50% nicht abzugsfähig (inländische Kap.Ges.)	7318	In Dauerschuldzinsen umqualifizierte Zinsen auf kurzfristige Verbindlichkeiten
2116	Zinsen und ähnliche Aufwendungen an verbundene Unternehmen 100%/50% nicht abzugsfähig (inländische Kap.-Ges.)	7319	Zinsaufwendungen für kurzfristige Verbindlichkeiten an verbundene Unternehmen
2118	In Dauerschuldzinsen umqualifizierte Zinsen auf kurzfristige Verbindlichkeiten	7320	Zinsaufwendungen für langfristige Verbindlichkeiten
		7326	Zinsen zur Finanzierung des Anlagevermögens

[146] Ähnliches Beispiel in BMF-Schr. v. 22. 5. 2000, BStBl I 2000, S. 588; rezensiert von *Korth*, AktStR 2000, S. 329 ff.
[147] So bereits BMF-Schr. v. 22. 5. 2000, BStBl I 2000, S. 588, Tz 36.

SKR 3		SKR 4	
2119	Zinsaufwendungen für kurzfristige Verbindlichkeiten an verbundene Unternehmen	7327	Renten und dauernde Lasten aus Gründung/Erwerb § 8 GewStG
2120	Zinsaufwendungen für langfristige Verbindlichkeiten	7328	Zinsaufwendungen an Mitunternehmer für die Hingabe von langfristigem Kapital § 15 EStG
2126	Zinsen zur Finanzierung des Anlagevermögens	7329	Zinsaufwendungen für langfristige Verbindlichkeiten an verbundene Unternehmen
2127	Renten und dauernde Lasten aus Gründung/Erwerb § 8 GewStG	7330	Zinsähnliche Aufwendungen
2128	Zinsaufwendungen an Mitunternehmer für die Hingabe von langfristigem Kapital § 15 EStG	7339	Zinsähnliche Aufwendungen an verbundene Unternehmen
2129	Zinsaufwendungen für langfristige Verbindlichkeiten an verbundene Unternehmen	7340	Diskontaufwendungen
2130	Diskontaufwendungen	7349	Diskontaufwendungen an verbundene Unternehmen
2139	Diskontaufwendungen an verbundene Unternehmen	7350	Zinsen und ähnliche Aufwendungen 100%/50% nicht abzugsfähig (inländische Kap.Ges.)
2140	Zinsähnliche Aufwendungen	7351	Zinsen und ähnliche Aufwendungen an verbundene Unternehmen 100%/50% nicht abzugsfähig (inländische Kap.Ges.)
2149	Zinsähnliche Aufwendungen an verbundene Unternehmen		

13 a) Aufwendungen aus Verlustübernahme

167 Aufwendungen aus Verlustübernahme sind gem. § 277 Abs. 3 S. 2 HGB gesondert unter entsprechender Bezeichnung auszuweisen. Sie entstehen, wenn die Obergesellschaft **auf Grund eines Gewinn- oder Teilgewinnabführungsvertrags Verluste von TU** übernehmen muss. Derartige Aufwendungen stehen im Zusammenhang mit anderen Beteiligungsaufwendungen und -erträgen, so dass ein Ausweis im Finanzergebnis an dieser Stelle sinnvoll ist.[148] Unabhängig von der Plazierung im DATEV-Kontenrahmen erfolgt der Ausweis im DATEV-System an dieser Stelle der GuV. Im GuV-Ausdruck folgt die Numerierung der Reihenfolge der vorhergehenden Posten.

168 Aufwendungen aus Verlustübernahmen auf Grund eines Gewinn- oder Teilgewinnabführungsvertrags dürfen nicht mit Gewinnen aus derartigen Verträgen[149] verrechnet werden. Aufwendungen aus verschieden Erträgen der gleichen Art können dagegen zusammengefasst ausgewiesen werden.

Standardkonten im DATEV-System

	SKR 03		SKR 04	
169	2490	Aufwendungen aus Verlustübernahme	7390	Aufwendungen aus Verlustübernahme

14. Ergebnis der gewöhnlichen Geschäftstätigkeit

170 Dies ist kein mit besonderem Inhalt auszufüllender GuV-Posten, sondern eine Zwischensumme, die sich aus dem Saldo der Posten Nr. 1–13 des Gesamtkostenverfahrens ergibt. Es ist das Geschäftsergebnis der Gesellschaft, das sich zusammensetzt aus dem „Betriebsergebnis", d.s. die Posten Nr. 1–8, und dem „Finanzergebnis", d.s. die Posten Nr. 9–13. Nicht enthalten sind die Steuern und das außerordentliche Ergebnis und bei TU die Erträge aus Verlustübernahme bzw. auf Grund einer Gewinngemeinschaft, eines Gewinn- oder Teilgewinnabführungsvertrages abgeführte Gewinne.

15. Außerordentliche Erträge

171 Der Posten entspricht Art. 23 der 4. EG-Richtlinie. Der Begriff „außerordentlich" ist in § 277 Abs. 4 HGB definiert. **Außerordentlich** sind danach alle Aufwendungen und Erträge die ungewöhnlich (unusual) sind, selten vorkommen (infrequent), sich in absehbarer Zukunft nicht wiederholen werden, und ferner nach dem **Grundsatz der „materiality"** aus dem Ergebnis der gewöhnlichen Geschäftstätigkeit aus-

---

[148] Für Ausweis nach Pos. Nr. 12 WP-Handbuch 2000, Bd. I, F 456; vor oder nach Pos. Nr. 13 *Adler/Düring/Schmaltz,* § 277 HGB Tz 65.

[149] Vgl. E 199.

zusondern sind;[150] die Begriffe „infrequent“ und „unusual“ sind der angelsächsischen Bilanzierungspraxis entlehnt.

Dieser Abgrenzung folgend sind hier, sofern es sich **um wesentliche oder erhebliche Beträge** handelt, auszuweisen:[151] 172

- Gewinne aus dem Verkauf von Teilbetrieben, Zweigniederlassungen oder Geschäftsstellen
- Gewinne aus dem Verkauf von Beteiligungen
- Gewinne aus dem Verkauf von Betriebsgrundstücken, die wesentliche Betriebsgrundlage darstellen
- Zuschüsse oder Darlehensverzichte von Gesellschaftern/Großaktionären
- Erträge aus Sanierungen
- außergewöhnliche Schadensersatzleistungen
- Erträge aus Kapitalherabsetzungen
- Erträge aus Verschmelzungen und Umwandlungen
- Erhebliche Zuschreibungen aufgrund von Betriebsprüfungsergebnissen

Bei verschiedenen erheblichen außerordentlichen Erträgen sollten gesondert beschriftete Ktn eingerichtet werden, insbesondere bei Zuschreibungen aufgrund von Betriebsprüfungsergebnissen, weil diese bei der Ermittlung des zu versteuernden Einkommens ausgesondert werden müssen. 173

Außerordentliche Erträge sind nach § 277 Abs. 4 Satz 2 HGB hinsichtlich des Betrages und ihrer Art im Anhang zu erläutern, wenn sie für die Beurteilung der Ertragslage von nicht untergeordneter Bedeutung sind.[152] 174

Standardkonten im DATEV-System

SKR 03		SKR 04		
2500	Außerordentliche Erträge	7400	Außerordentliche Erträge	175
2501	Außerordentliche Erträge finanzwirksam	7401	Außerordentliche Erträge finanzwirksam	
2505	Außerordentliche Erträge nicht finanzwirksam	7450	Außerordentliche Erträge nicht finanzwirksam	

16. Außerordentliche Aufwendungen

Für die Abgrenzung des Begriffs „außerordentlich“ gelten die Ausführungen zu den „außerordentlichen Erträgen“ analog. Es sind dies, sofern es sich **um wesentliche oder erhebliche Beträge** handelt:[153] 176

- Verluste aus dem Verkauf oder der Stillegung von Teilbetrieben, Zweigniederlassungen oder Geschäftsstellen
- Verluste aus dem Verkauf von Beteiligungen
- Verluste aus dem Verkauf von Betriebsgrundstücken, die wesentliche Betriebsgrundlage darstellen
- Außergewöhnliche hohe Spenden
- Aufwendungen für einen Sozialplan im Rahmen von Betriebs- oder Teilbetriebsstillegungen, ggf. auch Abfindungen aufgrund von Personalfreisetzungen[154], soweit damit keine bestehenden Gehaltsansprüche abgegolten werden
- Außergewöhnliche Haftungsinanspruchnahmen, z. B. aus Produzentenhaftung
- Erhebliche Geldbußen und Geldstrafen, z. B. bei Verstößen gegen das Kartellrecht
- Einmalige Aufwendungen im Zusammenhang mit der Erschließung neuer Märkte oder der Aufnahme neuer Produkte

---

[150] Vgl. *Grees,* ZGR 1980, Sonderheft 10, S. 165; *Adler/Düring/Schmaltz,* § 277 HGB Tz 79; *Adler/Düring/Schmaltz,* § 275 HGB Tz 80; *Claussen/Korth,* in Kölner Kom. §§ 275–277 HGB, § 158 AktG Tz 116; WP-Handbuch 2000, Bd. I, F 464; *Förschle,* in Beck Bil-Kom. § 275 HGB Tz 220.

[151] Vgl. *Bohl,* WPg 1986, S. 36; *Niehus,* DB 1986, S. 1297; *Förschle,* in Beck Bil-Kom. § 275 HGB Tz 222; *Isele,* in Küting/Weber § 277 HGB Tz 127; WP-Handbuch 2000, Bd. I, F 376.

[152] Vgl. dazu F 279.

[153] Vgl. *Förschle,* in Beck Bil-Kom. § 275 HGB Tz 222; *Isele,* in Küting/Weber § 277 HGB Tz 131; *Westermann,* in Beck HdR, B 320 Tz 31; WP-Handbuch 2000, Bd. I, F 376.

[154] Vgl. *Adler/Düring/Schmaltz,* § 277 HGB Tz 80; *Federmann,* BB 1987, S. 1073; *Claussen/Korth,* in Kölner Kom. §§ 275–277 HGB, § 158 AktG Tz 110.

– Verluste aus Verschmelzungen und Umwandlungen
– Verluste aus großen und seltenen Schadensfällen
– Verluste aufgrund von Enteignungen

177 Im DATEV-System können die a. o. Aufwendungen durch individuelle Kontenbeschriftung jeweils spezifiziert werden.

178 Außerordentliche Aufwendungen sind nach § 277 Abs. 4 S. 2 HGB hinsichtlich des Betrages und ihrer Art im Anhang zu erläutern, wenn sie für die Beurteilung der Ertragslage von nicht untergeordneter Bedeutung sind.[155]

Standardkonten im DATEV-System

	SKR 03		SKR 04	
179	2000	Außerordentliche Aufwendungen	7500	Außerordentliche Aufwendungen
	2000	Außerordentliche Aufwendungen finanzwirksam	7501	Außerordentliche Aufwendungen finanzwirksam
	2005	Außerordentliche Aufwendungen nicht finanzwirksam	7550	Außerordentliche Aufwendungen nicht finanzwirksam

17. Außerordentliches Ergebnis

180 Das „außerordentliche Ergebnis" ergibt sich aus dem **Saldo der außerordentlichen Erträge und Aufwendungen,** die zunächst unsaldiert in Posten Nr. 15 und 16 in der Vorspalte auszuweisen sind, und im Posten Nr. 17 zum außerordentlichen Gewinn oder Verlust des Geschäftsjahres zusammengefasst werden. Das „außerordentliche Ergebnis" bildet zusammen mit dem „Ergebnis der gewöhnlichen Geschäftstätigkeit" und den Steuern das Jahresergebnis, das ggf. bei Gewinn-/Teilgewinnabführungsverträgen ausgeglichen wird, sei es im Wege der Verlustübernahme (Pos. Nr. 19 a) oder der Gewinnabführung (Pos. Nr. 19 b).

18. Steuern vom Einkommen und vom Ertrag

a) Posteninhalt

181 Unter diesem Posten sind nur die Steuern vom Einkommen und vom Ertrag sowie die auf vereinnahmte Kapitalerträge einbehaltenen Steuern auszuweisen. Dazu gehören:
– Steuern vom Einkommen: Körperschaftsteuer einschl. Ergänzungsabgaben, wie Solidaritätszuschlag
– die von Dividendenerträgen einbehaltene Kapitalertragsteuer sowie die auf Dividendenerträge entfallende anrechenbare Körperschaftsteuer, § 36 Abs. 2 Nr. 3 EStG 1997.
– Steuern vom Ertrag, wie die Gewerbeertragsteuer
– ausländische Steuern, die den in Deutschland erhobenen Steuern vom Einkommen und vom Ertrag entsprechen, Anlage 8 zu R 212 a EStR 1999, sowie die nach einem Doppelbesteuerungsabkommen anzurechnende ausländische Steuer, § 34 c Abs. 6 Satz 2 EStG 1997.[156]

182 Steuerstrafen und Säumniszuschläge sind keine Steuern vom Einkommen und vom Ertrag.[157] Sie sind entweder unter „Sonstige betriebliche Aufwendungen" (Pos. Nr. 8) oder „Zinsen und ähnliche Aufwendungen" (Pos. Nr. 13) auszuweisen. Sog. **Abzugssteuern** (LSt, KiSt, Kapitalertragsteuer), die für Rechnung Dritter an den Fiskus abzuführen sind, sind ebenfalls keine Steuern vom Einkommen und vom Ertrag.[158]

183 Unter Pos. Nr. 18 sind grundsätzliche auch Aufwendungen und Erträge aus der Bildung, Inanspruchnahme oder Auflösung von Steuerabgrenzungsposten nach

[155] Vgl. dazu F 279.
[156] Die Anrechenbarkeit ergibt sich grundsätzlich aus dem jeweiligen DBA. Danach ist regelmäßig die in Übereinstimmung mit dem Abkommen erhobene nicht zu erstattende ausländische Steuer anzurechnen. Bei Dividenden, Zinsen und Lizenzgebühren sind das die nach den vereinbarten Quellensteuersätzen erhobenen Quellensteuern, die der ausländische Staat als Quellensteuer auf diese Einkünfte erheben darf, H 212 d EStR 1999.
[157] Vgl. *Adler/Düring/Schmaltz,* § 275 HGB Tz 186; WP-Handbuch 2000, Bd. I, F 473.
[158] Vgl. *Förschle,* in Beck Bil-Kom. § 275 HGB Tz 235.

§ 274, sog. latente Steuern, zu erfassen.[159] Durch Aktivierung **latenter Steueransprüche** bewirkte „Steuererträge" sind mit den hier auszuweisenden Steueraufwendungen zu verrechnen.[160]

Unter Pos. Nr. 18 sind sämtliche das Einkommen und den Ertrag betreffende Steueraufwendungen und -erträge, also auch Steuererstattungen und Steuernachzahlungen für frühere Geschäftsjahre auszuweisen.[161] Dabei können Steuererstattungen und Steuernachzahlungen für Vorjahre sowie Steuererstattungen mit Steueraufwendungen des lfd. Geschäftsjahres verrechnet werden. Dies ist kein Verstoß gegen das Saldierungsverbot, weil keine Saldierung mit Erträgen, sondern eine Korrektur zu hoch verrechneter Aufwendungen vorliegt.[162] Lediglich bei größeren Nachzahlungen auf Grund von Betriebsprüfungen wird eine Untergliederung oder ein Davon-Vermerk für erforderlich gehalten und eine entsprechende Erläuterung nach § 277 Abs. 4 Satz 3 HGB im Anhang verlangt.[163] 184

b) Körperschaftsteuer

Durch das StSenkG[164] wurde die Besteuerung der Körperschaften durch **Abschaffung des körperschaftsteuerlichen Anrechnungsverfahrens** und die **Einführung eines einheitlichen KSt-Satzes von 25% als Definitivsteuer** grundlegend ab dem VZ 2001 geändert. Bemessungsgrundlage ist das zu versteuernde Einkommen (zvE) nach Berücksichtigung von Verlustvor- bzw. -rückträgen und ggf. unter Einbeziehung des Einkommens von Organgesellschaften, sofern die für ein steuerrechtlich anzuerkennendes Organschaftsverhältnis notwendigen Voraussetzungen gem. § 14 Abs. 1 KStG i. d. F. des UntStFG vorliegen.[165] 185

Mit Abschaffung des gespaltenen Körperschaftsteuersatzes für ausgeschüttete und thesaurierte Gewinne ist die damit verbundene KSt-Berechnung in Abhängigkeit vom Gewinnverwendungsvorschlag entfallen. 186

c) Gewerbesteuer

Gewerbeertrag ist der nach den Vorschriften des EStG oder KStG zu ermittelnde Gewinn aus Gewerbebetrieb, vermehrt um Hinzurechnungen nach § 8 GewStG und vermindert um Kürzungen nach § 9 GewStG. Die Abschaffung des körperschaftsteuerlichen Anrechnungsverfahren hat an der Abzugsfähigkeit der GewSt als Betriebsausgabe nichts geändert. Allerdings wird die GewSt-Belastung bei Einzelunternehmen und Personengesellschaften in der Weise abgemildert, dass sich die tarifliche Einkommensteuer bei gewerbesteuerbelasteten gewerblichen Einkünften **um das 1,8-fache** des für das Unternehmen **festgesetzten Steuermessbetrags** bzw. des festgesetzten anteiligen Gewerbesteuermessbetrag **ermäßigt.** 187

Bei den **begünstigten** gewerblichen **Einkünften** i. S. d. § 35 Abs. 1 S. 1 EStG i. d. F. des StSenkG **handelt es sich um gewerbliche Einkünfte nach § 15 EStG.**[166] 188

Gewinne aus Betriebsaufgaben und Betriebsveräußerungen werden nicht von § 7 GewStG erfasst und sind insoweit nicht gewerbesteuerbelastet. Soweit jedoch Veräußerungsgewinne bei Mitunternehmerschaften nicht auf natürliche Personen als Mitunternehmer entfallen, unterliegen sie ab VZ 2002 der GewSt, § 7 S. 2 GewStG i. d. F. des UntStFG.[167] 189

Zu einer Entlastung kommt es nur soweit ein **GewSt-Messbetrag festgesetzt wird.** Bei Mitunternehmerschaften ist der auf den einzelnen Mitunternehmer ent- 190

---

[159] Vgl. WP-Handbuch 2000, Bd. I, F 473; *Adler/Düring/Schmaltz,* § 275 HGB Tz 190.

[160] Vgl. *Borchert,* in Küting/Weber § 275 HGB Tz 91; *Förschle,* in Beck Bil-Kom. § 275 HGB Tz 245; WP-Handbuch 2000, Bd. I, F 423.

[161] Vgl. WP-Handbuch 2000, Bd. I, F 472; *Förschle,* in Beck Bil-Kom. § 275 HGB Tz 254; *Adler/Düring/Schmaltz,* § 275 HGB Tz 187.

[162] Vgl. *Förschle,* in Beck Bil-Kom. § 275 HGB Tz 254; *Bullinger,* BB 1986, S. 844 f.; WP-Handbuch 2000, Bd. I, F 472.

[163] Vgl. WP-Handbuch 2000, Bd. I, F 472.

[164] BGBl I 2000, S. 1433.

[165] Vgl. dazu E 144.

[166] Vgl. *Schmidt/Glanegger,* EStG, 21. Aufl., § 35 Tz 5. Veräußerungsgewinne nach § 21 UmwStG sind nicht begünstigt.

[167] Vgl. *Grune/Korth/Moritz,* AktStR 2002, S. 14.

fallende Anteil am GewSt-Messbetrag gesondert und einheitlich festzustellen. Insoweit erfolgt die über den Betriebsausgabenabzug hinausgehende Entlastung ausschließlich im Bereich der Einkommensteuer, u. z. nur soweit Einkommensteuer auf gewerbliche Einkünfte entfällt (Verhältnis der gewerblichen Einkünfte zur Summe der Einkünfte).[168]

191 Der **anteilige GewSt-Messbetrag** ist bei Mitunternehmerschaften **nach dem Gewinnverteilungsschlüssel** zu ermitteln, § 35 Abs. 3 S. 2 EStG i. d. F. des StSenkG. Vorabgewinnanteile sind nicht zu berücksichtigen.[169]

Standardkonten im DATEV-System

192

SKR 03		SKR 04	
2200	Körperschaftsteuer	7600	Körperschaftsteuer
2203	Körperschaftsteuer für Vorjahre	7603	Körperschaftsteuer für Vorjahre
2205	Anrechenbare Körperschaftsteuer auf vereinnahmte Kapitalerträge	7605	Anrechenbare Körperschaftsteuer auf vereinnahmte Kapitalerträge
2208	Solidaritätszuschlag	7608	Solidaritätszuschlag
2209	Solidaritätszuschlag für Vorjahre	7609	Solidaritätszuschlag für Vorjahre
2210	Kapitalertragsteuer 25%	7610	Gewerbesteuer
2212	Kapitalertragsteuer 20%	7630	Kapitalertragsteuer 25%
2213	Anrechenbarer Solidaritätszuschlag auf Kapitalertragsteuer 25%	7632	Kapitalertragsteuer 20%
2214	Anrechenbarer Solidaritätszuschlag auf Kapitalertragsteuer 20%	7633	Anrechenbarer Solidaritätszuschlag auf Kapitalertragsteuer 25%
2215	Zinsabschlagsteuer	7634	Anrechenbarer Solidaritätszuschlag auf Kapitalertragsteuer 20%
2218	Anrechenbarer Solidaritätszuschlag auf Zinsabschlagsteuer	7635	Zinsabschlagsteuer
2280	Steuernachzahlungen Vorjahre für Steuern vom Einkommen und Ertrag	7638	Anrechenbarer Solidaritätszuschlag auf Zinsabschlagsteuer
2282	Steuererstattungen Vorjahre für Steuern vom Einkommen und Ertrag	7640	Steuernachzahlungen Vorjahre für Steuern vom Einkommen und Ertrag
2284	Erträge aus der Auflösung von Rückstellungen für Steuern vom Einkommen und Ertrag	7642	Steuererstattungen Vorjahre für Steuern vom Einkommen und Ertrag
4320	Gewerbesteuer	7644	Erträge aus der Auflösung von Rückstellungen für Steuern vom Einkommen und Ertrag

19. Sonstige Steuern

193 Zu den hier auszuweisenden **ertragsunabhängigen Steuern** gehören:[170]

– Grundsteuer
– Erbschaft- und Schenkungsteuer
– sowie all jene Verbrauch- und Verkehrsteuern, bei denen die Gesellschaft alleiniger Steuerschuldner ist

194 Im Einzelnen:

– Biersteuer
– Branntweinsteuer
– Getränkesteuer
– Hundesteuer
– Jagdsteuer
– Kaffeesteuer
– Kraftfahrzeugsteuer
– Mineralölsteuer
– Rennwett- und Lotteriesteuer
– Ökosteuer
– Sektsteuer
– Tabaksteuer
– Versicherungsteuer
– Zölle

[168] Vgl. *Schmidt/Glanegger,* EStG, 21. Aufl., § 35 Tz 12.

[169] Nach richtiger Ansicht von *Schmidt/Glannegger,* EStG, 21. Aufl., § 35 Tz 23, gilt dies auch für Sondervergütungen.

[170] Vgl. WP-Handbuch 2000, Bd. I, F 478; *Förschle,* in Beck Bil-Kom. § 275 HGB Tz 248; *Langer,* in Küting/Weber § 278 HGB Tz 19.

Nicht zu „Sonstige Steuern“ gehören:[171] 195
- Steuerstrafen
- Bußgelder
- Verspätungszuschläge, die regelmäßig unter dem Posten Nr. 8 „Sonstige betriebliche Aufwendungen“ auszuweisen sind
- Säumniszuschläge, die unter dem Posten Nr. 13 „Zinsen und ähnliche Aufwendungen“ auszuweisen sind
- Pauschalierte Lohn- und Kirchensteuern, die den Personalkosten zuzuordnen sind

Umsatzsteuer ist, auch soweit sie auf erhaltene Anzahlungen zu entrichten ist, als 196
durchlaufender Posten zu behandeln und berührt die GuV grundsätzlich nicht. **Nicht abzugsfähige Vorsteuer** gehört zu den Anschaffungskosten oder ist Kostenbestandteil und sachbezogen mit den zugehörigen Aufwendungen auszuweisen.[172] Allenfalls bei einer im Nachhinein vorzunehmenden Aufteilung in abzugsfähige und nicht abzugsfähige Vorsteuern kann ein Ausweis unter „sonstige Steuern“ in Betracht kommen.[173]

Wie bei Pos. Nr. 18 sind auch hier neben den Steueraufwendungen etwaige Steu- 197
ererstattungen oder Steuernachzahlungen für frühere Geschäftsjahre, z. B. auf Grund einer steuerlichen Außenprüfungen, auszuweisen. Steuererstattungen können mit dem laufenden Steueraufwand verrechnet werden, auch wenn dadurch ein (Steuer-) Ertrag ausgewiesen wird.[174]

Standardkonten im DATEV-System 198

SKR 03		SKR 04	
2223	Vermögensteuer für Vorjahre	7650	Sonstige Steuern
2285	Steuernachzahlungen Vorjahre für sonstige Steuern	7663	Vermögensteuer für Vorjahre
2287	Steuererstattungen Vorjahre für sonstige Steuern	7675	Verbrauchsteuer
2289	Erträge aus der Auflösung von Rückstellungen für sonstige Steuern	7678	Ökosteuer
2375	Grundsteuer	7680	Grundsteuer
4340	Sonstige Betriebssteuern	7685	KfZ-Steuer
4350	Verbrauchssteuer	7690	Steuernachzahlungen Vorjahre für sonstige Steuern
4355	Ökosteuer	7692	Steuererstattungen Vorjahre für sonstige Steuern
4510	KfZ-Steuern	7694	Erträge aus der Auflösung von Rückstellungen für sonstige Steuern

19 a) Erträge aus Verlustübernahme

Erträge aus Verlustübernahme entstehen, wenn aufgrund eines **Beherrschungs- und Gewinnabführungsvertrags** die Obergesellschaft verpflichtet ist, Jahresfehlbeträge bei der Organgesellschaft auszugleichen.[175] Auch Erträge aufgrund Verlustübernahme durch stille Gesellschafter können hier ausgewiesen werden. Es handelt sich hierbei nicht um echte Erträge, weshalb die Einordnung dieses Postens, die der Gesetzgeber offengelassen hat, unmittelbar vor dem Jahresergebnis sinnvoll ist.[176] Unabhängig von der Plazierung im DATEV-Kontenrahmen werden im 199

[171] Vgl. WP-Handbuch 2000, Bd. I, F 481, *Förschle,* in Beck Bil-Kom. § 275 HGB Tz 249, der alternativ auch einen Ausweis unter dem Posten Nr. 18 „Außerordentliche Aufwendungen“ für gegeben hält.

[172] Vgl. *Langer,* in Küting/Weber § 278 HGB Tz 20; WP-Handbuch 2000, Bd. I, F 480.

[173] Vgl. *Claussen/Korth,* in Kölner Kom. §§ 275–277 HGB, § 158 AktG Tz 125; nach *Förschle,* in Beck Bil-Kom. § 275 HGB Tz 248 ist hier auch USt auf unentgeltlichen Wertverzehr i. S. v. § 3 UStG (früher als Eigenverbrauch bezeichnet) auszuweisen.

[174] Vgl. WP-Handbuch 2000, Bd. I, F 479.

[175] Gleiches gilt für Betriebspacht- und Betriebsüberlassungsverträge, wenn bei herrschenden und abhängigen Unternehmen die vereinbarte Gegenleistung das angemessene Entgelt nicht erreicht und daraus ein Jahresfehlbetrag resultiert, § 202 Abs. 2 AktG.

[176] Vgl. WP-Handbuch 2000, Bd. I, F 369; *Claussen/Korth,* in Kölner Kom. §§ 275–277 HGB, § 158 AktG Tz 127; *Adler/Düring/Schmaltz,* § 277 HGB Tz 65.

DATEV-System „Erträge aus Verlustübernahme“ an dieser Stelle der GuV ausgewiesen.

Standardkonten im DATEV-System

	SKR 03		SKR 04
200 2790	Erträge aus Verlustübernahme	7190	Erträge aus Verlustübernahme

19 b) Aufgrund einer Gewinngemeinschaft, eines Gewinnabführungs- oder eines Teilgewinnabführungsvertrags abgeführte Gewinne

201 Aufgrund von Unternehmensverträgen abgeführte Gewinne sind kein echter Aufwand, sondern **betriebswirtschaftlich Gewinnverwendung.** Da sie das Gesamtergebnis der Gesellschaft betreffen, empfiehlt sich ebenfalls ein Ausweis vor dem letzten Posten Nr. 19 „Jahresüberschuss/Jahresfehlbetrag“[177]. Das DATEV-System folgt dem beim GuV-Ausdruck.

Standardkonten im DATEV-System

	SKR 03		SKR 04
202 2492	Abgeführte Gewinne auf Grund einer Gewinngemeinschaft	7392	Abgeführte Gewinne auf Grund einer Gewinngemeinschaft
2493	Abgeführte Gewinnanteile an stille Gesellschafter § 8 GewStG	7394	Abgeführte Gewinne auf Grund eines Gewinn- oder Teilgewinnabführungsvertrags
2494	Abgeführte Gewinne aufgrund eines Gewinn- oder Teilgewinnabführungsvertrags	7399	Abgeführte Gewinnanteile an stille Gesellschafter § 8 GewStG

20. Jahresüberschuss/Jahresfehlbetrag

203 Der Posten weist den **Saldo von Gesamterträgen und Gesamtaufwendungen** aus. Bei Gewinnabführungsverträgen ist dieses Ergebnis bei der Organgesellschaft zwangsläufig ausgeglichen. Für die AG ist sowohl beim Gesamt- als auch beim Umsatzkostenverfahren eine das Jahresergebnis **ergänzende Gliederung** gem. § 158 Abs. 1 S. 1 AktG wie folgt vorgeschrieben:

204 „Die GuV ist nach dem Posten „Jahresüberschuss/Jahresfehlbetrag“ in Fortführung der Numerierung um die folgenden Posten zu ergänzen:

1. Gewinnvortrag/Verlustvortrag aus dem Vorjahr
2. Entnahmen aus der Kapitalrücklage
3. Entnahmen aus Gewinnrücklagen
   a) aus der gesetzlichen Rücklage
   b) aus der Rücklage für eigene Aktien
   c) aus satzungsmäßigen Rücklagen
   d) aus anderen Gewinnrücklagen
4. Einstellungen in Gewinnrücklagen
   a) in die gesetzliche Rücklage
   b) in die Rücklage für eigene Aktien
   c) in satzungsmäßige Rücklagen
   d) in andere Gewinnrücklagen
5. Bilanzgewinn/Bilanzverlust“

205 Daraus ist ersichtlich, wie das Jahresergebnis verwendet worden ist, und welche weiteren Komponenten zu dem in der Bilanz ausgewiesenen „Bilanzgewinn/Bilanzverlust“ geführt haben.

Bei KapG & Co. kommt eine entsprechende Erweiterung der GuV nur dann in Betracht, wenn der Gesellschaftsvertrag oder entsprechende Gesellschafterbeschlüsse die Bildung von Rücklagen und/oder eine Beschlussfassung der Gesellschafter über die Gewinnverwendung vorsehen[178].

Hinweis

206 KapG & Co. dürfen nach dem Pos. „Jahresüberschuss/Jahresfehlbetrag“ einen dem Steuersatz der Komplementärgesellschaft entsprechenden Steueraufwand der Gesell-

[177] Vgl. WP-Handbuch 2000, Bd. I, F 369.
[178] Vgl. WP-Handbuch 2000, Bd. I, F 489.

schafter offen absetzen oder hinzurechnen, § 264 c Abs. 3 S. 2 HGB. Bemessungsgrundlage dürfte der Betrag sein, der der KSt unterlegen hätte, wenn die Personengesellschaft eine KapG wäre.[179] Seit dem VZ 2001 ist hierauf ein Steuersatz von 25% anzuwenden.

21. Gewinnvortrag/Verlustvortrag aus dem Vorjahr

Der Bilanzgewinn bzw. Bilanzverlust des Vorjahresabschlusses, ist als Gewinn- bzw. Verlustvortrag aus dem Vorjahr als Pos. Nr. 21 in die GuV-Fortführungsgliederung einzustellen.[180] **207**

Standardkonten im DATEV-System

	SKR 03		SKR 04	
2860	**Gewinnvortrag nach Verwendung**	**7700**	**Gewinnvortrag nach Verwendung**	**208**
2864	Gewinnvortrag 0% Vorbelastung (steuerliches Einlagekonto)	7710	Gewinnvortrag 0%Vorbelastung (steuerliches Einlagekonto)	
2866	Gewinnvortrag 0% Vorbelastung (EK02)	7715	Gewinnvortrag 0% Vorbelastung (EK02)	
2868	**Verlustvortrag nach Verwendung**	**7720**	**Verlustvortrag nach Verwendung**	

Gegenktn:	**SKR 03**	**SKR 04**
Übernahme des Gewinnvortrags aus dem Vorjahr	0860	2970

22. Entnahmen aus der Kapitalrücklage

Dieser Posten enthält bei einer AG Entnahmen aus der Kapitalrücklage zum **Ausgleich eines Jahresfehlbetrags oder Verlustvortrags** gem. § 150 Abs. 3 und Abs. 4 Nr. 1 und 2 AktG. Außerdem sind hier Entnahmen auszuweisen, die bei einer vereinfachten Kapitalherabsetzung nach § 229 Abs. 2 AktG dem Ausgleich von Wertminderungen oder der Deckung sonstiger Verluste dienen.[181] **209**

Kapitalerhöhungen aus Gesellschaftsmitteln sind ein Passivtausch, der die GuV nicht berührt, § 150 Abs. 4 Nr. 3 AktG, was für die GmbH gleichermaßen gilt.[182] Nach § 270 Abs. 1 S. 1 HGB sind die Entnahmen aus der Kapitalrücklage bereits bei der Aufstellung des Jahresabschlusses vorzunehmen. **210**

Standardkonten im DATEV-System

	SKR 03		SKR 04	
2795	Entnahmen aus der Kapitalrücklage	**7730**	**Entnahmen aus der Kapitalrücklage**	**211**

Gegenktn:	**SKR 03**	**SKR 04**
	0840	2920

23. Entnahmen aus Gewinnrücklagen

a) Entnahmen aus der gesetzlichen Rücklage

Die gesetzliche Rücklage unterliegt – soweit es die AG betrifft – gewissen Verwendungsbeschränkungen.[183] Der Entnahmevorgang ist auf dem Konto 2796 (SKR 03) bzw. den Konten 7735–7739 (SKR 04) zu erfassen. **212**

Standardkonten im DATEV-System

	SKR 03		SKR 04	
2796	Entnahmen aus der gesetzlichen Rücklage	**7735**	**Entnahmen aus der gesetzlichen Rücklage**	**213**

Gegenktn:	**SKR 03**	**SKR 04**
	0846	2930

---

179 Vgl. *Förschle/Hoffmann,* in Beck Bil-Kom. § 264 c HGB Tz 74.
180 Vgl. *Adler/Düring/Schmaltz,* § 158 AktG Tz 7 f; *Reiß,* in Bonner HdR § 158 AktG Tz 5; WP-Handbuch 2000, Bd. I, F 493.
181 Vgl. *Adler/Düring/Schmaltz,* § 158 AktG Tz 9.
182 Vgl. WP-Handbuch 2000, Bd. I, F 494
183 Vgl. hierzu D 835.

b) Entnahmen aus der Rücklage für eigene Aktien/Anteile

214 Die Bildung einer Rücklage für eigene Anteile ist für alle Kapitalgesellschaften einheitlich in § 272 Abs. 4 HGB geregelt.[184] Hat eine KapG & Co. Anteile an der Komplementär-GmbH erworben, kann hier die „Auflösung des Ausgleichsposten für aktivierte eigene Anteile" ausgewiesen werden, wenn die Bildung des Postens zu Lasten des Jahresergebnisses erfolgte.[185]

215 Die Höhe der Rücklage korrespondiert mit dem auf der Aktivseite ausgewiesenen Posten „Eigene Anteile". Die Rücklagenauflösung ist auf den Konten 2798 (SKR 03) bzw. 7740–7744 (SKR 04) zu zeigen.

Standardkonten im DATEV-System

	SKR 03		SKR 04
216 2798	Entnahmen aus der Rücklage für eigene Anteile	**7740**	**Entnahmen aus der Rücklage für eigene Anteile**

Gegenktn:	SKR 03	SKR 04
	0850	2940

c) Entnahmen aus satzungsmäßigen Rücklagen

217 Soweit satzungsmäßige Rücklagen gebildet wurden,[186] ist deren Auflösung unter diesem Posten zu zeigen. Sollen die Rücklagen dagegen dazu verwendet werden, in Grund- bzw. Stammkapital umgewandelt zu werden, hat eine erfolgsneutrale Umgliederung in der Bilanz zu erfolgen.[187] Im DATEV-System sind die Entnahmen auf den Konten 2797 (SKR 03) bzw. 7745–7749 (SKR 04) zu zeigen.

Standardkonten im DATEV-System

	SKR 03		SKR 04
218 2797	Entnahmen aus satzungsmäßigen Rücklagen	**7745**	**Entnahmen aus satzungsmäßigen Rücklagen**

Gegenktn:	SKR 03	SKR 04
	0851	2950

d) Entnahmen aus anderen Gewinnrücklagen

219 Es gelten die gleichen Grundsätze wie bei Entnahmen aus den zuvor aufgeführten Rücklagen. Auch hier ist die Umwandlung der Gewinnrücklage in Nennkapital erfolgsneutral in der Bilanz umzugliedern. Rücklagen, die für bestimmte Zwecke vorgesehen wurden, dürfen nicht direkt in Anspruch genommen werden, ohne sie über die GuV aufzulösen.[188]

220 Im DATEV-System sind Auflösungen von Gewinnrücklagen auf den Ktn. 2799–2859 (SKR 03) bzw. 7750–7754 (SKR 04) zu erfassen.

Standardkonten im DATEV-System

	SKR 03		SKR 04
221 **2799**	Entnahmen aus anderen Gewinnrücklagen	**7750**	**Entnahmen aus anderen Gewinnrücklagen**

Gegenktn:	SKR 03	SKR 04
Andere Gewinnrücklagen (allgemein)	0855	2960
Eigenkapitalanteil von Wertaufholungen	0856	2962

[184] Vgl. i. e. D 839.
[185] Vgl. WP-Handbuch 2000, Bd. I, F 497.
[186] Vgl. i. e. D 848.
[187] Vgl. WP-Handbuch 2000, Bd. I, F 498; *Adler/Düring/Schmaltz,* § 158 AktG Tz 11.
[188] Vgl. WP-Handbuch 2000, Bd. I, F 499.

e) Entnahmen aus vorläufigen Gewinnrücklagen

Unter diesen Posten sind Entnahmen aus der vorläufigen Gewinnrücklage gem. § 31 Abs. 1 DMBilG zu erfassen.[189] Im DATEV-System sind die Entnahmen auf dem Konto 9481 – SKR 03/SKR 04) zu erfassen. **222**

Standardkonten im DATEV-System

SKR 03		SKR 04		
9481	Entnahmen aus vorläufigen Gewinnrücklagen gem. § 31 Abs. 6 DMBilG	9481	Entnahmen aus vorläufigen Gewinnrücklagen gem. § 31 Abs. 6 DMBilG	**223**

Gegenktn:	SKR 03	SKR 04
Vorläufige Gewinnrücklage gem. § 31 Abs. 1 DMBilG	9445	9445

f) Entnahmen aus Sonderrücklagen zum Ausgleich von Verlusten

Unter diesen Posten sind Entnahmen aus Rücklagen auszuweisen, die aufgrund nachfolgender Vorschriften gebildet wurden: **224**
- Sonderrücklage gem. § 7 Abs. 6 DMBilG[190]
- Sonderrücklage gem. § 17 Abs. 4 DMBilG[191]
- Sonderrücklage gem. § 24 Abs. 5 DMBilG[192]
- Sonderrücklage gem. § 27 Abs. 2 DMBilG[193]

Die Entnahmen sind – im Bereich der GuV-Ergänzungsgliederung – unter Konto 9482 (SKR 03/SKR 04) zu erfassen. **225**

Standardkonten im DATEV-System

SKR 03		SKR 04		
9482	Entnahmen aus Sonderrücklagen	9482	Entnahmen aus Sonderrücklagen	**226**

Gegenktn:	SKR 03	SKR 04
Sonderrücklage gem. § 7 Abs. 6 Satz 2 DMBilG	9446	9446
Sonderrücklage gem. § 17 Abs. 4 Satz 3 DMBilG	9447	9447
Sonderrücklage gem. § 24 Abs. 5 Satz 3 DMBilG	9448	9448
Sonderrücklage gem. § 27 Abs. 2 DMBilG	9449	9449

g) Erträge aus der Kapitalherabsetzung

Der Posten ist in der Ergänzungsgliederung des § 158 Abs. 1 AktG nicht enthalten, er ergibt sich vielmehr aus § 240 S. 1 AktG. Bei der **ordentlichen oder vereinfachten Kapitalherabsetzung**[194] anfallende Buchgewinne sind danach gesondert als „Ertrag aus der Kapitalherabsetzung" zu bezeichnen und hinter dem Posten „Entnahmen aus Gewinnrücklagen" auszuweisen. Das gilt grundsätzlich auch für die Kapitalherabsetzung durch Einziehung von Aktien, die der Gesellschaft unentgeltlich zur Verfügung gestellt wurden.[195] **227**

Das **GmbHG** kennt nur die ordentliche Kapitalherabsetzung, nicht dagegen die im Aktiengesetz vorgesehenen Formen der vereinfachten Kapitalherabsetzung und der Kapitalherabsetzung durch Einziehung von Aktien.[196] Da die ordentliche Kapitalherabsetzung durch Rückzahlung an die Gesellschafter erfolgt, kommt der Posten „Erträge aus der Kapitalherabsetzung" bei der GmbH nicht in Betracht. **228**

Im DATEV-System werden Erträge aus der Kapitalherabsetzung auf den Ktn. 2745–2749 (SKR 03) bzw. 7755–7759 (SKR 04) erfasst. **229**

---

[189] Vgl. i. e. D 854.
[190] Vgl. D 855.
[191] Vgl. D 857.
[192] Vgl. D 859.
[193] Vgl. D 861.
[194] Vgl. D 721, 777.
[195] Vgl. *Claussen/Korth,* in Kölner Kom. §§ 275–277 HGB, § 158 AktG Tz 134.
[196] Vgl. *Zöllner,* in Baumbach-Hueck, GmbHG, § 58 Tz 2, der dies als Gesetzeslücke bezeichnet.

Standardkonten im DATEV-System

	SKR 03		SKR 04
230	2745 Erträge aus Kapitalherabsetzung	7755	**Erträge aus Kapitalherabsetzung**

Gegenktn:	SKR 03	SKR 04
Gezeichnetes Kapital	0800	2900

24. Einstellungen in die Kapitalrücklage nach den Vorschriften über die vereinfachte Kapitalherabsetzung

231 Gleichzeitig mit der vereinfachten Kapitalherabsetzung kann eine Kapitalerhöhung beschlossen werden, § 235 AktG.[197] Da die vereinfachte Kapitalherabsetzung im **GmbHG** nicht vorgesehen ist, kommt eine damit zusammenhängende Kapitalerhöhung bei der GmbH nicht in Betracht.

232 Einstellungen in die Kapitalrücklage sind in der GuV-Ergänzungsgliederung im DATEV-Kontenrahmen auf den Ktn. 2495 (SKR 03) bzw. 7760–7764 (SKR 04) zu erfassen.

Standardkonten im DATEV-System

	SKR 03		SKR 04
233	2495 Einstellungen in die Kapitalrücklagen nach den Vorschriften über die vereinfachte Kapitalherabsetzung	7760	**Einstellungen in die Kapitalrücklage nach den Vorschriften über die vereinfachte Kapitalherabsetzung**

Gegenktn:	SKR 03	SKR 04
Kapitalrücklage	0840	2920

25. Einstellungen in Gewinnrücklagen

a) Einstellungen in die gesetzliche Rücklage

234 Eine „gesetzliche Rücklage" ist nur bei der AG zu bilden. Die Einstellung in die gesetzliche Rücklage im Rahmen der Gewinnrücklagen bestimmt sich nach § 150 Abs. 2 AktG[198], sowie nach den Vorschriften im Zusammenhang mit der vereinfachten Kapitalherabsetzung, § 231 S. 1 AktG[199]. Soweit die Einstellungen aus dem JahresÜberschuss erfolgen, sind sie in der GuV-Ergänzungsgliederung unter diesem Posten zu zeigen. Im DATEV-Kontenrahmen erfolgt der Ausweis unter den Ktn. 2496 (SKR 03) bzw. 7765–7769 (SKR 04).

Standardkonten im DATEV-System

	SKR 03		SKR 04
235	2496 Einstellungen in die gesetzliche Rücklage	7765	**Einstellungen in die gesetzliche Rücklage**

Gegenktn:	SKR 03	SKR 04
Gesetzliche Rücklage	0846	2930

b) Einstellungen in die Rücklage für eigene Aktien/Anteile

236 Die Rücklagenbildung ist gem. § 272 Abs. 4 HGB einheitlich für alle Kapitalgesellschaften vorgeschrieben, **sofern eigene Anteile erworben werden.**[200] Die Einstellungen sind in der GuV-Ergänzungsgliederung zu zeigen. In § 158 Abs. 1 S. 1 Nr. 4b AktG lautet die Bezeichnung „Einstellungen in die Rücklage für eigene Aktien". Die Bildung des Ausgleichsposten für aktivierte eigene Anteile bei KapG & Co. berührt dagegen die Gewinnverwendungsrechnung i. d. R. nicht.[201]

---

[197] Vgl. D 780.
[198] Vgl. i. e. D 777.
[199] Vgl. *Adler/Düring/Schmaltz,* § 158 AktG Tz 18.
[200] Vgl. D 839.
[201] Vgl. WP-Handbuch 2000, Bd. I, F 309 ff.

Im DATEV-Kontenrahmen sind die Einstellungen in der GuV-Ergänzungsgliederung auf den Ktn. 2498 (SKR 03) bzw. 7770–7774 (SKR 04) zu erfassen. **237**

Standardkonten im DATEV-System

	SKR 03		SKR 04
2498	Einstellungen in die Rücklage für eigene Anteile	**7770**	**Einstellungen in die Rücklage für eigene Anteile**

238

Gegenktn:	SKR 03	SKR 04
Rücklage für eigene Anteile	0850	2940

c) Einstellungen in satzungsmäßige Rücklagen

Sowohl bei der GmbH als auch bei AG können die Satzung bzw. der Gesellschaftsvertrag die Bildung weiterer Gewinnrücklagen vorsehen.[202] Die Einstellungen haben über die GuV-Ergänzungsgliederung zu erfolgen. Soweit die HV im Beschluss über die Verwendung des Bilanzgewinns Beträge in satzungsmäßige Rücklagen einstellt, geschieht dies durch direkte Umbuchung vom Bilanzgewinn in die Rücklage, ohne dass die GuV berührt wird.[203] **239**

Im DATEV-Kontenrahmen sind die Einstellungen in der GuV-Ergänzungsgliederung auf den Ktn. 2497 (SKR 03) bzw. 7775–7779 (SKR 04) zu erfassen.

Standardkonten im DATEV-System

	SKR 03		SKR 04
2497	Einstellungen in satzungsmäßige Rücklagen	**7775**	**Einstellungen in satzungsmäßige Rücklagen**

240

Gegenktn:	SKR 03	SKR 04
Satzungsmäßige Rücklagen	0851	2950

d) Einstellungen in andere Gewinnrücklagen

Unter diesem Posten sind in der GuV-Ergänzungsgliederung alle sonstigen **Dotierungen der Gewinnrücklagen** zu zeigen.[204] Dazu gehören auch Einstellungen in die Wertaufholungsrücklage und die Rücklage für Eigenkapitalanteile nur steuerrechtlich zulässiger Rücklagen gem. § 29 Abs. 4 GmbHG bzw. § 58 Abs. 2 a AktG.[205] **241**

Im DATEV-Kontenrahmen sind Dotierungen anderer Gewinnrücklagen auf den Ktn. 2499 (SKR 03) bzw. 7780–7789 (SKR 04) zu erfassen. **242**

Standardkonten im DATEV-System

	SKR 03		SKR 04
2499	Einstellungen in andere Gewinnrücklagen	**7780**	**Einstellungen in andere Gewinnrücklagen**

243

Gegenktn:	SKR 03	SKR 04
Andere Gewinnrücklagen (allgemein)	0855	2960
Eigenkapitalanteil von Wertaufholungen	0856	2962

26. Vorabausschüttung

Ein derartiger Posten ist weder im HGB noch in der GuV-Ergänzungsgliederung nach § 158 AktG vorgesehen. Die im DATEV-Kontenrahmen vorgesehenen Ktn. 2870–2889 (SKR 03) bzw. 7790–7794 (SKR 04) sollen die im Zeitpunkt der Bilanzaufstellung bereits beschlossenen bzw. erfolgten Vorabgewinnausschüttungen erfassen. **244**

---

[202] Vgl. D 848.
[203] Vgl. *Adler/Düring/Schmaltz,* § 158 AktG Tz 20; *Claussen/Korth,* in Kölner Kom. §§ 275–277 HGB, § 158 AktG Tz 135.
[204] Vgl. D 817; zu Einstellungen durch die HV vgl. *Adler/Düring/Schmaltz,* § 158 AktG Tz 17.
[205] Vgl. D 873, 880.

Standardkonten im DATEV-System

	SKR 03		SKR 04
245	2870 Vorabausschüttung	7790	**Vorabausschüttung**

Gegenktn:	**SKR 03**	**SKR 04**
Verbindlichkeiten gegenüber Gesellschaftern für offene Ausschüttungen	0755	3519
Verbindlichkeiten gegenüber Gesellschaftern für offene Ausschüttungen	0755	3519

27. Verlustvortrag/Gewinnvortrag auf neue Rechnung

Standardkonten im DATEV-System

	SKR 03		SKR 04
246	**2869 Vortrag auf neue Rechnung (GuV)**	**7795**	**Vortrag auf neue Rechnung (GuV)**

Gegenktn:	**SKR 03**	**SKR 04**
Vortrag auf neue Rechnung (GuV)	0869	2979

Teil F. Gliederung des Anhangs

I. Der Anhang als Bestandteil des Jahresabschlusses

1. Kreis der verpflichteten Gesellschafter

Kapitalgesellschaften und die Kapitalgesellschaft & Co. (Personenhandelsgesellschaften i. S. d. § 264 „HGB") haben Bilanz und GuV um einen **Anhang** zu erweitern (sog. erweiterter Jahresabschluss), der zusammen mit Bilanz und GuV eine Einheit bildet und gem. § 264 Abs. 1 S. 1 HGB als „Jahresabschluss" definiert ist. Für kleine und mittelgroße Gesellschaften i. S. d. § 267 Abs. 1 und 2 HGB bestehen Erleichterungen sowohl für die Aufstellung (§§ 274a, 276, 288 HGB) als auch für die Offenlegung des Anhangs (§§ 326, 327 HGB)[1]. Der Inhalt des Anhangs ist schwerpunktmäßig den §§ 284–288 HGB zu entnehmen. Darüber hinaus enthält das HGB über 25 Einzelvorschriften zum Anhang, die teilweise mit dem Wahlrecht ausgestattet sind, Angaben in die Bilanz bzw. GuV oder alternativ den Anhang aufzunehmen, sog. **Wahlpflichtangaben.**[2] Von der GmbH der AG und der KGaA sind darüber hinaus weitere rechtsformspezifische Bestimmungen des GmbHG bzw. AktG zu beachten. 1

Da der Anhang als Bestandteil des Jahresabschlusses – gleichgewichtig neben Bilanz und GuV – notwendiger Teil der Rechnungslegung der Kapitalgesellschaft bzw. Kapitalgesellschaft & Co. (nachfolgend KapG/KapG & Co. bzw. zusammengefasst Gesellschaften) ist, stehen alle drei Bestandteile in einer Wechselbeziehung. Inhalt und Umfang des Anhangs bestimmen sich deshalb auch danach, wieweit Bilanz und GuV ein den **tatsächlichen Verhältnissen entsprechendes Bild der Vermögens-, Finanz- und Ertragslage** vermitteln, weil andernfalls zusätzliche Angaben im Anhang erforderlich sind, § 264 Abs. 2 S. 2 HGB[3]. 2

2. Anforderungen an den Anhangsinhalt

Der **Jahresabschluss** und damit auch der **Anhang, müssen den GoB entsprechen.** Bezogen auf den Anhang sind insbesondere die GoB der Klarheit, Richtigkeit und Vollständigkeit zu beachten.[4] Ergänzend gilt der Grundsatz der materiality. 3

Der GoB **Klarheit** verbietet die ausschließliche Angabe von Paragrafen, weil dies die Verständlichkeit beeinträchtigen würde.[5] Die Angaben müssen vielmehr so formuliert sein, dass sie der Öffentlichkeit – durchschnittlichen Sachverstand vorausgesetzt – verständlich sind, denn der Anhang ist als Bestandteil des Jahresabschlusses – von Offenlegungserleichterungen abgesehen – zu publizieren. Ferner empfiehlt sich für den **Aufbau des Anhangs stetig zu verfahren,** § 265 Abs. 1 HGB, obwohl eine bestimmte Gliederung des Anhangs gesetzlich nicht vorgeschrieben ist.[6] Andererseits entfällt die Verpflichtung, im Anhang Vorjahresbeträge anzugeben.[7] Dies gilt nicht für den Fall, dass wahlweise in der Bilanz oder GuV Posten zusammengefasst und stattdessen im Anhang aufgegliedert werden, § 265 Abs. 7 HGB; in diesen Fällen sind die Vorjahresbeträge in den Anhang aufzunehmen, weil andernfalls ein Informationsverlust in Abhängigkeit der Plazierung von Angaben gegeben wäre.[8] In Übernahme des Rechtsgedankens aus § 265 Abs. 8 HGB sind im Anhang auch 4

---

[1] Vgl. dazu C 5, 13.
[2] Vgl. *Adler/Düring/Schmaltz,* § 284 HGB Tz 10,41 f.
[3] Vgl. *Ellrott,* in Beck Bil-Kom. § 284 HGB Tz 10.
[4] Vgl. *Adler/Düring/Schmaltz,* § 284 HGB Tz 17; *Ellrott,* in Beck Bil.-Kom. § 284 HGB Tz 11.
[5] Vgl. WP-Handbuch 2000, Bd. I, F 543.
[6] Vgl. WP-Handbuch 2000, Bd. I, F 551, mit der Empfehlung, die Gliederung beizubehalten; *Russ,* Der Anhang, S. 233f; *Ellrott,* in Beck Bil-Kom. § 284 HGB Tz 26; *Adler/Düring/Schmaltz,* § 284 HGB Tz 27.
[7] Vgl. *Ellrott,* in Beck Bil-Kom. § 284 HGB Tz 22; *Coenenberg,* DB 1986, S. 1582; WP-Handbuch 2000, Bd. I, F 546.
[8] Vgl. *Adler/Düring/Schmaltz,* § 284 HGB Tz 20; WP-Handbuch 2000, Bd. I, F 546.

keine Fehlanzeigen erforderlich.[9] Andererseits sind sämtliche Angaben, sofern die Sachverhalte unverändert vorliegen, jedes Jahr erneut in den Anhang aufzunehmen, weil Verweise auf Vorjahre nicht die gesetzliche Angabeverpflichtung ersetzen können.

5 Einzelne Bestimmungen enthalten die Einschränkung, dass die Anhangsangaben nur aufzunehmen sind, sofern sie von Bedeutung oder die Beträge erheblich sind. Das Gebot der **Wesentlichkeit** wird aber auf den Anhang trotz fehlender Gesetzesnorm insgesamt anzuwenden sein, weil dies ein für den (ganzen) Jahresabschluss geltender GoB ist.[10]

3. Pflicht-, Wahlpflicht- und freiwillige Angaben

6 Demgemäß lassen sich Angaben im Anhang wie folgt unterscheiden:[11]
– **Pflichtangaben,** d.s. solche, die bei Vorliegen der im Gesetz genannten Tatbestände – unter dem Wesentlichkeitsvorbehalt – in den Anhang aufgenommen werden müssen
– **Wahlpflichtangaben,** d.s. solche, die wahlweise in der Bilanz bzw. GuV oder im Anhang gegeben werden müssen
– **Freiwillige Angaben,** d.s. solche, die über den gesetzlichen Umfang hinaus in den Anhang aufgenommen werden können, für die aber bei Aufnahme in den Anhang die gleichen Kriterien wie für Pflichtangaben gelten

Die in den Anhang aufzunehmenden Informationspflichten beziehen sich auf:
– Einzelne Bilanz- und/oder GuV-Posten
– Die Bewertung
– Allgemeine Tatbestände

7 Das Gesetz fordert die unterschiedlichsten Angaben im Anhang, die mit den Begriffen Angabe, Erläuterung, Begründung oder Aufgliederung umschrieben sind. Sie lassen sich wie folgt definieren:[12]

Angabepflicht:	Oberbegriff für die Nennung einer in den Anhang aufzunehmenden Information, die eine zahlenmäßige oder verbale sein kann; für Bilanz und GuV wird auch der Begriff Ausweis, für den Anhang der Begriff Darstellung verwendet
Erläuterungspflicht:	Kommentierung und Interpretation von Jahresabschlussposten, Bewertungsmaßnahmen oder allgemeinen Tatbeständen im Hinblick auf Inhalt, Zustandekommen, Verursachung oder Charakter von Beträgen oder Posten
Begründungspflicht:	Offenlegung der Überlegungen und Argumente, die für bestimmte Maßnahmen kausal waren
Aufgliederungspflicht:	Segmentierung von zusammengefassten Jahresabschlussgrößen, i.d.R. Bilanz- oder GuV-Posten

4. Der Anhang im DATEV-Programm Bilanzbericht

8 Im DATEV-Programm **Bilanzbericht** erleichtern Vorlagen (im Programm als Musterberichte bezeichnet) die Erstellung und Bearbeitung des Anhangs. Die Anforderungen an Gliederung und Inhalt der einzelnen Anhangsangaben sind in den Musterberichten in Form von Textvorschlägen und Aufstellungen umgesetzt. Das DATEV-Programm **Bilanzbericht** enthält Musterberichte für die verschiedenen Gesellschaftsformen (GmbH, AG, KGaA und Genossenschaft). Auch für die Erstellung eines Anhangs nach KapCoRiLiG steht ein Musterbericht zur Auswahl. Die Differenzierung der Größenklassen (kleine/mittelgroße/große Kapitalgesellschaft) erfolgt in den Musterberichten anhand von alternativen Textvorschlägen mit Bearbeitungshinweisen (z.B. Die Erläuterungen zu „Vergütungen der Geschäftsführer"

---

[9] Vgl. WP-Handbuch 2000, Bd. I, F 547; *Ellrott,* in Beck Bil-Kom. § 284 HGB Tz 22.

[10] Vgl. *Hoffmann,* BB 1986, S. 1056; *Ellrott,* in Beck Bil-Kom. § 284 HGB Tz 13; *Russ,* Der Anhang, S. 87; *Küffner,* Der Anhang zum Jahresabschluss, S. 38; *Adler/Düring/Schmaltz,* § 284 HGB Tz 23; WP-Handbuch 2000, Bd. I, F 542.

[11] Vgl. *Adler/Düring/Schmaltz,* § 284 HGB Tz 10.

[12] Vgl. *Selchert/Karsten,* BB 1985, S. 1890; *Ellrott,* in Beck Bil-Kom., § 284 HGB Tz 36; WP-Handbuch 2000, Bd. I, F 555 f,; *Adler/Düring/Schmaltz,* § 284 HGB Tz 25.

entfallen für die kleine GmbH). Nicht benötigte Texte können entfernt oder inaktiv gesetzt werden.

Folgende Schritte sind in **Bilanzbericht** zur Erstellung des Anhangs notwendig, um einen Bericht um den Anhang zu ergänzen: 9

1. Im geöffneten Bericht **Format/Berichtsumfang** wählen.
2. Im Dialogfenster **Berichtsumfang ändern,** in der Gruppe **Berichtsumfang/-reihenfolge** das Kontrollkästchen **Anhang** aktivieren.
3. Für die Übernahme der Textvorschläge aus dem Musterbericht (z. B. Anhang für die GmbH) die Schaltfläche **Erweitern** anklicken.
4. Das Kontrollkästchen **Zu neu hinzukommenden Berichtsteilen Texte aus Musterbericht einsteuern** aktivieren.
5. Über das Pfeilsymbol die Auswahl der Musterberichte aktivieren und den gewünschten Musterbericht (z. B. Anhang für die GmbH) auswählen.
6. Das Dialogfensters **Berichtsumfang ändern** mit **OK** bestätigen.

In den Bericht wird ein Abschnittswechsel eingefügt. Gleichzeitig werden die Textvorschläge aus dem gewählten Musterbericht in den neuen Berichtsteil **Anhang** übernommen. 10

5. Musterbericht für den Anhang einer GmbH im DATEV-Programm Bilanzbericht

12

ANHANG

zum

TT.Monat JJWJ

Mandantenname

Art des Unternehmens
Straße
PLZ Ort

Akademischer Grad

Berater

Berufsbezeichnung 1
Berufsbezeichnung 2
Berufsbezeichnung 3
Straße
PLZ Ort

Allgemeine Angaben

Der Jahresabschluss der &IND& wurde auf der Grundlage der neuen Rechnungslegungsvorschriften des Handelsgesetzbuchs aufgestellt.
Angaben, die wahlweise in der Bilanz gemacht werden können, sind insgesamt im Anhang aufgeführt.
Soweit Wahlrechte für Angaben in der Bilanz oder im Anhang ausgeübt werden können, wurde der Vermerk in der Bilanz gewählt.
Für die Gewinn- und Verlustrechnung wurde das Gesamtkostenverfahren gewählt.

Nachfolgender Text entfällt für die mittlere und kleine GmbH.

Nach den in § 267 HGB angegebenen Größenklassen ist die Gesellschaft eine große Kapitalgesellschaft.

Nachfolgender Text entfällt für die große und kleine GmbH.

Nach den in § 267 HGB angegebenen Größenklassen ist die Gesellschaft eine mittlere Kapitalgesellschaft.

Nachfolgender Text entfällt für die mittlere und große GmbH.

Nach den in § 267 HGB angegebenen Größenklassen ist die Gesellschaft eine kleine Kapitalgesellschaft.

Nachfolgender Text entfällt für die mittlere und kleine GmbH.

Die Einzelpositionen des veröffentlichten Jahresabschlusses sind auf volle Euro auf- bzw. abgerundet.

Besonderheiten der Form des Jahresabschlusses

Angabe und Begründung der gegenüber dem Vorjahr abweichenden Form der Darstellung des Jahresabschlusses

Die Form des Jahresabschlusses ist gegenüber dem Vorjahr geändert. Für den Darstellungswechsel sind folgende Gründe anzuführen:
- die Erfordernisse einer klaren und übersichtlichen Gliederung,
- die in Zukunft weit gehend im Anhang erfolgende Darstellung der Ausweiswahlrechte sowie
- Platzprobleme in der Bilanz und GuV.

Die Änderung betrifft folgende Sachverhalte:

Geschäftszweigtypische Ergänzungen der Gliederung

Die vorliegende Gliederung des Jahresabschlusses enthält gegenüber der Gliederung nach HGB folgende Besonderheiten:

Die vorliegende Gliederung basiert auf geschäftszweigtypischen Formblättern gemäß § 330 HGB. Dabei wurde das Formblatt eines Geschäftszweigs als Grundlage herangezogen und in Einzelheiten ergänzt.

Für die Auswahl des grundsätzlichen Gliederungsschemas wurde das umfassendste Formblatt herangezogen. Dieses Schema wurde um die Besonderheiten der übrigen Geschäftszweige ergänzt.

Danach wurde das Formblatt für den Geschäftsbereich &IND& als Grundlage herangezogen.

Die zusätzlichen Ergänzungen wurden dort vorgenommen, wo die Formblätter der übrigen Geschäftszweige weitergehende Ausweispflichten beinhalten.

Die Ergänzungen betreffen im Einzelnen folgende Posten:

Mitzugehörigkeitsvermerke

Einzelne Sachverhalte können im vorliegenden Gliederungsschema mehreren Bilanzposten zugeordnet werden. Aus Gründen der Klarheit und Übersichtlichkeit wird dazu folgende Erläuterung gegeben:

Die Mitzugehörigkeitsvermerke betreffen folgende Posten und Sachverhalte:

Forderungen &IND& in der Bilanz mit Euro &IND&. Darin enthalten:

Verbindlichkeiten &IND& in der Bilanz mit Euro &IND&. Darin enthalten:

Ausweis der nach § 265 Abs. 7 Nr. 2 HGB zusammengefassten Posten

Zur Vergrößerung der Klarheit der Darstellung wurden in der Bilanz einzelne Posten des Gliederungsschemas in § 266 HGB zusammengefasst.

Die folgende Aufstellung entspricht in ihrer Reihenfolge dem Postenaufbau des gesetzlich vorgeschriebenen Gliederungsschemas.

Angabe und Erläuterung von nicht vergleichbaren Vorjahreszahlen

Der Jahresabschluss enthält einzelne Posten, deren Werte mit den Vorjahreszahlen nicht vergleichbar sind.

Die folgende Aufstellung zeigt die betreffenden Posten:

Zur Erläuterung wird ausgeführt:

Angabe und Erläuterung angepasster Vorjahreszahlen

Der Jahresabschluss enthält einzelne Posten, deren Werte mit den Vorjahreszahlen nicht vergleichbar sind.

Um dennoch einen Zeitvergleich beim betreffenden Posten durchführen zu können, wurde der Vorjahreswert angepasst.

Die Anpassung bestand aus folgenden Maßnahmen:

Angaben zur Bilanzierung und Bewertung einschließlich der Vornahme steuerrechtlicher Maßnahmen

Bilanzierungs- und Bewertungsgrundsätze

Der Jahresabschluss der &IND& wurde auf der Grundlage der neuen Rechnungslegungsvorschriften des Handelsgesetzbuchs aufgestellt.

Ergänzend zu diesen Vorschriften waren die Regelungen des GmbH-Gesetzes zu beachten.

Erworbene immaterielle Anlagewerte wurden zu Anschaffungskosten angesetzt und sofern sie der Abnutzung unterlagen, um planmäßige Abschreibungen vermindert.

Das Sachanlagevermögen wurde zu Anschaffungs- bzw. Herstellungskosten angesetzt und soweit abnutzbar, um planmäßige Abschreibungen vermindert.

In die Herstellungskosten wurden neben den unmittelbar zurechenbaren Kosten auch notwendige Gemeinkosten und durch die Fertigung veranlasste Abschreibungen einbezogen.

Die planmäßigen Abschreibungen wurden nach der voraussichtlichen Nutzungsdauer der Vermögensgegenstände und entsprechend den steuerlichen Vorschriften linear und degressiv vorgenommen.

Der Übergang von der degressiven zur linearen Abschreibung erfolgt in den Fällen, in denen dies zu einer höheren Jahresabschreibung führt.

Bewegliche Gegenstände des Anlagevermögens bis zu einem Wert von Euro 410,– wurden im Jahr des Zugangs aktiviert und planmäßig abgeschrieben.

Die Finanzanlagen wurden wie folgt angesetzt und bewertet:
- Beteiligungen zu Anschaffungskosten
- Anteile an verbundenen Unternehmen zu Anschaffungskosten
- Ausleihungen zum Nennwert
- unverzinsliche und niedrig verzinsliche Ausleihungen zum Barwert
- sonstige Wertpapiere zu Anschaffungskosten

Soweit erforderlich, wurde der am Bilanzstichtag vorliegende niedrigere Wert angesetzt.

Die Vorräte wurden zu Anschaffungs- bzw. Herstellungskosten angesetzt. Sofern die Tageswerte am Bilanzstichtag niedriger waren, wurden diese angesetzt.

Forderungen und Wertpapiere wurden unter Berücksichtigung aller erkennbaren Risiken bewertet.

Für ungewisse Verbindlichkeiten aus Pensionsverpflichtungen wurden Rückstellungen gebildet. Die Rückstellungsbildung wurde auf der Basis versicherungsmathematischer Berechnungen entsprechend den steuerlichen Regelungen nach dem Teilwertverfahren durchgeführt.

Die Steuerrückstellungen beinhalten die das Geschäftsjahr betreffenden, noch nicht veranlagten Steuern.

Die sonstigen Rückstellungen wurden für alle weiteren ungewissen Verbindlichkeiten gebildet. Dabei wurden alle erkennbaren Risiken berücksichtigt.

Verbindlichkeiten wurden zum Rückzahlungsbetrag angesetzt. Sofern die Tageswerte über den Rückzahlungsbeträgen lagen, wurden die Verbindlichkeiten zum höheren Tageswert angesetzt.

Gegenüber dem Vorjahr abweichende Bilanzierungs- und Bewertungsmethoden

Die bisher üblichen Bilanzierungs- und Bewertungsmethoden wurden in den folgenden Fällen geändert:

Der Methodenwechsel war mit Blick auf die geänderten wirtschaftlichen und technischen Gegebenheiten notwendig. Die neuen Gegebenheiten werden voraussichtlich auch in den Folgejahren vorliegen. Ohne den vorgenommenen Methodenwechsel würde der Jahresabschluss zu falschen Aussagen über die Lage des Unternehmens führen.

Die Methodenänderungen beeinflussen die für einen Leser des Jahresabschlusses typischen Kennzahlen. Im Einzelnen sind zu nennen:
- der Erfolg bzw. die Rendite
- die Erfolgsquellen
- die Eigenkapitalquote
- das Deckungsverhältnis von langfristigem Kapital zu Anlagevermögen

Ohne die Änderungen würden die angeführten Sachverhalte &IND& ausfallen.

Gegenüber dem Vorjahr abweichende Bilanzierungs- und Bewertungsmethoden

Beim Jahresabschluss konnten die bisher angewandten Bilanzierungs- und Bewertungsmethoden im Wesentlichen übernommen werden.

Ein grundlegender Wechsel von Bilanzierungs- und Bewertungsmethoden gegenüber dem Vorjahr fand nicht statt.

Besondere Angaben zu Bewertungsvereinfachungen

Zur Bewertung des Vorratsvermögens wurde gemäß § 240 Abs. 4 HGB das Durchschnittswertverfahren angewandt. Zwischen den Werten dieses Verfahrens und den auf der Grundlage von Marktpreisen festgelegten Werten ergaben sich wesentliche Unterschiede, die an dieser Stelle angegeben werden.

Besondere Angaben zu Bewertungsvereinfachungen

Zur Bewertung des Vorratsvermögens wurden gemäß § 256 HGB Verbrauchsfolgeverfahren angewandt. Zwischen den im Einzelfall angewandten Verfahren und den auf der Grundlage von Marktpreisen festgelegten Werten ergaben sich wesentliche Unterschiede, die an dieser Stelle angegeben werden.

Grundlagen für die Umrechnung von Fremdwährungsposten in Deutsche Mark

Der Jahresabschluss enthält auf fremde Währung lautende Sachverhalte, die in Deutsche Mark umgerechnet wurden.

Forderungen und Verbindlichkeiten in fremder Währung sind mit dem Kurs am Bilanzstichtag bewertet. Soweit der Kurs am Tage des Geschäftsvorfalles bei Forderungen darunter bzw. bei Verbindlichkeiten darüber lag, ist dieser angesetzt.

Bei Deckung durch Termingeschäfte war darüber hinaus der Terminkurs maßgebend.

Folgende Sicherungsmaßnahmen gegen Verluste aus Währungsgeschäften wurden getroffen.

Einbeziehung von Zinsen für Fremdkapital in die Herstellungskosten

Die Herstellungskosten beinhalten auch Zinsen für Fremdkapital, soweit dieses der Finanzierung des Herstellungsvorgangs dient. Der einbezogene Zinsaufwand betrifft nur die Dauer der Herstellung.

Abschreibungen des Geschäftsjahres nach allein steuerrechtlichen Vorschriften

In den Abschreibungen sind &IND& Abschreibungen nach den steuerlichen Vorschriften gemäß &IND& enthalten.

Die Erläuterungen zu den „Auswirkungen steuerrechtlich begründeter Maßnahmen auf das Jahresergebnis" entfallen für die mittlere, offenlegungspflichtige und kleine GmbH.

Auswirkungen steuerrechtlich begründeter Maßnahmen auf das Jahresergebnis

Durch die allein nach steuerrechtlichen Vorschriften durchgeführten Maßnahmen und der daraus resultierenden Beeinflussung des Steueraufwands liegt das ausgewiesene Jahresergebnis um &IND& dem Betrag, der sonst auszuweisen wäre.

Erhebliche künftige Belastungen sind hieraus nicht zu erwarten.

Auf Grund dieser Maßnahmen erwarten wir in den nächsten Jahren eine &IND& Zunahme der jährlichen Ertragsteuerbelastung.

Die Erläuterungen zu „Außerplanmäßige Abschreibungen auf das Anlagevermögen" entfallen für die kleine, offenlegungspflichtige GmbH.

Außerplanmäßige Abschreibungen auf das Anlagevermögen

Auf Gegenstände des Anlagevermögens wurden außerplanmäßige Abschreibungen in Höhe von Euro &IND& vorgenommen.

Die Erläuterungen zu „Abschreibungen auf den niedrigeren zukünftigen Wert bei Gegenständen des Umlaufvermögens" entfallen für die kleine, offenlegungspflichtige GmbH.

Abschreibungen auf den niedrigeren zukünftigen Wert bei Gegenständen des Umlaufvermögens

Zur Verhinderung von zukünftigen Wertschwankungen wurden auf Gegenstände des Umlaufvermögens Abschreibungen auf den niedrigeren zukünftigen Wert vorgenommen. Die Abschreibungen betragen Euro &IND&.

Unterlassene Zuschreibungen

Grundsätzlich wird der niedrigere Wert bei Vermögensgegenständen auch dann beibehalten, wenn die Gründe der vorgenommenen außerplanmäßigen Abschreibungen weggefallen sind. Der Betrag der im Geschäftsjahr unterlassenen Zuschreibungen beläuft sich auf Euro &IND&.

Die Zuschreibung unterbleibt zur Vermeidung steuerlicher Nachteile und aus Gründen einer vorsichtigen Bewertung.

Angaben und Erläuterungen zu einzelnen Posten der Bilanz und Gewinn- und Verlustrechnung

Aufwendungen für die Ingangsetzung des Geschäftsbetriebs

Von der Möglichkeit, Aufwendungen für die Ingangsetzung zu aktivieren, wurde Gebrauch gemacht.

Von den aktivierten Beträgen wurden &IND& im Geschäftsjahr abgeschrieben.

Die Ausschüttungssperre gemäß § 269 HGB wurde beachtet.

Die Entwicklung der Aufwendungen für die Ingangsetzung des Geschäftsbetriebes ergibt sich aus dem Anlagenspiegel.

Aufwendungen für die Erweiterung des Geschäftsbetriebs

Von der Möglichkeit, Aufwendungen für die Erweiterung des Geschäftsbetriebs zu aktivieren, wurde Gebrauch gemacht.

Von den aktivierten Beträgen wurden &IND& im Geschäftsjahr abgeschrieben.

Die Ausschüttungssperre gemäß § 269 HGB wurde beachtet.

Die Entwicklung der Aufwendungen für die Erweiterung des Geschäftsbetriebes ergibt sich aus dem Anlagenspiegel.

Bruttoanlagenspiegel

Die Aufgliederung und Entwicklung der Anlagenwerte ist aus dem Anlagenspiegel zu entnehmen.

Übernahme der Restbuchwerte statt historische Anschaffungskosten

Als ursprüngliche Anschaffungs- und Herstellungskosten sind die Buchwerte aus dem Jahresabschluss &IND& übernommen und fortgeführt worden.

Geschäftsjahresabschreibung

Die Geschäftsjahresabschreibung je Posten der Bilanz ist aus dem Anlagenspiegel zu entnehmen.

Die Sofortabschreibung geringwertiger Wirtschaftsgüter wird als Zugang und Abgang ausgewiesen. Die Geschäftsjahresabschreibung enthält damit diese Beträge nicht.

Der Betrag der in den kumulierten Abschreibungsbeträgen nicht enthaltenen Sofortabschreibungen beläuft sich auf:

Planmäßige Verteilung des Geschäfts- und Firmenwertes

Der entgeltlich erworbene Geschäfts- oder Firmenwert wurde aktiviert. Die planmäßige Verteilung des aktivierten Wertes wurde auf 15 Jahre festgelegt.

Die planmäßige Verteilung auf 15 Jahre entspricht der steuerlich anzunehmenden betriebsgewöhnlichen Nutzungsdauer.

Sonstige Vermögensgegenstände

Unter den sonstigen Vermögensgegenständen wurden größere Beträge für noch nicht vereinnahmte &IND& erfasst.

Die Abgrenzung dient der periodengerechten Gewinnermittlung. Die Beträge haben Forderungscharakter.

Aktivierte Disagiobeträge

In die Rechnungsabgrenzungsposten wurde ein Disagiobetrag in Höhe von Euro &IND& eingestellt.

Aktive latente Steuern

Der nach der Steuerbilanz sich ergebende Steueraufwand entspricht nicht dem Ergebnis der Handelsbilanz. Die Steuerbilanz zeigt einen höheren Gewinn.

Von der Möglichkeit einen Aktivposten für latente Steuererträge zu bilden wurde Gebrauch gemacht.

Zur Berechnung der latenten Steuererträge wird folgende Erläuterung gegeben:

Ergebnis vor Steuern lt. Steuerbilanz	&IND& Euro
– Ergebnis vor Steuern lt. Handelsbilanz	&IND& Euro
= Unterschiedsbetrag	&IND& Euro
davon zur Bildung latenter Steuererträge maßgebend	&IND& Euro
maßgebender Unterschiedsbetrag	&IND& Euro
GewSt auf den maßgebenden Unterschiedsbetrag	&IND& Euro
+ KSt auf den maßgebenden Unterschiedsbetrag	&IND& Euro
= latenter Steuerertrag	&IND& Euro

Sonderposten mit Rücklageanteil

Nachfolgende Aufstellung gilt für SKR 03

Nachfolgend werden die Vorschriften und Werte der einzelnen Sonderposten mit Rücklageanteil angegeben:

Sonderposten mit Rücklageanteil § 6 b EStG	0,00 Euro
Sonderposten mit Rücklageanteil Abschn. 35 EStR	0,00 Euro
Sonderposten mit Rücklageanteil § 6 d EStG	0,00 Euro
Sonderposten mit Rücklageanteil § 1 EntwLStG	0,00 Euro
Sonderposten mit Rücklageanteil § 7 d EStG	0,00 Euro
Sonderposten mit Rücklageanteil § 79 EStDV	0,00 Euro
Sonderposten mit Rücklageanteil § 80 EStDV	0,00 Euro
Sonderposten mit Rücklageanteil § 81 EStDV	0,00 Euro
Sonderposten mit Rücklageanteil § 82 EStDV	0,00 Euro
Sonderposten mit Rücklageanteil § 82 a EStDV	0,00 Euro
Sonderposten mit Rücklageanteil § 82 d EStDV	0,00 Euro
Sonderposten mit Rücklageanteil § 82 e EStDV	0,00 Euro
Sonderposten mit Rücklageanteil § 14 BerlinFG	0,00 Euro
Sonderposten aus der Währungsumstellung auf den Euro	0,00 Euro

Sonderposten mit Rücklageanteil

Nachfolgende Aufstellung gilt für SKR 04

Nachfolgend werden die Vorschriften und Werte der einzelnen Sonderposten mit Rücklageanteil angegeben:

Sonderposten mit Rücklageanteil § 6 b EStG	0,00 Euro
Sonderposten mit Rücklageanteil Abschn. 35 EStR	0,00 Euro
Sonderposten mit Rücklageanteil § 6 d EStG	0,00 Euro
Sonderposten mit Rücklageanteil § 1 EntwLStG	0,00 Euro
Sonderposten mit Rücklageanteil § 7 d EStG	0,00 Euro
Sonderposten mit Rücklageanteil § 79 EStDV	0,00 Euro
Sonderposten mit Rücklageanteil § 80 EStDV	0,00 Euro
Sonderposten mit Rücklageanteil § 81 EStDV	0,00 Euro
Sonderposten mit Rücklageanteil § 82 EStDV	0,00 Euro
Sonderposten mit Rücklageanteil § 82 a EStDV	0,00 Euro
Sonderposten mit Rücklageanteil § 82 d EStDV	0,00 Euro
Sonderposten mit Rücklageanteil § 82 e EStDV	0,00 Euro
Sonderposten mit Rücklageanteil § 14 BerlinFG	0,00 Euro
Sonderposten aus der Währungsumstellung auf den Euro	0,00 Euro

Sonderposten mit Rücklageanteil

Die folgende Darstellung zeigt die Entwicklung des Sonderpostens mit Rücklageanteil im Jahr &IND&:

Vortrag	&IND& Euro
Auflösung	&IND& Euro
Einstellung	&IND& Euro
Stand &IND&	&IND& Euro
davon entfallen auf:	
– Wertberichtigungen zum Anlagevermögen gemäß &IND&	
Vortrag	&IND& Euro
Umgliederung	&IND& Euro
Auflösung	&IND& Euro
Einstellung	&IND& Euro
Stand &IND&	&IND& Euro
– Rücklagen gemäß &IND&	
Vortrag	&IND& Euro
Umgliederung	&IND& Euro
Auflösung	&IND& Euro
Einstellung	&IND& Euro
Stand &IND&	&IND& Euro

Die Erläuterungen zur „Auflösung von Sonderposten mit Rücklageanteil" entfallen für die kleine, offenlegungspflichtige GmbH.

Auflösung von Sonderposten mit Rücklageanteil

Die Erträge aus der Auflösung von Sonderposten mit Rücklageanteil betragen Euro &IND&.

Die Erläuterungen zur „Einstellung von Sonderposten mit Rücklageanteil" entfallen für die kleine, offenlegungspflichtige GmbH.

Einstellung von Sonderposten mit Rücklageanteil

Die Aufwendungen aus der Einstellung in Sonderposten mit Rücklageanteil betragen Euro &IND&.

Die Erläuterungen zu den „Angaben und Erläuterungen zu Rückstellungen" entfallen für die mittlere, offenlegungspflichtige und kleine GmbH.

Angaben und Erläuterungen zu Rückstellungen

Im Posten sonstige Rückstellungen sind die nachfolgenden nicht unerheblichen Rückstellungsarten enthalten.

Passive latente Steuern

Der sich nach der Steuerbilanz ergebende Steueraufwand entspricht nicht dem Ergebnis der Handelsbilanz.

Da in den Folgejahren die Steuerbilanz entsprechend einen höheren Gewinn ausweisen wird, wurden latente Steuerrückstellungen gebildet.

Die Berechnung beruht auf folgenden Festlegungen:

Ergebnis vor Steuern lt. Steuerbilanz	&IND& Euro
– Ergebnis vor Steuern lt. Handelsbilanz	&IND& Euro
= Unterschiedsbetrag	&IND& Euro
davon zur Bildung latenter Steuererträge maßgebend	&IND& Euro
= maßgebender Unterschiedsbetrag	&IND& Euro
GewSt auf den maßgebenden Unterschiedsbetrag	&IND& Euro
+ KSt auf den maßgebenden Unterschiedsbetrag	&IND& Euro
= latenter Steuerertrag	&IND& Euro

Unterlassene Rückstellungsbildung für Pensionen und ähnliche Verpflichtungen

Die Erleichterungsmöglichkeit gemäß Artikel 28 Abs. 2 EG HGB wurde in Anspruch genommen. Der Betrag der nicht gebildeten Rückstellungen beträgt Euro &IND&.

Die Pensionsrückstellungen decken die erteilten Versorgungszusagen im vollen Umfang.

Betrag der Verbindlichkeiten und Sicherungsrechte mit einer Restlaufzeit von mehr als 5 Jahren

Der Gesamtbetrag der bilanzierten Verbindlichkeiten mit einer Restlaufzeit von mehr als 5 Jahren beträgt Euro &IND&.

Der Gesamtbetrag der bilanzierten Verbindlichkeiten, die durch Pfandrechte oder ähnliche Rechte gesichert sind, beträgt Euro &IND&.

Die nachfolgenden Sicherungsarten und Sicherungsformen sind mit den Verbindlichkeiten verbunden:

Die Erläuterungen zur „Aufgliederung der Verbindlichkeiten und Sicherungsrechte mit einer Restlaufzeit von mehr als 5 Jahren" entfallen für die mittlere, offenlegungspflichtige und kleine GmbH.

Aufgliederung der Verbindlichkeiten und Sicherungsrechte mit einer Restlaufzeit von mehr als 5 Jahren

Die nachfolgende Darstellung zeigt Restlaufzeiten und Sicherungsrechte der in der Bilanz aufgeführten Verbindlichkeiten.

Art der Verbindlichkeit	Laufzeit größer 5 Jahre	Sicherung	
	Betrag	Betrag	Vermerk
Anleihen	&IND&	&IND&	&IND&
davon konvertibel	&IND&	&IND&	&IND&
gegenüber Kreditinstituten	&IND&	&IND&	&IND&
erhaltene Anzahlungen	&IND&	&IND&	&IND&
aus Lieferungen und Leistungen	&IND&	&IND&	&IND&
aus der Annahme und Ausstellung von Wechseln	&IND&	&IND&	
gegenüber verbundenen Unternehmen	&IND&	&IND&	&IND&
gegenüber Unternehmen mit denen ein Beteiligungsverhältnis besteht	&IND&	&IND&	&IND&
sonstige Verbindlichkeiten	&IND&	&IND&	&IND&
davon aus Steuern	&IND&	&IND&	&IND&
davon im Rahmen sozialer Sicherheit	&IND&	&IND&	&IND&
Summe	&IND&	&IND&	

Die Nummern der Sicherungsvermerke bedeuten:
1 = Pfandrecht an unbeweglichen Sachen
2 = Pfandrecht an beweglichen Sachen
3 = Pfandrecht an übertragbaren Rechten
4 = Sicherungsübereignung Vorräte
5 = Sicherheitsabtretung Forderungen
6 = Eigentumsvorbehalt

Verbindlichkeiten die erst nach dem Bilanzstichtag entstehen

In den Verbindlichkeiten sind größere Beträge enthalten, die erst nach dem Bilanzstichtag rechtlich entstehen. Dabei handelt es sich um Beträge, die erst nach dem Bilanzstichtag zu Ausgaben führen, aber zum Zweck der periodengerechten Gewinnermittlung bereits zum Bilanzstichtag als Aufwand erfasst wurden.

Im Einzelnen waren folgende antizipative Sachverhalte zu berücksichtigen:

Haftungsverhältnisse aus nicht bilanzierten Verbindlichkeiten gemäß § 251 HGB

Neben den in der Bilanz aufgeführten Verbindlichkeiten sind die folgenden Haftungsverhältnisse zu vermerken:

Haftungsverhältnisse nach § 251 HGB Betrag		
aus der Begebung und Übertragung von Wechseln		&IND&
davon durch Pfandrechte oder sonstige Sicherheiten gesichert	&IND&	
davon gegenüber verbundenen Unternehmen	&IND&	
gesichert durch: &IND&		
aus Bürgschaften, Wechsel- und Scheckbürgschaften		&IND&
aus Gewährleistungsverträgen		&IND&
aus Sicherheiten für fremde Verbindlichkeiten		&IND&
Summe		&IND&

Die Erläuterung der „Haftungsverhältnisse aus nicht bilanzierten sonstigen finanziellen Verpflichtungen" entfällt für die kleine GmbH.

Haftungsverhältnisse aus nicht bilanzierten sonstigen finanziellen Verpflichtungen

Neben den in der Bilanz ausgewiesenen Verbindlichkeiten bestehen in Höhe von Euro &IND& sonstige finanzielle Verpflichtungen.

Im Einzelnen beinhalten diese Verpflichtungen folgende Sachverhalte:

Die „Aufgliederung der Umsatzerlöse" ist nur für die große GmbH relevant.

Aufgliederung der Umsatzerlöse

Die Umsatzerlöse werden gemäß § 285 Nr. 4 HGB wie folgt aufgegliedert:

Tätigkeitsbereich	Umsatz in &IND&
&IND&	&IND&
&IND&	&IND&
&IND&	&IND&

Geographisch bestimmter Markt	Umsatz in &IND&
&IND&	&IND&
&IND&	&IND&
&IND&	&IND&

Die „Erläuterung der außerordentlichen Erträge" entfällt für die kleine, offenlegungspflichtige GmbH.

Erläuterung der außerordentlichen Erträge

Beim ausgewiesenen Betrag der außerordentlichen Erträge handelte es sich im Einzelnen um:

Die „Erläuterung der außerordentlichen Aufwendungen" entfällt für die kleine, offenlegungspflichtige GmbH.

Erläuterung der außerordentlichen Aufwendungen

Beim ausgewiesenen Betrag der außerordentlichen Aufwendungen handelte es sich im Einzelnen um:

Die „Erläuterung der periodenfremden Erträge" entfällt für die kleine, offenlegungspflichtige GmbH.

Erläuterung der periodenfremden Erträge

In der Erfolgsrechnung sind periodenfremde Erträge in Höhe von Euro &IND& enthalten.

Die Erträge wurden im Posten &IND& erfasst.

Im Einzelnen ergaben sich folgende Erträge, die einem anderen Geschäftsjahr zuzurechnen sind:

Die „Erläuterung der periodenfremden Aufwendungen" entfällt für die kleine, offenlegungspflichtige GmbH.

Erläuterung der periodenfremden Aufwendungen

In der Erfolgsrechnung sind periodenfremde Aufwendungen in Höhe von Euro &IND& enthalten.

Die Aufwendungen wurden im Posten &IND& erfasst.

Im Einzelnen ergaben sich folgende Aufwendungen, die einem anderen Geschäftsjahr zuzurechnen sind:

Die Erläuterung der „Steuern vom Einkommen und Ertrag" entfällt für die kleine, offenlegungspflichtige GmbH.

Steuern vom Einkommen und Ertrag

Die Steuern betreffen ausschließlich das Ergebnis der gewöhnlichen Geschäftstätigkeit.

Von Euro &IND& Steueraufwand entfallen Euro &IND& auf das &IND&.

Gewinnvortrag

Der Jahresabschluss wurde nach teilweiser Gewinnverwendung aufgestellt. In den &IND& wurde ein &IND& von Euro &IND& einbezogen.

Verlustvortrag

Der Jahresabschluss wurde nach teilweiser Verwendung des Jahresergebnisses aufgestellt. In den &IND& wurde ein &IND& von Euro &IND& einbezogen.

Eigenkapitalanteil von Wertaufholungen

Von der Möglichkeit, die Eigenkapitalanteile von Wertaufholungen in die anderen Gewinnrücklagen einzustellen, wurde Gebrauch gemacht. Der eingestellte Eigenkapitalanteil beträgt Euro &IND&.

Vorschlag zur Ergebnisverwendung

Die Geschäftsführung schlägt in Übereinstimmung mit den Gesellschaftern die folgende Ergebnisverwendung vor:

Der Jahresüberschuss beträgt Euro &IND&.

Einschließlich des zu berücksichtigenden &IND& ergibt sich ein Betrag von Euro &IND&, der zu verwenden ist.

In die Rücklagen werden Euro &IND& eingestellt.

Zur Ausschüttung ist ein Betrag von Euro &IND& vorgesehen.

Auf neue Rechnung werden Euro &IND& vorgetragen.

Beschluss über die Verwendung des Ergebnisses

Auf der Gesellschafterversammlung vom &IND& wurde der Vorschlag der Geschäftsführung zur Ergebnisverwendung angenommen.

Die Erläuterungen zu „Gesonderter Ausweis zusätzlicher Posten" sind nur für die mittlere, offenlegungspflichtige GmbH relevant.

Gesonderter Ausweis zusätzlicher Posten

Die nachfolgenden Angaben vervollständigen die in der Form der kleinen Kapitalgesellschaft erstellte Bilanz.

<u>**Sonstige Pflichtangaben**</u>

Angaben zur Vermittlung eines besseren Einblicks in die Vermögens-, Finanz- und Ertragslage

Die nachfolgenden, zusätzlichen Angaben sind bei der Beurteilung der wirtschaftlichen Lage zu beachten:

Namen der Geschäftsführer

Während des abgelaufenen Geschäftsjahres wurden die Geschäfte des Unternehmens durch folgende Personen geführt:

Erster Geschäftsführer: &IND&
Weitere Geschäftsführer: &IND&

Die Erläuterungen zu „Vergütungen der Geschäftsführer" entfallen für die kleine GmbH.

Vergütungen der Geschäftsführer

Als Vergütung für die geleisteten Tätigkeiten im Berichtsjahr wurden Euro &IND& Beträge gewährt.

Die Erläuterungen zu „Gewährte Bezüge, die noch in keinem Jahresab- schluss angegeben worden sind" entfallen für die kleine GmbH.

Gewährte Bezüge, die noch in keinem Jahresabschluss angegeben worden sind

Für Leistungen früherer Jahre, die erst in diesem Geschäftsjahr abgerechnet wurden, waren Euro &IND& abzurechnen.

Die Erläuterungen zu „Gewährte Bezüge für frühere Geschäftsführer bzw. deren Hinterbliebenen" entfallen für die kleine GmbH.

Gewährte Bezüge für frühere Geschäftsführer bzw. deren Hinterbliebenen

Früheren Geschäftsführern sowie deren Hinterbliebenen wurden Euro &IND& gewährt. Diesen gewährten Bezügen stehen keine Gegenleistungen im Geschäftsjahr gegenüber.

Die Erläuterungen zu „Gebildete Rückstellungen für frühere Geschäftsführer" entfallen für die kleine GmbH.

Gebildete Rückstellungen für frühere Geschäftsführer

Die Pensionsverpflichtungen gegenüber früheren Geschäftsführern und deren Hinterbliebenen sind voll durch Rückstellungen abgedeckt. Die Rückstellungen betragen Euro &IND&.

Die für frühere Geschäftsführer sowie deren Hinterbliebenen gebildeten Rückstellungen betragen Euro &IND&. Der zurückgestellte Betrag betrifft laufende Pensionen sowie Anwartschaften auf Pensionen. Zur Rückstellungsbildung wurden die steuerlichen Vorschriften beachtet.

Die Erläuterungen zu „Bestehende Verpflichtungen früherer Mitglieder ohne Rückstellungsdeckung" entfallen für die kleine GmbH.

Bestehende Verpflichtungen früherer Mitglieder ohne Rückstellungsdeckung

Nicht durch Rückstellungen gedeckt ist ein Betrag von Euro &IND&.

Gewährte Vorschüsse und Kredite an Geschäftsführer

Zu den zu Gunsten einzelner Geschäftsführer vergebenen Krediten wird berichtet:

Kreditentwicklung	Betrag
Stand bisheriger Kredite	&IND& Euro
Rückzahlung im Berichtsjahr	&IND& Euro
Neuvergabe im Berichtsjahr	&IND& Euro
= neuer Kreditbestand	&IND& Euro

Kreditkonditionen neu vergebener Kredite	
Auszahlungsbetrag	&IND& Euro
Rückzahlungsbetrag	&IND& Euro
Zinssatz	&IND& %
Laufzeit	&IND& Jahre
Sicherheiten	&IND&

Angaben nach § 42 Abs. 3 GmbHG

Gegenüber den Gesellschaftern bestehen die nachfolgenden Rechte und Pflichten:

Sachverhalte	Betrag
Ausleihungen	&IND& Euro
Forderungen	&IND& Euro
Verbindlichkeiten	&IND& Euro

Die Angaben beinhalten nicht diejenigen Beträge, die den Geschäftsführern zuzurechnen sind.

Über diese Beträge wurde bereits vorne berichtet.

Angaben über den Anteilsbesitz an anderen Unternehmen mit einem Betrag von mindestens 20% der Anteile

Gemäß § 285 Nr. 11 HGB wird über nachstehende Unternehmen berichtet:

Firmenname	Anteilshöhe in %	Jahresergebnis in &IND&	Eigenkapital in &IND&

Hinweis auf die besondere Aufstellung des Anteilsbesitzes und den Ort ihrer Hinterlegung

Die Aufstellung über den Anteilsbesitz erfolgte in einer gesonderten Liste außerhalb des Anhangs. Die Liste wurde im zuständigen Handelsregister in &IND& hinterlegt.

Anwendung der Ausnahmeregelung nach § 286 Abs. 3 HGB

Auf die Aufstellung des Anteilsbesitzes wurde verzichtet, da diese Aufstellung nach vernünftiger kaufmännischer Beurteilung dem Unternehmen einen erheblichen Nachteil zufügen kann.

Konzernzugehörigkeit

Die Mandantenname wurde in den Konzernabschluss der &IND& einbezogen.

Die &IND& stellt den Konzernabschluss für den kleinsten Konzernkreis auf.

Die &IND& stellt den Konzernabschluss für den größten Konzernkreis auf.

Der offen gelegte Konzernabschluss ist &IND& erhältlich.

Die Erläuterungen zu „Durchschnittliche Zahl der während des Geschäfts- jahres beschäftigten Arbeitnehmer" entfallen für die kleine GmbH.

Durchschnittliche Zahl der während des Geschäftsjahres beschäftigten Arbeitnehmer

Die nachfolgenden Arbeitnehmergruppen waren während des Geschäftsjahres im Unternehmen beschäftigt:

Arbeitnehmergruppen	Zahl
Arbeiter	&IND&
Angestellte	&IND&
leitende Angestellte	&IND&
vollzeitbeschäftigte Mitarbeiter	&IND&
teilzeitbeschäftigte Mitarbeiter	&IND&

Die Gesamtzahl der durchschnittlich beschäftigten Arbeitnehmer beträgt damit &IND&.

Die Erläuterungen zu „Zusätzliche Angaben zur Anwendung des Umsatzkostenverfahrens" entfallen für die kleine, offenlegungspflichtige GmbH.

Zusätzliche Angaben zur Anwendung des Umsatzkostenverfahrens

Die Erläuterungen zum „Materialaufwand" entfallen für die mittlere, offenlegungspflichtige und kleine GmbH.

Materialaufwand

Der Materialaufwand des Geschäftsjahres beträgt Euro &IND& und gliedert sich wie folgt:

a) Aufwendungen für Roh-, Hilfs- und Betriebstoffe	&IND& Euro
b) Fremdleistungen	&IND& Euro

Die Erläuterungen zum „Personalaufwand" entfallen für die kleine, offenlegungspflichtige GmbH.

Personalaufwand

Der Personalaufwand des Geschäftsjahres beträgt Euro &IND& und gliedert sich wie folgt:

a) Löhne und Gehälter	&IND& Euro
b) soziale Abgaben und Aufwendungen für die Altersversorgung und Unterstützung	&IND& Euro
davon für Altersversorgung	&IND& Euro

II. Check-Liste zum Anhang

§§	Inhalt	Gesetzestext	Fundstelle Tz	
264 Abs. 2 Satz 2 HGB	Angaben zur Generalnorm	(2) Der Jahresabschluss der Kapitalgesellschaft hat unter Beachtung der Grundsätze ordnungsmäßiger Buchführung ein den tatsächlichen Verhältnissen entsprechendes Bild der Vermögens-, Finanz- und Ertragslage der Kapitalgesellschaft zu vermitteln. Führen besondere Umstände dazu, dass der Jahresabschluss ein den tatsächlichen Verhältnissen entsprechendes Bild im Sinne des Satzes 1 nicht vermittelt, so sind im Anhang zusätzliche Angaben zu machen.	F 104	**20**
264 c Abs. 1 HGB	Ausweis von Ansprüchen und Verbindlichkeiten gegenüber Gesellschaftern einer KapG & Co.	(1) Ausleihungen, Forderungen und Verbindlichkeiten gegenüber Gesellschaftern sind in der Regel als solche jeweils gesondert auszuweisen oder im Anhang anzugeben. Werden sie unter anderen Posten ausgewiesen, so muss diese Eigenschaft vermerkt werden.	F 158	**21**
§ 264 c Abs. 2 S. 9 HGB	Angabe nicht geleisteter Hafteinlagen	Im Anhang ist der Betrag der im Handelsregister gemäß § 172 Abs. 1 eingetragenen Einlagen anzugeben, soweit diese nicht geleistet sind.	F 329	**22**
265 Abs. 1 Satz 2 HGB	Abweichungen von der Gliederungsstetigkeit	(1) Die Form der Darstellung, insbesondere die Gliederung der aufeinanderfolgenden Bilanzen und Gewinn- und Verlustrechnungen, ist beizubehalten, soweit nicht in Ausnahmefällen wegen besonderer Umstände Abweichungen erforderlich sind. Die Abweichungen sind im Anhang anzugeben und zu begründen.	F 134	**23**
265 Abs. 2 Satz 2, 3 HGB	Angabe nicht vergleichbarer oder angepasster Vorjahresbeträge	(2) In der Bilanz sowie in der Gewinn- und Verlustrechnung ist zu jedem Posten der entsprechende Betrag des vorhergehenden Geschäftsjahrs anzugeben. Sind die Beträge nicht vergleichbar, so ist dies im Anhang anzugeben und zu erläutern. Wird der Vorjahresbetrag angepasst, so ist auch dies im Anhang anzugeben und zu erläutern.	F 139	**25**
265 Abs. 3 Satz 1 HGB	Angabe von Postenmitzugehörigkeiten	(3) Fällt ein Vermögensgegenstand oder eine Schuld unter mehrere Posten der Bilanz, so ist die Mitzugehörigkeit zu anderen Posten bei dem Posten, unter dem der Ausweis erfolgt ist, zu vermerken oder im Anhang anzugeben, wenn dies zur Aufstellung eines klaren und übersichtlichen Jahresabschlusses erforderlich ist.	F 153	**26**
265 Abs. 4 Satz 2 HGB	Angabe von Ergänzungen nach anderen Gliederungsnormen	(4) Sind mehrere Geschäftszweige vorhanden und bedingt dies die Gliederung des Jahresabschlusses nach verschiedenen Gliederungsvorschriften, so ist der Jahresabschluss nach der für einen Geschäftszweig vorgeschriebenen Gliederung aufzustellen und nach der für die anderen Geschäftszweige vorgeschriebenen Gliederung zu ergänzen. Die Ergänzung ist im Anhang anzugeben und zu begründen.	F 144	**27**
265 Abs. 7 Nr. 2 HGB	Angabe von zusammengefassten Posten	(7) Die mit arabischen Zahlen versehenen Posten der Bilanz und der Gewinn- und Verlustrechnung können, wenn nicht besondere Formblätter vorgeschrieben sind, zusammengefasst ausgewiesen werden, wenn ...	F 148	**28**

	§§	Inhalt	Gesetzestext	Fundstelle Tz
			2. dadurch die Klarheit der Darstellung vergrößert wird; in diesem Falle müssen die zusammengefassten Posten jedoch im Anhang gesondert ausgewiesen werden.	
29	268 Abs. 1 Satz 2 HGB	Angabe eines Gewinn-/Verlustvortrags	(1) Die Bilanz darf auch unter Berücksichtigung der vollständigen oder teilweisen Verwendung des Jahresergebnisses aufgestellt werden. Wird die Bilanz unter Berücksichtigung der teilweisen Verwendung des Jahresergebnisses aufgestellt, so tritt an die Stelle der Posten „Jahresüberschuss/Jahresfehlbetrag" und „Gewinnvortrag/Verlustvortrag" der Posten „Bilanzgewinn/Bilanzverlust"; ein vorhandener Gewinn- oder Verlustvortrag ist in den Posten „Bilanzgewinn/Bilanzverlust" einzubeziehen und in der Bilanz oder im Anhang gesondert anzugeben.	F 191
30	268 Abs. 2 Satz 1 HGB	Anlagengitter	(2) In der Bilanz oder im Anhang ist die Entwicklung der einzelnen Posten des Anlagevermögens und des Postens „Aufwendungen für die Ingangsetzung und Erweiterung des Geschäftsbetriebs" darzustellen. Dabei sind, ausgehend von den gesamten Anschaffungs- und Herstellungskosten, die Zugänge, Abgänge, Umbuchungen und Zuschreibungen des Geschäftsjahrs, sowie die Abschreibungen in ihrer gesamten Höhe gesondert aufzuführen.	F 165
31	268 Abs. 2 Satz 3 HGB	Vermerk der Abschreibungen des Geschäftsjahres	(2) ... Die Abschreibungen des Geschäftsjahrs sind entweder in der Bilanz bei dem betreffenden Posten zu vermerken oder im Anhang in einer der Gliederung des Anlagevermögens entsprechenden Aufgliederung anzugeben.	F 165
32	268 Abs. 4 Satz 2 HGB	Erläuterung von antizipativen Forderungen	(4) ... Werden unter dem Posten „sonstige Vermögensgegenstände" Beträge für Vermögensgegenstände ausgewiesen, die erst nach dem Abschlussstichtag rechtlich entstehen, so müssen Beträge, die einen größeren Umfang haben, im Anhang erläutert werden.	F 181
33	268 Abs. 5 Satz 3 HGB	Erläuterung von antizipativen Verbindlichkeiten	(5) ... Sind unter dem Posten „Verbindlichkeiten" Beträge für Verbindlichkeiten ausgewiesen, die erst nach dem Abschlussstichtag rechtlich entstehen, so müssen Beträge, die einen größeren Umfang haben, im Anhang erläutert werden.	F 227
34	268 Abs. 6 HGB	Angabe eines Disagios	(6) Ein nach § 250 Abs. 3 in den Rechnungsabgrenzungsposten auf der Aktivseite aufgenommener Unterschiedsbetrag ist in der Bilanz gesondert auszuweisen oder im Anhang anzugeben.	F 187
35	268 Abs. 7 HGB	Eventualverbindlichkeiten	(7) Die in § 251 bezeichneten Haftungsverhältnisse sind jeweils gesondert unter der Bilanz oder im Anhang unter Angabe der gewährten Pfandrechte und sonstigen Sicherheiten anzugeben; bestehen solche Verpflichtungen gegenüber verbundenen Unternehmen, so sind sie gesondert anzugeben.	F 231
36	269 Satz 1 HGB	Erläuterung von Ingangsetzungs- und Erweiterungsaufwendungen	Die Aufwendungen für die Ingangsetzung des Geschäftsbetriebs und dessen Erweiterung dürfen, soweit sie nicht bilanzierungsfähig sind, als Bilanzierungshilfe aktiviert werden; der Posten ist in der Bilanz unter der Bezeichnung	F 160

§§	Inhalt	Gesetzestext	Fundstelle Tz	
		„Aufwendungen für die Ingangsetzung und Erweiterung des Geschäftsbetriebs" vor dem Anlagevermögen auszuweisen und im Anhang zu erläutern.		
273 Satz 2 HGB	Angabe der Steuerrechtsnorm für Sonderposten mit Rücklage-anteil	Der Sonderposten mit Rücklageanteil (§ 247 Abs. 3) darf nur insoweit gebildet werden, als das Steuerrecht die Anerkennung des Wertansatzes bei der steuerrechtlichen Gewinnermittlung davon abhängig macht, dass der Sonderposten in der Bilanz gebildet wird. Er ist auf der Passivseite vor den Rückstellungen auszuweisen; die Vorschriften, nach denen er gebildet worden ist, sind in der Bilanz oder im Anhang anzugeben.	F 200	37
274 Abs. 1 Satz 1 HGB	Angabe passiver latenter Steuern	(1) Ist der dem Geschäftsjahr und früheren Geschäftsjahren zuzurechnende Steueraufwand zu niedrig, weil der nach den steuerrechtlichen Vorschriften zu versteuernde Gewinn niedriger als das handelsrechtliche Ergebnis ist, und gleicht sich der zu niedrige Steueraufwand des Geschäftsjahrs und früherer Geschäftsjahre in späteren Geschäftsjahren voraussichtlich aus, so ist in Höhe der voraussichtlichen Steuerbelastung nachfolgender Geschäftsjahre eine Rückstellung nach § 249 Abs. 1 Satz 1 zu bilden und in der Bilanz oder im Anhang gesondert anzugeben.	F 207	38
274 Abs. 2 Satz 2 HGB	Erläuterung aktiver latenter Steuern	(2) Ist der dem Geschäftsjahr und früheren Geschäftsjahren zuzurechnende Steueraufwand zu hoch, weil der nach den steuerrechtlichen Vorschriften zu versteuernde Gewinn höher als das handelsrechtliche Ergebnis ist, und gleicht sich der zu hohe Steueraufwand des Geschäftsjahrs und früherer Geschäftsjahre in späteren Geschäftsjahren voraussichtlich aus, so darf in Höhe der voraussichtlichen Steuerentlastung nachfolgender Geschäftsjahre ein Abgrenzungsposten als Bilanzierungshilfe auf der Aktivseite der Bilanz gebildet werden. Dieser Posten ist unter entsprechender Bezeichnung gesondert auszuweisen und im Anhang zu erläutern.	F 189	39
277 Abs. 3 Satz 1 HGB	Angabe außer-planmäßiger Abschreibungen	(3) Außerplanmäßige Abschreibungen nach § 253 Abs. 2 Satz 3 sowie Abschreibungen nach § 253 Abs. 3 Satz 3 sind jeweils gesondert auszuweisen oder im Anhang anzugeben.	F 270	40
277 Abs. 4 Satz 2 HGB	Erläuterung außerordentlicher Aufwendungen und Erträge	(4) Unter den Posten „außerordentliche Erträge" und „außerordentliche Aufwendungen" sind Erträge und Aufwendungen auszuweisen, die außerhalb der gewöhnlichen Geschäftstätigkeit der Kapitalgesellschaft anfallen. Die Posten sind hinsichtlich ihres Betrags und ihrer Art im Anhang zu erläutern, soweit die ausgewiesenen Beträge für die Beurteilung der Ertragslage nicht von untergeordneter Bedeutung sind. Satz 2 gilt auch für Erträge und Aufwendungen, die einem anderen Geschäftsjahr zuzurechnen sind.	F 279	41
280 Abs. 3 HGB	Angabe und Erläuterung aus steuerrechtlichen Gründen unterlassener Zuschreibungen	(3) Im Anhang ist der Betrag der im Geschäftsjahr aus steuerrechtlichen Gründen unterlassenen Zuschreibungen anzugeben und hinreichend zu begründen.	F 253	42

	§§	Inhalt	Gesetzestext	Fundstelle Tz
43	281 Abs. 1 Satz 2 HGB	Angabe der Steuerrechtsnorm für Wertberichtigungen	(1) Die nach § 254 zulässigen Abschreibungen dürfen auch in der Weise vorgenommen werden, dass der Unterschiedsbetrag zwischen der nach § 253 in Verbindung im § 279 und der nach § 254 zulässigen Bewertung in den Sonderposten mit Rücklageanteil eingestellt wird. In der Bilanz oder im Anhang sind die Vorschriften anzugeben, nach denen die Wertberichtigung gebildet worden ist. Unbeschadet steuerrechtlicher Vorschriften über die Auflösung ist die Wertberichtigung insoweit aufzulösen, als die Vermögensgegenstände, für die sie gebildet worden ist, aus dem Vermögen ausscheiden oder die steuerrechtliche Wertberichtigung durch handelsrechtliche Abschreibungen ersetzt wird.	F 200
44	281 Abs. 2 Satz 1 HGB	Angabe und Begründung steuerrechtlicher Abschreibungen	(2) Im Anhang ist der Betrag der im Geschäftsjahr allein nach steuerrechtlichen Vorschriften vorgenommenen Abschreibungen, getrennt nach Anlage- und Umlaufvermögen, anzugeben, soweit er sich nicht aus der Bilanz oder der Gewinn- und Verlustrechnung ergibt, und hinreichend zu begründen.	F 266
45	281 Abs. 2 Satz 2 HGB	Angabe von Einstellungen in und Auflösungen von Sonderposten mit Rücklageanteil	(2) Erträge aus der Auflösung des Sonderpostens mit Rücklageanteil sind in dem Posten „sonstige betriebliche Erträge", Einstellungen in den Sonderposten mit Rücklageanteil sind in dem Posten „sonstige betriebliche Aufwendungen" der Gewinn- und Verlustrechnung gesondert auszuweisen oder im Anhang anzugeben.	F 250
46	Art. 28 Abs. 2 EGHGB	Angabe nicht passivierter Pensionsverpflichtungen	(2) Bei Anwendung des Absatzes 1 müssen Kapitalgesellschaften die in der Bilanz nicht ausgewiesenen Rückstellungen für laufende Pensionen, Anwartschaften auf Pensionen und ähnliche Verpflichtungen jeweils im Anhang und im Konzernanhang in einem Betrag angeben.	F 203
47	Art. 44 Abs. 1 Satz 4 EGHGB	Erläuterung aktiver Aufwendungen für die Umstellung auf den Euro	Im Jahresabschluss von Kapitalgesellschaften ist der Posten im Anhang zu erläutern.	F 162
48	284 Abs. 1 HGB	Wahlpflichtangaben	(1) In den Anhang sind diejenigen Angaben aufzunehmen, die zu den einzelnen Posten der Bilanz oder der Gewinn- und Verlustrechnung vorgeschrieben oder die im Anhang zu machen sind, weil sie in Ausübung eines Wahlrechts nicht in die Bilanz oder in die Gewinn- und Verlustrechnung aufgenommen wurden.	F 1, F 6
49	284 Abs. 2 Nr. 1 HGB	Angabe der Bilanzierungs- und Bewertungsmethoden	(2) Im Anhang müssen 1. die auf die Posten der Bilanz und der Gewinn- und Verlustrechnung angewandten Bilanzierungs- und Bewertungsmethoden angegeben werden;	F 111
50	284 Abs. 2 Nr. 2 HGB	Angaben zur Währungsumrechnung	(2) Im Anhang müssen 2. die Grundlagen für die Umrechnung in Euro angegeben werden, soweit der Jahresabschluss Posten enthält, denen Beträge zugrunde liegen, die auf fremde Währung lauten oder ursprünglich auf fremde Währung lauteten;	F 127

§§	Inhalt	Gesetzestext	Fundstelle Tz	
284 Abs. 2 Nr. 3 HGB	Angabe und Begründung zu Abweichungen von den Bilanzierungs- und Bewertungsmethoden	(2) Im Anhang müssen 3. Abweichungen von Bilanzierungs- und Bewertungsmethoden angegeben und begründet werden; deren Einfluss auf die Vermögens-, Finanz- und Ertragslage ist gesondert darzustellen;	F 116	**51**
284 Abs. 2 Nr. 4 HGB	Angabe des Unterschiedsbetrags bei Bewertungsvereinfachungsverfahren	(2) Im Anhang müssen 4. bei Anwendung einer Bewertungs-methode nach § 240 Abs. 4, § 256 Satz 1 die Unterschiedsbeträge pauschal für die jeweilige Gruppe ausgewiesen werden, wenn die Bewertung im Vergleich zu einer Bewertung auf der Grundlage des letzten vor dem Abschlussstichtag bekannten Börsenkurses oder Marktpreises einen erheblichen Unterschied aufweist;	F 170	**52**
284 Abs. 2 Nr. 5 HGB	Angaben zur Einbeziehung von Fremdkapitalzinsen in den Herstellungskosten.	(2) Im Anhang müssen 5. Angaben über die Einbeziehung von Zinsen für Fremdkapital in die Herstellungskosten gemacht werden.	F 176	**53**
285 Nr. 1 a) und b) HGB	Angaben zu Verbindlichkeiten	Ferner sind im Anhang anzugeben: 1. zu den in der Bilanz ausgewiesenen Verbindlichkeiten a) der Gesamtbetrag der Verbindlichkeiten mit einer Restlaufzeit von mehr als fünf Jahren, b) der Gesamtbetrag der Verbindlichkeiten, die durch Pfandrechte oder ähnliche Rechte gesichert sind, unter Angabe von Art und Form der Sicherheiten;	F 214	**54**
285 Nr. 2 HGB	Aufgliederung der Angaben zu Verbindlichkeiten	Ferner sind im Anhang anzugeben: 2. die Aufgliederung der in Nummer 1 verlangten Angaben für jeden Posten der Verbindlichkeiten nach dem vorgeschriebenen Gliederungsschema, sofern sich diese Angaben nicht aus der Bilanz ergeben;	F 217	**55**
285 Nr. 3 HGB	Angabe sonstiger finanzieller Verpflichtungen	Ferner sind im Anhang anzugeben: 3. der Gesamtbetrag der sonstigen finanziellen Verpflichtungen, die nicht in der Bilanz erscheinen und auch nicht nach § 251 anzugeben sind, sofern diese Angabe für die Beurteilung der Finanzlage von Bedeutung ist; davon sind Verpflichtungen gegenüber verbundenen Unternehmen gesondert anzugeben;	F 234	**56**
285 Nr. 4 HGB	Aufgliederung der Umsatzerlöse	Ferner sind im Anhang anzugeben: 4. die Aufgliederung der Umsatzerlöse nach Tätigkeitsbereichen sowie nach geographisch bestimmten Märkten, soweit sich, unter Berücksichtigung der Organisation des Verkaufs von für die gewöhnliche Geschäftstätigkeit der Kapitalgesellschaft typischen Erzeugnissen und der für die gewöhnliche Geschäftstätigkeit der Kapitalgesellschaft typischen Dienstleistungen, die Tätigkeitsbereiche und geographisch bestimmten Märkte untereinander erheblich unterscheiden;	F 240	**57**
285 Nr. 5 HGB	Angabe der Ergebnisbeeinflussung durch steuerrechtliche	Ferner sind im Anhang anzugeben: 5. das Ausmaß, in dem das Jahresergebnis dadurch beeinflusst wurde, dass bei Vermögensgegenständen im Geschäftsjahr oder in	F 260	**58**

	§§	Inhalt	Gesetzestext	Fundstelle Tz
		Abschreibungen und die Bildung von Sonderposten mit Rücklageanteil	früheren Geschäftsjahren Abschreibungen nach §§ 254, 280 Abs. 2 auf Grund steuerrechtlicher Vorschriften vorgenommen oder beibehalten wurden oder ein Sonderposten nach § 273 gebildet wurde; ferner das Ausmaß erheblicher künftiger Belastungen, die sich aus einer solchen Bewertung ergeben;	
59	285 Nr. 6 HGB	Angabe der auf das ordentliche und außerordentliche Ergebnis entfallenden Ertragsteuerbelastungen	Ferner sind im Anhang anzugeben: 6. in welchem Umfang die Steuern vom Einkommen und vom Ertrag das Ergebnis der gewöhnlichen Geschäftstätigkeit und das außerordentliche Ergebnis belasten;	F 273
60	285 Nr. 7 HGB	Angabe der durchschnittlichen Arbeitnehmerzahl	Ferner sind im Anhang anzugeben: 7. die durchschnittliche Zahl der während des Geschäftsjahrs beschäftigten Arbeitnehmer getrennt nach Gruppen;	F 290
61	285 Nr. 8 a) und b) HGB	Ergänzende Abgaben bei Anwendung des Umsatzkostenverfahrens	Ferner sind im Anhang anzugeben: 8. bei Anwendung des Umsatzkostenverfahrens (§ 275 Abs. 3) a) der Materialaufwand des Geschäftsjahrs, gegliedert nach § 275 Abs. 2 Nr. 5, b) der Personalaufwand des Geschäftsjahrs, gegliedert nach § 275 Abs. 2 Nr. 6;	F 246
62	285 Nr. 9 a) HGB	Angabe der Organbezüge	Ferner sind im Anhang anzugeben: 9. für die Mitglieder des Geschäftsführungsorgans, eines Aufsichtsrats, eines Beirats oder einer ähnlichen Einrichtung jeweils für jede Personengruppe a) die für die Tätigkeit im Geschäftsjahr gewährten Gesamtbezüge (Gehälter, Gewinnbeteiligungen, Bezugsrechte und sonstige aktienbasierte Vergütungen, Aufwandsentschädigungen, Versicherungsentgelte, Provisionen und Nebenleistungen jeder Art). In die Gesamtbezüge sind auch Bezüge einzurechnen, die nicht ausgezahlt, sondern in Ansprüche anderer Art umgewandelt oder zur Erhöhung anderer Ansprüche verwendet werden. Außer den Bezügen für das Geschäftsjahr sind die weiteren Bezüge anzugeben, die im Geschäftsjahr gewährt, bisher aber in keinem Jahresabschluss angegeben worden sind;	F 295
63	285 Nr. 9 b) HGB	Angabe der Gesamtbezüge früherer Organmitglieder und ihrer Hinterbliebenen	Ferner sind im Anhang anzugeben: 9. für die Mitglieder des Geschäftsführungsorgans, eines Aufsichtsrats, eines Beirats oder einer ähnlichen Einrichtung jeweils für jede Personengruppe . . . b) die Gesamtbezüge (Abfindungen, Ruhegehälter, Hinterbliebenenbezüge und Leistungen verwandter Art) der früheren Mitglieder der bezeichneten Organe und ihrer Hinterbliebenen. Buchstabe a Satz 2 und 3 ist entsprechend anzuwenden. Ferner ist der Betrag der für diese Personengruppe gebildeten Rückstellungen für laufende Pensionen und Anwartschaften auf Pensionen und der Betrag der für diese Verpflichtungen nicht gebildeten Rückstellungen anzugeben;	F 303

§§	Inhalt	Gesetzestext	Fundstelle Tz	
285 Nr. 9 c) HGB	Angaben zu Organkrediten	Ferner sind im Anhang anzugeben: 9. für die Mitglieder des Geschäftsführungsorgans, eines Aufsichtsrats, eines Beirats oder einer ähnlichen Einrichtung jeweils für jede Personengruppe ... c) die gewährten Vorschüsse und Kredite unter Angabe der Zinssätze, der wesentlichen Bedingungen und der gegebenenfalls im Geschäftsjahr zurückgezahlten Beträge sowie die zugunsten dieser Personen eingegangenen Haftungsverhältnisse;	F 309	64
285 Nr. 10 HGB	Geschäftsführung, Vorstand und Aufsichtsrat	Ferner sind im Anhang anzugeben: 10. alle Mitglieder des Geschäftsführungsorgans und eines Aufsichtsrats, auch wenn sie im Geschäftsjahr oder später ausgeschieden sind, mit dem Familiennamen und mindestens einem ausgeschriebenen Vornamen einschließlich des ausgeübten Berufs und bei börsennotierten Gesellschaften auch der Mitgliedschaft in Aufsichtsräten im Sinne des § 125 Abs. 1 Satz 3 Aktiengesetzes. Der Vorsitzende eines Aufsichtsrats, seine Stellvertreter und ein etwaiger Vorsitzender des Geschäftsführungsorgans sind als solche zu bezeichnen;	F 340	65
285 Nr. 11 HGB	Anteilsbesitz von 20%/Beteiligungen mit mehr als 5% der Stimmrechte	Ferner sind im Anhang anzugeben: 11. Name und Sitz anderer Unternehmen, von denen die Kapitalgesellschaft oder eine für Rechnung der Kapitalgesellschaft handelnde Person mindestens den fünften Teil der Anteile besitzt; außerdem sind die Höhe des Anteils am Kapital, das Eigenkapital und das Ergebnis des letzten Geschäftsjahres dieser Unternehmen anzugeben, für das ein Jahresabschluss vorliegt; auf die Berechnung der Anteile ist § 16 Abs. 2 und 4 des Aktiengesetzes entsprechend anzuwenden; ferner sind von börsennotierten Kapitalgesellschaften zusätzlich alle Beteiligungen an großen Kapitalgesellschaften anzugeben, die fünf vom Hundert der Stimmrechte überschreiten;	F 316	66
285 Nr. 11 a) HGB	Angaben zum Bestehen einer unbeschränkten persönlichen Haftung	Ferner sind im Anhang anzugeben: 11 a. Name, Sitz und Rechtsform der Unternehmen, deren unbeschränkt haftender Gesellschafter die Kapitalgesellschaft ist;	F 329	67
285 Nr. 12 HGB	Erläuterung sonstiger Rückstellungen	Ferner sind im Anhang anzugeben: 12. Rückstellungen, die in der Bilanz unter dem Posten „sonstige Rückstellungen" nicht gesondert ausgewiesen werden, sind zu erläutern, wenn sie einen nicht unerheblichen Umfang haben;	F 210	68
285 Nr. 13 HGB	Angabe einer nutzungsadäquaten Geschäfts- oder Firmenwertabschreibung	Ferner sind im Anhang anzugeben: 13. bei Anwendung des § 255 Abs. 4 Satz 3 die Gründe für die planmäßige Abschreibung des Geschäfts- oder Firmenwerts;	F 167	69
285 Nr. 14 HGB	Angaben zum Mutterunternehmen	14. Name und Sitz des Mutterunternehmens der Kapitalgesellschaft, das den Konzernabschluss für den größten Kreis von Unternehmen aufstellt, und ihres Mutterunternehmens, das den Konzernabschluss für den	F 333	70

	§§	Inhalt	Gesetzestext	Fundstelle Tz
			kleinsten Kreis von Unternehmen aufstellt, sowie im Falle der Offenlegung der von diesen Mutterunternehmen aufgestellten Konzernabschlüsse der Ort, wo diese erhältlich sind.	
71	285 Nr. 15 HGB	Zusatzangaben für KapG & Co.	Ferner sind im Anhang anzugeben: 15. soweit es sich um den Anhang des Jahresabschlusses einer Personenhandelsgesellschaft im Sinne des § 264a Abs. 1 handelt, Name und Sitz der Gesellschaften, die persönlich haftende Gesellschafter sind, sowie deren gezeichnetes Kapital.	F 331
72	285 Nr. 16 HGB	Entsprechenserklärung zum Corporate Governance Kodex	Ferner sind im Anhang anzugeben: 16. dass die nach § 161 des Aktiengesetzes vorgeschriebene Erklärung abgegeben und den Aktionären zugänglich gemacht worden ist.	F 395
73	327 Nr. 1 HGB	Bilanzpostenausweis bei Offenlegung des Jahresabschlusses mittelgroßer Gesellschaften	Auf mittelgroße Kapitalgesellschaften (§ 267 Abs. 2) ist § 325 Abs. 1 mit der Maßgabe anzuwenden, dass die gesetzlichen Vertreter 1. die Bilanz nur in der für kleine Kapitalgesellschaften nach § 266 Abs. 1 Satz 3 HGB vorgeschriebenen Form zum Handelsregister einreichen müssen. In der Bilanz oder im Anhang sind jedoch die folgenden Posten des § 266 Abs. 2 und 3 zusätzlich gesondert anzugeben: Auf der Aktivseite A I 2 Geschäfts- oder Firmenwert; A II 1 Grundstücke, grundstücksgleiche Rechte und Bauten einschließlich der Bauten auf fremden Grundstücken; A II 2 technische Anlagen und Maschinen; A II 3 andere Anlagen, Betriebs- und Geschäftsausstattung; A II 4 geleistete Anzahlungen und Anlagen im Bau; A III 1 Anteile an verbundenen Unternehmen; A III 2 Ausleihungen an verbundene Unternehmen; A III 3 Beteiligungen; A III 4 Ausleihungen an Unternehmen, mit denen ein Beteiligungsverhältnis besteht; B II 2 Forderungen gegen verbundene Unternehmen; B II 3 Forderungen gegen Unternehmen, mit denen ein Beteiligungsverhältnis besteht; B III 1. Anteile an verbundenen Unternehmen; B III 2. eigene Anteile. Auf der Passivseite C 1 Anleihen, davon konvertibel; C 2 Verbindlichkeiten gegenüber Kreditinstituten; C 6 Verbindlichkeiten gegenüber verbundenen Unternehmen; C 7 Verbindlichkeiten gegenüber Unternehmen, mit denen ein Beteiligungsverhältnis besteht;	C 15
74	29 Abs. 4 GmbHG	Angabe von Rücklagen für Eigenkapitalanteile aus Wert-	(4) Unbeschadet der Absätze 1 und 2 und abweichender Gewinnverteilungsabreden nach Absatz 3 Satz 2 können die Geschäftsführer mit Zustimmung des Aufsichtsrats oder der Gesell-	F 194

§§	Inhalt	Gesetzestext	Fundstelle Tz	
	aufholungszuschreibungen und nur steuerrechtlich gebildeter Sonderposten mit Rücklagenanteil	schafter den Eigenkapitalanteil von Wertaufholungen bei Vermögensgegenständen des Anlage- und Umlaufvermögens und von bei der steuerrechtlichen Gewinnermittlung gebildeten Passivposten, die nicht im Sonderposten mit Rücklageanteil ausgewiesen werden dürfen, in andere Gewinnrücklagen einstellen. Der Betrag dieser Rücklagen ist entweder in der Bilanz gesondert auszuweisen oder im Anhang anzugeben.		
58 Abs. 2a AktG		(2a) Unbeschadet der Absätze 1 und 2 können Vorstand und Aufsichtsrat den Eigenkapitalanteil von Wertaufholungen bei Vermögensgegenständen des Anlage- und Umlaufvermögens und von bei der steuerrechtlichen Gewinnermittlung gebildeten Passivposten, die nicht im Sonderposten mit Rücklageanteil ausgewiesen werden dürfen, in andere Gewinnrücklagen einstellen. Der Betrag dieser Rücklagen ist entweder in der Bilanz gesondert auszuweisen oder im Anhang anzugeben.	F 194	**75**
42 Abs. 3 GmbHG	Angabe von Gesellschafterforderungen und -verbindlichkeiten	(3) Ausleihungen, Forderungen und Verbindlichkeiten gegenüber Gesellschaftern sind in der Regel als solche jeweils gesondert auszuweisen oder im Anhang anzugeben; werden sie unter anderen Posten ausgewiesen, so muss diese Eigenschaft vermerkt werden.	F 157	**76**
152 Abs. 2,3 AktG	Einstellungen in die und Entnahmen aus der Kapitalrücklage	(2) Zu dem Posten „Kapitalrücklage" sind in der Bilanz oder im Anhang gesondert anzugeben 1. der Betrag, der während des Geschäftsjahrs eingestellt wurde; 2. der Betrag, der für das Geschäftsjahr entnommen wird. (3) Zu den einzelnen Posten der Gewinnrücklagen sind in der Bilanz oder im Anhang jeweils gesondert anzugeben 1. die Beträge, die die Hauptversammlung aus dem Bilanzgewinn des Vorjahrs eingestellt hat; 2. die Beträge, die aus dem Jahresüberschuss des Geschäftsjahrs eingestellt werden; 3. die Beträge, die für das Geschäftsjahr entnommen werden.	D 786 ff. D 192 f.	**77**
158 Abs. 1 Satz 2 AktG	GuV-Ergänzungsgliederung	Die Angaben nach Satz 1 können auch im Anhang gemacht werden.	E 204	**78**
160 Abs. 1 Nr. 1 AktG	Vorratsaktien	(1) In jedem Anhang sind auch Angaben zu machen über 1. den Bestand und den Zugang an Aktien, die ein Aktionär für Rechnung der Gesellschaft oder eines abhängigen oder eines im Mehrheitsbesitz der Gesellschaft stehenden Unternehmens oder ein abhängiges oder im Mehrheitsbesitz der Gesellschaft stehendes Unternehmen als Gründer oder Zeichner oder in Ausübung eines bei einer bedingten Kapitalerhöhung eingeräumten Umtausch- oder Bezugsrechts übernommen hat; sind solche Aktien im Geschäftsjahr verwertet worden, so ist auch über die Verwertung unter Angabe des Erlöses und die Verwendung des Erlöses zu berichten;	F 350	**79**

	§§	Inhalt	Gesetzestext	Fundstelle Tz
80	160 Abs. 1 Nr. 2 AktG	Eigene Aktien	(1) In jedem Anhang sind auch Angaben zu machen über 2. den Bestand an eigenen Aktien der Gesellschaft, die sie, ein abhängiges oder im Mehrheitsbesitz der Gesellschaft stehendes Unternehmen oder ein anderer für Rechnung der Gesellschaft oder eines abhängigen oder eines im Mehrheitsbesitz der Gesellschaft stehenden Unternehmens erworben oder als Pfand genommen hat; dabei sind die Zahl und der Nennbetrag dieser Aktien sowie deren Anteil am Grundkapital, für erworbene Aktien ferner der Zeitpunkt des Erwerbs und die Gründe für den Erwerb anzugeben. Sind solche Aktien im Geschäftsjahr erworben oder veräußert worden, so ist auch über den Erwerb oder die Veräußerung unter Angabe der Zahl und des Nennbetrags dieser Aktien, des Anteils am Grundkapital und des Erwerbs- oder Veräußerungspreises, sowie über die Verwendung des Erlöses zu berichten;	F 357
81	160 Abs. 1 Nr. 3 AktG	Aktiengattungen und Bezugsaktien bei Kapitalerhöhung	(1) In jedem Anhang sind auch Angaben zu machen über 3. die Zahl und den Nennbetrag der Aktien jeder Gattung, sofern sich diese Angaben nicht aus der Bilanz ergeben; davon sind Aktien, die bei einer bedingten Kapitalerhöhung oder einem genehmigten Kapital im Geschäftsjahr gezeichnet wurden, jeweils gesondert anzugeben;	F 364
82	160 Abs. 1 Nr. 4 AktG	Genehmigtes Kapital	(1) In jedem Anhang sind auch Angaben zu machern über 4. das genehmigte Kapital;	F 370
83	160 Abs. 1 Nr. 5 AktG	Angaben zu Bezugsrechten, Wandelschuldverschreibungen und vergleichbare Wertpapiere	(1) In jedem Anhang sind auch Angaben zu machen über 5. die Zahl der Bezugsrechte gem. § 192 Abs. 2 Nr. 3, der Wandelschuldverschreibungen und vergleichbaren Wertpapiere unter Angabe der Rechte, die sie verbriefen;	F 374
84	160 Abs. 1 Nr. 6 AktG	Genussrechte, Rechte aus Besserungsscheinen und ähnliche Rechte	(1) In jedem Anhang sind auch Angaben zu machen über 6. Genussrechte, Rechte aus Besserungsscheinen und ähnliche Rechte unter Angabe der Art und Zahl der jeweiligen Rechte sowie der im Geschäftsjahr neu entstandenen Rechte;	F 379
85	160 Abs. 1 Nr. 7 AktG	Wechselseitige Beteiligungen	(1) In jedem Anhang sind auch Angaben zu machen über 7. das Bestehen einer wechselseitigen Beteiligung unter Angabe des Unternehmens;	F 385
86	160 Abs. 1 Nr. 8 AktG	Der Gesellschaft mitgeteilte Beteiligungen	(1) In jedem Anhang sind auch Angaben zu machen über 8. das Bestehen einer Beteiligung an der Gesellschaft, die ihr nach § 20 Abs. 1 oder 4 mitgeteilt worden ist; dabei ist anzugeben, wem die Beteiligung gehört und ob sie den vierten Teil aller Aktien der Gesellschaft übersteigt oder eine Mehrheitsbeteiligung (§ 16 Abs. 1) ist.	F 391
87	§ 240 Satz 3 AktG	Erträge aus der Kapitalherabsetzung	Im Anhang ist zu erläutern, ob und in welcher Höhe die aus der Kapitalherabsetzung und aus der Auflösung von Gewinnrücklagen gewonnenen Beträge 1. zum Ausgleich von Wertminderungen,	D 210

§§	Inhalt	Gesetzestext	Fundstelle Tz
		2. zur Deckung von sonstigen Verlusten oder 3. zur Einstellung in die Kapitalrücklage verwandt werden.	

III. Gliederung des Anhangs

Das **Gesetz läßt offen, wie der Anhang zu gliedern ist**. Der Gliederungsaufbau hat unter Beachtung der allgemeinen Berichtsgrundsätze der Klarheit, Richtigkeit, Vollständigkeit und Willkürfreiheit zu erfolgen und ist Gliederungsvorgabe für nachfolgende Geschäftsjahre.[13] Im Schrifttum werden Gliederungsvorschläge unterbreitet, die regelmäßig zwischen Angaben zur Bilanz und GuV, allgemeinen Angaben zur Bewertung und Gliederung, sonstigen Pflichtangaben und Angaben zur Geschäftsführung und zum Aufsichtsrat differenzieren.[14] **100**

Der nachfolgende **Gliederungsvorschlag** geht von der Überlegung aus, dass Angaben zur **Generalnorm**, die zur Vermittlung eines in § 264 Abs. 2 S. 1 HGB geforderten Einblicks zusätzlich erforderlich sind, eine solche Bedeutung haben, dass sie in **einem ersten Abschnitt** des Anhangs allen übrigen Angaben voranzustellen sind.[15] Danach folgt die Gliederung dem Strukturgedanken „vom Allgemeinen zum Besonderen", nimmt also im **2. Abschnitt** allgemeine **Angaben zur Bewertung und Gliederung** auf, weil sich diese Posten übergreifend auf Bilanz und GuV erstrecken und bei Wahrung der Bewertungs- und Gliederungsstetigkeit von Jahr zu Jahr übernommen werden können. Der **3. Abschnitt** enthält die **postenbezogenen Angaben zur Bilanz und GuV**, und zwar in der Reihenfolge der Gesetzesgliederung. Die Gliederung endet mit Nennung der Organmitglieder, was der Praxis der Berichterstattung in Geschäftsberichten entspricht.[16] **101**

Dem folgend erscheint nachfolgende Anhangsgliederung sachgerecht: **102**

Erster Abschnitt: Generalnorm

Zweiter Abschnitt: Bewertung und Gliederung

Dritter Abschnitt: Bilanz und GuV

Vierter Abschnitt: Sonstige Angaben

Fünfter Abschnitt: Geschäftsführung/Vorstand und Aufsichtsrat

Die in der Check-Liste aufgeführten Einzelangaben sind den einzelnen Abschnitten zugeordnet; auf die jeweilige Fundstelle wird verwiesen. Da die kleine KapG/KapG & Co. bei der Offenlegung die die GuV betreffenden Angaben nicht in den Anhang aufzunehmen braucht, kann der 3. Abschnitt bei kleinen Gesellschaften bei der Offenlegung des Jahresabschlusses entfallen. **103**

IV. Inhalt der einzelnen Anhangsangaben

1. Abschnitt: Generalnorm

Anwendungsbereich: **104**

Aufstellung	Offenlegung
Alle Gesellschaften	

Führen besondere Umstände dazu, dass der Jahresabschluss ein den tatsächlichen Verhältnissen entsprechendes Bild nicht vermittelt, sind gem. § 264 Abs. 2 S. 2 HGB **105**

[13] Vgl. *Adler/Düring/Schmaltz,* § 284 HGB Tz 27; WP-Handbuch 2000, Bd. I, F 551.

[14] Vgl. *Russ,* Der Anhang, S. 272; *Selchert/Karsten,* BB 1985, S. 1889; *Schulte,* BB 1986, S. 1468; *Döbel,* BB 1987, S. 512; *Schnapauff,* WPg 1986, S. 556; *Janz/Schülen,* WPg 1986, S. 57; *Schülen,* WPg 1987, S. 223; WP-Handbuch 2000, Bd. I, F 548; *Claussen/Korth,* in Kölner Kom. §§ 284–288 HGB, 160 AktG Tz 21 und 29 ff; *Adler/Düring/Schmaltz,* § 284 HGB Tz 28.

[15] Zur Begründung vgl. *Claussen/Korth,* in Kölner Kom. §§ 284–288 HGB 160 AktG Tz 33.

[16] Mit Ausnahme der Voranstellung der Generalnorm entspricht dies der Gliederung WP-Handbuch 2000, Bd. I, F 548; *Adler/Düring/Schmaltz,* § 284 HGB Tz 28.

im Anhang zusätzliche Angaben zu machen. Aufgrund des Gesetzeswortlauts ist davon auszugehen, dass die **Vermögens-, Finanz- und Ertragslage i. d. R.** durch das gesetzlich vorgegebene Rechnungslegungsrecht **hinreichend abgebildet wird.** Da dieses Bild bei der KapG/KapG & Co. nicht allein durch Bilanz und GuV, sondern im Zusammenhang mit dem Anhang zu geben ist, müssen alle drei Bestandteile zusammengefaßt dem gesetzlichen Anforderungsprofil entsprechen.[17] Die Darstellungskorrektur im Anhang schließt also Informationsdefizite, die Bilanz und GuV schließt also Informationsdefizite, die Bilanz und GuV aufgrund besonderer Umstände offenlassen.

106 Das Einblicksgebot bezieht sich auf die Bestandteile Vermögens-, Finanz- und Ertragslage, die durch nachfolgende Teile des Jahresabschlusses im wesentlichen dargestellt werden:

Vermögenslage – Bilanzaktiva
Finanzlage – Bilanzpassiva
Ertragslage – GuV

107 Zwischen den einzelnen Jahresabschlussteilen bestehen Interdependenzen. Während der Aktivseite die Vermögensgegenstände zu entnehmen sind, zeigt die Passivseite, mit welchem Kapital das Vermögen finanziert ist. Da auf der Aktivseite lediglich das Buchwertvermögen abgebildet wird, kann sich die Darstellung der **Vermögenslage** lediglich auf das bilanzielle (Buchwert-)Vermögen beziehen.[18] Der Begriff **Finanzlage** umfaßt alle in bezug auf die Finanzierung der Gesellschaft gegebenen Aspekte, wie die Finanzstruktur, Deckungsverhältnisse, Fristigkeiten, Finanzierungsspielräume, Investitionsvorhaben, aber auch schwebende Geschäfte und Kreditlinien. Da der Bilanz nicht sämtliche die Finanzlage kennzeichnende Informationen zu entnehmen sind, können nach § 264 Abs. 2 S. 2 HGB weitergehende Erläuterungen im Anhang erforderlich sein, damit der Einblick in die Finanzlage gewährleistet wird, ohne dass der Gesetzgeber die diesbezüglichen Darstellungsformen (z.B. Kapitalflussrechnung oder Finanzplan) vorgeschrieben hat.[19]

108 Die **Ertragslage** wird in der GuV wiedergegeben, die aufgrund der Gliederung gem. § 275 HGB die Aufwands- und Ertragsquellen deutlich macht. Darüber hinaus sind aufgrund von Sondernormen einzelne Posten im Anhang zu erläutern oder aufzugliedern.

109 § 264 Abs. 2 S. 2 HGB fordert im Anhang zusätzliche Angaben, wenn „besondere Umstände" dazu geführt haben, dass die unter normalen Umständen abzubildende Vermögens-, Finanz- und Ertragslage verfälscht wiedergegeben wird. Konzeptionsimmanente Mängel des Jahresabschlusses führen also nicht zu einer Berichterstattungspflicht.[20] Auch die Inanspruchnahme gesetzlich vorgesehener Erleichterungen, z.B. die Zusammenfassung verschiedener GuV-Posten zu einem Rohergebnis oder die der kleinen KapG/KapG & Co. zugestandene Zusammenfassung bestimmter Bilanzposten, sind keine „besonderen Umstände".[21] **„Besondere Umstände"** werden vielmehr dann vorliegen, wenn mit dem Jahresabschluss unter Berücksichtigung der konzeptionsimmanenten Mängel unübliche Verhältnisse dargestellt werden, die aufgrund von Stichtagsbesonderheiten oder einzelner einmaliger Geschäftsführungsmaßnahmen das „normale Bild des Jahresabschlusses" verändert haben und dadurch den tatsächlichen Geschäftsverlauf nicht mehr erkennen lassen.[22] Es muss sich allerdings um ein wesentliches Einblicksdefizit handeln, was sich aus dem Grundsatz der materiality, aber auch aus der Formulierung „besondere Umstände" ergibt.[23]

110 **In Betracht kommen** starke Umsatzschwankungen bei langfristiger Fertigung, ungewöhnliche Veränderungen des Vorratsvermögens, hohe außerordentliche Erträ-

---

[17] Vgl. *Moxter,* Bilanzlehre II, S. 67; ders., FS Goerdeler, S. 371; *Schildbach,* BFuP 1987, S. 13.
[18] Vgl. *Adler/Düring/Schmaltz,* § 264 HGB Tz 64.
[19] Vgl. *Adler/Düring/Schmaltz,* § 264 HGB Tz 71.
[20] Vgl. *Clemm,* FS Goerdeler, S. 100.
[21] Vgl. WP-Handbuch, 2000, Bd. I, F 778, das auch Zweifel an der Fortführung des Unternehmens nicht zu den „besonderen Umständen" zählt.
[22] Vgl. WP-Handbuch 2000, Bd. I, F 775, das von Sachverhalten von außergewöhnlicher Bedeutung und einmaliger Art spricht.
[23] Vgl. *Hense/Schellhorn,* in Beck Bil-Kom. § 264 HGB Tz 49.

ge durch Zuschüsse oder Zulagen, Veränderungen der Kapitalstruktur durch Vergleichsabschlüsse, Veräußerung von wesentlichen Vermögensteilen im sale-and-lease-back-Verfahren, in Sonderfällen auch, wenn die Nominalwertrechnung aufgrund erheblicher Geldwertschwankungen ein unzutreffendes Bild der Ertragslage vermittelt, oder wenn gewährte Zuwendungen aus künftigen Gewinnen zurückzuzahlen sind und deshalb die Rückzahlungsverpflichtung noch nicht zu passivieren ist.[24]

2. Abschnitt: Bewertung und Gliederung

1. Angaben zu Bilanzierungs- und Bewertungsmethoden

Anwendungsbereich: **111**

Aufstellung	Offenlegung
Alle Gesellschaften	

112 Nach § 284 Abs. 2 Nr. 1 HGB sind die Bilanzierungs- und Bewertungsmethoden anzugeben. Außerdem sind nach § 284 Abs. 2 Nr. 3 HGB Abweichungen von den Bilanzierungs- und Bewertungsmethoden anzugeben und zu begründen sowie deren Einfluss auf die Vermögens-, Finanz- und Ertragslage darzustellen.

113 Der Begriff Bilanzierungsmethode ist im Gesetz nicht definiert. In Abgrenzung zur Bewertung bezieht sich die Methodik der Bilanzierung auf die Frage, ob ein Vermögensgegenstand oder Schuldposten überhaupt bilanziert ist, also die **Ansatzwahlrechte,** sowie die Art der Bilanzierung, also die **Ausweiswahlrechte.**[25]

114 Demgemäß gehören zu den **Bilanzierungsmethoden:**[26]
- Angaben zur Anwendung oder Nichtbeachtung der Gliederungsgrundsätze gem. § 265 HGB
- Angabe zur Plazierung von Angaben, die zulässigerweise in der Bilanz bzw. GuV oder im Anhang gemacht werden können
- Angaben zur Inanspruchnahme von Bilanzierungshilfen gem. §§ 269, 274 Abs. 2 HGB, Art. 44 EGHGB
- Angaben zur Nutzung von Aktivierungswahlrechten, wie des Disagios, § 250 Abs. 3 HGB, des Geschäfts- oder Firmenwerts, § 255 Abs. 4 HGB
- Angaben zur Passivierung wahlfrei gebildeter Aufwandsrückstellungen
- Angaben der aufgrund der Übergangsvorschriften unterlassenen Bildung von mittelbaren und unmittelbaren Pensionsverpflichtungen

115 Die Angabe der Bewertungsmethoden ist eine wesentliche Voraussetzung zur Vermittlung des Einblicks in die tatsächlichen Verhältnisse der Vermögens-, Finanz- und Ertragslage. Unter dem Begriff Bewertungsmethode sind bestimmte, in ihrem **Ablauf definierte Verfahren der Wertfindung** zu verstehen, soweit sie den GoB entsprechen.[27] Zu den anzugebenden **Bewertungsmethoden** gehören demgemäß:[28]
- Angabe der Methoden, nach denen Anschaffungskosten ermittelt werden, Durchschnittsmethode, Lifo-, Fifo-, Festwertmethode
- Angabe zur Methodik der Herstellungskostenermittlung im Hinblick auf die Einbeziehung von Gemeinkostenbestandteilen
- Angabe der planmäßigen Abschreibungsmethoden, lineare, degressive, nach Inanspruchnahme
- Angabe der Abschreibungsmethode eines aktivierten Geschäfts- oder Firmenwerts
- Angaben über Sofortabschreibungen geringwertiger Wirtschaftsgüter, weil hierin eine vereinfachende handelsrechtliche Abschreibungsmethode gesehen wird[29]
- Angabe der Methode, nach der außerplanmäßige Abschreibungen vorgenommen werden, sofern dies z. B. in Abhängigkeit der Altersstruktur erfolgte

---

[24] Vgl. WP-Handbuch 2000, Bd. I, F. 777; *Adler/Düring/Schmaltz,* § 264 HGB Tz 122.
[25] Vgl. *Schülen,* WPg 1987, S. 227; *Adler/Düring/Schmaltz,* § 284 HGB Tz 57; nach WP-Handbuch 2000, Bd. 1, F 567 gehören Auswahlrechte nicht zu den Bilanzierungsmethoden.
[26] Vgl. *Adler/Düring/Schmaltz* § 284 HGB Tz 58; WP-Handbuch 2000, Bd. I, F 573.
[27] Vgl. *Adler/Düring/Schmaltz,* § 284 HGB Tz 60; WP-Handbuch 2000, Bd. I, F 567.
[28] Vgl. *Adler/Düring/Schmaltz,* § 284 HGB Tz 63; Zusammenstellung der Bewertungswahlrechte bei *Ellrott,* in Beck Bil-Kom. § 284 HGB Tz 101.
[29] Vgl. WP-Handbuch 2000, Bd. I, F 578; *Ellrott* in Beck Bil-Kom. § 284 HGB Tz 107; a. A. *Claussen/Korth,* DB 1988, S. 927, die sie zu den steuerrechtlichen Wahlrechten zählen.

- Wertaufholungen zur Rückgängigmachung ausserplanmäßiger Abschreibungen[30]
- Angabe der Prozentsätze bei der Bemessung von Pauschalwertberichtigungen und Garantierückstellungen
- Angabe des Zinssatzes bei der Barwertermittlung von Renten und Pensionsrückstellungen; auch Angaben darüber, ob der ausgewiesene Rückstellungsbetrag zur Deckung der Verpflichtungen gegenüber den Anspruchsberechtigten ausreicht[31]
- Angabe, wenn die Passivierung der Verbindlichkeiten entgegen § 253 Abs. 1 S. 2 HGB mit einem vom Rückzahlungsbetrag abweichenden Betrag erfolgte[32]

116 Sofern von den **Bilanzierungs- und Bewertungsmethoden abgewichen** wird, fordert § 284 Abs. 2 Nr. 3 HGB ergänzende Angaben, und zwar im einzelnen:
- Angabe der Abweichungen von den Bilanzierungs- und Bewertungsmethoden
- Begründung der Abweichungen
- Darstellung des daraus resultierenden Einflusses auf die Vermögens-, Finanz- und Ertragslage

117 Zu den **Bilanzierungsmethoden zählen** primär **die Ansatz- und Ausweiswahlrechte**. Die Ausübung von Ansatz- und Ausweiswahlrechten ist nicht an die Bedingung „begründete Ausnahmefälle" gebunden.[33] Dennoch sind Methodenabweichungen im Anhang anzugeben und zu begründen. Die Ausübung einer gesetzlich freigestellten Bilanzansatzentscheidung fällt nicht unter die Angabepflicht. Anzugeben ist nur das Abweichen von einer Bilanzansatzentscheidung im Zeitablauf. Abweichungen von Bilanzierungsmethoden liegen also vor, wenn bei gleichgelagerten Sachverhalten andere Ansatz- oder Ausweisentscheidungen als in der Vergangenheit getroffen werden.[34]

118 Praktische Fälle, die zu einer Berichterstattung über **Abweichungen von Bilanzierungsmethoden** im Anhang führen, sind unterschiedliche Verfahrensweisen beim Ausweis ausstehender Einlagen und erhaltener Anzahlungen; auch wenn über die Passivierung wahlfrei zu bildender Rückstellungen berichtet wurde, in einem Einzelfall eine solche Rückstellung jedoch unterlassen wurde[35]; wenn aufgrund von Bilanzänderungen oder -berichtigungen die Bilanzkontinuität durchbrochen wurde.[36]

119 Im Gegensatz zu Abweichungen von Bilanzierungsmethoden sind **Abweichungen von Bewertungsmethoden** nach § 252 Abs. 2 HGB nur zulässig, wenn „besondere Umstände" vorliegen. Angabepflichtig sind nur solche Abweichungen, die in Ausübung eines Bewertungs- oder Abschreibungswahlrechts zu einer Änderung gegenüber dem Vorjahr geführt haben, nicht dagegen Änderungen, die methodenimmanent sind oder sich unmittelbar aus dem Gesetz ergeben, wie der Übergang von der degressiven zur linearen Abschreibungsmethode oder Abschreibungen aufgrund des Niederstwertprinzips.[37]

120 Demgemäß ist zu berichten über:[38]
- Änderungen der Methoden zur Ermittlung der Anschaffungskosten
- Änderungen des Umfangs der aktivierten Herstellungskostenbestandteile
- Änderung der Abschreibungsmethoden bei gleichartigen Vermögensgegenständen des abnutzbaren Anlagenvermögens; nicht jedoch, wenn ein Methodenwechsel methodenbedingt vorgegeben ist; auch nicht bei Schätzung einer anderen Nutzungsdauer infolge von Nutzungsänderungen; auch die Unterlassung von Zuschreibungen aufgrund des Wertaufholungsgebots gem. § 280 Abs. 2 HGB gehört nicht zu den angabepflichtigen Methodenänderungen, weil nicht unter die Bewertungsstetigkeit fallend[39]

---

[30] Vgl. WP-Handbuch 2000, Bd. I, F 579.

[31] Vgl. *Csik/Dörner,* in Küting/Weber §§ 284–288 HGB Tz 100; nach *Claussen/Korth,* in Kölner-Kom. §§ 284–288 HGB, 160 AktG Tz 48 genügt der Hinweis auf versicherungsmathematische Grundsätze und die wesentlichen Berechnungsgrundlagen, dem folgend *Adler/Düring/Schmaltz,* § 284 HGB Tz 88.

[32] Vgl. *Adler/Düring/Schmaltz,* § 284 HGB Tz 92.

[33] Vgl. *Adler/Düring/Schmaltz,* § 284 HGB Tz 110.

[34] Vgl. *Ellrott,* in Beck Bil-Kom. § 284 HGB Tz 143.

[35] Vgl. *Adler/Düring/Schmaltz,* § 284 HGB Tz 111.

[36] Vgl. *Adler/Düring/Schmaltz,* § 284 HGB Tz 112.

[37] Vgl. *Adler/Düring/Schmaltz,* § 284 HGB Tz 116.

[38] Vgl. *Adler/Düring/Schmaltz,* § 284 HGB Tz 120 ff.

[39] Vgl. *Adler/Düring/Schmaltz,* § 284 HGB Tz 132.

- Änderung der Abschreibungsmethode bei aktivierten Ingangsetzungs- und Erweiterungsaufwendungen, einem aktivierten Geschäfts- oder Firmenwert oder aktivierten Aufwendungen für die Währungsumstellung auf den Euro
- Änderung der Bemessung der Pauschalwertberichtigung zu Forderungen bei unveränderter Sachlage oder Beibehaltung des Prozentsatzes der Pauschalwertberichtigung zu Forderungen bei veränderter Sachlage
- Änderung der Handhabung bei der Zuführung zu Pensionsrückstellungen oder zu Garantierückstellungen

Die **Abweichungen sind zu begründen**, d.h. die für die Abweichungen kausalen Überlegungen und Argumente müssen offengelegt werden. Dadurch kann die Zulässigkeit von Abweichungen beurteilt werden. 121

Darüber hinaus besteht die Verpflichtung, den Einfluss von Abweichungen auf die Vermögens-, Finanz- und Ertragslage darzustellen, was über die im ersten Halbsatz geforderte Angabe- und Begründungspflicht hinausgeht. Darunter ist im einzelnen zu verstehen: 122

Einfluss auf die Vermögenslage: Alle Auswirkungen auf unmittelbar und mittelbar betroffene Posten, z.B. auf die Vorräte bei Einbeziehung von Gemeinkosten in die Herstellungskosten, aber auch deren mittelbarer Einfluss auf Steuern und Tantiemen[40] 123

Einfluss auf die Finanzlage: Alle aus Bewertungsänderungen resultierenden finanzwirksamen Vorgänge in der nahen Zukunft, z.B. veränderte Zahlung von Dividenden, Steuern, Tantiemen[41] 124

Einfluss auf die Ertragslage: Beeinflussung der Aufwands- und Ertragsposten durch die Änderung von Bewertungsmethoden, z.B. der Einfluss auf den Materialaufwand durch die Einbeziehung von anderen Gemeinkosten in die Herstellungskosten als in den Vorjahren; auf Abschreibungen durch geänderte Abschreibungsmethoden im Vergleich zum Vorjahr[42] 125

Das Gesetz läßt offen, ob der Einfluss mit Hilfe von Zahlenangaben darzustellen ist oder verbale Angaben genügen. Verbale Angaben werden regelmäßig bei Abweichungen von Bilanzierungsmethoden in hinreichendem Ausmaß den Einblick in die Vermögens-, Finanz- und Ertragslage vermitteln können, nicht dagegen bei Abweichungen von Bewertungsmethoden, so dass hier Zahlenangaben erforderlich sein können, die die aus der Abweichung resultierenden Veränderungen deutlich machen.[43] Anzugeben ist nur der Saldo der jeweiligen Veränderung;[44] die Abweichungen sind jedoch für die jeweiligen Bereiche gesondert darzustellen.[45] 126

2. Angaben zur Währungsumrechnung

Anwendungsbereich: 127

Aufstellung	Offenlegung
Alle Gesellschaften	

Soweit der Jahresabschluss Posten enthält, die auf fremde Währung lauten, sind die **Grundlagen der Währungsumrechnung** anzugeben, § 284 Abs. 2 Nr. 2 HGB. Betroffen sind in erster Linie Fremdwährungsforderungen und -verbindlichkeiten, aber auch Gegenstände des Anlage- und Umlaufvermögens, soweit die Anschaffungs- oder Herstellungskosten in einer fremden Währung entstanden sind; ferner Vermögensgegenstände in Auslandsniederlassungen.[46] 128

---

[40] Vgl. *Csik/Dörner,* in Küting/Weber §§ 284–288 HGB Tz 118.

[41] Vgl. *Biener/Berneke,* BiRiLiG, S. 255; WP-Handbuch 2000, Bd. I, F 594.

[42] Vgl. *Adler/Düring/Schmaltz,* § 284 HGB Tz 155.

[43] Vgl. WP-Handbuch 2000, Bd. I, F 595; *Csik/Dörner,* in Küting/Weber §§ 284–288 HGB Tz 116, 121; *Schülen,* WPg 1987, S. 228f; *Adler/Düring/Schmaltz,* § 284 HGB Tz 148; *Claussen/Korth,* in Kölner Kom. §§ 284–288 HGB, 160 AktG Tz 56; a. A. *Glade,* Rechnungslegung und Prüfung, § 284 HGB Tz 33–38; *Ellrott,* in Beck Bil-Kom. § 284 HGB Tz 170.

[44] Vgl. *Ellrott,* in Beck Bil-Kom. § 284 HGB Tz 170; enger *Csik/Dörner* in Küting/Weber § 284–288 HGB Tz 121, die bei verbalen Darstellungen die Bilanzierungsmaßnahmen und die davon betroffenen Posten angeben wollen.

[45] Vgl. *Adler/Düring/Schmaltz,* § 284 HGB Tz 149.

[46] Vgl. *Adler/Düring/Schmaltz,* § 284 HGB Tz 99; WP-Handbuch 2000, Bd. I, F 587; *Claussen/Korth,* in Kölner Kom. §§ 284–288 HGB, 160 AktG empfehlen zur Vermeidung von Wiederholungen, die Angaben zur Währungsumrechnung in Posten-Gruppen zusammenzufassen.

129 Grundlagen der Währungsumrechnung sind die Methoden, nach denen die Fremdwährungsbeträge in Euro (bis 31. 12. 2001 in DM) umgerechnet wurden. In erster Linie ist die **Wahl des Umrechnungskurses** anzugeben, ob also Geld-, Brief- oder Mittelkurse gewählt wurden, die Bewertung zu Kursen im Anschaffungszeitpunkt oder aufgrund des Niederstwertprinzips zu späteren **niedrigeren Stichtagskursen** erfolgte; bei **Kurssicherungsgeschäften** ggf. die Sicherungskurse. Die Wahl des richtigen Kurses richtet sich nach den GoB, also nach dem Anschaffungskostenpreisprinzip, dem Imparitätsprinzip und dem Realisationsprinzip, muss also in Abhängigkeit der Kursentwicklung und der einzelnen Bilanzposten unterschiedlich getroffen werden.

130 Für **Aktivposten** gilt: Ansatz zum historischen Kurs, sofern kein niedrigerer Stichtagskurs vorliegt.

131 Für **Passivposten** gilt: Ansatz zum historischen Kurs, sofern kein höherer Stichtagskurs vorliegt.

132 Kursgewinne sind nach dem Realisationsprinzip erst mit Abwicklung des Zahlungsvorgangs realisiert. Bei sog. **geschlossenen Währungspositionen** können Kursänderungsrisiken, soweit sich innerhalb einer Währung Ansprüche und Verpflichtungen betragsmäßig ausgleichen, für die Bewertung zusammengefaßt werden. Fristenunterschiede zwischen Aktiv- und Passivposten können durch Geldaufnahme, Ausleihungen oder Termingeschäfte ausgeglichen werden.[47]

133 Dementsprechend sind Deckungs- oder Kompensationsgeschäfte, die zum Ausgleich von Währungsdifferenzen getätigt wurden, im Anhang anzugeben.[48] Im Übrigen brauchen die Grundlagen der Währungsumrechnung nicht für jeden einzelnen Bilanzposten gesondert angegeben zu werden.[49]

3. Abweichungen von der Gliederungsstetigkeit

134 Anwendungsbereich:

Aufstellung	Offenlegung
Alle Gesellschaften	

135 Gemäß § 265 Abs. 1 S. 1 HGB sind Abweichungen von der Gliederungsstetigkeit nur in Ausnahmefällen wegen „besonderer Umstände" zulässig. Das bedeutet, dass gleiche oder gleichgelagerte Sachverhalte in aufeinanderfolgenden Jahresabschlüssen in gleicher Weise darzustellen bzw. auszuweisen sind. **Abweichungen** von der Gliederungsstetigkeit sind **im Anhang anzugeben und zu begründen,** § 265 Abs. 1 S. 2 HGB. **„Besondere Umstände"** liegen vor:

- wenn durch die neue Darstellungsform der Generalnorm besser als bisher entsprochen wird;
- bei Beseitigung von Bilanzierungsfehlern;
- geänderte Beurteilung von Ausweis- und Gliederungsfragen durch die Rechtsprechung;
- wenn Veränderungen im Produktionsprogramm Ausweisänderungen erfordern;
- aufgrund einer abnehmenden oder zunehmenden Bedeutung einzelne Posten weitergehend untergliedert oder zusammengefaßt werden;
- bei veränderten Konzernverbindungen[50] oder bei Eingliederung in ein anderes Unternehmen.

136 **Durchbrechungen der Darstellungsstetigkeit** können sich aufgrund nachfolgender Ursachen ergeben:[51]

- Änderungen der Zuordnungskriterien zu einzelnen Posten, z.B. Handelswaren und Rohstoffe, Unfertige und fertige Erzeugnisse, Technische Anlagen und Betriebs- und Geschäftsausstattung
- Änderung von Ausweiswahlrechten, z.B. offenes Absetzen der erhaltenen Anzahlungen von den Vorräten oder Ausweis auf der Passivseite, offenes Absetzen der

---

[47] Vgl. *Adler/Düring/Schmaltz,* § 284 HGB Tz 96.
[48] Vgl. *Adler/Düring/Schmaltz,* § 284 HGB Tz 97; WP-Handbuch 2000, Bd. I, F 588.
[49] Vgl. WP-Handbuch 2000, Bd. I, F 588.
[50] Vgl. *Weber,* in Küting/Weber § 265 HGB Tz 11; WP-Handbuch 2000, Bd. I, F 60, 597.
[51] Vgl. *Claussen/Korth,* in Kölner Kom. § 265 HGB Tz 7.

nicht eingeforderten ausstehenden Einlagen vom Posten „Gezeichnetes Kapital" oder Ausweis auf der Aktivseite als „Ausstehende Einlagen"
- der Ausübung des Wahlrechts, bestimmte Angaben in die Bilanz oder in den Anhang aufzunehmen
- Änderung bei Postenuntergliederungen, wie sie nach § 265 Abs. 5 HGB zulässig sind
- Änderung einer besonderen Gliederung und von besonderen Bezeichnungen, wie sie § 265 Abs. 6 HGB erlaubt
- Änderung des Ausweises von „davon-Vermerken"

Die Ausführungen zu Abweichungen von der Gliederungsstetigkeit überschneiden sich teilweise mit denen zu den Bilanzierungsmethoden, so dass die Angaben ggf. dort zusammengefaßt werden können. Nach dem Gesetz sind **Abweichungen** zulässig, wenn 137
- es sich um Ausnahmefälle wegen besonderer Umstände handelt,
- die Abweichung erforderlich ist und
- im Anhang angegeben und begründet wird.

Begründungen müssen die für die Abweichung kausalen Überlegungen und Argumente erkennen lassen. 138

4. Angabe nicht vergleichbarer oder angepasster Vorjahresbeträge

Anwendungsbereich: 139

Aufstellung	Offenlegung
Alle Gesellschaften	

Nach § 265 Abs. 2 S. 2 und 3 HGB sind 140
(1) die in der Bilanz und GuV anzugebenden Vorjahresbeträge, die mit denen des laufenden Geschäftsjahres nicht vergleichbar sind, im Anhang anzugeben,
(2) ein nicht vergleichbarer Vorjahresbetrag, der aus Gründen der Vergleichbarkeit angepasst wurde, im Anhang anzugeben und zu erläutern.

In der Praxis werden nicht vergleichbare Vorjahreszahlen i. d. R. angepasst. 141

Die Angabe- und Erläuterungspflicht ergibt sich aus dem **Vergleichbarkeitspostulat**. Dadurch soll die durch Änderungen beeinträchtigte Vergleichbarkeit wiederhergestellt werden. Als Gründe für eine Änderung kommen in Betracht:[52] 142
- Wechsel zwischen Umsatz- und Gesamtkostenverfahren
- Geänderte Größenklassenzuordnung
- Fehlerberichtigung
- Anpassungen an Rechtsprechungsänderungen
- Andere Zuordnungskriterien aufgrund geänderter rechtlicher oder tatsächlicher Verhältnisse
- Ab- oder Zugänge ganzer Unternehmensteile im Zusammenhang mit Veräußerungen, Fusionen oder dem Erwerb von Betriebsstätten

Das Gesetz fordert keine betragsmäßigen Angaben im Sinne einer Überleitung von den ursprünglichen auf die angepaßten Werte.[53] 143

5. Angabe von Ergänzungen nach anderen Gliederungsnormen

Anwendungsbereich: 144

Aufstellung	Offenlegung
Alle Gesellschaften	

Hat die Gesellschaft mehrere Geschäftszweige und bedingt dies, dass der **Jahresabschluss nach verschiedenen Gliederungsvorschriften zu gliedern ist,** so ist der Jahresabschluss nach der für einen Geschäftszweig vorgeschriebenen Gliederung aufzustellen und nach der für die anderen Geschäftszweige vorgeschriebenen Gliederung zu ergänzen, § 265 Abs. 4 S. 1 HGB. Die Ergänzung ist im Anhang an- 145

[52] Vgl. *Adler/Düring/Schmaltz,* § 265 HGB Tz 34.
[53] Vgl. *Adler/Düring/Schmaltz,* § 265 HGB Tz 38.

zugeben und zu begründen, § 265 Abs. 4 S. 2 HGB. Voraussetzung für diese Angabe und Begründungspflicht ist also, dass die Gesellschaft
(1) mehrere Geschäftszweige hat,
(2) durch Gesetz für die einzelnen Geschäftszweige spezifische Gliederungsvorschriften und/oder Formblätter vorgeschrieben sind.

146 Diese Voraussetzungen können vorliegen, wenn Kreditinstitute in der Rechtsform einer AG oder GmbH auch Warengeschäfte betreiben, oder wenn umgekehrt Handelsgesellschaften wegen des Handels mit Edelmetallen als Kreditinstitute gelten.[54] §§ 340–340 o HGB enthalten ergänzende Vorschriften für Kreditinstitute und Finanzdienstleistungsinstitute, §§ 341–341 p HGB für Versicherungsunternehmen und Pensionsfonds. Daneben enthält § 330 HGB eine Formblatt-Ermächtigung, die es ermöglicht Formblätter vorzuschreiben, wenn der Geschäftszweig eine von §§ 266, 275 HGB abweichende Gliederung erforderlich macht. Derartige Gliederungsvorschriften gehen dann dem Gliederungsschema des HGB vor. Besondere Formblätter gelten für Krankenhäuser, Kreditinstitute und Finanzdienstleistungsinstitute, Verkehrs-, Versicherungs- und Wohnungsunternehmen sowie Pflegeeinrichtungen.[55]

147 Das Gesetz läßt offen, nach welcher Grundgliederung bei Vorliegen von mehreren Geschäftszweigen die Gesellschaft zu gliedern hat. Es sollte dem Gliederungsschema der Vorrang eingeräumt werden, das die tatsächlichen Verhältnisse der Gesellschaft am besten wiedergibt; dieses Gliederungsschema ist dann durch das andere Gliederungsschema zu ergänzen.[56] Die **Gliederungsergänzungen** sind **in** die **Bilanz** und **GuV** selbst aufzunehmen und nicht in den Anhang zu verlagern.[57] Im **Anhang** ist die Gliederungsergänzung lediglich anzugeben und zu begründen, d. h. es sind die zu beachtenden Gliederungsvorschriften zu nennen mit dem Hinweis, aufgrund welcher Gliederungsnorm der Jahresabschluss letztendlich aufgestellt wurde.[58]

6. Angabe von zusammengefassten Posten

148 Anwendungsbereich:

Aufstellung	Offenlegung
Alle Gesellschaften	

149 § 265 Abs. 7 HGB erlaubt in der Bilanz und GuV die Zusammenfassung von mit arabischen Zahlen versehenen Posten, wenn
– sie einen unerheblichen Betrag enthalten oder
– die Klarheit der Darstellung durch eine Zusammenfassung vergrößert wird

150 Die Zusammenfassung ist nur für mit arabischen Zahlen versehene Posten zulässig, was den kleinen Gesellschaften bereits gem. § 266 Abs. 1 S. 3 HGB eingeräumt ist. Insoweit hat die Vorschrift nur bei mittelgroßen und großen Gesellschaften Bedeutung. Die **GuV** enthält keine mit römischen Zahlen, sondern nur mit arabischen Zahlen bezeichnete Posten. Es wird aber für zulässig erachtet, Zusammenfassungen von mit kleinen Buchstaben bezeichneten Untergliederungen bei den Posten „Materialaufwand", „Personalaufwand" und „Abschreibungen" vorzunehmen.[59]

151 Die **zusammengefassten Posten** müssen im **Anhang** unter Beachtung des § 265 Abs. 2 HGB, also mit den Vorjahresbeträgen **angegeben werden.** Als den GoB der Klarheit entsprechend wird angesehen, wenn Großunternehmen generell derartige Zusammenfassungen vornehmen und zum Ausgleich die zusammengefassten Posten im Anhang angeben, was der in § 266 Abs. 1 S. 3 HGB lediglich kleinen Gesellschaften eingeräumten Gliederungserleichterung entgegensteht.[60] In der Praxis wird diese Möglichkeit weitergehend genutzt, u. z. schwerpunktmäßig beim Anlagevermögen sowie bei den Forderungen und Verbindlichkeiten.

---

[54] Vgl. *Adler/Düring/Schmaltz,* § 265 HGB Tz 48.
[55] Vgl. *Förschle/Lawall,* in Beck Bil-Kom. § 330 HGB Tz 20.
[56] Vgl. *Weber,* in Küting/Weber § 265 HGB Tz 38.
[57] Vgl. *Adler/Düring/Schmaltz,* § 265 HGB Tz 49.
[58] Vgl. WP-Handbuch 2000, Bd. I, F 601.
[59] Vgl. WP-Handbuch 2000, Bd. I, F 76.
[60] So aber WP-Handbuch 2000, Bd. I, F 75; mit Kritik dazu *Claussen/Korth,* in Kölner Kom. § 265 HGB Tz 22.

Stets gesondert auszuweisen sind:[61] 152
- Ausstehende Einlagen, § 272 Abs. 1 HGB
- Ingangsetzungs- und Erweiterungsaufwendungen, § 269 HGB
- Eigene Anteile, § 265 Abs. 3 S. 2 HGB
- Aktive latente Steuern, § 274 Abs. 2 S. 1 HGB
- Nicht durch Eigenkapital gedeckter Fehlbetrag, § 268 Abs. 3 HGB
- Sonderposten mit Rücklageanteil, §§ 273, 281 Abs. 1 HGB
- Rückstellungen für latente Steuern, § 274 Abs. 1 HGB

7. Angabe von Postenmitzugehörigkeiten

Anwendungsbereich: 153

Aufstellung	Offenlegung
Alle Gesellschaften	

Der Gesetzgeber verfolgt mit der in § 266 HGB vorgegebenen **Bilanzgliederung unterschiedliche Zielsetzungen**. Zum einen sollen auf der Aktiv- und Passivseite Vermögen und Kapital entsprechend der Fristigkeit gegliedert werden, indem das langfristig gebundene Anlagevermögen getrennt von dem kurzfristig gebundenen Umlaufvermögen und das langfristig verfügbare Eigenkapital getrennt von dem kurz- oder mittelfristig verfügbarem Fremdkapital – durch Angabe der Restlaufzeitvermerke – ausgewiesen werden. Zum anderen sollen die Beziehungen zu verbundenen Unternehmen dadurch sichtbar gemacht werden, dass Ausleihungen, Forderungen und Verbindlichkeiten gegenüber verbundenen Unternehmern und Beteiligungsunternehmen getrennt von anderen Ausleihungen, Forderungen und Verbindlichkeiten zu zeigen sind. 154

Bei der Zuordnung zu einzelnen Posten können sich im Einzelfall Abgrenzungsschwierigkeiten ergeben, wenn z. B. Vorräte sowohl als Rohstoffe als auch als Handelswaren – weil gleichzeitig als Ersatzteile benötigt – ausgewiesen werden können, oder bei der Abgrenzung zwischen technischen Anlagen auf der einen und Betriebs- und Geschäftsausstattung auf der anderen Seite. Die Zuordnung zu dem einen oder anderen Posten hat sich am Einblicksgebot zu orientieren. In der Regel sollte den Posten, die im Zusammenhang mit Unternehmerverbindungen stehen, der Vorrang eingeräumt werden.[62] Eine entsprechende Postenmitzugehörigkeit ist nur zu vermerken, sofern der Posten nicht von unterordneter Bedeutung ist und ohne Angabe der Postenmitzugehörigkeit Klarheit und Übersichtlichkeit gefährdet sind.[63] 155

Die **Mitzugehörigkeit** kann in der **Bilanz** bei dem entsprechenden Bilanzposten vermerkt **oder** wahlweise im **Anhang angegeben werden**. 156

Für die **GmbH** ordnet § 42 Abs. 3 GmbHG an, dass **Ausleihungen, Forderungen und Verbindlichkeiten gegenüber Gesellschaftern** i. d. R. als solche jeweils gesondert auszuweisen oder im Anhang anzugeben sind. Sofern sie unter einem anderen Posten ausgewiesen werden, ist diese Eigenschaft zu vermerken, was ebenfalls ein Fall der Postenmitzugehörigkeit ist.[64] In diesem Fall hat die Angabe unabhängig von der Größe der einzelnen Ausleihungen, Forderungen oder Verbindlichkeiten zu erfolgen. 157

Gleiches gilt für **Ausleihungen, Forderungen und Verbindlichkeiten gegenüber Gesellschaftern von Kapitalgesellschaften & Co.** (i. S. d. § 264 c HGB), soweit diese in der Bilanz nicht gesondert ausgewiesen werden oder der Ausweis unter einem anderen Posten nicht durch einen „davon-Vermerk" in der Bilanz kenntlich gemacht ist, § 264 c Abs. 1 HGB. 158

---

[61] Vgl. *Adler/Düring/Schmaltz*, § 265 HGB Tz 89.

[62] Vgl. WP-Handbuch 2000, Bd. I, F 67; *Adler/Düring/Schmaltz*, § 284 HGB Tz. 44, a. A. *Hense/Geißler*, in Beck Bil.-Kom. § 265 HGB Tz 8.

[63] Vgl. *Adler/Düring/Schmaltz*, § 265 HGB Tz. 40; ähnlich WP-Handbuch 2000, Bd. I, F 65.

[64] Vgl. *Hense/Geißler*, in Beck Bil.-Kom. § 265 HGB Tz 8.

3. Abschnitt: Bilanz und GuV

A. Bilanz

1. Erläuterung von Ingangsetzungs- und Erweiterungsaufwendungen

160 Anwendungsbereich:

Aufstellung	Offenlegung
Mittelgroße und große Gesellschaften	

161 Soweit Aufwendungen für die Ingangsetzung und Erweiterung des Geschäftsbetriebs aktiviert werden, sind sie gem. § 269 S. 1 HGB im Anhang zu erläutern. Kleine Gesellschaften sind gem. § 274a Nr. 5 HGB von der Erläuterungspflicht befreit. Erforderlich sind Angaben über die Art der Ingangsetzungs- und Erweiterungsaufwendungen, ohne dass die einzelnen Aufwandsarten genannt oder entsprechend der horizontalen Entwicklung im Anlagengitter aufgegliedert werden müssen.[65] Zum Erläuterungsinhalt gehört, ob das Verbot der Aktivierung von Gründungskosten beachtet wurde und die Vorschriften über die Abschreibungsverrechnung eingehalten sind.[66]

2. Erläuterung aktivierter Aufwendungen für die Währungsumstellung auf den Euro

162 Anwendungsbereich:

Aufstellung	Offenlegung
Alle Gesellschaften	

163 Im Zusammenhang mit der Einführung des Euro wurde allen Kaufleuten vorübergehend die Möglichkeit eingeräumt, „Aufwendungen für die Währungsumstellung auf den Euro" als Bilanzierungshilfe zu aktivieren.[67] Soweit von dieser Bilanzierungshilfe Gebrauch gemacht wurde, müssen KapG/KapG & Co. den Posten im Anhang erläutern, Art. 44 Abs. 1 S. 4 EGHGB. Die Erläuterungspflicht bezieht sich auf die Art der aktivierten Aufwendungen (Personalkosten, Beratungskosten, Verwaltungskosten), auf Grund welcher Umstellungsmaßnahmen die Aufwendungen entstanden sind (Programmentwicklung, funktionale Programmerweiterung), die Methoden der Abschreibungsverrechnung sowie die Ausschüttungssperre[68].

164 Die Erläuterungspflicht besteht auch für kleine Gesellschaften, weil diesen – anders als bei den Ingangsetzungs- und Erweiterungsaufwendungen – keine Befreiung von der Erläuterungspflicht eingeräumt ist.[69]

3. Anlagengitter einschließlich des Vermerks der Abschreibungen des Geschäftsjahres

165 Anwendungsbereich:

Aufstellung	Offenlegung
Mittelgroße und große Gesellschaften	

166 § 268 Abs. 2 HGB eröffnet das Wahlrecht, die horizontale Anlagenentwicklung (sog. **Anlagengitter)** in die Bilanz oder den Anhang aufzunehmen. Durch die Aufnahme des Anlagengitters in den Anhang kann – insbesondere bei freiwilligen Erweiterungen des Anlagengitters – eine Entlastung der Bilanz und dadurch ggf. eine

[65] Vgl. *Adler/Düring/Schmaltz,* § 269 HGB Tz 20; *Claussen/Korth,* in Kölner Kom. § 269 HGB Tz 14; ähnlich *Commandeur,* in Küting/Weber § 269 HGB Tz 58, der dargelegt haben will, auf welchen Unternehmensbereich sich die aktivierten Ingangsetzungsaufwendungen beziehen.

[66] Vgl. WP-Handuch 2000, Bd. I, F 607, vgl. dazu auch D 17,23.

[67] Vgl. *Förschle/Tischbierek,* in Beck Bil-Kom., 4. Aufl., Art. 44 EGHGB Tz 1 ff.

[68] Vgl. *Förschle/Tischbierek,* in Beck Bil-Kom., 4. Aufl., Art. 44 EGHGB Tz 32; WP-Handbuch 2000, Bd. I, F 608.

[69] Nach WP-Handbuch 2000, Bd. I, F 608 dürfte es sich dabei um ein Redaktionsversehen handeln.

bessere Übersichtlichkeit gegeben sein.[70] Als zulässig wird weiterhin erachtet, das Anlagengitter statt in den Anhang in einer **Anlage zur Bilanz** aufzunehmen.[71] Kleine Gesellschaften sind von der Erstellung eines Anlagengitters befreit, § 274a Nr. 1 HGB.

4. Angabe einer nutzungsadäquaten Geschäfts- oder Firmenwertabschreibung

Anwendungsbereich: 167

Aufstellung	Offenlegung
Alle Gesellschaften	

168 Gem. § 255 Abs. 4 S. 3 HGB besteht das Wahlrecht, einen aktivierten Geschäfts- oder Firmenwert – statt mit jährlich 25% abzuschreiben – planmäßig auf die Geschäftsjahre zu verteilen, in denen er voraussichtlich genutzt wird. Die Gründe für die Wahl dieser nutzungsadäquaten planmäßigen Abschreibung sind gem. § 285 Nr. 13 HGB im Anhang anzugeben. Das Wahlrecht wurde unter anderem deshalb in das HGB aufgenommen, weil § 7 Abs. 1 S. 3 EStG für die steuerrechtliche AfA eine betriebsgewöhnliche Nutzungsdauer von 15 Jahren unterstellt, und es den Kaufleuten ermöglicht werden sollte, diese Regelung auch handelsrechtlich anwenden zu können.[72] Als Begründung im Sinne des § 285 Nr. 13 HGB kann deshalb ein Verweis auf die steuerrechtliche Abschreibungsdauer in Betracht kommen.[73]

169 Soweit jedoch die handelsrechtliche Nutzungsdauer kürzer als 15 Jahre ist, ist die kürzere Nutzungsdauer für die handelsbilanzielle Abschreibung maßgebend.[74] Im Übrigen sind die Methoden zur Ermittlung der **Abschreibungsdauer** und das **Abschreibungsverfahren** zu nennen.[75] Die Angabe hat im Jahr des Abschreibungsbeginns zu erfolgen, also im Wahljahr der Abschreibungsmethode. Möglich ist auch eine Angabe im Rahmen der Berichterstattung über die angewandten Bilanzierungs- und Bewertungsmethoden.

5. Angabe des Unterschiedsbetrages bei Bewertungsvereinfachungsverfahren

Anwendungsbereich: 170

Aufstellung	Offenlegung
Alle Gesellschaften	

171 § 284 Abs. 2 Nr. 4 HGB fordert bei Anwendung der Bewertungsmethode nach § 240 Abs. 4 HGB (Gruppenbewertung) und nach § 256 S. 1 HGB (Bewertung nach der Durchschnittsmethode, der Lifo- oder Fifomethode) die **Angabe von Unterschiedsbeträgen** für die **jeweilige Gruppe von Vermögensgegenständen,** errechnet aus den Wertansätzen im Jahresabschluss und den letzten vor dem Abschlussstichtag bekannten Börsenkursen oder Marktpreisen.

172 Nach dem Gesetzeswortlaut sind nur **erhebliche Unterschiedsbeträge** anzugeben, was keine Arbeitserleichterung ist, denn die Ermittlung des Unterschiedsbetrags hat aufgrund einer Vergleichsrechnung zu erfolgen, d. h. es muss eine ergänzende Bewertung auf Grundlage der zuletzt bekannten Börsen- oder Marktpreise vorgenommen werden.

173 Die Angabe des Unterschiedsbetrages ist für die **„jeweilige Gruppe"** vorgeschrieben, also für nach den jeweiligen Verfahren in Gruppen zusammengefasste gleichartige Vermögensgegenstände, wobei sich die Angabe auf einzelne Bilanzposten beschränken kann.[76] Auszuweisen sind die für die jeweiligen Gruppen ermittel-

---

[70] Vgl. *Adler/Düring/Schmaltz,* § 268 HGB Tz 40.
[71] Vgl. *Adler/Düring/Schmaltz,* § 268 HGB Tz 40.
[72] Vgl. BT-Drucksache 10/4268, S. 101.
[73] Vgl. *Adler/Düring/Schmaltz,* § 285 HGB Tz 245.
[74] Vgl. *Adler/Düring/Schmaltz,* § 255 HGB Tz 283; *Claussen/Korth,* in Kölner Kom. §§ 284–288 HGB, 160 AktG Tz 134; *Dörner/Wirth,* in Küting/Weber §§ 284–288 HGB Tz 295.
[75] Vgl. *Ellrott,* in Beck Bil-Kom. § 285 HGB Tz 245.
[76] *Adler/Düring/Schmaltz,* § 284 HGB Tz 152 fordern mindestens eine Differenzierung für Gruppen, die nach § 240 Abs. 4 HGB einerseits, und solche, die nach § 256 Satz 1 HGB andererseits bewertet worden sind; ebenso *Krawitz,* in Bonner HdR § 284 HGB Tz 47.

ten „pauschalen" Unterschiedsbeträge, was bedeutet, dass Auf- und Abrundungen auf volle Tsd. € zulässig sind.[77]

174 Das Gesetz läßt offen, wann ein „erheblicher" Unterschiedsbetrag vorliegt. Es gilt also der GoB der **materiality,** so dass auf einen **Unterschied von 10%** zwischen Bilanzwert und fiktiv ermittelten Börsen- oder Marktpreis als Hilfsgrößenmerkmal zurückgegriffen werden kann.[78] Nur wenn ein so ermittelter Unterschiedsbetrag in bezug auf die Vermögenslage von völlig untergeordneter Bedeutung ist, kann trotz Überschreitung dieses Schwellenwertes eine Angabe unterbleiben.[79]

175 Im Übrigen können als **Beurteilungskriterien** gelten:[80]

1. **Primär:**
- die vernünftige kaufmännische Beurteilung
- Größe des Unterschiedsbetrages und Relation zur Gruppengröße
- Größenrelation der Gruppe zum Bilanzposten

2. **Sekundär:**
- Bedeutung der obigen Faktoren im Verhältnis zur Bilanzsumme

6. Angaben zur Einbeziehung von Fremdkapitalzinsen in die Herstellungskosten

176 Anwendungsbereich:

Aufstellung	Offenlegung
Alle Gesellschaften	

177 Gem. § 284 Abs. 2 Nr. 5 HGB sind in die Herstellungskosten einbezogene und aktivierte Fremdkapitalzinsen im Anhang anzugeben. Sofern die Angabe nicht im 2. Abschnitt bei den allgemeinen Angaben zur Bewertung und Gliederung erfolgt, ist sie bei im **Vorratsvermögen aktivierten Fremdkapitalzinsen** an dieser Stelle, bei im **Anlagevermögen aktivierten Fremdkapitalzinsen** im Zusammenhang mit den Erläuterungen zum Anlagevermögen zu geben.

178 Nach § 255 Abs. 3 HGB dürfen Fremdkapitalzinsen in die Herstellungskosten einbezogen werden. Der Gesetzgeber hat aber die Aktivierung von Fremdkapitalzinsen für einen solchen Ausnahmefall gehalten, dass er die **Angabe der Einbeziehung im Anhang** verlangt. Eine Begründung für die Einbeziehung und die Betragshöhe ist dagegen nicht erforderlich.[81]

179 Anzugeben ist, bei welchen Vermögensgegenständen Fremdkapitalzinsen aktiviert wurden, wobei eine **Nennung der** in Betracht kommenden **Bilanzposten** genügt. Angaben zum Umfang der Aktivierung können aber auch erforderlich sein, wenn das Wahlrecht bei einzelnen Bilanzposten unterschiedlich ausgeübt oder der aktivierte Betrag von außergewöhnlicher Bedeutung ist.[82]

180 Die Angabepflicht besteht nur, soweit in die Herstellungskosten einbezogene Fremdkapitalzinsen auf am Bilanzstichtag aktivierte Vermögensgegenstände entfallen. Deshalb ist die Angabe als eine **bilanzpostenbezogene Bewertungsangabe** und nicht als eine Angabe zur GuV einzuordnen.[83]

7. Erläuterung von antizipativen Forderungen

181 Anwendungsbereich:

Aufstellung	Offenlegung
Mittelgroße und große Gesellschaften	

---

[77] Vgl. WP-Handbuch 2000, Bd. I, F 606.

[78] Vgl. *Adler/Düring/Schmaltz,* § 284 HGB Tz 155; *Dörner/Wirth,* in Küting/Weber §§ 284–288 HGB Tz 135; *Claussen/Korth,* in Kölner Kom. §§ 284–288 HGB, 160 AktG Tz 60 greifen auf den durch § 160 Abs. 2 S. 5 AktG 1965 definierten Unterschiedsbetrag zurück.

[79] WP-Handbuch 2000, Bd. I, F 605 stellt auf die jeweilige Gruppe, ihre absolute und relative Bedeutung sowie die Höhe des Unterschiedsbetrages und dessen Verhältnis zum Wert der Gruppe ab.

[80] Vgl. *Adler/Düring/Schmaltz,* § 284 HGB Tz 155.

[81] Vgl. *Adler/Düring/Schmaltz,* § 284 HGB Tz 156; gleichwohl ist eine Betragsangabe wünschenswert, *Claussen/Korth,* in Kölner Kom. §§ 284–288 HGB, 160 AktG Tz 42.

[82] Vgl. WP-Handbuch 2000, Bd. I, F 611; *Adler/Düring/Schmaltz,* § 284 HGB Tz 156.

[83] Vgl. WP-Handbuch 2000, Bd. I, F 612

Nach § 268 Abs. 4 S. 2 HGB sind unter dem Posten „Sonstige Vermögensgegenstände" ausgewiesene Beträge, die erst **nach dem Abschlussstichtag rechtlich entstehen,** im Anhang zu erläutern. Kleine Gesellschaften sind von der Erklärungspflicht befreit, § 274 a Nr. 2 HGB. Es handelt sich um sog. **antizipative Posten.**[84] „Transitorische Posten" sind gem. § 250 HGB als Rechnungsabgrenzungsposten auszuweisen. **182**

Voraussetzung für die Aktivierung antizipativer Posten ist, dass bei wirtschaftlicher Betrachtungsweise ein **forderungsähnlicher Posten** vorliegt. Das sind Forderungen, denen Erträge zugrundeliegen, die dem abgelaufenen Geschäftsjahr zuzuordnen sind, rechtlich aber erst im neuen Geschäftsjahr entstehen. Insoweit weicht die Fälligkeit der Zahlungsverpflichtung von dem Zeitpunkt der Leistungserbringung ab. Dieser kann z. B. der Fall sein bei abgegrenzten Zinserträge, Mieten, Rückdeckungsansprüchen aus Lebensversicherungen, Boni mit Fälligkeiten im neuen Geschäftsjahr;[85] u. U. auch Investitionszulagen und -zuschüsse, wenn die Voraussetzungen für den Zuschuss, also die Antragsabgabe, im Zeitpunkt der Bilanzaufstellung erfüllt war und dem Anspruch keine rechtlichen Bedenken entgegenstehen.[86] **183**

Eine Erläuterungspflicht greift nur, wenn unter den „Sonstigen Vermögensgegenständen" **Beträge größeren Umfangs** ausgewiesen sind. Bei mehreren antizipativen - unter diesen Posten enthaltenen - Beträgen ist auf den **Gesamtbetrag abzustellen.**[87] Im Übrigen ist aufgrund der Größenrelation des Einzelfalles zu entscheiden, u. z. sowohl in bezug auf die Bilanzsumme als auch auf den Posten „Sonstige Vermögensgegenstände" selbst. Nach dem Grundsatz der materiality kann deshalb eine Erläuterung unterbleiben, wenn der Posten „Sonstige Vermögensgegenstände" selbst von untergeordneter Bedeutung ist.[88] **184**

„Erläutern" bedeutet, dass Beträge größeren Umfangs unter Bezeichnung des zugrundeliegenden Sachverhalts **verbal zu beschreiben** sind, also anzugeben ist, um welchen Posten es sich handelt und was die Aktivierung gerechtfertigt hat; betragsmäßige Angaben kommen nur in Ausnahmefällen in Betracht.[89] **185**

In der Praxis findet man folgende Arten der **Erläuterung**: **186**
- Sachverhaltsbezeichnung und Betragsangabe
- Sachverhaltsbezeichnung und Hervorhebung des antizipativen Charakters
- alleinige Sachverhaltsbezeichnung

8. Angabe eines Disagios

Anwendungsbereich: **187**

Aufstellung	Offenlegung
Mittelgroße und große Gesellschaften	

Wird das handelsrechtliche Wahlrecht der Aktivierung eines Disagios in Anspruch genommen, ist gem. § 268 Abs. 6 HGB das **Disagio in der Bilanz** unter den RAP gesondert auszuweisen **oder im Anhang anzugeben.** Für den Bilanzausweis kommt sowohl ein „davon-Vermerk" als auch eine Untergliederung des Rechnungsabgrenzungspostens in Betracht.[90] Bei einer Verlagerung der Angabe in den Anhang ist der Vorjahresbetrag zu vermerken.[91] Mehrere Unterschiedsbeträge können in einem Betrag zusammengefasst werden. Kleine Gesellschaften sind gem. § 274 a Nr. 4 HGB von dem gesonderten Ausweis bzw. der Angabe im Anhang befreit. **188**

---

[84] Vgl. *Knop,* in Küting/Weber § 268 HGB Tz 203 f.; *Ellrott,* in Beck Bil-Kom. § 268 HGB Tz 94 f.

[85] Vgl. *Adler/Düring/Schmaltz,* § 268 HGB Tz 106; WP-Handbuch 2000; Bd. I, F 610.

[86] Vgl. *Ellrott,* in Beck Bil-Kom. § 268 HGB Tz 95; ggf. auch Steuererstattungsansprüche, der erst mit Ablauf eines vom Geschäftsjahr abweichenden Veranlagungszeitraums entstehen, *Adler/Düring/Schmaltz,* § 268 HGB Tz 106.

[87] Vgl. *Adler/Düring/Schmaltz,* § 268 HGB Tz 107; WP-Handbuch 2000; Bd. I, F 610 verweist als Richtschnur auf die 10%-Regel, bezogen auf den Bilanzposten.

[88] Vgl. *Knop,* in Küting/Weber § 268 HGB Tz 206; *Matschke,* in Bonner HdR § 268 HGB Tz 87.

[89] Vgl. WP-Handbuch 2000, Bd. I, F 610.

[90] Vgl. *Adler/Düring/Schmaltz,* § 268 HGB Tz 121; *S. Hayn,* in Küting/Weber § 268 HGB Tz 220; WP-Handbuch 2000, Bd. I, F 215.

[91] Nach *Berger/Bartels-Hetzler,* in Beck Bil-Kom. § 268 HGB Tz 113 ist im Erstjahr der Abgrenzung auf die Ausübung des Ansatzwahlrecht hinzuweisen, wenn es sich um eine Änderung der Bilanzierungsmethoden handelt.

9. Erläuterung aktiver latenter Steuern

189 Anwendungsbereich:

Aufstellung	Offenlegung
Alle Gesellschaften	

190 Für die Aktivierung latenter Steuern besteht – im Gegensatz zur Passivierungspflicht für latente Steuerverpflichtungen – ein **Wahlrecht,** § 274 Abs. 2 S. 1 HGB. Latente Steueransprüche sind in der Bilanz gesondert auszuweisen, ohne dass diese Ausweisverpflichtung in den Anhang verlagert werden kann. Daneben fordert § 274 Abs. 2 S. 2 HGB, dass der gesondert in der Bilanz ausgewiesene **Posten im Anhang zu erläutern ist.** Der Begriff „Erläutern" geht über eine bloße Anhangsangabe hinaus und bedingt eine Kommentierung dieses Postens, also Hinweise darauf, auf welche Gewinndifferenzen sich der Aktivposten bezieht und nach welcher Methode er ermittelt worden ist, ggf. ob eine Verrechnung mit latenten Steuerverpflichtungen erfolgte.[92] Sofern die Aktivierung eines latenten Steueranspruchs zwar möglich, aber aufgrund des Ansatzwahlrechts unterblieben ist, ist keine Erläuterung erforderlich.[93]

10. Angabe eines Gewinn-/Verlustvortrages

191 Anwendungsbereich:

Aufstellung	Offenlegung
Alle Gesellschaften	

192 Gem. § 268 Abs. 1 S. 2 HGB ist ein vorhandener Gewinn- oder Verlustvortrag in den Posten „Bilanzgewinn/Bilanzverlust" einzubeziehen und in der Bilanz oder im Anhang gesondert anzugeben. Dies kommt immer dann zum Tragen, wenn der Jahresabschluss unter Berücksichtigung der vollständigen oder teilweisen Verwendung des Jahresergebnisses aufgestellt wird, weil in diesen Fällen in der Bilanz nur noch der Posten „Bilanzgewinn/Bilanzverlust" auszuweisen ist.

193 Anzugeben ist der **Gewinn- oder Verlustvortrag des Vorjahres,** nicht der auf neue Rechnung vorgetragene Gewinn oder Verlust aus dem abgeschlossenen Geschäftsjahr.[94] Der Vermerk kann in der Bilanz in einer Vorspalte oder in einem „davon-Vermerk" erfolgen. Bei einer Ergänzungsgliederung zur GuV, wie sie § 158 Abs. 1 AktG für die AG vorschreibt, dürfte der Angabepflicht ebenfalls nachgekommen sein. Ansonsten ist eine Angabe im Anhang erforderlich.

11. Angabe von Rücklagen für Eigenkapitalanteile aus Wertaufholungszuschreibungen und nur steuerrechtlich gebildete Sonderposten mit Rücklageanteil

194 Anwendungsbereich:

Aufstellung	Offenlegung
Alle Gesellschaften	

195 § 29 Abs. 4 GmbHG für die GmbH und § 58 Abs. 2a AktG für die AG **erlauben** in bestimmten Fällen die **Bildung von Gewinnrücklagen,** und zwar für:
- den Eigenkapitalanteil von Wertaufholungen bei Vermögensgegenständen des Anlage- und Umlaufvermögens
- den Eigenkapitalanteil eines nur steuerrechtlich zulässigen Sonderpostens mit Rücklageanteil

196 Nach § 29 Abs. 4 **GmbHG** ist die Rücklagendotierung in die Disposition der Geschäftsführer gestellt, wenn die Zustimmung eines Aufsichtsrats oder der Gesellschafter vorliegt.

[92] Vgl. *Claussen/Korth,* in Kölner Kom. § 274 HGB Tz 28; a. A. *Adler/Düring/Schmaltz,* § 274 HGB Tz 57, die eine verbale Erläuterung der Gründe fordern, was über den Begriff „Erläutern" hinausgeht und eher einer Begründung entspricht.

[93] Vgl. WP-Handbuch 2000, Bd. I, F 614.

[94] Vgl. *Matschke,* in Bonner HdR § 268 HGB Tz 15; *Adler/Düring/Schmaltz,* § 268 HGB Tz 27; *Ellrott/Krämer,* in Beck Bil-Kom. § 268 HGB Tz 8; a. A. *Hoffmann,* BB, Beilage 1/1983, S. 8.

Nach § 58 Abs. 2 **AktG** sind bei der **AG** für die Rücklagedotierung allein Vorstand und Aufsichtsrat zuständig, und zwar unabhängig davon, ob der Jahresabschluss durch Vorstand und Aufsichtsrat oder durch die HV festgestellt wird. **197**

Die Möglichkeit derartige Rücklagen bilden zu können, ist eine Folge des Wertaufholungsgebots gem. § 280 Abs. 1 HGB und der „strengen" umgekehrten Maßgeblichkeit bei Kapitalgesellschaften, nach der Sonderposten mit Rücklageanteil nur noch in den Fällen in der Handelsbilanz gebildet werden dürfen, in denen die steuerrechtliche Anerkennung davon abhängig ist, dass ein entsprechender Sonderposten mit Rücklageanteil auch in der Handelsbilanz gebildet wurde. Einzustellen ist lediglich der **Eigenkapitalanteil,** d. h. Ertragsteuerbelastungen oder Aufwendungen für latente Steuerverpflichtungen schmälern den einzustellenden Betrag.[95] Ziel des Wahlrechts ist, sowohl die Buchgewinne aus Wertaufholungen als auch den Eigenkapitalanteil von in der Steuerbilanz gebildeten Sonderposten mit Rücklagenanteil dem ausgeschüttungsfähigen Handelsbilanzgewinn zu entziehen und so einen Liquiditätsentzug zu verhindern. **198**

Die Rücklagen müssen in der Bilanz unter entsprechender Bezeichnung ausgewiesen werden, andernfalls sind sie im Anhang anzugeben. **199**

12. Angabe der Steuerrechtsnorm für Sonderposten mit Rücklageanteil und für Wertberichtigungen

Anwendungsbereich: **200**

Aufstellung	Offenlegung
Alle Gesellschaften	

Sonderposten mit Rücklageanteil können für **„unversteuerte Rücklagen"**[96] und **„Wertberichtigungen"** gebildet werden. §§ 273 S. 2, 281 Abs. 1 S. 2 HGB schreiben für beide Arten von Sonderposten mit Rücklageanteil vor, dass im Anhang die steuerrechtliche Vorschrift, nach der der Posten gebildet worden ist, anzugeben ist, sofern dieser Verpflichtung nicht in der Bilanz nachgekommen wird. Eine weitere **Erläuterung oder betragsmäßige Aufgliederung ist nicht erforderlich.**[97] Auch eine Untergliederung, welche Beträge auf steuerfreie Rücklagen und welche auf Wertberichtigungen entfallen, wird nicht verlangt, ist aber wegen des unterschiedlichen Charakters bei den Sonderposten wünschenswert.[98] Eine Begründung für die Rücklagenbildung ist nicht erforderlich. **201**

Abweichend hiervon ist die **Euro-Umrechnungsrücklage** auf Grund der Sonderregelung in Art. 43 Abs. 1 S. 3 EGHGB als gesonderter Posten unter der Bezeichnung „Sonderposten aus der Währungsumstellung auf den Euro" nach dem Eigenkapital auszuweisen. **202**

13. Angabe nicht passivierter Pensionsverpflichtungen

Anwendungsbereich: **203**

Aufstellung	Offenlegung
Alle Gesellschaften	

Verpflichtungen aus Pensionszusagen sind **zwingend als Rückstellung zu passivieren,** wenn die Pensionszusage nach dem 31. 12. 1986 gegeben wurde. Für vor dem 1. 1. 1987 gegebene Pensionszusagen – und für Erhöhungen solcher Verpflichtungen - gilt die Übergangsregelung des Art. 28 EGHGB. Art. 28 Abs. 2 EGHGB fordert, die in der **Bilanz nicht ausgewiesenen Rückstellungen** für laufende Pensionen, Anwartschaften auf Pensionen und ähnliche Verpflichtungen im Anhang **204**

---

[95] Vgl. WP-Handbuch 2000, Bd. I, F 293; für nach den 31.12.1998 endende Wirtschaftsjahre gilt ein isoliertes steuerrechtliches Wertaufholungsgebot, § 6 Abs. 1 Nr. 1 S. 4 EStG 1997; maßgebend ist aber die Wertaufholung in der Handelsbilanz.

[96] Häufig wird auch der irreführende Begriff „steuerfreie Rücklagen" verwendet, was fehl geht, denn die Rücklagen gewähren regelmäßig keine endgültige „Steuerfreistellung", sondern lediglich eine „Steuerstundung", vgl. auch D 919.

[97] Vgl. *Adler/Düring/Schmaltz,* § 273 HGB Tz 20; WP-Handbuch 2000, Bd. I, F 316.

[98] Vgl. *Adler/Düring/Schmaltz,* § 273 HGB Tz 20; *Claussen/Korth,* in Kölner Kom. § 273 HGB Tz 12 und § 281 HGB Tz 12; *Berger/Gutike,* in Beck Bil-Kom. § 273 HGB Tz 8.

in einem Betrag anzugeben. Über die Fehlbeträge wird häufig im Zusammenhang mit den nach § 285 Nr. 3 HGB anzugebenden „sonstigen finanziellen Verpflichtungen" berichtet.[99]

205 Für die Ermittlung der nicht passivierten Pensionsrückstellungen im Anhang gelten die gleichen Grundsätze wie für zu passivierende Pensionsrückstellungen, d. h. sie sind nach versicherungsmathematischen Grundsätzen zu ermitteln. Die angewandte Berechnungsmethode ist anzugeben.[100] Bei der **Berechnung** der nicht passivierten Pensionsrückstellungen ist derselbe Zinssatz wie bei den passivierten Pensionsrückstellungen zu verwenden, weil ansonsten keine Vergleichbarkeit des Umfangs der nicht passivierten Pensionsrückstellungen gegeben ist.

206 Für **mittelbare Pensionsverpflichtungen** und für unmittelbare und mittelbare ähnliche Verpflichtungen brauchen keine Rückstellungen unabhängig vom Zeitpunkt des Erwerbs eines Anspruches durch den Berechtigten gebildet zu werden. Wird auf eine Rückstellungsbildung verzichtet, sind auch in diesen Fällen die Fehlbeträge gegenüber Unterstützungskassen nach den gleichen Grundsätzen zu ermitteln; es besteht jedoch keine Bindung an die für unmittelbare Pensionszusagen angewandte Bewertungsmethode.[101] Die aus den Zusagen resultierenden Fehlbeträge können in einer Summe zusammengefasst im Anhang angegeben werden.[102]

207 Reicht das Vermögen einer **Unterstützungskasse** nicht zur Deckung der künftigen Zahlungen aus, hat das Trägerunternehmen dafür einzustehen, sog. **Subsidiärhaftung**. Wird in diesem Fall keine oder eine zu niedrige Rückstellung gebildet, ist der Fehlbetrag ebenfalls im Anhang anzugeben.[103]

14. Angabe passiver latenter Steuern

208 Anwendungsbereich:

Aufstellung	Offenlegung
Alle Gesellschaften	

209 Nach § 274 Abs. 1 HGB sind für latente Steuerverpflichtungen Rückstellungen zu bilden. Latente Steuerverpflichtungen kommen in Betracht, wenn der nach steuerrechtlichen Vorschriften zu versteuernde Gewinn des Geschäftsjahres und früherer Geschäftsjahre niedriger als das handelsrechtliche Ergebnis (vor Steuern) ist und der darauf zurückzuführende niedrigere Steueraufwand voraussichtlich in späteren Geschäftsjahren durch einen entsprechend höheren Steueraufwand ausgeglichen wird.[104]

210 Passive latente Steuerverpflichtungen sind in der **Bilanz gesondert auszuweisen oder im Anhang anzugeben.** Die Angabeverpflichtung entfällt, soweit passive latente Steuerverpflichtungen mit aktiven latenten Steueransprüchen verrechnet wurden.[105] Weitergehende Angaben, wie sich die latente Steuerverpflichtung errechnet, sind nicht erforderlich. Da die Angabe der latenten Steuerverpflichtung im Anhang einen Bilanzausweis ersetzt, sind Vorjahreszahlen ebenfalls anzugeben.

15. Erläuterung sonstiger Rückstellungen

211 Anwendungsbereich:

Aufstellung	Offenlegung
Mittelgroße und große Gesellschaften	Große Gesellschaften

212 Gem. § 285 Nr. 12 HGB sind Rückstellungen, die in der Bilanz unter dem Posten „Sonstige Rückstellungen" nicht gesondert ausgewiesen werden, im Anhang zu er-

---

[99] Vgl. Unzulässig nach WP-Handbuch 2000, Bd. I, F 618.
[100] Vgl. WP-Handbuch 2000, Bd. I, F. 619; *Claussen/Korth,* in Kölner Kom. §§ 284–288 HGB, 160 AktG Tz 48.
[101] Vgl. WP-Handbuch 2000, Bd. I, F. 620; a. A. *Muscheid,* BB 1986, S. 361, der den Hinweis auf das Bestehen einer Unterstützungskasse für hinreichend hält.
[102] Vgl. *Claussen/Korth,* in Kölner Kom. §§ 284–288 HGB, 160 AktG Tz 48.
[103] Vgl. WP-Handbuch 2000, Bd. I, F 621
[104] Vgl. WP-Handbuch 2000, Bd. I, F 323.
[105] Vgl. *Adler/Düring/Schmaltz,* § 274 HGB Tz 60.

läutern, wenn sie einen nicht unerheblichen Umfang haben. Davon sind im Rahmen der Aufstellung kleine Gesellschaften ausgenommen, § 288 S. 1 HGB, im Rahmen der Offenlegung auch mittelgroße Gesellschaften, § 327 Nr. 2 HGB.

Die **Erläuterungspflicht** kommt nur zum Tragen, wenn Rückstellungen einen nicht unerheblichen Umfang haben **und** in der Bilanz nicht gesondert ausgewiesen sind. Das Gesetz läßt offen, was ein **nicht unerheblicher Umfang** ist, insbesondere welche Bezugsgröße zu wählen ist. Teilweise wird im Schrifttum auf das Gesamtbild der Bilanz unter Berücksichtigung der sonstigen Rückstellungen abgestellt,[106] teilweise werden aber auch der Bilanzposten als Bezugsgröße gewählt und bestimmte Prozentsätze, z. B. 10% des Bilanzpostens, als Hilfsgröße zur Bestimmung des nicht „unerheblichen Umfangs“ genannt.[107] 213

Nach dem Gesetzeswortlaut sind die im Anhang anzugebenden Rückstellungen zu erläutern, was vom Wortlaut her mehr als eine Angabe ist. Demgemäß werden verbale Darstellungen gefordert, die über eine reine Sachverhaltsangabe hinausgehen.[108] 214

16. Angaben zu Verbindlichkeiten

Anwendungsbereich: 215

	Aufstellung	Offenlegung
Gesamtbetrag	Alle Gesellschaften	
Einzelposten	Mittelgroße und große Gesellschaften	Große Gesellschaften

Nach § 268 Abs. 4 S. 1 HGB sind in der Bilanz **Forderungen** mit einer Restlaufzeit von mehr als einem Jahr gesondert zu vermerken. § 268 Abs. 5 S. 1 HGB schreibt für **Verbindlichkeiten** mit einer Restlaufzeit bis zu einem Jahr ebenfalls einen Bilanzvermerk vor. Ergänzend **gebietet § 285 Nr. 1 HGB für den Anhang,** 216

- den Gesamtbetrag der Verbindlichkeiten mit einer Restlaufzeit von mehr als 5 Jahren anzugeben sowie
- den Gesamtbetrag der Verbindlichkeiten, die durch Pfandrechte oder ähnliche Rechte gesichert sind, unter Angabe von Art und Form der Sicherheiten anzugeben.

Mittelgroße und große Gesellschaften müssen gem. § 285 Nr. 2 HGB diese Angaben für jeden in der Bilanz ausgewiesenen **Verbindlichkeitsposten gesondert liefern**, sofern sie sich nicht bereits aus der Bilanz ergeben. Bei der Offenlegung ist eine einzelpostenbezogene Angabe nur für große Gesellschaften obligatorisch, § 327 Nr. 2 HGB. 217

Die Vermerkpflicht bezieht sich nur auf in der Bilanz ausgewiesene Verbindlichkeiten, nicht dagegen auf andere Posten, wie langfristige Rückstellungen. 218

Anzugeben ist die **Restlaufzeit,** das ist die am Jahresabschlussstichtag verbleibende Zeit bis zum vertraglich vereinbarten oder gesetzlich festgelegten Rückzahlungstermin.[109] **Bei Ratenzahlungen** sind die innerhalb von 5 Jahren fälligen Raten in die Gesamtbetragserrechnung nicht miteinzubeziehen, sondern nur der Teilbetrag, der nach 5 Jahren zurückzuzahlen ist.[110] Eine verlängerte Rückzahlungsfrist auf Grund einer stillschweigenden Prolongation ändert nichts am Charakter kurzfristiger 219

---

[106] Vgl. WP-Handbuch 2000, Bd. I, F 616; *Adler/Düring/Schmaltz,* § 285 HGB Tz 241; a. A. *Claussen/Korth,* in Kölner Kom. §§ 284–288 HGB, 160 AktG Tz 133, die auf die einzelnen Rückstellungen abstellen.

[107] Vgl. *Ellrott,* in Beck Bil-Kom., § 285 HGB Tz 241 will ggf. auch auf die Belastung des Jahresergebnisses abstellen.

[108] Vgl. *Adler/Düring/Schmaltz,* § 285 HGB Tz 242; *Ellrott,* in Beck Bil-Kom., § 285 HGB Tz 231 spricht von verbaler Umschreibung; nach *Claussen/Korth,* in Kölner Kom. §§ 284–288 HGB, 160 AktG Tz 141 wird dabei übersehen, dass die Angabepflicht im Anhang eine Ausweisverpflichtung in der Bilanz ersetzt, für die Anhangsangabe also keine andere Informationsqualität als für einen Bilanzausweis verlangt werden kann; a.A. WP-Handbuch 2000, Bd. I, F 617; *Adler/Düring/Schmaltz,* § 285 HGB Tz 243, die Zahlenangaben nicht für erforderlich halten.

[109] Vgl. *Adler/Düring/Schmaltz,* § 285 HGB Tz 11.

[110] Vgl. *Ellrott,* in Beck Bil-Kom. § 285 HGB Tz 6; WP-Handbuch 2000, Bd. I, F 627.

Verbindlichkeiten.[111] Sofern eine vorzeitige Tilgung beabsichtigt ist, der keine gesetzlichen oder vertraglichen Vorschriften entgegenstehen, ist der vorzeitige Tilgungszeitpunkt für die Berechnung maßgebend.[112] Sind keine Fälligkeitstermine vereinbart, ist die **Restlaufzeit zu schätzen.** In Zweifelsfällen ist die Fälligkeit eher zu früh als zu spät anzunehmen, damit die Liquiditätslage nicht zu positiv abgebildet wird.[113]

220 Neben den Restlaufzeiten sind für die in der Bilanz ausgewiesenen Verbindlichkeiten gewährte Pfandrechte und ähnliche Rechte anzugeben – bei kleinen Gesellschaften in einem Gesamtbetrag –. Zu den **Pfandrechten** gehören die sog. Grundpfandrechte in Form von Hypotheken-, Grund- und Rentenschulden gem. §§ 1113 ff BGB und die Pfandrechte an beweglichen Sachen und Rechten gem. §§ 1204 ff BGB. Zu den **dem Pfandrecht ähnlichen Rechten** gehören die Sicherungsübereignung, §§ 929, 930 BGB und der Eigentumsvorbehalt, § 455 BGB, der im Wirtschaftsalltag bei nahezu allen Lieferungen besteht.

221 Demgemäß können die anzugebenden Sicherheiten wie folgt unterschieden werden:[114]

Pfandrechte

- Grundpfandrechte
  Hypotheken-, Grund- und Rentenschulden, als Buch- oder Briefhypothek
- Sonstige Pfandrechte an beweglichen Sachen und Rechten

Ähnliche Rechte

- Sicherungsübereignung
- Eigentumsvorbehalt

222 Insbesondere **Eigentumsvorbehalte und gesetzliche Sicherungsrechte** wie das Vermieterpfandrecht sind in der Praxis häufig vorkommende Sicherungsformen und im Einzelfall nur mit erheblichem Aufwand stichtagsbezogen feststellbar. Deshalb wird es als zulässig erachtet, im Anhang lediglich zu erwähnen, dass branchenübliche Eigentumsvorbehalte bestehen, ohne den Betrag im einzelnen anzugeben und dem Verbindlichkeitsposten zuzuordnen.[115]

223 Die **Höhe des anzugebenden Betrags** richtet sich nach der ausgewiesenen Verbindlichkeit und nicht nach der Höhe der gegebenen Sicherheit, was sich aus der Akzessorität des Pfandrechts ergibt.[116] Anzugeben sind ferner Art und Form der gewährten Sicherheit, so dass die oben aufgeführten Sicherungsrechte in Verbindung mit den darauf entfallenden Verbindlichkeiten anzugeben sind. Sofern bei einem Posten mehrere Sicherheiten bestehen, ist eine betragsmäßige Aufteilung nicht erforderlich.[117]

224 Im Hinblick auf die zahlreichen zu den Verbindlichkeiten zu liefernden Angaben wird empfohlen, die nach § 268 Abs. 5 S. 1 HGB zu vermerkenden Restlaufzeiten bis zu 1 Jahr – für die das Gesetz einen Ausweis in der Bilanz vorsieht – mit den nach § 285 Nr. 1 a) HGB anzugebenden Restlaufzeiten von mehr als 5 Jahren in einem sog. **„Verbindlichkeitenspiegel"** wie folgt zusammenzufassen.[118]

---

[111] Vgl. *Claussen/Korth,* in Kölner Kom. §§ 284–288 HGB, 160 AktG Tz 67.
[112] Vgl. WP-Handbuch 2000, Bd. I, F 627.
[113] Vgl. *Adler/Düring/Schmaltz,* § 285 HGB Tz 11.
[114] Vgl. *Claussen/Korth,* in Kölner Kom §§ 284–288 HGB; 160 AktG Tz 67.
[115] Vgl. *Ellrott,* in Beck Bil-Kom. § 285 HGB Tz 12; *Dörner/Wirth,* in Küting/Weber §§ 284–288 HGB Tz 143; *Adler/Düring/Schmaltz,* § 285 HGB Tz 17; *Claussen/Korth,* in Kölner Kom. §§ 284–288 HGB, 160 AktG Tz 70; WP-Handbuch 2000, Bd. I, F 628 mit Einschränkung beim Pfandrecht des Werkunternehmers.
[116] Vgl. WP-Handbuch 2000, Bd. I, F 628; *Adler/Düring/Schmaltz,* § 285 HGB Tz 20.
[117] Vgl. *Adler/Düring/Schmaltz,* § 285 HGB Tz 21.
[118] Beispiel aus *Adler/Düring/Schmaltz,* § 285 HGB Tz 27.

Verbindlichkeitenspiegel 225

	Restlaufzeit bis zu einem Jahr	Restlaufzeit zwischen einem und fünf Jahren*	Restlaufzeit von mehr als fünf Jahren	Gesamtbetrag	davon durch Pfandrechte und ähnliche Rechte gesichert	Art und Form der Sicherheit
1. Anleihen, davon konvertibel 2. Verbindlichkeiten gegenüber Kreditinstituten 3. erhaltene Anzahlungen auf Bestellungen 4. Verbindlichkeiten aus Lieferungen und Leistungen 5. Verbindlichkeiten aus der Annahme gezogener Wechsel und der Ausstellung eigener Wechsel 6. Verbindlichkeiten gegenüber verbundenen Unternehmen 7. Verbindlichkeiten gegenüber Unternehmen, mit denen ein Beteiligungsverhältnis besteht 8. Sonstige Verbindlichkeiten davon aus Steuern, davon im Rahmen der sozialen Sicherheit 9. **Gesamtsumme**						

* diese Spalte ergibt sich zwangsläufig durch die vom Gesetz (§ 268 Abs. 5 S. 1 einerseits, § 285 Nr. 2 i. V. m. Nr. 1 a andererseits) verlangten Angaben

226 Der Verbindlichkeitenspiegel ist **Anhangsbestandteil,** auch wenn er die in die Bilanz aufzunehmenden Vermerkpflichten gem. § 268 Abs. 5 S. 1 HGB enthält.[119]

17. Erläuterung von antizipativen Verbindlichkeiten

227 Anwendungsbereich:

Aufstellung	Offenlegung
Mittelgroße und große Gesellschaften	

228 Gem. § 268 Abs. 5 S. 3 HGB sind unter den Verbindlichkeiten ausgewiesene Beträge, die erst **nach dem Abschlussstichtag rechtlich entstehen,** im Anhang zu erläutern, sofern sie einen größeren Umfang haben, was der Angabepflicht für auf der Aktivseite ausgewiesene antizipative Forderungen entspricht. Kleine Gesellschaften sind von der Erläuterungspflicht gem. § 274 a Nr. 3 HGB befreit.

229 Sofern das Entstehen der rechtlichen Verpflichtung ungewiß ist, sind die Rückstellungskriterien erfüllt. Da andererseits der Ausweis einer Verbindlichkeit eine rechtlich entstandene Verpflichtung bedingt, bereitet es Schwierigkeiten, den Begriff **„antizipative Verbindlichkeiten“** abzugrenzen. Als **Beispiele** werden Verpflichtungen aus Miet- und Pachtverträgen genannt, die einen vor dem Abschlussstichtag liegenden Zeitraum umfassen, aber erst im neuen Geschäftsjahr fällig werden.[120] Denkbar sind auch Verpflichtungen, die bei wirtschaftlicher Betrachtung eine Verbindlichkeit darstellen, wie die zu passivierende Last aufgrund von Vermögensgegenständen, die wirtschaftlich dem Leasingnehmer zuzurechnen sind.[121]

230 Bei diesen antizipativen Passivposten wird also überwiegend auf das Kriterium der Fälligkeit abgestellt, was ungeeignet erscheint, weil bei der Mehrzahl aller Verbindlichkeiten eine Fälligkeit noch nicht gegeben sein dürfte.[122] Als Beispiel wird auch eine nicht auf Vertrag beruhende Verlustübernahme genannt, wenn ein faktischer Übernahmezwang besteht und der Betrag des zu übernehmenden Verlustes feststeht.[123]

18. Eventualverbindlichkeiten

231 Anwendungsbereich:

Aufstellung	Offenlegung
Alle Gesellschaften	

232 § 268 Abs. 7 HGB schreibt den jeweils gesonderten Ausweis der in § 251 HGB bezeichneten **Haftungsverhältnisse unter Angabe der gewährten Pfandrechte und sonstigen Sicherheiten** unter der Bilanz – gemeint ist außerhalb der Bilanzsumme – vor. Wahlweise können die Angaben auch in den Anhang übernommen werden.

233 Da die Verpflichtungen gegenüber verbundenen Unternehmen gesondert anzugeben sind, kann der Angabepflicht wie nachstehend Folge geleistet werden:[124]

Eventualverbindlichkeiten:
- Verbindlichkeiten aus der Begebung und Übertragung von Wechseln
- davon gegenüber verbundenen Unternehmen: DM –, —
- dafür gewährte Pfandrechte und Sicherheiten: Grundschuld über DM –,—
- Verbindlichkeiten aus Bürgschaften, Wechsel- und Scheckbürgschaften
- davon gegenüber verbundene Unternehmen: DM –,—
- dafür gewährte Pfandrechte und Sicherheiten: Bankguthaben über DM –,—
- Verbindlichkeiten aus Gewährleistungsverträgen
- davon gegenüber verbundene Unternehmen: DM –,—
- dafür gewährte Pfandrechte und Sicherheiten: Sicherungsübereignung von Kraftfahrzeugen über DM –,—

---

[119] Vgl. WP-Handbuch 2000, Bd. I, F 628.
[120] Vgl. WP-Handbuch 2000, Bd. I, F 631.
[121] Vgl. *Claussen/Korth,* in Kölner Kom. § 268 HGB Tz 43.
[122] Vgl. *Adler/Düring/Schmaltz,* § 268 HGB Tz 118.
[123] Vgl. *Berger/M. Ring,* in Beck Bil-Kom. § 268 HGB Tz 108.
[124] Vgl. *Adler/Düring/Schmaltz,* § 268 HGB Tz 127 mit weiteren Darstellungsmöglichkeiten.

– Haftungsverhältnisse aus der Bestellung von Sicherheiten für fremde Verbindlichkeiten
– davon gegenüber verbundene Unternehmen: DM –,—
– dafür gewährte Pfandrechte und Sicherheiten: Sicherungsübereignung von Maschinen über DM –,—

19. Angabe sonstiger finanzieller Verpflichtungen

Anwendungsbereich: 234

Aufstellung	Offenlegung
Mittelgroße und große Gesellschaften	

Neben den unter der Bilanz oder im Anhang aufzunehmenden Eventualverbindlichkeiten verlangt § 285 Nr. 3 HGB die Angabe des **Gesamtbetrags sonstiger finanzieller Verpflichtungen,** soweit sie nicht in der Bilanz ausgewiesen sind oder zu den Eventualverbindlichkeiten gehören. Voraussetzung ist, dass die sonstigen finanziellen Verpflichtungen für die **Beurteilung der Finanzlage von Bedeutung** sind. Verpflichtungen gegenüber verbundenen Unternehmen sind gesondert anzugeben. Für kleine Gesellschaften ist die Vorschrift nicht obligatorisch, § 288 S. 1 HGB. 235

Im Gesetz fehlt ein Hinweis, was unter „sonstige finanzielle Verpflichtungen" zu verstehen ist. Durch die Angabe soll neben den Vermerken und Angaben über die Fälligkeit von Forderungen und Verbindlichkeiten Hinweise zur Beurteilung der Finanzlage gegeben werden, die aus Bilanz und GuV allein nicht ableitbar sind. Insoweit sind die Angaben danach zu beurteilen, ob sie zusammen mit den bereits genannten Angaben eine Beurteilung der Finanzlage der Gesellschaft ermöglichen. In Betracht kommen in erster Linie Verpflichtungen aus schwebenden Rechtsgeschäften, die noch keinen Niederschlag in der Bilanz gefunden haben, aber in der Zukunft zu einer wesentlichen Belastung der Finanzlage führen können.[125] Im Einzelnen kommen in Betracht:[126] 236

– mehrjährige Verpflichtungen aus Miet- oder Leasingverträgen
– Verpflichtungen aus begonnenen Investitionsvorhaben, sog. Bestellobligo
– Verpflichtungen aus notwendig werdenden Umweltschutzmaßnahmen und Großreparaturen, soweit nicht die Kriterien für Rückstellungen vorliegen
– Verpflichtungen aus sale-and-lease-back-Verträgen
– Vertragliche Verpflichtungen zur Einräumung von Krediten
– Verpflichtung zur Abführung von Liquiditätsüberschüssen
– Verpflichtungen aus eingeleiteten außergewöhnlichen Werbefeldzügen
– Einzahlungsverpflichtungen auf nicht voll eingezahlte Aktien und GmbH-Anteile
– Vertragsstrafen, soweit hierfür nicht wegen drohender Inanspruchnahme eine Rückstellung zu bilden ist
– Haftung für ein unwiderrufliches Akkreditiv, das eine Bank gestellt hat
– Haftung bei Übernahme fremden Vermögens

Vertragliche Verpflichtungen aus Unternehmensverträgen zur Verlustübernahme dürften i. d. R. durch Bildung von Rückstellungen zu berücksichtigen sein.[127] Bei Verpflichtungen aus Besserungsscheinen, die nur bei zukünftigen Gewinnen zum Tragen kommen, kann sich bei einer Gewinnprognose eine daraus folgende Verpflichtung zur Angabe nach § 285 Nr. 3 HGB ergeben.[128] 237

Nach dem Gesetzeswortlaut ist der **Gesamtbetrag** der finanziellen Verpflichtungen anzugeben, sofern die Angabe für die Beurteilung der Finanzlage von Bedeutung ist. Einzelne unbedeutende Verpflichtungen können in ihrer Gesamtheit für die Finanzlage an Bedeutung gewinnen, so dass nicht allein auf die einzelne Verpflichtung 238

---

[125] Vgl. WP-Handbuch 2000, Bd. I, F 634.

[126] Vgl. BT-Drucks. 10/4268, S. 110; WP-Handbuch 2000, Bd. I, F 634 ff.; *Adler/Düring/Schmaltz,* § 285 HGB Tz 43 ff.

[127] Vgl. *Adler/Düring/Schmaltz,* § 285 HGB Tz 48.

[128] *Adler/Düring/Schmaltz,* § 285 HGB Tz 50 begründen dies damit, dass es für Kreditgeber oder Investoren von Interesse ist, ob zukünftig Gewinne ungeschmälert zur Verfügung stehen.

abzustellen ist.[129] Obwohl nach dem Gesetz nur der Gesamtbetrag der sonstigen finanziellen Verpflichtungen verlangt wird, ist es sinnvoll und zweckmäßig, die einzelnen Verpflichtungen nach den wesentlichen Inhalten aufzugliedern. Im Übrigen ist der Betrag anzusetzen, der im Falle einer Verbindlichkeit zu passivieren wäre. Lediglich wenn Verpflichtungen erst zu Fälligkeiten in ferner Zukunft führen, kann dies für die Beurteilung der Finanzlage von so untergeordneter Bedeutung sein, dass eine Angabe im Anhang unterbleiben kann.[130] Bei **Dauerschuldverhältnissen** wird es als zulässig erachtet, lediglich die im nachfolgenden Geschäftsjahr fällige Verpflichtung und die Laufzeit anzugeben.[131]

B. Gewinn- und Verlustrechnung

1. Aufgliederung der Umsatzerlöse

240 Anwendungsbereich:

Aufstellung	Offenlegung
Große Gesellschaften	

241 Nach § 285 Nr. 4 HGB sind die Umsatzerlöse **nach Tätigkeitsbereichen** sowie **nach geographisch bestimmten Märkten** im Anhang aufzugliedern. Die Aufgliederungspflicht kommt nur zum Tragen, soweit sich die Tätigkeitsbereiche und die geographisch bestimmten Märkte – unter Berücksichtigung der Verkaufsorganisation – untereinander erheblich unterscheiden. Dabei ist von den Erzeugnissen oder Dienstleistungen auszugehen, die im Rahmen der gewöhnlichen Geschäftstätigkeit anfallen.[132]

242 Für die Abgrenzung der Tätigkeitsbereiche gibt es unterschiedliche Kriterien. In Betracht kommen organisatorische, sachliche, funktionale oder örtliche Abgrenzungen.[133] Es sollte die Abgrenzung gewählt werden, die die deutlichsten Unterscheidungsmerkmale aufweist. Häufig werden dies Wirtschafts-, Unternehmens- oder Produktbereiche sein, wie z. B.:[134]
- Produktion von LKW und Pkw
- Raumfahrt- und Flugzeugfertigung
- Produktion chemischer Erzeugnisse und Pharmaerzeugnisse
- Metallhandel und Nichtmetallhandel
- Produktions- und Dienstleistungsbereich
- verschiedene Sparten bei Leasingunternehmen
- chemische Produkte und Kohleförderung

243 Die Angabepflicht besteht nur, sofern **erhebliche Unterschiede** zwischen den Tätigkeitsbereichen vorhanden sind. Die Unterschiedlichkeit bestimmt sich nach den Verhältnissen der Gesellschaft[135].

244 Die Aufgliederung nach geographisch bestimmten Märkten erfordert eine **Differenzierung nach Absatzgebieten,** wobei das Bundesgebiet i. d. R. als einheitlicher, geographisch bestimmter Markt angesehen werden kann. Bei Exportunternehmen wird die Aufteilung in Inland- und Auslandsmärkte regelmäßig nicht genügen, sondern die Auslandsmärkte sind im Hinblick auf Exportrisiken regional weiter aufzuteilen[136]. Die Aufgliederung kann in absoluten Zahlen oder Prozentzahlen erfolgen, auf- und abgerundet auf Tsd. € Freiwillige zusätzliche Angaben (Stück, Tonnen) sind üblich. Die Aufgliederungskriterien sollten unter Beachtung des Stetigkeitsgrundsatzes beibehalten bzw. nicht ohne vernünftigen Grund geändert werden.[137]

---

[129] Vgl. *Adler/Düring/Schmaltz,* § 285 HGB Tz 74; im übrigen gilt für die Beurteilung der einzelnen finanziellen Verpflichtung der Grundsatz der materiality, *Claussen/Korth,* in Kölner Kom. §§ 284–288 HGB, 160 AktG Tz 75; *Ellrott,* in Beck Bil-Kom. § 285 HGB Tz 26.

[130] Vgl. WP-Handbuch 2000, Bd. I. F 644.

[131] Vgl. WP-Handbuch 2000, Bd. I, F 644; *Claussen/Korth,* in Kölner Kom. §§ 284–288 HGB, 160 AktG Tz 76; *Adler/Düring/Schmaltz,* § 285 HGB Tz 76, verlangen neben der Angabe des Gesamtbetrages den Jahresbetrag.

[132] Vgl. WP-Handbuch 2000, Bd. I, F 661.

[133] Vgl. *Adler/Düring/Schmaltz,* § 285 HGB Tz 88.

[134] Vgl. *Adler/Düring/Schmaltz,* § 285 HGB Tz 88; WP-Handbuch 2000, Bd. I, F 662.

[135] Vgl. *Dörner/Wirth,* in Küting/Weber §§ 284–288 HGB Tz 173.

[136] Vgl. WP-Handbuch 2000, Bd. I, F. 663; *Adler/Düring/Schmaltz,* § 285 HGB Tz 92.

[137] Vgl. *Adler/Düring/Schmaltz,* § 285 HGB Tz 85; *Ellrott,* in Beck Bil-Kom. § 285 HGB Tz 70.

245 Auf die Aufgliederung kann verzichtet werden, wenn sie nach vernünftiger kaufmännischer Beurteilung geeignet ist, der Gesellschaft oder einem anderen Unternehmen, von dem die Gesellschaft mindestens 20% der Anteile besitzt, einen erheblichen Nachteil zuzufügen, sog. **Schutzklausel** (§ 286 Abs. 2 HGB).

2. Ergänzende Angaben bei Anwendung des Umsatzkostenverfahrens

246 Anwendungsbereich

	Aufstellung	Offenlegung
Materialaufwand	Mittelgroße und große Gesellschaften	Große Gesellschaften
Personalaufwand	Alle Gesellschaften	Mittelgroße und große Gesellschaften

247 Gesellschaften, die das Umsatzkostenverfahren anwenden, müssen gemäß § 285 Nr. 8 HGB im Anhang **zusätzliche Kostenarteninformationen** liefern, u. z. zum Material- und Personalaufwand. Diese sind entsprechend der Gliederung des § 275 Abs. 2 Nr. 5, 6 HGB wie folgt im Anhang zu untergliedern:

(5) Materialaufwand
- a) Aufwendungen für Roh-, Hilfs- und Betriebsstoffe und für bezogene Waren
- b) Aufwendungen für bezogene Leistungen

(6) Personalaufwand
- a) Löhne und Gehälter
- b) soziale Abgaben und Aufwendungen für Altersversorgung und Unterstützung, davon für Altersversorgung

248 Gefordert wird die Angabe der auf diese Posten entfallenden Beträge. Die Angabe von Vorjahresbeträgen ist nicht zwingend vorgeschrieben, sollte aber im Hinblick auf eine aussagefähige Berichterstattung auf freiwilliger Basis erfolgen.[138]

249 Für kleine Gesellschaften ist die Angabe nur hinsichtlich des Personalaufwands vorgeschrieben, mittelgroße Gesellschaften brauchen den Materialaufwand bei der Offenlegung nicht anzugeben, § 327 Nr. 2 HGB.

3. Angabe und Einstellungen in und Auflösung von Sonderposten mit Rücklageanteil

250 Anwendungsbereich:

Aufstellung	Offenlegung
Alle Gesellschaften	Mittelgroße und große Gesellschaften

251 Gem. § 281 Abs. 2 S. 2 HGB sind Erträge aus der Auflösung von Sonderposten mit Rücklageanteil in dem Posten „Sonstige betriebliche Erträge", Einstellungen in Sonderposten mit Rücklageanteil in dem Posten „Sonstige betriebliche Aufwendungen" in der GuV gesondert auszuweisen oder in der GuV in Form eines „davon"-Vermerks oder im Anhang anzugeben. Sinn der Vorschrift ist, dass die Auflösung und Dotierung der Sonderposten nicht in den Ertrags- bzw. Aufwandsposten untergehen, sondern in der GuV oder im Anhang gesondert gezeigt werden.[139]

252 Die Auflösungsbeträge sind Brutto zu erfassen, anfallende Ertragsteuern sind unter Pos. Nr. 18 einzustellen[140]. Eine Auflösung von Sonderposten mit Rücklageanteil liegt auch vor, wenn in steuerfreie Rücklagen eingestellte Veräußerungsgewinne, z. B. nach § 6b EStG, auf neue angeschaffte Vermögensgegenstände übertragen werden. Es ist nicht zulässig, die Übertragung durch Umbuchung in der Bilanz vorzunehmen, ohne eine entsprechende Auflösung in der GuV zu zeigen.[141]

[138] Vgl. *Adler/Düring/Schmaltz,* § 285 HGB Tz 156; WP-Handbuch 2000, Bd. I F 668.
[139] Zu den Ausweismöglichkeiten vgl. *Adler/Düring/Schmaltz,* § 281 HGB Tz 63f.
[140] Vgl. *Adler/Düring/Schmaltz,* § 275 HGB Tz 80; *Förschle,* in Beck Bil-Kom. § 275 HGB Tz 105.
[141] Vgl. WP-Handbuch 2000, Bd. I, F 404.

4. Angabe und Erläuterung aus steuerrechtlichen Gründen unterlassener Zuschreibungen

253 Anwendungsbereich:

Aufstellung	Offenlegung
Alle Gesellschaften	Mittelgroße und große Gesellschaften

254 § 280 Abs. 1 HGB enthält für KapG/KapG & Co. das Gebot der Wertaufholung für bestimmte vormals vorgenommene Abschreibungen, wenn die Abschreibungsgründe entfallen sind. Es handelt sich um nachfolgende Arten von Abschreibungen:

255 a) Abschreibungen nach § 253 Abs. 2 S. 3 HGB, das sind **außerplanmäßige Abschreibungen auf das Anlagevermögen,** um die Vermögensgegenstände mit dem niedrigeren Wert anzusetzen, der ihnen am Abschlussstichtag beizulegen ist

256 b) Abschreibungen gem. § 253 Abs. 3 HGB, das sind **Abschreibungen auf Gegenstände des Umlaufvermögens,** um diese mit einem niedrigeren Wert anzusetzen, der
(1) sich aufgrund eines niedrigeren Börsen- oder Marktpreises ergibt,
(2) sich aufgrund eines niedrigeren beizulegenden Wertes ergibt,
(3) aufgrund vernünftiger kaufmännischer Beurteilung notwendig ist, um zu verhindern, dass in der nächsten Zukunft der Wertansatz aufgrund von Wertschwankungen geändert werden muss

257 c) Abschreibungen nach § 254 S. 1 HGB, das sind Abschreibungen, um Vermögensgegenstände des Anlage- oder Umlaufvermögens mit dem niedrigeren Wert anzusetzen, der **auf einer nur steuerrechtlich zulässigen Abschreibung** beruht.

258 Nach § 280 Abs. 2 HGB kann von einer Wertaufholung abgesehen werden, wenn der niedrigere Wertansatz bei der steuerrechtlichen Gewinnermittlung beibehalten werden kann, und wenn Voraussetzung für die Beibehaltung ist, dass der niedrigere Wertansatz auch in der Handelsbilanz beibehalten wird. In diesem Fall ist nach § 280 Abs. 3 HGB im Anhang der Betrag der im Geschäftsjahr aus steuerrechtlichen Gründen belastende Zuschreibungen anzugeben und hinreichend zu begründen.

259 Die **Angabepflicht** ist **durch den Wegfall des steuerlichen Beibehaltungswahlrechts** gegenstandslos geworden. Nunmehr gilt – auch für Einzelkaufleute und Personenhandelsgesellschaften, die nicht unter § 264 a HGB fallen – steuerrechtlich ein generelles Wertaufholungsgebot gem. § 6 Abs. 1 Nr. 1 S. 4, § 6 Abs. 1 Nr. 2 S. 3 und § 7 Abs. 1 S. 6 EStG 1997.[142] Das steuerrechtliche Wertaufholungsgebot war erstmals für Wirtschaftsjahre anzuwenden, die nach dem 31. 12. 1998 geendet haben, § 52 Abs. 16 EStG 1997.

5. Angabe der Ergebnisbeeinflussung durch steuerrechtliche Abschreibungen und der Bildung von Sonderposten mit Rücklagenteil

260 Anwendungsbereich:

Aufstellung	Offenlegung
Mittelgroße und große Gesellschaften	Große Gesellschaften

261 Nach § 285 Nr. 5 HGB werden zwei **unterschiedliche Anhangsangaben** verlangt:
(1) Angabe des Ausmaßes, in dem das Jahresergebnis dadurch beeinflusst ist, dass im Geschäftsjahr oder in einem früheren Geschäftsjahr zur Erlangung steuerrechtlicher Vergünstigungen
– Abschreibungen gem. § 254 HGB, also aufgrund steuerrechtlicher Vorschriften vorgenommen wurden
– Sonderposten mit Rücklageanteil gebildet wurden
– Zuschreibungen gem. § 280 Abs. 2 HGB unterblieben sind
(2) Angabe, in welchem Ausmaß sich aufgrund solcher Bewertungen künftig erhebliche Belastungen ergeben.

[142] Vgl. WP-Handbuch 2000, Bd. I, F 684, E 345.

Die Angabepflicht besteht für jeden Jahresabschluss unabhängig davon, ob eine Angabe im vorangegangenen Jahresabschluss erfolgte.[143] Da das Gesetz keine Betragsangabe, sondern lediglich das **Ausmaß der Ergebnisbeeinflussung** verlangt, ist die Angabe eines exakt ermittelten Betrages nicht erforderlich. Vielmehr dürften auch verbale Angaben genügen, die jedoch erkennen lassen müssen, in welchem Umfang das Jahresergebnis durch die Vornahme oder Beibehaltung der genannten Maßnahmen beeinflusst wurde, also die Angabe der pauschalen prozentualen Auswirkung auf das Jahresergebnis.[144] Bei der Ermittlung des Einflusses steuerrechtlich begründeter Maßnahmen auf das Jahresergebnis ist eine Maßnahmenbündelung vorzunehmen. Einzubeziehen sind nicht nur die im Geschäftsjahr vorgenommenen Maßnahmen, sondern auch die sich aus in Vorjahren vorgenommenen Maßnahmen ergebenden Folgewirkungen, z. B. durch Verkürzung eines Abschreibungszeitraumes, aber auch sekundäre Auswirkungen auf gewinnabhängige Posten und Steuern.[145] **262**

Das Gesetz verlangt die Jahresergebnisbeeinflussung ohne die Einschränkung, dass es sich um eine wesentliche Beeinflussung handeln muss. Hier gilt der **Grundsatz der materiality,** d. h. unerhebliche Jahresergebnisbeeinflussungen durch steuerrechtliche Maßnahmen sind nicht angabepflichtig.[146] **263**

Aus der Angabe sollte die Ursache der Ergebnisbeeinflussung erkennbar sein, also aufgrund welcher Abschreibungen, unterlassener Zuschreibungen oder gebildeter Sonderposten mit Rücklageanteil das Ergebnis beeinflusst wurde, ohne dass ins Detail gehende Angaben erforderlich sind. Obwohl § 285 Nr. 5 HGB lediglich die Bildung von Sonderposten mit Rücklageanteil in die Angabepflicht einbezieht, ist sowohl über die Bildung als auch die Auflösung von Sonderposten mit Rücklageanteil zu berichten, weil nur so eine sinnvolle Aussage aus den Angaben ableitbar ist.[147] **264**

Anzugeben ist das **Ausmaß erheblicher künftiger Belastungen** aufgrund der oben genannten steuerlichen Maßnahmen. Wann eine erhebliche künftige Belastung vorliegt, lässt das Gesetz offen. Anzugeben sind nur künftige Belastungen, nicht aber künftige Entlastungen.[148] In Betracht kommen alle Aufwendungen in der Zukunft, die sich aus den jetzt vorgenommenen steuerrechtlichen Bewertungsmaßnahmen ergeben. Das werden primär höhere, in der Zukunft zu zahlende Steuern sein, können aber auch andere gewinnabhängige Aufwendungen, wie Tantiemen u. ä. sein.[149] Bei der Bildung von Sonderposten mit Rücklageanteil entspricht die zukünftige anzugebende Belastung den zunächst ersparten Ertragsteuern.[150] Für die Frage, wann eine zukünftige Belastung erheblich ist, ist im wesentlichen auf die **finanzielle Auswirkung** abzustellen, wobei eigene Mittel, Rückstellungen und Verbindlichkeiten als Bezugsgrößen in Betracht kommen können.[151] **265**

6. Angabe und Begründung steuerrechtlicher Abschreibungen

Anwendungsbereich: **266**

Aufstellung	Offenlegung
Alle Gesellschaften	Mittelgroße und große Gesellschaften

Nach § 281 Abs. 2 S. 1 HGB sind – getrennt für das Anlage- und Umlaufvermögen – die allein **aufgrund steuerrechtlicher Vorschriften vorgenommenen Abschreibungen** anzugeben, soweit sie sich nicht aus der Bilanz oder der GuV erge- **267**

[143] Vgl. *Ellrott,* in Beck Bil-Kom. § 285 HGB Tz 90.
[144] Vgl. *Adler/Düring/Schmaltz,* § 285 HGB Tz 102; Beispiele WP-Handbuch 2000, Bd. I, F 678.
[145] Nach WP-Handbuch 2000, Bd. I, F 677 ist bei Ermittlungsschwierigkeiten vertretbar, Beträge ggf. grob zu schätzen oder zu vernachlässigen.
[146] Vgl. *Adler/Düring/Schmaltz,* § 285 HGB Tz 107; *Claussen/Korth,* in Kölner Kom. §§ 284–288 HGB, 160 AktG Tz 90; a. A. *Ellrott,* in Beck Bil-Kom. § 285 HGB Tz 95.
[147] Vgl. *Ellrott,* in Beck Bil-Kom. § 285 HGB Tz 96; *Adler/Düring/Schmaltz,* § 285 HGB Tz 115; *Dörner/Wirth,* in Küting/Weber §§ 284–288 HGB Tz 204; WP-Handbuch 2000, Bd. I, F 675.
[148] Vgl. *Adler/Düring/Schmaltz,* § 285 HGB Tz 118.
[149] Vgl. *Krawitz,* in Bonner HdR § 285 HGB Tz 78 ff.; *Claussen/Korth,* in Kölner Kom. §§ 284–288 HGB, 160 AktG Tz 92.
[150] Vgl. WP-Handbuch 2000, Bd. I, F 679.
[151] Vgl. WP-Handbuch 2000, Bd. I, F 681; *Adler/Düring/Schmaltz,* § 285 HGB Tz 124; *Dörner/Wirth,* in Küting/Weber §§ 284–288 HGB Tz 208.

ben, und hinreichend zu begründen. Voraussetzung für die Angabepflicht ist also, dass sich die Beträge weder aus Bilanz noch GuV ergeben. Da die Angabe auch in der Bilanz erfolgen kann, ist strittig, ob es sich um eine Angabe zur Bilanz oder zur GuV handelt, was für die Offenlegung bei kleinen Gesellschaften von Bedeutung ist. Durch die Angabe sollen der im Geschäftsjahr außerhalb handelsrechtlicher Vorschriften genutzte Bewertungsspielraum und die damit verbundene Jahresergebnisbeeinflussung offengelegt werden,[152] so dass es sich um eine Angabe zur GuV handeln dürfte.

268 Die Angabe bezieht sich nur auf Unterschiedsbeträge zwischen den handelsrechtlich möglichen und den allein durch das **Steuerrecht indizierten Abschreibungen.**[153] Die Angabepflicht besteht unabhängig davon, ob steuerrechtliche Abschreibungen aktivisch vorgenommen oder als Wertberichtigung auf der Passivseite ausgewiesen werden.[154] Die auf das Anlage- oder Umlaufvermögen vorgenommenen steuerrechtlichen Abschreibungen sind getrennt anzugeben.

269 Obwohl die steuerrechtlichen Abschreibungsmaßnahmen zu begründen sind, wird regelmäßig der Verweis auf eine niedrigere Ertragsteuerbelastung genügen. Die **Angabe der steuerrechtlichen Vorschrift** wird als hinreichend erachtet.[155]

7. Angabe außerplanmäßiger Abschreibungen

270 Anwendungsbereich:

Aufstellung	Offenlegung
Alle Gesellschaften	Mittelgroße und große Gesellschaften

271 § 277 Abs. 3 S. 1 HGB verlangt in der GuV einen gesonderten Ausweis, alternativ eine Angabe im Anhang für

(1) außerplanmäßige Abschreibungen auf Vermögensgegenstände des **Anlagevermögens,** um sie mit dem niedrigeren Wert anzusetzen, der ihnen am Abschlussstichtag beizulegen ist, § 253 Abs. 2 S. 3 HGB,

(2) (außerplanmäßige) Abschreibungen auf Vermögensgegenstände des **Umlaufvermögens,** soweit diese nach vernünftiger kaufmännischer Beurteilung notwendig sind, um zu verhindern, dass in der nächsten Zukunft der Wertansatz dieser Vermögensgegenstände aufgrund von Wertschwankungen geändert werden muss, § 253 Abs. 3 S. 3 HGB.

272 Da die außerplanmäßigen Abschreibungen, sofern sie auf Vermögensgegenstände des Umlaufvermögens entfallen, nicht zwangsläufig unter den Posten Nr. 7 b) der GuV-Gliederung auszuweisen sind, vielmehr in den Posten Nr. 2, 5 a), 7 b), 8, 12 oder 16 beim Gesamtkostenverfahren, enthalten sein können,[156] also bei all diesen GuV-Posten ggf. ein „davon-Vermerk" zu liefern wäre, wird die Verlagerung dieser Angabe in den Anhang die klarere Ausweisalternative sein, weil hier – jeweils für das Anlage- und Umlaufvermögen getrennt – nur ein Betrag anzugeben ist.[157]

8. Angabe der auf das ordentliche und außerordentliche Ergebnis entfallenden Ertragsteuerbelastungen

273 Anwendungsbereich:

Aufstellung	Offenlegung
Mittelgroße und große Gesellschaften	

274 Nach § 285 Nr. 6 HGB ist im Anhang anzugeben, in welchem Umfang Steuern vom Einkommen und vom Ertrag das Ergebnis der gewöhnlichen Geschäftstätigkeit und das außerordentliche Ergebnis belastet haben. Aufteilungsmaßstab sind die im Gliederungsschema der GuV vorgegebenen Zwischenposten „Ergebnis der gewöhnlichen Geschäftstätigkeit" und „außerordentliches Ergebnis". Demgemäß kommt eine Angabe

[152] Vgl. *Adler/Düring/Schmaltz,* § 281 HGB Tz 67.

[153] Vgl. *Claussen/Korth,* in Kölner Kom. § 281 HGB Tz 5; WP-Handbuch 2000, Bd. I, F 682.

[154] Vgl. *Ellrott,* in Beck Bil.-Kom. § 281 HGB Tz 7.

[155] Vgl. *Adler/Düring/Schmaltz,* § 281 HGB Tz 71; WP-Handbuch 2000, Bd. I, F. 683; *Ellrott,* in Beck Bil-Kom. § 281 HGB Tz 11.

[156] Beim Umsatzkostenverfahren in den Posten Nr. 2, 4, 5, 7, 11 und 15.

[157] Vgl. *Biener/Berneke,* BiRiLiG, S. 231; WP-Handbuch 2000, Bd. I, F 691.

nur in Betracht, wenn in der GuV ein außerordentliches Ergebnis ausgewiesen wird, weil andernfalls die Ertragsteuern ausschließlich auf das Ergebnis der gewöhnlichen Geschäftstätigkeit entfallen.[158] Eine Betragsangabe wird vom Gesetz nicht gefordert, so dass verbale Angaben genügen, z. B.: „Der Steueraufwand entfällt mit ca. 20% zum überwiegenden Teil auf das außerordentliche Ergebnis."[159] Eine Differenzierung des Steueraufwandes nach einzelnen Steuerarten ist nicht erforderlich.[160]

Unter der Herrschaft des körperschaftsteuerlichen Anrechnungsverfahrens war bei der Berechnung des Steueraufwands von dem Gewinnverwendungsvorschlag auszugehen, der Grundlage für die Steuerberechnung bei der Jahresabschlussaufstellung war. Körperschaftsteuerminderungen auf Grund von Gewinnausschüttungen waren demgemäß proportional auf beide Ergebnisses zu verteilen.[161] Nach Abschaffung des körperschaftsteuerlichen Anrechnungsverfahrens entfällt eine ausschüttungs- bzw. thesaurierungsabhängige Differenzierung. Bei KapG & Co. beschränkt sich die Ertragsteuerbelastung auf die Gewerbeertragsteuer.[162] **275**

Sofern ein Ergebnisteil positiv, der andere Ergebnisteil negativ ist, ist der Steueraufwand allein dem mit Gewinn abschließenden positiven Bereich zuzuordnen, ohne dass anzugeben ist, wieweit der negative Ergebnisbereich zur „Steuerersparnis" beigetragen hat.[163] Sofern **Verlustvorträge** aus der Vergangenheit den Steueraufwand des laufenden Geschäftsjahres beeinflusst haben, kann die Zuordnung nach dem Verursachungsprinzip erfolgen, also dem Ergebnisbereich zuzuordnen sein, in dem ein Verlust in den Vorjahren entstanden ist.[164] Ist eine verursachungsgerechte Zuordnung des Verlustvortrags nicht möglich, bleibt es bei einer proportionalen Aufteilung.[165] **276**

Die **Angabe entfällt** wenn **keine Ertragsteuern anfallen**. Das gilt auch bei Tochterunternehmen, die auf Grund eines Gewinnabführungsvertrags Gewinne abzuführen verpflichtet sind oder deren Verluste vom Mutterunternehmen übernommen werden.[166] **277**

Kleine Gesellschaften sind von Angabepflicht befreit, § 288 S. 1 HGB. **278**

9. Erläuterung außerordentlicher Aufwendungen und Erträge

Anwendungsbereich: **279**

Aufstellung	Offenlegung
Mittelgroße und große Gesellschaften	

§ 277 Abs. 4 HGB enthält für mittelgroße und große Gesellschaften (§ 276 S. 2 HGB) weitergehende Erläuterungspflichten für „außerordentliche Aufwendungen" und „außerordentliche Erträge". Es handelt sich um alle außerhalb der gewöhnlichen Geschäftstätigkeit anfallenden Aufwendungen und Erträge, d. s. in Anlehnung an die angelsächsische Bilanzierungspraxis **ungewöhnliche und seltene Geschäftsvorfälle**. Sofern diese Aufwendungen und Erträge **für die Beurteilung der Ertragslage nicht von untergeordneter Bedeutung** sind, besteht im Anhang eine Erläuterungspflicht hinsichtlich des Betrages und der Art. **280**

Auf Grund des Gesetzeswortlauts **„von nicht untergeordneter Bedeutung"** darf der für die Erläuterungspflicht **maßgebliche Schwellenwert** nicht zu niedrig angesetzt werden, denn unter den Posten außerordentliche Aufwendungen und Erträge sind i. d. R. materiell bedeutende Beträge auszuweisen.[167] Als Bezugsgröße könnte das Jahresergebnis dienen, z. B. bei einer Beeinflussung der außerordentlichen **281**

---

[158] Vgl. *Adler/Düring/Schmaltz*, § 285 HGB Tz 128; *Claussen/Korth*, in Kölner Kom. §§ 284–288 HGB, 160 AktG Tz 100; WP-Handbuch 2000, Bd. I, F 685.

[159] Vgl. WP-Handbuch 2000, Bd. I, F 686; *Adler/Düring/Schmaltz*, § 285 HGB Tz 129 f; *Ellrott*, in Beck Bil-Kom. § 285 HGB Tz 134; a. A. *Harms/Küting*, BB 1983, S. 1258.

[160] *Adler/Düring/Schmaltz*, § 285 HGB Tz 131; ebenso WP-Handbuch 2000, Bd. I, F 686.

[161] Vgl. *Ellrott*, in Beck Bil-Kom., 4. Aufl., § 285 HGB Tz 131.

[162] Vgl. WP-Handbuch 2000, Bd. I, F 686; nach § 264 c Abs. 3 S. 2 HGB darf in der GuV nach dem Posten „Jahresüberschuss/Jahresfehlbetrag" ein dem Steuersatz der Komplemtärgesellschaft entsprechender Steueraufwand der Gesellschafter offen abgesetzt oder hinzugerechnet werden.

[163] Vgl. WP-Handbuch 2000, Bd. I, F 687.

[164] Vgl. *Adler/Düring/Schmaltz*, § 285 HGB Tz 138.

[165] Vgl. *Dörner/Wirth*, in Küting/Weber §§ 284–288 Tz 221.

[166] Vgl. *Adler/Düring/Schmaltz*, § 285 HGB Tz 140; *Ellrott*, in Beck Bil-Kom. § 285 HGB Tz 120.

[167] Vgl. *Adler/Düring/Schmaltz*, § 277 HGB Tz 83; *Claussen/Korth*, in Kölner Kom. §§ 275–277 HGB, § 158 AktG Tz 113 und 116.

Aufwendungen/Erträge um mindestens 5%.[168] Derartige Prozentsätze können jedoch nur Hilfsmaßstab sein, weil die absoluten Grenzen in Abhängigkeit von der Größe des Jahresergebnisses unterschiedlich hoch sein können. Im Zweifel ist auf das Informationsinteresse der Bilanzleser abzustellen.[169]

282 Eine betrags- und artmäßige Erläuterung bedingt, dass die Größenordnung und die Art der außerordentlichen Posten im Angang angegeben werden. Grundsätzlich genügen also verbale Angaben.[170]

283 Daneben sind gem. § 277 Abs. 4 S. 3 HGB Aufwendungen und Erträge, die einem anderen Geschäftsjahr zuzuordnen, also **periodenfremd** sind, und nicht die Kriterien für außerordentliche Posten erfüllen, im Angang zu erläutern. Auch davon sind kleine Gesellschaften gem. § 276 S. 2 HGB befreit. Die Erläuterungspflicht gilt unabhängig davon, unter welchen GuV-Posten periodenfremde Aufwendungen und Erträge ausgewiesen sind.[171]

284 In Betracht kommen:
- Buchgewinne und -verluste aus Anlagenabgängen
- Erträge aus der Auflösung von Rückstellungen
- Steuernachzahlungen und -erstattungen
- Eingänge auf abgeschriebene Forderungen
- Nachholungen von Abschreibungen

285 Die Erläuterungspflicht besteht für periodenfremde Aufwendungen und Erträge nur, sofern sie für die Beurteilung der Ertragslage von nicht untergeordneter Bedeutung sind. Für die Abgrenzung „von nicht untergeordneter Bedeutung" kommen die oben aufgeführten Abgrenzungskriterien gleichfalls in Betracht.[172]

4. Abschnitt: Sonstige Angaben

1. Angabe der durchschnittlichen Arbeitnehmerzahl

290 Anwendungsbereich:

Aufstellung	Offenlegung
Mittelgroße und große Gesellschaften	

291 Nach § 285 Nr. 7 HGB ist im Anhang die durchschnittliche Zahl der während des Geschäftsjahres beschäftigten Arbeitnehmer nach Gruppen getrennt anzugeben. Wer Arbeitnehmer ist, richtet sich nach arbeitsrechtlichen Grundsätzen. Einzubeziehen sind **alle Arbeitnehmer,** die aufgrund eines Arbeitsvertrags weisungsgebundene Dienste im Inland oder Ausland verrichten.[173] Teilzeitbeschäftigte, Nebenbeschäftigte, aber auch Heimarbeiter sind in die angabepflichtige Gesamtzahl einzubeziehen, nicht jedoch Auszubildende, entsprechend der Abgrenzung in § 267 Abs. 5 HGB.[174] **Nicht einbeziehungspflichtige Arbeitnehmer** sind Organmitglieder, also Geschäftsführer und Vorstandsmitglieder sowie bei Kapitalgesellschaft & Co. zur Geschäftsführung befugte Gesellschafter.[175] Leitende Angestellte, wie Generalbevollmächtigte und Prokuristen, sind dagegen in die Arbeitnehmerzahl einzubeziehen.[176] Kurzfristig der Gesellschaft von Dritten zur Verfügung gestellte Arbeitnehmer, sog. Arbeitnehmerüberlassung, zählen nicht zu den Arbeitnehmern i. S. v. § 285 Nr. 7 HGB.[177]

---

[168] Vgl. *Isele*, in Küting/Weber § 277 Tz 139.
[169] Vgl. *Adler/Düring/Schmaltz*, § 277 HGB Tz 83.
[170] Vgl. *Förschle*, in Beck Bil-Kom. § 275 HGB Tz 226; *Adler/Düring/Schmaltz*, § 277 HGB Tz 85.
[171] Vgl. WP-Handbuch 2000, Bd. I, F 690; *Adler/Düring/Schmaltz*, § 277 HGB Tz 85.
[172] Vgl. Claussen/Korth, in Kölner Kom. §§ 275–277 HGB, § 158 AktG Tz 116; a. A. *Adler/Düring/Schmaltz*, § 277 HGB Tz 88, die bei diesen Posten strengere Maßstäbe als bei den im außerordentlichen Ergebnis ausgewiesenen Posten anlegen.
[173] Vgl WP-Handbuch 2000, Bd. I, F 698.
[174] Vgl. BT-Drucksache 10/4268, S. 110; WP-Handbuch 2000, Bd. I, F 697; *Dörner/Wirth,* in Küting/Weber §§ 284–288 HGB Tz 225; *Ellrott,* in Beck Bil-Kom. § 285 HGB Tz 141.
[175] Vgl. *Adler/Düring/Schmaltz,* § 285 HGB Tz 147.
[176] Vgl. *Adler/Düring/Schmaltz,* § 285 HGB Tz 147; *Claussen/Korth,* in Kölner Kom. §§ 284–288 HGB, 160 AktG Tz 101.
[177] Nach WP-Handbuch 2000, Bd. I F. 697 können bei Arbeitnehmerüberlassung in größerem Umfang zusätzliche Angaben gem. § 264 Abs. 2 S. 2 HGB geboten sein.

Zum **Berechnungsmodus** enthält das Gesetz keine Angaben. Allerdings ist der Gesetzgeber davon ausgegangen, daß für die Berechnung nach § 285 Nr. 7 HGB keine eigenständige Ermittlungsmethode in Betracht kommt, so daß auf § 267 Abs. 5 HGB zurückgegriffen werden kann.[178] Demgemäß ist der 4. Teil der Summen aus den Arbeitnehmerzahlen zu den Quartalsstichtagen, also am 31. 3., 30. 6., 30. 9. und 31. 12. zu ermitteln.[179] Bei Unternehmen mit saisonal stark schwankendem Personalbestand wird – entsprechend der in § 1 Abs. 2 S. 5 PublG geregelten Methode – auch die Ermittlung des Durchschnittsbestands aufgrund der durchschnittlichen Monatsstände als zulässig erachtet.[180] Eine Umrechnung von Teilzeit- auf Vollzeitbeschäftigte ist – entsprechend der Regelung in § 267 Abs. 5 HGB – unzulässig.[181] 292

Die **Angabe** der durchschnittlich beschäftigten Arbeitnehmerzahl **ist nach Gruppen getrennt** vorzunehmen, ohne daß das Gesetz Gruppenmerkmale nennt. Denkbar sind Differenzierungen nach Arbeitern, Angestellten, Aushilfen und leitenden Angestellten, aber auch nach technischen und kaufmännischen Mitarbeitern oder nach Produktsparten. Auch eine Unterscheidung zwischen Voll-, Teilzeit- und Aushilfsbeschäftigten ist denkbar. Nicht in der Gesamtzahl enthaltene Auszubildende können freiwillig ergänzend angegeben werden.[182] 293

Kleine Gesellschaften sind von der Angabepflicht befreit, § 288 S. 1 HGB. 294

2. Angabe der Organbezüge

Anwendungsbereich: 295

Aufstellung	Offenlegung
Mittelgroße und große Gesellschaften	

Nach § 285 Nr. 9a) HGB sind gesondert für Mitglieder 296
- der Geschäftsführung
- des Aufsichtsrats
- des Beirats oder
- einer ähnlichen Einrichtung

die gewährten Gesamtbezüge für jede Personengruppe getrennt anzugeben. Kleine Gesellschaften sind gem. § 288 S. 1 HGB von der Angabepflicht befreit sind. Mittelgroße und große Gesellschaften sind befreit, wenn sich anhand der Angaben die Bezüge eines einzelnen Organmitglieds feststellen lassen, § 286 Abs. 4 HGB. Dies wird insbesondere dann der Fall sein, wenn die Geschäftsführung/der Vorstand nur aus einem Mitglied besteht. Bei zwei gleichgestellten Vorstands-/Geschäftsführungsmitgliedern kann zwar vermutet werden, dass deren Einzelbezüge jeweils 50% der gesamten Bezüge ausmachen, es ist jedoch unklar, ob eine solche Vermutung der gesetzlichen Erfordernis der Feststellbarkeit genügt.[183]

Zu den Mitgliedern der **Geschäftsführungsorgane** gehören auch die stellvertretenden Vorstandsmitglieder und Geschäftsführer, nicht dagegen Generalbevollmächtigte oder Prokuristen.[184] Ein **Aufsichtsrat** ist bei der AG und KGaA obligatorisch, §§ 95ff. AktG. Gleiches gilt für die GmbH, sofern sie unter das Mitbestimmungsgesetz fällt, § 1 Abs. 1 MitbestG. Im übrigen kann bei einer GmbH freiwillig ein Aufsichtsrat gebildet werden, § 52 GmbHG. 297

Anzugeben sind auch Bezüge, die Mitgliedern eines **Beirats** oder einer **ähnlichen Einrichtung** gewährt werden. Die Einbeziehung dieser Gruppen in die Angabepflicht soll verhindern, dass ansonsten in den Aufsichtsrat zu delegierende Mitglieder zwecks Umgehung der Angabepflicht in einen Beirat oder eine ähnliche Einrichtung 298

---

[178] Vgl. BT-Drucksache 10/4268, S. 110; WP-Handbuch 2000, Bd. I, F 697.

[179] Vgl. *Adler/Düring/Schmaltz,* § 285 HGB Tz 144.

[180] Vgl. *Adler/Düring/Schmaltz,* § 285 HGB Tz 145; a. A. *Dörner/Wirth,* in Küting/Weber §§ 284–288 HGB Tz 225.

[181] Vgl. WP-Handbuch 2000, Bd. I, F 698.

[182] Vgl. *Ellrott,* in Beck Bil-Kom. § 285 HGB Tz 144.

[183] Für weite Auslegung *Adler/Düring/Schmaltz,* § 286 HGB Tz 54, die auf eine Äußerung des BMJ vom 6. 3. 1995 (DB 1995, S. 639) verweisen, wonach bei der Regelung in § 286 Abs. 4 HGB Datenschutzgründe bestimmend gewesen sind und die Angabe deshalb unterbleiben kann, „wenn die Größenordnung der Bezüge eines Mitglieds geschätzt werden kann"; ebenso WP-Handbuch 2000, Bd. I, F 713.

[184] Vgl. *Adler/Düring/Schmaltz,* § 285 HGB Tz 162.

gewählt werden.[185] Auf die Namensgebung einer solchen Einrichtung kommt es nicht an, maßgebend ist vielmehr die Funktion, insbesondere ob das Gremium ähnliche Überwachungsaufgaben wie ein Aufsichtsrat hat. Unerheblich ist, ob sich die Konstituierung durch Gesellschaftsvertrag, Satzung oder Haupt- bzw. Gesellschafterversammlungsbeschluß ergibt. Sofern sich die Zuständigkeit der Einrichtung auf den Gesamtbetrieb erstreckt, wird von einer Einrichtung gem. § 285 Nr. 9 HGB auszugehen sein, anders dagegen bei Beratergremien zu punktuellen Aufgaben.[186] Ein **Betriebsrat** ist keine ähnliche Einrichtung i. S. v. § 285 Nr. 9 HGB, sondern ein betriebsverfassungsrechtliches Organ, das keine gesellschaftsrechtlichen Aufgaben wahrnimmt.[187]

299 Anzugeben sind die **Gesamtbezüge der aktiven Mitglieder** der oben genannten Gremien. Dazu gehören für nach dem 31. 12. 2001 endende Geschäftsjahre gem. Art. 54 EGHGB[188] auch Bezugsrechte und sonstige aktienbasierte Vergütungen, die bei börsennotierten Gesellschaften den größten Teil der Vergütung ausmachen können. Einzubeziehen sind neben den vertraglich festgelegten Vergütungen auch alle freiwillig gewährten Bezüge und Zuwendungen, nicht jedoch Auslagenersatz und sog. Annehmlichkeiten i. S. d. Steuerrechts.[189] Zu den **nicht angabepflichtigen Bezügen** gehören Entschädigungen für Leistungen die außerhalb der Organtätigkeit gewährt werden (z. B. Honorare für Rechtsberatung, Finanzberatung).[190]

300 **Angabepflichtig** sind im einzelnen:

- Gehälter mit Nebenvergütungen, wie Weihnachts- und Urlaubsgeld, Ortszuschläge
- Tantiemen, Gewinnbeteiligungen, Provisionen, Erfindervergütungen
- Bezugsrechte und sonstige aktienbasierte Vergütungen
- Lohnsteuerpflichtige Sachbezüge, wie kostenfreie zur Verfügungstellung von Kfz, Telefon, Wohnung und Wohnnebenkosten
- Sondervergütungen jeder Art wie zinslose Darlehen und Einkaufsrabatte
- Übernommene Versicherungsprämien
- Umwandlung solcher Bezüge in Versorgungsbezüge
- Verkauf von Vermögenswerten der Gesellschaft unter Zeitwert
- Aufwandsentschädigungen[191]

301 Anzugeben sind **die im Geschäftsjahr gewährten Bezüge**, unabhängig vom Zahlungsvorgang. Maßgebend ist die buchhalterische Aufwandserfassung, so daß auch Rückstellungszuführungen für Tantiemezahlungen in die Gesamtbetragsermittlung einzubeziehen sind.[192] Daneben sind auch solche Bezüge anzugeben, die im Geschäftsjahr gewährt, bisher aber in keinem Jahresabschluß angegeben worden sind, also Bezüge, die nicht auf den Zeitraum des abgelaufenen Geschäftsjahres entfallen, aber bisher in keiner Gesamtbetragsermittlung enthalten sind.

302 **Nicht angabepflichtig** sind Versicherungsprämien, die die Gesellschaft zur Deckung künftiger Pensionsverpflichtungen zahlt und Zuweisungen an Pensionsrückstellungen für künftige Pensionsverpflichtungen gegenüber Organmitgliedern.[193] Die Pensionszahlungen selbst gehören zur Angabepflicht nach § 285 Nr. 9b) HGB.

3. Angabe der Gesamtbezüge früherer Organmitglieder und ihrer Hinterbliebenen

303 Anwendungsbereich:

Aufstellung	Offenlegung
Mittelgroße und große Gesellschaften	

[185] Vgl. *Ellrott,* in Beck Bil.-Kom. § 285 HGB Tz 162.
[186] Vgl. *Ellrott,* in Beck Bil.-Kom. § 285 HGB Tz 162; Beispiele bei *Claussen/Korth,* in Kölner Kom. §§ 284–288 HGB, 160 AktG Tz 107.
[187] Vgl. *Adler/Düring/Schmaltz,* § 285 HGB Tz 166.
[188] Eingefügt durch das TransPuG, BGBl I 2002, S. 2681.
[189] Vgl. *Adler/Düring/Schmaltz,* § 285 HGB Tz 179.
[190] Bei der AG ist § 114 AktG zu beachten, wonach Verträge mit AR-Mitgliedern der Zustimmung des AR bedürfen.
[191] Vgl. *Adler/Düring/Schmaltz,* § 285 HGB Tz 176 ff; WP-Handbuch 2000, Bd. I F. 701.
[192] Vgl. WP-Handbuch 2000, Bd. I, F 706.
[193] Vgl. *Claussen/Korth,* in Kölner Kom. §§ 284–288 HGB, 160 AktG Tz 109; anders, wenn Pensionsansprüche durch Gehaltsumwandlung begründet werden.

Nach § 285 Nr. 9b) HGB sind auch die Gesamtbezüge der **früheren Mitglieder eines Geschäftsführungsorgans**, eines Aufsichtsrats, eines Beirats oder einer ähnlichen Gruppe und ihrer Hinterbliebenen anzugeben, u.z. getrennt für die jeweilige Personengruppe. Die Angaben sind nur von mittelgroßen und großen Gesellschaften zu geben, die jedoch darauf verzichten können, wenn sich auf Grund der Angaben die Bezüge eines einzelnen Organmitglieds feststellen lassen, § 286 Abs. 4 HGB. Dies dürfte dann der Fall sein, wenn bekannt ist, dass die Gesellschaft nur ein im Ruhestand befindliches Vorstandmitglied hat[194]. Auf die Inanspruchnahme braucht im Anhang nicht hingewiesen werden. Im Übrigen gelten die gleichen Grundsätze wie für die Befreiung nach Nr. 9 a). 304

Zu den **Gesamtbezügen** zählen 305
- Abfindungen
- Ruhegehälter
- Hinterbliebenenbezüge
- Leistungen verwandter Art.

Sofern Organmitglieder von einem Gremium in ein anderes gewechselt haben oder eine Doppelfunktion ausüben (z.B. ehemaliger Geschäftsführer jetzt aktives Aufsichtsratsmitglied), sind die Bezüge aufzuteilen.[195] Für Bezüge, die von selbständigen Pensions- oder Unterstützungskassen gewährt werden, besteht keine Angabepflicht, wenn die Empfänger unmittelbar berechtigt sind und die Versicherungsbeiträge bei der Gesellschaft der Angabepflicht unterlegen haben.[196] 306

Anzugeben sind auch **Abfindungen,** die einem ausscheidenden Organmitglied aus Anlaß des Ausscheidens gewährt werden. Das kann auch eine in Raten erfolgende Auszahlung in Form einer kapitalisierten Rente sein.[197] Ruhe- und Hinterbliebenenbezüge sind laufende Zahlungen an ehemalige Organmitglieder und ihre Hinterbliebenen. Dabei sind auch freiwillig gewährte Bezüge zu erfassen. Gleichgültig ist, ob es sich um Geld- oder Sachleistungen handelt. 307

Ferner ist für jede Personengruppe der **Betrag der gebildeten Pensionsrückstellungen** anzugeben, und zwar für Anwartschaften und eingetretene Versorgungsfälle. Pensionsähnliche Verpflichtungen gehören nicht dazu. Bei Altzusagen, für die keine Rückstellungen gebildet wurden, ist der Betrag der nicht gebildeten Pensionsrückstellungen ebenfalls – gesondert für die genannten Einrichtungen – anzugeben.[198] Für die Ermittlung gelten versicherungsmathematische Grundsätze. 308

4. Angaben zu Organkrediten

Anwendungsbereich: 309

Aufstellung	Offenlegung
Alle Gesellschaften	

Nach § 285 Nr. 9c) HGB sind die den Mitgliedern des Geschäftsführungsorgans, eines Aufsichtsrats, eines Beirats oder einer ähnlichen Einrichtung gewährten Vorschüsse und Kredite unter Angabe der Zinssätze, der wesentlichen Bedingungen und der ggf. im Geschäftsjahr zurückgezahlten Beträge anzugeben. Ferner sind die zugunsten dieser Personen eingegangenen Haftungsverhältnisse angabepflichtig. Kleine Gesellschaften sind – im Gegensatz zu den Angaben nach Nr. 8a) und Nr. 9b) – nicht von der Angabepflicht befreit. 310

Vorschüsse sind Vorauszahlungen auf noch nicht fällige Ansprüche aus dem Dienstverhältnis, wie Ansprüche auf Gehalt, Gewinnbeteiligung, Provisionen u.ä. Übliche Reisekosten- und Auslagenvorschüsse sind nicht anzugeben.[199] Die Angabepflicht besteht dagegen auch, wenn der Vorschuß zum Ende des Geschäftsjahres vollständig zurückgezahlt oder verrechnet wurde.[200] 311

[194] Vgl. *Adler/Düring/Schmaltz,* § 286 HGB Tz 54.
[195] Vgl. *Ellrott,* in Beck Bil-Kom. § 285 HGB Tz 177.
[196] Vgl. *Adler/Düring/Schmaltz,* § 285 HGB Tz 186.
[197] Vgl. *Claussen/Korth,* in Kölner Kom. §§ 284–288 HGB, 160 AktG Tz 113.
[198] Vgl. WP-Handbuch 2000, Bd. I, F 717; *Ellrott,* in Beck Bil-Kom. § 285 HGB Tz 185ff; *Adler/Düring/Schmaltz,* § 285 HGB Tz 192ff.
[199] Vgl. *Ellrott,* in Beck Bil-Kom. § 285 HGB Tz 191; WP-Handbuch 2000, Bd. I, F. 720.
[200] Vgl. *Adler/Düring/Schmaltz,* § 285 HGB Tz 199.

312 Zu den **Krediten** gehören Darlehen aller Art, Kontokorrentkredite und gestundete Liefer- und Leistungsforderungen. Die Kredithöhe ist für die Angabepflicht unerheblich. Auch nicht genehmigungspflichtige Kredite an Vorstandsmitglieder, d. s. solche, die ein Monatsgehalt nicht übersteigen, sind anzugeben, §§ 89, 115 AktG.[201] Die übliche Einräumung von Zahlungszielen, die auch fremden Dritten gewährt werden, fällt nicht unter die Angabepflicht.

313 Bei den Krediten müssen ergänzend die **Zinssätze,** die wesentlichen Bedingungen und die im Geschäftsjahr zurückgezahlten Beträge genannt werden. Als ausreichend wird erachtet, die Bandbreite der Zinssätze anzugeben.[202] Zu den **wesentlichen Bedingungen** gehören die Tilgungsvereinbarungen, die Laufzeit und die der Gesellschaft gewährten Sicherheiten.[203] Außergewöhnliche Vereinbarungen wie Stundungen oder Erlasse sind ebenfalls anzugeben.[204] Die wesentlichen Bedingungen sind für jede Personengruppe gesondert anzugeben.

314 Bei **Krediten an Gesellschafter-Geschäftsführer** ist auf die Kreditveranlassung abzustellen. Ist die Kreditvergabe Ausfluss des Anstellungsverhältnisses ist § 285 Nr. 9 c) HGB einschlägig. Ist die Kreditvergabe gesellschaftsrechtlich veranlaßt, ist § 43 Abs. 3 GmbHG zu beachten.[205] Von letzterem dürfte i. d. R. bei beherrschenden Gesellschafter-Geschäftsführern auszugehen sein.

315 Auch die zugunsten dieser Personengruppen **eingegangenen Haftungsverhältnisse** sind anzugeben. Dazu gehören insbesondere Bürgschaften oder die Bestellung von anderen Sicherheiten, in Anlehnung an die Aufzählung in § 251 HGB.[206] Die Haftungsverhältnisse brauchen nicht betragsmäßig angegeben zu werden; die Angabe hat jedoch für jede Personengruppe getrennt zu erfolgen[207].

5. Anteilsbesitz von 20%/Beteiligungen mit mehr als 5% der Stimmrechte

316 Anwendungsbereich:

Aufstellung	Offenlegung
Alle Gesellschaften/Börsenorientierte Gesellschaften	

a) Vorbemerkung

317 § 285 Nr. 11 HGB bestimmt für **Unternehmen, an denen die Kapitalgesellschaft beteiligt ist und mittelbar oder unmittelbar 20% oder mehr der Anteile besitzt,** eine Reihe von Angaben gemacht werden müssen, sog. Anteilsbesitzes. Ergänzend dazu müssen börsennotierte Gesellschaften i. S. v. § 267 Abs. 3 S. 2 i. V. m. § 3 Abs. 2 AktG[208] alle **Beteiligungen** an großen Gesellschaften angeben, die 5% der Stimmrechte überschreiten.

b) Anteilsbesitz von 20%

318 Regelmäßig wird es sich dabei um unter den Beteiligungen ausgewiesene Anteile handeln. Es kommt also nicht auf die Stimmrechte an, wie bei börsennotierten Gesellschaften. Unter Anteile sind Mitgliedschaftsrechte zu verstehen, die Vermögens- und Verwaltungsrechte (Teilnahme am Gewinn und Verlust, am Liquidationserlös, Bezugsrechte, Mitsprache- und Kontrollrechte) umfassen.

319 Das Vorliegen einer Beteiligung (Beteiligungsabsicht) ist mangels Verweis auf § 271 HGB keine Voraussetzung[209]. Es kommt auch nicht auf die beabsichtigte Dauer der Beteiligung oder die Art der Verbriefung der Mitgliedschaft an, sondern allein auf den **qoutalen Anteilsbesitz**. Für die Anteilsberechnung enthält § 285 Nr. 11 HGB keine eigenständige Regelung, sondern verweist auf § 16 Abs. 2 und 4 AktG. Insoweit ist das Verhältnis des Nennbetrags der der Gesellschaft gehörenden Anteile

[201] Vgl. WP-Handbuch 2000, Bd. I, F 720.
[202] Vgl. *Claussen/Korth,* in Kölner Kom. §§ 284–288 HGB, 160 AktG Tz 119.
[203] Vgl. *Adler/Düring/Schmaltz,* § 285 HGB Tz 202.
[204] Vgl. *Ellrott,* in Beck Bil-Kom. § 285 HGB Tz 195.
[205] Vgl. F 157.
[206] Vgl. WP-Handbuch 2000, Bd. I, F 722.
[207] Vgl. *Adler/Düring/Schmaltz,* § 285 HGB Tz 203.
[208] Bei börsennotierten Aktiengesellschaften gilt der weitergehende Begriff des § 3 Abs. 2 AktG i. d. F. des Gesetzes zur Umsetzung der EG-Einlagensicherungsrichtlinie und der EG-Anlageentschädigungsrichtlinie.
[209] Vgl. *Ellrott,* in Beck Bil-Kom. § 285 HGB Tz 207; WP-Handbuch 2000, Bd. I, F 729.

zum Gesamtnennbetrag maßgeblich; eigene Anteile der Gesellschaft sind vom Kapital abzuziehen. Für die Anteilsberechnung sind mittelbare und unmittelbare Beteiligungen zusammenzufassen, § 16 Abs. 4 AktG. Zu den mittelbaren Anteilen gehören die einem anderen Unternehmen für Rechnung der Gesellschaft – oder eines von ihr abhängigen Unternehmen – gehörenden Anteile. Steht der Gesellschaft kein Anteil am Kapital zu, entfällt die Angabepflicht.[210] Dies ist z. B. der Fall, wenn dem Gesellschafter keine vermögensrechtliche Beteiligung zusteht, wie bei der Mitgliedschaft eines Komplementärs ohne Einlageverpflichtung oder einer typisch stillen Beteiligung.[211]

Die Angabepflicht bezieht sich grundsätzlich auf Anteile an Unternehmen aller **320** Art, also auch auf Mitgliedschaften in Personenhandelsgesellschaften, sofern die 20%-Grenze erreicht oder überschritten wird[212]; gleiches gilt für Anteile an Genossenschaften.[213] Sie kann jedoch nach § 286 Abs. 3 S. 2 HGB unterbleiben, wenn das Unternehmen, über das zu berichten ist, seinen Jahresabschluss nicht offenzulegen hat und die berichtende Gesellschaft weniger als die Hälfte der Anteile besitzt.[214] Maßgebend für die Beteiligungsquote ist der Anteil am gesamthänderisch gebundenen Vermögen, wofür die Gewinnanteilsberechtigung herangezogen werden kann.

Bei Vorliegen derartiger Beteiligungen sind für jedes der Unternehmen **nachfolgende Angaben** zu machen: **321**
- Name und Sitz des Unternehmens
- Höhe des Anteils am Kapital
- das Eigenkapital und das Ergebnis des letzten Geschäftsjahres des Unternehmens, für das ein Jahresabschluß vorliegt.

Name und Sitz des Unternehmens sind durch die im Handelsregister eingetragenen Angaben bestimmt.[215] Die **Höhe des Anteils** ist in Prozentsätzen anzugeben, **322** und zwar für jede Gesellschaft gesondert, das heißt es genügt nicht, pauschale Gruppierungen von Anteilsgrößen zu liefern.[216]. Die Art der Kapitalanteile ist nicht anzugeben, ergibt sich aber i. d. R. aus der Rechtsform. Weiterhin sind der **Betrag des Eigenkapitals** und das **Ergebnis des letzten Geschäftsjahres,** für das ein Jahresabschluß vorliegt, anzugeben. Die Berichterstattungspflicht entfällt, sofern das Unternehmen den Jahresabschluß nicht offenlegen muß und die Gesellschaft weniger als die Hälfte der Anteile besitzt, § 286 Abs. 3 S. 2 HGB. Das „Eigenkapital" ist entsprechend der Postenabgrenzung in § 266 Abs. 3 HGB zu bestimmen, so dass auch ein Jahresüberschuss zum Eigenkapital gehört.[217] Bei Gesellschaften, die kein Festkapital führen, ist das Eigenkapital analog zu ermitteln. Verbindlichkeiten gegenüber Gesellschafter gehören nicht zum Eigenkapital.[218] „Ergebnis des letzten Geschäftsjahres" ist der Jahresüberschuß bzw. der Jahresfehlbetrag. Eine teilweise Verwendung des Jahresergebnisses ist hiervon unberührt. – Soweit es sich um ausländische Unternehmen handelt, können die Angaben in ausländischer Landeswährung erfolgen.[219]

Der Gesetzeswortlaut gibt keine Auskunft über den Zeitpunkt, zu dem der Anteilsbesitz zu ermitteln ist. Nach h. M. bezieht sich die Angabepflicht auf die **Anteilsbesitzverhältnisse am Bilanzstichtag** der Gesellschaft.[220] Insoweit ist über **323** Anteilsbesitzverhältnisse, die am Bilanzstichtag nicht mehr bestehen, nicht zu berichten.

c) Beteiligungen börsennotierter Aktiengesellschaften

Soweit börsennotierte Aktiengesellschaften i. S. d. § 3 Abs. 2 AktG Beteiligungen **324** an großen Gesellschaften angeben müssen, die 5% der Stimmrechte überschreiten,

---

[210] Vgl. *Adler/Düring/Schmaltz,* § 285 HGB Tz 226; *Ellrott,* in Beck Bil-Kom. § 285 HGB Tz 207.
[211] Vgl. *Ellrott,* in Beck Bil-Kom. § 285 HGB Tz 206; fraglich nach WP-Handbuch 2000, Bd. I, F 729.
[212] Vgl. WP-Handbuch 2000, Bd. I, F 730.
[213] Vgl. *Claussen/Korth,* in Kölner Kom. §§ 284–288 HGB, 160 AktG Tz 124.
[214] Eingefügt durch das TransPuG, BGBl I 2002, S. 2681; gem. Art. 54 EGHGB gilt dies erstmals für nach dem 31. 12. 2002 beginnende Geschäftsjahre.
[215] Vgl. *Adler/Düring/Schmaltz,* § 285 HGB Tz 229; WP-Handbuch 2000, Bd. I, F 731.
[216] Vgl. *Ellrott,* in Beck Bil-Kom. § 285 HGB Tz 221, der Angaben von mehr als 20%, 25% u. ä. für unzulässig hält.
[217] Vgl. *Ellrott,* in Beck Bil-Kom. § 285 HGB Tz 222.
[218] Vgl. *Adler/Düring/Schmaltz,* § 285 HGB Tz 234.
[219] Vgl. WP-Handbuch 2000, Bd. I, F 732, hält jedoch die zusätzliche Angabe in € für hilfreich.
[220] Vgl. *Ellrott,* in Beck Bil-Kom. § 285 HGB Tz 211.

sind nur **Name und Sitz der Gesellschaften anzugeben**. Auf die Kapitalanteile kommt es nicht an[221]. Auch Angaben über die Höhe der Stimmrechtsquote sind nicht erforderlich. Die anzugebenden großen Gesellschaften müssen selbst nicht börsennotiert sein[222]. Unerheblich ist, ob sich der Sitz im In- oder Ausland befindet. Da ausschließlich auf mehr als 5% der Stimmrechte abgestellt wird, führt der Besitz vor stimmrechtslosen Anteilen nicht zu einer Angabepflicht.

325 Basis für die Berechnung der Quote ist die Gesamtzahl aller Stimmrechte, § 16 Abs. 3 S. 1 AktG. Von der Gesamtzahl aller Stimmrechte sind die Stimmrechte aus eigenen Anteilen zu kürzen. Da die Vorschrift auf Beteiligungen abstellt, die Angabepflicht nach § 285 Nr. 11 1. Teilsatz HGB allgemein von Unternehmen spricht, ist der Kreis der angabepflichtigen Unternehmen gezogen. Insoweit besteht eine Beziehung zu Beteiligungen gem. § 271 Abs. 1 HGB, d. h. es kommt auf die Zweckbestimmung des Anteilsbesitzes zur Herstellung einer dauernden Verbindung an.[223]

d) Schutzklausel

326 Für die Angaben nach § 285 Nr. 11 HGB gilt die **Schutzklausel** gem. § 286 Abs. 3 HGB, d. h. die Angaben können unterbleiben, wenn sie

1. für die Darstellung der Vermögens-, Finanz- und Ertragslage der Gesellschaft von untergeordneter Bedeutung sind oder
2. nach vernünftiger kaufmännischer Beurteilung geeignet sind, der Gesellschaft oder einem anderen anzugebenden Unternehmen einen erheblichen Nachteil zuzufügen.

327 Die Schutzklausel nach § 286 Abs. 3 Nr. 2 HGB findet allerdings keine Anwendung, wenn eine KapG einen organisierten Markt i. S. d. § 2 Abs. 2 des Wertpapierhandelsgesetzes durch von ihr oder von einem ihrer Tochterunternehmen (§ 290 Abs. 1, 2 HGB) ausgegebener Wertpapiere i. S. d. § 2 Abs. 1 S. 1 des Wertpapierhandelsgesetzes in Anspruch nimmt oder wenn die Zulassung solcher Wertpapiere zum Handel an einen organisierten Markt beantragt worden ist.[224] Im Übrigen ist auf die Inanspruchnahme der Schutzklausel nach § 286 Abs. 3 S. 1 Nr. 2 HGB im Anhang hinzuweisen.

e) Aufstellung des Anteilsbesitzes

328 Gem. § 287 HGB können die in § 285 Nr. 11 verlangten Angaben statt im Anhang auch in einer gesonderten **„Aufstellung des Anteilsbesitzes"** gemacht werden. Die Anteilsbesitzaufstellung ist Bestandteil des Anhangs. Gem. § 325 Abs. 2 S. 2 HGB braucht die Anteilsbesitzaufstellung nicht im Bundesanzeiger bekanntgemacht zu werden, so dass aus Gründen der Kostenersparnis die Aufstellung des Anteilsbesitzes bei großen Kapitalgesellschaften sinnvollerweise in eine Anteilsbesitzaufstellung gem. § 287 HGB verlagert werden kann.[225]

6. Angaben zum Bestehen einer unbeschränkten persönlichen Haftung

329 Anwendungsbereich:

Aufstellung	Offenlegung
Alle Gesellschaften	

330 Nach der durch das KapCoRiLiG[226] neu eingefügten § 285 Nr. 11 a HGB sind im Anhang Name (Firma), Sitz und Rechtsform derjenigen Unternehmen anzugeben, deren unbeschränkt haftender Gesellschafter die berichtende Gesellschaft ist. In Betracht kommen in erster Linie Kapitalgesellschaften, die persönlich haftende Gesellschafter eines anderen Unternehmen (OHG/KG) i. S. d. § 264 a HGB sind. Die Angabepflicht besteht auch, wenn keine Kapitaleinlage geleistet wurde oder eine Nach-

---

[221] Vgl. WP-Handbuch 2000, Bd. I, F 734.
[222] Vgl. *Ellrott,* in Beck Bil-Kom. § 285 HGB Tz 227.
[223] Vgl. *Ellrott,* in Beck Bil-Kom. § 285 HGB Tz 229.
[224] Eingefügt durch das TransPuG, BGBl I 2002, S. 2681; gem. Art. 54 EGHGB gilt dies erstmals für nach dem 31. 12. 2002 beginnende Geschäftsjahre.
[225] Vgl. WP-Handbuch 2000, Bd. I, F 737.
[226] BGBl I 2000, S. 154 ff

haftung eines Gesellschafters nach dem Ausscheiden aus der Gesellschaft besteht[227]. Soweit eine Angabepflicht bereits nach § 285 Nr. 11 HGB besteht, kann auf die unbeschränkte Haftung auch dort hingewiesen werden.[228]

7. Zusatzangaben für KapG & Co

Anwendungsbereich: 331

Aufstellung	Offenlegung
Alle KapG & Co	

332 Nach § 285 Nr. 15 HGB müssen alle KapG & Co ihre persönlich haftenden Gesellschafter zum Bilanzstichtag mit Name, Firma und Sitz sowie deren gezeichneten Kapital angeben. Zum angabepflichtigen Kreis gehören KapG und KapG & Co, nicht jedoch Privatpersonen, unabhängig von ihrer Beteiligungsquote.[229] Ist der persönlich haftende Gesellschafter eine KapG & Co, sind als gezeichnetes Kapital die Kapitalanteile der Komplementäre und der Kommanditisten jeweils unter Berücksichtigung von § 264c Abs. 2 S. 3, 5 und 6 HGB anzugeben.

8. Angaben zum Mutterunternehmen

Anwendungsbereich: 333

Aufstellung	Offenlegung
Mittelgroße und große Gesellschaften	Alle Gesellschaften

334 § 285 Nr. 14 HGB fordert die Angabe des Namens und Sitzes des Mutterunternehmens der Gesellschaft, und zwar

(1) für das Mutterunternehmen, das den Konzernabschluß für den größten Kreis von Unternehmen aufstellt, das ist die **Konzernspitze,** und

(2) für das Mutterunternehmen, das den Konzernabschluß für den kleinsten Kreis von Unternehmen aufstellt, das ist im Zweifel die **bilanzierende Gesellschaft und ihre Muttergesellschaft**[230].

335 Die Angaben sind erforderlich, um einen Einblick in die Vermögens-, Finanz- und Ertragslage der Gesellschaft erlangen zu können, ohne daß neben dem Einzel- auch der Konzernabschluß herangezogen werden muß.[231] Die Angabe einer Konzernspitze kommt nur bei mehrstufigen Konzernen in Betracht. Voraussetzung ist, daß das oder die Mutterunternehmen tatsächlich – verpflichtend oder freiwillig – einen Konzernabschluß aufstellen.[232]

336 Ist das Mutterunternehmen eine Kapitalgesellschaft, ist der Ort anzugeben, an dem die Konzernabschlüsse erhältlich sind, es sind also das **für das Mutterunternehmen zuständige Registergericht und die Handelsregister-Nr.** anzugeben.[233] Nicht erforderlich – jedoch zu empfehlen – ist es, die Nr. des Bundesanzeigers anzugeben, in dem der Konzernabschluß veröffentlicht wurde.[234] Sofern das Mutterunternehmen freiwillig einen Konzernabschluß aufstellt und nicht zur Offenlegung verpflichtet ist, braucht der Ort nicht angegeben zu werden.[235] Als Muttergesellschaften kommen auch ausländische Unternehmen in Betracht. In diesen Fällen muß die Angabe die nach handelsrechtlichen Vorschriften maßgebliche Stelle, z.B. die SEC, in entsprechender Weise bezeichnen.[236]

---

[227] Vgl. WP-Handbuch 2000, Bd. I, F 741.
[228] Vgl. *Ellrott,* in Beck Bil-Kom. § 285 HGB Tz 235.
[229] Vgl. *Ellrott,* in Beck Bil-Kom. § 285 HGB Tz 260.
[230] Vgl. *Adler/Düring/Schmaltz,* § 285 HGB Tz 250; WP-Handbuch 2000, Bd. I, F 743.
[231] Vgl. *Ellrott,* in Beck Bil-Kom. § 285 HGB Tz 250.
[232] Vgl. *Adler/Düring/Schmaltz,* § 285 HGB Tz 251; *Ellrott,* in Beck Bil-Kom., § 285 HGB Tz 254.
[233] Vgl. WP-Handbuch 2000, Bd. I, F 746.
[234] Vgl. *Adler/Düring/Schmaltz,* § 285 HGB Tz 255.
[235] Vgl. *Ellrott,* in Beck Bil-Kom. § 285 HGB Tz 257.
[236] Vgl. *Adler/Düring/Schmaltz,* § 285 HGB Tz 254; WP-Handbuch 2000, Bd. I, F 746.

5. Abschnitt: Geschäftsführung/Vorstand und Aufsichtsrat

340 Anwendungsbereich:

Aufstellung	Offenlegung
Alle Kapitalgesellschaften	

341 Nach § 285 Nr. 10 HGB sind anzugeben:
(1) Alle **Vorstandsmitglieder** mit Familiennamen und mindestens einem ausgeschriebenen Vornamen, einschließlich des ausgeübten Berufs, bei börsennotierten Gesellschaften auch der Mitgliedschaft in Aufsichtsgremien und andere Kontrollgremien i.S.d. § 125 Abs. 1 S. 3 AktG;[237] der Vorstandsvorsitzende ist zu bezeichnen.
(2) Alle **Geschäftsführer** mit Familiennamen und mindestens einem ausgeschriebenen Vornamen. Der Geschäftsführungsvorsitzende ist zu bezeichnen.
(3) Alle **Aufsichtsratsmitglieder** mit Familiennamen und mindestens einem ausgeschriebenen Vornamen. Der Aufsichtsratsvorsitzende und sein Stellvertreter sind zu bezeichnen.

342 Zu den anzugebenden Organmitgliedern gehören alle Personen, die dem Organkreis angehören oder während des abgelaufenen Geschäftsjahrs angehört haben. Es entspricht einer ordnungsmäßigen Berichterstattung, nicht mehr im Amt befindliche Personen als solche ggf. mit Austrittsdatum zu kennzeichnen.[238] Im neuen Geschäftsjahr berufene Organmitglieder sind nach dem Gesetzeswortlaut nicht anzugeben. I.d.R. erfolgt deren Angabe mit Aufnahme des Eintrittsdatums auf freiwilliger Basis.[239]

343 Auch **stellvertretende Organmitglieder,** bei der AG gem. § 94 AktG, bei der GmbH gem. § 44 GmbHG, fallen unter die Angabepflicht, weil sie denselben Vorschriften wie die ordentlichen Mitglieder unterliegen, insbes. auch zur Unterzeichnung des Jahresabschlusses verpflichtet sind.[240] Aus denselben Gründen wird ein **Sprecher der Geschäftsführung, bei der AG gem. § 84 Abs. 2 AktG, anzugeben sein.**[241]

Unterabschnitt zum Eigenkapital der AG

1. Vorratsaktien

350 Anwendungsbereich:

Aufstellung	Offenlegung
Alle Aktiengesellschaften	

351 § 56 Abs. 1 AktG **verbietet der AG, eigene Aktien zu zeichnen.** Um Umgehungsmöglichkeiten auszuschließen, sind nach § 56 Abs. 2 AktG nachfolgende Fallgestaltungen ausgeschlossen:
(1) Ein abhängiges Unternehmen übernimmt Aktien der herrschenden Gesellschaft.
(2) Ein in Mehrheitsbesitz stehendes Unternehmen übernimmt Aktien der an ihm mit Mehrheit beteiligten Gesellschaft als Gründer oder Zeichner oder in Ausübung eines bei einer bedingten Kapitalerhöhung eingeräumten Umtausch- oder Bezugsrechts.

352 Durch § 56 Abs. 2 AktG soll verhindert werden, dass ein herrschendes oder ein mit Mehrheit beteiligtes Unternehmen sein Eigenkapital aus dem Vermögen des be-

---

[237] Bei der Berufsangabe ist auf die hauptberuflich ausgeübte Tätigkeit, und nicht auf den erlernten Beruf abzustellen; die Angabe bei börsennotierten Gesellschaften zu weiteren Mitgliedschaften in gesetzlichen Aufsichtsräten anderen Kontrollgremien bezweckt die Offenlegung der beruflichen Belastungssituation der Organmitglieder und deren möglicher Interessenkonflikte; vgl. *Ellrott,* in Beck Bil-Kom. § 285 HGB Tz 202.

[238] Vgl. *Claussen/Korth,* in Kölner Kom. §§ 284–288 HGB, 160 AktG Tz 121; *Ellrott,* in Beck Bil-Kom. § 285 HGB Tz 200.

[239] Vgl. *Adler/Düring/Schmaltz,* § 285 HGB Tz 208.

[240] Vgl. WP-Handbuch 2000, Bd. I, F 726; *Adler/Düring/Schmaltz,* § 285 HGB Tz 209; a.A. *Ellrott,* in Beck Bil-Kom. § 285 HGB Tz 200.

[241] Vgl. *Adler/Düring/Schmaltz,* § 285 HGB Tz 209, WP-Handbuch 2000, Bd. I, F 726.

herrschten oder des im Mehrheitsbesitz stehenden Unternehmens finanziert. Allerdings macht ein Verstoss gegen diese Vorschrift die Übernahme nicht unwirksam, § 56 Abs. 2 S. 2 AktG, es ruhen lediglich die Stimmrechte gem. § 136 Abs. 2 AktG. Außerdem haftet jedes Vorstandsmitglied der AG auf die volle Einlage, sofern es nicht beweisen kann, dass es kein Verschulden trifft, § 56 Abs. 4 AktG.

Im Gegensatz dazu erlaubt § 56 Abs. 3 AktG, dass fremde Dritte als Gründer oder 353
Zeichner oder in Ausübung eines bei einer bedingten Kapitalerhöhung eingeräumten Umtausch- oder Bezugsrechts Aktien für Rechnung der AG oder eines abhängigen oder in Mehrheitsbesitz stehenden Unternehmens übernehmen können. Allerdings haften diese Personen ohne Rücksicht auf Vereinbarungen mit der AG oder dem abhängigen oder in Mehrheitsbesitz stehenden Unternehmen auf die volle Einlage und können sich nicht darauf berufen, dass die Aktien nicht für eigene Rechnung übernommen wurden. Wirtschaftlich handelt es sich um sog. **„Leeraktien"**, weil der AG kein neues Kapital von fremden Dritten zugeführt wird. Dies ist der **Fall bei Vorratsaktien,** über die nach § 160 Abs. 1 Nr. 1 AktG zu berichten ist. § 56 Abs. 3 AktG stellt sicher, dass das mit der Zeichnung der Aktien verbundene wirtschaftliche Risiko beim Aktienübernehmer verbleibt.[242] Andererseits können weder der Aktienübernehmer noch die AG Gesellschaftsrechte aus Vorratsaktien, also Dividenden-, Bezugs- oder Stimmrechte ausüben. Die Mitgliedschaftsrechte ruhen bis zur Aktienübernahme. Als ein praktischer Fall von Vorratsaktien wird die Kapitalerhöhung mit Hilfe einer Emissionsbank im Wege des mittelbaren Bezugsrechts genannt.[243] Wenn in diesem Fall die Emissionsbank die Aktien, für die Altaktionäre das Bezugsrecht nicht ausgeübt haben, für Rechnung der AG verwertet schuldet sie die volle Einlage, unabhängig vom Verwertungserfolg. Sie muss also im Fall einer Kurssteigerung den Mehrerlös abführen, während sie bei einem Kursverlust diesen allein zu tragen hat.

Beitragspflichtig sind nach § 160 Abs. 1 Nr. 1 AktG sowohl die erlaubten Fälle des 354
§ 56 Abs. 3 AktG, aber auch die unzulässige Übernahme des § 56 Abs. 2 AktG. Demgemäß ist im Anhang über **nachfolgende Aktienübernahmen zu berichten:**[244]

(1) Aktienübernahme durch ein abhängiges Unternehmen, § 56 Abs. 2 AktG
(2) Aktienübernahme durch ein in Mehrheitsbesitz stehendes Unternehmen, § 56 Abs. 2 AktG
(3) Aktienübernahme für Rechnung der Gesellschaft, § 56 Abs. 3 AktG
(4) Aktienübernahme für Rechnung eines von der AG abhängigen Unternehmens, § 56 Abs. 3 AktG
(5) Aktienübernahme für Rechnung eines in Mehrheitsbesitz der AG stehenden Unternehmens, § 56 Abs. 3 AktG.

Anzugeben sind **Zahl und Gesamtnennbetrag der Vorratsaktien** unter Anga- 355
be, auf wessen Rechnung sie übernommen wurden, des Gesamtbestands und der im Geschäftsjahr zugegangenen Aktien. Da die Vorratsaktien aus der Bilanz der AG selbst nicht zu entnehmen sind, ist im Anhang über den Bestand und den Zugang der Vorratsaktien bei den Aktienübernehmern zu berichten. Anzugeben sind also nicht nur der Gesamtbestand zu Bilanzstichtag, sondern auch die im Laufe des Geschäftsjahres zugegangenen Aktien.[245] Zugänge und Abgänge – § 160 Abs. 1 Nr. 1 AktG spricht von Verwertungen – dürfen nicht saldiert werden.[246] Unterschiedliche Übernahmefälle in ein und demselben Geschäftsjahr sind zu differenzieren.[247] Der Anlass der Aktienübernahme ist zu nennen, ob es sich also um eine Kapitalerhöhung oder die Ausübung eines Umtausch- oder Bezugsrechts handelt.[248] Weitere Angaben über Inhalt und Zweck der getroffenen Übernahmevereinbarung sowie Namen der Aktienübernehmer werden nicht verlangt, können aber zweckmäßig sein.[249]

---

[242] Vgl. *Adler/Düring/Schmaltz,* § 160 AktG Tz 14.
[243] Vgl. *Adler/Düring/Schmaltz,* § 160 AktG Tz 16.
[244] Vgl. *Claussen/Korth,* in Kölner Kom. §§ 284–288 HGB, 160 AktG Tz 146; WP-Handbuch 2000, Bd. I, F 753.
[245] Vgl. WP-Handbuch 2000, Bd. I, F 754.
[246] Vgl. *Adler/Düring/Schmaltz,* § 160 AktG Tz 20.
[247] Vgl. WP-Handbuch 2000, Bd. I, F 754; a. A. *Reiß,* in Bonner HdR § 160 AktG Tz 8.
[248] Vgl. *Adler/Düring/Schmaltz,* § 160 AktG Tz 20.
[249] Vgl. WP-Handbuch 2000, Bd. I, F 754.

352 Da auch über die **Verwertung der Vorratsaktien** zu berichten ist, ist der Verwertungserlös zu nennen, das ist die Differenz zwischen dem Ausgabekurs und einem höheren Veräußerungspreis. Zu Verwertungen gehören der Verkauf, der Umtausch, die Verwendung bei Verschmelzungen aber auch, wenn die AG die Aktien als „eigene" erworben hat.[250] Auch über die **Verwendung des Erlöses** ist zu berichten, womit die bilanzmäßige Verwendung gemeint ist, ob also eine in die Kapitalrücklage gebotene Zuführung erfolgt ist.

2. Eigene Aktien

357 Anwendungsbereich:

Aufstellung	Offenlegung
Alle Aktiengesellschaften	

358 Gem. § 266 Abs. 2 HGB sind „eigene Anteile" in der Bilanz im Umlaufvermögen unter Pos. B.III.2. gesondert auszuweisen.[251]

359 § 71 Abs. 1 AktG **schränkt den Erwerb** eigener Anteile/Aktien **auf nachfolgende Tatbestände ein:**

(1) Wenn der Erwerb notwendig ist, um einen schweren, unmittelbar bevorstehenden Schaden von der Gesellschaft abzuwenden.
(2) Wenn die Aktien den Arbeitnehmern der Gesellschaft oder eines mit ihr verbundenen Unternehmens zum Erwerb angeboten werden sollen.
(3) Wenn der Erwerb geschieht, um Aktionäre nach § 305 Abs. 2 oder § 320 Abs. 5 AktG abzufinden.
(4) Wenn der Erwerb unentgeltlich geschieht oder ein Kreditinstitut mit dem Erwerb eine Einkaufskommission ausführt.
(5) Bei Gesamtrechtsnachfolge.
(6) Bei Einziehung nach den Vorschriften über die Herabsetzung des Grundkapitals aufgrund eines Hauptversammlungsbeschlusses.

360 Die Vorschrift erfasst den abgeleiteten Erwerb eigener Aktien, nicht dagegen den originären oder Ersterwerb von Aktien, der gem. § 56 Abs. 1 AktG verboten ist. Der Gesamtbetrag der bereits erworbenen und im Besitz der AG befindlichen Aktien darf 10% des Grundkapitals nicht übersteigen. Ferner enthält § 71 Abs. 2 S. 2 AktG die Bedingung, dass der **Erwerb nur zulässig** ist, wenn die AG die nach § 272 Abs. 4 HGB vorgeschriebene **Rücklage für eigene Anteile** bilden kann, ohne das Grundkapital oder eine nach Gesetz oder Satzung zu bildende Rücklage zu mindern, die nicht zu Zahlungen an die Aktionäre verwandt werden darf. Ein Verstoss gegen die Erwerbsvoraussetzungen macht den Erwerb eigener Aktien nicht unwirksam, das schuldrechtliche Geschäft über den Erwerb ist jedoch nichtig, § 71 Abs. 4 AktG. Dies gilt entsprechend beim Erwerb eigener Aktien durch einen Dritten, der im eigenen Namen, jedoch für Rechnung eines abhängigen oder eines in Mehrheitsbesitz der Gesellschaft stehenden Unternehmens handelt, § 71 d S. 2 AktG.

361 Gem. § 160 Abs. 1 Nr. 2 AktG ist im Anhang über den **Bestand an eigenen Aktien zu berichten,** die

(1) die Gesellschaft selbst,
(2) ein von der Gesellschaft abhängiges Unternehmen,
(3) ein im Mehrheitsbesitz der Gesellschaft stehendes Unternehmen oder
(4) ein Dritter für Rechnung der Gesellschaft oder eines abhängigen oder eines im Mehrheitsbesitz der Gesellschaft stehenden Unternehmens erworben oder als Pfand genommen hat.

362 **Anzugeben sind ferner:**

(1) Anzahl der eigenen Aktien
(2) Nennbetrag dieser Aktien
(3) Anteil der eigenen Aktien am Grundkapital
(4) der Erwerbszeitpunkt, wobei Jahres- und Monatsangaben genügen[252]
(5) Gründe für den Erwerb.

[250] Vgl. *Adler/Düring/Schmaltz,* § 160 AktG Tz 21; WP-Handbuch 2000, Bd. I, F 755.
[251] Vgl. i. e. D 578.
[252] Vgl. WP-Handbuch 2000, Bd. I, F 756; für eine chronologische Auflistung der Erwerbsvorgänge von eigenen Aktien, die noch zum Bestand gehören, *Adler/Düring/Schmaltz,* § 160 AktG Tz 33.

Beim Erwerb oder der Veräußerung eigener Aktien sind anzugeben: Zahl und Nennbetrag der Aktien, ihr Anteil am Grundkapital, der **Erwerbs- oder Veräußerungspreis** und die Verwendung des **Veräußerungserlöses.** Erwerbs- und Veräußerungsvorgänge sind getrennt darzustellen. Über die Verwendung des Veräußerungserlöses wird eine Berichterstattung nur sinnvoll sein, wenn der Veräußerungserlös für spezielle Zwecke verwendet worden ist.[253] Die Erwerbsgründe sind so darzulegen, dass erkennbar ist, ob es sich um einen nach § 71 AktG zulässigen Erwerb handelt oder nicht, ob also die Aktien beispielsweise erworben wurden, um sie an Mitarbeiter auszugeben.[254] 363

3. Aktiengattungen und Bezugsaktien bei Kapitalerhöhung

Anwendungsbereich: 364

Aufstellung	Offenlegung
Alle Aktiengesellschaften	

Im Anhang sind gem. § 160 Abs. 1 Nr. 3 AktG **Zahl und Nennbetrag jeder Aktiengattung,** also die unterschiedlichen rechtlichen Ausstattungen der Aktien anzugeben, sofern sich diese Angaben nicht aus der Bilanz ergeben. Der Regelfall sind Stammaktien, die keine Sonderrechte verbriefen. Eine besondere Aktiengattung sind **stimmrechtslose Vorzugsaktien,** § 12 Abs. 1 AktG, die mit einem Vorzug bei der Gewinnermittlung ausgestattet sind und vom Stimmrecht ausgeschlossen werden können, § 139 Abs. 1 AktG. Eine Ausnahmeregelung enthält § 12 Abs. 2 AktG in Bezug auf **Mehrstimmrechtsaktien,** die nur mit ministerieller Genehmigung begründet werden konnten.[255] Mehrstimmrechtsaktien sind bei der Stimmabgabe im Vergleich zum Nennbetrag vor anderen Aktien bevorzugt. 365

Anzahl und Nennbetrag der Aktien sind nur anzugeben, sofern sich diese Angaben nicht bereits aus der Bilanz ergeben, denn nach § 152 Abs. 1 S. 2 AktG wird die gesonderte Angabe der Gesamtnennbeträge jeder Aktiengattung bereits in der Bilanz beim Grundkapital verlangt. Diese Angabe kann im Anhang wiederholt werden.[256] Zusätzlich sind im Anhang Zahl und bei Nennbetragsaktien der Nennbetrag der Aktien jeder Gattung anzugeben. Die Angabepflicht entfällt, soweit sich diese Angaben bereits aus der Bilanz ergeben, § 160 Abs. 1 Nr. 3 AktG.[257] 366

Die Angaben ergeben sich aus der Satzung. Nach § 23 Abs. 3 Nr. 4 AktG ist in der Satzung das Grundkapital entweder in Nennbetragsaktien oder in Stückaktien zu zerlegen. Bei Nennbetragsaktien sind deren Nennbeträge und die Zahl der Aktien je Nennbetrag, bei Stückaktien deren Zahl sowie – wenn mehrere Gattungen bestehen – die Gattung der Aktien und die Zahl der Aktien jeder Gattung 367

Außerdem sind gesondert die **Aktien** anzugeben, die **bei einer bedingten Kapitalerhöhung** oder **einem genehmigten Kapital** im Geschäftsjahr gezeichnet wurden. Sofern hiervon Aktien verschiedener Gattungen betroffen sind, sind die Angaben für jede Gattung gesondert zu machen.[258] Das bedingte Kapital ist gem. § 152 Abs. 1 S. 3 AktG beim Posten Grundkapital in der Bilanz mit dem Nennbetrag zu vermerken, soweit die Aktien noch nicht begeben sind. Wenn die Umtausch- oder Bezugsberechtigten von ihrem Recht Gebrauch machen, muss der Vorstand die Bezugsaktien ausgeben. Gem. § 201 Abs. 1 AktG hat der Vorstand innerhalb eines Monats nach Ablauf des Geschäftsjahres beim Handelsregister anzumelden, in welchem Umfang im abgelaufenen Geschäftsjahr Bezugsaktien ausgegeben wurden. Dem entspricht die Angabeverpflichtung nach § 160 Abs. 1 Nr. 3 AktG; allerdings besteht die Berichterstattungspflicht bereits dann, wenn die Bezugserklärung, die der Zeichnungserklärung gleichsteht, abgegeben worden ist.[259] Die 368

---

[253] Vgl. *Claussen/Korth,* in Kölner Kom. §§ 284–288 HGB, 160 AktG Tz 151.
[254] Vgl. WP-Handbuch 2000, Bd. I, F 758.
[255] Die Ausnahmeregelung ist durch Art. 1 Nr. 3 KonTraG, BGBl. I 1998, S. 786 ff, aufgehoben worden; bis dato begründete Mehrstimmrechtsaktien erlöschen nach § 5 Abs. 1 S. 1 EGAktG am 1. 6. 2003, wenn die HV keinen Fortgeltungsbeschluss gefasst hat; vgl. *Hüffer,* AktG, § 12 Tz 8 f, 11 ff.
[256] Vgl. *Ellrott,* in Beck Bil-Kom. § 284 HGB Tz 74; WP-Handbuch 2000, Bd. I, F 759.
[257] Vgl. *Adler/Düring/Schmaltz,* § 160 AktG Tz 40.
[258] Vgl. *Adler/Düring/Schmaltz,* § 160 AktG Tz 45.
[259] Vgl. *Adler/Düring/Schmaltz,* § 160 AktG Tz 47.

Angaben müssen erkennen lassen, ob die Ausgabe im Rahmen der Satzungsermächtigung erfolgte.[260]

369 Das genehmigte Kapital ist aus der Bilanz nicht ersichtlich, es ist lediglich im Anhang gem. § 160 Abs. 1 Nr. 4 AktG zu vermerken. Auch im Rahmen einer genehmigten Kapitalerhöhung ausgegebene Aktien sind im Anhang anzugeben, und zwar mit Eintragung der Durchführung im Handelsregister, weil in diesem Zeitpunkt die Aktien entstehen, was Voraussetzung für die Angabepflicht ist.

4. Genehmigtes Kapital

370 Anwendungsbereich:

Aufstellung	Offenlegung
Alle Aktiengesellschaften	

371 Die Satzung kann den Vorstand für höchstens fünf Jahre nach **Eintragung der AG** ermächtigen, das **Grundkapital** bis zu einem bestimmten Nennbetrag, **durch Ausgabe neuer Aktien** gegen Einlagen **zu erhöhen,** sog. **genehmigtes Kapital,** § 202 AktG. Dadurch soll der Vorstand in die Lage versetzt werden, günstige Kapitalmarktsituationen durch die Aufnahme von Eigenmitteln zu nutzen. Diese dem Vorstand gegebene sehr weitgehende Ermächtigung kann dadurch eingeschränkt werden, dass im Ermächtigungsbeschluss festgelegt wird, unter welchen Bedingungen (z. B. Ausgabe- oder Nennbetrag) die Aktien auszugeben sind, § 204 Abs. 1 S. 1 AktG. Da durch die Ausgabeermächtigung den Aktionären das Bezugsrecht entzogen wird, bedarf es bei der Beschlussfassung durch die HV einer Mehrheit, die mindestens $^{3}/_{4}$ des bei der Beschlussfassung vertretenen Grundkapitals umfasst.

372 Nach § 160 Abs. 1 Nr. 4 AktG ist das genehmigte Kapital im Anhang zu vermerken, weil es aus der Bilanz nicht ersichtlich ist. Das Gesetz sagt nichts über die Angabepflichten im Einzelnen. Anzugeben ist der **Nennbetrag des genehmigten Kapitals,** zu dem der Vorstand die Ermächtigung zur Ausgabe besitzt, ebenso die Bedingungen der Aktienausgabe und der Inhalt des Ermächtigungsbeschlusses.[261]

373 Wurde das Grundkapital durch genehmigtes Kapital erhöht, hat bereits eine Angabe nach § 160 Abs. 1 Nr. 3 AktG zu erfolgen. Die Angabe nach § 160 Abs. 1 Nr. 4 AktG hat auch den Betrag zu enthalten, in dessen Höhe das genehmigte Kapital noch nicht in Anspruch genommen worden ist.[262] Bei im abgelaufenen Geschäftsjahr erfolgter Aktienausgabe ist – soweit nicht nach § 160 Abs. 1 Nr. 3 AktG berichtet wird – über die Bedingungen der Aktienausgabe zu berichten, insbesondere ob sich die Aktienausgabe im Rahmen der satzungsmäßigen Ermächtigung gehalten hat.[263]

5. Angaben zu Bezugsrechten, Wandelschuldverschreibungen und vergleichbaren Wertpapieren

374 Anwendungsbereich:

Aufstellung	Offenlegung
Alle Aktiengesellschaften	

375 Gem. § 192 Abs. 2 Nr. 3 AktG ist die Gewährung von Aktienbezugsrechten als Vergütung für Arbeitnehmer und Mitglieder der Geschäftsleitung der AG oder eines verbundenen Unternehmens im Wege des Zustimmungs- oder Ermächtigungsbeschlusses der Hauptversammlung zulässig.

376 **Wandelschuldverschreibungen** sind nach § 221 Abs. 1 AktG Schuldverschreibungen, die mit einem Umtauschrecht in Aktien oder ein Bezugsrecht auf Aktien verbunden sind. Sie verbriefen das Recht, diese Titel mit oder ohne bare Zuzahlung in Aktien umzutauschen.

---

[260] Vgl. *Claussen/Korth,* in Kölner Kom. §§ 284–288 HGB, 160 AktG Tz 154; *Adler/Düring/Schmaltz,* § 160 AktG Tz 43.

[261] Vgl. WP-Handbuch 2000, Bd. I, F 761; *Ellrott,* in Beck Bil-Kom. § 284 HGB Tz 43; *Claussen/Korth,* in Kölner Kom. §§ 284–288 HGB, 160 AktG Tz 156.

[262] Vgl. WP-Handbuch 2000, Bd. I, F 761.

[263] Vgl. *Adler/Düring/Schmaltz,* § 160 AktG Tz 51.

Bei **Gewinnschuldverschreibungen** werden Gläubigerrechte mit Gewinnanteilsrechten von Aktionären in Verbindung gebracht. Die Ausgabe derartiger Schuldverschreibungen darf nur aufgrund eines Hauptversammlungsbeschlusses erfolgen, der mindestens $^{3}/_{4}$ des bei der Beschlussfassung vertretenen Grundkapitals umfasst. Nach § 160 Abs. 1 Nr. 5 AktG ist über Aktien Bezugsrechte für Arbeitnehmer und Vorstandsmitglieder, Wandelschuldverschreibungen und vergleichbare Wertpapiere unter Angabe der verbrieften Rechte zu berichten. 377

Zu den am Abschlussstichtag bestehenden Wandel-/Gewinnschuldverschreibungen sind anzugeben, die Zahl der noch nicht ausgeübten Bezugsrechte ihre Zahl, ihre Aufteilung auf die Geschäftsführung und Arbeitnehmer, ihre Erwerbszeiträume, Kursziele, die Wartezeit für die erstmalige Ausübung und die Ausübungszeiträume, § 193 Abs. 2 Nr. 4 AktG. Bei Schuldverschreibungen ist – für jede Art gesondert – die Zahl der am Abschlussstichtag im Umlauf befindlichen Stücke anzugeben, die Wertpapierart, ob es sich um Namens-, Order- oder Inhaberpapiere handelte, die Bedingungen des Wandel- oder Bezugsrechts (Umtauschverhältnis, Zuzahlungsbetrag) und Angaben zur Passivierung der Schuldverschreibungen sind.[264] 378

6. Genussrechte, Rechte aus Besserungsscheinen und ähnliche Rechte

Anwendungsbereich: 379

Aufstellung	Offenlegung
Alle Aktiengesellschaften	

Das Gesetz enthält keine Begriffsbestimmung für Genussrechte. § 221 Abs. 3 AktG setzt für die Gewährung von Genussrechten die gleichen Bedingungen wie für Wandel- und Gewinnschuldverschreibungen. **Genussrechte** sind, ebenso wie Rechte an Wandel- und Gewinnschuldverschreibungen keine Mitgliedschafts-, sondern Gläubigerrechte.[265] Sie gewähren regelmäßig Gläubigerrechte am Gewinn, an Vermögensteilen oder am Liquidationserlös. Das Genussrecht gibt weder Stimmrecht noch das Recht zur Teilnahme an der Hauptversammlung, ist aber regelmäßig in einer Urkunde verbrieft.[266] Die Ausgabe von Genussrechten ist der Hauptversammlung vorbehalten, die, sofern die Satzung nicht etwas anderes bestimmt, darüber mit qualifizierter Mehrheit beschließt. Den Aktionären steht ein gesetzliches Bezugsrecht auf Genussscheine zu, § 221 Abs. 4 AktG. 380

Besserungsscheine sind schriftliche verbriefte Schuldversprechen mit dem Inhalt, Gläubigern, die auf ihre Forderung ganz oder teilweise verzichtet haben, die erlassenen Schulden aus künftigen Gewinnen oder einem etwaigen Liquidationserlös zurückzuzahlen.[267] 381

Besserungsscheine haben Bedeutung bei Sanierungen, weil die Gläubiger das Recht auf Rückzahlung behalten, wenn sich die Vermögens- und Ertragsverhältnisse bessern. Sie bedürfen als Verbindlichkeit vor Eintritt der Bedingung nicht passiviert werden. Verpflichtungen aus Besserungsscheinen können zu den sonstigen finanziellen Verpflichtungen gehören, die nach § 285 Nr. 3 HGB anzugeben sind.[268] 382

Ähnliche Rechte sind alle Verpflichtungen gegenüber Dritten, die begrifflich und inhaltlich den Besserungsscheinen nahestehen und die Gesellschaft zu Zahlungen aus dem Gewinn oder Liquidationserlös verpflichten.[269] 383

Nach § 160 Abs. 1 Nr. 6 AktG sind im Anhang Angaben über Genussrechte, Rechte aus Besserungsscheinen und ähnliche Rechte zu geben. **Anzugeben sind** Art und Zahl der jeweiligen Rechte sowie der im Geschäftsjahr neu entstandenen Rechte, im Einzelnen also Inhalt, Ausgestaltung, Nennbetrag, Tilgung und Ände- 384

[264] Vgl. *Ellrott,* in Beck Bil-Kom. § 284 HGB Tz 44; WP-Handbuch 2000, Bd. I, F 762.
[265] Vgl. WP-Handbuch 2000, Bd. I, F 763; *Claussen,* AG 1985, S. 77; *Lutter,* in Kölner Kom. § 221 AktG Tz 21 f.
[266] Vgl. *Vollmer,* ZGR 1983, S. 445; *Ziebe,* BB 1984, S. 2210; *Ziebe,* BB 1998, S. 225.
[267] Vgl. WP-Handbuch 2000, Bd. I, F 763.
[268] Vgl. *Adler/Düring/Schmaltz,* § 160 AktG Tz 56.
[269] Vgl. *Ellrott,* in Beck Bil-Kom. § 284 HGB Tz 45; WP-Handbuch 2000, Bd. I, F 763; *Csik,/Dörner,* in Küting/Weber §§ 294–288 HGB Tz 337.

rung der Bedingungen.[270] Die Angabe soll vor allem Art und Umfang der zukünftigen Verpflichtungen erkennen lassen.[271] Die einzelnen Verpflichtungen sind für jedes Recht gesondert zu erläutern. Sofern Rechte eingezogen oder abgelöst wurden, ist unter Nennung der Gegenleistung darüber zu berichten.[272] Im Geschäftsjahr neu entstandene Rechte sind gesondert zu nennen, was in einem „davon-Vermerk" erfolgen kann.[273] Das gilt auch für Altrechte, wenn sich die Bedingungen geändert haben.[274]

7. Wechselseitige Beteiligungen

385 Anwendungsbereich:

Aufstellung	Offenlegung
Alle Aktiengesellschaften	

386 **Wechselseitig beteiligte Unternehmen** sind gem. § 19 AktG Kapitalgesellschaften mit Sitz im Inland, die dadurch verbunden sind, dass jedem Unternehmen mehr als 25% der Anteile des anderen Unternehmens gehören. Abzustellen ist also auf die Begriffsbestimmung des § 19 AktG, nicht dagegen auf den Beteiligungsbegriff des § 271 Abs. 1 HGB.[275] Der Prozentsatz bestimmt sich nach dem Verhältnis des Gesamtbetrags der dem Unternehmen gehörenden Anteile zum Nennkapital; eigene Anteile sind vom Nennkapital abzusetzen, § 16 Abs. 2 AktG. Bei Stückaktien ist die Zahl der Aktien maßgebend, § 8 Abs. 4 AktG. Zu den Anteilen gehören auch mittelbare Anteile, das sind solche, die von einem abhängigen Unternehmen oder einem anderen für Rechnung des Unternehmens gehalten werden. Da § 19 AktG auf Kapitalgesellschaften mit Sitz im Inland abstellt, sind wechselseitige Beteiligungen an Personengesellschaften und an Unternehmen mit Sitz im Ausland nicht angabepflichtig.[276]

387 Bei wechselseitigen Beteiligungen besteht die Gefahr, dass durch die gegenseitige Beteiligung die Erhaltung des Grundkapitals gefährdet ist. Deshalb knüpft § 19 AktG verschiedene Rechtsfolgen an das Bestehen von wechselseitigen Beteiligungen. So bestehen gem. §§ 20, 21 AktG **gegenseitige Mitteilungspflichten,** und zwar

(1) für das Unternehmen, das an einer AG mehr als 25% der Aktien hält, an die AG und

(2) für die AG, die mehr als 25% der Anteile an der Kapitalgesellschaft hält, an die Kapitalgesellschaft.

388 Außerdem gilt für **wechselseitig beteiligte Unternehmen** die Verpflichtung des § 328 AktG, Rechte aus den Anteilen, die ihnen an anderen Unternehmen gehören, nur für höchstens den 4. Teil der Anteile des anderen Unternehmens auszuüben, sobald dem einen Unternehmen das Bestehen der wechselseitigen Beteiligung bekannt geworden ist oder ihm das andere Unternehmen eine Mitteilung nach § 20 Abs. 3 oder § 21 Abs. 1 AktG gemacht hat.

389 **Anzugeben** sind die am Abschlussstichtag bestehenden wechselseitigen Beteiligungen unter Angabe des Namens der Unternehmen. Die Berichterstattung hat nach § 160 Abs. 1 Nr. 7 AktG so lange zu erfolgen, wie die wechselseitige Beteiligung besteht.[277] Dagegen wird nicht verlangt, die Höhe der Beteiligung anzugeben, oder über Veränderungen im Berichtsjahr oder die Ausübung eines Bezugs- oder Wandelrechts zu berichten.[278] Die Angabe muss erkennen lassen, dass es sich um eine wechselseitige Beteiligung handelt.

---

[270] Vgl. *Kropff,* in Geßler/Hefermehl § 160 AktG 1965 Tz 75; *Claussen/Korth,* in Kölner Kom. §§ 284–288 HGB, 160 AktG Tz 163.

[271] Vgl. *Adler/Düring/Schmaltz,* § 160 AktG Tz 58

[272] Vgl. WP-Handbuch 2000, Bd. I, F 764.

[273] Vgl. *Ellrott,* in Beck Bil-Kom. § 84 HGB Tz 45; *Csik/Dörner,* in Küting/Weber §§ 284–288 HGB Tz 338.

[274] Vgl. *Adler/Düring/Schmaltz,* § 160 AktG Tz 61

[275] Vgl. *Adler/Düring/Schmaltz,* § 160 AktG Tz 62.

[276] Vgl. *Ellrott,* in Beck Bil-Kom. § 284 HGB Tz 46.

[277] Nach *Claussen/Korth,* in Kölner Kom. §§ 284–288 HGB, 160 AktG Tz 165 ergeben sich Aufhebungen von wechselseitigen Beteiligungen aus dem Vergleich aufeinanderfolgender Jahresabschlüsse; *Adler/Düring/Schmaltz,* § 160 AktG Tz 66 empfehlen bei Entstehen oder Rückführung einer wechselseitigen Beteiligung eine Berichterstattung im Lagebericht; ebenso *Ellrott,* in Beck Bil-Kom. § 284 HGB Tz 46.

[278] Vgl. WP-Handbuch 2000, Bd. I, F 765; *Claussen/Korth,* in Kölner Kom. §§ 284–288 HGB, 160 AktG Tz 165.

Da sich die Angaben nach § 160 Abs. 1 Nr. 7 AktG mit denen nach Nr. 8 überschneiden können, wird eine zusammenhängende Berichterstattung für zulässig erachtet.[279] 390

8. Der Gesellschaft mitgeteilte Beteiligungen

Anwendungsbereich: 391

Aufstellung	Offenlegung
Alle Aktiengesellschaften	

Gem. § 20 Abs. 1 AktG haben Unternehmen, denen mehr als 25% der Aktien einer AG mit Sitz im Inland gehören, dies der AG unverzüglich schriftlich mitzuteilen. Diese Mitteilungspflicht besteht auch, wenn einem Unternehmen die Mehrheit der Anteile an einer AG gehören, also eine Mehrheitsbeteiligung i. S. v. § 16 Abs. 1 AktG vorliegt. Die Vorschrift wird durch die **Mitteilungspflicht nach § 21 WpHG** überlagert, wonach Beteiligungen an Gesellschaften, deren Aktien zum amtlichen Handel an einer Börse in der EU oder dem EWR zugelassen sind, mitzuteilen sind. Danach hat eine Mitteilung zu erfolgen, wenn die Beteiligung an der Gesellschaft 5%, 10%, 25%, 50% oder 75% der Stimmenrechte erreicht, überschreitet oder unterschreitet. 392

Anzugeben ist der Inhalt der Mitteilung, wie er nach § 20 Abs. 6 AktG oder nach § 25 Abs. 1 WpHG veröffentlicht worden ist. Ob die Verpflichtung tatsächlich erfolgt ist, spielt keine Rolle.[280] Die Angabe erstreckt sich dabei insbesondere auf die Bezeichnung des Aktionärs und darauf, welcher Schwellenwert erreicht, über- oder unterschritten worden ist. Bei einer Mitteilung nach § 21 WpHG ist außerdem der genaue Stimmrechtsanteil anzugeben. 393

Über das Bestehen einer Beteiligung, die der AG nicht mitgeteilt worden ist, braucht nach dem Gesetzeswortlaut nicht berichtet zu werden, auch wenn der Gesellschaft das Bestehen der Beteiligung aus anderen Quellen bekannt ist.[281] Die Angabepflicht besteht nicht nur für das Berichtsjahr, in dem die Mitteilung erfolgte, sondern hat in jedem nachfolgenden Geschäftsjahr erneut zu erfolgen. Sie kann erst entfallen, wenn die Mitteilung erfolgt, dass eine Beteiligung in der mitteilungspflichtigen Höhe nicht mehr besteht.[282] 394

9. Entsprechungserklärung zum Corporate Governance Kodex

Anwendungsbereich: 395

Aufstellung	Offenlegung
Börsennotierte Aktiengesellschaften	

Gem. § 160 AktG müssen Vorstand und Aufsichtsrat börsennotierter Aktiengesellschaften jährlich erklären, dass den vom Bundesministerium der Justiz im amtlichen Teil des elektronischen Bundesanzeigers bekannt gemachten Empfehlungen der „Regierungskommission Deutscher Corporate Governance Kodex“ entsprochen wurde und wird und welche Empfehlungen nicht angewendet wurden oder werden. Die Erklärung ist den Aktionären dauerhaft zugänglich zu machen. 396

Nach § 285 Nr. 16 HGB ist im Anhang anzugeben, dass diese Erklärung abgegeben und den Aktionären zugänglich gemacht worden ist.

---

[279] Vgl. WP-Handbuch 2000, Bd. I, F 765.

[280] Vgl. WP-Handbuch 2000, Bd. I, F 767.

[281] Vgl. *Adler/Düring/Schmaltz,* § 160 AktG Tz 69; WP-Handbuch 2000, Bd. I, F 768.

[282] Vgl. *Adler/Düring/Schmaltz,* § 160 AktG Tz 70; für die Mitteilung selbst besteht Angabepflicht, *Claussen/Korth,* in Kölner Kom. §§ 284–288 HGB, 160 AktG Tz 168; zweifelnd WP-Handbuch 2000, Bd. I, F 769, wenn eine formelle Mitteilung noch nicht vorliegt. Eine Angabe, die diesen Sachverhalt erkennen lässt, wird aber für zweckmäßig gehalten.

Teil G. Kontenzuordnungstabelle

Einzelkaufmann SKR 03

Blatt-Nr. 1

Zuordnungstabelle vom 10.01.2003

KZ 112: S51030000038 Zeilen: 1000 - 6999

	Vorspalte	Saldo	Hauptspalte	Saldo
AKTIVA				
	&W01&		&W01&	
Ausstehende Einlagen			0820-0829	S
Aufwendungen für die Ingangsetzung und Erweiterung des Geschäftsbetriebs			0001	S
Aufwendungen für die Währungsumstellung auf den Euro			0002-0009	S
Anlagevermögen				
Immaterielle Vermögensgegenstände				
Konzessionen, gewerbliche Schutzrechte und ähnliche Rechte und Werte sowie Lizenzen an solchen Rechten und Werten	0010-0034	S		
Geschäfts- oder Firmenwert	0035-0037	S		
Verschmelzungsmehrwert	0040-0049	S		
geleistete Anzahlungen	0038-0039	S	....	
Sachanlagen				
Grundstücke, grundstücksgleiche Rechte und Bauten einschließlich der Bauten auf fremden Grundstücken	0050-0078	S		
	0080-0119	S		
	0140-0149	S		
	0160-0179	S		
	0190-0194	S		
technische Anlagen und Maschinen	0200-0289	S		
andere Anlagen, Betriebs- und Geschäftsausstattung	0300-0497	S		
geleistete Anzahlungen und Anlagen im Bau	0079	S		
	0120-0139	S		
	0150-0159	S		
	0180-0189	S		
	0195-0199	S		
	0290-0299	S		
	0498-0499	S	....	

Blatt-Nr. 2

Zuordnungstabelle vom 10.01.2003

KZ 112: S51030000038 Zeilen: 1000 - 6999

	Vorspalte	Saldo	Hauptspalte	Saldo

AKTIVA

	Vorspalte	Saldo	Hauptspalte	Saldo
	&W01&		&W01&	
Finanzanlagen				
Anteile an verbundenen Unternehmen	0500-0504	S		
Ausleihungen an verbundene Unternehmen	0505-0509	S		
Beteiligungen	0510-0519	D		
Ausleihungen an Unternehmen, mit denen ein Beteiligungsverhältnis besteht	0520-0524	S		
Wertpapiere des Anlagevermögens	0525-0539	S		
sonstige Ausleihungen	0540-0569	S		
	0580-0594	S		
Genossenschaftsanteile	0570-0579	S		
Rückdeckungsansprüche aus Lebensversicherungen	0595-0599	S	....	
Umlaufvermögen				
Vorräte				
Roh-, Hilfs- und Betriebsstoffe	3970-3979	S		
unfertige Erzeugnisse, unfertige Leistungen	7000-7089	S		
in Ausführung befindliche Bauaufträge	7090-7094	S		
in Arbeit befindliche Aufträge	7095-7099	S		
fertige Erzeugnisse und Waren	3980-3989	S		
	7100-7999	S		
geleistete Anzahlungen	1510-1520	S		
erhaltene Anzahlungen auf Bestellungen	1722-1729	H	....	
Forderungen und sonstige Vermögensgegenstände				
Forderungen aus Lieferungen und Leistungen	0996-0999	H		
	1300-1309	S		
	1400-1469	S		
	1490-1497	S		
	1498	H		
	1499	H		
- davon mit einer Restlaufzeit von mehr als einem Jahr &W01& 0997 H; 0999 H				

Blatt-Nr. 3

Zuordnungstabelle vom 10.01.2003

KZ 112: S51030000038 Zeilen: 1000 - 6999

```
                                          Vorspalte  Saldo        Hauptspalte  Saldo
```

AKTIVA

```
                                          &W01&                  &W01&

                1302-1304 S
                1455-1459 S
                1465-1469 S
                1495-1497 S
  Forderungen gegen verbundene
  Unternehmen                             0700-0714 S
                                          1310-1319 S
                                          1470-1477 S
                                          1478-1479 H
                                          1594-1596 S
                                          1630-1639 S
  - davon mit einer Restlaufzeit
    von mehr als einem Jahr
    &W01&       0705-0714 S
                1312-1314 S
                1475-1477 S
                1479      H
                1596      S
                1635-1639 S
  Forderungen gegen Unternehmen,
  mit denen ein Beteiligungs-
  verhältnis besteht                      0715-0729 S
                                          1320-1326 S
                                          1480-1487 S
                                          1488-1489 H
                                          1597-1599 S
                                          1640-1649 S
  - davon mit einer Restlaufzeit
    von mehr als einem Jahr
    &W01&       0720-0729 S
                1322-1324 S
                1485-1487 S
                1489      H
                1599      S
                1645-1649 S
  sonstige Vermögensgegenstände           1350-1359 S
                                          1360-1399 S
                                          1500-1509 S
                                          1521-1555 S
                                          1590-1592 S
                                          1600-1629 S
                                          1650-1658 S
                                          1659      H
                                          1709      S
                                          1741      S
                                          1755-1757 S
                                          1760-1766 S
                                          1792      S
                                          1793-1799 H
                                          1556-1559 GS
```

Blatt-Nr. 4

Zuordnungstabelle vom 10.01.2003

KZ 112: S51030000038 Zeilen: 1000 - 6999

	Vorspalte Saldo	Hauptspalte Saldo
AKTIVA		
	&W01&	&W01&
	1560-1589 GS	
	1758-1759 GS	
	1770-1791 GS	....
- davon mit einer Restlaufzeit von mehr als einem Jahr		
&W01& 1502 S		
1504 S		
1506 S		
1508-1509 S		
1527-1529 S		
1537-1539 S		
1555 S		
1626-1629 S		
1655-1658 S		
Wertpapiere		
Anteile an verbundenen Unternehmen	1340-1344 S	
eigene Anteile	1345-1347 S	
sonstige Wertpapiere	1327-1329 S	
	1348-1349 S	....
Kassenbestand, Bundesbankguthaben, Guthaben bei Kreditinstituten und Schecks		0630-0698 S
		1000-1099 S
		1100-1299 S
		1330-1339 S
Rechnungsabgrenzungsposten		0980-0982 S
		0984-0989 S
- davon Disagio &W01& 0986-0989 S		
Abgrenzung latenter Steuern		0983 S
Kapital		
Anfangskapital	0870-0929 D	
Einlagen	1800-1999 H	
Entnahmen	1800-1999 S	
Verlust	wird errechnet	
Gewinn	wird errechnet	....
Saldo Klasse 9		9000-9999 GS
Sonstige Aktiva		0000 S
		....

Blatt-Nr. 5

Zuordnungstabelle vom 10.01.2003

KZ 112: S51030000038 Zeilen: 1000 - 6999

	Vorspalte Saldo	Hauptspalte Saldo

PASSIVA

	&W01&	&W01&
Kapital		
Anfangskapital	0870-0929 D	
Einlagen	1800-1999 H	
Entnahmen	1800-1999 S	
Gewinn	wird errechnet	
Verlust	wird errechnet	....
Sonderposten mit Rücklageanteil		0930-0934 H
		0936-0948 H
Sonderposten für Zuschüsse und Zulagen		0949 H
Sonderposten aus der Währungsumstellung auf den Euro		0935 H
Rückstellungen		
Rückstellungen für Pensionen und ähnliche Verpflichtungen	0950-0954 H	
Steuerrückstellungen	0955-0968 H	
	1760-1766 H	
Rückstellungen für latente Steuern	0969 H	
sonstige Rückstellungen	0970-0979 H	....
Verbindlichkeiten		
Anleihen	0600-0629 H	
- davon konvertibel &W01& 0615-0629 H		
- davon mit einer Restlaufzeit bis zu einem Jahr &W01& 0600-0604 H 0615-0619 H		
- davon mit einer Restlaufzeit von mehr als fünf Jahren &W01& 0610-0614 H 0625-0629 H		
Verbindlichkeiten gegenüber Kreditinstituten	0630-0698 H	
	0699 D	
	1100-1299 H	
- davon mit einer Restlaufzeit bis zu einem Jahr &W01& 0630-0639 H 0660-0669 H 1100-1299 H		

Blatt-Nr. 6

Zuordnungstabelle vom 10.01.2003

KZ 112: S51030000038 Zeilen: 1000 - 6999

	Vorspalte Saldo	Hauptspalte Saldo
PASSIVA		
	&W01&	&W01&
- davon mit einer Restlaufzeit von mehr als fünf Jahren &W01& 0650-0659 H		
0680-0689 H		
erhaltene Anzahlungen auf Bestellungen	1710-1721 H	
- davon mit einer Restlaufzeit bis zu einem Jahr &W01& 1710-1719 H		
- davon mit einer Restlaufzeit von mehr als fünf Jahren &W01& 1721 H		
Verbindlichkeiten aus Lieferungen und Leistungen	1600-1629 H	
	1650-1658 H	
	1659 S	
- davon mit einer Restlaufzeit bis zu einem Jahr &W01& 1600-1625 H		
1650-1654 H		
1659 S		
- davon mit einer Restlaufzeit von mehr als fünf Jahren &W01& 1628-1629 H		
1658 H		
Verbindlichkeiten aus der Annahme gezogener Wechsel und der Ausstellung eigener Wechsel	1660-1699 H	
- davon mit einer Restlaufzeit bis zu einem Jahr &W01& 1660-1679 H		
- davon mit einer Restlaufzeit von mehr als fünf Jahren &W01& 1690-1699 H		
Verbindlichkeiten gegenüber verbundenen Unternehmen	0700-0714 H	
	1310-1319 H	
	1470-1477 H	
	1594-1596 H	
	1630-1639 H	
- davon mit einer Restlaufzeit bis zu einem Jahr &W01& 0700-0704 H		
1310-1311 H		
1315-1319 H		
1470-1474 H		
1594 H		
1595 H		
1630-1634 H		

Blatt-Nr. 7

Zuordnungstabelle vom 10.01.2003

KZ 112: S51030000038 Zeilen: 1000 - 6999

	Vorspalte Saldo	Hauptspalte Saldo

PASSIVA

	&W01&	&W01&
- davon mit einer Restlaufzeit von mehr als fünf Jahren &W01& 0710-0714 H 1638-1639 H		
Verbindlichkeiten gegenüber Unternehmen, mit denen ein Beteiligungsverhältnis besteht	0715-0729 H 1320-1326 H 1480-1487 H 1597-1599 H 1640-1649 H	
- davon mit einer Restlaufzeit bis zu einem Jahr &W01& 0715-0719 H 1320-1321 H 1325-1326 H 1480-1484 H 1597-1598 H 1640-1644 H		
- davon mit einer Restlaufzeit von mehr als fünf Jahren &W01& 0725-0729 H 1648-1649 H		
sonstige Verbindlichkeiten	0730-0798 H 0799 D 1300-1309 H 1360-1399 H 1400-1469 H 1490-1497 H 1499 S 1548 H 1590-1592 H 1593 S 1700-1708 H 1709 H 1730 H 1731-1753 H 1754 S 1755-1757 H 1767-1768 H 1769 S 1792 H 1556-1559 GH 1560-1589 GH 1758-1759 GH 1770-1791 GH	....
- davon aus Steuern &W01& 1548 H 1736-1739 H 1741 H		

Blatt-Nr. 8

Zuordnungstabelle vom 10.01.2003

KZ 112: S51030000038 Zeilen: 1000 - 6999

Vorspalte Saldo Hauptspalte Saldo

PASSIVA

&W01& &W01&

```
              1746-1747 H
              1754      S
              1767-1768 H
              1769      S
              1556-1559 GH
              1560-1589 GH
              1758-1759 GH
              1770-1791 GH
 - davon im Rahmen der
   sozialen Sicherheit &W01&
              1742-1745 H
              1750-1753 H
 - davon mit einer Restlaufzeit
   bis zu einem Jahr &W01&
              0730-0739 H
              0755-0759 H
              0760-0763 H
              0770-0773 H
              0780-0783 H
              1300-1301 H
              1305-1309 H
              1360-1399 H
              1400-1454 H
              1460-1464 H
              1490-1494 H
              1499      S
              1548      H
              1590-1592 H
              1593      S
              1700-1701 H
              1705-1706 H
              1709      H
              1730      H
              1731-1733 H
              1736-1737 H
              1740-1743 H
              1746-1751 H
              1754      S
              1755-1757 H
              1767-1768 H
              1769      S
              1792      H
              1556-1559 GH
              1560-1589 GH
              1758-1759 GH
              1770-1791 GH
 - davon mit einer Restlaufzeit
   von mehr als fünf Jahren
   &W01&      0750-0754 H
              0767-0769 H
```

Blatt-Nr. 9

Zuordnungstabelle vom 10.01.2003

KZ 112: S51030000038 Zeilen: 1000 - 6999

	Vorspalte Saldo	Hauptspalte Saldo

PASSIVA

	&W01&	&W01&
0777-0779 H 0787-0789 H 1703-1704 H 1708 H 1735 H 1739 H 1745 H 1753 H		
Rechnungsabgrenzungsposten		0990-0991 H
Saldo Klasse 9		9000-9999 GH
Sonstige Passiva		0000 H
		....

- Verbindlichkeiten aus der Begebung und Übertragung von Wechseln, aus Bürgschaften, Wechsel- und Scheckbürgschaften und aus Gewährleistungsverträgen sowie Haftung aus Bestellung von Sicherheiten für fremde Verbindlichkeiten &W01&
  9271-9278 H

'Unterschriftsdatum 2'

Blatt-Nr. 10

Zuordnungstabelle vom 10.01.2003

KZ 112: S51030000038 Zeilen: 1000 - 6999

	Vorspalte Saldo	Hauptspalte Saldo
	&W01&	&W01&
Umsatzerlöse		8000-8589 D 8700-8799 D 8900-8919 D 8940-8949 D 8950-8959 D
Erhöhung des Bestands an fertigen und unfertigen Erzeugnissen Verminderung des Bestands an fertigen und unfertigen Erzeugnissen		8960-8974 D 8980-8989 D
Erhöhung des Bestands in Ausführung befindlicher Bauaufträge Verminderung des Bestands in Ausführung befindlicher Bauaufträge		8975-8976 D
Erhöhung des Bestands in Arbeit befindlicher Aufträge Verminderung des Bestands in Arbeit befindlicher Aufträge		8977-8979 D
andere aktivierte Eigenleistungen		8990-8999 D
Gesamtleistung		....
sonstige betriebliche Erträge		
ordentliche betriebliche Erträge		
Grundstückserträge	2750-2779 D 2780-2789 D	
unentgeltliche Wertabgaben (außer Entnahmen von Waren) und Erbringung sonstiger Leistungen und Zuwendungen von Gegenständen	8920-8939 D	
sonstige ordentliche Erträge	2705-2706 D 8590-8599 D 8600-8649 D	

Blatt-Nr. 11

Zuordnungstabelle vom 10.01.2003

KZ 112: S51030000038 Zeilen: 1000 - 6999

	Vorspalte	Saldo	Hauptspalte Saldo
	&W01&		&W01&
Erträge aus dem Abgang von Gegenständen des Anlagevermögens und aus Zuschreibungen zu Gegenständen des Anlagevermögens	2315-2319	D	
	2710-2714	D	
	2720-2724	D	
	8820-8899	D	
Erträge aus der Herabsetzung der Pauschalwertberichtigung zu Forderungen	2730	D	
Erträge aus der Auflösung von Rückstellungen	2735-2736	D	
Erträge aus der Auflösung von Sonderposten mit Rücklageanteil	2737-2738	D	
	2739	D	
	2740-2741	D	
sonstige Erträge im Rahmen der gewöhnlichen Geschäftstätigkeit	2510-2599	D	
	2660-2669	D	
	2700-2704	D	
	2707-2709	D	
	2715-2719	D	
	2725-2729	D	
	2731	D	
	2732-2734	D	
	2742-2744	D	
	2990	H	....
Materialaufwand			
Aufwendungen für Roh-, Hilfs- und Betriebsstoffe und für bezogene Waren	3000-3099	D	
	3200-3969	D	
	3990-4099	D	
Aufwendungen für bezogene Leistungen	3100-3199	D	....
Personalaufwand			
Löhne und Gehälter	4100-4129	D	
	4145-4159	D	
	4170-4199	D	
soziale Abgaben und Aufwendungen für Altersversorgung und für Unterstützung	4130-4138	D	
	4140-4144	D	
	4160-4169	D	....

```
                                                                    Blatt-Nr.  12

                          Zuordnungstabelle vom 10.01.2003

KZ 112: S51030000038          Zeilen: 1000 - 6999

                                          Vorspalte  Saldo        Hauptspalte  Saldo
____________________________________________________________________________________

                                             &W01&                     &W01&

   - davon für Altersversorgung
     &W01&       4160-4168 D

  Abschreibungen
   auf immaterielle Vermögens-
   gegenstände des Anlage-
   vermögens und Sachanlagen
   sowie auf aktivierte
   Aufwendungen für die Ingang-
   setzung und Erweiterung des
   Geschäftsbetriebs                      4815-4869 D
   - davon auf Grund steuer-
     rechtlicher Vorschriften
     &W01&       4850-4854 D
   - davon außerplanmäßige
     Abschreibungen nach
     § 253 (2) Satz 3 HGB
     &W01&       4826-4829 D
                 4840-4849 D
                 4865-4869 D
   auf Vermögensgegenstände des
   Umlaufvermögens, soweit
   diese die üblichen
   Abschreibungen überschreiten           2430-2449 D
                                          4880-4884 D
                                          4890-4899 D              .........

   - davon auf Grund steuer-
     rechtlicher Vorschriften
     &W01&       4882-4884 D
   - davon Abschreibungen zur
     Vermeidung zukünftiger
     Wertschwankungen nach
     § 253 (3) Satz 3 HGB
     &W01&       4890-4899 D

  sonstige betriebliche
  Aufwendungen

   ordentliche betriebliche
   Aufwendungen
    Raumkosten                            4200-4299 D
    Grundstücksaufwendungen               2350-2374 D
    Versicherungen, Beiträge
    und Abgaben                           4139      D
                                          4360-4399 D
    Reparaturen und
    Instandhaltungen                      4800-4809 D
    Fahrzeugkosten                        4500-4509 D
                                          4520-4599 D
    Werbe- und Reisekosten                4600-4699 D
    Kosten der Warenabgabe                4700-4799 D
    verschiedene betriebliche
    Kosten                                2170-2199 D
```

Blatt-Nr. 13

Zuordnungstabelle vom 10.01.2003

KZ 112: S51030000038 Zeilen: 1000 - 6999

	Vorspalte Saldo	Hauptspalte Saldo
	&W01&	&W01&
	2300-2306 D 2385-2386 D 2890-2899 D 2900-2989 D 2991-2999 D 4300-4319 D 4400-4499 D 4810-4814 D 4900-4999 D 5000-6999 D	
Verluste aus dem Abgang von Gegenständen des Anlagevermögens	2310-2314 D 2320-2324 D 8800-8819 D	
Verluste aus Wertminderungen oder aus dem Abgang von Gegenständen des Umlaufvermögens und Einstellung in die Pauschalwertberichtigung zu Forderungen	2325-2339 D 2400-2429 D 2450-2489 D 4885-4889 D	
- davon auf Grund steuerrechtlicher Vorschriften &W01& 4887-4889 D - davon Abschreibungen zur Vermeidung zukünftiger Wertschwankungen nach § 253 (3) Satz 3 HGB &W01& 4885 D		
Einstellungen in Sonderposten mit Rücklageanteil	2340-2347 D	
sonstige Aufwendungen im Rahmen der gewöhnlichen Geschäftstätigkeit	2010-2099 D 2150-2169 D 2307-2309 D 2348-2349 D 2380-2384 D 2387-2399 D 2990 S	....
Erträge aus Beteiligungen - davon aus verbundenen Unternehmen &W01& 2616 D 2619 D		2600-2619 D

Blatt-Nr. 14

Zuordnungstabelle vom 10.01.2003

KZ 112: S51030000038 Zeilen: 1000 - 6999

	Vorspalte Saldo	Hauptspalte Saldo
	&W01&	&W01&
Erträge aus anderen Wertpapieren und Ausleihungen des Finanzanlagevermögens		2620-2649 D
- davon aus verbundenen Unternehmen &W01& 2626-2648 D, 2649 D		
sonstige Zinsen und ähnliche Erträge		2650-2659 D 2670-2699 D 8650-8699 D
- davon aus verbundenen Unternehmen &W01& 2656 D, 2659 D, 2679 D, 2689-2699 D, 8660-8699 D		
auf Grund einer Gewinngemeinschaft, eines Gewinnabführungs- oder Teilgewinnabführungsvertrags erhaltene Gewinne		2792-2793 D 2794 D
Abschreibungen auf Finanzanlagen und auf Wertpapiere des Umlaufvermögens		4870-4879 D
- davon auf Grund steuerrechtlicher Vorschriften &W01& 4874 D		
- davon außerplanmäßige Abschreibungen nach § 253 (2) Satz 3 HGB &W01& 4870-4873 D		
- davon Abschreibungen zur Vermeidung zukünftiger Wertschwankungen nach § 253 (3) Satz 3 HGB &W01& 4879 D		
Zinsen und ähnliche Aufwendungen		2100-2149 D
- davon an verbundene Unternehmen &W01& 2109 D, 2116-2117 D, 2119 D, 2129 D, 2139 D, 2149 D		

Blatt-Nr. 15

Zuordnungstabelle vom 10.01.2003

KZ 112: S51030000038 Zeilen: 1000 - 6999

	Vorspalte Saldo	Hauptspalte Saldo
	&W01&	&W01&
Aufwendungen aus Verlustübernahme		2490-2491 D
Ergebnis der gewöhnlichen Geschäftstätigkeit		....
außerordentliche Erträge	2500-2509 D	
außerordentliche Aufwendungen	2000-2009 D	
außerordentliches Ergebnis		....
Steuern vom Einkommen und vom Ertrag	2200-2219 D 2220-2222 D 2280-2284 D 4320-4334 D 4335-4339 D	
sonstige Steuern	2223-2279 D 2285-2299 D 2375-2379 D 4340-4359 D 4510-4519 D	....
Erträge aus Verlustübernahme		2790-2791 D
auf Grund einer Gewinngemeinschaft, eines Gewinnabführungs- oder Teilgewinnabführungsvertrags abgeführte Gewinne		2492-2494 D
Auffangposten		0000 D
Gewinn		wird errechnet
Verlust		wird errechnet

'Unterschriftsdatum 3'

Blatt-Nr. 16

Zuordnungstabelle vom 10.01.2003

KZ 112: S51030000038 Zeilen: 1000 - 6999

	Vorspalte	Saldo	Hauptspalte	Saldo
KENNZAHLENDEFINITION				
	&W01&		&W01&	
BESTANDTEILE DES VERMÖGENS				
Bilanzanalytisches Gesamtvermögen				
+ Anlagevermögen	....			
+ Umlaufvermögen	....			
Summe Gesamtvermögen			....	
Bilanzanalytisches Anlagevermögen				
+ Aufwendungen für die Ingangsetzung und Erweiterung des Geschäftsbetriebs	0001	S		
+ Aufwendungen für die Währungsumstellung auf den Euro	0002-0009	S		
+ Immaterielle Vermögensgegenstände	0010-0049	S		
+ Sachanlagen	0050-0499	S		
+ Finanzanlagen	0500-0509	S		
	0520-0599	S		
	0510-0519	GS		
- Finanzanlagen	0510-0519	GH		
Summe Anlagevermögen			....	
Bilanzanalytisches Umlaufvermögen				
+ Vorräte	1510-1520	S		
	1722-1729	H		
	3970-3989	S		
	7000-7999	S		
+ Forderungen und sonstige Vermögensgegenstände a) mit einer Restlaufzeit bis zu einem Jahr	0700-0704	S		
	0715-0719	S		
	0996	H		

Blatt-Nr. 17

Zuordnungstabelle vom 10.01.2003

KZ 112: S51030000038 Zeilen: 1000 - 6999

	Vorspalte	Saldo	Hauptspalte	Saldo
KENNZAHLENDEFINITION				
	&W01&		&W01&	
	0998	H		
	1300-1301	S		
	1305-1309	S		
	1310-1311	S		
	1315-1319	S		
	1320-1321	S		
	1325-1326	S		
	1350-1359	S		
	1360-1399	S		
	1400-1454	S		
	1460-1464	S		
	1470-1474	S		
	1478	H		
	1480-1484	S		
	1488	H		
	1490-1494	S		
	1498	H		
	1499	H		
	1500-1501	S		
	1503	S		
	1505	S		
	1507	S		
	1521-1526	S		
	1530-1536	S		
	1540-1554	S		
	1590-1592	S		
	1594-1595	S		
	1597-1598	S		
	1600-1625	S		
	1630-1634	S		
	1640-1644	S		
	1650-1654	S		
	1659	H		
	1709	S		
	1741	S		
	1755-1757	S		
	1760-1766	S		
	1792	S		
	1793-1799	H		
	1556-1559	GS		
	1560-1589	GS		
	1758-1759	GS		
	1770-1791	GS		
b) mit einer Restlaufzeit von mehr als einem Jahr	0705-0714	S		
	0720-0729	S		
	0997	H		
	0999	H		
	1302-1304	S		
	1312-1314	S		

Blatt-Nr. 18

Zuordnungstabelle vom 10.01.2003

KZ 112: S51030000038 Zeilen: 1000 - 6999

	Vorspalte	Saldo	Hauptspalte	Saldo
KENNZAHLENDEFINITION				
	&W01&		&W01&	
	1322-1324	S		
	1455-1459	S		
	1465-1469	S		
	1475-1477	S		
	1479	H		
	1485-1487	S		
	1489	H		
	1495-1497	S		
	1502	S		
	1504	S		
	1506	S		
	1508-1509	S		
	1527-1529	S		
	1537-1539	S		
	1555	S		
	1596	S		
	1599	S		
	1626-1629	S		
	1635-1639	S		
	1645-1649	S		
	1655-1658	S		
+ Wertpapiere	1327-1329	S		
	1340-1344	S		
	1348-1349	S		
+ Eigene Anteile	1345-1347	S		
- Rücklage für eigene Anteile	0850	D		
+ Kassenbestand, Bundesbank-guthaben, Guthaben bei Kreditinstituten und Schecks	0630-0698	S		
	1000-1099	S		
	1100-1299	S		
	1330-1339	S		
+ Rechnungsabgrenzungsposten	0980-0982	S		
	0984-0989	S		
+ Abgrenzung latenter Steuern	0983	S		
Summe Umlaufvermögen			....	

	Vorspalte	Saldo	Hauptspalte	Saldo
Bilanzanalytische Flüssige Mittel				
+ Sonstige Wertpapiere	1327-1329	S		
	1348-1349	S		
+ Kassenbestand, Bundesbank-guthaben, Guthaben bei Kreditinstituten und Schecks	0630-0698	S		
	1000-1099	S		
	1100-1299	S		
	1330-1339	S		

Blatt-Nr. 19

Zuordnungstabelle vom 10.01.2003

KZ 112: S51030000038 Zeilen: 1000 - 6999

	Vorspalte Saldo	Hauptspalte Saldo
KENNZAHLENDEFINITION		
	&W01&	&W01&
Summe Flüssige Mittel		....
BESTANDTEILE DES KAPITALS		
Bilanzanalytisches Gesamtkapital		
+ Eigenkapital	....	
+ Fremdkapital	....	
Summe Gesamtkapital		....
Bilanzanalytisches Eigenkapital		
+ Anfangskapital	0870-0929 GH	
- Anfangskapital	0870-0929 GS	
- Ausstehende Einlagen	0820-0829 S	
+ Einlagen	1800-1999 H	
- Entnahmen	1800-1999 S	
+ Gewinn	wird errechnet	
- Verlust	wird errechnet	
+ Sonderposten mit Rücklageanteil	0930-0934 H 0936-0948 H	
+ Sonderposten für Zuschüsse und Zulagen	0949 H	
+ Sonderposten aus der Währungsumstellung auf den Euro	0935 H	
Summe Eigenkapital		....
Bilanzanalytisches Fremdkapital		
+ Rückstellungen für Pensionen und ähnliche Verpflichtungen	0950-0954 H	

Blatt-Nr. 20

Zuordnungstabelle vom 10.01.2003

KZ 112: S51030000038 Zeilen: 1000 - 6999

	Vorspalte Saldo		Hauptspalte Saldo
KENNZAHLENDEFINITION			
	&W01&		&W01&
+ Verbindlichkeiten mit einer Restlaufzeit von mehr als fünf Jahren	0610-0614	H	
	0625-0629	H	
	0650-0659	H	
	0680-0689	H	
	0710-0714	H	
	0725-0729	H	
	0750-0754	H	
	0767-0769	H	
	0777-0779	H	
	0787-0789	H	
	1628-1629	H	
	1638-1639	H	
	1648-1649	H	
	1658	H	
	1690-1699	H	
	1703-1704	H	
	1708	H	
	1721	H	
	1735	H	
	1739	H	
	1745	H	
	1753	H	
Summe Langfristiges Fremdkapital			....
+ Rückstellung für latente Steuern	0969	H	
+ Verbindlichkeiten mit einer Restlaufzeit von ein bis fünf Jahren	0605-0609	H	
	0620-0624	H	
	0640-0649	H	
	0670-0679	H	
	0705-0709	H	
	0720-0724	H	
	0740-0749	H	
	0764-0766	H	
	0774-0776	H	
	0784-0786	H	
	1302-1304	H	
	1312-1314	H	
	1322-1324	H	
	1455-1459	H	
	1465-1469	H	
	1475-1477	H	
	1485-1487	H	

Blatt-Nr. 21

Zuordnungstabelle vom 10.01.2003

KZ 112: S51030000038 Zeilen: 1000 - 6999

	Vorspalte Saldo	Hauptspalte Saldo
KENNZAHLENDEFINITION		
	&W01&	&W01&
	1495-1497 H	
	1596 H	
	1599 H	
	1626-1627 H	
	1635-1637 H	
	1645-1647 H	
	1655-1657 H	
	1680-1689 H	
	1702 H	
	1707 H	
	1720 H	
	1734 H	
	1738 H	
	1744 H	
	1752 H	
Summe Mittelfristiges Fremdkapital		....
+ Steuerrückstellungen (ohne latente Steuern)	0955-0968 H	
	1760-1766 H	
+ Sonstige Rückstellungen	0970-0979 H	
+ Verbindlichkeiten mit einer Restlaufzeit bis zu einem Jahr	0600-0604 H	
	0615-0619 H	
	0630-0639 H	
	0660-0669 H	
	0690-0698 H	
	0699 D	
	0700-0704 H	
	0715-0719 H	
	0730-0739 H	
	0755-0759 H	
	0760-0763 H	
	0770-0773 H	
	0780-0783 H	
	0790-0798 H	
	0799 D	
	1100-1299 H	
	1300-1301 H	
	1305-1309 H	
	1310-1311 H	
	1315-1319 H	
	1320-1321 H	
	1325-1326 H	
	1360-1399 H	
	1400-1454 H	

Blatt-Nr. 22

Zuordnungstabelle vom 10.01.2003

KZ 112: S51030000038 Zeilen: 1000 - 6999

	Vorspalte Saldo	Hauptspalte Saldo
KENNZAHLENDEFINITION		
	&W01&	&W01&
	1460-1464 H	
	1470-1474 H	
	1480-1484 H	
	1490-1494 H	
	1499 S	
	1548 H	
	1590-1592 H	
	1593 S	
	1594 H	
	1595 H	
	1597-1598 H	
	1600-1625 H	
	1630-1634 H	
	1640-1644 H	
	1650-1654 H	
	1659 S	
	1660-1679 H	
	1700-1701 H	
	1705-1706 H	
	1709 H	
	1710-1719 H	
	1730 H	
	1731-1733 H	
	1736-1737 H	
	1740-1743 H	
	1746-1751 H	
	1754 S	
	1755-1757 H	
	1767-1768 H	
	1769 S	
	1792 H	
	1556-1559 GH	
	1560-1589 GH	
	1758-1759 GH	
	1770-1791 GH	
+ Rechnungsabgrenzungsposten	0990-0991 H	
Summe Kurzfristiges Fremdkapital		....
Summe Fremdkapital		....

BESTANDTEILE DES ERFOLGS

Blatt-Nr. 23

Zuordnungstabelle vom 10.01.2003

KZ 112: S51030000038 Zeilen: 1000 - 6999

	Vorspalte Saldo	Hauptspalte Saldo
KENNZAHLENDEFINITION		
	&W01&	&W01&
Gesamtleistung		
+ Umsatzerlöse	8000-8589 D 8700-8799 D 8900-8919 D 8940-8949 D 8950-8959 D	
- Entnahmen und unentgeltliche Zuwendungen von Waren	8900-8919 D 8940-8949 D	
Summe Umsatz	....	
+ Erhöhung des Bestands an fertigen und unfertigen Erzeugnissen	8960-8974 GH 8980-8989 GH	
- Verminderung des Bestands an fertigen und unfertigen Erzeugnissen	8960-8974 GS 8980-8989 GS	
+ Erhöhung des Bestands in Ausführung befindlicher Bauaufträge	8975-8976 GH	
- Verminderung des Bestands in Ausführung befindlicher Bauaufträge	8975-8976 GS	
+ Erhöhung des Bestands in Arbeit befindlicher Aufträge	8977-8979 GH	
- Verminderung des Bestands in Arbeit befindlicher Aufträge	8977-8979 GS	
+ Andere aktivierte Eigenleistungen	8990-8999 D	
Summe Gesamtleistung		....
Materialaufwand/Wareneinsatz		
+ Aufwendungen für Roh-, Hilfs- und Betriebsstoffe und für bezogene Waren	3000-3099 D 3200-3969 D 3990-4099 D	
+ Aufwendungen für bezogene Leistungen	3100-3199 D	

Blatt-Nr. 24

Zuordnungstabelle vom 10.01.2003

KZ 112: S51030000038 Zeilen: 1000 - 6999

	Vorspalte Saldo	Hauptspalte Saldo
KENNZAHLENDEFINITION		
	&W01&	&W01&
- Entnahmen und unentgeltliche Zuwendungen von Waren	8900-8919 D 8940-8949 D	
- Verrechnete Sachbezüge (Waren)	8591-8599 D	
Summe Materialaufwand/ Wareneinsatz		....
Produktive Löhne (statistisches FIBU-Konto)		**9210 D**
Regelmäßige betriebliche Nebenerträge		**2705-2706 D** **8600-8609 D** **8625-8649 D**
Übrige Kosten		
+ Personalaufwand	4100-4138 D 4140-4199 D	
-Produktive Löhne	9210 D	
Summe Personalaufwand		....
+ Abschreibungen auf immaterielle Vermögensgegenstände des Anlagevermögens und Sachanlagen sowie auf aktivierte Aufwendungen für die Ingangsetzung und Erweiterung des Geschäftsbetriebs	4815-4869 D	
- Abschreibungen auf Grund steuerrechtlicher Vorschriften auf das Anlagevermögen	4850-4854 D	
- Außerplanmäßige Abschreibungen nach § 253 (2) Satz 3 HGB auf das Anlagevermögen	4826-4829 D 4840-4849 D 4865-4869 D	
Summe Abschreibungen (ordentliche)		....

Zuordnungstabelle vom 10.01.2003

KZ 112: S51030000038 Zeilen: 1000 - 6999

	Vorspalte	Saldo	Hauptspalte	Saldo
KENNZAHLENDEFINITION				
	&W01&		&W01&	
+ Sonstige betriebliche Aufwendungen	2010-2099	D		
	2150-2199	D		
	2300-2314	D		
	2320-2374	D		
	2380-2429	D		
	2450-2489	D		
	2890-2899	D		
	2900-2989	D		
	2990	S		
	2991-2999	D		
	4139	D		
	4200-4319	D		
	4360-4509	D		
	4520-4814	D		
	4885-4889	D		
	4900-4989	D		
	4990-4995	D		
	4996-6999	D		
	8800-8819	D		
- Unentgeltliche Wertabgaben (außer Entnahmen von Waren) und Erbringung sonstiger Leistungen und Zuwendungen von Gegenständen	8920-8939	D		
- Verrechnete Sachbezüge (Kosten)	8590	D		
	8610-8624	D		
- Grundstücksaufwendungen	2350-2374	D		
- Nicht anrechenbare Vorsteuer	2170-2199	D		
	4300-4319	D		
- Nicht abziehbare Hälfte der Aufsichtsratsvergütungen	2385	D		
- Spenden	2380-2384	D		
	2387-2399	D		
- Verluste aus dem Abgang von Gegenständen des Umlaufvermögens	2325-2339	D		
- Aufwendungen aus Kursdifferenzen	2150-2169	D		
	2990	S		
- Verluste aus dem Abgang von Gegenständen des Anlagevermögens	2310-2314	D		
	2320-2324	D		
	8800-8819	D		

Blatt-Nr. 26

Zuordnungstabelle vom 10.01.2003

KZ 112: S51030000038 Zeilen: 1000 - 6999

	Vorspalte Saldo	Hauptspalte Saldo
KENNZAHLENDEFINITION		
	&W01&	&W01&
- Einstellungen in Sonderposten mit Rücklageanteil	2340-2347 D	
- Aufwendungen aus der Zuschreibung von steuerlich niedriger bewerteten Rückstellungen und Verbindlichkeiten	2348-2349 D	
- Sonstige regelmäßige betriebsfremde Aufwendungen	2307-2308 D	
- Sonstige unregelmäßige Aufwendungen	2309 D	
- Betriebsfremde und periodenfremde Aufwendungen	2010-2099 D	
Summe Sonstige betriebliche Aufwendungen (ordentliche)		....
+ Kalkulatorische Kosten (ohne kalkulatorische Zinsen)		4990-4991 D 4993-4995 D
+ Sonstige Steuern		2223-2279 D 2285-2299 D 2375-2379 D 4340-4359 D 4510-4519 D
Summe übrige Kosten (ordentliche)		....
Ordentliches Finanz- und sonstiges neutrales Ergebnis		
+ Erträge aus Beteiligungen	2600-2619 D	
+ Erträge aus anderen Wertpapieren und Ausleihungen des Finanzanlagevermögens	2620-2649 D	
+ Sonstige Zinsen und ähnliche Erträge	2650-2659 D 2670-2699 D 8650-8699 D	
+ Erträge aus Gewinnabführungen	2792-2794 D	
+ Grundstückserträge	2750-2779 D 2780-2789 D	

Blatt-Nr. 27

Zuordnungstabelle vom 10.01.2003

KZ 112: S51030000038 Zeilen: 1000 - 6999

	Vorspalte Saldo	Hauptspalte Saldo
KENNZAHLENDEFINITION		
	&W01&	&W01&
+ Erträge aus dem Abgang von Gegenständen des Umlaufvermögens	2725-2729 D	
+ Sonstige regelmäßige betriebsfremde Erträge	2707-2708 D	
- Abschreibungen auf Finanzanlagen und auf Wertpapiere des Umlaufvermögens	4870-4879 D	
- Zinsen und ähnliche Aufwendungen	2100-2149 D	
- Kalkulatorische Zinsen	4992 D	
- Aufwendungen aus Verlustübernahme	2490-2491 D	
- Grundstücksaufwendungen	2350-2374 D	
- Nicht anrechenbare Vorsteuer	2170-2199 D 4300-4319 D	
- Nicht abziehbare Hälfte der Aufsichtsratsvergütungen	2385 D	
- Spenden	2380-2384 D 2387-2399 D	
- Verluste aus dem Abgang von Gegenständen des Umlaufvermögens	2325-2339 D	
- Sonstige regelmäßige betriebsfremde Aufwendungen	2307-2308 D	
Summe Ordentlicher Finanzerfolg		....
+ Verrechnete kalkulatorische Zinsen		2892 D
Summe Ordentliches Finanz- und sonstiges neutrales Ergebnis		....
Nicht ordentliches betriebliches Ergebnis		
+ Sonstige betriebliche Erträge	2315-2319 D 2510-2599 D 2660-2669 D 2700-2744 D 2750-2789 D 2990 H	

Blatt-Nr. 28

Zuordnungstabelle vom 10.01.2003

KZ 112: S51030000038 Zeilen: 1000 - 6999

	Vorspalte	Saldo	Hauptspalte	Saldo
KENNZAHLENDEFINITION				
	&W01&		&W01&	
	8590-8649	D		
	8820-8899	D		
	8920-8939	D		
- Verrechnete Sachbezüge (Waren)	8591-8599	D		
- Unentgeltliche Wertabgaben (außer Entnahmen von Waren) und Erbringung sonstiger Leistungen und Zuwendungen von Gegenständen	8920-8939	D		
- Verrechnete Sachbezüge (Kosten)	8590	D		
	8610-8624	D		
- Grundstückserträge	2750-2779	D		
	2780-2789	D		
- Erträge aus dem Abgang von Gegenständen des Umlaufvermögens	2725-2729	D		
- Abschreibungen auf Grund steuerrechtlicher Vorschriften auf das Anlagevermögen	4850-4854	D		
- Außerplanmäßige Abschreibungen nach § 253 (2) Satz 3 HGB auf das Anlagevermögen	4826-4829	D		
	4840-4849	D		
	4865-4869	D		
- Abschreibungen auf Vermögensgegenstände des Umlaufvermögens, soweit diese die üblichen Abschreibungen überschreiten	2430-2449	D		
	4880-4884	D		
	4890-4899	D		
- Aufwendungen aus Kursdifferenzen	2150-2169	D		
	2990	S		
- Verluste aus dem Abgang von Gegenständen des Anlagevermögens	2310-2314	D		
	2320-2324	D		
	8800-8819	D		
- Einstellungen in Sonderposten mit Rücklageanteil	2340-2347	D		

Blatt-Nr. 29

Zuordnungstabelle vom 10.01.2003

KZ 112: S51030000038 Zeilen: 1000 - 6999

	Vorspalte Saldo		Hauptspalte Saldo

KENNZAHLENDEFINITION

	Vorspalte	Saldo	Hauptspalte
	&W01&		&W01&
- Aufwendungen aus der Zuschreibung von steuerlich niedriger bewerteten Rückstellungen und Verbindlichkeiten	2348-2349	D	
- Betriebsfremde und periodenfremde Aufwendungen	2010-2099	D	
+ Außerordentliche Erträge	2500-2509	D	
- Außerordentliche Aufwendungen	2000-2009	D	
- Sonstige regelmäßige betriebliche Erträge	2705-2706	D	
	8600-8609	D	
	8625-8649	D	
- Sonstige regelmäßige betriebsfremde Erträge	2707-2708	D	
- Sonstige unregelmäßige Aufwendungen	2309	D	
Summe Nicht ordentliches betriebliches Ergebnis			....

Erklärung der Saldoarten (SA):

S = Sollsaldo
H = Habensaldo
D = Soll- und Habensaldo
GS = Gruppensaldo Soll
GH = Gruppensaldo Haben

&W01& = Währung

Teil G. Kontenzuordnungstabelle

Einzelkaufmann SKR 04

Blatt-Nr. 1

Zuordnungstabelle vom 10.01.2003

KZ 112: S51040000037 Zeilen: 1000 - 6999

	Vorspalte	Saldo	Hauptspalte	Saldo
AKTIVA				
	&W01&		&W01&	
Ausstehende Einlagen			0050-0059	S
			0060-0069	S
			0070-0079	S
			0080-0089	S
- davon eingefordert &W01& 0060-0069 S 0080-0089 S				
Aufwendungen für die Ingangsetzung und Erweiterung des Geschäftsbetriebs			0095	S
Aufwendungen für die Währungsumstellung auf den Euro			0096-0099	S
Anlagevermögen				
Immaterielle Vermögensgegenstände				
Konzessionen, gewerbliche Schutzrechte und ähnliche Rechte und Werte sowie Lizenzen an solchen Rechten und Werten	0100-0149	S		
Geschäfts- oder Firmenwert	0150-0159	S		
Verschmelzungsmehrwert	0160-0169	S		
geleistete Anzahlungen	0170-0199	S	....	
Sachanlagen				
Grundstücke, grundstücksgleiche Rechte und Bauten einschließlich der Bauten auf fremden Grundstücken	0200-0399	S		
technische Anlagen und Maschinen	0400-0499	S		
andere Anlagen, Betriebs- und Geschäftsausstattung	0500-0699	S		
geleistete Anzahlungen und Anlagen im Bau	0700-0799	S	....	
Finanzanlagen				
Anteile an verbundenen Unternehmen	0800-0809	S		
Ausleihungen an verbundene Unternehmen	0810-0819	S		
Beteiligungen	0820-0879	D		

Blatt-Nr. 2

Zuordnungstabelle vom 10.01.2003

KZ 112: S51040000037 Zeilen: 1000 - 6999

	Vorspalte	Saldo	Hauptspalte	Saldo
AKTIVA				
	&W01&		&W01&	
Ausleihungen an Unternehmen, mit denen ein Beteiligungsverhältnis besteht	0880-0899	S		
Wertpapiere des Anlagevermögens	0900-0929	S		
sonstige Ausleihungen	0930-0979	S		
Genossenschaftsanteile	0980-0989	S		
Rückdeckungsansprüche aus Lebensversicherungen	0990-0999	S	....	
Umlaufvermögen				
Vorräte				
Roh-, Hilfs- und Betriebsstoffe	1000-1039	S		
unfertige Erzeugnisse, unfertige Leistungen	1040-1089	S		
in Ausführung befindliche Bauaufträge	1090-1094	S		
in Arbeit befindliche Aufträge	1095-1099	S		
fertige Erzeugnisse und Waren	1100-1179	S		
geleistete Anzahlungen	1180-1189	S		
erhaltene Anzahlungen auf Bestellungen	1190-1199	H	....	
Forderungen und sonstige Vermögensgegenstände				
Forderungen aus Lieferungen und Leistungen	1200-1245	S		
	1246-1249	H		
	1250-1257	S		
	1258	H		
	1259	H		
- davon mit einer Restlaufzeit von mehr als einem Jahr &W01& 1225-1229 S				
1232-1234 S				
1245 S				
1247 H				
1249 H				
1255-1257 S				
Forderungen gegen verbundene Unternehmen	1260-1275	S		
	1276-1279	H		
	3400-3449	S		

```
                                                                  Blatt-Nr.  3

                         Zuordnungstabelle vom 10.01.2003

KZ 112: S51040000037        Zeilen: 1000 - 6999

                                      Vorspalte  Saldo        Hauptspalte  Saldo
```

AKTIVA

```
                                       &W01&                   &W01&

  - davon mit einer Restlaufzeit
    von mehr als einem Jahr
    &W01&       1265      S
                1268      S
                1275      S
                1277-1279 H
                3405-3419 S
                3425-3449 S
  Forderungen gegen Unternehmen,
  mit denen ein Beteiligungs-
  verhältnis besteht                   1280-1295 S
                                       1296-1297 H
                                       3450-3499 S
  - davon mit einer Restlaufzeit
    von mehr als einem Jahr
    &W01&       1285      S
                1288      S
                1295      S
                1297      H
                3455-3469 S
                3475-3499 S
  sonstige Vermögensgegenstände        1300-1395 S
                                       1420      S
                                       1422-1429 S
                                       1434-1436 S
                                       1437-1479 S
                                       1485-1494 S
                                       1498-1499 S
                                       3300-3348 S
                                       3349      H
                                       3620-3694 S
                                       3695-3699 H
                                       3730-3739 S
                                       3790-3799 S
                                       3810-3816 S
                                       1396-1399 GS
                                       1400-1419 GS
                                       1421      GS
                                       1430-1433 GS
                                       1480-1484 GS
                                       3800-3809 GS
                                       3820-3853 GS            .........
  - davon mit einer Restlaufzeit
    von mehr als einem Jahr
    &W01&       1305-1309 S
                1315-1319 S
                1325-1329 S
                1335-1339 S
                1345-1349 S
                1355-1359 S
```

Blatt-Nr. 4

Zuordnungstabelle vom 10.01.2003

KZ 112: S51040000037 Zeilen: 1000 - 6999

	Vorspalte Saldo	Hauptspalte Saldo
AKTIVA		
	&W01&	&W01&
1365-1369 S 3337-3339 S 3345-3348 S		
Wertpapiere		
Anteile an verbundenen Unternehmen	1500-1504 S	
eigene Anteile	1505-1509 S	
sonstige Wertpapiere	1510-1549 S	....
Kassenbestand, Bundesbank-guthaben, Guthaben bei Kreditinstituten und Schecks		1550-1899 S 3150-3248 S
Rechnungsabgrenzungsposten		1900-1949 S
- davon Disagio &W01& 1940-1949 S		
Abgrenzung latenter Steuern		1950-1999 S
Kapital		
Anfangskapital	2000-2099 D	
Einlagen	2100-2899 H	
Entnahmen	2100-2899 S	
Verlust	wird errechnet	
Gewinn	wird errechnet	....
Saldo Klasse 9		9000-9999 GS
Sonstige Aktiva		0000 S
		....

Blatt-Nr. 5

Zuordnungstabelle vom 10.01.2003

KZ 112: S51040000037 Zeilen: 1000 - 6999

	Vorspalte Saldo	Hauptspalte Saldo

PASSIVA

	&W01&	&W01&
Kapital		
Anfangskapital	2000-2099 D	
Einlagen	2100-2899 H	
Entnahmen	2100-2899 S	
Gewinn	wird errechnet	
Verlust	wird errechnet	....
Sonderposten mit Rücklageanteil		2980-2984 H
		2986-2998 H
Sonderposten für Zuschüsse und Zulagen		2999 H
Sonderposten aus der Währungsumstellung auf den Euro		2985 H
Rückstellungen		
Rückstellungen für Pensionen und ähnliche Verpflichtungen	3000-3019 H	
Steuerrückstellungen	3020-3059 H	
	3810-3816 H	
Rückstellungen für latente Steuern	3060-3069 H	
sonstige Rückstellungen	3070-3099 H	....
Verbindlichkeiten		
Anleihen	3100-3149 H	
- davon konvertibel &W01& 3120-3149 H		
- davon mit einer Restlaufzeit bis zu einem Jahr &W01& 3100-3104 H 3120-3124 H		
- davon mit einer Restlaufzeit von mehr als fünf Jahren &W01& 3110-3119 H 3130-3149 H		
Verbindlichkeiten gegenüber Kreditinstituten	1700-1899 H	
	3150-3248 H	
	3249 D	
- davon mit einer Restlaufzeit bis zu einem Jahr &W01& 1700-1899 H 3150-3159 H 3180-3189 H		

Blatt-Nr. 6

Zuordnungstabelle vom 10.01.2003

KZ 112: S51040000037 Zeilen: 1000 - 6999

	Vorspalte Saldo	Hauptspalte Saldo

PASSIVA

	&W01&	&W01&
- davon mit einer Restlaufzeit von mehr als fünf Jahren &W01& 3170-3179 H 3200-3209 H		
erhaltene Anzahlungen auf Bestellungen	3250-3299 H	
- davon mit einer Restlaufzeit bis zu einem Jahr &W01& 3250-3283 H		
- davon mit einer Restlaufzeit von mehr als fünf Jahren &W01& 3285-3299 H		
Verbindlichkeiten aus Lieferungen und Leistungen	3300-3348 H 3349 S	
- davon mit einer Restlaufzeit bis zu einem Jahr &W01& 3300-3336 H 3340-3344 H 3349 S		
- davon mit einer Restlaufzeit von mehr als fünf Jahren &W01& 3338-3339 H 3348 H		
Verbindlichkeiten aus der Annahme gezogener Wechsel und der Ausstellung eigener Wechsel	3350-3399 H	
- davon mit einer Restlaufzeit bis zu einem Jahr &W01& 3350-3379 H		
- davon mit einer Restlaufzeit von mehr als fünf Jahren &W01& 3390-3399 H		
Verbindlichkeiten gegenüber verbundenen Unternehmen	1260-1275 H 3400-3449 H	
- davon mit einer Restlaufzeit bis zu einem Jahr &W01& 1260-1264 H 1266-1267 H 1269-1274 H 3400-3404 H 3420-3424 H		
- davon mit einer Restlaufzeit von mehr als fünf Jahren &W01& 3410-3419 H 3430-3449 H		

Blatt-Nr. 7

Zuordnungstabelle vom 10.01.2003

KZ 112: S51040000037 Zeilen: 1000 - 6999

	Vorspalte Saldo	Hauptspalte Saldo

PASSIVA

	&W01&	&W01&
Verbindlichkeiten gegenüber Unternehmen, mit denen ein Beteiligungsverhältnis besteht	1280-1295 H 3450-3499 H	
- davon mit einer Restlaufzeit bis zu einem Jahr &W01& 1280-1284 H 1286-1287 H 1289-1294 H 3450-3454 H 3470-3474 H		
- davon mit einer Restlaufzeit von mehr als fünf Jahren &W01& 3460-3469 H 3480-3499 H		
sonstige Verbindlichkeiten	1200-1245 H 1250-1257 H 1259 S 1370-1374 H 1434 H 1460-1479 H 1485-1494 H 1495-1497 S 1498-1499 H 3500-3598 H 3599 D 3600-3694 H 3700-3799 H 3817-3818 H 3819 S 3854-3899 S 1396-1399 GH 1400-1419 GH 1421 GH 1430-1433 GH 1480-1484 GH 3800-3809 GH 3820-3853 GH	....
- davon aus Steuern &W01& 1434 H 3700-3719 H 3730-3739 H 3760 H 3761-3769 H 3817-3818 H 3819 S 3854-3899 S 1396-1399 GH 1400-1419 GH 1421 GH		

Blatt-Nr. 8

Zuordnungstabelle vom 10.01.2003

KZ 112: S51040000037 Zeilen: 1000 - 6999

Vorspalte Saldo Hauptspalte Saldo

PASSIVA

&W01& &W01&

```
                 1430-1433 GH
                 1480-1484 GH
                 3800-3809 GH
                 3820-3853 GH
 - davon im Rahmen der
   sozialen Sicherheit &W01&
                 3740-3759 H
                 3770-3789 H
 - davon mit einer Restlaufzeit
   bis zu einem Jahr &W01&
                 1200-1224 H
                 1230-1231 H
                 1235-1244 H
                 1250-1254 H
                 1259      S
                 1370-1374 H
                 1434      H
                 1460-1479 H
                 1485-1494 H
                 1495-1497 S
                 1498-1499 H
                 3500-3503 H
                 3510-3513 H
                 3519      H
                 3520-3523 H
                 3530-3533 H
                 3540-3543 H
                 3550-3553 H
                 3560-3563 H
                 3600-3694 H
                 3700-3709 H
                 3720-3749 H
                 3760-3779 H
                 3790-3799 H
                 3817-3818 H
                 3819      S
                 3854-3899 S
                 1396-1399 GH
                 1400-1419 GH
                 1421      GH
                 1430-1433 GH
                 1480-1484 GH
                 3800-3809 GH
                 3820-3853 GH
 - davon mit einer Restlaufzeit
   von mehr als fünf Jahren
   &W01&         3507-3509 H
                 3517-3518 H
                 3527-3529 H
                 3537-3539 H
```

Blatt-Nr. 9

Zuordnungstabelle vom 10.01.2003

KZ 112: S51040000037 Zeilen: 1000 - 6999

		Vorspalte Saldo	Hauptspalte Saldo
PASSIVA			
		&W01&	&W01&
	3547-3549 H 3557-3559 H 3567-3569 H 3715-3719 H 3755-3759 H 3785-3789 H		
Rechnungsabgrenzungsposten			3900-3949 H
Saldo Klasse 9			9000-9999 GH
Sonstige Passiva			0000 H
			....

- Verbindlichkeiten aus der Begebung und Übertragung von Wechseln, aus Bürgschaften, Wechsel- und Scheckbürgschaften und aus Gewährleistungsverträgen sowie Haftung aus Bestellung von Sicherheiten für fremde Verbindlichkeiten &W01&
  9271-9278 H

'Unterschriftsdatum 2'

Blatt-Nr. 10

Zuordnungstabelle vom 10.01.2003

KZ 112: S51040000037 Zeilen: 1000 - 6999

	Vorspalte Saldo	Hauptspalte Saldo
	&W01&	&W01&
Umsatzerlöse		4000-4629 D 4670-4685 D 4690-4799 D
Erhöhung des Bestands an fertigen und unfertigen Erzeugnissen Verminderung des Bestands an fertigen und unfertigen Erzeugnissen		4800-4815 D
Erhöhung des Bestands in Ausführung befindlicher Bauaufträge Verminderung des Bestands in Ausführung befindlicher Bauaufträge		4816-4817 D
Erhöhung des Bestands in Arbeit befindlicher Aufträge Verminderung des Bestands in Arbeit befindlicher Aufträge		4818-4819 D
andere aktivierte Eigenleistungen		4820-4829 D
Gesamtleistung		....
sonstige betriebliche Erträge		
ordentliche betriebliche Erträge		
Grundstückserträge	4860-4899 D	
unentgeltliche Wertabgaben (außer Entnahmen von Waren) und Erbringung sonstiger Leistungen und Zuwendungen von Gegenständen	4630-4669 D 4686-4689 D	
sonstige ordentliche Erträge	4835-4836 D 4940-4949 D 4950-4959 D	
Erträge aus dem Abgang von Gegenständen des Anlagevermögens und aus Zuschreibungen zu Gegenständen des Anlagevermögens	4844-4859 D 4900-4904 D 4910-4914 D	

Blatt-Nr. 11

Zuordnungstabelle vom 10.01.2003

KZ 112: S51040000037 Zeilen: 1000 - 6999

	Vorspalte Saldo	Hauptspalte Saldo
	&W01&	&W01&
Erträge aus der Herabsetzung der Pauschalwertberichtigung zu Forderungen	4920-4922 D	
Erträge aus der Auflösung von Rückstellungen	4930-4932 D	
Erträge aus der Auflösung von Sonderposten mit Rücklageanteil	4935-4939 D	
sonstige Erträge im Rahmen der gewöhnlichen Geschäftstätigkeit	4830-4834 D	
	4837-4839 D	
	4840-4843 D	
	4905-4909 D	
	4915-4919 D	
	4923-4924 D	
	4925-4929 D	
	4933-4934 D	
	4960-4999 D	
	7990 H	....
Materialaufwand		
Aufwendungen für Roh-, Hilfs- und Betriebsstoffe und für bezogene Waren	5000-5899 D	
Aufwendungen für bezogene Leistungen	5900-5999 D	....
Personalaufwand		
Löhne und Gehälter	6000-6099 D	
soziale Abgaben und Aufwendungen für Altersversorgung und für Unterstützung	6100-6199 D	....
- davon für Altersversorgung &W01& 6140-6159 D		
Abschreibungen		
auf immaterielle Vermögensgegenstände des Anlagevermögens und Sachanlagen sowie auf aktivierte Aufwendungen für die Ingangsetzung und Erweiterung des Geschäftsbetriebs	6200-6269 D	
- davon auf Grund steuerrechtlicher Vorschriften &W01& 6240-6249 D		

Blatt-Nr. 12

Zuordnungstabelle vom 10.01.2003

KZ 112: S51040000037 Zeilen: 1000 - 6999

	Vorspalte Saldo	Hauptspalte Saldo
	&W01&	&W01&
- davon außerplanmäßige Abschreibungen nach § 253 (2) Satz 3 HGB &W01& 6210-6219 D, 6230-6239 D, 6266-6267 D		
auf Vermögensgegenstände des Umlaufvermögens, soweit diese die üblichen Abschreibungen überschreiten	6270-6299 D	....
- davon auf Grund steuerrechtlicher Vorschriften &W01& 6272-6274 D		
- davon Abschreibungen zur Vermeidung zukünftiger Wertschwankungen nach § 253 (3) Satz 3 HGB &W01& 6275-6279 D		
sonstige betriebliche Aufwendungen		
ordentliche betriebliche Aufwendungen		
Raumkosten	6305-6349 D	
Grundstücksaufwendungen	6350-6389 D	
Versicherungen, Beiträge und Abgaben	6400-6449 D	
Reparaturen und Instandhaltungen	6450-6497 D	
Fahrzeugkosten	6500-6599 D	
Werbe- und Reisekosten	6600-6699 D	
Kosten der Warenabgabe	6700-6799 D	
verschiedene betriebliche Kosten	6300-6304 D	
	6498-6499 D	
	6800-6879 D	
	6970-6989 D	
	6990-6999 D	
	7900-7989 D	
	7991-7999 D	
	8000-8999 D	
Verluste aus dem Abgang von Gegenständen des Anlagevermögens	6884-6904 D	
Verluste aus Wertminderungen oder aus dem Abgang von Gegenständen des Umlaufvermögens und Einstellung in die Pauschalwertberichtigung zu Forderungen	6905-6915 D	
	6920-6924 D	
	6930-6959 D	

Blatt-Nr. 13

Zuordnungstabelle vom 10.01.2003

KZ 112: S51040000037 Zeilen: 1000 - 6999

	Vorspalte Saldo	Hauptspalte Saldo
	&W01&	&W01&
- davon auf Grund steuerrechtlicher Vorschriften &W01& 6912-6914 D		
- davon Abschreibungen zur Vermeidung zukünftiger Wertschwankungen nach § 253 (3) Satz 3 HGB &W01& 6915 D		
Einstellungen in Sonderposten mit Rücklageanteil	6925-6929 D	
sonstige Aufwendungen im Rahmen der gewöhnlichen Geschäftstätigkeit	6390-6399 D	
	6880-6883 D	
	6916-6919 D	
	6960-6969 D	
	7990 S	....
Erträge aus Beteiligungen		7000-7009 D
- davon aus verbundenen Unternehmen &W01& 7006 D		
7009 D		
Erträge aus anderen Wertpapieren und Ausleihungen des Finanzanlagevermögens		7010-7099 D
- davon aus verbundenen Unternehmen &W01& 7015-7099 D		
sonstige Zinsen und ähnliche Erträge		7100-7189 D
- davon aus verbundenen Unternehmen &W01& 7104 D		
7109 D		
7119 D		
7129 D		
7139 D		
7140-7189 D		
auf Grund einer Gewinngemeinschaft, eines Gewinnabführungs- oder Teilgewinnabführungsvertrags erhaltene Gewinne		7192-7193 D
		7194-7199 D

Blatt-Nr. 14

Zuordnungstabelle vom 10.01.2003

KZ 112: S51040000037 Zeilen: 1000 - 6999

	Vorspalte Saldo	Hauptspalte Saldo
	&W01&	&W01&
Abschreibungen auf Finanzanlagen und auf Wertpapiere des Umlaufvermögens		7200-7299 D
- davon auf Grund steuerrechtlicher Vorschriften &W01& 7250-7259 D		
- davon außerplanmäßige Abschreibungen nach § 253 (2) Satz 3 HGB &W01& 7200-7209 D		
- davon Abschreibungen zur Vermeidung zukünftiger Wertschwankungen nach § 253 (3) Satz 3 HGB &W01& 7260-7299 D		
Zinsen und ähnliche Aufwendungen		7300-7389 D
- davon an verbundene Unternehmen &W01& 7309 D, 7319 D, 7329 D, 7339 D, 7349 D, 7351-7389 D		
Aufwendungen aus Verlustübernahme		7390-7391 D
Ergebnis der gewöhnlichen Geschäftstätigkeit		....
außerordentliche Erträge	7400-7499 D	
außerordentliche Aufwendungen	7500-7599 D	
außerordentliches Ergebnis		....
Steuern vom Einkommen und vom Ertrag	7600-7649 D	
sonstige Steuern	7650-7699 D	....
Erträge aus Verlustübernahme		7190-7191 D
auf Grund einer Gewinngemeinschaft, eines Gewinnabführungs- oder Teilgewinnabführungsvertrags abgeführte Gewinne		7392-7399 D

Blatt-Nr. 15

Zuordnungstabelle vom 10.01.2003

KZ 112: S51040000037 Zeilen: 1000 - 6999

	Vorspalte Saldo	Hauptspalte Saldo
	&W01&	&W01&
Auffangposten		0000 D
Gewinn		wird errechnet
Verlust		wird errechnet

'Unterschriftsdatum 3'

Blatt-Nr. 16

Zuordnungstabelle vom 10.01.2003

KZ 112: S51040000037 Zeilen: 1000 - 6999

	Vorspalte	Saldo	Hauptspalte	Saldo
KENNZAHLENDEFINITION				
	&W01&		&W01&	
BESTANDTEILE DES VERMÖGENS				
Bilanzanalytisches Gesamtvermögen				
+ Anlagevermögen	....			
+ Umlaufvermögen	....			
Summe Gesamtvermögen			....	
Bilanzanalytisches Anlagevermögen				
+ Aufwendungen für die Ingangsetzung und Erweiterung des Geschäftsbetriebs	0095	S		
+ Aufwendungen für die Währungsumstellung auf den Euro	0096-0099	S		
+ Immaterielle Vermögensgegenstände	0100-0199	S		
+ Sachanlagen	0200-0799	S		
+ Finanzanlagen	0800-0819	S		
	0880-0999	S		
	0820-0879	GS		
- Finanzanlagen	0820-0879	GH		
Summe Anlagevermögen			....	
Bilanzanalytisches Umlaufvermögen				
+ Vorräte	1000-1189	S		
	1190-1199	H		
+ Forderungen und Sonstige Vermögensgegenstände a) mit einer Restlaufzeit bis zu einem Jahr	1200-1224	S		
	1230-1231	S		
	1235-1244	S		
	1246	H		
	1248	H		

Blatt-Nr. 17

Zuordnungstabelle vom 10.01.2003

KZ 112: S51040000037 Zeilen: 1000 - 6999

Vorspalte Saldo Hauptspalte Saldo

KENNZAHLENDEFINITION

&W01& &W01&

	Konten	Saldo
	1250-1254	S
	1258	H
	1259	H
	1260-1264	S
	1266-1267	S
	1269-1274	S
	1276	H
	1280-1284	S
	1286-1287	S
	1289	S
	1290-1294	S
	1296	H
	1300-1304	S
	1310-1314	S
	1320-1324	S
	1330-1334	S
	1340-1344	S
	1350-1354	S
	1360-1364	S
	1370-1395	S
	1420	S
	1422-1429	S
	1434-1436	S
	1437-1479	S
	1485-1494	S
	1498-1499	S
	3300-3336	S
	3340-3344	S
	3349	H
	3400-3404	S
	3420-3424	S
	3450-3454	S
	3470-3474	S
	3620-3694	S
	3695-3699	H
	3730-3739	S
	3790-3799	S
	3810-3816	S
	1396-1399	GS
	1400-1419	GS
	1421	GS
	1430-1433	GS
	1480-1484	GS
	3800-3809	GS
	3820-3853	GS
b) mit einer Restlaufzeit von mehr als einem Jahr	1225-1229	S
	1232-1234	S
	1245	S
	1247	H

Blatt-Nr. 18

Zuordnungstabelle vom 10.01.2003

KZ 112: S51040000037 Zeilen: 1000 - 6999

	Vorspalte	Saldo	Hauptspalte	Saldo
KENNZAHLENDEFINITION				
	&W01&		&W01&	
	1249	H		
	1255-1257	S		
	1265	S		
	1268	S		
	1275	S		
	1277-1279	H		
	1285	S		
	1288	S		
	1295	S		
	1297	H		
	1305-1309	S		
	1315-1319	S		
	1325-1329	S		
	1335-1339	S		
	1345-1349	S		
	1355-1359	S		
	1365-1369	S		
	3337-3339	S		
	3345-3348	S		
	3405-3419	S		
	3425-3449	S		
	3455-3469	S		
	3475-3499	S		
+ Wertpapiere	1500-1504	S		
	1510-1549	S		
+ Eigene Anteile	1505-1509	S		
- Rücklage für eigene Anteile	2940-2949	D		
+ Kassenbestand, Bundesbankguthaben, Guthaben bei Kreditinstituten und Schecks	1550-1899	S		
	3150-3248	S		
+ Rechnungsabgrenzungsposten	1900-1949	S		
+ Abgrenzung latenter Steuern	1950-1999	S		
Summe Umlaufvermögen			....	
Bilanzanalytische Flüssige Mittel				
+ Sonstige Wertpapiere	1510-1549	S		
+ Kassenbestand, Bundesbankguthaben, Guthaben bei Kreditinstituten und Schecks	1550-1899	S		
	3150-3248	S		
Summe Flüssige Mittel			....	

Blatt-Nr. 19

KZ 112: S51040000037 — Zuordnungstabelle vom 10.01.2003 — Zeilen: 1000 - 6999

	Vorspalte Saldo	Hauptspalte Saldo
KENNZAHLENDEFINITION		
	&W01&	&W01&
BESTANDTEILE DES KAPITALS		
Bilanzanalytisches Gesamtkapital		
+ Eigenkapital	....	
+ Fremdkapital	....	
Summe Gesamtkapital		....
Bilanzanalytisches Eigenkapital		
+ Anfangskapital	2000-2099 GH	
- Anfangskapital	2000-2099 GS	
- Ausstehende Einlagen	0050-0089 S	
+ Einlagen	2100-2899 H	
- Entnahmen	2100-2899 S	
+ Gewinn	wird errechnet	
- Verlust	wird errechnet	
+ Sonderposten mit Rücklageanteil	2980-2984 H 2986-2998 H	
+ Sonderposten für Zuschüsse und Zulagen	2999 H	
+ Sonderposten aus der Währungsumstellung auf den Euro	2985 H	
Summe Eigenkapital		....
Bilanzanalytisches Fremdkapital		
+ Rückstellungen für Pensionen und ähnliche Verpflichtungen	3000-3019 H	
+ Verbindlichkeiten mit einer Restlaufzeit von mehr als fünf Jahren	3110-3119 H 3130-3149 H 3170-3179 H 3200-3209 H	

Blatt-Nr. 20

Zuordnungstabelle vom 10.01.2003

KZ 112: S51040000037 Zeilen: 1000 - 6999

	Vorspalte Saldo	Hauptspalte Saldo
KENNZAHLENDEFINITION		
	&W01&	&W01&
	3285-3299 H	
	3338-3339 H	
	3348 H	
	3390-3399 H	
	3410-3419 H	
	3430-3449 H	
	3460-3469 H	
	3480-3499 H	
	3507-3509 H	
	3517-3518 H	
	3527-3529 H	
	3537-3539 H	
	3547-3549 H	
	3557-3559 H	
	3567-3569 H	
	3715-3719 H	
	3755-3759 H	
	3785-3789 H	
Summe Langfristiges Fremdkapital		....
+ Rückstellung für latente Steuern	3060-3069 H	
+ Verbindlichkeiten mit einer Restlaufzeit von ein bis fünf Jahren	1225-1229 H	
	1232-1234 H	
	1245 H	
	1255-1257 H	
	1265 H	
	1268 H	
	1275 H	
	1285 H	
	1288 H	
	1295 H	
	3105-3109 H	
	3125-3129 H	
	3160-3169 H	
	3190-3199 H	
	3284 H	
	3337 H	
	3345-3347 H	
	3380-3389 H	
	3405-3409 H	
	3425-3429 H	
	3455-3459 H	
	3475-3479 H	
	3504-3506 H	

Blatt-Nr. 21

Zuordnungstabelle vom 10.01.2003

KZ 112: S51040000037 Zeilen: 1000 - 6999

	Vorspalte Saldo	Hauptspalte Saldo
KENNZAHLENDEFINITION		
	&W01&	&W01&
	3514-3516 H	
	3524-3526 H	
	3534-3536 H	
	3544-3546 H	
	3554-3556 H	
	3564-3566 H	
	3710-3714 H	
	3750-3754 H	
	3780-3784 H	
Summe Mittelfristiges Fremdkapital		....
+ Steuerrückstellungen (ohne latente Steuern)	3020-3059 H	
	3810-3816 H	
+ Sonstige Rückstellungen	3070-3099 H	
+ Verbindlichkeiten mit einer Restlaufzeit bis zu einem Jahr	1200-1224 H	
	1230-1231 H	
	1235-1244 H	
	1250-1254 H	
	1259 S	
	1260-1264 H	
	1266-1267 H	
	1269-1274 H	
	1280-1284 H	
	1286-1287 H	
	1289-1294 H	
	1370-1374 H	
	1434 H	
	1460-1479 H	
	1485-1494 H	
	1495-1497 S	
	1498-1499 H	
	1700-1899 H	
	3100-3104 H	
	3120-3124 H	
	3150-3159 H	
	3180-3189 H	
	3210-3248 H	
	3249 D	
	3250-3283 H	
	3300-3336 H	
	3340-3344 H	
	3349 S	
	3350-3379 H	
	3400-3404 H	

Blatt-Nr. 22

Zuordnungstabelle vom 10.01.2003

KZ 112: S51040000037 Zeilen: 1000 - 6999

	Vorspalte Saldo	Hauptspalte Saldo
KENNZAHLENDEFINITION		
	&W01&	&W01&
	3420-3424 H	
	3450-3454 H	
	3470-3474 H	
	3500-3503 H	
	3510-3513 H	
	3519 H	
	3520-3523 H	
	3530-3533 H	
	3540-3543 H	
	3550-3553 H	
	3560-3563 H	
	3570-3598 H	
	3599 D	
	3600-3694 H	
	3700-3709 H	
	3720-3749 H	
	3760-3779 H	
	3790-3799 H	
	3817-3818 H	
	3819 S	
	3854-3899 S	
	1396-1399 GH	
	1400-1419 GH	
	1421 GH	
	1430-1433 GH	
	1480-1484 GH	
	3800-3809 GH	
	3820-3853 GH	
+ Rechnungsabgrenzungsposten	3900-3949 H	
Summe Kurzfristiges Fremdkapital		....
Summe Fremdkapital		....

BESTANDTEILE DES ERFOLGS

Gesamtleistung		
+ Umsatzerlöse	4000-4629 D	
	4670-4685 D	
	4690-4799 D	

Blatt-Nr. 23

Zuordnungstabelle vom 10.01.2003

KZ 112: S51040000037 Zeilen: 1000 - 6999

	Vorspalte Saldo	Hauptspalte Saldo
KENNZAHLENDEFINITION		
	&W01&	&W01&
- Entnahmen und unentgeltliche Zuwendungen von Waren	4600-4629 D 4670-4685 D	
Summe Umsatz	....	
+ Erhöhung des Bestands an fertigen und unfertigen Erzeugnissen	4800-4815 GH	
- Verminderung des Bestands an fertigen und unfertigen Erzeugnissen	4800-4815 GS	
+ Erhöhung des Bestands in Ausführung befindlicher Bauaufträge	4816-4817 GH	
- Verminderung des Bestands in Ausführung befindlicher Bauaufträge	4816-4817 GS	
+ Erhöhung des Bestands in Arbeit befindlicher Aufträge	4818-4819 GH	
- Verminderung des Bestands in Arbeit befindlicher Aufträge	4818-4819 GS	
+ Andere aktivierte Eigenleistungen	4820-4829 D	
Summe Gesamtleistung		....
Materialaufwand/Wareneinsatz		
+ Aufwendungen für Roh-, Hilfs- und Betriebsstoffe und für bezogene Waren	5000-5899 D	
+ Aufwendungen für bezogene Leistungen	5900-5999 D	
- Entnahmen und unentgeltliche Zuwendungen von Waren	4600-4629 D 4670-4685 D	
- Verrechnete Sachbezüge (Waren)	4941-4945 D	
Summe Materialaufwand/ Wareneinsatz		....

Blatt-Nr. 24

Zuordnungstabelle vom 10.01.2003

KZ 112: S51040000037 Zeilen: 1000 - 6999

	Vorspalte Saldo	Hauptspalte Saldo
KENNZAHLENDEFINITION		
	&W01&	&W01&
Produktive Löhne (statistisches FIBU-Konto)		**9210** D
Regelmäßige betriebliche Nebenerträge		**4835-4836** D
Übrige Kosten		
+ Personalaufwand	6000-6099 D 6100-6199 D	
-Produktive Löhne	9210 D	
Summe Personalaufwand		....
+ Abschreibungen auf immaterielle Vermögensgegenstände des Anlagevermögens und Sachanlagen sowie auf aktivierte Aufwendungen für die Ingangsetzung und Erweiterung des Geschäftsbetriebs	6200-6269 D	
- Abschreibungen auf Grund steuerrechtlicher Vorschriften auf das Anlagevermögen	6240-6249 D	
- Außerplanmäßige Abschreibungen nach § 253 (2) Satz 3 HGB auf das Anlagevermögen	6210-6219 D 6230-6239 D 6266-6267 D	
Summe Abschreibungen (ordentliche)		....
+ Sonstige betriebliche Aufwendungen	6300-6969 D 6970-6999 D 7900-7989 D 7990 S 7991-8999 D	
- Unentgeltliche Wertabgaben (außer Entnahmen von Waren) und Erbringung sonstiger Leistungen und Zuwendungen von Gegenständen	4630-4669 D 4686-4689 D	

Blatt-Nr. 25

Zuordnungstabelle vom 10.01.2003

KZ 112: S51040000037 Zeilen: 1000 - 6999

	Vorspalte Saldo	Hauptspalte Saldo
KENNZAHLENDEFINITION		
	&W01&	&W01&
- Verrechnete Sachbezüge (Kosten)	4940 D 4946-4949 D 4950-4959 D	
- Grundstücksaufwendungen	6350-6389 D	
- Nicht anrechenbare Vorsteuer	6860-6874 D	
- Nicht abziehbare Hälfte der Aufsichtsratsvergütungen	6875 D	
- Spenden	6390-6399 D	
- Verluste aus dem Abgang von Gegenständen des Umlaufvermögens	6905-6909 D	
- Aufwendungen aus Kursdifferenzen	6880-6883 D 7990 S	
- Verluste aus dem Abgang von Gegenständen des Anlagevermögens	6884-6904 D	
- Einstellungen in Sonderposten mit Rücklageanteil	6925-6929 D	
- Aufwendungen aus der Zuschreibung von steuerlich niedriger bewerteten Rückstellungen und Verbindlichkeiten	6916-6919 D	
- Sonstige regelmäßige betriebsfremde Aufwendungen	6967-6968 D	
- Sonstige unregelmäßige Aufwendungen	6969 D	
- Periodenfremde Aufwendungen	6960-6966 D	
Summe Sonstige betriebliche Aufwendungen (ordentliche)		....
+ Kalkulatorische Kosten (ohne kalkulatorische Zinsen)		6970-6973 D 6975-6979 D
+ Sonstige Steuern		7650-7699 D
Summe übrige Kosten (ordentliche)		....

Blatt-Nr. 26

Zuordnungstabelle vom 10.01.2003

KZ 112: S51040000037 Zeilen: 1000 - 6999

	Vorspalte Saldo	Hauptspalte Saldo
KENNZAHLENDEFINITION		
	&W01&	&W01&
Ordentliches Finanz- und sonstiges neutrales Ergebnis		
+ Erträge aus Beteiligungen	7000-7009 D	
+ Erträge aus anderen Wertpapieren und Ausleihungen des Finanzanlagevermögens	7010-7099 D	
+ Sonstige Zinsen und ähnliche Erträge	7100-7189 D	
+ Erträge aus Gewinnabführungen	7192-7199 D	
+ Grundstückserträge	4860-4899 D	
+ Erträge aus dem Abgang von Gegenständen des Umlaufvermögens	4905-4909 D	
+ Sonstige regelmäßige betriebsfremde Erträge	4837-4838 D	
- Abschreibungen auf Finanzanlagen und auf Wertpapiere des Umlaufvermögens	7200-7299 D	
- Zinsen und ähnliche Aufwendungen	7300-7389 D	
- Kalkulatorische Zinsen	6974 D	
- Aufwendungen aus Verlustübernahme	7390-7391 D	
- Grundstücksaufwendungen	6350-6389 D	
- Nicht anrechenbare Vorsteuer	6860-6874 D	
- Nicht abziehbare Hälfte der Aufsichtsratsvergütungen	6875 D	
- Spenden	6390-6399 D	
- Verluste aus dem Abgang von Gegenständen des Umlaufvermögens	6905-6909 D	
- Sonstige regelmäßige betriebsfremde Aufwendungen	6967-6968 D	
Summe Ordentlicher Finanzerfolg		....
+ Verrechnete kalkulatorische Zinsen		6984 D
Summe Ordentliches Finanz- und sonstiges neutrales Ergebnis		....

Blatt-Nr. 27

Zuordnungstabelle vom 10.01.2003

KZ 112: S51040000037 Zeilen: 1000 - 6999

	Vorspalte Saldo		Hauptspalte Saldo
KENNZAHLENDEFINITION			
	&W01&		&W01&
Nicht ordentliches betriebliches Ergebnis			
+ Sonstige betriebliche Erträge	4630-4669	D	
	4686-4689	D	
	4830-4999	D	
	7990	H	
- Verrechnete Sachbezüge (Waren)	4941-4945	D	
- Unentgeltliche Wertabgaben (außer Entnahmen von Waren) und Erbringung sonstiger Leistungen und Zuwendungen von Gegenständen	4630-4669	D	
	4686-4689	D	
- Verrechnete Sachbezüge (Kosten)	4940	D	
	4946-4949	D	
	4950-4959	D	
- Grundstückserträge	4860-4899	D	
- Erträge aus dem Abgang von Gegenständen des Umlaufvermögens	4905-4909	D	
- Abschreibungen auf Grund steuerrechtlicher Vorschriften auf das Anlagevermögen	6240-6249	D	
- Außerplanmäßige Abschreibungen nach § 253 (2) Satz 3 HGB auf das Anlagevermögen	6210-6219	D	
	6230-6239	D	
	6266-6267	D	
- Abschreibungen auf Vermögensgegenstände des Umlaufvermögens, soweit diese die üblichen Abschreibungen überschreiten	6270-6299	D	
- Aufwendungen aus Kursdifferenzen	6880-6883	D	
	7990	S	
- Verluste aus dem Abgang von Gegenständen des Anlagevermögens	6884-6904	D	
- Einstellungen in Sonderposten mit Rücklageanteil	6925-6929	D	

Blatt-Nr. 28

Zuordnungstabelle vom 10.01.2003

KZ 112: S51040000037 Zeilen: 1000 - 6999

	Vorspalte Saldo		Hauptspalte Saldo
KENNZAHLENDEFINITION			
	&W01&		&W01&
- Aufwendungen aus der Zuschreibung von steuerlich niedriger bewerteten Rückstellungen und Verbindlichkeiten	6916-6919	D	
- Periodenfremde Aufwendungen	6960-6966	D	
+ Außerordentliche Erträge	7400-7499	D	
- Außerordentliche Aufwendungen	7500-7599	D	
- Sonstige regelmäßige betriebliche Erträge	4835-4836	D	
- Sonstige regelmäßige betriebsfremde Erträge	4837-4838	D	
- Sonstige unregelmäßige Aufwendungen	6969	D	
Summe Nicht ordentliches betriebliches Ergebnis			....

Erklärung der Saldoarten (SA):

S = Sollsaldo
H = Habensaldo
D = Soll- und Habensaldo
GS = Gruppensaldo Soll
GH = Gruppensaldo Haben

&W01& = Währung

Teil G. Kontenzuordnungstabelle

Kapitalgesellschaft groß, erweitert SKR 03

Blatt-Nr. 1

Zuordnungstabelle vom 10.01.2003

KZ 112: S50030000038 Zeilen: 1000 - 6999

	Vorspalte Saldo	Hauptspalte Saldo
AKTIVA		
	&W01&	&W01&
Ausstehende Einlagen auf das gezeichnete Kapital		0801-0819 S
- davon eingefordert &W01& 0810-0819 S		
Aufwendungen für die Ingangsetzung und Erweiterung des Geschäftsbetriebs		0001 S
Aufwendungen für die Währungsumstellung auf den Euro		0002-0009 S
Anlagevermögen		
Immaterielle Vermögensgegenstände		
Konzessionen, gewerbliche Schutzrechte und ähnliche Rechte und Werte sowie Lizenzen an solchen Rechten und Werten	0010-0034 S	
Geschäfts- oder Firmenwert	0035-0037 S	
Verschmelzungsmehrwert	0040-0049 S	
geleistete Anzahlungen	0038-0039 S	....
Sachanlagen		
Grundstücke, grundstücksgleiche Rechte und Bauten einschließlich der Bauten auf fremden Grundstücken	0050-0078 S	
	0080-0119 S	
	0140-0149 S	
	0160-0179 S	
	0190-0194 S	
technische Anlagen und Maschinen	0200-0289 S	
andere Anlagen, Betriebs- und Geschäftsausstattung	0300-0497 S	
geleistete Anzahlungen und Anlagen im Bau	0079 S	
	0120-0139 S	
	0150-0159 S	
	0180-0189 S	
	0195-0199 S	
	0290-0299 S	
	0498-0499 S	....

Blatt-Nr. 2

Zuordnungstabelle vom 10.01.2003

KZ 112: S50030000038 Zeilen: 1000 - 6999

	Vorspalte Saldo		Hauptspalte Saldo
AKTIVA			
	&W01&		&W01&
Finanzanlagen			
Anteile an verbundenen Unternehmen	0500-0504	S	
Ausleihungen an verbundene Unternehmen	0505-0509	S	
Beteiligungen	0510-0519	D	
Ausleihungen an Unternehmen, mit denen ein Beteiligungsverhältnis besteht	0520-0524	S	
Wertpapiere des Anlagevermögens	0525-0539	S	
sonstige Ausleihungen	0540-0569	S	
	0580-0594	S	
- davon an Gesellschafter &W01& 0580-0594 S			
Genossenschaftsanteile	0570-0579	S	
Rückdeckungsansprüche aus Lebensversicherungen	0595-0599	S	....
Umlaufvermögen			
Vorräte			
Roh-, Hilfs- und Betriebsstoffe	3970-3979	S	
unfertige Erzeugnisse, unfertige Leistungen	7000-7089	S	
in Ausführung befindliche Bauaufträge	7090-7094	S	
in Arbeit befindliche Aufträge	7095-7099	S	
fertige Erzeugnisse und Waren	3980-3989	S	
	7100-7999	S	
geleistete Anzahlungen	1510-1520	S	
erhaltene Anzahlungen auf Bestellungen	1722-1729	H	....
Forderungen und sonstige Vermögensgegenstände			
Forderungen aus Lieferungen und Leistungen	0996-0999	H	
	1300-1309	S	
	1400-1469	S	
	1490-1497	S	
	1498	H	
	1499	H	
- davon gegen Gesellschafter &W01& 1490-1497 S			

Blatt-Nr. 3

Zuordnungstabelle vom 10.01.2003

KZ 112: S50030000038 Zeilen: 1000 - 6999

	Vorspalte Saldo	Hauptspalte Saldo

AKTIVA

```
                                    &W01&                    &W01&
  - davon mit einer Restlaufzeit
    von mehr als einem Jahr
    &W01&       0997      H
                0999      H
                1302-1304 S
                1455-1459 S
                1465-1469 S
                1495-1497 S
Forderungen gegen verbundene
Unternehmen                         0700-0714 S
                                    1310-1319 S
                                    1470-1477 S
                                    1478-1479 H
                                    1594-1596 S
                                    1630-1639 S
  - davon mit einer Restlaufzeit
    von mehr als einem Jahr
    &W01&       0705-0714 S
                1312-1314 S
                1475-1477 S
                1479      H
                1596      S
                1635-1639 S
Forderungen gegen Unternehmen,
mit denen ein Beteiligungs-
verhältnis besteht                  0715-0729 S
                                    1320-1326 S
                                    1480-1487 S
                                    1488-1489 H
                                    1597-1599 S
                                    1640-1649 S
  - davon mit einer Restlaufzeit
    von mehr als einem Jahr
    &W01&       0720-0729 S
                1322-1324 S
                1485-1487 S
                1489      H
                1599      S
                1645-1649 S
eingeforderte, noch
ausstehende Kapitaleinlagen         0830-0838 S
eingeforderte Nachschüsse           0839      S
sonstige Vermögensgegenstände       1350-1359 S
                                    1360-1399 S
                                    1500-1509 S
                                    1521-1555 S
                                    1590-1592 S
                                    1600-1629 S
                                    1650-1658 S
                                    1659      H
```

Blatt-Nr. 4

Zuordnungstabelle vom 10.01.2003

KZ 112: S50030000038 Zeilen: 1000 - 6999

	Vorspalte	Saldo	Hauptspalte	Saldo
AKTIVA				
	&W01&		&W01&	
	1709	S		
	1741	S		
	1755-1757	S		
	1760-1766	S		
	1792	S		
	1793-1799	H		
	1556-1559	GS		
	1560-1589	GS		
	1758-1759	GS		
	1770-1791	GS	....	
- davon gegen Gesellschafter				
&W01& 1507-1509 S				
1650-1658 S				
- davon mit einer Restlaufzeit von mehr als einem Jahr				
&W01& 1502 S				
1504 S				
1506 S				
1508-1509 S				
1527-1529 S				
1537-1539 S				
1555 S				
1626-1629 S				
1655-1658 S				
Wertpapiere				
Anteile an verbundenen Unternehmen	1340-1344	S		
eigene Anteile	1345-1347	S		
sonstige Wertpapiere	1327-1329	S		
	1348-1349	S	....	
Kassenbestand, Bundesbankguthaben, Guthaben bei Kreditinstituten und Schecks			0630-0698	S
			1000-1099	S
			1100-1299	S
			1330-1339	S
Rechnungsabgrenzungsposten			0980-0982	S
			0984-0989	S
- davon Disagio &W01& 0986-0989 S				
Abgrenzung latenter Steuern			0983	S

Blatt-Nr. 5

Zuordnungstabelle vom 10.01.2003

KZ 112: S50030000038 Zeilen: 1000 - 6999

	Vorspalte Saldo	Hauptspalte Saldo

AKTIVA

	&W01&	&W01&
Nicht durch Eigenkapital gedeckter Fehlbetrag		
Gezeichnetes Kapital	0800 D	
- Gezeichnetes Kapital in DM 9220 D		
- Gezeichnetes Kapital in Euro 9221 D		
nicht eingeforderte ausstehende Einlagen	0820-0829 D	
Kapitalrücklage	0840-0845 D	
- davon eingefordertes Nachschusskapital &W01& 0845 D		
Gewinnrücklagen		
gesetzliche Rücklage	0846-0849 D	
Rücklage für eigene Anteile	0850 D	
satzungsmäßige Rücklagen	0851-0854 D	
andere Gewinnrücklagen	0855-0859 D	
- davon Eigenkapitalanteil von Wertaufholungen &W01& 0856 D		
- davon Eigenkapitalanteil nur steuerrechtlich zulässiger Rücklagen &W01& 0857 D		
Verlustvortrag Gewinnvortrag	0860-0868 D	
Jahresfehlbetrag Jahresüberschuss	wird errechnet wird errechnet	
Vortrag auf neue Rechnung	0869 D	
Bilanzverlust	wird errechnet (nach Verwendung)	
Bilanzgewinn	wird errechnet (nach Verwendung)	
- davon Verlustvortrag &W01& davon Gewinnvortrag &W01& 2860-2868 D		
nicht gedeckter Fehlbetrag		....

Blatt-Nr. 6

Zuordnungstabelle vom 10.01.2003

KZ 112: S50030000038	Zeilen: 1000 - 6999	
	Vorspalte Saldo	Hauptspalte Saldo
AKTIVA		
	&W01&	&W01&
Nicht durch Eigenkapital gedeckter Fehlbetrag		wird errechnet
Saldo Klasse 9		9000-9999 GS
Sonstige Aktiva		0000 S
		....

Blatt-Nr. 7

Zuordnungstabelle vom 10.01.2003

KZ 112: S50030000038 Zeilen: 1000 - 6999

	Vorspalte Saldo	Hauptspalte Saldo

PASSIVA

	&W01&	&W01&
Eigenkapital		
Gezeichnetes Kapital	0800 D	
- Gezeichnetes Kapital in DM 9220 D		
- Gezeichnetes Kapital in Euro 9221 D		
nicht eingeforderte ausstehende Einlagen	0820-0829 D	
eingefordertes Kapital		....
Kapitalrücklage		0840-0845 D
- davon eingefordertes Nachschusskapital &W01& 0845 D		
Gewinnrücklagen		
gesetzliche Rücklage	0846-0849 D	
Rücklage für eigene Anteile	0850 D	
satzungsmäßige Rücklagen	0851-0854 D	
andere Gewinnrücklagen	0855-0859 D	....
- davon Eigenkapitalanteil von Wertaufholungen &W01& 0856 D		
- davon Eigenkapitalanteil nur steuerrechtlich zulässiger Rücklagen &W01& 0857 D		
Gewinnvortrag Verlustvortrag		0860-0868 D
Jahresüberschuss		wird errechnet
Jahresfehlbetrag		wird errechnet
Vortrag auf neue Rechnung		0869 D
Bilanzgewinn		wird errechnet (nach Verwendung)
Bilanzverlust		wird errechnet (nach Verwendung)

Blatt-Nr. 8

Zuordnungstabelle vom 10.01.2003

KZ 112: S50030000038 Zeilen: 1000 - 6999

	Vorspalte Saldo	Hauptspalte Saldo
PASSIVA		
	&W01&	&W01&
- davon Gewinnvortrag &W01& davon Verlustvortrag &W01& 2860-2868 D		
nicht gedeckter Fehlbetrag		wird errechnet
buchmäßiges Eigenkapital		....
Sonderposten mit Rücklageanteil		0930-0934 H 0936-0948 H
Sonderposten für Zuschüsse und Zulagen		0949 H
Sonderposten aus der Währungsumstellung auf den Euro		0935 H
Rückstellungen		
Rückstellungen für Pensionen und ähnliche Verpflichtungen	0950-0954 H	
Steuerrückstellungen	0955-0968 H 1760-1766 H	
Rückstellungen für latente Steuern	0969 H	
sonstige Rückstellungen	0970-0979 H	....
Verbindlichkeiten		
Anleihen	0600-0629 H	
- davon konvertibel &W01& 0615-0629 H		
- davon mit einer Restlaufzeit bis zu einem Jahr &W01& 0600-0604 H 0615-0619 H		
- davon mit einer Restlaufzeit von mehr als fünf Jahren &W01& 0610-0614 H 0625-0629 H		
Verbindlichkeiten gegenüber Kreditinstituten	0630-0698 H 0699 D 1100-1299 H	
- davon mit einer Restlaufzeit bis zu einem Jahr &W01& 0630-0639 H 0660-0669 H 1100-1299 H		

Blatt-Nr. 9

Zuordnungstabelle vom 10.01.2003

KZ 112: S50030000038 Zeilen: 1000 - 6999

	Vorspalte Saldo	Hauptspalte Saldo

PASSIVA

	&W01&	&W01&
- davon mit einer Restlaufzeit von mehr als fünf Jahren &W01& 0650-0659 H		
0680-0689 H		
erhaltene Anzahlungen auf Bestellungen	1710-1721 H	
- davon mit einer Restlaufzeit bis zu einem Jahr &W01& 1710-1719 H		
- davon mit einer Restlaufzeit von mehr als fünf Jahren &W01& 1721 H		
Verbindlichkeiten aus Lieferungen und Leistungen	1600-1629 H	
	1650-1658 H	
	1659 S	
- davon gegenüber Gesellschaftern &W01& 1650-1658 H		
- davon mit einer Restlaufzeit bis zu einem Jahr &W01& 1600-1625 H		
1650-1654 H		
1659 S		
- davon mit einer Restlaufzeit von mehr als fünf Jahren &W01& 1628-1629 H		
1658 H		
Verbindlichkeiten aus der Annahme gezogener Wechsel und der Ausstellung eigener Wechsel	1660-1699 H	
- davon mit einer Restlaufzeit bis zu einem Jahr &W01& 1660-1679 H		
- davon mit einer Restlaufzeit von mehr als fünf Jahren &W01& 1690-1699 H		
Verbindlichkeiten gegenüber verbundenen Unternehmen	0700-0714 H	
	1310-1319 H	
	1470-1477 H	
	1594-1596 H	
	1630-1639 H	
- davon mit einer Restlaufzeit bis zu einem Jahr &W01& 0700-0704 H		
1310-1311 H		
1315-1319 H		
1470-1474 H		

Blatt-Nr. 10

Zuordnungstabelle vom 10.01.2003

KZ 112: S50030000038 Zeilen: 1000 - 6999

	Vorspalte Saldo	Hauptspalte Saldo
PASSIVA		
	&W01&	&W01&
1594 H		
1595 H		
1630-1634 H		
- davon mit einer Restlaufzeit von mehr als fünf Jahren &W01& 0710-0714 H		
1638-1639 H		
Verbindlichkeiten gegenüber Unternehmen, mit denen ein Beteiligungsverhältnis besteht	0715-0729 H	
	1320-1326 H	
	1480-1487 H	
	1597-1599 H	
	1640-1649 H	
- davon mit einer Restlaufzeit bis zu einem Jahr &W01&		
0715-0719 H		
1320-1321 H		
1325-1326 H		
1480-1484 H		
1597-1598 H		
1640-1644 H		
- davon mit einer Restlaufzeit von mehr als fünf Jahren &W01& 0725-0729 H		
1648-1649 H		
sonstige Verbindlichkeiten	0730-0798 H	
	0799 D	
	1300-1309 H	
	1360-1399 H	
	1400-1469 H	
	1490-1497 H	
	1499 S	
	1548 H	
	1590-1592 H	
	1593 S	
	1700-1708 H	
	1709 H	
	1730 H	
	1731-1753 H	
	1754 S	
	1755-1757 H	
	1767-1768 H	
	1769 S	
	1792 H	
	1556-1559 GH	
	1560-1589 GH	
	1758-1759 GH	
	1770-1791 GH	....

Blatt-Nr. 11

Zuordnungstabelle vom 10.01.2003

KZ 112: S50030000038   Zeilen: 1000 - 6999

	Vorspalte Saldo	Hauptspalte Saldo

PASSIVA

	&W01&	&W01&

```
- davon gegenüber
  Gesellschaftern &W01&
                  0730-0759 H
                  1490-1497 H
- davon eigenkapitalersetzende
  Gesellschafterdarlehen &W01&
                  9250-9258 H
- davon aus Steuern &W01&
                  1548      H
                  1736-1739 H
                  1741      H
                  1746-1747 H
                  1754      S
                  1767-1768 H
                  1769      S
                  1556-1559 GH
                  1560-1589 GH
                  1758-1759 GH
                  1770-1791 GH
- davon im Rahmen der
  sozialen Sicherheit &W01&
                  1742-1745 H
                  1750-1753 H
- davon mit einer Restlaufzeit
  bis zu einem Jahr &W01&
                  0730-0739 H
                  0755-0759 H
                  0760-0763 H
                  0770-0773 H
                  0780-0783 H
                  1300-1301 H
                  1305-1309 H
                  1360-1399 H
                  1400-1454 H
                  1460-1464 H
                  1490-1494 H
                  1499      S
                  1548      H
                  1590-1592 H
                  1593      S
                  1700-1701 H
                  1705-1706 H
                  1709      H
                  1730      H
                  1731-1733 H
                  1736-1737 H
                  1740-1743 H
                  1746-1751 H
                  1754      S
                  1755-1757 H
```

Blatt-Nr. 12

Zuordnungstabelle vom 10.01.2003

KZ 112: S50030000038 Zeilen: 1000 - 6999

	Vorspalte Saldo	Hauptspalte Saldo
PASSIVA		
	&W01&	&W01&
1767-1768 H		
1769 S		
1792 H		
1556-1559 GH		
1560-1589 GH		
1758-1759 GH		
1770-1791 GH		
- davon mit einer Restlaufzeit von mehr als fünf Jahren &W01& 0750-0754 H		
0767-0769 H		
0777-0779 H		
0787-0789 H		
1703-1704 H		
1708 H		
1735 H		
1739 H		
1745 H		
1753 H		
Rechnungsabgrenzungsposten		0990-0991 H
Saldo Klasse 9		9000-9999 GH
Sonstige Passiva		0000 H
		....

Verbindlichkeiten aus der Begebung und Übertragung von Wechseln &W01& 9271-9272 H
- davon Verpflichtungen gegenüber verbundenen Unternehmen &W01& 9272 H

Verbindlichkeiten aus Bürgschaften, Wechsel- und Scheckbürgschaften &W01& 9273-9274 H
- davon Verpflichtungen gegenüber verbundenen Unternehmen &W01& 9274 H

Verbindlichkeiten aus Gewährleistungsverträgen &W01& 9275-9276 H
- davon Verpflichtungen gegenüber verbundenen Unternehmen &W01& 9276 H

128883 / 0 / A1 Blatt-Nr. 13

Zuordnungstabelle vom 10.01.2003

KZ 112: S50030000038 Zeilen: 1000 - 6999

	Vorspalte Saldo	Hauptspalte Saldo

PASSIVA

	&W01&	&W01&
Haftung aus Bestellung von Sicherheiten für fremde Verbindlichkeiten &W01& 9277-9278 H		
- davon Verpflichtungen gegenüber verbundenen Unternehmen &W01& 9278 H		

'Unterschriftsdatum 2'

Blatt-Nr. 14

Zuordnungstabelle vom 10.01.2003

KZ 112: S50030000038 Zeilen: 1000 - 6999

	Vorspalte Saldo	Hauptspalte Saldo
	&W01&	&W01&
Umsatzerlöse		8000-8589 D 8700-8799 D 8900-8919 D 8940-8949 D 8950-8959 D
Erhöhung des Bestands an fertigen und unfertigen Erzeugnissen Verminderung des Bestands an fertigen und unfertigen Erzeugnissen		8960-8974 D 8980-8989 D
Erhöhung des Bestands in Ausführung befindlicher Bauaufträge Verminderung des Bestands in Ausführung befindlicher Bauaufträge		8975-8976 D
Erhöhung des Bestands in Arbeit befindlicher Aufträge Verminderung des Bestands in Arbeit befindlicher Aufträge		8977-8979 D
andere aktivierte Eigenleistungen		8990-8999 D
Gesamtleistung		....
sonstige betriebliche Erträge		
ordentliche betriebliche Erträge		
Grundstückserträge	2750-2779 D 2780-2789 D	
sonstige ordentliche Erträge	2705-2706 D 8590-8599 D 8600-8649 D 8920-8939 D	
Erträge aus dem Abgang von Gegenständen des Anlagevermögens und aus Zuschreibungen zu Gegenständen des Anlagevermögens	2315-2319 D 2710-2714 D 2720-2724 D 8820-8899 D	

Blatt-Nr. 15

Zuordnungstabelle vom 10.01.2003

KZ 112: S50030000038 Zeilen: 1000 - 6999

	Vorspalte	Saldo	Hauptspalte	Saldo
	&W01&		&W01&	
Erträge aus der Herabsetzung der Pauschalwertberichtigung zu Forderungen	2730	D		
Erträge aus der Auflösung von Rückstellungen	2735-2736	D		
Erträge aus der Auflösung von Sonderposten mit Rücklageanteil	2737-2738	D		
	2739	D		
	2740-2741	D		
sonstige Erträge im Rahmen der gewöhnlichen Geschäftstätigkeit	2510-2599	D		
	2660-2669	D		
	2700-2704	D		
	2707-2709	D		
	2715-2719	D		
	2725-2729	D		
	2731	D		
	2732-2734	D		
	2742-2744	D		
	2990	H	....	
Materialaufwand				
Aufwendungen für Roh-, Hilfs- und Betriebsstoffe und für bezogene Waren	3000-3099	D		
	3200-3969	D		
	3990-4099	D		
Aufwendungen für bezogene Leistungen	3100-3199	D	....	
Personalaufwand				
Löhne und Gehälter	4100-4129	D		
	4145-4159	D		
	4170-4199	D		
soziale Abgaben und Aufwendungen für Altersversorgung und für Unterstützung	4130-4138	D		
	4140-4144	D		
	4160-4169	D	....	
- davon für Altersversorgung &W01& 4160-4168 D				
Abschreibungen				

Blatt-Nr. 16

Zuordnungstabelle vom 10.01.2003

KZ 112: S50030000038 Zeilen: 1000 - 6999

```
                                   Vorspalte  Saldo        Hauptspalte  Saldo
-----------------------------------------------------------------------------
                                      &W01&                    &W01&

  auf immaterielle Vermögens-
  gegenstände des Anlage-
  vermögens und Sachanlagen
  sowie auf aktivierte
  Aufwendungen für die Ingang-
  setzung und Erweiterung des
  Geschäftsbetriebs               4815-4869 D
  - davon auf Grund steuer-
    rechtlicher Vorschriften
    &W01&       4850-4854 D
  - davon außerplanmäßige
    Abschreibungen nach
    § 253 (2) Satz 3 HGB
    &W01&       4826-4829 D
                4840-4849 D
                4865-4869 D
  auf Vermögensgegenstände des
  Umlaufvermögens, soweit
  diese die in der Kapital-
  gesellschaft üblichen
  Abschreibungen überschreiten    2430-2449 D
                                  4880-4884 D
                                  4890-4899 D              .........

  - davon auf Grund steuer-
    rechtlicher Vorschriften
    &W01&       4882-4884 D
  - davon Abschreibungen zur
    Vermeidung zukünftiger
    Wertschwankungen nach
    § 253 (3) Satz 3 HGB
    &W01&       4890-4899 D

 sonstige betriebliche
 Aufwendungen

  ordentliche betriebliche
  Aufwendungen
   Raumkosten                     4200-4299 D
   Grundstücksaufwendungen        2350-2374 D
   Versicherungen, Beiträge
   und Abgaben                    4139      D
                                  4360-4399 D
   Reparaturen und
   Instandhaltungen               4800-4809 D
   Fahrzeugkosten                 4500-4509 D
                                  4520-4599 D
   Werbe- und Reisekosten         4600-4699 D
   Kosten der Warenabgabe         4700-4799 D
   verschiedene betriebliche
   Kosten                         2170-2199 D
                                  2300-2306 D
                                  2385-2386 D
                                  2890-2899 D
```

Blatt-Nr. 17

Zuordnungstabelle vom 10.01.2003

KZ 112: S50030000038 Zeilen: 1000 - 6999

	Vorspalte Saldo	Hauptspalte Saldo
	&W01&	&W01&
	2900-2989 D 2991-2999 D 4300-4319 D 4400-4499 D 4810-4814 D 4900-4999 D 5000-6999 D	
Verluste aus dem Abgang von Gegenständen des Anlagevermögens	2310-2314 D 2320-2324 D 8800-8819 D	
Verluste aus Wertminderungen oder aus dem Abgang von Gegenständen des Umlaufvermögens und Einstellung in die Pauschalwertberichtigung zu Forderungen	2325-2339 D 2400-2429 D 2450-2489 D 4885-4889 D	
- davon auf Grund steuerrechtlicher Vorschriften &W01& 4887-4889 D - davon Abschreibungen zur Vermeidung zukünftiger Wertschwankungen nach § 253 (3) Satz 3 HGB &W01& 4885 D		
Einstellungen in Sonderposten mit Rücklageanteil	2340-2347 D	
sonstige Aufwendungen im Rahmen der gewöhnlichen Geschäftstätigkeit	2010-2099 D 2150-2169 D 2307-2309 D 2348-2349 D 2380-2384 D 2387-2399 D 2990 S	....
Erträge aus Beteiligungen - davon aus verbundenen Unternehmen &W01& 2616 D 2619 D		2600-2619 D

Blatt-Nr. 18

Zuordnungstabelle vom 10.01.2003

KZ 112: S50030000038 Zeilen: 1000 - 6999

	Vorspalte Saldo	Hauptspalte Saldo
	&W01&	&W01&
Erträge aus anderen Wertpapieren und Ausleihungen des Finanzanlagevermögens		2620-2649 D
- davon aus verbundenen Unternehmen &W01& 2626-2648 D, 2649 D		
sonstige Zinsen und ähnliche Erträge		2650-2659 D 2670-2699 D 8650-8699 D
- davon aus verbundenen Unternehmen &W01& 2656 D, 2659 D, 2679 D, 2689-2699 D, 8660-8699 D		
auf Grund einer Gewinngemeinschaft, eines Gewinnabführungs- oder Teilgewinnabführungsvertrags erhaltene Gewinne		2792-2793 D 2794 D
Abschreibungen auf Finanzanlagen und auf Wertpapiere des Umlaufvermögens		4870-4879 D
- davon auf Grund steuerrechtlicher Vorschriften &W01& 4874 D		
- davon außerplanmäßige Abschreibungen nach § 253 (2) Satz 3 HGB &W01& 4870-4873 D		
- davon Abschreibungen zur Vermeidung zukünftiger Wertschwankungen nach § 253 (3) Satz 3 HGB &W01& 4879 D		
Zinsen und ähnliche Aufwendungen		2100-2149 D
- davon an verbundene Unternehmen &W01& 2109 D, 2116-2117 D, 2119 D, 2129 D, 2139 D, 2149 D		

Blatt-Nr. 19

Zuordnungstabelle vom 10.01.2003

KZ 112: S50030000038 Zeilen: 1000 - 6999

	Vorspalte Saldo	Hauptspalte Saldo
	&W01&	&W01&
Aufwendungen aus Verlustübernahme		2490-2491 D
Ergebnis der gewöhnlichen Geschäftstätigkeit		....
außerordentliche Erträge	2500-2509 D	
außerordentliche Aufwendungen	2000-2009 D	
außerordentliches Ergebnis		....
Steuern vom Einkommen und vom Ertrag	2200-2219 D 2220-2222 D 2280-2284 D 4320-4334 D 4335-4339 D	
sonstige Steuern	2223-2279 D 2285-2299 D 2375-2379 D 4340-4359 D 4510-4519 D	....
Erträge aus Verlustübernahme		2790-2791 D
auf Grund einer Gewinngemeinschaft, eines Gewinnabführungs- oder Teilgewinnabführungsvertrags abgeführte Gewinne		2492-2494 D
Auffangposten		0000 D
Jahresüberschuss **Jahresfehlbetrag**		wird errechnet wird errechnet
Gewinnvortrag aus dem Vorjahr Verlustvortrag aus dem Vorjahr		2860-2868 D
Entnahmen aus der Kapitalrücklage		2795 D
Entnahmen aus Gewinnrücklagen aus der gesetzlichen Rücklage	2796 D	

Blatt-Nr. 20

Zuordnungstabelle vom 10.01.2003

KZ 112: S50030000038 Zeilen: 1000 - 6999

	Vorspalte	Saldo	Hauptspalte	Saldo
	&W01&		&W01&	
aus der Rücklage für eigene Anteile	2798	D		
aus satzungsmäßigen Rücklagen	2797	D		
aus anderen Gewinnrücklagen	2799-2859	D	....	
Erträge aus der Kapitalherabsetzung			2745-2749	D
Einstellungen in die Kapitalrücklage nach den Vorschriften über die vereinfachte Kapital-herabsetzung			2495	D
Einstellungen in Gewinnrücklagen				
in die gesetzliche Rücklage	2496	D		
in die Rücklage für eigene Anteile	2498	D		
in satzungsmäßige Rücklagen	2497	D		
in andere Gewinnrücklagen	2499	D	....	
Ausschüttung			2870-2889	D
Vortrag auf neue Rechnung			2869	D
Bilanzgewinn			wird errechnet (nach Verwendung)	
Bilanzverlust			wird errechnet (nach Verwendung)	

'Unterschriftsdatum 3'

Blatt-Nr. 21

Zuordnungstabelle vom 10.01.2003

KZ 112: S50030000038 Zeilen: 1000 - 6999

	Vorspalte	Saldo	Hauptspalte	Saldo
KENNZAHLENDEFINITION				
	&W01&		&W01&	
BESTANDTEILE DES VERMÖGENS				
Bilanzanalytisches Gesamtvermögen				
+ Anlagevermögen	....			
+ Umlaufvermögen	....			
Summe Gesamtvermögen			....	
Bilanzanalytisches Anlagevermögen				
+ Aufwendungen für die Ingangsetzung und Erweiterung des Geschäftsbetriebs	0001	S		
+ Aufwendungen für die Währungsumstellung auf den Euro	0002-0009	S		
+ Immaterielle Vermögensgegenstände	0010-0049	S		
+ Sachanlagen	0050-0499	S		
+ Finanzanlagen	0500-0509	S		
	0520-0599	S		
	0510-0519	GS		
- Finanzanlagen	0510-0519	GH		
Summe Anlagevermögen			....	
Bilanzanalytisches Umlaufvermögen				
+ Vorräte	1510-1520	S		
	1722-1729	H		
	3970-3989	S		
	7000-7999	S		
+ Forderungen (ohne eingeforderte Kapitaleinlagen und Nachschüsse) und Sonstige Vermögensgegenstände				
a) mit einer Restlaufzeit bis zu einem Jahr	0700-0704	S		

Blatt-Nr. 22

Zuordnungstabelle vom 10.01.2003

KZ 112: S50030000038 Zeilen: 1000 - 6999

	Vorspalte Saldo	Hauptspalte Saldo
KENNZAHLENDEFINITION		
	&W01&	&W01&
	0715-0719 S	
	0996 H	
	0998 H	
	1300-1301 S	
	1305-1309 S	
	1310-1311 S	
	1315-1319 S	
	1320-1321 S	
	1325-1326 S	
	1350-1359 S	
	1360-1399 S	
	1400-1454 S	
	1460-1464 S	
	1470-1474 S	
	1478 H	
	1480-1484 S	
	1488 H	
	1490-1494 S	
	1498 H	
	1499 H	
	1500-1501 S	
	1503 S	
	1505 S	
	1507 S	
	1521-1526 S	
	1530-1536 S	
	1540-1554 S	
	1590-1592 S	
	1594-1595 S	
	1597-1598 S	
	1600-1625 S	
	1630-1634 S	
	1640-1644 S	
	1650-1654 S	
	1659 H	
	1709 S	
	1741 S	
	1755-1757 S	
	1760-1766 S	
	1792 S	
	1793-1799 H	
	1556-1559 GS	
	1560-1589 GS	
	1758-1759 GS	
	1770-1791 GS	
b) mit einer Restlaufzeit von mehr als einem Jahr	0705-0714 S	
	0720-0729 S	
	0997 H	
	0999 H	

Blatt-Nr. 23

Zuordnungstabelle vom 10.01.2003

KZ 112: S50030000038 Zeilen: 1000 - 6999

	Vorspalte	Saldo	Hauptspalte	Saldo
KENNZAHLENDEFINITION				
	&W01&		&W01&	
	1302-1304	S		
	1312-1314	S		
	1322-1324	S		
	1455-1459	S		
	1465-1469	S		
	1475-1477	S		
	1479	H		
	1485-1487	S		
	1489	H		
	1495-1497	S		
	1502	S		
	1504	S		
	1506	S		
	1508-1509	S		
	1527-1529	S		
	1537-1539	S		
	1555	S		
	1596	S		
	1599	S		
	1626-1629	S		
	1635-1639	S		
	1645-1649	S		
	1655-1658	S		
+ Wertpapiere (ohne eigene Anteile)	1327-1329	S		
	1340-1344	S		
	1348-1349	S		
+ Eigene Anteile	1345-1347	S		
- Rücklage für eigene Anteile	0850	D		
+ Kassenbestand, Bundesbank-guthaben, Guthaben bei Kreditinstituten und Schecks	0630-0698	S		
	1000-1099	S		
	1100-1299	S		
	1330-1339	S		
+ Rechnungsabgrenzungsposten	0980-0982	S		
	0984-0989	S		
+ Abgrenzung latenter Steuern	0983	S		
Summe Umlaufvermögen			....	
Bilanzanalytische Flüssige Mittel				
+ Sonstige Wertpapiere	1327-1329	S		
	1348-1349	S		

Blatt-Nr. 24

Zuordnungstabelle vom 10.01.2003

KZ 112: S50030000038 Zeilen: 1000 - 6999

	Vorspalte	Saldo	Hauptspalte	Saldo
KENNZAHLENDEFINITION				
	&W01&		&W01&	
+ Kassenbestand, Bundesbank-guthaben, Guthaben bei Kreditinstituten und Schecks	0630-0698	S		
	1000-1099	S		
	1100-1299	S		
	1330-1339	S		
Summe Flüssige Mittel			....	
BESTANDTEILE DES KAPITALS				
Bilanzanalytisches Gesamtkapital				
+ Eigenkapital	....			
+ Fremdkapital	....			
Summe Gesamtkapital			....	
Bilanzanalytisches Eigenkapital				
+ Gezeichnetes Kapital	0800	H		
- Ausstehende Einlagen auf das gezeichnete Kapital (eingeforderte und nicht eingeforderte)	0801-0819	S		
	0820-0829	S		
	0830-0838	S		
+ Kapitalrücklage	0840-0845	H		
- Eingeforderte Nachschüsse auf Kapitalrücklage	0839	S		
+ Gewinnrücklagen (ohne Rücklage für eigene Anteile)	0846-0849	H		
	0851-0854	H		
	0855-0859	H		
+ Jahresüberschuss (vor Ergebnisverwendung)	wird errechnet			
- Jahresfehlbetrag (vor Ergebnisverwendung)	wird errechnet			
+ Gewinnvortrag Vorjahr (vor Ergebnisverwendung)	0860-0868	H		
- Verlustvortrag Vorjahr (vor Ergebnisverwendung)	0860-0868	S		

128883 / 0 / A1 Blatt-Nr. 25

Zuordnungstabelle vom 10.01.2003

KZ 112: S50030000038 Zeilen: 1000 - 6999

	Vorspalte	Saldo	Hauptspalte	Saldo
KENNZAHLENDEFINITION				
	&W01&		&W01&	
+ Vortrag auf neue Rechnung	0869	H		
- Vortrag auf neue Rechnung	0869	S		
+ Bilanzgewinn (nach teilweiser Ergebnisverwendung)	wird errechnet (nach Verwendung)			
- Bilanzverlust (nach teilweiser Ergebnisverwendung)	wird errechnet (nach Verwendung)			
+ Sonderposten mit Rücklageanteil	0930-0934	H		
	0936-0948	H		
+ Sonderposten für Zuschüsse und Zulagen	0949	H		
+ Sonderposten aus der Währungsumstellung auf den Euro	0935	H		
Summe Eigenkapital			....	
Bilanzanalytisches Fremdkapital				
+ Rückstellungen für Pensionen und ähnliche Verpflichtungen	0950-0954	H		
+ Verbindlichkeiten mit einer Restlaufzeit von mehr als fünf Jahren	0610-0614	H		
	0625-0629	H		
	0650-0659	H		
	0680-0689	H		
	0710-0714	H		
	0725-0729	H		
	0750-0754	H		
	0767-0769	H		
	0777-0779	H		
	0787-0789	H		
	1628-1629	H		
	1638-1639	H		
	1648-1649	H		
	1658	H		
	1690-1699	H		
	1703-1704	H		
	1708	H		
	1721	H		
	1735	H		

Zuordnungstabelle vom 10.01.2003

KZ 112: S50030000038 Zeilen: 1000 - 6999

	Vorspalte	Saldo	Hauptspalte	Saldo
KENNZAHLENDEFINITION				
	&W01&		&W01&	
	1739	H		
	1745	H		
	1753	H		
Summe Langfristiges Fremdkapital			....	
+ Rückstellung für latente Steuern	0969	H		
+ Verbindlichkeiten mit einer Restlaufzeit von ein bis fünf Jahren	0605-0609	H		
	0620-0624	H		
	0640-0649	H		
	0670-0679	H		
	0705-0709	H		
	0720-0724	H		
	0740-0749	H		
	0764-0766	H		
	0774-0776	H		
	0784-0786	H		
	1302-1304	H		
	1312-1314	H		
	1322-1324	H		
	1455-1459	H		
	1465-1469	H		
	1475-1477	H		
	1485-1487	H		
	1495-1497	H		
	1596	H		
	1599	H		
	1626-1627	H		
	1635-1637	H		
	1645-1647	H		
	1655-1657	H		
	1680-1689	H		
	1702	H		
	1707	H		
	1720	H		
	1734	H		
	1738	H		
	1744	H		
	1752	H		
Summe Mittelfristiges Fremdkapital			....	

Blatt-Nr. 27

Zuordnungstabelle vom 10.01.2003

KZ 112: S50030000038 Zeilen: 1000 - 6999

	Vorspalte	Saldo	Hauptspalte	Saldo
KENNZAHLENDEFINITION				
	&W01&		&W01&	
+ Steuerrückstellungen (ohne latente Steuern)	0955-0968	H		
	1760-1766	H		
+ Sonstige Rückstellungen	0970-0979	H		
+ Verbindlichkeiten mit einer Restlaufzeit bis zu einem Jahr	0600-0604	H		
	0615-0619	H		
	0630-0639	H		
	0660-0669	H		
	0690-0698	H		
	0699	D		
	0700-0704	H		
	0715-0719	H		
	0730-0739	H		
	0755-0759	H		
	0760-0763	H		
	0770-0773	H		
	0780-0783	H		
	0790-0798	H		
	0799	D		
	1100-1299	H		
	1300-1301	H		
	1305-1309	H		
	1310-1311	H		
	1315-1319	H		
	1320-1321	H		
	1325-1326	H		
	1360-1399	H		
	1400-1454	H		
	1460-1464	H		
	1470-1474	H		
	1480-1484	H		
	1490-1494	H		
	1499	S		
	1548	H		
	1590-1592	H		
	1593	S		
	1594	H		
	1595	H		
	1597-1598	H		
	1600-1625	H		
	1630-1634	H		
	1640-1644	H		
	1650-1654	H		
	1659	S		
	1660-1679	H		
	1700-1701	H		
	1705-1706	H		
	1709	H		

Blatt-Nr. 28

Zuordnungstabelle vom 10.01.2003

KZ 112: S50030000038 Zeilen: 1000 - 6999

	Vorspalte Saldo	Hauptspalte Saldo
KENNZAHLENDEFINITION		
	&W01&	&W01&
	1710-1719 H	
	1730 H	
	1731-1733 H	
	1736-1737 H	
	1740-1743 H	
	1746-1751 H	
	1754 S	
	1755-1757 H	
	1767-1768 H	
	1769 S	
	1792 H	
	1556-1559 GH	
	1560-1589 GH	
	1758-1759 GH	
	1770-1791 GH	
+ Rechnungsabgrenzungsposten	0990-0991 H	
Summe Kurzfristiges Fremdkapital		....
Summe Fremdkapital		....
BESTANDTEILE DES ERFOLGS		
Gesamtleistung		
+ Umsatzerlöse	8000-8589 D	
	8700-8799 D	
	8900-8919 D	
	8940-8949 D	
	8950-8959 D	
- Entnahmen und unentgeltliche Zuwendungen von Waren	8900-8919 D	
	8940-8949 D	
Summe Umsatz	....	
+ Erhöhung des Bestands an fertigen und unfertigen Erzeugnissen	8960-8974 GH	
	8980-8989 GH	
- Verminderung des Bestands an fertigen und unfertigen Erzeugnissen	8960-8974 GS	
	8980-8989 GS	

Blatt-Nr. 29

Zuordnungstabelle vom 10.01.2003

KZ 112: S50030000038 Zeilen: 1000 - 6999

	Vorspalte Saldo	Hauptspalte Saldo
KENNZAHLENDEFINITION		
	&W01&	&W01&
+ Erhöhung des Bestands in Ausführung befindlicher Bauaufträge	8975-8976 GH	
- Verminderung des Bestands in Ausführung befindlicher Bauaufträge	8975-8976 GS	
+ Erhöhung des Bestands in Arbeit befindlicher Aufträge	8977-8979 GH	
- Verminderung des Bestands in Arbeit befindlicher Aufträge	8977-8979 GS	
+ Andere aktivierte Eigenleistungen	8990-8999 D	
Summe Gesamtleistung		....
Materialaufwand/Wareneinsatz		
+ Aufwendungen für Roh-, Hilfs- und Betriebsstoffe und für bezogene Waren	3000-3099 D 3200-3969 D 3990-4099 D	
+ Aufwendungen für bezogene Leistungen	3100-3199 D	
- Entnahmen und unentgeltliche Zuwendungen von Waren	8900-8919 D 8940-8949 D	
- Verrechnete Sachbezüge (Waren)	8591-8599 D	
Summe Materialaufwand/ Wareneinsatz		....
Produktive Löhne (statistisches FIBU-Konto)		**9210** D
Regelmäßige betriebliche Nebenerträge		**2705-2706** D **8600-8609** D **8625-8649** D

Blatt-Nr. 30

Zuordnungstabelle vom 10.01.2003

KZ 112: S50030000038 Zeilen: 1000 - 6999

	Vorspalte Saldo	Hauptspalte Saldo
KENNZAHLENDEFINITION		
	&W01&	&W01&
Übrige Kosten		
+ Personalaufwand	4100-4138 D	
	4140-4199 D	
-Produktive Löhne	9210 D	
Summe Personalaufwand		....
+ Abschreibungen auf immaterielle Vermögensgegenstände des Anlagevermögens und Sachanlagen sowie auf aktivierte Aufwendungen für die Ingangsetzung und Erweiterung des Geschäftsbetriebs	4815-4869 D	
- Abschreibungen auf Grund steuerrechtlicher Vorschriften auf das Anlagevermögen	4850-4854 D	
- Außerplanmäßige Abschreibungen nach § 253 (2) Satz 3 HGB auf das Anlagevermögen	4826-4829 D	
	4840-4849 D	
	4865-4869 D	
Summe Abschreibungen (ordentliche)		....
+ Sonstige betriebliche Aufwendungen	2010-2099 D	
	2150-2199 D	
	2300-2314 D	
	2320-2374 D	
	2380-2429 D	
	2450-2489 D	
	2890-2899 D	
	2900-2989 D	
	2990 S	
	2991-2999 D	
	4139 D	
	4200-4319 D	
	4360-4509 D	
	4520-4814 D	
	4885-4889 D	
	4900-4989 D	
	4990-4995 D	
	4996-6999 D	
	8800-8819 D	

Blatt-Nr. 31

Zuordnungstabelle vom 10.01.2003

KZ 112: S50030000038 Zeilen: 1000 - 6999

KENNZAHLENDEFINITION

	Vorspalte Saldo	Hauptspalte Saldo
	&W01&	&W01&
- Unentgeltliche Wertabgaben (außer Entnahmen von Waren) und Erbringung sonstiger Leistungen und Zuwendungen von Gegenständen	8920-8939 D	
- Verrechnete Sachbezüge (Kosten)	8590 D	
	8610-8624 D	
- Grundstücksaufwendungen	2350-2374 D	
- Nicht anrechenbare Vorsteuer	2170-2199 D	
	4300-4319 D	
- Nicht abziehbare Hälfte der Aufsichtsratsvergütungen	2385 D	
- Spenden	2380-2384 D	
	2387-2399 D	
- Verluste aus dem Abgang von Gegenständen des Umlaufvermögens	2325-2339 D	
- Aufwendungen aus Kursdifferenzen	2150-2169 D	
	2990 S	
- Verluste aus dem Abgang von Gegenständen des Anlagevermögens	2310-2314 D	
	2320-2324 D	
	8800-8819 D	
- Einstellungen in Sonderposten mit Rücklageanteil	2340-2347 D	
- Aufwendungen aus der Zuschreibung von steuerlich niedriger bewerteten Rückstellungen und Verbindlichkeiten	2348-2349 D	
- Sonstige regelmäßige betriebsfremde Aufwendungen	2307-2308 D	
- Sonstige unregelmäßige Aufwendungen	2309 D	
- Betriebsfremde und periodenfremde Aufwendungen	2010-2099 D	
Summe Sonstige betriebliche Aufwendungen (ordentliche)		....
+ Kalkulatorische Kosten (ohne kalkulatorische Zinsen)		4990-4991 D
		4993-4995 D

Blatt-Nr. 32

Zuordnungstabelle vom 10.01.2003

KZ 112: S50030000038 Zeilen: 1000 - 6999

	Vorspalte Saldo	Hauptspalte Saldo
KENNZAHLENDEFINITION		
	&W01&	&W01&
+ Sonstige Steuern		2223-2279 D 2285-2299 D 2375-2379 D 4340-4359 D 4510-4519 D
Summe übrige Kosten (ordentliche)		....
Ordentliches Finanz- und sonstiges neutrales Ergebnis		
+ Erträge aus Beteiligungen	2600-2619 D	
+ Erträge aus anderen Wertpapieren und Ausleihungen des Finanzanlagevermögens	2620-2649 D	
+ Sonstige Zinsen und ähnliche Erträge	2650-2659 D 2670-2699 D 8650-8699 D	
+ Erträge aus Gewinnabführungen	2792-2794 D	
+ Grundstückserträge	2750-2779 D 2780-2789 D	
+ Erträge aus dem Abgang von Gegenständen des Umlaufvermögens	2725-2729 D	
+ Sonstige regelmäßige betriebsfremde Erträge	2707-2708 D	
- Abschreibungen auf Finanzanlagen und auf Wertpapiere des Umlaufvermögens	4870-4879 D	
- Zinsen und ähnliche Aufwendungen	2100-2149 D	
- Kalkulatorische Zinsen	4992 D	
- Aufwendungen aus Verlustübernahme	2490-2491 D	
- Grundstücksaufwendungen	2350-2374 D	
- Nicht anrechenbare Vorsteuer	2170-2199 D 4300-4319 D	
- Nicht abziehbare Hälfte der Aufsichtsratsvergütungen	2385 D	
- Spenden	2380-2384 D 2387-2399 D	

Blatt-Nr. 33

Zuordnungstabelle vom 10.01.2003

KZ 112: S50030000038 Zeilen: 1000 - 6999

	Vorspalte Saldo	Hauptspalte Saldo
KENNZAHLENDEFINITION		
	&W01&	&W01&
- Verluste aus dem Abgang von Gegenständen des Umlaufvermögens	2325-2339 D	
- Sonstige regelmäßige betriebsfremde Aufwendungen	2307-2308 D	
Summe Ordentlicher Finanzerfolg		....
+ Verrechnete kalkulatorische Zinsen		2892 D
Summe Ordentliches Finanz- und sonstiges neutrales Ergebnis		....
Nicht ordentliches betriebliches Ergebnis		
+ Sonstige betriebliche Erträge	2315-2319 D 2510-2599 D 2660-2669 D 2700-2744 D 2750-2789 D 2990 H 8590-8649 D 8820-8899 D 8920-8939 D	
- Verrechnete Sachbezüge (Waren)	8591-8599 D	
- Unentgeltliche Wertabgaben (außer Entnahmen von Waren) und Erbringung sonstiger Leistungen und Zuwendungen von Gegenständen	8920-8939 D	
- Verrechnete Sachbezüge (Kosten)	8590 D 8610-8624 D	
- Grundstückserträge	2750-2779 D 2780-2789 D	
- Erträge aus dem Abgang von Gegenständen des Umlaufvermögens	2725-2729 D	

Blatt-Nr. 34

Zuordnungstabelle vom 10.01.2003

KZ 112: S50030000038 Zeilen: 1000 - 6999

	Vorspalte	Saldo	Hauptspalte	Saldo
KENNZAHLENDEFINITION				
	&W01&		&W01&	
- Abschreibungen auf Grund steuerrechtlicher Vorschriften auf das Anlagevermögen	4850-4854	D		
- Außerplanmäßige Abschreibungen nach § 253 (2) Satz 3 HGB auf das Anlagevermögen	4826-4829	D		
	4840-4849	D		
	4865-4869	D		
- Abschreibungen auf Vermögensgegenstände des Umlaufvermögens, soweit diese die üblichen Abschreibungen überschreiten	2430-2449	D		
	4880-4884	D		
	4890-4899	D		
- Aufwendungen aus Kursdifferenzen	2150-2169	D		
	2990	S		
- Verluste aus dem Abgang von Gegenständen des Anlagevermögens	2310-2314	D		
	2320-2324	D		
	8800-8819	D		
- Einstellungen in Sonderposten mit Rücklageanteil	2340-2347	D		
- Aufwendungen aus der Zuschreibung von steuerlich niedriger bewerteten Rückstellungen und Verbindlichkeiten	2348-2349	D		
- Betriebsfremde und periodenfremde Aufwendungen	2010-2099	D		
+ Außerordentliche Erträge	2500-2509	D		
- Außerordentliche Aufwendungen	2000-2009	D		
- Sonstige regelmäßige betriebliche Erträge	2705-2706	D		
	8600-8609	D		
	8625-8649	D		
- Sonstige regelmäßige betriebsfremde Erträge	2707-2708	D		
- Sonstige unregelmäßige Aufwendungen	2309	D		
Summe Nicht ordentliches betriebliches Ergebnis			....	

Blatt-Nr. 35

Zuordnungstabelle vom 10.01.2003

KZ 112: S50030000038 Zeilen: 1000 - 6999

Erklärung der Saldoarten (SA):

S = Sollsaldo
H = Habensaldo
D = Soll- und Habensaldo
GS = Gruppensaldo Soll
GH = Gruppensaldo Haben

&W01& = Währung

Teil G. Kontenzuordnungstabelle

Kapitalgesellschaft groß, erweitert SKR 04

Blatt-Nr. 1

Zuordnungstabelle vom 10.01.2003

KZ 112: S50040000037 Zeilen: 1000 - 6999

	Vorspalte Saldo	Hauptspalte Saldo
AKTIVA		
	&W01&	&W01&
Ausstehende Einlagen auf das gezeichnete Kapital		0001-0049 S
- davon eingefordert &W01& 0040-0049 S		
Aufwendungen für die Ingangsetzung und Erweiterung des Geschäftsbetriebs		0095 S
Aufwendungen für die Währungsumstellung auf den Euro		0096-0099 S
Anlagevermögen		
Immaterielle Vermögensgegenstände		
Konzessionen, gewerbliche Schutzrechte und ähnliche Rechte und Werte sowie Lizenzen an solchen Rechten und Werten	0100-0149 S	
Geschäfts- oder Firmenwert	0150-0159 S	
Verschmelzungsmehrwert	0160-0169 S	
geleistete Anzahlungen	0170-0199 S	....
Sachanlagen		
Grundstücke, grundstücksgleiche Rechte und Bauten einschließlich der Bauten auf fremden Grundstücken	0200-0399 S	
technische Anlagen und Maschinen	0400-0499 S	
andere Anlagen, Betriebs- und Geschäftsausstattung	0500-0699 S	
geleistete Anzahlungen und Anlagen im Bau	0700-0799 S	....
Finanzanlagen		
Anteile an verbundenen Unternehmen	0800-0809 S	
Ausleihungen an verbundene Unternehmen	0810-0819 S	
Beteiligungen	0820-0879 D	
Ausleihungen an Unternehmen, mit denen ein Beteiligungsverhältnis besteht	0880-0899 S	

Blatt-Nr. 2

Zuordnungstabelle vom 10.01.2003

KZ 112: S50040000037 Zeilen: 1000 - 6999

	Vorspalte	Saldo	Hauptspalte	Saldo
AKTIVA				
	&W01&		&W01&	
Wertpapiere des Anlagevermögens	0900-0929	S		
sonstige Ausleihungen	0930-0979	S		
- davon an Gesellschafter &W01& 0960-0979 S				
Genossenschaftsanteile	0980-0989	S		
Rückdeckungsansprüche aus Lebensversicherungen	0990-0999	S	....	
Umlaufvermögen				
Vorräte				
Roh-, Hilfs- und Betriebsstoffe	1000-1039	S		
unfertige Erzeugnisse, unfertige Leistungen	1040-1089	S		
in Ausführung befindliche Bauaufträge	1090-1094	S		
in Arbeit befindliche Aufträge	1095-1099	S		
fertige Erzeugnisse und Waren	1100-1179	S		
geleistete Anzahlungen	1180-1189	S		
erhaltene Anzahlungen auf Bestellungen	1190-1199	H	....	
Forderungen und sonstige Vermögensgegenstände				
Forderungen aus Lieferungen und Leistungen	1200-1245	S		
	1246-1249	H		
	1250-1257	S		
	1258	H		
	1259	H		
- davon gegen Gesellschafter &W01& 1250-1257 S				
- davon mit einer Restlaufzeit von mehr als einem Jahr &W01& 1225-1229 S				
1232-1234 S				
1245 S				
1247 H				
1249 H				
1255-1257 S				
Forderungen gegen verbundene Unternehmen	1260-1275	S		
	1276-1279	H		
	3400-3449	S		

Blatt-Nr. 3

Zuordnungstabelle vom 10.01.2003

KZ 112: S50040000037 Zeilen: 1000 - 6999

	Vorspalte Saldo	Hauptspalte Saldo

AKTIVA

	&W01&	&W01&
- davon mit einer Restlaufzeit von mehr als einem Jahr		
&W01& 1265 S		
1268 S		
1275 S		
1277-1279 H		
3405-3419 S		
3425-3449 S		
Forderungen gegen Unternehmen, mit denen ein Beteiligungs-verhältnis besteht	1280-1295 S	
	1296-1297 H	
	3450-3499 S	
- davon mit einer Restlaufzeit von mehr als einem Jahr		
&W01& 1285 S		
1288 S		
1295 S		
1297 H		
3455-3469 S		
3475-3499 S		
eingeforderte, noch ausstehende Kapitaleinlagen	1298 S	
eingeforderte Nachschüsse	1299 S	
sonstige Vermögensgegenstände	1300-1395 S	
	1420 S	
	1422-1429 S	
	1434-1436 S	
	1437-1479 S	
	1485-1494 S	
	1498-1499 S	
	3300-3348 S	
	3349 H	
	3620-3694 S	
	3695-3699 H	
	3730-3739 S	
	3790-3799 S	
	3810-3816 S	
	1396-1399 GS	
	1400-1419 GS	
	1421 GS	
	1430-1433 GS	
	1480-1484 GS	
	3800-3809 GS	
	3820-3853 GS	....
- davon gegen Gesellschafter		
&W01& 1330-1339 S		
3340-3348 S		

Blatt-Nr. 4

Zuordnungstabelle vom 10.01.2003

KZ 112: S50040000037 Zeilen: 1000 - 6999

	Vorspalte Saldo	Hauptspalte Saldo
AKTIVA		
	&W01&	&W01&
- davon mit einer Restlaufzeit von mehr als einem Jahr &W01& 1305-1309 S		
1315-1319 S		
1325-1329 S		
1335-1339 S		
1345-1349 S		
1355-1359 S		
1365-1369 S		
3337-3339 S		
3345-3348 S		
Wertpapiere		
Anteile an verbundenen Unternehmen	1500-1504 S	
eigene Anteile	1505-1509 S	
sonstige Wertpapiere	1510-1549 S	....
Kassenbestand, Bundesbankguthaben, Guthaben bei Kreditinstituten und Schecks		1550-1899 S
		3150-3248 S
Rechnungsabgrenzungsposten		1900-1949 S
- davon Disagio &W01& 1940-1949 S		
Abgrenzung latenter Steuern		1950-1999 S
Nicht durch Eigenkapital gedeckter Fehlbetrag		
Gezeichnetes Kapital	2900-2909 D	
- Gezeichnetes Kapital in DM 9220 D		
- Gezeichnetes Kapital in Euro 9221 D		
nicht eingeforderte ausstehende Einlagen	2910-2919 D	
Kapitalrücklage	2920-2929 D	
- davon eingefordertes Nachschusskapital &W01& 2929 D		
Gewinnrücklagen		
gesetzliche Rücklage	2930-2939 D	
Rücklage für eigene Anteile	2940-2949 D	

Blatt-Nr. 5

Zuordnungstabelle vom 10.01.2003

KZ 112: S50040000037 Zeilen: 1000 - 6999

```
                                 Vorspalte  Saldo        Hauptspalte  Saldo
--------------------------------------------------------------------------------
```

AKTIVA

```
                                   &W01&                     &W01&

  satzungsmäßige Rücklagen         2950-2959 D
  andere Gewinnrücklagen           2960-2969 D
  - davon Eigenkapitalanteil
    von Wertaufholungen &W01&
                2962       D
  - davon Eigenkapitalanteil
    nur steuerrechtlich
    zulässiger Rücklagen
    &W01&       2963-2964 D

 Verlustvortrag
 Gewinnvortrag                     2970-2978 D

 Jahresfehlbetrag                  wird errechnet
 Jahresüberschuss                  wird errechnet

 Vortrag auf neue
 Rechnung                          2979      D

 Bilanzverlust                     wird errechnet
                                   (nach Verwendung)
 Bilanzgewinn                      wird errechnet
                                   (nach Verwendung)
 - davon Verlustvortrag &W01&
   davon Gewinnvortrag &W01&
               7700-7729 D

 nicht gedeckter Fehlbetrag                                  .........
```

Nicht durch Eigenkapital
gedeckter Fehlbetrag wird errechnet

```
Saldo Klasse 9                                               9000-9999 GS
Sonstige Aktiva                                              0000      S
                                                             _________
                                                             .........
                                                             =========
```

Blatt-Nr. 6

Zuordnungstabelle vom 10.01.2003

KZ 112: S50040000037 Zeilen: 1000 - 6999

	Vorspalte Saldo	Hauptspalte Saldo
PASSIVA		
	&W01&	&W01&
Eigenkapital		
Gezeichnetes Kapital	2900-2909 D	
- Gezeichnetes Kapital in DM 9220 D		
- Gezeichnetes Kapital in Euro 9221 D		
nicht eingeforderte ausstehende Einlagen	2910-2919 D	
eingefordertes Kapital		....
Kapitalrücklage		2920-2929 D
- davon eingefordertes Nachschusskapital &W01& 2929 D		
Gewinnrücklagen		
gesetzliche Rücklage	2930-2939 D	
Rücklage für eigene Anteile	2940-2949 D	
satzungsmäßige Rücklagen	2950-2959 D	
andere Gewinnrücklagen	2960-2969 D	....
- davon Eigenkapitalanteil von Wertaufholungen &W01& 2962 D		
- davon Eigenkapitalanteil nur steuerrechtlich zulässiger Rücklagen &W01& 2963-2964 D		
Gewinnvortrag Verlustvortrag		2970-2978 D
Jahresüberschuss		wird errechnet
Jahresfehlbetrag		wird errechnet
Vortrag auf neue Rechnung		2979 D
Bilanzgewinn		wird errechnet (nach Verwendung)
Bilanzverlust		wird errechnet (nach Verwendung)

Blatt-Nr. 7

Zuordnungstabelle vom 10.01.2003

KZ 112: S50040000037 Zeilen: 1000 - 6999

	Vorspalte Saldo	Hauptspalte Saldo
PASSIVA		
	&W01&	&W01&
- davon Gewinnvortrag &W01& davon Verlustvortrag &W01& 7700-7729 D		
nicht gedeckter Fehlbetrag		wird errechnet
buchmäßiges Eigenkapital		....
Sonderposten mit Rücklageanteil		2980-2984 H 2986-2998 H
Sonderposten für Zuschüsse und Zulagen		2999 H
Sonderposten aus der Währungsumstellung auf den Euro		2985 H
Rückstellungen		
Rückstellungen für Pensionen und ähnliche Verpflichtungen	3000-3019 H	
Steuerrückstellungen	3020-3059 H 3810-3816 H	
Rückstellungen für latente Steuern	3060-3069 H	
sonstige Rückstellungen	3070-3099 H	....
Verbindlichkeiten		
Anleihen	3100-3149 H	
- davon konvertibel &W01& 3120-3149 H		
- davon mit einer Restlaufzeit bis zu einem Jahr &W01& 3100-3104 H 3120-3124 H		
- davon mit einer Restlaufzeit von mehr als fünf Jahren &W01& 3110-3119 H 3130-3149 H		
Verbindlichkeiten gegenüber Kreditinstituten	1700-1899 H 3150-3248 H 3249 D	
- davon mit einer Restlaufzeit bis zu einem Jahr &W01& 1700-1899 H 3150-3159 H 3180-3189 H		

Blatt-Nr. 8

Zuordnungstabelle vom 10.01.2003

KZ 112: S50040000037 Zeilen: 1000 - 6999

	Vorspalte Saldo	Hauptspalte Saldo

PASSIVA

	&W01&	&W01&
- davon mit einer Restlaufzeit von mehr als fünf Jahren &W01& 3170-3179 H 3200-3209 H		
erhaltene Anzahlungen auf Bestellungen	3250-3299 H	
- davon mit einer Restlaufzeit bis zu einem Jahr &W01& 3250-3283 H		
- davon mit einer Restlaufzeit von mehr als fünf Jahren &W01& 3285-3299 H		
Verbindlichkeiten aus Lieferungen und Leistungen	3300-3348 H 3349 S	
- davon gegenüber Gesellschaftern &W01& 3340-3348 H		
- davon mit einer Restlaufzeit bis zu einem Jahr &W01& 3300-3336 H 3340-3344 H 3349 S		
- davon mit einer Restlaufzeit von mehr als fünf Jahren &W01& 3338-3339 H 3348 H		
Verbindlichkeiten aus der Annahme gezogener Wechsel und der Ausstellung eigener Wechsel	3350-3399 H	
- davon mit einer Restlaufzeit bis zu einem Jahr &W01& 3350-3379 H		
- davon mit einer Restlaufzeit von mehr als fünf Jahren &W01& 3390-3399 H		
Verbindlichkeiten gegenüber verbundenen Unternehmen	1260-1275 H 3400-3449 H	
- davon mit einer Restlaufzeit bis zu einem Jahr &W01& 1260-1264 H 1266-1267 H 1269-1274 H 3400-3404 H 3420-3424 H		
- davon mit einer Restlaufzeit von mehr als fünf Jahren &W01& 3410-3419 H 3430-3449 H		

Blatt-Nr. 9

Zuordnungstabelle vom 10.01.2003

KZ 112: S50040000037 Zeilen: 1000 - 6999

	Vorspalte Saldo	Hauptspalte Saldo

PASSIVA

	&W01&	&W01&
Verbindlichkeiten gegenüber Unternehmen, mit denen ein Beteiligungsverhältnis besteht	1280-1295 H	
	3450-3499 H	
- davon mit einer Restlaufzeit bis zu einem Jahr &W01& 1280-1284 H		
1286-1287 H		
1289-1294 H		
3450-3454 H		
3470-3474 H		
- davon mit einer Restlaufzeit von mehr als fünf Jahren &W01& 3460-3469 H		
3480-3499 H		
sonstige Verbindlichkeiten	1200-1245 H	
	1250-1257 H	
	1259 S	
	1370-1374 H	
	1434 H	
	1460-1479 H	
	1485-1494 H	
	1495-1497 S	
	1498-1499 H	
	3500-3598 H	
	3599 D	
	3600-3694 H	
	3700-3799 H	
	3817-3818 H	
	3819 S	
	3854-3899 S	
	1396-1399 GH	
	1400-1419 GH	
	1421 GH	
	1430-1433 GH	
	1480-1484 GH	
	3800-3809 GH	
	3820-3853 GH	....
- davon gegenüber Gesellschaftern &W01& 1250-1257 H		
3510-3519 H		
- davon eigenkapitalersetzende Gesellschafterdarlehen &W01& 9250-9258 H		
- davon aus Steuern &W01& 1434 H		
3700-3719 H		
3730-3739 H		
3760 H		

Blatt-Nr. 10

Zuordnungstabelle vom 10.01.2003

KZ 112: S50040000037 Zeilen: 1000 - 6999

Vorspalte Saldo Hauptspalte Saldo

PASSIVA

&W01& &W01&

```
                3761-3769 H
                3817-3818 H
                3819      S
                3854-3899 S
                1396-1399 GH
                1400-1419 GH
                1421      GH
                1430-1433 GH
                1480-1484 GH
                3800-3809 GH
                3820-3853 GH
  - davon im Rahmen der
    sozialen Sicherheit &W01&
                3740-3759 H
                3770-3789 H
  - davon mit einer Restlaufzeit
    bis zu einem Jahr &W01&
                1200-1224 H
                1230-1231 H
                1235-1244 H
                1250-1254 H
                1259      S
                1370-1374 H
                1434      H
                1460-1479 H
                1485-1494 H
                1495-1497 S
                1498-1499 H
                3500-3503 H
                3510-3513 H
                3519      H
                3520-3523 H
                3530-3533 H
                3540-3543 H
                3550-3553 H
                3560-3563 H
                3600-3694 H
                3700-3709 H
                3720-3749 H
                3760-3779 H
                3790-3799 H
                3817-3818 H
                3819      S
                3854-3899 S
                1396-1399 GH
                1400-1419 GH
                1421      GH
                1430-1433 GH
                1480-1484 GH
                3800-3809 GH
                3820-3853 GH
```

Blatt-Nr. 11

Zuordnungstabelle vom 10.01.2003

KZ 112: S50040000037 Zeilen: 1000 - 6999

	Vorspalte Saldo	Hauptspalte Saldo
PASSIVA		
	&W01&	&W01&
- davon mit einer Restlaufzeit von mehr als fünf Jahren &W01& 3507-3509 H 3517-3518 H 3527-3529 H 3537-3539 H 3547-3549 H 3557-3559 H 3567-3569 H 3715-3719 H 3755-3759 H 3785-3789 H		
Rechnungsabgrenzungsposten		3900-3949 H
Saldo Klasse 9		9000-9999 GH
Sonstige Passiva		0000 H
		________
		....
		========

Verbindlichkeiten aus der Begebung und Übertragung von Wechseln &W01&
9271-9272 H
- davon Verpflichtungen gegenüber verbundenen Unternehmen
&W01& 9272 H

Verbindlichkeiten aus Bürgschaften, Wechsel- und Scheckbürgschaften &W01&
9273-9274 H
- davon Verpflichtungen gegenüber verbundenen Unternehmen
&W01& 9274 H

Verbindlichkeiten aus Gewährleistungsverträgen &W01&
9275-9276 H
- davon Verpflichtungen gegenüber verbundenen Unternehmen
&W01& 9276 H

Haftung aus Bestellung von Sicherheiten für fremde Verbindlichkeiten &W01&
9277-9278 H
- davon Verpflichtungen gegenüber verbundenen Unternehmen
&W01& 9278 H

Blatt-Nr. 12

Zuordnungstabelle vom 10.01.2003

KZ 112: S50040000037 Zeilen: 1000 - 6999

	Vorspalte Saldo	Hauptspalte Saldo
PASSIVA		
	&W01&	&W01&
'Unterschriftsdatum 2'		

Zuordnungstabelle vom 10.01.2003

KZ 112: S50040000037 Zeilen: 1000 - 6999

	Vorspalte Saldo	Hauptspalte Saldo
	&W01&	&W01&
Umsatzerlöse		4000-4629 D 4670-4685 D 4690-4799 D
Erhöhung des Bestands an fertigen und unfertigen Erzeugnissen Verminderung des Bestands an fertigen und unfertigen Erzeugnissen		4800-4815 D
Erhöhung des Bestands in Ausführung befindlicher Bauaufträge Verminderung des Bestands in Ausführung befindlicher Bauaufträge		4816-4817 D
Erhöhung des Bestands in Arbeit befindlicher Aufträge Verminderung des Bestands in Arbeit befindlicher Aufträge		4818-4819 D
andere aktivierte Eigenleistungen		4820-4829 D
Gesamtleistung		....
sonstige betriebliche Erträge		
ordentliche betriebliche Erträge		
Grundstückserträge	4860-4899 D	
sonstige ordentliche Erträge	4630-4669 D 4686-4689 D 4835-4836 D 4940-4949 D 4950-4959 D	
Erträge aus dem Abgang von Gegenständen des Anlagevermögens und aus Zuschreibungen zu Gegenständen des Anlagevermögens	4844-4859 D 4900-4904 D 4910-4914 D	
Erträge aus der Herabsetzung der Pauschalwertberichtigung zu Forderungen	4920-4922 D	

Blatt-Nr. 14

Zuordnungstabelle vom 10.01.2003

KZ 112: S50040000037 Zeilen: 1000 - 6999

	Vorspalte	Saldo	Hauptspalte	Saldo
	&W01&		&W01&	
Erträge aus der Auflösung von Rückstellungen	4930-4932	D		
Erträge aus der Auflösung von Sonderposten mit Rücklageanteil	4935-4939	D		
sonstige Erträge im Rahmen der gewöhnlichen Geschäftstätigkeit	4830-4834	D		
	4837-4839	D		
	4840-4843	D		
	4905-4909	D		
	4915-4919	D		
	4923-4924	D		
	4925-4929	D		
	4933-4934	D		
	4960-4999	D		
	7990	H	....	
Materialaufwand				
Aufwendungen für Roh-, Hilfs- und Betriebsstoffe und für bezogene Waren	5000-5899	D		
Aufwendungen für bezogene Leistungen	5900-5999	D	....	
Personalaufwand				
Löhne und Gehälter	6000-6099	D		
soziale Abgaben und Aufwendungen für Altersversorgung und für Unterstützung	6100-6199	D	....	
- davon für Altersversorgung &W01& 6140-6159 D				
Abschreibungen				
auf immaterielle Vermögensgegenstände des Anlagevermögens und Sachanlagen sowie auf aktivierte Aufwendungen für die Ingangsetzung und Erweiterung des Geschäftsbetriebs	6200-6269	D		
- davon auf Grund steuerrechtlicher Vorschriften &W01& 6240-6249 D				
- davon außerplanmäßige Abschreibungen nach § 253 (2) Satz 3 HGB &W01& 6210-6219 D				
6230-6239 D				
6266-6267 D				

Blatt-Nr. 15

Zuordnungstabelle vom 10.01.2003

KZ 112: S50040000037 Zeilen: 1000 - 6999

	Vorspalte Saldo	Hauptspalte Saldo
	&W01&	&W01&
auf Vermögensgegenstände des Umlaufvermögens, soweit diese die in der Kapitalgesellschaft üblichen Abschreibungen überschreiten	6270-6299 D	....
- davon auf Grund steuerrechtlicher Vorschriften &W01& 6272-6274 D		
- davon Abschreibungen zur Vermeidung zukünftiger Wertschwankungen nach § 253 (3) Satz 3 HGB &W01& 6275-6279 D		
sonstige betriebliche Aufwendungen		
ordentliche betriebliche Aufwendungen		
Raumkosten	6305-6349 D	
Grundstücksaufwendungen	6350-6389 D	
Versicherungen, Beiträge und Abgaben	6400-6449 D	
Reparaturen und Instandhaltungen	6450-6497 D	
Fahrzeugkosten	6500-6599 D	
Werbe- und Reisekosten	6600-6699 D	
Kosten der Warenabgabe	6700-6799 D	
verschiedene betriebliche Kosten	6300-6304 D 6498-6499 D 6800-6879 D 6970-6989 D 6990-6999 D 7900-7989 D 7991-7999 D 8000-8999 D	
Verluste aus dem Abgang von Gegenständen des Anlagevermögens	6884-6904 D	
Verluste aus Wertminderungen oder aus dem Abgang von Gegenständen des Umlaufvermögens und Einstellung in die Pauschalwertberichtigung zu Forderungen	6905-6915 D 6920-6924 D 6930-6959 D	
- davon auf Grund steuerrechtlicher Vorschriften &W01& 6912-6914 D		

Blatt-Nr. 16

Zuordnungstabelle vom 10.01.2003

KZ 112: S50040000037 Zeilen: 1000 - 6999

	Vorspalte Saldo	Hauptspalte Saldo
	&W01&	&W01&
- davon Abschreibungen zur Vermeidung zukünftiger Wertschwankungen nach § 253 (3) Satz 3 HGB &W01& 6915 D		
Einstellungen in Sonderposten mit Rücklageanteil	6925-6929 D	
sonstige Aufwendungen im Rahmen der gewöhnlichen Geschäftstätigkeit	6390-6399 D 6880-6883 D 6916-6919 D 6960-6969 D 7990 S	....
Erträge aus Beteiligungen - davon aus verbundenen Unternehmen &W01& 7006 D 7009 D		7000-7009 D
Erträge aus anderen Wertpapieren und Ausleihungen des Finanzanlagevermögens - davon aus verbundenen Unternehmen &W01& 7015-7099 D		7010-7099 D
sonstige Zinsen und ähnliche Erträge - davon aus verbundenen Unternehmen &W01& 7104 D 7109 D 7119 D 7129 D 7139 D 7140-7189 D		7100-7189 D
auf Grund einer Gewinngemeinschaft, eines Gewinnabführungs- oder Teilgewinnabführungsvertrags erhaltene Gewinne		7192-7193 D 7194-7199 D
Abschreibungen auf Finanzanlagen und auf Wertpapiere des Umlaufvermögens		7200-7299 D

Blatt-Nr. 17

Zuordnungstabelle vom 10.01.2003

KZ 112: S50040000037 Zeilen: 1000 - 6999

	Vorspalte Saldo	Hauptspalte Saldo
	&W01&	&W01&
- davon auf Grund steuerrechtlicher Vorschriften &W01& 7250-7259 D		
- davon außerplanmäßige Abschreibungen nach § 253 (2) Satz 3 HGB &W01& 7200-7209 D		
- davon Abschreibungen zur Vermeidung zukünftiger Wertschwankungen nach § 253 (3) Satz 3 HGB &W01& 7260-7299 D		
Zinsen und ähnliche Aufwendungen		7300-7389 D
- davon an verbundene Unternehmen &W01& 7309 D, 7319 D, 7329 D, 7339 D, 7349 D, 7351-7389 D		
Aufwendungen aus Verlustübernahme		7390-7391 D
Ergebnis der gewöhnlichen Geschäftstätigkeit		....
außerordentliche Erträge	7400-7499 D	
außerordentliche Aufwendungen	7500-7599 D	
außerordentliches Ergebnis		....
Steuern vom Einkommen und vom Ertrag	7600-7649 D	
sonstige Steuern	7650-7699 D	....
Erträge aus Verlustübernahme		7190-7191 D
auf Grund einer Gewinngemeinschaft, eines Gewinnabführungs- oder Teilgewinnabführungsvertrags abgeführte Gewinne		7392-7399 D
Auffangposten		0000 D

Blatt-Nr. 18

Zuordnungstabelle vom 10.01.2003

KZ 112: S50040000037 Zeilen: 1000 - 6999

	Vorspalte Saldo	Hauptspalte Saldo
	&W01&	&W01&
Jahresüberschuss		wird errechnet
Jahresfehlbetrag		wird errechnet
Gewinnvortrag aus dem Vorjahr		
Verlustvortrag aus dem Vorjahr		7700-7729 D
Entnahmen aus der Kapitalrücklage		7730-7734 D
Entnahmen aus Gewinnrücklagen		
aus der gesetzlichen Rücklage	7735-7739 D	
aus der Rücklage für eigene Anteile	7740-7744 D	
aus satzungsmäßigen Rücklagen	7745-7749 D	
aus anderen Gewinnrücklagen	7750-7754 D	....
Erträge aus der Kapitalherabsetzung		7755-7759 D
Einstellungen in die Kapitalrücklage nach den Vorschriften über die vereinfachte Kapitalherabsetzung		7760-7764 D
Einstellungen in Gewinnrücklagen		
in die gesetzliche Rücklage	7765-7769 D	
in die Rücklage für eigene Anteile	7770-7774 D	
in satzungsmäßige Rücklagen	7775-7779 D	
in andere Gewinnrücklagen	7780-7789 D	....
Ausschüttung		7790-7794 D
Vortrag auf neue Rechnung		7795-7899 D
Bilanzgewinn		wird errechnet (nach Verwendung)
Bilanzverlust		wird errechnet (nach Verwendung)

'Unterschriftsdatum 3'

Blatt-Nr. 19

Zuordnungstabelle vom 10.01.2003

KZ 112: S50040000037 Zeilen: 1000 - 6999

	Vorspalte	Saldo	Hauptspalte	Saldo

KENNZAHLENDEFINITION

	&W01&		&W01&	

BESTANDTEILE DES VERMÖGENS

	Vorspalte	Saldo	Hauptspalte	Saldo
Bilanzanalytisches Gesamtvermögen				
+ Anlagevermögen	....			
+ Umlaufvermögen	....			
Summe Gesamtvermögen			....	
Bilanzanalytisches Anlagevermögen				
+ Aufwendungen für die Ingangsetzung und Erweiterung des Geschäftsbetriebs	0095	S		
+ Aufwendungen für die Währungsumstellung auf den Euro	0096-0099	S		
+ Immaterielle Vermögensgegenstände	0100-0199	S		
+ Sachanlagen	0200-0799	S		
+ Finanzanlagen	0800-0819	S		
	0880-0999	S		
	0820-0879	GS		
- Finanzanlagen	0820-0879	GH		
Summe Anlagevermögen			....	
Bilanzanalytisches Umlaufvermögen				
+ Vorräte	1000-1189	S		
	1190-1199	H		
+ Forderungen (ohne eingeforderte Kapitaleinlagen und Nachschüsse) und Sonstige Vermögensgegenstände a) mit einer Restlaufzeit bis zu einem Jahr	1200-1224	S		
	1230-1231	S		
	1235-1244	S		

Blatt-Nr. 20

Zuordnungstabelle vom 10.01.2003

KZ 112: S50040000037 Zeilen: 1000 - 6999

	Vorspalte	Saldo	Hauptspalte	Saldo
KENNZAHLENDEFINITION				
	&W01&		&W01&	
	1246	H		
	1248	H		
	1250-1254	S		
	1258	H		
	1259	H		
	1260-1264	S		
	1266-1267	S		
	1269-1274	S		
	1276	H		
	1280-1284	S		
	1286-1287	S		
	1289	S		
	1290-1294	S		
	1296	H		
	1300-1304	S		
	1310-1314	S		
	1320-1324	S		
	1330-1334	S		
	1340-1344	S		
	1350-1354	S		
	1360-1364	S		
	1370-1395	S		
	1420	S		
	1422-1429	S		
	1434-1436	S		
	1437-1479	S		
	1485-1494	S		
	1498-1499	S		
	3300-3336	S		
	3340-3344	S		
	3349	H		
	3400-3404	S		
	3420-3424	S		
	3450-3454	S		
	3470-3474	S		
	3620-3694	S		
	3695-3699	H		
	3730-3739	S		
	3790-3799	S		
	3810-3816	S		
	1396-1399	GS		
	1400-1419	GS		
	1421	GS		
	1430-1433	GS		
	1480-1484	GS		
	3800-3809	GS		
	3820-3853	GS		
b) mit einer Restlaufzeit von mehr als einem Jahr	1225-1229	S		
	1232-1234	S		

Blatt-Nr. 21

Zuordnungstabelle vom 10.01.2003

KZ 112: S50040000037 Zeilen: 1000 - 6999

	Vorspalte	Saldo	Hauptspalte Saldo
KENNZAHLENDEFINITION			
	&W01&		&W01&
	1245	S	
	1247	H	
	1249	H	
	1255-1257	S	
	1265	S	
	1268	S	
	1275	S	
	1277-1279	H	
	1285	S	
	1288	S	
	1295	S	
	1297	H	
	1305-1309	S	
	1315-1319	S	
	1325-1329	S	
	1335-1339	S	
	1345-1349	S	
	1355-1359	S	
	1365-1369	S	
	3337-3339	S	
	3345-3348	S	
	3405-3419	S	
	3425-3449	S	
	3455-3469	S	
	3475-3499	S	
+ Wertpapiere (ohne eigene Anteile)	1500-1504	S	
	1510-1549	S	
+ Eigene Anteile	1505-1509	S	
- Rücklage für eigene Anteile	2940-2949	D	
+ Kassenbestand, Bundesbankguthaben, Guthaben bei Kreditinstituten und Schecks	1550-1899	S	
	3150-3248	S	
+ Rechnungsabgrenzungsposten	1900-1949	S	
+ Abgrenzung latenter Steuern	1950-1999	S	
Summe Umlaufvermögen			....

Bilanzanalytische
Flüssige Mittel

	Vorspalte	Saldo
+ Sonstige Wertpapiere	1510-1549	S
+ Kassenbestand, Bundesbankguthaben, Guthaben bei Kreditinstituten und Schecks	1550-1899	S
	3150-3248	S

Blatt-Nr. 22

Zuordnungstabelle vom 10.01.2003

KZ 112: S50040000037 Zeilen: 1000 - 6999

	Vorspalte Saldo	Hauptspalte Saldo
KENNZAHLENDEFINITION		
	&W01&	&W01&
Summe Flüssige Mittel		....

BESTANDTEILE DES KAPITALS

	Vorspalte Saldo	Hauptspalte Saldo
Bilanzanalytisches Gesamtkapital		
+ Eigenkapital	....	
+ Fremdkapital	....	
Summe Gesamtkapital		....
Bilanzanalytisches Eigenkapital		
+ Gezeichnetes Kapital	2900-2909 H	
- Ausstehende Einlagen auf das gezeichnete Kapital (eingeforderte und nicht eingeforderte)	0001-0049 S	
	1298 S	
	2910-2919 S	
+ Kapitalrücklage	2920-2929 H	
- Eingeforderte Nachschüsse auf Kapitalrücklage	1299 S	
+ Gewinnrücklagen (ohne Rücklage für eigene Anteile)	2930-2939 H	
	2950-2959 H	
	2960-2969 H	
+ Jahresüberschuss (vor Ergebnisverwendung)	wird errechnet	
- Jahresfehlbetrag (vor Ergebnisverwendung)	wird errechnet	
+ Gewinnvortrag Vorjahr (vor Ergebnisverwendung)	2970-2978 H	
- Verlustvortrag Vorjahr (vor Ergebnisverwendung)	2970-2978 S	
+ Vortrag auf neue Rechnung	2979 H	
- Vortrag auf neue Rechnung	2979 S	

Blatt-Nr. 23

Zuordnungstabelle vom 10.01.2003

KZ 112: S50040000037 Zeilen: 1000 - 6999

	Vorspalte Saldo		Hauptspalte Saldo
KENNZAHLENDEFINITION			
	&W01&		&W01&
+ Bilanzgewinn (nach teilweiser Ergebnisverwendung)	wird errechnet (nach Verwendung)		
- Bilanzverlust (nach teilweiser Ergebnisverwendung)	wird errechnet (nach Verwendung)		
+ Sonderposten mit Rücklageanteil	2980-2984	H	
	2986-2998	H	
+ Sonderposten für Zuschüsse und Zulagen	2999	H	
+ Sonderposten aus der Währungsumstellung auf den Euro	2985	H	
Summe Eigenkapital			....
Bilanzanalytisches Fremdkapital			
+ Rückstellungen für Pensionen und ähnliche Verpflichtungen	3000-3019	H	
+ Verbindlichkeiten mit einer Restlaufzeit von mehr als fünf Jahren	3110-3119	H	
	3130-3149	H	
	3170-3179	H	
	3200-3209	H	
	3285-3299	H	
	3338-3339	H	
	3348	H	
	3390-3399	H	
	3410-3419	H	
	3430-3449	H	
	3460-3469	H	
	3480-3499	H	
	3507-3509	H	
	3517-3518	H	
	3527-3529	H	
	3537-3539	H	
	3547-3549	H	
	3557-3559	H	
	3567-3569	H	
	3715-3719	H	
	3755-3759	H	
	3785-3789	H	

Blatt-Nr. 24

Zuordnungstabelle vom 10.01.2003

KZ 112: S50040000037 Zeilen: 1000 - 6999

	Vorspalte Saldo		Hauptspalte Saldo
KENNZAHLENDEFINITION			
	&W01&		&W01&
Summe Langfristiges Fremdkapital			....
+ Rückstellung für latente Steuern	3060-3069	H	
+ Verbindlichkeiten mit einer Restlaufzeit von ein bis fünf Jahren	1225-1229	H	
	1232-1234	H	
	1245	H	
	1255-1257	H	
	1265	H	
	1268	H	
	1275	H	
	1285	H	
	1288	H	
	1295	H	
	3105-3109	H	
	3125-3129	H	
	3160-3169	H	
	3190-3199	H	
	3284	H	
	3337	H	
	3345-3347	H	
	3380-3389	H	
	3405-3409	H	
	3425-3429	H	
	3455-3459	H	
	3475-3479	H	
	3504-3506	H	
	3514-3516	H	
	3524-3526	H	
	3534-3536	H	
	3544-3546	H	
	3554-3556	H	
	3564-3566	H	
	3710-3714	H	
	3750-3754	H	
	3780-3784	H	
Summe Mittelfristiges Fremdkapital			....
+ Steuerrückstellungen (ohne latente Steuern)	3020-3059	H	
	3810-3816	H	
+ Sonstige Rückstellungen	3070-3099	H	

Blatt-Nr. 25

Zuordnungstabelle vom 10.01.2003

KZ 112: S50040000037 Zeilen: 1000 - 6999

	Vorspalte	Saldo	Hauptspalte	Saldo

KENNZAHLENDEFINITION

	&W01&		&W01&	
+ Verbindlichkeiten mit einer Restlaufzeit bis zu einem Jahr				
	1200-1224	H		
	1230-1231	H		
	1235-1244	H		
	1250-1254	H		
	1259	S		
	1260-1264	H		
	1266-1267	H		
	1269-1274	H		
	1280-1284	H		
	1286-1287	H		
	1289-1294	H		
	1370-1374	H		
	1434	H		
	1460-1479	H		
	1485-1494	H		
	1495-1497	S		
	1498-1499	H		
	1700-1899	H		
	3100-3104	H		
	3120-3124	H		
	3150-3159	H		
	3180-3189	H		
	3210-3248	H		
	3249	D		
	3250-3283	H		
	3300-3336	H		
	3340-3344	H		
	3349	S		
	3350-3379	H		
	3400-3404	H		
	3420-3424	H		
	3450-3454	H		
	3470-3474	H		
	3500-3503	H		
	3510-3513	H		
	3519	H		
	3520-3523	H		
	3530-3533	H		
	3540-3543	H		
	3550-3553	H		
	3560-3563	H		
	3570-3598	H		
	3599	D		
	3600-3694	H		
	3700-3709	H		
	3720-3749	H		
	3760-3779	H		
	3790-3799	H		

Blatt-Nr. 26

Zuordnungstabelle vom 10.01.2003

KZ 112: S50040000037 Zeilen: 1000 - 6999

	Vorspalte	Saldo	Hauptspalte	Saldo
KENNZAHLENDEFINITION				
	&W01&		&W01&	
	3817-3818	H		
	3819	S		
	3854-3899	S		
	1396-1399	GH		
	1400-1419	GH		
	1421	GH		
	1430-1433	GH		
	1480-1484	GH		
	3800-3809	GH		
	3820-3853	GH		
+ Rechnungsabgrenzungsposten	3900-3949	H		
Summe Kurzfristiges Fremdkapital			....	
Summe Fremdkapital			....	
BESTANDTEILE DES ERFOLGS				
Gesamtleistung				
+ Umsatzerlöse	4000-4629	D		
	4670-4685	D		
	4690-4799	D		
- Entnahmen und unentgeltliche Zuwendungen von Waren	4600-4629	D		
	4670-4685	D		
Summe Umsatz	....			
+ Erhöhung des Bestands an fertigen und unfertigen Erzeugnissen	4800-4815	GH		
- Verminderung des Bestands an fertigen und unfertigen Erzeugnissen	4800-4815	GS		
+ Erhöhung des Bestands in Ausführung befindlicher Bauaufträge	4816-4817	GH		
- Verminderung des Bestands in Ausführung befindlicher Bauaufträge	4816-4817	GS		
+ Erhöhung des Bestands in Arbeit befindlicher Aufträge	4818-4819	GH		

Blatt-Nr. 27

Zuordnungstabelle vom 10.01.2003

KZ 112: S50040000037 Zeilen: 1000 - 6999

	Vorspalte	Saldo	Hauptspalte	Saldo
KENNZAHLENDEFINITION				
	&W01&		&W01&	
- Verminderung des Bestands in Arbeit befindlicher Aufträge	4818-4819	GS		
+ Andere aktivierte Eigenleistungen	4820-4829	D		
Summe Gesamtleistung			....	
Materialaufwand/Wareneinsatz				
+ Aufwendungen für Roh-, Hilfs- und Betriebsstoffe und für bezogene Waren	5000-5899	D		
+ Aufwendungen für bezogene Leistungen	5900-5999	D		
- Entnahmen und unentgeltliche Zuwendungen von Waren	4600-4629	D		
	4670-4685	D		
- Verrechnete Sachbezüge (Waren)	4941-4945	D		
Summe Materialaufwand/ Wareneinsatz			....	
Produktive Löhne (statistisches FIBU-Konto)			**9210**	D
Regelmäßige betriebliche Nebenerträge			**4835-4836**	D
Übrige Kosten				
+ Personalaufwand	6000-6099	D		
	6100-6199	D		
-Produktive Löhne	9210	D		
Summe Personalaufwand			....	

Blatt-Nr. 28

Zuordnungstabelle vom 10.01.2003

KZ 112: S50040000037 Zeilen: 1000 - 6999

	Vorspalte	Saldo	Hauptspalte	Saldo
KENNZAHLENDEFINITION				
	&W01&		&W01&	
+ Abschreibungen auf immaterielle Vermögensgegenstände des Anlagevermögens und Sachanlagen sowie auf aktivierte Aufwendungen für die Ingangsetzung und Erweiterung des Geschäftsbetriebs	6200-6269	D		
- Abschreibungen auf Grund steuerrechtlicher Vorschriften auf das Anlagevermögen	6240-6249	D		
- Außerplanmäßige Abschreibungen nach § 253 (2) Satz 3 HGB auf das Anlagevermögen	6210-6219	D		
	6230-6239	D		
	6266-6267	D		
Summe Abschreibungen (ordentliche)			....	
+ Sonstige betriebliche Aufwendungen	6300-6969	D		
	6970-6999	D		
	7900-7989	D		
	7990	S		
	7991-8999	D		
- Unentgeltliche Wertabgaben (außer Entnahmen von Waren) und Erbringung sonstiger Leistungen und Zuwendungen von Gegenständen	4630-4669	D		
	4686-4689	D		
- Verrechnete Sachbezüge (Kosten)	4940	D		
	4946-4949	D		
	4950-4959	D		
- Grundstücksaufwendungen	6350-6389	D		
- Nicht anrechenbare Vorsteuer	6860-6874	D		
- Nicht abziehbare Hälfte der Aufsichtsratsvergütungen	6875	D		
- Spenden	6390-6399	D		
- Verluste aus dem Abgang von Gegenständen des Umlaufvermögens	6905-6909	D		
- Aufwendungen aus Kursdifferenzen	6880-6883	D		
	7990	S		

Blatt-Nr. 29

Zuordnungstabelle vom 10.01.2003

KZ 112: S50040000037 Zeilen: 1000 - 6999

	Vorspalte Saldo	Hauptspalte Saldo
KENNZAHLENDEFINITION		
	&W01&	&W01&
- Verluste aus dem Abgang von Gegenständen des Anlagevermögens	6884-6904 D	
- Einstellungen in Sonderposten mit Rücklageanteil	6925-6929 D	
- Aufwendungen aus der Zuschreibung von steuerlich niedriger bewerteten Rückstellungen und Verbindlichkeiten	6916-6919 D	
- Sonstige regelmäßige betriebsfremde Aufwendungen	6967-6968 D	
- Sonstige unregelmäßige Aufwendungen	6969 D	
- Periodenfremde Aufwendungen	6960-6966 D	
Summe Sonstige betriebliche Aufwendungen (ordentliche)		....
+ Kalkulatorische Kosten (ohne kalkulatorische Zinsen)		6970-6973 D 6975-6979 D
+ Sonstige Steuern		7650-7699 D
Summe übrige Kosten (ordentliche)		....
Ordentliches Finanz- und sonstiges neutrales Ergebnis		
+ Erträge aus Beteiligungen	7000-7009 D	
+ Erträge aus anderen Wertpapieren und Ausleihungen des Finanzanlagevermögens	7010-7099 D	
+ Sonstige Zinsen und ähnliche Erträge	7100-7189 D	
+ Erträge aus Gewinnabführungen	7192-7199 D	
+ Grundstückserträge	4860-4899 D	
+ Erträge aus dem Abgang von Gegenständen des Umlaufvermögens	4905-4909 D	

Blatt-Nr. 30

Zuordnungstabelle vom 10.01.2003

KZ 112: S50040000037 Zeilen: 1000 - 6999

	Vorspalte Saldo		Hauptspalte Saldo	
KENNZAHLENDEFINITION				
	&W01&		&W01&	
+ Sonstige regelmäßige betriebsfremde Erträge	4837-4838	D		
- Abschreibungen auf Finanzanlagen und auf Wertpapiere des Umlaufvermögens	7200-7299	D		
- Zinsen und ähnliche Aufwendungen	7300-7389	D		
- Kalkulatorische Zinsen	6974	D		
- Aufwendungen aus Verlustübernahme	7390-7391	D		
- Grundstücksaufwendungen	6350-6389	D		
- Nicht anrechenbare Vorsteuer	6860-6874	D		
- Nicht abziehbare Hälfte der Aufsichtsratsvergütungen	6875	D		
- Spenden	6390-6399	D		
- Verluste aus dem Abgang von Gegenständen des Umlaufvermögens	6905-6909	D		
- Sonstige regelmäßige betriebsfremde Aufwendungen	6967-6968	D		
Summe Ordentlicher Finanz**erfolg**			....	
+ Verrechnete kalkulatorische Zinsen			6984	D
Summe Ordentliches Finanz- **und sonstiges neutrales Ergebnis**			....	
Nicht ordentliches betriebliches Ergebnis				
+ Sonstige betriebliche Erträge	4630-4669	D		
	4686-4689	D		
	4830-4999	D		
	7990	H		
- Verrechnete Sachbezüge (Waren)	4941-4945	D		

Blatt-Nr. 31

Zuordnungstabelle vom 10.01.2003

KZ 112: S50040000037 Zeilen: 1000 - 6999

	Vorspalte	Saldo	Hauptspalte	Saldo

KENNZAHLENDEFINITION

	Vorspalte Saldo	Hauptspalte Saldo
	&W01&	&W01&
- Unentgeltliche Wertabgaben (außer Entnahmen von Waren) und Erbringung sonstiger Leistungen und Zuwendungen von Gegenständen	4630-4669 D	
	4686-4689 D	
- Verrechnete Sachbezüge (Kosten)	4940 D	
	4946-4949 D	
	4950-4959 D	
- Grundstückserträge	4860-4899 D	
- Erträge aus dem Abgang von Gegenständen des Umlaufvermögens	4905-4909 D	
- Abschreibungen auf Grund steuerrechtlicher Vorschriften auf das Anlagevermögen	6240-6249 D	
- Außerplanmäßige Abschreibungen nach § 253 (2) Satz 3 HGB auf das Anlagevermögen	6210-6219 D	
	6230-6239 D	
	6266-6267 D	
- Abschreibungen auf Vermögensgegenstände des Umlaufvermögens, soweit diese die üblichen Abschreibungen überschreiten	6270-6299 D	
- Aufwendungen aus Kursdifferenzen	6880-6883 D	
	7990 S	
- Verluste aus dem Abgang von Gegenständen des Anlagevermögens	6884-6904 D	
- Einstellungen in Sonderposten mit Rücklageanteil	6925-6929 D	
- Aufwendungen aus der Zuschreibung von steuerlich niedriger bewerteten Rückstellungen und Verbindlichkeiten	6916-6919 D	
- Periodenfremde Aufwendungen	6960-6966 D	
+ Außerordentliche Erträge	7400-7499 D	
- Außerordentliche Aufwendungen	7500-7599 D	
- Sonstige regelmäßige betriebliche Erträge	4835-4836 D	

Blatt-Nr. 32

Zuordnungstabelle vom 10.01.2003

KZ 112: S50040000037 Zeilen: 1000 - 6999

	Vorspalte	Saldo	Hauptspalte	Saldo
KENNZAHLENDEFINITION				
	&W01&		&W01&	
- Sonstige regelmäßige betriebsfremde Erträge	4837-4838	D		
- Sonstige unregelmäßige Aufwendungen	6969	D		
Summe Nicht ordentliches betriebliches Ergebnis			....	

Erklärung der Saldoarten (SA):

S = Sollsaldo
H = Habensaldo
D = Soll- und Habensaldo
GS = Gruppensaldo Soll
GH = Gruppensaldo Haben

&W01& = Währung

Teil H. Konten-ABC mit Stichwortverzeichnis

Bezeichnung Stichwort	Fundstelle im Buch	SKR 03 Konten (-Bereich)	SKR 04 Konten (-Bereich)
Abbruchkosten	D 985, D 992		
Abfallbeseitigung	D 985, E 110	0973, 4969	3085, 6859
Abfindungen	D 992		
Abschluss- und Prüfungskosten	E 97	4957	6827
Abschlussgliederungsprinzip	B 2		
Abschreibungen	D 49, D 272, E 82	2430–2449, 4815–4869, 4880–4884, 4890–4899	6200–6299, 7200–7299
– Änderungen der	D 58		
– Anhangsangaben	E 154		
– Anlagevermögen	E 84		
– außerplanmäßige	D 59, D 70, D 128, D 159, E 82, F 207	2430, 4826, 4840, 4865	6210, 6230, 6266
– Beginn	D 51		
– dauernde Wertminderungen	D 72		
– degressive	D 53		
– Gebäude	D 62	4830, 4840	6220, 6230
– geringwertige Wirtschaftsgüter	E 150	4855, 4860	6260, 6262
– Finanzanlagen	E 150	4870, 4871, 4873, 4874	7200, 7204, 7250, 7260
– Finanzumlaufvermögen	E 91		
– Forderungen	D 63	2430, 4880, 4886	6270, 6281, 6285, 6287
– Geschäftsjahresabschreibungen	F 165		
– Halbjahresregel	E 82		
– immaterielles Vermögen	D 51		
– kalkulatorische		4993	6976, 6986
– Leistungsabschreibung	D 57		
– lineare	D 52		
– planmäßige	D 49, D 69, D 133, E 82		
– progressive	E 84, E 88		
– Umlaufvermögen	D 56, D 154	4880	6910
– Sonder-AfA	D 157, E 84	4850, 4873, 4874	6240, 7250, 7255
– steuerrechtliche	D 68, F 266	4882, 4887	6272
– Teilwertvermutungen	D 71, D 77		
– übliche	E 90		
– Vorratsvermögen	E 91		
– Wertpapiere des Umlaufvermögens	E 89, E 150	4875, 4876, 4879	6910, 6912, 6915
Abwertungspflicht	D 59		
Agio	D 795, D 880	0986	1900
– Abschreibungen	E 158	2100, 2149	7300–7389
– Agenturwarenabrechnung	D 565	1521	1375
– Ausgabe von Schuldverschreibungen	D 800	0842	2926
– Bezugsanteile	D 796	0841	2925
– Sacheinlage	D 798		
Aktien bei fehlender Beteiligungsabsicht	D 232	0530	0910
Aktiengattung	F 364		
Aktivierte Eigenleistungen	E 19	8990	4820

Bezeichnung Stichwort	Fundstelle im Buch	SKR 03 Konten (-Bereich)	SKR 04 Konten (-Bereich)
– Zugänge	D 266		
– Zuschreibungen	D 271		
– Zuschüsse	D 299, D 302	2743	4975
– Zuwendungen, rückzahlbare	D 301		
Anlageverkäufe, Buchgewinn	E 25	2315–2318	4845–4858
Anlagevermögen	D 37		
– Absetzung für außergewöhnliche technische Abnutzung	D 139		
– andere Anlagen	D 162	0310	0510
– Anlagen im Bau	D 182	0120	0700
– Anlagenspiegel (s. auch dort)	D 258 ff.		
– Ausleihungen an Beteiligungsunternehmen	D 226	0520	0520
– Ausweis	D 37		
– Beteiligungen (s. auch dort)	D 208		
– Betriebs- und Geschäftsausstattung	D 162	0400–0490	0620–0690
– Finanzanlagen	D 185		
– geleistete Anzahlungen	D 112, D 180		
– Geschäfts- oder Firmenwert	D 98	0079, 0120, 0150, 0159, 0180, 0189, 0195, 0199, 0290, 0299, 0498, 0499	0700, 0705, 0710, 0720, 0725, 0735, 0750, 0755, 0765, 0770, 0780, 0785, 0795
– Gliederung des	D 43		
– Sachanlagen (s. auch dort)	D 115		
– technische Anlagen und Maschinen	D 147	0200	0400
– Wertpapiere des (s. auch dort)	D 185, D 191, D 231	0525	0900
– Zuschüsse, verlorene	D 92		
– Zweckbestimmung	D 38 ff.		
Anleihen	D 1045	0600	3100
Anschaffungskosten	D 44		
– bis EUR 60	D 67		
– Fremdkapitalzinsen	D 46		
– Nebenkosten	D 46		
– Preisminderungen	D 47		
– wirtschaftliche Verfügungsmacht	D 45		
– zukünftige	D 1005		
Anteile an offenen Immobilienfonds	D 232	0530	0910
Anteile an verbundene Unternehmen	D 576, E 152	0500	0800
Anteilsbesitz	F 316		
Arbeitgeberbeiträge	E 72	0500	0800
Arbeitnehmeranzahl	F 290		
Arbeitsbühnen	D 147	0240	0440
Arbeitsmaschinen incl. Fundamente, Stützmauern	D 147	0210	0440
Arztkosten	E 77		
Aufsichtsrat	F 340		
Aufsichtsratsvergütung	E 69	2386, 2385	6876, 6875
Aufstellungserleichterungen	C 5, C 13		
Aufwandsrückstellungen	D 990	0978	3098
– Ansammlungsrückstellung	D 1010		
– Dienstjubiläum	D 1003	0970	3070
– Drohverlustrückstellung	D 986, D 1004	0976	3092
– Passivierungsverbote	D 998		
– steuerrechtliche Einschränkungen	D 994		
– wirtschaftliche Verursachung	D 997		
Aufwendungen für Währungsumstellung	D 31	0002	0096

Bezeichnung Stichwort	Fundstelle im Buch	SKR 03 Konten (-Bereich)	SKR 04 Konten (-Bereich)
Aufwendungen aus Verlustübernahme	E 167	2940	7390
Aufwendungen für bezogene Leistungen	E 61	3100–3199	5900–5999
Aufwendungen, außerordentliche	E 176	2000–2019	7500–7599
Ausgleichsabgabe i. S. d. Schwerbehindertengesetzes	E 73	4139	6440
Ausgleichsforderungen, DMBilG	D 553	9427	9427
Ausleihungen	D 226 ff., D 290, E 126	0520, 0540–0590	0880, 0930–0970
– an Beteiligungsunternehmen	D 226	0520	0880
– an verbundene Unternehmen	E 152	0505	0810
– Anhang	D 249	0580	0960
– Aufzinsungen	E 129		
– Erträge aus	E 127	2620	7010
– Gesellschafter	D 228, D 244	0590	0970
– nahestehende Personen	D 245		
– Posteninhalt	D 243		
– unverzinsliche	D 250		
Ausschüttungssperre	D 18, D 627		
Außenprüfung	E 41		
Außerordentliche Aufwendungen	E 176, F 279	2000	7500
Außerordentliche Erträge	E 171, F 279	2500	7400
Außerordentliches Ergebnis	E 172, E 176, E 180, F 273		
Außerplanmäßige Abschreibungen	D 70, D 128, D 159	4826, 4840, 4865	6210, 6230, 6266
Ausstehende Einlagen	D 1, D 8	0801–0829	0001–0089
– Ausweiswahlrecht	D 9		
– Buchungsbeispiel	D 14		
– DMBilG	D 15	9413	9413
– eingeforderte, Aktivausweis	D 12	0810–0819	0040
– nicht eingeforderte, Passivausweis	D 15	0820–0829	2910
Ausstehende Kapitaleinlagen, eingeforderte (Forderungen)	D 537	0830–0838	1298
Autotelefon, mobiles	D 175	0480	0690
Bagger	D 147	0200–0289	0400–0499
Bahnanlagen	D 147	0200–0289	0400–0499
Bankzinsen, gezahlte	E 132	2100	7300
Bareinlagen	D 4		
Baumaterial, Fertigung	E 52	3000–3089	5000–5099
Bauten auf fremden Grundstücken	D 121	0800–0119	0200–0399
Bedungende Einlage	D 7, D 719	0870–0879	2000–2009
Beherrschungsvertrag	E 199		
Beiträge	E 97	4380	6420
Beleuchtungsanlagen, -einrichtungen	D 117, D 175	0113, 0148, 0178, 0194	0290, 0320, 0398
Berufsgenossenschaftsbeiträge	D 985, E 72	4138	6120
Besitzwechsel	D 505, D 529, D 536	1310, 1320	1230, 1266, 1286
Besserungsscheine	F 379		
Bestandsaufnahme	D 177		
Bestandsveränderungen	E 12		
– Abschreibungen, unübliche	E 13		
– fertige Erzeugnisse	E 13	8960	4800
– in Arbeit (Ausführung) befindliche Aufträge	E 14	8977	4818
– Mengenänderungen	E 13		
– Roh-, Hilfs- und Betriebsstoffe	E 51	3960–3969	5880
– unfertige Erzeugnisse	E 13	8960	4810

Bezeichnung Stichwort	Fundstelle im Buch	SKR 03 Konten (-Bereich)	SKR 04 Konten (-Bereich)
– unfertige Leistungen	E 14	8970	4815
– Wertänderungen	E 13		
Bestecke in Gaststätten, Hotels, Kantinen	D 175	0480	0690
Bestuhlung in Kinos und Theatern	D 175	0280	0470
Beteiligungen	D 208 ff., E 111, E 152	0510–0519	0820–0860
– Anhang	D 218		
– Anteile an KapG	D 209	0517	0850
– Anteile an Komplementärgesellschaften	D 210	0519	0829
– Anteile an PersG	D 209	0518	0860
– Anteile an Unternehmen	D 208		
– Anteilsberechnung	D 215		
– atypisch stille	D 209	0516	0840
– Beteiligungsvermutung	D 214		
– Bewertung	D 220		
– Bruttoausweis	E 112		
– dauernde Verbindung	D 213		
– Dividenden, erhaltene	E 119	2600	7000
– Dividendenfreistellung	E 118		
– Erträge aus	E 111	2600	7000
– Genossenschaftsanteile (s. auch dort)	D 211, D 254	0570	0980
– Halbeinkünfteverfahren	E 114		
– Joint-Venture	D 211		
– stille Beteiligung	D 209, D 225	0513, 0516	0830, 0840
– Zugangszeitpunkt	D 216		
Beteiligungsentwertungskonto, DMBilG	D 636	9440	9440
Betriebsausgaben, nicht abziehbar	E 122	4655	6645
Betriebsausstattung	D 163	0400	0620
Betriebsstoffe (Bestand)	D 426	3970–3979	1000–1039
Betriebsvorrichtung	D 122, D 154	0280	0470
Bewertungsmethoden	F 111, F 116		
Bewertungsvereinfachungsverfahren	F 170		
Bewirtung im Büro	E 109		
Bewirtungskosten	E 97	4650	6640
Bezugsaktien	F 364		
Bezugsnebenkosten	E 60	3800	5800
Bezugsrechte	F 374		
Bibliothekseinrichtung	D 175	0480	0690
Biersteuer (bei Steuerschuldnerschaft)	E 194	4350	7675
Bilanzgewinn	D 896		
Bilanzierungshilfen	D 16, D 555		
Bilanzierungsmethoden	F 111, F 116		
Bilanzverlust	D 896		
Bohrer in Verbindung mit Werkzeugmaschinen	D 175	0440	0620
Boni, gewährte	E 9	8740, 3740	4740, 5740
Brandweinsteuer (bei Steuerschuldnerschaft)	E 194	4350	7675
Brennstoffe (Verbrauch bei Fertigung)	E 52	3090	5190
Brücken, Bauwerke	D 117	0115, 0179	0260, 0370
Buchführungskosten	E 97	4955	6830
Bundesbankguthaben	D 589	1195	1790
Bundesschatzbriefe	D 232	0535	0920
Bürgschaften	D 985	9273	9273
Bürobedarf	E 97	4930	6815
Büroeinrichtung	D 163	0420	0650
Büroeinrichtung unter EUR 60	E 109	4930–4939	6815–6819
Checkliste (Anhangsangaben)	F 20 ff.		
Corporate Governance Kodex	F 395		

Bezeichnung Stichwort	Fundstelle im Buch	SKR 03 Konten (-Bereich)	SKR 04 Konten (-Bereich)
DATEV-Bilanzbericht	F 8		
Dauernde Wertminderung	D 187		
Dauerwohnrecht	D 117	0070	0220
Deputate an Pensionäre	E 77	4169	6160
Disagio	D 606, E 158, F 187	0986	1940
– Abschreibung	D 608	2100–2149	7300–7389
– Ausweis, Aktivierung	D 607	0986	1940
Diskontaufwendungen	E 166	2130–2139	7340–7349
Dividendenerträge	E 127, E 132	2600, 2620, 2680	7000, 7010, 7120
Dividendenforderungen	D 557	1597–1599	1280–1285
Drehstähle in Verbindung mit Werkzeugmaschinen	D 175	0440	0620
Drohverlustrückstellung	D 986 ff., D 989, D 1004	0976	3092
– Arbeitsverhältnisse	D 989		
– Darlehensverträge	D 989		
– Dienstleistungsverträge	D 989		
– Lizenzverträge	D 989		
– Mietverträge	D 989		
– schwebende Geschäfte	D 987		
Durchlaufende Posten	D 557	1590	1370
EDV-Anlagen des Verwaltungsbereichs	D 163	0420	0650
EDV-Anlagen, insbes. zur Auftragsbearbeitung und Fertigung	D 147	0210	0420
EDV-Kosten	E 110	4900–4950	6800–6850
EDV-Software	D 82, D 90	0010, 0027	0100, 0135
Ehegattengehalt	E 71	4125	6050
Eigene Aktien	F 357		
Eigene Anteile	D 578, E 152	1345	1505
– Aktien	D 581		
– Bewertung	D 582		
– GmbH-Anteile	D 579		
– Rücklage	D 583	0850	2940
Eigenkapital	D 700 ff.		
– bei Einzelkaufleuten	D 704	0870–0899	2000–2049
– bei Kommanditgesellschaften	D 717	0900–0929	2050–2099
– bei Personengesellschaften	D 710	0870–0899, 9810–9859	2000–2049, 9810–9859
– Bilanzgewinn (s. auch dort)	D 896		
– Genussscheinkapital	D 783		
– Gewinnrücklagen (s. auch dort)	D 817		
– Gewinnvortrag (s. auch dort)	D 884, D 896	0860	2970
– gezeichnetes Kapital (s. auch dort)	D 738		
– Jahresüberschuss (s. auch dort)	D 891		
– Kapitalrücklage (s. auch dort)	D 786		
Eigenleistungen, aktivierte	E 19	8990	4820
Einbauten	D 179	0450	0640, 0680
Einfriedungen	D 117	0111, 0146, 0176, 0192	0280, 0310, 0390
Eingeforderte Nachschüsse	D 540	0839	1299
Eigentumsvorbehalt	E 465		
Einrichtungen für Geschäfts-, Fabrik-Wohn- und andere Bauten	D 175	0113, 0148, 0178, 0194	0290, 0320, 0398
Einzahlungsverpflichtungen persönlich haftender Gesellschafter	D 549	1507	1330

Bezeichnung Stichwort	Fundstelle im Buch	SKR 03 Konten (-Bereich)	SKR 04 Konten (-Bereich)
Einzahlungsverpflichtungen von Kommanditisten	D 551	1507	1330
Einzelwertberichtigung auf Forderungen	D 510, E 97, E 110	0998, 2451	1246, 6923
Elektromotor zum Einzelantrieb einer Maschine, einer Drehbank oder eines Webstuhls	D 175	0300–0497	0500–0699
Energieverbrauch (Fertigung)	E 52	3090	5190
Energieversorgungsrechte	D 82	0010, 0015	0100, 0110
Entlassungsentschädigungen	D 992		
Entnahmen	E 5, 28	2795–2799, 9481, 9482	7730–7750, 9481, 9482
Entnahmen aus der gesetzlichen Rücklage	E 212	2796	7735
Entnahmen aus der Rücklage für eigene Anteile	E 216	2798	7740
Entnahmen aus Gewinnrücklagen	E 219	2799	7750
Entnahmen aus Kapitalrücklagen	E 209	2795	7730
Entnahmen aus satzungsmäßigen Rücklagen	E 217	2797	7745
Entnahmen von Waren	E 5	8940–8949	4670–4685
Enttrümmerungskosten, Rückstellung für	D 992	0978	3098
Erbbaurecht	D 117	0070	0220
Erbbauzinsen	E 97	4280	6350
Erbschaftsteuer, Betriebsschuld	E 193	4340	7650
Erfindungen	D 82	0010–0034	0100–0149
Erfolgsprämien, Rückstellungen für	D 992	0978	3098
Ergebnisbeeinflussung	F 260		
Ergebnisverwendung	D 897		
Erhaltene Anzahlungen auf Bestellungen	D 478, D 1057		
– aktivischer Ausweis	D 480	1722	1190
– Buchungszeitpunkt	D 1059		
– passiver Ausweis	D 1057	1710	3250
– Restlaufzeitvermerk	D 1062		
– Saldierungsverbot	D 1061		
– Zahlungseingang	D 1059		
Erlöse aus Anlageverkäufen	E 25, E 33	8820–8829	4844–4858
Erlösschmälerungen	E 8	8700–8729	4700–4729
Ersatzteile für Maschinen usw.	D 175	0300–0490	0500–0690
Erträge, außerordentliche	E 171	2500	7400
Erträge aus dem Abgang von Gegenständen des Anlagevermögens	E 25, E 33	2720	4900
Erträge aus dem Abgang von Gegenständen des Umlaufvermögens	E 27, E 37	2725	4905
Erträge aus abgeschriebenen Forderungen	E 25	2732	4925
Erträge aus Wertpapieren und Ausleihungen des Finanzanlagevermögens	E 126	2620–2649	7010–7019
Erträge aus der Auflösung von Rückstellungen für Steuern vom Einkommen und vom Ertrag	E 184	2284	7644
Erträge aus der Auflösung von Rückstellungen für sonstige Steuern	E 197	2289	7694
Erträge aus der Auflösung von Sonderposten mit Rücklageanteil	E 26	2740, 2741	4935, 4936, 4937, 4939
Erträge aus Aufzinsungen, Umlaufvermögen	E 132	2680	7120
Erträge aus Beteiligungen	E 111	2600	7000
Erträge aus der Herabsetzung der Pauschalwertberichtigung zu Forderungen	E 25	2730	4920
Erträge aus der Herabsetzung der Einzelwertberichtigung zu Forderungen	E 25	2731	4923
Erträge aus Kapitalherabsetzungen	E 227	2745	7755
Erträge aus Kostenerstattungen	E 25	2700–2709	4830–4839

Bezeichnung Stichwort	Fundstelle im Buch	SKR 03 Konten (-Bereich)	SKR 04 Konten (-Bereich)
Erträge aus Kursdifferenzen	E 25	2660	4840
Erträge aus Mieten, Pachten	E 25	2750	4860
Erträge aus Sanierungen	E 172	2500	7400
Erträge aus Steuererstattungen	E 184, E 197	2282, 2287	7642, 7692
Erträge aus Verlustübernahme	E 199	2790	7190
Erträge aus Werkswohnungen	E 25	2750	4860
Erträge aus Wertpapierverkäufen, Umlaufvermögen	E 37	2725	4905
Erträge aus Zuschreibungen des Sachanlagevermögens	E 25, E 39	2710	4910
Erträge aus Zuschreibungen des immateriellen Anlagevermögens	E 25, E 39	2711	4911
Erträge aus Zuschreibungen des Finanzanlagevermögens	E 25, E 39	2712	4912
Erträge aus Zuschreibungen des Umlaufvermögens (außer Vorräten)	E 39	2715	4915
Erträge aus Verzugszinsen	E 132	2680	7120
Ertragslage	F 107		
Ertragsteuerbelastung	F 273		
Ertragszuschüsse	D 302	2743, 2744	4975, 4980
Erweiterungsaufwendungen	D 16, F 160	0001	0095
EURO, Aufwendungen für Währungsumstellung	D 31, F 162	0002, 2990	0096, 6882
Eventualverbindlichkeiten	D 1106, F 231	9270–9278	9270–9278
Factoring	D 490		
Fachliteratur	E 97	4940	6820
Fahrstühle	D 117	0113, 0148, 0178, 0194	0290, 0320, 0398
Fahrtkostenerstattung Wohnung/Arbeitsstätte	E 70	4175	6090
Fahrtkostenerstattung, sonstige	E 70	4570, 4600–4668	6560, 6650–6668
Fahrzeugkosten	E 109	4500	6500
Fässer/Flaschen	D 175	0480	0690
Fehlbetrag, nicht durch Eigenkapital gedeckter	D 639		
Fertige Erzeugnisse	D 461	7110	1110–1139
– Bestandsveränderung	E 14	8980	4800
– Bewertung	D 468		
– Dienstleistungen, fertig erbrachte	D 466		
– Eigentumsvorbehalt	D 465		
– Kommissionsware	D 465		
– Niederstwertprinzip	D 470		
Fertige Leistungen	D 466	7100	1100
Fertigungsmaterial	E 52	3000–3089	5000–5099
Festgeldguthaben	D 589	1200	1800
Festverzinsliche Wertpapiere	D 232	0535	0920
Festwert, -änderung	D 176, E 25		
Festwert, OFD-Erlass	D 164		
Filme, -aufzeichnungen	D 82	0010, 0025	0100, 0130
Finanzanlagevermögen	D 186		
Finanzlage	F 107		
Firmenwert (s. Geschäfts- oder Firmenwert)			
Flussregulierungen	D 117	0115, 0179	0260, 0370
Förderbänder	D 147	0260	0400
Forderungen	D 482 ff.		
– Bewertung	D 563		
– Gesellschafter	D 491		
– Lieferungen und Leistungen (s. auch dort)	D 500		

Bezeichnung Stichwort	Fundstelle im Buch	SKR 03 Konten (-Bereich)	SKR 04 Konten (-Bereich)
– nach dem Bilanzstichtag rechtlich entstandene	D 558		
– Restlaufzeitvermerk	D 485		
– sonstige (s. auch dort)	D 557		
Forderungen aus Lieferungen und Leistungen	D 500 ff.	0996–0999, 1300–1309, 1400–1469, 1490–1499	1200–1258
– Auslandsforderungen	D 509		
– Bewertung	D 507		
– Gefahrenübergang	D 501		
– Pauschalwertberichtigung	D 511		
– Restlaufzeitvermerk	D 504		
– unverzinsliche	D 513		
– Wertberichtigung	D 510	0996–0999	1246–1249
Forderungen gegen Aufsichtsrats- und Beiratsmitglieder	D 557	1505–1506	1320–1325
Forderungen gegen Beteiligungsunternehmen	D 532	0715–0729	1280–1295
– Dividendenansprüche	D 533	1320–1326, 1480–1487, 1597–1599, 1640–1649	
Forderungen gegen Gesellschafter	D 545	1507–1508	1330–1335
Forderungen gegen Mitarbeiter	D 557	1530–1537	1340–1345
Forderungen gegen verbundene Unternehmen	D 517	0780–0714, 1310–1319, 1470–1477, 1594–1596, 1630–1639	1260–1275, 3400–3449
– Dividendenforderungen	D 520		
– DMBilG	D 530	9420	9420
– Posteninhalt	D 519		
– Restlaufzeitvermerk	D 528		
Forderungen gegen Vorstandsmitglieder und Geschäftsführer	D 557	1503–1504	1310–1315
Forderungen, antizipative	F 181	1500	1300
Forderungsaufzinsung	E 132	2650	7100
Forderungsverluste, -ausbuchungen	E 25	2400–2430	6930–6939, 6280–6287
Formen, nicht maschinengebunden	D 164, E 52	0440	0620
Formteile	D 175	0300	0500
Forschungsarbeiten, Fremdleistungen	E 61	3100–3199	5900–5999
Fortbildungskosten	E 69, E 110	4945	6821
Frachtkosten, Ausgangsfrachten	E 9	4730	6740
Fräser in Verbindung mit Werkzeugmaschinen	D 175	0440	0620
Freiwillige soziale Leistungen	E 81	4946	6823
Fremdgeld	D 525	1592	1374
Fremdkapitalzinsen	F 176	2100–2149	7300–7389
Fremdleistungen	E 61	3100–3199	5900–5999
Fremdreparaturen	E 62	4800–4809	6450–6490
Garagen, Aktivierung	D 117	0110, 0145, 0175, 0191	0270, 0305, 0380
Garagenmieten	E 110	4550	6550
Gas, Strom, Wasser	E 97, E 110	4240	6325
Gasometer	D 147	0280–0289	0470–0499
Gebäude und sonstige Bauten	D 125	0080–0199	0240–0399
Gebäudeabschreibungen	D 136	4830–4850	6220–6240
Gebrauchsmuster	D 86	0010, 0020	0100, 0120

Bezeichnung Stichwort	Fundstelle im Buch	SKR 03 Konten (-Bereich)	SKR 04 Konten (-Bereich)
Gebühren, Beiträge	E 97	4380	6420
Gebührenmarken	D 589	1000–1099	1600–1699
Geburtsbeihilfen	E 77	4140	6130
Gefahrenzulage	E 66	4100–4138	6000–6099
Gehälter	E 67	4120	6020
Geheimverfahren	D 82	0010, 0025	0100, 0130
Geldtransit	D 561	1360	1460
Geleistete Anzahlungen	D 112, D 475	0008, 0039, 0079, 0129, 1510	0170, 0179, 0700, 0720, 0735, 0750, 0780, 0795, 1180
Genehmigtes Kapital	D 765, F 370		
Generalnorm	F 104		
Generalüberholung	D 992	0978	3098
Genossenschaftsanteile	D 211, D 246, D 235, D 252	0570, 1352	0980, 1395
Genussrechte, Anlagevermögen	D 232	0530	0910
Genussscheine, ausgegebene	D 1045, F 379	0600	3100
Genussscheinkapital	D 783		
Geringwertige Wirtschaftsgüter	D 63, D 174	0480	0670
Gerüst- und Schalungsteile, die genormt und technisch aufeinander abgestimmt sind	D 163, D 175	0460	0660
Geschäftsausstattung	D 163	0300, 0410, 0490	0500, 0690
Geschäftsbauten	D 121	0090	0240
Geschäftsführergehälter	E 67	4124, 4127	6024, 6027
Geschäfts- oder Firmenwert		0035	0150
– Abschreibung	E 82, E 87, F 167	4824	6205
– Bewertung	D 103		
– Posteninhalt	D 98		
– Praxiswert	D 107 f.		
– Steuerrecht	D 104 ff.		
Geschäftsausstattung, Ladeneinrichtungen, Verkaufstheken	D 163	0410, 0430	0640
Geschäftsführung	F 340		
Geschäftszweige, Gliederung nach mehreren	C 99		
Geschenke, betrieblich veranlaßt	E 110	4630–4638	6610–6625
Geschmacksmuster	D 86	0010, 0020	0100, 0120
Gesellschafter-Forderungen	D 545, F 157	1507–1508	1330–1335
Gesellschafter-Verbindlichkeiten	D 1035, F 157	0730–0755, 1650–1658	0730–0750, 0755, 3340
Gesetzliche Rücklagen	D 822, D 826 ff., E 212	0846–0849	2930–2933
– Einstellung	D 829, E 234	2496	7765
– Entnahmen	D 835	2796	7735–7739
– Gläubigerschutz	D 826		
– Mindesthöhe	D 830		
– Zuführung	D 827		
Getränkesteuer (bei Steuerschuldnerschaft)	E 194	4350	7675
Gewährleistung, Aufwand	E 110	4790	6790
Gewerbesteuer	E 187	4320	7610
– Betriebsveräußerung	E 189		
– Steuermessbetrag	E 187		
Gewerbliche Schutzrechte	D 82	0020	0120
Gewinnabführungsvertrag	E 143, E 199, E 201	2494, 2794	7194, 7394

Bezeichnung Stichwort	Fundstelle im Buch	SKR 03 Konten (-Bereich)	SKR 04 Konten (-Bereich)
Gewinnanteile an Personenhandelsgesellschaften, Aktivierung	D 533	1597–1599	1280–1289
Gewinnanteile an stillen Gesellschaften, Erträge	E 111	2600–2619	7000–7009
Gewinne aus Beteiligungen, Aktivierung	D 533	1597–1599	1280–1289
Gewinnbeteiligung, Personal	E 67	4100–4138	6000–6099
Gewinngemeinschaften, Gewinne aus	E 140	2492, 2792	7192, 7392
Gewinnobligationen, -schuldverschreibungen	D 232	0530	0910
Gewinnrücklagen	D 817 ff., E 212, E 219	0846–0859	2930–2969
– andere (s. auch dort)	D 867	0855	2960
– eigene Anteile (s. auch dort)	D 839	0850	2940
– Einstellungen	E 241	2499	7780
– gesetzliche Rücklage (s. auch dort)	D 826	0846	2930
– satzungsmäßige (s. auch dort)	D 848	0851	2950
– Sonderrücklage nach DMBilG	D 854, D 856, D 858, D 860, D 862	9446–9449	9445–9449
Gewinnvortrag	D 884, E 207, E 246, F 191	0860	2970
Gewöhnliche Geschäftstätigkeit	E 170		
Gezeichnetes Kapital	D 738 ff.	0800	2900
– AG	D 742		
– Ausweis in Euro	D 755		
– GmbH	D 739		
– Gründungsstadium	D 756		
– Haftkapital	D 738		
– Handelsregister	D 757		
– Kapitalerhöhung (s. auch dort)	D 759		
– kapitalersetzende Darlehen (s. auch dort)	D 746		
– Kapitalherabsetzung (s. auch dort)	D 770		
– Nennbetrag	D 753		
– Veränderung des	D 758		
Gießereien	D 147	0200–0289	0400–0499
Gliederungsnorm	F 144		
Gliederungsstetigkeit	C 92, F 134		
Gliederungsvorschriften	C 3, C 89		
GmbH & Co. KG (s. auch KapG & Co.)	D 726		
GmbH-Anteile	D 557	0525–0539, 1350	0900–0929, 1390
Going concern	D 640		
Goldbarren	D 589	1500–1508	1300–1305
Goldmünzen	D 589	1500–1508	1300–1305
Gratifikationen	E 67	4100–4138	6000–6099
Größenklassen	C 4		
– Bilanzsumme	C 7, C 13, C 18,		
– Mitarbeiterzahl	C 5, C 8, C 13, C 18		
– Umsatzerlöse	C 8, C 13, C 18		
Großreparaturen	D 992	0978	3098
Gründungskosten	E 97	4950	6825
Grund und Boden	D 124, D 126	0060	0210
Grundausstattung einer Kfz-Werkstatt mit Spezialwerkzeugen	D 175	0480	0690
Grundkapital	D 742, D 811	0800	2900
Grundsteuer	E 193	2375	7680
Grundstücke	D 128	0050	0200
Grundstücke, unbebaute	D 117	0050, 0060, 0065	0200, 0210, 0215

Bezeichnung Stichwort	Fundstelle im Buch	SKR 03 Konten (-Bereich)	SKR 04 Konten (-Bereich)
Grundstücke mit Substanzverzehr	D 115	0075	0225
Grundstücksaufwendungen, betriebliche	E 97, E 110	2350	6350
Grundstücksaufwendungen, privat	D 737		
– Teilhafter		1960–1969	2700–2749
– Vollhafter, Einzelunternehmer		1870–1879	2300–2349
Grundstückserträge, betriebliche	E 25	2750	4860
Grundstückserträge, privat	D 737		
– Teilhafter		1970–1979	2750–2799
– Vollhafter, Einzelunternehmer		1870–1879	2350–2399
Grundstücksgleiche Rechte	D 132	0050	0200
Güterverkehrsgenehmigungen	D 84	0010–0034	0100–0149
Guthaben bei Kreditinstituten	D 589	1200–1250	1800–1850
Gutschriften, erteilte	E 9	8700–8721	4700–4729
GuV-Fortführungsgliederung	E 204		
Hafteinlagen	D 719, F 329	0900–0909	2050–2059
Haftung für fremde Verbindlichkeiten	D 1106	9277, 9278	9277, 9278
Haftungsverhältnisse (s. Eventualverbindlichkeiten)			
Handelswaren (s. Waren)			
Handelswechsel	D 488	1300–1305, 1310–1315	1230–1235, 1266–1269
Hebebühnen	D 147	0240	0400–0499
Heiratsbeihilfen	E 77	4130	6130
Heizkosten	E 52	4230	6320
Heizungsanlagen	D 117	0113, 0148, 0178, 0194	0290, 0320, 0398
Herstellungskosten	D 48		
HGB-Gliederungsvorschriften	C 1 ff.		
Hochöfen	D 147	0112, 0147, 0177, 0193	0285, 0395
Hundesteuer, betriebliche	E 194	4340	7650
Immaterielle Vermögensgegenstände	D 79, D 276	0010–0039	0100–0199
– DMBilG	D 95	9415	9415
– Steuerrecht	D 93		
– Zuschüsse, verlorene	D 92	0010–0030	0100–0140
Immobilienleasing	D 123, D 127		
In Arbeit befindliche Aufträge	C 107	7095–7099	1095–1099
In Ausführung befindliche Bauaufträge	C 107	7090–7094	1090–1094
Industrie-, Bankobligationen, Kommunalobligationen, Anlagevermögen	D 232	0535	0920
Ingangsetzungsaufwendungen	D 16, D 20, F 160	0001	0095
– Abschreibungen	D 23	4820	6268
– GuV-Ausweis	D 22		
– Steuerrecht	D 25		
– Teilaktivierungen	D 21		
Insolvenzversicherungsbeitrag	E 72		
Instandhaltung	E 110	4130, 4260, 4800–4809	6110, 6335, 6450–6490
Instandhaltungsrückstellung	D 992	0971, 0972	3075, 3080
Instrumentarium eines Arztes	D 175	0480	0690
Investitionszulagen, -zuschüsse	D 557, E 46	2743, 2744	4975, 4980
Investmentzertifikate	D 232	0530	0910
Jahresabschluss, DATEV-Muster			
– Einzelunternehmen	C 41		
– Einzelunternehmen, erweiterte Gliederung	C 43		

Bezeichnung Stichwort	Fundstelle im Buch	SKR 03 Konten (-Bereich)	SKR 04 Konten (-Bereich)
Kapitalgesellschaft			
– große	C 18		
– kleine	C 5		
– mittelgroße	C 13		
Kapitalgesellschaft & Co.	D 6, D 726 ff., F 331		
– große	C 18		
– kleine	C 5		
– mittelgroße	C 13		
Kapitalherabsetzung	D 770, E 227	2745	7755
– Einziehung von Aktien	D 781		
– Kapitalerhöhung bei	D 780		
– Sperrjahr	D 775		
– ordentliche	D 771		
– vereinfachte	D 777		
Kapitalrücklage	D 540, D 786, E 209	0840, 2495	2920, 7760
– Agio (s. auch dort)	D 795, D 880		
– Einstellung	D 792		
– Entnahmen	D 788		
– Gläubigerschutzfunktion	D 787		
– KapG & Co.	D 794		
– Sonderzuweisungen	D 809		
– Vorzugsgewährung	D 840		
– Zuführung	D 788		
– Zuzahlung in das Eigenkapital	D 806		
Kapitalunterdeckung	D 640		
Kasse	D 589	1000–1020	1600–1620
Kaufleasing	E 86	4815	6520
Kautionen, erhaltene	D 1088	1732–1735	3550–3557
Kautionen, geleistete	D 557	1525–1527	1350–1355
Kfz-Kosten	E 109	4500–4580	6500–6570
Kfz-Steuer	E 194	4510	7685
Kisten	D 175	0480	0690
Kleinere technische Anlagen wie Personal-Computer, Speicherschreibmaschinen, Telefonanlagen, Telefax	D 163	0420	0650
Kleinwerkzeuge (Verbrauchsmaterial)	E 52	3000–3089	5000–5099
Know How	D 90	0010, 0025	0100, 0130
Körperschaftsteuer	E 185	2200	7600
– Erstattungsanspruch	D 557	1549	1450
– Rückstellung	D 973	0963	3040
Kohlebunker	D 147	0200–0289	0400–0499
Kokereien	D 147	0200–0289	0400–0499
Kommanditgesellschaft	D 718 ff.		
– bedungene Einlage	D 719		
– Eigenkapital	D 725	0870–0879, 0900–0909	2000–2009, 2050–2059
– Entnahmesperre	D 721		
– Gesellschafterdarlehen	D 723	0920–0929	2070–2079
– Kommanditkapital	D 720	0900–0909	2050–2059
– Komplementärkapital	D 718	0870–0879	2000–2009
– Verbindlichkeiten	D 725, D 1096	0730–0750	3510–3517
Kommissionsware	D 465		
Konkursausfallgeld	E 72	4130–4138	6100–6199
Kontenklassen	B 3 f.		
Kontokorrentguthaben	D 589	1200–1299	1800–1899
Konzernumlagen	E 97	4780	6780
Konzessionen	D 82	0015	0110

Bezeichnung Stichwort	Fundstelle im Buch	SKR 03 Konten (-Bereich)	SKR 04 Konten (-Bereich)
Konzessionsabgaben	E 97	4700–4760	6700–6770
Kostenerstattungen	E 25	2700	4830
Kosten der Warenabgabe	E 97	4700	6700
Kostenvorschüsse	D 557	1500	1300
Krafterzeugungs- und -verteilungsanlagen, Umspannwerke	D 147	0200–0289	0400–0499
Kraftfahrzeuge, Aktivierung	D 178	0320, 0350	0520, 0540
Krane	D 147	0210	0440
Krankengeldzuschüsse	E 77	4150	6070
Kreditbereitstellungsgebühren	E 158	2140	7330
Kreditkartenabrechnung	E 1098	1730	3610
Kreditlinien	D 590		
Kreditprovision	E 158	4970	6855
Kühlaggregate	D 147	0200–0289	0400–0499
Kühltürme	D 117	0115, 0179	0260, 0370
Kundenstamm	D 82	0010, 0025	0100, 0130
Kurkosten, ArbG-Zuschuss	E 77	4140	6130
Kursdifferenzen, Aufwand	E 97	2150	6880
Kursgewinne	E 25	2660	4840
Lackierarbeiten, Produktion	E 61	3100–3199	5900–5999
Ladeneinrichtung	D 163	0430	0640
Lagerbehälter, maschinengebundene	D 147	0220	0460
Lagergebäude, -hallen	D 117	0100, 0170	0250, 0350
Lagereinrichtungen	D 163	0400	0690
Lampen als selbstständiges Wirtschaftsgut (Steh-,Tisch- und Hängelampen)	D 175	0480	0690
Lastenaufzüge	D 147	0280	0470
Latente Steuern	D 610, D 976, F 189, F 207		
– Abgrenzung in Verlustjahren	D 624		
– Ausschüttungssperre	D 627		
– Differenzausgleich	D 612		
– Differenzermittlung	D 620		
– Steueransprüche	D 610, D 617	0983	1950
– Steuerberechnung	D 621		
– Steuerverpflichtungen	D 610, D 618, D 619	0969	3060
Leasing, bewegliche Wirtschaftsgüter	D 149, E 86	4810	6840
Leasinggeber	D 127		
Leasingnehmer	D 127		
Leergut	D 175	0480, 3830	0690, 5820
Leerposten	C 106		
Legehennen in eierzeugenden Betrieben	D 175	0480	0690
Leuchtstoffröhren, Lichtbänder	D 175	0400, 0410, 0420	0640, 0650
Lieferrechte	D 82	0010, 0030	0100, 0130
Liquidationswerte	D 640		
Liquide Mittel	D 589	1000–1339	1550–1899
Lithographien	D 175	0420	0650
Lizenzen	D 82, D 89	0010, 0030	0100, 0140
Lizenzgebühren	D 985	4700–4799	6700–6779
LKW-Auffahrten	D 147	0280	0470
Löhne und Gehälter	E 65	4100	6000
Lohnsteuer, pauschaliert	E 195	4190	6069
Lüftungsanlagen	D 117	0113, 0148, 0178, 0194	0290, 0320, 0398
Markenrechte	D 82	0010, 0020	0100, 0120
Maschinen, maschinelle Anlagen	D 147	0200–0289	0400–0499

Bezeichnung Stichwort	Fundstelle im Buch	SKR 03 Konten (-Bereich)	SKR 04 Konten (-Bereich)
Maschinenwerkzeuge und -verschleißteile	D 175		
Maßgeblichkeit	D 68		
Maßgeblichkeit der HBil für die StBil	C 76		
Materialaufwand, -verbrauch	E 50	4000–4099	5880
– Abwertungen	E 55		
– BWA-Schlüsselung	E 57		
– Festwertanpassung	E 53		
– Inventurdifferenzen	E 51		
– Skonti	E 53	3730–3759	5730–5738
– Rohergebnis	E 59		
– Wareneingang (s. Waren)			
Messgeräte	D 163	0440	0620
Miete	E 97	4210	6310
Mieten für Einrichtungen	E 97	4960	6835
Mietereinbauten, vorübergehende Einbauten	D 163	0450	0680
Mietleasing	E 110	4810	6840
Mineralölsteuer (bei Steuerschuldnerschaft)	E 194	4350	7675
Mitgeteilte Beteiligungen	F 391		
Mitzugehörigkeitsvermerke	C 97		
Möbel in Hotels und Gaststätten	D 175	0490	0690
Modelle, Reserveteile, Verpackungsmaterial	D 164, E 52	0440	0620
Müllbehälter eines Müllabfuhrunternehmens	D 175	0490	0690
Muster, Formen, soweit nicht maschinengebunden	D 163	0490	0690
Musterbücher und -kollektionen im Tapeten- und Buchhandel	D 175	0490	0690
Mutterunternehmen	F 333		
Nachlässe, Materialeinkauf	E 53	3700–3729	5700–5729
Nachrangiges Kapital, DMBilG	D 907	9451	9451
Nachschusskapital	D 815	0845	2929
Nachschusspflicht	D 815		
Nebenkosten des Geldverkehrs	E 159	4970	6855
Nicht durch Eigenkapital gedeckter Fehlbetrag	D 639		
Nicht durch Vermögenseinlagen gedeckter Verlustanteil	D 643, D 646		
Niederstwertprinzip	D 455		
Niedrigerer beizulegender Wert	D 59, D 455		
Nutzungsdauer, Pkw	D 178		
Nutzungsrechte	D 82	0010, 0025	0100, 0130
Nutzungsrechte, DMBilG	D 144	9416	9416
Offenlegung	C 15		
– Unterlagen, große Gesellschaften	C 35		
– Unterlagen, kleine Gesellschaften	C 28		
– Unterlagen, mittelgroße Gesellschaften	C 31		
Offenlegungserleichterungen	C 10, C 16		
öffentliche Anleihen	D 232	0535	0920
OHG	D 711 ff.		
– Eigenkapital	D 716	0870–0889	2000–2019
– Festeinlagen	D 711	0870–0879	2000–2009
– Gesellschafterdarlehen	D 715	0890–0899	2020–2029
– Kapitalkonten, variable	D 712	0880–0889	2010–2019
– Verbindlichkeiten	D 716	0910–0919	2060–2079
Ökosteuer (bei Steuerschuldnerschaft)	E 194	4355	7678
Optionsscheine	D 232	0535	0920
Ordnungsgeld	C 22, C 26		
Organbezüge	F 295, F 303		

Bezeichnung Stichwort	Fundstelle im Buch	SKR 03 Konten (-Bereich)	SKR 04 Konten (-Bereich)
Organkredite	D 560, F 309	1503–1506	1310–1325
Pacht	E 97, E 110	4220	4316
Paletten zum Transport und zur Lagerung von Waren	D 175	0480	0690
Passive Rechnungsabgrenzungsposten	D 1100	0990	3990
Parkgebühren	E 109	4600–4609	6650–6680
Parkplätze, Aktivierung	D 117	0111, 0146, 0176, 0192	0310, 0390
Parziarische Darlehen	D 1088	0780–0787	3540–3547
Patente	D 82, D 85	0010, 0020	0100, 0120
Patentverletzungen	D 985	0970	3070
Pauschalwertberichtigung zu Forderungen	D 511, E 25	0996, 2450	1248, 6920
Pensionskassen	E 74	4160	6150
Pensionsrückstellungen	D 956	0950	3000
– Anhang	F 203		
– Altzusagen	D 959		
– Gesellschafter-Geschäftsführer	D 971		
– mittelbare	D 960		
– Neuzusagen	D 959		
– Passivierungspflicht	D 958		
– pensionsähnliche Verpflichtungen	D 963		
– Rechnungszins	D 969		
– Schriftform	D 966		
– steuerrechtliche Einschränkugen	D 966		
– Subsidiärhaftung	D 956		
– Teilwert	D 968		
– unmittelbare	D 958		
– Vorbehalte	D 966		
– Zinsanteil	E 158		
– Zuführungen	E 74	4165	6140
Pensionssicherungsverein, Beitrag	E 74	4165	6140
Personalaufwand	E 64	4100–4199	6000–6199
– Angestellte	E 66		
– Arbeiter	E 66		
– Aufsichtsratsbezüge	E 69		
– Ausbildungskosten	E 69		
– Betriebsveranstaltung	E 69		
– Geschäftsführer	E 66		
– Fahrkostenzuschüsse	E 70		
– Fremdarbeitskräfte	E 69		
– geldwerter Vorteil	E 68		
– Reisekostenerstattung	E 69		
– Rückstellungen für	E 67		
– Vorstandsmitglieder	E 66		
Personalnebenkosten	E 80	4140	6130
Persönlich haftender Gesellschafter	F 329		
Pfandrechte, Pfandbriefe, Anlagevermögen	D 232	0535	0920
Pkw	D 178	0320	0520
Planmäßige Abschreibungen (s. a. Abschreibungen)	D 69, D 133		
Porto	E 97	4910	6800
Postenbezeichnung	C 102		
Postenbezeichnung, Anpassung	C 107		
Postenmitzugehörigkeit	F 153		
Postenzusammenfassung	F 148		
Praxiswert	D 107	0035–0038	0150–0169
Preisnachlässe, Umsatzerlöse	E 9	8770–8799	4770–4799
Privateinlagen	D 706	1890–1899, 1990–1999	2180–2199, 2580–2599

Bezeichnung Stichwort	Fundstelle im Buch	SKR 03 Konten (-Bereich)	SKR 04 Konten (-Bereich)
Privatentnahmen	D 706	1800–1809, 1900–1909	2100–2129, 2500–2529
Private Kfz-Nutzung	E 28	8920–8924, 8930–8931	4630–4646
Private Telefonnutzung	E 25	8920–8924 8930–8931	4630–4646
Privatspenden	D 737	1840–1849, 1940–1949	2250–2279, 2650, 2679
Privatsteuern	D 737	1810–1819, 1910–1919	2150–2179, 2550–2579
Produkthaftung, Rückstellung	D 985	0970	3070
Produktionsüberwachungsanlagen und dem Produktionsbereich dienende technische Anlagen	D 147	0200–0289	0420
Provisionen, Mitarbeiter	E 67	4100–4128	6000–6028
Provisionserlöse	E 4	8500–8509	4500–4509
Prozesskosten, Rückstellung	D 985	0970	3070
Prüf- und Messgeräte	D 163	0400	0690
Prüfmaschinen und Prüfeinrichtungen	D 147	0200–0289	0400–0499
Publizitätsverstöße	C 23		
Rabatte, Roh-, Hilfs- u. Betriebsstoffe, Wareneingang	E 9	3770, 8770	4770, 5770
Radioaktive Reststoffe	D 1006		
Raffinerieanlagen	D 147	0200–0289	0420
Raumkosten	E 97	4200, 4280	6305, 6345
Rechnungsabgrenzungsposten, aktive	D 594	0980–0982	1900–1949
– Ausgabe vor dem Bilanzstichtag	D 598		
– bestimmter zukünftiger Zeitraum	D 599		
– Disagio (s. auch dort)	D 606	0986	1940
– Inhalt	D 601		
– Periodenabgrenzung	D 597		
– Umsatzsteuer	D 605	0985	1930
– Verbrauchsteuern	D 603	0984	1920
– Wesentlichkeit	D 600		
– Zölle	D 603	0984	1920
Rechnungsabgrenzungsposten, passive	D 1100	0990–0991	3900–3949
Rechts- und Beratungskosten	E 97	4950	6825
Regale, Anlagevermögen	D 175	0400–0420, 0480	0640–0650, 0690
Registergericht	C 27		
Reinigung	E 52	3000, 4250	5100, 6330
Reisekosten	E 97	4660–4685	6650–6690
Reisekostenvorschüsse	D 557	1530–1537	1340–1345
Rekultivierungsverpflichtung, Rückstellung	D 985	0970	3070
Reparaturen (s. Instandhaltungen)			
Reparaturmaterial, Fertigung	E 52	3000	5100
Reserveteile für Betriebs- und Geschäftsausstattung	D 163	0490	0690
Reserveteile und Reservemaschinen für technische Anlagen und Maschinen	D 147	0200–0289	0400–0499
Roh-, Hilfs- und Betriebsstoffe	D 424, E 50	3000–3099	5000–5099
– Bestand	D 424	3970–3979	1000–1039
– Betriebsstoffe	D 426		
– Bewertung	D 428		
– Gängigkeitsabschläge	D 432		
– Hilfsstoffe	D 425		
– Rohstoffe	D 424		
– Teilwert	D 430		

Bezeichnung Stichwort	Fundstelle im Buch	SKR 03 Konten (-Bereich)	SKR 04 Konten (-Bereich)
– Wertaufholungsgebot	D 433		
– Wertminderung	D 429		
Rohergebnis	E 10, E 47, E 63		
Rohrleitungen	D 147	0200–0289	0400–0499
Rohrpostanlagen	D 163	0310	0510
Rolltreppen	D 117	0113, 0178	0290, 0398
Rückdeckungsansprüche aus Lebensversicherungen	D 247, D 255, D 557	0595	0990
Rückdeckungsversicherung, Beiträge	E 76, E 97	4370	6910
Rücklage für eigene Anteile	D 583, D 839 ff., E 214	0850	2940
– Auflösung, Entnahme	D 844	2798	7740
– Ausschüttungssperre	D 840		
– Einstellung	E 236	2498	7770
– KapG & Co.	D 841		
Rücklage für Kapitalerhöhung	D 848	0851	2950
Rücklage für Währungsrisiken	D 848	0851	2950
Rücklagen, steuerfreie	D 303, D 920	0930–0949	2980–2999
Rücklieferungen	E 9	8700–8729	4700–4729
Rückstellungen	D 950, F 210	0950–0979	3000–3099
– Abraumbeseitigung	D 985	0973	3085
– Auflösung, Erträge aus der	E 25	2284, 2289	7644, 7694
– Aufwandsrückstellung (s. auch dort)	D 990	0978	3098
– Ausweis	D 955		
– Dienstjubiläum	D 1003	0970	3070
– Drohverlustrückstellung (s. auch dort)	D 986	0976	3092
– Gewährleistungen	D 985	0974	3090
– Instandhaltungen	D 991	0971–0972	3075–3080
– Jahresabschlusskosten	D 985	0977	3095
– Pensionsverpflichtungen (s. auch dort)	D 956	0950	3000
– Rückstellungsabzinsung	D 1011		
– Steuerrückstellungen (s. auch dort)	D 972	0955	3020
– Umsatzsteuer	D 1013	1760–1766	3810–3816
– Umweltschutz	D 982	0979	3099
– ungewisse Verbindlichkeiten (s. auch dort)	D 981	0970	3070
Ruhebänke als Werbeträger	D 175	0480	0690
Sachanlagen	D 115	0050–0499	0200–0699
– Bauten	D 117, D 121	0080–0179	0230–0398
– Betriebsvorrichtung	D 122	0280	0470
– Grundstücke (s. a. dort)	D 116	0050–0078	0200–0399
– Grundstückseinrichtungen	D 117	0113, 0115, 0178, 0179	0260, 0290, 0370, 0398
– grundstücksgleiche Rechte	D 117, D 119	0050, 0070	0210, 0220
– selbstständige Gebäudebestandteile (Betriebsvorrichtung)	D 122	0280	0470
Sacheinlagen	D 4		
Sachleistungsverpflichtungen (Rückstellung für Reparaturen)	D 1008	0971–0972	3075, 3080
Sägeblätter in Diamantsägen und -gattern	D 175	0440	0620
Saldierung, latente Steuern	D 620		
Saldierungsverbot	D 591		
Saldenvorträge		9000–9009	9000–9009
Satzungsmäßige Rücklage	D 848 ff., E 217	0851, 2497	2950, 7775
– AG	D 850		

Bezeichnung Stichwort	Fundstelle im Buch	SKR 03 Konten (-Bereich)	SKR 04 Konten (-Bereich)
– Einstellungen	E 239	2497	7775–7779
– Entnahmen	E 217	2797	7745–7749
– GmbH	D 851		
Säumniszuschläge	E 195	4970	6855
Schadensersatzansprüche	D 557	1500–1502	1300–1305
Schadensersatzleistung, Rückstellung	D 985	0970	3070
Schallplatten	D 175	0480	0690
Schalterhalleneinrichtungen	D 163	0490	0690
Schalungs- und Gerüstteile	D 163, D 175	0460	0660
Schatzwechsel	D 232	0535	0920
Schaufensteranlagen	D 163	0410	0640
Schecks	D 589	1330–1339	1550
Schränke	D 163	0300–0497	0500–0699
Schuldbuchforderungen	D 232	0535	0920
Schuldverschreibungen	D 1045	0600–0610	3100–3110
Schwerbeschädigtenausgleichsabgabe	E 73	4139	6440
Sektsteuer	E 194	4350	7675
Silos	D 147	0240	0400–0499
Skonti	D 1068, E 9	8730, 3730	4730, 5730
Solidaritätszuschlag	E 181	2208	7608
Sonderposten mit Rücklageanteil	E 26, E 107, F 250	0930–0949	2980–2999
– Auflösungen		2740–2741	4935–4939
– Einstellungen		2340–2349	6925–6929
Sonderrücklagen, DMBilG	E 224	9446–9449	9446–9449
Sonderverlustkonto, DMBilG	D 633	9438	9438
Sonstige Ausleihungen	E 152	0540	0930
Sonstige betriebliche Aufwendungen	E 97	2010–2020, 2150–2199, 2300–2314, 2320–2374, 2380–2429, 2450–2489, 2890–2999, 4139, 4200–4319, 4360–4509, 4520–4814, 4885–4889, 4990–6999, 8800–8819	6300–6999, 7900–8999
– Untergliederung	E 108		
Sonstige betriebliche Erträge	E 24, E 128	2315–2319, 2510–2599, 2660–2669, 2700–2744, 8590–8649, 8820–8899, 8920–8949	4630–4689, 4830–4999
– Untergliederung	E 48		
Sonstiger Betriebsbedarf	E 110	4980	6850
Sonstige finanzielle Verpflichtungen	F 234		
Sonstige Steuern	E 193	2220–2279, 2285–2299, 2375–2379, 4335–4359, 4510–4519	7650–7699

Bezeichnung Stichwort	Fundstelle im Buch	SKR 03 Konten (-Bereich)	SKR 04 Konten (-Bereich)
Sonstige Verbindlichkeiten	D 1088	0730–0798, 1700–1709, 1730–1759, 1767–1792	3500–3694, 3700–3809, 3817–3899
– Posteninhalt	D 1088		
– Restlaufzeiten	D 1090		
– soziale Sicherheiten	D 1093		
– Steuerverbindlichkeiten	D 1092		
Sonstige Vermögensgegenstände	D 557	1350–1399, 1500–1592	1300–1399, 1420–1499, 3620–3694
– Forderungen an Mitarbeiter	D 557	1530–1537	1340–1345
– Posteninhalt	D 557		
– Restlaufzeitvermerk	D 562		
– Vorschüsse	D 557	1530–1537	1340–1345
Soziale Abgaben	E 72	4130	6100
Sozialplanverpflichtung	D 985	0970	3070
Sozietätspraxiswert	D 108	0035	0150
Spenden/Zuwendungen, betrieblich	E 110	2380–2384	6390–6394
Spezialkontenrahmen	B 1 ff.		
Spezialleasingverträge	D 152		
Sprinkleranlagen	D 117	0113, 0178	0290, 0398
Stammkapital	D 739	0800	2900
Stanzwerkzeuge in Verbindung mit Werkzeugmaschinen	D 175	0440	0620
Steuerbilanz	C 76		
Steuererstattungen Vorjahre	E 184, E 197	2282, 2287	7642, 7692
Steuererstattungsansprüche	D 557	1540–1549	1435–1456
Steuern	E 181, E 193		
– Gewerbesteuer	E 187	4320	7610
– Körperschaftsteuer	E 185	2200	7600
– sonstige	E 193	4340	7650
– vom Einkommen und vom Ertrag	E 181		
Steuernachzahlungen Vorjahre	E 184, E 197	2280, 2285	7640, 7690
Steuerrechtsnorm	F 200		
Steuerrückstellungen	D 972	0955	3020
– Außenprüfung	D 973		
– Latente Steuern	D 976	0969	3060
– Umgliederung in Verbindlichkeiten	D 972		
– Umsatzsteuer	D 974		
Steuerstrafen	E 195	1709	3620
Stiller Gesellschafter, Gewinnverfügungskonto		0111, 0146, 0176, 0192	0280, 0310, 0390
Stoffkosten, verrechnete	E 60	3900–3999	5860–5869
Stoffverbrauch	E 60	4000–4099	5880
Straßen, Aktivierung	D 117	0177	0285
Straßenleuchten	D 175	0480	0690
Strom	E 97	4240	6325
Stundungszinsen	E 158	2107–2108	7305–7306
Substanzerhaltungsrücklage	D 848	0851	2950
Subunternehmerleistungen	E 61	3100–3199	5900–5999
Syndikatsrechte, Aktivierung	D 82	0010, 0025	0100, 0130
Tabaksteuer (bei Steuerschuldnerschaft)	E 194	4350	7675
Tanks	D 147	0240	0440–0499
Tankstellenzufahrten und -überdachungen	D 147	0280	0470
Tantiemen	D 985, E 67	0970, 4126	3070, 6026
Taxi	E 109	4600–4699	6650–6699
Technische Anlagen und Maschinen	D 147	0200–0289	0400–0499

Bezeichnung Stichwort	Fundstelle im Buch	SKR 03 Konten (-Bereich)	SKR 04 Konten (-Bereich)
– Forderungen	D 517		
– Komplementärgesellschaft	D 200		
– Konzernabschluss	D 195		
– Mutter-/Tochterverhältnis	D 193		
– Organbestellungsrecht	D 201		
– PersG	D 199	0505	0810
– Stimmrechtsmehrheit	D 193		
Verlustausweis bei KG	D 643, D 646		
Verlustfreie Bewertung	D 458		
Verlustübernahmen	E 199		
– Aufwendungen	E 167	2490	7390
– Erträge	E 199	2790	7190
Verlustvortrag	D 884, E 207, E 246, F 191	2868	7720
Vermögensgegenstände			
– Aktivierungspflicht	D 81		
– immaterielle	D 79 ff.	0010–0035	0100–0140
– sonstige	D 482, D 557		
Vermögenslage	F 107		
Vermögensteuer für frühere Jahre	E 198	2223	7663
Verpackungsanlagen und -maschinen	D 147	0210	0440
Verpackungskosten, Vertrieb	E 97, E 110	4710	6710
Verpackungsmaterial, Fertigung	E 9	3000–3099	5000–5099
Verrechnungskonten, sonstige Forderungen/ sonstige Verbindlichkeiten		1792	3630
Verschmelzungsmehrwert	C 108, D 109	0040	0160
Versicherungsbeiträge	E 97	4360	6400
Versicherungserstattung	E 25	2742	4970
Verspätungszuschläge	E 195	4970	6855
Vertragsstrafen, Rückstellung	D 985	0970	3070
Vertriebsrechte	D 82	0090	0240
Verzugszinsen	E 132	2140	7330
Videokassetten	D 175	0480	0690
Vorabausschüttung	D 903	0755, 2870	3519, 7790
Vorabgewinnausschüttung	E 244	2870	7790
Vorjahresbeträge	C 95, F 139		
Vorräte	D 409 ff.		
– Anzahlungen auf Bestellungen, erhaltene (s. auch dort)	D 478	1722	1190
– Bewertung	D 412		
– fertige Erzeugnisse (s. auch dort)	D 461	7110	1110–1139
– Festwert	D 420		
– geleistete Anzahlungen	D 475	1510–1520	1180–1189
– Gruppenbewertung	D 417		
– Lifo-Bewertung	D 422		
– Roh-, Hilfs- und Betriebsstoffe (s. auch dort)	D 424	3970–3979	1000–1039
– unfertige Erzeugnisse (s. auch dort)	D 436	7050	1050–1079
– unfertige Leistungen	D 436	7080	1080–1089
– Waren	D 462	3980–3989, 7140	1140–1179
Vorratsaktien	F 350		
Vorrichtungen	D 164	0440	0620
Vorstand	F 340		
Vorsteuer	E 98	1560–1589	1400–1419
– nachträglich abziebare		1556, 1558	1396, 1398
– nicht abziehbar	E 196	2170, 4300	6860

Bezeichnung Stichwort	Fundstelle im Buch	SKR 03 Konten (-Bereich)	SKR 04 Konten (-Bereich)
– zurückzuzahlende		1557, 1559	1397, 1399
Vorträge auf neue Rechnung			
– Bilanz	D 896	0869	2979
– GuV	E 207	2869	7795
Währungsumrechnung	F 127		
Wandelschuldverschreibungen	D 1045, F 374	0615–0625	3120–3130
Waren	D 462	3980–3989, 7140	1140–1179
– Abgabekosten	E 97, E 110	4700	6700
– Bewertung	D 469		
– Eingang	E 50	3200, 3300–3419	5200, 5300–5419
– Niederstwertprinzip	D 471		
Warenzeichenschutz	D 87	0010, 0020	0100, 0120
Wäsche in Hotels	D 175	0480	0690
Wasserbauten	D 117	0115, 0179	0260, 0370
Wasserwerksanlagen	D 147	0200–0289	0420
Wechselobligo, Bilanzvermerk	D 1106	9271	9271
Wechselobligo, drohende Inanspruchnahme	D 985	0970	3070
Wechselseitige Beteiligung	F 385		
Wechselverbindlichkeiten	D 1072	1660–1690	3350–3390
Weichnachtsgeld	E 67	4100–4127	6000–6027
Weihnachtsgratifikation, Rückstellung für	D 985	0970	3070
Werbekosten	E 97, E 110	4610	6600
Werkerneuerungsrücklage	D 848	0851	2950
Werkstatteinrichtungen	D 163	0490	0690
Werkzeuge und Kleingeräte, Verwaltung, Vertrieb	E 110	4985	6845
Werkzeuge, eigene und kundengebundene	D 163, D 164, D 175	0440	0620
Werkzeuge, maschinengebunden	D 161	0220	0460
Werkzeugmaschinen	D 147	0240	0440
Wertaufhellung	D 187		
Wertaufholungen	E 42		
Wertaufholungsgebot	D 77, D 190		
Wertaufholungsrücklage	D 873	0856	2962
Wertaufholungszuschreibung	F 194		
Wertbeibehaltungswahlrecht	D 77		
Wertberichtigungen auf Forderungen aus Lieferungen und Leistungen	D 510	0998–0999	1246–1247
Wertberichtigungen auf Forderungen gegenüber Unternehmen mit denen ein Beteiligungsverhältnis besteht	D 536	1488–1489	1296–1297
Wertberichtigungen auf Forderungen gegenüber verbundene Unternehmen	D 529	1478–1479	1276–1277
Wertberichtigungen, Passivausweis	D 993		
Wertberichtigungen, unterjährige Kostenverrechnung für BWA	D 1103	0992	3950
Wertpapiere	D 191, 231, D 567, D 585, E 152		
– Anlagevermögen	D 231	0525	0900
– Bewertung	D 571		
– Erträge	E 127	2620	7010
– Umlaufvermögen	D 587	1348	1510
– Wertaufholungsgebot	D 575		
Wertpapiere des Anlagevermögens	D 231	0525–0535	0900–0920

Bezeichnung Stichwort	Fundstelle im Buch	SKR 03 Konten (-Bereich)	SKR 04 Konten (-Bereich)
– Bewertung	D 237		
– festverzinsliche	D 232	0535	0920
– gewinnberechtigte	D 232	0530	0910
– Steuerrecht	D 238 f.		
Wertpapiererträge	E 126	2620	7010
Wertpapierverkäufe	E 25, E 37, E 106	2725	4905
Wettbewerbsverbot	D 82		
Wiederbeschaffungswert	D 60, D 61		
Wiederherstellungsverpflichtung, Rückstellung	D 985	0970	3070
Wirtschaftliches Eigentum	D 123, D 149		
Zeitschriften, Bücher	E 97	4940	6820
Zero-Bonds, Anlagevermögen	D 232, D 290	0535	0920
Zinsabschlagsteuer	E 182	2215	7635
Zinsen	E 132, E 158		
– ähnliche Erträge	E 133	2680	7120
– Aufwendungen	E 158	2100	7300
– Durchlaufende Posten	E 134		
– Erträge	E 132	2650–2659	7100–7119
– Nebenkosten des Geldverkehrs	E 159	4970	6855
Zinsforderungen	D 557	1500	1300
Zölle, als Aufwand berücksichtigte	D 603	0984	1920
Zölle und Einfuhrabgaben, Material-, Warenbezug	E 60	3850	5840
Zuordnungstabellen, Übersicht	C 39 f.		
Zuschreibungen	D 271, E 25		
– Finanzanlagen		2712	4912
– immaterielles Anlagevermögen		2711	4911
– Sachanlagevermögen		2710	4910
– Umlaufvermögen		2715	4915
– unterlassene	F 253		
Zuschüsse, Zulagen	D 299	2743, 2744	4975, 4980
Zuzahlungen in das Eigenkapital	D 804, D 806		
– freiwillige		0844	2928
– gegen Gewährung eines Vorzugs		0843	2927
Zwangsgeld	C 22, C 25